IUSTITIAM COLIMUS

F. Briolini, A. Cetra, M. Cian, A. Daccò, M. De Acutis
E. Ginevra, A. Mirone, L. Pisani, P.M. Sanfilippo
R. Santagata, D. Sarti, A. Sciarrone Alibrandi
M. Sciuto, M. Speranzin

Manuale di diritto commerciale

a cura di Marco Cian

QUINTA EDIZIONE

Giappichelli

VIA PO, 21 - TEL. 011-81.53.111 - FAX 011-81.25.100
http://www.giappichelli.it

ISBN/EAN 978-88-921-4379-1

G. Giappichelli Editore

Questo libro è stato stampato su carta certificata, riciclabile al 100%

Stampa: Stamperia Artistica Nazionale S.p.A. - Torino

INDICE

pag.

Sezione Terza
L'ORGANIZZAZIONE DELL'IMPRESA

Sezione Quarta
IL COMPLESSO ORGANIZZATIVO E LA "CIRCOLAZIONE" DELL'IMPRESA

Sezione Quinta
L'IMPRESA NEL MERCATO

Capo Primo
Mercato e concorrenza

SEZIONE OTTAVA
LA CRISI DELL'IMPRESA

Sezione Quattordicesima
L'ARTICOLAZIONE DEL RISCHIO D'IMPRESA

pag.

SEZIONE QUINDICESIMA
LE SOCIETÀ CON SCOPO MUTUALISTICO

SEZIONE SEDICESIMA
LE OPERAZIONI STRAORDINARIE

SEZIONE DICIASSETTESIMA
IL DIRITTO DEL SISTEMA FINANZIARIO

INDICE DEGLI AUTORI

FEDERICO BRIOLINI, Professore ordinario di Diritto commerciale, Università degli Studi "G. d'Annunzio", Chieti-Pescara.

ANTONIO CETRA, Professore ordinario di Diritto commerciale, Università Cattolica del Sacro Cuore di Milano.

MARCO CIAN, Professore ordinario di Diritto commerciale, Università degli Studi di Padova.

ALESSANDRA DACCÒ, Professore ordinario di Diritto commerciale, Università degli Studi di Milano - Bicocca.

MAURIZIO DE ACUTIS, Professore ordinario di Diritto commerciale, Università degli Studi di Padova.

ENRICO GINEVRA, Professore ordinario di Diritto commerciale, Università degli Studi di Bergamo.

AURELIO MIRONE, Professore ordinario di Diritto commerciale, Università degli Studi di Catania.

LUCA PISANI, Professore ordinario di Diritto commerciale, Università degli Studi della Campania Luigi Vanvitelli.

PIERPAOLO M. SANFILIPPO, Professore ordinario di Diritto commerciale, Università degli Studi di Catania.

RENATO SANTAGATA, Professore ordinario di Diritto commerciale, Università "Parthenope" di Napoli.

DAVIDE SARTI, Professore ordinario di Diritto commerciale, Università degli Studi di Ferrara.

ANTONELLA SCIARRONE ALIBRANDI, Professore ordinario di Diritto dell'economia, Università Cattolica del Sacro Cuore di Milano.

MAURIZIO SCIUTO, Professore ordinario di Diritto commerciale, Università degli Studi di Macerata.

MARCO SPERANZIN, Professore ordinario di Diritto commerciale, Università degli Studi di Padova.

PREFAZIONE ALLA QUINTA EDIZIONE

Questa quinta edizione del Manuale esce a distanza di un anno e mezzo dalla precedente. La principale novità è rappresentata dalla rielaborazione della Sezione dedicata alla *Crisi d'impresa*, che si è potuta finalmente strutturare attorno al Codice della crisi, recentemente entrato in vigore. Rimane poi confermato lo sviluppo della Sezione relativa al *Diritto del sistema finanziario*, che risulta offrire al lettore un quadro completo, e sia pur sintetico, dell'intera materia del diritto bancario, assicurativo e del mercato mobiliare nelle sue linee generali; come pure la presenza della parte dedicata ai *Contratti d'impresa,* nella quale si è prestata attenzione anche ai modelli negoziali più innovativi.

L'intero volume, naturalmente, è stato aggiornato alle diverse novità normative e ai principali orientamenti giurisprudenziali intervenuti successivamente alla pubblicazione dell'edizione precedente.

Padova, gennaio 2023

MARCO CIAN

PREFAZIONE ALLA PRIMA EDIZIONE

Questo *Manuale* nasce da un'opera maggiore che di qualche anno lo precede (*Diritto commerciale*, 2 voll., Giappichelli, 2013, 2014 rist. agg.) e dunque dall'esperienza che il suo curatore e gli autori avevano maturato nel concepirla e nell'elaborarne i contenuti.

Se quell'opera, per la sua estensione e per l'approfondimento dei molti problemi ermeneutici suscitati dalla materia, cui si accompagna il corredo di un non modesto apparato bibliografico e giurisprudenziale, si rivolge primariamente agli studenti dei corsi universitari magistrali e ai praticanti delle professioni legali, dall'un lato, e, dall'altro, ai professionisti e agli studiosi interessati a cercare orientamenti, spunti di riflessione e indicazioni utili per una più articolata ricerca, questo *Manuale* si rivolge invece principalmente agli studenti dei corsi di primo livello e ai neolaureati o a quanti vogliano accostarsi (o riaccostarsi) allo studio del diritto commerciale per mezzo di uno strumento agile, ma solido nell'esposizione e completo nelle tematiche trattate.

Esso offre una presentazione ragionata, sistematicamente ordinata e, si spera, quanto più possibile chiara, di una materia ormai vasta e multiforme, senza rinunciare a toccarne alcuna delle diverse aree tematiche che la compongono: il diritto dell'impresa in senso stretto, il diritto industriale, quello delle crisi d'impresa, il diritto delle società e quello dei sistemi finanziari.

Molto di ciò che qui è presentato è tratto, anche testualmente, dall'opera maggiore, di cui si è realizzata una sintesi e, dove necessario, una rielaborazione, funzionali alla migliore esplicazione degli argomenti di volta in volta trattati. Uno è stato, e va sottolineato sin d'ora, lo spirito che ha animato il curatore e gli autori: si è scelto di non proporre al lettore una semplice, asettica sequenza di definizioni e di regole e dunque una massa nozionistica di dati, che sarebbe stata di difficile lettura e di ancor più difficile comprensione; si è preferito, invece, selezionare per ciascun argomento, pur nel rispetto delle esigenze di completezza irrinunciabili in un'opera di questo genere, le informazioni giuridiche veramente essenziali per un apprendimento delle sue basi istituzionali, inserendole con accuratezza nella cornice sistematica di riferimento, dandone una adeguata illustrazione sia sotto il profilo tecnico che sotto quello delle motivazioni economiche sottostanti e corredandone la presentazione con un costante richiamo alle applicazioni concrete nel tessuto socioeconomico attuale. Tutto questo con l'obiettivo di permettere al lettore, che per la prima volta si accosti allo studio del sistema giuscommercialistico, un suo apprendimento sin dall'inizio consapevole e maturo; e per consentire a chi invece già la materia conosca, e voglia tornarvi, una ricognizione sintetica e ragionata dei suoi istituti fondanti.

Affidando il *Manuale* al giudizio dei lettori, il curatore e gli autori non possono che esprimere la speranza di avere raggiunto, almeno in una piccola parte, gli obiettivi che hanno accompagnato il tempo e il lavoro della sua redazione.

Padova, dicembre 2015

MARCO CIAN

ELENCO DELLE ABBREVIAZIONI

A.	Autore
ABE	Autorità bancaria europea (*alias* EBA: *European Banking Authority*)
ABF	Arbitro bancario e finanziario
ADR	*Alternative Dispute Resolution*
AEAP	Autorità europea delle assicurazioni e delle pensioni aziendali e professionali
AESFEM	Autorità europea degli strumenti finanziari e dei Mercati (*alias* ESMA: *European Securities and Markets Authority*)
AGO	Autorità giudiziaria ordinaria
AGCM	Autorità garante della concorrenza e del mercato
Agg.	aggiornamento
al.	*alii/aliae* (altri)
al.	altri
all.	allegato
App.	Appello
arg.	argomento
art./artt.	articolo/articoli
a.s.	amministrazione straordinaria
BCE	Banca centrale europea
BdI	Banca d'Italia
BJR	business judgement rule
Boll.	Bollettino
cap.	capitolo
c.app.pubbl.	codice degli appalti pubblici (d.lgs. 12 aprile 2006, n. 163)
Cass.	Suprema Corte di Cassazione
c.ass.	codice delle assicurazioni private (d.lgs. 7 settembre 2005, n. 209)
c.c.	codice civile
c.comm.	codice di commercio
c.cons.	codice del consumo (d.lgs. 6 settembre 2005, n. 206)
C.Conti	Corte dei Conti
C.Cost.	Corte Costituzionale
c.d.a.	consiglio di amministrazione
CEDU	Convenzione europea per la salvaguardia dei diritti dell'uomo e delle libertà fondamentali
CERS	Comitato europeo per il rischio sistemico

cfr.	confronta
CG, CGCE, CGUE	Corte di giustizia, Corte di giustizia delle Comunità europee, Corte di giustizia dell'Unione europea
c. in l.	convertito in legge
c.ins.	Codice della crisi d'impresa e dell'insolvenza (d.lgs. 12 gennaio 2019, n. 14)
CICR	Comitato interministeriale per il credito e il risparmio
CNDCEC	Consiglio nazionale dei dottori commercialisti e degli esperti contabili
co.	comma
Coll. Arb.	Collegio arbitrale
Coll. Coord	Collegio di coordinamento (dell'ABF)
comb. disp.	combinato disposto
COMI	*Centre of main interest*
conc. prev.	concordato preventivo
conf.	conforme
Cons.Not.	Consiglio notarile
Cons.St.	Consiglio di Stato
Consob	Commissione nazionale per le società e la borsa
Corte EDU	Corte europea dei diritti dell'uomo
Cost.	Costituzione
COVIP	Commissione di vigilanza sui fondi pensione
COVISOC	Commissione per la vigilanza e il controllo delle società di calcio professionistiche
c.p.	codice penale
c.p.c.	codice di procedura civile
c.p.i.	codice della proprietà industriale (d.lgs. 10 febbraio 2005, n. 30)
c.p.p.	codice di procedura penale
dir.	direttiva
disp. att.	disposizioni di attuazione del codice civile
disp. prel.	disposizioni sulla legge in generale
disp. trans.	disposizioni transitorie
disp. trasp.	disposizioni sulla trasparenza delle operazioni e dei servizi bancari e finanziari
disp. vig.	disposizioni di vigilanza
d.l.	decreto-legge
d.l.lgt	decreto legislativo luogotenenziale
d.lgs.	decreto legislativo
d.lgs.C.provv.St.	decreto legislativo del Capo provvisorio dello Stato
d.m.	decreto ministeriale
d.p.r.	decreto del Presidente della Repubblica
EBA	(v. ABE)
EIP	Enti di interesse pubblico
es.	esempio
ESMA	(v. AESFEM)

EUIPO	European Union Intellectual Property Office (Ufficio dell'Unione europea per la proprietà intellettuale)
FIA	Fondi di investimento alternativi (SGR, SICAF, SICAV)
GEFIA	Società/ente autorizzata/o alla gestione di FIA
giur.	giurisprudenza
GU	Gazzetta ufficiale
GUCE	Gazzetta ufficiale delle Comunità Europee
GUUE	Gazzetta ufficiale dell'Unione Europea
IMEL	istituti di moneta elettronica
IP	istituti di pagamento
ISD	*Investment Services Directive* (dir. 93/22/CE)
ISVAP	Istituto per la vigilanza sulle assicurazioni private di interesse collettivo
istr. vig.	istruzioni di vigilanza
IVASS	Istituto per la vigilanza sulle assicurazioni
l.	legge
l.a.	legge sul diritto d'autore (l. 22 aprile 1941, n. 633)
l.at.	legge antitrust (l. 10 ottobre 1990, n. 287)
l.c.	liquidazione controllata
l.c.a.	liquidazione coatta amministrativa
l.camb.	legge cambiaria (r.d. 14 dicembre 1933, n. 1669)
l.cost.	legge costituzionale
l.fall.	legge fallimentare (r.d. 16 marzo 1942, n. 267)
l.g.	liquidazione giudiziale
l.not.	Legge notarile (l. 16 febbraio 1913, n. 89)
Lodo Arb.	Lodo arbitrale
MAD II	dir. UE 57/2014 (*Market Abuse Directive* II)
MAR	reg. UE 596/2014 (*Market Abuse Regulation*)
MEF	Ministero dell'economia e delle finanze
MiFID	*Markets in Financial Investments Directive* (dir. 2004/39/CE)
modif.	modificato
MOT	Mercato telematico delle obbligazioni
MTA	Mercato telematico delle azioni
MTF	Sistema multilaterale di negoziazione (*Multilateral trading facility*)
OCC	Organismo di composizione della crisi da sovraindebitamento
OCRI	Organismo di composizione della crisi d'impresa
OdV	organismo di vigilanza
OICR	organismi di investimento collettivo del risparmio
o.p.a.	offerta pubblica di acquisto
o.p.s.	offerta pubblica di scambio
ord.	ordinanza
OTF	Sistema organizzato di negoziazione (*Organized trading facility*)
PA	pubblica amministrazione
par.	paragrafo
p.e.c.	posta elettronica certificata

P.M.	Pubblico Ministero
PMI	Piccole e medie imprese
pr.	previgente
PRIPS	*Packaged Retail Investment Products*
provv.	provvisorio
Raccom.	Raccomandazione
RAF	*risk appetite framerwork* (sistema degli obiettivi di rischio)
r.d.	regio decreto
r.d.l.	regio decreto-legge
reg.	regolamento
Reg. Emitt.	Reg. Consob 14 maggio 1999, n. 11971
Reg. Interm.	Reg. Consob 15 febbraio 2018, n. 20307
reg. SE	Regolamento CE 2157/2001 sulla società europea
reg. SCE	Regolamento CE 1435/2003 sulla società cooperativa europea
RMUE	Regolamento UE 1001/2017 sul marchio dell'Unione europea
Ri.Ba.	ricevuta bancaria
riff.	riferimenti
s./ss.	seguente/seguenti
s.a.p.a.	società in accomandita per azioni
s.a.s.	società in accomandita semplice
s.d.	senza data
SEVIF	sistema europeo di vigilanza finanziaria
sez.	sezione
SGR	società di gestione del risparmio
SHRD, SHRD II	Shareholders' Rights Directive (Direttiva 2007/36/CE), Shareholders' Rights Directive II (Direttiva 2017/828/UE)
SICAF	società di investimento a capitale fisso
SICAV	società di investimento a capitale variabile
SIM	società di intermediazione mobiliare
SIS	società di investimento semplice
s.n.c.	società in nome collettivo
s.p.a.	società per azioni
s.r.l.	società a responsabilità limitata
s.r.l.s.	società a responsabilità limitata semplificata
SSO	sistemi di scambi organizzati (di strumenti finanziari)
s.t.p.	società tra professionisti
SU	sezioni unite
TAEG/TAEGM	Tasso annuo effettivo globale / tasso annuo effettivo globale medio
TAR	Tribunale amministrativo regionale
TEG/TEGM	Tasso effettivo globale / tasso effettivo globale medio
TFUE	Trattato sul Funzionamento dell'Unione Europea
Tit.	Titolo
Tr.CE	Trattato istitutivo della Comunità europea
Trib.	Tribunale

Tr.UE	Trattato sull'Unione europea
TU	testo unico
TUB	Testo Unico Bancario (d.lgs. 1° settembre 1993, n. 385)
TUF	Testo Unico della Finanza (d.lgs. 24 febbraio 1998, n. 58)
TUIR	Testo Unico delle Imposte sui Redditi (d.p.r. 22 dicembre 1986, n. 917)
UEB	Ufficio europeo dei brevetti
UIBM	Ufficio italiano brevetti e marchi
ult.	ultimo

INTRODUZIONE

IL DIRITTO COMMERCIALE. NOZIONE, STORIA, FONTI

SOMMARIO: I. La nascita e l'affermazione del diritto commerciale: cenni storici. – II. Il contenuto del diritto commerciale e le traiettorie del suo sviluppo nell'era moderna. – III. Le fonti.

Per diritto commerciale si intende **l'insieme delle norme di diritto privato che disciplinano specificamente le attività produttive e il loro esercizio**.

Al centro del fenomeno economico, motore della vita sociale di ogni comunità sviluppata, sta l'attività creatrice di nuova ricchezza, produttrice, cioè, di *utilità* capaci di soddisfare un *bisogno umano* ed a cui la comunità attribuisce *valore economico*: è attività che genera nuovi beni (anticamente solo materiali, dai prodotti agricoli a quelli tessili, oggi sempre più sofisticati ed anche virtuali), che eroga servizi (dal trasporto, alla custodia di merci, dall'assicurazione ai servizi intellettuali del legale o del medico), che degli uni e degli altri promuove la circolazione (interponendosi tra produttore e utilizzatore finale).

A questo fenomeno, che nella civiltà moderna ha raggiunto dimensioni planetarie e che attraversa nelle sue diverse manifestazioni e con la sua pervasiva presenza nel tessuto sociale la vita di ogni persona, è dedicato in ogni ordinamento un copioso corpo di norme giuridiche.

L'attività produttiva è d'altra parte una manifestazione dell'agire umano, socialmente rilevante, caratterizzata da una profonda complessità, che si snoda e si sviluppa nel tempo e nello spazio e che dà vita a relazioni dal contenuto più vario con ogni altro attore della comunità (relazioni con chi dispone del capitale finanziario, con chi fornisce gli strumenti e i mezzi di produzione, con chi presta la propria opera collaborativa, con chi acquista i beni o i servizi); è inoltre un'attività che, con sempre maggiore frequenza, non viene esercitata individualmente da una persona fisica, ma da organismi appositamente costituiti (le società), i più importanti tra i quali raccolgono sul mercato dei capitali ingenti finanziamenti e sono partecipati da un numero estremamente elevato di investitori.

Nelle proprie dinamiche, l'attività produttiva è un *fenomeno che si colloca fondamentalmente sul piano dei rapporti interprivatistici tra le persone*: sotto molti aspetti, tuttavia, il diritto civile, ossia il diritto comune delle obbligazioni e dei contratti (libro IV del codice) e il diritto degli enti associativi (libro I), non è idoneo a mettere in campo una regolamentazione né adeguata, né sufficiente. L'esigenza di tutelare altri, specifici interessi anima l'intervento della legge in questa materia: l'interesse ad una contesa sana e benigna tra i concorrenti, l'interesse alla trasparenza e alla correttezza nella gestione dell'attività, quello del risparmio diffuso e del credito alla solidità delle iniziative finanziate, per finire con l'interesse dei consumatori ad un rapporto equilibrato e leale con la propria controparte; e, per gli organismi produttivi, l'interesse a regolare i rapporti interni (tra i soci) ed esterni (tra costoro e i terzi) secondo logiche capitalistiche, del tutto diverse dalle logiche ideali che ispirano la disciplina delle associazioni e delle fondazioni nel diritto civile.

D'altro canto, l'attività produttiva interseca fatalmente anche momenti della vita sociale a rilevanza prettamente collettiva: e così del loro esercizio l'ordinamento si occupa pure sotto il profilo tributario (con la tassazione dei redditi d'impresa), sotto quello dei servizi pubblici fondamentali (con i regimi speciali per i soggetti operanti in questi settori – televisivo, dell'energia, ecc. –), della tutela dell'ambiente, e via dicendo. *Anche il diritto pubblico*, dunque, *in molte delle sue branche*, *si interessa delle attività economiche*, con norme ed istituti più o meno complessi, ad esse specificamente dedicate.

Nel ***diritto commerciale***, tuttavia, confluiscono esclusivamente ***gli istituti e le disposizioni privatistiche***. Si tratta di una delimitazione che riposa senza dubbio su ragioni storiche, ma che ha ancora oggi un importante significato non solo scientifico e didattico, ma anche nella ricostruzione sistematica, e quindi nell'interpretazione giuridica, degli istituti: **il diritto commerciale disciplina** infatti **l'azione imprenditoriale nel mercato** e gli istituti che lo compongono sono accomunati dalla tensione a regolare *le dinamiche dei rapporti che si svolgono nel mercato*. Esso dunque è, in primo luogo, un sistema normativo distinto dalle norme pubblicistiche, che, anche quando si rivolgono alle attività economiche, lo fanno secondo logiche proprie (la logica dell'intervento autoritativo, ad es., nella creazione delle autorità di vigilanza come Consob o Banca d'Italia) o perseguendo finalità diverse (di pubblico interesse e di garanzia di un adeguato soddisfacimento dei bisogni collettivi, come ad es. nella disciplina della concessione dei servizi essenziali). In secondo luogo, esso è, anche all'interno della macrofamiglia del diritto privato, un *ordinamento speciale*, ispirato e retto da principi autonomi, poggianti sulle specificità delle attività economiche, rispetto alle ordinarie relazioni privatistiche tra i componenti della comunità.

I. *La nascita e l'affermazione del diritto commerciale: cenni storici*

Gli storici insegnano che il diritto commerciale è il frutto del genio italiano ed europeo dell'epoca tardomedievale. È in quest'epoca che il continente si risolleva progressivamente dal declino culturale e sociale che aveva caratterizzato i secoli successivi alla caduta dell'Impero romano d'occidente e che l'economia perde il suo carattere eminentemente rurale e curtense, affrancandosi dal sistema feudale e sviluppando un vasto movimento di commerci, sempre più fiorente e di respiro internazionale. È, in Italia, l'**epoca dei Comuni**, all'interno dei quali una nuova classe sociale, quella dei *mercanti*, fa la sua comparsa nel gran teatro del mondo, acquisendo un'importanza sociale, un'influenza politica e ricchezze vieppiù crescenti. Siamo nei secoli XI-XIII: i centri urbani si ripopolano, i traffici animano la vita comunitaria, la cultura rifiorisce e getta le fondamenta di quei monumenti che, nel campo dell'arte, dalla letteratura alla pittura, illumineranno l'alba della nuova era ed eserciteranno un'influenza continua nei secoli a venire.

A propria difesa, per la protezione e la promozione delle proprie iniziative, i mercanti si riuniscono nelle **Corporazioni di arti e mestieri**, associazioni di categoria per la verità sempre esistite, ma che in quest'epoca assumono un'importanza mai prima di allora avuta (famose e potenti le Arti, a Firenze, ed in particolare quella dei lanaioli) e che in alcuni centri rivestono un ruolo politico e non solo economico fondamentale. È al loro interno che si getta il seme del diritto commerciale. I mercanti hanno esigenze e interessi che il diritto comune (il *corpus iuris* romano, avente all'epoca valore universale, e i precetti del diritto canonico, che guidano la vita sociale non meno di quella spirituale) non è in condizione di soddisfare, a causa del formalismo che lo caratterizza e dell'estraneità dei suoi principi informatori alle dinamiche degli affari: è allora nella pratica del commercio che, attraverso la formazione progressiva di usi osservati dai mercanti nei loro rapporti, si crea un complesso di regole di portata e numero sempre crescenti, **consuetudini** inizialmente non scritte, che poi vengono raccolte e codificate negli **Statuti** delle Corporazioni, i quali disciplinano minuziosamente l'esercizio delle rispettive attività. A questi usi e a questa disciplina sono vincolati i mercanti iscritti alla Corporazione, i cui consoli ne garantiscono l'applicazione, esercitando nei confronti degli associati il *potere giudiziario*.

Il diritto commerciale nasce dunque come **diritto di classe**, *autonomo sia sul piano delle fonti*, diritto creato dagli stessi mercanti nel proprio interesse, *sia sotto il profilo dei destinatari e della potestà giurisdizionale*, in quanto destinato a regolare i rapporti tra i mercanti medesimi e ad essere applicato ed imposto da giudici speciali, di loro emanazione. La sua autonomia rispetto allo *ius civile* risalta nella ***novità delle soluzioni giuridiche*** e nella sua ***vocazione ad essere un diritto di applicazione sovranazionale***, espressione dell'universalità delle esigenze mercantili e dell'estensione territoriale dei traffici.

In questa prima fase, la scena economica è dominata dall'***attività di intermediazione*** nella circolazione delle merci. L'*attività di produzione* è svolta a livello ancora elementare, nelle botteghe, da numerosissimi, piccoli artigiani che si avvalgono dell'aiuto dei familiari o di pochi apprendisti; sono i mercanti, invece, ossia coloro che acquistano dagli artigiani per rivendere al minuto, i veri protagonisti della vita economica, la cui attività assume talvolta dimensioni accostabili a quelle di certe strutture distributive moderne, che investono capitali ingenti in ardite operazioni e si arricchiscono esponenzialmente, che espandono la propria attività in territori sempre più vasti. La frammentaria galassia degli artigiani (alla produzione della lana e delle pelli che il mercante rivende contribuiscono tessitori, tintori, lavatori, conciatori, pettinatori, tiratori, filatori, ecc.) resta loro subalterna, economicamente, socialmente ed organizzativamente. È l'apogeo del commercio ed è per questo che il sistema normativo nascente prende il nome di "*diritto commerciale*" (*ius mercatorum*).

A partire dal **XVI-XVII secolo** lo scenario muta profondamente. Politicamente, il rafforzamento degli Stati nazionali fa emergere la tendenza all'accentramento del potere legislativo e all'attrazione delle iniziative mercantili sotto il controllo statale; socialmente, i centri propulsori dell'economia si spostano nel nord dell'Europa e le rotte dei traffici valicano i confini del Mediterraneo e dell'Europa cristianizzata per aprirsi ai territori d'oltremare, dove sono spagnoli e portoghesi, inglesi e olandesi a dominare.

Nel **1673** la Francia di Luigi XIV e di Colbert emana l'*Ordonnance du commerce* (il c.d. *Code Savary*), cui segue, dopo pochi anni, quella della marina. Il diritto commerciale resta un diritto speciale, destinato a regolare l'attività dei commercianti, ma non è più un diritto di fonte elitaria. È l'avvio dell'opera di codificazione, che culminerà nei secoli successivi e che ancora informa gli ordinamenti di *civil law*.

Il diciottesimo è il secolo della **rivoluzione industriale** e della **rivoluzione francese**. La prima muta per sempre lo scenario economico: la produzione assume le forme di una produzione di massa e l'industria soppianta il commercio come protagonista del mercato; si affermano nuove esigenze e si disvelano nuovi interessi, che guideranno la maturazione del sistema legislativo sino al nostro secolo. La rivoluzione francese agisce invece sulla concezione stessa del diritto commerciale come diritto di classe. L'abolizione di ogni forma di privilegio e di distinzione tra ceti sociali, l'affermazione incontrastata del principio di libertà – che è, rispetto alle attività produttive, libertà di iniziativa economica – portano ad un rovesciamento sostanziale del sistema commercialistico, il quale, da *corpus* normativo costruito su basi soggettive, cioè imperniato sulla figura e sulla disciplina di una determinata categoria di soggetti (gli industriali e i commercianti), diventa un **sistema a base oggettiva**, a cardine del quale è posto l'*atto di commercio*, fattispecie comportamentale, cui è riservata una disciplina speciale a prescindere dalla natura dei soggetti che la pongono in essere.

È il *Code de commerce* napoleonico (1807) a consacrare il passaggio al nuovo modello, cui nei decenni successivi si ispirerà l'opera di codificazione del giovane Stato unitario italiano. L'800 è infatti il **secolo delle grandi codificazioni**. La Germania e l'Italia vi giungeranno, a causa della frammentazione politica che contraddistingueva i loro territori, più tardi rispetto allo Stato francese, ma nella seconda metà del secolo il processo è compiuto anche in questi paesi.

Il primo **Codice di commercio** dell'Italia unita (che affianca il Codice civile) risale al **1865**, ma fu presto sostituito da un secondo Codice, del **1882**. Nel Novecento si pervenne all'**unificazione** della materia del commercio all'interno del nuovo **Codice civile** del 1942. Le ragioni dell'unificazione, in qualche modo repentina, sono state ricollegate all'ideologia politica fascista dell'epoca, la quale cercava, attraverso la riconduzione ad unità sotto il segno del *lavoro*, di comporre i conflitti di classe nel nome di una nuova pace sociale: anche l'imprenditore doveva essere visto come un lavoratore ed il suo profitto come la ricompensa dell'opera che egli prestava. È certo peraltro che anche ragioni sociali ed economiche più profonde influirono sull'esito del processo di riforma: la logica del dualismo normativo – un diritto per il vivere civile e per la proprietà fondiaria, un altro per il commercio – usciva compromessa dall'industrializzazione e dalla massificazione dei processi produttivi, che aveva portato ad una penetrazione capillare del sistema economico in quello sociale.

II. *Il contenuto del diritto commerciale e le traiettorie del suo sviluppo nell'era moderna*

Il diritto commerciale, si è detto, è il diritto privato delle attività produttive, ossia quel complesso di istituti e di norme dedicati alla disciplina dei profili privatistici di queste attività.

Al vertice del sistema si pone il concetto di **impresa**. Questa è definita nell'art.

2082: è l'*attività economica organizzata svolta professionalmente, diretta alla produzione o allo scambio di beni o servizi*: dunque sia l'attività di chi crea nuovi beni per destinarli al mercato (il produttore), o offre servizi (di trasporto, custodia, ecc.), sia quella di chi media nella circolazione degli uni o degli altri (il rivenditore al dettaglio, l'agente di viaggi, ecc.).

Le **esigenze** che muovono il legislatore ad apprestare una disciplina specifica dedicata a questo aspetto della vita sociale sono state già evidenziate: la *tutela del credito*, la *stabilità dell'impresa*, la *sicurezza del traffico giuridico*, la *genuinità della competizione economica*, l'*equilibrio nei rapporti d'affari*; obiettivi, il cui perseguimento promuove lo sviluppo del benessere collettivo e il progresso sociale, e riassumibili, in definitiva, in uno: la **tutela del mercato**, da tutte le sue angolature.

L'attività d'impresa è un complesso, distribuito e articolato nel tempo, di atti materiali e giuridici, ciascuno dei quali conserva come tale la propria individualità, ma *il cui coordinamento e la cui finalizzazione entro la cornice dell'iniziativa economica globalmente considerata* fanno affiorare quegli interessi cui il diritto privato non attende, sollecitando dunque la sensibilità del legislatore verso una loro specifica tutela.

Il diritto dell'impresa non costituisce però ***una disciplina organica dell'attività produttiva***: non esiste cioè un *corpus* normativo dedicato, che copra con regole speciali ogni profilo privatistico del suo esercizio. *Tale attività*, infatti, *ricade per molti aspetti nell'ambito di applicazione del diritto privato e dei suoi principi comuni*. Per meglio dire, i singoli atti in cui l'attività è scomponibile sono tendenzialmente disciplinati dal diritto privato comune: il contratto di compravendita per mezzo del quale l'imprenditore acquista il veicolo destinato al trasporto delle merci è soggetto alla disciplina generale dei contratti e alla disciplina generale della compravendita, contenute nel quarto libro del codice civile; il pagamento, da parte del cliente, del corrispettivo pattuito per il suo trasporto in ferrovia è soggetto alla disciplina generale delle obbligazioni, contenuta anch'essa nel medesimo libro del codice; e così via. *Uno* è invero oggi il diritto delle obbligazioni e dei contratti, diritto che presiede alla formazione, all'esecuzione, alle vicende dei rapporti giuridici tanto civili quanto commerciali; ogni singolo momento dell'esercizio dell'impresa è dunque retto essenzialmente dallo *ius civile*.

Il diritto commerciale, mosso dall'esigenza di proteggere i peculiari interessi che, come si è evidenziato, nascono quando i singoli atti non costituiscono accadimenti giuridici isolati, ma si intrecciano e vengono coordinati nel quadro di una iniziativa produttiva complessa e unitaria (si compenetrano, dunque, in una *attività*), *interviene (ad integrazione, ma talvolta anche in deroga, rispetto alla disciplina privatistica generale) per regolare quei profili dell'attività, in relazione ai quali più stringenti si fanno le esigenze di protezione e di promozione del mercato*. Si può dire che il diritto civile guarda all'atto giuridico e al rapporto in quanto tali, il diritto commerciale guarda invece all'attività (introducendo ad es. doveri comportamentali relativi ad essa, come l'obbligo di informazione al mercato o di tenuta delle scritture contabili), o all'atto in quanto elemento dell'attività (si pensi all'invalidità della clausole vessatorie per mezzo della quale è imposto, a tutela del consumatore, un equilibrio contrattuale non assicurato dalla disciplina generale dei contratti e che si giustifica in ragione del fatto che il rapporto esprime, per l'altro contraente, le modalità di declinazione delle relazioni commerciali inerenti alla sua attività).

Si delinea così un **diritto dell'impresa** (o *statuto dell'imprenditore*), complesso di istituti e di disposizioni destinati a chiunque intraprenda un'iniziativa economica avente le caratteristiche definite nell'art. 2082. E si disciplinano essenzialmente: a) l'informazione al mercato; b) l'organizzazione dell'apparato produttivo; c) le dinamiche relazionali e competitive nel mercato; d) le vicende dell'impresa, in particolare circolazione e crisi.

Al diritto dedicato a quest'ultima si affianca l'altro grande *corpus* che forma il diritto commerciale: la **disciplina delle società**. L'attività produttiva può essere esercitata in proprio da una singola persona fisica; numericamente, le imprese individuali sono ancora molto diffuse nel nostro paese. Sempre più spesso, tuttavia, essa fa capo a strutture organizzative, più o meno complesse, che assurgono al rango di organismi di diritto privato, dotati di una propria sfera di autonomia giuridica e patrimoniale: le società. Al riguardo il legislatore interviene in modo organico, disciplinando la costituzione e le sorti di questi organismi, i meccanismi interni del loro funzionamento ed i rapporti con i terzi. Nuovamente, le esigenze di una regolazione speciale, che si discosti da quella degli organismi di diritto privato di cui si occupa il diritto delle persone (I libro del codice civile), nascono dal carattere speculativo dell'interesse che muove gli operatori economici (diverso dunque dal movente ideale che caratterizza associazioni e fondazioni), un interesse che attiva dinamiche non suscettibili di essere adeguatamente regolate dal diritto delle persone.

Lo statuto dell'impresa è in realtà in origine calibrato esclusivamente sull'**impresa commerciale medio-grande**, non sull'attività produttiva in generale. Al vertice dell'ordinamento, infatti, viene delineata una triplice partizione, che isola, tra le attività economiche, quelle commerciali di medio-grandi dimensioni e ad esse eminentemente destina il *corpus* normativo giuscommercialistico e in particolare il diritto dell'impresa (mentre le società sono in linea di principio aperte a tutte le attività produttive), separandovi: a) le professioni intellettuali; b) le imprese agricole; c) le piccole imprese.

Le ragioni di questa focalizzazione sono di carattere storico e affondano le loro radici nel contesto socio-economico nel quale il legislatore del 1942 era chiamato a calare la disciplina che andava coniando: le tre sottoclassi sostanzialmente sottratte al diritto commerciale rappresentavano infatti, all'epoca, attività che, per la loro natura o la loro dimensione, non sollecitavano le istanze di protezione del mercato (del mercato del credito, della concorrenza, ecc.) con la stessa intensità delle imprese commerciali medio-grandi; erano, in altre parole, iniziative economiche il cui svolgimento poteva restare adeguatamente soggetto, in linea di massima, alla disciplina civilistica comune.

I tempi tuttavia mutano repentinamente e i decenni seguiti all'emanazione del codice civile hanno inciso in profondità sullo scenario del 1942: l'agricoltura si è affrancata dalla dipendenza dalla terra come fattore necessario della produzione (basta pensare alle coltivazioni in serra o agli allevamenti in batteria) e ha assunto dimensioni industriali, la professione intellettuale presenta talvolta una complessità notevole (vi sono ad es. studi legali o ambulatori dentistici con sedi delocalizzate in molte città, che si avvalgono di personale tecnico e di strumentazioni avanzate). Le attività un tempo "minori" vanno dunque accostandosi potenzialmente sempre più all'impresa commerciale, nelle dimensioni e nel modo del loro svolgimento, così da sollecitare le esigenze di tutela del mercato in misura equivalente ad essa: si rivolgono al sistema creditizio e attingono a capitali esterni per finanziarsi, si pongono tra loro in una dialettica di forte concorrenzialità che muove interessi economici rilevanti (si pensi al valore che hanno certe denominazioni d'origine per i prodotti agricoli, come "Parmigiano"), si dotano di apparati produttivi considerevoli, instaurano con la clientela rapporti standardizzati e spersonalizzati, di tenore analogo a quelli tipici della contrattazione imprenditoriale di massa.

L'ordinamento non rimane insensibile al mutare del quadro socioeconomico. Si fa dunque strada sempre più significativamente una *tendenza all'allargamento dell'ambito di applicazione del diritto dell'impresa*, alla progressiva attrazione delle imprese agricole e piccole e delle professioni intellettuali sotto la disciplina dell'impresa commerciale, a causa di quella che si potrebbe definire la "*commercializzazione*", nei fatti, *di queste attività*. È una linea di sviluppo normativo in divenire, che ad oggi presenta un grado alterno di concretizzazione, sia per la tradizionale, non immediata capacità del legislatore di reagire al mutamento degli scenari economici, sia per le resistenze politiche e corporative a rinunciare ai privilegi e all'identità del proprio ruolo professionale. Ma è uno dei *fils rouges* del moderno diritto commerciale, una prospettiva da cui non si può prescindere ormai di guardare al diritto dell'impresa.

Si registra allora, almeno sotto alcuni profili, la riduzione ad unità delle attività imprenditoriali e di quelle intellettuali sotto la nozione di "attività economica" e di "professionista": in particolare, la disciplina a tutela della concorrenza viene costantemente applicata, dalle autorità nazionali e comunitarie, sia agli imprenditori (tutti) che a chi svolge un'attività liberale; gli istituti a protezione dei consumatori operano nei rapporti con i "professionisti" genericamente intesi e non solo nei rapporti con gli imprenditori; i modelli organizzativi societari sono accessibili anche per l'esercizio di attività intellettuali.

Nella medesima direzione va censita l'estensione dei principi che presidiano l'informazione al mercato anche all'imprenditore agricolo, il quale è oggi tenuto ad iscriversi come quello commerciale nel registro delle imprese e con identici effetti. Anche l'ordinamento delle crisi d'impresa ha ampliato il proprio spettro d'azione, assoggettando alle procedure di regolazione della crisi e dell'insolvenza tutti coloro che esercitano un'attività produttiva (pur conservando procedure diversificate a seconda della natura e dimensione dell'attività).

La **parte generale** del diritto commerciale è composta dalle disposizioni applicabili indipendentemente dal tipo di attività svolta. Una suddivisione classica riconduce i diversi istituti al *diritto dell'impresa* (e delle attività produttive in genere), cui appartengono anche il *diritto industriale* (disciplina della concorrenza e delle privative industriali) e il *diritto della crisi*, e al *diritto delle società*.

La materia si articola peraltro anche in un complesso sempre più consistente di **discipline di settore**, dedicate a specifiche attività, le cui peculiarità e la cui rilevanza nel tessuto economico e sociale esigono un intervento regolatore diretto. La loro proliferazione è inarrestabile e moltissimi ambiti ne sono coinvolti. Un'elencazione di queste discipline, assolutamente eterogenee nelle dimensioni e nel contenuto, sarebbe del tutto inutile; ma almeno quelle dedicate all'**attività assicurativa** (con il Codice delle assicurazioni private: d.lgs. 209/2005) e **bancaria** (con il Testo unico bancario) e ai **mercati finanziari** (con il Testo unico della finanza) vanno menzionate: discipline storicamente importanti e ormai mature, che creano un vero e proprio *statuto speciale dell'attività finanziaria*, a cui sono rivolte.

III. *Le fonti*

Sul piano delle fonti, la storia del diritto commerciale è segnata da epoche separate tra loro da profondi cambiamenti. Lo *ius mercatorum* nasce fondamentalmente su basi consuetudinarie, come si è visto, attraverso la formazione di usi osservati dai mercanti di ogni paese. La prima redazione scritta consistette nella raccolta di questi usi da parte delle Corporazioni mercantili medievali. Successivamente furono i nascenti Stati nazionali ad avocare a sé il compito di legiferare in materia; e l'Ottocento vide in tutta Europa l'elaborazione delle grandi codificazioni.

In Italia, il vigente **Codice civile** aveva, quando venne emanato, certamente un ruolo centrale nella disciplina delle attività produttive; un ruolo che tuttavia già allora era tutt'altro che esclusivo, se solo si pensa che, coeva ad esso e distinta, fu la legge regolatrice del fallimento e delle altre procedure concorsuali (r.d. 267/1942, meglio noto come "legge fallimentare", oggi sostituito dal Codice della crisi e dell'insolvenza, d.lgs. 14/2019).

Lo scenario attuale è ancora più composito. Il codice civile conserva buona parte dello statuto dell'imprenditore (artt. 2082 ss.: qui si trovano i principi sull'informazione al mercato e sono regolate la circolazione dell'azienda, la concorrenza sleale, la cooperazione tra imprenditori) e la disciplina delle società (artt. 2247 ss.). Ma **leggi speciali** sempre più numerose e complesse vi si affiancano. La normativa *antitrust* sulle intese e le pratiche restrittive della concorrenza è contenuta nella l. 287/1990; la regolamentazione dei segni distintivi e delle invenzioni industriali è affidata al Codice della proprietà industriale (d.lgs. 30/2005); la tutela dei consumatori al Codice del consumo (d.lgs. 206/2005); l'attività bancaria è soggetta al Testo unico bancario (d.lgs. 385/1993), il settore mobiliare al Testo unico della finanza (d.lgs. 58/1998); del Codice della crisi si è detto. E si tratta soltanto delle leggi speciali principali.

Il quadro è poi arricchito da una sempre più intensa **produzione normativa di rango secondario**, sia di fonte governativa, sia proveniente dalle diverse Autorità indipendenti create negli anni e dotate di un pervasivo potere legislativo, ad esse affidato in considerazione del tecnicismo che la disciplina di settore frequentemente presenta. Si tratta di provvedimenti tutt'altro che marginali, ché, anzi, nei relativi ambiti spesso la disciplina primaria si limita a stabilire i principi generali, devolvendo a quella secondaria il compito di darne attuazione. Questo schema piramidale è evidentissimo in alcuni contesti, come quello finanziario, in cui l'attività legiferante della Consob e della Banca d'Italia ha assunto una dimensione ed un peso fondamentali. Si è suggestivamente parlato, in proposito, dell'avvento di una sorta di *tecno-democrazia*, di preponderanza delle autorità tecnocratiche su quelle politiche, espressione della democrazia rappresentativa.

Non meno rilevante è oggi la **dimensione internazionale** della materia.

Il diritto commerciale è un ordinamento che nacque al di sopra dei confini politici che dividevano un tempo l'Europa e le sue regioni, ancor più di quanto la dividano oggi. L'esigenza di una uniformazione legislativa tra gli Stati è particolarmente pressante nella vita economica e le sollecitazioni a procedere in questa direzione crescono proporzionalmente all'intensità degli scambi transfrontalieri e all'espansione delle attività produttive oltre i confini delle nazioni.

Ampi settori del diritto commerciale sono stati dunque e sono tuttora terreno di elezione per la stipulazione di **accordi internazionali**, diretti a rendere omogenee le discipline statali. In particolare, a partire dalla fine dell'Ottocento e lungo tutto l'arco del secolo successivo, svariate convenzioni, ratificate dall'Italia, hanno segnato l'evoluzione del diritto industriale, sia nella disciplina della concorrenza, sia nella tutela dei diritti di proprietà intellettuale e industriale.

È tuttavia soprattutto il diritto comunitario (meglio, oggi: **diritto dell'UE**) che ha impresso un'accelerazione decisiva all'armonizzazione degli ordinamenti europei. La normativa dell'Unione agisce, nei diversi settori che interessano l'economia, secondo due distinte linee d'azione.

a) In alcuni casi essa ***regola direttamente la materia*** e interviene con i propri organi per garantire l'osservanza delle sue norme, a volte affiancandosi e coordinandosi con le omologhe discipline nazionali, a volte avocando esclusivamente a sé il compito di legiferare sull'argomento. Il TFUE si occupa così direttamente, coesistendo con le discipline *antitrust* nazionali, dei comportamenti restrittivi della concorrenza che abbiano rilevanza comunitaria e un regolamento dell'Unione suddivide tra la Commissione e le autorità statali (l'AGCM, per l'Italia) le competenze a conoscere dei medesimi e ad irrogare le relative sanzioni. Accanto ai marchi nazionali, regolati dal diritto dei singoli paesi, sono disciplinati, da un apposito regolamento, i marchi dell'UE, che assicurano una protezione coestesa al territorio dell'Unione. Il coordinamento, in tutte queste ipotesi, è facilitato dalla piena simmetria e dalla sostanziale omogeneità tra i due livelli disciplinari. Viceversa, le indicazioni geografiche dei prodotti agricoli (d.o.p., i.g.p.), che muovono oggigiorno valori economici elevatissimi, ricevono un trattamento unico, da parte di un regolamento comunitario.

b) In altri casi, l'Unione si limita a promuovere e favorire l'***armonizzazione*** degli ordinamenti nazionali, attraverso l'emanazione di ***direttive*** la cui attuazione è affidata ai legislatori dei singoli paesi. Di particolare rilievo, in questa direzione, è l'opera svolta sul piano del diritto societario, ormai profondamente influenzato dal diritto europeo, il quale, peraltro, interviene talora in questo settore anche attraverso una normazione diretta (a due regolamenti comunitari si deve l'introduzione dei nuovi modelli della società europea e della società cooperativa europea). Ma non meno importanti sono le direttive che hanno generato l'intero apparato di norme a tutela dei consumatori e, sulla stessa lunghezza d'onda in quanto dirette a presidiare la trasparenza e l'equilibrio dei rapporti tra i contraenti, quelle dedicate al settore della prestazione dei servizi finanziari.

Non meno significativo, di conseguenza, è il ruolo giocato in moltissimi ambiti dalla *giurisprudenza UE*.

SEZIONE PRIMA
LA FATTISPECIE "IMPRESA"

§ 1. LA NOZIONE D'IMPRESA

Nell'iniziare un manuale universitario di diritto positivo, quale è un manuale di diritto commerciale, è opportuno partire dall'individuazione della **fattispecie**, cioè del destinatario o referente della disciplina che ne rappresenta l'oggetto.

In quest'ottica, è evidente che la fattispecie dev'essere ricercata e/o inferita guardando al *corpo di norme* che quella disciplina compongono. E accingendoci alla loro identificazione, giova subito constatare che nell'ordinamento giuridico italiano, a differenza di altri, tali norme – quanto meno per la parte più importante che sarà oggetto di trattazione in questo *Manuale* – sono contenute, non già in un *codice di commercio* (cioè, in una legge organica tematicamente uniforme), bensì nel **codice civile** (cioè, in una legge organica tematicamente molteplice) e, esattamente, nel libro V (intitolato *Del lavoro*). Più in particolare, la parte che interessa comincia dal titolo II (intitolato *Del lavoro nell'impresa*), che si apre con l'art. 2082 (rubricato *Imprenditore*), che recita: "**è imprenditore chi esercita professionalmente un'attività economica organizzata al fine della produzione o dello scambio di beni o di servizi**".

Stando al tenore letterale dell'art. 2082, la conclusione che se ne dovrebbe trarre è di riconoscere il presupposto di vertice della disciplina nella figura di un ***soggetto***, ossia nell'**imprenditore**. Del resto, una siffatta conclusione apparirebbe pienamente in linea con la struttura del testo normativo che racchiude il diritto commerciale. Ed invero, tale testo, contenendo perlopiù la regolamentazione giuridica dei rapporti tra persone, presenta una struttura antropocentrica, atteso che non può non essere un soggetto (l'uomo) l'*a priori* del sistema giuridico dei privati. Basti ricordare che il soggetto entra nel sistema giuridico-privatistico con due qualità fondamentali: la capacità giuridica e la capacità di agire. Ed è agevole constatare come il soggetto sia al centro di tutto il sistema di valori che informa il materiale normativo contenuto nei primi quattro libri del codice civile.

Tuttavia, è stato dimostrato, ormai da tempo, che la suddetta conclusione è senz'altro inesatta, perché non è un soggetto il punto dal quale muove e si sviluppa il diritto commerciale, in funzione delle sue caratteristiche e delle esigenze di regolazione ad esso sottese. Ed invero, l'art. 2082 definisce, più che l'imprenditore, il *fenomeno che l'imprenditore pone in essere*, in modo da isolarlo idealmente da esso. Cioè, descrive in termini oggettivi un suo ***comportamento***, che si sostanzia in un'*attività*, qualificata come produttiva, a sua volta *triplicemente qualificata dai requisiti di organizzazione, professionalità ed economicità*: tale attività prende il nome di **impresa**. Questo al fine di rendere l'impresa per il diritto commerciale ciò che è il soggetto per il diritto privato: l'impresa, infatti, è collocata al vertice del sistema del diritto commerciale e diventa essa stessa il referente della disciplina corrispondente.

Infatti, come sarà agevole constatare, il dato normativo appronta la disciplina proprio *muovendo dall'impresa*, come *attività oggettivamente considerata*: disciplina che allora è la ***disciplina dell'impresa***, dettata in funzione delle caratteristiche e delle peculiarità proprie di quest'ultima: in particolare, essa stabilisce le regole comportamentali alle quali occorre attenersi nel suo svolgimento, in modo da pervenire ad un giusto equilibrio o contemperamento tra i ***diversi interessi*** che ne sono coinvolti, nel suo interno (titolare, soci) e nei rapporti esterni che da essa hanno origine (creditori e, per certi aspetti, lavoratori, destinatari della produzione), risolvendo, cioè, eventuali situazioni di conflitto.

Si coglie, allora, l'importanza di un esame particolarmente attento della definizione che il dato normativo dà dell'impresa, per comprendere qual è il fenomeno produttivo rilevante per il diritto. Infatti, la definizione di impresa costituisce il riferimento generale e astratto, capace di selezionare e individuare quali tra i fenomeni produttivi che hanno riscontro nella realtà hanno dignità giuridica di impresa e, di conseguenza, devono essere assoggettati alla disciplina pensata per questa.

I. *La relatività della nozione d'impresa*

Conviene sin da subito precisare che la nozione di impresa oggetto di studio in questa Sezione Prima del *Manuale non rappresenta l'unica nozione di impresa* contemplata dall'ordinamento. Essa è soltanto *una* delle nozioni, in particolare la nozione che serve a determinare quali sono i fenomeni che devono essere assoggettati al corpo di norme che costituiscono lo ***statuto codicistico delle imprese*** e che rappresentano la componente storicamente tradizionale – ancora oggi centrale – del *diritto commerciale*.

Una nozione diversa, o quanto meno parzialmente diversa, la si può riscontrare al vertice di altre esperienze normative.

Per rimanere nell'ambito del diritto commerciale, possiamo ricordare, a titolo di esempio, la nozione elaborata dalla giurisprudenza europea (specialmente, dalla Corte di Giustizia), diretta ad individuare i fenomeni produttivi soggetti alla disciplina contenuta in particolare nel TFUE (artt. 101 ss., in materia di concorrenza), con riguardo ai quali i requisiti qualificativi richiesti dalla nozione codicistica o non sono necessari (la professionalità o l'organizzazione) o assumono un significato diverso (l'economicità). E uscendo dall'area del diritto commerciale, la nozione contenuta nell'art. 55 TUIR, finalizzata ad individuare i fenomeni produttivi idonei a produrre redditi da assoggettare al regime di imposizione dei redditi di impresa (artt. 56 ss. TUIR), con riguardo ai quali non sono necessari alcuni dei requisiti qualificativi richiesti dalla nozione codicistica (l'organizzazione).

Ci sono poi ulteriori nozioni, che rappresentano delle *specificazioni* della figura che sarà oggetto di attenzione: in tali nozioni vengono messi in rilievo, con un significativo grado di dettaglio, alcuni aspetti necessariamente trascurati dalla definizione generale dell'art. 2082. In particolare, il riferimento è alle nozioni di *impresa bancaria* (artt. 10 e 11 TUB) e di *impresa di investimento* (art. 1, co. 1, lett. *f-h*, TUF), poste al vertice della disciplina bancaria e finanziaria.

In definitiva, possiamo senz'altro affermare che quella di impresa è una nozione a geometria variabile, che cambia in funzione della disciplina che deve trovare applicazione e, quindi, delle esigenze e della tipologia di interessi sottostanti alla specifica disciplina.

II. *L'impresa quale attività produttiva triplicemente qualificata*

1. *L'attività produttiva*

Passando all'esame della nozione di impresa che qui interessa, conviene muovere dal rilievo che l'art. 2082 descrive l'impresa in termini di ***attività*** e la qualifica, poi, come ***produttiva***.

a) L'*attività* può essere immaginata come un **modello comportamentale** costituito da tanti singoli comportamenti, che rilevano sul piano normativo non nella loro individualità (pur potendo presentare ognuno di essi attitudine ad essere regolato sul piano giuridico), bensì nel loro insieme (cioè, come accadimento considerato unitariamente). E ciò in ragione del fatto che essi rappresentano una *sequenza coordinata strutturalmente e funzionalmente*, ossia teleologicamente orientata rispetto al raggiungimento di un determinato scopo (o risultato programmato). Per fare un esempio: la gestione di un sito di *e-commerce* si sviluppa attraverso la stipulazione e l'esecuzione di diversi contratti (di acquisto delle merci, di locazione dei magazzini, di assunzione del personale, di vendita dei beni, ecc.) e il compimento di diversi atti materiali (lo stoccaggio delle merci a magazzino, il loro imballaggio, la loro spedizione, ecc.); l'insieme coordinato di tutti questi atti costituisce l'attività (la gestione del sito).

b) L'attività si presta ad essere qualificata a seconda della natura del suo **scopo** (o risultato che mira a raggiungere). Sicché, atteso che qui interessa l'attività produttiva, la relativa sequenza comportamentale dev'essere *orientata al perseguimento di un risultato socialmente riconoscibile come produttivo*. Ciò significa che tale sequenza dev'essere rivolta a ***produrre un'utilità che prima non c'era***, quindi ad incrementare il livello di ricchezza complessiva rispetto allo *status quo ante*. E ciò attraverso la produzione e lo scambio di beni e servizi: per un verso, rendendo disponibile un bene o un servizio attraverso un procedimento di trasformazione fisico-tecnica di materie prime o trasferendo un bene in un luogo diverso da quello originario (o di produzione) o conservando un bene (magari custodendo lo stesso nel luogo di produzione) fino al momento in cui esso formerà oggetto di richiesta sul mercato; per altro verso, collocando i beni e i servizi prodotti da altri (si pensi ad un negozio di abbigliamento o ad un supermercato oppure ad una piattaforma di prenotazione alberghiera di ristorazione) sul mercato.

Se allora soltanto i fenomeni che si presentano nella forma dell'attività produttiva interessano il diritto commerciale, si può sin da subito individuare un primo gruppo di fenomeni estranei ai nostri interessi: quelli che si presentano nella forma dell'attività non produttiva, ossia l'**attività di godimento**. Essa può essere immaginata come una sequenza di comportamenti finalizzati a trarre le utilità d'uso o di scambio di qualcosa che già si ha, pertanto senza dar luogo ad alcun incremento di ricchezza preesistente. In altre parole, si tratta del modo attraverso il quale si concretizza essenzialmente l'esercizio del diritto soggettivo su un certo bene (uso di un immobile di proprietà a scopo abitativo o offerta del medesimo immobile in locazione).

Non ogni attività produttiva, tuttavia, è qualificabile come impresa e, dunque, è assoggettabile alla relativa disciplina. È, infatti, imprenditoriale solo l'attività produttiva che presenta le caratteristiche specificate dall'art. 2082 (professionalità, organizzazione ed economicità), che ci accingiamo ad esaminare.

2. *La professionalità*

Un'attività produttiva, per poter essere qualificata come impresa, dev'essere svolta professionalmente, cioè deve soddisfare il primo requisito stabilito dall'art. 2082, quello della **professionalità**. Si tratta del requisito che connota l'attività sul piano della *frequenza relativa al suo svolgimento*, richiedendo che essa abbia luogo *in maniera abituale, stabile e reiterata*, in definitiva *non occasionale o sporadica*.

Peraltro, se è agevole e immediato definire a livello teorico quando l'attività può considerarsi esercitata professionalmente, lo stesso non può dirsi dal punto di vista pratico e concreto.

Al riguardo, può essere utile e opportuno ricordare alcune conclusioni che possono ritenersi ormai acquisite.

i) In primo luogo, si ritiene che professionalità ***non sia sinonimo di esclusività***, sicché il requisito in esame è integrato anche nel caso in cui un'attività produttiva non costituisca l'unica attività svolta da parte di chi la pone in essere. A titolo d'esempio, s'immagini un soggetto che di giorno gestisce un punto di ristoro e poi di sera va ad insegnare aerobica in una palestra. Oppure, un soggetto che di giorno gestisce una tavola calda e di sera gestisce un pub. In termini più generali, è senz'altro possibile che un soggetto svolga un'attività produttiva qualificabile come impresa e un'attività produttiva di tipo differente; così come che un soggetto svolga due (o più) attività produttive entrambe qualificabili come imprese.

ii) In secondo luogo, si ritiene che professionalità ***non sia sinonimo di continuità***, sicché il requisito in esame è integrato anche nel caso in cui l'attività produttiva sia svolta in modo non continuativo, cioè sia caratterizzata da interruzioni, in un lasso di tempo considerato. Tuttavia, si precisa che le interruzioni devono essere legate, non già all'arbitrio di chi svolge l'iniziativa, bensì alle *esigenze naturali del ciclo produttivo sottostante*, sicché l'attività interrotta ricomincia dopo un certo periodo, per poi interrompersi nuovamente, secondo un intervallo pressoché costante. Si pensi alle attività stagionali, come la gestione di un impianto sciistico o di uno stabilimento balneare.

iii) Infine, si ritiene che professionalità ***non sia sinonimo di pluralità di risultati*** prodotti, sicché il requisito in esame è integrato anche nel caso in cui l'attività sia finalizzata alla realizzazione di un **unico affare**. Infatti, non è detto che l'"occasionalità" dell'affare debba sottendere sempre l'occasionalità dell'attività. In particolare, ciò non accade quando l'affare si presenta complesso e si presta ad essere realizzato attraverso un'iniziativa che non può essere improvvisata, cioè non può essere posta in essere da chiunque, poiché richiede un minimo di apparato organizzativo: si pensi al caso in cui il risultato della produzione sia una grande struttura (un ponte, una strada, ecc.). Invece, l'"occasionalità" dell'affare sottende l'occasionalità dell'attività quando si tratta di un affare semplice, che si presta ad essere attuato attraverso un'iniziativa che può essere anche improvvisata e, di conseguenza, posta in essere da chiunque: si pensi ad un soggetto che compra una partita di merce all'ingrosso, con l'intenzione di rivenderla al dettaglio e guadagnare la differenza tra il prezzo di acquisto e il prezzo di vendita.

3. *L'organizzazione*

Un'attività produttiva, per essere qualificata come impresa, dev'essere, poi, organizzata, cioè deve soddisfare il secondo requisito stabilito dall'art. 2082: l'**organizzazione**. Si tratta del requisito che connota l'attività *sul piano dei mezzi impiegati nel suo svolgimento*, richiedendo che essa sia esercitata, non solo (o non tanto) con la capacità lavorativa di chi la pone in essere, ma anche (o piuttosto) con l'ausilio di (altri) *fattori produttivi*.

I fattori produttivi impiegabili nel processo produttivo possono essere i più vari. Essi sono sostanzialmente riconducibili alle due categorie fondamentali, individuate dalla scienza economica: il ***lavoro*** e il ***capitale***. Con il primo si allude alla forza lavoro acquisita sul mercato del lavoro, a prescindere dal titolo al quale l'acquisizione è avvenuta (rapporto di lavoro subordinato, coordinato e continuativo, occasionale, volontario, ecc.). Con il secondo si allude a qualunque entità materiale o immateriale, a prescindere dal titolo che ne consente di avere la disponibilità (proprietà, usufrutto, uso, locazione, *leasing*, ecc.).

Peraltro, non è necessario che le due tipologie di fattori produttivi ricorrano congiuntamente. Se è normale che le due categorie di fattori si combinino tra di loro, non è da escludere che determinati processi produttivi possano richiedere esclusivamente il fattore lavoro (processi produttivi c.d. *labour intensive*) o il fattore capitale (processi produttivi c.d. *capital intensive*).

Alla luce di quanto precede, dovrebbe essere evidente qual è il ruolo del titolare di un'attività produttiva organizzata. Il suo ruolo è quello, non tanto di partecipare attivamente nel processo produttivo, quanto piuttosto di svolgere un'***opera di organizzazione***: un'opera, cioè, che consiste nello stabilire un ordine funzionale e strutturale dei fattori produttivi ai quali fa ricorso, approntando gli stessi all'impiego nel processo produttivo.

Una tale opera è comunque legata alla natura dei fattori utilizzati in concreto: essa, con riferimento al lavoro, consiste nello stabilire un ordine funzionale, finalizzato a definire chi decide cosa e chi esegue ciò che altri hanno deciso; con riferimento al capitale, consiste nella preparazione degli elementi all'utilizzo nel processo produttivo.

Peraltro, va detto che l'opera di organizzazione *non deve necessariamente manifestarsi nella realizzazione di un apparato organizzativo tangibile*. Basti pensare alle attività di investimento nella loro configurazione più elementare, che si sostanziano nella raccolta di una certa quantità di denaro e nel successivo impiego in strumenti finanziari secondo opportuni criteri di ripartizione del rischio; oppure alle attività che si svolgono esclusivamente attraverso la rete *internet*, come le tante iniziative di mediazione virtuale, che ormai mettono in contatto venditori e compratori di qualunque tipo di bene, ivi compreso il denaro (raccolta di denaro da chi ne ha in eccesso e vuole risparmiarlo in modo remunerativo e offerta di denaro a chi ne ha bisogno e chiede credito) e articolati servizi finanziari (*my-flower*; *4-you*) e assicurativi (*direct line*).

D'altra parte, giova precisare che il ruolo del titolare nell'ambito della sua iniziativa dev'essere, comunque, almeno minimamente riconducibile ad un'attività di organizzazione. Se manca questo profilo (e, quindi, l'**eterorganizzazione**), se, cioè, il ruolo del titolare si esaurisce in un'attività meramente esecutiva (e, quindi, nell'*autorganizzazione*), rappresentando il suo lavoro personale l'unico fattore impiegato nel processo produttivo, allora l'iniziativa non è qualificabile come impresa bensì come **lavoro autonomo**.

4. *L'economicità*

Un'attività produttiva, per essere qualificata come impresa, dev'essere, infine, economica, cioè deve soddisfare il terzo ed ultimo requisito stabilito dall'art. 2082: quello dell'**economicità**. Si tratta del requisito che connota l'attività sul piano del *metodo che dev'essere seguito nel suo svolgimento*.

Tale requisito, a differenza degli altri due precedentemente esaminati, è stato a lungo controverso, nel senso che è stata a lungo incerta (e, ad onor del vero, ancora non è del tutto pacifica) l'identificazione del metodo cui allude.

Secondo un primo orientamento, che soprattutto in passato riscuoteva grande seguito specialmente da parte di chi era dell'idea che l'economicità fosse un requisito "inautonomo" dalla (e fosse, quindi, solo un rafforzativo della) professionalità, il metodo da impiegare nello svolgimento dell'attività è il **metodo lucrativo**, cioè un metodo che tende a far conseguire un margine di profitto (o il maggior profitto possibile). Pertanto, secondo quest'orientamento, un fenomeno produttivo per potersi qualificare come impresa dev'essere un'attività nella quale i prezzi di cessione dell'oggetto della produzione (c.d. *prezzi-ricavo*) devono essere fissati *ex ante* (oltre che in funzione di quella che può essere la ragionevole capacità di assorbimento da parte del mercato), in modo non solo da consentire di recuperare i costi sostenuti nel corso del processo produttivo (c.d. *prezzi-costo*), ma anche di conseguire un ***margine di profitto***, a prescindere dalla *destinazione* poi impressa al profitto così ottenuto: se una destinazione interessata al titolare dell'iniziativa o, nel caso di impresa collettiva, ai suoi partecipanti (come i soci in una società) ovvero una destinazione disinteressata a soggetti differenti (come avviene normalmente in un'associazione o fondazione).

Secondo un diverso orientamento, che attualmente può considerarsi prevalente, anche in seguito alla acquisita consapevolezza che l'economicità sia un requisito autonomo (e, quindi, ulteriore) rispetto alla professionalità, il metodo da impiegare nello svolgimento dell'attività è il **metodo economico in senso stretto**, cioè un metodo che tende ad assicurare il ***pareggio tra ricavi e costi***, essendo del tutto eventuale e, comunque, irrilevante il profitto. Pertanto, secondo quest'orientamento, un fenomeno produttivo si qualifica come impresa se è un'attività nella quale i prezzi di vendita vengono fissati *ex ante* (oltre che in funzione di quella che può essere la ragionevole capacità di assorbimento da parte del mercato) in modo da consentire almeno di recuperare attraverso i ricavi i costi di produzione sostenuti. In altre parole, affinché un fenomeno produttivo possa qualificarsi come impresa, è sufficiente che il titolare sia in grado di riprendere dal mercato – e sempre che il mercato risponda assorbendo la produzione offerta – l'investimento di capitali risultato necessario per lo svolgimento del processo produttivo e che, di conseguenza, sia nelle condizioni di disporre di quanto occorre per rinnovare gli investimenti che sono richiesti, nell'ottica di una prosecuzione regolare dell'iniziativa, senza ulteriori interventi da parte di terze economie (cioè, di economie ulteriori rispetto all'intervento iniziale o interventi normalmente imposti da esigenze di crescita dell'iniziativa). Deve trattarsi di un'iniziativa che sia, dunque, in grado di mantenersi in equilibrio economico e, quindi, in equilibrio finanziario, preservando, così, quanto meno nel lungo periodo, l'***autonomia da altre economie*** (o **fonti di sostegno economico**).

Questa seconda interpretazione del requisito dell'economicità è senz'altro preferibile per un concorso di ragioni.

Al riguardo, giova muovere dal rilievo che, accedendo all'interpretazione che intende l'economicità come sinonimo di lucratività, il fenomeno normativamente rilevante (cioè, l'impresa) sarebbe più circoscritto rispetto a quello che risulterebbe accedendo all'interpretazione più letterale del criterio. Una simile restrizione non sembra tuttavia trovare giustificazione. Ciò in quanto essa avrebbe come conseguenza quella di rendere estranei alla fattispecie – e, quindi, di sottrarre alla disciplina che a quella fattispecie si riferisce (ossia, la disciplina dell'impresa) – una serie di fenomeni che sollecitano interessi, se non pienamente coincidenti, quantomeno non molto diversi rispetto a quelli sollecitati dai fenomeni che si realizzano secondo il metodo lucrativo.

Ed invero, occorre considerare che un qualsiasi fenomeno produttivo, a prescindere dal metodo che ne informa lo svolgimento, necessita *ex ante* degli investimenti per acquisire i fattori produttivi, investimenti che possono essere sostenuti nella misura in cui si disponga di sufficienti risorse finanziarie, suscettibili di essere acquisite o a titolo di *capitale proprio* (cioè, senza vincolo di restituzione) o a titolo di *capitale di credito* (cioè, con vincolo di restituzione). Ora, il fatto che il fenomeno produttivo si svolga secondo un metodo economico, a prescindere dalla sua esatta identificazione (se lucrativo o meramente economico), significa essenzialmente che tale fenomeno si prefigge di appagare le istanze di coloro che soddisfano le sue esigenze finanziarie, per il tramite della collocazione della propria produzione sul mercato, di recuperare cioè attraverso la vendita dei beni o servizi offerti le risorse necessarie per assecondare le pretese dei finanziatori. È, perciò, evidente che nel fenomeno produttivo in questione le pretese di coloro che lo finanziano sono esposte al rischio che l'iniziativa non riesca ad ottenere dal mercato le suddette risorse. Sono esposte cioè al *rischio di mercato* (che è la configurazione tipica del **rischio di impresa**): al rischio di non riuscire a soddisfare le proprie legittime aspettative originate dall'operazione finanziaria posta in essere, se il mercato non assorbe (quanto meno una parte del)la produzione offerta.

È, allora, evidente che in un fenomeno produttivo economico, a prescindere dal metodo che ne informa lo svolgimento, ricorre il presupposto che rende congruo l'assoggettamento al diritto dell'impresa: il fatto che *tali fenomeni si interfaccino con il mercato*, cioè cerchino di acquisire dal mercato le risorse necessarie per soddisfare le istanze di coloro che li finanziano e, quindi, sono esposti al rischio che il mercato non consenta la relativa acquisizione o, quanto meno, un'acquisizione sufficiente. Di conseguenza, devono essere governati dal diritto dell'impresa – devono, cioè, svilupparsi nell'osservanza delle regole comportamentali imposte dall'ordinamento proprio con l'obiettivo di soddisfare quelle istanze – non solo i fenomeni che si svolgono con metodo lucrativo, ma anche quelli che si svolgono con metodo meramente economico.

Rimangono, per contro, estranee alla nozione di impresa quelle attività svolte senza neppure prefiggersi il pareggio dei costi con i ricavi (**attività erogative**): si pensi all'associazione benefica che distribuisca gratuitamente pasti ai non abbienti. Qui non vi è, infatti, alcuna relazione con il mercato, nei termini visti testé, che renda necessaria l'applicazione del diritto dell'impresa.

Resta, semmai, incerto se debba considerarsi imprenditoriale o erogativa quell'attività che viene svolta stabilendo un livello dei *prezzi-ricavo* senz'altro insufficiente a coprire i costi di produzione, ove tuttavia il differenziale negativo sia fissato in funzione dell'impegno alla sua copertura assunto *ex ante* da un terzo (attività svolta secondo una **logica di *perdita programmata***).

Siffatte situazioni ricorrono nel mondo *non profit*, nel quale non sono rare le iniziative che producono servizi (generalmente alla persona), che vengono ceduti ad un utente, senza che lo stesso corrisponda l'intero prezzo, ma con la possibilità per il fornitore di accreditarsi per incassare la differenza tra il prezzo integrale del servizio e il minore importo (eventualmente) pagato dall'utente nei confronti di un terzo che si è impegnato *ex ante* in questo senso (generalmente un ente pubblico). Situazioni non diverse si riscontrano anche nelle iniziative mutualistico-consortili, specialmente in quelle che assumono la forma giuridica del consorzio, le quali producono servizi a favore degli imprenditori facenti parte del sodalizio, che inizialmente cedono sottocosto o gratuitamente, per poi recuperare attraverso i cc.dd. *contributi consortili* quanto necessario per coprire i costi di produzione.

Nel senso che siffatte attività possano ritenersi compatibili con un criterio di economicità (e siano, dunque, qualificabili come imprese) depone la circostanza che l'impegno a coprire il differenziale negativo per ogni unità di prodotto o servizio venduto è un elemento di cui si tiene conto nella fissazione del prezzo.

5. *La completezza della nozione di impresa*

L'esegesi appena conclusa dell'art. 2082 ha permesso di individuare quali siano i fenomeni produttivi che il dato normativo qualifica come impresa.

Il modello comportamentale descritto dalla norma è **esaustivo**: contiene gli elementi non solo necessari ma anche *sufficienti* che devono caratterizzare un certo "fatto" affinché esso possa considerarsi giuridicamente come "impresa".

In quest'ottica, ci si può sbarazzare agevolmente di due (pseudo) questioni che affiorano tradizionalmente nel dibattito sulla fattispecie: se un fenomeno produttivo possa qualificarsi come impresa nel caso in cui la produzione non sia destinata ad essere collocata sul mercato (c.d. **impresa per conto proprio**: si pensi a chi costruisca in economia la propria villa, assumendo in proprio il personale e acquisendo i materiali necessari per l'erezione dell'immobile) o nel caso in cui si sia svolta senza osservare le condizioni richieste dalla legge per il suo inizio (c.d. **impresa illegale**: ad es., un'attività bancaria senza autorizzazione) o persegua direttamente o indirettamente una finalità illecita (c.d. **impresa immorale** o **mafiosa**: ad es., un'attività di sfruttamento della prostituzione o di spaccio di sostanze stupefacenti).

È agevole affermare che tanto nel primo quanto nel secondo caso la conclusione dipende solo dal riscontro se il fenomeno in concreto posto in essere sia riconducibile o meno a quello astrattamente descritto dall'art. 2082, ossia sia un fenomeno produttivo che presenta le tre caratteristiche oggettive di professionalità, organizzazione ed economicità: in caso affermativo, si tratta di un'impresa; nel caso contrario, no. A nulla rilevano invece l'osservanza di regole ulteriori (la richiesta dell'autorizzazione bancaria) o la destinazione impressa alla produzione ottenuta o, ancora, le finalità perseguite attraverso l'iniziativa. Le esigenze di tutela del mercato, che sollecitano l'applicazione del diritto dell'impresa, si pongono, infatti, anche in questi casi (basti pensare alla tutela da assicurare ai finanziatori, ai fornitori o al personale utilizzato nella costruzione della villa; o ai risparmiatori che affidano i loro risparmi o al personale impiegato in una banca "di fatto").

§ 2. LE CATEGORIE DI IMPRESA

SOMMARIO: I. *L'impresa come fenomeno produttivo di portata generale e la sua rilevanza normativa.* – II. *L'impresa agricola.* – III. *La piccola impresa.* – 1. La piccola impresa nel codice civile. – 2. L'impresa minore nel codice della crisi. – IV. *L'impresa commerciale.* – V. *Le implicazioni della forma giuridica dell'impresa sulla disciplina applicabile.* – 1. L'impresa pubblica. – 2. L'impresa privata.

I. *L'impresa come fenomeno produttivo di portata generale e la sua rilevanza normativa*

La nozione di impresa che si è appena esaminata ricomprende un qualsiasi fenomeno produttivo che presenti i tre requisiti di professionalità, organizzazione ed economicità.

La ragione della presenza di questa definizione generale si coglie nel tentativo, perseguito dal legislatore storico del 1942, di assoggettare ogni iniziativa produttiva ad un nucleo di regole comuni (contenute negli artt. 2084-2093), regole perlopiù programmatiche che si limitavano ad enunciare un principio e a rinviarne la relativa attuazione ad altra legge ordinaria e, soprattutto, alle c.d. ***norme corporative***. Più precisamente, l'intento era, essenzialmente, quello di far sì che tutte le iniziative imprenditoriali informassero non solo l'indirizzo della produzione (cfr. art. 2085), ma anche il proprio concreto svolgimento (art. 2088), ai principi dell'***ordinamento corporativo*** (ispirati all'idea di uno Stato chiamato a guidare al vertice la determinazione delle linee e delle strategie di sviluppo dell'economia nazionale) e restassero esposte, nel caso di inosservanza dei relativi obblighi, a severe sanzioni (artt. 2089 ss.).

Tale ragione è, però, venuta meno con la soppressione dell'ordinamento corporativo (r.d.l. 921/1943 e d.l.lgt. 287/1944), circostanza che ha fatto perdere agli artt. 2084-2093 gran parte della loro importanza e consistenza.

In seguito alla caducazione delle norme corporative, l'impresa, quale fenomeno omnicomprensivo, ha smarrito il suo *pendant* sul piano del diritto positivo, non risultando più *assoggettata ad un corpo organico di regole*.

In realtà, secondo l'opinione tradizionalmente consolidata, essa risulterebbe (ancora) destinataria di uno statuto, il c.d. ***statuto generale dell'impresa***, costituito, in particolare, dagli istituti dell'azienda (artt. 2555-2562), della concorrenza e dei consorzi (artt. 2595-2620 e l. 287/1990) e dei segni distintivi (artt. 2563-2574 e c.p.i.).

Tuttavia, se si guarda con attenzione agli istituti appena menzionati ci si accorge, da un lato, che alcuni di essi (l'azienda) non sono integralmente applicabili all'impresa in quanto tale; dall'altro, che molti dei restanti (la concorrenza e i segni distintivi) si applicano anche a fenomeni produttivi diversi dall'impresa (le professioni intellettuali, il lavoro autonomo). Inoltre, all'impresa in quanto tale si applicano anche ulteriori disposizioni sparse, che si trovano qua e là nella sistematica del codice civile, tra le quali giova ricordare, ad es., l'art. 230-*bis* relativo alla c.d. *impresa familiare*, l'art. 1368, co. 2, relativo ai criteri di interpretazione del contratto, ecc.

Se ne deduce dunque che l'impresa, quale fenomeno omnicomprensivo, è destinataria più che altro di *singole disposizioni*, che nell'insieme costituiscono una disciplina poco organica e molto frammentaria, senz'altro non esaustiva dell'attuale portata del diritto commerciale, quale complesso organico di norme qualificabili a stregua di statuto.

D'altra parte, lo stesso legislatore storico, se da un lato tratteggiava, per le ragioni appena chiarite, una nozione unitaria di impresa, dall'altro enucleava da tale nozione **due sottofattispecie**, alle quali voleva applicabili (oltre alle norme corporative) le sole disposizioni appena passate in rassegna. E ciò sul presupposto che non tutti i fenomeni produttivi rientranti nella nozione generale di impresa dovessero essere assoggettati alla medesima disciplina, ma che ve ne fossero alcuni rispetto ai quali l'applicazione di tutto il diritto commerciale fosse eccessivo e, comunque, inutile rispetto alle finalità precipuamente perseguite.

In particolare, i fenomeni imprenditoriali cui si attribuiva (e si attribuisce ancora) questa più ristretta rilevanza normativa erano (sono) due, così individuati:

– il primo, guardando alla *natura della produzione* e, in quest'ottica, enucleando dalla nozione generale di impresa l'**impresa agricola**;

– il secondo, guardando alla *dimensione dell'organizzazione* e, in quest'ottica, enucleando dalla nozione generale di impresa la **piccola impresa**.

La disciplina cui non si volevano assoggettare queste due sottofattispecie era costituita da istituti finalizzati a promuovere l'informazione del mercato o riguardanti la dimensione e la struttura dell'organizzazione: istituti, più in generale, idonei a tutelare gli interessi dei finanziatori e, in definitiva, ad assicurare un'adeguata composizione di tali interessi rispetto al rischio di impresa. Si trattava, nello specifico, di regole sulla pubblicità d'impresa e dirette a salvaguardare il credito alla produzione (l'obbligo di tenuta delle scritture contabili, le procedure concorsuali, ecc.), riservate, perciò, ai fenomeni imprenditoriali in cui questa forma di finanziamento ricorreva in maniera più intensa: quelli rappresentati dalle *imprese commerciali* (*non piccole*).

Come si è detto nell'Introduzione, dunque, è solo a queste ultime che, nel disegno originario del codice, il diritto dell'impresa era *indirizzato nella sua interezza*. Le altre sottofattispecie restavano invece sottratte ad una sua parte importante, anzi alla sua parte principale. Questo disegno permane tuttora; peraltro, come pure si è evidenziato, si coglie nell'evoluzione normativa un ravvicinamento progressivo tra le diverse subfattispecie, con l'assoggettamento parziale, ma sempre più incisivo, dell'impresa agricola e della piccola impresa a discipline identiche o almeno ispirate a logiche non dissimili da quelle che informano la disciplina dell'impresa commerciale (non piccola): così è, come si vedrà, per la pubblicità d'impresa e anche per le procedure concorsuali, avendo le recenti riforme introdotto per le imprese agricole e le imprese minori procedure per la risoluzione della crisi diverse sì, ma che si muovono fondamentalmente lungo gli stessi binari di quelli previsti per le imprese commerciali (non piccole).

II. *L'impresa agricola*

La nozione di impresa agricola si desume dall'art. 2135, il quale la descrive come **attività di coltivazione del fondo, selvicoltura, allevamento di animali e attività connesse**: tradizionalmente, si suole qualificare le prime tre come ***attività agricole essenziali*** mentre le ultime come ***attività agricole per connessione***.

Anzitutto, occorre soffermarsi sulla ragione della scelta di attribuire all'impresa agricola rilevanza normativa più ristretta, escludendola dal novero dei fenomeni imprenditoriali destinatari della parte di disciplina posta a tutela dell'informazione al mercato e al credito alla produzione.

La ragione può cogliersi, probabilmente, considerando il fenomeno in questione nel momento in cui detta scelta è avvenuta. Tale fenomeno si caratterizzava per avere un processo produttivo incentrato essenzialmente sul *fondo*: si trattava di un'attività in cui il fattore produttivo principale era rappresentato dalla terra e il cui esercizio si compenetrava con l'esercizio del diritto di proprietà sul fondo (l'imprenditore ne era, infatti, normalmente il proprietario). In particolare, l'impresa agricola si sostanziava nello sfruttamento del fondo, attraverso la sua messa a coltura e/o la sua utilizzazione come luogo di allevamento del bestiame, attività alla quale poteva aggiungersene una accessoria (anche sotto il profilo economico) di trasformazione e/o commercializzazione dei prodotti provenienti dalla prima (e sempreché quest'attività si potesse considerare un normale completamento dell'impresa agricola nel momento storico e nell'area geografica di riferimento). La definizione contenuta nell'originario art. 2135 fotografava esattamente questo fenomeno.

È, allora, ragionevole ritenere che il legislatore del 1942 (in perfetta continuità rispetto al legislatore precedente) si fosse orientato nel senso di assoggettare l'impresa agricola ad una disciplina di portata più circoscritta, sul presupposto che essa non presentava particolari esigenze di investimento, poiché i fattori produttivi coincidevano in larga parte con il fondo, ossia con un bene che già si possedeva, in quanto bene di proprietà. Né investimenti significativi potevano essere richiesti dall'attività di trasformazione o di commercializzazione dei prodotti, dato il suo carattere tipicamente accessorio e secondario rispetto all'attività principale di coltivazione e/o di allevamento.

D'altra parte, non può essere trascurato che un eventuale finanziamento alla produzione veniva, comunque, acquisito, di regola, attraverso operazioni che consentivano al creditore di attivare forme di *autotutela*, cioè forme di tutela contemplate dal diritto privato classico per la salvaguardia del credito, rappresentate perlopiù dall'ottenimento di *garanzie* (*reali*): da ipoteche sul fondo (tipicamente, nel credito fondiario) o da privilegio su bestiame, merci, scorte, materie prime, macchine, attrezzi e altri beni, comunque acquistati con il finanziamento concesso (tipicamente, nel credito agrario).

Sta di fatto che, nell'ambito di una più ampia riforma di modernizzazione del settore agricolo (d.lgs. 228/2001), la versione originaria dell'art. 2135 è stata integrata di due commi (il co. 2 e 3), che descrivono, rispettivamente, che cosa sono le attività agricole essenziali (co. 2) e le attività agricole per connessione (co. 3).

Ai sensi dell'art. 2135, co. 2, per **attività essenziali** si intendono le *attività dirette alla cura dello e allo sviluppo di un* ***ciclo biologico*** (*o di una sua fase necessaria*) *di carat-*

tere vegetale o animale, che utilizzano o possono utilizzare il fondo, il bosco o le acque (dolci, salmastre o marine). Ai sensi dell'art. 2135, co. 3, per **attività connesse** si intendono le *attività di conservazione, manipolazione, trasformazione e commercializzazione che abbiano ad oggetto prodotti ottenuti prevalentemente dalle attività agricole essenziali, nonché le attività dirette alla produzione e alla fornitura di beni o servizi ottenuti mediante l'utilizzazione prevalente di attrezzature o risorse dell'azienda agricola*.

È, allora, di tutta evidenza che ne è uscita una nozione di impresa agricola decisamente più ampia di quella immaginata dal legislatore storico del '42.

a) Quanto alle **attività agricole essenziali**, invero, se nella costanza della versione originaria della norma in esame poteva ritenersi che vi rientrassero soltanto quelle di coltivazione e di allevamento di bestiame *che avevano luogo sul fondo* (non, invece, tutte quelle colture o allevamenti fuori fondo, come le coltivazioni artificiali o in laboratorio – ad es., l'ortoflorivivaismo; la funghicoltura – e gli allevamenti in batteria o di animali da cortile – ad es., di pollame –), oggi questa conclusione non è più sostenibile, perché il dato normativo stabilisce espressamente che un'attività è di coltivazione o di allevamento se ***utilizza*** o ***può utilizzare*** il fondo. Con la conseguenza che il fondo è passato dall'essere fattore produttivo essenziale a ***fattore produttivo eventuale*** e, quindi, non più elemento costitutivo o caratterizzante della fattispecie.

Nella nuova nozione di impresa agricola l'elemento costitutivo o caratterizzante è rappresentato invece dalla **cura** e dallo **sviluppo di un ciclo** (o di una parte di un ciclo) **biologico** (animale o vegetale), sicché può essere qualificata come impresa agricola qualunque attività che si sostanzia in tale cura o tale sviluppo.

b) L'ampliamento della nozione si coglie anche e soprattutto sul versante delle **attività connesse**.

Ed invero, queste non si identificano più soltanto con le attività tipicamente poste in essere da un agricoltore o da un allevatore in un determinato momento storico o in una certa area geografica e subordinate sul piano economico alle attività essenziali. Il dato normativo stabilisce che sono *comunque connesse* le *attività trasformative alla sola condizione che utilizzino come* ***materia prima prevalente*** (e non esclusiva, una parte della quale potendo essere allora acquisita sul mercato) *i prodotti derivanti dall'attività di coltivazione e/o di allevamento di animali esercitata dal medesimo soggetto*: a prescindere, dunque, dal fatto di restare subordinate rispetto all'attività essenziale dallo stesso svolta e di costituire qualcosa di normale nell'agricoltura (latamente intesa). Pertanto, oggi sono attività agricole per connessione tutte le **attività di manipolazione, trasformazione e commercializzazione** di prodotti che provengono prevalentemente dall'attività agricola essenziale, anche nel caso in cui per il tramite di queste attività si realizzi la parte principale se non proprio l'intero risultato economico dell'iniziativa. Ad es., esercita senz'altro attività agricola per connessione il produttore di uva che anziché vendere la stessa sul mercato ortofrutticolo la utilizza (in parte o in tutto, eventualmente aggiungendovene un'altra minor parte acquistata sul mercato) per trasformarla in vino e vendere il vino così ottenuto.

Inoltre, sono *comunque connesse le attività di produzione e di fornitura di beni e servizi ottenuti impiegando* ***principalmente le attrezzature o le risorse*** *che costituiscono l'azienda agricola dello stesso soggetto*, a prescindere, ancora una volta, dalla circostanza che tale attività resti subordinata all'attività essenziale e costituisca qualcosa di normale nell'agricoltura (latamente intesa). Il riferimento è, principalmente, alle attività di **agriturismo**, le quali sono qualificate come imprese agricole se le strutture di recezione degli ospiti per offrire loro servizi di ristorazione o finanche alberghieri sono le strutture che compongono l'azienda agricola.

Ora, dovrebbe essere evidente che in seguito ad un siffatto ampliamento della nozione di impresa agricola, si apre la fattispecie ad una serie di fenomeni, in relazione ai quali non può riscontrarsi l'accennato presupposto che ne giustificava la rilevanza negativa sul piano normativo e la sottrazione dall'ambito di applicazione di buona parte del diritto dell'impresa.

Infatti, giova considerare che, se l'impresa agricola non è più connotata da un processo produttivo che si incentra sul fondo (normalmente di proprietà) e dalla necessaria subordinazione economica delle eventuali attività diverse, non è raro che le iniziative corrispondenti, potendo realizzarsi in strutture molto sofisticate e costose nonché sostanziarsi in attività produttive e commerciali che richiedono non trascurabili investimenti, presentino significative esigenze finanziarie, le quali vengono coperte attraverso un sempre più consistente ricorso al capitale di credito.

Sicché, desta non poche perplessità il risultato che ne deriva: consentire a qualche iniziativa imprenditoriale, che soddisfa le proprie esigenze finanziarie ricorrendo al credito alla produzione in maniera non marginale e, anzi, nella stessa misura di altre, di beneficiare di un trattamento normativo differente: con buona pace del contemperamento degli interessi in gioco! Né si può provare a giustificare questo risultato adducendo che esso costituisca un *favor* necessario verso il titolare delle iniziative imprenditoriali agricole, le quali, impuntandosi sulla cura e sullo sviluppo di un ciclo biologico, sono esposte ad un rischio ulteriore rispetto ad un'iniziativa imprenditoriale di diversa natura: non solo al rischio di impresa ma anche al rischio naturale insito al ciclo biologico. Al riguardo, è ragionevole ritenere che se il risultato produttivo e, di conseguenza, economico di un'iniziativa appare molto più incerto rispetto ai corrispondenti risultati di iniziative di diversa natura, occorrerebbe approntare meccanismi di tutela più efficaci e penetranti, non, invece, eliminarne addirittura la presenza.

Viceversa, all'ampliamento dell'impresa agricola sul piano della fattispecie non si è accompagnato un contestuale adeguato ampliamento della disciplina. Il fatto che nell'impresa agricola siano stati ricompresi fenomeni produttivi c.d. "industrializzati" avrebbe dovuto indurre a considerare ormai superata la sua originaria rilevanza normativa e, dunque, applicare alla stessa impresa agricola il diritto dell'impresa nella sua interezza. Invece, gli interventi sul piano della disciplina sono stati parziali e senz'altro insufficienti, attenendo, inizialmente, ai soli profili di pubblicità di impresa: in particolare, assoggettando le informazioni relative all'organizzazione dell'impresa per le quali è prescritto l'obbligo di pubblicità ad efficacia dichiarativa (v., *infra*, § 6.III). A questo, è, poi, seguita una parziale estensione del diritto concorsuale, consentendo, in primo luogo, la possibilità, riconosciuta a tutte le imprese, di accedere alla composizione negoziata della crisi (artt. 12 ss. c.ins.) e, poi, là dove le trattative non si concludano con una delle soluzioni previste (art. 23, co. 1, c.ins.) o, in alternativa, in caso di mancata attivazione della composizione negoziata, la possibilità, riservata alle imprese non minori, di accedere agli accordi di ristrutturazione (art. 57, co. 1, c.ins.). L'impresa agricola è, inoltre, assoggettabile alle procedure di composizione della crisi da sovraindebitamento (artt. 65, co. 1, 74 ss. e 268 ss. c.ins.): si tratta della parte del diritto concorsuale approntato per il debitore "civile", sorprendendo, allora, come questa tipologia di imprese, anche a seguito del descritto fenomeno di "industrializzazione", rimanga accostata a questa figura e non venga, invece, trattata come quelle di altra natura.

III. *La piccola impresa*

1. *La piccola impresa nel codice civile*

La nozione di piccola impresa si desume dall'art. 2083, il quale la descrive come un'**attività professionale organizzata prevalentemente con il lavoro del titolare e dei componenti della sua famiglia** e la specifica, poi, nelle figure soggettive del ***coltivatore diretto del fondo***, dell'***artigiano*** e del ***piccolo commerciante***.

La scelta di attribuire alla piccola impresa rilevanza normativa più ristretta può cogliersi agevolmente nelle caratteristiche che connotano il relativo processo produttivo e, in particolare, nella circostanza che tale processo si incentra essenzialmente sul fattore produttivo rappresentato dal **lavoro** del titolare e **dei suoi familiari**: quindi, su un fattore produttivo di cui – non diversamente da quel che si verificava nell'impresa agricola con il fondo di proprietà – già si dispone, senza bisogno di doverlo acquisire da terzi.

In quest'ottica, appare evidente che la piccola impresa – esattamente come l'impresa agricola prefigurata dal legislatore storico del '42 – risulta come un fenomeno produttivo nel quale le esigenze di investimento attengono essenzialmente a fattori produttivi secondari: perciò si dovrebbero manifestare esigenze finanziarie non significative e, quindi, non significativo dovrebbe essere l'eventuale ricorso al credito alla produzione. Di conseguenza, nella piccola impresa – esattamente come nell'impresa agricola prefigurata dal legislatore storico del '42 – non è sembrato necessario l'assoggettamento delle corrispondenti iniziative al diritto dell'impresa nella sua interezza e, in particolare, alla parte corrispondente alle regole finalizzate a comporre adeguatamente i diversi interessi in gioco rispetto al rischio di impresa.

Si ritiene che la **prevalenza** vada accertata non tanto in senso quantitativo, cioè verificando che il lavoro del titolare e dei componenti della sua famiglia valga di più in termini economici rispetto agli altri fattori (lavoro altrui e/o capitale) impiegati nel processo produttivo; quanto piuttosto **in senso qualitativo**, cioè verificando che il lavoro del titolare e dei componenti della sua famiglia costituisca il ***fattore essenziale***, ***imprescindibile*** e ***centrale*** nel processo produttivo sottostante.

Dovrebbe essere allora evidente la distinzione tra piccola impresa e impresa (non piccola o medio-grande). Si ha la prima tutte le volte che il titolare (e gli eventuali componenti della famiglia) è (sono) chiamato(i) a svolgere un *ruolo esecutivo che caratterizza e connota il sottostante processo produttivo*. Si ha la seconda tutte le volte che il titolare *può non avere alcun ruolo esecutivo nell'iniziativa*, *in quanto pienamente surrogabile dall'organizzazione*, e limitarsi a svolgere un ruolo, questo sì imprescindibile e indefettibile, di carattere organizzativo, approntando i diversi fattori produttivi secondo l'ordine funzionale e strutturale richiesto da un efficiente impiego nel processo produttivo.

Resta, peraltro, dubbio se si possa configurare come piccola soltanto l'impresa che fa capo ad una **persona fisica** o anche quella che fa capo ad un soggetto di diversa natura, cioè un **ente collettivo** e, in particolare, una società.

Giova osservare che, sebbene il criterio appaia attagliato senz'altro alla persona fisica, non sembra potersi escludere per ciò stesso che possa trovare applicazione nelle imprese di altri soggetti e, in particolare, delle società. In questi ultimi contesti, il problema sarà semmai quello di applicare concretamente detto criterio e, anzitutto, di individuare *qual è il lavoro che deve prevalere sugli altri fattori produttivi.*

Quanto meno nelle società a ristretta compagine sociale, si potrebbe ritenere che il lavoro che deve prevalere è *il lavoro dei soci*, con la conseguenza che si potrà parlare di piccola impresa (societaria) se esso prevale sul lavoro altrui e sul capitale. Più incerto è invece se nelle società ad ampia base sociale possa ancora farsi riferimento al lavoro dei soci, atteso che alla qualifica formale di piccola impresa che ne potrebbe derivare potrebbe non corrispondere una piccolezza oggettiva dell'attività esercitata, tale da giustificare la non applicazione del diritto dell'impresa per mancanza di significative esigenze di tutela degli interessi coinvolti.

2. *L'impresa minore nel codice della crisi*

La nozione di piccola impresa, illustrata nel paragrafo precedente, essendo incentrata su un criterio identificativo fondato su un parametro qualitativo, non è sempre di agevole individuazione: la prevalenza, intesa come essenzialità del lavoro del titolare e dei componenti della famiglia nel processo produttivo, non si presta ad essere riscontrata in modo immediato ed oggettivo, con conseguenti difficoltà di accertare in concreto il corrispondente fenomeno imprenditoriale.

Una simile incertezza di valutazione potrebbe risultare problematica in alcune ipotesi e, specialmente, quando l'impresa versi in stato di crisi o di insolvenza: in tali casi si ha, invece, bisogno di comprendere con immediatezza ed oggettività di che tipo di impresa si tratti, al fine di individuare lo strumento di regolazione da applicare (procedure di sovraindebitamento o procedure concorsuali). Più nello specifico, allorché bisogna decidere sull'apertura di una procedura concorsuale, non solo occorre ridurre il più possibile le incertezze in merito alla sussistenza del presupposto, anche in conseguenza degli effetti che dall'apertura della procedura possono derivare, ma occorre essere pure abbastanza tempestivi, per evitare che la gestione concorsuale cominci troppo tardi e non sia in grado di perseguire efficacemente l'intento compositorio degli interessi in gioco.

Proprio per ovviare a siffatta incertezza, il codice della crisi introduce la figura dell'**impresa minore**, la cui identificazione si basa su **parametri quantitativi**: due di carattere patrimoniale (l'esposizione debitoria e l'attivo patrimoniale) e uno di carattere reddituale (i ricavi lordi).

In particolare, ai sensi dell'art. 2, lett. *d*, c.ins. è impresa minore quella che ***rispetta congiuntamente le tre seguenti grandezze dimensionali***:

1. l'esposizione debitoria complessiva sussistente al momento di apertura della procedura concorsuale non superiore a 500 mila euro;
2. l'attivo patrimoniale nei tre esercizi precedenti non superiori per ogni esercizio a 300 mila euro;
3. i ricavi lordi nei tre esercizi precedenti non superiori per ogni esercizio a 200 mila euro.

L'impresa minore è, dunque, quella in cui **nessuna delle tre soglie appena menzionate risulti superata**. Essa consente di tracciare, *secondo un criterio che (pur senza eliminare del tutto) riduce al massimo le valutazioni di tipo discrezionale*, la linea di confine tra le imprese che (in caso di crisi o di insolvenza) non possono accedere alle procedure concorsuali e agli accordi di ristrutturazione (riservando, allora, alle stesse le sole procedure da sovraindebitamento) e le imprese che (sempre in caso di crisi o insolvenza) possono, al contrario, fruire di questi ultimi strumenti di regolazione della crisi e dell'insolvenza (eventualmente preceduti, su richiesta dell'imprenditore, dalla composizione negoziata). In altre parole: un'impresa in crisi o insolvente che si mantiene al di sotto delle tre soglie *ex* art. 2, lett. *d*, c.ins. è assoggettabile alle sole procedure di sovraindebitamento (eventualmente precedute, su richiesta dell'imprenditore, dalla composizione negoziata) e non alle procedure concorsuali (concordato preventivo o liquidazione giudiziale) e agli accordi di ristrutturazione.

Si deve, peraltro, ritenere che l'impresa minore riposi su criteri dimensionali del tutto autonomi e autosufficienti e, quindi, alternativi rispetto al criterio di prevalenza di cui all'art. 2083: essa è, pertanto, **alternativa** (**non complementare**) alla piccola impresa. Con la conseguenza che in un'impresa (in crisi o insolvente) che superi **anche uno solo** dei parametri di cui all'art. 2, lett. *d*, c.ins. (e, dunque, in un'impresa non minore) non potrà essere valutata l'eventualità di esenzione dalle procedure concorsuali (e, soprattutto, dalla liquidazione giudiziale) verificando che si tratti di una piccola impresa: tale impresa sarà senz'altro passibile di procedure concorsuali (sempreché non presenti un accordo di ristrutturazione). La piccola impresa non ha più alcuna rilevanza normativa nella selezione degli strumenti di regolazione della crisi e dell'insolvenza: ciò in ragione dell'abrogazione dell'art. 2221 (disposta dall'art. 384 c.ins.), il quale escludeva espressamente i piccoli imprenditori (da individuarsi ai sensi dell'art. 2083) dalle procedure concorsuali di fallimento (oggi, liquidazione giudiziale) e di concordato preventivo.

IV. *L'impresa commerciale*

La nozione generale di impresa depurata dell'impresa agricola e della piccola impresa dovrebbe residuare nella specie di impresa destinataria del diritto commerciale nella sua interezza e organicità. Questa categoria di impresa è l'**impresa commerciale** (non piccola o medio grande).

A differenza delle due categorie appena studiate, con riferimento all'impresa commerciale non si rinviene una norma che contenga la relativa nozione. Infatti, la norma dalla quale si ritiene possa desumersi siffatta nozione, l'art. 2195, non è una norma definitoria, bensì una norma di disciplina, una norma, cioè, che contiene un primo precetto comportamentale (l'obbligo di pubblicità) all'indirizzo di chi pone in essere un comportamento che si sostanzia in una delle seguenti attività:

1. un'attività industriale diretta alla produzione di beni e servizi;
2. un'attività intermediaria nella circolazione di beni;
3. un'attività di trasporto per terra, per acqua e per aria;
4. un'attività bancaria o assicurativa;
5. un'attività ausiliaria alle precedenti.

Sono allora queste *le attività produttive che esemplificano l'impresa commerciale*, dalle quali occorre enucleare una nozione più generale.

Al riguardo, giova premettere che può ritenersi ormai ampiamente acquisito che siano le attività di cui ai punti *sub* 1 e 2 quelle che racchiudono la nozione di impresa commerciale, atteso che le altre attività enunciate nei successivi punti *sub* 3, 4 e 5 costituiscono solo delle specificazioni delle prime.

Ed invero, è di tutta evidenza che l'attività di trasporto sia un'attività di produzione di un servizio; così come l'attività assicurativa (infatti, l'assicuratore presta il servizio di accollarsi un rischio specifico cui è esposto l'assicurato: cfr. art. 1882); e lo stesso dicasi per le attività ausiliarie, ossia per le attività di supporto a quelle precedentemente elencate (ad es., l'attività di pubblicità o di mediazione). L'attività bancaria, infine, può essere considerata non solo come un'attività di produzione di un servizio (tipicamente, il servizio di trasformare il risparmio raccolto in moneta bancaria o il servizio di concessione di credito), ma anche come un'attività di circolazione di un bene, seppure un bene affatto particolare qual è il denaro, raccogliendo quest'ultimo dal pubblico dei risparmiatori ed erogando lo stesso in forma di credito (cfr. art. 10, co. 1, TUB).

Pertanto, l'impresa commerciale è *un'attività di produzione di beni e di servizi che si qualifica come* **industriale** *e/o un'attività di circolazione di beni che si qualifica come* **intermediaria**. Cioè, un'attività di produzione di beni e servizi e/o di circolazione di beni che si distingue dalle produzioni di beni e servizi e/o circolazioni di beni ricomprese nella nozione generale di impresa per il fatto di essere, la prima (produzione di beni e servizi) industriale, la seconda (circolazione di beni) intermediaria. Se ne deduce che i tratti identificativi dell'impresa commerciale sono racchiusi nei requisiti di industrialità e di intermediarietà, sui quali allora occorre soffermarsi.

L'interpretazione di questi due requisiti è stata a lungo controversa e in particolare, al riguardo, sono state avanzate due differenti opzioni interpretative.

a) Secondo una prima interpretazione, i requisiti di industrialità e intermediarietà sono da intendersi in un'accezione strettamente letterale o, se si vuole, storica: l'industrialità alluderebbe al processo produttivo inaugurato con la rivoluzione industriale a cavallo tra il diciottesimo e diciannovesimo secolo; l'intermediarietà alluderebbe alle attività classicamente commerciali di acquisto (all'ingrosso) per la rivendita (al dettaglio). Sicché, l'attività sarebbe industriale solo se si tratti di attività automatizzata o che si sostanzia nella trasformazione fisico-tecnica della materia; l'attività sarebbe intermediaria solo se si tratti di attività originata da un acquisto di qualcosa per la rivendita di quel qualcosa.

Accedendo a questa interpretazione si perviene ad una nozione di impresa commerciale *in positivo*, non diversa da quelle già esaminate (artt. 2082, 2135, 2083). In particolare, essa si riferirebbe a tutti i fenomeni produttivi caratterizzati dal processo produttivo anzidetto (cioè, automatizzato o che dà luogo alla trasformazione fisico-tecnica della materia) o diretti alla circolazione dei beni attraverso un preventivo acquisto e una successiva rivendita (cioè, di intermediazione commerciale). Ne consegue che chi propone l'interpretazione appena illustrata non esclude che vi possano essere ulteriori fenomeni produttivi che, pur non avendo natura agricola, non avrebbero nemmeno natura commerciale. In quest'ottica, la nozione generale di impresa si articolerebbe, in base alla sua natura, non solo nell'impresa agricola, da un lato, e nell'impresa commerciale, dall'altro, ma a questa coppia di categorie se ne aggiungerebbe una terza che è invalso qualificare come **impresa civile.**

Sulla base di queste premesse i seguenti fenomeni imprenditoriali sono stati considerati imprese civili:

i) le ***imprese artigiane***, sul presupposto che il sottostante processo produttivo non possa qualificarsi industriale, in quanto mai interamente automatizzato, neanche per le eventuali lavorazioni in serie (cfr. art. 4, co. 1, n. 2, l. 443/1985);

ii) le ***imprese primarie*** e le ***imprese di pubblici spettacoli***, sempre sul presupposto che il sottostante processo produttivo non possa qualificarsi come industriale, in quanto non dà luogo ad una trasformazione fisico-tecnica della materia, ma si limita a sfruttare risorse che si trovano in natura (come le pietre estratte dalle cave; il gas estratto dai giacimenti; il calore solare sfruttato a fini energetici; il vento sfruttato a fini energetici; ecc.) o risorse che rientrano nelle abilità umane (la capacità di recitare);

iii) le ***imprese finanziarie***, sul presupposto che facciano circolare il denaro non in modo intermediario, limitandosi a raccogliere risparmio da collocare in opportune soluzioni di investimento o a concedere credito utilizzando denaro appartenente al patrimonio personale del titolare;

iv) le ***agenzie matrimoniali***, le ***agenzie di collocamento*** o il ***mediatore di prodotti agricoli***, sul presupposto che si tratti di attività ausiliarie ad iniziative che non rientrano nell'elenco di cui all'art. 2195, co. 1, nn. 1-4, o addirittura non imprenditoriali (il matrimonio; il lavoro).

L'interpretazione appena riferita è stata oggetto di numerose critiche, mosse anche da parte di chi ne ha sottolineato l'inappuntabilità sul piano dell'argomentazione che la sorregge. E la principale ragione di simili critiche è da ricondurre alle incertezze che caratterizzerebbero l'impresa civile con riferimento alla sua rilevanza normativa: il problema concerne l'individuazione della disciplina che ad essa sarebbe applicabile.

Al riguardo, prevale, tra chi ne ammette la configurabilità, l'idea che l'impresa civile abbia una rilevanza normativa non diversa da quella riconosciuta all'impresa agricola e alla piccola impresa (non sarebbe assoggettata alla pubblicità d'impresa, non essendo compresa nell'elenco dell'art. 2195 c.c.; o all'obbligo di tenuta delle scritture contabili, che l'art. 2214 riferisce alle imprese commerciali, ecc.). In quest'ottica, però, i fenomeni produttivi ricompresi nell'impresa civile sarebbero assoggettati al diritto commerciale in modo parziale e frammentario, pur mancando per questa valide ragioni, come sono invece quelle alla base della scelta di attribuire analoga, limitata rilevanza normativa all'impresa agricola e alla piccola impresa.

Sicché, appare poco congruo assoggettare i fenomeni che rientrano nell'impresa civile ad un trattamento normativo deteriore rispetto a quello riservato alle imprese commerciali, atteso che gli interessi in gioco nei primi e nelle seconde non giustificano una simile diversità. E ciò, soprattutto, laddove un tale risultato non sia inequivocabilmente stabilito dal dato normativo ma sia frutto di una scelta interpretativa sui requisiti di industrialità e di intermediarietà di cui all'art. 2195, co. 1, nn. 1 e 2.

b) Pertanto, proprio nella prospettiva di evitare il suddetto risultato, l'opinione prevalente è ormai orientata nel senso di interpretare in altro modo i due requisiti appena menzionati, in particolare attribuendo al primo (all'industrialità) il significato di ***non agricolo*** e al secondo (all'intermediarietà) il significato di ***scambio***.

In quest'ottica, si perviene ad una nozione di impresa commerciale *residuale*, diversa, perciò, rispetto alle altre già esaminate (artt. 2082, 2135 e 2083), atteso che si configura nozione in grado di assorbire *tutti i fenomeni imprenditoriali che, in ragione della loro natura, non possono qualificarsi come agricoli*.

In altri termini, in base alla natura, ***un fenomeno imprenditoriale è o un'impresa agricola o un'impresa commerciale***, non residuando invece alcuno spazio per l'ulteriore categoria dell'impresa civile.

V. *Le implicazioni della forma giuridica dell'impresa sulla disciplina applicabile*

Acquisito che la categoria d'impresa destinataria del diritto commerciale nella sua interezza è rappresentata dall'impresa commerciale (non piccola), resta adesso da vedere se tale categoria debba essere ulteriormente articolata in sottocategorie, nel senso che la disciplina che ad essa si riferisce possa risentire di altri elementi e, in particolare, della **forma giuridica** rivestita.

In questa prospettiva, l'impresa commerciale può essere classificata nelle categorie dell'***impresa pubblica*** e dell'***impresa privata***.

1. *L'impresa pubblica*

Cominciando dalla prima, conviene muovere dalla premessa che l'espressione impresa pubblica fa riferimento ad un *fenomeno produttivo imprenditoriale di natura commerciale esercitato da o riconducibile ad un* ***soggetto di diritto pubblico*** (un ente pubblico).

In particolare, un'attività commerciale può costituire oggetto esclusivo o principale di un ente pubblico, che allora si è soliti qualificare come *ente pubblico economico*; ma può essere anche un'iniziativa secondaria di un ente che allora si è soliti qualificare come *ente pubblico non economico*. Infine, è possibile che un ente pubblico detenga il controllo di una società (*società in mano pubblica*).

a) L'**ente pubblico economico** è un ente che si prefigge di perseguire il suo fine istituzionale (principalmente) attraverso un'attività commerciale (fine istituzionale che potrebbe coincidere con lo stesso esercizio dell'iniziativa).

Si tratta di una conformazione dell'impresa pubblica che in passato assumeva grande importanza, riscontrandosi nei principali settori dell'economia italiana (bancario, assicurativo, trasporti, energetici, telecomunicazioni, ecc.), ma che ormai assume una dimensione senz'altro più circoscritta, residuando perlopiù nei mercati in regime di monopolio legale (tabacchi, giochi e scommesse) e in qualche mercato a rilevanza locale.

La ragione di questo mutamento sta nel fatto che gran parte degli enti pubblici economici, specie quelli a rilevanza nazionale, sono stati interessati da un processo di privatizzazione, che ne ha comportato la "trasformazione" in società (di capitali). Se all'esito di tale processo l'impresa ha assunto la forma giuridica di un soggetto privato, l'interesse economico rimane di natura pubblica, atteso che le società risultanti dalla "trasformazione" sono società in mano pubblica, in quanto le relative partecipazioni sociali sono attribuite ad un ente pubblico (rappresentato dallo Stato o da altro ente pubblico territoriale). Ragion per cui si suole qualificare il descritto processo con l'espressione di ***privatizzazione in senso formale***.

b) Le **società in mano pubblica** sono comuni società, caratterizzate dal fatto che la partecipazione di controllo è detenuta da un ente pubblico (si pensi ad una casa da gioco comunale). Tra queste vi sono società *a partecipazione interamente pubblica*, nelle quali tra l'ente-socio e la società intercorre una relazione talmente intensa da poter essere qualificata *interorganica* più che intersoggettiva (nel senso, secondo la giurisprudenza, che la gestione è per statuto assoggettata a forme di controllo analoghe a quelle esercitate dall'ente pubblico sui propri uffici, con modalità e intensità di comando non riconducibili alle facoltà spettanti al socio ai sensi del codice civile): si parla in tal caso di "**società *in house providing***".

c) L'**ente pubblico non economico** è invece un ente che realizza i molteplici fini istituzionali attraverso un'azione dalla conformazione assai variegata, che si articola in numerose iniziative (anche produttive), le quali tipicamente non presentano i caratteri dell'impresa (soprattutto per difetto del requisito di economicità), ma che talvolta possono essere vere e proprie imprese (svolgendosi in regime di economicità). L'esempio più importante è rappresentato senz'altro dagli enti pubblici locali (comuni e regioni), nei quali non è raro riscontrare, a fianco alle tipiche attività amministrative, anche una o più attività commerciali.

In una di queste tre forme, dunque, un ente pubblico può, direttamente o per il tramite di una società, esercitare un'attività economica. L'oggetto di questa può essere il più vario e può consistere anche nella fornitura di un servizio pubblico. I **servizi pubblici** che possono assumere le fattezze dell'attività commerciale si distinguono in servizi c.d. ***a rilevanza economica*** (che è possibile fornire con l'obiettivo di realizzare un margine di profitto e per i quali è perciò possibile immaginare un mercato concorrenziale di riferimento: tipicamente, i servizi nei settori energetici come il gas, la luce, l'acqua) e servizi c.d. ***privi di rilevanza economica*** (fornibili solo con l'obiettivo di copertura dei costi e per i quali non è perciò immaginabile un mercato concorrenziale di riferimento: tipicamente, i servizi sociali).

La gestione dei primi non può essere effettuata direttamente dall'ente pubblico ma dev'essere affidata necessariamente ad una società *in house*. La gestione dei servizi privi di rilevanza economica è invece lasciata alla discrezionalità dell'ente pubblico e può essere da quest'ultimo affidata o ad una società *in house* o ad un'autonomia funzionale con soggettività giuridica (l'**azienda speciale,** che si sostanzia in un vero e proprio ente pubblico economico) o priva di soggettività giuridica (in sostanza, l'attività è esercitata direttamente dall'ente pubblico non economico o nella forma dell'**istituzione** ovvero **in economia**).

La gestione delle *altre iniziative imprenditoriali* rimane sempre nella discrezionalità dell'ente pubblico, che può orientarsi a favore o della società in mano pubblica o dell'autonomia funzionale con o priva di soggettività giuridica.

Pertanto, alla luce di quanto precede, l'impresa pubblica può presentarsi nella forma della società pubblica (***impresa-società***), dell'ente pubblico economico (***impresa-ente***) o all'interno del contesto organizzativo di un ente pubblico non economico (***impresa-organo***).

Ciò acquisito, passiamo allora a vedere quali siano le implicazioni sul piano della **disciplina applicabile**.

i) Nel caso in cui l'impresa assuma la ***forma giuridica di diritto privato***, cioè la società, l'applicazione della disciplina dell'impresa dovrebbe avvenire in maniera non diversa da una qualsiasi altra società. Infatti, non sembra che l'eventuale rilevanza generale degli interessi serviti dall'iniziativa ovvero la natura pubblica del socio di controllo siano motivi sufficienti per giustificare un'applicazione differente e, in particolare, deteriore, cioè priva di uno o più istituti in cui si articola quella disciplina. Il che è, peraltro, espressamente codificato per l'assoggettamento, in caso di crisi e di insolvenza, alle procedure concorsuali e agli altri strumenti di regolazione della crisi e dell'insolvenza (artt. 14, co. 1, d.lgs. 175/2016 e 1, co. 1, c.ins.).

ii) Nel caso in cui l'impresa assuma la ***forma giuridica di diritto pubblico***, cioè l'ente pubblico, occorre muovere dall'art. 2093, il quale dispone, nei riguardi degli enti inquadrati nelle associazioni professionali – gli attuali enti pubblici economici – l'applicazione delle disposizioni contenute nel libro V e, nei riguardi degli enti non inquadrati – gli attuali enti pubblici non economici –, l'applicazione delle disposizioni del libro V limitatamente alle imprese da essi esercitate.

Pertanto, ai sensi della norma appena menzionata, non sembra che la forma pubblica dell'impresa possa incidere significativamente sulla disciplina operante.

Bisogna, comunque, tenere presente che ci sono norme che adattano alla forma pubblica dell'impresa alcuni istituti che costituiscono la relativa disciplina. In quest'ottica, si devono leggere: l'art. 2201, il quale riserva ai soli enti aventi per oggetto esclusivo o principale un'attività commerciale (quindi, ai soli enti pubblici economici e non a quelli non economici) l'obbligo di iscrizione nel registro delle imprese; l'art. 1, co. 1, c.ins., che esclude tutti gli enti pubblici (economici e non) dall'ambito di applicazione del codice della crisi (quindi, dagli strumenti di regolazione della crisi e dell'insolvenza contenuti nello stesso).

La *ratio* di tali disposizioni (adattamento alla forma pubblica del diritto dell'impresa) induce a ritenere che si tratti di *norme eccezionali*, dunque suscettibili di applicazione nei limiti tracciati dal loro tenore letterale. Dal che discende l'importante corollario che *nei confronti dell'impresa pubblica trova applicazione tutta la parte della disciplina dell'impresa per la quale il dato normativo non stabilisce diversamente.*

2. *L'impresa privata*

Passando all'impresa privata, conviene anzitutto precisare che con questa espressione si fa riferimento ad un fenomeno produttivo imprenditoriale, che assume la *forma giuridica di diritto privato*: vale a dire, la *persona fisica* (impresa individuale), la *società* (impresa societaria) o un altro *ente privato non societario* (gruppo europeo di interesse economico, consorzio tra imprenditori con attività esterna, rete d'impresa, associazione o fondazione del libro I).

a) Se l'impresa assume la **forma individuale**, non si verificano particolari conseguenze sulla disciplina applicabile, che resta, allora, quella già vista studiando le categorie di impresa enucleate in ragione della natura e della dimensione.

b) Se l'impresa assume la **forma societaria**, la conclusione è la medesima. Con la precisazione, tuttavia, che, se si tratta di società c.d. ***di forma commerciale*** (società in nome collettivo, in accomandita semplice, società a responsabilità limitata e società azionarie) e di cooperative, la disciplina della forma giuridica implementa *sempre* alcune regole mutuate dalla disciplina dell'impresa commerciale: in particolare, l'obbligo di pubblicità (artt. 2296, co. 1, 2315, 2463, co. 3, 2330, co. 1, 2454 e 2523, co. 1) e di tenuta delle scritture contabili (artt. 2302, 2315, 2478, co. 1, 2421 e 2454, questi ultimi da intendersi richiamati per le cooperative dall'art. 2519). Con la conseguenza che se una società di forma commerciale o una cooperativa viene impiegata, come è possibile, per un'attività agricola (o per una piccola impresa) troveranno comunque applicazione le suddette regole della disciplina dell'impresa commerciale (non invece la parte restante di quella disciplina), in quanto *regole della forma giuridica*.

c) Se l'impresa assume la **forma di un ente privato non societario**, la conclusione è meno immediata. Ciò in quanto nella sistematica del codice civile manca qualsiasi riferimento in merito all'applicazione della disciplina dell'impresa nei confronti degli enti non societari, che invece si limita a considerare le sole varianti dell'impresa pubblica, impresa individuale e impresa societaria.

Il profilo maggiormente controverso attiene all'applicazione di tale disciplina alle **associazioni** e **fondazioni** del libro I.

Un'associazione o una fondazione può esercitare un'impresa, che può costituire il suo oggetto esclusivo, principale o secondario. Normalmente, tali enti esercitano un'impresa in quanto modalità diretta e immediata per realizzare il proprio scopo istituzionale. A titolo di esempio, si possono ricordare le fondazioni che gestiscono teatri, collegi universitari, ospedali, case di cura; o le associazioni che producono servizi di assistenza alle persone anziane o disabili; le associazioni sportivo-dilettantistiche che gestiscono scuole sportive o organizzano pubblici spettacoli. Ma è possibile che siffatti enti esercitino un'impresa anche se in rapporto solo mediato e indiretto rispetto al proprio scopo istituzionale: basti pensare all'associazione sportiva, culturale o ricreativa che gestisce un punto di ristoro o ad una fondazione filantropica che esercita un'attività commerciale per procacciarsi i mezzi finanziari da destinare a sostegno delle proprie finalità statutarie.

Una prima corrente di pensiero, muovendo dalla constatazione che questi fenomeni imprenditoriali siano assimilabili all'impresa pubblica e, in particolare, condividano con quest'ultima il carattere non speculativo e l'essere a servizio di interessi generali e collettivi, prospetta l'applicazione del diritto dell'impresa in maniera non diversa da come è stabilita per l'ente pubblico e, quindi, a seconda che l'associazione o la fondazione eserciti l'impresa in via esclusiva o principale oppure solo in via secondaria.

Una simile conclusione non è, tuttavia, condivisa dall'orientamento prevalente, considerando che le particolari modalità di applicazione del diritto dell'impresa nei confronti dell'impresa pubblica rappresentano nient'altro che un adattamento alla forma giuridica pubblica rivestita dall'impresa, sicché non si giustificherebbero in un contesto differente. In particolare, non si giustificherebbe l'esonero dall'obbligo di pubblicità nei confronti delle associazioni e fondazioni che esercitano un'impresa secondaria, atteso che non esiste un sistema di pubblicità reputato equivalente al registro delle imprese; così come non si giustificherebbe la sottrazione alle procedure concorsuali (di liquidazione giudiziale e di concordato preventivo) nei confronti di tutte le associazioni e fondazioni, atteso che l'eventuale crisi o insolvenza resterebbe affidata a meccanismi inadeguati quali quelli del diritto comune. Quest'ultima conclusione sembra, del resto, trovare conferma nel codice della crisi: il relativo ambito di applicazione riguarda **tutti gli imprenditori privati**, **compresi quelli che non perseguono uno scopo di lucro** (art. 1, co. 1, c.ins.); le norme sul concordato preventivo e sulla liquidazione giudiziale specificamente previste per le società sono estese, seppure nei limiti dell'in quanto compatibile, **agli imprenditori collettivi non societari senza nessuna restrizione** (artt. 120-*bis*, co. 6, 120-*quater*, co. 4, 259 c.ins.).

È possibile, pertanto, affermare che *nelle associazioni e nelle fondazioni che esercitano un'attività commerciale*, quale che sia la posizione o il ruolo assunto da quest'ultima (cioè, se attività esclusiva o principale oppure solo secondaria), *la disciplina dell'impresa debba trovare* ***applicazione nella sua interezza***.

Siffatta conclusione non pare possa essere messa in discussione dalla recente riforma del c.d. terzo settore (d.lgs. 117/2017, che ha introdotto il codice del terzo settore, e d.lgs. 112/2017, che ha disciplinato l'impresa sociale), la quale, pur non coprendo l'intero spettro degli enti del Libro I (abbraccia, fondamentalmente, gli enti che perseguono finalità civiche, solidaristiche e di utilità sociale), comprende un numero assai rilevante di associazioni e fondazioni. Si può, infatti, ritenere, alla luce di un'interpretazione complessiva di detta riforma, che gli **enti del terzo settore** (art. 4, d.lgs. 117/2017) operanti nelle aree di interesse generale attraverso l'esercizio di un'impresa siano solo quelli che assumono la qualifica di **impresa sociale**. E per tutte le imprese sociali (*compresi gli enti religiosi civilmente riconosciuti*, nei quali l'impresa deve risultare come attività secondaria: art. 1, co. 3, d.lgs. 112/2017) è espressamente stabilito l'assoggettamento al diritto dell'impresa, nella sua interezza: all'obbligo di pubblicità (art. 5, co. 2, d.lgs. 112/2017), a quello di tenuta delle scritture contabili (art. 9 d.lgs. 112/2017) e, infine, in caso di insolvenza, alle procedure concorsuali (diverse dalla liquidazione coatta amministrativa: art. 14 d.lgs. 112/2017).

Va, in ultimo, aggiunto che per l'impresa collettiva (societaria e non) è esplicitamente affermato il principio di adeguatezza della struttura organizzativa, disponendo il dovere di istituire assetti adeguati alla natura ed alle dimensioni dell'iniziativa esercitata, *anche in funzione della rilevazione tempestiva della crisi e della perdita di continuità aziendale* (artt. 2086 e 3, co. 2, c.ins.).

§ 3. L'IMPRESA E LE PROFESSIONI INTELLETTUALI

SOMMARIO: I. *Il rapporto tra impresa e professioni intellettuali*. – II. *L'art. 2238*.

Nell'economia moderna vi è un altro, importante fenomeno produttivo, che, per tradizione storica, è sempre rimasto ai margini del perimetro della fattispecie "impresa": le **professioni intellettuali**.

Queste si sostanziano nella *produzione di servizi professionali*: l'assistenza, la rappresentanza e la difesa in giudizio (servizio prodotto dall'avvocato); la progettazione di un immobile (servizio prodotto dall'ingegnere); il *design* degli interni di un'abitazione (servizio prodotto dall'architetto); la diagnosi di una malattia e la prescrizione della relativa cura (servizio prodotto dal medico), ecc.

Si distinguono in *professioni protette* e in *professioni non protette*: le prime, a differenza delle seconde, sono regolate da una propria specifica disciplina, la quale si aggiunge ad una più generale contenuta negli artt. 2229 ss.; le seconde, oltre a non avere una propria specifica regolamentazione, possono anche derogare agli artt. 2229 ss.

Ai nostri fini interessa però non tanto soffermarsi su questa disciplina, quanto piuttosto comprendere se ad essa possa aggiungersi la disciplina dell'impresa. Occorre muovere dalla premessa che anche le professioni intellettuali, come l'impresa, sono fenomeni che si presentano *nella forma dell'attività produttiva*, vale a dire sono immaginabili come una successione di comportamenti, coordinati strutturalmente e funzionalmente, ossia teleologicamente orientati rispetto al raggiungimento di un determinato risultato economicamente apprezzabile. In quest'ottica, ai fini che qui interessano, bisogna innanzitutto verificare se tra i due fenomeni ci sia o meno coincidenza sul piano ontologico (se cioè l'attività intellettuale presenti le medesime caratteristiche dell'impresa). Infatti, se non c'è coincidenza, il discorso finisce qui. Invece, se c'è coincidenza, bisogna verificare qual è il trattamento normativo delle professioni intellettuali e, in particolare, se sono assoggettate o meno alla disciplina dell'impresa.

I. *Il rapporto tra impresa e professioni intellettuali*

a) Giova muovere dalla constatazione che le professioni intellettuali sono un fenomeno produttivo che di per sé può dirsi integrato già quando viene reso un singolo servizio professionale. Sicché, se un soggetto si limita a svolgere la professione di tanto in tanto, producendo singoli servizi professionali (si pensi al professore universitario in materie giuridiche che una o un paio di volte l'anno patrocina in giudizio una controversia), si realizza un fenomeno che costituisce specificazione dell'attività produttiva occasionale, quindi dell'attività che non è esercitata "professionalmente" *ex* art. 2082.

Nondimeno, l'ipotesi più frequente è quella di un soggetto che svolge la professione intellettuale a tempo pieno, cioè non sporadicamente o occasionalmente, producendo servizi professionali in maniera sistematica e continuativa (si pensi a chi fa l'avvocato quale occupazione principale). In tal caso, è evidente che si realizza un fenomeno che è *un'attività esercitata "professionalmente" ex* art. 2082 e, quindi, sotto il profilo riguardato, assimilabile all'impresa.

b) Occorre ancora constatare che le professioni intellettuali possono essere un'attività produttiva che si sviluppa attraverso il solo lavoro del professionista. Anzi, può essere non casuale il fatto che le professioni intellettuali siano state collocate nel capo II del titolo III del libro V del codice, ossia come caso particolare di lavoro autonomo. Evidentemente, il legislatore del '42 aveva presente un fenomeno di questo tipo, cioè un fenomeno che condivideva con il lavoro autonomo in senso stretto la circostanza di svilupparsi attraverso il solo lavoro del titolare: sebbene, nel primo caso, lavoro speculativo-intellettivo; nel secondo, lavoro manuale. In altre parole, la collocazione delle professioni intellettuali nella sistematica del codice induce a pensare che il legislatore del '42 facesse riferimento ad un'attività produttiva in cui il lavoro (speculativo intellettuale) del professionista fosse, non solo necessario, ma anche sufficiente, pertanto, ad un'attività produttiva non qualificabile come "organizzata" *ex* art. 2082.

Le professioni quali prefigurate dal legislatore del '42 non esauriscono, peraltro, le fattezze che le stesse possono assumere nell'attuale tipologia della realtà. Anzi, al giorno d'oggi è senz'altro più verosimile che il professionista si avvalga di veri e propri fattori produttivi: si pensi ad un avvocato che ha una segretaria o dei collaboratori; o ad un ingegnere o ad un architetto che utilizzano un programma di progettazione particolarmente sofisticato e costoso, che consente loro di elaborare diversi progetti in tempi rapidi; o ad un medico che utilizza macchinari molto sofisticati e costosi, che gli consentono di pervenire a diagnosi in termini più oggettivi.

Pertanto, dall'attuale tipologia della realtà emerge che la professione (non deve ma) può essere *un'attività "organizzata" nell'accezione di cui all'art. 2082.*

Se ciò accade, si può ulteriormente accertare se il lavoro del professionista è o meno prevalente rispetto agli altri fattori, ossia qual è la dimensione dell'organizzazione impiegata nell'attività professionale: in altri termini, se l'organizzazione resta o meno al di sotto del livello di piccolezza segnato dall'art. 2083.

In quest'ottica, è agevole rendersi conto che le professioni intellettuali possono assumere fattezze diverse anche sotto questo profilo. Ed invero, se ci sono alcuni casi in cui il lavoro del professionista può dirsi comunque preminente rispetto agli altri fattori (che di conseguenza restano ancillari), ci sono altri casi in cui il lavoro del professionista può essere senz'altro sostituito dall'organizzazione, fino a rendere, cioè, l'intervento esecutivo del professionista pressoché irrilevante. Si pensi al grande studio legale caratterizzato dalla presenza di decine e decine di collaboratori, in grado di assistere il cliente in tutto e per tutto; o allo studio di un medico ematologo dotato di macchinari in grado di effettuare l'intera analisi del prelievo sanguigno e di pervenire a una diagnosi che il più delle volte egli si limita a confermare. Ebbene, in queste ultime ipotesi, la dimensione dell'organizzazione impiegata nell'attività professionale è al di sopra del livello di piccolezza tracciato dall'art. 2083: *l'attività professionale*, in ragione della sua natura non agricola, *è pertanto potenzialmente analoga all'impresa commerciale (non piccola o medio-grande).*

c) Infine, occorre constatare che le professioni intellettuali sono senz'altro un'*"attività economica" ex* art. 2082. Anzi, non bisogna avere troppa immaginazione per rendersi conto che si tratta normalmente di un'attività lucrativa, in cui, cioè, il servizio è ceduto ad un prezzo (ben) superiore rispetto al costo sostenuto (benché, poi, non sia per nulla agevole quantificare qual è il costo dell'attività intellettuale).

Pertanto, alla luce di quanto precede, *la professione intellettuale è un'attività produttiva che ormai può presentare tutti e tre i requisiti dell'art. 2082* e, in particolare, *può* trattarsi di un fenomeno analogo all'impresa non piccola e, in ragione della sua natura, all'impresa commerciale. Al ricorrere di una siffatta coincidenza bisogna allora vedere quali sono le implicazioni che conseguono sul piano della disciplina applicabile.

II. *L'art. 2238*

Sebbene non manchi chi sia dell'avviso che ove le professioni intellettuali siano organizzate in forma d'impresa debbano essere assoggettate alla relativa disciplina, l'opinione senz'altro prevalente milita in senso contrario, sul presupposto che una diversa conclusione sarebbe preclusa dalla disposizione contenuta nell'art. 2238, co. 1.

Infatti, tale norma subordina l'applicazione delle disposizioni contenute nel titolo II (comprendenti lo statuto dell'impresa commerciale) alla *condizione che l'esercizio della professione costituisca* ***elemento di un'attività organizzata in forma d'impresa***: condizione, quest'ultima, che viene intesa come allusiva all'ipotesi in cui la professione rappresenti la *componente di una più ampia attività* organizzata in forma d'impresa, in cui, cioè, il servizio professionale sia realizzato a favore di o confluisca in un'attività imprenditoriale. S'immagini, ad es., un ingegnere o un architetto che fanno progetti in seno alla propria impresa edile (che è un'attività che non si limita a produrre un servizio professionale ma qualcosa di più complesso); o il medico che presta assistenza all'interno della propria clinica (che è sempre un'attività che non si limita a produrre un servizio professionale ma qualcosa di più complesso).

Alla luce di una siffatta interpretazione dell'art. 2238, co. 1, se ne deve dedurre che ***non troverà applicazione il titolo II nei casi in cui l'attività produttiva si esaurisca nella realizzazione di un servizio professionale***, cioè nei casi in cui si tratti di una prestazione intellettuale *tout court*. In quest'ottica, la norma in esame traccerebbe un confine dell'ambito di applicazione della disciplina dell'impresa, in particolare tenendo fuori da quest'ambito le professioni intellettuali comunque esse si configurino, a prescindere, cioè, dalle modalità (organizzata o no) di realizzazione della prestazione: il che poteva avere un senso al tempo in cui la norma è stata scritta ma appare oggi averne molto meno, se si considera che le attuali professioni intellettuali possono essere fenomeni in tutto e per tutto coincidenti con l'impresa. L'art. 2238, co. 1, costituisce così una sorta di *privilegio* a favore dei professionisti.

Al fine di individuare la relativa categoria, bisogna far ricorso ad un ***criterio oggettivo***, che viene ravvisato nella circostanza che nello svolgimento dell'attività e nella cessione del servizio che ne deriva venga utilizzata la particolare tipologia del **contratto d'opera intellettuale**. Un contratto, questo, che sul piano della fattispecie (in realtà, non sempre agevolmente distinguibile da altre tipologie di contratti di servizio) è connotato dai requisiti di cui agli artt. 2230 e 2232, vale a dire, da un ***minimo di intellettualità*** nello sforzo professionale profuso e da un ***minimo di personalità*** nella prestazione.

§ 4. L'INIZIO E LA FINE DELL'IMPRESA

Esauriti i problemi concernenti l'inquadramento della fattispecie, bisogna spostare adesso l'attenzione sul problema relativo al momento a decorrere dal quale comincia a trovare applicazione la disciplina dell'impresa e, specularmente, al momento che segna il termine della sua applicazione: in altre parole, all'ambito temporale, iniziale e finale, di tale disciplina.

Dovrebbe risultare agevole a questo punto individuare il primo momento in quello in cui nel reale giuridico si verifica il fatto "impresa", cioè un fatto conforme al modello comportamentale descritto in termini generali dal dato normativo esaminato più sopra e, specularmente, il secondo momento in quello in cui nel reale giuridico viene meno un siffatto fenomeno. Infatti, se, come si è chiarito, l'impresa costituisce il destinatario o il referente oggettivo della disciplina approntata per l'impresa medesima, è di tutta evidenza che è al ricorrere dell'impresa che quella disciplina deve cominciare a trovare applicazione così come, specularmente, con la cessazione dell'impresa tale disciplina deve smettere di applicarsi.

In altri termini, l'inizio e la fine dell'impresa debbono valutarsi secondo un **criterio di effettività** rispetto alla sussistenza o meno del fenomeno (l'impresa) cui la disciplina si riferisce. Nel solco di questa impostazione di fondo, che può considerarsi ormai pressoché acquisita, residuano, tuttavia, ancora non poche incertezze nella giurisprudenza teorica e pratica.

I. *L'inizio dell'impresa*

1. *Il criterio di effettività. Le operazioni di organizzazione*

Con l'espressione **inizio dell'impresa** si suole far riferimento – come si è anticipato – al momento dal quale comincia a trovare applicazione la disciplina dell'impresa.

Se tale momento dev'essere accertato secondo il ***criterio di effettività***, la sua individuazione deve prescindere da qualunque tipo di adempimento formale si associ allo svolgimento dell'impresa, come, ad es., l'iscrizione nel registro delle imprese o l'autorizzazione o la licenza che siano richieste per lo svolgimento di specifiche attività. Infatti, simili formalità finirebbero per "inquinare" con elementi soggettivi il presupposto di applicazione di una disciplina che deve riposare sempre su parametri oggettivi: in altre parole, finirebbero per far dipendere dalla volontà del soggetto che è tenuto ad assolvere a tali adempimenti l'applicazione di una disciplina che tutela anche altri soggetti.

Non sembra che il discorso possa differenziarsi a seconda che l'impresa sia esercitata da una **persona fisica** oppure da una **società** (o da altro ente che esercita l'impresa in via esclusiva). In particolare, non sembra che possa essere condivisa l'idea secondo cui l'inizio dell'impresa societaria (o di altro ente) debba considerarsi anticipato al momento della costituzione della società (o dell'ente), a prescindere, cioè, dalla circostanza che si sia cominciato a svolgere in concreto l'oggetto sociale (quindi, l'impresa). Basti considerare che, in quanto tale, la costituzione è, in realtà, una mera dichiarazione di intenti rispetto all'inizio dell'impresa o, più precisamente, l'approntamento della veste giuridica dell'impresa, che, di per sé, non giustifica l'applicazione della relativa disciplina in assenza del fenomeno cui quest'ultima si riferisce.

Meno certo è invece se l'inizio dell'impresa debba aversi sin dalla **fase di organizzazione**, cioè sin dall'approntamento dei fattori produttivi alla successiva attività produttiva, ovvero debba posticiparsi alla fine di questa fase.

Si tratta, peraltro, di una demarcazione agevole da tracciare solo in teoria e difficile da accertare in pratica. Ciò in quanto non è semplice fissare uno spartiacque tra la fase di preparazione del complesso produttivo e l'attività produttiva in senso stretto. Senza considerare che, nel corso della prima, vengono in considerazione i tipici interessi coinvolti nella seconda e, soprattutto, i finanziatori a titolo di credito. E forse vengono in considerazione in misura finanche più consistente, atteso che in questo momento si realizza la parte più significativa degli investimenti: basti pensare agli investimenti in capitale fisso (impianti, macchinari, ecc.). Sicché, sembra non congruo escludere il credito che è stato concesso in questa fase dai sistemi di tutela predisposti dal diritto dell'impresa a favore del credito alla produzione (quali, ad es., le procedure concorsuali).

Tutt'al più, si potrà escludere che l'inizio dell'impresa possa aversi già a seguito dell'elaborazione di un semplice programma produttivo o del compimento di singoli atti di organizzazione e, di conseguenza, ritenere necessaria l'esecuzione di una *serie di atti*, coordinati tra loro e volti ad organizzare un'attività produttiva, che abbia assunto fisionomia unitaria e finalità non equivoche.

II. *La fine dell'impresa*

1. *Il criterio di effettività. Le operazioni di liquidazione*

Con l'espressione **fine dell'impresa** si suole fare riferimento al momento al cui verificarsi cessa di trovare applicazione la disciplina dell'impresa.

Esattamente come l'inizio anche la fine dell'impresa dev'essere accertata secondo il ***criterio di effettività***, ossia dev'essere identificata *nel momento in cui nella realtà concreta viene meno il fenomeno produttivo qualificabile come impresa*, senza che possano aver rilievo, quanto meno generalmente, gli eventuali adempimenti formali obbligatori.

Se con riferimento all'inizio può dubitarsi sul se possa sussistere l'impresa (e così trovare applicazione la sua disciplina) sin dalla fase di organizzazione, con riferimento alla fine si deve invece sicuramente escludere che occorra attendere la fase di disgregazione del complesso produttivo, cioè la **liquidazione**: fase nella quale si monetizzano tutti i beni costituenti il complesso aziendale e si risolvono tutti i rapporti pendenti (sia creditori che debitori).

Del resto, non può trascurarsi che la liquidazione è una fase non essenziale nell'impresa. Essa è più che altro una fase che attiene all'eliminazione dell'ente attraverso il quale si esercita l'impresa, cioè all'eliminazione del centro autonomo di imputazione al quale l'impresa si riferisce (in particolare, la liquidazione è una fase obbligatoria della società e di ogni altro ente collettivo).

È allora evidente che i problemi sulla fine dell'impresa e sulla fine dell'ente che esercita l'impresa riposano su piani diversi. Sicché, non si può escludere che l'impresa di una società (o di altro ente) cessi anche prima della fine della società (o dell'ente), che, invece, sopravvive fintanto che non è liquidata(o) e, successivamente, estinta(o) attraverso la sua cancellazione dal registro delle imprese (o analoga formalità). E così come si è escluso che l'inizio dell'impresa societaria possa essere anticipato al momento della costituzione, parimenti si deve escludere che la fine dell'impresa societaria possa essere posticipata al momento dell'estinzione.

2. *La cancellazione dal registro delle imprese. La decorrenza degli effetti* ex *art. 33 c.ins. (rinvio)*

Tutto quanto precede presenta, tuttavia, una significativa eccezione con riferimento ad uno degli istituti nei quali si scompone la disciplina dell'impresa: le **procedure concorsuali** (diverse dalla composizione della crisi da sovraindebitamento).

Infatti, la fine dell'impresa non comporta di per sé il venir meno della possibilità di aprire una procedura concorsuale (*rectius*: la liquidazione giudiziale): possibilità che residua ancora per l'***anno successivo alla cessazione***, a condizione che lo stato di insolvenza sia antecedente alla cessazione dell'iniziativa o si sia verificato nell'anno successivo (art. 33, co. 1, c.ins.).

È di tutta evidenza la ragione di questa *proroga*. In tal modo, si impedisce al titolare dell'impresa di sfuggire alla soluzione concorsuale dell'insolvenza attraverso una cessazione improvvisa e magari premeditata della sua iniziativa e, nel contempo, si consente ai creditori o, eventualmente, al pubblico ministero di chiedere l'apertura della procedura anche in questa eventualità.

Meno evidente è la ragione per cui il **termine** dell'anno debba decorrere dalla ***cancellazione dal registro delle imprese*** e non invece dalla effettiva cessazione dell'attività (art. 33, co. 2, c.ins.). Si può ritenere che uno dei motivi che hanno indotto ad ancorare il *dies a quo* all'adempimento di tale formalità sia quello di semplificare l'accertamento dell'ambito temporale di assoggettabilità dell'impresa alle procedure concorsuali. Una simile formalità può essere allora immaginata come una *presunzione dell'effettiva cessazione* dell'attività. Si tratta di una *presunzione relativa*, cioè superabile, nel caso di impresa individuale e di cancellazione d'ufficio di un ente su iniziativa dei creditori o del pubblico ministero (i quali avranno interesse a dimostrare che al dato formale della cancellazione non ha fatto seguito l'interruzione effettiva dell'iniziativa), mentre all'imprenditore non è data una speculare possibilità di dimostrare che la cessazione effettiva aveva preceduto la cancellazione (art. 33, co. 2, c.ins.). Probabilmente, il motivo può ravvisarsi nel tentativo di creare un meccanismo capace di incentivare un corretto adempimento dell'obbligo di pubblicità d'impresa da parte del suo titolare.

Per le imprese che abbiano omesso sin dall'origine di adempiere all'obbligo di iscrizione nel registro delle imprese il termine dell'anno decorre dalla conoscenza effettiva da parte dei terzi della cessazione dell'impresa o dalla sua conoscibilità (laddove della cessazione dell'impresa si sia fatta comunque pubblicità con mezzi idonei: art. 33, co. 2, c.ins.).

§ 5. L'IMPUTAZIONE DELL'IMPRESA

SOMMARIO: I. *Il criterio di imputazione*. – 1. Il criterio della spendita del nome (o formalista). – 2. Il criterio dell'interesse perseguito (o sostanzialista). La teoria dell'imprenditore occulto.

Rimane ancora da vedere a chi si imputa l'impresa, cioè chi ne è il ***referente soggettivo***, vale a dire il soggetto tenuto ad adempiere ai diversi obblighi comportamentali in cui la disciplina dell'impresa si scompone.

Altrimenti detto, si tratta di comprendere chi è l'**imprenditore in senso giuridico**.

Ciò postula, preliminarmente, appurare quale sia il *criterio di imputazione* di un fenomeno descritto in termini di attività, cioè il criterio che consenta di attribuire ad una sfera giuridica soggettiva un'attività oggettivamente considerata, quale è l'impresa. Questione, quest'ultima, che si presenta assai problematica, dato che nell'ordinamento italiano manca, quanto meno in forma esplicita, un siffatto criterio, che allora dev'essere ricavato in via interpretativa.

I. *Il criterio di imputazione*

Al riguardo, giova ricordare che i principali orientamenti che si contendono il campo sono due: da un lato, c'è chi ritiene che l'impresa si imputi secondo un ***criterio formale*** o della **spendita del nome** nello svolgimento della stessa, concludendo che è imprenditore colui che svolge l'impresa a proprio nome; dall'altro, c'è chi ritiene che l'impresa si imputi secondo un ***criterio sostanziale*** o dell'**interesse perseguito** nello svolgimento della stessa, concludendo che è imprenditore colui nel cui interesse l'impresa è svolta.

In quest'ottica, è evidente che la questione relativa all'imputazione appare risolta senza particolare contrasto di opinioni allorché l'impresa venga svolta ***in nome e per conto di uno stesso soggetto***, cioè quando l'elemento formale della spendita del nome e l'elemento sostanziale dell'interesse perseguito convergono sulla stessa sfera soggettiva. Ad es., se una persona fisica svolge l'impresa a proprio nome e nel proprio interesse non v'è dubbio che essa sia l'imprenditore; se una società o un ente pubblico svolgono l'impresa a proprio nome e nel proprio interesse non v'è dubbio che siano essi stessi l'imprenditore.

Una siffatta conclusione prescinde dalla circostanza che il soggetto con riferimento al quale si riscontra la ricorrenza dell'elemento formale e dell'elemento sostanziale eserciti materialmente l'impresa. Ed invero, l'imprenditore può affidarne l'esercizio ad uno o più altri soggetti (i quali eseguono tale incarico in nome e per conto del primo). Ipotesi, quest'ultima, non certo infrequente nelle imprese non piccole, dove l'esercizio concreto dell'iniziativa è affidato all'organizzazione e, in particolare, alla componente personale dell'apparato organizzativo dell'impresa (i collaboratori). Talvolta, l'imprenditore è addirittura *obbligato* ad affidare l'esercizio dell'impresa ad un altro soggetto, come nel caso in cui non abbia capacità di agire (per non avere ancora raggiunto la maggiore età, per essere interdetto) e, quindi, non possa compiere in prima persona i diversi atti di disposizione del patrimonio tipicamente connaturati all'esercizio di un'impresa.

La questione relativa all'imputazione si profila invece in tutta la sua problematicità, allorché l'elemento formale della spendita del nome e l'elemento sostanziale dell'interesse perseguito si riscontrano in capo a **soggetti diversi**, tipicamente nell'ipotesi – non l'unica ma senz'altro la più ricorrente nella pratica – in cui un soggetto (Tizio) esercita l'impresa a proprio nome per perseguire l'interesse di un altro soggetto (Caio).

1. *Il criterio della spendita del nome (o formalista)*

L'orientamento quanto meno sino a ieri e forse ancora oggi prevalente è dell'avviso che l'elemento decisivo ai fini dell'imputazione dell'impresa debba individuarsi nella **spendita del nome**.

Una tale conclusione riposa sull'assunto che, a fronte della mancanza nell'ordinamento di un criterio di imputazione dell'attività, si possa porre rimedio attraverso il ricorso al ***criterio*** previsto dall'ordinamento ***per l'imputazione degli atti giuridici***, posto che l'attività è, in fin dei conti, un insieme di atti giuridici. Pertanto, poiché quest'ultimo criterio è rappresentato dalla spendita del nome, risultando invece irrilevante l'interesse perseguito (cfr. art. 1705, co. 1), allora – se ne deduce – secondo tale criterio dovranno imputarsi anche gli atti che costituiscono l'attività e, quindi, in definitiva, dovrà imputarsi l'attività medesima (dunque, l'impresa).

Una tale conclusione ha sicuramente il pregio della semplicità e della immediatezza. Tuttavia si espone ad una serie di rilievi critici.

Anzitutto, non può non destare perplessità il postulato dal quale prende le mosse, cioè l'assunto che l'attività è costituita da un insieme di atti giuridici, che equivale un po' a dire che la casa è formata da un insieme di mattoni. Infatti, si è avuto già modo di precisare (v. § 1.II.1) che nel diritto commerciale non rilevano i singoli comportamenti da cui l'attività è costituita, ma questa come fenomeno unitario nel suo insieme.

In secondo luogo, desta perplessità anche l'idea di fondo per cui la sistemazione degli interessi in gioco (in particolare, quelli dei creditori dei due soggetti: chi spende il nome e colui per conto del quale l'attività è svolta) debba avvenire secondo il principio dell'affidamento. Sicché, i creditori del soggetto che svolge l'impresa a proprio nome potrebbero essere garantiti dal solo patrimonio sul quale hanno fatto affidamento e non da altri, così come i creditori del soggetto nel cui interesse è svolta l'impresa non condividerebbero la garanzia patrimoniale del loro debitore con altri. Una simile sistemazione degli interessi presuppone, peraltro, che l'ordinamento tuteli il credito alla produzione con la stessa intensità del credito al consumo: il che, però, costituisce un assioma tutt'altro che incontestabile.

D'altra parte, non può essere trascurato che la conclusione più sopra riferita rende agevoli alcune **forme di abuso**, in particolare quando il soggetto che svolge l'impresa a proprio nome è un nullatenente, che si presti a fungere da prestanome nello svolgimento di un'impresa per conto (e, spesso, sotto le direttive) di un terzo (il c.d.

dominus dell'impresa), il quale invece ha interesse a non esporre il suo patrimonio al rischio di impresa.

In quest'eventualità (non certo infrequente nella pratica), è evidente che, se l'iniziativa non va effettivamente a buon fine, il peso economico dell'insolvenza è destinato a gravare pressoché integralmente su coloro che hanno finanziato l'iniziativa a titolo di credito (fornitori, dipendenti). Da un lato, il patrimonio del prestanome non contiene sostanze patrimoniali sufficienti per il soddisfacimento delle ragioni creditorie, sicché l'azione esecutiva promossa dai creditori (e, successivamente, in loro vece, dalla procedura concorsuale: liquidazione giudiziale) è destinata a restare infruttuosa. Dall'altro lato, il patrimonio del *dominus* non può essere aggredito dai creditori del prestanome (e, successivamente, in loro vece, dal liquidazione giudiziale del prestanome), a meno che tali creditori (che sono poi i creditori d'impresa) vantino nei confronti del *dominus* una qualche forma di garanzia diretta nei suoi confronti. Deve tuttavia escludersi realisticamente che gran parte di essi (perlopiù coincidenti con i piccoli fornitori e i lavoratori) sia stata in grado di farsi rilasciare dal *dominus* una garanzia a tutela del credito. La qual cosa può immaginarsi semmai solo con riferimento ai creditori caratterizzati da una forza significativa sul piano della contrattazione (perlopiù coincidenti con i grandi fornitori e le banche). Peraltro, questi ultimi creditori, nel momento in cui vanno ad escutere la garanzia, devono comunque sperare di trovare il patrimonio del *dominus* ancora capiente. In caso contrario, essi devono cercare di ricostruire il medesimo attraverso i blandi mezzi di conservazione della garanzia patrimoniale previsti dal diritto comune (artt. 2900 ss.).

A questo stato di cose la giurisprudenza cerca di porre rimedio attraverso la figura dell'**impresa fiancheggiatrice**. Infatti, è orientamento diffuso quello secondo cui il *dominus* dell'iniziativa in questione possa acquisire la qualifica di imprenditore e, quindi, essere assoggettato alla disciplina dell'impresa, se si accerta che ha posto in essere un comportamento, nei rapporti intercorsi con il prestanome, che in sé considerato possa qualificarsi come impresa: un'impresa che, allora, fiancheggia l'iniziativa svolta dal prestanome stesso.

Giova osservare che nei casi come quello prefigurato il *dominus* da dietro le quinte normalmente *dirige e coordina e*, per certi versi, *finanzia il prestanome*: gli impartisce istruzioni sul contegno da tenere nello svolgimento dell'iniziativa, gli mette a disposizione capitali, sia in forma di mezzi finanziari sia in forma di garanzie rilasciate a favore di qualche creditore (per crediti di fornitura o per finanziamenti).

Ebbene, l'orientamento giurisprudenziale in esame ritiene che questa azione di direzione (specie se si traduca nel *coordinamento* delle attività di più prestanomi) produca di per sé una utilità economica, distinta da quella prodotta dalle attività fiancheggiate, e costituisca, perciò, essa stessa, quando in concreto risulti triplicemente qualificata dai requisiti della professionalità, organizzazione ed economicità, una impresa (impresa a sé stante, dunque, diversa da quelle fiancheggiate anche per l'utilità prodotta); pure al *dominus* andrebbe allora riconosciuta la qualifica di imprenditore, con il conseguente suo assoggettamento alla disciplina dell'impresa, ivi compresa l'esposizione alle procedure concorsuali.

Peraltro, è agevole constatare che una siffatta ricostruzione appronta un rimedio solo parziale al problema più sopra rilevato. Infatti, la liquidazione giudiziale del *dominus* consente soltanto ai (pochi) creditori che da lui avevano ottenuto una garanzia di beneficiare della più marcata tutela offerta dall'attivazione della procedura concorsuale; mentre rimane del tutto irrilevante per gli altri (molti) creditori, che non hanno alcun titolo per potersi insinuare nel suo patrimonio personale, salvo a ritenere che la procedura concorsuale del prestanome possa, una volta accertata l'interposizione tra quest'ultimo e il *dominus*, esercitare nei confronti di quest'ultimo l'azione prevista dagli artt. 1719 e 1720, co. 1 (obbligo del mandante di mettere a disposizione del mandatario i mezzi necessari per l'adempimento delle obbligazioni da questo assunte per conto del primo ma a proprio nome).

Ma pure in quest'ultima eventualità, non può essere trascurato che non è sempre agevole dimostrare che il comportamento posto in essere dal *dominus* possa essere qualificato come impresa, tanto che frequentemente si perviene a risultati del tutto contrastanti.

Sintomatico, a tale proposito, è il famoso **caso Caltagirone**. Tre fratelli avevano dato vita ad un'impresa operante nel settore immobiliare che avevano articolato su ben 158 società di capitali. I tre avevano tenuto una condotta che si sostanziava nell'esercitare la direzione e coordinamento di tali società nonché nel provvedere alle relative esigenze finanziarie: in particolare, richiedevano i finanziamenti al mondo bancario, che facevano confluire in casse comuni e che poi intermediavano alle diverse società, a seconda delle specifiche esigenze dell'una o dell'altra. Sennonché, l'iniziativa è entrata in crisi ed ha provocato lo stato di insolvenza in tutte le società del gruppo, le quali sono state tutte dichiarate fallite. Ebbene, i giudici di primo grado, come anche i giudici di appello, hanno ritenuto che il comportamento posto in essere dai tre fratelli fosse qualificabile alla stregua di un'impresa e, dopo aver accertato il loro personale stato di insolvenza, hanno dichiarato nei confronti degli stessi l'apertura della procedura concorsuale (a quel tempo, il fallimento). Successivamente, la Corte di Cassazione si è dimostrata di avviso opposto, revocando di conseguenza la procedura concorsuale dei tre fratelli.

2. *Il criterio dell'interesse perseguito (o sostanzialista). La teoria dell'imprenditore occulto*

Proprio in ragione delle accennate perplessità e del segnalato pericolo di inadeguata sistemazione degli interessi in gioco, non manca chi si affranca dalla ricostruzione esposta più sopra e propende per l'idea che l'impresa debba imputarsi secondo un criterio che si riferisca al fenomeno in quanto tale e non alle singole frazioni in cui lo stesso si scompone.

Nel solco di questa corrente di pensiero, sono state proposte diverse ricostruzioni, tutte volte a dimostrare che l'impresa si deve imputare a prescindere dall'imputazione dei singoli atti giuridici e, quindi, dal nome speso nello svolgimento della stessa. Tra queste, quella senz'altro più importante è la **teoria dell'imprenditore occulto**, elaborata e strenuamente difesa a cavallo tra gli anni '50 e '60 del secolo scorso da Walter Bigiavi.

Essa muove da un presupposto di fondo: dall'assunto, cioè, che nell'ordinamento vi sia una inscindibile ***relazione biunivoca tra potere e rischio***, tanto che chi ha la direzione di un'iniziativa economica e, nello specifico, imprenditoriale, non può sottrarsi alle relative conseguenze sul piano patrimoniale e non essere quindi responsabile delle obbligazioni che sorgono durante il suo svolgimento, quand'anche essa fosse esercitata per suo conto da parte di un prestanome (quantomeno responsabile in solido con quest'ultimo).

Sulla base di questa premessa la teoria dell'imprenditore occulto cerca di dimostrare che un *dominus* (quale portatore del potere direttivo e dell'interesse economico dell'iniziativa), non solo è responsabile per le obbligazioni predette, ma ***acquista anche la qualifica di imprenditore***: di conseguenza, è assoggettato alla disciplina dell'impresa e, soprattutto, in caso di insolvenza, alle procedure concorsuali.

Questa conclusione troverebbe il suo principale supporto normativo nell'**art. 256 c.ins.** (che replica, con i necessari adattamenti terminologici, il vecchio art. 147 l.fall.), dal quale sarebbe possibile evincere il principio generale secondo cui l'impresa si imputa in funzione dell'interesse perseguito, a prescindere dal nome speso nel suo svolgimento.

In particolare, la norma richiamata si riferisce al caso della liquidazione giudiziale di una società con soci illimitatamente responsabili e stabilisce che l'apertura della procedura determina la *liquidazione giudiziale in estensione* (o personale) di tali soci: senza, peraltro, distinguere tra **soci palesi** (art. 256, co. 1., c.ins.) e **soci occulti** (art. 256, co. 4, c.ins.). La stessa norma dispone il medesimo trattamento anche per l'impresa all'apparenza individuale esercitata per conto di una ***società occulta***: se, infatti, la liquidazione giudiziale viene dichiarata nei confronti di un'impresa individuale e, dopo l'apertura della procedura, emerge che l'imprenditore che vi è stato assoggettato sia in realtà legato ad un altro soggetto da un rapporto di società, in cui tanto il primo (l'imprenditore palese) quanto il secondo (il socio occulto) siano soci illimitatamente responsabili, la procedura deve estendersi anche nei confronti del soggetto successivamente scoperto (art. 256, co. 5, c.ins.).

Se ne può, pertanto, dedurre, soprattutto alla luce di quest'ultima disposizione, che *un'impresa esercitata per conto di una società occulta debba essere imputata proprio alla società, restando irrilevante il fatto che l'attività sia stata svolta senza spendere il nome di questa.*

Bisogna, a questo punto, verificare se la norma brevemente esaminata (l'art. 256, co. 5, c.ins.) debba essere considerata come norma eccezionale (e, quindi, applicabile soltanto alla fattispecie contemplata: la società occulta) o possa invece essere intese come *norma che esprime un principio più generale* (e, quindi, estensibile, in via interpretativa, ad altri analoghi contesti: al caso in cui l'impresa sia esercitata da un prestanome nell'interesse esclusivo di un soggetto diverso da una società, parimenti rimasto occulto).

La questione è tutt'altro che agevole, ma la seconda alternativa si lascia preferire, in quanto sostenere il contrario, sostenere, cioè, che l'imputazione dell'impresa prescinda dal nome speso e si leghi all'interesse perseguito solo quando tale interesse è di una società, equivarrebbe ad affermare che la sistemazione degli interessi sollecitati dall'impresa debba essere diversa a seconda che il soggetto che ha speso il nome abbia perseguito *anche* un interesse altrui (quello del socio occulto) o *solo* un interesse altrui (quello del *dominus*); in altre parole, a seconda del tipo di rapporto che lega il primo al secondo soggetto, se un contratto di società o un contratto di interposizione; insomma, a seconda di quanto hanno convenuto tra di loro il primo e il secondo soggetto. Conclusione inaccettabile nell'ambito di un sistema normativo il cui presupposto di applicazione è fondato – per le ragioni già illustrate – rigorosamente su *dati oggettivi*, necessariamente sottratti alla discrezionalità delle parti in causa.

Introduzione alle Sezioni II-VIII

La fattispecie "impresa", come individuata nella sua identità e nelle sue articolazioni, costituisce il presupposto di applicazione di una disciplina che si scompone in una pluralità di istituti, che vanno guardati, non già come autonomi e indipendenti, bensì come connessi e complementari tra loro. Infatti, tali istituti, anche se nel prosieguo verranno descritti singolarmente, nella loro individualità e specificità, costituiscono i punti di forza di uno *statuto unitario* del fenomeno produttivo organizzato in forma di impresa. In particolare, questi istituti rappresentano l'insieme delle regole comportamentali che governano l'agire imprenditoriale, non nei singoli accadimenti isolati in cui lo stesso si articola, ma nel complesso dei medesimi, dunque degli accadimenti che formano l'iniziativa economica globalmente considerata: regole precipuamente finalizzate ad assicurare che detta iniziativa si sviluppi sul mercato con il giusto contemperamento tra gli interessi, spesso contrapposti, dell'imprenditore e degli altri soggetti a diverso titolo sollecitati (clienti, fornitori, finanziatori, dipendenti, imprese concorrenti, ecc.).

Le regole comportamentali che costituiscono lo statuto suddetto investono l'attività sotto molteplici profili.

a) Un primo livello di azione si concretizza attraverso gli obblighi di **pubblicità dell'organizzazione di impresa**, che mirano a presentare l'organizzazione medesima al mercato. In particolare, gli obblighi di pubblicità assicurano trasparenza e informazione degli elementi minimi identificativi l'organizzazione di impresa, nonché di vicende, circostanze e fatti ulteriori. Ciò con l'obiettivo di assecondare l'interesse conoscitivo degli operatori di mercato, senza che essi debbano informarsi in occasione dei singoli contatti con l'impresa, e, nel contempo, l'interesse dell'imprenditore a che le relative informazioni siano conosciute, senza che egli debba accertare la conoscenza (o la scusabilità dell'eventuale ignoranza) caso per caso. Ulteriori, più pervasivi obblighi informativi sono, peraltro, previsti in specifici contesti (ad es., per le società quotate, al fine di assicurare un'efficiente allocazione delle risorse nei mercati finanziari).

b) Un secondo intervento attiene all'**organizzazione** dell'attività. Di massima, in un'economia di mercato le scelte organizzative (la dotazione di fattori produttivi e la struttura dell'impresa) sono demandate all'imprenditore e rappresentano uno degli elementi su cui si gioca la competizione tra i concorrenti. Il diritto dell'impresa non si occupa neppure degli strumenti giuridici per il procacciamento di tali fattori (degli *asset* materiali e immateriali, e delle prestazioni collaborative), che sono gli ordinari strumenti contrattuali a disposizione di ogni soggetto di diritto. Tuttavia, disciplina la ***struttura decisionale***, che caratterizza tipicamente un'impresa (almeno, quella non "minuscola"): nella quale poteri decisori e di rappresentanza (questi ultimi di pari estensione dei primi, risultando, così – almeno normalmente –, senza limiti) sono attribuiti a collaboratori dell'imprenditore agenti a diversi livelli della gerarchia organizzativa. Talune regole comportamentali sono, inoltre, imposte a protezione di interessi superiori. Particolare rilievo assume il ***principio di adeguatezza della struttura organizzativa*** (art. 2086): esso è esplicitamente indirizzato ad ogni impresa non individuale, anche agricola, ed è funzionale ad assicurarne una gestione sana e consapevole; il relativo obbligo grava sugli amministratori dell'ente e comporta, in caso di violazione, la loro responsabilità. Strumentale al soddisfacimento degli stessi interessi è pure l'***obbligo di tenuta delle scritture contabili***, la cui corretta redazione favorisce una conduzione razionale ed oculata dell'attività; esse, d'altronde, permettono la ricostruzione a posteriori dell'andamento dell'impresa, anche da parte degli organi che eventualmente fossero chiamati a gestirne la crisi, assolvendo così – e seppur indirettamente – ad una funzione informativa nell'interesse generale. È alla stessa disciplina dell'organizzazione che può essere ricondotto anche il grande *corpus* di norme dedicate alle forme di esercizio collettivo (o alla titolarità "metaindividuale") dell'impresa, ossia il ***diritto delle società***.

c) L'impresa è, ancora, riguardata nella **dimensione relazionale** (ossia, nelle *modalità di azione* sul mercato). Un articolato complesso di istituti mira a tutelare la genuinità della competizione economica e l'adozione di pratiche e politiche contrattuali sane ed equilibrate nei rapporti con i terzi, ad offrire strumenti tecnico-giuridici appropriati per le esigenze negoziali e finanziarie dell'attività, infine a favorire le sinergie e la cooperazione reciproca tra le imprese per un migliore posizionamento nel mercato. È a questo livello che si situano anzitutto le disposizioni riguardanti la ***concorrenza***, dirette a garantire un'effettiva competitività nel mercato e la sussistenza di un adeguato grado di pressione concorrenziale tra le diverse imprese in esso attive (disciplina *antitrust* e della concorrenza sleale) e la disciplina delle ***privative industriali*** (marchi, brevetti, nomi a dominio, ecc.), le quali, proteggendo l'impresa dagli atti di contraffazione da parte di terzi, le assicurano l'equo sfruttamento degli investimenti in pubblicità e ricerca e, dunque, l'instaurazione di corrette dinamiche competitive. Vi rientra, anche, il corposo insieme di principi e disposizioni speciali riguardanti la ***contrattazione d'impresa***, tra i quali spiccano quelli diretti a promuovere dinamiche relazionali sane e, quindi, efficienti in un'ottica di distribuzione del benessere, mitigando gli squilibri che possono crearsi nei rapporti con le controparti deboli, determinati dalle asimmetrie informative e di potere di determinazione delle clausole negoziali. A questo ambito normativo possono essere idealmente ricondotte tutte le discipline dei contratti di cui l'imprenditore si avvale, nel collocamento dei propri beni o servizi, nel procacciamento dei fattori produttivi e nell'organizzazione della relativa filiera e, infine, nel soddisfacimento dei propri bisogni finanziari; sebbene solo alcune di queste discipline possano dirsi appartenere al diritto dell'impresa in senso proprio (in quanto il relativo contratto postula che una delle parti almeno sia imprenditore: appalto, assicurazione, contratti bancari ecc.), mentre altre appartengono, invece, al diritto privato comune e sono dunque operanti anche negli identici rapporti di cui non sia parte alcun imprenditore (compravendita, mutuo, ecc.). Agiscono, poi, sempre a livello della dimensione relazionale dell'impresa, gli istituti relativi agli ***strumenti di circolazione del denaro e dei rapporti finanziari***, che definiscono i sistemi di pagamento e di veicolazione della ricchezza mobiliare. Così come, infine, a questo piano vanno ricondotte le disposizioni riguardanti le ***cooperazioni e integrazioni tra imprese***, che consentono alle medesime di promuovere forme di collaborazione utili per assumere la dimensione ottimale nel mercato di riferimento, coordinando, ad es., talune fasi delle rispettive iniziative o realizzando aggregazioni per la partecipazione ad operazioni eccedenti le capacità della singola impresa.

d) Un ultimo livello di azione del diritto dell'impresa riguarda le **vicende dell'attività**. Su questo piano si collocano le disposizioni relative ai mutamenti soggettivi, ossia alla ***"circolazione" dell'impresa***, finalizzate ad assecondare la prosecuzione dell'attività da parte di un diverso soggetto senza compromettere l'efficienza dell'apparato produttivo e la continuità delle relazioni d'affari. Vi rientra pure l'amplissimo corpo normativo dedicato alla regolazione della ***crisi dell'impresa***, finalizzato alla soluzione e al superamento dello stato di crisi o di insolvenza. Si tratta di una disciplina che muove dalla duplice esigenza di salvaguardia dei valori produttivi, se ancora presenti, nell'interesse generale dell'economia, e di protezione dei creditori, sul presupposto che l'esercizio dell'impresa è fonte di un ricorso al credito sistematico e dell'instaurazione parimenti sistematica di rapporti negoziali con le altre componenti attive nello specifico contesto di mercato (clienti, fornitori, finanziatori, dipendenti, ecc.). Per la realizzazione di queste finalità, vengono predisposti strumenti di regolazione della crisi e dell'insolvenza, tra cui le *procedure concorsuali*, diretti al recupero della continuità aziendale, se possibile, o alla liquidazione del patrimonio dell'imprenditore, in ogni caso con l'obiettivo di massimizzare la misura di soddisfacimento della massa dei creditori.

Si è già detto nell'*Introduzione* e nella Sezione Prima che l'insieme di questi istituti venne in origine pensato fondamentalmente per l'***impresa commerciale non piccola***. È misurandolo su tale fattispecie che se ne può vedere l'organicità, l'articolazione e la compiutezza. Ma si è anche detto che, specie nell'epoca più recente, la distinzione tra questa figura e le altre attività comunque produttive (imprese agricole; piccole imprese; professioni intellettuali) va sempre più sfumando nella realtà economica, tanto che si assiste ad una *progressiva estensione*, sebbene ancora incompiuta, *della disciplina della prima alle altre attività*. Si vedrà dunque che gli istituti che ci accingiamo ad esaminare hanno ambiti di applicazione tra loro non sempre coincidenti: ***tutti si applicano all'impresa commerciale non piccola***; *alcuni già oggi sono estesi a tutte le imprese*; *altri anche alle professioni intellettuali*. Non è, questo, il segno di un legislatore ondivago e scarsamente sensibile alla costruzione di un sistema; è, invece, la testimonianza di un percorso di evoluzione del diritto dell'impresa e la prova della sua capacità di adattamento ai cambiamenti della realtà economica.

Sezione Seconda
LA PUBBLICITÀ DI IMPRESA

Sommario: § 6. Il registro delle imprese.

§ 6. Il registro delle imprese

Sommario: I. *Caratteristiche generali.* – II. *La sezione ordinaria e le relative iscrizioni.* – III. *Le sezioni speciali e le relative iscrizioni.* – IV. *Il deposito. Le indicazioni negli atti e nella corrispondenza.*

I. *Caratteristiche generali*

La disciplina dell'impresa contempla un **obbligo di pubblicità**, finalizzato ad assicurare un minimo di trasparenza informativa su alcuni fatti o atti previsti espressamente dal dato normativo e, in particolare, su alcuni profili e su alcune vicende che riguardano l'organizzazione.

Si tratta di un *obbligo pubblicitario minimo*, che mira a contemperare due diverse esigenze, per certi versi contrapposte: da un lato, l'esigenza dell'imprenditore di poter contare sulla *certezza legale* che talune informazioni possano considerarsi conosciute da parte dei terzi con i quali entra in contatto, non essendo sempre facile un puntuale accertamento caso per caso della conoscenza o dell'ignoranza delle stesse, e della scusabilità o inescusabilità di quest'ultima, nei riguardi di tutti questi soggetti; dall'altro, l'esigenza dei terzi e, più in generale, del mercato di poter fruire concretamente di talune informazioni inerenti all'impresa.

In quest'ottica, al fine di fissare il punto di equilibrio tra tali esigenze, l'obbligo pubblicitario è informato al **principio di tipicità**, in forza del quale *le informazioni da sottoporre a pubblicità sono tutte quelle ma soltanto quelle per le quali la legge impone siffatto obbligo pubblicitario.*

Ad un tale obbligo si adempie attraverso il **registro delle imprese**, cioè un *registro pubblico* (art. 2188, co. 3) già previsto dal legislatore del '42 benché istituito e attuato solo negli anni '90 del secolo scorso: si tratta di una vera e propria "banca dati" di tutte le imprese soggette all'obbligo di registrazione e, con riferimento ad esse, di tutte le informazioni per cui la legge prescrive la pubblicità.

Il registro è stato in concreto istituito dall'art. 8, l. 580/1993 ed è stato successivamente attuato con il d.p.r. 581/1995, più volte modificato e, soprattutto, semplificato con il d.p.r. 558/1999. È affidato alla *gestione delle camere di commercio di ogni provincia* e, specificamente, alla persona del segretario generale o ad altro soggetto con funzioni dirigenziali, che funge da *conservatore* (art. 8, co. 4, l. 580/1993), sotto la vigilanza di un giudice delegato dal presidente del tribunale (c.d. *giudice del registro*) (art. 2188, co. 2), che funge da organo giudiziale competente di prime cure per le controversie concernenti i procedimenti di iscrizione e di deposito.

È tenuto secondo ***tecniche informatiche*** (art. 8, co. 6, l. 580/1993). È consultabile tramite terminale ed è disponibile in tempo reale su *internet* sul portale della camera di commercio.

Un simile "contenitore informatico" si articola in ***sezioni***: una *sezione ordinaria* e diverse *sezioni speciali*.

II. *La sezione ordinaria e le relative iscrizioni*

La **sezione ordinaria** raccoglie un po' l'eredità del registro delle imprese approntato dal legislatore del '42. Infatti, essa è destinata ad accogliere (art. 7, co. 2, lett. *a*, d.p.r. 581/1995): le ***imprese commerciali non piccole*** (artt. 2195 e 2202), le forme giuridiche commerciali (cioè le ***società commerciali*** e le ***cooperative***: art. 2200) e le altre forme giuridiche (gli enti pubblici economici, art. 2201; i consorzi, art. 2612) per le quali il codice civile (sin dalla versione originaria) prevede un obbligo di iscrizione, con l'aggiunta di due forme giuridiche, una di fonte europea l'altra di fonte interna, di recente istituzione (il gruppo europeo di interesse economico, artt. 7, par. 1, reg. 2137/1985 e 3, co. 1, d.lgs. 240/1991; la rete di impresa con fondo comune, art. 3, co. 4-*quater*, d.l. 5/2009).

L'iscrizione deve avvenire attraverso la presentazione di una **domanda** – che nelle società (e negli altri enti che esercitano l'impresa in via esclusiva) coincide con l'atto costitutivo – dalla quale devono risultare le informazioni oggetto dell'obbligo di pubblicità secondo la legge.

In via generale, le **informazioni** sono quelle relative agli ***elementi dell'assetto organizzativo strutturale*** dell'impresa stabilite dall'art. 2196, co. 1, e cioè: le generalità dell'imprenditore; l'eventuale ditta; l'oggetto dell'impresa; la sede dell'impresa; gli eventuali institori e procuratori. Ad esse si è aggiunto il domicilio digitale (iscritto nell'elenco pubblico denominato Indice nazionale dei domicili digitali delle imprese e dei professionisti: artt. 3-*bis*, co. 1, d.lgs. 82/2005 e 5, co. 1 e 2, d.l. 179/2012), inizialmente richiesto, come indirizzo di posta elettronica certificata, per le sole società. Nelle società gli elementi organizzativi d'impresa contemplati dall'art. 2196, co. 1, sono contenuti nell'atto costitutivo.

Alle informazioni appena menzionate se ne aggiungono di ulteriori nel corso dello ***svolgimento dell'iniziativa***, che variano a seconda del contesto soggettivo di riferimento, ad es. l'autorizzazione alla continuazione dell'impresa di un incapace, art. 2198; la procura rilasciata all'institore o al procuratore, art. 2206; (l'estratto del)la sentenza di apertura della liquidazione giudiziale (comb. disp. artt. 49, co. 4 e 45, co. 2, c.ins.).

L'iscrizione dev'essere richiesta entro il **termine** *di trenta giorni dall'inizio dell'impresa o dal verificarsi del fatto o dell'atto oggetto di pubblicità* (art. 2196). Una tempistica differente è stabilita con riferimento all'obbligo di pubblicità delle società di capitali (cfr. art. 2329). Tuttavia, quanto all'inizio dell'impresa, alla luce dell'art. 9, d.l. 7/2007 (che ha introdotto la c.d. comunicazione unica per l'impresa), la richiesta di iscrizione nel registro delle imprese deve ormai anticipare e non seguire il concreto avvio dell'iniziativa imprenditoriale.

L'iscrizione è subordinata ad un **controllo** finalizzato ad accertare la *sussistenza delle condizioni previste dalla legge per l'iscrizione* (art. 2189, co. 2). Si tratta del controllo volto a verificare, in primo luogo, il rispetto del già ricordato principio di tipicità, cioè che sia un'iscrizione prescritta dalla legge, in secondo luogo, la ***regolarità formale*** della domanda con cui si chiede l'iscrizione. Tale controllo è esercitato normalmente dall'ufficio del registro (art. 2189, co. 2) tuttavia è stato devoluto recentemente al pubblico ufficiale (ad es., al notaio) per le iscrizioni richieste dalle imprese (diverse dalle s.p.a.), che siano costituite sulla base di un atto pubblico o di una scrittura privata autenticata, dovendo allora il conservatore procedere all'iscrizione immediata: art. 20, co. 7-*bis*, d.l. 91/2014.

Peraltro, se l'iscrizione avviene senza che ricorrano le condizioni è possibile porre rimedio attraverso la **cancellazione d'ufficio**, che è ordinata dal giudice del registro con decreto, sentito l'interessato (art. 2191). In altre parole, il giudice del registro, nella sua attività di vigilanza, pone rimedio in tal modo ad un eventuale errore commesso in sede di iscrizione.

Restano da vedere gli effetti che si associano all'iscrizione.

Anzitutto, l'iscrizione ha un'**efficacia dichiarativa**, in forza della quale, una volta che si perfeziona, essa determina una ***presunzione di conoscenza*** del fatto o dell'atto per il quale la legge prescrive l'obbligo di pubblicità, con il che la relativa informazione *si considera conosciuta* senza bisogno di accertare che lo sia in concreto. Ad es., dopo che è stato iscritto il trasferimento della sede dell'impresa, ogni dichiarazione recettizia inviata dai terzi presso la vecchia sede (il recesso da un contratto di fornitura periodica di surgelati) rimane inidonea a produrre i propri effetti, in quanto non indirizzata correttamente al suo destinatario, a prescindere dal fatto che il mittente ignorasse in concreto il mutamento di sede.

Inizialmente, una tale presunzione era ***assoluta*** sin da subito con riferimento a tutti i fatti o gli atti iscritti (art. 2193, co. 2), senza possibilità alcuna per i terzi di eccepire la propria ignoranza ancorché incolpevole. Successivamente, il diritto europeo ha imposto di rendere siffatta presunzione ***relativa*** per i primi quindici giorni di iscrizione *con riferimento ai soli fatti o atti delle società di capitali*, in particolare consentendo ai terzi in questo lasso di tempo di superare la presunzione di conoscenza dimostrando l'impossibilità ad acquisire l'informazione oggetto di iscrizione (art. 2448, co. 2). La presunzione diventa poi assoluta dal sedicesimo giorno (art. 2448, co. 1).

Per contro, nell'ipotesi in cui l'iscrizione obbligatoria sia stata omessa, si verifica una ***presunzione di ignoranza*** dei fatti o degli atti che avrebbero dovuto essere iscritti. Ad es., la mancata iscrizione del trasferimento della sede d'impresa fa sì che tutte le dichiarazioni recettizie inviate dai terzi presso la vecchia sede producano i propri effetti *ex* art. 1335, come se fossero state indirizzate al destinatario presso la sua attuale sede effettiva. La presunzione è sempre ***relativa*** e può essere superata dall'imprenditore, se dimostra che, nonostante l'omissione della pubblicità, il fatto o l'atto da pubblicare era comunque conosciuto (e non semplicemente conoscibile) dal terzo (art. 2193, co. 1): prova, in verità, il più delle volte difficile da rendere.

All'efficacia dichiarativa si aggiunge talvolta un'**efficacia normativa**, nel senso che talvolta l'obbligo pubblicitario costituisce ***condizione*** *per rendere applicabile una certa disciplina o un certo regime giuridico*. Ad es., l'iscrizione di una società commerciale di persone (società in nome collettivo e società in accomandita semplice) rappresenta una condizione per rendere applicabile alla società la disciplina della società regolare. Invece, in difetto dell'iscrizione, la disciplina che si applica è differente e, in particolare, è quella della società irregolare (v. *infra*, § 37.II.1).

Dall'efficacia normativa si suole distinguere poi l'**efficacia costitutiva**, tradizionalmente riconosciuta all'iscrizione delle società di capitali nonché ad alcune decisioni sociali delle medesime (le decisioni modificative dell'atto costitutivo). In particolare, si ritiene che tali iscrizioni abbiano l'effetto di far venire ad esistenza la società come centro autonomo di imputazione ovvero rendere operative le modifiche apportate al suo codice organizzativo: in altre parole, *l'atto produce effetti solo con l'iscrizione* (che per questo è, appunto, "costitutiva"). Si tratta peraltro di un effetto che solleva non poche perplessità. Esso è legato alle incertezze interpretative che ruotano attorno a due disposizioni: la prima è quella secondo cui "con l'iscrizione nel registro delle imprese la società acquista la personalità giuridica" (art. 2331, co. 1); la seconda è quella secondo cui solo dopo l'iscrizione la delibera di modificazione dell'atto costitutivo produce effetti (art. 2436, co. 5): disposizioni delle quali ci si dovrà occupare specificamente a suo tempo.

III. *Le sezioni speciali e le relative iscrizioni*

Le **sezioni speciali** sono state previste con l'obiettivo di razionalizzare le diverse forme di pubblicità gestite dalla camera di commercio prima dell'istituzione del registro delle imprese e, nel contempo, preservare la funzione originaria del registro delle imprese quale strumento di pubblicità legale.

In particolare, tali sezioni nascono con l'obiettivo di farvi confluire le imprese e le forme giuridiche che trovavano collocazione in queste differenti forme di pubblicità (ad es., nel registro esercenti il commercio), le quali non potevano transitare nella sezione ordinaria, in quanto imprese diverse da quelle commerciali non piccole o forme giuridiche per le quali non è previsto un obbligo di pubblicità nelle norme del codice civile.

Inizialmente, vennero istituite tante sezioni speciali *ad hoc* per ogni tipologia di impresa (le imprese agricole e le piccole imprese) e forma giuridica (la società semplice) obbligate ad iscriversi (art. 7, co. 3, d.p.r. 581/1995). Successivamente, queste sezioni sono state riunite in un'**unica sezione** (art. 2, d.p.r. 558/1999). In questa, dunque, devono prendere iscrizione: i titolari di ***imprese agricole***, i titolari di ***piccole imprese***, le ***società semplici***, e devono essere annotati i titolari di ***imprese artigiane*** e i loro consorzi.

Nel corso degli anni sono state istituite altre sei sezioni speciali (che nel lessico normativo vengono sempre più spesso qualificate come **sezioni *apposite***).

La prima è quella prevista dall'art. 16, co. 2, d.lgs. 96/2001, che istituiva la sezione speciale riservata alle *società tra avvocati*, adesso generalizzata a tutte le *società tra professionisti* (art. 7, co. 1, d.m. 8 febbraio 2013, n. 34).

La seconda è quella prevista dall'art. 2497-*bis* (aggiunto nel 2003), che istituisce la sezione apposita riservata alle società ed agli enti che esercitano o sono assoggettati all'altrui direzione e coordinamento (*società e enti di gruppo*).

La terza è quella prevista dall'art. 5, co. 2, d.lgs. 112/2017, che istituisce la sezione apposita riservata agli enti titolari di *imprese sociali.*

La quarta è quella prevista dall'art. 2250, co. 5 (aggiunto nel 2009), che istituisce una sezione apposita nella quale le società di capitali *possono* replicare i fatti e gli atti già iscritti nella sezione ordinaria con traduzione giurata di un esperto in un'altra lingua ufficiale dell'Unione europea.

La quinta e la sesta sono quelle previste dagli artt. 25, co. 8, d.l. 179/2012 e 4, co. 2, d.l. 3/2015, che istituiscono, rispettivamente, la sezione apposita riservata alle *imprese start-up innovative* (cioè, imprese che sviluppano, producono e commercializzano prodotti o servizi innovativi ad alto valore tecnologico) e alle *piccole medie imprese innovative* (come definite dall'art. 4, co. 1, d.l. 3/2015).

Per quanto un simile proliferare di sezioni, dedicate alle figure più disparate, abbia sollevato incertezze riguardo agli effetti che si associano alle iscrizioni che in esse si realizzano, l'art. 8, co. 5, l. 580/1993 è univoco nell'attribuirvi in linea di principio un semplice effetto di **pubblicità notizia**, ossia la *mera conoscibilità di fatto delle informazioni rese disponibili*, senza le presunzioni di conoscenza e di ignoranza collegate alla sezione ordinaria, salvo che non sia disposto diversamente dal dato normativo. E in particolare una disposizione speciale riguarda le *iscrizioni relative alle imprese agricole*, alle quali l'art. 2, d.p.r. 228/2001 associa l'efficacia dichiarativa di cui all'art. 2193.

IV. *Il deposito. Le indicazioni negli atti e nella corrispondenza*

La pubblicità di impresa si realizza non solo attraverso la tecnica dell'iscrizione ma anche attraverso il **deposito**.

Esso è prescritto per alcuni atti – tra i quali si annovera il bilancio d'esercizio delle società di capitali e cooperative – per i quali non sarebbe pensabile o sensato prevedere un'iscrizione e gli effetti che ad essa si associano (in particolare, l'efficacia dichiarativa).

La pubblicità di impresa si completa poi con il dovere di indicare negli **atti** e nella **corrispondenza** il registro delle imprese in cui si è presa iscrizione e il numero di iscrizione (artt. 2199 e 2250, co. 1).

Per le sole società di capitali una tale indicazione (assieme al capitale sociale versato e le generalità dell'unico socio: art. 2250, co. 2 e 4) dev'essere riportata anche nell'eventuale spazio elettronico destinato alla comunicazione e collegato da una rete telematica ad accesso pubblico (ossia il sito *internet* della società: art. 2250, co. 7).

SEZIONE TERZA
L'ORGANIZZAZIONE DELL'IMPRESA

§ 7. LA STRUTTURA DELL'ORGANIZZAZIONE

La **struttura organizzativa** dell'impresa può essere guardata sotto diversi profili. Dal punto di vista delle sue componenti, si distinguono: a) la struttura composta dagli *asset* materiali e immateriali, cioè il complesso dei fattori produttivi oggettivi; b) la struttura collaborativa, cioè il personale (dipendenti e collaboratori autonomi). Dal punto di vista delle sue funzioni, si delineano: a) la struttura decisionale, cioè il complesso dei soggetti – imprenditore e collaboratori – che concorrono ad assumere le decisioni e a porre in essere gli atti giuridici in cui l'impresa si svolge; b) la struttura esecutiva, cioè il complesso dei fattori – umani e non – per mezzo dei quali è realizzato il prodotto o servizio offerto sul mercato.

I. *L'organizzazione del complesso produttivo e della struttura collaborativa: nozione e rinvio*

Come si è detto, il diritto non fornisce specifici strumenti giuridici per l'organizzazione dell'impresa. L'imprenditore, per il procacciamento dei fattori produttivi e collaborativi, si avvale delle comuni fattispecie contrattuali a disposizione di ogni soggetto (compravendita, somministrazione, contratti di lavoro, ecc.).

È vero che della struttura organizzativa dell'impresa esiste una definizione giuridica: *ex* art. 2555, il "complesso dei beni organizzati dall'imprenditore per l'esercizio dell'impresa" forma l'**azienda**. Questa, tuttavia, non è disciplinata come tale, cioè per stabilire come deve essere formata e per mezzo di quali strumenti negoziali. Viene in rilievo, sotto il profilo giuridico, solo quando è oggetto di atti di disposizione, cioè quando, per il tramite della sua vendita o concessione in godimento, si realizza una sostituzione del soggetto che esercita l'impresa: l'acquirente o l'usufruttuario o l'affittuario – che, così, diviene titolare (della disponibilità) degli *asset* materiali ed immateriali e dei rapporti di lavoro (art. 2112) – è messo in condizione di proseguire l'attività, in luogo del precedente imprenditore. Si tratta, dunque, di un istituto che non attiene all'organizzazione dell'impresa in senso proprio, ma a una vicenda concernente l'impresa stessa sotto il profilo soggettivo (di chi la esercita); la si esaminerà, dunque, in una distinta sezione.

In definitiva, il diritto commerciale non si occupa della "dimensione" costituita dalle componenti della struttura organizzativa.

II. *L'organizzazione della struttura decisionale*

Il diritto commerciale si occupa, invece, della "dimensione" funzionale: e, precisamente, della struttura decisionale dell'impresa, cioè della struttura delle funzioni in cui si articolano i poteri decisionali e da cui dunque promanano gli *atti dell'impresa*. Il fenomeno è tipico di ogni impresa non "minuscola". L'imprenditore persona fisica (se si tratta di impresa individuale) o gli amministratori (se si tratta di società o altro ente) non curano personalmente ogni atto, ma demandano taluni poteri (spesso molto ampi) a propri collaboratori. Viene quindi a delinearsi una articolata piramide, di cui l'imprenditore (gli amministratori, nelle società) rappresentano solo il vertice, mentre, più a valle e su diversi livelli, le decisioni vengono prese e gli atti vengono compiuti da altri soggetti per conto e in nome del titolare dell'impresa (si pensi ai commessi addetti alle vendite, o all'incaricato dei rapporti con gli autori di una casa editrice).

Il codice civile disciplina le figure funzionali che tipicamente compongono questa struttura, operando *all'interno dell'apparato organizzativo* (cioè in quanto vi sono strutturalmente incardinate; si tratta di collaboratori normalmente assunti come lavoratori subordinati dell'imprenditore), e ne regola la posizione e i poteri: **gli institori**, **i procuratori** e **i commessi**.

Anche altri collaboratori possono essere affidatari di poteri decisori, ma operando *dall'esterno*, cioè come **collaboratori autonomi** che rimangono strutturalmente estranei all'impresa, alla quale sono legati da rapporti contrattuali di diritto privato che regolano, dunque, anche i loro poteri decisori rispetto alla prima: **mandatari** (art. 1703, incaricati di curare specifici affari), **agenti** (art. 1742, spesso a loro volta imprenditori, incaricati di promuovere stabilmente la conclusione di contratti in una zona determinata), **mediatori** (art. 1754). Di queste figure ci si occuperà più avanti, nell'ambito dei contratti di impresa.

Poiché il fenomeno appena descritto presuppone un'organizzazione autonoma e indipendente dall'imprenditore, la relativa disciplina non riguarda la piccola impresa. La stessa, alla luce del quadro storico di origine del codice civile, non riguarda neppure l'impresa agricola, sebbene oggi la struttura decisionale di questa possa essere comparabile con quella di un'impresa commerciale (non piccola).

1. *I collaboratori interni di impresa. La disciplina generale*

Le tre tipologie dei collaboratori interni, testé menzionate, sono distinte a seconda del posto occupato nell'ambito dell'apparato organizzativo e, di conseguenza, dei poteri tipicamente attribuiti ad ognuna di esse per l'espletamento delle mansioni affidate.

a) La prima è la figura dell'**institore**, termine con il quale si identificano i collaboratori che occupano il livello più elevato nell'organigramma di impresa. Essi sono preposti all'*esercizio dell'impresa*, ad *una sede secondaria* o ad *un ramo particolare*, vale a dire al vertice dell'intera iniziativa o di una sua parte, identificata da una delimitazione territoriale (la sede secondaria) o da una delimitazione funzionale (il ramo d'impresa). In particolare, essi sono dei veri e propri *alter ego* dell'imprenditore o, quanto meno, soggetti con qualifiche dirigenziali, che nel linguaggio comune sono noti come direttori generali, direttori di filiale o responsabili di uno specifico settore produttivo.

b) La seconda è la figura del **procuratore**, termine con il quale si identificano i collaboratori che occupano un livello intermedio nell'organigramma di impresa. Infatti, essi sono preposti al compimento di atti riconducibili ad uno specifico ambito funzionale, quale può essere il personale, gli acquisiti, le vendite, il *marketing*, ecc. In particolare, essi sono soggetti con qualifiche dirigenziali rispetto ad uno degli ambiti funzionali testé menzionati, che nel linguaggio comune sono noti come direttori del personale, responsabili del servizio commerciale, responsabili della comunicazione, ecc.

c) La terza è la figura dei **commessi**, termine con il quale si identificano i collaboratori che occupano il livello più basso nell'organigramma di impresa. Sono preposti al compimento delle diverse operazioni che consentono all'impresa di interfacciarsi con i terzi e, più in generale, con il mercato, attraverso la cessione dei beni e dei servizi alla clientela. Si tratta dunque di soggetti con qualifiche essenzialmente esecutive.

Ciascuna di queste figure è investita dei **poteri** necessari al compimento delle mansioni ad essa tipicamente sottostanti. Ed è investita di tutti i poteri: non solo dei ***poteri decisori***, che consentono di assumere le decisioni rientranti nel proprio ambito operativo (se, cosa, come, quando fare qualcosa, ecc.); ma anche dei ***poteri dichiaratori***, che consentono di dare esecuzione alle decisioni prese, attraverso la stipulazione di atti negoziali e, in particolare, di contratti con i terzi (spiccare un assegno, disporre un bonifico, ricevere un pagamento, stipulare un contratto, ecc.).

Più precisamente, il dato normativo, muovendo dal presupposto che l'imprenditore che si avvale di collaboratori non fa altro che articolare il processo decisionale dell'impresa, fa sì che ciascuno di essi sia un vero e proprio centro decisionale e, di conseguenza, commisura al potere decisionale così decentrato il potere di rappresentanza: nel senso che *attribuisce ad ogni collaboratore* ***poteri di gestione esterna*** (appunto, ***di rappresentanza***) *congrui rispetto ai poteri di gestione interna* (cioè, *decisori*) *che ad esso fanno capo tipicamente* e, quindi, lo legittima al compimento di tutti quanti gli atti necessari per dare attuazione alle decisioni assunte nell'esercizio delle sue funzioni. Il che è evidentemente finalizzato ad agevolare lo svolgimento dei traffici commerciali all'insegna della massima sicurezza, atteso che i terzi con cui il collaboratore entra in contatto sono sgravati dall'onere di accertare l'esistenza dei poteri di spendita del nome dell'impresa, in quanto poteri connaturati alla specifica figura che egli riveste.

D'altra parte, nell'eventualità in cui si voglia circoscrivere il potere che appartiene normalmente ad un collaboratore, cioè apportare **limitazioni ai suoi poteri naturali** – che possono essere *limitazioni qualitative* (ad es., s'intende precludere la possibilità di contrattare con alcuni fornitori o operare in determinati mercati) e/o *limitazioni quantitative* (ad es., s'intende precludere la possibilità di assumere obbligazioni eccedenti un determinato ammontare) – occorre un atto specifico che formalizzi tali limitazioni. L'atto in questione prende il nome di **procura**.

In quest'eventualità, si pone il problema di come rendere opponibili nei confronti dei terzi detti limiti. Problema che viene risolto attraverso l'assoggettamento della procura ad un **regime di pubblicità**: alla *pubblicità di impresa* mediante la sua iscrizione nel registro delle imprese, nel caso in cui essa sia rilasciata all'indirizzo degli institori o dei procuratori; alla *pubblicità di fatto*, rendendola conoscibile con mezzi idonei, nel caso in cui sia rilasciata all'indirizzo dei commessi.

In assenza di tale pubblicità, la procura, e quindi i limiti che essa contiene, non può essere opposta ai terzi, a meno che non si provi che questi ne erano comunque a conoscenza. L'inopponibilità fa sì che la violazione di detti limiti da parte dei collaboratori non abbia alcuna conseguenza all'esterno e, in particolare, non pregiudichi l'efficacia, nei confronti dell'imprenditore rappresentato, degli atti posti in essere (ad es., se l'institore, contravvenendo al divieto contenuto nella procura – non iscritta – di stipulare contratti con fornitori stranieri, acquisti un macchinario da un produttore estero, il relativo contratto produrrà comunque effetti in capo al *dominus* e lo obbligherà a pagare il prezzo pattuito). Pertanto, la violazione avrà conseguenze solo all'interno dell'impresa e, in particolare, esporrà il collaboratore a un'eventuale azione di responsabilità per i conseguenti danni arrecati all'imprenditore.

2. *L'institore*

L'**institore** è il ***collaboratore preposto all'esercizio dell'impresa*** (art. 2203, co. 1) o ad una parte di essa, che può essere rappresentata da una ***sede secondaria*** o da un ***ramo particolare*** (art. 2203, co. 2).

Può esservi un ***unico institore*** preposto all'intera iniziativa (o ad una sua articolazione organizzativa o funzionale), oppure possono esservi ***plurimi institori***: uno preposto all'impresa e uno o più altri ad ogni sua articolazione organizzativa o funzionale (sede o ramo che siano), o ancora due o più ad ogni sua articolazione.

Nel caso in cui vi siano più institori essi agiscono ***disgiuntamente*** (art. 2203, co. 3), cioè ognuno agisce indipendentemente dall'altro o dagli altri, rispetto all'ambito operativo che gli è stato assegnato, e ciò anche se il medesimo ambito sia stato assegnato a più di uno: infatti, un eventuale obbligo di azione congiunta, cioè coordinata e concordata tra gli stessi, costituirebbe una limitazione dei poteri dell'institore, che in quanto tale deve risultare da apposita procura (art. 2203, co. 3).

L'institore può compiere tutti gli **atti pertinenti all'impresa** (art. 2204, co. 1). In altri termini, ha poteri perimetrati dal *criterio della pertinenza all'impresa*, cioè può decidere e fare tutto ciò che sia astrattamente congruo rispetto all'iniziativa gestita.

Ne consegue che ***l'institore non può spingersi al di là della gestione dell'impresa***, non può, dunque, ad es., *alienare* (e secondo alcuni anche affittare) *l'azienda* oppure *cambiare l'oggetto dell'impresa gestita* (cc.dd. limiti impliciti ai poteri dell'institore);

così come non può *alienare o ipotecare gli eventuali beni immobili* di cui si compone l'azienda (c.d. limiti espliciti ai poteri dell'institore) (art. 2204, co. 1).

Peraltro, come già anticipato, ai poteri dell'institore possono essere sempre apportate **ulteriori limitazioni** da parte dell'imprenditore attraverso il rilascio di un'apposita *procura* (art. 2204, co. 1). Tuttavia, tali ulteriori limiti devono essere resi ***opponibili nei confronti dei terzi***. Il che si realizza attraverso la pubblicità della procura nel registro delle imprese, che fa scattare una presunzione assoluta di conoscenza riguardo al suo contenuto. L'eventuale omissione della pubblicità della procura medesima non consente invece di rendere opponibili ai terzi i limiti in essa contenuti (sussistendo una presunzione relativa di ignoranza), salvo che non si provi che i terzi ne erano comunque a conoscenza (art. 2206).

L'institore aggiunge ai poteri sostanziali i **poteri processuali** (che dovrebbero essere della stessa portata dei primi), potendo stare in giudizio per l'imprenditore come attore o come convenuto (art. 2204, co. 2).

Egli è inoltre tenuto, assieme all'imprenditore, all'*osservanza delle disposizioni riguardanti le scritture contabili e la pubblicità commerciale* (art. 2205), dunque all'osservanza degli obblighi di impresa, il che si spiega essendo il collaboratore preposto all'intera iniziativa o ad una sua articolazione organizzativa o funzionale.

L'institore è poi tenuto a **spendere il nome dell'imprenditore**. In caso di omissione, *diventa titolare di tutti gli atti compiuti a proprio nome* (atteso che – come si è già ricordato – i singoli atti sono imputati secondo il principio della spendita del nome: art. 1705, co. 1). Tuttavia, ***se si tratta di atti*** (quanto meno astrattamente) ***pertinenti all'impresa***, ***si affianca anche la responsabilità dell'imprenditore*** (art. 2208).

Se ne può dedurre che per gli atti di impresa non viene meno la naturale responsabilità del preponente – e, quindi, in fin dei conti, si ha una conferma (ulteriore) della superfluità della spendita del nome ai fini dell'imputazione dell'impresa – quanto meno laddove l'institore risulti essere integrato nell'organizzazione di impresa a tal punto da rendere il medesimo socialmente conoscibile (nel senso che non è necessario che si palesi ogni volta), ingenerando nei terzi la piena consapevolezza di trattare con un institore.

3. *Il procuratore*

Il **procuratore** è il **collaboratore che compie atti pertinenti all'esercizio dell'impresa, pur senza esservi preposto** (art. 2209).

Per questa figura non è stabilita una vera e propria disciplina specifica. Ad essa è dedicata solo una norma, l'art. 2209, che si limita a rinviare agli artt. 2206 e 2207 dettati per l'institore, con riguardo alla pubblicità, alla modifica e alla revoca della procura.

Dal che si è tratta, da parte di qualcuno, la conclusione che il procuratore sia una figura di decentramento della sola attività dichiarativa, cioè dotata soltanto di poteri di rappresentanza e priva di poteri decisionali. Tuttavia, si tratta di una conclusione non condivisa dall'opinione prevalente, la quale è invece dell'avviso che il procuratore abbia anche poteri decisionali, seppur circoscritti al proprio ambito operativo. Peraltro, i primi come i secondi poteri possono essere limitati dall'imprenditore, attraverso il rilascio di un'apposita procura.

Non essendo preposto all'impresa o ad una parte di essa, il procuratore non ha invece rappresentanza processuale.

E per la stessa ragione, sul procuratore non incombono doveri che attengono all'impresa, come quelli che hanno ad oggetto la tenuta delle scritture contabili o la pubblicità. Sempre per la stessa ragione, non può prospettarsi in nessun caso la responsabilità del preponente in caso di omessa spendita del nome nel compimento di atti di impresa, come attesta il mancato richiamo dell'art. 2208.

4. *I commessi*

I **commessi** sono ***collaboratori che compiono gli atti che comporta ordinariamente la specie di operazioni di cui sono incaricati*** (art. 2210, co. 1).

Come le altre figure già esaminate, essi hanno poteri decisori e dichiaratori, tuttavia, tali poteri sono perlopiù del secondo tipo, inerendo essenzialmente ad operazioni o gruppi di operazioni di carattere esecutivo, che mettono in contatto l'impresa con i terzi.

Proprio in quest'ottica, il dato normativo detta specifiche disposizioni riguardanti il momento della conclusione dei contratti (artt. 2211 e 2212) e, in particolare, della vendita (artt. 2210, co. 2 e 2213).

Le prime norme impongono ai commessi di attenersi agli eventuali contratti standard utilizzati dall'impresa e di non derogare alle relative condizioni generali (art. 2211); li autorizzano a ricevere le dichiarazioni che riguardano l'esecuzione dei contratti e i reclami (art. 2212, co. 1); li legittimano a chiedere eventuali provvedimenti cautelari (art. 2212, co. 2).

Le seconde norme accordano ai commessi il potere di concedere (ecco un loro sia pur limitato potere decisorio, oltre che dichiaratorio) i soli sconti e/o le sole dilazioni di pagamento che rientrano negli usi commerciali (pertanto, non gli sconti e le dilazioni eccedenti gli usi) (art. 2210, co. 2) nonché di riscuotere il prezzo delle merci vendute, salvo che alla riscossione non sia destinata una cassa speciale (art. 2213, co. 1): il che avviene, tipicamente, nei casi in cui alla vendita non faccia seguito l'immediata consegna della merce (si pensi all'acquisto di un mobile in un negozio di arredi) (art. 2210, co. 2) e, più in generale, quando la riscossione del prezzo confluisce in un'area autonoma sul piano funzionale alla quale sia preposto un procuratore (si pensi ai grandi magazzini specializzati nella vendita all'ingrosso).

§ 8. I PRESIDI ORGANIZZATIVI

SOMMARIO: I. *L'adeguatezza della struttura organizzativa*. – II. *La documentazione d'impresa*. – 1. Le scritture contabili obbligatorie. – 2. Il bilancio di esercizio.

Si è già detto che sotto il profilo delle **modalità organizzative ed operative** il principio fondamentale è quello della *libertà dell'imprenditore* (persona fisica o società o altro ente che sia). Le sue scelte organizzative ed operative non sono normalmente sottoposte ad alcun vincolo: è in piena autonomia che decide le risorse da apportare all'impresa, di quale e di quanto personale avvalersi, di come articolare la struttura decisionale ed eseguire le decisioni assunte di volta in volta. L'imprenditore ha, chiaramente, tutto l'interesse a pervenire ad un'organizzazione efficiente, atteso che il tasso di efficienza della propria organizzazione si riflette sulla capacità dell'impresa di acquisire una posizione di vantaggio competitivo rispetto alle altre imprese operanti sul medesimo mercato. In ogni caso, il legislatore introduce, pur in questo contesto di libertà, alcuni importanti **presidi organizzativi**, cioè alcuni obblighi diretti ad assicurare una gestione sana e consapevole dell'impresa. Il *principio di adeguatezza* (art. 2086, co. 2) si pone sul piano degli assetti dell'apparato organizzativo, che devono essere calibrati in base alle dimensioni, alla natura e alla complessità dell'attività svolta. La *documentazione* (artt. 2214 ss.) si pone sul piano operativo della conduzione dell'attività: in particolare, l'imprenditore deve avere memoria storica, dando ordinata e puntuale rappresentazione dei fatti e degli accadimenti relativi all'attività nel suo complesso, registrando la situazione patrimoniale e l'andamento economico e finanziario dell'impresa.

I. *L'adeguatezza della struttura organizzativa*

L'art. 2086, co. 2, esplicita il principio di **adeguatezza della struttura organizzativa**: l'imprenditore ha il "dovere di istituire un assetto organizzativo, amministrativo e contabile adeguato alla natura e alle dimensioni dell'impresa, anche in funzione della rilevazione tempestiva della crisi dell'impresa e della perdita della continuità aziendale, nonché di attivarsi senza indugio per l'adozione e l'attuazione di uno degli strumenti previsti dall'ordinamento per il superamento della crisi e il recupero della continuità aziendale".

Si tratta di una norma che, per la verità, non si riferisce testualmente ad ogni impresa: non allude, infatti, all'imprenditore individuale, ma solo a quello collettivo (società, altro ente). Ciò, tuttavia, non perché il primo non sia tenuto a conformarsi ad un siffatto principio di adeguatezza: il motivo è, probabilmente, da ricercarsi nella circostanza che le imprese individuali sono generalmente incentrate sulla persona dello stesso imprenditore e, dunque, sono caratterizzate da una struttura organizzativa estremamente elementare, senza "assetti" di alcun tipo. Trattandosi, però, di un principio generale, deve ritenersi che, quando l'impresa, pur se riferibile ad una persona fisica, presenti una certa complessità, anche l'imprenditore individuale debba curarne l'adeguatezza della struttura.

Il dovere di cui all'art. 2086, co. 2, è, poi, richiamato in tutti i tipi societari, attribuendo l'istituzione degli assetti organizzativi alla competenza esclusiva degli amministratori (artt. 2257, co. 1, 2380-*bis*, co. 1, 2409-*novies*, co. 1, 2475, co. 1). Ciò al fine di rendere questi ultimi responsabili del suo corretto adempimento, senza possibilità per gli stessi di scaricare su altri (e, in particolare, sui soci) le colpe di un'eventuale violazione.

L'adeguatezza è richiesta per l'**assetto organizzativo, amministrativo e contabile**. Si tratta, pertanto, di assicurare: a) che i *fattori produttivi* disponibili siano *congrui* rispetto al programma imprenditoriale che s'intende svolgere; b) che l'*articolazione del procedimento decisionale* interno all'impresa sia *coerente* in relazione alla complessità dell'iniziativa; c) che i centri decisionali siano sorretti da un *sistema informativo*, capace di mettere nelle condizioni di assumere decisioni ponderate. d) Il sistema informativo deve, inoltre, essere in grado di intercettare i segnali di una crisi, soprattutto se questa potrebbe compromettere la continuità aziendale: mettendo nelle condizioni gli amministratori di attivare tempestivamente gli strumenti offerti dall'ordinamento per affrontare adeguatamente simili situazioni (procedure di allerta e concorsuali). E ciò sul presupposto che una pronta attivazione di strumenti appropriati favorisce, perlomeno generalmente, la possibilità di superare la crisi, consentendo, così, il ripristino del normale svolgimento dell'impresa (sventando, dunque, la necessità di una sua cessazione).

II. *La documentazione d'impresa*

La disciplina dell'impresa stabilisce, a carico dell'imprenditore commerciale non piccolo, un obbligo di **documentazione di impresa**. In particolare, si tratta dell'*obbligo di dare rappresentazione scritta dei diversi accadimenti relativi allo svolgimento dell'attività di impresa*, che viene assolto attraverso l'obbligo di tenuta delle **scritture contabili**.

Il legislatore rende obbligatoria una regola di condotta che, all'evidenza, è una *regola di buona gestione*. L'obiettivo è quello di creare le condizioni per una conduzione razionale ed efficiente dell'impresa e, di conseguenza, di accrescere il livello di tutela dei terzi coinvolti nell'attività e, soprattutto, di coloro che l'hanno finanziata a titolo di capitale di credito.

Ed invero, nell'ottica del legislatore, l'obbligatorietà della documentazione di tutto quanto accade nel corso dello svolgimento dell'attività costituisce il presupposto per favorire il corretto svolgimento della stessa, che a sua volta è condizione imprescindibile di tutela dei creditori. Ciò in quanto, attraverso le scritture contabili, l'imprenditore può avere un riscontro *ex post* di come si è svolta l'iniziativa e, in particolare, accertare se i risultati che ne sono derivati siano in linea con quanto *ex ante* era stato programmato, così da poter decidere in maniera consapevole se è il caso di proseguire regolarmente la gestione ovvero riprogrammarla ovvero, al limite, arrestarla del tutto. In altre parole, le scritture contabili obbligatorie sono uno strumento di controllo finalizzato a far sì che l'attività venga gestita consapevolmente e, quindi, sia in grado di far fronte ai diversi impegni assunti secondo la normale alea del rischio di impresa.

1. *Le scritture contabili obbligatorie*

Il dato normativo non fissa in maniera analitica quale sia la consistenza dell'obbligo di tenuta delle scritture contabili, ma stabilisce un criterio di carattere generale: impone, invero, la tenuta delle scritture che siano ***richieste dalla natura e dalla dimensione dell'impresa*** (art. 2214, co. 2). La legge preferisce, quindi, ad un elenco circoscritto e, come tale, tendenzialmente rigido, un criterio di determinazione elastico delle scritture contabili obbligatorie, le quali perciò possono variare da impresa a impresa.

Il codice civile fissa comunque due **scritture contabili obbligatorie minime**, che vanno tenute quale che sia la natura e la dimensione dell'impresa, individuandole nel *libro giornale* e nel *libro degli inventari* (cc.dd. scritture contabili nominate) (art. 2214, co. 1).

Il **libro giornale** è la scrittura contabile nella quale vanno indicate giorno per giorno tutte le operazioni relative all'esercizio dell'impresa (art. 2216). È, cioè, una scrittura contabile in cui devono essere riportate le operazioni di impresa secondo l'ordine con il quale si susseguono. Essa è, perciò, una scrittura che va tenuta secondo un ***criterio cronologico***.

Nel libro giornale vanno rilevati i *fatti di gestione nel loro profilo patrimoniale e reddituale*, cioè accertandone l'impatto sulla consistenza del patrimonio (d'impresa) e sulla formazione del risultato (di esercizio). Ad es., la stipulazione di un contratto di vendita viene rilevata, nel profilo patrimoniale, come credito verso il cliente o (eventualmente dopo la riscossione del credito) come entrata di banca o di cassa, nel profilo reddituale, come ricavo di vendita; la stipulazione di un contratto di acquisto viene rilevata, nel profilo patrimoniale, come debito verso il fornitore o (eventualmente dopo il pagamento del debito) come uscita di banca o di cassa, nel profilo reddituale, come costo di acquisto.

Il **libro degli inventari** è la scrittura contabile nella quale vanno periodicamente indicate e valutate le attività e le passività relative all'impresa nonché le attività e le passività estranee alla medesima (art. 2217, co. 1). È, cioè, una scrittura contabile in cui devono essere riportati *tutti gli elementi patrimoniali attivi e passivi dell'impresa ed estranei all'impresa*, ossia il patrimonio al quale si è impresso un vincolo funzionale di destinazione all'impresa e il patrimonio che invece è utilizzato per fini differenti. Essa è, perciò, una scrittura che va tenuta secondo un ***criterio sistematico***.

Il libro degli inventari deve dare contezza di tutto il patrimonio dell'imprenditore. Infatti, gli ***elementi*** da cui è costituito devono essere ***indicati*** e ***valutati***. Vale a dire che tali elementi devono essere riportati senz'altro in forma descrittiva e poi, nel caso in cui si prestino ad essere valutati, anche attraverso la loro valutazione. Pertanto, nel libro degli inventari c'è anzitutto una descrizione degli elementi del patrimonio dell'imprenditore, destinati o estranei all'impresa; c'è poi una valutazione dei soli elementi che si prestano ad essere valutati, cioè degli elementi la cui utilità può essere misurata ed espressa attraverso un valore (quanto meno in termini ragionevolmente attendibili).

L'inventario dev'essere redatto all'inizio dell'impresa (c.d. inventario iniziale) e poi con ***cadenza annuale*** (c.d. inventario annuale) (art. 2217, co. 1). L'inventario annuale si chiude con il ***bilancio*** e con il ***conto dei profitti e delle perdite*** (= bilancio d'esercizio) (art. 2217, co. 2).

2. *Il bilancio di esercizio*

Nel lessico normativo e tecnico dell'epoca in cui il codice civile è stato scritto, l'espressione bilancio e conto dei profitti e delle perdite designava il **bilancio d'esercizio**. Più precisamente, il bilancio vero e proprio coincideva con una *situazione patrimoniale*, cioè con un documento che rappresentava sinteticamente i diversi elementi patrimoniali attivi e passivi suscettibili di valutazione economica, il quale si accompagnava con un allegato rappresentato dal *conto dei profitti e delle perdite*, cioè un documento che rappresentava sinteticamente i diversi componenti di reddito positivi e negativi, dalla cui somma algebrica scaturiva il reddito d'esercizio (utile o perdita).

Nel lessico normativo e tecnico attuale l'espressione bilancio d'esercizio designa l'insieme di quattro documenti: lo **stato patrimoniale**, il **conto economico**, il **rendiconto finanziario** e la **nota integrativa**.

Lo stato patrimoniale contiene gli elementi attivi e passivi suscettibili di valutazione economica e pertinenti all'impresa (è più circoscritto dunque dell'inventario). Il conto economico contiene i componenti positivi (i ricavi) e negativi (i costi) di reddito (è il vecchio conto dei profitti e delle perdite). Il rendiconto finanziario evidenzia la composizione delle disponibilità liquide dell'impresa (il denaro in cassa e valori assimilati) e la relativa variazione (in aumento o in diminuzione) avvenuta nell'esercizio per effetto della gestione caratteristica delle operazioni di investimento e di finanziamento. La nota integrativa è, infine, un documento descrittivo, che serve a rendere intelligibili, cioè a chiarire, i documenti quantitativi. In particolare, essa contiene l'esplicazione dei valori e degli aggregati di valori che figurano nello stato patrimoniale e nel conto economico, dando notizie sulla consistenza del loro contenuto e, soprattutto, sul processo di valutazione che ha portato ad assegnare ad essi un determinato valore.

Nell'ordinamento giuridico italiano, a differenza di altri ordinamenti, ***manca una disciplina giuridica generale sul bilancio d'esercizio***. Una regolamentazione in proposito è prevista soltanto nel *diritto della società per azioni* e, in particolare, negli artt. 2423 ss., e in quella sede dunque se ne parlerà.

Peraltro, questa regolamentazione è in qualche modo richiamata nel diritto delle altre società di capitali (per le s.a.p.a. art. 2454; per le s.r.l. art. 2478-*bis*, co. 1) e delle cooperative (art. 2519, co. 1), e pertanto trova applicazione pressoché integrale in questi contesti.

Invece, resta aperta la questione su quale disciplina debba applicarsi al bilancio d'esercizio delle imprese che assumono forma giuridica diversa, come, ad es., una società di persone, un ente non societario o una persona fisica.

Una tale questione risulta solo parzialmente risolta dal dato normativo e, in particolare, dall'art. 2217, co. 2, il quale generalizza la disciplina del bilancio delle s.p.a. nella parte relativa alle **valutazioni** (art. 2426), seppur con il limite dell'"in quanto applicabile”, parte che pertanto troverà applicazione nei bilanci di tutte le imprese. Nulla è detto invece con riguardo alle **strutture di bilancio** (con che articolazione e contenuto esso deve essere composto), a proposito della quale ci si interroga, dunque, sulla possibilità di mutuare dalla disciplina della s.p.a. anche le norme relative a questo profilo (artt. 2423-*ter*, 2424, 2425, 2425-*ter*, 2427).

L’orientamento del tutto prevalente risponde in senso affermativo. Tuttavia, al riguardo, non può essere trascurato che le strutture del bilancio della s.p.a. sono prescritte dal dato normativo (oltretutto, in attuazione di disposizioni europee) per assecondare le attese conoscitive minime che i diversi interessi coinvolti nell’impresa hanno. Sicché, tali strutture fanno *pendant* con l’obbligo (gravante su tutte le società di capitali e cooperative) di portare il bilancio a conoscenza dei terzi, attraverso il suo deposito nel registro delle imprese (art. 2435).

In quest’ottica, la conclusione secondo cui sarebbe possibile generalizzare la disciplina delle s.p.a. anche nella parte riguardante le strutture suscita non poche perplessità, non essendo previsto alcun obbligo di pubblicità del bilancio nelle società di persone e nelle imprese individuali. Pertanto, in queste ultime realtà imprenditoriali non sembra azzardato ritenere che il bilancio possa avere una **struttura diversa**, atteso che tale documento non è destinato ad avere diffusione all’esterno dell’impresa.

SEZIONE QUARTA

IL COMPLESSO ORGANIZZATIVO E LA "CIRCOLAZIONE" DELL'IMPRESA

§ 9. IL TRASFERIMENTO DELL'AZIENDA

Si è già osservato che lo svolgimento dell'attività d'impresa richiede l'allestimento di un apparato produttivo di più o meno ampie dimensioni, potenzialmente composto dai più eterogenei fattori (beni immobili, materie prime, beni immateriali, sistemi informatici, macchinari, e così via), che vengono coordinati ed asserviti al perseguimento dell'unitario obiettivo economico; e si è detto che questo apparato è l'**azienda**, definita dal codice come il ***complesso dei beni che l'imprenditore*** (persona fisica o ente) ***organizza per l'esercizio dell'impresa*** (art. 2555).

Essa appartiene dunque al mondo degli **oggetti di diritto**. La disciplina che la riguarda (artt. 2556 ss.) è dedicata eminentemente a regolare taluni aspetti della sua **circolazione**. La cessione (o la concessione in godimento) dell'azienda non è una vicenda di semplice disposizione di beni, ma realizza il subentro di un nuovo soggetto nella sua gestione e dunque nell'esercizio dell'impresa che essa serve. È a questo particolare profilo che si indirizza la disciplina che ci accingiamo ad esaminare: l'attenzione del legislatore non si focalizza infatti, come si è sottolineato, né sulla struttura dell'unità operativa (che è rimessa alle libere scelte imprenditoriali, salvo il dovere di adeguatezza degli assetti, *ex* art. 2086), né sulla trasmissione dei beni in quanto tale, bensì e proprio sul fatto dell'avvicendamento di un soggetto ad un altro nell'esercizio di una attività in corso. Di qui l'opportunità di *integrare* la disciplina comune dell'atto traslativo posto in essere (compravendita, affitto, donazione, ecc.) con una normativa di settore, volta ad assicurare la realizzazione di questo specifico obiettivo.

Il fenomeno disciplinato è dunque la ***sostituzione nella conduzione dell'impresa***, *che si attua tramite il trasferimento dell'unità operativa.* Questa prospettiva è fondamentale per comprendere le ragioni della regolazione normativa dell'istituto e per interpretarla correttamente. Quella dedicata all'azienda è una disciplina dell'attività, non dei beni, il cui oggetto è una vicenda dell'impresa, non un semplice fatto circolatorio.

I. *La nozione di azienda*

a) Sotto il profilo economico, l'azienda rappresenta un'entità unitaria che trascende le singole componenti, sia sul piano del valore, sia su quello della funzione. È a questa caratteristica che fa riferimento anche la nostra giurisprudenza, quando individua tra i beni aziendali "un vincolo di interdipendenza e complementarietà per il conseguimento di un determinato fine produttivo".

Tale vincolo è dato dall'**organizzazione**, cioè dal coordinamento dei diversi elementi da parte dell'imprenditore. Essa non costituisce un bene a sé stante, né assume un valore economico in quanto tale, ma imprime una specifica destinazione a ciascuno di quegli elementi e consente di trarre dal complesso una utilità altrimenti irrealizzabile. Alla base della sua attuazione vi è un progetto imprenditoriale, più o meno articolato, sviluppato nella fase di formazione dell'azienda e che richiede una costante attività di mantenimento dell'efficienza produttiva.

L'attitudine alla produzione di nuova ricchezza e alla maturazione di un reddito rappresenta l'**avviamento** dell'azienda, concetto che la stessa disciplina codicistica accoglie ed il cui valore, a determinate condizioni, può essere iscritto nel bilancio dell'impresa (art. 2426, n. 6); è infatti proprio questo a costituire, anche commercialmente, il maggior valore del complesso rispetto alla somma di quelli dei singoli beni. L'avviamento, pur non costituendo neppure esso un bene in senso tecnico, rappresenta una ***qualità*** immanente ad ogni azienda, insuscettibile di essere ceduto separatamente dal complesso, ma normalmente computato nella determinazione del prezzo di quest'ultimo; almeno, è definibile in questi termini il cosiddetto *avviamento oggettivo*, cioè quello che dipende da fattori intrinseci allo stesso complesso (la sua obiettiva efficienza e collocazione sul mercato), mentre vi rimane estraneo l'*avviamento soggettivo*, ossia la componente dipendente dalle abilità e dalla reputazione personale dell'imprenditore.

b) L'azienda può essere composta da un insieme assai vario di beni. *Giuridicamente, ciascuno di essi conserva la propria* **autonomia** e rimane dunque oggetto di una posizione giuridica indipendente da quella degli altri beni. D'altra parte, *non è necessario che l'imprenditore sia proprietario di ciascuno di essi*, sufficiente essendo che egli abbia un **titolo giuridico** per poterne godere: appartengono conseguentemente all'azienda anche l'immobile presso il quale l'attività viene esercitata e che l'imprenditore conduce in forza di un contratto di locazione, il marchio per il cui uso egli ha conseguito una licenza, i macchinari goduti in *leasing*.

L'azienda è inoltre complesso di beni mutevole, la cui composizione è destinata a variare pressoché quotidianamente, per effetto dell'ingresso di nuovi elementi (ad es., nuove materie prime) e della cessione di altri (prodotti finiti, macchinari obsoleti, ecc.). Essa è da ritenersi d'altra parte già costituita anche nel caso in cui debbano essere ancora inseriti taluni elementi, purché non si tratti di **beni essenziali** per l'identità dell'impresa; un fenomeno di sostituzione nella conduzione dell'impresa (cioè di trasferimento d'azienda) si configura infatti anche quando circoli un apparato produttivo che, sebbene incompleto, già traduca in atto un *preciso progetto organizzativo* e individui il *concreto contesto economico e relazionale* all'interno del quale sarà svolta l'impresa servita dall'azienda in costruzione; un suo elemento deve considerarsi allora essenziale quando identifica esso stesso primariamente tale ambito di attività (è spesso il caso dei locali commerciali, nel commercio al dettaglio), o quando comunque costituisce il cuore nevralgico del progetto organizzativo (l'apparato dei macchinari, nelle aziende di produzione).

Nella medesima ottica, l'azienda *non viene meno nel caso in cui l'attività sia interrotta*, almeno sino a quando l'insieme non viene concretamente disgregato o non perde qualsivoglia radicamento rispetto all'originario ambito di attività servito: ad es., un'azienda di trasporti non perde la propria identità per effetto dell'interruzione dell'impresa, finché permangano le vetture, una clientela potenziale, rapporti di lavoro con gli autisti; non resterebbe tale, invece, il semplice parco macchine, una volta venuto meno quel radicamento.

c) All'interno del complesso aziendale sono talora individuabili sottoinsiemi dotati di una funzionalità autonoma sul piano produttivo. Tali sono i **rami d'azienda**. L'art. 2112 ne contiene una definizione: ramo è una "parte dell'azienda, intesa come ***articolazione funzionalmente autonoma*** di un'attività economica organizzata, identificata come tale dal cedente e dal cessionario al momento del suo trasferimento".

È chiaro che non all'interno di ogni azienda sono isolabili singoli suoi rami, poiché essa può possedere una unità e identità funzionali non ulteriormente scindibili. Diversamente accade specie nel caso in cui essa sia costituita per operare in settori diversi, o quando comunque coesistano linee produttive distinte. Ai fini dell'individuazione di un ramo, *non è necessario che sussista una completa separazione organizzativa* rispetto alle restanti parti del complesso, né che sia tenuta una contabilità separata; è anzi normale che taluni elementi servano trasversalmente l'intera attività imprenditoriale (ad es., una segreteria centralizzata), senza che ciò impedisca la tracciatura del ramo, nella misura in cui gli elementi che vengono a mancare con la sua effettiva separazione (in occasione del suo trasferimento) siano qualificabili come non essenziali e siano dunque integrabili dall'acquirente.

La figura rileva poiché *la circolazione autonoma del ramo*, attesane la valenza funzionale, *è soggetta alle regole della cessione d'azienda*, limitatamente a ciò che riguarda la porzione di attività dal medesimo servita. In altre parole, si applica alla vicenda di sostituzione nella conduzione di una porzione di attività la disciplina concernente il fenomeno della sostituzione nell'impresa, per la parte implicata.

d) L'art. 2556 fa riferimento all'esistenza di una "proprietà" sull'azienda.

L'espressione è tuttavia atecnica: si è visto che l'azienda è composta da beni di cui l'imprenditore può godere a svariato titolo, perciò la c.d. "proprietà" sul complesso si risolve nella **titolarità *delle diverse posizioni giuridiche*** (proprietà, usufrutto, diritto personale di godimento), aventi ad oggetto i singoli beni aziendali.

II. *Il trasferimento dell'azienda*

1. *Natura, causa, oggetto del negozio*

Si è detto che la disciplina dedicata all'azienda è orientata fondamentalmente verso la regolamentazione del momento circolatorio.

La fattispecie principale è quella del "trasferimento della proprietà" sul complesso, ossia della ***cessione del fascio di eterogenee posizioni giuridiche*** facenti capo all'alienante, su ciascuno degli elementi aziendali: trasferimento, dunque, rispettivamente della *proprietà* dei beni appartenentigli, dei *diritti reali o personali di godimento* sui beni su cui vanti un diritto di usufrutto o di cui abbia la disponibilità in forza di un contratto di locazione e via dicendo.

Il "trasferimento dell'azienda" *non costituisce un tipo negoziale autonomo*, ma è una fattispecie trasversale ai diversi tipi contrattuali consueti, *caratterizzata per il suo particolare oggetto*. Così, a seconda dello schema prescelto dalle parti, può aversi una compravendita, una donazione, un conferimento in società dell'azienda (e via elencando), *cui si applica integralmente la rispettiva disciplina negoziale*. La specificità dell'oggetto si riflette tuttavia nella stessa causa del negozio, in quanto questo è *tipicamente finalizzato ad immettere l'acquirente nel concreto contesto imprenditoriale servito dalla* medesima: si tratta dunque di un **sottotipo contrattuale** (della vendita, donazione ecc.), il cui scopo non consiste esclusivamente nella cessione di uno o più beni (dietro corrispettivo o con spirito di liberalità, ecc.), ma si spinge fino a comprendere l'introduzione dell'acquirente nel contesto relazionale e di mercato dell'attività servita dall'azienda. Ed è, come si è osservato, questo specifico scopo che motiva l'*integrazione* della disciplina generale del tipo negoziale con le regole speciali che ci accingiamo ad esaminare.

È sufficiente che le parti convengano di trasferire l'*azienda*, identificandola in base ad elementi estrinseci (la localizzazione, il settore di attività, la ditta, ecc.), perché l'effetto negoziale traslativo coinvolga *tutti i singoli elementi* che attualmente la compongono, a prescindere da una loro analitica elencazione (sebbene di regola si rediga un inventario). Peraltro, ciascuno dei beni aziendali, conservando la propria autonomia giuridica, può costituire l'oggetto di atti dispositivi indipendenti.

Allo stesso modo, non è impedito alle parti, che intendono trasferire l'azienda, di *escludere dal trasferimento uno o più dei suoi beni*; per far ciò, è però necessario che esse specifichino *quali* sono quelli destinati a restare in capo all'alienante. In ogni caso, l'esclusione è possibile solo nella misura in cui non si tratti di *elementi essenziali del complesso*. È bene precisare che l'esclusione di un bene essenziale non comporta l'invalidità del negozio, ma semplicemente la sua *non qualificabilità come "trasferimento d'azienda"*: in altre parole, la cessione di un apparato produttivo cui sia sottratto uno di questi elementi è una *valida ed efficace cessione di una pluralità di beni*, ma *non* un trasferimento d'azienda, ed è dunque atto negoziale che rimane estraneo all'ambito di applicazione degli artt. 2556 ss. È questo di regola il caso, in ipotesi di trasferimento del magazzino e degli arredi inerenti ad una attività di rivendita al dettaglio, quando vengano esclusi dal medesimo i locali nei quali l'attività è stata svolta e la ditta sotto la quale è stata esercitata.

2. *La forma e la pubblicità del contratto*

La prima delle norme speciali è dedicata alla forma e alla pubblicità del trasferimento.

In linea di principio, il contratto traslativo dell'azienda è **a forma libera**, a meno che una determinata forma non sia richiesta dalla *natura del contratto* stesso (ad es., in caso di donazione è necessaria la stipulazione per atto pubblico: art. 782), e ferme le solennità necessarie per il trasferimento dei singoli beni aziendali (art. 2556, co. 1: così è necessaria la forma scritta, *ex* art. 1350, nel caso in cui il trasferimento comprenda la cessione della proprietà su un bene immobile). Ciò significa che l'azienda ***non ha una propria*** **legge di circolazione** ed è assoggettata, dal punto di vista formale, allo statuto dei diversi tipi contrattuali attraverso cui può essere ceduta e dei diversi beni che la compongono. Devono essere altresì rispettate le *prescrizioni pubblicitarie* relative al trasferimento di ciascun bene: così specialmente la trascrizione nei registri immobiliari, per gli immobili, e quella presso l'Ufficio italiano brevetti e marchi, per i diritti di proprietà industriale (art. 138 c.p.i.).

L'art. 2556 impone tuttavia la **forma scritta *ad probationem***, quando il contratto abbia ad oggetto aziende relative ad imprese soggette a registrazione. La norma condiziona dunque alla redazione per iscritto la possibilità *per le parti contraenti* (non per i terzi) di provare l'esistenza e il contenuto dell'atto, senza peraltro pregiudicarne la validità.

Lo stesso art. 2556 dispone poi che il contratto, redatto in forma di atto pubblico o per scrittura privata autenticata, deve essere depositato per l'**iscrizione nel registro delle imprese**, a cura del notaio rogante o autenticante (co. 2). La disposizione, realizzando obiettivi di trasparenza in questo tipo di operazioni economiche, persegue non soltanto l'interesse, comune all'intero sistema pubblicitario imperniato sul registro delle imprese, dell'informazione al mercato, ma anche quello pubblico al contenimento dei rischi di riciclaggio del denaro frutto di attività illecite. Il presupposto per la sua applicazione è che il contratto sia redatto in una delle forme indicate, ma, nuovamente, tale requisito è posto non per la validità del negozio, ma solo al fine di permettere l'adempimento dell'obbligo di deposito; un contratto verbale o privo di autentica resta dunque pienamente efficace e obbliga reciprocamente le parti a procedere alla sua riproduzione secondo le prescrizioni in esame, per l'assolvimento delle formalità pubblicitarie.

Soggetti all'obbligo di iscrizione sono i trasferimenti di qualsiasi azienda, purché almeno una delle due parti sia un imprenditore soggetto al medesimo obbligo. L'iscrizione è effettuata nel registro e nella sezione presso i quali è iscritto l'alienante, a meno che solo l'acquirente sia soggetto a registrazione, nel qual caso essa è effettuata nel registro presso il quale è iscritto quest'ultimo (art. 11, co. 10, d.p.r. 581/1995).

3. *Il divieto di concorrenza*

L'art. 2557 ***vieta all'alienante*** dell'azienda ***di iniziare***, dopo il trasferimento, ***qualsiasi attività imprenditoriale*** che per l'oggetto, l'ubicazione o altre circostanze sia ***idonea a sviare la clientela*** dell'azienda ceduta.

È questo il primo degli effetti particolari che la legge ricollega a tale negozio, in quanto *tipicamente* preordinato all'ingresso dell'acquirente nell'ambito di attività servito dal complesso acquistato. La ragione che sta alla base dell'obbligo di astensione dipende dalla *speciale pericolosità* che l'eventuale concorrenza del cedente rivestirebbe nei confronti del cessionario, rispetto alla concorrenza di qualsiasi altro soggetto terzo; l'alienante infatti ha un'esperienza diretta e specifica delle abitudini e delle inclinazioni dei propri clienti, può agevolmente raggiungerli e, essendone conosciuto, potrebbe con maggiore facilità dirottarli verso la propria, nuova attività, suggerendo implicitamente l'idea di una immediata continuità rispetto a quella precedente; la sua iniziativa concorrenziale finirebbe conseguentemente per pregiudicare il compimento della vicenda di sostituzione nella conduzione dell'impresa, che il trasferimento è diretto a realizzare.

Il divieto è limitato all'avvio di una **nuova attività** (è consentita dunque la continuazione di una seconda, precedente impresa, che l'alienante esercitasse parallelamente a quella servita dall'azienda ceduta) e ha una ***durata quinquennale***. Sono vietate le attività intraprese ***per conto proprio***, ma anche ***per conto di terzi***, cosicché violerebbe il divieto il cedente che assumesse la carica di amministratore di una società concorrente. Analogamente, è precluso sia l'avvio di una ***impresa individuale***, che la partecipazione ad un'***impresa societaria***, anche se, sotto quest'ultimo profilo, è necessario distinguere, a seconda che la partecipazione rappresenti un mero investimento finanziario in una data organizzazione (lecito) o che si configuri come una modalità di esercizio, mediato o congiunto, di una attività economica (è impedita all'alienante la costituzione di una società unipersonale, come l'acquisizione di una partecipazione di controllo, mentre esula dal divieto l'acquisto di un pacchetto azionario di minoranza).

Non sono specificati in via generale ed astratta l'oggetto e i caratteri dell'attività preclusa, poiché l'estensione del divieto (per oggetto, dimensioni, collocazione geografica) deve essere determinata in concreto, in ragione dell'**idoneità alla distrazione della clientela** (attuale e potenziale), ed esso abbraccia dunque ogni iniziativa che di fatto manifesti tale caratteristica, anche se riguardante, ad es., la commercializzazione di beni diversi, ma succedanei (non potrebbe aprire una paninoteca chi abbia ceduto una pizzeria), o se esercitata attraverso canali alternativi, ma concorrenti (non potrà avviare un'attività di vendita di prodotti *online* chi abbia ceduto un'azienda di vendita degli stessi prodotti mediante agenti locali). Le parti possono in ogni caso *regolare questo aspetto nel contratto* traslativo dell'azienda, definendo la dimensione del divieto (o anche riducendone la portata): per es. specificando l'area territoriale all'interno della quale esso è destinato ad operare o le categorie merceologiche la cui vendita è preclusa al cedente.

Il divieto si applica a tutte le ipotesi di **cessione** (*volontaria* o *coattiva*), a qualunque titolo, dell'azienda. Deve però trattarsi di un'**azienda commerciale**, poiché, in caso di trasferimento di azienda agricola, esso riguarda esclusivamente le *attività connesse*, sempre che vi sia in concreto un rischio di sviamento della clientela (co. 5). La norma risulta poi ***analogicamente applicabile*** anche a vicende che, pur non configurandosi formalmente come traslative di un'azienda, realizzano sostanzialmente effetti simili, introducendo un terzo, direttamente o indirettamente, nell'esercizio di una attività d'impresa precedentemente facente capo ad un altro, su cui dunque viene a gravare il divieto: in questa prospettiva, la giurisprudenza ha ormai riconosciuto che esso opera a carico del **socio che alieni una partecipazione sociale**, quando tale alienazione determini, per l'entità della quota ceduta (specie nel caso in cui si tratti della quota di controllo), l'avvicendamento dell'acquirente nella conduzione dell'impresa societaria.

4. *La successione nei contratti, nei crediti e nei debiti*

Se, osservata da un punto di vista statico, l'azienda appare semplicemente come un insieme di beni, guardandola da un punto di vista dinamico è facile avvedersi come normalmente ruoti attorno ad essa una costellazione mutevole ma costante di rapporti giuridici che nascono, hanno esecuzione, si estinguono nel corso della vita dell'apparato produttivo, derivando dalla stessa opera di organizzazione del medesimo da parte del suo titolare e dall'esercizio dell'attività che con lo stesso è intrapresa. Questi rapporti fanno capo, giuridicamente, all'imprenditore, ma alla loro sorte in occasione del trasferimento dell'azienda il legislatore non resta indifferente, in considerazione del fatto, ancora una volta, che tale negozio è strumentale all'acquisizione, da parte dell'acquirente, di un complesso che deve conservare la propria funzionalità imprenditoriale e al subentro dell'acquirente stesso in quella attività.

A) È in questa prospettiva che, innanzitutto, l'art. 2558 dispone l'**automatico subingresso** di quest'ultimo **nei contratti** stipulati per l'esercizio dell'azienda, che non abbiano carattere personale. Si tratta innanzitutto dei contratti in forza dei quali il titolare dell'azienda può godere dei beni aziendali di cui non è proprietario (ad es., il contratto di locazione o di *leasing* avente ad oggetto i locali o i macchinari) o in virtù dei quali egli approvvigiona periodicamente o stabilmente l'azienda di taluni elementi (contratti con i fornitori: il contratto di somministrazione della materia prima o dei semilavorati), o consegue determinate prestazioni collaborative (contratto di prestazione d'opera intellettuale con un professionista, contratto di agenzia, mentre i contratti di lavoro subordinato sono regolati autonomamente nell'art. 2112) ma anche di tutti i contratti nascenti nell'esercizio dell'attività imprenditoriale, e specie dei contratti con la clientela.

In tutti questi rapporti negoziali è naturale e logico che subentri l'acquirente dell'azienda: ciò risponde non soltanto al suo interesse ad acquisire un complesso pienamente operativo e a mantenerne la clientela già raggiunta, ma anche all'interesse dei terzi contraenti ad avere, quale controparte contrattuale, il soggetto che continuerà nell'esercizio dell'impresa (si pensi all'interesse dei clienti a conseguire il prodotto o il servizio acquistato, che, senza l'azienda, l'alienante non è normalmente più in condizione di fornire).

i) La successione in tali rapporti contrattuali rappresenta dunque un **effetto naturale** e automatico del trasferimento dell'azienda e si determina ***ex lege***, al momento in cui diviene efficace il trasferimento stesso. Si tratta pertanto di una previsione normativa che *deroga* significativamente *alla disciplina generale in tema di cessione del contratto* (artt. 1406 ss.). In primo luogo, infatti, *il subentro dell'acquirente prescinde dalla volontà sua e del cedente* e persino dalla conoscenza che il primo abbia dell'esistenza del rapporto; perciò egli succede nella posizione dell'alienante anche se ignora che un certo contratto sia in corso, alla sola condizione, oggettiva, che si tratti di un contratto inerente all'azienda e non avente carattere personale. In secondo luogo, *non è richiesto il consenso del terzo contraente*, altrimenti necessario secondo quanto sarebbe previsto dall'art. 1406: a prescindere dalla volontà di costui, dunque, il rapporto prosegue con il solo acquirente, che acquista la titolarità dei crediti scaturenti dallo stesso e *ne assume i debiti, con integrale e immediata liberazione dell'alienante*.

ii) La successione riguarda però solo **i contratti a prestazioni corrispettive, non ancora eseguite** da nessuno dei due contraenti nel momento in cui si verifica il trasferimento dell'azienda. Ciò non è specificato dalla disposizione in commento, ma lo si deduce dal tenore della regolamentazione che essa detta e dai rapporti con i successivi artt. 2559 e 2560.

Infatti, è proprio la circostanza che dal contratto nascano obbligazioni reciproche e reciprocamente ancora non adempiute e che quindi, quando si attua la successione, residuino tra i contraenti posizioni vicendevolmente equivalenti dal punto di vista economico (la controprestazione attesa e quella promessa da ciascuna delle parti avranno di regola valori in linea l'uno con l'altro), che giustifica: a) l'irrilevanza della conoscenza dell'acquirente, il cui interesse a subentrare in tutti i rapporti che riguardano l'azienda può essere soddisfatto senza temere che egli veda compromessa la valutazione fatta sulla convenienza dell'operazione di acquisizione, per effetto del subingresso in posizioni giuridiche ignorate ed economicamente a saldo negativo; e b) l'irrilevanza della volontà del terzo contraente, che, con la sostituzione del proprio debitore, potrebbe sì vedere pregiudicate le aspettative al conseguimento di quanto dovutogli, ma che potrà, se del caso, eccepire l'inadempimento della nuova controparte e così sospendere anche da parte propria l'esecuzione degli obblighi assunti.

Quando, da un contratto, residuino invece soltanto un credito a favore o un debito a carico dell'alienante, o quando si tratti di un contratto con prestazioni a carico di una sola parte, si applicheranno gli artt. 2559 e 2560.

iii) Vi è tuttavia una categoria di rapporti contrattuali, rispetto ai quali la regola della successione non opera, sì che essi continuano a far capo all'alienante: si tratta dei **contratti a carattere personale**. Prevale la tesi, secondo cui tali sarebbero *i contratti nella cui stipulazione il terzo contraente abbia attribuito specifica rilevanza alle qualità personali della controparte*, e dunque dell'alienante l'azienda: si tratta dei contratti in cui la prestazione promessa dall'alienante è *oggettivamente infungibile* (per cui sarebbe impossibile l'esecuzione da parte dell'acquirente di una prestazione identica: ad es., il contratto avente ad oggetto la fornitura di un mobile di serie, ma decorato a mano personalmente dall'alienante) o *soggettivamente infungibile* (cioè in cui la prestazione è considerata in concreto tale dalle parti, che ad es. avevano pattuito l'incedibilità del rapporto).

iv) La previsione normativa sin qui esaminata risulta ad ogni modo ampiamente **derogabile** dalle parti. Nel contratto traslativo dell'azienda, alienante ed acquirente possono escludere dalla successione uno o più rapporti contrattuali, senza limite alcuno, a meno che non si tratti dei rapporti in forza dei quali il cedente consegue la disponibilità di un *bene essenziale* dell'apparato produttivo, poiché in tal caso verrebbe meno la stessa qualificabilità dell'operazione come trasferimento d'azienda. L'esclusione dalla successione comporta che il rapporto prosegua tra l'alienante e il terzo contraente. L'accordo tra le parti può provocare anche, viceversa, il subentro dell'acquirente in un rapporto pur avente carattere personale, ma è necessario il consenso del terzo.

v) Come si è visto, quest'ultimo subisce la modificazione soggettiva del rapporto che a lui fa capo. Lo stesso art. 2558 predispone peraltro una tutela a suo favore, riconoscendogli il **diritto di recesso** dal contratto (co. 2), che va esercitato nei confronti dell'acquirente entro tre mesi dalla notizia del trasferimento (valgono i principi sull'opponibilità dell'iscrizione nel registro delle imprese) e determina l'*estinzione del rapporto, con efficacia ex nunc* (non dunque il suo ritrasferimento al cedente). Esso è però possibile solo in presenza di una **giusta causa**, ossia quando il terzo contraente possa invocare l'esistenza di *ragioni oggettive* che ostano alla prosecuzione del rapporto stesso con l'acquirente e che, evidentemente, devono riguardare la sua persona o precedenti rapporti con il terzo medesimo (ad es., qualora la precaria situazione patrimoniale dell'acquirente faccia seriamente temere per il corretto adempimento del contratto da parte sua; o quando vi siano o vi siano state con il terzo controversie relative ad altri rapporti già intercorrenti con il cessionario).

vi) In caso di recesso, lo stesso art. 2558, co. 2, fa salva la **responsabilità dell'alienante**. Si tratta di una responsabilità nei confronti del terzo, per i danni che questi abbia subito per essere stato costretto a risolvere anticipatamente il contratto, che non costituisce tuttavia un caso di responsabilità oggettiva, ma in cui l'alienante incorre quando gli sia imputabile una *culpa in eligendo*, cioè una negligenza nell'individuazione del cessionario e quindi una insufficiente attenzione alla posizione e alle legittime aspettative del terzo contraente.

B) Diversa è la disciplina contenuta negli artt. 2559 e 2560; questi regolano la sorte dei **crediti e debiti** cosiddetti **puri**, cioè dei *rapporti obbligatori di fonte extracontrattuale* (il credito dell'alienante al risarcimento del danno arrecato da un terzo ad un autoarticolato dell'azienda; il debito al versamento dell'IVA), e di quelli *di fonte contrattuale, quando residui esclusivamente una prestazione isolata, a favore o a carico del cedente* (ad es., si applica l'art. 2560 e non l'art. 2558 al debito dell'alienante al pagamento del prezzo relativo alla fornitura di merce già consegnatagli; si applica l'art. 2559 e non l'art. 2558 al credito vantato dal medesimo nei confronti di un fideiussore). Naturalmente, deve trattarsi sempre di crediti e debiti inerenti all'esercizio dell'azienda.

i) Per i **crediti**, l'art. 2559 si limita a stabilire che *il loro trasferimento diviene efficace nei confronti dei terzi*, anche in assenza della notifica o dell'accettazione del debitore ceduto (altrimenti richieste dagli artt. 1264 e 1265), *con l'iscrizione nel registro delle imprese* dell'atto traslativo dell'azienda. La pubblicità nel registro (purché avvenga in una sezione con efficacia dichiarativa) è dunque equiparata alle due modalità alternative previste dalla disciplina generale sulla cessione dei crediti, per risolvere i conflitti tra più acquirenti dello stesso credito (art. 1265) o tra acquirente e creditore pignorante (art. 2914) e rende altresì efficace la cessione nei confronti del debitore; questi è tuttavia comunque liberato, se paga in buona fede all'alienante, ancorché ad iscrizione avvenuta.

ii) Per i **debiti**, l'art. 2560 dispone innanzitutto che *l'acquirente ne risponde verso i creditori, se (ma solo se) essi risultano dalle scritture contabili obbligatorie* (co. 2: si tratta di un *accollo* ex lege). La norma riflette anch'essa il più generale interesse alla prosecuzione dei rapporti aziendali da parte del continuatore dell'impresa; ma lo contempera con l'interesse del cessionario a non vedersi gravato da obbligazioni non conosciute, le quali, in quanto rappresentative di un valore economico meramente negativo, pregiudicherebbero la valutazione dal medesimo compiuta sull'azienda acquistata (la limitazione però non vale per i debiti di lavoro: art. 2112, co. 2). In quanto stabilita a protezione del terzo, la norma è senz'altro **inderogabile** dalle parti.

In ogni caso, *l'alienante continua a rispondere* di tali debiti *in solido con l'acquirente*, a meno che i creditori non acconsentano alla sua liberazione (co. 1); tale disposizione applica il principio generale in base al quale un creditore non può vedere sostituita la persona del proprio debitore senza il suo consenso.

iii) Come si vede, entrambi gli articoli in esame disciplinano esclusivamente la sorte dei rapporti obbligatori *nei confronti dei terzi*, ma non si occupano in alcun modo dei **rapporti interni tra cedente e cessionario**. L'applicazione dell'art. 2559 presuppone che sia stata pattuita fra costoro la cessione dei crediti, o l'acquirente succede in essi automaticamente come accade per i contratti? Quale, fra i due soggetti responsabili in solido dei debiti, ha regresso verso l'altro, una volta che abbia adempiuto all'obbligazione? È emersa la tesi della automatica successione del continuatore dell'impresa nel più ampio spettro possibile dei rapporti pendenti e dunque anche nei crediti e nei debiti; prevale però la tesi contraria. In ogni caso, l'alienante e l'acquirente possono liberamente regolare questi profili e normalmente è proprio ciò che accadrà.

III. *Usufrutto e affitto dell'azienda*

L'azienda può essere oggetto, oltre che di atti traslativi, anche di negozi costitutivi di un **diritto di godimento sui beni** che la compongono: di un diritto *reale*, e in tal caso si avrà concessione in **usufrutto** dell'azienda, o di un diritto *personale* di godimento, e in tal caso si avrà **affitto** della medesima.

Anche in questo caso, non si tratta di nuovi tipi negoziali distinti da quelli consueti: l'usufrutto potrà essere costituito mediante compravendita, ad es., o donazione, e via dicendo; un diritto personale di godimento potrà essere accordato mediante affitto (artt. 1615 ss.), o conferimento in società. Tuttavia anche queste sono vicende giuridiche *causalmente* destinate a produrre, attraverso la costituzione di un diritto su un bene (più esattamente: di una pluralità di diritti, uno per ciascuno degli elementi del complesso), la continuazione dell'attività, sia pure a titolo provvisorio, da parte del beneficiario. Per questa ragione, la disciplina appositamente dedicatavi (artt. 2561 s.) regola i diritti e i doveri facenti capo a tale soggetto; si tratta di norme che vanno integrate con la disciplina propria del tipo negoziale in concreto prescelto dalle parti e, nel caso dell'usufrutto, con quella contenuta negli artt. 978 ss. Sul piano formale, si applica inoltre integralmente l'art. 2556.

Centrale nella disciplina è il profilo della gestione dell'azienda. Quest'ultima richiede infatti, perché ne siano conservati l'attitudine produttiva e l'avviamento, l'esercizio costante dell'attività. Pertanto, **l'usufruttuario e l'affittuario *devono* esercitare l'impresa** sotto la ditta che la contraddistingue (art. 2561, co. 1), conservando "l'efficienza dell'organizzazione e degli impianti e le normali dotazioni di scorte", senza modificare la destinazione del complesso (co. 2).

Si tratta pertanto non solo di una *facoltà* di godimento (a cui corrisponde il già noto divieto di concorrenza a carico del concedente: art. 2557, co. 4), ma di un vero e proprio *obbligo*, non limitato alla semplice manutenzione ordinaria dei beni, ma esteso ad ogni atto necessario per salvaguardarne l'avviamento. Ne segue che l'usufruttuario/affittuario è tenuto, fra l'altro, ad ammodernare o sostituire gli impianti obsoleti, ad introdurre le nuove tecnologie di produzione, a rinnovare il ventaglio dell'offerta dei prodotti per stare al passo con le mutate esigenze del mercato, sostenendo dunque anche spese che, rispetto al singolo bene, parrebbero rivestire il carattere della straordinarietà, ma che invece, se si guarda alle necessità di conservazione dell'avviamento, attengono pur sempre alla normale gestione dell'azienda, secondo la diligenza professionale richiesta dall'art. 1176, co. 2.

In tale gestione è evidente che l'usufruttuario/affittuario si troverà anche ad alterare costantemente la composizione del complesso, cedendo taluni beni (specie i prodotti dell'impresa, le scorte di magazzino) e acquisendone altri (nuove materie prime, nuovi macchinari). Per un verso, dunque, collegato e strumentale al potere di gestione è il **potere di disposizione** dei beni aziendali appartenenti al concedente, che si costituisce in capo all'usufruttuario/affittuario, quantunque costui non acquisti, ovviamente, la proprietà di nessuno di tali beni. Per altro verso, tutti i beni che siano immessi dallo stesso usufruttuario/affittuario nel complesso sono *automaticamente acquistati* in proprietà (nuda, in caso di usufrutto) dal concedente.

È chiaro in questo scenario che, al termine del rapporto, l'azienda potrebbe trovarsi ad avere una composizione assai diversa da quella originaria; le differenze tra le consistenze d'inventario all'inizio e alla fine del rapporto stesso andranno regolate in denaro (art. 2561, co. 4).

Analoga variabilità riguarda il **patrimonio aziendale**. Alla costituzione del rapporto l'usufruttuario/affittuario *subentra nei contratti in corso di esecuzione*, negli stessi limiti e secondo le stesse regole che valgono nel trasferimento dell'azienda (art. 2558, co. 3; art. 2112). Ugualmente, il concedente succede in tutti quelli pendenti al termine del rapporto, e dunque anche in quelli stipulati dall'usufruttuario/affittuario, con l'unica eccezione dei rapporti sproporzionati rispetto alle dimensioni dell'impresa. Per la cessione dei crediti, occorre invece un espresso accordo tra le parti (art. 2559, co. 2), mentre i debiti continuano a gravare esclusivamente sulla persona che li abbia assunti, non applicandosi l'art. 2560, salvo che si tratti di debiti di lavoro (art. 2112).

SEZIONE QUINTA
L'IMPRESA NEL MERCATO

CAPO PRIMO
MERCATO E CONCORRENZA

INTRODUZIONE

Lo svolgimento dell'attività imprenditoriale si inserisce all'interno di un sistema economico complesso, in cui imprenditori concorrenti cercano di mantenere e incrementare il proprio volume di affari mediante l'offerta di beni e servizi rispondenti ai bisogni della clientela. L'insieme delle offerte degli imprenditori e delle domande d'acquisto della clientela prende il nome di **mercato**. L'azione dell'impresa sul mercato è assoggettata a norme a tutela della correttezza delle relazioni tanto extracontrattuali quanto contrattuali. Sul piano extracontrattuale in linea di principio il sistema tutela l'interesse anzitutto a che ciascuna impresa eserciti e sia ad un tempo esposta ad efficaci **pressioni concorrenziali**, tali da incentivare il costante adeguamento dell'offerta ai bisogni della clientela; ed inoltre a che non eserciti sui consumatori condizionamenti tali da alterarne la capacità di adottare decisioni consapevoli. In questa prospettiva possono essere lette la disciplina sulla concorrenza sleale, sulle pratiche commerciali scorrette, sulla pubblicità e sulla legislazione antimonopolistica (c.d. diritto *antitrust*).

Il principio di libertà di concorrenza non può tuttavia essere esteso fino al punto di consentire alle imprese di approfittare degli altrui investimenti nell'accreditamento della propria attività, dei propri prodotti e servizi, o in innovazione tecnologica e di *design*. Questi investimenti sono infatti a loro volta indice di efficienza imprenditoriale, e rischierebbero di andare perduti se l'investitore non potesse recuperarne i relativi oneri finanziari. L'interesse alla protezione dell'accreditamento commerciale dell'impresa e delle sue iniziative innovative sta alla base del riconoscimento di **diritti di**

proprietà industriale che riservano ad uno ed un solo imprenditore lo sfruttamento di segni distintivi, innovazioni tecnologiche e di *design*. Si tratta di un interesse che presenta a tratti profili di contrasto con il principio di libertà di iniziativa economica e di concorrenza. L'ordinamento cerca tuttavia di ricostruire *presupposti* e *limiti di protezione* dei diritti di proprietà industriale tali da realizzare un modello di **concorrenza dinamica**: che se da un lato premia la capacità delle imprese di investire per accreditare la propria reputazione e realizzare innovazioni richieste dal mercato, dall'altro vuole evitare che questa capacità divenga strumento per emarginare i concorrenti.

§ 10. Concorrenza e correttezza imprenditoriale

Sommario: I. *La concorrenza sleale.* – 1. Fonti e sistema. – 2. I soggetti. Il rapporto di concorrenza. – 3. La concorrenza sleale per confusione. – 4. Denigrazione e appropriazione di pregi. – 5. I principi di correttezza professionale. – 6. Sanzioni e processo. – II. *Le pratiche commerciali.* – III. *La pubblicità ingannevole e comparativa.*

I. *La concorrenza sleale*

1. *Fonti e sistema*

La tutela contro gli atti di concorrenza sleale è imposta a livello internazionale dall'art. 10-*bis* della **Convenzione d'Unione di Parigi** per la protezione della proprietà industriale (**CUP**), attuato all'interno del codice civile dagli artt. 2598 ss. L'art. 2598 tipizza alcuni atti di concorrenza sleale corrispondenti a quelli dell'art. 10-*bis* CUP: ed in particolare gli atti *confusori* (art. 2598, n. 1), quelli *screditanti* e di *appropriazione di pregi* (art. 2598, n. 2); e si chiude con una clausola generale di divieto di atti contrari ai *principi di correttezza professionale* (art. 2598, n. 3).

La disciplina della concorrenza sleale regola conflitti fra imprenditori, ma impone di risolvere questi conflitti in relazione all'interesse generale ad un corretto funzionamento del mercato, conformemente ai principi della **costituzione economica**. In questa prospettiva i principi di correttezza professionale devono essere ricostruiti in base ai modelli di comportamento imprenditoriale meglio in grado di favorire l'adeguamento dell'offerta alle esigenze dei consumatori.

2. *I soggetti. Il rapporto di concorrenza*

La disciplina della concorrenza sleale presuppone la **qualità di imprenditore** tanto del soggetto attivo (autore dell'atto di concorrenza) quanto di quello passivo (danneggiato). Ciò si desume anzitutto dall'art. 2598, n. 3, che vieta gli atti contrari ai principi di correttezza professionale idonei a "danneggiare l'altrui *azienda*", e che dunque considera la titolarità di un'organizzazione aziendale in capo al danneggiato (soggetto passivo, necessariamente perciò imprenditore) come elemento costitutivo dell'illecito. Esulano dunque dalla disciplina della concorrenza sleale atti che pure possono danneggiare l'altrui azienda, ma compiuti da parte di non imprenditori (si pensi alla denigrazione di un'impresa da parte di un consumatore).

La disciplina presuppone inoltre l'esistenza di un **rapporto di concorrenza**, che in via generale sussiste quando le imprese si rivolgono ad una *clientela comune*. Il rapporto di concorrenza deve ricorrere tanto sotto il profilo *merceologico* (un produttore di *software* non è ad es. in concorrenza con un produttore di alimentari) quanto sotto il profilo *territoriale* (un'attività di rivendita di alimentari a Milano non è ragionevolmente in concorrenza con una analoga attività svolta a Palermo). Il rapporto di concorrenza è ritenuto sussistente anche a **livelli economici diversi**, ad es. fra produttore e distributore, quando l'attività dell'uno incida sulla medesima clientela dell'altro (compie ad es. atti di concorrenza sleale un *distributore* che denigri le caratteristiche dei prodotti di un *fabbricante*).

3. *La concorrenza sleale per confusione*

La prima fattispecie di concorrenza sleale disciplinata dall'art. 2598, n. 1, è costituita dall'utilizzazione di "nomi o segni distintivi idonei a produrre confusione con i nomi o con i segni distintivi legittimamente usati da altri", o più in generale dal compimento di "atti idonei a creare confusione con i prodotti e con l'attività di un concorrente". L'ipotesi è riconducibile all'interesse generale alla *trasparenza* del mercato, e nella specie a potere identificare attraverso i **segni distintivi** l'impresa responsabile dell'organizzazione aziendale, o dell'offerta del prodotto o del servizio.

L'art. 2598, n. 1, tutela perciò tutti i segni distintivi tipizzati dall'ordinamento: ed in particolare la **ditta**, la **ragione e denominazione sociale**, l'**insegna** ed il **marchio** (v. *infra*, § 13), titoli e testate di periodici, nonché il nome a dominio. Può tuttavia proteggere altre tipologie di segni, quali ad es. la ditta irregolare (*infra*, § 13.I), nonché eventuali segni distintivi atipici (di cui peraltro è difficile trovare esempi, data la possibilità di ricondurre quanto meno alla categoria del marchio sostanzialmente qualsiasi strumento di identificazione dell'imprenditore). La disciplina concorrenziale assume in particolare importanza centrale per definire i *presupposti* e l'*ambito* di protezione dei **segni distintivi non registrati**. In materia di *marchi registrati*, l'applicazione dell'art. 2598, n. 1, è invece sostanzialmente assorbita dalla protezione ben più ampia prevista negli artt. 7 ss. del *codice della proprietà industriale* (v. *infra*, § 13.IV).

L'art. 2598, n. 1, ricomprende fra gli atti vietati anche il comportamento di chi "imita servilmente i prodotti di un concorrente". L'inclusione dell'**imitazione servile** nel n. 1 dell'art. 2598 fa concludere che il divieto non si fonda su un giudizio di disvalore della copia in quanto tale, ma ancora una volta sull'*effetto confusorio* del comportamento. Il divieto si applica quindi quando l'**aspetto esterno** (e dunque la forma) del prodotto assume presso i consumatori una funzione distintiva dell'impresa responsabile dell'offerta, così che l'imitazione determina un inganno in ordine alla provenienza. È tuttavia da ritenere che le forme proteggibili contro l'imitazione servile confusoria siano *soltanto quelle registrabili* come marchi, per le ragioni e secondo i principi esposti *infra*, § 13.IV.2. Una disciplina generale e più ampia di repressione della copia, che prescinde dalla confusione e si estende alle forme pur non registrabili come marchi, si ritrova invece nelle norme sui **disegni e modelli industriali** (v. *infra*, § 14.III).

4. *Denigrazione e appropriazione di pregi*

L'art. 2598, n. 2, prevede due ulteriori fattispecie di concorrenza sleale, costituite rispettivamente dagli atti di denigrazione e di appropriazione di pregi.

La fattispecie della **denigrazione** ricomprende in particolare il comportamento di chi "diffonde notizie e apprezzamenti sui prodotti e sull'attività di un concorrente, idonei a determinarne il ***discredito***". Nell'attuale contesto prevale una interpretazione della norma che privilegia l'interesse alla *trasparenza* del mercato. In questo contesto la norma viene tendenzialmente riferita alle ***affermazioni screditanti false***, come espressamente prevede l'art. 10-*bis*, co. 2, CUP. Una spinta verso il riconoscimento della legittimità, viceversa, di affermazioni (pur screditanti) veritiere è derivata in effetti dalla disciplina in materia di *pubblicità commerciale*, per le ragioni illustrate *infra*, III.

La seconda fattispecie di concorrenza sleale disciplinata dall'art. 2598, n. 2, riguarda l'**appropriazione** "**di pregi** dei prodotti o dell'impresa di un concorrente". Si tratta di un comportamento ancora una volta in contrasto con i principi di *trasparenza* del mercato, e che ricorre ad es. quando un imprenditore *rappresenta nei propri cataloghi* i prodotti del concorrente; o dichiara di avere ricevuto ***premi o riconoscimenti*** attribuiti invece ad altri; o ancora afferma di intrattenere ***rapporti commerciali*** con un'impresa particolarmente nota al pubblico, mentre questi rapporti (si pensi alla qualità di *distributore esclusivo* di una celebre marca di prodotti) sono intrattenuti da terzi. La fattispecie in esame presuppone in linea di principio che il pregio venga vantato *falsamente*, mentre non si applica ad affermazioni veritiere. Il richiamo ai pregi dei prodotti concorrenti è in particolare possibile attraverso la *pubblicità comparativa*, che è espressamente considerata lecita dal legislatore, purché basata su caratteristiche del prodotto *specifiche* ed obiettivamente *verificabili* (v. *infra*, III).

5. *I principi di correttezza professionale*

L'art. 2598 si chiude al n. 3 con una **clausola generale** (ispirata all'art. 10-*bis* CUP) di divieto di avvalersi "direttamente o indirettamente di ogni altro mezzo **non conforme ai principi di correttezza professionale** e idoneo a danneggiare l'altrui azienda". Questi principi non trovano fonte in usi in senso tecnico, ma vanno ricavati dall'attuale *costituzione economica*. Funzione della clausola generale è evidentemente quella di non "cristallizzare" le tipologie di comportamenti contrari a correttezza, e di lasciarne al giudice la valutazione *caso per caso*, ponderando gli interessi degli imprenditori in conflitto in ogni singola fattispecie. Ad un tempo tuttavia la giurisprudenza ha elaborato una **casistica** di generali tipologie di comportamenti scorretti.

a) La casistica dimostra anzitutto che la clausola generale è valorizzata per vietare comportamenti antitetici ai ***principi di trasparenza del mercato***. Sono dunque vietate in base all'art. 2598, n. 3, tutte le *affermazioni ingannevoli* relative al proprio prodotto o attività. L'ipotesi è normalmente definita in termini di **mendacio**, e ad essa fa riferimento anche l'art. 10-*bis*, co. 3, CUP.

b) Nella casistica giurisprudenziale emergono poi ipotesi che in ultima analisi riflettono una *scorretta imputazione dei costi e dei benefici* dell'attività imprenditoriale. La scorrettezza può anzitutto derivare dalla **violazione di norme di diritto pubblico** che introducono *limiti* e *costi* allo svolgimento dell'attività di impresa. La violazione di queste norme consente infatti di realizzare opportunità di guadagno (si pensi alla violazione della disciplina di apertura degli esercizi commerciali, o a quella sulle vendite di liquidazione) o di sottrarsi a fattori di costo (si pensi alla violazione delle norme tributarie) contrarie al modello di mercato che il legislatore riconosce e protegge.

c) In via generale il corretto funzionamento del mercato presuppone che il soggetto responsabile di decisioni imprenditoriali ne sopporti i relativi costi e benefici. In questa prospettiva appaiono scorretti gli atti intesi a trarre profitto da altrui iniziative imprenditoriali, o a scaricare sui terzi i costi delle proprie decisioni. Un primo esempio in tal senso è rappresentato dagli atti di **spionaggio industriale**, con cui un imprenditore cerca di venire a conoscenza dei *segreti tecnici* o *commerciali* di un concorrente, e così di risparmiare sui costi di investimento in ricerca, sviluppo o organizzazione della rete di fornitura e distribuzione. Più in generale la **sottrazione di segreti** può avvenire scorrettamente non soltanto attraverso atti di vero e proprio spionaggio, ma anche (e più frequentemente) grazie alle rivelazioni di *dipendenti* e *collaboratori* del concorrente, i quali anzi spesso pongono termine al rapporto con il datore di lavoro per potere sfruttare a proprio vantaggio le informazioni ricevute.

d) Può in alcuni casi costituire illecito concorrenziale il c.d. **storno di dipendenti**, e cioè l'iniziativa diretta a sottrarre lavoratori al concorrente promettendo loro migliori condizioni di retribuzione e mansioni. Questo comportamento può risultare illecito specialmente quando l'offerta di migliori condizioni contrattuali sia resa possibile dal risparmio di *costi di formazione* e di organizzazione del lavoro in squadra che abbiano fatto acquisire al personale particolari esperienze; e quando il numero dei dipendenti stornati, le loro qualifiche, e i tempi dello storno rendano di fatto impossibile al concorrente danneggiato conservare l'integrità del ciclo produttivo aziendale attraverso le normali politiche di *turn over* del personale.

6. *Sanzioni e processo*

La violazione della disciplina della concorrenza sleale comporta l'applicazione delle sanzioni degli artt. 2599-2600.

Date le difficoltà di provare danni significativi, anche in materia di concorrenza (così come in generale per tutta la proprietà industriale) riveste importanza centrale l'**azione inibitoria**, e cioè l'*ordine del giudice di cessare dalla continuazione dell'illecito* (art. 2599). Lo stesso ordine può disporre gli "opportuni provvedimenti" per eliminare gli effetti dell'atto (si pensi ad es. alla cancellazione dei segni distintivi illegittimamente apposti, o alla distruzione dei prodotti costituenti imitazione servile). L'inibitoria prescinde dallo stato soggettivo di dolo e colpa dell'autore di atti di concorrenza sleale. Oltre che con sentenza definitiva, essa può inoltre essere pronunciata anticipatamente in via *cautelare d'urgenza*, in modo da *prevenire* tempestivamente attività che diversamente produrrebbero danni difficilmente quantificabili.

Il **risarcimento del danno** può essere richiesto solo in caso di atti dolosi o colposi, conformemente al principio generale dell'art. 2043, ma la disciplina concorrenziale prevede da questo punto di vista una *agevolazione* dell'*onere probatorio*, in quanto "accertati gli atti di concorrenza, la colpa si presume" (art. 2600, co. 3). Nelle ipotesi in cui può essere pronunciato il risarcimento del danno (e quindi in caso di dolo o colpa) può inoltre essere ordinata la **pubblicazione della sentenza** (art. 2600, co. 2).

II. *Le pratiche commerciali*

Alle regole di correttezza imposte all'impresa nei rapporti con altri imprenditori si affiancano ulteriori regole relative ai rapporti con i *consumatori*. Queste regole si ritrovano in particolare nel d.lgs. 206/2005 (c.d. **codice del consumo**, e di seguito per brevità c.cons.). Il legislatore impone a chi offre beni o servizi di tenere un ***comportamento corretto*** in qualsiasi *contatto* instaurato con i consumatori, "*prima*, *durante* e *dopo* un'operazione commerciale relativa a un prodotto" (art. 19 c.cons.). Naturalmente è possibile che scorrettezze in fase di trattativa favoriscano la conclusione di un contratto contenente pattuizioni vessatorie, nel qual caso la disciplina delle sanzioni dei *comportamenti* sarà cumulabile a quella di invalidità delle *clausole* contrattuali (v. *infra*, § 15.IV.3).

La disciplina del comportamento delle imprese nei rapporti con i consumatori è ispirata a un generale ***divieto di "pratiche commerciali scorrette"*** (art. 20 c.cons.).

La **nozione di pratica commerciale** è intesa dal legislatore in senso ampio, per ricomprendere "qualsiasi azione, omissione, condotta o dichiarazione ivi compresa la pubblicità e la commercializzazione del prodotto" (art. 18, co. 1, lett. *d*, c.cons.).

Il divieto si applica in via generale a tutti i **professionisti**, e cioè non soltanto agli *imprenditori* ma a "qualsiasi persona fisica o giuridica che [...] agisce nel quadro della sua attività commerciale, industriale artigianale o professionale" (art. 18, co. 1, lett. *b*, c.cons.), compresi dunque i ***lavoratori autonomi e i professionisti intellettuali***. L'art. 18, co. 1, lett. *a*, c.cons. definisce inoltre il consumatore come "qualsiasi persona *fisica* che [...] agisce per fini che non rientrano nel quadro della sua attività commerciale, industriale, artigianale o professionale".

La **struttura della disciplina** è particolarmente complessa. Il legislatore introduce anzitutto una ***clausola generale*** di divieto di "pratiche commerciali scorrette" (art. 20, co. 1, c.cons.). Tipizza poi due tipologie di pratiche scorrette (che dunque dovrebbero avere carattere *esemplificativo*, e non esaustivo): e precisamente le ***pratiche ingannevoli*** e le ***pratiche aggressive*** (art. 20, co. 4, c.cons.). All'interno di queste tipologie di pratiche il legislatore tipizza ulteriormente, esemplificandole, alcune *sottotipologie* di comportamenti considerati "in ogni caso" ingannevoli (art. 25 c.cons.) e aggressivi (art. 26 c.cons.). Le sottotipizzazioni sono comunque estremamente articolate, così da rendere difficilmente immaginabili fattispecie non tipizzate, e a maggior ragione fattispecie scorrette ulteriori e diverse dalle pratiche ingannevoli e aggressive.

L'art. 20, co. 2, c.cons. definisce **scorrette** le pratiche commerciali *contrarie alla diligenza professionale ed idonee a falsare in misura apprezzabile il comportamento economico del consumatore*.

Il criterio della **diligenza professionale** impone ai professionisti il dovere di prestare "il normale grado della specifica competenza e attenzione che ragionevolmente i consumatori attendono" (art. 18, co. 1, lett. *h*, c.cons.). Il **comportamento economico** del consumatore risulta falsato quando la pratica commerciale altera "sensibilmente la capacità del consumatore di prendere una *decisione consapevole* inducendolo pertanto ad assumere una decisione di natura commerciale che non avrebbe altrimenti preso" (art. 18, co. 1, lett. *e*, c.cons.), relativamente all'acquisto o alla cessione del prodotto, alle modalità di pagamento o all'esercizio di diritti (art. 18, co. 1, lett. *m*, c.cons.). Non sembra rilevare in proposito l'*intenzione* del professionista di falsare il comportamento del consumatore, quando questo comportamento risulti *obiettivamente* influenzato dalla scorrettezza.

La prima categoria di pratiche sleali tipizzate è costituita dalle **pratiche ingannne-**

voli (artt. 21 ss. c.cons.). Queste costituiscono probabilmente la più importante tipologia di comportamenti sleali, e rivestono particolare rilievo economico e sociale quando vengono poste in essere attraverso ***comunicazioni pubblicitarie***. La disciplina delle pratiche sleali trova quindi proprio in materia pubblicitaria i maggiori spazi di applicazione pratica.

L'art. 21, co. 1, c.cons. definisce anzitutto in via generale le **azioni ingannevoli**, ricomprendendovi la comunicazione di *informazioni non rispondenti al vero*, nonché qualsiasi pratica che "seppure di fatto corretta, induce o è idonea ad indurre in errore il consumatore medio". Il successivo art. 22 c.cons. prevede inoltre che l'ingannevolezza può derivare anche da **omissioni** di informazioni rilevanti perché il consumatore medio possa prendere una decisione consapevole, o da informazioni *oscure e incomprensibili*. Tra le fattispecie concrete di azioni considerate in ogni caso ingannevoli rientrano ad es. le offerte di prodotti che il professionista non è in grado di fornire in tempi e quantità ragionevoli, o per i quali non può prestare garanzie nella lingua del consumatore; l'impiego di tecniche di "*pubblicità redazionale*", e cioè di annunci pubblicitari a pagamento mascherati da articoli giornalistici (si pensi ad un servizio giornalistico che esalti i pregi di un'autovettura e che risulti scritto su commissione del produttore).

La seconda categoria di pratiche scorrette tipizzata è quella delle **pratiche aggressive** (artt. 24 ss. c.cons.). Si tratta essenzialmente di pratiche attuate attraverso **molestie** (di carattere fisico o psicologico) idonee a "limitare considerevolmente la libertà di scelta o di comportamento del consumatore medio" (art. 24 c.cons.). L'aggressività deve essere valutata in base alle ragioni elencate nell'art. 25 c.cons.: e ad es. alla *persistenza* delle molestie (si pensi a continue sollecitazioni telefoniche), alla presenza di *minacce*, allo sfruttamento di eventi tragici, a comportamenti ostruzionistici nei confronti del consumatore che intenda esercitare i propri diritti (si pensi al rifiuto di disconnettere un utente telefonico che intenda legittimamente recedere dal contratto per rivolgersi a un altro operatore).

Il codice del consumo qualifica l'adozione di pratiche commerciali scorrette come **illecito amministrativo**. L'accertamento dell'illecito e l'applicazione delle relative sanzioni rientrano pertanto nella competenza di un'autorità amministrativa, indipendente dal governo, e precisamente dell'**Autorità garante della concorrenza e del mercato** (da cui l'acronimo AGCM, artt. 27 ss. c.cons.).

I poteri sanzionatori dell'AGCM si esprimono anzitutto attraverso l'***inibizione*** della continuazione delle pratiche scorrette. L'Autorità può inoltre applicare ***sanzioni pecuniarie*** non solo a fronte delle accertate violazioni *passate*, ma anche per l'inosservanza dei provvedimenti inibitori. I provvedimenti dell'AGCM sono naturalmente impugnabili davanti alla *giurisdizione amministrativa*.

È possibile che l'adozione di pratiche commerciali scorrette rilevi anche sul piano privatistico come fonte di obbligazione di ***risarcimento del danno***.

III. *La pubblicità ingannevole e comparativa*

L'impresa acquista normalmente visibilità sul mercato in un contesto di **comunicazione pubblicitaria**, e cioè attraverso annunci trasmessi dai mezzi di comunicazione di massa (radio, televisione, stampa ed ora anche *internet*), diretti ad accreditare presso la generalità del pubblico i propri prodotti o servizi. La pubblicità costituisce inoltre una ***pratica commerciale***, ed anzi probabilmente l'esempio economicamente più importante di pratica commerciale. Essa è quindi sottoposta ai divieti di *scorrettezza* ed in particolare di *ingannevolezza* a tutela degli interessi dei *consumatori* (v. *supra*, II).

Il legislatore ha inoltre dettato una disciplina specifica contro gli atti di *pubblicità ingannevole* e contro la *pubblicità comparativa* scorretta, anche per ***tutelare i professionisti***.

La disciplina della pubblicità ingannevole è stata uniformata a livello europeo dalla dir. 84/450/CEE, trasfusa e ricodificata nella dir. 2006/114/CE. La direttiva è stata attuata nell'ordinamento italiano dal d.lgs. 145/2007. Le norme in esso contenute hanno "lo scopo di tutelare i *professionisti* dalla pubblicità ingannevole e dalle sue conseguenze sleali, nonché di stabilire le condizioni di liceità della pubblicità comparativa" (art. 1, co. 1, d.lgs. 145/2007).

Il legislatore qualifica **ingannevole** "qualsiasi pubblicità che in qualunque modo, compresa la sua presentazione, è idonea ad *indurre in errore* le persone fisiche o giuridiche alle quali è rivolta o che essa raggiunge" e che "possa pregiudicare il loro *comportamento economico*" (art. 2, co. 1, lett. *b*, d.lgs. 145/2007). In quanto principalmente rivolto a "tutelare i professionisti", il d.lgs. 145/2007 si applica anzitutto e tipicamente alle pubblicità che promuovono la vendita di beni o servizi *specificamente destinati ai professionisti* medesimi (si pensi ad una pubblicità di tariffe telefoniche destinate soltanto ai titolari di partita IVA). Nulla esclude tuttavia l'applicabilità di questa disciplina alle pubblicità rivolte *indifferentemente* ad un pubblico che può ricomprendere *anche* professionisti (si pensi ad una pubblicità di *personal computer*).

Il d.lgs. 145/2007 disciplina altresì il fenomeno della pubblicità comparativa, e cioè della pubblicità "che identifica in modo esplicito o implicito un concorrente o beni o servizi offerti da un concorrente" (art. 2, co. 1, lett. *c*, d.lgs. 145/2007).

Il problema della liceità della pubblicità comparativa si è storicamente posto con riferimento al ***divieto di denigrazione e appropriazione di pregi*** contenuto nell'art. 2598, n. 2. Nell'attuale sistema questo divieto deve essere necessariamente coordinato con la disciplina uniformata a livello europeo dalla dir. 2006/114/CE ed attuata nel nostro ordinamento dall'art. 4, d.lgs. 145/2007.

Questa disciplina in linea di principio *consente la* **comparazione pubblicitaria**, purché nel rispetto di alcuni **limiti**. La comparazione ovviamente non deve essere *ingannevole* (art. 4, co. 1, lett. *a*, d.lgs. 145/2007). Non deve inoltre determinare *confusione* con i segni distintivi del concorrente (art. 4, co. 1, lett. *d*, d.lgs. 145/2007), e deve riguardare "beni o servizi che soddisfano gli stessi bisogni" (art. 4, co. 1, lett. *b*, d.lgs. 145/2007) per confrontare "oggettivamente una o più ***caratteristiche essenziali***, *pertinenti*, ***verificabili*** *e rappresentative*, compreso eventualmente il prezzo" (art. 4, co. 1, lett. *c*, d.lgs. 145/2007). In questa prospettiva la liceità della comparazione presuppone una ***pubblicità informativa***. È invece da ritenere vietata la comparazione pubblicitaria meramente *suggestiva*, che ad es. presenti il prodotto del concorrente in un contesto svilente, senza prendere in considerazione le sue specifiche caratteristiche oggettive.

È inoltre vietata la comparazione che causi *discredito* al concorrente (art. 4, co. 1, lett. *e*, d.lgs. 145/2007), e tragga "indebitamente vantaggio dalla notorietà connessa al marchio" o ad altri segni distintivi (art. 4, co. 1, lett. *g*, d.lgs. 145/2007).

La disciplina della pubblicità ingannevole e comparativa istituisce un sistema procedimentale e sanzionatorio corrispondente a quello previsto in materia di *pratiche commerciali scorrette*. La violazione di questa disciplina costituisce quindi un **illecito amministrativo** accertabile dall'AGCM, e colpito con ***sanzioni pecuniarie e ordini di cessazione dell'illecito*** (art. 8 d.lgs. 145/2007). È da ritenere inoltre che il mancato rispetto del d.lgs. 145/2007 costituisca un **atto di concorrenza sleale** riconducibile (a seconda delle circostanze del caso) al mendacio, all'appropriazione di pregi, o alla violazione di norme di diritto pubblico.

§ 11. LA DISCIPLINA *ANTITRUST*

SOMMARIO: I. *I fondamenti economici della disciplina.* – II. Antitrust *europeo e* antitrust *nazionale: fonti e autorità.* – III. *Soggetti e mercato rilevante.* – IV. *Le intese.* – V. *Gli abusi di posizione dominante.* – VI. *Le concentrazioni.* – VII. *Profili procedimentali e sanzionatori.*

I. *I fondamenti economici della disciplina*

La disciplina relativa alla libertà di concorrenza, frequentemente "etichettata" con il termine anglosassone "*antitrust*", si propone essenzialmente di contrastare il **potere di mercato** delle imprese: e cioè situazioni in cui una o più imprese si sottraggono alla *pressione concorrenziale*, senza subire contraccolpi derivanti dalla perdita di clientela. In presenza di un potere di mercato, l'impresa è in grado di praticare prezzi superiori e corrispondentemente ridurre le quantità prodotte rispetto ai livelli ottimali raggiungibili su un mercato concorrenziale. L'impresa può inoltre essere scarsamente interessata ad introdurre innovazioni di processo o prodotto, non dovendo temere l'ingresso di concorrenti maggiormente dinamici; e può addirittura peggiorare le qualità della propria produzione, per conseguire maggiori profitti attraverso risparmi non accompagnati da abbassamenti di prezzo. La disciplina *antitrust* cerca perciò di impedire alle imprese di *creare artificiosamente* un potere di mercato attraverso ***intese restrittive della concorrenza*** o ***operazioni di concentrazione***; cerca inoltre di impedire lo *sfruttamento abusivo* del potere di mercato da parte delle imprese che abbiano acquisito una ***posizione dominante***.

II. Antitrust *europeo e* antitrust *nazionale: fonti e autorità*

La disciplina *antitrust* trova la propria *fonte principale* non nel diritto interno, ma nelle norme dell'Unione europea: e precisamente negli artt. 101-102 del **Trattato sul funzionamento dell'Unione europea** (TFUE); e nel **Regolamento CE 139/2004** sulle concentrazioni. I meccanismi di applicazione del diritto *antitrust* alle intese ed agli abusi di posizione dominante sono poi dettagliatamente disciplinati dal **Regolamento CE 1/2003**.

Il legislatore nazionale ha in gran parte "ricalcato" la normativa europea con la **l. 287/1990** (legge *antitrust* e per brevità l.at.). La legislazione nazionale si applica tuttavia *soltanto* alle fattispecie restrittive della concorrenza che non pregiudicano il *commercio fra stati membri* dell'UE, nonché alle *concentrazioni* che non superano le *soglie di fatturato* previste a livello europeo (art. 3.2, reg. 1/2003; art. 21.3, reg. 139/2004; art. 1, co. 1, l.at.).

L'**accertamento degli illeciti *antitrust*** può avvenire **in via amministrativa** da parte di autorità dotate di incisivi poteri di iniziativa (anche d'ufficio) e di acquisizione del materiale probatorio. Queste autorità possono applicare *sanzioni pecuniarie* ed ordinare la *cessazione* dell'infrazione (c.d. ***public enforcement***). Competente all'applicazione in via amministrativa del diritto *antitrust* europeo è anzitutto la **Commissione**. Il reg. 1/2003 ha tuttavia attribuito in via generale *anche* alle *autorità nazionali* di controllo della concorrenza il potere di accertare la violazione delle norme *europee* in materia di intese e di abusi di posizione dominante, e di sanzionarne la violazione secondo la disciplina di diritto interno. In Italia la funzione di autorità di controllo della concorrenza è svolta dall'**Autorità garante della concorrenza e del mercato**, istituita dagli artt. 10 ss. l.at. L'AGCM è dunque competente ad applicare in via amministrativa tanto il diritto europeo (competenza *concorrente* a quella della Commissione) quanto il diritto nazionale.

L'accertamento delle violazioni del diritto *antitrust* (europeo e nazionale) può avvenire inoltre **in via privatistica** da parte dell'*autorità giudiziaria ordinaria*, secondo le regole del processo civile, su iniziativa degli interessati ad accertare la *nullità dei contratti* conclusi in violazione della disciplina della concorrenza, o ad ottenere il *risarcimento del danno* subito (c.d. ***private enforcement***).

III. *Soggetti e mercato rilevante*

La normativa sulla concorrenza si applica ai comportamenti delle *imprese* (anche in mano pubblica). Il diritto *antitrust* costituisce tuttavia un settore in cui la **nozione di impresa** si è allargata fino a ricomprendere fenomeni in passato storicamente esclusi dalla definizione dell'art. 2082. La nozione di impresa ricomprende in particolare qui sostanzialmente qualsiasi attività economica, ivi compresa quella dei *lavoratori autonomi* e dei ***liberi professionisti***.

Gli effetti restrittivi della concorrenza devono essere valutati *relativamente ad un mercato*, per il quale si ritiene opportuno preservare condizioni di competitività. Così ad esempio gli effetti di un'intesa fra produttori di auto di piccola cilindrata potrebbero sembrare scarsamente restrittivi da chi consideri questo mercato unitariamente a quello delle auto di media e grossa cilindrata, qualora nel settore delle auto medio grandi le maggiori quote di fatturato risultassero detenute da imprese non aderenti all'accordo; viceversa i medesimi effetti potrebbero essere considerati fortemente restrittivi da chi consideri separatamente il settore delle auto di piccola cilindrata, qualora le più importanti imprese di questo settore aderissero all'accordo. Nella terminologia del diritto *antitrust*, occorre dunque determinare per ogni caso concreto il c.d. "**mercato rilevante**". Questo viene circoscritto *geograficamente* e *merceologicamente*. Il ***mercato geografico*** è in particolare delimitato dal territorio in cui le condizioni di concorrenza sono *omogenee* e sensibilmente diverse da quelle dei territori contigui. La disomogeneità delle condizioni di concorrenza può ad es. derivare da ostacoli alla circolazione dei prodotti (si pensi ai *costi di trasporto*), da *tradizioni linguistiche* (si pensi al mercato dei servizi televisivi), o ancora dalla presenza di situazioni di *monopolio legale o naturale* frazionate geograficamente (si pensi all'energia e alle telecomunicazioni). Il ***mercato merceologico*** è invece limitato dalla tipologia dei prodotti o servizi reciprocamente *sostituibili*. Nell'esempio precedente, i consumatori non considerano ragionevolmente sostituibili le auto di piccola e rispettivamente grossa cilindrata, così che le autorità *antitrust* tendono a ricostruire distinti mercati rilevanti in ciascun settore.

IV. *Le intese*

La disciplina in materia di **intese** è contenuta nell'art. 101 TFUE, e nei corrispondenti artt. 2 e 4 l.at. Il divieto di intese vuole in via generale impedire pratiche di ***concertazione dei comportamenti*** che ostacolano *strategie individuali* di abbassamento dei prezzi o di incremento delle qualità dei prodotti o servizi. L'intesa rappresenta perciò in ultima analisi un esercizio di potere di mercato in forma *congiunta* da parte delle imprese aderenti all'accordo, nel loro interesse ed in danno dei consumatori.

Il divieto di intese colpisce gli "***accordi tra imprese***, tutte le ***decisioni di associazioni di imprese*** e tutte le ***pratiche concordate*** [...] che abbiano per oggetto o per effetto di impedire, restringere o falsare il gioco della concorrenza" (così testualmente l'art. 101 TFUE). Il divieto ricomprende perciò tutte le forme di concertazione, *indipendentemente dal loro carattere giuridicamente vincolante*. Rientrano quindi nella nozione le pratiche concordate, costituite da accordi privi di valore contrattuale (c.d. *gentlemen's agreements*), ma di fatto osservati spontaneamente. La nozione di pratica concordata ricomprende altresì gli *scambi di informazioni*, che fisiologicamente presuppongono l'intenzione di evitare "guerre commerciali" per l'incremento di quote di fatturato (si pensi a informazioni scambiate dalle imprese in merito ai prezzi che intendono praticare, sostanzialmente invitando i concorrenti ad allinearsi su un analogo livello).

Il divieto di intese restrittive della concorrenza si applica non solo agli accordi fra imprese operanti allo stesso livello economico (c.d. **intese orizzontali**), ma anche a quelli fra imprese operanti a *diversi* livelli economici della catena di produzione e distribuzione (ad es. fra un venditore ed i suoi distributori, c.d. **intese verticali**).

Gli artt. 101 TFUE e 2 l.at. contengono una elencazione delle **tipologie di intese vietate**, che ha tuttavia ***carattere esemplificativo***, e lascia quindi all'interprete la libertà di identificare ulteriori fattispecie. L'elenco ricomprende le intese consistenti nel "fissare direttamente o indirettamente i *prezzi di acquisto o di vendita*"; le intese dirette a "*limitare o controllare la produzione*"; le intese dirette a "*ripartire i mercati* o le fonti di approvvigionamento" (si pensi all'obbligo di vendere ad un unico distributore di un determinato territorio); le intese dirette ad "applicare [...] *condizioni dissimili per prestazioni equivalenti*" (si pensi a sconti praticati ad alcuni clienti e non ad altri); le intese dirette a "subordinare la conclusione di contratti all'accettazione [...] di *prestazioni supplementari*, che, per loro natura o secondo gli usi commerciali, non abbiano alcun nesso con i contratti stessi" (si pensi all'imposizione dell'obbligo di vendita di computer unitamente ad un pacchetto *software*).

Alcune intese, pur restrittive della concorrenza, possono peraltro essere *esentate* dai divieti *antitrust* qualora risultino idonee a produrre **effetti positivi di efficienza** economica. Gli artt. 101.3 TFUE e 4 l.at. prevedono in particolare la possibilità di esentare dal divieto le intese che contribuiscono "a migliorare la produzione o la distribuzione dei prodotti o a promuovere il progresso tecnico o economico". Le norme richiedono tuttavia che questi miglioramenti riservino "agli *utilizzatori*" (e perciò anzitutto ai consumatori) una *congrua parte dell'utile* che ne deriva". Così ad es. un accordo di ricerca e sviluppo in comune può produrre effetti di efficienza in quanto idoneo a ripartire i relativi costi di investimento, ma può beneficiare dell'esenzione dal divieto *antitrust* solo se contemporaneamente comporta una diminuzione dei prezzi praticati ai consumatori (o un incremento della qualità dei prodotti). L'intesa deve comunque evitare restrizioni "che *non siano indispensabili*" al miglioramento della produzione, e non deve dare alle imprese partecipanti "la possibilità di *eliminare la concorrenza* per una parte sostanziale dei prodotti". Occorre quindi che le imprese partecipanti all'accordo non coprano quote di mercato talmente elevate da rendere inefficace la pressione concorrenziale esercitata da imprese terze.

V. *Gli abusi di posizione dominante*

La seconda fattispecie anticoncorrenziale disciplinata dall'ordinamento *antitrust* europeo e nazionale è costituita dallo "**sfruttamento abusivo** da parte di una o più imprese di una posizione dominante sul mercato" (così l'art. 102 TFUE, corrispondente all'art. 3 l.at.). Il divieto di abuso presuppone dunque la *legittimità del conseguimento* in sé di posizioni dominanti.

La **posizione dominante** consiste essenzialmente in un ***potere di mercato che consente al suo titolare di tenere comportamenti indipendenti***: e cioè comportamenti (ad es., e tipicamente, aumenti di prezzi) che non espongono al rischio di perdita di fatturato a vantaggio dei concorrenti (ad es. perché i concorrenti sono troppo piccoli e non in grado di aumentare i loro livelli di produzione). Corrispondentemente, lo sfruttamento della posizione dominante si esprime attraverso ***comportamenti unilaterali*** delle imprese, indipendentemente da qualsiasi accordo con altre imprese.

Gli artt. 102 TFUE e 3 l.at. contengono una elencazione di **ipotesi** di sfruttamento abusivo di posizione dominante, in larga parte corrispondente a quella contenuta nella norma sulle intese. Si tratta ancora una volta di una *elencazione di carattere esemplificativo*, che comprende le ipotesi consistenti "nell'imporre direttamente od indirettamente prezzi d'acquisto, di vendita od altre *condizioni di transazione non eque*"; nel "*limitare la produzione*, gli sbocchi o lo sviluppo tecnico, a danno dei consumatori"; "nell'applicare nei rapporti commerciali con gli altri contraenti *condizioni dissimili per prestazioni equivalenti*, determinando così per questi ultimi uno svantaggio per la concorrenza" (si pensi a sconti applicati solo a una parte della clientela); "nel subordinare la conclusione di contratti all'accettazione da parte degli altri contraenti di *prestazioni supplementari*" (si pensi alla vendita abbinata di un computer unitamente ad un determinato *software*). Le autorità di controllo della concorrenza dimostrano comunque anche qui di non considerare abusivi comportamenti tali da produrre efficienze considerevoli, che compensino eventuali effetti anticoncorrenziali sui consumatori.

VI. *Le concentrazioni*

La terza fattispecie disciplinata dall'ordinamento *antitrust* europeo e nazionale è costituita dalle **operazioni di concentrazione** restrittive della concorrenza. La disciplina europea delle concentrazioni si ritrova non nelle norme del Trattato, ma in un apposito reg. 139/2004 del Consiglio. La disciplina nazionale si ritrova invece agli artt. 6-7 e 16 ss. l.at.

Le concentrazioni rilevanti sul piano concorrenziale si realizzano attraverso qualsiasi operazione idonea a determinare una "***modifica duratura del controllo***" (art. 3, reg. 139/2004), per effetto della quale imprese precedentemente *indipendenti* vengono assoggettate ad un potere di *direzione unitaria*. La nozione concorrenziale di "controllo" fa leva sulla "possibilità di esercitare un'*influenza determinante* sull'attività di impresa" (art. 3.2, reg. 139/2004).

Le operazioni di concentrazione possono realizzarsi attraverso ***fusioni societarie***, ***acquisti di partecipazioni*** (eventualmente anche di minoranza, purché idonee ad influenzare le decisioni della società), ***trasferimenti di aziende*** o relativi rami (artt. 3.1, reg. 139/2004 e 5 l.at.). La disciplina di tutte queste operazioni risulta la medesima sul piano *antitrust*.

Gli obiettivi di efficienza sottostanti alle concentrazioni giustificano la scelta del legislatore *antitrust* di intervenire non a fronte di qualsiasi operazione astrattamente idonea a restringere la concorrenza (come avviene invece in materia di intese), ma solo quando il fatturato delle imprese coinvolte supera alcuni "valori critici". Le **soglie di fatturato** che determinano l'intervento delle autorità *antitrust* sono fissate a diversi livelli dall'ordinamento europeo e dal legislatore nazionale (5 miliardi di fatturato mondiale complessivo delle imprese coinvolte, ed almeno due imprese devono superare 250 milioni di fatturato nell'UE; i limiti sono tuttavia più che dimezzati quando le imprese superano complessivamente il fatturato di 100 milioni in almeno tre stati; a livello nazionale, il fatturato è periodicamente aggiornato in relazione all'indice del costo della vita e si aggira attualmente sui 500 milioni complessivi in Italia, mentre l'impresa acquisita deve superare i 100 milioni). Il superamento dei livelli fissati dal legislatore europeo determina l'applicazione del reg. 139/2004, e reciprocamente esclude l'applicazione della normativa italiana (c.d. ***concentrazioni di dimensione europea***). Il superamento delle soglie fissate dal legislatore nazionale determina l'applicazione della legge italiana, purché i limiti di fatturato restino al di sotto di quelli fissati dal reg. 139/2004 (c.d. ***concentrazioni di dimensione nazionale***). Al di sotto delle soglie di rilevanza fissate dal legislatore nazionale, l'operazione non è assoggettata al controllo delle autorità *antitrust*.

Le operazioni che rientrano nelle soglie di rilevanza del diritto europeo o nazionale devono essere oggetto di una ***notificazione preventiva*** alla Commissione (per le operazioni di dimensione europea, art. 4, reg. 139/2004) o all'AGCM (per le operazioni di dimensione nazionale, art. 16 l.at.). Il procedimento avviato dalla notifica si conclude con una decisione della Commissione o dell'AGCM che verifica la ***compatibilità dell'operazione*** con la disciplina della concorrenza, in tal caso autorizzandola. Nel sistema europeo la Commissione valuta se l'operazione ostacola "in modo significativo una *concorrenza effettiva* nel mercato comune o in una parte sostanziale di esso, *in particolare* a causa della creazione o del rafforzamento di una posizione dominante" (art. 2.2, reg. 139/2004). Nell'ordinamento nazionale l'AGCM valuta se l'operazione comporti "la costituzione o il rafforzamento di una posizione dominante sul mercato nazionale in modo da eliminare o ridurre in modo sostanziale e durevole la concorrenza" (art. 6 l.at.). Il divieto europeo sembra dunque più ampio, in quanto potrebbe estendersi ad operazioni che, pur non rafforzando o costituendo una vera e propria posizione dominante, determinano una significativa contrazione del numero di imprese indipendenti.

VII. *Profili procedimentali e sanzionatori*

La Commissione e l'AGCM esercitano i loro **poteri sanzionatori** attraverso l'applicazione di pene pecuniarie (***ammende***). Commissione e AGCM dispongono inoltre di **poteri inibitori** in ordine alla continuazione dell'illecito (art. 7, reg. 1/2003; art. 15 l.at.), nonché **di ripristino** della concorrenza (art. 7, reg. 1/2003 e art. 8.4, reg. 139/2004). In alternativa le autorità di controllo della concorrenza possono accettare gli ***impegni*** proposti dalle imprese ed idonei ad eliminare gli effetti restrittivi del comportamento (art. 9, reg. 1/2003; artt. 6.2 e 8.2, reg. 139/2004; art. 14-*ter* l.at.).

Il **procedimento giurisdizionale** di applicazione del diritto *antitrust* si svolge davanti ai giudici dei paesi membri. L'azione giudiziaria mira ad ottenere l'accertamento della ***nullità delle intese*** restrittive della concorrenza (artt. 101.2 TFUE e 2, co. 3, l.at., si pensi ad un distributore interessato a fare valere la nullità di un accordo di acquisto esclusivo concluso con un produttore, per potere liberamente rifornirsi dai concorrenti). Può inoltre essere promossa azione di ***risarcimento del danno*** derivante da comportamenti anticoncorrenziali vietati (art. 33 l.at.). La direttiva 2014/104/UE ha imposto agli stati membri di introdurre norme uniformemente applicabili alla violazione del diritto *antitrust* europeo e nazionale. La direttiva è stata attuata in Italia con il d.lgs. 3/2017. La disciplina si ispira al principio secondo cui ***il risarcimento del danno può essere chiesto da qualsiasi danneggiato, anche indiretto*** (così, ad es., è possibile che un'intesa fra produttori abbia determinato un incremento del prezzo praticato dai distributori, nel qual caso è da ritenere che l'intesa danneggi indirettamente i consumatori, pur non avendo essi direttamente contratto con i produttori responsabili della violazione *antitrust*). Il danno è tendenzialmente pari al sovrapprezzo praticato per effetto della restrizione: e dunque alla differenza fra prezzo pagato e prezzo ipotizzabile in caso di osservanza della disciplina della concorrenza (art. 10, d.lgs. 3/2017). Pur in assenza di previsione espressa, è da ritenere esercitabile in via giudiziale anche l'**azione inibitoria**.

§ 12. I DIRITTI DI PROPRIETÀ INDUSTRIALE: PROFILI GENERALI

I. *La nozione di proprietà industriale*

L'espressione "**proprietà industriale**" è utilizzata nel titolo del "Codice della proprietà industriale" (di qui l'acronimo c.p.i.), approvato con d.lgs. 30/2005. Il codice protegge un insieme apparentemente eterogeneo di fattori di produzione che non si concretizzano in beni *materiali*: di qui la frequente espressione "***beni immateriali***".

Una prima tipologia di "beni immateriali" è costituita dai cosiddetti **segni distintivi dell'impresa**. Qui la tutela si sovrappone in parte a quella derivante dal divieto di atti di concorrenza sleale confusoria (v. *supra*, § 10.I.3). Si caratterizza tuttavia per la presenza di una particolare disciplina dei marchi registrati e per una corrispondente protezione (di durata potenzialmente *perpetua*) notevolmente rafforzata rispetto a quella della concorrenza sleale (v. *infra*, § 13.IV.1).

Una seconda tipologia di "beni immateriali" è costituita dai *risultati dell'attività di ricerca* in campo tecnico-industriale. Il diritto sui risultati dell'innovazione tecnologica economicamente più importante è costituito dal **brevetto d'invenzione** (di durata *ventennale*), cui si affianca un brevetto su ritrovati "minori", definiti come **modelli di utilità** (di durata *decennale*). A queste tipologie di brevetto si aggiunge ulteriormente un diritto fondato sulla registrazione di **modelli e disegni industriali**: con funzione di protezione dell'innovazione del *design* del prodotto, di durata considerevolmente lunga (*venticinquennale*).

II. *La tutela dei segni distintivi*

L'opportunità di attrarre i diritti precedentemente elencati all'interno di un'unica nozione di proprietà industriale può apparire dubbia, data l'eterogeneità di fenomeni quali l'*interesse ad evitare confusione sul mercato* (alla base della tutela dei segni distintivi), e rispettivamente l'*interesse alla remunerazione degli investimenti* nell'innovazione tecnologica e di *design* (alla base della tutela delle invenzioni e dei modelli).

L'interesse ad evitare situazioni confusorie è quello più facilmente riconducibile ai principi concorrenziali, in quanto consente ai consumatori di distinguere le imprese responsabili dell'offerta di prodotti o servizi, e permette così di realizzare un mercato maggiormente trasparente. Questo interesse è alla base di alcuni principi comuni applicabili trasversalmente a tutti i segni distintivi. La tutela della funzione distintiva presuppone in particolare che l'uso del segno venga riferito dal pubblico ad un unico imprenditore. Ciò non esclude (ed anzi postula) l'esistenza di segni utilizzati da una pluralità di imprenditori (o altri soggetti) e che hanno una funzione distintiva ulteriore, estranea all'ambito di protezione dell'ordinamento, e perciò insuscettibile di formare oggetto di diritti esclusivi. Si pensi ad es. al termine "lavanderia", che spesso vediamo come "insegna" all'ingresso dei locali delle imprese del settore. Questo termine ha in senso ampio un significato distintivo di una attività dotata di particolari caratteristiche. L'ordinamento vuole tuttavia che in questo significato il termine sia liberamente utilizzabile dalla generalità degli imprenditori, in quanto strumento necessario per comunicare al pubblico lo svolgimento di una *tipologia* di attività. Nel linguaggio giuridico l'espressione "**capacità distintiva**" denota perciò la ***capacità del segno di identificare scelte riferibili ad uno ed un solo imprenditore***, e vale a contrapporre questi segni a quelli "privi di carattere distintivo" (*rectius*, privi della capacità di distinguere scelte riferibili ad un *unico* soggetto) liberamente utilizzabili dalla generalità degli imprenditori. La più importante categoria di segni "privi di carattere distintivo" è costituita dai **nomi generici e descrittivi** (si pensi al precedente esempio del termine lavanderia) di prodotti ed attività.

La capacità distintiva costituisce dunque il ***primo requisito di tutela*** di ditta, insegna e marchio e deve essere ***valutato relativamente alla tipologia di attività*** e prodotti per cui il segno viene utilizzato. Così ad es. il segno "diesel" *non* può costituire un valido marchio per automobili, rivestendo esso evidentemente carattere descrittivo di una tipologia di motore che può essere prodotto da differenti imprenditori. Il medesimo segno può invece costituire valido marchio di prodotti di abbigliamento, che non possono avere alcuna caratteristica merceologica appartenente al genere descritto dal termine "diesel". La funzione distintiva assume ulteriore rilievo dal punto di vista della valutazione del **conflitto fra segni**. Poiché infatti questa funzione si esprime attraverso l'identificazione di scelte riferibili ad uno ed un solo imprenditore, l'ordinamento deve anzitutto preoccuparsi che segni uguali non vengano utilizzati da più imprenditori *diversi*. D'altra parte il pubblico può non memorizzare perfettamente gli elementi del segno distintivo, o comunque può non prestare attenzione a differenze di dettaglio: il legislatore perciò tendenzialmente ***vieta l'utilizzazione di segni anche soltanto simili*** da parte di imprenditori diversi.

In questa prospettiva il concetto di **somiglianza**, che può risultare evanescente, viene generalmente concretizzato in relazione all'interesse alla distinzione nei confronti del pubblico: così che la somiglianza assume giuridico rilievo se ed in quanto *idonea ad indurre il pubblico a credere erroneamente che segni simili siano utilizzati dal medesimo imprenditore*. Nel linguaggio giuridico, il principio così ricostruito si esprime in termini di **divieto di utilizzazione confusoria** dei segni distintivi. Il principio di non confondibilità implica poi ulteriormente che segni simili o addirittura identici possono essere utilizzati da imprenditori diversi nell'ambito di attività a loro volta *differenti*, che i consumatori non riferiscono ad un unico imprenditore. Questa situazione ricorre ad es. per il noto marchio "Ferrari", che viene lecitamente utilizzato da imprenditori diversi nel settore delle autovetture e rispettivamente vitivinicolo, senza determinare nel pubblico l'erronea convinzione che la nota casa automobilistica sia la medesima impresa produttrice di spumanti. In questa prospettiva la protezione del segno non è *assoluta* (non vale cioè nei confronti di qualsiasi tipo di uso) ma *relativa* al settore merceologico di utilizzazione (c.d. **principio di relatività della tutela**).

Il principio di relatività della tutela è peraltro entrato in crisi nell'economia moderna, a seguito della tendenza imprenditoriale a cercare di sfruttare il *valore pubblicitario di un segno* distintivo anche in settori merceologicamente assai distanti (si pensi al marchio Armani, utilizzato non soltanto per abbigliamento, ma anche per orologi). Attualmente la tutela del marchio registrato non si limita perciò ad impedirne utilizzazioni confusorie, ma vieta qualsiasi sfruttamento della sua notorietà e intrinseca valenza pubblicitaria (v. *infra*, § 13.IV.5). In questa prospettiva anche il diritto sui segni distintivi registrati rappresenta una forma di tutela dell'investimento: e precisamente dell'investimento *nell'accreditamento dell'immagine del prodotto o servizio.* Questa funzione di tutela dell'investimento comune alla protezione dei segni distintivi e delle innovazioni tecnologiche può allora giustificare la ricostruzione (altrimenti dubbia, per le ragioni evidenziate *supra*) di una categoria unitaria dei diritti di proprietà industriale.

III. *La tutela dell'innovazione*

L'interesse alla remunerazione degli investimenti nell'innovazione tecnologica e nel *design* è comunemente ritenuto alla base della protezione delle invenzioni e dei modelli industriali. Qui il diritto esclusivo sui beni immateriali comporta il divieto per i terzi di utilizzare (senza consenso del titolare) le soluzioni tecniche e le caratteristiche del *design* brevettate o registrate come modelli. L'esclusiva impedisce perciò una concorrenza nell'offerta dei prodotti che incorporano queste soluzioni e caratteristiche, e permette al titolare di praticare prezzi corrispondentemente più elevati. I limiti alla libertà di concorrenza non sono qui giustificabili (diversamente da quanto emerso con riferimento alla protezione dei segni distintivi) in funzione di esigenze di trasparenza del mercato, ed in realtà ben è possibile che il diritto esclusivo consenta al titolare di realizzare profitti anche considerevolmente superiori a quanto necessario per una adeguata remunerazione degli investimenti. L'ordinamento non deve tuttavia necessariamente ispirarsi ad un **modello concorrenziale** orientato a obiettivi di allineamento dei prezzi ai costi di produzione. Il modello concorrenziale alla base della tutela delle invenzioni e dei modelli sottintende l'interesse ad arricchire la disponibilità di **prodotti differenziati** dal punto di vista tecnico o del *design*. In questa prospettiva il diritto di proprietà industriale, se da un lato preclude strategie concorrenziali imitative tali da favorire l'abbassamento dei prezzi, dall'altro incentiva la diversificazione delle caratteristiche del prodotto; favorisce l'arricchimento dell'offerta di soluzioni tecniche ed estetiche; premia ciascun imprenditore riconoscendogli la possibilità di realizzare profitti proporzionati alla sua capacità di proporre al mercato soluzioni preferibili rispetto alle alternative concorrenti; rende più significativo lo stesso sistema generale dei prezzi, che riflette un'offerta maggiormente diversificata e più ampie opportunità di scelta degli acquirenti.

A livello ancor più generale, e considerando anche l'interesse alla tutela degli investimenti nell'accreditamento commerciale dell'immagine del prodotto sottostante alla protezione del marchio registrato, il contenuto dei diritti di proprietà industriale (fatta eccezione per i diritti sulle indicazioni geografiche, per le quali l'attrazione nella categoria proprietaria appare in effetti forzata, v. *infra*, § 13.VI.2) si incentra sul riconoscimento del *potere del titolare di decidere le modalità di utilizzazione* del bene immateriale protetto, eventualmente consentendone lo sfruttamento a terzi attraverso la conclusione di contratti di licenza. Il diritto esclusivo favorisce così la nascita di un "mercato" dei risultati dell'investimento (sia esso in accreditamento commerciale, sia esso in innovazione tecnologica e di *design*) che remunera la capacità dell'impresa di individuare e soddisfare la domanda di innovazione commerciale e tecnologica.

IV. *Proprietà industriale e proprietà intellettuale*

L'espressione proprietà industriale si affianca talvolta a quella di "**proprietà intellettuale**", che può essere intesa in diversi significati. In senso restrittivo la proprietà intellettuale ricomprende risultati pur sempre immateriali, derivanti dal lavoro creativo nel settore delle *arti*, della *musica*, della *letteratura* e dello *spettacolo*. Questi risultati creativi vengono etichettati attraverso l'espressione "**opere dell'ingegno**": e sono tipicamente protetti pur sempre attraverso il riconoscimento di diritti esclusivi di sfruttamento, di durata estremamente lunga (fino a settant'anni successivi alla morte del creatore), che ricadono nella disciplina dei "***diritti d'autore***" (l. 633/1941, comunemente legge d'autore e per brevità l.a.). La contrapposizione fra proprietà industriale e intellettuale tende peraltro a sfumare da quando il campo di applicazione del diritto d'autore si è esteso a proteggere creazioni a contenuto tecnologico (*software* e *banche dati*; cfr. art. 2, co. 1, nn. 8-9, l.a.) o almeno parzialmente sovrapponibili ai modelli o disegni (il *design* è attualmente proteggibile anche in base al diritto d'autore quando presenti *valore artistico*, art. 2, co. 1, n. 10, l.a.).

L'espressione "proprietà intellettuale" viene perciò sempre più spesso utilizzata in un *significato più ampio*, e comprensivo di diritti d'autore, di marchio, di invenzione e modello. L'attrazione in un'unica qualificazione "proprietaria" riflette l'esistenza di un "diritto comune": in particolare la funzione, propria anche del diritto d'autore, di assoggettare i beni immateriali alla regola generale di appartenenza privata dei risultati dell'innovazione, intesa in senso ampio e comprensivo dell'innovazione creativa.

V. *Le azioni a difesa della proprietà industriale*

Un particolare aspetto del "diritto comune" dei beni immateriali, che li avvicina alla disciplina della proprietà tradizionale, è rappresentato dall'esistenza di "azioni a difesa della proprietà" incentrate sull'interesse del titolare a *prevenire* la continuazione dell'illecito, ed a *rimuovere* uno stato di fatto contrario a diritto. Così come il proprietario di cose materiali dispone non solo dell'azione risarcitoria (artt. 2043 ss.), ma altresì degli strumenti di tutela degli artt. 948 ss. c.c., il titolare dei beni immateriali dispone di **strumenti di prevenzione** quali "l'***inibitoria*** della fabbricazione, del commercio e dell'uso delle cose costituenti violazione del diritto" (art. 124, co. 1, c.p.i.); dispone altresì di **strumenti di rimozione degli effetti** del comportamento illecito, quali l'ordine di ***ritiro dal commercio*** (art. 124, co. 1, c.p.i.), o di ***distruzione*** (art. 124, co. 3, c.p.i.) dei beni realizzati in violazione del diritto, o la loro ***assegnazione in proprietà*** (art. 123, co. 4, c.p.i.). Esiste inoltre la possibilità per il giudice di "fissare una *somma dovuta per ogni violazione* o inosservanza successivamente constatata e per ogni *ritardo* nell'esecuzione del provvedimento" (art. 124, co. 2, c.p.i.).

I provvedimenti inibitori e di rimozione *non richiedono il dolo o la colpa del contraffattore*. Il principio generale dell'art. 2043 porta invece comunemente ad affermare che dolo o colpa costituiscono presupposti per la sanzione del **risarcimento del danno**, previsto dall'art. 125 c.p.i. L'art. 125 c.p.i. prevede altresì la possibilità del titolare di pretendere "la *restituzione degli utili realizzati dall'autore della violazione*, in alternativa al risarcimento del lucro cessante o nella misura in cui essi eccedono tale risarcimento".

VI. *Fonti e sistema*

Il codice della proprietà industriale dedica gran parte delle proprie norme ai c.d. **diritti titolati** (art. 2, co. 1, c.p.i.): protetti per effetto di una complessa fattispecie costitutiva, che si perfeziona a seguito di un procedimento amministrativo di **registrazione** (di *marchi* e *modelli industriali*) o **brevettazione** (delle *invenzioni* e dei *modelli di utilità*) presso un pubblico ufficio denominato Ufficio Italiano Brevetti e Marchi (UIBM). La disciplina dei diritti titolati è completata da poche norme contenute nel codice civile (artt. 2563 ss.; 2584 ss.), che assumono peraltro scarsa importanza.

La disciplina codicistica assume invece maggiore rilievo per alcuni dei c.d. **diritti** di proprietà industriale "**non titolati**", che il c.p.i. menziona (art. 2, co. 4, c.p.i.), ma non regola dettagliatamente. Vi rientrano in particolare i diritti su *ditta, insegna* e *marchio non registrato*, che sorgono direttamente per *effetto dell'***uso**, indipendentemente da brevettazione o registrazione (v. *infra*, § 13), e la cui disciplina va ricostruita principalmente in base agli artt. 2563 ss. e al divieto di atti di concorrenza sleale dell'art. 2598, n. 1 (v. *supra*, § 10.I.3 e *infra*, § 13.I). Molte norme del c.p.i. dedicate ai diritti titolati derivano dall'armonizzazione imposta da *convenzioni internazionali* (fra cui la Convenzione di Unione di Parigi – CUP) e da *direttive UE* (fra cui la direttiva marchi).

La registrazione e la brevettazione dei marchi e delle invenzioni può inoltre avvenire presso appositi **Uffici internazionali e europei**, per estendere i propri effetti oltre i confini dei singoli paesi. In materia di marchi opera nella UE un apposito Ufficio dell'Unione europea per la proprietà intellettuale (frequentemente etichettato attraverso l'acronimo **EUIPO** della corrispondente espressione anglosassone), con sede ad Alicante, competente a concedere registrazioni con *effetti unitari* nel territorio di tutti i paesi aderenti all'Unione (v. *infra*, § 13.IV.4). L'EUIPO è stato istituito originariamente dal Regolamento sul marchio comunitario (RMC), n. 40/94, ricodificato a più riprese ed ora in vigore nella versione n. 1001/2017, che ha fra l'altro ridenominato il marchio comunitario in "marchio dell'Unione europea" (**marchio UE**, da cui il corrispondente acronimo **RMUE** utilizzato con riferimento al regolamento 1001/2017). Le competenze dell'EUIPO sono estese ai modelli industriali del Regolamento sui disegni e modelli comunitari (RDMC), n. 6/2002.

In materia di invenzioni la Convenzione sul Brevetto europeo (CBE) ha istituito una Organizzazione europea dei brevetti, ed al suo interno un Ufficio europeo dei brevetti (**UEB**), con sede a Monaco. A dispetto del nome, l'organizzazione istituita dalla CBE non fa parte dell'ordinamento UE, e ad essa aderiscono anche paesi terzi. L'UEB è competente a concedere un brevetto che non ha carattere unitario, ma si *fraziona* in brevetti nazionali autonomamente efficaci in ciascuno dei paesi aderenti alla convenzione (c.d. *fascio di brevetti*, v. *infra*, § 14.I.3).

§ 13. I SEGNI DISTINTIVI

SOMMARIO: I. *La ditta*. – II. *L'insegna*. – III. *Ragione e denominazione sociale*. – IV. *Il marchio*. – 1. Marchi registrati e non registrati. – 2. Impedimenti assoluti alla registrazione. – 3. Impedimenti relativi alla registrazione. – 4. Il procedimento di registrazione. – 5. L'estensione della tutela della registrazione. – 6. Cessioni e licenze di marchio. – 7. Nullità e decadenza della registrazione. – V. *I nomi a dominio*. – VI. *I segni distintivi a uso plurimo*. – 1. Il marchio collettivo e di certificazione. – 2. Le indicazioni geografiche.

I. *La ditta*

La ditta e l'insegna sono segni distintivi espressamente disciplinati dagli artt. 2563-2568. La disciplina codicistica non contiene peraltro una definizione espressa né dell'uno né dell'altro segno. Alla ditta e all'insegna si riferisce inoltre *implicitamente* l'art. 2, co. 4, c.p.i., secondo cui "sono protetti, ricorrendone i presupposti di legge, i segni distintivi diversi dal marchio registrato"; fra questi rientrano senz'altro la ditta e l'insegna, ma nemmeno il codice della proprietà industriale li disciplina compiutamente.

Il sistema generale di protezione della ditta e dell'insegna appare allora ricostruibile con maggiore compiutezza integrando la lettura degli artt. 2563-2568 con l'art. 2598, n. 1, e cioè con la norma che qualifica come atto di *concorrenza sleale* l'uso di "nomi o segni distintivi idonei a produrre confusione con i nomi o con i segni distintivi legittimamente usati da altri". Fra essi rientrano senz'altro la ditta e l'insegna, che risultano quindi tutelate secondo i ***principi e nei limiti del divieto di atti di concorrenza sleale confusoria***.

L'art. 2563 stabilisce che "l'imprenditore ha diritto all'uso esclusivo della ditta da lui prescelta". Secondo l'opinione tradizionale *la* **ditta** *contraddistingue l'imprenditore nella propria attività d'affari*, ma questa definizione non presenta chiari elementi di contrapposizione rispetto al marchio, il quale a sua volta contraddistingue l'imprenditore cui è imputabile l'offerta di prodotti e servizi. L'esistenza di *discipline autonome* (e parzialmente diverse) in tema di ditta e di marchio sottintende probabilmente l'intenzione del legislatore di contrapporre la funzione distintiva (propria della ditta) dell'***imputabilità della responsabilità dell'organizzazione aziendale*** rispetto alla funzione distintiva (propria del marchio) dell'imputabilità della responsabilità delle qualità di un prodotto o servizio. Un segno è perciò utilizzato in funzione di ditta per distinguere la continuità di esercizio dell'organizzazione aziendale, nei rapporti istituiti *direttamente* dall'imprenditore con i terzi interessati alle caratteristiche e all'affidabilità di questa organizzazione. Assolvono ad es. la funzione propria della ditta i segni che compaiono negli *elenchi telefonici*, nella *carta intestata*, ed anche nelle pubblicità che invitano il pubblico a recarsi direttamente negli stabilimenti del titolare, indicandone l'indirizzo. Un segno è invece utilizzato in funzione di marchio per distinguere la responsabilità delle qualità dei *risultati* della attività imprenditoriale, nei rapporti con un pubblico cui non interessano le modalità organizzative di questa attività, né la sua continuità nel tempo. Assolve tipicamente la funzione di marchio il segno che compare in grande evidenza grafica sulla confezione del prodotto.

L'art. 2564, co. 2, stabilisce che "la ditta, comunque sia formata, deve contenere almeno il **cognome o la sigla dell'imprenditore**". La norma costituisce l'unica eccezione all'opposto principio generale di assoluta libertà di formazione di tutti gli altri segni distintivi.

L'art. 2564 presuppone dunque anzitutto che la ditta sia formata da ***espressioni letterali***, non da disegni. La necessità di inserire il cognome o la sigla dell'imprenditore vuole apparentemente tutelare l'interesse a che attraverso la ditta i terzi identifichino il titolare dell'attività (c.d. **teoria soggettiva** della ditta). In realtà nella moderna economia è sempre maggiormente avvertito l'interesse a che la ditta identifichi non un soggetto, ma una organizzazione imprenditoriale (c.d. **teoria oggettiva** della ditta). L'art. 2563, co. 2, consente allora di inserire il nome in posizione assolutamente marginale, o di sostituirlo con una semplice sigla, e di formare la ditta con ulteriori elementi maggiormente idonei ad attrarre l'attenzione del pubblico (c.d. ***ditta di fantasia***). Ciò a maggior ragione qualora il nome sia in realtà sostituito dalla *sigla*. D'altra parte nulla vieta che l'imprenditore nella normale attività di affari di fatto utilizzi soltanto la componente di fantasia del proprio segno. La stessa ditta priva di nome o sigla (c.d. ***ditta irregolare***), non iscrivibile nel registro delle imprese, è comunemente ritenuta tutelabile in base alla disciplina della concorrenza sleale (art. 2598, n. 1, c.c.).

Infine lo stesso art. 2563, co. 2, dopo avere imposto l'inserimento del cognome o della sigla all'interno della ditta, fa "salvo quanto è disposto dall'art. 2565", che consente il trasferimento della ditta, e ad un tempo non impone l'inserimento in essa del cognome o della sigla dell'acquirente (c.d. ***ditta derivata***). In questo caso quindi la ditta non contiene nemmeno le informazioni minime richieste dall'art. 2563, co. 2, in ordine all'identità del titolare. L'art. 2565 prevede comunque che "***la ditta non può essere trasferita separatamente dall'azienda***", così che essa in ogni caso vale a identificare la *continuità oggettiva* dell'organizzazione produttiva.

La legge non disciplina espressamente i requisiti della ditta, che sono comunque ricavabili dai principi generali precedentemente ricostruiti in materia di segni distintivi. La tutela della ditta, al pari di tutti gli altri segni, presuppone quindi anzitutto l'esistenza di una **capacità distintiva**, e cioè la *capacità del segno di identificare la responsabilità di scelte riferibili ad uno ed un solo imprenditore*, secondo quanto esposto *supra*, § 12.II.

La ditta deve inoltre rispondere al requisito della **novità**, e cioè diversificarsi rispetto ad altri segni distintivi (siano essi a loro volta costituiti da ditte, insegne o marchi) anteriori di terzi. L'art. 2564 disciplina in particolare l'ipotesi del conflitto fra ditte, stabilendo che "quando la ditta è uguale o simile a quella usata da altro imprenditore e può creare confusione per l'oggetto dell'impresa e per il luogo in cui questa è esercitata, deve essere integrata o modificata con indicazioni idonee a differenziarla". La norma costituisce piana espressione del ***principio di confondibilità*** e sottintende quindi che la novità della ditta non deve essere *assoluta*, ma deve essere valutata *rela-*

tivamente al luogo ed alla *tipologia* delle attività svolte. Imprese con oggetto diverso (ad es. falegnameria e ristorazione) o esercitate in luoghi distanti (ad es. a Milano e Roma) possono essere identificate da ditte uguali o simili, se ed in quanto non ingannino il pubblico in ordine alla responsabilità delle relative organizzazioni aziendali.

Analoghi principi valgono con riferimento all'*ambito di tutela della ditta*, da ritenere protetta solo a fronte di **rischi concreti di confusione**. Si tratta quindi di un *diritto relativo* al territorio e al settore merceologico di utilizzazione. Il diritto è poi da ritenere estinto ove il titolare abbia cessato l'uso del segno ed il pubblico ne abbia perduto il ricordo, così da non potere incorrere in rischi di confusione con chi utilizzi analoghi segni.

II. *L'insegna*

Il codice civile dedica all'**insegna** un'unica norma (art. 2568) di rinvio all'art. 2564, co. 1, in materia di ditta. Anche l'insegna rientra inoltre fra i segni distintivi diversi dal marchio registrato menzionati dall'art. 2, co. 4, c.p.i. La nozione di insegna va ricavata dal significato del termine nel linguaggio comune. L'insegna è utilizzata all'ingresso dei locali e degli stabilimenti dell'impresa ed assume una funzione distintiva della responsabilità di un'organizzazione aziendale ***fisicamente collocata in un certo luogo***.

L'insegna (a differenza della ditta) può essere ***liberamente formata***. Può quindi essere costituita non solo da espressioni letterali, ma anche da disegni e figure; né qui è necessaria l'indicazione del cognome o della sigla dell'imprenditore.

L'art. 2568 dichiara applicabili all'insegna "le disposizioni del co. 1 dell'art. 2564" in materia di ditta, che obbligano l'imprenditore a modificare il segno distintivo uguale o simile a quello di altro imprenditore e idoneo a "creare *confusione* per l'oggetto dell'impresa e per il luogo in cui questa è esercitata". La **protezione dell'insegna** è riconducibile ai medesimi principi ricostruiti in via generale e con riferimento alla ditta. Anche l'insegna è dunque protetta ***in base alla disciplina della concorrenza sleale*** (art. 2598, n. 1), in quanto segno distintivo *utilizzato* e *conosciuto* dal pubblico, a fronte di un rischio di confusione *concreto*, da accertare relativamente al *territorio* e al *settore merceologico* di attività dell'imprenditore.

III. *Ragione e denominazione sociale*

La disciplina codicistica dei segni distintivi menziona ragione e denominazione sociale per rinviare da un lato alle norme in materia di società (art. 2567, co. 1), e dall'altro all'art. 2564 in materia di ditta (art. 2567, co. 2). Il duplice rinvio riflette la ***duplice funzione*** di questi segni distintivi: che da un lato costituiscono uno *strumento di spendita del nome* delle società rispettivamente di persone e di capitali; e che dall'altro ne costituiscono la (ma non necessariamente l'unica) *ditta*.

L'art. 2567, co. 2, dichiara applicabile a ragione e denominazione sociale "le disposizioni dell'art. 2564". Il rinvio consente di attrarre anche questi segni distintivi nell'impianto sistematico ricostruito in materia di ditta: così che ragione e denominazione sociale sono ***tutelate dalla disciplina della concorrenza sleale***, in quanto segni distintivi *utilizzati* e *conosciuti* dal pubblico, nei limiti di un *rischio di confusione*, da accertare in relazione al *luogo* e al *settore* di attività imprenditoriale.

IV. *Il marchio*

Il marchio è il segno distintivo normalmente utilizzato mediante ***apposizione materiale sul prodotto***. L'ordinamento conosce tuttavia in realtà anche la categoria dei ***marchi di servizio***, che non sono materialmente apponibili sul bene contraddistinto, e vengono utilizzati tipicamente nell'abbigliamento del personale dell'impresa (si pensi alle uniformi di lavoro), all'ingresso dei locali e sui mezzi di produzione (si pensi ai mezzi di trasporto delle imprese di traslochi), o nelle comunicazioni pubblicitarie (si pensi alla pubblicità delle imprese di telecomunicazioni). L'uso deve comunque riferirsi all'offerta di un servizio caratterizzato da obiettive qualità uniformi a tutte le prestazioni contraddistinte: qualità oggettivamente apprezzate dal pubblico in quanto tali, indipendentemente dall'organizzazione aziendale e dalle caratteristiche personali dell'imprenditore. I segni utilizzati nella prestazione di opere e servizi personalizzati in relazione alle capacità dell'imprenditore (si pensi a uno *chef*) o alle esigenze del singolo cliente (si pensi al settore dell'edilizia, e così pure a quelli della ristorazione e della ricettività alberghiera, almeno quando non risultino standardizzate secondo le formule commerciali tipiche ad es. delle reti di *franchising*) non assolvono la funzione di marchio, ma di ditta o insegna.

Un marchio può essere utilizzato per tipologie di prodotti estremamente diversificati (c.d. ***marchio generale***, si pensi al marchio "Volkswagen"), o per una singola tipologia di prodotti caratterizzata da precise caratteristiche merceologiche (c.d. ***marchio speciale***, si pensi al marchio "Coca-Cola", o al marchio "Golf" per automobili). Frequentemente l'uso del marchio generale è accompagnato a quello del marchio speciale (si pensi all'uso del marchio "Golf" insieme al marchio "Volkswagen").

Con riferimento alla **composizione** del marchio, si distingue fra *marchi denominativi* (formati da parole), *figurativi* (formati da disegni, o, secondo la terminologia moderna, loghi) o *misti* (che contemporaneamente ricomprendono parole e disegni). Sono comunque proteggibili segni costituiti da ***lettere, cifre, suoni, colori*** e tonalità cromatiche, nonché dalla ***forma*** del prodotto o della sua confezione (si pensi alla forma della bottiglia Coca-Cola, v. anche *infra*).

In passato, secondo l'interpretazione preferibile, il marchio assumeva una **funzione distintiva della provenienza** del prodotto o del servizio da una organizzazione imprenditoriale unitaria. Conseguentemente la protezione del segno distintivo era ammessa nei limiti del *rischio di confusione* in ordine alla *provenienza* dei prodotti o servizi. Il marchio è tuttavia ora tutelato anche a fronte di utilizzazioni pur non confusorie, che sfruttino o pregiudichino il ***valore pubblicitario*** della sua notorietà, o gli investimenti che ne hanno determinato l'accreditamento. La giurisprudenza della Corte di giustizia ha perciò puntualizzato che nell'attuale contesto il marchio deve intendersi protetto non solo nella essenziale funzione distintiva tradizionale, ma anche in quella di **garanzia qualitativa, comunicazione, investimento e pubblicità** (v. *infra*, 5).

1. *Marchi registrati e non registrati*

Il marchio è l'unico segno distintivo per cui la legge prevede un apposito procedimento amministrativo di **registrazione** davanti a pubblici uffici, caratterizzato da ***efficacia costitutiva della protezione***, che si perfeziona ed è azionabile anche prima del successivo, concreto uso del segno ed è sempre estesa, come si vedrà, all'intero territorio nazionale o addirittura all'intero territorio della UE quando la registrazione avviene presso l'EUIPO (v. *supra*, § 12.VI).

Il sistema dei segni distintivi tuttavia riconosce e protegge anche i marchi che non siano stati oggetto di registrazione. In realtà nel nostro ordinamento manca una disciplina organica relativa ai **marchi non registrati**. L'art. 2571 prevede che "chi ha fatto *uso di un marchio non registrato* ha la facoltà di continuare ad usarne, nonostante la registrazione da altri ottenuta, nei limiti in cui anteriormente se ne è valso". Anche il marchio non registrato rientra inoltre fra "i segni distintivi diversi dal marchio registrato" che il codice della proprietà industriale dichiara "protetti, ricorrendone i presupposti di legge" (art. 2, co. 4, c.p.i.).

Il sistema di protezione dei marchi non registrati è allora ricostruibile sulla base di considerazioni analoghe a quelle svolte con riferimento alla ditta e all'insegna. Questa protezione ancora una volta si fonda sulla ***disciplina della concorrenza sleale***, ed in particolare sul divieto di uso di "nomi o segni distintivi idonei a produrre confusione con i nomi o con i segni distintivi legittimamente usati da altri" (art. 2598, n. 1); trova la propria fattispecie costitutiva in un *uso concreto* del segno conosciuto dal pubblico; e può essere fatta valere in presenza di *rischi concreti di confusione*, e perciò limitatamente ai luoghi in cui il segno è effettivamente noto. Solo il marchio utilizzato con notorietà estesa all'intero stato vanta dunque una protezione geograficamente corrispondente a quella derivante dalla registrazione.

2. *Impedimenti assoluti alla registrazione*

La tutela del marchio registrato richiede la presenza di vari **requisiti**, la cui mancanza può essere fatta valere davanti al giudice, all'UIBM o all'EUIPO quale *causa di nullità* della registrazione, per l'ipotesi in cui non sia stata rilevata nell'ambito del relativo procedimento amministrativo.

Alcuni requisiti riflettono l'esistenza di ***interessi generali*** in conflitto con la tutela del marchio. La mancanza di questi requisiti può essere fatta valere con un'azione di nullità esercitabile da *chiunque vi abbia interesse*: si tratta perciò di una *nullità assoluta*. Il regolamento sul marchio UE utilizza l'espressione "**impedimenti assoluti alla registrazione**" proprio per elencare le ipotesi di mancanza dei requisiti in esame (art. 7 RMUE).

a) In questo sistema un ruolo centrale svolge il requisito della **capacità distintiva** del marchio. L'interesse generale ad esso sottostante è quello a mantenere la *libera disponibilità di strumenti di comunicazione* utili a promuovere l'offerta del prodotto o servizio. Nell'ordinamento italiano questo interesse si esprime attraverso il principio tradizionale che considera privi di carattere distintivo "in particolare" i segni "costituiti esclusivamente dalle ***denominazioni generiche*** di prodotti o servizi o da ***indicazioni descrittive*** che ad essi si riferiscono, come i segni che in commercio possono servire a designare la specie, la qualità, la quantità, la destinazione, il valore, la provenienza geografica ovvero l'epoca di fabbricazione del prodotto o della prestazione del servizio o altre caratteristiche del prodotto o servizio" (art. 13, co. 1, lett. *b*, c.p.i.).

L'assenza del requisito della capacità distintiva può essere *sanata* "se prima della proposizione della domanda o dell'eccezione di nullità, il segno che ne forma oggetto, a seguito dell'uso che ne è stato fatto, ha acquistato carattere distintivo" (art. 13, co. 3, c.p.i., e v. anche il corrispondente art. 7.3 RMUE). Dottrina e giurisprudenza fanno riferimento a questo fenomeno utilizzando l'espressione anglosassone ***secondary meaning***, che evidenzia l'acquisto da parte del segno di un significato *secondario distintivo* ulteriore rispetto al significato *primario descrittivo*. Si pensi ad esempio al marchio "La scarpa", che ha ora ragionevolmente acquisito un significato secondario distintivo del produttore di scarpe.

b) Un ulteriore ordine di interessi generali in conflitto con la tutela del marchio riguarda specificamente i segni che costituiscono caratteristiche intrinseche al prodotto. L'impedimento riguarda perciò *in primis* la registrazione dei **marchi di forma**, ma si estende a caratteristiche quali ad es. trame di tessuto (che non possono essere ragionevolmente marchio del tessuto), odori e profumi (che non possono ragionevolmente essere marchio di profumi), musiche e suoni (che non possono ragionevolmente essere marchio di un prodotto musicale). Forme e altre caratteristiche del prodotto possono essere registrate nei limiti previsti dall'art. 9 c.p.i. e dal corrispondente art. 7.1, lett. *e*, RMUE.

Sono in particolare escluse dalla registrazione le forme e le altre caratteristiche imposte "dalla *natura* stessa del prodotto"; le forme e le altre caratteristiche necessarie "per ottenere un *risultato tecnico*", le forme e le altre caratteristiche che danno "un *valore sostanziale* al prodotto". In questi casi la ***caratteristica intrinseca del prodotto*** può essere eventualmente protetta in base ad altre norme dell'ordinamento della proprietà industriale: e precisamente attraverso la brevettazione delle invenzioni (artt. 45 ss. c.p.i.) e modelli di utilità (artt. 82 ss. c.p.i.) per quanto attiene alle intrinseche *caratteristiche tecniche*; attraverso la registrazione dei disegni e modelli (artt. 31 ss. c.p.i.) per quanto attiene alle intrinseche *caratteristiche di forma e colore*; attraverso la tutela del diritto d'autore (l. 633/1941) per quanto attiene al *valore artistico o musicale* del prodotto (cfr. in particolare l'art. 2, n. 10, l.a. sulla tutela d'autore delle opere del *disegno industriale*). Diversamente dalla registrazione del marchio, tutte queste altre tipologie di protezione hanno *durata temporanea* (anche se a volte estremamente lunga, in particolare per il diritto d'autore). La disciplina dei marchi costituiti da forme o caratteristiche del prodotto riflette dunque l'interesse ad evitare che la tutela (*perpetua*) del segno distintivo eluda i limiti temporali previsti per gli altri diritti di proprietà industriale.

c) Ulteriori impedimenti assoluti sono costituiti dalla **decettività** e dall'**illiceità**, ossia dal divieto di registrare "i segni idonei ad ***ingannare il pubblico***, in particolare sulla provenienza geografica, sulla natura o sulla qualità dei prodotti o servizi" (art. 14, co. 1, lett. *b*, c.p.i. e art. 7.1, lett. *g*, RMUE), nonché i segni ***contrari alla legge***, ***all'ordine pubblico o al buon costume*** (art. 14, co. 1, lett. *a*, c.p.i. e art. 7.1, lett. *f*, RMUE).

3. *Impedimenti relativi alla registrazione*

La protezione del marchio presuppone inoltre ulteriori requisiti previsti a tutela di ***interessi individuali***: e precisamente di chi vanti (a diverso titolo) **diritti anteriori in**

conflitto con la registrazione. La mancanza di questi requisiti costituisce una causa di *nullità* della registrazione che può essere fatta valere *soltanto dai titolari dei diritti anteriori* (art. 122, co. 2, c.p.i.; art. 184-*ter*, lett. *b*, c.p.i.). Si tratta perciò di una nullità che il regolamento sul marchio UE espressamente qualifica come *relativa* (art. 60 RMUE), ricostruendo così una categoria di "**impedimenti relativi**" (art. 8 RMUE).

La più importante categoria di impedimenti relativi deriva dall'esistenza di diritti di terzi su *segni distintivi anteriori* in conflitto con il marchio registrato. Nel linguaggio del legislatore italiano, la presenza di segni anteriori fa venire meno il requisito della **novità** (art. 12 c.p.i.).

Gli impedimenti fondati sull'esistenza di diritti su segni distintivi anteriori hanno una portata corrispondente all'*estensione* di questi diritti. Sono quindi privi di novità i marchi la cui utilizzazione rappresenterebbe una *violazione dei diritti sui segni distintivi anteriori* (si pensi a chi chiedesse la registrazione del segno "Diesel" per abbigliamento, in violazione del marchio già registrato "Diesel"). Le ipotesi di assenza di novità possono essere classificate in relazione alle diverse *tipologie* di segni in conflitto.

a) Una prima tipologia è costituita dai **segni distintivi registrati** con *efficacia anteriore* (art. 12, co. 1, lett. *c*, *d*, ed *e*, c.p.i.; art. 8.2 RMUE). L'anteriorità deve essere valutata in relazione alla data di *deposito della domanda*, non a quella di concessione della registrazione, così che la validità di un marchio può essere pregiudicata da qualsiasi segno depositato anteriormente, ancorché registrato successivamente. Rilevano come anteriorità tutte le domande depositate "nello Stato o con efficacia nello Stato". Non è invece anteriorità opponibile ai marchi nazionali la registrazione in *paesi esteri*.

Le registrazioni anteriori fanno venir meno il requisito della novità nei limiti in cui attribuiscono al registrante la possibilità di *vietare l'uso* del marchio successivo: e perciò nei limiti in cui l'utilizzazione del marchio successivo determini rischi di confusione con quello anteriore, o un approfittamento o pregiudizio della sua notorietà, secondo i principi esposti *infra*, 5.

b) Il requisito della novità del segno è inoltre pregiudicato dall'esistenza di **diritti anteriori su segni distintivi non registrati**. La più importante tipologia di questi segni è costituita dai ***marchi*** *utilizzati anteriormente alla registrazione*. Il legislatore distingue due diverse situazioni, a seconda che il segno abbia acquisito *notorietà locale*, o invece sia conosciuto in *ambito nazionale*. Nel primo caso "l'uso precedente del segno, quando non importi notorietà di esso, o importi notorietà puramente locale, non toglie la novità, ma il terzo preutente ha diritto di continuare nell'uso del marchio, anche ai fini della pubblicità, nei limiti della diffusione locale, nonostante la registrazione del marchio stesso" (art. 12, co. 1, lett. *a*, c.p.i). L'uso del segno che viceversa importi una vera e propria *notorietà nazionale* attribuisce diritti estesi a tutto lo stato. Corrispondentemente esso *fa perdere la novità* dei marchi posteriori confondibili, e determina un vizio di *nullità relativa* (art. 12, co. 1, lett. *a*, c.p.i.; in senso analogo cfr. l'art. 8.4 RMUE).

Il legislatore italiano regola inoltre espressamente il conflitto fra marchio registrato e segni anteriori noti come "***ditta, denominazione o ragione sociale, insegna*** e ***nome a dominio*** usato nell'attività economica" (art. 12, co. 1, lett. *b*, c.p.i.). Anche questi segni fanno venire meno la novità delle successive registrazioni, in situazioni corrispondenti a quelle del conflitto con i marchi non registrati.

4. *Il procedimento di registrazione*

La fattispecie costitutiva della tutela disciplinata dalle norme europee e nazionali si perfeziona, come si è detto, attraverso la **registrazione** del marchio, a seguito di un apposito procedimento avviato su domanda (c.d. deposito) dell'aspirante titolare. In Italia la registrazione avviene presso l'Ufficio Italiano Brevetti e Marchi (**UIBM**), ed offre una protezione limitata al territorio italiano. In linea di principio l'estensione della tutela a territori esteri richiede l'avvio di paralleli procedimenti di registrazione negli altri paesi, ma le convenzioni internazionali agevolano questa estensione attraverso l'istituzione di un apposito ufficio con sede a Ginevra, cui è possibile indirizzare una domanda destinata a produrre *distintamente* effetti sul territorio dei paesi aderenti. È inoltre possibile ottenere con un unico procedimento una tutela estesa all'intero territorio europeo (v. *infra*).

La **domanda** di registrazione deve contenere le *generalità* del richiedente, la *riproduzione* del marchio, l'elenco dei prodotti e servizi che è destinato a contraddistinguere (art. 156 c.p.i.). L'UIBM concede la registrazione dopo avere verificato la regolarità del deposito e la proteggibilità del marchio.

La concessione della registrazione *non garantisce la valida nascita di diritti sul segno*. È infatti sempre possibile lamentare davanti all'autorità giudiziaria ordinaria, o allo stesso UIBM, che il marchio registrato è privo di uno o più requisiti di protezione. L'assenza di questi requisiti impone in particolare al giudice o all'UIBM di dichiarare, come si è visto, la *nullità* della registrazione.

In presenza dei requisiti di tutela, la registrazione ha invece **efficacia costitutiva** di diritti (art. 15 c.p.i.) che (diversamente dai diritti sul marchio non registrato) *prescindono dall'uso* e dalla *conoscenza* del segno presso il pubblico, e che si estendono all'intero territorio nazionale. Risulta così protetto l'interesse delle imprese a disporre di un certo periodo di tempo anteriore all'uso del marchio, per programmare il lancio e gli investimenti pubblicitari dei relativi prodotti. Il titolare della registrazione ha tuttavia l'**onere di utilizzare** il proprio segno entro cinque anni, diversamente perdendo i propri diritti per *decadenza* (art. 24 c.p.i.).

Il marchio registrato ha una protezione di **durata** potenzialmente **perpetua**, ma la registrazione deve essere *rinnovata a scadenze decennali*, con apposita domanda all'UIBM. Diversamente, il marchio si considera *scaduto* decorsi i dieci anni dalla registrazione o rinnovo (artt. 15, co. 4 e 16, c.p.i.).

Il reg. (UE) 1001/2017 sul **marchio UE** (RMUE) disciplina una *registrazione con effetti sovranazionali necessariamente estesi all'intero territorio della UE*. Già si è visto (*supra*, § 12.VI) che il procedimento si svolge davanti ad un apposito ufficio, con sede ad Alicante (**EUIPO**). La registrazione europea determina quindi la nascita di diritti su un "marchio UE" che "produce gli stessi effetti in tutta l'Unione: può essere registrato, trasferito, formare oggetto di una rinuncia, di decisione di decadenza dei diritti del titolare o di nullità [...] soltanto per l'intera Unione" (art. 1.2 RMUE). Anche la concessione della registrazione europea può peraltro essere contestata facendo valere la mancanza dei requisiti di protezione davanti all'autorità giudiziaria o allo stesso EUIPO, secondo le regole esposte *infra*, 7.

Diversamente dal marchio UE, infine, il marchio depositato in base ad una **do-**

manda internazionale all'Ufficio di Ginevra non produce effetti unitari, ma equivale ad una pluralità di registrazioni autonome in ciascun paese (c.d. ***fascio di marchi***): registrazioni che possono essere ad es. trasferite e dichiarate nulle distintamente per ciascuno stato.

5. *L'estensione della tutela della registrazione*

Il titolare vanta un **diritto esclusivo** sul marchio (artt. 20 c.p.i. e 9 RMUE): ed in particolare il ***diritto di vietarne l'uso da parte di terzi.***

Nella comune terminologia le utilizzazioni del segno illecite in quanto non consentite dal titolare vengono definite **contraffazioni**. La teoria dei segni distintivi valorizza in generale la *funzione della tutela* per ricavarne un **principio di relatività della protezione**: secondo cui la contraffazione presuppone un *rischio di confusione* in ordine all'impresa cui è imputabile l'offerta, e non ricorre quando invece gli utilizzatori del segno offrono prodotti o servizi merceologicamente diversificati, che il pubblico non riferisce ad un unico imprenditore. Questo principio ha ispirato la formulazione delle norme secondo cui il titolare del marchio ha *il diritto di vietare l'uso di "un* ***segno identico o simile*** *al marchio registrato, per* ***prodotti o servizi identici o affini***, se a causa dell'identità o somiglianza fra i segni e dell'identità o affinità fra i prodotti o servizi, possa determinarsi un rischio di *confusione* per il pubblico, che può consistere anche in un rischio di associazione fra i due segni" (art. 20, co. 1, lett. *b*, c.p.i., e v. il corrispondente art. 9.2, lett. *b*, RMUE).

Il principio di relatività della protezione muta però contorni quando si sia in presenza di un **marchio rinomato/notorio**. L'art. 20, co. 1, lett. *c*, c.p.i. riconosce al titolare il diritto di vietare ai terzi l'uso di "un segno identico o simile al marchio registrato per prodotti o servizi *anche non affini*, se il marchio registrato goda nello stato di *rinomanza* e se l'uso del segno [...] senza giusto motivo consente di trarre *indebitamente vantaggio* dal carattere distintivo o dalla rinomanza del marchio o reca *pregiudizio* agli stessi". Una corrispondente previsione è contenuta nel regolamento sul marchio UE, che tuttavia utilizza il termine *notorietà*, in luogo di rinomanza (art. 9.2, lett. *c*, RMUE). La **nozione di rinomanza/notorietà** assume comunque qui un significato ben distinto da quello della notorietà che rende il marchio preusato opponibile alla registrazione successiva (fino a privarla di novità quando la notorietà si estenda a livello nazionale: *supra*, 3).

La tutela del marchio rinomato/notorio si fonda quindi sull'indebito vantaggio o pregiudizio alla notorietà o carattere distintivo, *prescinde dal rischio di confusione*, e può essere fatta valere contro l'utilizzazione del segno per qualsiasi prodotto o servizio, sia esso o meno simile a quelli per i quali ha acquisito notorietà. La norma esprime insomma la volontà del legislatore di proteggere la **funzione pubblicitaria** e in generale **promozionale** acquisita dal marchio per effetto della sua notorietà e conseguente accreditamento sul mercato (si pensi al marchio Armani, il cui prestigio lo rende utilizzabile per promuovere la vendita non solo di abbigliamento, ma anche di ulteriori prodotti quali orologi e profumi).

Il legislatore disciplina le **tipologie di atti** che possono costituire contraffazione del marchio. In linea di principio il diritto di marchio opera nei riguardi dell'***uso del***

segno "nell' attività economica" (art. 20, co. 1, c.p.i.) o, nella terminologia del legislatore europeo, "nel commercio" (art. 9.2 RMUE). Le norme paiono da interpretare in senso analogo, ed attrarre nell'ambito dell'esclusiva tutte le attività funzionali allo *scambio* di beni e servizi.

Il diritto di marchio si estende in particolare a tutti gli atti di *commercio, importazione ed esportazione* (art. 20, co. 2, c.p.i.): e consente perciò al titolare di agire non solo nei confronti di chi fabbrichi prodotti contraffatti, ma anche nei confronti dei distributori che non abbiano partecipato agli atti di *fabbricazione*, ma si siano limitati ad *acquistare* a fini di rivendita prodotti recanti marchi illecitamente apposti.

Frequentemente il titolare del marchio è addirittura interessato a controllare la circolazione successiva alla prima messa in commercio anche legittima, ad es. attraverso clausole contrattuali tendenti a impedire l'ingresso del prodotto in alcune *zone geografiche* (per praticare così prezzi differenti nei diversi paesi) o in alcuni *canali distributivi* (si pensi alla vendita nei supermercati, ritenuta a volte pregiudizievole per l'immagine del segno). Il diritto della UE ha però fortemente limitato la protezione di questo interesse, attraverso il **principio del** c.d. **esaurimento**, ora "codificato" nell'art. 5 c.p.i. (applicabile in via generale a tutti i diritti di proprietà industriale) e nell'art. 15 RMUE, secondo cui il diritto conferito dal marchio "non permette al titolare di impedirne l'uso per prodotti immessi in commercio nello Spazio economico europeo con tale marchio dal titolare stesso o con il suo consenso". *I prodotti messi lecitamente in circolazione nella UE* (e nello Spazio economico europeo, in virtù di un accordo di libero scambio che estende gli effetti dell'esaurimento a Norvegia, Islanda e Liechtenstein) *con il consenso del titolare possono dunque essere in linea di principio commercializzati liberamente*: così che, ad es., il diritto non può essere azionato per impedire le importazioni da uno ad altro paese del mercato unico, o per vietare l'ingresso su circuiti commerciali "sgraditi".

6. *Cessioni e licenze di marchio*

L'attuale ordinamento si ispira al principio di **libera disponibilità** dei diritti sul marchio. Le più importanti tipologie di atti di disposizione sono costituite dai *trasferimenti* (art. 23, co. 1, c.p.i. e art. 20 RMUE) e dalle *licenze* (art. 23, co. 2, c.p.i. e art. 25 RMUE).

Il **trasferimento** dei diritti sul marchio avviene normalmente per effetto di accordi di ***vendita***, ma può derivare anche da altri accordi e negozi idonei in via generale a produrre *effetti reali traslativi* (donazione, conferimento in società, ecc.). Il trasferimento *non è vincolato all'azienda o ad un suo ramo*, diversamente da quanto previsto in materia di *ditta*. L'ordinamento italiano prevede un sistema di **trascrizione** dei trasferimenti (art. 138 c.p.i.). La trascrizione produce effetti di *pubblicità dichiarativa*, in virtù della quale "nel *conflitto di più acquirenti* dello stesso diritto di proprietà industriale dal medesimo titolare, è preferito chi ha trascritto per primo il suo titolo di acquisto" (art. 139, co. 2, c.p.i.).

I diritti di marchio sono poi frequentemente oggetto di **contratti di licenza** (art. 23, co. 2-3, c.p.i. e art. 25 RMUE), stipulati dal titolare (*licenziante*) con uno o più terzi *licenziatari*. Attraverso questi contratti il licenziante mantiene la *titolarità* del segno, consentendone tuttavia l'*utilizzazione* ad un terzo licenziatario, nei limiti previsti dall'accordo. I ***limiti di utilizzazione*** del marchio imposti al licenziatario possono essere i più diversi: ed in particolare possono riguardare il territorio di produzione, commercializzazione od offerta dei prodotti, la tipologia e qualità dei prodotti o servizi. Fisiologica è poi la previsione di un limite di durata del contratto.

La licenza è normalmente (anche se non necessariamente) onerosa. Il corrispettivo della licenza è anche definito "canone di licenza", o con il termine anglosassone *royalty*. La *royalty* può essere stabilita in misura fissa, ma spesso è calcolata *proporzionalmente* al volume d'affari del licenziatario.

Attraverso la stipulazione di licenze il titolare può addirittura sfruttare il marchio per tipologie di prodotti che non sarebbe in grado di fabbricare direttamente. Il fenomeno è diffuso soprattutto per i marchi più famosi, dotati di un forte valore di richiamo pubblicitario per diversissime tipologie di beni. Si pensi all'uso del marchio automobilistico "Ferrari", che l'impresa di automobili concede in licenza per prodotti fabbricati da terzi: ad es. per abbigliamento e accessori di moda. Il fenomeno della concessione di licenze per l'uso del marchio su prodotti completamente diversi da quelli fabbricati dal titolare è noto con il termine anglosassone di ***merchandising***.

Le licenze si distinguono in esclusive e non esclusive. Le **licenze esclusive** si caratterizzano per l'impegno del licenziante a non utilizzare direttamente in proprio il marchio in concorrenza con il licenziatario, e a non concedere ulteriori licenze a terzi. La **licenza non esclusiva** consente invece al licenziante di accordarsi con altri licenziatari, nonché di sfruttare il segno direttamente in proprio. Il legislatore nazionale impone che "in caso di licenza non esclusiva, il licenziatario si obblighi espressamente ad usare il marchio per contraddistinguere *prodotti o servizi eguali* a quelli corrispondenti messi in commercio o prestati nel territorio dello Stato con lo stesso marchio dal titolare o da altri licenziatari" (art. 23, co. 2, c.p.i.). La norma riflette la preoccupazione del legislatore di evitare la presenza sul mercato di prodotti recanti lo stesso marchio, ma dotati di caratteristiche qualitative diverse. Il licenziatario che viola detto obbligo compie un atto di contraffazione del marchio; il licenziante che lo tolleri o che ometta di imporre l'obbligo stesso incorre nella decadenza del marchio, per ingannevolezza sopravvenuta (v. *infra*, 7).

7. *Nullità e decadenza della registrazione*

Già si è visto che l'accoglimento della domanda di registrazione non è di per sé sufficiente a far sorgere un diritto valido, incontestabile, ed efficacemente opponibile ai terzi (cfr. l'art. 117 c.p.i.). È infatti possibile che la *fattispecie costitutiva della tutela non si sia perfezionata*: per la presenza di impedimenti alla registrazione che l'Ufficio non poteva rilevare, o che di fatto non ha rilevato. Il mancato perfezionamento della fattispecie costitutiva della tutela determina la **nullità** della registrazione.

Esistono inoltre *eventi successivi alla registrazione che privano* ex nunc *di efficacia la fattispecie costitutiva della protezione originariamente valida*: questi eventi costituiscono cause di **decadenza** del segno.

Nullità e decadenza determinano analoghe conseguenze sul piano dell'azionabilità del diritto: che in entrambi i casi non può essere fatto valere per lamentare atti di contraffazione. Esse sono d'altro canto disciplinate da alcuni principi comuni. Entrambe possono essere *parziali*, e cioè colpire la registrazione del segno per una parte soltanto dei prodotti o servizi (cfr. art. 27 c.p.i. e artt. 58.2 e 59.3 RMUE). Entrambe vengono dichiarate con **efficacia *erga omnes***, perciò con effetto anche nei confronti dei terzi che non siano stati parti del relativo procedimento giudiziario o amministrativo (art. 123 c.p.i. e art. 62.1-2 RMUE). Nel sistema del regolamento sul marchio UE esse producono effetto sull'intero territorio dell'Unione, in virtù del principio di unitarietà della registrazione (art. 1.2 RMUE).

Nullità e decadenza sono azionabili non solo davanti all'**autorità giudiziaria ordinaria** (art. 120 c.p.i.), ma anche davanti all'UIBM (per i marchi nazionali, artt. 184-*bis* ss. c.p.i.) e all'EUIPO (per i marchi UE, artt. 63 ss. RMUE). La nullità del marchio UE è anzi azionabile davanti al giudice solo in via *riconvenzionale* (tipicamente, dal convenuto in contraffazione, art. 128 RMUE); diversamente, deve essere proposta in via amministrativa avanti all'EUIPO.

A) Le **cause di nullità assoluta** colpiscono le registrazioni avvenute *in violazione degli impedimenti assoluti* sopra esaminati. Le **cause di nullità relativa** colpiscono le registrazioni avvenute *in violazione di diritti anteriori di terzi*.

La nullità relativa della registrazione derivante dal conflitto con diritti anteriori può però essere sanata (c.d. **convalida del marchio**) qualora il titolare anteriore *tolleri consapevolmente* per un periodo di cinque anni l'uso del marchio registrato (art. 28 c.p.i.; art. 61 RMUE). La disciplina della convalida si spiega in quanto il marchio in conflitto con diritti anteriori ha comunque verosimilmente acquisito un autonomo accreditamento presso il pubblico in forza dell'uso quinquennale. Il legislatore vuole perciò consentire al secondo utilizzatore di continuare a sfruttare questo accreditamento, che diversamente potrebbe andare ingiustificatamente a vantaggio di chi non vi ha contribuito. La disciplina della convalida non si applica tuttavia in caso di ***mala fede*** del secondo registrante. La mala fede deve essere verosimilmente intesa come intenzione del secondo registrante di approfittare dell'accreditamento conseguito dal primo marchio.

B1) Già si è visto che la registrazione del marchio fa sorgere una protezione indipendente dall'uso del segno, e perciò eventualmente decorrente da un momento anteriore all'inizio di questo uso. L'utilizzazione del marchio costituisce tuttavia un *onere* del titolare, che rischia di decadere dai suoi diritti quando il marchio non sia stato "***oggetto di uso effettivo*** [...] entro cinque anni dalla registrazione" (rileva quindi la data del provvedimento di registrazione da parte dell'Ufficio, non quella anteriore di deposito della domanda), o quando questo uso sia stato interrotto per cinque anni. La **decadenza per non uso** è comunque sanabile attraverso la *ripresa dell'utilizzazione* anteriormente alla proposizione della domanda o dell'eccezione di decadenza (art. 24, co. 3, c.p.i. e art. 58.1, lett. *a*, RMUE).

B2) Il titolare del marchio deve poi evitarne utilizzazioni idonee "ad indurre in inganno il pubblico, in particolare circa la natura, qualità o provenienza dei prodotti o servizi". Queste utilizzazioni determinano a loro volta **decadenza** dai diritti sul segno per **ingannevolezza** (o decettività) **sopravvenuta** (artt. 14, co. 2, lett. *a*, e 26, co. 1, lett. *b*, c.p.i. e art. 58.1, lett. *c*, RMUE). Ipotesi di utilizzazioni ingannevoli sono ad es. immaginabili quando il marchio contenga elementi denominativi e figurativi che facciano riferimento a qualità del prodotto o servizio; e ad un tempo il marchio risulti concretamente utilizzato per prodotti o servizi che di queste caratteristiche siano privi (si pensi all'uso del marchio "Cotton-Fioc" per prodotti che risultino in concreto privi di cotone).

L'inganno può derivare anche da *vicende conseguenti al trasferimento* o alla concessione di licenze sul marchio. Già si è vista una specifica ipotesi di ingannevolezza nel caso di *licenze non esclusive*, per le quali è imposta l'eguaglianza dei prodotti commercializzati dal titolare e dai licenziatari paralleli (art. 23, co. 2, c.p.i.). Più in generale il legislatore italiano prevede che "dal trasferimento e dalla licenza di marchio non deve derivare inganno in quei caratteri dei prodotti o servizi che sono essenziali nell'apprezzamento del pubblico" (art. 23, co. 4, c.p.i.). È ad es. immaginabile che l'ingannevolezza di un riferimento contenuto nel marchio alla provenienza geografica del prodotto (si pensi ad un ipotetico marchio "Burro Dolomiti") possa derivare dal trasferimento ad un imprenditore collocato in un differente territorio (nell'esempio, da un imprenditore di Cortina d'Ampezzo ad un imprenditore di Bologna).

B3) I diritti decadono infine se il marchio "per il fatto dell'attività o dell'inattività del suo titolare, sia divenuto nel commercio ***denominazione generica*** del prodotto o [...] servizio o abbia perduto la sua capacità distintiva" (art. 13, co. 4, c.p.i. e art. 58.1, lett. *b*, RMUE). L'ipotesi è definita dal legislatore nazionale con il termine **volgarizzazione** (art. 26, co. 1, lett. *a*, c.p.i.), ed è un fenomeno contrario all'acquisto di *secondary meaning*, che riflette la *relatività nel tempo* della percezione di alcuni termini da parte del pubblico. Un esempio è costituito dal termine *nailon*, che era originariamente un marchio registrato, ma che ha assunto successivamente nei consumatori un *significato descrittivo* della particolare tipologia di fibra sintetica. In questi casi la decadenza del segno riflette evidentemente il medesimo interesse sottostante al requisito del carattere distintivo: e cioè l'interesse a lasciare alla libera disponibilità l'uso di termini necessari a comunicare al pubblico le caratteristiche del prodotto offerto.

V. *I nomi a dominio*

La diffusione di *internet* ha posto il problema relativo all'esistenza ed al riconoscimento di una funzione (non solo tecnica, ma anche) giuridica dei nomi a dominio (*domain names*): e cioè delle espressioni letterali che consentono ad un *computer* (*client*) di indirizzare il proprio collegamento verso un altro *computer* (*server*) per ricevere informazioni da quest'ultimo. I nomi a dominio vengono assegnati ai gestori delle informazioni ospitate sui *server* dalle autorità preposte al funzionamento di *internet*, attraverso un procedimento di c.d. **registrazione del *domain name***, che non va confuso con quello di registrazione del marchio davanti ai (diversi) uffici nazionali e europei competenti.

Qualora l'offerta di informazioni attraverso il *client* avvenga nell'esercizio di un'attività imprenditoriale, il *domain name* svolge una funzione distintiva di questa attività. Tanto è espressamente riconosciuto dalle norme del codice di proprietà industriale che menzionano il **nome a dominio usato nell'attività economica**.

In particolare l'art. 22 c.p.i. attrae espressamente il nome a dominio di un sito usato nell'attività economica nel principio di unitarietà dei segni distintivi. La norma conseguentemente vieta l'utilizzazione (anche) di un nome a dominio "uguale o simile all'altrui marchio se, a causa dell'identità o dell'affinità tra l'attività di impresa dei titolari di quei segni ed i prodotti o servizi per i quali il marchio è adottato, possa determinarsi un rischio di confusione per il pubblico" (art. 22, co. 1, c.p.i.). La medesima norma estende inoltre il divieto all'utilizzazione di un nome a dominio di un sito usato nell'attività economica "uguale o simile ad un marchio registrato per prodotti o servizi anche non affini, che goda nello Stato di rinomanza se l'uso del segno senza giusto motivo consente di trarre indebitamente vantaggio dal carattere distintivo o dalla rinomanza del marchio o reca pregiudizio agli stessi" (art. 22, co. 2, c.p.i.). Anche i nomi a dominio devono quindi rispettare il ***divieto di utilizzazioni confusorie***, o comunque *dirette a sfruttare la fama di altrui marchi notori*. In tale prospettiva l'utilizzazione del *domain name* "coca-cola.com" da parte di terzi estranei all'impresa produttrice di bevande costituisce una violazione dei diritti sul marchio "Coca-Cola", a nulla rilevando che il terzo abbia ottenuto l'assegnazione del *domain name* da parte delle autorità preposte al funzionamento della rete.

Reciprocamente il *domain name* può essere **protetto** secondo i *principi generali dei segni distintivi*, e perciò contro l'uso di marchi (ma anche ditte, ragioni e denominazioni sociali, o insegne) con esso confondibili. L'art. 12, co. 1, lett. *b*, c.p.i. ricomprende i nomi a dominio aziendali fra i segni che costituiscono *impedimento alla registrazione* di marchi successivi uguali o simili, in quanto idonei a produrre rischi di confusione. Analogamente senz'altro il titolare del *domain name* (purché dotato di *capacità distintiva*) può lamentare l'illecita utilizzazione da parte di terzi di nomi a dominio simili al proprio, e perciò idonei a determinare confusione in ordine all'identità dell'impresa responsabile delle informazioni del sito ospitate sul *server*. È infine certamente possibile *registrare il domain name come marchio*, purché il nome possieda effettivamente capacità distintiva.

VI. *I segni distintivi a uso plurimo*

1. *Il marchio collettivo e di certificazione*

L'ordinamento nazionale ed europeo riconoscono e proteggono ulteriori tipologie di segni distintivi che svolgono una funzione diversa da quella sin qui esaminata. Si tratta precisamente dei segni destinati all'utilizzazione parallela da parte di una **pluralità di imprenditori**.

Una prima categoria di segni destinati ad una utilizzazione plurima è costituita dai **marchi collettivi e di certificazione** (artt. 11 e 11-*bis* c.p.i. e artt. 74 ss. e 83 ss. RMUE). I marchi collettivi sono registrati da associazioni di categoria imprenditoriali (o da persone giuridiche di diritto pubblico che perseguano comunque interessi di categorie produttive, si pensi alle Camere di commercio) e per essere destinati all'uso dei membri dell'associazione o della categoria promossa dall'ente di diritto pubblico. I marchi di certificazione sono destinati alla registrazione da parte di "persone fisiche o giuridiche" preposte (in virtù di norme di legge o in forza della loro autonomia statutaria) a "garantire l'origine, la natura o la qualità di determinati prodotti o servizi" (art. 11-*bis* c.p.i., in senso analogo, ma non esattamente corrispondente, l'art. 83

RMUE). Funzione giuridicamente protetta del marchio di certificazione è perciò quella di *garantire che i prodotti o servizi contraddistinti presentino particolari caratteristiche qualitative (standard) "certificate" dal titolare*. Rientrano in questa categoria ad es. le certificazioni DIN-ISO. I marchi collettivi possono dunque attestare una generica condivisione delle finalità istituzionali dell'associazione o ente registrante, non necessariamente (come invece richiesto per i marchi di certificazione) impegni specifici a rispettare standard qualitativi del prodotto o servizio.

L'utilizzazione dei marchi collettivi e di certificazione deve comunque avvenire nel rispetto di appositi "regolamenti", allegati alla domanda di registrazione (c.d. ***regolamenti d'uso***). I regolamenti devono in particolare determinare le condizioni d'uso del marchio (e per i marchi di certificazione, le caratteristiche qualitative garantite), i controlli per verificarne il rispetto da parte degli utilizzatori, e le sanzioni previste in caso di inosservanza (artt. 11, co. 2, 11-*bis*, co. 2, e 157 c.p.i.; artt. 75 e 84 RMUE). L'omissione "da parte del titolare delle misure ragionevolmente idonee a prevenire un uso del marchio non conforme alle condizioni del regolamento d'uso del marchio collettivo o del marchio di certificazione" costituisce motivo di *decadenza* dai diritti sul segno per sopravvenuta ingannevolezza (art. 14, co. 2, lett. *c*, c.p.i; in senso analogo gli artt. 81, lett. *a*, e 91, lett. *b*, RMUE). Nella specie l'inganno deriva evidentemente dal mancato rispetto delle finalità istituzionali del registrante o delle caratteristiche qualitative certificate dal regolamento, reso possibile in assenza di controlli del titolare.

La **disciplina** di questi marchi corrisponde in linea di principio a quella del marchio individuale (artt. 11, co. 5 e 11-*bis*, co. 5, c.p.i.; artt. 74.3 e 83.3 RMUE).

2. *Le indicazioni geografiche*

Un'ulteriore tipologia di segni distintivi destinati all'utilizzazione da parte di una pluralità di imprenditori è costituita dalle **indicazioni geografiche**, che il c.p.i. disciplina agli artt. 29-30, ma che vengono ulteriormente regolate da accordi internazionali e norme europee, difficilmente inquadrabili in un sistema unitario.

In linea di principio la **funzione** giuridicamente protetta delle indicazioni geografiche consiste nella *garanzia della presenza nel prodotto di caratteristiche qualitative riconducibili* alla ***tradizione del territorio***. In questa prospettiva si spiega la collocazione delle indicazioni geografiche nel sistema nazionale all'interno della categoria dei *segni distintivi non registrati*, e tutelati sulla base dell'esistenza in via di fatto di una tradizione produttiva riconosciuta dal pubblico, in forza della quale il nome del territorio risulti comunemente adottato "per designare un prodotto che ne è originario e *le cui qualità, reputazione o caratteristiche* sono dovute esclusivamente o essenzialmente all'*ambiente geografico d'origine*, comprensivo dei fattori naturali, umani e di tradizione" (art. 29 c.p.i.).

Le indicazioni geografiche hanno particolare importanza nel settore dei **prodotti agroalimentari**. Proprio nel settore agroalimentare la protezione delle indicazioni geografiche è disciplinata a livello europeo dal reg. (UE) 1151/2012. Il regolamento prevede la possibilità di tutelare le indicazioni geografiche mediante *registrazione* a titolo di **denominazioni d'origine protette** (**D.O.P.**), o alternativamente di **indicazioni geografiche protette** (**I.G.P.**). I requisiti di tutela delle I.G.P. appaiono meno stringenti rispetto alle D.O.P. La protezione è comunque identica, e l'interesse ad ottenere la D.O.P. riflette essenzialmente considerazioni di prestigio. La registrazione è concessa sulla base di un complesso procedimento davanti alla Commissione, che deve verificare essenzialmente la possibilità che il pubblico percepisca l'indicazione geografica in funzione distintiva della provenienza del prodotto da una determinata zona. La registrazione conferisce alla D.O.P. o I.G.P. una ***tutela unitaria*** estesa a tutti i paesi membri, paragonabile sotto questo profilo a quella conferita dal marchio UE. La protezione è particolarmente forte, in quanto si estende non soltanto alle *utilizzazioni ingannevoli* sotto il profilo della provenienza geografica del prodotto, ma a qualsiasi tentativo di *approfittamento della notorietà* del nome (così ad es. la vendita di formaggi con l'indicazione "Bayern Parmesan", violerebbe i diritti sulla D.O.P. "Parmigiano Reggiano", pur indicando chiaramente la provenienza bavarese del prodotto). I diritti sulle D.O.P. e I.G.P. *non decadono per effetto di volgarizzazione*.

§ 14. Tecnologia e design

Sommario: I. *I brevetti d'invenzione.* – 1. La nozione di invenzione. – 2. Requisiti di brevettabilità. – 3. Il procedimento di brevettazione. – 4. L'estensione della tutela. – 5. Cessioni e licenze di brevetto. – 6. Nullità e decadenza del brevetto. – II. *I modelli di utilità.* – III. *I modelli e disegni industriali.*

I. *I brevetti d'invenzione*

1. *La nozione di invenzione*

Il **concetto di invenzione** non trova espressa definizione né nel c.p.i. né nelle norme internazionali. Appare tuttavia nel complesso corretta la definizione tradizionale di "***soluzione di un problema tecnico***", in contrapposizione al concetto di *scoperta*. Mentre la semplice scoperta illustra relazioni di causalità di fenomeni fisici e chimici esistenti *in natura*, l'invenzione *applica queste leggi* naturali per soddisfare ***bisogni umani***: e per soddisfarli attraverso una ***produzione industriale (tecnica) serializzata***, non una pura e semplice *attività intellettuale*.

La definizione così ricostruita pare confermata dalla elencazione legislativa (art. 45, co. 2, c.p.i.) di ciò che non si considera come invenzione: e cioè a) anzitutto proprio le *scoperte, teorie scientifiche e metodi matematici* (non è brevettabile la teoria della relatività); b) *metodi e principi puramente intellettuali, giochi* (non è brevettabile il gioco del lotto) e *metodi commerciali* (non è brevettabile una tecnica di *marketing*), dove ben emerge la necessità che l'invenzione non soltanto soddisfi un bisogno (l'idoneità di tecniche di *marketing* a soddisfare bisogni è indiscutibile), ma anche che lo soddisfi attraverso una produzione industriale serializzata, non attraverso un'attività professionale intellettuale; c) le *presentazioni di informazioni* (non è brevettabile un grafico che illustri relazioni fra dati statistici, ancorché individuati secondo metodi originali), dove ancora una volta la soddisfazione del bisogno avviene attraverso attività intellettuali. Così pure il carattere puramente intellettuale dell'attività giustifica la previsione di non brevettabilità dei *metodi di trattamento chirurgico o terapeutico* (art. 45, co. 4, lett. *a*, c.p.i.): non è perciò brevettabile una tecnica operatoria o una prescrizione medica, ferma restando tuttavia la brevettabilità dei *farmaci* prescritti. Così pure la non brevettabilità di *razze animali* (art. 45, co. 4, lett. *b*, c.p.i.) può ricondursi in ultima analisi al carattere non industriale dell'attività di incrocio di razze, almeno quando svolta a livello macrobiologico (gli interventi microbiologici sul DNA umano e animale possono invece essere brevettati secondo quanto si dirà). La non brevettabilità delle *novità vegetali* va invece letta alla luce degli artt. 100 ss. c.p.i., che in tale ipotesi prevedono una brevettazione *ad hoc*.

Più difficile da comprendere è l'esclusione dal concetto di invenzione dei *programmi per elaboratore*, che ha forse alla base una discutibile concezione del programma in termini di puro metodo matematico. È tuttavia difficile negare all'interazione fra *software* e *hardware* la capacità di risolvere problemi tecnici, ad esempio velocizzando le operazioni di un macchinario o anche dello stesso processore del computer. In questa prospettiva il divieto di brevettazione è interpretato restrittivamente, valorizzando la precisazione dell'art. 45, co. 3, c.p.i., che esclude la brevettabilità di scoperte, metodi intellettuali e programmi "*considerati in quanto tali*". Si ritiene in particolare brevettabile l'interazione del *software* con l'*hardware*: non solo quando consenta la gestione di un macchinario costruito appositamente in funzione di questa interazione (si pensi al *software* di automazione di una catena di montaggio); ma anche quando consenta il funzionamento di un microprocessore progettato per interagire con programmi molteplici (si tende ad esempio ad ammettere la brevettabilità di un *software* che velocizzi le operazioni del processore). D'altro canto i programmi per elaboratore sono comunque in via generale tutelati dalla *legge sul diritto d'autore* (cfr. art. 2, co. 1, n. 8, l.a.), così che allo stato questo settore della tecnica non può dirsi affatto escluso dalla tutela dei risultati degli investimenti in ricerca e sviluppo.

L'esclusione dalla brevettabilità delle scoperte considerate "in quanto tali" riflette del resto un più ampio principio generale, per il quale l'esistenza in natura di una composizione di elementi non ostacola la brevettazione della sua capacità di soddisfare bisogni umani. È dunque ammessa la brevettazione di qualsiasi ***sostanza chimica***, indipendentemente da considerazioni relative alla sua esistenza allo stato naturale, purché l'inventore ne individui *funzionalità industrialmente riproducibili* (si pensi alle proprietà dell'acido acetilsalecilico di cura del raffreddore). Nel settore biotecnologico il principio è espressamente riconosciuto con riferimento alla brevettabilità di ***elementi isolati del corpo umano***, anche identici a quelli di un elemento naturale "a condizione che la sua funzione e applicazione industriale siano concretamente indicate e descritte" (art. 81-*quater*, co. 1, lett. *d*, c.p.i., si pensi alla brevettazione delle cellule di un tessuto utilizzabile a fini di trapianto); e così pure è riconosciuta la brevettabilità di "una semplice ***sequenza di DNA***", purché ne venga "fornita l'indicazione e la descrizione di una funzione utile" (cfr. *a contrariis* l'art. 81-*quinquies*, co. 1, lett. *c*, c.p.i.). Non è perciò brevettabile la mappatura del genoma umano, lo è tuttavia una sequenza di DNA di cui l'inventore abbia individuato l'utilizzazione in funzione curativa di certe malattie.

Nessun settore tecnologico è escluso dunque dalla possibilità di brevettazione, la quale a sua volta può coprire tanto i **prodotti** quanto i **procedimenti** industriali. Le resistenze alla "mercificazione" delle tecnologie in settori particolarmente sensibili, come quello dei medicinali (in passato esclusi dalla brevettazione anche in Italia) e delle biotecnologie, sono state superate da una legislazione fiduciosa che le aspettative di profitto nel mercato della ricerca e sviluppo orientino gli investimenti verso la soddisfazione della domanda anche in questi settori.

2. *Requisiti di brevettabilità*

La valida brevettazione presuppone una serie di **requisiti**: e precisamente *novità, attività inventiva, industrialità* e *liceità* dell'invenzione.

a) Il requisito dell'**industrialità** è definito nell'art. 49 c.p.i., ma in realtà è desumibile sistematicamente dalle considerazioni precedentemente svolte e dalla necessità di distinguere il concetto di invenzione da quello di scoperta. L'art. 49 c.p.i. precisa al riguardo (pleonasticamente) che l'applicabilità industriale dell'invenzione ricorre "se il suo oggetto può essere fabbricato in qualsiasi genere di industria, compresa quella *agricola*".

b) Il requisito della **novità** sembra a sua volta a prima vista pleonastico, in quanto non può considerarsi "invenzione" ciò che già appartiene al patrimonio delle conoscenze. In realtà la disciplina al riguardo dell'art. 46 c.p.i. contiene alcune importanti precisazioni in ordine al patrimonio di conoscenze da prendere in considerazione per valutare se l'invenzione se ne distacchi. Questo patrimonio forma il c.d. "**stato della tecnica**", e ricomprende "*tutto ciò che è stato reso accessibile al pubblico nel territorio dello Stato o all'estero* prima della data di deposito della domanda di brevetto, mediante una descrizione scritta od orale, una utilizzazione o qualsiasi altro mezzo". La norma non distingue la fonte dell'***accessibilità al pubblico***, che può derivare dalla stessa attività dell'inventore. Così il ricercatore che descrive in un convegno pubblico i risultati delle sue ricerche non potrà poi successivamente brevettarli (c.d. ***predivulgazione***, che nell'esempio diviene *suicida*). La predivulgazione può essere esclusa soltanto se l'invenzione è comunicata a una ristretta cerchia di persone, con vincolo di riservatezza (ad es., nella cerchia dei collaboratori dell'imprenditore). L'art. 47 c.p.i. elenca poi alcune ipotesi di divulgazioni non opponibili all'inventore e perciò non distruttive della novità. Fra esse va segnalata l'eventualità di un "***abuso evidente*** ai danni del richiedente" avvenuto nei sei mesi precedenti la data di deposito (si pensi ad atti di spionaggio industriale, o a collaboratori infedeli che abbiano comunicato l'invenzione al pubblico). È inoltre possibile che la domanda contenga una rivendicazione di priorità da anteriore deposito estero in un paese aderente alla Convenzione d'Unione di Parigi (CUP). La ***rivendicazione di priorità*** consente in particolare di *retrodatare la valutazione della novità* al momento del primo deposito in uno dei paesi aderenti alla convenzione, purché avvenuto nell'anno anteriore (art. 4 CUP). L'inventore può così depositare domanda di brevetto in un paese (normalmente quello in cui risiede) e valutare l'opportunità di chiedere ed estendere il brevetto ad altri paesi aderenti alla CUP, senza rischiare che nel frattempo l'invenzione venga divulgata e privata del requisito della novità.

Lo stato della tecnica ricomprende le **domande di brevetto depositate anteriormente in Italia, ancorché segrete**. Quando inventori diversi raggiungono indipendentemente e depositano una domanda di brevetto per la *medesima invenzione*, il conflitto si risolve a favore del *primo depositante*, mentre il brevetto depositato successivamente è da considerare privo del requisito della novità.

Lo stato della tecnica è d'altra parte distruttivo della novità solo se e nei limiti in cui ricomprenda le possibili utilizzazioni industriali del prodotto. Una sostanza nota, di cui siano ignote una o più modalità di utilizzazione, è dunque brevettabile in funzione di queste nuove utilizzazioni individuate dall'inventore (art. 46, co. 4, c.p.i., c.d. **invenzione di nuovo uso**). Il fenomeno è frequente nella chimica e nella biotecnologia, dove spesso sono note composizioni di molecole o sequenze di DNA, ma non le loro possibili utilizzazioni (soprattutto terapeutiche). In questi casi la brevettabilità riflette le precedenti considerazioni, secondo cui l'invenzione presuppone la capacità di soddisfare bisogni umani, e deve essere premiata per questa sua capacità, quand'anche attraverso sostanze note o esistenti in natura (come le sequenze di DNA), rimanendo diversamente una mera scoperta non brevettabile.

c) La valida brevettazione presuppone inoltre che l'invenzione presenti rispetto allo stato della tecnica non mere insignificanti differenze di dettagli, ma una diversità qualificata dal c.d. "salto inventivo". Questo presupposto è alla base del requisito dell'"**attività inventiva**" (o anche **originalità** dell'invenzione), che secondo l'art. 48 c.p.i. ricorre quando l'invenzione "per una persona esperta del ramo [...] *non risulta in modo evidente dallo stato della tecnica*". Il **giudizio di non evidenza** è particolarmente delicato, così come la ricostruzione delle conoscenze dell'*esperto del ramo*, ed è alla base di gran parte delle controversie brevettuali.

d) L'ulteriore requisito di **liceità** dell'invenzione riveste minore importanza ed è a lungo stato considerato sostanzialmente teorico. Alcune interpretazioni hanno cercato di valorizzarlo per limitare la possibilità di brevettare invenzioni biotecnologiche, ma in realtà è difficile immaginare che esso assuma portata autonoma rispetto alle ipotesi di esclusione di brevettabilità puntualmente previste dall'art. 81-*quinquies* c.p.i.: relativamente al divieto di brevettazione del ***corpo umano***, di procedimenti di ***clonazione***, di sfruttamento di ***embrioni***, di tecniche di ***selezione genetica*** o comunque contrarie alla dignità dell'uomo o all'interesse alla preservazione dell'ambiente.

3. *Il procedimento di brevettazione*

Il diritto sulle invenzioni sorge necessariamente per effetto del perfezionamento della fattispecie costitutiva della **brevettazione**. A differenza di quanto visto in materia di marchi, ove sulla base del semplice uso può sorgere un diritto sul marchio non registrato azionabile nei confronti dei terzi, *l'utilizzatore di un'invenzione non brevettata non vanta alcuna esclusiva*. Egli fisiologicamente anzi attraverso l'uso divulga la sua invenzione, distruggendone la novità e precludendosi così la possibilità di brevettazione successiva. Qualora l'uso avvenga in *regime di segreto* (il che è difficilmente immaginabile per le invenzioni di prodotto, ma concepibile per le invenzioni di procedimento), l'utilizzatore può entro certi limiti avvalersi della tutela derivante dalla disciplina della concorrenza sleale, ma non può in alcun modo impedire l'utilizzazione dell'invenzione da parte di terzi che ne siano venuti a conoscenza senza violare il segreto. Chi abbia utilizzato l'invenzione nei dodici mesi anteriori alla brevettazione da parte di un terzo può comunque "continuare ad usarne nei limiti del **preuso**", senza rendersi responsabile di atti di contraffazione (art. 68, co. 3, c.p.i.).

Il procedimento di brevettazione inizia su domanda dell'inventore o dei suoi aventi causa (art. 63, co. 2, c.p.i.). Si distingue così un **diritto "*di* brevetto"**, che sorge a conclusione del procedimento di brevettazione, da un **diritto "*al* brevetto"** che sorge originariamente in capo all'inventore, ma che è comunque trasmissibile a terzi. La domanda presentata da chi non vanti un diritto "al brevetto" (c.d. *brevettazione del non avente diritto*) determina l'applicabilità dell'art. 118 c.p.i.: che consente all'inventore o ai suoi aventi causa di ottenere dal giudice il trasferimento a proprio nome del brevetto (o la relativa domanda) o di farne dichiarare la nullità. L'ipotesi di brevettazione del non avente diritto può ricorrere in caso di fraudolenta sottrazione (si pensi ad atti di spionaggio industriale) dei risultati delle ricerche al reale inventore. Lo stesso inventore può tuttavia in realtà essere considerato non avente diritto quando abbia ceduto a terzi aventi causa i risultati delle sue ricerche, e con ciò il suo diritto "al" brevetto.

Esistono anzi ipotesi in cui il trasferimento del diritto "al" brevetto avviene *automaticamente* fin dal momento della realizzazione dell'invenzione: in particolare quando essa è conseguita in esecuzione di una **attività lavorativa**. In queste situazioni il diritto al brevetto è direttamente attribuito al datore di lavoro (e il lavoratore che brevetti in proprio è da considerare non avente diritto) "quando l'invenzione industriale è fatta nell'esecuzione o nell'adempimento di un contratto o di un rapporto di lavoro" (art. 64 c.p.i.). L'ipotesi è anzi fisiologica, in quanto l'attività di ricerca è sempre più raramente svolta da singoli inventori, ma avviene da parte di *équipes* di dipendenti all'interno di complessi e costosi laboratori predisposti dall'imprenditore. L'attribuzione del diritto al datore di lavoro riflette evidentemente l'interesse alla remunerazione degli investimenti in attività di ricerca. L'art. 64 c.p.i. prevede comunque che il lavoratore ha diritto ad un "*equo premio*" quando per la sua invenzione "non è prevista e stabilita una retribuzione" (art. 64, co. 2, c.p.i.). È dibattuto se la retribuzione che esclude il diritto al premio possa essere costituita dal salario dovuto in base ai livelli genericamente previsti nei contratti collettivi; o se occorra invece prevedere voci specifiche di salario adeguate all'importanza della ricerca concretamente svolta. Le invenzioni realizzate da dipendenti al di fuori dell'esecuzione delle loro mansioni non sono invece trasferite automaticamente al datore di lavoro, che tuttavia vanta il diritto di acquistarle (eventualmente in licenza) dal lavoratore entro tre mesi, per un corrispettivo che deve riflettere il valore dell'invenzione (art. 64, co. 3, c.p.i.).

I brevetti per invenzione sono assoggettati al **principio di territorialità** ed hanno perciò effetto solo nello stato dell'ufficio che li ha concessi. L'estensione della protezione a paesi diversi richiederebbe in linea di principio l'avvio di paralleli procedimenti di brevettazione all'interno di ciascuno stato. Diverse convenzioni internazionali agevolano tuttavia questa estensione. In particolare il **brevetto europeo** rilasciato dall'Ufficio europeo Brevetti (UEB) produce effetti in tutti i paesi aderenti alla Convenzione sul Brevetto europeo (CBE). Diversamente da quanto emerso con riferimento alla registrazione del marchio UE, il brevetto europeo non ha carattere *unitario*, ma si *fraziona* in tanti brevetti nazionali (c.d. ***fascio di brevetti***), che possono avere vicende autonome. Ciascuna frazione nazionale del brevetto europeo può in particolare essere autonomamente ceduta dal titolare, e soprattutto è assoggettata ad autonome azioni di nullità: così che può essere dichiarata nulla con effetti su un territorio, conservando invece validità in territori diversi. Allo stato attuale, tutte le invenzioni di significativa importanza economica sono oggetto di una protezione estesa a livello internazionale e perciò oggetto di brevettazione in base alla CBE.

La **domanda di brevetto** deve indicare le generalità del richiedente, una *descrizione* (eventualmente integrata con disegni) dell'invenzione idonea a consentirne l'attuazione da parte di un esperto del ramo (diversamente non essendo evidentemente dimostrato il raggiungimento della soluzione tecnologica, cfr. art. 51 c.p.i.) e concludersi con una o più *rivendicazioni* indicanti "specificamente, ciò che si intende debba formare oggetto del brevetto" (art. 52 c.p.i.). Le rivendicazioni sintetizzano dunque l'oggetto dell'invenzione, puntualizzandone gli aspetti di differenziazione rispetto allo stato della tecnica, e circoscrivono l'ambito di protezione.

La concessione del *brevetto europeo* da parte dell'UEB o dell'UIBM avviene a seguito della verifica della regolarità della domanda e della presenza dei requisiti di tutela. In ogni caso l'assenza di questi requisiti può essere fatta valere davanti al giudice come causa di nullità del brevetto (v. *infra*, 6).

4. *L'estensione della tutela*

Il titolare del brevetto vanta un **diritto esclusivo di sfruttamento** di *durata ventennale*. Il termine ventennale decorre dal giorno di *deposito* della domanda (art. 60 c.p.i.), e può essere eccezionalmente prolungato per i prodotti medicinali e fitosanitari, attraverso una complessa procedura di rilascio di un certificato complementare di protezione (art. 61 c.p.i. e regg. europei ivi citati). La proroga (che comunque non può superare i cinque anni dalla scadenza ventennale del brevetto) è stata prevista dal legislatore europeo per compensare il periodo di tempo (spesso lungo) necessario ad ottenere l'autorizzazione all'immissione in commercio di questi prodotti: periodo durante il quale il titolare non può sfruttare la sua invenzione.

Il diritto è azionabile solo dal momento in cui la domanda è stata resa accessibile al pubblico (art. 53, co. 1, c.p.i.). L'accessibilità al pubblico avviene automaticamente al decorso di 18 mesi dal deposito, ma a richiesta del titolare può essere anticipata a 90 giorni. Il titolare può inoltre anche anteriormente notificare a qualunque terzo il contenuto della domanda, per agire nei suoi confronti (art. 53, co. 4, c.p.i.).

Il diritto di brevetto può essere fatto valere non solo contro lo sfruttamento di prodotti o procedimenti in tutto *identici* a quelli rivendicati nella domanda, ma anche in presenza di modifiche apportate ad alcuni elementi dell'invenzione, quando per una persona esperta del ramo sia del tutto ovvio che le modifiche non alterano il contenuto sostanziale delle rivendicazioni (c.d. **contraffazione per equivalenti**, si pensi alla sostituzione di una vite con una saldatura).

È peraltro possibile che la modifica ad opera del terzo rappresenti un perfezionamento dell'invenzione a suo tempo brevettata, e che costituisca a sua volta un'invenzione brevettabile (si pensi alla sostituzione di una saldatura di due componenti di un macchinario con la realizzazione di un unico componente, resa possibile dall'utilizzazione di un nuovo materiale con soluzione non ovvia per un esperto del ramo). L'**invenzione di perfezionamento** può essere in tali casi oggetto di un **brevetto dipendente** (arg. *ex* art. 71 c.p.i.), attuabile solo con il consenso del titolare del brevetto (se ed in quanto non scaduto) anteriore.

Il diritto esclusivo si estende alla **produzione, commercio** (comprese importazioni ed esportazioni) e **uso industriale** in Italia del prodotto brevettato. Nei brevetti di **procedimento**, il diritto si estende non solo all'attuazione del metodo industriale, ma anche al commercio ed uso dei prodotti che ne derivano (art. 66 c.p.i.). Il diritto sulla commercializzazione ed uso industriale del prodotto brevettato (o risultante dal procedimento) è comunque assoggettato al **principio di esaurimento**, già esaminato con riferimento al marchio, secondo cui i singoli esemplari del prodotto distribuiti con il consenso del titolare possono successivamente circolare liberamente e venire utilizzati nell'intero Spazio Economico Europeo. L'estensione dell'esclusiva al commercio e all'uso consente dunque al titolare di agire contro rivenditori e utilizzatori di prodotti solo se fabbricati in contraffazione, e comunque di impedire le importazioni nella UE di prodotti provenienti da paesi extraeuropei.

Il diritto di brevetto non si estende però agli atti compiuti in ambito privato o **in via sperimentale**, così come agli studi funzionali all'immissione in commercio di **farmaci** (si pensi a un produttore di farmaci generici che in previsione della scadenza del brevetto di un'impresa terza si attiva per chiedere le autorizzazioni necessarie ed essere così in grado di commercializzare il prodotto immediatamente dopo questa scadenza) (art. 68 c.p.i.).

Accanto al diritto patrimoniale di sfruttamento esclusivo, l'inventore vanta un **diritto morale** ad essere riconosciuto autore dell'invenzione, e fra l'altro a venire menzionato nella domanda di brevetto. Il diritto morale non è alienabile, e spetta sempre e solo all'autore dell'invenzione (o a più inventori che l'abbiano realizzata in *équipe*), quand'anche i diritti patrimoniali siano stati alienati a terzi. L'ipotesi è fisiologica in caso di invenzioni dei dipendenti, per le quali il diritto "al" brevetto, come si è detto, è automaticamente trasferito al datore di lavoro, ma resta appunto fermo il diritto del lavoratore ad "esserne riconosciuto autore" (art. 64, co. 1, c.p.i.).

5. *Cessioni e licenze di brevetto*

I diritti patrimoniali di brevetto sono liberamente trasferibili, ed è previsto un sistema di **trascrizione** con effetti dichiarativi corrispondenti a quelli illustrati in materia di marchi (art. 138 c.p.i.).

Il titolare (licenziante) può inoltre concludere **contratti di licenza** e consentire a terzi (licenziatari) di sfruttare il brevetto secondo le modalità e nei limiti di tempo stabiliti dall'accordo, normalmente dietro un corrispettivo in tutto o in parte proporzionale al volume d'affari del licenziatario (c.d. *royalties*). La licenza può ad esempio fissare *limiti territoriali* di sfruttamento del licenziatario, o *limiti di applicazione* della tecnologia (ad es. la produzione di una sostanza chimica per uso fitosanitario ma non farmaceutico). La licenza può essere pattuita con **clausola di esclusiva**, e quindi contenere l'obbligo del licenziante di non sfruttare in proprio l'invenzione e di non concedere ulteriori licenze a terzi. Gli effetti della licenza non possono comunque contraddire il *principio dell'esaurimento*: per cui un licenziatario ancorché esclusivo di un brevetto italiano non può impedire le importazioni in Italia dei prodotti brevettati che il titolare ha commercializzato nello Spazio Economico Europeo direttamente o attraverso altri licenziatari paralleli (c.d. importazioni parallele).

Il legislatore ha inoltre previsto alcune particolari ipotesi in cui il titolare può essere obbligato a concedere licenze (non esclusive) a terzi (c.d. **licenza obbligatoria**). La licenza obbligatoria può essergli imposta quando non abbia ottemperato all'***onere di attuare l'invenzione*** in proporzione ai bisogni del paese (art. 69 c.p.i.) entro tre anni dalla concessione del brevetto, o abbia sospeso questa attuazione per un periodo triennale (art. 70 c.p.i.). Può essere inoltre imposta a favore del titolare di un ***brevetto dipendente*** che rappresenti un "progresso tecnico di considerevole rilevanza economica" (art. 71 c.p.i.). La licenza obbligatoria è concessa dietro pagamento di un "equo compenso" dal Ministero dello sviluppo economico. La disciplina ha tuttavia sin qui avuto pochissime applicazioni, ormai risalenti nel tempo.

6. *Nullità e decadenza del brevetto*

Già si è visto che la concessione del brevetto non garantisce il valido acquisto di un diritto esclusivo, fra l'altro perché non certifica né la presenza dei requisiti di brevettabilità, né la titolarità del diritto al brevetto in capo al richiedente (cfr. art. 117 c.p.i.). Il brevetto può dunque essere sempre dichiarato nullo dall'autorità giudiziaria ordinaria. L'**azione di nullità** può essere esercitata da chiunque vi ha interesse (tipicamente, imprenditori concorrenti interessati alla libera utilizzazione dell'invenzione). Spesso viene promossa in via riconvenzionale dal convenuto in contraffazione. La dichiarazione di nullità (così come quella di decadenza) ha ***efficacia erga omnes***, e quindi avvantaggia tutti gli imprenditori concorrenti, che pure non abbiano partecipato al giudizio (art. 123 c.p.i.).

Le **cause di nullità** derivano tipicamente dall'*assenza dei requisiti di brevettabilità*, (art. 76, co. 1, lett. *a*, c.p.i.). È inoltre nulla l'invenzione non sufficientemente descritta (art. 76, co. 1, lett. *b*, c.p.i.). L'invenzione può poi essere dichiarata nulla se il brevetto è stato concesso al *non avente diritto*, e cioè ad un soggetto diverso dall'inventore e dai suoi aventi causa, a meno che questi ultimi non abbiano esercitato l'azione di rivendica dell'art. 118 c.p.i. (art. 76, co. 1, lett. *d*, c.p.i.).

Meno importanti sono le ipotesi di **decadenza**, derivanti essenzialmente dal *mancato pagamento delle tasse brevettuali* (art. 75 c.p.i.), e dalla *mancata attuazione dell'invenzione* (da parte del titolare o licenziatari volontari e obbligatori) nei due anni successivi al rilascio della prima licenza obbligatoria (art. 70, co. 4, c.p.i., che a quanto risulta non ha mai trovato alcuna applicazione).

II. *I modelli di utilità*

L'ordinamento italiano ammette la possibilità di brevettare innovazioni tecnologicamente meno importanti delle invenzioni: e cioè i c.d. "**modelli di utilità**", definiti come "***modelli atti a conferire particolare efficacia o comodità di applicazione o di impiego a macchine***, o parti di esse, strumenti, utensili od oggetti di uso in genere" (art. 82 c.p.i.). La distinzione fra invenzioni e modelli non è in realtà agevole. Certo comunque i modelli sono circoscritti all'ambito della meccanica, mentre non sono concepibili nel settore della chimica o della biotecnologia. Spesso il modello deriva da ricerche incentrate non tanto sul superamento di un problema tecnico comunemente avvertito, ma su bisogni umani da soddisfare. I modelli di utilità coprono quindi tipicamente la valenza *tecnica* del *design*, e si contrappongono ai modelli e disegni industriali (v. *infra*, III), i quali tutelano invece la valenza della forma sul piano puramente *estetico*.

La disciplina dei modelli industriali ricalca essenzialmente quella sulle invenzioni (cfr. il rinvio dell'art 86 c.p.i.). La minore importanza tecnologica del trovato giustifica tuttavia una **durata** del brevetto ***decennale*** (art. 85 c.p.i.), anziché ventennale.

III. *I modelli e disegni industriali*

L'ordinamento europeo e nazionale tutelano anche l'innovazione del *design* del prodotto (inteso in senso ampio e comprensivo dei disegni e colori, anche nel settore dell'abbigliamento) indipendentemente dalla sua valenza tecnica, e per la sua capacità di arricchire il panorama delle forme in grado di sollecitare l'attenzione dei consumatori. È proteggibile come disegno o modello "***l'aspetto dell'intero prodotto o di una sua parte quale risulta, in particolare, dalle caratteristiche delle linee, dei contorni, dei colori, della forma***, della struttura superficiale ovvero dei materiali del prodotto stesso ovvero del suo ornamento".

La tutela dei disegni e modelli è data principalmente dalla **registrazione**, che può avvenire non solo in sede *nazionale* davanti all'UIBM, ma altresì in sede *europea*, in base al Regolamento sui disegni e modelli comunitari (RDMC), n. 6/2002, davanti all'EUIPO, e cioè davanti al medesimo ufficio competente alla registrazione dei marchi UE, con effetti costitutivi di un diritto unitario, azionabile nell'intero territorio dell'Unione. La protezione derivante dalla registrazione (europea e nazionale) può durare (se rinnovata a scadenze quinquennali) per il considerevole **periodo di 25 anni** (art. 37 c.p.i. e art. 12 RDMC). L'ordinamento europeo ammette addirittura la protezione dei *disegni e modelli non registrati*, sia pure per un più breve periodo triennale (art. 11 RDMC).

Disegni e modelli devono presentare il **requisito della novità**, e cioè differenziarsi dai modelli anteriormente accessibili al pubblico (art. 32 c.p.i. e art. 5 RDMC). Diversamente da quanto emerso per le invenzioni, è possibile che il titolare depositi validamente il disegno e modello anche dopo averlo reso accessibile al pubblico, purché entro un anno dalla divulgazione (c.d. *periodo di grazia*, utile soprattutto nel settore della moda, dove le creazioni sono spesso divulgate in esposizioni e sfilate prima di venire registrate; art. 34, co. 3, c.p.i. e art. 7.2 RDMC).

Disegni e modelli devono inoltre presentare "**carattere individuale**": e cioè una diversità qualificata rispetto alle anteriorità. Il carattere individuale del disegno o modello (cui talvolta ci si riferisce in termini di *originalità*) va inteso tuttavia in senso ben diverso dall'attività inventiva prevista in materia brevettuale, e ricorre precisamente quando "*l'impressione generale che suscita nell'utilizzatore informato* differisce dall'impressione generale suscitata in tale utilizzatore" dai disegni e modelli divulgati anteriormente (art. 33 c.p.i. e art. 6 RDMC). L'originalità del disegno e modello dipende dunque dalla percezione del *destinatario acquirente* (utilizzatore), non dallo sforzo inventivo del *designer*: coerentemente ad un'impostazione che vuole premiare l'arricchimento del patrimonio di forme in grado di suscitare l'interesse del pubblico.

I **diritti sul disegno e modello** si estendono "a qualunque disegno o modello che non produca nell'utilizzatore informato un'impressione generale diversa" (art. 41, co. 3 c.p.i. e art. 10 RDMC). A differenza di quanto emerso in materia di imitazione servile, la tutela prescinde qui dalla valutazione di effetti confusori: è tutela contro l'approfittamento degli altrui investimenti di progettazione del *design*, non è tutela dell'interesse a evitare la confusione dell'origine dei prodotti originali e di quelli "copiati". Il diritto sul disegno e modello (così come quello sulle invenzioni) si estende agli atti di fabbricazione, commercio ed uso, ferma restando l'applicazione del principio di esaurimento.

Anche la validità della registrazione del disegno e modello (principalmente, per mancanza dei requisiti di novità e carattere individuale) può essere contestata attraverso l'esercizio di **azioni di nullità**. L'esercizio dell'azione segue regole tendenzialmente corrispondenti a quelle dei marchi europeo e nazionale (ma la domanda di nullità dei modelli italiani può essere promossa solo davanti all'autorità giudiziaria, e non anche all'UIBM).

CAPO SECONDO

I CONTRATTI DELL'IMPRESA

INTRODUZIONE

L'organizzazione dell'impresa è inevitabilmente anche organizzazione di attività contrattuale: ed anzi di attività contrattuale articolata in una complessa rete di rapporti, unificati dal fine di esercizio dell'iniziativa economica.

Le tipologie di contratti per mezzo dei quali si esplica tale attività sono molteplici e naturalmente variano in base alle scelte organizzative e all'oggetto stesso dell'impresa. È possibile raggrupparli secondo le diverse fasi di quest'ultima.

a) Un primo gruppo ricomprende i contratti che danno attuazione al programma di **sbocco dei risultati** dell'attività, per mezzo dei quali vengono collocati i beni o servizi offerti ai consumatori finali o ad altri imprenditori acquirenti. Vi rientrano ad es. la compravendita, l'appalto, il trasporto, sino a contratti più moderni come la concessione di spazi digitali o la fornitura di servizi della società dell'informazione.

b) Un secondo gruppo ricomprende i contratti che predispongono l'**organizzazione imprenditoriale**: la quale può richiedere la collaborazione con altri imprenditori all'interno di una *"filiera" di distribuzione* dei prodotti o servizi (ad es., per mezzo di punti vendita in *franchising*) o all'interno di un sistema di *produzione integrata*, ove alcune fasi necessarie alla predisposizione del prodotto o servizio finale siano affidate a terzi (c.d. *outsourcing*); e che normalmente richiede una rete di rapporti con una *struttura di collaboratori* (contratti di agenzia, di mandato, di lavoro subordinato ecc.).

c) Un terzo gruppo ricomprende i contratti di **approvvigionamento finanziario**, che può avvenire sul mercato del finanziamento bancario (aperture di credito, mutui) o all'interno del sistema *lato sensu* finanziario (ad es., assicurazione).

Ci si può chiedere se il momento unificante rappresentato dalla concreta funzionalizzazione di tutti questi contratti all'esercizio dell'impresa rilevi giuridicamente e determini l'assoggettamento dei medesimi a principi diversi da quelli che caratterizzano i contratti al di fuori del mondo imprenditoriale.

Ora, l'attuale unificazione dei precedenti codice civile e di commercio (v. Intr.) e la predisposizione di una ***disciplina unitaria dei contratti*** sembrano riflettere la volontà del legislatore di ricostruire principi comuni, rispetto a ciascun tipo contrattuale, indipendentemente dalla concreta finalizzazione all'esercizio di una attività imprenditoriale. Vero è anche tuttavia che esistono diversi dati normativi che evidenziano come l'innesto di un contratto nel contesto di una attività economica inneschi dinamiche e attivi interessi peculiari e così induca l'operare di talune ***regole speciali***, pur certo sullo sfondo di una disciplina comunque di diritto privato comune. L'elaborazione giurisprudenziale ha ulteriormente arricchito questi principi speciali.

Sotto questo profilo, rilevano anzitutto gli articoli del codice civile specificamente dettati a tutela dell'interesse alla *continuità dell'attività economica* e alla *organizzazione "seriale" dei suoi rapporti*. Meritano poi considerazione alcune tipologie contrattuali che perseguono *funzioni economiche diverse* da quelle tipizzate dal legislatore, ma espresse dall'evoluzione del mercato e ritenute meritevoli di tutela proprio per la loro capacità di esprimere una virtuosa dinamica di attività imprenditoriale. Va infine esaminata la (relativamente) recente tendenza legislativa a prendere atto che gli operatori negoziano frequentemente in situazioni di squilibrio economico; ciò può avvenire nei rapporti fra imprenditori di differenti dimensioni (si pensi all'impresa multinazionale di autovetture che si avvale di piccole imprese subfornitrici per i componenti); e così pure tipicamente (e di fatto inevitabilmente) avviene nei rapporti fra imprese e clientela consumatrice. Lo squilibrio economico determina a sua volta rischi di *squilibrio contrattuale*, a causa del diverso potere negoziale delle parti o della diversa dotazione di informazioni di cui ciascuna di esse può disporre; e in ultima analisi determina inefficienze nel mercato, condizionando l'attività delle imprese deboli, oppure determinando i consumatori a compiere scelte inappropriate. Per queste ragioni, il legislatore interviene capillarmente allo scopo di evitare e correggere le conseguenti distorsioni.

Al di là di questi principi speciali (e trasversali a tutte le tipologie di contratti stipulati nell'attività d'impresa), la relativa disciplina appartiene dunque al diritto civile e non differisce a seconda che il contratto (ad es., una compravendita) sia o meno stipulato da un imprenditore (anche se va precisato che alcuni contratti presuppongono che la parte fornitrice della prestazione caratteristica sia un imprenditore: appalto, assicurazione).

Alcune di queste tipologie negoziali sono ben note. L'evoluzione economica e tecnologica determina però la costante emersione di nuovi modelli contrattuali, non tipizzati né dal codice civile né dalla legislazione speciale (si pensi ai contratti di fornitura di servizi nel mondo delle telecomunicazioni e più in generale nella società dell'informazione). Si tratta di modelli disciplinati essenzialmente dall'autonomia privata e che richiedono uno sforzo talvolta non trascurabile di inquadramento nelle categorie contrattuali più tradizionali, quando non una loro rilettura (si pensi al passaggio dalla compravendita di beni materiali, costruita sul concetto di trasferimento della proprietà, alla fornitura di contenuti digitali *online*, costruita sull'idea di accesso agli stessi).

§ 15. I PRINCIPI

SOMMARIO: I. *La continuità dell'attività economica.* – II. *L'organizzazione seriale dei rapporti.* – III. *La valutazione di meritevolezza del contratto.* – IV. *La tutela delle controparti deboli.* – 1. L'abuso di dipendenza economica. – 2. I ritardi di pagamento nelle transazioni commerciali. – 3. La tutela del consumatore contro le clausole vessatorie. – 4. La tutela del consumatore contro le asimmetrie informative.

I. *La continuità dell'attività economica*

Tra gli interessi sottostanti al coordinamento dei fattori produttivi e dei rapporti negoziali instaurati dall'imprenditore rileva in particolare l'interesse alla **continuità dell'attività economica**, il quale si esprime attraverso le norme che garantiscono la *sopravvivenza della relazione d'affari* in occasione di vicende personali dell'imprenditore, quando permangano le esigenze dell'organizzazione produttiva.

Così innanzitutto l'art. 1330 prevede, contrariamente ai principi generali del diritto privato comune, la conservazione dell'efficacia della proposta o dell'accettazione contrattuale da parte di un imprenditore "quando è fatta nell'esercizio della sua impresa [...] se l'imprenditore muore o diviene incapace prima della conclusione del contratto".

Sulla stessa linea si pone l'art. 1722, co. 1, n. 4, che riconosce, pur in caso di morte del mandante, la sopravvivenza del contratto di mandato avente "per oggetto il compimento di atti relativi all'esercizio di un'impresa [...] se l'esercizio dell'impresa è continuato" (così da non interrompere l'attività, per quel che riguarda le relazioni d'affari la cui cura era stata affidata ad un collaboratore).

L'interesse alla sopravvivenza dei rapporti contrattuali in seno all'organizzazione produttiva sussiste poi più in generale ogni qualvolta si verifichi una vicenda che determina il subentro di un nuovo soggetto nella titolarità dell'impresa. Va ricordata al riguardo la norma fondamentale in base alla quale, in caso di trasferimento o di concessione in godimento dell'azienda, l'interesse del nuovo imprenditore a subentrare nei contratti stipulati per l'esercizio dell'attività economica (come dei terzi a conservare la relazione con colui che viene a disporre dell'apparato produttivo) è tutelato in deroga ai principi generali del diritto civile, con la previsione di una successione *ex lege* (art. 2558).

II. *L'organizzazione seriale dei rapporti*

La specificità dell'interesse al coordinamento dei fattori di produzione e delle relazioni negoziali si esprime inoltre nelle norme che tutelano l'esigenza di velocizzare e semplificare le trattative rendendo possibili **contrattazioni serializzate e standardizzate**. Sotto questo profilo si spiega in particolare anzitutto l'art. 1368, co. 2, secondo cui nei contratti stipulati da un imprenditore "le clausole ambigue s'interpretano secondo ciò che si pratica generalmente nel luogo in cui è la sede dell'impresa". La norma facilita l'interesse dell'imprenditore a uniformare i propri rapporti secondo le pratiche del luogo che gli è più vicino e che meglio conosce, fra l'altro evitando gli oneri e i costi necessari a precisare di volta in volta il significato e la portata delle singole clausole.

Va poi ricordata la previsione (art. 1341), per cui "le ***condizioni generali di contratto*** predisposte da uno dei contraenti sono efficaci nei confronti dell'altro, se al momento della conclusione del contratto questi le ha conosciute o avrebbe dovuto conoscerle usando l'ordinaria diligenza". L'applicazione della norma non è limitata agli imprenditori, ma tipicamente nei contratti predisposti dall'impresa agevola l'uniformazione delle condizioni applicate alla generalità delle controparti e rende il regolamento negoziale unilateralmente elaborato vincolante per il solo fatto di essere stato reso conoscibile con mezzi adeguati, a prescindere dall'effettiva conoscenza (si pensi alle clausole negoziali di un contratto di trasporto ferroviario, pubblicate sul sito del vettore o esposte presso la biglietteria, e che ben pochi passeggeri leggono all'atto dell'acquisto del biglietto).

III. *La valutazione di meritevolezza del contratto*

La specificità degli interessi sottostanti alla contrattazione d'impresa giustifica a volte addirittura valutazioni di **meritevolezza del contratto** in deroga ai principi generalcivilistici. In alcuni casi la deroga è testualmente prevista dal legislatore. In altri è frutto di elaborazioni giurisprudenziali, condivise dalla dottrina. Nell'uno e nell'altro caso la deroga riflette a ben vedere la consapevolezza del legislatore e dell'interprete che una acritica applicazione dei principi generalcivilistici al mondo della contrattazione imprenditoriale potrebbe ostacolare meccanismi utili al funzionamento del mercato.

Un esempio di *deroga normativa* a tali principi è costituito dall'art. 23, co. 5, TUF, per il quale "nell'ambito della prestazione dei servizi e attività di investimento, agli **strumenti finanziari derivati** [...] non si applica l'art. 1933 del codice civile" (che non dà tutela al credito di gioco o di scommessa). Gli strumenti finanziari derivati sono essenzialmente contratti che legano (derivano) prestazioni e controprestazioni ad "eventi" (c.d. eventi sottostanti) del mercato finanziario (quali ad es. tassi di interesse, insolvenza di società o di stati sovrani). Così, ad es., è immaginabile la struttura di un derivato secondo cui Tizio si obbliga a pagare a Caio una somma per l'ipotesi in cui il tasso di interesse praticato dalla BCE superi (in un certo giorno o in un certo periodo temporale) una determinata soglia, e Caio assume una reciproca obbligazione per l'ipotesi in cui questo tasso invece si abbassi. Qui le parti in sostanza "scommettono" sull'andamento dei tassi di interesse, ma la scommessa è considerata giuridicamente vincolante in quanto esprime una valutazione del mercato finanziario in ordine alle prospettive di questo andamento. La scommessa può (almeno secondo la visione del legislatore) esprimere un ruolo socialmente utile per la sua capacità di trasmettere informazioni (anche) agli operatori non speculatori del mercato finanziario: e nell'esempio agli operatori che devono valutare la convenienza di contrarre prestiti ad un determinato tasso di interesse, o di scegliere fra un tasso di interesse "fisso" ed uno "variabile".

Un esempio di deroga ai principi generalcivilistici elaborato *in via giurisprudenziale* è costituito dal riconoscimento della liceità del c.d. **contratto autonomo di garanzia**, con cui il garante, diversamente da quanto previsto dagli artt. 1939 e 1941, assume un'obbligazione *valida indipendentemente dalla validità dell'obbligazione garantita* e *senza possibilità di opporre le eccezioni* opponibili dall'obbligato garantito. Il contratto autonomo di garanzia offre in ultima analisi un servizio finanziario di provvista di liquidità destinata a soddisfare le pretese del creditore garantito; ed a soddisfarle quand'anche il debitore ne contesti la fondatezza. Così ad es. l'appaltatore, creditore della garanzia di pagamento del corrispettivo dovuto dall'appaltante, può pretenderne l'escussione quand'anche questi contesti la corretta esecuzione dell'appalto garantito. La garanzia è tipicamente prestata da imprese bancarie e finanziarie; il garante, sulla base della semplice richiesta del creditore, dovrà versargli il relativo importo, che recupererà poi ovviamente dal debitore garantito (il quale spesso avrà già messo a disposizione della banca una corrispondente provvista); ogni contestazione circa le pretese del creditore è così rimandata all'eventuale, successiva azione promossa nei suoi confronti dal debitore garantito, il quale potrà così a sua volta, se le contestazioni risulteranno fondate, recuperare la somma indebitamente percepita dal primo.

Come si può intuire, il garante rilascia la garanzia sulla base di una valutazione esclusivamente riguardante la solvibilità del debitore garantito e del tutto indipendentemente invece da valutazioni commerciali sulla sua capacità di eseguire correttamente la prestazione dovuta nei confronti del creditore garantito. La deroga ai principi generalcivilistici costituita dall'inopponibilità delle eccezioni al creditore garantito riflette ancora una volta un interesse specifico al finanziamento dell'attività di impresa: per cui le vicende e i rischi dei rapporti finanziari devono restare neutrali rispetto a quelli dei rapporti commerciali "finanziati".

IV. *La tutela delle controparti deboli*

1. *L'abuso di dipendenza economica*

La disciplina dell'**abuso di dipendenza economica**, contenuta nell'art. 9 l. 192/1998, rappresenta il più importante fondamento sistematico del principio di tutela della ***controparte imprenditoriale*** debole. La norma si riferisce a qualsiasi "situazione in cui un'impresa sia in grado di determinare, nei rapporti commerciali con un'altra impresa, un eccessivo squilibrio di diritti e di obblighi" (co. 1).

L'ipotesi può ricorrere tipicamente quando un'impresa abbia dovuto sopportare investimenti specifici e rilevanti in rapporto alle sue dimensioni (per la realizzazione di impianti, o per l'acquisizione di competenze tecniche e commerciali) in funzione dell'interesse a intraprendere relazioni contrattuali con un determinato *partner*; investimenti tali da renderla sostanzialmente dipendente da queste relazioni contrattuali.

La norma vieta allora in via generale "l'**abuso** da parte di una o più imprese dello stato di dipendenza economica nel quale si trovi [...] una impresa cliente o fornitrice". Vieta, cioè, all'impresa "dominante" proprio di imporre condizioni contrattuali o in genere di tenere comportamenti diretti a determinare un "***eccessivo squilibrio***" di diritti od obblighi, che ricorre tendenzialmente quando essa miri ad imporre all'altra impresa sacrifici tali da pregiudicare l'interesse alla remunerazione degli investimenti specifici.

L'art. 9, co. 3, prevede che "il patto attraverso il quale si realizzi l'abuso di dipendenza economica è **nullo**". La nullità è accertata dal giudice ordinario, che può pronunciare anche *provvedimenti inibitori*, nonché condanna al *risarcimento dei danni*.

2. *I ritardi di pagamento nelle transazioni commerciali*

Il d.lgs. 231/2002 disciplina "i **ritardi di pagamento** nelle transazioni commerciali". La disciplina cerca di porre rimedio ad una particolare situazione di debolezza che può caratterizzare i rapporti imprenditoriali, e che può derivare da un rischio intrinseco alla stessa posizione di parte creditrice di somme di denaro. Si tratta precisamente del rischio che il debitore ritardi i pagamenti per migliorare la gestione della propria liquidità, e in ultima analisi trasformi i propri *fornitori* in *finanziatori*.

Il d.lgs. 231/2002 si applica ai "contratti, comunque denominati, tra imprese ovvero tra imprese e pubbliche amministrazioni, che comportano, in via esclusiva o prevalente, la consegna di merci o la prestazione di servizi contro il pagamento di un prezzo" (art. 2, co. 1, lett. *a*). La **nozione di imprenditore** è peraltro estesa ai soggetti che esercitano "un'attività economica organizzata o una libera professione" (art. 2, co. 1, lett. *c*), e perciò senz'altro anche ai *lavoratori autonomi* e ai *professionisti intellettuali*.

La disciplina prevede la **decorrenza automatica degli interessi** dal giorno successivo alla scadenza del termine per il pagamento, senza necessità di costituzione in mora (art. 4, co. 1). Gli stessi **termini di pagamento** sono determinati dal legislatore (co. 2: ad es., 30 giorni dal ricevimento della fattura, con gli allungamenti previsti dal co. 5 a favore di imprese pubbliche ed enti pubblici). L'*allungamento contrattuale* dei termini di pagamento è ammesso, ma se superiore a 60 giorni deve essere pattuito per iscritto e non deve risultare gravemente iniquo per il creditore (art. 4, co. 3).

Il **saggio degli interessi moratori** corrisponde alla misura degli interessi legali di mora (art. 5), che il legislatore determina (art. 2, co. 2, lett. *e*) attraverso una maggiorazione di *otto punti percentuali* rispetto al tasso di interesse applicato dalla BCE alle più recenti operazioni di rifinanziamento principali. Ne è consentita la *deroga contrattuale*, purché ancora una volta non risulti gravemente iniqua in danno del creditore (art. 7, co. 1).

La possibilità di pattuire interessi meno elevati di quelli previsti dal legislatore rischia per la verità di indebolire la tutela del creditore, che in tali casi può fondarsi soltanto sulla **clausola generale di iniquità**, con conseguenti forti profili di incertezza. Il legislatore prevede che l'iniquità deve essere valutata "avuto riguardo a tutte le circostanze del caso, tra cui il grave scostamento dalla prassi commerciale in contrasto con il *principio di buona fede e correttezza*, la natura della merce o del servizio oggetto del contratto, l'esistenza di motivi oggettivi per derogare al saggio degli interessi legali di mora, ai termini di pagamento o all'importo forfettario dovuto a titolo di risarcimento per i costi di recupero" (art. 7, co. 2). Si presume iniqua la clausola che *esclude* l'applicazione di interessi di mora (art. 7, co. 3) o il risarcimento per i costi di recupero del credito (art. 7, co. 4).

3. *La tutela del consumatore contro le clausole vessatorie*

I principi speciali della contrattazione di impresa ricostruiti nei precedenti paragrafi tutelano imprenditori e professionisti in quanto parti deboli nei rapporti con altri imprenditori e professionisti. I principi speciali della contrattazione di impresa devono tuttavia preoccuparsi evidentemente anche di tutelare i consumatori, in quanto parte fisiologicamente debole del rapporto con imprenditori e professionisti. La **debolezza del consumatore** deriva non solo da ragioni economiche, ma anche (ed anzi sempre più) da insufficiente possibilità di ponderazione e carenze di informazione in merito alle caratteristiche del contratto, dell'offerta delle imprese, e delle alternative disponibili. In particolare l'***insufficiente possibilità di ponderazione delle clausole contrattuali*** (che al consumatore vengono il più delle volte di fatto imposte) può determinare la sua esposizione a rischi non in linea con la normale tipologia di operazione economica posta in essere. La codificazione del 1942 prendeva in considerazione questo problema in via generale (e non solo nei rapporti fra imprese e consumatori) negli artt. 1341-1342, che come noto impongono la *specifica sottoscrizione* delle clausole predisposte da un contraente, tali da imporre alla controparte condizioni contrattuali particolarmente gravose, tipizzate dalla norma. Nelle ipotesi di contratti fra imprese e consumatori, il problema è stato avvertito a livello europeo, e ha determinato l'approvazione della direttiva 93/13/CEE. Il legislatore europeo ha previsto tecniche di tutela del contraente debole ispirate non a un *principio formalistico* di sottoscrizione della clausola vessatoria, ma ad un ***principio sostanzialistico di invalidità*** delle clausole squilibrate (le c.d. **clausole vessatorie**). Le norme di attuazione della direttiva si ritrovano oggi negli artt. 33 ss. d.lgs. 206/2005 (c.d. **codice del consumo**).

Questa disciplina presuppone anzitutto un contratto fra un "**professionista**" ed un "**consumatore**" (art. 33 c.cons.). Rientrano dunque nella nozione non solo gli *imprenditori*, ma anche i *lavoratori autonomi* e i rispettivi ausiliari. Vi rientrano perciò senz'altro i *professionisti intellettuali*.

In linea di principio la disciplina di protezione del consumatore riguarda solo le clausole che non siano state "oggetto di **trattativa individuale**" (art. 34, co. 4, c.cons.). Il legislatore non consente peraltro al consumatore di negoziare nemmeno sulla base di una trattativa individuale alcune clausole che si risolverebbero sostanzialmente in una "scommessa" sull'adempimento del professionista o sul contenuto del contratto: esse, dunque, sono considerate vessatorie (e perciò nulle) sempre, anche se in concreto sono state oggetto di una trattativa. Si tratta precisamente delle *clausole che escludano o limitino la responsabilità del professionista* per danni al consumatore o per inadempimento totale o parziale; o ancora che estendano gli impegni contrattuali attraverso il rinvio a clausole ulteriori *di fatto non conoscibili* (art. 36, co. 2, c.cons.).

All'opposto il legislatore esclude in radice che possano avere carattere vessatorio le clausole attinenti all'***oggetto del contratto*** e all'***adeguatezza del corrispettivo***, purché individuati in modo chiaro e comprensibile (art. 34, co. 2, c.cons.).

Fuori da queste ipotesi, la disciplina si incentra sul principio di nullità delle clausole standardizzate che risultino vessatorie. La **nozione di vessatorietà** è diversa e ben più ampia di quella dell'art. 1341, co. 2, c.c., e si incentra anzitutto sulla norma generale dell'art. 33, co. 1, c.cons., secondo cui si considerano vessatorie le clausole che "*determinano a carico del consumatore un **significativo squilibrio*** dei diritti e degli obblighi derivanti dal contratto". In generale, il significativo squilibrio dovrebbe ricorrere ogniqualvolta la clausola tenda ad attribuire al professionista apprezzabili vantaggi derivanti da profili accessori o da vicende contrattuali patologiche (ancorché indipendenti da colpa), che hanno determinato uno svolgimento del rapporto diverso da quello normale, auspicato dal consumatore.

Il legislatore predispone un elenco di **clausole vessatorie presunte** (art. 33, co. 2, c.cons.) salvo *prova contraria* del professionista. Si tratta ad es. delle clausole tendenti a restringere l'*opponibilità di eccezioni* del consumatore; ad *imporre penali*, trattenimenti di caparre o risarcimenti manifestamente eccessivi; a dare al professionista poteri di *recesso senza preavviso*, di *modifica unilaterale ingiustificata* delle clausole del contratto, di aumento del prezzo originariamente pattuito, di determinazione di condizioni sospensive dei suoi obblighi; a prevedere meccanismi di *rinnovo tacito* del contratto particolarmente onerosi; ad introdurre *clausole arbitrali* o *deroghe alla competenza* del giudice del luogo di residenza o domicilio elettivo del consumatore.

Le clausole vessatorie inserite nei contratti con i consumatori sono assoggettate ad una particolare **nullità di protezione**, che "opera soltanto a vantaggio del consumatore" e "può essere rilevata d'ufficio dal giudice" (art. 36, co. 3, c.cons.).

4. *La tutela del consumatore contro le asimmetrie informative*

La tutela del consumatore in quanto contraente debole è ulteriormente integrata da norme che regolano il momento delle *trattative* e della *formazione della volontà* contrattuale, per evitare che l'imprenditore o professionista approfitti di carenze di informazione del consumatore. Il problema delle cc.dd. ***asimmetrie informative*** delle parti del contratto (determinate dalle maggiori informazioni che l'imprenditore o professionista vanta in ordine alle caratteristiche dell'operazione oggetto di trattativa) è affrontato dal legislatore attraverso norme che vogliono garantire al consumatore una effettiva possibilità di ponderazione dei termini dell'operazione, nonché di confronto fra le diverse proposte delle imprese concorrenti.

a) In questo contesto si inserisce anzitutto la disciplina sulle **pratiche commerciali sleali**, di cui già si è parlato (artt. 18 ss. c.cons.), che tutela non solo la correttezza di informazione del consumatore, ma più in generale la sua *libertà di scelta* a fronte di indebite sollecitazioni all'acquisto, alterando simili pratiche le ordinarie e sane dinamiche concorrenziali.

b) Il rischio di insufficiente ponderazione è poi considerato particolarmente elevato per le *vendite effettuate fuori dai locali commerciali*. Nel commercio tradizionale, il "contatto fisico" che il consumatore instaura con la merce esposta in vendita e con il personale è normalmente considerato sufficiente per dargli accesso a informazioni adeguate sulle caratteristiche dell'offerta. Ove queste informazioni si rivelino erronee, ad es. perché la merce non presenta le qualità promesse o attese o il personale trasmette informazioni scorrette, si considerano sufficienti i generali rimedi della garanzia per vizi della cosa o di annullamento del contratto per dolo o errore. Questo contatto fisico tende tuttavia sempre di più a mancare nelle forme di commercio più moderne, come accade nei **contratti conclusi a distanza** (in cui non c'è contatto personale diretto tra il professionista o suoi collaboratori e il consumatore: si pensi *in primis* al **commercio elettronico**). In questi casi la soglia di attenzione del consumatore è tendenzialmente più bassa e la sua decisione può basarsi su informazioni carenti o inappropriate. La sua tutela è perciò integrata dalle norme degli artt. 48 ss. c.cons. In particolare gli è riconosciuta la possibilità di **recesso** (art. 52 ss. c.cons.: diritto al ripensamento) entro 14 giorni dalla conclusione del contratto o, in caso di acquisto di beni, dalla loro ricezione, senza onere di motivazione e senza costi. Il professionista deve inoltre fornirgli un'**informazione completa**, fra l'altro in ordine alle caratteristiche del prodotto o servizio offerto, delle modalità di esercizio del recesso, nonché delle spese complessive (artt. 49 ss. c.cons.); tali informazioni devono essere trasmesse al consumatore "in modo appropriato al mezzo di comunicazione a distanza" (ad es. per via telematica) e "in un linguaggio semplice e comprensibile" (art. 51 c.cons.), prima della stipulazione del contratto. Particolarmente stringenti sono poi gli obblighi di informazione relativi a ***tempi e modalità di pagamento*** nei contratti conclusi con mezzi elettronici, così da evitare che il consumatore non si renda conto che, mediante una certa operazione – ad es. l'invio di un *form online* o la pressione di un pulsante digitale –, si accinge a perfezionare il contratto e dunque ad assumere l'obbligo di pagamento (co. 2).

La **violazione** di questa disciplina di tutela dell'informazione precontrattuale consente al consumatore anzitutto l'attivazione degli ordinari rimedi civilistici (annullamento per vizio del volere, risarcimento del danno; nei casi più gravi è la legge stessa che sancisce la non vincolatività dell'ordine inviato dal cliente: v. specialmente ancora l'art. 51, co. 2 per il commercio elettronico). Inoltre, può essere fatta valere anche in via amministrativa secondo la disciplina delle pratiche commerciali scorrette (cfr. art. 66, che rinvia all'art. 27).

Questo corredo di norme si applica infine anche ai contratti in cui c'è contatto fisico diretto tra professionista (o suoi collaboratori) e consumatore, ma che sono comunque *negoziati fuori dai locali commerciali* (si pensi agli agenti che fanno visita ai clienti a domicilio).

§ 16. I CONTRATTI DI COLLOCAMENTO DI BENI E SERVIZI

SOMMARIO: I. *I contratti relativi al collocamento di beni*. – 1. La compravendita. – 2. La somministrazione. – 3. Locazione, noleggio. – 4. Vendita e locazione di prodotti digitali. – II. *I contratti relativi al collocamento di servizi*. – 1. Appalto. – 2. Trasporto. – 3. Viaggio. – 4. Servizi della società dell'informazione. – 5. Deposito.

I. *I contratti relativi al collocamento di beni*

1. *La compravendita*

L'archetipo dei contratti relativi al collocamento dei beni è senza dubbio la **compravendita**. Essa ha per oggetto il *trasferimento della proprietà* di una cosa o il *trasferimento di un altro diritto* (si pensi ad un credito o ad un brevetto per invenzione) verso il corrispettivo di un ***prezzo*** in danaro (art. 1470; diversamente, qualora il corrispettivo consista nel reciproco trasferimento della proprietà di una cosa o di un altro diritto il contratto è qualificabile come *permuta*: art. 1552).

È dunque il contratto maggiormente utilizzato per il trasferimento dei prodotti dell'impresa verso i clienti, sebbene presenti anche altri importanti ambiti di applicazione all'interno dell'impresa (in particolare, per la cessione di beni aziendali, o di crediti verso la clientela, o di partecipazioni societarie) e al di fuori (compravendita fra soggetti non imprenditori).

Si tratta di un contratto a **forma libera**, salvo che una data forma non sia richiesta in ragione della natura del bene ceduto (ad es., il trasferimento di un immobile richiede la forma scritta: art. 1350). Esso produce di regola **effetti reali** (art. 1376): il trasferimento della proprietà o del diverso diritto oggetto della vendita si produce in virtù del semplice scambio dei consensi. Vi sono peraltro specifiche ipotesi di **vendita ad efficacia meramente obbligatoria**, nelle quali dal contratto sorge esclusivamente l'obbligo, a carico del venditore, di procurare al compratore l'acquisto della proprietà o del diritto, che si verifica successivamente: come nel caso della *vendita di cosa futura*, in cui per il trasferimento è richiesto che la cosa venga ad esistenza (art. 1472; si pensi alla vendita di un immobile da costruire, pratica assai diffusa nel settore edile); della *vendita di cose generiche* (così è, ad es., per gli acquisti sui siti di *e-commerce*), in cui per il trasferimento è richiesta (art. 1378) la specificazione dei pezzi o unità concretamente ceduti (che avviene ad es. con la spedizione degli stessi). Assimilabile a queste ipotesi è la *vendita con riserva di proprietà*, in cui le parti stabiliscono il pagamento rateizzato del prezzo e il passaggio della proprietà con il pagamento dell'ultima rata del prezzo (art. 1523); si tratta di una modalità nella prassi molto utilizzata, in quanto svolge, grazie al differimento del pagamento del prezzo, una funzione di *finanziamento* per il compratore e di *garanzia* per il venditore, e ciò anche nella compravendita di aziende e di partecipazioni sociali, consentendo all'acquirente fin da subito il godimento del bene.

L'art. 1476 stabilisce le **obbligazioni** principali **del venditore**: 1) nel caso di compravendita ad effetti reali eseguire la ***consegna***, ossia mettere il compratore nella condizione di disporre della cosa o del diritto nel tempo e nel luogo fissati dal contratto, o, in mancanza, secondo le regole determinate dagli artt. 1182, co. 2, 1183 e 1510; 2) nel caso di compravendita ad effetti obbligatori far acquistare la proprietà della cosa o la titolarità del diritto oggetto dello scambio e, successivamente, eseguire la consegna; 3) garantire il compratore dall'evizione e dai vizi della cosa e del diritto.

Quest'ultima disciplina, ossia quella della **garanzia**, risulta particolarmente rilevante.

In primo luogo, il venditore deve trasferire un bene o diritto *di sua proprietà o titolarità*, nonché liberamente disponibile. In caso contrario il compratore è esposto alle azioni dei terzi che rivendicano la proprietà o vantano altri diritti (ad es. un usufrutto) sul bene o su una sua parte (**evizione** *totale* o *parziale*). Nel caso di evizione totale, il compratore (che deve restituire il bene al vero proprietario) ha diritto di pretendere la restituzione del prezzo e delle spese, nonché il risarcimento del danno (art. 1483); in caso di evizione parziale (artt. 1484 e 1489), può chiedere la risoluzione del contratto qualora debba ritenersi che non avrebbe acquistato la cosa senza la parte per cui ha subito l'evizione o se fosse stato a conoscenza degli oneri o diritti di terzi; in caso contrario, può richiedere la riduzione del prezzo, salvo in ogni caso il risarcimento del danno. Questa garanzia può essere convenzionalmente aggravata o, inversamente (salvo il necessario rispetto delle formalità sulle clausole vessatorie, se si tratti di vendita ad un consumatore), ridotta o esclusa (art. 1487), così che il compratore evitto possa pretendere solo la restituzione del prezzo e delle spese (non il risarcimento del danno), e neppure questa, se fosse stato convenuto che la vendita era a suo rischio e pericolo (art. 1488). L'art. 1489, infine, tutela il compratore in relazione alla cd. *evizione qualitativa*: limitazioni che riguardano l'effettivo godimento del bene o imposizioni di pesi o oneri sul medesimo (ad es. l'esistenza di una servitù di passaggio sul fondo, o di un diritto di godimento da parte di un terzo locatario sull'immobile).

In secondo luogo, il venditore deve trasferire un bene o diritto privo di **vizi**, intesi, ai sensi dell'art. 1490, come quelle *alterazioni* o *imperfezioni* del bene o del diritto che lo rendono *inidoneo all'uso cui è destinato* (ad es., il malfunzionamento dello schermo di uno *smartphone*) o *ne diminuiscono in modo apprezzabile il valore* (ad es., i graffi sulla superficie di un mobile). La garanzia non è, tuttavia, dovuta se al momento del contratto il compratore conosceva i vizi oppure se questi erano facilmente riconoscibili, sempre che il venditore non avesse dichiarato che il bene o il diritto ne era privo (art. 1491). In presenza di un vizio, il compratore (purché ne contesti l'esistenza al venditore – c.d. *denuncia* – entro otto giorni, decorrenti dalla consegna se si tratta di un vizio visibile, o dalla scoperta se tratta di vizio occulto: artt. 1495 e 1511), può chiedere la *risoluzione del contratto* o la *riduzione del prezzo* (art. 1492), entro il termine di prescrizione di un anno dalla consegna (art. 1495); ha anche diritto al risarcimento del danno (si pensi al danneggiamento di un abito a causa del contatto con un detersivo adulterato) a meno che il venditore provi di aver ignorato il vizio senza colpa (art. 1494).

La stessa disciplina si applica anche quando il bene compravenduto non abbia le **qualità essenziali** per l'uso cui è destinato (ad es., un forno su cui sia installata una resistenza troppo debole: l'ipotesi è assai simile a quella del vizio che rende il bene inidoneo all'uso), oppure le **qualità promesse** dal venditore (ad es., un certo consumo dell'automobile) (art. 1497). La giurisprudenza, al fine di evitare gli stretti termini di decadenza per mancata denuncia e di prescrizione annuale, ritiene distinta, e soggetta invece all'ordinaria azione di risoluzione del contratto (art. 1453) nel termine di prescrizione decennale, l'ipotesi della consegna c.d. di ***aliud pro alio***, ossia di un bene radicalmente diverso da quello previsto dal contratto (ad es., l'azienda non funzionante per mancanza di un'autorizzazione amministrativa necessaria per esercitare l'attività d'impresa).

Nelle *vendite dei beni di consumo* (cioè nelle vendite di beni mobili a consumatori) la legge prevede una **garanzia di conformità del bene** (idoneità all'uso, conformità alla descrizione fatta dal venditore, presenza delle qualità abituali di un bene dello stesso tipo) in termini più ampi di quelli generali (ad es. diritto del consumatore alla riparazione o sostituzione del bene, a sua scelta e senza spese, e non solo al risarcimento del danno) (art. 128 ss. c.cons.). Importante è poi la **garanzia del produttore** di un bene mobile per i danni cagionati da un prodotto difettoso (art. 114 ss. c.cons.) alle persone o alle cose diverse dal bene stesso (si pensi ad un incendio scoppiato nell'abitazione dell'utilizzatore finale a causa di un difetto di sicurezza del bene); questa garanzia opera anche se il danneggiato non ha acquistato il bene direttamente dal produttore, ma da un rivenditore (e quindi anche se non esiste un contratto di compravendita tra i primi due).

La disciplina sin qui esposta può essere poi integrata a livello contrattuale prevedendosi ulteriori **garanzie convenzionali** (come, ad es., quella di buon funzionamento nel caso di beni mobili: v. art. 1512; o quelle frequentemente inserite nei contratti di compravendita di partecipazioni sociali e aziende). Molto importante e diffusa è anche la c.d. *garanzia di fabbrica* (art. 133 c.cons.), ossia la dichiarazione negoziale con cui un soggetto (il produttore o un rivenditore intermedio) garantisce una prestazione riparatoria o di sostituzione, per l'ipotesi in cui il bene presenti delle anomalie materiali (ad es., lo *smartphone* non risulta funzionante), ad altro soggetto (di norma: consumatore) pur senza che tra i due esista una vendita diretta (perché il contratto è concluso tra il rivenditore finale e il consumatore): l'acquirente può in tal caso richiedere la riparazione o la sostituzione direttamente al produttore o al distributore in Italia per conto del produttore.

L'art. 1498 stabilisce l'**obbligazione** principale **del compratore**: il pagamento del prezzo, determinato nel contratto oppure da parte di un terzo, se così dispone il contratto stesso (art. 1473).

2. *La somministrazione*

Notevolmente utilizzata, tra i contratti d'impresa relativi al collocamento di beni, è in secondo luogo la **somministrazione o fornitura**, ossia il contratto con il quale (art. 1559) una parte si obbliga, verso il corrispettivo di un prezzo, ad eseguire prestazioni periodiche o continuative di beni (ad es., di energia elettrica, di una determinata materia prima, ecc.). Con tale contratto l'utente (sia esso imprenditore, professionista o consumatore) soddisfa, attraverso una pluralità di prestazioni, necessità di carattere non isolato, ma continuativo o periodico. La somministrazione è, dunque, un *rapporto di durata*, che può essere a tempo determinato (se è pattuita una scadenza) o indeterminato.

La periodicità della prestazione rende nei fatti non agevole la distinzione con il contratto di **vendita a consegne ripartite** (art. 1518, co. 2). Quest'ultimo, a differenza della somministrazione (caratterizzata da una pluralità di prestazioni), ha ad oggetto una prestazione unica, ancorché frazionata nel tempo o in parti diverse, generalmente per agevolare l'esecuzione da parte del venditore: si pensi alla consegna in forma scorporata delle parti di un macchinario. Nella vendita a consegne ripartite il frazionamento della prestazione incide solo sulle modalità di esecuzione del contratto: sembra, dunque, corretto distinguere i contratti in base al bisogno delle parti (in particolare, dell'acquirente) a che la prestazione sia periodica.

Poiché la somministrazione implica un trasferimento periodico di beni, operano tutte le **garanzie** già esaminate per la compravendita (art. 1570 e art. 128, co. 1, c.cons.). Trattandosi di contratto di durata, inoltre, secondo quello che è ritenuto un principio generale di tali rapporti quando siano conclusi a tempo indeterminato, è concessa a ciascuna delle parti la facoltà di **recedere** in ogni momento, previo congruo preavviso (art. 1569).

Vi è, inoltre, una speciale disciplina dell'**inadempimento** relativo ad una delle singole prestazioni (ad es., mancata fornitura di una singola partita di gomme per automobili da consegnare ogni mese; mancato pagamento del prezzo relativo alla singola fornitura): l'altra parte ha diritto a richiedere la risoluzione del contratto se l'inadempimento non solo ha notevole importanza (sulla base del principio previsto in generale all'art. 1455), ma, anche, sia tale da far venir meno la fiducia nell'esattezza dei successivi adempimenti (art. 1564).

Spesso, allo scopo di assicurare la continuità delle forniture e poter fare affidamento su un flusso continuo di richieste oppure offerte, è contenuta una **clausola di esclusiva** a carico del somministrante o dell'avente diritto alla somministrazione, con cui rispettivamente il fornitore o il beneficiario si impegnano a non compiere a favore o a non ricevere da terzi prestazioni della stessa natura di quelle che formano oggetto del contratto (artt. 1567 e 1568: si pensi al distributore di carburante che si impegna a rifornirsi dei prodotti petroliferi solo del fornitore); nonché una **clausola di preferenza** con cui l'avente diritto alla somministrazione si obbliga, per il periodo massimo di cinque anni, a dare preferenza al fornitore nella stipulazione di un successivo contratto per lo stesso oggetto, se questi è disposto a praticargli le medesime condizioni contrattuali offerte da terzi (art. 1566).

3. *Locazione, noleggio*

A) L'accesso all'utilizzo di un bene può, in alternativa all'acquisto della proprietà o titolarità, essere realizzato, di norma a fronte di un investimento meno impegnativo dal punto di vista finanziario, attraverso il contratto di **locazione**, con cui una parte (il locatore) si obbliga, verso un determinato corrispettivo, a far godere all'altra parte (il conduttore) una cosa mobile (un macchinario; un'automobile) o immobile (art. 1571). Nel caso si tratti di bene produttivo (ad es., un'azienda) il contratto si denomina *affitto* (art. 1615).

Nell'ambito di un'impresa, è contratto che si riscontra sia sul lato del collocamento di beni (si pensi al *car rental*), sia su quello del reperimento dei fattori produttivi (si pensi all'imprenditore che prende in locazione i locali commerciali o in affitto l'azienda di un terzo).

La disciplina del contratto prevista dal codice è integrata, con riferimento agli immobili, da varie e importanti *leggi speciali*, in particolare dirette a tutelare da un lato la stabilità nel tempo del rapporto e la continuità dell'impresa per quanto concerne le *locazioni ad uso commerciale* (l. 392/1978); d'altro lato a rafforzare la protezione del conduttore per quanto concerne i rapporti di *locazione ad uso abitativo* (l. 431/1998): in quest'ultima ipotesi le norme del codice civile vengono in rilievo soltanto in via residuale.

Sotto il profilo della struttura contrattuale, si tratta di un contratto a titolo oneroso, consensuale, a **efficacia obbligatoria** e a prestazioni corrispettive.

Con riferimento alla **durata** del contratto, il codice prevede (art. 1573) solo un termine massimo (inderogabile) di trent'anni. Tuttavia, con riferimento agli *immobili urbani ad uso non abitativo*, ossia le locazioni ad uso commerciale, si stabilisce, al fine di garantire la stabilità della sede dove è svolta l'attività d'impresa (e salvo questa abbia carattere transitorio), un termine minimo di *sei anni* automaticamente rinnovato – in mancanza del ricorrere di una serie di presupposti previsti dalla legge – per altri sei (artt. 27 e 29 l. 392/1978). Inoltre, il conduttore, se svolge nell'immobile un'attività che comporta contatti diretti con il pubblico (es., negozio), ha poi diritto in caso di cessazione del rapporto non dipendente da suo inadempimento o recesso ad un'indennità per la perdita dell'avviamento in misura fissa pari ad un multiplo del canone mensile (art. 34). Con riferimento agli *immobili adibiti ad uso abitativo*, è stabilita una durata minima *quadriennale*, con previsione anche qui vincolante, con alcune eccezioni, di un rinnovo alla scadenza per un uguale periodo (art. 2, l. 431/1998, e salvo le parti aderiscano ai contratti c.d. tipo stipulati tra le organizzazioni dei proprietari e dei conduttori, in cui la durata minima e del rinnovo possono essere ridotte).

Con riferimento alla **forma** del contratto, si distingue a seconda che questo abbia ad oggetto beni mobili, per cui non è richiesta una forma particolare, o immobili, in cui è imposta la forma scritta e la trascrizione del contratto se la durata risulta superiore ai nove anni (artt. 1350, n. 8 e 2643, n. 8); nonché in ogni caso la forma scritta se il contratto (quindi anche con durata infranovennale) abbia ad oggetto un immobile adibito ad uso abitativo (art. 1, co. 4, l. 431/1998). La disciplina tributaria, tuttavia, al fine di consentire l'emersione, e quindi la tassazione, dei rapporti di locazione ed i relativi redditi, ha imposto la registrazione (che ovviamente richiede la forma scritta) del contratto a pena di nullità, con la conseguenza che anche al di fuori dei due casi indicati la forma scritta della locazione immobiliare è divenuta la regola generale.

Il contratto attribuisce al conduttore un **diritto personale di godimento**, che si caratterizza per la sicurezza e stabilità nel rapporto.

In primo luogo, egli deve essere tutelato dal locatore (oltre che rispetto ai **vizi**, anche sopravvenuti nel corso della locazione: artt. 1578 e 1581) rispetto alle **molestie** *di diritto*, ossia nei confronti dei terzi che pretendono di avere dei diritti sulla cosa locata (ad es., di avere la disponibilità dell'immobile). Il conduttore può anche tutelarsi direttamente nei confronti dei terzi, se del caso attraverso un'azione inibitoria (ossia un'azione giudiziale che impone al terzo di astenersi da un certo comportamento), dalle molestie *di fatto*, ossia non fondate su pretese giuridiche (art. 1585: ad es., le interferenze elettromagnetiche provocate da un'antenna).

In secondo luogo, il contratto di locazione, ove il bene locato venga alienato a terzi durante il rapporto, è **opponibile** a quest'ultimi qualora abbia una data certa anteriore all'alienazione (art. 1599); in mancanza di data certa, il conduttore può opporre la sua detenzione del bene, ma solo nei limiti temporali previsti dall'art. 1574 (cui rimanda l'art. 1600).

In terzo luogo, la legge riconosce al conduttore di un immobile ad uso non abitativo la **prelazione** nel caso in cui il locatore intenda trasferire a titolo oneroso l'immobile, quando si tratta di attività che comportano contatti diretti con il pubblico, e quindi prevalentemente imprese di distribuzione e negozi commerciali (art. 38, l. 392/1978). La norma tutela la continuazione dell'impresa; allo stesso fine, l'art. 36 consente al conduttore la **cessione del contratto** anche senza il consenso del locatore (in deroga all'art. 1594 del codice), quando sia contemporaneamente ceduta o affittata l'azienda esercitata nell'immobile.

Il conduttore ha l'obbligo di pagare il corrispettivo, denominato **canone**, che costituisce un elemento necessario della locazione; in mancanza di esso, infatti, il contratto è qualificabile come *comodato* (art. 1803) con rilevanti conseguenze dal punto di vista della disciplina applicabile, soprattutto relative alla minor stabilità del rapporto data la gratuità. La determinazione e l'aggiornamento del canone sono lasciati (salvo qualche eccezione) all'autonomia delle parti.

La **manutenzione** del bene immobile spetta al *locatore*, il quale deve conservarlo in uno stato tale da consentire al conduttore di servirsene per l'uso cui il bene è destinato (art. 1576 co. 1); sono escluse solo le spese di piccola manutenzione (es., la sostituzione di una lampadina). La manutenzione del bene mobile locato, almeno quella ordinaria, spetta, invece, al conduttore (art. 1576, co. 2).

B) Una disciplina speciale è stata introdotta, con riferimento ai *beni immobili*, per il ***rent to buy***, ossia la locazione in funzione della successiva alienazione del bene (l. 164/2014). Si tratta di un contratto in cui si prevede che, a fronte dell'immediata concessione in godimento dell'immobile, i canoni di locazione pagati dal conduttore vengano, in tutto o in parte, imputati a corrispettivo del trasferimento qualora lo stesso conduttore eserciti il diritto, previsto dal contratto, di acquistare il bene entro un termine determinato. Nel caso in cui il conduttore non eserciti tale diritto, il concedente ha l'obbligo di restituire parte del corrispettivo incassato, in quanto i canoni non compensano esclusivamente, come nella locazione, il godimento del bene, ma costituiscono un anticipo del prezzo finale d'acquisto.

Il contratto in commento rappresenta – a far data dalla tipizzazione avvenuta nel 2014 – una *fattispecie negoziale unitaria*, ancorché a struttura complessa, che coniuga elementi del contratto di locazione e del preliminare di vendita.

Il contratto può essere *trascritto* al fine di far prevalere l'eventuale, futuro acquisto del conduttore e quindi evitare il pericolo che, nel corso della locazione, il concedente possa alienare il bene a terzi o subire un'azione cautelare o esecutiva sul bene (ad es., sequestro o pignoramento).

C) Il contratto di **noleggio** in senso proprio non è disciplinato dal codice civile, né da leggi speciali, essendo regolato esclusivamente nel codice della navigazione (art. 384 ss.), la cui disciplina riguarda la navigazione aerea e marittima. Nella prassi si è ampiamente diffuso l'utilizzo improprio di questo termine al di fuori di tali ambiti, per riferirsi a fenomeni in realtà riconducibili ad altre tipologie contrattuali.

In particolare, secondo l'accezione comunemente diffusa, con il termine noleggio si allude anzitutto al contratto di *locazione di beni mobili* (art. 1571 ss.), con ciò, pertanto, facendosi riferimento al contratto con cui un soggetto (noleggiante) mette a disposizione di un altro soggetto (utilizzatore) un bene mobile per un dato periodo di tempo (solitamente breve) e dietro un corrispettivo (canone). La convenienza del noleggiante è di poter disporre di un bene per un periodo di tempo contenuto, senza necessità di acquistarlo, pagando una somma periodica. Normalmente l'oggetto del contratto consiste nell'utilizzo, sia per finalità d'impresa che ricreative, di attrezzature ovvero mezzi e veicoli di trasporto: biciclette, sci, tavole da *surf* e, in particolare, autoveicoli (il c.d. *autonoleggio*).

Quest'ultima ipotesi presenta peraltro una maggiore complessità, perché è diffusa sotto forma di noleggio senza oppure con conducente. Solo il primo dei due casi è riconducibile alla locazione; il secondo integra invece un contratto di trasporto (art. 1678; v. *infra*). Nel contratto di noleggio senza conducente (spesso, nella prassi, a lungo termine) il noleggiante, oltre a concedere in godimento al noleggiatore l'autoveicolo, fornisce ad esso un complesso di servizi (assicurazione, bollo, manutenzione, ecc.) che, però, rimangono meramente accessori rispetto alla prestazione principale e, pertanto, non collocano il contratto al di fuori, ma nello schema tipico della locazione, con la conseguenza che la disciplina applicabile rimane quella prevista per quest'ultima tipologia contrattuale.

Il noleggio può anche integrare ipotesi contrattuali complesse o miste, ossia di locazione di cose mobili e di appalti di servizi, quali la prestazione di attività ulteriori (ad es., la messa in opera e la rimozione dei beni dati in godimento dal noleggiante: si pensi all'utilizzo di sedie per manifestazioni occasionali o di impalcature per cantieri edili).

D) Non è raro che al noleggio comunemente inteso sia ricondotto anche il contratto di ***leasing* operativo**, ossia il contratto con cui il proprietario di beni mobili ad alta standardizzazione tecnologica e rapida obsolescenza (ad es. apparecchiature per uffici, come le stampanti) si obbliga a concedere gli stessi in godimento all'utilizzatore (oltre a offrire a quest'ultimo altri servizi: ad es., manutenzione), verso pagamento di un corrispettivo (canone) anche a prescindere dalla durata della vita economica del bene; alla scadenza del contratto, di regola, avviene la restituzione del bene, non essendo contemplata per il locatario la possibilità di esercitare l'opzione di acquisto. Sotto il profilo causale, si ritiene che il *leasing* operativo sia riconducibile al contratto di locazione, di cui, pertanto, si applica la disciplina.

Si tratta di un contratto di *leasing* da tenere distinto da quello *finanziario* (che costituisce ora un contratto tipico: v. art. 1, co. 136, l. 124/2017), in quanto quest'ultimo coinvolge quantomeno sul piano economico tre parti (il concedente-società di *leasing*; l'utilizzatore; il fornitore) e ha una funzione fondamentalmente di finanziamento. Per questo, esso rientra fra i contratti di approvvigionamento finanziario dell'impresa e se ne tratterà altrove.

I principali vantaggi del contratto di *leasing* operativo consistono, per l'utilizzatore, nella possibilità di usufruire di un bene (solitamente strumentale all'attività imprenditoriale), dietro il pagamento di un canone mensile, senza dover intaccare la liquidità e le linee di credito bancarie (come sarebbe necessario se egli lo acquistasse pagandone l'intero valore) e senza dover sopportare il rischio di obsolescenza del bene e i relativi oneri di manutenzione, oltre che nella possibilità di sostituzione del bene a fronte dell'ordinaria usura dello stesso; per il concedente-produttore del bene, nel fatto che l'ammontare del canone periodico è remunerativo anche di tali oneri e, pertanto, il concedente si assicura un canone che comprende anche il contratto di manutenzione del bene per la durata del *leasing* con i relativi margini di redditività, fidelizzando il cliente.

4. *Vendita e locazione di prodotti digitali*

Nella realtà contemporanea le relazioni commerciali si svolgono sempre più diffusamente su supporti digitali e attraverso l'utilizzo del *web*, servendosi di strumenti informatici che consentono di creare, trasmettere e conservare i dati.

La prima categoria di contratti riguarda la **compravendita di prodotti digitali** effettuata a distanza, mediante reti telematiche. Essi consentono all'acquirente di acquistare un prodotto digitale dal venditore attraverso l'utilizzo del *web* (ad es. l'acquisto di un *e-book* dall'*e-commerce* di una casa editrice). L'elemento digitale connota sia le *modalità di conclusione del contratto* (lo scambio dei consensi si realizza infatti attraverso operazioni di natura informatica), sia le *modalità di trasmissione del bene compravenduto*, la quale si realizza via e-mail oppure mettendo a disposizione dell'acquirente un *link* per scaricare il prodotto.

Nella seconda categoria di contratti (genericamente indicati come di *locazione o concessione di prodotti digitali*) rientrano, ad es., i contratti di licenza d'uso di *software* e i contratti di *cloud computing*.

I contratti **di licenza d'uso di *software*** sono quei contratti attraverso i quali una parte (il licenziante), titolare dei diritti di sfruttamento economico sul *software*, concede all'altra (il licenziatario) una licenza di utilizzo dello stesso affinché se ne serva, in conformità alle condizioni di licenza e per un periodo determinato (ad es. il contratto con il quale l'utente acquisisce il diritto di utilizzare un *software* di videoscrittura per il periodo di un anno). Il contratto prevede generalmente ***clausole di non esclusività*** (che consentono al licenziante di concedere in licenza il medesimo *soft-*

ware a un numero indeterminato di soggetti) e ***non trasferibilità*** (che vietano al licenziatario di disporre del proprio diritto a favore di terzi), nonché ***clausole di non modificabilità*** (che vietano al licenziatario di operare sulla struttura del *software* al fine di alterarla).

Una diffusa tipologia dei contratti di licenza d'uso di *software* è rappresentata dai **contratti di accesso a banche dati** (o *database*), i quali consentono all'utente licenziatario di accedere ed estrarre i dati organizzati e resi disponibili in un determinato *database* dal licenziante. Tale contratto prevede generalmente delle clausole che disciplinano le modalità (e i limiti) di utilizzo (e di riutilizzo) dei dati estratti dall'utente.

I **contratti di *cloud computing*** sono i contratti che intercorrono tra il fornitore di un servizio in *cloud* (c.d. *cloud provider*) e l'utilizzatore di tale servizio, i quali consentono a quest'ultimo di utilizzare spazi di memorizzazione o altri ambienti di sviluppo attraverso il collegamento a server remoti, gestiti dal *cloud provider*. Questi contratti sono importanti per due ragioni principali: da un lato perché lo spazio informatico esterno consente una notevole riduzione dei costi; d'altro lato perché l'esternalizzazione consente di raggiungere standard di sicurezza informatica più elevata. Clausola tipica dei contratti di *cloud computing* è la c.d. clausola di *service legal agreeement*, la quale definisce le metriche di servizio (ossia la qualità di servizio) che il *cloud provider* si impegna a garantire nei confronti dell'utilizzatore (ad es., la clausola con la quale il *cloud provider* si impegna a garantire che il servizio sarà attivo per almeno il 99% del tempo oggetto della durata del contratto). Tali contratti hanno generalmente una struttura documentale di tipo tripartito: un primo documento contiene le condizioni generali del contratto di *cloud computing*, un secondo ha ad oggetto le *policies* alle quali deve conformarsi il comportamento delle parti nell'esecuzione del contratto e un terzo disciplina le modalità di trasmissione e di protezione dei dati posti in *cloud*.

Sia i contratti di licenza d'uso di *software* che i contratti di *cloud computing* sono considerati contratti di *natura atipica*, frutto del progressivo processo di adattamento all'evoluzione tecnologica; ad essi, per quanto non previsto dal contratto e in quanto compatibili, si ritengono applicabili le norme della locazione.

Merita segnalare che il d.lgs. 173/2021 ha apportato delle modifiche al c.cons. (artt. 135-*octies* ss.) introducendo un sistema uniforme di tutele a favore del consumatore con riferimento ai contratti di fornitura di contenuti o servizi digitali: si tratta di disposizioni volte principalmente a disciplinare la conformità del contenuto o servizio digitale al contratto, i rimedi in caso di difetto di conformità o di mancata fornitura, le modalità di esercizio degli stessi, nonché la modifica del contenuto o del servizio digitale.

II. *I contratti relativi al collocamento di servizi*

1. *Appalto*

L'archetipo dei contratti relativi al collocamento di servizi è l'**appalto**, ossia il contratto (art. 1655) con cui una parte (appaltatore), assume l'obbligo verso l'altra parte (committente) di compiere, per mezzo di un'organizzazione dei mezzi necessari e gestione imprenditoriale, un'opera (cioè la realizzazione di un prodotto: ad es., l'assemblaggio dei componenti e l'installazione di un impianto) o un servizio (ad es., la sua manutenzione) a fronte di un corrispettivo in danaro.

L'appalto può essere *a corpo*, caratterizzato dalla fissazione globale del corrispettivo; oppure *a misura*, che prevede, invece, la fissazione del corrispettivo sulla base della singola unità di misura (ad es., a metro quadro) oppure delle diverse categorie di interventi (ad es., lavori idraulici; elettrici; ecc.).

Gli **elementi caratterizzanti** il contratto sono la ***prestazione di fare*** dell'appaltatore e la sua esecuzione mediante un ***apparato organizzativo con gestione a suo rischio***.

Il primo elemento (che riguarda il contenuto dell'obbligazione) *distingue l'appalto dalla compravendita*, quando sia prevista la realizzazione di un prodotto: l'appalto ha ad oggetto un'attività di fabbricazione, la compravendita semplicemente un trasferimento. Alcune fattispecie sono facilmente inquadrabili: la costruzione di una casa su terreno di proprietà del committente è un appalto; il trasferimento di un bene dal rivenditore finale all'acquirente è una vendita. Altre ipotesi sono invece di difficile qualificazione (e quest'ultima, come si vedrà, non è irrilevante, in particolare per quanto riguarda la disciplina del recesso o le responsabilità per vizi e difetti): ad es., la fabbricazione di un macchinario con componenti fornite dallo stesso fabbricante. La giurisprudenza risolve il problema verificando se vi sia, nella volontà contrattuale, la prevalenza dell'elemento dell'opera produttiva rispetto alla materia fornita (ad es., la cessione di una macchina utensile prodotta in serie è compravendita, anche se il venditore si impegni ad apportare qualche modifica all'esemplare venduto; la fabbricazione di una macchina speciale, a partire dalla componentistica, per integrarla nel sistema di impianti del cliente, è appalto).

Il secondo elemento (l'apparato organizzativo) *distingue l'appalto rispetto al contratto d'opera* (art. 2222), in cui la prestazione di fare è realizzata con il lavoro personale, intellettuale o materiale, del contraente. In quest'ottica l'appaltatore, se autorizzato dal committente, può anche affidare il compimento di parti dell'opera a terzi subappaltatori (art. 1656), del cui operato risponde comunque direttamente. In ragione della gestione a proprio rischio, l'obbligazione dell'appaltatore è inoltre considerata tradizionalmente *di risultato* e non di mezzi, come spesso (anche se non necessariamente) è invece l'obbligazione del prestatore d'opera, in particolare se intellettuale (ad es., la prestazione del medico o dell'avvocato). Altrettanto ambigua è la distinzione del contratto di appalto (specie se di servizi) dalla somministrazione. Un criterio discretivo tra le due figure è individuato dalla giurisprudenza nell'entità dell'apporto di lavoro e materia: laddove prevalga il primo si tratta di appalto, laddove il secondo di somministrazione.

La peculiarità dell'oggetto del contratto costituisce la ragione per cui la disciplina contiene una serie di complesse previsioni speciali finalizzate ad adeguare le prestazioni delle parti pur in presenza di **circostanze sopravvenute**. L'art. 1664 consente ad entrambi i contraenti di chiedere all'altro una ***revisione del prezzo***, qualora vi siano aumenti o riduzioni imprevedibili del costo dei materiali o della mano d'opera; l'appaltatore ha inoltre il diritto di richiedere un equo compenso (ossia, in sostanza, una modifica in aumento del corrispettivo) in presenza di difficoltà di esecuzione dell'opera di natura geologica, idrica o simile. Gli artt. 1659-1661 prevedono poi la disciplina (comunque in larga parte derogabile) delle ***varianti dell'opera*** rispetto al progetto; tali varianti comportano una modifica del contenuto del contratto e si distinguono in: a) varianti *proposte dall'appaltatore*, che devono essere approvate, in forma scritta, dal committente; varianti *necessarie ai fini di un'esecuzione a regola d'arte*, che l'appaltatore non può rifiutarsi di apportare e per le quali ha diritto a una variazione di prezzo (salvo il diritto di recesso a favore di entrambi, qualora la modifica sia di notevole entità); b) varianti *ordinate dal committente*, il quale ha il diritto di modificare il contenuto del contratto nei limiti del sesto del prezzo complessivo convenuto e salvo il riconoscimento di un compenso ulteriore a favore dell'appaltatore.

Al committente sono inoltre riservati una serie di poteri in corso di esecuzione dell'opera: il diritto di **recesso** (art. 1671) quando non abbia più interesse alla prosecuzione del contratto, con l'obbligo di tenere indenne l'appaltatore dalle spese sostenute, dai lavori eseguiti e dal mancato guadagno; il diritto di **risoluzione** del contratto, nel caso in cui l'opera sia divenuta impossibile per causa non imputabile ad alcuno dei contraenti, in tal caso essendo tenuto a corrispondere il prezzo proporzionale alla parte eventualmente già realizzata, ma soltanto quando quest'ultima gli sia *utile* in base ad una considerazione oggettiva della finalità del contratto (art. 1672: non è questo il caso, ad es., qualora la casa non possa essere abitata a causa di inquinamento del sottosuolo).

Al completamento dell'opera da parte dell'appaltatore deve seguire la verifica da parte del committente (art. 1665, denominata nella prassi *collaudo*) e la sua **accettazione** (dovuta, se l'opera è a regola d'arte e conforme al contratto). Da questo momento decorre l'obbligo di pagamento del prezzo (salvo che, come frequentemente accade, si tratti di opere da eseguire *per partite* o *per stati di avanzamento lavori*, in cui la verifica, l'accettazione e il relativo pagamento avvengono per singola parte di opera eseguita: art. 1666); nonché il passaggio del rischio di perimento o deterioramento dell'opera, in precedenza gravante sull'appaltatore (art. 1673).

Anche dopo l'accettazione, il committente può far valere le **garanzie per vizi o difformità**: senza condizioni, se occulti; solo se ha accettato con riserva, se riconosciuti o riconoscibili. Come nella compravendita, la garanzia richiede una *contestazione* (denuncia) entro un termine breve (sessanta giorni dalla scoperta); attribuisce il diritto di richiedere, in via alternativa e diversamente dalla compravendita, l'eliminazione dei vizi o difformità a spese dell'appaltatore oppure la riduzione proporzionale del prezzo, entro il termine di prescrizione di due anni dalla consegna (artt. 1667 e 1668, co. 1); nonché la risoluzione del contratto, se l'opera risulta del tutto inadatta alla sua destinazione.

Inoltre, il contratto di appalto prevede un particolare regime di responsabilità dell'appaltatore (che la giurisprudenza considera un'ipotesi di responsabilità da fatto illecito) per i vizi più gravi, ossia per i casi di **rovina e gravi difetti di beni immobili** (art. 1669), allo scopo di tutelare il committente o i suoi aventi causa (ma anche l'interesse pubblico alla stabilità degli edifici, tanto che la norma ricomprende anche il solo pericolo di rovina e gravi difetti). Tale responsabilità si estende fino a *dieci anni* dal compimento dell'opera, purché la contestazione avvenga entro un anno dalla scoperta e l'azione entro un anno dalla denunzia.

Merita segnalare che con l. 234/2021 è stato introdotto l'art. 1677-*bis* che, con il proposito di dissipare le incertezze sulla disciplina applicabile al **contratto di logistica** (tradizionalmente atipico), lo ha inquadrato nello schema tipico dell'appalto, prevedendo altresì espressamente per l'attività di trasferimento di cose l'applicazione delle norme relative al contratto di trasporto in quanto compatibili.

Infine, una disciplina speciale è dedicata all'**appalto pubblico**, ossia ai casi in cui l'opera o il servizio sono commissionati per un interesse collettivo dallo Stato o da un altro ente pubblico. Essa è contenuta nel *codice degli appalti* (d.lgs. 50/2016), che deroga alla disciplina del codice civile in particolare per quanto riguarda la scelta del contraente (che deve avvenire attraverso procedure di aggiudicazione ad evidenza pubblica) e per i più penetranti poteri a favore della pubblica amministrazione di modifica delle condizioni del contratto.

2. *Trasporto*

Il contratto di **trasporto** è quel contratto con cui il vettore si obbliga nei confronti dell'altra parte a trasferire, verso corrispettivo, persone (passeggeri) o cose (merci) da un luogo ad un altro (art. 1678). La disciplina di diritto comune prevista dal codice civile si applica a ogni forma di trasporto (marittimo, aereo, ferroviario e postale), in quanto non sia derogata dal codice della navigazione e dalle leggi speciali (art. 1680).

Gli elementi caratterizzanti il contratto sono l'*obbligazione (di risultato)*, in capo al vettore (che generalmente è un imprenditore, ma che può anche essere un soggetto non professionale) di trasferire persone o cose da un luogo ad un altro; l'obbligazione del passeggero trasportato o del mittente (nel caso di trasporto di cose) al *pagamento del prezzo* (salvo il caso del trasporto gratuito: v. *infra*); il *viaggio* che il vettore compie da un luogo ad un altro. Risulta, invece, solo eventuale il termine del contratto (inteso come tempo di esecuzione della prestazione), la cui indicazione però, se è fatta, è particolarmente rilevante per la responsabilità del vettore. Al di là di questi elementi possono essere configurate *prestazioni ulteriori* a carico delle parti, generalmente a carico del vettore (prestazioni strumentali: ad es., il carico e lo scarico della merce o la custodia della stessa, o prestazioni accessorie, quali il trasporto anche del bagaglio).

Il contratto di trasporto è un contratto consensuale, che, dunque, si perfeziona con la manifestazione del consenso delle parti. Tuttavia, può essere concluso anche per fatti concludenti, quando, ad es., nel trasporto di cose la merce sia consegnata al vettore; oppure, nel trasporto di persone, una persona salga a bordo del mezzo senza aver acquistato il biglietto (e, dunque, senza aver esplicitamente concluso il contratto con il vettore); tant'è che, nel caso (diffuso nella prassi) in cui il predetto passeggero subisca dei danni durante il trasporto, il vettore è tenuto a rispondere a titolo di responsabilità contrattuale.

Il contratto di trasporto è a *forma libera*: la forma scritta *ad probationem* è eccezionalmente richiesta solo per il trasporto marittimo di persone e di cose, nonché per il trasporto aereo di cose (rispettivamente: artt. 396, 419 e 950 cod. nav.).

La disciplina applicabile varia a seconda dell'oggetto del trasporto: persone (art. 1681 e 1682) o cose (art. 1683 ss.).

Con riguardo al **trasporto di persone**, il codice civile si limita a disciplinare (art. 1681) la responsabilità del vettore, che sorge per inadempimento (assoluto o mero ritardo nell'esecuzione del trasporto), per danni alla persona del viaggiatore e per la perdita e avaria delle cose che il viaggiatore porta con sé, salvo che il vettore dia prova di aver adottato tutte le misure idonee ad evitare il danno. A questa responsabilità di natura contrattuale si aggiunge, ricorrendone i presupposti, anche la configurabilità della responsabilità extracontrattuale: circostanza, quest'ultima, particolarmente rilevante per evitare la scadenza del termine di prescrizione breve di un anno cui è altrimenti soggetta l'azione contrattuale (art. 2951). Inoltre, sono nulle le clausole che limitano la responsabilità del vettore per i sinistri che colpiscono il viaggiatore, rimanendo invece salva la possibilità di limitazioni di responsabilità relative ai sinistri sulle cose del viaggiatore, purché però egli non sia consumatore. Queste norme trovano applicazione anche nell'ipotesi di contratto di **trasporto gratuito** (che si distingue dal trasporto c.d. *amichevole o di cortesia*, in quanto quest'ultimo è eseguito al di fuori di un rapporto contrattuale, per ragioni di cortesia o amicizia, consistendo dunque nella semplice effettuazione materiale del trasferimento).

Con riguardo al **trasporto di cose**, la peculiarità principale consiste nel fatto che sul vettore grava l'*obbligazione di custodia* della merce, che è strumentale rispetto a quella del trasferimento. Ciò amplia il raggio di responsabilità del vettore, tenuto al risarcimento del danno non solo nel caso di inadempimento all'obbligo di trasporto, ma anche nel caso di perdita o avaria delle cose trasportate, salva la prova che la perdita o l'avaria siano derivate da caso fortuito, dalla natura o vizi delle cose o dal loro imballaggio, o dal fatto del mittente o del destinatario (art. 1693).

3. *Viaggio*

Il contratto di viaggio è quel contratto con cui un imprenditore turistico svolge attività di *intermediazione* o di *organizzazione* di viaggi e ogni altra forma di prestazione turistica accessoria a servizio del cliente finale (il turista).

L'espressione contratto di viaggio è, quindi, riferita a due distinte tipologie contrattuali. La prima consiste nel contratto di **organizzazione di viaggio**, con cui l'agenzia turistica (c.d. *tour operator*) stipula una serie di contratti di trasporto (con i vettori), soggiorno in albergo (con i gestori delle strutture ricettive) e ogni altro servizio a essi riferito, in nome proprio ma con la previsione di indicare successivamente coloro che beneficeranno dei relativi servizi. Si tratta dunque di un insieme servizi riuniti in un c.d. *pacchetto turistico* (art. 34 d.lgs. 79/2011, c.d. codice del turismo), che sono offerti al cliente a fronte del pagamento di un prezzo complessivo; il turista stipula dunque un contratto con il *tour operator* e non con i singoli fornitori dei servizi inclusi. Si tratta di un contratto tipico disciplinato dal codice del turismo quale sottotipo dell'appalto di servizi, caratterizzato dalla finalità turistica.

La seconda tipologia riguarda il contratto di **intermediazione di viaggio**, in cui un imprenditore turistico (c.d. *travel agent*) procura un contratto di organizzazione di viaggi già allestito da un *tour operator* e lo offre al turista; in tal caso il *travel agent*, puro intermediario, agisce quale mandatario (normalmente) con rappresentanza del turista cliente finale nei confronti del *tour operator*. La differenza tra i due contratti predetti e tra le relative figure professionali è rilevante in quanto traccia diversi obblighi (e responsabilità) in capo alle parti.

In ogni caso, chi acquista un pacchetto turistico è assoggettato alla disciplina europea recepita dalla normativa nazionale, volta a garantire un'ampia tutela al turista: in particolare a quest'ultimo devono essere fornite specifiche e articolate informazioni (artt. 36 s. codice del turismo); egli ha poi diritto al risarcimento del **danno da vacanza rovinata**, nel caso in cui l'inadempimento delle prestazioni turistiche non sia di scarsa importanza (art. 47).

4. *Servizi della società dell'informazione*

Un'esigenza sempre più sentita dalla realtà imprenditoriale contemporanea è rappresentata dalla possibilità di utilizzare spazi digitali, all'interno dei quali diffondere contenuti digitali o, se si è un'impresa, promuovere i prodotti ed i servizi offerti. Tale possibilità si realizza attraverso la stipulazione, fra gli altri, dei contratti di *hosting providing* e dei contratti di adesione ad un *social network*.

Il **contratto di *hosting providing*** è il contratto in base al quale un soggetto, detto *hosting provider*, fornisce alla controparte contrattuale uno spazio informatico allocato su un *server* per ospitare delle pagine *web*, rendendole così accessibili agli utenti mediante l'utilizzo di *internet* (ad es. il caricamento di un video su *Youtube*).

Il **contratto di adesione ai *social network*** è invece il contratto che disciplina le modalità di creazione, di utilizzo e di cancellazione di un profilo da parte di un utente su un determinato *social* (ad es. il contratto di iscrizione ad *Instagram*).

Se il cliente di tali servizi è a sua volta un imprenditore, la finalità perseguita è sostanzialmente di *natura pubblicitaria*, in quanto gli consente di avere visibilità sul *web* e di comparire nelle ricerche *online* effettuate dagli utenti. Tali contratti possono avere carattere gratuito ovvero oneroso, generalmente a seconda che il contratto garantisca all'utente l'utilizzo delle funzionalità di base (ad es. il contratto "base" di iscrizione a *Facebook*) ovvero consenta all'utente l'accesso a maggiori funzionalità e servizi, con particolare riferimento alla diffusione dei contenuti caricati sulla piattaforma (ad es. il contratto che consente all'utente di creare inserzioni sponsorizzate su *Facebook*).

Una modalità alternativa per realizzare un'attività pubblicitaria è poi rappresentata dalla stipulazione di un contratto di **pubblicità radiotelevisiva**. Attraverso tale contratto un imprenditore versa un corrispettivo in denaro ad un emittente per la fruizione di uno spazio pubblicitario nel palinsesto televisivo o radiofonico, con la finalità di sfruttare in termini promozionali l'*audience* prodotto dal programma, e quindi un maggior numero di spettatori a cui veicolare i propri prodotti o servizi. Tale contratto differisce dal contratto di sponsorizzazione radiotelevisiva, il quale, pur avendo le medesime finalità promozionali, consta nell'abbinamento del proprio nome o dei propri segni distintivi ad uno specifico programma radiotelevisivo.

Sia i contratti di *hosting providing* e di adesione ai *social network*, sia i contratti di pubblicità radiotelevisiva sono caratterizzati da una spiccata *atipicità*, per cui la relativa disciplina non è rinvenibile in alcuna disposizione codicistica, ma può essere ricostruita soltanto attraverso un'analisi dei testi contrattuali utilizzati nella prassi, al fine di individuarne i tratti comuni.

Si rinvengono inoltre alcune **clausole ricorrenti**, le quali riflettono il maggiore potere contrattuale rivestito dal fornitore dei servizi, fra cui: *clausole di manleva*, con le quali il committente, in considerazione della oggettiva difficoltà da parte del fornitore del servizio di verificare i contenuti caricati nello spazio acquisito, si impegna a tenere indenne quest'ultimo da qualsiasi pretesa proveniente da terzi (ad es. la clausola con la quale il committente si impegna a tenere indenne la società di radiotelevisione per ogni reclamo, pretesa o denuncia connessi alla diffusione delle comunicazioni commerciali oggetto del contratto; per il servizio di *hosting* una *esenzione*, a favore del fornitore dello spazio virtuale, *da obblighi di sorveglianza e da responsabilità per i contenuti caricati dagli utenti* è stabilita dagli artt. 16 s. d.lgs. 70/2003); clausole che, alla luce dell'innovazione continua, attribuiscono al fornitore dei servizi i *diritti di modifica* dello spazio concesso, al fine di riadattarlo alle esigenze contingenti (di natura tecnologica, di palinsesto ecc.: ad es., la clausola che consente all'*host* di modificare le condizioni tecniche del servizio di *hosting* in qualsiasi momento quando ciò sia reso necessario dall'evoluzione tecnologica).

5. *Deposito*

Il deposito è il contratto con cui una parte (depositario) riceve dall'altra (depositante) una *cosa mobile* con l'obbligo di custodirla e di restituirla in natura (art. 1766). Il deposito è un contratto *reale*, che si perfeziona con la consegna della cosa al depositario (e non per effetto del solo consenso, com'è regola generale *ex* art. 1376); a forma libera; ad esecuzione continuata; che si presume *gratuito*, salvo che dalla qualità professionale del depositario o da altre circostanze sia desumibile una diversa volontà delle parti (art. 1767); si pensi, in quest'ultimo senso ad es., al deposito bagagli presso una stazione ferroviaria.

Il contratto di deposito soddisfa l'interesse del depositante a vedere il proprio bene custodito da un altro soggetto per un certo periodo di tempo, e l'interesse del depositario a percepire un corrispettivo per la custodia, se il contratto è oneroso; altrimenti, per l'ipotesi di deposito gratuito, la conclusione del contratto è spesso volta ad agevolare la conclusione di altro accordo o esserne la conseguenza naturale (ad es., il deposito presso il guardaroba di un ristorante).

Con riguardo alle obbligazioni delle parti, da un lato, il depositario non può servirsi della cosa mobile che gli è stata consegnata (art. 1770), deve adempiere l'obbligazione di custodia (che è un'obbligazione *di risultato*: c.d. responsabilità *ex recepto*) secondo la diligenza del buon padre di famiglia (artt. 1768 e 1780) e deve restituire la cosa a semplice richiesta del depositante (art. 1771); d'altro lato, il depositante è obbligato a rimborsare il depositario delle spese sostenute per conservare la cosa, a tenerlo indenne dalle perdite causate dal deposito e, nel caso di mandato oneroso, a pagare il compenso pattuito.

Una disciplina specifica è prevista per il **deposito in albergo** o stabilimenti assimilati (luoghi di pubblici spettacoli; uffici balneari ecc.), per cui si prevede (art. 1784) che l'albergatore è illimitatamente responsabile del deterioramento, distruzione o sottrazione della cosa affidata in custodia, salva la forza maggiore o la colpa del cliente; al di fuori di quest'ipotesi (e quindi quando si tratta di cose portate in albergo ma non affidate in custodia), la responsabilità dell'albergatore ha un tetto massimo (cento volte il prezzo della locazione giornaliera della camera), a meno che si tratti di danno dovuto a colpa dell'albergatore o dei suoi ausiliari (artt. 1783, ult. co., e 1785-*bis*).

Nella prassi commerciale, particolare diffusione hanno avuto le figure del deposito titoli in amministrazione (contratto bancario disciplinato dall'art. 1838) e del **deposito irregolare** (art. 1782), avente ad oggetto somme di danaro (o altri beni fungibili), con conseguente possibilità per il depositario, che ne diviene *proprietario* e non semplice detentore, di servirsene, salvo l'obbligo di restituzione della stessa quantità di danaro (o altri beni) ricevuti (ad es., il deposito di una somma presso una banca). Si tratta di un'ipotesi che avvicina il contratto a quello di *mutuo*, la cui disciplina è applicabile in quanto compatibile (art. 1782, co. 2).

§ 17. I CONTRATTI DI ORGANIZZAZIONE

SOMMARIO: I. *Organizzazione della filiera di sbocco: i contratti allocativi.* – 1. Concessione di vendita. – 2. Affiliazione commerciale (*franchising*). – II. *Organizzazione della produzione:* outsourcing. – 1. Subfornitura e subappalto. – III. *Organizzazione della struttura collaborativa.* – 1. Il mandato. – 2. L'agenzia. – 3. La mediazione.

I. *Organizzazione della filiera di sbocco: i contratti allocativi*

I contratti sin qui esaminati sono funzionali al *collocamento del singolo bene o servizio* dal produttore (o dal fornitore intermedio) al cliente (finale o a sua volta intermedio). Essi manifestano dunque l'operatività dell'impresa, nella fase di sbocco sul mercato, in una dimensione per così dire atomistica. Si deve però guardare alla fase di sbocco anche in una dimensione più globale, cioè alle modalità attraverso cui l'impresa *struttura la distribuzione commerciale* dei propri beni o servizi.

Tale distribuzione può avvenire: a) in forma diretta, ossia attraverso il trasferimento dal produttore al cliente finale; b) in forma indiretta, attraverso più passaggi tra loro però non coordinati (ad es., l'editore vende alle singole librerie i libri che di volta in volta queste gli richiedono); c) in forma ancora indiretta, ma allestendo una struttura distributiva organizzata; in tale ultimo caso si realizza, per mezzo di specifici contratti tra il produttore e i distributori intermedi, una vera e propria **filiera allocativa**.

1. *Concessione di vendita*

Appartiene a questa categoria il contratto di **concessione di vendita**, con cui il concedente, che di norma è il produttore di determinati beni, si obbliga a fornire al concessionario, o distributore, i propri prodotti, a fronte dell'obbligo del secondo di acquistarli e di venderli, con o senza *esclusiva*, sul mercato, attraverso un'attività promozionale nella maggior parte dei casi controllata dal concedente (si pensi ai concessionari automobilistici).

Si tratta di un contratto, con funzione sia di scambio che di collaborazione, non espressamente disciplinato dalla legge, e pertanto *atipico*, ma di grande rilevanza pratica. Si ritengono per lo più applicabili le *norme in tema di somministrazione* (artt. 1559 ss.).

Il contratto di concessione di vendita si distingue da quello di *agenzia* in quanto il concessionario acquista i beni che rivende direttamente al pubblico, e quindi sopporta sia il rischio dell'organizzazione dell'attività di commercializzazione, sia il rischio del mancato pagamento da parte del cliente. In particolare, la distinzione rileva sul piano dello *scioglimento anticipato del rapporto*, che, se operato dal concedente, può causare importanti ripercussioni sugli investimenti effettuati dal concessionario: proprio perché non è un contratto di agenzia, la giurisprudenza non ritiene applicabile l'indennità di cessazione del rapporto prevista all'art. 1751. Di recente, tuttavia, nell'ottica di tutelare maggiormente il contraente debole, si è ritenuto – sempre in giurisprudenza – abusivo, e fonte di responsabilità per danni a favore del concessionario, il recesso improvviso e immotivato da parte del concedente.

2. *Affiliazione commerciale* (franchising)

Un sistema di distribuzione integrata dei prodotti o servizi dell'impresa può essere raggiunto anche con contratti diversi dalla concessione di vendita, che presentano comunque caratteristiche simili e che anzi offrono l'opportunità di una maggiore integrazione della filiera.

In particolare con il contratto di **affiliazione commerciale** (*franchising*) un imprenditore (affiliante, o concedente) attribuisce ad un altro imprenditore (affiliato), verso un determinato corrispettivo, il diritto all'uso di un marchio, insegna, denominazione commerciale, nonché gli fornisce un'assistenza tecnica e commerciale (sia in fase di avvio, che nel corso della durata del contratto), per la commercializzazione di beni che possono essere prodotti dallo stesso affiliante (si pensi alle catene di negozi di abbigliamento dei *brand* più noti), oppure dall'affiliato (si pensi alle catene di locali *fast-food*). In questo modo, la clientela si trova di fronte ad una *rete di punti vendita* che percepisce come unitaria e può quindi fare affidamento su una piena omogeneità di qualità e caratteristiche dei prodotti e servizi; ogni punto vendita costituisce comunque un'impresa di cui è titolare il singolo affiliato, il quale è dunque un imprenditore autonomo rispetto all'affiliante.

L'affiliazione commerciale è disciplinata dalla l. 129/2004. Si distingue dalla concessione di vendita, come si accennava, per la maggiore pervasività dell'integrazione della filiera: l'affiliato è vincolato *ex lege* all'utilizzo dei segni distintivi del concedente così da rendere di fatto il proprio punto vendita indistinguibile dagli altri; l'affiliante ha l'obbligo *ex lege* di prestare l'opportuna assistenza tecnica e commerciale.

L'affiliazione commerciale presenta una maggiore rigidità della disciplina, in quanto la legge ha previsto alcune **tutele** a favore dell'affiliato, considerato contraente debole, dato che egli opera seguendo le politiche di vendita del concedente e con i segni distintivi di quest'ultimo (in quanto dotati di capacità attrattiva della clientela). L'affiliante deve innanzitutto informare l'affiliato sulle caratteristiche della rete di punti vendita attraverso specifici *obblighi precontrattuali*, a pena di annullamento del contratto (art. 6). In secondo luogo il contratto deve essere stipulato per iscritto e non può avere una durata inferiore a tre anni (per consentire all'affiliato di recuperare l'investimento iniziale: ad es., i costi collegati all'apertura del negozio); inoltre deve avere un certo contenuto previsto dalle legge (art. 3); in particolare l'accordo deve specificare le spese e gli investimenti iniziali a carico dell'affiliato, le modalità di determinazione delle *royalties* (ossia i compensi spettanti all'affiliante sulle vendite realizzate dall'affiliato), l'eventuale esclusiva a favore del concedente. Anche l'affiliato, d'altro lato, è vincolato da specifici obblighi legali: non trasferire la sede dell'attività (ad es. il negozio sulla via principale della città), se non per causa di forza maggiore, e mantenere la massima riservatezza sulle caratteristiche dell'attività.

II. *Organizzazione della produzione:* outsourcing

1. *Subfornitura e subappalto*

Si riconduce al fenomeno dell'*outsourcing* la scelta dell'imprenditore di non assumere (o di dismettere) la gestione diretta di alcuni segmenti o alcune parti dell'attività produttiva, nonché dei servizi estranei al c.d. *core business* ma strumentali alla produzione, e di affidarla invece ad un terzo imprenditore, al fine di ottenere una riduzione dei costi oppure un miglioramento di alcune fasi aziendali o dei servizi realizzati.

Tale risultato può essere raggiunto attraverso una pluralità di contratti, che spesso presentano profili di vicinanza: somministrazione; appalto d'opera o di servizi; subfornitura.

In particolare il contratto di **subfornitura** è caratterizzato (art. 1 l. 192/1998) dall'obbligo, da parte di un imprenditore, di eseguire, per conto di un'impresa committente, lavorazioni sulla materia prima o su prodotti semilavorati forniti dal committente (c.d. subfornitura *di lavorazione*), oppure di realizzare prodotti o servizi destinati ad essere incorporati nell'attività economica del committente o nella produzione di un bene complesso (c.d. subfornitura *di prodotti o servizi*: ad es., stampi per la produzione o servizi informativi). Ciò deve avvenire in conformità a progetti esecutivi, conoscenze tecniche e tecnologiche, modelli o prototipi forniti dal committente. Occorre quindi che vi siano delle *direttive tecniche* di quest'ultimo e che la prestazione del subfornitore venga incorporata nel prodotto finale del committente.

Si tratta in sostanza, nella maggior parte dei casi, di un contratto avvicinabile ad una somministrazione o appalto continuativo di servizi, cui si applica la relativa disciplina codicistica. La l. 192/1998 ha però inserito, a tutela del subfornitore, che è considerato il contraente debole da proteggere, alcune norme speciali, in larga parte *imperative* (così come si è visto per l'affiliazione commerciale).

Innanzitutto, si prevede che il contratto debba essere stipulato in forma scritta (anche in via telematica: scambio di mail) a pena *di nullità* (art. 2, co. 1); che abbia un contenuto dettagliato a proposito delle caratteristiche tecniche dei prodotti o servizi richiesti e del prezzo pattuito (art. 2, co. 5); si prevede che non possano essere inserite, sempre a pena di nullità, clausole che riservano ad uno dei contraenti la facoltà di modificare unilateralmente una o più clausole del contratto, oppure di recedere senza congruo preavviso (art. 6). In secondo luogo sono disciplinati in modo dettagliato i *termini di pagamento* del subfornitore: anche essi devono essere indicati nel contratto e non possono eccedere i sessanta giorni (o novanta, se vi è accordo tra le associazioni rappresentative delle categorie di imprenditori) dal momento della consegna; inoltre, in caso di ritardo, il subfornitore ha automaticamente diritto ad interessi moratori e, se il ritardo supera i trenta giorni rispetto al termine convenuto, anche ad una penale pari al 5% (art. 3). Infine, ai sensi dell'art. 4, il subfornitore non può, senza l'autorizzazione del committente, e salvo diversa previsione del contratto, a sua volta affidare a terzi la realizzazione del bene o servizio commissionato per una quota superiore al 50% del valore della fornitura.

Quest'ultima previsione differenzia la subfornitura rispetto al **subappalto**: come già si ricordava, infatti, l'appaltatore non può dare in subappalto, in tutto o in parte, l'esecuzione dell'opera o del servizio, se non è stato, espressamente o tacitamente, autorizzato dal committente (art. 1656). In mancanza dell'autorizzazione, il contratto di subappalto viene considerato dalla giurisprudenza *invalido*.

Il subappalto vincola esclusivamente le parti contraenti e ad esso si applicano le norme, sopra viste, dell'appalto; il committente rimane del tutto estraneo rispetto al contratto, e non acquista né diritti né obblighi verso il subappaltatore. Tuttavia, gli eventi rilevanti per il contratto di appalto possono ripercuotersi anche sul subcontratto.

In primo luogo, l'art. 1670 prevede che l'appaltatore, per agire in regresso nei confronti dei subappaltatori, deve comunicare ad essi la contestazione del committente (per vizi o difformità: art. 1667; per rovina o gravi difetti: art. 1669) entro sessanta giorni dal ricevimento della stessa.

In secondo luogo, è diffusa nei contratti di subappalto, interni e internazionali, la clausola *if and when* (se e quando), in virtù della quale l'appaltatore si impegna a pagare il corrispettivo del subappalto solo dopo aver ricevuto il pagamento da parte del committente principale.

III. *Organizzazione della struttura collaborativa*

In linea generale, la struttura collaborativa dell'impresa è costituita dal *personale dipendente* e da *collaboratori autonomi* i quali svolgono una qualche attività collaborativa, i primi con, i secondi senza, vincolo di subordinazione nei confronti dell'imprenditore.

Le relative tipologie contrattuali sono diverse.

I **dipendenti** sono tali in quanto hanno stipulato un *contratto di lavoro subordinato*. È questo il principale contratto per mezzo del quale l'imprenditore si procaccia le risorse collaborative personali. Per mezzo di esso i prestatori di lavoro (tradizionalmente distinti in dirigenti, quadri, impiegati ed operai: art. 2095, co. 1) si obbligano, mediante retribuzione, a collaborare nell'impresa, fornendo il loro lavoro intellettuale o manuale *alle dipendenze e sotto la direzione dell'imprenditore* (art. 2094). Del contratto di lavoro subordinato non ci si occuperà in questa sede, non appartenendo al diritto commerciale, bensì al diritto del lavoro: la disciplina non risponde, infatti, a logiche di tutela del mercato, ma a logiche solidaristiche e di protezione del lavoratore come parte debole del rapporto.

I contratti con i **collaboratori autonomi** variano a seconda dell'oggetto della prestazione collaborativa. Può trattarsi della *cura di affari* dell'impresa (contratto di mandato, di agenzia, mediazione), oppure di servizi manuali o intellettuali d'altro tipo (ad es.: la tenuta della contabilità da parte di un dottore commercialista; la riparazione di un impianto), nel qual caso si avrà un *contratto d'opera*.

Di quest'ultimo è sufficiente ricordare la nozione: esso è il contratto con cui "una persona si obbliga a compiere verso un corrispettivo un'opera o un servizio, con lavoro prevalentemente proprio e senza vincolo di subordinazione nei confronti del committente" (art. 2222). Ai contratti e rapporti sulla cura di affari dell'impresa, per la loro rilevanza, sono dedicate le pagine seguenti.

1. *Il mandato*

Il mandato è il contratto mediante il quale una parte (il *mandante*) affida ad un'altra parte (il *mandatario*) il compito di compiere, per suo conto, uno o più atti giuridici (art. 1703).

Le ipotesi in cui un'impresa ricorre a siffatta cooperazione giuridica esterna sono molteplici: si va dal caso dell'esecuzione di pagamenti (che si affida ad una banca); alla riscossione dei crediti (che si affida ad una società specializzata nell'incasso o nel recupero coattivo); all'acquisito o alla vendita di uno o più beni (che si affida ad un commissionario); alla conclusione di uno o più contratti, compiendo le eventuali operazioni accessorie (ad es., un contratto di trasporto, che si affida ad uno spedizioniere). Può accadere che il mandatario sia a sua volta un imprenditore, nel qual caso il mandato costituirà per lui il tipo contrattuale per mezzo del quale collocherà il proprio servizio imprenditoriale.

Il mandato attribuisce solo il potere di agire *per conto altrui*, cioè di curare e di gestire altrui interessi (art. 1705, co. 1). Non dà, invece, di per sé, il potere di spendere *il nome altrui*: a tal fine, è necessario affiancare al mandato una *procura* ai sensi degli artt. 1387 ss. (art. 1704). Si suole, a questo proposito, distinguere tra **mandato senza rappresentanza** e **mandato con rappresentanza**. In questo secondo, gli effetti degli atti compiuti dal mandatario con i terzi si producono direttamente in capo al mandante; nel primo, si producono in capo al mandatario. In tal caso, questi avrà diritto di ricevere i mezzi per adempiere alle obbligazioni contratte (v. *infra*) e dovrà ritrasferire al mandante quanto ricevuto dai terzi. In particolare, quando il mandato riguardi l'acquisto di un bene, il mandatario dovrà ritrasferirne la proprietà al mandante; questo ritrasferimento è in realtà automatico per le cose mobili (art. 1706, co. 1), mentre per gli immobili richiede un apposito atto (art. 1706, co. 2).

Il mandato è normalmente **a titolo oneroso** (onerosità che nel silenzio del contratto si presume: art. 1709); può riguardare uno specifico affare o una categoria di affari; può essere concluso a tempo determinato o indeterminato.

Il **mandante** deve sottostare ad alcuni ***obblighi***. In particolare, deve provvedere a fornire la provvista (finanziaria); è tenuto, cioè, a mettere a disposizione del mandatario i mezzi necessari per l'esecuzione dell'incarico e per l'adempimento delle obbligazioni che sono state contratte nel corso dello stesso (art. 1719). Gli sono riconosciuti anche diversi ***poteri***. Anzitutto, quello di dare *istruzioni vincolanti* per il mandatario in ordine all'esecuzione. Inoltre, può *revocare il mandatario* in ogni momento (riconoscendo, però, a quest'ultimo il risarcimento dei danni, se il mandato è oneroso, alle seguenti condizioni: in mancanza di giusta causa, se il mandato era concluso a tempo determinato o per uno specifico affare; in mancanza di congruo preavviso, se era a tempo indeterminato: art. 1725); se tuttavia il mandato sia anche nell'interesse del mandatario (c.d. mandato *in rem propriam*; si pensi al mandato a vendere un bene conferito ad un proprio creditore, con il patto che questi trattenga il ricavato per soddisfare il proprio credito), è revocabile solo per giusta causa (art. 1723, co. 2).

Il **mandatario** ha, a sua volta, ***obblighi*** e ***poteri*** per molti versi speculari a quelli appena esaminati. Anzitutto, è tenuto all'esecuzione dell'incarico conformandosi alla *diligenza del buon padre di famiglia* (art. 1710, co. 1), attenendosi alle eventuali istruzioni impartite dal mandante (art. 1711, co. 1), dalle quali, peraltro, può discostarsi per circostanze sopravvenute, che non possano essere tempestivamente comunicate al mandante, assumendo il comportamento che ragionevolmente sarebbe stato condiviso dal mandante se avesse saputo di queste nuove circostanze (art. 1711, co. 2). Deve, poi, *informare* il mandante di tutte le circostanze (non importa se nuove e sopravvenute oppure preesistenti ma non conosciute al momento della stipulazione del mandato) che potrebbero indurre il mandante a rideterminare o revocare l'incarico (art. 1710, co. 2) e, al termine dell'incarico (o, a seconda della complessità, periodicamente durante l'esecuzione), deve darne *rendiconto* (art. 1713, co. 1).

Il mandatario ha normalmente piena libertà di decidere se eseguire personalmente l'incarico o farsi sostituire (ma risponde dell'operato del sostituto, se la sostituzione non era stata autorizzata dal mandante: art. 1717), come può decidere di rinunciare all'incarico in qualsiasi tempo, esponendosi, tuttavia, al risarcimento dei danni qualora la rinuncia avvenga senza giusta causa e (nel mandato a tempo indeterminato) senza preavviso (art. 1727, co. 1).

2. *L'agenzia*

Secondo la nozione contenuta nell'art. 1742, co. 1, con il contratto di agenzia, una parte (l'*agente*) assume stabilmente l'incarico di promuovere, dietro corrispettivo, la conclusione di contratti nell'interesse dell'altra parte (il *preponente*) in una zona determinata. Più in particolare, l'agente, con organizzazione propria e a proprio rischio, si obbliga a ricercare, prendere contatto e condurre eventuali trattative con soggetti interessati all'attività del preponente. In considerazione delle caratteristiche operative, il rapporto di agenzia dà vita ad un'impresa ausiliaria riconducibile all'art. 2195, co. 1, n. 5, per cui l'agente è, al contempo, un collaboratore autonomo dell'imprenditore e a sua volta titolare di un'impresa.

Il contratto di agenzia deve essere stipulato in **forma** scritta *ad probationem* e si caratterizza per la presenza di alcuni **elementi essenziali**, quali la *stabilità dell'incarico*, il suo riferimento ad una *determinata circoscrizione territoriale* e l'obbligo di *promuovere la conclusione dei contratti* il cui perfezionamento è rimesso alle determinazioni del preponente. Questi infatti vi provvederà poi personalmente, anche se è possibile conferire allo stesso agente un corrispondente *potere di rappresentanza* (art. 1752); quest'ultima figura è nota alla prassi come *rappresentante di commercio*, in contrapposizione all'*agente di commercio* che, invece, è privo di poteri rappresentativi. In ogni caso, l'art. 1745 conferisce a ogni agente il potere di ricevere le dichiarazioni e i reclami relativi all'esecuzione dei contratti conclusi grazie a lui.

Nel promuovere la conclusione dei contratti, l'**agente** è tenuto ad operare secondo le ***istruzioni del preponente*** e deve adoperarsi per farne conoscere i prodotti o l'attività e così procurargli affari (artt. 1746 e 1747). Inoltre, deve fornirgli ogni indicazione utile sulle condizioni di mercato e sulla convenienza di ciascun affare, in adempimento di un ***dovere di informazione*** che, in quanto funzionale a consentire a chi ha conferito l'incarico la consapevole valutazione delle operazioni da concludere, risulta particolarmente rilevante: al punto che l'art. 1746, co. 1, sanziona con la nullità l'eventuale patto contrario.

Dal canto suo, il **preponente** è tenuto a corrispondere all'agente il compenso pattuito (art. 1748). Questo si configura solitamente come una ***provvigione*** da calcolarsi in percentuale sugli affari procurati dall'agente. Si tratta di un diritto che sorge nel momento in cui il preponente conclude con il terzo il relativo contratto e diviene effettivo soltanto in seguito alla sua regolare esecuzione da entrambe le parti. Sull'agente, dunque, ricade sempre il rischio del buon esito dell'affare, dal momento che, anche nell'ipotesi in cui il contratto concluso non possa avere esecuzione per causa non imputabile al preponente, egli sarà tenuto a restituire le provvigioni eventualmente già riscosse (art. 1748, co. 6) e, se, invece, i contraenti si accordino per darvi parziale esecuzione, avrà diritto ad una provvigione ridotta sulla parte ineseguita.

Dall'obbligo dell'agente di operare nella circoscrizione territoriale assegnatagli discende l'attribuzione a ciascuna delle parti di un **diritto** bilaterale **di esclusiva**: salvo che sia diversamente pattuito, il preponente non può avvalersi contemporaneamente di più agenti per la promozione di affari nella stessa zona o per lo stesso ramo di attività, né riservarsi la possibilità di procedervi personalmente (essendo tenuto, in quest'ultimo caso, a corrispondere comunque la provvigione sugli affari direttamente conclusi nella zona di competenza dell'agente o con la clientela a questi assegnata); dal canto suo, l'agente non può promuovere la conclusione di contratti, nella stessa zona e per lo stesso ramo di attività, a vantaggio di più imprese in concorrenza tra loro, né agire come produttore in proprio degli stessi beni di attività concorrenti (art. 1743).

In quanto rapporto contrattuale di durata, l'agenzia può essere stipulata a **tempo determinato** o **indeterminato**. In quest'ultimo caso, ciascuna delle parti può *recedere* dandone preavviso entro il termine indicato dall'art. 1750, co. 3, che varia da uno a sei mesi in base alla durata del rapporto (senza possibilità di stabilire termini più brevi). Con la cessazione del contratto, l'agente (salvo che la cessazione non dipenda da un suo inadempimento o dal suo recesso) ha diritto ad un'**indennità di fine rapporto** che rappresenta una sorta di corrispettivo posto a carico del preponente per la clientela procuratagli e con la quale presumibilmente continuerà a concludere affari (art. 1751). Nella relativa determinazione deve tenersi conto delle provvigioni che l'agente non potrà in futuro percepire sul volume degli affari posti in essere con la clientela procurata al preponente.

Con la cessazione, l'agente è libero da ogni obbligo, a meno che non si fosse vincolato ad un **patto di non concorrenza**, che comunque non può avere durata superiore a due anni (art. 1751-*bis*, co. 2); in tal caso l'indennità cui ha diritto è maggiore.

L'attività degli agenti e dei rappresentanti di commercio è regolata, oltre che dal codice civile, anche dalle norme dei contratti collettivi e dalla l. 204/1985, che ne prevede l'**iscrizione in appositi ruoli** istituiti presso le camere di commercio, in funzione regolatoria dell'accesso all'attività da parte dei soli soggetti in possesso degli specifici requisiti professionali indicati negli artt. 5 e 6. In passato, questo presupposto si riteneva fondamentale ai fini della validità del contratto, sicché la mancata iscrizione determinava la perdita della provvigione da parte dell'agente non iscritto. Tale interpretazione risulta oggi superata, alla luce della giurisprudenza europea (specie della Corte di giustizia), oramai costantemente seguita dai giudici nazionali. Discipline speciali sono, poi, previste per alcune categorie di agenti, come gli agenti di assicurazione e gli agenti promotori di servizi finanziari.

3. *La mediazione*

Mediatore è "colui che mette in relazione due o più parti per la conclusione di un affare, senza essere legato ad alcuna di esse da rapporti di collaborazione, di dipendenza o di rappresentanza" (art. 1754).

Il mediatore, dunque, svolge un'attività di cooperazione che consiste nell'adoperarsi per mettere in contatto tra loro persone interessate a un affare, mediante il compimento di adempimenti materiali, diretti a rendere informazioni e fornire consigli utili ad agevolarne la conclusione. Nell'espletamento di tale attività, il mediatore assume una posizione di **indipendenza** rispetto alle parti, resa possibile dall'*insussistenza di un obbligo di svolgimento dell'attività* rispetto a quel determinato affare (tecnicamente la mediazione non è dunque un vero e proprio contratto, bensì una relazione di fatto, che genera conseguenze giuridiche). Perciò, il mediatore, quand'anche abbia ricevuto uno specifico incarico, è libero tanto di iniziare l'attività o non iniziarla, quanto di coltivarla o non coltivarla. Il che vale a distinguere la mediazione dal mandato e dall'agenzia.

L'affare cui la norma fa riferimento si identifica con un'*operazione economica ben determinata di contenuto patrimoniale*, cioè con la stipulazione di un contratto tra le parti messe in contatto dal mediatore (ad es., il contratto di compravendita di una macchina utensile o di un immobile). Queste sono libere di concluderlo o meno. In caso negativo grava su di esse e, precisamente, su quella che aveva incaricato il mediatore, solo l'obbligo di **rimborso delle spese** sostenute per l'attività prestata (art. 1756); mentre ove l'affare giunga a compimento le parti saranno tenute a corrispondergli il **compenso** quando il contratto sia concluso "per effetto del suo intervento" (art. 1755) e, dunque, a prescindere dalla successiva esecuzione del medesimo. La misura della provvigione va calcolata sul valore dell'affare concluso e le parti sono tenute a corrisponderla nella proporzione pattuita. In difetto di accordo, la determinazione del relativo ammontare è rimessa alle camere di commercio che vi provvedono, ai sensi dell'art. 6 l. 39/1989, avendo riguardo agli usi locali. Tale ultima norma, peraltro, riconosce il diritto alla provvigione ai soli mediatori iscritti al **ruolo degli "agenti di affari in mediazione"**, istituendo il quale si è inteso valorizzare la mediazione professionale, anche se svolta a titolo occasionale o in modo discontinuo, e combatterne l'esercizio abusivo, oggi sanzionato sia attraverso l'irrogazione di sanzioni amministrative, sia attraverso la negazione, ai soggetti non iscritti, di qualsivoglia azione diretta ad ottenere il pagamento della provvigione (oltre che con la previsione dell'obbligo di restituirla ove eventualmente percepita).

Tipico dell'attività del mediatore è il carattere dell'**imparzialità** per cui, anche quando riceve l'incarico da una delle parti, egli non si obbliga ad adoperarsi nell'interesse specifico di questa. Perciò il mediatore è sempre tenuto a comunicare, *a tutte le parti che mette in relazione*, le circostanze a lui note che possono influire sulla valutazione e conclusione del contratto, far loro presenti le informazioni di ordine economico ad esso relative, con particolare riferimento alla solvibilità dei potenziali contraenti, alle loro condizioni personali ovvero alla situazione del bene (art. 1759, co. 1), esponendosi, in difetto, alla sanzione prevista dall'art. 1764.

§ 18. I CONTRATTI DI APPROVVIGIONAMENTO FINANZIARIO

SOMMARIO: I. *Classificazione e rinvio.*

I. *Classificazione e rinvio*

L'impresa manifesta tipicamente **bisogni finanziari**. Il bisogno finanziario ha ad oggetto la *disponibilità di denaro*; il denaro, a sua volta, è un bene che non soddisfa direttamente alcun bisogno umano "specifico" (quale può essere il bisogno di nutrirsi o viaggiare, o, per un'impresa, il bisogno di energia per far funzionare i macchinari o di luoghi per immagazzinare le merci), ma svolge una funzione intermediaria nella circolazione, e dunque nel conseguimento, di ogni altro bene o servizio; rappresenta, cioè, un *potere d'acquisto*. I bisogni finanziari possono declinarsi in forme diverse.

Tipico, nell'esercizio di un'impresa, è anzitutto il ***bisogno di reperimento di risorse finanziarie***, cioè di conseguimento del denaro necessario per l'esercizio dell'attività. Le imprese si fondano infatti assai frequentemente sul capitale di credito e perciò ricercano soggetti, detentori di risorse in esubero, disponibili a finanziare la loro iniziativa economica (ad es., per realizzare un certo piano di *business*, o per implementare il complesso produttivo). Al soddisfacimento di questo bisogno sono funzionali i **contratti di finanziamento**, fra i quali spiccano per la loro rilevanza nelle dinamiche economiche quelli conclusi con le banche (***contratti bancari***, cui sono dedicate apposite discipline nel codice civile e nel TUB). Si tratta, fra gli altri, del *mutuo*, dell'*apertura di credito*, del *factoring*.

Parimenti importante è il ***bisogno di canalizzazione dei pagamenti***, cioè di disponibilità di strumenti e servizi per la veicolazione, in entrata e in uscita, dei flussi di denaro. Al suo soddisfacimento concorrono contratti stipulati ancora con gli istituti bancari (*contratto di conto corrente bancario*) o con altri operatori (si pensi ai contratti con gli emittenti di carte di credito).

Cruciale è infine il ***bisogno di copertura dal rischio finanziario***, cioè di protezione di fronte alla prospettiva di una possibile, futura perdita patrimoniale. Funzionale a questo scopo è il *contratto di assicurazione*, stipulato con una compagnia di assicurazione, per mezzo del quale l'assicurato si garantisce, mediante la corresponsione di un corrispettivo (premio), il diritto ad un indennizzo in denaro, per il caso in cui si verifichi un dato evento e si realizzi pertanto la temuta perdita finanziaria.

La stragrande maggioranza di questi contratti vede, come controparte dell'impresa, un intermediario, cioè un'altra impresa che opera professionalmente nel soddisfacimento dei bisogni finanziari dei clienti. Per quest'ultima, i contratti rappresentano dunque lo strumento giuridico per mezzo del quale essa colloca sul mercato i propri servizi.

I principali tra questi contratti verranno trattati nella Sezione dedicata al sistema finanziario, alla quale dunque si rinvia.

SEZIONE SESTA

LA COOPERAZIONE TRA IMPRENDITORI

§ 19. LA COOPERAZIONE TRA IMPRENDITORI

I. *Strumenti di cooperazione e forme di integrazione tra imprese*

L'esercizio di attività imprenditoriali competitive su mercati in continua evoluzione presuppone oggi notevole diversificazione di risorse economiche e finanziarie, aggiornate competenze tecnologiche, strategie ed investimenti (ad es., per spese di *marketing*, pubblicità, servizi) che un singolo imprenditore è sovente impossibilitato a procurarsi od effettuare isolatamente. Ciò soprattutto in un tessuto socio-economico come quello italiano prevalentemente composto di piccole e medie imprese, che quindi necessitano di strumenti di cooperazione e di reciproca integrazione.

Tali sodalizi si risolvono, almeno in fase embrionale, in alleanze su base territoriale per il soddisfacimento di esigenze contingenti: l'ottenimento di un finanziamento, la partecipazione ad una gara d'appalto, la predisposizione di progetti di promozione dell'internazionalizzazione, la più proficua utilizzazione economica di invenzioni industriali o il mero disbrigo di formalità burocratiche. Se poi gli iniziali obiettivi vengono raggiunti con successo, gli embrionali sodalizi possono convertirsi in strumenti di cooperazione più solidi, dotati di un apparato organizzativo più o meno complesso.

Vi è un'articolata gamma di *forme di cooperazione e di integrazione tra imprese*. Sul piano giuridico, gli **strumenti di cooperazione** trovano la propria fonte in *contratti* mediante i quali gli imprenditori conservano, in via di principio (e salvo qualche eccezione), la propria sostanziale autonomia giuridica ed economica; le **forme di integrazione** sono invece caratterizzate dall'esistenza di *legami partecipativi nella proprietà dell'impresa* e comportano la formazione di un'unica entità economica (gruppo di imprese) sino a giungere, in taluni casi, alla creazione di una nuova entità giuridica (fusione) nella quale confluiscono le imprese alleate. Tale distinzione assume particolare rilievo sul piano della disciplina antimonopolistica: le forme di cooperazione tra imprese possono costituire infatti intese anticoncorrenziali mentre gli strumenti di integrazione tra le stesse rappresentano fattispecie di concentrazioni.

Rinviando l'analisi degli strumenti di integrazione tra imprese (gruppi, fusione tra società) ai luoghi opportuni della successiva trattazione del diritto delle società, l'attenzione va ora focalizzata sulle forme di cooperazione tra imprese su base contrattuale. Orbene, esse possono catalogarsi in **forme inderogabilmente "strutturate"**, quali i ***consorzi*** e le ***società consortili***, che presuppongono necessariamente l'erezione di un apparato organizzativo funzionale ad un rapporto di collaborazione potenzialmente stabile e duraturo tra gli imprenditori; ed in **forme potenzialmente "flessibili"**, quali i ***contratti di rete*** e le ***associazioni temporanee di impresa***, tendenzialmente prive di una rigida organizzazione interna e talora volte ad una cooperazione occasionale in vista del perseguimento di specifici obiettivi contingenti.

II. *Le forme di cooperazione inderogabilmente "strutturate". I consorzi*

Il **consorzio** è un contratto con il quale più imprenditori istituiscono un'*organizzazione comune* per la *disciplina* o per lo *svolgimento* di determinate fasi delle rispettive imprese (art. 2602). Si tratta dunque di uno *strumento di coordinamento interaziendale*.

Quando il contratto è diretto a coordinare lo ***svolgimento di una o più fasi delle imprese consorziate***, gli imprenditori aderenti mirano al conseguimento di un *vantaggio economico diretto* nell'esercizio della propria attività (c.d. **mutualità consortile**), di solito consistente in un risparmio di spesa o in un maggior ricavo risultante da una *razionalizzazione del ciclo produttivo o distributivo*: si pensi all'erogazione di servizi comuni alle imprese aderenti quali campagne pubblicitarie, gestione della contabilità, selezione e gestione del personale, dei dati o dei servizi informatici, *marketing*, procedure per l'internazionalizzazione, espletamento di ricerche di mercato e così via.

L'attuale definizione di consorzio – e, in particolare, il riferimento alla ***disciplina delle fasi delle imprese*** – non esclude però che tale contratto possa assolvere (direttamente o indirettamente) anche alla diversa funzione di *limitare la concorrenza tra imprenditori*, che in origine caratterizzava l'istituto nel codice civile del 1942: si pensi ad un consorzio finalizzato ad una distribuzione selettiva dei prodotti di più imprese in diverse aree del territorio nazionale. Va però tenuto presente che il perseguimento di questa finalità è oggi consentito soltanto nei limiti tracciati dalla disciplina antimonopolistica, dato che questi contratti costituiscono tipici esempi di *intese anticoncorrenziali*, vietate, come già sappiamo, qualora "abbiano per oggetto o per effetto di impedire, restringere o falsare il gioco della concorrenza all'interno del mercato nazionale o in una sua parte rilevante" (art. 2 l. 287/1990).

La disciplina del consorzio consta di una serie di *disposizioni generali* in tema di costituzione del sodalizio e rapporti tra quest'ultimo e gli imprenditori consorziati; vi sono poi talune *regole specifiche* applicabili ai soli consorzi "con attività esterna", giustificate dalla loro destinazione ad operare anche con i terzi: si tratta di un peculiare regime patrimoniale, pubblicitario e contabile dell'attività imprenditoriale espletata dal consorzio con i terzi, che oggi peraltro necessiterebbe di una profonda revisione.

Proprio queste regole speciali fondano la tradizionale distinzione tra **consorzi con attività interna** e **consorzi con attività esterna**. Entrambi si caratterizzano per l'erezione di un'*organizzazione comune* (art. 2602), che però nei primi è volta alla mera predisposizione di una regolamentazione convenzionale dei rapporti reciproci degli imprenditori consorziati anche al fine di verificare il corretto assolvimento degli obblighi assunti; nei consorzi con attività esterna, invece, tale organizzazione è preordinata non solo a questi obiettivi, ma anche (e soprattutto) a disciplinare l'attività imprenditoriale svolta dal consorzio, quale *soggetto giuridico autonomo*, con i terzi: è perciò altresì prevista una destinazione di beni all'attività comune, espletata dal consorzio, opponibile ai terzi.

1. *Le disposizioni generali dei consorzi*

a) Il consorzio è costituito mediante un **contratto** ***tra imprenditori*** (art. 2602). Parti del contratto non possono essere persone fisiche o giuridiche che, pur svolgendo attività economica, non sono qualificabili come imprenditori (agricoli o commerciali), quali i professionisti intellettuali o le società tra professionisti.

b) Il contratto di consorzio deve essere stipulato **per iscritto** *a pena di nullità* e contenere una serie di indicazioni, delle quali possono però considerarsi essenziali soltanto l'***oggetto*** e gli ***obblighi assunti dai consorziati*** (ad es., non vendere o non comprare se non tramite il consorzio) ed i ***contributi*** da essi dovuti, di regola costituiti da *versamenti iniziali* (conferimenti) e *periodici*. All'assenza degli altri dati (durata, attribuzioni e poteri degli organi consortili, condizioni di ammissione di nuovi consorziati, casi di recesso ed esclusione e le eventuali sanzioni per l'inadempimento degli obblighi dei consorziati: art. 2603, co. 2) può infatti rimediarsi attraverso il ricorso ai principi generali o, nel caso della durata, a specifiche norme suppletive.

In *mancanza di* (una) *determinazione* diversa, il contratto è valido per dieci anni (art. 2604).

c) Connotato essenziale del consorzio fra imprenditori è la presenza di un'**organizzazione comune** per il compimento degli atti necessari per l'esecuzione del programma consortile. La sua scarna disciplina fissa poche regole *derogabili*, lasciando libero campo all'autonomia privata (art. 2603, co. 2, n. 4); necessario è in ogni caso che il contratto non si esaurisca nella fissazione di obblighi reciproci tra i partecipanti, ma dia vita ad un apparato destinato a curare la fase esecutiva del contratto stesso (non sarebbe consorzio, pertanto, il contratto fra cinque imprenditori con sede in regioni diverse, in virtù del quale ciascuno si obbligasse semplicemente a commerciare i propri prodotti solo all'interno della propria regione). Poiché d'altra parte organizzazione si crea anche in presenza di un semplice collegio di mandatari che espleti un'attività comune unitariamente riferibile al consorzio, nulla impedisce che questo venga dotato di un *unico organo* con funzioni deliberative ed esecutive. Il *modello legale* prevede tuttavia una struttura più complessa, fondata sull'articolazione in un organo deliberativo (art. 2606) e in un organo esecutivo (art. 2608).

L'**organo deliberativo** è composto da tutti i consorziati: è retto dal *principio maggioritario*, posto che, se il contratto di consorzio non dispone diversamente, le deliberazioni attuative dell'oggetto del contratto sono adottate "col voto favorevole della maggioranza dei consorziati" (art. 2606, co. 1) da calcolarsi, secondo l'opinione preferibile ed in assenza di diversa previsione contrattuale, *per teste*. Il riferimento alle "deliberazioni" lascia poi presumere che l'organo operi secondo il *metodo collegiale*.

Le *modificazioni del contratto* di consorzio, peraltro, devono essere fatte per iscritto a pena di nullità e decise *all'unanimità*, se non è convenuto diversamente (art. 2607). Fra le modificazioni non rientrano, in via di principio, le *variazioni dei consorziati*, dato che nel consorzio assume rilievo non già la personalità dell'aderente, bensì le caratteristiche e l'àmbito produttivo in cui opera la sua impresa; lo attesta anche l'art. 2610 che, in caso di trasferimento d'azienda, prevede, salvo patto contrario, il subingresso dell'acquirente nel contratto. Per converso, se non sono esplicitamente previste le "condizioni di ammissione di nuovi consorziati", la volontà delle parti deve intendersi nel senso che il sodalizio ha struttura chiusa, sicché l'ingresso di nuovi membri soggiace alla regola del consenso unanime dei contraenti (art. 2607).

L'**organo esecutivo** del consorzio è composto delle persone preposte dai consorziati alla direzione del sodalizio, per le quali è previsto un embrionale regime di responsabilità, che si esaurisce nel richiamo delle regole del mandato in caso di compimento di atti di gestione pregiudizievoli per i consorziati.

Tale organo deve anche controllare l'esatto adempimento delle obbligazioni assunte dai consorziati (compreso il versamento dei contributi).

d) Come per le società, anche la disciplina generale del consorzio prevede **cause di scioglimento** del contratto e della singola partecipazione dei consorziati.

Il contratto di consorzio si scioglie per il decorso del termine di durata, per il conseguimento dell'oggetto o la sopravvenuta impossibilità di conseguirlo, o in seguito ad una decisione unanime dei consorziati o ad una loro delibera maggioritaria se sussiste una giusta causa. Resta salva la possibilità di prevedere nel contratto ulteriori cause di scioglimento.

Lo scioglimento della singola partecipazione può essere originato dalla volontà del consorziato (*recesso*) o dalla decisione degli altri consorziati (*esclusione*).

Il recesso e l'esclusione sono possibili nei casi previsti dal contratto (art. 2603, co. 2, n. 6), ai quali deve aggiungersi almeno la perdita della qualità di imprenditore che è requisito essenziale di partecipazione al consorzio. L'esclusione del consorziato costituisce, di regola, la tipica sanzione prevista per l'inadempimento degli obblighi consortili (art. 2603, co. 2, n. 7). Peculiare è la disciplina degli effetti, in quanto è disposto che la quota di partecipazione del consorziato receduto o escluso si accresca proporzionalmente a quella degli altri (art. 2609).

2. *Le regole specifiche dei consorzi con attività esterna*

I **consorzi con attività esterna** costituiscono autonomi centri di imputazione dotati di soggettività giuridica. Essi acquistano la qualità di *imprenditori commerciali* (salvo che si tratti di consorzi tra imprenditori agricoli, in tal caso estendendosi al consorzio la natura agricola dell'attività), esercitando un'*attività ausiliaria* (art. 2195, co. 1, n. 5) consistente nella disciplina o nello svolgimento di fasi delle imprese consorziate. I consorzi con attività esterna sono dunque esposti alla liquidazione giudiziale (art. 259 c.ins.). Si pensi ai consorzi tra gestori di impianti di risalita finalizzati a consentire agli sciatori la fruizione dei servizi di un intero comprensorio sciistico, adeguatamente manutenuto, con l'acquisto di unico *skipass*.

La **soggettività** dei consorzi con attività esterna è consacrata dall'istituzione di un ufficio destinato a svolgere attività con i terzi e dalla *iscrizione* nella sezione ordinaria del registro delle imprese di un *estratto* del contratto. Ad analoga pubblicità legale è sottoposta ogni modificazione dell'accordo (art. 2612). I consorzi con attività esterna possono essere convenuti in giudizio in persona di coloro ai quali il contratto attribuisce la presidenza o la direzione (artt. 2612, co. 2, n. 4 e 2613).

I consorzi con attività esterna godono di un regime di **autonomia patrimoniale**. I contributi dei consorziati – consistenti in versamenti in danaro e/o nell'apprestamento di mezzi strumentali per il perseguimento dello scopo comune – e i beni acquistati con questi confluiscono in un patrimonio autonomo denominato ***fondo consortile*** del quale, per l'intera durata del consorzio, non può essere chiesta la divisione dai consorziati; né i loro creditori particolari possono far valere i loro diritti sul fondo medesimo (art. 2614), che costituisce la garanzia principale dei creditori del consorzio.

Corollario dell'autonomia patrimoniale è un particolare regime di **responsabilità verso i terzi** delle obbligazioni consortili. Anzitutto, per le *obbligazioni assunte in nome del consorzio da suoi rappresentanti*, i terzi possono far valere i loro diritti esclusivamente sul fondo consortile: si tratta delle "spese generali" necessarie per l'esistenza del consorzio, quali gli oneri di funzionamento degli organi consortili e degli impianti con i correlativi costi di gestione, spese per i servizi, per il personale nonché per l'attività di promozione posta in essere dal consorzio nell'interesse comune dei consorziati.

Viceversa, le *obbligazioni assunte dagli organi del consorzio* ***per conto di singoli consorziati*** (si pensi all'acquisto di materie prime necessarie per l'esercizio dell'attività di una delle imprese consorziate) sono giuridicamente imputabili solo a costoro, con l'aggiunta di una *responsabilità sussidiaria*, a mero titolo di garanzia, del fondo consortile (art. 2615, co. 2). Sicché, se il consorzio è costretto a pagare, gli organi consortili potranno esercitare azione di rivalsa per l'intera somma pagata nei confronti del consorziato interessato (c.d. *solidarietà passiva disuguale*).

L'art. 2615, co. 2, oltre a costituire il consorzio garante *ex lege* per le obbligazioni assunte dai suoi organi "per conto" di un singolo consorziato, prevede poi, per il caso di *insolvenza* di questo, la ripartizione del debito dell'insolvente (nei rapporti interni) fra tutti gli associati in proporzione delle rispettive quote.

Le persone che hanno la direzione del consorzio devono redigere, entro due mesi dalla chiusura dell'esercizio, una **situazione patrimoniale** in conformità delle regole relative al bilancio di società per azioni (art. 2615-*bis*).

3. *Le società consortili*

Gli scopi tipici del contratto di consorzio di coordinamento interaziendale possono costituire anche l'oggetto sociale di una **società consortile**. Del resto, la produzione di servizi ausiliari alle imprese dei soci – si pensi all'organizzazione di una struttura per l'acquisto in comune di materie prime o di una piattaforma per la distribuzione dei prodotti su specifici mercati internazionali – è certamente suscettibile di costituire oggetto di esercizio in comune di attività economica (art. 2247). Gli imprenditori che vogliano coordinare e accentrare lo svolgimento di una fase delle rispettive imprese possono dunque scegliere tra la costituzione di un consorzio e quella di una società.

L'art. 2615-*ter* consente infatti la costituzione di società consortili in tutti i tipi di **società di persone e di capitali**, esclusa la società semplice; e l'art. 2538, co. 3, permette la costituzione di **società consortili cooperative**, i cui "soci realizzano lo scopo mutualistico attraverso l'integrazione delle rispettive imprese o di talune fasi di esse". È utile anticipare sin d'ora quanto si dirà esaminando in generale lo scopo delle organizzazioni societarie, caratterizzato dalla sua natura indefettibilmente patrimoniale-egoistica. Tale natura accomuna scopo lucrativo, scopo mutualistico e scopo consortile, pur nelle differenze reciproche. Si è detto sopra in cosa consista lo scopo consortile. Va ora precisato che l'obiettivo che gli imprenditori aderenti si prefiggono e il conseguente carattere ausiliario dell'attività svolta dall'impresa consortile fanno sì che il consorzio operi tendenzialmente a beneficio delle sole imprese dei consorziati, offrendo loro beni e servizi a condizioni più vantaggiose rispetto a quelle altrimenti ottenibili dal singolo aderente sul mercato (si pensi al consorzio costituito per acquistare all'ingrosso, in modo centralizzato per tutti gli aderenti così da poter spuntare prezzi inferiori, i prodotti alimentari destinati ad essere poi venduti al dettaglio nei supermercati gestiti da questi ultimi), o offrendo l'opportunità di collocare sul mercato i propri prodotti a condizioni migliori (così nel caso del consorzio che acquista dagli aderenti la loro produzione agricola, per trasformarla e venderla al dettaglio). Tutto questo normalmente esclude natura lucrativa all'attività dell'impresa consortile, sebbene essa resti pur sempre gestita con metodo economico, ossia assicurando la copertura dei costi con i ricavi. Netta è dunque la differenza rispetto allo scopo lucrativo, che consiste nel conseguimento di un utile da ripartire tra i soci. Più sottile è la distinzione rispetto allo scopo mutualistico, poiché connotato di entrambi è il procurare ai soci un vantaggio patrimoniale diretto: se però la mutualità cooperativa è volta a soddisfare un bisogno personale dei soci (casa, lavoro, ecc.), l'elemento qualificante della mutualità consortile risiede nella sua diretta pertinenza alle attività economiche esercitate dai soci, sicché il vantaggio assume qui *carattere tipicamente imprenditoriale*.

Ciò premesso, la **disciplina** delle società consortili è fortemente controversa. Merita tuttavia adesione la tesi prevalente per la quale le società consortili vanno regolate *esclusivamente* sulla base delle *norme stabilite per il tipo societario prescelto*. Deve invece respingersi l'idea di applicare alle società consortili una disciplina "mista", ossia quella societaria per i profili concernenti articolazione e funzionamento degli organi e quella consortile per i profili attinenti ai rapporti tra i soci e tra questi ed i terzi. Con il corollario che, in caso di società consortile per azioni o a responsabilità limitata, per le obbligazioni sociali risponde soltanto la società con il suo patrimonio, risultando inapplicabile l'art. 2615, co. 2, là dove prevede la responsabilità solidale dei singoli consorziati con il fondo consortile per le obbligazioni assunte per loro conto dagli organi del consorzio. Una differenza importante è però codificata nell'art. 2615-*ter*, che ammette la possibilità per l'atto costitutivo della società di prevedere l'obbligo, a carico dei soci, di elargire, oltre ai conferimenti iniziali, contributi periodici per il funzionamento dell'impresa comune (spesso vitali per la sua sopravvivenza); il che, in una società non consortile, sarebbe vietato.

III. *Le forme di cooperazione potenzialmente "flessibili"*

Sono qui classificate come forme di cooperazione tra imprenditori potenzialmente flessibili i contratti associativi la cui disciplina non prevede *inderogabilmente* l'erezione di un'*organizzazione comune* e che, pertanto, possono utilizzarsi anche per il perseguimento di obiettivi contingenti o per una *collaborazione temporanea*, ad es. idonea ad assicurare alle singole imprese maggior peso nella contrattazione con altri operatori nazionali ed esteri o con la pubblica amministrazione.

Queste forme di cooperazione, previste e disciplinate da leggi speciali, sono: *a*) il **contratto di rete** e *b*) le **associazioni temporanee di impresa**.

1. *Il contratto di rete*

Con il **contratto di rete** più imprenditori perseguono lo scopo di accrescere, individualmente e collettivamente, la propria capacità innovativa e competitività sul mercato e "a tal fine si obbligano, sulla base di un *programma comune di rete*, a collaborare in forme e in ambiti predeterminati attinenti all'esercizio delle proprie imprese ovvero a scambiarsi informazioni o prestazioni di natura industriale, commerciale, tecnica o tecnologica ovvero ancora ad esercitare in comune una o più attività rientranti nell'oggetto della propria impresa" (art. 3 d.l. 5/2009). Si tratta di uno strumento organizzativo che non presenta talune rigidità del consorzio, non essendo necessaria l'erezione di un'articolata organizzazione comune tra le imprese, e che si basa su un programma condiviso tra le imprese aderenti. Tale programma può essere conosciuto dalle banche e dai finanziatori della rete che sono altresì posti in condizione di monitorarne l'attuazione. La necessaria flessibilità della rete è funzionale all'eterogeneità dell'oggetto della cooperazione tra le imprese. Basti pensare che la rete può avere il mero scopo di consentire lo scambio di informazioni commerciali tra le aderenti: ad esempio più imprese che producono beni complementari si scambiano i nominativi dei propri clienti nei singoli mercati esteri in cui smerciano i propri prodotti.

Al contratto di rete sono riservate talune agevolazioni fiscali, la cui fruizione presuppone l'osservanza di regole di forma e di contenuto.

In particolare, il contratto (che deve essere redatto, in conformità ad un modello standard tipizzato con decreto ministeriale, per atto pubblico o per scrittura privata autenticata oppure per atto scritto firmato digitalmente) deve recare una serie di indicazioni, tra cui: gli *obiettivi strategici* di innovazione e di innalzamento della capacità competitiva dei partecipanti e le modalità concordate tra gli stessi per misurare l'avanzamento verso tali obiettivi (indicazione che è di particolare interesse per banche e finanziatori); un *programma di rete*, che contenga l'enunciazione dei diritti e degli obblighi assunti da ciascun partecipante, le modalità di realizzazione dello scopo comune e, qualora sia prevista l'istituzione di un fondo patrimoniale comune, la misura e i criteri di valutazione dei conferimenti iniziali e degli eventuali contributi successivi che ciascun partecipante si obbliga a versare al fondo nonché le regole di gestione del fondo medesimo.

Il **patrimonio della rete** può consistere, infatti, in un fondo comune alimentato dai contributi delle imprese partecipanti, al quale deve applicarsi *la disciplina dei consorzi con attività esterna* (artt. 2614 e 2615) in quanto compatibile. In ogni caso, per le obbligazioni contratte dall'organo comune in relazione al *programma di rete*, i terzi possono far valere i loro diritti *esclusivamente* sul fondo comune.

La previsione nel contratto di rete di un organo comune e di un fondo patrimoniale comune non necessariamente implica che la rete acquisti *soggettività giuridica*.

È tuttavia possibile costituire anche una "rete soggettivata": in tal caso è però necessario non solo che il contratto sia stipulato per atto pubblico o per scrittura privata autenticata o per atto munito di firma digitale, ma che siano anche osservate le formalità pubblicitarie, ossia l'iscrizione nella sezione ordinaria del registro delle imprese nella cui circoscrizione è stabilita la sede della rete. Le regole di responsabilità della "rete soggettivata" coincidono con il regime previsto per i consorzi con attività esterna ed occorre redigere la situazione patrimoniale in osservanza delle disposizioni del bilancio d'esercizio di s.p.a.

2. *Le associazioni temporanee di imprese*

La partecipazione a gare per l'assegnazione di appalti di opere pubbliche presuppone che imprenditori, dotati di distinte specializzazioni, uniscano temporaneamente le proprie forze per soddisfare i requisiti qualitativi e quantitativi richiesti dai committenti: i quali, dal canto loro, intendono assicurarsi sufficiente affidabilità sulla reale capacità delle imprese assegnatarie delle commesse di eseguire opere di particolare complessità (si pensi alla costruzione di una linea ferroviaria o di un'autostrada) nei tempi stabiliti.

A tale esigenza degli imprenditori non offrono risposta pienamente soddisfacente i tradizionali contratti associativi: i consorzi e le società sono infatti indicati per una cooperazione tendenzialmente stabile, anche perché la loro costituzione normalmente implica costi preventivi che potrebbero rivelarsi superflui ove l'appalto dovesse poi essere assegnato ad altri. D'altronde, gli imprenditori ambiscono non solo a conservare la propria autonomia ed individualità nell'esecuzione dell'opera, ma anche a procedere singolarmente e, soprattutto, a rendere riconoscibile ai terzi il personale compimento della frazione della commessa di loro specifica competenza: interessi questi evidentemente frustrati dalla costituzione di un consorzio (con attività esterna) o di una società, che implicano una disciplina delle imprese partecipanti come centro di imputazione (soggetto di diritto) autonomo rispetto ai membri. In altri termini, nei confronti dei terzi, sarebbero la società o il consorzio ad eseguire l'opera complessiva e non più le singole imprese ad attuare ed essere conseguentemente responsabili per la singola porzione di loro specifica pertinenza.

Di qui l'emersione del fenomeno delle **associazioni temporanee** (o raggruppamenti temporanei) **di imprese** (secondo la terminologia anglosassone, *joint venture*). Si tratta di una specifica forma di cooperazione a carattere contingente ed occasionale tra imprenditori, che *non determina di per sé alcuna organizzazione*, *né la nascita di un soggetto di diritto diverso* dalle imprese coinvolte nel sodalizio. Ciò rende questo strumento assai flessibile e pertanto estremamente utile nella cooperazione internazionale, anche perché consente di risolvere a monte i conflitti di legge derivanti dall'applicazione dei principi di diritto internazionale privato.

In particolare, il modello convenzionale consegnato dalla prassi risulta così strutturato. Le imprese aspiranti alla commessa si presentano *distinte ed autonome* al committente ed il loro collegamento consiste: da un lato, nel sottoporre al committente un'offerta congiunta assumendo il comune impegno di eseguire la complessiva opera (sia pure, di solito, specificando le parti di pertinenza di ciascuna); dall'altro lato, nell'assegnare ad una di esse – l'*impresa capogruppo o capofila* – l'incarico di gestire i rapporti con il committente e di assicurare il necessario coordinamento esecutivo dell'opera.

L'originalità dei caratteri di tali accordi è tale da non render possibile il loro inquadramento giuridico nelle figure associative tradizionali. Pertanto, la giurisprudenza ormai consolidata e la dottrina prevalente configurano le associazioni temporanee di impresa come **contratti associativi innominati**. Va però sottolineato che la legislazione speciale ha provveduto ormai da tempo a "tipizzare" e disciplinare talune figure di associazioni temporanee, fra le quali spiccano quelle costituite per la **partecipazione agli appalti pubblici**, ora previste e regolate dal codice di settore (d.lgs. 50/2016, recante il codice dei contratti pubblici): in particolare, questa fattispecie del "raggruppamento temporaneo" ruota intorno al ***mandato collettivo speciale***, *in rem propriam*, con rappresentanza, conferito, con unico atto, dalle imprese (mandanti) alla capogruppo o capofila (mandataria) prima della presentazione dell'offerta al committente. L'impresa capogruppo – che assume la *rappresentanza esclusiva, anche processuale, delle imprese mandanti* nei confronti della stazione appaltante fino alla totale estinzione del rapporto – esprime poi un'*offerta unitaria* al committente in nome e per conto delle imprese mandanti (art. 48, co. 15, d.lgs. 50/2016). La specifica tutela assicurata al committente emerge proprio dalle peculiari caratteristiche di tale mandato che deve risultare da scrittura privata autenticata ed è soprattutto gratuito ed *irrevocabile*: in deroga alla disciplina del mandato collettivo (art. 1726), la sua revoca, *anche per giusta causa*, è inefficace nei confronti della stazione appaltante (art. 48, co. 13, d.lgs. 50/2016).

SEZIONE SETTIMA

GLI STRUMENTI DI MOBILIZZAZIONE DELLA RICCHEZZA. PRINCIPI FONDAMENTALI

SOMMARIO: § 20. I titoli di credito cartacei ed elettronici. – § 21. La circolazione del denaro: gli strumenti di pagamento.

INTRODUZIONE

La ricchezza monetaria e finanziaria rappresenta uno dei fattori principali del sistema economico: essa comprende il denaro, il risparmio, gli investimenti finanziari nelle attività imprenditoriali e nello Stato e viene tradizionalmente classificata, nel suo complesso, come *ricchezza mobiliare*, in contrapposizione a quella immobiliare, costituita, come si evince dal nome, dalla proprietà fondiaria.

La ricchezza mobiliare è, per vocazione, una *ricchezza circolante*. In un'economia sviluppata, la sua **movimentazione** è una delle componenti centrali del traffico giuridico; basta pensare alla frequenza degli scambi commerciali e dunque dei pagamenti, come alle dimensioni degli investimenti finanziari e all'intensità degli scambi nei mercati (di azioni, di titoli di Stato, ecc.). In un simile contesto costituisce dunque un fondamentale fattore di crescita e di stabilità la realizzazione di alcuni obiettivi volti a promuovere e a proteggere la movimentazione di questa forma di ricchezza: ad assicurarne, in particolare, la **celerità** e la **sicurezza**.

Il perseguimento di questi obiettivi è oggi alla base di numerosi e complessi istituti, la cui disciplina rappresenta il portato di un'evoluzione storica secolare, dello sviluppo tecnologico del mondo contemporaneo e dell'affinamento della cultura e del pensiero giuridico moderno.

All'interno di questo articolato tessuto si possono riconoscere due grandi gruppi di istituti, corrispondenti alle due forme che lo spostamento in senso lato di ricchezza può assumere: questo può infatti consistere nell'*attribuzione* di unità monetarie (di denaro) da parte di un soggetto a favore di un altro, ossia nel pagamento di un'obbligazione pecuniaria, oppure nella *circolazione* in senso proprio di una situazione giuridica rappresentativa di un valore finanziario (un diritto di credito, una partecipazione sociale, ecc.). Corrispondentemente a questa suddivisione, risultano individuabili le due macrofamiglie degli **strumenti di pagamento** e degli istituti riguardanti la **circolazione dei rapporti finanziari**.

Si tratta, è agevolmente intuibile, di famiglie tra loro eterogenee e funzionali al soddisfacimento di bisogni distinti. Nel pagamento di un debito pecuniario, ciò che conta è l'assicurare celerità, accessibilità e sicurezza del mezzo di trasmissione del denaro, e in questa prospettiva vanno considerati gli strumenti (assegni bancari, bonifici elettronici, carte di credito, carte prepagate, ecc.) che creatività e tecnologia hanno ormai largamente diffuso nella quotidianità degli scambi commerciali. Nel mercato dei valori finanziari preme invece, dall'un lato, garantire una adeguata protezione degli acquisti e, dall'altro, favorire meccanismi operativi agili e veloci, oggi veicolati, va da sé, dagli apparati informatici; a questi scopi assolvono l'istituto dei titoli di credito (cambiali, azioni di società, titoli di Stato, ecc.), in generale, e quello dei titoli di credito elettronici, in particolare.

Il fenomeno della movimentazione della ricchezza mobiliare si manifesta principalmente all'interno del ***sistema finanziario***, cioè nel contesto delle infrastrutture dedicate alla regolazione delle operazioni finanziarie e con l'intervento degli intermediari che erogano i relativi servizi: per quanto permanga anche una circolazione estranea a tale sistema (si pensi ai pagamenti in contanti), il denaro è veicolato con crescente frequenza tramite istituti bancari e di pagamento, le relazioni di investimento sono negoziate nei mercati. Quello finanziario costituisce uno dei segmenti più rilevanti del sistema economico ed è come tale oggetto di una puntuale disciplina di settore (disciplina dei *soggetti* e dell'*attività*), che verrà esaminata nell'ultima parte del volume. Qui ci si soffermerà invece sugli *strumenti tecnico-giuridici* su cui questi fenomeni circolatori poggiano, concorrendo a completare le modalità di azione, in termini generali, dell'impresa nel mercato.

§ 20. I TITOLI DI CREDITO CARTACEI ED ELETTRONICI

SOMMARIO: I. *La nozione di titolo di credito.* – II. *La fattispecie titolo di credito.* – III. *I principi cartolari.* – 1. Le leggi di circolazione dei titoli. – 2. L'autonomia reale. – 3. L'autonomia obbligatoria. La letteralità e l'astrattezza – 4. La legittimazione cartolare attiva e passiva.

I. *La nozione di titolo di credito*

Il titolo di credito è il **documento**, **cartaceo o elettronico**, ***menzionante una situazione giuridica attiva*** (principalmente: credito pecuniario, partecipazione sociale, possesso di merci custodite presso terzi) ***che circola in modo autonomo*** (cioè secondo principi che garantiscono l'autonomia dell'acquisto dalla posizione dell'alienante) ***mediante la movimentazione del documento, e al cui esercizio è legittimato il soggetto nella cui disponibilità materiale si trova il documento stesso***.

I titoli di credito sono disciplinati, come categoria generale, negli artt. 1992 ss. Tale complesso normativo è il portato dell'estrapolazione, dalla disciplina precedentemente (e ancora oggi) dedicata a talune specie di titoli (cambiali e assegni: r.d. 1669 e 1736/1933, tuttora vigenti), di principi generali valevoli per l'intera categoria. Essi svolgono una funzione fondamentale nel ***rafforzamento delle garanzie che presidiano il mercato della ricchezza mobiliare*** e quindi, a monte, nel potenziamento delle opportunità di accesso al finanziamento, da parte di chi si proponga di raccogliere capitali di terzi per un qualche fine (specie imprenditoriale). Infatti, la propensione all'investimento in attività altrui, da parte di chi disponga di risorse finanziarie libere e possa dunque valutarne una conveniente allocazione, cresce in modo direttamente proporzionale al crescere della facilità di disinvestimento e quindi di recupero successivo della liquidità investita; l'esistenza di un mercato dove possano trovarsi altri investitori, interessati a subentrare nel rapporto di finanziamento, favorisce perciò l'una (la facilità di disinvestimento) ed incrementa l'altra (la propensione all'investimento). D'altra parte, la disponibilità ad acquisire valori finanziari in questo mercato è a sua volta direttamente proporzionale alle garanzie che esso è idoneo ad offrire, di fronte ai rischi tipici di ogni acquisto (il difetto di titolarità del bene ceduto, in capo all'alienante; la non corrispondenza del bene acquistato alle caratteristiche attese).

Il titolo di credito costituisce lo *strumento giuridico per una circolazione dei valori finanziari con* ***protezione rafforzata degli acquisti*** e perciò rappresenta uno strumento utile a mediare tra l'interesse di chi aspira alla raccolta di investimenti stabilmente destinati alla realizzazione di una data iniziativa e di chi, propenso all'investimento, intende peraltro riservarsene per il futuro una diversa e pronta ricollocazione. Per comprendere l'importanza del fenomeno basta pensare alla genesi delle società per azioni, agli albori dell'evo contemporaneo: nel XVI-XVII secolo, i nascenti scambi commerciali transoceanici richiedono il reperimento di risorse finanziarie ingenti, radunabili solo attraverso il ricorso al risparmio diffuso; chi investe il proprio denaro acquista una o più unità di partecipazione all'affare (le azioni), che può poi facilmente cedere in un mercato (quasi coeva è la nascita delle borse valori), recuperando le risorse investite; chi intende partecipare successivamente all'iniziativa trova a sua volta proprio nel mercato l'attesa opportunità di investimento.

La disciplina ordinaria della circolazione dei rapporti obbligatori non offre però adeguate forme di promozione e di tutela del mercato della ricchezza finanziaria.

La **circolazione non cartolare** (soggetta cioè a tale disciplina) è invero *rischiosa* e *scarsamente agile*. I rischi corsi dal cessionario di un diritto di credito (artt. 1260 ss.) o di un rapporto contrattuale (artt. 1406 ss.) concernono la *titolarità* stessa e il *contenuto* della posizione giuridica acquistata: il conseguimento della prima dipendendo dal fatto che il cedente sia a sua volta titolare del diritto ceduto, o legittimato a disporne; il secondo non potendo comunque essere diverso da quello che il medesimo diritto aveva in capo al cedente (il debitore o contraente ceduto può infatti opporre al cessionario tutte le eccezioni che avrebbe potuto opporre al cedente: artt. 1248, 1409). Anche le modalità di attuazione del trasferimento risultano sofisticate e incompatibili con una circolazione frequente: la cessione è infatti efficace nei confronti del debitore solo a seguito di notificazione o accettazione (art. 1264) e richiede il consenso del contraente ceduto (art. 1406). D'altra parte, l'esercizio del diritto da parte del cessionario è subordinato alla prova non solo dell'esistenza del diritto, ma anche di un valido ed efficace atto di acquisto dello stesso.

La **circolazione cartolare** (cioè dei titoli di credito) asseconda invece le esigenze di celerità e protezione degli acquisti, attraverso le opportunità offerte dal *collegamento tra il documento, cartaceo od elettronico, e la posizione giuridica documentata*. Storicamente l'istituto nasce, va da sé, nella sola forma cartacea: la stessa espressione "cartolare" deriva dall'impiego della *chartula* come supporto documentale del rapporto obbligatorio. È solo negli ultimi decenni che la tecnica ha offerto soluzioni diverse, quale è oggi eminentemente la documentazione elettronica, che tuttavia si sono calate nella realtà dell'istituto senza snaturarne i tratti fondamentali e la funzione. La genesi storica del fenomeno e della sua disciplina impone però una considerazione separata delle due famiglie che oggi compongono l'istituto cartolare: quella dei titoli classici (cartacei) e quella dei titoli immessi nei sistemi di gestione accentrata elettronica.

I principi cardine della disciplina relativa ai **titoli cartacei** sono codificati negli artt. 1992, 1993 e 1994. La funzione di strumenti di circolazione della ricchezza mobiliare è assolta mediante l'*attribuzione di un particolare valore giuridico al collegamento tra il documento (il titolo) e il diritto documentato, che si definisce* **incorporazione del diritto nel documento**. Tale collegamento si esplica, sul piano giuridico, su un triplice livello:

a) correla la circolazione della posizione giuridica documentata alla circolazione della *chartula*; *l'acquirente acquista la prima in quanto acquista questa seconda*. Le implicazioni sono immediate: poiché il documento è una cosa mobile, ne è possibile l'acquisto della proprietà anche *a non domino*, purché se ne consegua il possesso in buona fede (art. 1153); per tal via, ***l'acquirente del titolo di credito acquista a non domino anche il diritto documentato*** (art. 1994);

b) correla il contenuto di quest'ultimo alla lettera del documento: con alcune eccezioni volte a proteggere il debitore alla cui volontà l'emissione del titolo non sia riferibile (per falsità della firma, difetto di rappresentanza, ecc.), ***il contenuto della pretesa azionabile dall'acquirente è quello risultante dal titolo***, poiché nessuna eccezione personale ai precedenti possessori e non menzionata nel documento gli è opponibile (art. 1993);

c) correla l'esercizio del diritto al semplice possesso del documento (eventualmente, come si vedrà, qualificato dal ricorrere di alcune formalità, per certi tipi di titoli): ***il possessore che esibisce la chartula non deve fornire altra prova della titolarità della sua pretesa*** e, specularmente, il debitore che paga a suo favore è sempre liberato, a meno che non disponga di prove certe della carenza di titolarità in capo a lui (art. 1992).

Il *favor* per la circolazione e conseguentemente per la formazione di un mercato efficiente e sicuro della ricchezza cartolarizzata è evidente. Chi acquista una cambiale o l'azione di una società non ha da temere che il proprio dante causa non ne sia titolare, poiché il conseguimento del possesso in buona fede gliene assicura comunque la proprietà; né ha da temere che il rapporto documentato sia stato modificato (ad es. per la concessione di una dilazione nel pagamento) o addirittura estinto (per pagamento o per remissione, ad es.) quando faceva capo al cedente stesso o ad altri che lo avessero preceduto nella catena di trasferimenti, perché nessuna di queste eccezioni, per quanto provabile, gli è opponibile se non risulta dal titolo. Egli inoltre, in sede di esercizio del diritto, assolve ad ogni onere probatorio con la sola presentazione del documento.

L'incorporazione del diritto nel titolo rappresenta una *soluzione tecnica* che apre la strada all'operatività di principi altrimenti non applicabili: soluzione basata sull'*esclusività della relazione materiale* che si instaura tra il possessore del documento e il rapporto documentato e sulle *evidenze offerte dalla lettera del titolo*. Proprio in quanto semplice tecnica, essa si presta ad essere surrogata da altre tecniche, che, in quanto presentino le medesime caratteristiche, consentano l'applicazione degli stessi principi normativi.

La più importante forma alternativa è oggi quella dei **titoli scritturali** (*titoli dematerializzati*), la cui disciplina è contenuta nel Testo Unico della Finanza (d.lgs. 58/1998, artt. 79-*decies* ss.). Vi sono soggetti *necessariamente* i titoli negoziati nelle sedi di negoziazione europee (si tratta principalmente dei mercati regolamentati e dunque il fenomeno riguarda le azioni quotate, i titoli di Stato, ecc.) e *facoltativamente* (cioè a scelta dell'emittente) i titoli di massa (cioè emessi in serie) non quotati (art. 83-*bis*). Qui il rapporto giuridico è documentato *in forma telematica* in un conto acceso presso un intermediario abilitato (banche, imprese di investimento, ecc.) e intestato al "possessore" del titolo; l'insieme dei titoli di pertinenza dei clienti di uno stesso intermediario viene a sua volta registrato in un conto (c.d. conto-terzi), intestato all'intermediario stesso e acceso presso un *depositario centrale* (CSD). Si delinea così una rete di conti piramidale, con al vertice il CSD e, alla base, gli intermediari e i loro rispettivi clienti. La *circolazione* dei titoli dematerializzati avviene attraverso movimentazioni contabili telematiche (*operazioni di giro*), consistenti nell'addebito della quantità di titoli ceduta, a carico del conto dell'alienante e del conto-terzi del suo intermediario, e nell'accredito della medesima quantità, a favore del conto dell'acquirente e del conto-terzi del relativo intermediario (una sorta di "consegna" virtuale del titolo).

La disciplina ricalca, nei principi, quella dei titoli cartacei. Infatti:

a) ***l'acquirente che ha ottenuto l'accredito a proprio favore in buona fede non è soggetto alla "rivendicazione" di precedenti titolari*** (art. 83-*quinquies*, co. 2), cioè acquista la titolarità del rapporto documentato anche *a non domino*;

b) ***all'intestatario del conto in cui il titolo è registrato sono opponibili solo le eccezioni a lui personali e quelle comuni a tutti gli altri titolari di titoli della stessa serie*** (art. 83-*septies*), quindi non quelle personali ai precedenti "possessori";

c) ***il titolare del conto ha la legittimazione piena ed esclusiva all'esercizio dei diritti nascenti dal rapporto documentato*** (art. 83-*quinquies*, co. 1) e quindi, presentata all'emittente l'attestazione della registrazione dei titoli nel suo conto, non deve fornire altra prova della sua titolarità.

II. *La fattispecie titolo di credito*

La figura in esame abbraccia un'ampia varietà di specie. A seconda della natura della posizione giuridica documentata possono distinguersi:

a) **titoli di finanziamento**, che incorporano un diritto di credito avente ad oggetto una prestazione pecuniaria: cambiali, titoli di Stato, ecc.; la stessa espressione "titolo di credito" è legata proprio ai più antichi esempi di questa figura, le cambiali;

b) **titoli partecipativi**, che incorporano una posizione giuridica complessa, rappresentativa della partecipazione economica ed organizzativa ad una iniziativa produttiva: azioni di società, strumenti finanziari partecipativi, ecc.; qui il rapporto documentato comprende diritti patrimoniali (agli utili, alla quota di liquidazione) e amministrativi (di voto, di controllo, ecc.);

c) **altri valori finanziari**, che documentano posizioni giuridiche di vario tipo, come diritti di opzione, quote di fondi comuni di investimento;

d) **titoli rappresentativi di merci** (art. 1996), che incorporano il diritto alla consegna di merci (ad es. derrate alimentari) depositate presso un terzo o trasportate da un vettore, il possesso delle stesse e il potere di disporne mediante trasferimento del titolo.

Molte di queste figure sono direttamente menzionate e più o meno ampiamente regolate dalla legge: a cambiali e assegni sono dedicati i rr.dd. 1669 e 1736/1933, alle azioni di società gli artt. 2346 ss., ai titoli rappresentativi di merci l'art. 1996, e via discorrendo. È tuttavia opinione comune, per quanto non incontrastata, che il sistema sia retto dal **principio di atipicità**, che, cioè, sia possibile la creazione di titoli diversi da quelli normativamente tipizzati. Lo si deduce dall'art. 2004, che, vietando l'emissione di titoli al portatore (cioè circolanti mediante semplice consegna materiale, senz'altra formalità) contenenti l'obbligazione di pagare una somma di denaro, al di fuori dei casi stabiliti dalla legge (ciò per evitare la creazione di un sistema privato di moneta, parallelo a quello legale), parrebbe in ogni altra ipotesi autorizzare l'emissione di titoli atipici.

Tutto questo comporta la necessità di individuare gli **elementi costitutivi della fattispecie cartolare**, i requisiti e le condizioni in presenza dei quali, cioè, un documento in concreto menzionante una posizione giuridica è qualificabile come titolo di credito. Non ogni supporto cartaceo su cui sia annotato un rapporto giuridico, infatti, è sussumibile in questa fattispecie: non lo è ad es. l'atto notarile di compravendita di un immobile, nonostante vi sia indicato il credito del venditore al prezzo, né l'atto di concessione di una garanzia fideiussoria, ma neppure il biglietto aereo o per l'accesso allo stadio di calcio. Sennonché non esiste alcuna norma definitoria a tal proposito.

La questione dell'individuazione della fattispecie cartolare è, proprio per tale ragione, uno dei nodi irrisolti di questa materia. Va osservato che la nozione esposta in apertura (essere il titolo di credito il documento menzionante una situazione giuridica circolante secondo principi di autonomia) non ha, sotto il profilo ora in esame, rilievo alcuno, poiché enuncia la *disciplina*, non la *fattispecie*: sintetizza cioè le regole cui soggiace un dato documento, una volta che lo si è qualificato come titolo di credito, ma non indica quali elementi consentano tale qualificazione, ed è perciò una *definizione normativa*, non *tipologica*.

Ciononostante essa aiuta l'indagine, poiché, sottolineando la funzione dell'istituto, permette di cogliere gli interessi al cui servizio esso deve porsi e di individuare così in presenza di quali condizioni tali interessi si profilano. Ogni regola giuridica, infatti, è strumentale al soddisfacimento di un'esigenza; per ragioni di coerenza interna, alla fattispecie cui essa si applica deve, dunque, essere immanente la manifestazione di questa esigenza, sicché, quando non è lo stesso legislatore a definire la fattispecie, l'interprete può ricostruirla risalendovi utilmente dalla disciplina. Per quel che riguarda il titolo di credito, la più moderna dottrina ne ha messo in luce la funzione, già illustrata, di promozione del mercato e di mediazione nella raccolta e nella circolazione dei finanziamenti. Può dunque definirsi titolo di credito quel ***documento formato ed emesso per realizzare un'operazione di finanziamento tra colui che è interessato a conseguire l'investimento e colui che è interessato a concederlo assicurandosene però una facile liquidabilità mediante la negoziazione del rapporto***. Centrale è dunque la *volontà dell'emittente e del primo prenditore*; ma poiché la manifestazione di volontà contenuta nel documento, se di titolo di credito vero e proprio si tratta, è destinata a rilevare non solo nei rapporti tra le parti originarie, ma anche nei confronti della comunità dei terzi che operano nel mercato, *essa va interpretata*, *ex* art. 1366, *secondo il significato che l'indeterminato, potenziale destinatario di media diligenza potrebbe attribuirle*; perciò, perché il documento sia effettivamente qualificabile come titolo di credito, occorre che esso venga percepito come tale (cioè come destinato alla circolazione) dalla comunità dei consociati e, viceversa, il documento che riveste questo significato per i terzi va qualificato come titolo di credito a prescindere dall'effettivo intento dell'emittente.

Ciò consente di comprendere perché negli esempi fatti (atto pubblico di compravendita, biglietto aereo, ecc.) non siano rilevabili gli elementi costitutivi della fattispecie cartolare. In particolare, consente di cogliere la distinzione fra i titoli di credito e i c.d. ***documenti di legittimazione***, che hanno la sola funzione di permettere una pronta identificazione del destinatario di una prestazione (art. 2002): così è per i biglietti della lotteria, per i contrassegni rilasciati al deposito bagagli o al guardaroba, per i gettoni delle giostre, che non presentano, all'evidenza, alcuna destinazione alla circolazione e la cui unica funzione è quella di facilitare l'esecuzione della prestazione conferendo al loro possessore una prova immediata del suo diritto e giovando altresì al debitore, che si libera se paga in buona fede a chi gli esibisce il documento, secondo il principio del pagamento al creditore apparente (art. 1189).

Il problema dell'individuazione della fattispecie si fa assai meno complesso per i **titoli scritturali**, perché qui la documentazione (registrazione nel conto) coincide con l'immissione nel sistema di gestione accentrata, che di per sé vale come destinazione alla circolazione e viene percepita come tale dal mercato.

III. *I principi cartolari*

Il cuore dell'istituto cartolare è situato su un duplice livello: nella disciplina della circolazione, ove si delinea la pronunciata tutela dell'acquirente di cui si è detto, e nelle regole di esercizio del diritto, imperniate sull'esibizione del titolo. I relativi principi vengono tradizionalmente riassunti nelle formule dell'**autonomia** (reale ed obbligatoria), della **letteralità** e dell'**astrattezza**, che traducono e spiegano la tutela degli acquisti, e della **legittimazione attiva e passiva**, che attengono alla fase esecutiva del rapporto documentato.

L'intero sistema di queste regole si basa sulla circostanza di fatto della documentazione e del concreto ed esclusivo controllo su quest'ultima da parte di chi ha in mano la *chartula* o (per i titoli scritturali) di chi dispone del conto in cui il titolo è registrato. Per questo motivo, prima di esaminare i principi cartolari, debbono essere definiti i tratti di questa situazione di fatto.

1. *Le leggi di circolazione dei titoli*

A) Per i **titoli cartacei**, centrale nel sistema è il **possesso** della *chartula*: l'autonomia dell'acquisto (artt. 1993 e 1994) giova a chi consegue il possesso del documento, la legittimazione all'esercizio del diritto spetta al possessore, il debitore è liberato se adempie la prestazione a favore del possessore (art. 1992).

Tuttavia da questo punto di vista non sempre è sufficiente il semplice possesso. Esistono infatti tre distinte categorie di titoli di credito, ciascuna caratterizzata da una propria *legge di circolazione*:

1) **titoli al portatore** (ad es. libretto di risparmio al portatore emesso da una banca): circolano mediante semplice consegna materiale (art. 2003) e l'applicazione delle regole cartolari si ricollega al possesso del documento, senza ulteriori formalità;

2) **titoli all'ordine** (ad es. assegni, cambiali): contengono l'impegno ad eseguire la prestazione "all'ordine di" un soggetto menzionato nel documento e dunque circolano mediante consegna materiale accompagnata dalla *girata*, cioè dalla sottoscrizione apposta dall'alienante (girante) sul documento stesso, con l'indicazione del nuovo creditore (giratario: "e per me pagate a ..."); l'applicazione delle regole cartolari si ricollega perciò al possesso del titolo, *accompagnato da una serie continua di girate*, in cui ciascun girante figura come giratario nella girata precedente (art. 2008);

3) **titoli nominativi** (ad es. azioni): come nei titoli all'ordine, il nome del creditore è menzionato nel documento, ma, in più, esso è riprodotto anche in un registro tenuto dall'emittente; la circolazione avviene mediante consegna della *chartula* e indicazione del nome dell'acquirente sul titolo e nel registro, a cura dell'emittente (c.d. *tranfert*: art. 2022), oppure mediante girata autenticata e successivo aggiornamento del registro dell'emittente (art. 2023); perciò l'applicazione delle regole cartolari è collegata al possesso, accompagnato dalla duplice intestazione (art. 2021).

Si parla, per i titoli all'ordine e nominativi, di **possesso qualificato**.

Naturalmente, il trasferimento di un titolo di credito richiede sempre l'esistenza di un *valido ed efficace negozio traslativo*; la consegna, eventualmente qualificata, attiene alla fase esecutiva del negozio e non può, da sola, sopperire alla sua mancanza; tuttavia essa assume un ruolo fondamentale nella circolazione, perché è proprio grazie ad essa che si determina la protezione rafforzata dell'acquirente.

B) Per i **titoli scritturali** la disciplina poggia sul dato della menzione del diritto nel conto e della movimentazione virtuale tra conti; non è configurabile una situazione di possesso in senso tecnico del documento, cioè del supporto materiale, né una sua movimentazione fisica, e dunque una consegna, nella circolazione del diritto; ad essi equivale però la **titolarità del conto** in cui questo è registrato: al possessore del titolo cartaceo corrisponde qui il titolare del conto e alla consegna del titolo corrisponde l'*operazione di giro* (addebito/accredito) tra conti. Come si è detto, le conseguenze sul piano della disciplina sono identiche. Per questi titoli la legge di circolazione risulta unica e si basa sulla consegna virtuale mediante operazione di giro.

2. *L'autonomia reale*

L'**art. 1994** dispone, per i titoli cartacei, che "chi ha acquistato in buona fede il possesso di un titolo di credito, in conformità delle norme che ne disciplinano la circolazione, non è soggetto a rivendicazione"; in altre parole, ne **acquista la titolarità anche *a non domino*** e il terzo proprietario non può rivendicare il titolo nei suoi confronti. Si parla perciò di **autonomia reale** nella circolazione.

L'operatività di questo principio, che non si applica invece alla circolazione dello stesso rapporto giuridico che non sia documentato in un titolo di credito, è resa possibile, come si è evidenziato, dall'**incorporazione** del primo nel secondo: il rapporto obbligatorio, per sua natura immateriale, viene materializzato, aggregato alla *chartula*, cosa mobile materiale a tutti gli effetti; e questo vincolo giuridico fa sì che, acquistando (anche *a non domino*, *ex* art. 1153) la proprietà della cosa, l'acquirente divenga altresì titolare del rapporto obbligatorio.

La portata dell'art. 1994 coincide con quella dell'art. 1153. L'acquisto della proprietà del documento e della titolarità del rapporto incorporato presuppone perciò l'esistenza di un ***negozio traslativo pienamente valido ed efficace***: il possesso (eventualmente qualificato, a seconda del tipo di titolo) sana esclusivamente il difetto di proprietà dell'alienante, non altri vizi che inficino l'atto. L'acquirente, d'altra parte, acquista il titolo libero da vincoli che non risultino da questo (cfr. artt. 1997 e 2024).

La tutela giova all'acquirente a condizione che consegua in buona fede il possesso del titolo. La **buona fede** (presunta: art. 1147) consiste nell'ignoranza dell'altruità del titolo. Per quanto riguarda l'apprensione della *chartula*, basta il **possesso semplice**, nei titoli al portatore, mentre occorre in più la **girata** a proprio favore (ultima di una serie continua di girate), nei titoli all'ordine, e ancora la **girata** o il ***transfert***, per quelli nominativi. È chiaro dunque che l'acquisto *a non domino* è più difficile per queste due ultime categorie di titoli: e tuttavia esso può verificarsi, quando il dante causa, pur figurante come giratario nella penultima delle girate, non avesse acquistato la proprietà del titolo (ad es. per l'invalidità del suo atto di acquisto), o quando egli, sottratto il documento al vero proprietario, ne falsifichi la sottoscrizione girando il titolo a se stesso e poi al proprio avente causa.

Per i **titoli scritturali**, l'art. 83-*quinquies*, co. 2, TUF dispone che "colui il quale ha ottenuto la registrazione in suo favore, in base a titolo idoneo e in buona fede, non è soggetto a pretese o azioni da parte di precedenti titolari". Non si parla qui di "rivendicazione", ma di "azione del precedente titolare", semplicemente perché, non essendo in gioco la proprietà di una *chartula*, l'azione con cui il titolare fa valere la propria titolarità nei confronti di chi "detenga" indebitamente il titolo (di chi, cioè, sia intestatario del conto in cui questo è registrato) non sarebbe, tecnicamente, una rivendica; ma il principio è identico all'art. 1994.

3. *L'autonomia obbligatoria. La letteralità e l'astrattezza*

Per i titoli cartacei, l'**art. 1993** stabilisce che "il debitore può opporre al possessore [eventualmente qualificato] del titolo soltanto le eccezioni a questo personali" e una serie di altre eccezioni opponibili a chiunque, mentre "le eccezioni fondate sui rapporti personali con i precedenti possessori" sono opponibili a quello attuale "soltanto se, nell'acquistare il titolo", questi "ha agito intenzionalmente a danno del debitore medesimo".

Di regola, nella circolazione non cartolare di un rapporto obbligatorio, il debitore conserva nei confronti del cessionario tutte le eccezioni che avrebbe potuto opporre al cedente. La circolazione cartolare è caratterizzata invece dall'**autonomia obbligatoria** dell'acquisto e quindi dall'indipendenza della posizione dell'acquirente rispetto a quella dei precedenti creditori. Tale indipendenza si esprime attraverso le formule della *letteralità* e dell'*astrattezza*. **Letteralità** significa che il possessore può esercitare la pretesa *nei termini che sono indicati nel titolo*, senza subire le conseguenze di eventuali atti modificativi del contenuto (es.: dilazioni, remissioni parziali) o estintivi della stessa (es.: pagamento) riferibili a precedenti possessori, ma non risultanti dal documento. **Astrattezza** significa che la creazione del titolo *scinde giuridicamente* (astrae) *il diritto cartolare dal rapporto giuridico che vi ha dato causa* (c.d. *rapporto fondamentale*), rendendo quest'ultimo irrilevante nei confronti dei successivi possessori del titolo, che non sono parti di tale rapporto; così il rilascio di una cambiale per il pagamento del prezzo di un bene dà vita ad un credito astratto rispetto al rapporto di compravendita, la cui esistenza, i cui vizi, le eccezioni scaturenti dal quale sono inopponibili ai terzi che successivamente acquistino la cambiale dal prenditore della stessa (cioè dal primo possessore, il venditore del bene).

A tal proposito le eccezioni opponibili dal debitore di un titolo di credito si distinguono in:

a) **eccezioni reali**. Sono opponibili a qualunque possessore e comprendono:

a1) quelle "*fondate sul contesto letterale del titolo*" (ad es., il fatto che la somma dovuta risulti inferiore rispetto a quella pretesa) e quelle "*di forma*" (ad es., l'art. 1 r.d. 1669/1933 richiede l'apposizione della denominazione "cambiale" sul relativo titolo e nella lingua in cui esso è redatto); anche modifiche al rapporto originario (un pagamento parziale, una dilazione) divengono eccezioni fondate sulla lettera del titolo, se vi sono documentate;

a2) talune eccezioni di non riferibilità dell'obbligazione cartolare alla volontà di chi figura come debitore: *falsità della firma*, *difetto di capacità* (d'agire, non di capacità naturale *ex* art. 428) *o di rappresentanza al momento dell'emissione*, cui va aggiunta la *violenza fisica*;

b) **eccezioni personali**. Sono opponibili solo al singolo possessore e comprendono:

b1) *eccezioni personali in senso stretto*: il difetto di proprietà del titolo (ad es., perché acquistato in base ad un negozio nullo, o *a non domino* in mala fede) e il difetto di legittimazione (cioè la carenza di possesso qualificato del titolo);

b2) *eccezioni fondate su rapporti personali con l'attuale possessore*: si tratta di tutti i fatti che incidono sull'esistenza o sul contenuto della pretesa documentata, intercorsi con tale possessore; vi rientrano gli atti o le vicende direttamente modificativi del rapporto cartolare (la concessione di una dilazione nel pagamento, l'adempimento della prestazione, ecc.), nonché le vicende concernenti altri rapporti, che possano dar luogo ad un'eccezione di compensazione. È a quest'ultimo tipo di eccezione che vanno ricondotte quelle scaturenti dal rapporto fondamentale (sempre che l'attuale possessore ne sia parte);

b3) *eccezioni fondate su rapporti personali con i precedenti possessori*: si tratta di tutte quelle radicate in fatti e rapporti (ivi compreso il rapporto fondamentale), non riferibili al possessore attuale; esse restano a costui inopponibili, a meno che egli non abbia acquistato il titolo intenzionalmente a danno del debitore, cioè al solo scopo di privarlo dell'eccezione (non basta dunque la consapevolezza di questa). È in tale inopponibilità che si manifesta l'autonomia obbligatoria dell'acquisto cartolare.

Il principio di letteralità assume caratteri differenziati a seconda del particolare tipo di titolo. Esistono infatti titoli *a letteralità piena*, come la cambiale o l'assegno, in cui il documento contiene integralmente gli elementi della pretesa. Accanto ad essi, vi sono però titoli *a letteralità incompleta*, che menzionano solo in parte il contenuto del rapporto cartolare, bisognoso di integrazione con ulteriori documenti: è il caso del titolo azionario, che va integrato con lo statuto della società, per conoscere estensione e modalità di esercizio dei diritti del socio.

Identica è l'autonomia obbligatoria nella circolazione dei **titoli scritturali**: l'art. 83-*septies* TUF dispone che, all'intestatario del conto, "l'emittente può opporre soltanto le eccezioni [a lui] personali e quelle comuni a tutti gli altri titolari degli stessi diritti" (ossia di titoli della stessa specie). Quest'ultima formula corrisponde a quella delle eccezioni reali, elencate nell'art. 1993: nei titoli azionari è comune, ad es., l'eccezione fondata su una norma statutaria (che, per l'art. 1993, è eccezione fondata sul contesto letterale del titolo, stante la letteralità incompleta di quello azionario), o, nei titoli obbligazionari, quella consistente nell'assenza della delibera di emissione da parte dell'organo societario preposto (che, per l'art. 1993 applicato ai titoli emessi da persone giuridiche, corrisponde alle eccezioni di irriferibilità dell'emissione alla volontà di chi figura come debitore).

4. *La legittimazione cartolare attiva e passiva*

La proprietà del documento attribuisce la *titolarità* del rapporto documentato, nei titoli cartacei. **Il possesso**, **eventualmente qualificato**, **attribuisce la *legittimazione*.** Questa attiene alla fase di esercizio del diritto e lo rende più agevole.

L'art. 1992, co. 1, stabilisce infatti che "il possessore ... ha diritto alla prestazione in esso indicata verso presentazione del titolo, purché sia legittimato nelle forme prescritte dalla legge" (cioè purché il suo possesso sia qualificato, nei titoli all'ordine o nominativi). È questa la c.d. **legittimazione attiva**. La norma va però interpretata correttamente: il fatto che il possessore abbia "diritto alla prestazione" non significa che, di per sé, il possesso, sia pure qualificato per i titoli per cui occorra, conferisca la titolarità del diritto, la quale è infatti legata, come si è appena detto, alla proprietà della *chartula*; significa invece che il possessore che esibisca il titolo non deve fornire altra prova della sua titolarità; in altre parole, *il possesso determina una presunzione di titolarità*, presunzione relativa, non già assoluta, essendo sempre possibile che il debitore fornisca la prova contraria (ad es. dimostri che l'attuale possessore ha acquistato il titolo in base a un atto nullo). La funzione dell'istituto, da questo punto di vista, è dunque quella di facilitare l'esercizio del diritto, senza gravare il cessionario dell'onere della prova che altrimenti, nella circolazione non cartolare, dovrebbe sostenere.

Logico corollario della legittimazione attiva è la **legittimazione passiva**, consacrata nel co. 2: "il debitore, che senza dolo o colpa grave adempie la prestazione nei confronti del possessore, è liberato anche se questi non è il titolare del diritto". Il pagamento nei confronti del possessore (eventualmente qualificato) è sempre liberatorio per il debitore, che dunque non potrà essere costretto ad un secondo adempimento da parte del vero titolare del diritto, a meno che non versi in dolo o colpa grave. Non basta però, perché il pagamento non sia liberatorio, la conoscenza o la conoscibilità, da parte del debitore, del difetto di titolarità in capo al possessore: infatti questi otterrebbe comunque, dietro semplice presentazione del titolo, la condanna al pagamento in suo favore, a meno che il debitore non possa provare tale difetto; perciò "dolo o colpa grave", ai sensi della norma in esame, si hanno solo quando il debitore disponesse (dolo) o avrebbe potuto agevolmente disporre (colpa grave) di *prove certe e liquide* che gli avrebbero consentito di respingere la pretesa del possessore.

Nei **titoli scritturali**, la *legittimazione attiva* è collegata all'**intestazione del conto** in cui il titolo è registrato: infatti, "effettuata la registrazione, il titolare del conto [...] ha la legittimazione piena ed esclusiva all'esercizio dei diritti relativi agli strumenti finanziari in esso registrati, secondo la disciplina propria di ciascuno di essi" (art. 83-*quinquies*, co. 1, TUF). L'intestazione del conto sostituisce dunque il possesso della *chartula*.

Peraltro, non essendo l'*hardware* ove il titolo è memorizzato un documento che il "possessore" del titolo possa esibire all'emittente, le modalità di esercizio del diritto sono qui più complesse. I diritti patrimoniali (riscossione di dividendi, di interessi, ecc.) sono infatti necessariamente esercitati, in forma mediata, collettiva e anonima, attraverso gli intermediari e il CSD (art. 83-*quater*, co. 1); solo i diritti amministrativi (es.: per le azioni, il voto assembleare, il controllo dei libri sociali) sono esercitati direttamente dall'intestatario del conto, dietro presentazione di una "certificazione", cioè di un documento (che non ha natura di titolo di credito) rilasciato su richiesta dall'intermediario e attestante la registrazione dei titoli nel conto intestato al richiedente (art. 83-*quinquies*, co. 3), oppure, specie per la partecipazione alle assemblee, a seguito dell'invio, da parte dell'intermediario, di una comunicazione elettronica diretta all'emittente, contenente la medesima attestazione (art. 83-*sexies*).

Anche nel sistema scritturale, la legittimazione non coincide con la titolarità del rapporto giuridico registrato e può accadere che legittimato sia un soggetto diverso dal titolare (ad es., colui che ha acquistato in base ad atto nullo). Perciò l'emittente può eccepire all'intestatario del conto il difetto di titolarità, se riesce a provarlo. E corollario di ciò, anche qui, è la *legittimazione passiva*: il principio dell'art. 1992, co. 2, pur non riprodotto, è senz'altro analogicamente applicabile, stante l'identità dei due sistemi, cosicché il debitore che senza dolo o colpa grave adempie nei confronti dell'intestatario del conto (i cui dati siano pure annotati nel suo registro, se il titolo è nominativo) è liberato anche se questi non è il titolare del diritto.

§ 21. LA CIRCOLAZIONE DEL DENARO: GLI STRUMENTI DI PAGAMENTO

SOMMARIO: I. *Dalla circolazione di denaro contante all'utilizzo di strumenti di pagamento "sostitutivi" e "alternativi"*. – II. *Gli strumenti di pagamento sostitutivi: l'assegno bancario e circolare*. – 1. I titoli cambiari: profili generali. – 2. La cambiale: cenni. – 3. L'assegno bancario. – 4. L'assegno circolare. – III. *Gli strumenti di pagamento "alternativi" al denaro contante.*

I. *Dalla circolazione di denaro contante all'utilizzo di strumenti di pagamento "sostitutivi" e "alternativi"*

Nella società contemporanea può dirsi ormai acquisito che ogni trasferimento di denaro tra un soggetto ed un altro – indipendentemente dal rapporto giuridico sottostante – possa essere eseguito oltre che con la materiale consegna di pezzi monetari anche con modalità differenti.

L'odierno sistema dei pagamenti ruota attorno alla nozione di **moneta scritturale**, ovvero moneta che, in senso lato, costituisce il prodotto della prestazione di servizi di pagamento. Più precisamente, con tale espressione ci si riferisce all'*insieme dei saldi disponibili dei conti accesi presso banche o altri intermediari specializzati* (altresì detti debiti a vista), la cui movimentazione è in grado di produrre il trasferimento di una certa disponibilità monetaria da un soggetto ad un altro.

Basandosi sulla movimentazione di crediti disponibili, l'uso della moneta scritturale postula, quindi, la costante fiducia del pubblico nella *solvibilità degli intermediari coinvolti* e nella capacità degli stessi di convertirla, in qualunque momento e a semplice richiesta, in moneta legale. Il che a sua volta presuppone l'esistenza in ogni contesto nazionale di un "**sistema dei pagamenti**", vale a dire di un articolato assetto in grado di agevolare il regolare completamento del processo tramite cui si realizza il trasferimento monetario e di tutelare la fiducia riposta dal pubblico nell'accettazione e nell'efficacia liberatoria della moneta scritturale (sia dal punto di vista istituzionale che da quelli tecnico-operativo e infrastrutturale). È per queste ragioni che negli Stati moderni la prestazione di servizi di pagamento e l'uso della moneta scritturale sono di norma circondati e presidiati da un adeguato **regime di controlli pubblici**.

Negli ultimi anni, l'evoluzione del settore dei servizi di pagamento e la progressiva implementazione di nuove tecnologie ha affiancato alla moneta scritturale le c.d. valute virtuali, definite come rappresentazioni digitali di valore che funzionano come mezzo di scambio, unità di conto e/o strumento di conservazione del valore, pur senza essere riconosciute come valuta avente corso legale.

Tali valute non sono, infatti, emesse né garantite da uno Stato e sono utilizzate ed accettate all'interno di una specifica comunità virtuale. Esse possono essere memorizzate sul computer in appositi portafogli digitali (*e-wallets*) e, all'occorrenza, trasferite e negoziate elettronicamente. Il loro impiego prescinde, dunque, da forme di intermediazione tradizionale e potrebbe costituire una sfida importante per gli strumenti di pagamento al dettaglio esistenti.

Ritornando al novero degli strumenti di pagamento più tradizionali, fra quelli utilizzati nella prassi, ormai una trentina d'anni or sono in dottrina era stata elaborata una distinzione, ancora oggi utilizzata in letteratura, fra *mezzi di pagamento c.d. sostitutivi* e *mezzi di pagamento c.d. alternativi* del denaro contante.

Ai **mezzi di pagamento c.d. sostitutivi** venivano e sono ancora ricondotti tutti quegli strumenti che consentono di evitare un trasferimento diretto di denaro contante fra debitore e creditore sostituendolo con la consegna di *documenti rappresentativi* di esso, comunemente accettati come corrispettivo di uno scambio in sostituzione temporanea della moneta medesima. Nella "famiglia" il ruolo principale è senza dubbio svolto dagli *assegni bancari e circolari* appartenenti (assieme alla cambiale) ad una particolare tipologia di *titoli di credito* (*c.d. cambiari*).

I c.d. **mezzi di pagamento "alternativi"** sono invece strumenti – aventi tra loro natura, funzioni e implicazioni spesso differenti – attraverso i quali viene totalmente evitato il trasferimento materiale di denaro o documenti rappresentativi, in luogo del quale vengono eseguite da banche o istituti di pagamento scritturazioni a debito e a credito su conti di titolarità dei soggetti coinvolti nell'operazione.

Una distinzione simile è stata fatta propria pure dal legislatore europeo che con la direttiva 2007/64/CE sui "servizi di pagamento nel mercato interno" (PSD), recepita in Italia con il d.lgs. 11/2010, ha scelto di occuparsi di una vasta gamma di operazioni di pagamento ad eccezione di quelle basate su uno dei seguenti tipi di documenti cartacei: "assegni, titoli cambiari, voucher, traveller's cheque, vaglia postali" (art. 2, co. 2, lett. *g*, d.lgs. 11/2010).

E per tale ragione si è scelto di trattare anche in questa sede separatamente le due tipologie di strumenti, pur nella consapevolezza che alcune questioni giuridiche di fondo sono in realtà comuni ad entrambe e si gioverebbero, quindi, di un trattamento giuridico unitario.

II. *Gli strumenti di pagamento sostitutivi: l'assegno bancario e circolare*

1. *I titoli cambiari: profili generali*

Come si è già accennato, i **titoli cambiari** – e fra questi, in particolare, l'assegno e la cambiale, per i quali nel nostro ordinamento è prevista una regolamentazione assai dettagliata e preesistente rispetto al Codice civile (per l'assegno r.d. 1736/1933; per la cambiale r.d. 1669/1933) – sono stati, specie in passato, spesso impiegati nel pagamento di debiti pecuniari consentendo al debitore di evitare un trasferimento materiale di pezzi monetari.

Sotto **l'aspetto strutturale**, cambiale e assegno mostrano caratteri di forte similitudine presentandosi come una *promessa di pagamento del sottoscrittore a favore della persona indicata nel titolo* (prenditore) (nell'ipotesi del **pagherò cambiario** – o vaglia cambiario o cambiale propria – e in quella dell'**assegno circolare**); ovvero come un *ordine di pagamento impartito da un soggetto* (traente) *ad un altro soggetto* (trattario) sempre a favore del portatore del titolo (nell'ipotesi della **cambiale tratta** e in quella dell'**assegno bancario**).

Sotto l'**aspetto funzionale**, invece, i titoli cambiari vengono bipartiti in maniera differente: la *cambiale tratta* e il *pagherò cambiario* rispondono ad una ***funzione creditizia***, ossia di differimento nel pagamento di una certa somma; l'*assegno bancario* e l'*assegno circolare* rispondono, invece, ad una ***funzione di pagamento***, consentendo a chi abbia somme disponibili presso una banca di utilizzarle per effettuare, suo tramite, pagamenti a terzi.

Più in dettaglio, al fenomeno "cambiale" la funzione "creditizia" appare intrinsecamente connaturata in quanto dall'elencazione dei requisiti della cambiale di cui all'art. 1 e nell'art. 100 del r.d. 1669/1933 risulta che la medesima è un titolo normalmente *all'ordine* contenente l'obbligazione incondizionata di pagare o di far pagare una somma di denaro *alla scadenza e nel luogo* indicati nel titolo stesso. Diversamente, l'assegno (sia nella variante dell'assegno bancario che in quella dell'assegno circolare), pur appartenendo anch'esso alla categoria dei titoli cambiari e condividendo con la cambiale i nuclei disciplinari portanti, sotto il profilo funzionale si connota essenzialmente come strumento di pagamento. E ciò in quanto è caratterizzato dall'*esigibilità a vista*, nonostante ogni eventuale scadenza apposta sul titolo, e dall'assoggettamento della sua *presentazione a termini brevissimi*, pena le conseguenze negative su cui v. *infra*, II.3.

Solo l'assegno, poi, si presenta come *inscindibilmente connesso* – in entrambe le varianti – con l'attività di *intermediazione bancaria*, dovendo di necessità (per assicurare la costante solvibilità) sia il trattario di un assegno bancario che l'emittente di un assegno circolare essere banche. E in particolare per quanto riguarda l'assegno bancario la sua ormai indiscussa struttura di delegazione di pagamento lo avvicina sensibilmente ad altre tipologie di strumenti di pagamento quali il bonifico, l'addebito diretto o le carte di debito/credito di cui ci si occuperà più avanti.

Proprio la diversità di funzione tra cambiale e assegno conduce peraltro a dare maggiore spazio in questa sede, dedicata agli strumenti di circolazione della ricchezza mobiliare e in particolare del denaro, alle *regole sull'assegno*, limitando a brevi cenni l'analisi della disciplina della cambiale (peraltro per numerosi profili coincidente) nonostante quest'ultima continui senza dubbio a rappresentare un punto di riferimento sistematico per l'intera materia.

2. *La cambiale: cenni*

La cambiale è un **documento**, stampato o dattiloscritto o manoscritto, che viene detto *completo*, nel senso che tutte le clausole che individuano e regolano il diritto cartolare di credito (enumerate agli artt. 1 e 100 r.d. 1669/1933) devono essere contenute nello stesso documento cambiario, senza possibilità di riferimenti ad altri documenti. Solo a fini fiscali e non per la validità della cambiale è obbligatorio l'uso dell'apposita *carta bollata*: se però, sin dall'inizio, il documento non è stato bollato, la cambiale non ha qualità di titolo esecutivo.

Essendo un **titolo normalmente all'ordine**, essa circola per mezzo della girata (art. 15 r.d. 1669/1933), che produce l'effetto di fare diventare il giratario portatore legittimo della cambiale (funzione di trasferimento).

È un **titolo astratto**, perché il rapporto sottostante tra traente (o emittente) della cambiale e primo prenditore (detto *rapporto di valuta*) non risulta dal titolo e può essere il più vario (ad es. l'obbligo di pagare il corrispettivo di una compravendita oppure l'obbligo di restituzione che deriva da un contratto di finanziamento). Nella cambiale tratta, oltre al rapporto di valuta intercorrente tra traente e primo prenditore, vi è il *rapporto di provvista*, intercorrente tra traente e trattario, che vede di solito quest'ultimo debitore della somma verso il primo per un debito non cambiario. In questa ipotesi, il trattario, pagando la cambiale, estingue contemporaneamente il rapporto di valuta del traente verso il prenditore e il rapporto di provvista di se stesso verso il traente.

La cambiale nasce con la **dichiarazione cambiaria** *del traente* (o dell'emittente); spesso, però, dopo l'emissione del titolo e prima della sua scadenza, sulla cambiale vengono aggiunte *altre dichiarazioni*, da ognuna delle quali nasce un *obbligo cambiario* del sottoscrittore verso il creditore cambiario.

Nella cambiale tratta può infatti innanzitutto accadere che il trattario accetti (scrivendo e sottoscrivendo sul documento una **dichiarazione di accettazione**), diventando obbligato cambiario (art. 33, co. 1, r.d. 1669/1933; prima dell'accettazione, egli non ha alcun obbligo nei confronti del possessore della cambiale). Oppure, nell'ipotesi di circolazione per mezzo della **girata**, è il girante a divenire obbligato cambiario nei confronti del proprio giratario e dei giratari successivi (funzione di garanzia). Vi possono essere poi le **dichiarazioni di avallo**, con cui si garantisce il pagamento del debito cambiario assunto da un altro soggetto (art. 35 r.d. 1669/1933): anche gli avallanti diventano obbligati cambiari, assumendo la stessa posizione dell'obbligato cambiario per il quale hanno garantito, indicato nella stessa dichiarazione di avallo e detto avallato.

Le varie obbligazioni, che derivano dalle varie dichiarazioni cambiarie, godono del **principio di indipendenza**, nel senso che l'invalidità di una delle obbligazioni non influisce sulla validità delle altre (art. 7 r.d. 1669/1933).

Gli obbligati cambiari si distinguono in **obbligati diretti** (emittente, accettante e loro avallanti: artt. 49 e 103 r.d. 1669/1933) e **obbligati di regresso** (traente, giranti e loro avallanti).

La distinzione è molto rilevante perché gli obblighi degli obbligati diretti almeno in parte sono regolati diversamente da quelli degli obbligati di regresso: così, ad es., solo gli obblighi degli obbligati di regresso si estinguono per mancanza di protesto (una particolare procedura con cui si fa constare il mancato pagamento: art. 50); il termine di prescrizione degli obblighi degli obbligati diretti è più lungo di quello degli obblighi degli obbligati di regresso, ecc.

Alla scadenza, il **pagamento** della somma cambiaria deve essere chiesto al trattario nella cambiale tratta, all'emittente nella cambiale propria. Legittimato a chiedere il pagamento è il portatore legittimo della cambiale, cioè, trattandosi di un titolo all'ordine, chi risulta ultimo giratario in base ad una serie continua di girate.

Se l'obbligato principale rifiuta il pagamento della somma indicata, l'ultimo giratario può rivolgersi per il pagamento ad uno qualunque, a sua scelta, tra gli altri obbligati cambiari.

Solo se il pagamento è compiuto dall'emittente o, in caso di cambiale tratta accettata, dall'accettante (cioè, dall'obbligato principale) si estinguono tutti i rapporti cambiari; se, invece, il pagamento viene eseguito da un altro obbligato cambiario (ad es. un girante), questi può pretendere a sua volta il rimborso di quanto ha pagato dai giranti che lo precedono, dal traente o dai loro avallanti. In questo consiste il c.d. **ordine (o nesso) cambiario**.

La cambiale è, infine, un **titolo esecutivo**, in quanto il creditore cambiario ha il potere di dare avvio subito (mediante notifica del precetto) alla procedura esecutiva sui beni dei debitori cambiari inadempienti, senza bisogno di ottenere prima una sentenza di condanna o un decreto ingiuntivo di pagamento.

In ragione della spiccata vocazione creditizia della cambiale, va infine segnalato che sulla falsariga di tale titolo di credito è stata introdotta nel nostro ordinamento, con l. 43/1994, la figura della **cambiale finanziaria**, al preciso scopo di fornire alle imprese uno strumento di raccolta diverso dalle normali obbligazioni.

In sostanza, le cambiali finanziarie costituiscono un tipico strumento di finanziamento a breve termine, molto diffuso nei mercati più evoluti, che permette agli emittenti una diversificazione nella raccolta di risorse e agli investitori una maggiore articolazione nell'impiego del risparmio. In materia di cambiali finanziarie, alcune novità di rilievo sono state apportate dal c.d. decreto sviluppo (d.l. 83/2012) attraverso il quale il legislatore ha, innanzitutto, inteso allargare la rosa dei soggetti che possono emettere tali titoli anche alle società non quotate in mercati regolamentati o non regolamentati (seppur a particolari condizioni). Inoltre, il decreto ha modificato la durata delle cambiali finanziarie (che ora può essere compresa fra 1 e 36 mesi invece dei 3-12 mesi originariamente previsti) e ha ammesso la possibilità di emettere le cambiali in forma dematerializzata.

3. *L'assegno bancario*

Uno dei più comuni mezzi di pagamento è l'**assegno bancario**, del quale si serve chi stipula con una banca un contratto di conto corrente in virtù del quale, sulla base della c.d. *convenzione di assegno*, viene autorizzato dalla banca a trarre su di essa dei titoli di credito (detti, appunto, assegni bancari). Con l'assegno bancario, il cliente (*traente*) ordina alla banca (*trattaria*) di pagare una determinata somma di denaro a favore del legittimo portatore del titolo (prenditore o beneficiario).

In quanto titolo di credito e nel rispetto del principio di letteralità, l'assegno bancario è soggetto ad alcuni **requisiti formali** (fissati dall'art. 1 r.d. 1736/1933): i) la denominazione di assegno bancario; ii) l'*ordine incondizionato* di pagare una somma determinata; iii) il nome del trattario; iv) il luogo di pagamento; v) l'indicazione della data e del luogo di emissione dell'assegno; vi) la sottoscrizione del traente. A differenza della cambiale non è necessaria l'indicazione della scadenza perché *la scadenza è sempre a vista*.

L'assegno può essere emesso con la specifica indicazione del nome del **beneficiario** (cioè di chi è legittimato a presentarlo all'incasso) ovvero – con i limiti di recente introdotti dalla normativa antiriciclaggio (cfr. art. 49 d.lgs. 231/2007) – "al portatore" e anche a favore dello stesso traente.

Sempre nel rispetto degli appena richiamati limiti (peraltro molto stringenti), l'assegno pagabile ad una persona determinata si trasferisce per mezzo della **girata** (che non può essere condizionata né parziale) a meno che l'assegno sia emesso con la clausola non trasferibile; quello al portatore con la semplice consegna del documento.

L'emissione dell'assegno bancario presuppone: i) l'esistenza della c.d. **convenzio-**

ne di assegno, ovvero dell'accordo in forza del quale la banca consegna al proprio cliente il libretto degli assegni, lo autorizza ad emetterli e, in presenza di fondi disponibili, si obbliga ad onorarli (di regola, tale convenzione è connessa al contratto di conto corrente bancario); ii) **l'esistenza di fondi disponibili**, ove per fondi disponibili non si intendono solo quelli risultanti da rapporti c.d. attivi (ad es. depositi in conto), ma anche quelli derivanti da operazioni di concessione di credito da parte della banca (ad es. aperture di credito).

È previsto dalla legge che l'assegno bancario sia presentato per il **pagamento** entro un termine finale che inizia a decorrere dalla data di emissione: vale a dire entro otto giorni se l'assegno è "su piazza", ossia emesso nella medesima località (il comune) in cui opera lo sportello presso il quale è aperto il conto del traente; quindici giorni se l'assegno è "*fuori piazza*". Trascorso questo tempo ("termine utile") senza che vi sia stata richiesta di pagamento, si hanno varie conseguenze fra cui le più importanti sono: i) si estingue l'obbligazione di regresso dei giranti (art. 45, co. 2, r.d. 1736/1933); ii) se il traente dà al trattario l'ordine di non pagare l'assegno, il trattario deve eseguirlo (in mancanza, però, di revoca dell'ordine di pagamento il trattario può pagare anche oltre il termine: art. 35 r.d. 1736/1933).

Poiché l'assegno bancario è un titolo **esecutivo**, il beneficiario, dopo la formale constatazione del mancato pagamento mediante il protesto effettuato da un pubblico ufficiale (che viene reso pubblico attraverso il Registro informatico dei protesti tenuto dalla Camera di Commercio), può esercitare l'azione di regresso contro gli eventuali giranti.

Il beneficiario può presentare l'assegno all'**incasso** presso la dipendenza della banca trattaria dove l'emittente ha il conto corrente: in tal caso la banca è tenuta a verificare, oltre alla copertura dell'assegno (ossia la sussistenza di fondi disponibili), l'autenticità della firma del traente (confrontandola con lo specimen, raccolto al momento della stipula della convenzione di assegno), l'assenza di alterazioni dell'assegno, la continuità delle girate. E può incorrere in *responsabilità* (di natura contrattuale) verso il traente qualora l'assegno venga pagato in violazione dei suddetti doveri di controllo.

È però divenuto molto frequente che un assegno venga presentato all'incasso presso una banca diversa dalla trattaria, di solito quella dove il beneficiario è titolare di un conto corrente. In tal caso la *banca negoziatrice* – girataria per l'incasso del titolo (e tale girata è ammissibile anche se sull'assegno è apposta la clausola non trasferibile) – accredita in c/c l'importo "salvo buon fine", cioè a condizione che lo stesso venga regolarmente pagato dalla trattaria all'esito della negoziazione dell'assegno in Stanza di compensazione o, nel caso di assegni bancari di importo fino a 5.000 euro e degli assegni circolari senza alcun limite di importo, della procedura della *check truncation* (un colloquio telematico fra le due banche, senza trasmissione materiale dell'assegno).

4. *L'assegno circolare*

Diversamente dagli assegni bancari – i quali presentano, come si è visto, la caratteristica di essere tratti dal cliente su una banca e di non offrire al portatore legittimo la sicurezza del pagamento né dell'esistenza della provvista – l'**assegno circolare** è ispirato ad un principio diverso ed ha struttura di *promessa di pagamento* come il pagherò cambiario.

Esso viene emesso direttamente – su richiesta del cliente – dalla *banca emittente*, la quale promette di pagare una somma determinata di denaro a favore del *soggetto indicato nel titolo* ed è, dunque, *direttamente obbligata nei confronti di quest'ultimo*.

L'assegno circolare è invalido se non contiene gli **elementi essenziali** previsti dall'art. 83 r.d. 1736/1933 e cioè: a) la denominazione di assegno circolare; b) la promessa incondizionata; c) l'indicazione del prenditore; d) l'indicazione del luogo e della data di emissione; e) la sottoscrizione della banca emittente.

All'assegno circolare si applicano in linea di principio le stesse norme previste per il pagamento dell'assegno bancario, con la peculiarità che il termine di presentazione è fissato in 30 giorni dalla data di emissione e la prescrizione dell'azione contro l'emittente nel termine di tre anni.

III. *Gli strumenti di pagamento "alternativi" al denaro contante*

La seconda categoria di strumenti utilizzati nella prassi in luogo di trasferimenti materiali di denaro contante è quella dei c.d. **strumenti "alternativi" di pagamento**, i quali, come già accennato, risultano accomunati dalla caratteristica della totale assenza di *traditio* di pezzi monetari o titoli tra debitore e creditore, in luogo della quale vengono eseguite scritturazioni su conti da parte di soggetti all'uopo abilitati. Si tratta, come pure si è detto, di un mondo estremamente eterogeneo di strumenti che ricomprende operazioni quali i bonifici, gli addebiti diretti, i pagamenti a mezzo carte (di debito come di credito).

Nell'ambito della nozione appena delineata, l'operazione di maggiore diffusione ed anche con maggiore tradizione storica, tanto da poter essere considerata in un certo senso figura madre delle altre, è quella denominata nella prassi "**bonifico**". Con tale espressione ci si riferisce ad un procedimento di trasferimento di fondi che ha luogo su iniziativa di un soggetto – titolare di un conto –, il quale ordina il *trasferimento della disponibilità di una determinata somma dal suo conto ad un altro*, intestato allo stesso o a diverso titolare.

Quando, invece, il trasferimento di fondi esordisce su iniziativa del soggetto creditore anziché del debitore viene in considerazione un "**addebito diretto**", definito in modo assai generico dall'art. 1, co. 1, lett. *v*, d.lgs. 10/2011 nei termini di "un servizio di pagamento per l'addebito di un conto di pagamento del pagatore in cui un'operazione di pagamento è disposta dal beneficiario in base al consenso dato dal pagatore al beneficiario, al prestatore di servizi di pagamento del beneficiario, o al prestatore di servizi di pagamento del pagatore medesimo".

Per quanto concerne, invece, la tipologia dei pagamenti mediante carta, va rilevato che ad essa vengono ricondotte sia le **carte di debito** (o di pagamento), che consentono transazioni e/o prelievi con contestuale movimentazione dei fondi disponibili sul conto corrente; sia le **carte di credito**, che consentono invece l'effettuazione di transazioni e/o prelievi con regolamento sul conto rinviato ad un momento successivo e che presuppongono un complesso accordo che vede la partecipazione di tre soggetti (emittente della carta, titolare della carta ed esercente convenzionato). In particolare, tra emittente e titolare della carta sussiste un *rapporto c.d. di provvista*, mentre tra emittente e fornitore dei beni o dei servizi una convenzione, in forza della quale il secondo si obbliga nei confronti del primo ad eseguire la prestazione richiestagli dal titolare della carta di credito, mentre il primo si obbliga nei confronti del secondo a pagare il corrispettivo del bene o del servizio.

Proprio della "famiglia" degli strumenti alternativi di pagamento ha ritenuto, come si è già accennato, di doversi occupare il legislatore comunitario attraverso l'emanazione della direttiva 2007/64/CE, sui "**servizi di pagamento nel mercato interno**" (*Payment Service Directive*, cui poi è seguita una seconda direttiva in materia), recepita, nel nostro ordinamento, con il d.lgs. 11/2010. Il concetto di "servizio di pagamento" deriva dal fatto che, qui, la *consegna* di denaro o titoli rappresentativi è sostituita da una movimentazione scritturale realizzata *con l'intervento di un intermediario abilitato*. In questa prospettiva, la disciplina è volta a regolare, più che il pagamento come fenomeno circolatorio del denaro, il servizio reso dall'impresa intermediaria quale elemento dell'infrastruttura finanziaria costituita dal sistema dei pagamenti e è parte integrante, perciò, del diritto dedicato al sistema finanziario nel suo complesso. E' dunque sufficiente qui segnalare che tale disciplina introduce regole stringenti volte ad assicurare la ***sicurezza*** di questi pagamenti e l'***equilibrio*** del rapporto intermediario-cliente, applicandosi, sotto il profilo soggettivo, a tutti i prestatori dei relativi servizi (banche, istituti di moneta elettronica, istituti di pagamento e Poste Italiane s.p.a.) e, sebbene in modo differenziato, a tutti i clienti, siano essi consumatori, micro-imprese (come tali da intendersi quelle che occupano meno di 10 addetti e realizzano un fatturato annuo o un totale di bilancio annuo non superiori a 2 milioni €), equiparate ai primi quanto a livello di tutela, o grandi imprese.

SEZIONE OTTAVA
LA CRISI DELL'IMPRESA

SOMMARIO: § 22. Le ragioni del diritto della crisi d'impresa. – § 23. La prevenzione della crisi. – Capo Primo. LA LIQUIDAZIONE GIUDIZIALE. – § 24. I presupposti e l'apertura della procedura. Gli organi. – § 25. Gli effetti della liquidazione giudiziale. – § 26. Lo svolgimento della procedura. – § 27. La chiusura della procedura di liquidazione giudiziale. – § 28. La liquidazione giudiziale delle società. – Capo Secondo. GLI STRUMENTI DI REGOLAZIONE DELLA CRISI. – § 29. Il concordato preventivo. – § 30. Il concordato nella liquidazione giudiziale. – § 31. Gli accordi stragiudiziali. Gli accordi di ristrutturazione dei debiti omologati. I piani di risanamento. – § 32. Le procedure di composizione della crisi da sovraindebitamento. – Capo Terzo. LE PROCEDURE AMMINISTRATIVE. – § 33. La liquidazione coatta amministrativa (in generale). – § 34. L'amministrazione straordinaria delle grandi imprese in stato di insolvenza.

§ 22. LE RAGIONI DEL DIRITTO DELLA CRISI D'IMPRESA

SOMMARIO: I. *Le ragioni e i presupposti di un diritto speciale*. – 1. Le vicende dell'impresa e la sua crisi. – 2. Le ragioni della disciplina concorsuale alle sue origini: la regolazione collettiva dell'insolvenza. – II. *L'ordinamento concorsuale oltre la finalità puramente liquidatoria*. – 1. Le soluzioni negoziate della crisi di impresa. – 2. La salvaguardia dei complessi produttivi. – 3. Le c.d. procedure "amministrative". – III. *Il Codice della crisi d'impresa e dell'insolvenza.*

I. *Le ragioni e i presupposti di un diritto speciale*

1. *Le vicende dell'impresa e la sua crisi*

Come tutti i fatti umani, anche l'attività di impresa ha un inizio e una fine e, nel mezzo, fasi di crescita e di declino. Si tratta di una parabola che non necessariamente coincide con la traiettoria biologica di chi la esercita. L'attività di impresa può infatti far capo ad un ente impersonale (tipicamente una società) la cui esistenza resta tendenzialmente indifferente alle vicende personali delle (e comunque può sopravvivere alle) persone fisiche che vi hanno partecipato. Oppure può proseguire, avvalendosi del medesimo complesso aziendale, in capo ad un acquirente dell'azienda stessa, in un avvicendamento che risulta allora soltanto soggettivo, riguardando il titolare dell'attività pur nella continuità di quest'ultima. Si apprezza in questi casi la possibilità di una divergenza tra la traiettoria dell'impresa e quella dell'imprenditore.

Può così accadere che l'impresa cessi per ragioni per così dire fisiologiche: in relazione alle vicende biologiche o alla volontà di chi la eserciti. E così nel caso della morte dell'imprenditore – se poi nessuno rilevi e prosegua l'impresa cessata – o quando questi decida liberamente di smettere la sua attività, così come nel caso analogo in cui la società che ne è titolare si sciolga, liquidando il suo patrimonio e cessando ogni attività.

Sono vicende, queste, che in principio non destano particolare allarme e non richiedono perciò uno specifico intervento del legislatore, se non per regolarne alcuni passaggi (e così la disciplina del trasferimento d'azienda, o dello scioglimento delle società, o della cancellazione dal registro delle imprese, ecc.).

Vi sono dei casi, però, in cui l'attività di impresa rischia di ritrovarsi costretta a cessare per ragioni intrinseche al suo stesso andamento, in quanto venga meno, o neppure sia mai raggiunta, quella sua capacità (c.d. "equilibrio di impresa") di remunerare i costi di produzione con i ricavi che secondo l'art. 2082 c.c. – indicando l'"*economicità*" fra i requisiti costitutivi della fattispecie "impresa" – dovrebbe costituire il criterio utilitaristico che ne orienta e giustifica l'esercizio. Nei casi accennati, invece, nonostante l'attività sia stata programmata secondo un metodo "economico", capita che alla prova dei fatti l'impresa, anziché produrre nuova ricchezza e quindi valore aggiunto rispetto a quello dei fattori produttivi impiegati, disperde tale valore, costando più di quel che produce.

A livello macroeconomico, il caso può essere visto come quello di una "cellula" del tessuto economico che lo indebolisce anziché alimentarlo; che "brucia" ricchezza, anziché produrla. A livello microeconomico, e comunque dei rapporti fra privati (che è poi il piano su cui prevalentemente verte il diritto commerciale) viene invece in questione, soprattutto, la considerazione che una tale attività di impresa, solitamente finanziata mediante un ampio ricorso al credito, genera perdite che non riescono ad essere coperte con i ricavi ottenuti: ed allora *debiti che non potranno essere pagati*, situazione che l'art. 1, co. 1, lett. *b*, del d.lgs. 12 gennaio 2019, n. 14 ("**Codice della crisi e dell'insolvenza**", o "c.ins.", al quale sempre in questa Sezione si farà riferimento quando si citeranno articoli di legge senza ulteriori riferimenti) definisce di "**insolvenza**". Oppure, seppure si riescano ancora a pagare i debiti, occorrerà constatare che è in corso una fase di "declino", o di "crisi", che lascia pronosticare come imminente uno stato di insolvenza.

L'impresa dissestata, allora, o è costretta ad interrompersi, con il problema di come regolare, per quanto possibile, i debiti insoluti con un valore (quello del patrimonio residuo del debitore) tendenzialmente insufficiente; oppure, proprio facendo leva su questo valore residuo, potrà tentare una soluzione – industriale e/o finanziaria – per risanarsi e rilanciarsi. Una soluzione che potrà anche consistere nella "separazione" dell'impresa stessa dall'imprenditore indebitato (e cioè da chi l'ha fino a quel momento esercitata) e nella sua prosecuzione da parte di un nuovo titolare che "rilevi" l'azienda.

2. *Le ragioni della disciplina concorsuale alle sue origini: la regolazione collettiva dell'insolvenza*

Quando coinvolga un'impresa commerciale, lo stato di insolvenza costituisce quella condizione di dissesto, alla cui regolazione il diritto commerciale si è sin dai suoi albori rivolto (anzi in tal modo costituendosi), in quella sua parte tradizionalmente definita come "**diritto fallimentare**", o anche, più di recente, "**diritto della crisi di impresa**".

Si tratta evidentemente – dal momento che la protezione e l'attuazione, anche coattiva, del rapporto obbligatorio, sarebbero altrimenti "campi" disciplinari di pertinenza dal diritto civile e processuale civile – di regole diverse ed autonome da quelle di "diritto comune", da quelle cioè che dovrebbero normalmente applicarsi.

Le ragioni di una tale **specialità** risultano in buona parte ancora rinvenibili nel vigente ordinamento, dal momento che sin dall'origine esse sono dipese piuttosto da esigenze di razionalità ed efficienza economica, che da contingenti scelte (gius)politiche.

In primo luogo, l'esigenza di una disciplina *ad hoc* per regolare l'insolvenza dell'imprenditore commerciale trae origine dalla ***particolare complessità di una tale insolvenza***: ampio ed articolato, in effetti, risulta solitamente il ricorso al credito da parte di chi intraprenda un'attività commerciale; e conseguentemente molto più frastagliato risulta il fronte dei creditori, e molto più complessa risulta la regolazione dei rapporti obbligatori che ne derivano, rispetto a quella che occorrerebbe per un "normale" privato.

Si rende così opportuna una **procedura unitaria** che consenta un'*attuazione coattiva e simultanea di tutti i debiti insoluti*. Opportuna non soltanto perché *più efficiente ed economica* rispetto all'alternativa di una pluralità di azioni esecutive individuali; ma anche *più equa* rispetto ad una tale alternativa, poiché opererà a favore di tutti e sotto l'egida di un'autorità che assicuri un trattamento paritario dei creditori, e non solo nell'interesse di coloro che, in caso di iniziative individuali, risultino i più lesti ad aggredire il patrimonio del debitore.

In questa prospettiva la **procedura esecutiva** diventa **collettiva**, perché operante a favore della collettività dei creditori; ed "**universale**", riguardando *tutti* i debiti dell'imprenditore e coinvolgendo l'*intero* suo patrimonio (che di quei debiti costituisce garanzia generica: art. 2740 c.c.).

Può dirsi, allora, che per tal via si apre un ***concorso sul patrimonio del debitore insolvente da parte di tutti i creditori***; d'onde anche la definizione, per una tale procedura esecutiva collettiva (oggi detta "*liquidazione giudiziale*", e fino al 2022 nominata "*fallimento*") di "*procedura concorsuale*". Un "concorso" tale per cui tutti i creditori (in deroga al principio temporale, di diritto comune, per cui "*qui prior est tempore potior est iure*") meriteranno di essere soddisfatti in eguale proporzione, secondo il principio della c.d. ***par condicio creditorum*** (o **proporzionalità**), salvi i casi in cui questo o quel creditore riesca ad avvalersi, pur all'interno della procedura, di precostituite ragioni di *preferenza* (ad es. un pegno o un privilegio). E fermo restando, comunque, che se più creditori si trovassero a vantare una pari preferenza (si immagini, i lavoratori che godano di un privilegio di pari grado), tornerà ad operare, all'interno della loro cerchia, il principio della *par condicio*.

È un criterio, questo della proporzionalità, pressoché indispensabile quando il patrimonio dell'imprenditore insolvente risulta insufficiente a soddisfare per intero i creditori, essendo proprio loro, in definitiva, a sopportare, in termini di mancata soddisfazione, le perdite dell'impresa. Si stima che in Italia i creditori "normali" (quelli cioè che non godono di cause di preferenza, detti anche ***chirografari***) ricevano solitamente, all'esito di una procedura liquidatoria, meno, talora assai meno, del 10% di quanto loro spetterebbe. In questo senso, sembra più aderente alla realtà sostenere che il principio della *par condicio*, più che comportare una soddisfazione proporzionale, determina piuttosto una *ripartizione paritetica delle perdite*.

D'altra parte, fra le ragioni che hanno originato lo sviluppo di tali princìpi concorsuali quali eccezioni al diritto comune, milita anche la considerazione che l'insolvenza che essi sono chiamati a governare non è soltanto più complessa di quella di chi non svolge attività di impresa; ma desta anche maggiore "**allarme sociale**", in quanto *capace di provocare*, *in una sorta di effetto domino*, *ulteriori dissesti imprenditoriali*, trascinando nell'insolvenza anche quelle controparti commerciali (fornitori, finanziatori) che, avendo fatto credito all'imprenditore poi divenuto insolvente, non riescano a recuperare quanto prestato.

Sono tutte "ragioni" – queste che si pongono alle origini del tradizionale "diritto fallimentare" e che tuttora spiegano i fondamenti del vigente diritto concorsuale – che si affermarono per iniziativa del ceto mercantile e che, in effetti, trovano "senso" proprio con riferimento alla attività ed allo statuto professionale tipici di quello che oggi chiamiamo l'**imprenditore commerciale non piccolo**, destinatario delle principali procedure concorsuali.

Eppure, se ciò è vero in linea di massima, neppure può escludersi che quella particolare "funzionalità" della procedura concorsuale a regolare uno stato di insolvenza particolarmente complesso può apprezzarsi anche rispetto ad uno stato di insolvenza riferibile ad altre figure di debitore (c.d. ***debitori civili***). Si pensi così non soltanto a coloro che non svolgano alcuna attività di impresa; ma anche a chi svolga un'attività professionalmente dedita alla produzione di beni o servizi, anche se non qualificabile come di "impresa commerciale non piccola" (imprenditori agricoli, piccoli imprenditori, lavoratori autonomi, professionisti intellettuali).

Esigenza, questa, tanto più avvertita quando si debba constatare – come in effetti accade sempre più spesso – che anche il c.d. debitore civile ricorre al credito in proporzioni e secondo modalità tali da generare istanze di regolazione di una sua eventuale insolvenza, non così diverse da quelle che riguardano l'impresa commerciale non piccola. E così anche nel nostro ordinamento, in tempi più recenti, si è prevista una particolare procedura ("liquidazione controllata") volta a risolvere l'insolvenza da "*sovraindebitamento*" di coloro che non sono assoggettati alle procedure concorsuali previste per le imprese commerciali non piccole. Una disciplina già prevista dal 2012 come legge speciale ed ora integrata nel c.ins. (c.d. "liquidazione controllata", artt. 268-283) quale "codice" unitario, appunto, di tutte le procedure per la regolazione delle situazioni di insolvenza.

II. *L'ordinamento concorsuale oltre la finalità puramente liquidatoria*

Il moderno diritto concorsuale non si preoccupa soltanto, come sin dalle sue origini, della regolazione coattiva dell'insolvenza dell'impresa commerciale non piccola o, più recentemente, degli altri debitori sovraindebitati, tramite la disciplina delle procedure liquidatorie sopra cennate (la ***liquidazione giudiziale*** e, rispettivamente, la

liquidazione controllata, previste dal c.ins.); ma prevede, sempre all'interno del medesimo c.ins., anche altre procedure concorsuali, connotate da finalità ulteriori: il ***concordato preventivo, l'omologazione di accordi di ristrutturazione dei debiti*** o ***di piani di ristrutturazione,*** la ***liquidazione coatta amministrativa***; oltre poi a ulteriori procedure non liquidatorie previste per il debitore sovraindebitato **(piano di ristrutturazione dei debiti del consumatore; concordato minore)**.

Inoltre, neppure può dirsi che il c.ins. esaurisca l'intero ordinamento concorsuale. Difatti, a parte alcune norme (talvolta isolate, talaltra – soprattutto in tema di liquidazione coatta amministrativa – più organicamente raccolte all'interno di diverse leggi speciali) che integrano e si "combinano" con lo stesso c.ins., è contemplata, in una legge speciale *ad hoc*, un'altra importante procedura concorsuale denominata ***amministrazione straordinaria delle grandi imprese in stato di insolvenza.***

Si riscontra dunque – in questa sommaria mappatura del sistema concorsuale italiano – una **pluralità di procedure** che, pur essendo al pari di quelle liquidatorie volte a realizzare un *concorso* dei creditori sul patrimonio dell'imprenditore in crisi, risultano ad esse *alternative*. La spiegazione del perché siano previste più procedure per regolare un fenomeno che, in senso lato, può considerarsi unico, vale a dire il dissesto delle imprese commerciali, può approcciarsi attraverso *tre generali chiavi di lettura*.

1. *Le soluzioni negoziate della crisi di impresa*

Una prima chiave di lettura va individuata nel parallelo attestarsi – già dai primi secoli in cui comincia a formarsi il diritto concorsuale – di percorsi di composizione della crisi dell'impresa frutto di un *accordo fra debitore e creditori* anziché, come nell'antico "fallimento" (oggi "liquidazione giudiziale"), di una procedura esecutiva condotta autoritativamente secondo un percorso liquidatorio predeterminato dalla legge, secondo regole non disponibili dall'autonomia privata. Un percorso, quest'ultimo, che comporterebbe non soltanto l'estromissione dell'imprenditore da ogni potere decisionale e dispositivo sul suo patrimonio, appreso alla procedura (c.d. spossessamento), ma anche, in larga misura, la neutralizzazione della stessa iniziativa individuale dei creditori (tutelati semmai secondo un percorso autoritativo in buona parte predeterminato).

Tali **soluzioni negoziate della crisi di impresa** – che possono essere intraprese (ed anzi converrebbe che lo fossero) *prima* ancora che l'impresa giunga in stato di "decozione", ma che possono comunque avere utilità anche quando si sia giunti ad uno stato di insolvenza vera e propria – possono offrire il vantaggio di conseguire risultati più proficui di una procedura puramente liquidatoria.

Un accordo può in effetti consentire al *debitore* di sfuggire agli effetti più indesiderati della liquidazione giudiziale, ma può consentire anche ai *creditori* di ottenere, grazie all'impegno dell'imprenditore (che meglio di chiunque altro conosce le potenzialità residue della propria impresa) una soddisfazione che, seppur non integrale, risulti maggiore di quella che potrebbero ricavare all'esito di una procedura liquidatoria. Naturalmente, a fronte della soddisfazione che viene loro promessa, i creditori acconsentono a rinunciare a parte delle loro pretese. In tal modo si aiuterà l'imprenditore a risollevarsi dalla crisi, o comunque a disporre del necessario margine di manovra per poter adempiere alla propria promessa; anche a costo di dover liquidare tutto quel che possiede, ma almeno con la prospettiva di affrancarsi infine da ogni residuo debito rimasto insoddisfatto.

Queste soluzioni, avendo natura consensuale, si lasciano di per sé ricondurre ad una ***prospettiva puramente privatistica***, in cui ogni singolo creditore (ma non necessariamente tutti) decide liberamente per sé: non ravvisandosi perciò alcun genere di concorsualità. E in effetti la prassi dei c.d. *accordi stragiudiziali* di soluzione (o prevenzione) della crisi di impresa è sempre stata presente nel mondo degli affari.

Dove però il diritto concorsuale è venuto a sovrapporsi all'autonomia privata, è stato nel momento in cui quel tipo di accordi privati sono stati assunti dalla legge quale possibile oggetto di una **procedura giudiziaria** capace di conferire loro, a certe condizioni, una portata che essi, da "soli" (quale mera espressione dell'autonomia contrattuale), non avrebbero mai potuto raggiungere (c.d. *effetti legali*). E così, innanzitutto, la possibilità che le condizioni previste nell'accordo raggiunto dal debitore con i titolari della *maggioranza dei crediti* si estendano e si impongano anche a quegli altri creditori che non vi abbiano aderito: in tal modo superandosi quel limite, che sarebbe invalicabile secondo il diritto generale delle obbligazioni, della necessità del consenso di ciascun creditore affinché la sua pretesa possa essere rideterminata.

In questo modo, grazie anche all'incentivo di ulteriori effetti di natura "protettiva", le soluzioni della crisi d'impresa, pur restando fondamentalmente il frutto di una libera negoziazione, possono arrivare lì dove l'autonomia privata non potrebbe arrivare, e così divenire effettivamente realizzabili anche a dispetto del dissenso di una minoranza dei creditori. Fra tali *effetti protettivi* opereranno infatti anche la sottrazione ad iniziative cautelari ed esecutive, e la conservazione della disponibilità del proprio patrimonio e dell'amministrazione della propria impresa.

Appartiene a questo novero di percorsi, in primo luogo, la procedura del **concordato preventivo** (o del **concordato minore**, per i debitori non assoggettabili a liquidazione giudiziale); ma anche quelle ulteriori procedure dirette alla omologazione degli **accordi di ristrutturazione** o di un **piano di ristrutturazione** (o del **piano di ristrutturazione dei debiti del consumatore**, per il debitore civile sovraindebitato). E sono inoltre da ricondursi allo stesso ambito le *soluzioni concordatarie* praticabili all'interno delle procedure di liquidazione coatta amministrativa e di amministrazione straordinaria; nonché all'interno della stessa procedura di liquidazione giudiziale (c.d. **concordato nella liquidazione giudiziale**), che può in tal modo vedere il suo consueto percorso liquidatorio, quale predefinito dalla legge, deviare verso un differente percorso tracciato dall'iniziativa privata.

Può prendersi atto, in definitiva, che all'interno del nostro sistema concorsuale convive, a fianco della vocazione tipicamente pubblicistica del procedimento giudiziale di natura esecutiva, un'*anima privatistica* che lascia ampio (e spesso prevalente) spazio all'autonomia privata. Il che, sempre di più nei tempi recenti, ha portato a parlare di ***"privatizzazione" delle procedure concorsuali***.

2. *La salvaguardia dei complessi produttivi*

V'è poi una seconda chiave di lettura che consente di comprendere l'articolazione del vigente sistema concorsuale. Essa deriva dal fatto che sempre più, nel diritto concorsuale moderno, alla tradizionale *vocazione liquidatoria* (del complesso aziendale) e afflittiva (del debitore insolvente), tipica delle procedure liquidatorie, si è affiancata, sino forse a divenire prevalente, una nuova sensibilità legislativa orientata a *comporre l'insolvenza prodottasi, o addirittura a prevenire un'insolvenza non ancora prodottasi,* ***salvaguardando il complesso produttivo*** *dell'impresa in crisi.*

In tal modo può consentirsi all'imprenditore di restare alla guida della sua impresa o comunque (separando le sorti dell'uno da quelle dell'altra) di cederla a terzi ma almeno, in tale ipotesi, con il vantaggio di "uscirne" in modo più utile (destinando ai creditori il prezzo della cessione e con la prospettiva, in alcuni casi, di liberarsi dai residui debiti, nella misura che sia rimasta insoddisfatta) ed onorevole.

Il risanamento o comunque la cessione sul mercato dell'azienda perché altri possa proseguirne l'esercizio può in effetti consentire un risultato ben più soddisfacente dello smembramento della stessa e della successiva liquidazione (spesso precipitosa e a prezzo di "svendita") dei singoli cespiti che la compongono. Questa *maggior utilità* sarà apprezzabile non soltanto dal punto di vista del *debitore*, ma anche e soprattutto per i *creditori*, che con la prosecuzione dell'impresa "risanata" potranno beneficiare di nuovi flussi finanziari capaci di ripagarli meglio di quanto si sarebbe potuto sperare per effetto di una liquidazione "spiccia". Anche *interessi più diffusi*, ulteriori rispetto a quelli del debitore e dei creditori, ma che comunque ruotano intorno all'impresa (dei lavoratori innanzitutto, ma poi anche del circostante tessuto economico alimentato dal c.d. indotto, e in definitiva dell'intero circuito economico, soprattutto quando si tratti di grandi imprese) possono inoltre trarre giovamento dalla prosecuzione dell'attività di impresa; poco importa, poi, se ad opera del suo originario titolare o di un nuovo soggetto che gli sia subentrato.

In questa prospettiva, di salvataggio (anche mediante cessione) del complesso produttivo delle grandi imprese e di mantenimento dei relativi livelli occupazionali, trova giustificazione in primo luogo la procedura, già accennata, di **amministrazione straordinaria** *delle grandi imprese* in stato di insolvenza, benché anch'essa orientata, in principio, alla soddisfazione dei creditori.

Ma anche il **concordato preventivo** (o, per le imprese che non siano legittimate ad accedervi, il **concordato minore**) si presta in larga misura al *risanamento* di un'impresa insolvente o, giocando d'anticipo, alla *prevenzione dell'insolvenza* di un'impresa in crisi, grazie alla possibilità di un piano reso realizzabile attraverso l'alleggerimento della complessiva esposizione debitoria, nei termini consentiti dagli stessi creditori che l'abbiano approvato.

3. *Le c.d. procedure "amministrative"*

Secondo una terza chiave di lettura generale, la struttura del nostro ordinamento concorsuale si lascia spiegare (anche se non sempre giustificare, in termini di efficienza e giustizia) considerando la pesante **componente "amministrativa"** che, per talune procedure, si giustappone a quella giudiziaria, talora marginalizzandola.

La liquidazione giudiziale (una volta il "fallimento") e il concordato preventivo si sono sempre svolte sotto il presidio e la vigilanza dell'autorità giudiziaria, che è l'unica autorità pubblica coinvolta. Certo, vi sono momenti in cui anche il giudice è chiamato dalla legge ad assumere decisioni discrezionali più di natura amministrativa che giurisdizionale (ad es. la valutazione se proseguire o meno l'impresa). Ma ciò non toglie che l'autorità giudiziaria operi all'interno di tali procedure fondamentalmente nell'esercizio della propria funzione giurisdizionale, senza la discrezionalità tipica della pubblica amministrazione.

Nel nostro sistema operano invece due altre procedure oltre alla liquidazione giudiziale e al concordato preventivo: la **liquidazione coatta amministrativa** e l'**amministrazione straordinaria** delle grandi imprese in stato di insolvenza.

Procedure, che, come rivela il loro stesso *nomen juris*, sono accomunate dal fatto di risultare "amministrate", gestite cioè da un apparato al cui interno il ruolo di primo piano risulta affidato all'***autorità amministrativa*** (autorità di vigilanza di settore o apparati ministeriali), pur non restando del tutto escluso l'intervento dell'autorità giudiziaria. La pubblica amministrazione, insomma, si affianca e talora sopravanza il ruolo del potere giudiziario nella gestione delle crisi delle imprese sottoposte a tali procedure e che peraltro sono, spesso, proprio quelle economicamente più rilevanti.

Ne risulta così un sistema fortemente anomalo, dove ciò che dovrebbe essere normale – e cioè la regolazione concorsuale dell'insolvenza secondo le tradizionali e "comuni" procedure giudiziarie – risulta invece valere, tendenzialmente, per i casi meno rilevanti. Al contrario, i dissesti più eclatanti vengono attratti da procedure (spesso regolate in via d'urgenza) pilotate dalla politica. Così giustificando la ricorrente ironia secondo cui, in definitiva, il diritto della crisi di impresa "classico" sarebbe confinato, nel nostro sistema, al ruolo di mero *code des boutiquiers* (lett. codice dei bottegai).

III. *Il Codice della crisi d'impresa e dell'insolvenza*

Nel 2022, dopo ottanta anni di vigenza, la legge fallimentare (r.d. 267/1942) è stata sostituita (continuando però a disciplinare le procedure aperte nel periodo in cui è stata in vigore) dal già menzionato d.lgs. n. 14/2019 (**Codice della crisi d'impresa e dell'insolvenza,** "c.ins.") con il quale si è inteso attuare una riforma organica di tutto il diritto concorsuale, sulla base della legge di delega n. 155/2017.

Si tratta di un testo normativo che, avendo integrato al suo interno la disciplina della composizione della crisi da sovraindebitamento del "debitore civile" può dirsi rappresentare una *organica disciplina della crisi e dell'insolvenza di* ***tutti i debitori*** *(esclusi gli enti pubblici)*.

Il Codice è entrato in vigore, per la sua maggior parte, dopo circa tre anni e mezzo dall'emanazione (15 luglio 2022), durante i quali è stato oggetto di vari rinvii e di non marginali interventi legislativi fra i quali soprattutto quello (d.lgs. 83/2022) volto ad armonizzarne i contenuti ad una serie di vincoli normativi derivanti dal diritto europeo formatosi in quello stesso torno di anni.

Da questo punto di vista, sulla scia di una precedente normativa europea di mero indirizzo (racc. 2014/135/UE del 12 marzo 2014), nel 2019 è stata emanata, con il noto effetto vincolante per i legislatori nazionali, la **dir. (UE) 2019/1023,** alla quale il c.ins. ha tentato di conformarsi perseguendo due finalità di fondo.

La prima scaturisce dall'esigenza di far ***emergere con anticipo la crisi imprenditoriale*** (c.d. "*early warning*") e poter così intervenire anticipatamente nel risanamento, evitando l'insorgere dell'insolvenza. La seconda predilige, fra le altre misure, quelle che consentano di intervenire precocemente sulla crisi incipiente (c.d. "*emerging insolvency*") tramite l'accesso del debitore in crisi a ***"quadri" di ristrutturazione preventiva e di recupero dell'impresa***, anziché puramente liquidatorie. Si vorrebbe in tal modo offrire al debitore una *seconda opportunità* di tornare ad operare sul mercato (c.d. *fresh start*), "ritorno" che le evidenze empiriche dimostrerebbero come spesso coronato da successo.

Questi principi ispiratori spiegano la scelta, attuata nel c.ins.: a) da un lato di approntare delle misure, per così dire pre-concorsuali, che il debitore dovrebbe intraprendere già al manifestarsi di taluni indici oggettivi rivelatori della crisi, allo scopo di cercare una composizione della crisi negoziata con i creditori; b) dall'altro – una volta che si renda inevitabile il percorso giudiziale – di accordare "*priorità di trattazione*", fatti salvi i casi di abuso, alle "proposte che comportino il superamento della crisi assicurando la ***continuità aziendale***, anche tramite un diverso imprenditore", purché "funzionali al migliore soddisfacimento dei creditori" (art. 7, co. 2). Nei casi quindi in cui constino contemporaneamente più domande per l'accesso a diverse procedure concorsuali, la "liquidazione giudiziale", all'interno di un "unico procedimento" in cui tutte le domande dovrebbero essere riunite, risulterebbe pertanto relegata ad un ruolo residuale, per i soli casi in cui "non sia proposta un'idonea soluzione alternativa" (paradigmaticamente, un concordato preventivo con continuità aziendale).

Tuttavia, al di là di questa opzione di principio, sul piano del complessivo disegno sistematico, e a dispetto delle sedicenti aspirazioni di "organicità" già contenute nella l. delega n. 155/2017, il nuovo c.ins. non pare riuscito comunque ad emendare quella che già si è segnalata come l'anomalia più macroscopica del sistema concorsuale italiano: e cioè la previsione della amministrazione straordinaria delle grandi imprese in crisi quale disciplina istitutiva di una procedura speciale (disciplina che dunque rimane allo stato immutata), destinata a regolare i dissesti più rilevanti e condotta sotto la direzione e la vigilanza del potere politico.

Sorte non troppo diversa, nella sostanza, ha avuto l'altra procedura "amministrata", la liquidazione coatta amministrativa che, nonostante fosse stata indicata dalla legge delega come oggetto di una "profonda rivisitazione", è infine venuta a ritrovare, in seno al c.ins. (artt. 293 ss.) una *disciplina pressoché identica a quella già contenuta nella previgente legge fallimentare*.

§ 23. La prevenzione della crisi

Sommario: I. *Gli adeguati assetti organizzativi, amministrativi e contabili per la rilevazione della crisi e il suo superamento.* – II. *Gli obblighi di segnalazione.* – III. *La composizione negoziata della crisi di impresa e il concordato semplificato.*

I. *Gli adeguati assetti organizzativi, amministrativi e contabili per la rilevazione della crisi e il suo superamento*

Il tema degli adeguati assetti organizzativi per la prevenzione e la gestione del rischio d'impresa (nelle sue varie declinazioni, e non solo legato alla crisi patrimoniale) è stato coltivato dal legislatore con attenzione crescente nell'ultimo quarto di secolo: dall'art. 149 del TUF, che per la prima volta, nel 1998, ha imposto ai sindaci un dovere di vigilanza sull'adeguatezza degli assetti organizzativi, amministrativi e contabili delle società quotate; alla previsione generale, con la riforma del diritto societario nel 2003, dell'obbligo degli amministratori delegati di dotare la società di assetti amministrativi, organizzativi e contabili adeguati alla natura e alle dimensioni dell'impresa, gravando nel contempo il consiglio di amministrazione del dovere di valutarne l'adeguatezza, e l'organo di controllo del compito di vigilarvi (artt. 2381 e 2403 c.c., in materia di società per azioni); alla disciplina, quasi coeva, del d.lgs. 231/2001 sulla responsabilità amministrativa degli enti, in certa misura condizionata dall'adozione o meno di adeguati assetti idonei a prevenire il compimento di taluni illeciti penali; alla disciplina specifica e di dettaglio, nel secondo decennio del secolo, per taluni settori vigilati (bancario e assicurativo, soprattutto); sino ad una sua generalizzazione, *per tutte le imprese collettive* (non solo societarie quindi), introdotta dal c.ins.

Questo, infatti, all'art. 375, ha modificato l'art. **2086 c.c.** (e la sua stessa rubrica, ora riferita alla "**gestione dell'impresa**"), introducendo un secondo comma per il quale incombe, appunto all'"imprenditore collettivo" (e in particolare al suo organo amministrativo: artt. 2257, 2380-*bis*, 2409-*novies*, 2475, anch'essi modificati dall'art. 377 c.ins.), l'**obbligo di istituire assetti organizzativi, amministrativi e contabili, *adeguati* alla natura e alle dimensioni dell'impresa**, ***anche*** **in funzione** (certamente, però, non l'unica alla quale può essere strumentale l'adozione, obbligatoria anche per gli altri versi segnalati, di assetti adeguati) **della rilevazione tempestiva della crisi di impresa e perdita della continuità aziendale**. Del resto, anche all'*imprenditore individuale* viene imposta l'adozione, se non di veri e propri "assetti", di "*idonee misure*" volte allo stesso scopo della rilevazione tempestiva (art. 3, co. 1).

Si tratta di un obbligo, evidentemente strumentale a quell'obiettivo di "*early warning*" assegnato ai legislatori nazionali dal diritto europeo, che si coniuga con quello, ulteriore (e appunto conseguente all'avvenuta rilevazione della crisi e la perdita della continuità aziendale), di "**attivarsi senza indugio per l'adozione e l'attuazione di uno**

degli strumenti previsti dall'ordinamento per il superamento della crisi e il recupero della continuità aziendale" (art. 377, co. 2; art. 3, co. 1 e 2); strumenti fra i quali vanno senz'altro ricompresi – in primo luogo se non, secondo alcuni, esclusivamente – proprio quelli previsti e disciplinati dal c.ins.

Il legislatore tende a ricorrere alla clausola generale di "adeguatezza" degli assetti proprio in quanto quest'ultima, da rapportarsi alla natura e alle dimensioni dell'impresa di volta in volta considerata, non consentirebbe altrimenti la predefinizione normativa di quali precise regole, procedure ed apparati, ogni impresa dovrebbe dotarsi per realizzare gli assetti imposti dalla legge (secondo un obbligo che la giurisprudenza qualifica avere natura gestoria, se si vuole di alta amministrazione, ed allora valutabile e censurabile secondo la nota *business judgment rule*).

Nondimeno, il c.ins., all'art. 3, co. 3, specifica alcune ***caratteristiche indefettibili, dunque minime, delle misure o degli assetti*** che gli imprenditori dovranno adottare, e cioè quelle che consentano almeno: la rilevazione degli squilibri patrimoniali o economico-finanziari; la sostenibilità dei debiti e la continuità aziendale per i 12 mesi successivi; l'effettiva acquisizione delle informazioni necessarie per sostenere un *test sulla risanabilità dell'impresa*, effettuabile tramite un programma informatico operante su un'apposita piattaforma telematica allestita e gestita dalle Camere di commercio (art. 13, co. 2; art. 25-*undecies*).

La "sostenibilità dei debiti", a sua volta, dovrà valutarsi sulla base di specifici ***segnali*** elencati dall'art. 3, co. 4, riferiti alle proporzioni e alla (avvenuta) scadenza dei principali debiti: per retribuzioni; verso fornitori; verso banche e intermediari finanziari; verso l'Inps e l'Agenzia delle Entrate.

II. *Gli obblighi di segnalazione*

Funzionali alla tempestiva rilevazione della crisi e della perdita della continuità aziendale – dovere, come visto, imposto all'imprenditore individuale o all'organo amministrativo delle imprese collettive – dovrebbero essere anche taluni **obblighi di segnalazione** (nei confronti, appunto, dell'imprenditore o del suo organo amministrativo) imposti all'***organo di controllo***, ai ***creditori pubblici qualificati*** (principalmente Agenzia delle Entrate ed Inps) e alle ***banche e intermediari finanziari*** che abbiano concesso affidamenti all'impresa.

Può rilevarsi, peraltro, che il contenuto di tali obblighi e il relativo apparato sanzionatorio (come riscritti dal legislatore con il d.lgs. n. 83 del giugno 2022, rispetto alla versione originaria del c.ins.) risultano di blanda efficacia, a dispetto di una più incisiva prescrizione della dir. (UE) 2019/1023.

Ed infatti: che l'organo di controllo debba segnalare all'organo amministrativo l'eventuale sussistenza di squilibri che rendono probabile la crisi o l'insolvenza dell'impresa già rientra nei suoi normali doveri di vigilanza, così come pure è già insito nel principio posto dall'art. 2407 c.c. che l'adempimento o l'inadempimento di un tale dovere di segnalazione influirebbe sulla valutazione della responsabilità dei componenti dell'organo di controllo (art. 25-*octies*); che l'Inps o l'Agenzia delle Entrate siano tenute a comunicare, all'organo amministrativo e di controllo, l'esistenza di contributi o debiti fiscali scaduti per importi talora privi di ogni indicatività (rileva anche un mancato versamento dell'Iva appena superiore a € 5.000), senza poi che l'omissione di tale segnalazione provochi alcuna sanzione verso il creditore qualificato, rende un tale obbligo di incerta utilità (art. 25-*novies*); che, infine, le banche siano tenute a comunicare all'organo di controllo le variazioni o revoche già comunicate "al cliente" (cioè all'organo amministrativo), senza peraltro che un tale obbligo sia assistito da alcuna (se non altro specifica) sanzione (art. 25-*decies*), ancora una volta non pare favorire di molto la tempestività della rilevazione di una crisi incipiente.

III. *La composizione negoziata della crisi di impresa e il concordato semplificato*

La finalità di affrontare precocemente la crisi incipiente e di fornire alle imprese in difficoltà strumenti per prevenirne l'insorgenza, o comunque per superare le situazioni di squilibrio economico-patrimoniale che appaiano reversibili, è alla base della previsione della procedura della **composizione negoziata per la soluzione della crisi d'impresa** (artt. 12 ss.).

Quanto ai presupposti, soggettivo ed oggettivo, può dirsi che si tratta di un percorso accessibile a ***qualunque imprenditore*** (pur con talune peculiarità per le imprese "minori" e per le imprese di gruppo) in ***stato di squilibrio patrimoniale o economico-finanziario che ne rendono probabile la crisi o l'insolvenza*** volto a favorire, con vari esiti possibili, una composizione della crisi negoziata con i creditori.

Si tratta di un percorso del tutto ***volontario***, salvo l'obbligo, già ricordato, dell'organo di controllo di segnalare a quello amministrativo la sussistenza della situazione di squilibrio che integra il presupposto oggettivo per ricorrere alla composizione negoziata. L'imprenditore sarà infatti libero di accedervi o meno e – senza subire alcuno spossessamento e senza che vengano inibiti i suoi pagamenti, conservando la gestione ordinaria e straordinaria dell'impresa – potrà condurre le trattative personalmente, con l'eventuale ausilio dei propri consulenti. Solo sarà necessario che, in tale sua iniziativa, venga affiancato da un ***esperto*** indipendente nominato dalla Camera di Commercio (CCIA) del luogo ove l'impresa ha la sua sede legale.

Per questo, l'accesso al percorso consisterà formalmente in una *istanza di nomina dell'esperto rivolta alla CCIA*, corredata di tutta la documentazione illustrativa della situazione contabile e debitoria dell'impresa (art. 17) e presentata attraverso una piattaforma nazionale che consentirà, tra l'altro, il suaccennato *test* preventivo di idoneità dell'impresa al risanamento e alla sostenibilità del suo debito (una sorta di "auto-diagnosi").

La negoziazione con i creditori dovrebbe tendenzialmente svolgersi in forma ***stragiudiziale*** e ***riservata***, al relativo obbligo essendo tenuti anche le controparti dell'imprenditore e l'esperto nominato, salvo che sia l'iniziativa dello stesso imprenditore a rendere necessario l'*intervento del tribunale*. Questo potrà avvenire quando l'imprenditore chieda l'applicazione di misure cautelari o protettive del suo patrimonio da iniziative dei creditori (art. 18), ovvero di essere autorizzato dal tribunale a contrarre finanziamenti prededucibili, o a cedere l'azienda per assicurare la continuità aziendale e la migliore soddisfazione dei creditori (art. 22). Gli effetti delle operazioni così autorizzate verranno poi a stabilizzarsi se la composizione della crisi trovi esito positivo per la positiva conclusione delle trattative, o comunque attraverso il compimento di una delle procedure che possano seguirvi.

Il **ruolo dell'esperto** è innanzitutto quello di valutare, anche alla luce della rappresentazione della propria situazione che l'imprenditore è obbligato a fornire in modo completo e trasparente, se effettivamente vi siano concrete prospettive di risanamento, altrimenti provocando l'*archiviazione dell'istanza di composizione negoziata*; di assistere l'imprenditore nelle trattative con i creditori; di valutare se il compimento di atti di straordinaria amministrazione o l'effettuazione di pagamenti siano o meno coerenti rispetto alle trattative in corso, o comunque pregiudizievoli per i creditori, per le trattative o per le prospettive di risanamento, segnalando il proprio *dissenso* all'imprenditore quando li ritiene pregiudizievoli. Il dissenso sarà confidenziale e tuttavia, se l'atto o il pagamento ai quali si riferisce vengano compiuti, potrà: essere pubblicato nel registro delle imprese; essere seguito da un'istanza al tribunale di revoca delle misure protettive o cautelari; rendere revocabili (*in deroga all'esenzione* che altrimenti assiste gli atti, i pagamenti e le garanzie poste in essere dall'imprenditore dopo la nomina dell'esperto) gli atti di straordinaria amministrazione compiuti malgrado il dissenso, o comunque non autorizzati dal tribunale.

La procedura di composizione negoziata, quando non sia semplicemente archiviata, potrà concludersi positivamente tramite diversi tipi, e variabili contenuti, di **accordi con i creditori** (specificati dall'art. 23).

Diversamente, potrà ricorrersi *agli ordinari strumenti di soluzione della crisi* previsti dal c.ins. o dalla disciplina sull'amministrazione straordinaria; ovvero ancora a quello specifico ed ulteriore strumento che è il **concordato semplificato per la liquidazione del patrimonio** (art. 25-*sexies*).

Si tratta di una proposta di concordato per cessione dei beni unitamente ad un piano di liquidazione, rivolta ai creditori per il tramite di una procedura giudiziale introdotta con ricorso presentato al tribunale entro 60 giorni dalla relazione finale dell'esperto, se questa attesti che le trattative della composizione negoziata, pur non essendo esitate in un accordo, siano state svolte comunque secondo correttezza e buona fede.

Tale concordato sarà "*liquidatorio*", comportando, se omologato, la liquidazione del patrimonio dell'imprenditore a beneficio dei creditori; e "*semplificato*" poiché – contando sulle verifiche, sulle analisi e sulle informative già contenute nella relazione finale dell'esperto – sarà privo della figura del commissario giudiziale (e delle relative funzioni di controllo) e delle fasi in cui si esprima un voto dei creditori. Spetterà infatti al solo tribunale, coadiuvato eventualmente da un ausiliario, di verificare la sussistenza dei requisiti per l'accesso alla procedura e, sulla base di un parere dell'esperto, valutare l'ammissibilità della domanda facendo comunicare la proposta ai creditori e fissando l'udienza di omologazione. Se le eventuali opposizioni dei creditori saranno respinte, il concordato sarà comunque omologato dal tribunale, ove ritenga il piano fattibile e che la proposta sia, al contempo: rispettosa dell'ordine delle cause legittime di prelazione; non deteriore, per i creditori, rispetto all'alternativa della liquidazione giudiziale; capace, in ogni caso, di assicurare qualche utilità a ciascun creditore.

CAPO PRIMO

LA LIQUIDAZIONE GIUDIZIALE

§ 24. I PRESUPPOSTI E L'APERTURA DELLA PROCEDURA. GLI ORGANI

SOMMARIO: I. *I presupposti*. – 1. Il c.d. presupposto soggettivo (rinvio). – 2. Il c.d. presupposto oggettivo: lo stato di insolvenza. – 3. La liquidazione giudiziale dell'imprenditore cessato o defunto. – II. *L'apertura della procedura*. – III. *Gli organi della procedura*. – 1. Il tribunale concorsuale – 2. Il giudice delegato. – 3. Il curatore. – 4. Il comitato dei creditori.

I. *I presupposti*

1. *Il c.d. presupposto soggettivo (rinvio)*

Si è già evidenziato, nella prima Sezione di questo Manuale, come tutto il diritto commerciale abbia ad oggetto principalmente la disciplina dell'**impresa commerciale non piccola**.

È proprio tale (sub)fattispecie di attività produttiva che funge da antecedente, anche, delle norme che regolano la **liquidazione giudiziale** ("l.g."), cioè quella procedura che precedentemente, per secoli (e sino al 2022), si è chiamata "*fallimento*": istituto fondante del diritto commerciale e rivolto, appunto, a regolare l'insolvenza dell'impresa commerciale non piccola. È stato pure anticipato, peraltro, come il c.ins., affianco alle procedure più tradizionali, ne preveda oramai altre, rivolte anche a debitori diversi, delle quali si dirà più avanti.

Quanto alla l.g., secondo quanto chiarito all'art. 121 c.ins., si applicano all'**imprenditore**:

(i) che eserciti un'**attività commerciale**;

(ii) le dimensioni della cui azienda non consentano di qualificarlo come "**minore**", secondo la nozione già esaminata al § 2.III;

(iii) "**privato**": esclusi cioè gli enti pubblici ma non, pertanto, le società a partecipazione pubblica.

Se la sussistenza di tali requisiti ("**presupposto soggettivo**") è condizione necessaria perché possa aprirsi una procedura di l.g., essa non è però sufficiente, dovendo sussistere al contempo un *presupposto oggettivo*: secondo l'art. 121, infatti, può essere sottoposto a l.g. l'imprenditore "***che si trova in stato d'insolvenza***". Vediamone il significato.

2. *Il c.d. presupposto oggettivo: lo stato di insolvenza*

"*Lo* **stato d'insolvenza** *si manifesta con inadempimenti od altri fatti esteriori, i quali dimostrino che il debitore non è più in grado di soddisfare regolarmente le proprie obbligazioni*" (art. 2, co. 1, lett. *b*).

Emergono, secondo questa importante norma definitoria, due profili del **presupposto oggettivo** della l.g.: quello *intrinseco*, legato alla condizione di *obbiettiva impotenza finanziaria* (l'incapacità ad adempiere regolarmente le proprie obbligazioni); e quello *estrinseco*, legato alla soggettiva percettibilità di tale condizione attraverso *fatti esteriori* che la manifestino.

a) Cominciando dal primo profilo, deve innanzitutto rilevarsi – anche per meglio comprendere il complesso di problemi sottesi a tutta la disciplina concorsuale – che l'**incapacità ad adempiere alle proprie obbligazioni** (anche quelle non relative all'esercizio dell'impresa) rappresenta una situazione pregiudizievole non solo per i creditori la cui pretesa possa già esser fatta valere, ma rischiosa per la generalità di tutti coloro che vantino crediti, quantunque non scaduti, nei confronti dell'imprenditore decotto. Nonché, più in generale, allarmante per l'intero mercato, e cioè per chi, pur senza ancora esserlo, potrebbe divenire creditore dell'imprenditore già insolvente.

In ragione di queste esternalità negative, l'incapacità ad adempiere regolarmente le proprie obbligazioni viene dalla legge riconosciuta come *rilevante nella sua* ***obiettività***, a prescindere dalle eventuali responsabilità del debitore o, comunque, dalle cause, seppure fortuite, che hanno determinato il dissesto. Neppure importa il *numero dei creditori*, foss'anche uno solo, o il *numero delle obbligazioni* che gravano sull'imprenditore o, in principio, *il loro ammontare* o il fatto che siano già scadute oppure no.

Si dice "in principio", tuttavia, perché in realtà occorre tener presente un altro dato normativo che, pur senza interferire concettualmente con la nozione di insolvenza, ne condiziona, operativamente, la capacità di provocare l'apertura della l.g. Si tratta dell'art. 49, ult. co., secondo il quale "*non si fa luogo all'apertura della liquidazione giudiziale* ***se l'ammontare dei debiti scaduti e non pagati*** *risultanti dagli atti dell'istruttoria* ***è complessivamente inferiore a euro trentamila***". E ciò per evidenti esigenze di efficienza economica, e quindi di razionalità, della procedura.

La condizione prevista dalla legge, facendo riferimento alla "*incapacità* ad adempiere *regolarmente* alle proprie obbligazioni", consente poi di chiarire meglio il delicato rapporto, non di necessaria coincidenza, fra **insolvenza** e **inadempimento**.

Al proposito, viene innanzitutto in questione il requisito della ***regolarità***: dal quale deriva che *potrebbe ben esservi un'incapacità ad adempiere "regolarmente" anche quando non consti (ancora) alcun inadempimento*. La "regolarità" dei pagamenti riguarda infatti non solo l'integralità e la puntualità dei singoli adempimenti, ma anche le modalità attraverso cui li si effettua o ci si procura il denaro necessario. Non risulterebbe capace di adempiere regolarmente, allora, non solo chi, per la generale scarsezza di mezzi, non riuscisse a saldare per l'intero i propri debiti (oppure vi riuscisse solo con sempre crescenti ritardi), ma anche chi, pur adempiendo per l'intero e alla scadenza, adempisse con ***mezzi anomali*** (come la *datio in solutum* – ad esempio di un'automobile o di gioielli personali o di opere d'arte, ovvero restituendo la merce ricevuta), ovvero procurandosi danaro in modo anomalo: ad es. svendendo a prezzi rovinosi i propri beni; o alienando cespiti aziendali che potrebbero compromettere la continuità dell'impresa; o procurandosi denaro ricorrendo ad usurai, etc. Naturalmente, ognuno di questi elementi non costituirà prova certa, ma solo un indizio, da valutarsi nel caso concreto, dell'incapacità di adempiere regolarmente. Sarà del tutto *regolare*, per converso, l'adempimento effettuato procurandosi denaro mediante *linee di credito concesse da un intermediario finanziario*, se ottenuto a condizioni normali, dal momento che il ricorso al credito, soprattutto bancario, rappresenta un normale mezzo di finanziamento attraverso il quale l'impresa provvede a gestire i suoi flussi finanziari.

In altri termini, seppure è vero che la condizione di insolvenza rileva nella sua **attualità** (e quindi *non* se verificatasi *nel passato* ma oramai superata; ovvero non ancora prodottasi ma *soltanto temuta come imminente*), è anche vero che la *"irregolarità" degli adempimenti* già potrebbe rilevare come insolvenza proprio in quanto lasci pronosticare che il debitore, a breve, non potrà più adempiere, neppure irregolarmente. Il che costituisce un *pericolo attuale*, e non solo temuto, per i creditori dell'impresa.

Per altro verso, il concetto di "capacità" esprime una mera **potenzialità**. E quindi la condizione di chi *sia in grado di adempiere*, avendo i mezzi per farlo, anche a prescindere dal fatto che poi, in concreto, si astenga dal farlo. Potrebbe così esservi *capacità ad adempiere regolarmente pur in presenza di uno o più inadempimenti*. Questi potrebbero infatti dipendere da ragioni diverse dall'incapacità finanziaria del debitore: e così, ad es., quando quest'ultimo (non è che non possa, ma semplicemente) si rifiuti di adempiere perché contesti la pretesa del creditore.

b) Venendo ora al **profilo** che si è detto **estrinseco** dell'insolvenza, prevede l'art. 2, co. 1, lett. *b*, che l'incapacità ad adempiere regolarmente alle proprie obbligazioni deve "***manifestarsi***", *con inadempimenti o con altri fatti esteriori*.

Degli **inadempimenti** veri e propri, e della loro rilevanza, anche indiziaria, s'è già detto; dovendosi peraltro aggiungere, nella prospettiva ora esaminata, che anch'essi, a loro volta, possono manifestarsi in diversi modi: ad es. subendo una *sentenza di condanna a pagare*, o un *protesto*, o un *decreto ingiuntivo*, o un *sequestro conservativo*, ovvero per mezzo di una *dichiarazione del debitore stesso*.

Al di là di tali evidenze, sono comunque possibili molti altri fatti esteriori capaci di rivelare l'insolvenza del debitore, e innanzitutto quelli desumibili da un'analisi delle *risultanze contabili* (specialmente il bilancio) della società. Sarebbe però errato affrettarsi ad affermare l'insolvenza sulla base di una situazione di mero "*sbilancio*" *patrimoniale*, poiché una situazione pur di grave sovraindebitamento non pregiudica di per sé la regolarità degli adempimenti, almeno sin quando l'impresa possa contare sul credito (soprattutto bancario) o su garanzie altrui (spesso prestate dai soci); tanto più, poi, se tali elementi risultino rafforzati da un'aspettativa di alti flussi di reddito futuro, fondamentali per la valutazione della continuità aziendale. Per converso, un'eventuale *eccedenza dell'attivo sul passivo*, soprattutto se il primo sia dato soprattutto da voci di bilancio espressive di risorse non realizzabili (spese di impianto o di pubblicità, o un brevetto dal cui sfruttamento dipendano le sorti industriali dell'impresa) o non facilmente liquidabili (ad esempio immobilizzazioni), potrebbe non bastare a scongiurare una crisi di liquidità.

In definitiva, ciò che conterà in sede di istruttoria sarà l'accertamento di concreti fatti rivelatori di un'insolvenza: non bastando quindi isolati indizi, ma occorrendo un quadro probatorio, quantunque di natura indiziaria, complessivamente espressivo di tale stato.

3. *La liquidazione giudiziale dell'imprenditore cessato o defunto*

Descritta così, nei suoi presupposti la complessa fattispecie della l.g., deve comunque tenersi presente che, in talune ipotesi, tali presupposti potrebbero *apparire* non necessari. Non è però così.

Gli artt. 33 e 34 prevedono la l.g. del debitore che abbia **cessato la sua attività** e del debitore **defunto** (cioè dell'imprenditore persona fisica morto prima dell'apertura della l.g.).

Tralasciando qui la questione relativa al *momento nel quale ritenere cessata un'impresa* (mentre ovviamente non v'è, in principio, problema nel determinare il momento della morte dell'imprenditore), esaminato al § 4, il problema sollevato da tali norme deriva dal fatto che esse consentono di aprire la l.g. *anche dopo il momento della cessazione dell'attività o della morte dell'imprenditore, se l'insolvenza si sia manifestata entro l'anno da quel momento*. Ciò, all'evidenza, per non privare i creditori, solo perché l'impresa è (da poco) cessata, dalla tutela fornita dalla disciplina concorsuale rispetto ad un'insolvenza che è pur sempre relativa a debiti sorti mentre l'impresa era in esercizio: il *termine massimo di un anno* essendo allora posto dalla legge, in modo evidentemente arbitrario, solamente per ragioni di certezza dei rapporti giuridici.

Non si dovrebbe però parlare di una l.g. "senza impresa" o "senza imprenditore". È infatti pur sempre a un'impresa (quale effettivamente ha operato) e ad un imprenditore (quale effettivamente è esistito) che la procedura si riferisce. La sola particolarità consiste nel fatto che i suoi effetti potranno proiettarsi e farsi valere (anche) nei confronti di soggetti diversi, da individuarsi in base ai loro rapporti giuridici con quello che fu l'effettivo titolare dell'impresa sottoposta a l.g.

II. *L'apertura della procedura*

La l.g. è dichiarata da un tribunale civile, per **iniziativa privata** o **pubblica** (art. 37).

a1) È **privata** (ed è l'ipotesi più frequente) l'iniziativa di ***uno o più creditori***. A questo fine uno o più creditori proporranno *ricorso* al tribunale, provando l'esistenza del loro credito ed *allegando la sussistenza dei presupposti della l.g.*, eventualmente offrendo mezzi di prova a supporto; il che non è però indispensabile, considerati gli autonomi poteri di verifica del tribunale, una volta che il ricorso sia stato presentato.

a2) D'altra parte è lo stesso ***debitore*** (o il suo organo di controllo) che, sempre con ricorso, potrebbe (anzi, dovrebbe, se il ritardo aggravi il dissesto: art. 233, lett. *d*) chiedere di essere sottoposto a l.g. (si diceva, ma si dice ancora: "*autofallimento*"). Se poi si tratti di ***società***, la decisione spetterà agli amministratori, che dovranno informarne i soci (art. 120-*bis*, richiamato dall'art. 40, co. 2).

b) L'iniziativa **pubblica** è affidata alla richiesta di un ***pubblico ministero*** al quale risulti, in ogni modo, l'insolvenza (art. 38), sia per effetto di fatti esteriori che la manifestino, sia sulla base di quanto emerga da un *procedimento penale* al quale egli stesso partecipi, compresi i procedimenti da lui intrapresi per far valere un reato concorsuale: un reato la cui punibilità, cioè, presupponga l'apertura di una l.g. nei confronti del condannato, pur potendo tale condizione essere accertata e maturare durante il procedimento proprio a seguito della richiesta del P.M. La notizia dell'insolvenza potrebbe provenire al P.M. anche dalla *segnalazione di un giudice* (art. 38, co. 2) che l'abbia rilevata nel corso di un procedimento (ad es., durante un procedimento esecutivo non andato a buon fine).

L'iniziativa potrà inoltre competere, se l'impresa è soggetta a controllo e vigilanza, alle ***autorità amministrative*** a ciò preposte.

Tribunale competente sarà quello civile del luogo dove si trova il ***centro principale degli interessi*** (talora indicato come "COMI", *center of main interests*) del debitore (art. 27), cioè il luogo (eventualmente anche diverso dalla sede legale) nel quale il debitore gestisce i suoi interessi in modo abituale e riconoscibile dai terzi (art. 2, co 1, lett. *m*) e che si presume coincidere con la sede legale o, in mancanza, con la sede effettiva dell'attività abituale.

Il **procedimento** per la dichiarazione di l.g. è "volto all'accertamento dei presupposti" che la legittimano (c.d. *istruttoria*: art. 49) e si svolge dinanzi al tribunale in composizione collegiale e con le modalità dei procedimenti in camera di consiglio (art. 40, co. 1).

Nelle more del procedimento, il tribunale potrà disporre, se il debitore ne abbia fatto richiesta, le c.d. **misure protettive**, consistenti nella impossibilità per i creditori anteriori di iniziare o proseguire azioni esecutive e cautelari sul patrimonio del debitore, con sospensione dei termini di prescrizione e decadenza (si tratterà quindi di misure non "automatiche", c.d. *automatic stay*, ma disposte dal giudice c.d. *judicial stay*: art. 54, co. 2) e comunque per un periodo *non superiore ai dodici mesi* (art. 8). Il tribunale potrà altresì disporre le eventuali **misure cautelari** che possano apparire opportune per tutelare l'azienda o il patrimonio del debitore (art. 54, co. 1).

Il procedimento si concluderà tendenzialmente con una *sentenza di apertura della l.g.* ovvero con un *decreto di rigetto*.

La **sentenza che dichiara l'apertura della l.g.**, necessariamente motivata, anche se succintamente, ha innanzitutto natura di *accertamento costitutivo quanto allo stato di assoggettamento del debitore alla l.g.*, derivandone tutti gli effetti connessi all'apertura della procedura (§ 25). Effetti che si produrranno *nei confronti delle parti* dopo che essa sia stata notificata o comunicata ad esse ("pubblicazione"); e *nei confronti dei terzi* dopo la sua iscrizione nel registro delle imprese (art. 49, co. 4).

Conterrà inoltre ulteriori *provvedimenti di natura ordinatoria* per la prosecuzione della procedura stessa: nominando alcuni organi della procedura (il giudice delegato e il curatore); ordinando al debitore il deposito della documentazione relativa alla sua situazione economica e finanziaria, ove già non v'abbia provveduto; stabilendo i termini entro i quali si procederà all'esame dello stato passivo.

Contro la sentenza potrà essere proposto **reclamo** dinanzi alla Corte di Appello (art. 51) dal debitore o da ogni altro interessato; il reclamo, comunque, *non sospenderà gli effetti della sentenza impugnata*, a parte la possibilità che il tribunale, su istanza di parte e se ricorrono gravi motivi, *sospenda* in tutto o in parte, o temporaneamente, la liquidazione dell'attivo, la formazione dello stato passivo o il compimento di altri atti di gestione (art. 52).

Il procedimento per l'apertura di l.g. potrebbe concludersi anche con un motivato **decreto di rigetto** (art. 50), fondato sull'accertata *insussistenza* dei presupposti della l.g., o della suddetta soglia minima dei trentamila euro di debiti scaduti; o, in via preliminare, della stessa qualità di creditore di chi avesse proposto ricorso come tale. Tale decreto, al pari della sentenza che dichiari la l.g., potrà costituire oggetto, entro trenta giorni dalla sua comunicazione, di **reclamo** dinanzi alla Corte di Appello, che deciderà con decreto non ricorribile per cassazione, se lo rigetterà, e con sentenza ricorribile per cassazione, se lo accolga, dichiarando l'apertura della l.g.

III. *Gli organi della procedura*

Dalla sua apertura sino alla sua cessazione, la procedura della l.g. si compie attraverso il concorso, con diversi ruoli, di quattro uffici (c.d. "organi"): il tribunale, il giudice delegato, il curatore e il comitato dei creditori.

1. *Il tribunale concorsuale*

È il **tribunale** civile del luogo in cui il debitore ha il centro degli interessi principali, innanzitutto, che (seppure mai d'ufficio) apre la procedura dichiarando la l.g., essendo perciò definito come **tribunale concorsuale**. E "*dell'intera procedura*" il medesimo tribunale resta poi "*investito*" (art. 122), nominando, già nella sentenza di apertura di l.g., il giudice delegato e il curatore, potendo poi revocarli o sostituirli per giustificati motivi. Il tribunale sorveglierà lo svolgersi della procedura sia attraverso un rapporto diretto con il giudice delegato (che è parte del medesimo ufficio giudiziario), sia confrontandosi con gli altri organi o con lo stesso debitore.

La sovraordinazione del tribunale si esprime del resto nel suo **potere di decidere** tutte le ***controversie*** *relative alla procedura che non siano di competenza del giudice delegato* (art. 122, co. 1, lett. *d*): (i) quelle, per così dire, "interne" ad essa (come ad es. i reclami contro i provvedimenti del giudice delegato, o la revoca del curatore); (ii) ma anche, sul versante "esterno", "*tutte le azioni che ne derivano, qualunque ne sia il valore*" (art. 32).

Ma quali sono le **cause che "*derivano*" dalla procedura**? Bisogna innanzitutto dire che si tratta di cause che in assenza della procedura di l.g. potrebbero essere di competenza di altri giudici ma che, per il fatto di derivare dalla l.g., determinano una competenza funzionale ed inderogabile del tribunale concorsuale. La questione non si pone quindi per quelle controversie che è lo stesso c.ins. a rimettere espressamente alla competenza del tribunale (come quelle relative all'accertamento dei crediti ammessi o esclusi dallo stato passivo, o l'azione revocatoria ordinaria per atti compiuti dal debitore prima dell'apertura della procedura). "Derivano" invece dalla l.g. quelle cause che, quand'anche si riferiscano a rapporti preesistenti, non avrebbero avuto ragion d'essere in assenza della procedura, che ne rappresenta così la premessa in diritto: l'azione revocatoria concorsuale, o le controversie in cui si dibatta se la procedura di l.g. abbia prodotto lo scioglimento o non di un certo contratto. Non devono invece ritenersi, in principio, derivare dalla l.g. le cause "attive" che il debitore avrebbe potuto proporre per suo conto, anche a prescindere dalla l.g. Tale sarebbe l'azione per ottenere il pagamento di una fornitura effettuata, o il risarcimento per un illecito subito.

2. *Il giudice delegato*

È con decreto che il **giudice delegato** assume le decisioni attraverso cui svolge il suo centrale ruolo per la procedura: egli non la "dirige" ma, ben più da vicino del tribunale, ***vigila e controlla la sua regolarità*** (art. 123).

La **vigilanza** del giudice delegato presuppone innanzitutto un'adeguata *informazione*: quella che gli provenga appositamente dal curatore (nella sua relazione iniziale e nei suoi successivi rapporti periodici) o quella altrimenti sollecitata, convocando il curatore stesso o il comitato dei creditori. Si estrinseca poi nel condizionare lo svolgimento della procedura, e l'operato del curatore in particolar modo: *nominando, e potendo revocare, il comitato dei creditori*, che nei confronti del curatore ha oggi ampi poteri autorizzatori; ***autorizzando*** egli stesso alcune importanti scelte gestorie del curatore (come quella a continuare l'esercizio dell'impresa o ad affittare l'azienda) o la sua costituzione in giudizio; e soprattutto ***decidendo i reclami*** proposti contro gli atti del curatore e del comitato dei creditori.

Oltre a tale potere decisorio, costituisce espressione del potere giurisdizionale del giudice delegato anche la fondamentale funzione di **accertare i crediti** e gli altri diritti vantati dai terzi insinuati al passivo (§ 26.II).

3. *Il curatore*

Il **curatore** – nominato dal tribunale fra soggetti muniti di particolari requisiti di professionalità, esperienza ed indipendenza (art. 356), e in ragione di tali requisiti iscritti e tratti da un apposito albo (art. 358) – è l'organo, investito della qualità di *pubblico ufficiale*, che operativamente si fa carico di attuare le finalità della procedura.

A questo fine egli ha "***l'amministrazione del patrimonio compreso nella l.g.***", annotata quotidianamente in un apposito registro informatico consultabile dal giudice delegato e dal comitato dei creditori (art. 136, co. 1), e compie – sia pure sotto la vigilanza degli altri organi – "*tutte le operazioni della procedura*" (art. 128), operando contemporaneamente per la liquidazione del patrimonio e per l'accertamento del passivo (art. 136). Egli è pertanto legittimato a compiere atti negoziali con terzi (ad es. stipulando un contratto di affitto dell'azienda, o vendendo beni dell'asse concorsuale) e a stare in giudizio per conto della procedura (ad es. intentando un'azione revocatoria o un'azione di responsabilità contro gli amministratori della società sottoposta a l.g.). Nell'esercitare questo potere – dunque non solo di rappresentanza ma ancor prima di decisione – il curatore è sostanzialmente *autonomo*, tanto ciò vero che i suoi atti possono costituire oggetto di reclamo solo dal punto di vista dell'eventuale violazione di legge, ma non sono sindacabili nella loro "discrezionalità tecnica".

L'autonomia e la discrezionalità delle iniziative del curatore non è del resto contraddetta dal fatto che la sua legittimazione risulta talora condizionata da **autorizzazioni** *del giudice delegato* (come quella a continuare l'esercizio dell'impresa o ad affittare l'azienda o a stare in giudizio, se utile per i creditori) o (ii) di quelle *del comitato dei creditori per gli atti di straordinaria amministrazione* (art. 132).

Se poi si tratti di atti che attuino l'azione liquidatoria *ex ante* pianificata in un "*programma di liquidazione*" (art. 213), questo dovrà essere approvato nel suo complesso dal comitato dei creditori e comunicato al giudice delegato, che autorizzerà il compimento degli atti ad esso conformi.

Entro 30 giorni dall'apertura della procedura il curatore dovrà presentare al giudice delegato una prima informativa sulle cause dell'insolvenza e sulle responsabilità dell'insolvenza; entro 60 giorni dal deposito del decreto di esecutività dello stato passivo, una **relazione particolareggiata** sui medesimi aspetti e sulle responsabilità, anche penali, del debitore (o dei componenti degli organi della società debitrice) e sulla diligenza da lui spiegata nell'esercizio dell'impresa; dopodiché, ogni sei mesi, un *rapporto riepilogativo* sulle attività svolte insieme al conto della gestione (art. 130).

Il curatore, al quale è dovuto un compenso liquidato dal tribunale, potrà essere sostituito per conflitto di interessi dal tribunale su istanza del debitore o dei creditori ammessi al passivo (art. 135) ed è esposto ad eventuale azione di responsabilità promossa dal nuovo curatore e autorizzata dal giudice delegato se non abbia adempiuto ai doveri del suo ufficio con la diligenza professionale richiesta dalla natura dell'incarico (art. 136).

4. *Il comitato dei creditori*

I poteri di gestione del curatore vengono ad essere fortemente *compartecipati* dal **comitato dei creditori**. Questo, infatti, è chiamato a condividere le iniziative del curatore, spesso *autorizzandole* (ad es., l'approvazione del piano di liquidazione), talvolta limitandosi ad esprimere un mero parere non vincolante.

La condivisione di scelte che possono anche rivelarsi strategiche, seppure non allo stesso modo per tutti i creditori, rende opportuno che il comitato dei creditori venga ad essere composto da ***creditori*** (tre o cinque) ***scelti dal giudice delegato***, dopo aver consultato il curatore e i creditori, "*in modo da rappresentare in misura equilibrata quantità e qualità dei crediti ed avuto riguardo alla possibilità di soddisfacimento dei crediti stessi*" (art. 138).

Allo scopo di meglio orientare le proprie scelte, il comitato ha ampi **poteri ispettivi** (su tutta la documentazione della procedura) ed **informativi** (chiedendo notizie al curatore e al debitore), anche accedendo al registro informatico nel quale il curatore dovrà annotare tutte le sue operazioni; decidendo poi, anche informalmente e con voto espresso a distanza, a maggioranza dei votanti.

Va peraltro notato che, trattandosi di un organo composto da *privati*, ai quali normalmente spetta un mero rimborso spese, e per di più soggetti ad *obblighi di diligenza e alla conseguente responsabilità* (parametrata addirittura a quella dei sindaci di s.p.a., escluso peraltro il dovere di vigilanza di cui all'art. 2407, co. 2, c.c.), è la legge stessa a prendere in considerazione che un tale organo possa non costituirsi neppure, o comunque non ben funzionare (art. 140, co. 4), con allora un *potere di sostituzione* del giudice delegato.

§ 25. GLI EFFETTI DELLA LIQUIDAZIONE GIUDIZIALE

SOMMARIO: I. *Per il debitore.* – 1. Lo spossessamento. – 2. L'inefficacia degli atti del debitore e dei pagamenti eseguiti o ricevuti. Gli effetti della l.g. sul piano processuale. – II. *Per i creditori.* – 1. Principi generali. – 2. La soddisfazione dei creditori concorsuali e la "cristallizzazione" del patrimonio della procedura. – III. *Sugli atti pregiudizievoli ai creditori.* – 1. Gli atti inefficaci di diritto. – 2. L'azione revocatoria concorsuale. – 3. Le esenzioni dall'azione revocatoria. – 4. Condizioni di esercizio ed effetti delle azioni revocatorie. – IV. *Sui rapporti giuridici pendenti.*

La finalità di destinare il valore del patrimonio dell'impresa sottoposta a l.g. alla soddisfazione dei creditori viene resa innanzitutto possibile dal prodursi di taluni effetti giuridici direttamente collegati alla sentenza di apertura della l.g. e che, in deroga al diritto comune, agevolano gli organi concorsuali nell'apprensione, nella conservazione e nella liquidazione di quel patrimonio.

I. *Per il debitore*

1. *Lo spossessamento*

Una prima serie di effetti della dichiarazione di l.g. investe la legittimazione dell'imprenditore (dunque degli amministratori, se collettivo) a disporre del suo patrimonio. Si tratta del c.d. **spossessamento**: *la sentenza che dichiara aperta la liquidazione giudiziale* **priva** dalla sua data il debitore "***dell'amministrazione e della disponibilità dei suoi beni*** *esistenti alla data di apertura della liquidazione giudiziale*" (art. 142, co. 1): per "beni" intendendosi ogni situazione giuridica attiva, anche processuale, di cui il debitore sia titolare.

Da questo momento in poi (e precisamente dal deposito della sentenza) e per tutta la durata della procedura, infatti, *tali poteri spetteranno al curatore* (art. 128), al fine di "destinare" il patrimonio del debitore alla soddisfazione dei creditori, dando così attuazione al generale principio della responsabilità patrimoniale (art. 2740 c.c.) che, come noto, comporta che il debitore risponda non solo con i suoi beni presenti, ma anche con quelli futuri.

Sicché saranno tendenzialmente compresi nell'asse concorsuale anche "*i* ***beni che pervengano*** *al debitore durante la procedura*" (art. 142, co. 2): ad es., un'eredità o il danaro guadagnato per mezzo di attività lavorativa o al limite anche di una vincita al gioco. Non tutti i beni sopravvenuti, peraltro, entreranno di per sé nell'asse, ma solo quelli che il curatore (autorizzato dal comitato dei creditori) non rinuncerà ad acquisire (art. 142, co. 3). L'acquisizione dei c.d. beni sopravvenuti, infatti, è possibile solo facendosi carico – in prededuzione rispetto agli altri debiti – delle passività implicate dal loro acquisto o per la loro conservazione (ad es., un'imposta di registro). D'altra parte, vi sono beni che per legge *non sono compresi nel patrimonio della procedura* (art. 146) e in particolare, se il debitore sia una persona fisica, quelli necessari per il mantenimento proprio e della famiglia, o i diritti di natura strettamente personale (che pure potrebbero avere dei favorevoli effetti patrimoniali).

Il c.d. "spossessamento" si caratterizza per la **relatività** della sua efficacia. Esso (i) opera soltanto a beneficio dei creditori concorsuali e (ii) incide sulla sola ***legittimazione*** del debitore ad amministrarli o a disporne (ad es. votando con azioni di sua titolarità, o alienandole), ma non certo sulla *titolarità* dei relativi diritti (reali o personali), che permane immutata almeno sino a quando essi non escano dal patrimonio appreso dalla curatela per essere stati ceduti a terzi nell'àmbito della liquidazione concorsuale. Tanto ciò è vero, che se all'esito della procedura una tale cessione non avesse avuto luogo, il debitore non solo potrebbe ancora dirsi titolare dei beni residui, ma recupererebbe anche la piena legittimazione a disporne.

2. *L'inefficacia degli atti del debitore e dei pagamenti eseguiti o ricevuti. Gli effetti della l.g. sul piano processuale*

Perdere la legittimazione a disporre dei beni appresi alla procedura significa che, finché essa dura, nessuna iniziativa del debitore (a meno che non sia "ratificata" dal curatore) potrà distogliere quei beni dalla finalità di soddisfare i creditori: *rispetto ai quali, quindi, ogni iniziativa del debitore resterà del tutto inefficace*. Ma si tratterà appunto di **inefficacia relativa**. Difatti, siccome il debitore, per effetto dello spossessamento, né perde la titolarità dei suoi beni, né d'altronde perde la generale capacità di agire, ciò vuol dire che un atto da lui compiuto (non solo un atto di alienazione di un diritto, ma anche di assunzione di un'obbligazione) durante la procedura sarebbe in principio valido e produrrebbe i suoi effetti nei confronti dei terzi; ad eccezione però dei creditori concorsuali, rispetto ai quali quell'atto potrà essere considerato *tamquam non esset*, e dunque incapace di modificare la consistenza del patrimonio concorsuale destinato ad essere liquidato a loro soddisfazione.

Ad es., se il debitore, con regolare atto di vendita trascritto nei registri immobiliari, alienasse un bene immobile compreso nell'asse concorsuale, ciò sarebbe del tutto inefficace per la procedura e quindi il curatore ben potrebbe vendere quell'immobile e destinare il ricavato ai creditori concorsuali. Ma ciò non impedirebbe che, di conseguenza, il terzo che abbia acquistato dal debitore, proprio invocando la validità dell'atto compiuto, potrebbe, fuori dalla (e dopo la chiusura della) procedura, agire contro l'alienante per l'evizione subìta. Diversamente, se il bene non fosse stato ceduto a nessuno per effetto della procedura (ipotesi rara), una volta che questa fosse chiusa, l'atto di vendita, *ab origine* valido, potrebbe dispiegare appieno i suoi effetti.

È questo, quindi, il significato della regola, che costituisce un corollario del c.d. spossessamento, secondo cui "***tutti gli atti compiuti dal debitore dopo l'apertura della liquidazione giudiziale sono inefficaci rispetto ai creditori***" (art. 144), a prescindere dal loro effetto pregiudizievole o meno per i creditori.

Regola che poi, per le stesse ragioni, si estende anche ai ***pagamenti eseguiti e ai pagamenti ricevuti dal debitore***. Così, se il debitore utilizzasse attività occultate alla procedura per pagare preferenzialmente alcuni creditori concorsuali (così ledendo la *par condicio*), non soltanto compirebbe un reato (c.d. bancarotta preferenziale: art. 322, co. 3), ma metterebbe colui che avesse ricevuto il pagamento nella condizione di dover riversare alla procedura quanto ottenuto. Se invece un debitore dell'imprenditore sottoposto a l.g. effettuasse un pagamento direttamente a quest'ultimo, ciò non lo libererebbe dal debito, ma lo costringerebbe a pagare nuovamente alla procedura, salvo che non sia lo stesso imprenditore a rimettere il pagamento ottenuto nelle mani del curatore.

Analogo principio di insensibilità del patrimonio concorsuale ad atti non decisi dagli organi della procedura è poi quello che sancisce l'inefficacia relativa delle "**formalità necessarie per rendere opponibili atti ai terzi**" eventualmente compiute su beni compresi nel patrimonio della procedura dopo la data di apertura della procedura. Si tratta di quelle formalità (ad esempio, ma non solo, la trascrizione di un contratto o di un'ipoteca o di una domanda giudiziale avente ad oggetto un bene immobile compreso nell'asse concorsuale) che secondo la disciplina che regola la circolazione di taluni beni (immobili, beni mobili registrati, crediti, ecc.) sono dirette a risolvere il conflitto fra diversi aventi diritto, aggiudicando il bene, o il relativo valore, a chi per primo abbia adempiuto le formalità medesime. Dunque, se queste vengono compiute dopo l'apertura della l.g., esse saranno inopponibili alla procedura, che potrà efficacemente disporre, liquidandoli, dei beni ai quali le formalità si riferiscono.

La limitazione della legittimazione del debitore opera, infine, anche sul **piano processuale**. Come egli è "spossessato" del suo patrimonio, allo stesso modo, in tutte le ***controversie relative a rapporti patrimoniali*** (sempreché relativi a rapporti compresi nella procedura) che lo riguardano, egli non potrà più partecipare al processo, essendo *sostituito dal curatore* (art. 143).

II. *Per i creditori*

1. *Principi generali*

Se presupposto della l.g. è l'incapacità dell'impresa ad adempiere alle proprie obbligazioni, la sua finalità è quella di soddisfare coloro verso i quali tali obbligazioni dovrebbero essere adempiute. Costoro – dunque *i titolari di crediti sorti prima dell'apertura della procedura* – sono detti **creditori concorsuali** in quanto tale apertura farà sì che l'accertamento e la soddisfazione delle rispettive pretese dovrà avvenire, secondo le sue regole, *collettivamente*, anche al fine di rispettare la (tendenziale, ove non sopravanzata da altri criteri di preferenza) regola della *par condicio*: e dunque "concorsualmente".

Dall'apertura della l.g., pertanto, tali creditori *non potranno più agire individualmente* (art. 150): né in via cautelare; né per il pieno accertamento, in sede di cognizione, delle proprie ragioni da far valere verso la procedura; né, infine, per la soddisfazione coattiva, in sede esecutiva, dei crediti così accertati. Se ciò fosse consentito, infatti, ne deriverebbe che chi per primo si fosse attivato, aggredendo il patrimonio del debitore, potrebbe trovare integrale soddisfazione anche nel caso in cui il residuo patrimonio del medesimo non bastasse più a soddisfare gli altri creditori di pari rango. Si è però osservato (§ 22.I.2) come sia proprio a tale principio del "*prior in tempore potior in iure*" che il diritto concorsuale pone rimedio, affermando piuttosto il diverso **principio della proporzionalità**, ovvero della "***par condicio omnium creditorum***". Assicurando così una *regolazione concorsuale* di tutti i crediti (*universalità soggettiva*) su tutto il patrimonio del debitore (*universalità oggettiva*) all'interno della procedura.

Come pure già visto, tuttavia, il principio della *par condicio* vale solo in via tendenziale, operando soltanto fra creditori di pari rango e dovendo convivere con il contrastante **principio di preferenza**. Le regole concorsuali non disconoscono, infatti, che fra i creditori concorsuali potrebbero ben esservene alcuni "*muniti di legittime cause di prelazione*" (privilegio, pegno, ipoteca). Costoro, perciò detti anche (in senso lato) "***privilegiati***", meriteranno di essere soddisfatti con precedenza (nei limiti di quanto assicurato dalla loro garanzia) rispetto agli altri creditori, detti ***chirografari***. Né si disconosce (art. 221) che anche al di sotto dei chirografari possono esservi altri creditori, detti ***subordinati*** *o* ***postergati*** che – *ex lege* (ad es., *ex* art. 2467 c.c.) o *ex contractu* – potranno essere soddisfatti solo dopo gli altri (tutti o alcuni) chirografari.

È soltanto fra i creditori di pari rango (soprattutto i chirografari, ma anche fra creditori che godessero di eguale causa di prelazione o di postergazione), pertanto, che la regola della *par condicio* ha modo di trovare piena attuazione, garantendo una soddisfazione di tutti in egual misura; o, per meglio dire, una *ripartizione paritetica del dissesto*.

Deve precisarsi, poi, che se finalità principale della procedura di l.g. è quella di soddisfare i creditori concorsuali, le pretese di cui essa dovrà tener conto possono essere di altri due tipi. Possono esservi innanzitutto delle **pretese aventi ad oggetto diritti**, **reali o personali**, **su beni** i quali – ancorché, di fatto, in possesso (già del debitore e poi) della curatela – si assumono estranei alla massa attiva destinata alla regolazione concorsuale dei crediti. Chi vanti una tale pretesa, allora, chiederà che quei beni vengano *separati dalla restante massa attiva* affinché gli vengano attribuiti in quanto unico avente diritto. Si pensi alla posizione del proprietario di un bene individuato che giaccia nel magazzino o nell'officina dell'impresa sottoposta a l.g.: egli potrà rivendicare il bene, facendo valere, ancor prima del credito alla restituzione, la titolarità del diritto reale sulla cosa, che perciò gli spetta per intero senza essere coinvolta nella liquidazione e nella ripartizione concorsuale.

Benché poi i crediti sorti *dopo* l'apertura della procedura restino in principio del tutto estranei ad essa (al pari dei debiti assunti dal debitore durante la procedura, come visto inopponibili ai creditori), possono esservene altri dei quali invece la massa dovrà farsi carico per legge o per scelta degli organi concorsuali. Si pensi a quanto occorra per pagare il compenso del curatore; o alle obbligazioni assunte dalla curatela per proseguire l'esercizio dell'impresa; o per far fronte all'acquisto di beni sopravvenuti (l'adempimento di un onere imposto nell'ambito di un'eredità accettata). In tali casi, non si tratta di debiti concorsuali, bensì di c.d. **debiti della massa**. Di debiti, cioè, che gli organi della procedura hanno voluto o dovuto assumere, e che allora non dovranno essere regolati concorsualmente, ma *pagati per intero e prima degli altri crediti*: come si dice, ***in prededuzione*** (art. 221, lett. *a*).

Ebbene, anche per tali *crediti verso la massa* e per le altre pretese su beni di cui si chieda la *separazione dalla massa* (rivendicazione o restituzione, secondo l'art. 201) è previsto che comunque *il relativo accertamento e la loro regolazione* – ancorché distintamente da quella dei crediti concorsuali – *debbano avvenire all'interno della procedura* secondo le regole da essa imposte.

Tutti i sopraddetti principi, condensati nella dichiarazione solenne dell'art. 151, co. 1, per cui la l.g. "*apre il concorso dei creditori sul patrimonio del debitore*", trovano espressione nelle due fondamentali regole poste dagli artt. 150 e 151.

a) Il primo prevede il c.d. **blocco delle azioni esecutive e cautelari** (individuali): salva diversa disposizione di legge, dal giorno dell'apertura della l.g. *nessuna azione individuale esecutiva o cautelare, anche per crediti maturati durante la liquidazione giudiziale, può essere iniziata o proseguita sui beni compresi nella procedura.* Ogni iniziativa di tale genere (quand'anche riguardasse crediti verso la massa) dovrà infatti essere coltivata dagli organi della procedura, secondo le sue regole e nei modi e con i tempi che gli organi reputino più utili ad assicurare le finalità perseguite.

b) Inoltre, come prevede l'art. 151, co. 2 e 3, "**ogni credito**", anche se munito di prelazione, oppure prededucibile, nonché ogni altro diritto reale o personale, mobiliare o immobiliare (nel senso poc'anzi chiarito) dovrà "**essere accertato secondo le norme stabilite dal capo III**": vuol dire che ogni pretesa avanzata nei confronti della procedura dovrà essere verificata secondo le norme tipiche di quest'ultima, quelle di cui agli artt. 200 ss. in tema di "accertamento del passivo e dei diritti dei terzi sui beni compresi nella liquidazione giudiziale".

2. *La soddisfazione dei creditori concorsuali e la "cristallizzazione" del patrimonio della procedura*

Essendo obiettivo principiale della procedura di l.g. quello di ripartire in misura proporzionale l'impatto del dissesto dell'impresa sui creditori *anteriori* all'apertura della procedura (**creditori concorsuali**), è proprio alla regolazione di tali posizioni che la legge presta la maggiore attenzione nel disciplinare gli "effetti dell'apertura della liquidazione giudiziale per i creditori". Solo in funzione delle domande dei creditori concorsuali, infatti, si giustifica la procedura (che infatti, in assenza di tali domande, si chiuderebbe: art. 233, n. 1). Domande che poi, una volta "verificate", andranno a formare la c.d. *massa passiva* (cioè il monte dei debiti concorsuali), facendo divenire i creditori concorsuali dei veri e propri **creditori concorrenti** sulla c.d. *massa attiva*, cioè nella ripartizione dell'attivo concorsuale.

Per realizzare questa finalità della procedura occorrerà che **massa attiva** e **massa passiva** siano omogenee e stabilmente definite.

L'**omogeneità** sarà assicurata col rendere entrambe *misurabili in denaro*. La massa attiva sarà a tal fine "liquidata" (appunto, trasformata in denaro), mentre la massa passiva, cioè l'ammontare dei crediti concorsuali, presupporrà che anch'essi, se già non lo siano, vengano convertiti in crediti pecuniari.

L'esigenza di **stabilizzazione** verrà invece assicurata da un lato impedendo che dalla massa attiva possano essere distratti valori al di fuori delle regole della procedura e dell'iniziativa dei suoi organi (impedendo azioni esecutive individuali); e d'altro lato attribuendo un *valore nominale fermo* ai crediti concorsuali, senza cioè che il decorso degli interessi possa variarne la consistenza. Si parla al riguardo di "*cristallizzazione*" del patrimonio concorsuale.

A tali esigenze provvedono gli artt. 158 e 154.

i) Il primo si occupa dei **crediti non pecuniari** (ad es., un terzo che attendeva una fornitura di merce dall'impresa sottoposta a l.g. o una prestazione d'opera) o anche un pagamento in denaro ma determinato con riferimento ad altri valori (ad es., un contratto derivato su merci non ancora scaduto, con il differenziale da regolarsi in dollari). Tali crediti – che sono *crediti di valore* – se non ancora scaduti, concorreranno ***secondo il loro valore*** *alla data di apertura della procedura*; mentre, se scaduti, *secondo il valore che la prestazione avrebbe avuto alla data di scadenza*. È tuttavia prevista, eccezionalmente, la rivalutazione dei crediti di lavoro (art. 158, co. 2).

ii) Quando invece si tratti di **crediti pecuniari**, le esigenze di stabilizzazione troveranno risposta innanzitutto impedendo (art. 154, co. 1) che su di essi possano essere conteggiati **interessi ulteriori** rispetto a quelli già maturati alla data di apertura della procedura. Essi verranno così ammessi per il loro valore attuale (e dunque rivalutati se già scaduti) ma da quel momento in poi *il corso degli interessi convenzionali o legali sarà sospeso agli effetti del concorso*. Il che vuol dire che tali ulteriori interessi non potranno essere richiesti nella procedura. Una significativa eccezione è tuttavia prevista dall'art. 154 per i soli crediti privilegiati.

iii) Inoltre, ove si tratti di **crediti pecuniari non ancora scaduti**, essi *si considereranno scaduti* agli effetti del concorso (art. 154, co. 2). Il che è del resto conforme al principio generale dell'art. 1186 c.c., secondo il quale l'insolvenza del debitore determina la decadenza dal termine stabilito a suo favore.

iv) Analoghe esigenze di cristallizzazione della massa passiva sono poi quelle che consentono l'ammissione, al pari di ogni altro credito, dei **crediti condizionali** verso il debitore (art. 154, co. 3), quelli cioè non ancora esigibili ma sottoposti ad una *condizione sospensiva* (alla quale viene equiparata anche la condizione della preventiva escussione di un obbligato principale da parte di chi voglia far valere la garanzia prestata dal debitore). Tali crediti, come si vedrà, sono calcolati insieme a tutti gli altri ai fini del riparto della massa attiva; ma quanto ad essi spetterebbe in sede di effettivo riparto verrà accantonato, e non effettivamente attribuito, sino all'eventuale verificarsi della condizione.

v) Va ricordata in ultimo, ma non secondariamente, un'importante eccezione al principio della *par condicio*: quella che consente ai creditori di **compensare** *i propri crediti con debiti eventualmente assunti verso il debitore, anche se non scaduti* (art. 155).

L'eccezione sta in ciò: che mentre gli altri creditori concorsuali vengono solitamente soddisfatti solo in parte all'esito della procedura (vengono pagati, si usa dire, in "moneta concorsuale"), chi ha modo di liberarsi di un debito (che dovrebbe pagare per intero), compensandolo con un proprio credito (che altrimenti vedrebbe soddisfatto solo in parte), consegue un risultato equivalente all'integrale soddisfazione di tale credito. Si tratta però di un vantaggio che non è consentito procurarsi artificiosamente, acquistando per atto tra vivi (verosimilmente a prezzo scontato), dopo l'apertura della procedura o anche nell'anno anteriore, un credito verso il soggetto sottoposto a l.g.

III. *Sugli atti pregiudizievoli ai creditori*

Fra le conseguenze che la legge ricollega all'apertura della procedura di l.g. – e per assicurarne un miglior risultato in termini di soddisfazione paritetica dei creditori – si iscrive la possibilità di neutralizzare gli effetti di taluni fatti giuridici che, *prima della l.g.*, *ma quando già l'insolvenza si era verificata*, hanno inciso negativamente sulla garanzia patrimoniale che si offre ai creditori concorsuali nel momento in cui si apre la procedura. Si tratta allora di *reintegrare una tale garanzia*, riportandola – entro certi termini – alla maggiore consistenza che aveva nel periodo precedente all'apertura della l.g.

In qualche modo come se, sia pure per i soli fatti previsti dalla legge, il regime di inefficacia per i creditori che colpisce gli atti compiuti dal debitore *dopo* l'apertura della procedura retroagisse ad un periodo *precedente* all'apertura della l.g., quando però i presupposti di una tale dichiarazione già sussistevano. Fermo restando però – sia ben chiaro – che la disciplina dello spossessamento del debitore prevista dagli artt. 142 ss. riguarda i soli atti *successivi* alla dichiarazione di apertura della l.g.; mentre la disciplina ora in questione, artt. 163 ss., si applica ai soli **atti precedenti**; sicché, al di là di una certa comunanza di *ratio*, resta una netta distinzione operativa fra le due.

Anche nel caso della disciplina in discorso, si tratta infatti di affermare l'"**inefficacia rispetto ai creditori**" di taluni atti. Non, quindi, la loro invalidità *inter partes*, bensì la possibilità di ***recuperare*** all'asse della procedura quanto fuoriuscito dal patrimonio del debitore, per poi sottoporlo all'esecuzione concorsuale; oppure (c.d. *revocatoria incidentale*) di ***disconoscere***, nell'ambito della procedura, ogni eventuale pretesa sorta in capo a terzi per effetto di quegli atti (ad es., l'assunzione di un'obbligazione da parte dell'imprenditore insolvente prima dell'apertura della procedura).

È noto, peraltro, che un meccanismo di reintegrazione della garanzia patrimoniale del debitore è già contemplato in via generale dal nostro ordinamento agli artt. 2901 ss. c.c., sotto il nome di **azione revocatoria** ("**ordinaria**"). Si tratta di uno strumento che consente ad un creditore di far dichiarare inefficaci nei suoi confronti gli atti con i quali il debitore, "disponendo" del proprio patrimonio, abbia recato pregiudizio alle ragioni di quel creditore: di modo che questi, ottenuta dal giudice la dichiarazione di inefficacia, potrà agire esecutivamente, nei confronti del terzo acquirente, sul bene oggetto dell'atto impugnato, come se non fosse mai stato sottratto alla sua garanzia patrimoniale. Una tale azione non è esclusa dal c.ins. (art. 165), che infatti la rimette all'iniziativa del solo curatore, a beneficio di *tutti i creditori concorsuali*. Tuttavia, i presupposti (soggettivi ed oggettivi) di tale azione, il relativo onere probatorio, nonché l'ambito degli atti revocabili, comportano dei significativi limiti alla possibilità di reintegrazione effettiva della garanzia patrimoniale del debitore. Limiti che invece la legge ha voluto attenuare quando il debitore sia un imprenditore sottoposto a l.g., prevedendo allora, per tale ipotesi, un più favorevole regime *ad hoc*.

1. *Gli atti inefficaci di diritto*

Vi sono innanzitutto degli atti compiuti dall'imprenditore prima di essere sottoposto a l.g. la cui **inefficacia** rispetto ai creditori opera **di diritto**.

Vuol dire, stante l'***automatica operatività*** di tale effetto, che il curatore può direttamente ottenere dal terzo la restituzione di quanto abbia costituito oggetto di disposizione da parte dell'imprenditore prima della l.g.

a) Inefficaci di diritto sono, in primo luogo, gli **atti a titolo gratuito** compiuti dall'imprenditore nei *due anni* anteriori al *deposito della domanda* dalla quale sia scaturita l'apertura della l.g. (art. 163; si ricordi peraltro, anche fuori dalla l.g., la disposizione generale di cui all'art. 2929-*bis* c.c.). Si tratta di atti che abbiano comportato un depauperamento della garanzia patrimoniale offerta ai creditori senza che vi abbia corrisposto l'acquisto di alcuna situazione giuridica attiva: e così, salvo limitate eccezioni, non solo ***atti traslativi*** (come nel caso della donazione), ma anche ***atti di rinunzia*** ad un diritto o ***di remissione*** del debito. I beni (deve ritenersi: se immobili o mobili registrati) saranno acquisiti alla procedura per il mero effetto della trascrizione della sentenza che l'abbia aperta, salvo reclamo del terzo.

b) Allo stesso regime sono poi assimilati i pagamenti anticipati (rispetto alla loro esigibilità) di **crediti non scaduti** alla data di apertura della l.g. **o di crediti postergati** (compresi i rimborsi di finanziamenti effettuati alla società sottoposta a l.g. da parte della capogruppo o di altri soggetti sottoposti), sempre se compiuti dopo il deposito della domanda cui è seguita l'apertura della l.g. o nei due anni anteriori (art. 164). Si tratta dei pagamenti dei crediti la cui scadenza sarebbe venuta a verificarsi *nel giorno della apertura della l.g. o successivamente*. E ciò perché, com'è ovvio, se per il pagamento si fosse attesa, come suole, la naturale scadenza, al momento dell'apertura della procedura, quei crediti sarebbero stati sottoposti a regolazione concorsuale al pari di tutti gli altri computati nella massa passiva.

2. *L'azione revocatoria concorsuale*

L'art. 166 si occupa di regolare la vera a propria **azione revocatoria "concorsuale"**, che potrà essere promossa dal curatore, su autorizzazione del giudice delegato, dinanzi al tribunale concorsuale.

Si tratta di uno strumento – *ulteriore* rispetto all'azione revocatoria ordinaria di cui all'art. 2901 c.c. (sulle cui differenze v. *infra*) – volto ad ottenere, a certe condizioni, la ***dichiarazione di inefficacia***, ***rispetto ai creditori***, ***degli "atti a titolo oneroso***, ***dei pagamenti e delle garanzie"*** poste in essere in un momento in cui l'imprenditore, non ancora sottoposto a l.g., *già si trovava in uno stato di insolvenza, noto (o presumibilmente tale) alla controparte*.

È questo uno dei capitoli più importanti del diritto concorsuale. In esso trova infatti affermazione la regola tendente ad assoggettare al medesimo trattamento riservato ai creditori concorsuali anche coloro che abbiano ricevuto, o si siano fatti promettere alcunché, da un imprenditore commerciale, in un momento in cui già era in essere quella condizione di insolvenza che, se fosse stata rilevata tempestivamente, avrebbe provocato un'apertura della l.g.; e pertanto, già in quel momento, avrebbe comportato l'incapacità per l'imprenditore di deprimere la garanzia patrimoniale realizzabile dai suoi creditori. Si assiste così, almeno per gli atti e alle condizioni previste dalla legge, ad una sorta di "*retrodatazione*" dell'effetto prodotto dalla dichiarazione di insolvenza (cioè l'indisponibilità del patrimonio del debitore) ad un momento precedente (sempre che collocabile entro un certo periodo: c.d. ***periodo sospetto***) a quello in cui quell'insolvenza era già in essere.

Tuttavia, anche a tutela delle generali esigenze di tutela di buona fede e di sicurezza nei traffici, nel sistema italiano un tale effetto non deriva dal mero accertamento *ex post* della circostanza che un certo atto sia stato compiuto nel "periodo sospetto" in *presenza di una condizione di insolvenza* (**presupposto oggettivo** della revocatoria concorsuale), ma altresì dalla circostanza che il terzo *conoscesse, o possa presumersi che conoscesse* (c.d. *scientia decoctionis*), un tale stato di insolvenza (**presupposto soggettivo**).

Non è invece espressamente stabilito se debba sussistere un ulteriore presupposto oggettivo, individuabile in un **pregiudizio** arrecato alle ragioni dei creditori. Presupposto, questo, che non è richiamato per gli atti inefficaci di diritto, mentre è richiamato per la revocatoria ordinaria, quale danno consistente nel rendere insufficiente la residua garanzia disponibile a favore del singolo creditore procedente: tanto è vero che per la revocatoria ordinaria non risultano revocabili i pagamenti di debiti scaduti, per la semplice ragione che essi non risultano depauperare il patrimonio del debitore. Nel caso della revocatoria concorsuale, invece, v'è da dire che risultano *revocabili anche pagamenti di debiti scaduti o concessioni di diritti di prelazione o di garanzie*: tutti atti che, pur non comportando una diminuzione di valore del patrimonio del disponente, comportano nondimeno un trattamento, attuale o futuro, preferenziale per chi ne benefici, e quindi una lesione della *par condicio*; come anche altri atti con terzi che, pur senza avvantaggiare questi ultimi e senza diminuire il valore complessivo del patrimonio del debitore, potrebbero comprometterne la funzione di garanzia: ad es., sostituendo un bene facilmente aggredibile con un bene di difficile realizzo o facilmente occultabile. Può dirsi, allora, che la revocabilità concorsuale di un atto ne richiede anche il carattere pregiudizievole, se si ritiene che un tale pregiudizio possa individuarsi nella sola capacità dell'atto di ledere la *par condicio creditorum*.

Gli **atti revocabili** sono distinti dalla legge in due categorie, normalmente definite come atti **normali** o **anormali**. La normalità o l'anormalità di un atto è riferita alle condizioni e agli elementi che in concreto ne caratterizzano il compimento, incidendo diversamente sulla disciplina applicabile. In particolare, mentre nel caso di atti compiuti a condizioni *normali* ***sarà il curatore a dover provare***, insieme agli altri presupposti richiesti dalla legge, ***la scientia decoctionis*** del terzo; nel caso di atti *anormali la* ***conoscenza dello stato di insolvenza*** *sarà* ***presunta*** *in capo al terzo*, e sarà allora quest'ultimo a dover fornire l'eventuale prova contraria per sottrarsi agli effetti della revocatoria, dimostrando che ignorava un tale stato.

a) Sono considerati **anormali**, e quindi revocabili "salvo che l'altra parte provi che non conosceva lo stato di insolvenza del debitore", i seguenti atti (art. 166, co. 1):

a1) gli **atti a titolo oneroso** (quelli che comportano un'attribuzione patrimoniale o l'assunzione di un'obbligazione da parte dell'imprenditore insolvente a fronte di un corrispettivo) compiuti *dopo il deposito della domanda cui sia seguita l'apertura della l.g.* (dunque anche se la domanda fosse inizialmente rivolta all'ammissione a diversa procedura) *o nell'anno anteriore*, se le "prestazioni eseguite o le obbligazioni assunte dal debitore *sorpassano di oltre un quarto* ciò che a lui è stato dato o promesso". In altri termini, l'atto si considera anomalo, provocando allora una presunzione di conoscenza dello stato di insolvenza da parte del terzo, in quanto il sinallagma appaia fortemente *sproporzionato*, nella misura di oltre un quarto;

a2) gli **atti estintivi** (cioè i *pagamenti*, anche se ottenuti coattivamente) di debiti pecuniari scaduti ed esigibili "*non effettuati con denaro o con altri mezzi normali di pagamento*", se compiuti *dopo il deposito della domanda cui sia seguita l'apertura della l.g. o nell'anno anteriore*. Se un debito che avrebbe dovuto essere eseguito in danaro venga invece adempiuto, ad esempio, attraverso una *datio in solutum* (merci di magazzino, beni strumentali, titoli, etc.), ciò dovrà ritenersi sintomatico di una crisi di liquidità del debitore che fonda, a sua volta, una presunzione di insolvenza (e di conoscenza di tale stato);

a3) le **garanzie** (pegni, anticresi, ipoteche volontarie) costituite *dopo il deposito della domanda cui sia seguita l'apertura della l.g. o nell'anno anteriore*, per propri *debiti preesistenti e non scaduti*. L'anomalia sintomatica dell'insolvenza, in questo caso, sta nel fatto che normalmente, se un debito ancora non è scaduto, il creditore normalmente attenderebbe la scadenza, in assenza di segnali di allarme; mentre, se si fa rilasciare una garanzia non pattuita originariamente, è presumibile che lo faccia perché teme la sopravvenuta incapacità del debitore di pagare alla scadenza;

a4) disciplina analoga vale anche per le *garanzie concesse per debiti scaduti*.

In tal caso però il periodo sospetto è abbreviato a *sei mesi* rispetto al caso precedente, perché il rilascio della garanzia pare meno anormale: un'anomalia potendosi comunque ravvisare in ciò, che normalmente, dopo la scadenza di un debito, il debitore dovrebbe senz'altro pagare, mentre la concessione di una garanzia rende manifesta la sua necessità di ottenere una dilazione.

b) Sono invece considerati **normali** – ed allora una revoca sarà possibile *soltanto in quanto la curatela provi la scientia decoctionis* in capo all'altra parte, nel momento in cui l'atto fu compiuto, sempre che *successivo al deposito della domanda cui sia seguita l'apertura della l.g. o nell'anno anteriore* – i seguenti atti:

b1) **i pagamenti di debiti liquidi ed esigibili** (cioè scaduti);

b2) gli **atti a titolo oneroso** (come sopra definiti), per i quali non ricorrano indici di anomalia;

b3) quelli costitutivi di un **diritto di prelazione** (pegno, ipoteca) per *debiti*, *anche di terzi*, *contestualmente creati*.

3. *Le esenzioni dall'azione revocatoria*

Il sistema appena descritto conosce una serie di eccezioni che, dopo una delle molte riforme dell'ultimo ventennio (quella del 2006, in particolare), sono divenute talmente rilevanti da ridimensionare alquanto, rispetto al passato, le potenzialità recuperatorie dello strumento revocatorio. È il portato, per lo più, di un'impostazione più sensibile alle prospettive di salvataggio dell'impresa in crisi. Attraverso l'articolata serie di **esenzioni** previste dall'art. 166, co. 3, si è infatti voluto evitare che la prospettiva di un'azione revocatoria concorsuale potesse scoraggiare il compimento di taluni atti, potenzialmente utili a superare lo stato di crisi di un'impresa, che risulterebbero disincentivati se le controparti temessero di incorrere, in caso di successiva l.g. dell'impresa, nella revoca dell'atto compiuto. Timore che oltretutto potrebbe condurre i terzi ad "isolare" un'impresa in crisi (in ipotesi reversibile) col risultato di aggravare tale crisi sino a renderla irreversibile.

Si spiega in questa prospettiva l'esenzione dei seguenti atti.

a) **Pagamenti** (non, dunque, qualsiasi atto a titolo oneroso) ***di beni e servizi effettuati nell'esercizio dell'attività di impresa nei termini d'uso***. L'attività di impresa potrà così proseguire senza che le controparti cessino di effettuare le proprie normali controprestazioni (ad es., una fornitura di materie prime), potendo confidare nella salvezza dei pagamenti ricevuti nelle consuete modalità.

b) Le **rimesse effettuate su un conto corrente bancario** che non abbiano ridotto in misura durevole l'esposizione debitoria verso una banca. Capita infatti che chi, come spesso gli imprenditori, operi in passivo (nei limiti di un credito concessogli, ma anche senza, andando allora in "scoperto") su un conto corrente, effettui, a seconda dei pagamenti da fare o ricevuti, frequenti e ripetuti prelievi e versamenti, anche da parte di terzi, sul suo conto (c.d. rimesse). In teoria potrebbe allora ritenersi che, stante il saldo passivo, ciascuna rimessa costituisca il pagamento del debito espresso da quel saldo, e come tale diventi allora revocabile. Sostanzialmente, però, può ritenersi che, fin quando il saldo oscilla intorno allo stesso livello, il significato economico e giuridico delle ripetute rimesse non pare essere quello di pagamenti volti ad estinguere un debito, quanto piuttosto quello di sfruttare il "servizio di cassa" offerto dalla banca, depositando momentaneamente somme che a breve verranno riutilizzate. In ragione di ciò è quindi previsto che ad essere revocabili siano soltanto quelle rimesse che, in quanto capaci di ridurre in maniera "durevole" l'esposizione debitoria (requisito, peraltro, difficile da valutare in concreto), manifestino effettivamente una funzione di pagamento, cioè di "rientrare" stabilmente del debito accumulato verso la banca.

c) **Pagamenti** ***per prestazioni di lavoro*** effettuate da dipendenti ed altri collaboratori, anche non subordinati, del debitore (ad es., operai, dirigenti, ma anche consulenti esterni). Anche in tal caso risulta chiara l'utilità di proteggere tali pagamenti per non compromettere la continuità aziendale.

d) Gli *atti, i pagamenti e le garanzie concesse su beni del debitore in esecuzione di un* "**piano attestato di risanamento**" dell'impresa. Se ne parlerà meglio appresso (§ 31.II); ma può dirsi per ora che si tratta di un complesso programma predisposto dall'imprenditore che, in ipotesi, dovrebbe tracciare un realistico percorso attraverso il quale scongiurare l'insolvenza. Questo piano viene allora "incoraggiato" garantendo l'esenzione da una possibile futura revocatoria (eventualmente anche ordinaria, in questa ipotesi) degli atti attraverso i quali esso trovi esecuzione, per l'ipotesi ovviamente in cui il piano non dovesse avere successo.

e) Analoghe considerazioni valgono poi per gli *atti*, *i pagamenti e le garanzie concesse su beni del debitore: in esecuzione* di un **concordato preventivo** o di un **piano di ristrutturazione** ***ex*** **art. 64-*bis***, o di un **accordo di ristrutturazione** dei debiti omologato, in quanto siano previsti dai rispettivi "piani"; ovvero legalmente posti in essere dopo il deposito di una domanda di concordato preventivo o di omologazione di un accordo di ristrutturazione. Anche in tal caso incoraggiando un tentativo che, seppure non riuscisse, non esporrebbe a revocatoria (in questo caso anche *ordinaria*) i terzi coinvolti.

f) I pagamenti di debiti liquidi ed esigibili eseguiti alla scadenza per ottenere la prestazione di servizi strumentali all'accesso agli strumenti di regolazione della crisi e dell'insolvenza o alle procedure di insolvenza.

Costituisce un caso a sé – motivato dall'esigenza di tutelare un interesse socialmente meritevole di particolare apprezzamento, come quello al "bene casa" – l'esenzione dalla revocatoria delle *vendite* aventi ad oggetto **immobili ad uso abitativo** destinati a costituire l'*abitazione principale* dell'acquirente o di suoi parenti od affini fino al terzo grado, se sia stato pattuito un *giusto prezzo*.

4. *Condizioni di esercizio ed effetti delle azioni revocatorie*

Chiarito l'ambito degli "atti pregiudizievoli ai creditori" su cui incide, in chiave recuperatoria, l'apertura della l.g., occorre ora vedere come le relative iniziative abbiano modo di dispiegarsi e con quali effetti.

Secondo l'art. 170, "le azioni revocatorie" (dunque anche quella ordinaria) e "di inefficacia" sopra considerate, non possono essere promosse decorsi *tre anni dall'apertura della l.g.* (così ponendosi un termine di decadenza) e comunque si prescrivono decorsi *cinque anni dal compimento dell'atto*.

Quanto al computo del termine a ritroso per il calcolo del c.d. periodo sospetto, invece, esso si computerà dalla domanda di apertura della l.g. o, se la l.g. sia stata aperta in conseguenza di una domanda (non andata a buon fine) di accesso ad una altra procedura concorsuale, dalla data di pubblicazione di tale domanda.

Il curatore, nel rivolgersi al tribunale per far dichiarare l'inefficacia di un atto, *preferirà tendenzialmente avvalersi dell'azione revocatoria concorsuale anziché di quella ordinaria prevista dall'art. 2901 c.c.* Molto più ampio risulta infatti l'ambito operativo della prima (come si è detto, la revocatoria ordinaria presuppone una lesione della garanzia patrimoniale, ossia una diminuzione di valore del patrimonio del debitore, e dunque non può colpire ad es. i pagamenti di debiti scaduti), per di più agevolata da un onere probatorio quantitativamente minore e qualitativamente assistito dall'operare di molteplici presunzioni (la revocatoria ordinaria presuppone la prova della consapevolezza del pregiudizio, sia in capo al debitore che, se l'atto è a titolo oneroso, in capo al terzo). La revocatoria ordinaria potrà invece risultare necessaria se l'atto da revocare sia stato posto in essere, sia pure entro il termine di cinque anni dal suo compimento, prima del (più breve) "periodo sospetto" previsto per la revocatoria concorsuale.

Quanto agli **effetti** dell'azione revocatoria, tanto ordinaria che concorsuale, il suo successo comporta, come detto, l'***inefficacia dell'atto nei confronti dei creditori concorsuali***: non quindi la sua invalidità quanto piuttosto la neutralizzazione degli effetti negativi che quell'atto avrebbe altrimenti prodotto sulla garanzia patrimoniale disponibile al momento dell'apertura della l.g.

Ciò vuol dire che se l'imprenditore (poi sottoposto a l.g.) avesse assunto, con atto revocabile, un'*obbligazione* nei confronti dei terzi ovvero concesso loro una *garanzia*, non si tratterà, in tal caso, di proporre un'azione revocatoria volta a recuperare un bene fuoriuscito dal patrimonio del debitore poi sottoposto a l.g., ma solo di **disconoscere** nei confronti del terzo il credito o il titolo di prelazione così ottenuto; e allora contestandone *in toto* l'ammissione al passivo, ovvero concedendola ma senza il diritto di prelazione revocato. È questa la c.d. **revocatoria incidentale**, che, potendo anche operare (in sede di verifica del passivo) *in via di eccezione* (il curatore, di fronte all'istanza di ammissione al passivo da parte del creditore, eccepisce appunto la revocabilità dell'atto su cui l'istanza si fonda), potrebbe essere fatta valere in quella sede senza limiti di tempo.

Se invece si tratti di un *atto oneroso* che ha comportato l'assunzione di un'obbligazione già eseguita (una fornitura di merci) o un trasferimento immediato di un diritto (la vendita di un immobile), ovvero di un pagamento – insomma un'attribuzione patrimoniale già perfezionata – allora ***quanto ricevuto dal terzo***, ***o il relativo valore*** (***attuale***) ***in denaro***, ***dovrà essere*** **restituito** alla curatela per essere sottoposto all'esecuzione collettiva di tutti i creditori concorsuali.

Il terzo che abbia subito la revoca avrà però diritto, insieme agli altri creditori concorsuali, ad ***insinuarsi al passivo*** per il credito corrispondente alla controprestazione da lui effettuata a fronte dell'atto oneroso o del pagamento revocato (art. 171). Conseguentemente, dopo la restituzione, si farà valere concorsualmente un *credito pari al valore della propria prestazione*.

IV. *Sui rapporti giuridici pendenti*

Prima della l.g. l'imprenditore avrà normalmente posto in essere, nell'esercizio della sua attività, una fitta attività contrattuale.

a) Potrà trattarsi di *contratti che hanno già trovato integrale esecuzione*, ed allora vi sarà la possibilità per il curatore, eventualmente, di disconoscerne gli effetti ricorrendo ad un'azione revocatoria, ordinaria o concorsuale.

b) Potrà poi accadere che *una delle due parti abbia integralmente eseguito la propria prestazione* (ad es. la vendita di un bene) o comunque l'effetto reale del trasferimento si sia già prodotto. In tal caso residuerà soltanto un credito (ad es., al pagamento del prezzo) della controparte, che potrà allora insinuarlo al passivo, oppure un credito a favore del patrimonio concorsuale, che il curatore potrà esigere; salvo che, ricorrendone i presupposti, preferisca revocare l'atto, così facendosi restituire quanto prestato in esecuzione del contratto e rinunciare ad esigere il corrispondente credito (al prezzo).

c) V'è anche la possibilità, infine, che all'apertura della l.g. un certo contratto (compreso un preliminare) sia ancora *del tutto ineseguito, o comunque non compiutamente eseguito, nelle sue prestazioni principali, da entrambe le parti*. Gli artt. 172 ss. del c.ins. parlano a questo riguardo di "**rapporti giuridici pendenti**", talora indicati anche come ***contratti pendenti***. Rispetto a tali ipotesi l'interesse della curatela non sarebbe tanto quello di recuperare qualcosa, quanto piuttosto, ed eventualmente (se cioè il contratto appaia sconveniente), quello di svincolarsi da un impegno contrattuale ancora da adempiersi.

Un tale interesse viene assicurato dalla **regola generale** prevista dall'art. 172 e scandita nei seguenti termini.

i) Innanzitutto, con la dichiarazione di l.g. l'***esecuzione dei contratti pendenti resta sospesa***, senza quindi che in tale fase possa configurarsi un inadempimento dall'una o dall'altra parte.

ii) Un tale stato di sospensione perdura fino a quando il curatore non ***scelga se subentrare nel contratto ovvero sciogliersi*** dal medesimo.

ii-a) La prima ipotesi si avrà quando il curatore ritenga conveniente la **prosecuzione**, chiedendo allora che la sua scelta, comunque del tutto *discrezionale*, venga *autorizzata dal comitato dei creditori*. La controparte resterà invece in un'attesa quasi del tutto passiva, salva la facoltà di sollecitare una decisione del curatore, *costituendolo in mora* attraverso la richiesta al giudice delegato di assegnargli un termine (massimo sessanta giorni), trascorso il quale, in mancanza di decisione positiva espressa, il contratto si intenderà risolto.

La scelta di far "proseguire" l'esecuzione del contratto comporterà l'***assunzione a carico della massa dei relativi obblighi*** a far data dal subentro. I crediti del terzo derivanti da quel contratto che *siano maturati durante la procedura* (art. 172, co. 3) diverranno quindi "debiti della massa", *da pagarsi in prededuzione* rispetto ai crediti concorsuali, e perciò tendenzialmente per intero (incorrendo altrimenti in un inadempimento che potrebbe giustificare la risoluzione del contratto anche in pendenza di procedura). Né il curatore potrà in alcun modo pretendere o imporre la modifica dei termini del contratto.

ii-b) Quando invece il curatore valuti più conveniente svincolarsi dagli impegni contrattuali assunti dall'imprenditore, potrà senz'altro farlo *sciogliendo il contratto* (c.d. **resiliazione**), senza neppure la necessità di un'autorizzazione del comitato dei creditori.

Risolto il contratto, se il terzo avrà già adempiuto in parte alla sua prestazione avrà diritto di *far valere nel passivo il relativo credito*, da recuperarsi quindi in "moneta concorsuale". Non avrà però diritto ad alcun risarcimento del danno per non aver ottenuto quanto promesso dal debitore (art. 172, co. 4).

La portata della regola generale appena descritta non si estende però al caso in cui, nella procedura di l.g., venga autorizzata la prosecuzione dell'impresa del debitore. In tal caso, durante l'**esercizio provvisorio dell'impresa**, *i contratti pendenti **proseguono***, in quanto, per lo più, strumentali all'esercizio dell'impresa; il curatore resta comunque libero di *sciogliersi* da essi, come anche di *sospenderne* l'esecuzione (art. 211, co. 8), riportandosi così in qualche modo alla condizione della regola generale posta dall'art. 172, salvo valutare meglio, in un secondo momento, sempre secondo quella regola generale, se proseguire o sciogliersi dal contratto.

Infine, v'è da dire che la regola generale espressa dall'art. 172 è soggetta, per espressa previsione di questo stesso articolo o di altre norme esterne al c.ins., a talune **eccezioni** che possono comportare, per taluni specifici (e talora importanti) tipi di contratto: talora, la *prosecuzione automatica*; talaltra lo *scioglimento altrettanto automatico* (*ex lege*); talaltra ancora *l'una o l'altra conseguenza a seconda di talune circostanze*. Fra tali eccezioni, particolare rilevanza – attesa la delicatezza e l'impatto sociale degli interessi coinvolti – assume la disciplina, di ampio respiro, dei ***rapporti di lavoro subordinato*** (art. 189). La loro onerosità – spesso insostenibile e purtroppo inutile per la procedura – giustifica un regime per il quale la loro esecuzione viene *sospesa* automaticamente già per effetto dell'apertura della procedura; con facoltà di recesso (retroattiva già a partire da quella data) da parte del curatore, o comunque con risoluzione automatica se, entro quattro mesi dall'apertura, il curatore non abbia optato per il subentro. La tutela dei lavoratori, in questi casi, sarà affidata al riconoscimento dell'*indennità di mancato preavviso* in ciascuna di tali ipotesi di scioglimento del rapporto (art. 189), a loro volta equiparate (art. 190) alla fattispecie della "perdita involontaria dell'occupazione" ai fini del trattamento dell'indennità mensile di disoccupazione ("NASpI").

§ 26. Lo svolgimento della procedura

Sommario: I. *Le attività preliminari della procedura.* – II. *L'accertamento del passivo e dei diritti dei terzi su beni.* – 1. La fase necessaria: l'accertamento dello stato passivo. – 2. La fase eventuale: le impugnazioni e le domande tardive. – III. *L'esercizio provvisorio dell'impresa e l'affitto d'azienda.* – 1. L'esercizio provvisorio dell'impresa. – 2. L'affitto dell'azienda. – IV. *La liquidazione dell'attivo.* – 1. Il programma di liquidazione. – 2. La cessione dei beni. – V. *La ripartizione dell'attivo: l'ordine di distribuzione.* – VI. *La ripartizione dell'attivo: il procedimento di distribuzione.*

I. *Le attività preliminari della procedura*

Gli artt. 193 ss. si occupano delle **attività preliminari** che debbono essere compiute per avviare operativamente la procedura.

Fra queste viene innanzitutto in questione quella diretta a concretizzare l'effetto giuridico dello spossessamento del debitore, attraverso la materiale sottrazione alla disponibilità di quest'ultimo dei beni che entreranno nella massa attiva.

A tal fine, la legge attribuisce al curatore il potere-dovere di farsi **consegnare il denaro** contante, gli *effetti cambiari e gli altri titoli* del debitore, nonché le *scritture contabili* (se non già depositate dal debitore); nonché, per gli *altri beni*, di **apporre** su di essi (anche avvalendosi della forza pubblica o di coadiutori) dei **sigilli** secondo le norme previste dal Codice di procedura civile (artt. 752 ss.). La vera e propria "presa in consegna" dei beni che andranno a comporre la massa *attiva* avviene però con la **redazione** dell'**inventario**.

Simmetrica alla inventariazione sarà anche l'attività preliminare con la quale il curatore comincia a tracciare il perimetro della massa passiva: egli infatti, sulla base principalmente delle scritture contabili, ma poi anche di tutte le altre notizie che anche informalmente potrà assumere (anche dallo stesso debitore), compilerà un **elenco dei creditori e dei titolari di diritti immobiliari e mobiliari** (art. 198) con l'indicazione dei crediti e diritti di prelazione spettanti ai primi e l'elenco di tutti *coloro che vantino diritti* reali o personali, mobiliari o immobiliari, *su cose in possesso o nella disponibilità del debitore*, con l'indicazione dei titoli relativi.

II. *L'accertamento del passivo e dei diritti dei terzi su beni*

1. *La fase necessaria: l'accertamento dello stato passivo*

La compilazione dell'elenco previsto dall'art. 198 appena esaminato è meramente prodromica al vero e proprio accertamento della massa passiva. L'art. 151, co. 2, stabilisce infatti che "ogni credito, anche se munito di diritto di prelazione o prededucibile, nonché ogni altro diritto reale o personale, mobiliare o immobiliare, deve essere accertato" secondo gli artt. 200 ss.

La procedura di l.g. presuppone in altre parole che di tutte tali *pretese* si accerti l'effettivo fondamento giuridico: che si verifichi, cioè, se chi le vanta sia effettivamente titolare del corrispondente *diritto*, ciò che dovrà essere fatto all'interno della procedura stessa.

Sulla base dell'elenco previsto dall'art. 198, infatti, il curatore comunicherà (possibilmente via p.e.c.) a tutti coloro che risultino vantare pretese concorsuali: (i) che possono partecipare al concorso comunicando apposita *domanda* entro un dato termine; (ii) la data e il luogo fissati per l'esame dello stato passivo; (iii) ogni altra utile informazione per agevolare la presentazione della domanda; (iv) la possibilità di chiedere l'assegnazione delle somme che eventualmente non saranno riscosse dagli aventi diritto.

La **domanda** – possibile non soltanto per chi abbia ricevuto la comunicazione dal curatore, ma per chiunque altro ritenga comunque vantare una pretesa contro il debitore – sarà proposta con ***ricorso*** (anch'esso comunicato via p.e.c. al curatore), indicandovi fra l'altro, a pena di inammissibilità: il suo *oggetto* (importo del credito o bene di cui si chiede la restituzione o rivendicazione), l'eventuale *titolo di prelazione* che assiste il diritto vantato, le *ragioni* in fatto e in diritto che supportano la pretesa; e ciò anche producendo i documenti giustificativi della stessa. Tale ricorso ha, a tutti gli effetti, natura di *domanda giudiziale*, introduttiva di un *procedimento contenzioso* fra parti contrapposte (l'istante e il curatore) e produce effetto "*per tutto il corso della liquidazione giudiziale*" ed eventualmente oltre, sino all'esaurimento dei giudizi e delle operazioni che proseguissero anche dopo l'eventuale chiusura della procedura (art. 202).

Il curatore potrà così predisporre e depositare in cancelleria un **progetto di stato passivo** contenente le "*motivate conclusioni*" raggiunte in merito a ciascuna domanda (art. 203): positive oppure negative (se il curatore eccepisca l'esistenza di fatti estintivi, modificativi o impeditivi del diritto fatto valere, ovvero eccepisca la sua inefficacia nei confronti della procedura). Il progetto sarà comunicato agli interessati che potranno, fino a cinque giorni prima dell'udienza fissata, far pervenire le loro conclusioni.

All'**udienza di verifica** – in cui possono, ma non debbono, intervenire gli interessati – il giudice delegato esamina le domande sulla base delle conclusioni e delle eccezioni del curatore e di quelle rilevabili d'ufficio, delle osservazioni svolte e della documentazione prodotta dalle parti, nonché degli ulteriori mezzi istruttori acquisiti su istanza delle parti stesse.

All'esito della verifica, il giudice deciderà con **decreto** "succintamente motivato" su ciascuna domanda (art. 204):

– dichiarandola ***inammissibile*** (perché non proposta nei termini o perché priva dei suoi elementi necessari). Le domande dichiarate inammissibili – e solo esse, proprio perché respinte prima di ogni effettiva "verifica" nel merito – potranno però essere riproposte come tardive;

– ***respingendola*** *in toto*, non ravvisandone il fondamento;

– ***ammettendola*** *in toto*;

– ***ammettendola solo in parte*** (ad es. per una sola parte della somma richiesta, ovvero come chirografaria, ma disconoscendo il titolo di prelazione invocato);

– ***ammettendola "con riserva"***; la "riserva" consiste in ciò, che la soddisfazione della pretesa risulterà *condizionata al verificarsi di un certo evento*, dal quale dipenderà la definitiva ammissione o la definitiva esclusione della domanda. Si tratta di domande che non possono ancora essere accolte in via definitiva (*a*) poiché hanno ad oggetto *crediti condizionali* o che non possono farsi valere se non previa escussione di un obbligato principale; (*b*) o per le quali *non sia stato prodotto il titolo* (ossia il documento giustificativo) per un fatto non dipendente dal creditore (ad es., una cambiale presentata allo sconto che si trovi ancora presso la banca); (*c*) oppure che si fondano su una *sentenza non ancora passata in giudicato* pronunziata prima della l.g., per la quale il curatore potrà proporre o proseguire il giudizio di impugnazione.

Terminato l'esame di tutte le domande, il giudice delegato forma, nella stessa udienza, lo **stato passivo** dichiarandolo **esecutivo** con decreto depositato in cancelleria, che è provvedimento giurisdizionale avente natura decisoria su ciascuna domanda, e quindi, benché unico, complesso ed impugnabile anche con riferimento alle singole decisioni (art. 204). Esso peraltro *produce effetto soltanto ai fini del concorso* (c.d. **efficacia endoconcorsuale**), statuendo infatti il solo diritto a partecipare al riparto dell'attivo concorsuale (e quindi rendendo i creditori *concorsuali* veri e propri creditori *concorrenti*): senza però precludere – fuori e dopo la procedura – un'eventuale contestazione del diritto su cui si è fondata la pretesa fatta valere nella l.g.

Lo stato passivo esecutivo verrà comunicato dal curatore a tutti i ricorrenti, informandoli della possibilità di proporre esecuzione e indicando le concrete prospettive di soddisfacimento (art. 205); se già prima dell'accertamento del passivo risultasse che non ve ne fosse alcuna, peraltro, il tribunale potrebbe disporre che all'accertamento neppure si faccia luogo, attesa la sua inutilità (art. 209).

2. *La fase eventuale: le impugnazioni e le domande tardive*

Dopo la predetta fase, necessaria, di accertamento dello stato passivo, potrebbe aprirsene una eventuale.

a) Una prima ipotesi è quella in cui siano sollevate **contestazioni dello stato passivo**. Queste si proporranno con un *ricorso* che introdurrà un procedimento giurisdizionale contenzioso dinanzi al tribunale. Le principali (al di là della "revocazione", che è rimedio straordinario proponibile dopo i termini previsti per gli altri) sono: l'**opposizione**, cioè la contestazione, rivolta al curatore, di chi, avendo proposto domanda, se la sia vista respingere in tutto o anche in parte; l'**impugnazione**, cioè la contestazione dello stesso curatore o di chi, pur essendosi visto accogliere la propria domanda, intenda contestare l'ammissione della domanda di un altro creditore (art. 206).

b) Il procedimento di accertamento del passivo appena descritto si pone come *logicamente preliminare* alle altre fasi della procedura di l.g.: la liquidazione dell'attivo e la sua ripartizione. *Cronologicamente*, però, non v'è consecuzione fra le diverse fasi, procedendo esse contemporaneamente (art. 136, co. 2). Lo stesso accertamento del passivo, anzi, potrebbe ancora proseguire quando già siano in corso i riparti dell'attivo. È questa, anzi, l'ipotesi che si verifica nel caso delle **domande tardive** (art. 208). Si tratta delle domande di ammissione al passivo proposte dopo il termine di trenta giorni prima dell'udienza di verifica del passivo, ma *non oltre il termine* di sei mesi (o dodici, se così si preveda nella sentenza che apre la l.g.) *dopo il deposito del* *decreto* che dichiara esecutivo lo stato passivo. Termine massimo, quest'ultimo, superato il quale si decadrebbe da ogni possibilità di insinuarsi nella procedura, salvo il caso che l'istante dimostri che il ritardo è dipeso da causa a lui non imputabile e presenti la domanda entro sessanta giorni da quando tale causa è cessata (c.d. ***domande supertardive***).

Le domande tardive (e le supertardive ammesse) verranno accertate secondo un procedimento avente le *stesse forme* di quello già sopra descritto; ma, seppure ammesse, consentiranno di ***partecipare alle sole ripartizioni posteriori*** all'ammissione (art. 225).

III. *L'esercizio provvisorio dell'impresa e l'affitto d'azienda*

Nonostante il fine primario della l.g. sia la realizzazione dell'attivo e la destinazione del ricavato alla soddisfazione dei creditori concorrenti, gli artt. 211 ss. contemplano la possibilità di una **prosecuzione** (da parte degli organi della procedura o di un terzo affittuario) **dell'attività imprenditoriale**.

Per comprendere perché ciò sia previsto, occorre richiamare le considerazioni già svolte (v. *supra*, § 22.II.) in merito al possibile residuo valore economico del complesso aziendale dell'impresa insolvente. A questo riguardo, deve prendersi atto che la migliore realizzazione dell'attivo può spesso conseguirsi non tanto disgregando l'azienda dell'impresa sottoposta a l.g., quanto piuttosto monetizzando il valore della sua organizzazione e del suo avviamento, attraverso una sua cessione unitaria o, quantomeno, delle sue parti che rispecchino quel valore (c.d. rami di azienda). Per far ciò, e nell'attesa di trovare un cessionario, può diventare opportuno mantenere l'azienda in esercizio, onde non disperderne il valore di mercato. Ecco allora che la prosecuzione dell'attività dell'impresa può giustificarsi non tanto di per sé o per interessi extraconcorsuali, ma proprio perché *strumentale ad una più proficua liquidazione nell'interesse dei creditori*.

La possibilità di esercitare provvisoriamente l'impresa, o di dare in affitto l'azienda di cui si avvale, sono infatti due delle opzioni che il curatore deve considerare nell'orientare il "programma di liquidazione" alla conservazione del valore dell'impresa (art. 213, co. 4); anzi, la legge prevede che a queste opzioni si possa accedere, ove appaia opportuno, ancor prima che tale programma sia stato predisposto.

Di più: in principio viene persino previsto che l'apertura della l.g. non determina la cessazione dell'impresa (art. 211, co. 1); sennonché la norma "manifesto" risulta, a ben vedere, declamatoria, giacché la continuazione non avverrà automaticamente, ma solo alle condizioni previste dai successivi co. 2 e 3, qui appresso esaminate.

1. *L'esercizio provvisorio dell'impresa*

a) Innanzitutto, l'esercizio provvisorio dell'impresa (art. 211, co. 2) potrebbe già essere disposto, anche limitatamente a specifici rami dell'azienda, *dallo stesso* **tribunale** con la *sentenza dichiarativa di l.g.*, purché dalla prosecuzione non derivi pregiudizio ai creditori (conseguenza verosimile che induce i Tribunali a fare un uso piuttosto parco di questo potere).

b) Al di là di tale ipotesi, è al **curatore** che normalmente spetta di valutare l'opportunità della prosecuzione dell'impresa, sottoponendola al *parere del comitato dei creditori*. Se tale parere sarà favorevole, il *giudice delegato* potrà autorizzare la prosecuzione, anche limitatamente a singoli rami aziendali. Questa sarà però in ogni caso "*temporanea*", dovendosi prevedere una durata che tenga conto di quello che resta, pur sempre, il fine ultimo della procedura, e cioè la realizzazione del valore dell'impresa.

La prosecuzione dell'attività imprenditoriale comporta l'attribuzione al curatore del **potere di gestire *quell'attività*** secondo criteri che comportano scelte imprenditoriali: e quindi, inevitabilmente, anche di rischio, seppure nella prospettiva prevalente della conservazione dell'avviamento aziendale, anziché della massimizzazione degli utili.

Essendo pertanto la gestione dell'impresa riferibile a scelte della curatela, ogni **nuova obbligazione** che ne derivi costituirà un ***debito della massa***, come tale da pagarsi in prededuzione (art. 211, co. 8). E così varrà anche per i debiti derivanti dai contratti pendenti che proseguano. Funzionale alla prosecuzione dell'impresa è infatti la regola – opposta a quella altrimenti prevista in via generale dall'art. 172 – della ***prosecuzione automatica*** di tutti i **contratti pendenti**, salva sempre la possibilità per il curatore di valutare in un secondo momento se sciogliersene o comunque sospenderne l'esecuzione.

Dall'insieme delle regole che disciplinano la prosecuzione dell'impresa (v. in particolare l'art. 211, co. 4-7) risulta abbastanza evidente come essa sia vista come una soluzione da adottarsi con particolare prudenza. La **cessazione** *prima della durata prevista*, infatti, potrà essere ordinata sia dal giudice delegato, ogniqualvolta il comitato dei creditori ne ravvisi l'opportunità; sia poi dallo stesso tribunale, quando pure ne ravvisi l'opportunità, anche a prescindere dal parere favorevole del comitato dei creditori (che solo dovranno essere "sentiti", insieme al curatore).

2. *L'affitto dell'azienda*

In una diversa prospettiva, rispetto alla cessione, può considerarsi l'affitto dell'azienda o di suoi rami (art. 212). In questo caso (dunque: **stipulazione di un contratto di affitto** *dopo* l'apertura della l.g.), non solo gli organi concorsuali sono sollevati dall'onere di gestire direttamente l'impresa, ma la legge stessa appronta regole volte a far sì che la massa passiva *non si aggravi delle nuove obbligazioni* sorte per la prosecuzione dell'attività. Anzi, al vantaggio della conservazione dell'avviamento per mezzo della gestione dell'affittuario si aggiunge quello di accrescere la massa, incassando, *in attesa della cessione dell'azienda* (è lo stesso art. 212, co. 1, a prescrivere che all'affitto dell'azienda possa procedersi soltanto quando ciò "appaia utile al fine della più proficua vendita" della stessa), i canoni del suo affitto.

Come per l'esercizio provvisorio, l'affitto dovrà essere *autorizzato dal giudice delegato* e sempre su *proposta del curatore* e *previo parere favorevole del comitato dei creditori*, sempre tenuta in preminente considerazione la finalità del miglior realizzo del valore dell'azienda com'è confermato dai ***vincoli di contenuto*** del contratto che la legge impone all'autonomia contrattuale del curatore, che potrà anche incentivare l'affitto concedendo all'affittuario un diritto di prelazione al prezzo che sarà stabilito per la vendita (art. 212).

IV. *La liquidazione dell'attivo*

1. *Il programma di liquidazione*

L'"**attivo**" alla cui liquidazione è rivolta la l.g. consiste, oltre che nella titolarità dei *beni* rinvenuti nel patrimonio del debitore all'apertura della l.g., anche negli *altri diritti* derivanti da rapporti giuridici facenti capo al debitore, nonché nelle *pretese* estranee al patrimonio del debitore prima dell'apertura della l.g., ma spettanti, proprio per effetto di quest'ultima, *alla curatela* (specialmente, quelle conseguenti all'esercizio vittorioso di eventuali azioni revocatorie o azioni risarcitorie intentate, soprattutto, contro amministratori e sindaci della società sottoposta alla procedura).

La natura composita di un tale compendio di situazioni giuridiche attive, e l'obiettivo di massimizzarne la monetizzazione, risultano dalla previsione (art. 213) dell'obbligo del curatore di predisporre un **programma di liquidazione**, articolato in sezioni, che indichi separatamente criteri e modalità della liquidazione dei beni immobili e mobili e della riscossione dei crediti, specificando costi e tempi del prevedibile realizzo e le azioni giudiziali a ciò strumentali (soprattutto quelle revocatorie, recuperatorie o risarcitorie), oltre agli atti necessari per la conservazione del valore dell'impresa (fra cui innanzitutto l'eventuale esercizio o affitto dell'azienda). Si impone per tal via al curatore di non compiere la sua missione in modo improvvisato, bensì secondo un piano preordinato nella sua globalità, che preveda altresì il termine (tendenzialmente non più di cinque anni) entro cui dovrebbe compiersi, privilegiando la cessione *unitaria* dell'azienda o di suoi rami, o comunque di beni o rapporti giuridici in blocco, piuttosto che una realizzazione frammentaria dei singoli cespiti (art. 214). Neppure è esclusa, infine, la "*derelizione*" *di beni* la cui liquidazione apparirebbe non conveniente (art. 213, co. 2).

L'**approvazione del piano** (o di ogni sua opportuna modifica successiva) – e con ciò la sua valutazione nel merito – è riservata al comitato dei creditori, mentre al giudice delegato spetta, oltre che un controllo di legittimità formale, autorizzare fin da subito l'esecuzione di tutti gli atti ad esso conformi.

2. *La cessione dei beni*

La legge è chiara nell'indicare come soluzione preferibile, perché verosimilmente più proficua, quella delle **cessioni "aggregate"**: "la liquidazione dei singoli beni [...] è disposta quando risulta prevedibile che la vendita dell'intero complesso aziendale, di suoi rami, di beni o rapporti giuridici individuabili in blocco non consenta una maggiore soddisfazione dei creditori" (art. 214, co. 1).

Il contratto di **cessione d'azienda** o di suoi rami è tendenzialmente sottoposto alla disciplina generale degli artt. 2556 ss. c.c. Ciò anche con riferimento ai contratti dai quali il curatore non si sia già sciolto (che quindi proseguiranno secondo la disciplina dell'art. 2558 c.c.) e ai crediti inerenti (l'art. 214, co. 5, riproduce l'art. 2559 c.c.). Diversa è invece, in principio, la sorte dei ***debiti*** rispetto alla disciplina generale posta dall'art. 2560 c.c.: poiché infatti, solitamente, i debiti inerenti all'azienda eccedono il suo valore, nessuno si indurrebbe ad acquistarla se dovesse sottostare alla regola dell'accollo prevista dall'art. 2560 c.c.; sicché il meccanismo legale vuole che dei debiti sorti prima del trasferimento *non dovrà farsi carico*, salvo diverso accordo, *il cessionario*, ma sempre e soltanto la procedura. Quest'ultima li soddisferà (ancorché, come di consueto, solo parzialmente) incamerando e distribuendo il prezzo della cessione.

In alternativa alla cessione dell'intera azienda, ma sempre nell'àmbito delle "cessioni aggregate" (e quindi sempre preferibilmente alla vendita di singoli beni), sarà poi possibile la **cessione delle attività e delle passività dell'azienda** o di suoi rami (ad es., si cedono crediti in cambio dell'accollo dei debiti relativi a posizioni omogenee, con liberazione della procedura, senza quindi il pagamento di un prezzo vero e proprio) o di **beni o rapporti giuridici individuabili in blocco**, cioè di compendi patrimoniali individuabili in relazione alla pertinenza al complesso aziendale ovvero ad altro fattore unificante (si pensi ad un bene immobile e ai contratti di locazione ad esso relativi; ovvero ai rapporti inerenti ad una sola controparte; o ad una certa operazione economica in corso), privi però di quella unitaria destinazione funzionale che li renda autonome articolazioni produttive, qual è invece l'azienda o un suo ramo.

Cedibili – anche per accelerare i prevedibili tempi di realizzo – sono poi anche **singoli crediti** (art. 215, co 1), ivi compresi quelli di natura fiscale (crediti d'imposta) o futuri, o quelli contestati.

Sempre nella prospettiva della realizzazione del valore delle "pretese" spettanti alla curatela, importante è poi la previsione della **cedibilità delle azioni revocatorie concorsuali** (art. 215, co. 1). Ciò significa che se il curatore (che ne ha l'esclusiva legittimazione) avesse già intentato una o più azioni revocatorie, potrebbe cedere la relativa pretesa, oramai dedotta all'interno di un procedimento giudiziale già avviato, ad un terzo che gli subentri: l'uno ottenendo un pronto e certo realizzo della pretesa azionata; l'altro sperando di ricavare dall'azione ceduta una plusvalenza pari alla differenza fra il prezzo pagato (verosimilmente scontato in proporzione al rischio stimato di soccombenza) e il valore di quanto si spera di ottenere dal successo dell'azione.

Infine, la liquidazione dell'azienda o di suoi rami, con i rapporti in corso, o anche di singoli beni o crediti, è resa anche possibile, indirettamente, *conferendo tali cespiti in una o più* **società di nuova costituzione** (c.d. *newco*). Per tal via l'obiettivo finale della monetizzazione dei cespiti conferiti potrà ritenersi facilitato dalla possibilità di poter negoziare le singole partecipazioni nelle società conferitarie, mobilizzando così il valore dei cespiti conferiti, ovvero attribuendole direttamente ai singoli creditori che vi consentano (art. 214, co. 7).

In ultimo, l'art. 216 detta le **modalità** delle vendite e degli altri atti di liquidazione: si tratta delle procedure che regolano l'*individuazione dell'acquirente* e la *determinazione del prezzo*. Si tratterà per lo più di vendite tramite procedure competitive, sulla base di stime predisposte da esperti nominati dal curatore, assicurandone, allo scopo del miglior esito possibile, piena *trasparenza* attraverso la pubblicità disposta su un apposito portale delle vendite pubbliche (art. 216).

V. *La ripartizione dell'attivo: l'ordine di distribuzione*

La soddisfazione dei creditori concorsuali, seppure non integrale, diviene effettiva con la ripartizione fra di essi del denaro ottenuto all'esito delle attività di liquidazione. Nonostante una tale fase potrebbe a prima vista apparire la più semplice, consistendo in definitiva nella mera distribuzione di denaro, essa si complica in ragione di due diversi ordini di problemi.

Il primo, detto in prima approssimazione, ha a che vedere con la molteplicità dei criteri legali in ragione dei quali i crediti possono presentarsi con diversa "forza". Ciò impedisce di considerarli tutti sullo stesso piano, e non consente allora di limitarsi ad una distribuzione del denaro ricavato dalla liquidazione semplicemente in proporzione all'ammontare dei crediti accertati, dovendosi invece tener conto del loro "***ordine***", o "***rango***". Si tratta insomma, come già premesso in via generale, della "tensione" che si crea fra il (prevalente) principio di *preferenza* e quello (che in via di principio dovrebbe essere generale) di *proporzionalità*.

L'altro ordine di problemi deriva invece dalla considerazione che la ripartizione sarà tanto più utile quanto più tempestiva. Il che ha condotto il legislatore a prevedere che essa cominci, mediante ***riparti parziali***, *senza attendere il completamento delle attività di accertamento del passivo e di liquidazione dell'attivo*; bensì a mano a mano che da tale liquidazione si ricavino somme distribuibili. Questa scelta anticipatoria costringe però a muoversi in uno stato di relativa incertezza: quella riguardante l'ammontare complessivo del ricavato finale della liquidazione (cioè del valore effettivo della massa attiva); e quella riguardante l'ammontare complessivo delle pretese (fatte valere nel concorso, ma da accertarsi poi nella loro fondatezza) che dovranno effettivamente essere soddisfatte, cioè dell'ammontare effettivo della massa passiva. Di una tale incertezza, allora, occorrerà tenere conto nel dosare i riparti parziali.

Il primo dei due ordini di problemi segnalati (il solo trattato in questo paragrafo) è quello a cui si riferisce l'art. 221 nel regolare l'"**ordine di distribuzione delle somme**", prevedendo diversi livelli di preferenza nella partecipazione al riparto. Alla luce di una tale previsione, il principio generale della "*par condicio creditorum*" rivela tutta la sua "relatività", poiché in definitiva destinato ad operare *solo all'interno dei crediti aventi il medesimo rango* (v. ad es. l'art. 222, co. 4); senza però escludere che, a monte, possa invece operare un ordine secondo il quale talune categorie di crediti verranno preferite ad altre. Varrà una gerarchia, allora, in virtù della quale *ai creditori di un rango più basso non potrà venire ripartito alcunché fino a quando non trovino integrale soddisfazione quelli di rango più elevato* (c.d. *absolute priority rule*). L'art. 221, per l'esattezza, prevede che le somme ricavate dalla liquidazione dell'attivo vengano erogate nel seguente ordine: a) per il pagamento dei ***crediti prededucibili***; b) per il pagamento dei ***crediti ammessi con prelazione*** sulle cose vendute; c) per il pagamento dei ***creditori chirografari***; **d)** per il pagamento dei ***crediti postergati***.

a) I **crediti prededucibili**, secondo l'art. 6, sono quelli così qualificati da una specifica disposizione di legge ovvero altri specificati dallo stesso articolo, da accertarsi comunque – salvo eccezioni (art. 222) – insieme a tutti gli altri che confluiranno nello stato passivo. Vi rientrano innanzitutto quelli necessari affinché la stessa procedura possa svolgersi (***spese per la procedura***), ivi compresi i compensi spettanti a chi (come il curatore in primo luogo, o i professionisti che abbia nominato) abbia prestato la propria opera all'interno della procedura stessa, nonché quelli relativi ai c.d. ***debiti della massa***: quelli cioè non assunti dal debitore prima dell'apertura della procedura, bensì contratti dal curatore per la gestione del patrimonio e la continuazione dell'esercizio dell'impresa. Vi rientrano inoltre, nel caso di consecuzione di procedure (quando cioè la l.g. sia stata preceduta da altra procedura, ad es. un concordato preventivo) quelli per ***compensi professionali, nei limiti del 75%***, sorti in funzione: della domanda di omologazione di accordi di ristrutturazione e per la precedente richiesta di misure protettive, se poi gli accordi siano omologati; ovvero della presentazione di una domanda di concordato preventivo e della relativa proposta, se poi la procedura sia aperta. Ciò, evidentemente, al fine di favorire l'apertura prima e l'esecuzione poi di quest'ultima, promettendo "protezione" ai crediti sorti in tale fase per il caso in cui, malauguratamente, quella procedura sfociasse in una l.g.

b) Al secondo livello di preferenza vengono i **crediti assistiti da legittime cause di prelazione** (privilegio, pegno, ipoteca), detti anche, in senso lato, "**privilegiati**". Anche fra tali crediti privilegiati – considerata la varietà e i diversi rapporti di prevalenza fra i diversi titoli di prelazione – può ben capitare che alcuni non trovino, in realtà, soddisfazione sull'oggetto della garanzia loro concessa: ad es., chi gode di un'ipoteca di secondo grado su un immobile potrebbe vedere la propria garanzia svuotata dall'attribuzione dell'intero ricavato del bene ipotecato a favore del creditore ipotecario di primo grado.

La circostanza poi che le cause di prelazione operino talvolta su beni immobili, talaltra su beni mobili, e talaltra ancora sull'intero patrimonio mobiliare (come nel caso del privilegio generale sui beni mobili), impone al curatore di tenere un **separato conteggio** delle attività di liquidazione (c.d. ***conti speciali***, art. 223): uno relativo alla "***massa liquida attiva immobiliare***", che tenga conto delle somme ricavate dalla liquidazione dei beni immobili (si renderà opportuno un autonomo conteggio per ciascun immobile); ed un altro che comprenda "tutte le altre entrate", che costituiranno – secondo un criterio residuale – la "***massa liquida attiva mobiliare***".

c1) Quasi mai soddisfatti per intero, ed anzi non raramente in percentuali irrisorie, sono i **creditori chirografari**. È prevalentemente fra questi, in effetti, che opera appieno la *par condicio*, concorrendo essi *in proporzione all'ammontare del loro credito* sul ricavato della liquidazione che non sia stato assorbito dal pagamento dei crediti prededucibili o privilegiati. Chirografari saranno del resto *gli stessi creditori privilegiati che non abbiano trovato soddisfazione* attraverso la propria garanzia: per la parte non soddisfatta, infatti, il relativo credito "degraderà" a chirografario.

c2) Vengono ultimi i creditori **postergati o subordinati**. La subordinazione, peraltro, potrà essere imposta *dalla legge* o pattuita *per contratto*. E potrà essere (soprattutto nel primo caso, come tipicamente quello individuato all'art. 2467 c.c.) *assoluta* (nei confronti cioè di tutti gli altri chirografari), determinando l'assunzione di un vero e proprio rango inferiore; ovvero *relativa*, operante cioè soltanto rispetto ad alcuni chirografari, ma non ad altri. I creditori subordinati si trovano perciò in una condizione di subalternità rispetto a quelli (tutti od alcuni) chirografari, così come questi lo sono rispetto ai privilegiati; e perciò vengono talora efficacemente indicati come "*antiprivilegiati*". Risulterà ovvio, a questo punto, che, se già i chirografari, nella maggior parte dei casi, subiscono una pesantissima falcidia concorsuale, le probabilità che ai postergati tocchi qualcosa rasenta lo zero.

VI. *La ripartizione dell'attivo: il procedimento di distribuzione*

Le regole che governano la distribuzione del ricavato della liquidazione tendono ad assecondare l'interesse dei creditori alla maggiore *tempestività*, pur nell'*incertezza* di quanto sarà, alla fine, il totale del ricavato e dei crediti da soddisfarsi. Il procedimento della ripartizione comporta allora che il ricavato possa venire distribuito, mediante riparti parziali, man mano che si liquida l'attivo.

Le **ripartizioni parziali** dovranno aver luogo (in principio ogni quattro mesi, ma spesso con cadenze più ampie) sulla base di un *prospetto delle somme disponibili* e di un ***progetto di ripartizione*** elaborati dal curatore (art. 220).

I progetti di ripartizione dovranno prevedere degli **accantonamenti**, trattenendo e depositando, per non meno del 20% delle somme disponibili (o più se necessario), le somme occorrenti ***per la procedura*** e per far fronte ***ai creditori "incerti"*** (art. 227): ad es. le somme stimate necessarie *per le future spese della procedura*, *per il compenso del curatore e per ogni altro credito prededucibile*, ovvero le somme che potrebbero spettare ai *creditori ammessi con riserva*, a quelli *opponenti* e a quelli *contestati* (la cui domanda cioè sia stata accolta ma poi sottoposta a giudizio di impugnazione).

Gli accantonamenti sono del resto inevitabili anche perché, per intuibili ragioni di efficienza e di tutela dell'affidamento, è tendenzialmente *esclusa la restituzione di somme riscosse,* se in esecuzione del piano di riparto (art. 229, *principio di irripetibilità*).

Tale principio consente di comprendere anche la regola della partecipazione ai riparti dei creditori tardivi e dei creditori privilegiati. I **creditori tardivi**, dei quali ovviamente non si può tener conto nel progetto di ripartizioni parziali precedenti alla loro ammissione, possono concorrere *soltanto alle ripartizioni posteriori alla loro ammissione* (art. 225). Diversa è però, a seconda dei casi, la misura in cui sarà consentita la partecipazione ai riparti successivi. Se sono assistiti da *cause di prelazione* – e quindi titolati, in principio, ad essere soddisfatti con preferenza sui chirografari – potranno via via recuperare, a discapito dei meno titolati, le quote che sarebbero loro spettate nelle ripartizioni precedenti. Analoga possibilità di recupero verrà concessa ai creditori che, pur chirografari, si siano insinuati con ritardo *per causa a loro non imputabile*. Se, invece, si trattasse di credito chirografario insinuato con *ritardo imputabile* allo stesso creditore, la regola (penalizzante) sarà quella per cui esso parteciperà ai riparti successivi nella stessa percentuale riconosciuta a tutti gli altri chirografari.

Ai **creditori privilegiati**, d'altra parte, viene riconosciuto *il diritto di concorrere nelle ripartizioni che si eseguono prima della ripartizione del prezzo dei beni vincolati a loro garanzia* (art. 153), onde non dover attendere la liquidazione di tali beni. Se però, una volta realizzata la garanzia, la somma da essa ricavata si dimostri capiente, la somma equivalente a quanto già anticipatamente percepito dal creditore privilegiato nelle ripartizioni parziali non potrà riversarsi a suo favore, ma verrà assegnata ai creditori chirografari.

Procedendo ai riparti parziali nel rispetto di tutti gli accorgimenti sopra ricordati, si perverrà infine al completamento della liquidazione dell'attivo. A questo punto il curatore presenterà il ***rendiconto***, sia contabile che delle attività di gestione compiute (art. 231). Approvato quest'ultimo, il giudice delegato ordinerà la **ripartizione finale** delle somme, compresi *gli accantonamenti* sino ad allora effettuati (art. 232).

§ 27. La chiusura della procedura di liquidazione giudiziale

Sommario: I. *La chiusura della procedura e i suoi effetti*. – II. *La riapertura della liquidazione giudiziale*. – III. *L'esdebitazione*.

I. *La chiusura della procedura e i suoi effetti*

Secondo il capo VI del c.ins. (artt. 233 ss.), la **chiusura della l.g.** è uno dei due modi di *cessazione della procedura* (l'altro essendo il concordato nella l.g., di cui però si dirà oltre: § 30). La chiusura indica la conclusione, per una o altra delle cause previste dalla legge, della procedura aperta con la sentenza di apertura della l.g.; ben diversamente, dunque, dalla revoca della sentenza di apertura della l.g., che opera invece retroattivamente, salve le eccezioni previste dall'art. 53.

Le **cause di chiusura** della procedura diverse dal "concordato nella l.g." sono, a norma dell'art. 233:

1) la **mancanza di domande di ammissione al passivo** entro il termine previsto dalla sentenza di apertura. In tal caso la procedura resterebbe priva di scopo, quand'anche fosse stata aperta su istanza di un creditore, se neppure questo, poi, avesse proposto domanda di ammissione.

2) Quando vi sia stata la **soddisfazione di tutti i creditori** (ipotesi rara), grazie alle ripartizioni dell'attivo o anche, se del caso, all'adempimento di un terzo: in ogni caso, non vi sarà ragione di proseguire l'attività di liquidazione del patrimonio del debitore né, più in generale, la procedura stessa.

3) Quando è **compiuta la ripartizione finale dell'attivo**. È questa l'ipotesi più frequente. Quando non resta più nulla da liquidare e ripartire, la procedura avrà esaurito la sua utilità, malgrado taluni crediti, e spesso anzi molta parte di essi, siano rimasti insoddisfatti (ma non perciò estinti, salvo esdebitazione). La chiusura non è peraltro impedita dalla pendenza di giudizi che potrebbero essere proseguiti dal curatore, con la possibilità di ricavarne utilità ulteriori: in tal caso, il curatore si limiterà a farne oggetto di "riparti supplementari", senza che tali sopravvenienze possano giustificare un'eventuale riapertura della l.g.

4) Per **mancanza di attivo**. Evidente che in tal caso la prosecuzione della procedura sarebbe non solo inutile, ma addirittura antieconomica, generando spese che non verrebbero pagate con l'asse concorsuale.

In tutte queste ipotesi, sarà il tribunale – *su istanza* del curatore o del debitore (non però dei creditori) o anche *d'ufficio* se la chiusura sia dovuta a mancanza di attivo – ad emanare un **decreto di chiusura** (art. 235). I suoi effetti (che si produrranno solo dopo che siano spirati i termini per proporre reclamo o dopo che gli eventuali reclami siano stati respinti) saranno notevoli, in quanto opposti a quelli della sentenza di apertura (art. 236).

Quanto al ***debitore*** (soprattutto se persona fisica; le società, invece, spesso si estingueranno, per cancellazione, all'esito della l.g., salvo diversa determinazione dei soci per la ripresa delle attività, se ancora residuasse un attivo patrimoniale: art. 233, co. 2 e 3), *cesseranno gli effetti dello spossessamento* nonché le incapacità o limitazioni di carattere personale. Egli riacquisterà così la piena disponibilità e amministrazione del proprio patrimonio e quindi anche di quella parte già appresa dalla procedura ed eventualmente residuata, che dovrà essergli "restituita"; nonché dei beni che dovessero sopravvenire. Se dei beni tornati nella piena disponibilità del debitore costui avesse disposto durante la procedura, inoltre, i relativi atti spiegherebbero, a questo punto, piena efficacia. Parimenti, il debitore potrà proseguire nei *rapporti giuridici preesistenti* che non si siano sciolti *ex* artt. 172 ss.

Quanto agli ***organi*** della procedura, essi "decadranno", anche se per la verità si lascia individuare qualche residua competenza ultra-procedurale (così, nell'eventuale distribuzione degli accantonamenti o per la prosecuzione di eventuali giudizi dopo la chiusura, come si dirà fra breve).

Importanti sono poi gli effetti nei confronti dei ***creditori***. Con la chiusura della l.g., infatti, *ogni creditore* (*anche posteriore all'apertura della l.g.*) *riacquisterà il libero esercizio delle azioni che gli competono verso il debitore*. Anche i creditori concorrenti, pertanto, potranno tornare ad agire individualmente *per la parte del loro credito eventualmente non soddisfatta nella procedura*. Chiusa la procedura, si riaprirà anche, per i creditori concorrenti chirografari, la possibilità di esigere gli *interessi*: questi, infatti, seppur non conteggiabili nello stato passivo della procedura (art. 154), avranno nondimeno continuato a maturare durante essa.

Quanto, infine, alle ***azioni già intraprese***, l'esigenza di accelerare la "chiusura" della l.g. fa sì che essa – ma solo nel caso (peraltro più frequente) in cui dipenda da *compiuta ripartizione dell'attivo – non sarà impedita dalla (né osterà alla) prosecuzione di giudizi o procedimenti esecutivi* (compresi quelli da instaurarsi anche dopo la chiusura per attuare decisioni favorevoli alla procedura), rispetto ai quali il curatore mantiene la legittimazione processuale. Vi sarà eventualmente, all'esito di tali giudizi, un *riparto supplementare ed un rapporto riepilogativo finale*, con una sorta di "definitiva" chiusura che (se non altro per distinguerla da quella "anticipata") la legge nomina "*archiviazione*" (art. 234).

Negli altri casi di chiusura, invece, occorrerà distinguere. Le cause intraprese o riassunte dal curatore *in sostituzione del debitore* (ad es. per l'incasso di un suo credito) *o dei creditori* (ad es. una revocatoria ordinaria), se non ancora concluse alla chiusura della l.g. (ad es. perché questa sia dovuta all'integrale soddisfazione dei creditori e non occorra procedere nella liquidazione dell'attivo) si interromperanno per essere eventualmente riassunte dai legittimati "naturali". Le azioni "derivanti" dalla procedura – tipicamente le revocatorie concorsuali – ove già non cedute a terzi (art. 215), verranno invece dichiarate improcedibili e i relativi giudizi saranno interrotti.

II. *La riapertura della liquidazione giudiziale*

Dopo che la l.g. sia stata chiusa, potrebbe aversi, nel termine massimo di *cinque anni*, una **riapertura** della stessa (art. 237). Ciò in quanto potrebbe risultare utile riattivare la procedura cessata, al fine di regolare, ancora una volta concorsualmente, crediti concorrenti che non avessero trovato soddisfazione (dunque la riapertura è possibile solo quando la chiusura sia dipesa dall'avvenuta ripartizione dell'attivo o dalla constatata mancanza dell'attivo, e *non vi sia stata nel frattempo una esdebitazione* del debitore), ***se nel frattempo si fosse ricreata la possibilità di nuove ripartizioni:*** in particolare, quando nel patrimonio del debitore siano affluite *nuove attività in misura tale da rendere utile il provvedimento.*

In ogni caso, la riapertura deve tener conto anche degli eventuali **nuovi debiti** (art. 238): tali sarebbero quelli contratti dal debitore dopo la chiusura della l.g., così come i debiti contratti durante la procedura chiusa, ma che non potevano farsi valere in essa perché inefficaci nei suoi confronti *ex* art. 144; nonché i debiti, pur anteriori alla procedura, verso chi non vi si fosse mai insinuato.

La riapertura esplica inoltre effetti quanto agli **atti pregiudizievoli** compiuti dal debitore dopo la chiusura (art. 239): i termini a ritroso per le *azioni revocatorie ex* artt. 164, 166 e 167 verranno computati in questo caso a partire dalla data della sentenza di riapertura, mentre l'inefficacia *ex lege* degli *atti a titolo gratuito* e quelli compiuti fra coniugi (o equiparati) di cui all'art. 169 riguarderà tutti gli atti compiuti *nell'intero periodo* intercorso fra la chiusura e la riapertura della l.g.

III. *L'esdebitazione*

I crediti anteriori all'apertura della l.g. (comprensivi degli interessi maturati *medio tempore*) e non soddisfatti al suo esito restano in principio esigibili verso il debitore dopo la chiusura della procedura. Così non è però quando si produca l'effetto dell'**esdebitazione**, consistente nella "***liberazione dai debiti***" e nella **"*inesigibilità*" dal debitore "*dei crediti rimasti insoddisfatti nell'ambito della procedura*"** (art. 278). Lo stesso effetto, peraltro, si produrrà anche nei confronti dei creditori anteriori alla procedura ma che non vi abbiano partecipato, per la parte eccedente la percentuale attribuita ai creditori concorsuali di pari rango. Uniche eccezioni a tale effetto saranno costituite dalla mancata liberazione dei debiti inerenti ad obblighi di mantenimento alimentare, o di risarcimento extracontrattuale o per sanzioni penali o amministrative; nonché dalla persistenza dei crediti verso coobbligati, fideiussori e obbligati in via di regresso del debitore. Fra questi ultimi, però, non andranno considerati *i soci illimitatamente responsabili, che invece beneficeranno dell'esdebitazione della società partecipata.*

Un tale effetto della chiusura della procedura di l.g. – da ritenersi oramai "normale", più che espressivo di un privilegio eccezionale e discrezionale come nel passato – interferisce, a ben vedere, con la stessa individuazione della funzione della procedura della l.g.: dovendosi prendere atto che essa resta sì orientata al primario scopo della soddisfazione dei creditori, e tuttavia tendenzialmente solo nei limiti del patrimonio concorsuale; caratterizzandosi invece, al suo esito, per una *tendenziale deroga al sistema civilistico della responsabilità patrimoniale*, che come noto vorrebbe che il debitore rispondesse verso i suoi creditori non solo con i suoi beni presenti, ma anche con tutti quelli che gli sopravvenissero in futuro (art. 2740 c.c.).

L'inesigibilità dei crediti non soddisfatti durante la procedura viene infatti ad essere considerata, nel c.ins., come un vero e proprio ***diritto*** dell'imprenditore già a tre anni dall'apertura della procedura, o comunque alla sua chiusura, se precedente (art. 279) e non già quale effetto di un provvedimento giudiziale tendenzialmente discrezionale. Si tratta di diritto che non potrà essere negato persino quando i creditori concorsuali non siano stati soddisfatti neppure in parte. L'obiettivo di una "seconda opportunità", quale già additato dal legislatore europeo, consente allora all'imprenditore insolvente – non solo persona fisica, ma *anche se si tratti di società o di altro ente* (sempre che la chiusura della procedura non ne comporti l'estinzione) – quel *fresh start* che quasi induce a considerare la l.g., una volta constatata l'impossibilità di percorsi alternativi in continuità aziendale, più come un'opportunità che come una "fine" dalla quale rifuggire ad ogni costo.

Uniche **condizioni ostative** al decreto di esdebitazione, di cui il tribunale dovrà verificarne l'eventuale sussistenza, saranno allora quelle previste dall'art. 280, e cioè che il debitore: non abbia già beneficiato dell'esdebitazione per due volte, o comunque nei cinque anni precedenti; si sia reso colpevole di condotte omissive o commissive talmente gravi (elencate dall'art. 280, co. 1) da escludere la sua meritevolezza.

§ 28. La liquidazione giudiziale delle società

Sommario: I. *Profili generali e poteri "societari" del curatore.* – II. *La liquidazione giudiziale "in estensione" dei soci a responsabilità illimitata.* – III. (Segue). *Il coordinamento fra la procedura di liquidazione giudiziale della società e quelle dei singoli soci.* – IV. *L'attuazione della responsabilità dei soci a responsabilità limitata.* – V. *Le azioni di responsabilità verso i soggetti incaricati di funzioni di amministrazione e controllo.* – VI. *La crisi e l'insolvenza dei gruppi di imprese.*

I. *Profili generali e poteri "societari" del curatore*

Originariamente, e sino in epoca preindustriale, la procedura fallimentare venne concepita ed attuata avendo riguardo al paradigma dell'impresa individuale. Ed anche quando l'impresa era collettiva (nella forma della "compagnia", antesignana dell'attuale società in nome collettivo), questa veniva considerata come composta da una pluralità di mercanti (o commercianti), la condizione giuridica dei quali poteva assimilarsi a quella del mercante singolo: anche i primi infatti, come il secondo, rispondevano illimitatamente per le obbligazioni dell'impresa esercitata ed erano allora assoggettabili a fallimento.

Ciò spiega perché la legge fallimentare del 1942 risultasse scritta, tendenzialmente, con riferimento all'imprenditore *tout court*, se non – spesso – con riferimento espresso all'imprenditore persona fisica, constando invece poche norme specificamente dettate per le società, per quanto nell'epoca contemporanea la maggior parte (per numero ma soprattutto per rilevanza economica) delle procedure di l.g. investe imprese aventi forma societaria.

Il c.ins., da questo punto di vista, dedica maggiore attenzione alla crisi delle società, soprattutto con riguardo al fenomeno dei gruppi e alle ristrutturazioni societarie in seno alle procedure concordatarie. Il cuore della disciplina specificamente rivolta alle società resta comunque, anche nel c.ins., quello dedicato alla l.g. delle società e in particolare, in seno a tali procedure, all'attuazione della responsabilità (per debito) dei soci e di quella (per illecito) dei componenti degli organi delle società sottoposte a l.g.

La l.g., innanzitutto, viene prevista, tanto per le società di persone (art. 2308 c.c.) quanto per le società di capitali (art. 2484, n. 7-*bis*, c.c., come introdotto dall'art. 380 c.ins.), quale causa di **scioglimento**, eventualmente prodromica alla sua cancellazione dopo la chiusura della procedura (art. 233). Questo non vuol dire tuttavia che, sol perciò, cessino di esistere ed operare gli *organi sociali*, o che i loro componenti decadano. Chiaramente, però, le loro *competenze*, e quelle degli amministratori in particolare, risulteranno fortemente ridimensionate in conseguenza della l.g. e, in particolare, di quella serie di suoi effetti consistenti nello spossessamento del debitore. Ciò non esclude però che, ad es., l'assemblea deliberi modificazioni dell'atto costitutivo (ivi compreso un aumento del capitale sociale) o che i sindaci possano vigilare sulla regolarità del suo svolgimento.

Notevole, a tale riguardo, risulta il concorrente potere, riconosciuto al curatore durante la procedura (art. 264), di compiere "gli **atti** e le **operazioni** ***riguardanti l'organizzazione e la struttura finanziaria della società previsti nel programma di liquidazione***" (dandone informazione ai soci e ai creditori, che potranno semmai proporre reclamo). Si tratta di un potere di intervento definito con termini che – per quanto generici e non troppo chiari, o forse proprio in ragione di una tale genericità – ne tracciano un'ampia portata, pur restando poco chiaro come si concili il potere, accordato al curatore in via generale, di compiere operazioni riguardanti "l'organizzazione della società" (non dell'impresa, si badi), con la separata ed ulteriore previsione per cui al curatore "possono" venire attribuiti, ma solo "se" previsto dal programma di liquidazione e per determinati atti od operazioni, "***i poteri dell'assemblea dei soci***" (dei quali però, a rigore, occorrerebbe sempre disporre per poter incidere sulla "organizzazione della società", cioè sulle sue basi statutarie).

II. *La liquidazione giudiziale "in estensione" dei soci a responsabilità illimitata*

Si è sopra ricordato il fondamento della regola per cui, sin dalle origini del diritto concorsuale, il "fallimento" della società provocava anche – se non addirittura coincideva con – quello dei suoi soci. Una tale regola vale ancora oggi nel nostro ordinamento, prevedendo al riguardo l'art. 256 che ***la sentenza che dichiara la l.g. di una s.n.c., di una s.a.s. o di una s.a.p.a., produce anche la l.g. dei soci illimitatamente responsabili***.

La norma ***non vale invece per il socio unico di s.p.a. o di s.r.l.***, quand'anche egli si trovi a rispondere illimitatamente per le obbligazioni sociali nei casi previsti dagli artt. 2325 e 2462 c.c. Il che potrebbe forse spiegarsi per il fatto che la sua responsabilità non è "istituzionalmente" illimitata, ma riguarda solo le obbligazioni sorte nel periodo in cui egli è stato socio unico e non siano state adempiute le condizioni che altrimenti provocano il regime di responsabilità limitata (artt. 2325 e 2462 c.c.).

La **l.g. "in estensione"** è soltanto quella che dalla società si propaga ai soci illimitatamente responsabili. Secondo l'art. 258, infatti, *l'eventuale l.g. di alcuno dei soci non comporta la l.g. della società* (ma solo, al limite, l'esclusione del socio "fallito", come ancora dice l'art. 2288 c.c.).

Quando ne ricorrano i presupposti, la l.g. in estensione ***si produrrà automaticamente***: dovrà infatti essere *dichiarato dal tribunale senza che occorra l'istanza di chicchessia e senza che occorra procedere al previo accertamento dell'esistenza in capo ai soci dei presupposti di assoggettabilità a l.g.* La l.g. del socio illimitatamente responsabile può così ritenersi un'*eccezione* alla regola generale che collega la l.g. ai presupposti indicati dall'art. 221 (benché sia chiaro che tali presupposti dovranno ben essere accertati in capo alla società sottoposta a l.g.); eccezione che si giustifica in ragione dell'utilità di sottoporre anche i patrimoni dei singoli soci ad altrettante procedure concorsuali, da coordinarsi poi fra di loro e con quella della società, in modo da governare unitariamente, secondo le regole della *par condicio*, sia il concorso delle pretese dei creditori sociali fra di loro, sia il concorso fra di essi e i creditori personali dei soci.

A parte l'ipotesi generale appena indicata, in cui la l.g. della società è estesa automaticamente dal tribunale a coloro che risultano attualmente soci illimitatamente responsabili, la l.g. in estensione può verificarsi in altre due serie di ipotesi previste dall'art. 256.

a) La prima riguarda i casi in cui un **socio abbia cessato di esser tale** – per morte o per recesso o per esclusione – ovvero **di essere illimitatamente responsabile** (essendo divenuto socio a responsabilità limitata per effetto di trasformazione, di fusione o scissione eterogenee, ovvero accomandante di s.a.s. dopo aver rivestito il ruolo di accomandatario). In tali casi – poiché secondo le norme poste a tutela dei creditori dagli artt. 2290 e 2500-*quinquies* c.c., il socio continua a rispondere illimitatamente per tutte le obbligazioni sociali sorte sino al momento della suddetta cessazione – egli potrà essere sottoposto a l.g. "in estensione" se ricorrano anche queste *due ulteriori condizioni*:

i) *se **non sia decorso più di un anno*** dallo scioglimento del rapporto sociale o dalla cessazione della responsabilità illimitata (secondo il principio, già esaminato, che sorregge gli artt. 33 e 34). Ciò, peraltro, sempre che siano state osservate le formalità per rendere quei fatti *opponibili ai terzi*: iscrizione nel registro delle imprese o, se la società sia irregolare, conoscenza dei creditori realizzata con mezzi idonei, secondo il principio posto dall'art. 2290, co. 2, c.c. (ad es., per raccomandata ai creditori);

ii) *sempre che l'insolvenza della società attenga, almeno in parte, a **debiti esistenti alla data della cessazione della responsabilità illimitata***. Il che è ovvio, posto che altrimenti non sarebbe configurabile alcuna pretesa dei creditori sociali verso il socio.

b) La seconda serie di ipotesi (prevista dai co. 4 e 5 dell'art. 256) riguarda invece l'eventuale **scoperta**, *successiva all'apertura della l.g. della società, di (altri) soci illimitatamente responsabili*. In tal caso la dichiarazione di l.g. sarà non solo "*in estensione*" – o, come si dice per distinguere l'ipotesi ora considerata, "***in ripercussione***" – ma anche "***successiva***", per effetto di un'ulteriore sentenza del tribunale, pronunziata stavolta su istanza del curatore o di uno o più creditori, o di uno o più soci sottoposti a l.g., o anche del P.M.

i) Potrà trattarsi di *soci illimitatamente responsabili ulteriori rispetto a quelli già noti* al momento della dichiarazione di l.g. della società (c.d. **soci occulti**).

ii) Ovvero si tratterà di soci illimitatamente responsabili scoperti dopo la l.g. dichiarata nei confronti di un (soggetto inizialmente ritenuto essere un) imprenditore individuale, quando si accerti che in realtà l'impresa sottoposta a l.g. non era individuale, bensì riferibile ad una società (evidentemente irregolare) di cui il soggetto sottoposto a l.g. era socio insieme ad altri (c.d. soci occulti di **società occulta**). In quest'ultimo caso la (ulteriore) sentenza dichiarativa di l.g. in estensione *non sarà meramente integrativa* di quella precedente avente ad oggetto la l.g. della società, bensì *sostitutiva* di quella avente ad oggetto la l.g. dell'impresa individuale. In effetti, si tratterà di modificare tutto il fondamento giuridico e fattuale della prima sentenza, non solo accertando l'esistenza del rapporto sociale sino ad allora ignorato; ma verificando daccapo, rispetto alla società di cui si sia scoperta l'esistenza, la sussistenza di entrambi i presupposti di assoggettabilità a l.g. già accertati in capo all'imprenditore individuale erroneamente sottoposto a l.g. come tale: il che non è scontato.

iii) Tale ultima ipotesi viene inoltre riferita dall'art. 256, co. 5 (secondo uno schema già delineatosi nel passato nella giurisprudenza) anche al caso in cui il soggetto inizialmente sottoposto a l.g. sia già una società che, come tale, possa ritenersi a sua volta socia illimitatamente responsabile di una società di superiore livello: la c.d. "**super-società di fatto**".

In altri termini, l'estensione della procedura di l.g. non riguarda soltanto il "socio occulto" di società palese, oppure il socio occulto, persona fisica, di "società occulta"; ma sarà considerata società occulta, assoggettabile a l.g., anche quella *s.n.c. di fatto* (la super-società) che, pur non avendo agito sul mercato come tale, si ritenesse essere intercorsa *fra una società, già in l.g.*, e altri soggetti (spesso i soci, per l'ipotesi che abbiano agito in proprio; ovvero altre società del gruppo) i quali, in ragione dell'attività concretamente svolta, abbiano dato vita, *insieme* a quella società (avendone condiviso, a titolo personale e non solo come soci, investimenti, decisioni, risultato economico), ad un ulteriore sodalizio societario di livello superiore. Col che si avverte il rischio che l'articolazione del rischio di impresa (che pure rappresenta uno dei cardini dell'economia capitalista), quand'anche realizzata ricorrendo a strumenti appositamente predisposti dall'ordinamento, quali le società di capitali o le strutture di gruppo, venga ad essere resa – almeno dinanzi ad un tribunale concorsuale, e pur al di là delle possibili distinzioni teoriche delle diverse fattispecie – di assai precaria ed imprevedibile tenuta, frustrando l'utilità di quegli strumenti.

Infine, va ricordato che tutto il regime appena ricordato, previsto per le società con soci illimitatamente responsabili, viene inoltre esteso dall'art. 259 anche agli **altri enti ed imprenditori collettivi non societari** (in quanto ovviamente titolari di impresa) e ai suoi "componenti illimitatamente e personalmente responsabili" (si pensi a quelli indicati dall'art. 38 c.c.).

III. (Segue). *Il coordinamento fra la procedura di liquidazione giudiziale della società e quelle dei singoli soci*

In tutti i casi sopra previsti, il tribunale, prima di dichiarare, con sentenza reclamabile, la l.g. dei soci illimitatamente responsabili, dovrà disporne la **convocazione** a norma dell'art. 41 (art. 256, co. 3). Questo non solo per l'esigenza di assicurare l'effettivo diritto di difesa dei soci, che potranno così, eventualmente, dimostrare l'assenza dei presupposti della l.g. della società (ed allora non vi sarà alcuna apertura della l.g.) o quantomeno della propria (ad es. dimostrando che il loro recesso da oltre un anno era noto ai creditori); ma, talora, anche allo scopo pratico di indurre i soci eventualmente solvibili a porre rimedio *in extremis* all'insolvenza della società, o quantomeno a ripianare i debiti per i quali sono chiamati a rispondere in via sussidiaria (come nel caso del socio cessato).

Con la dichiarazione di l.g. della società e dei suoi soci illimitatamente responsabili si apriranno altrettante **procedure**, fra loro **distinte e** pur fortemente **connesse**, essendo lo scopo complessivamente perseguito dalla legge, come detto, quello di regolare ***il concorso delle pretese dei creditori sociali*** (su tutti i patrimoni sottoposti alle diverse procedure) ***con quelle dei creditori personali dei soci*** (quelli di ciascun socio, nella sola procedura riguardante il proprio debitore).

Al fine di consentire tale coordinamento, l'art. 257 prevede innanzitutto la nomina di **organi comuni** alle diverse procedure, salva la possibilità di nominare diversi comitati dei creditori.

Inoltre, rispondendo ciascun socio (salva la posizione particolare di quelli cessati prima della l.g.) illimitatamente e solidalmente verso tutti i **creditori sociali**, l'insinuazione al passivo da parte di questi ultimi nelle diverse procedure sarà possibile *uno actu*: *il credito dichiarato dai creditori sociali nella l.g. della società si intenderà dichiarato per l'intero nella l.g. dei singoli soci*.

D'altra parte, i **creditori particolari** *di ciascun socio parteciperanno soltanto alla l.g. di quest'ultimo*, occorrendo allora una specifica domanda di ammissione al passivo per tale procedura.

Ne risulta – come dispone lo stesso art. 257, co. 3, affermando che "***il patrimonio della società e quello dei soci sono tenuti distinti***" – che per ciascuna procedura occorrerà, sia pure in modo coordinato, effettuare un autonomo accertamento del passivo, pervenendosi alla formazione di ***distinte masse passive***: distinguendo i debiti assunti in nome della società da quelli assunti a nome del socio. Sulla base del medesimo principio e in modo altrettanto autonomo occorrerà inoltre procedere alla determinazione delle ***diverse masse attive***: quella rappresentata dal patrimonio sociale; e quelle costituite dai patrimoni personali dei singoli soci, su cui concorreranno creditori sociali e personali.

Sulla base delle distinte masse attive e passive, occorrerà assicurare tre risultati: (i) il concorso fra i creditori personali e i creditori sociali; (ii) la *par condicio* fra i creditori sociali; (iii) la ripartizione del carico delle obbligazioni sociali fra i soci in misura proporzionale alla partecipazione di ciascuno.

(i) Dal primo punto di vista, ***tutti i creditori, sociali e personali***, *nei limiti in cui i rispettivi crediti siano stati ammessi nelle singole procedure* (i creditori personali, dunque, solo in quella del socio loro debitore), ***concorreranno in esse*** secondo le consuete regole, potendo *contestare*, all'occorrenza, i crediti di qualunque altro creditore con cui si trovino in concorso.

(ii) La *par condicio* fra i creditori sociali sarà invece assicurata dalla loro ***partecipazione a tutte le ripartizioni effettuate in ciascuna procedura*** alla quale siano stati ammessi, fino all'integrale pagamento.

(iii) Infine, qualora – soddisfatte tutte le obbligazioni sociali – risultasse che alcuno dei soci abbia dovuto farsene carico in misura più che proporzionale rispetto a quanto dovuto in rapporto alla sua partecipazione sociale, resterebbe la ***possibilità di un regresso fra le procedure di l.g. dei soci*** per la parte eventualmente pagata in più. Ovviamente, sempre che consti un residuo attivo nelle procedure aperte a carico degli altri soci.

Gli **effetti della l.g. in estensione** sono, tendenzialmente, quelli ordinari: il socio subirà il c.d. spossessamento; i crediti nei suoi confronti verranno "cristallizzati" e non potranno più essere fatti valere mediante azioni esecutive individuali (dubbia risulta invece la possibilità e comunque i limiti entro cui il curatore possa ricorrere alla revocatoria concorsuale).

Infine, la distinzione e connessione al tempo stesso delle diverse procedure aperte si rivela anche con riferimento alla loro **cessazione**. E così, innanzitutto, fermo restando che le procedure individuali potrebbero in principio chiudersi autonomamente (e quindi anche prima di quella sociale: ad es. per mancanza totale di attivo), esse si chiuderanno comunque *quando quella aperta nei confronti della società si sia chiusa per mancanza di domande di ammissione o integrale soddisfazione dei creditori sociali* (art. 233, ult. co.) o anche per il tramite di un *concordato particolare del socio* ovvero *proposto dalla società*, omologato il quale non cesserà soltanto la relativa procedura di l.g., ma anche quelle relative ai singoli.

IV. *L'attuazione della responsabilità dei soci a responsabilità limitata*

Più semplici di quelle innanzi considerate saranno le conseguenze della l.g. di una società per i suoi **soci limitatamente responsabili.** Rispetto a questi, infatti, si tratterà soltanto, in buona sostanza, di attuare i loro obblighi per gli eventuali conferimenti ancora non eseguiti. Si tratterà dei soci accomandanti di s.a.s. e di s.a.p.a. nonché dei soci di s.p.a., di s.r.l. e di società cooperative. Nelle stesse forme, il socio unico di s.p.a. o di s.r.l. che sia illimitatamente responsabile e che, come si è detto, è sottratto a l.g. in estensione *ex* art. 256, potrà essere richiesto di quanto egli debba in base agli artt. 2325 e 2462 c.c.

I **versamenti ancora dovuti** dai soci costituiscono in principio uno dei possibili *crediti della massa*, il cui pagamento il curatore potrebbe esigere direttamente, per le vie ordinarie oppure (art. 260) chiedendo al giudice delegato l'emissione di un *decreto ingiuntivo.*

Tema contiguo a quello qui esaminato è infine quello – già sopra ricordato (§ 25.III.1) – relativo alla possibilità per il curatore di far valere l'inefficacia (dunque recuperando il denaro pagato) dell'eventuale rimborso di finanziamenti postergati *ex* artt. 2467 o 2497-*quinquies* c.c., se avvenuto dopo il deposito della domanda cui sia seguita l'apertura della l.g., o nell'anno anteriore (artt. 164 e 292).

V. *Le azioni di responsabilità verso i soggetti incaricati di funzioni di amministrazione e controllo*

Si esamineranno in seguito, trattando delle società di capitali, i profili della responsabilità risarcitoria derivante dal non diligente esercizio delle funzioni di amministrazione e controllo da parte degli organi sociali, nonché i diversi fronti sui quali essa si esplica (responsabilità verso la società, verso i creditori sociali, verso singoli soci e terzi).

Orbene, secondo l'art. 2394-*bis* c.c. (nelle s.p.a.) la **responsabilità verso la società e verso i creditori sociali**, in caso di liquidazione giudiziale (ma anche di liquidazione coatta amministrativa e di amministrazione straordinaria), potrà essere fatta valere dal curatore (o, rispettivamente dal commissario liquidatore o dal commissario straordinario). Può anzi osservarsi come, in pratica, nella maggior parte dei casi tali azioni vengano esercitate proprio dal curatore ai sensi dell'art. 2394-*bis*, e non invece, come potrebbe supporsi osservando l'ordine degli artt. 2392 ss. c.c., dai soci o dai creditori.

Principi analoghi valgono ovviamente anche per la s.r.l., nonché per la s.a.p.a. (in virtù del rinvio disposto dall'art. 2454 c.c.) e per le società cooperative (in virtù del rinvio disposto dall'art. 2519 c.c.); nonché, in principio, anche per le società di persone, benché rispetto ad esse la responsabilità personale per le obbligazioni sociali di tutti i soci illimitatamente responsabili, che solitamente ricoprono anche il ruolo di amministratori, renda di fatto superflua un'azione di responsabilità amministrativa.

A sua volta, l'art. 255 riconosce apertamente la legittimazione *esclusiva* del curatore, se autorizzato dal giudice delegato, all'esercizio di ogni **azione di responsabilità** (sia quella sociale che quella spettante ai creditori, ivi compresa quella loro spettante *ex* art. 2497 c.c. verso la capogruppo e gli obbligati in solido) e quindi, verso:

a) gli **amministratori**: rientrandovi, secondo la giurisprudenza, anche i soggetti ai quali possa imputarsi la qualifica di *amministratore di fatto*, ed essendo soggetto alla medesima responsabilità anche, nelle s.p.a. quotate, il dirigente preposto alla redazione dei documenti contabili societari (art. 154-*bis*, ult. co., TUF);

b) i **componenti degli organi di controllo** (anche in virtù del rinvio operato dall'art. 2407, ult. co., c.c.), quale che sia il sistema di amministrazione e controllo adottato, ed estendendosi tale responsabilità anche ai *revisori legali e alle società di revisione legale* (art. 15 d.lgs. 39/2010);

c) i **direttori generali** e, se la società sia stata posta in liquidazione prima della procedura di l.g., i **liquidatori**;

d) inoltre, nella s.r.l., competerà al curatore anche l'azione di responsabilità prevista dall'art. 2476, co. 7, c.c. contro i "**soci** *che abbiano intenzionalmente deciso o autorizzato il compimento di atti dannosi per la società, i soci e i terzi*";

e) i **componenti degli organi di enti ed imprenditori collettivi non societari**, in quanto sottoposti a l.g. (art. 259).

La **legittimazione del curatore** è *esclusiva*, non potendo dette azioni essere intraprese dai soci o dai creditori ed interrompendosi eventualmente le azioni da questi ultimi già intentate (salva peraltro la possibilità del curatore di riassumerle, anziché intentarle *ex novo* sulla base di nuovi elementi probatori o di una diversa strategia argomentativa).

VI. *La crisi e l'insolvenza dei gruppi di imprese*

La crisi o l'insolvenza di un'impresa, intesa in senso *economico*, si inserisce talora in un contesto nel quale il suo esercizio risulta *giuridicamente* imputabile ad una pluralità di soggetti, per lo più aventi forma societaria. Questi vengono fra di loro articolati e coordinati (dal soggetto che, per rapporti partecipativi o contrattuali, ne abbia il potere: c.d. capogruppo) in modo da imputare a ciascuno di essi i diversi segmenti di attività (industriale, finanziaria, commerciale, immobiliare, ecc.) attraverso i quali si svolge la complessiva attività d'impresa. E ciò sia al fine di specializzare le operatività dei singoli soggetti coinvolti, sia allo scopo di frazionare fra di essi il complessivo rischio di impresa, restando ciascun soggetto coinvolto titolare di un patrimonio autonomo rispetto a quello degli altri.

Questa articolazione in un **gruppo di imprese** (come detto, per lo più societarie) non toglie tuttavia che assai spesso la crisi o l'insolvenza dell'una si inserisca in un contesto di crisi o di insolvenza anche delle altre, e cioè dell'intera "impresa di gruppo". In questi casi può sorgere allora l'esigenza – per meglio fronteggiare le cause della crisi, o anche soltanto per coordinare la migliore realizzazione dell'attivo dell'impresa di gruppo, dislocato in distinti patrimoni – che possano essere più, o tutti, i soggetti che compongono il gruppo ad essere sottoposti ad una **procedura concorsuale unitaria**, anziché avviare tante procedure quante sono le singole imprese coinvolte. Esigenza, questa, che riguarda non solo la l.g., ma anche altri strumenti di regolazione dell'insolvenza (o anche soltanto della "crisi") previsti dal c.ins. (anch'essi dunque considerati in questa sede, al fine di una esposizione unitaria della tematica).

In questa prospettiva, il c.ins. prevede la possibilità di procedure concorsuali unitarie che riguardino l'intero gruppo di imprese, o almeno una pluralità delle imprese che lo compongono (artt. 284-292). In particolare, più imprese in stato di crisi o di insolvenza appartenenti al medesimo gruppo (tutte aventi il loro "centro di interessi" in Italia) potranno con ***unico ricorso***: *a*) chiedere di essere ammesse ad una unitaria procedura di *concordato preventivo* o di *omologazione di un accordo di ristrutturazione*, se ciò risulti maggiormente conveniente per i creditori delle singole imprese; *b*) ovvero, se siano in stato di insolvenza, venire sottoposte ad una *unitaria procedura di liquidazione giudiziale*.

Beninteso, in entrambi i casi non vi sarà alcuna confusione patrimoniale, le masse attive e passive delle singole imprese restando *autonome*. Tuttavia, significativi vantaggi economici potranno ritrarsi dall'*unicità degli organi concorsuali* e *del complessivo programma attuativo della procedura*: tanto che questo sia descritto, in caso di concordato preventivo, da un complessivo piano o da più "piani fra loro reciprocamente collegati ed interferenti"; quanto che sia descritto, nella l.g., da un programma di liquidazione unitario che coordini il realizzo degli attivi delle diverse imprese. Potrà in questo modo ottenersi sia un contenimento dei costi procedurali che un miglioramento del risultato economico complessivo grazie alle sinergie programmate. Nel caso di piano concordatario, in particolare, potranno anche prevedersi operazioni contrattuali (compresi trasferimenti di risorse) e riorganizzative infragruppo, se volte ad assicurare la continuità aziendale e il miglior soddisfacimento dei creditori.

Inoltre, una maggiore equità nel trattamento dei creditori delle diverse imprese sottoposte a l.g. di gruppo potrà essere recuperata grazie alla possibilità, per il curatore: *(a)* di far dichiarare inefficaci le *operazioni infragruppo* che nei cinque anni precedenti l'accesso alla procedura abbiano spostato risorse a favore di taluna delle imprese del gruppo, in pregiudizio dei creditori; *(b)* di promuovere le *azioni di responsabilità previste dall'art. 2497 c.c.*

Capo Secondo

GLI STRUMENTI DI REGOLAZIONE DELLA CRISI

§ 29. Il concordato preventivo

I. *Presupposti e funzione*

La tensione fra un'impresa commerciale in crisi e i suoi creditori può trovare soluzioni diverse dall'apertura di una procedura di liquidazione giudiziale. Ferma la possibilità per il debitore di raggiungere eventuali accordi stragiudiziali, il c.ins. prevede e disciplina svariati percorsi alternativi a quello liquidatorio, tutti in qualche modo connotati da una componente negoziale, che vengono complessivamente indicati come "**strumenti di regolazione della crisi**", e in particolare (nell'ordine seguìto dal c.ins.): *il piano attestato di risanamento; gli accordi di ristrutturazione dei debiti; la convenzione di moratoria; il piano di ristrutturazione soggetto ad omologazione; le procedure di composizione della crisi da sovraindebitamento* (queste solo per i debitori non assoggettabili a l.g. o a liquidazione coatta amministrativa); *il concordato preventivo* (la cui logica, anch'essa permeata da profili di negozialità, si ritrova anche nel "*concordato nella l.g.*", che tuttavia si inquadra nel diverso ambito della l.g., rappresentandone una modalità di cessazione)

Non v'è dubbio però che, rispetto ad un tale ordine seguito dal c.ins., sia proprio l'ultimo degli "strumenti" appena elencati, il **concordato preventivo**, a meritare una trattazione prioritaria per il suo ruolo in qualche modo paradigmatico: non solo perché, storicamente, il più risalente e consolidato; ma anche per la centralità sistematica che esso e i suoi princìpi assumono nel quadro delle soluzioni negoziate della crisi di impresa; e quindi anche per meglio comprendere, per somiglianze o differenze, i princìpi che governano gli altri strumenti di regolazione alternativi alla l.g. (e tutti comunque sempre da preferirsi ad essa mediante precedenza di trattazione da parte del tribunale, ove ciò risponda all'interesse dei creditori: art. 7, co. 2).

Il concordato preventivo (artt. 84 ss.), dunque, costituisce, al pari della l.g., una ***procedura concorsuale giudiziale***.

Attraverso di essa un imprenditore in crisi ha la possibilità, senza perdere il potere di gestire la sua impresa e godendo di una moratoria sui debiti esistenti, di formulare ai suoi creditori una proposta per il soddisfacimento, sia pur parziale o differito, dei loro diritti. La proposta, se regolarmente accettata dalla maggioranza dei creditori e omologata dal tribunale, limiterà i debiti dell'imprenditore a quanto in essa promesso, con conseguente liberazione, anche verso i creditori che non abbiano assentito alla proposta stessa, da ogni altro debito precedente. Funzione del concordato preventivo è, dunque, quella di pervenire ad una ***ristrutturazione dei debiti e alla soddisfazione dei creditori***, pur potendosi per tal via realizzare anche obiettivi ulteriori e complementari, come la conservazione del complesso aziendale e dei livelli occupazionali (art. 84).

L'obiettivo di soddisfare i creditori, coincidente con quello della procedura di l.g., consente di apprezzare come il concordato preventivo possa rappresentarne un'alternativa: non a caso, dal punto di vista dei **presupposti** delle due procedure, si riscontra una rilevante sovrapposizione.

Dal punto di vista ***soggettivo***, infatti, v'è coincidenza (l'art. 84 rinvia all'art. 121), trattandosi di procedure rivolte ad **imprese commerciali non piccole**. Dal punto di vista ***oggettivo***, il presupposto del concordato preventivo è invece più ampio, comprendendo non solo lo **stato di insolvenza**, al pari della l.g., ma anche il meno grave **stato di crisi** dell'impresa, che esprime una situazione di mera "*probabilità di insolvenza*", capace di manifestarsi (anche) attraverso l'inadeguatezza dei flussi di cassa prospettici a far fronte alle obbligazioni nei successivi dodici mesi (art. 2, co. 1, lett. *a*).

Ciò rivela una possibile ***funzione preventiva, anticipatoria*** del concordato rispetto alla l.g., in quanto consente di avviare una regolazione concorsuale dei debiti ancor prima che la situazione economico-finanziaria divenga una vera e propria insolvenza: con l'opportunità allora, per il debitore, di "pilotare" la crisi senza subire gli effetti della l.g. e ottenendo una parziale esdebitazione, e per i creditori di concorrere su un valore potenzialmente maggiore di quello ricavabile in sede di l.g. Del resto, un risultato economico preferibile potrebbe realizzarsi per via concordataria, grazie all'azione del titolare dell'impresa, quand'anche già constasse un'insolvenza (il che, anzi, è il caso più frequente): in questo caso la procedura ponendosi non tanto in funzione anticipatoria di una l.g., ma quale ***alternativa*** ad essa.

II. *La proposta e il piano: concordato liquidatorio e in continuità aziendale*

Il nucleo della domanda di concordato preventivo consiste in una proposta ai creditori, con cui si offre loro una soddisfazione che, benché *incompleta* (e cioè in misura inferiore e/o in termini dilazionati rispetto a quanto dovuto), si prospetta come preferibile rispetto a quella ricavabile da una l.g.

La **proposta**, per poter essere *adempiuta*, richiede risorse economiche da ricavarsi attraverso un certo percorso descritto in un **piano**, che dovrà essere *eseguito*.

Il percorso programmato nel piano, a sua volta, può inquadrarsi in due diverse tipologie, nominate dalla legge: la *continuità aziendale* e la *liquidazione del patrimonio*.

Seppure questa seconda tipologia (**concordato liquidatorio**) possa risultare – come testimonia l'esperienza passata – più appetibile dagli imprenditori, spesso al solo scopo, opportunistico, di poter regolare la propria insolvenza sottraendosi alla procedura di l.g., ma con analoghe percentuali, spesso irrisorie, di soddisfazione dei creditori, essa risulta, per diritto vigente, in certa misura "scoraggiata". Il "concordato con liquidazione del patrimonio", infatti, sarà accessibile solo a condizione che la proposta: *(i)* preveda un ***apporto di "risorse esterne"*** (l'imprenditore, o eventuali terzi, dovrebbero cioè immettere nuova ricchezza nel patrimonio da liquidarsi) ***di almeno il 10%*** dell'attivo disponibile; (ii) assicuri il ***soddisfacimento*** dei crediti chirografari e di quelli privilegiati – per la parte non coperta ("incapiente") dalla garanzia che li assiste, che sarà trattata come chirografaria – ***in misura pari almeno al 20%***, percentuale mediamente assai superiore a quella ricavabile in una l.g.

Il concordato preventivo al quale invece il c.ins. vorrebbe orientare gli imprenditori – anche tramite alcune misure incentivanti e sempre che non si renda inevitabile una l.g. – sarà quindi il **concordato in continuità aziendale**, in quanto anch'esso finalizzato alla *tutela dei creditori,* e però *anche* a "preservare, nella misura possibile, i *posti di lavoro*" e gli stessi *complessi produttivi* (e con ciò il complessivo tessuto economico-sociale).

La ***continuità aziendale*** potrà essere ***diretta o indiretta***, a seconda che l'attività imprenditoriale venga proseguita *dallo stesso imprenditore proponente*, ovvero, rispettivamente, *da altro soggetto*, sulla base di un titolo che gli consenta la gestione o la ripresa dell'attività (cessione o affitto o usufrutto dell'azienda, o anche suo conferimento in società nuova o preesistente che assumerà pertanto il ruolo di nuovo imprenditore).

Il **"piano" concordatario**, pur vincolato nella ***funzione*** (ristrutturazione dei debiti e soddisfacimento parziale dei crediti), non viene dalla legge predeterminato nel suo specifico ***contenuto***, potendo realizzarsi quella funzione "*attraverso qualsiasi forma*" che la legge (art. 87, co. 1, lett. *d)* si limita solo ad esemplificare: cessione dei beni, accollo dei debiti, operazioni straordinarie, compresa l'attribuzione di azioni o altri strumenti finanziari ai creditori.

Quel che si impone, piuttosto, è una certa ***struttura*** del piano, che dovrà necessariamente articolarsi secondo uno schema che dia conto di alcuni fondamentali dati: la descrizione delle caratteristiche dell'impresa, della sua situazione economico-finanziaria e della posizione dei lavoratori; le cause della sua crisi; il suo valore di liquidazione in una ipotetica procedura di l.g. (parametro, come si vedrà, molto importante per svolgere alcune valutazioni funzionali all'omologazione); le modalità e i tempi di adempimento della proposta; quando il piano sia in continuità aziendale, inoltre, anche *il piano industriale* da seguirsi, il suo impatto sulla situazione finanziaria, i suoi costi e ricavi attesi; gli apporti di finanza nuova e le azioni risarcitorie e recuperatorie (comprese, sempre ai fini di una comparazione di utilità, quelle che potrebbero esperirsi solo in seno ad una l.g.) attraverso le quali incrementare il patrimonio disponibile; le diverse "parti" (così definite in quanto comprendenti i creditori ma eventualmente, come si vedrà, anche i soci della società debitrice) interessate dal piano, e la loro eventuale suddivisione in classi, ovvero le parti non interessate.

Per la migliore consapevolezza dei creditori chiamati a votare il concordato, inoltre, occorrerà che nella domanda siano specificate *le **ragioni per cui la proposta sia***

preferibile alla l.g.; nonché, nella proposta – se inerente ad un concordato in *continuità aziendale* –, anche quale sarebbe "***l'utilità specificamente individuata ed economicamente valutabile per i creditori***", visto che in questa ipotesi essi dovranno essere soddisfatti non solo attingendo al valore attuale del patrimonio ("**valore di liquidazione**"), ma anche – seppure non necessariamente in misura prevalente – dal nuovo valore generato dalla continuità aziendale ("**valore eccedente**").

All'interno della cornice così descritta, meritano poi di essere focalizzati taluni **specifici profili** del piano o della proposta.

a) Innanzitutto, la proposta concordataria potrebbe anche essere assistita da ***garanzie***, reali o personali, tipiche o atipiche (ad es. una lettera di *patronage*) a favore di tutti o alcuni creditori, offerte dallo stesso imprenditore (o dai suoi soci, se sia una società) o da terzi. Ovvero indicare un terzo, c.d. ***assuntore*** (che potrebbe anche essere uno o più creditori, o società da essi partecipate) che, a fronte della cessione a suo favore dell'azienda, si accolli (in via cumulativa o liberatoria) i debiti previsti dalla proposta.

b) I creditori (o "le parti interessate", fra queste potendo rientrare a certe condizioni gli stessi soci della società proponente) potranno essere *suddivisi in* ***classi*** *secondo posizione giuridica e interessi economici omogenei*, riservando ***trattamenti differenziati*** ai creditori appartenenti alle diverse classi. I creditori, in effetti, non costituiscono un gruppo omogeneo, differenziandosi per titolo giuridico e condizione economica; si pensi ad es. alle banche, ai lavoratori, ai fornitori commerciali, o al Fisco o agli enti previdenziali (questi ultimi due, anzi, destinatari di una disciplina *ad hoc*, prevista dall'art. 88). La possibilità di un'offerta differenziata e "plasmata" in ragione delle aspettative dei diversi creditori (ad es.: a una classe una certa percentuale del credito; ad un'altra, che abbia meno urgenza di liquidità, una percentuale maggiore ma in tempi più lunghi; ad un'altra, l'assegnazione di strumenti finanziari; etc.) consentirà allora di intercettare un consenso potenzialmente superiore a quello che riscuoterebbe un'offerta "monolitica", identica per tutti i creditori di pari rango. In alcuni casi, peraltro, la suddivisione dei creditori in classi potrà essere obbligatoria; al di là degli specifici casi previsti dalla legge, soprattutto, essa sarà *"in ogni caso obbligatoria" nel concordato con continuità aziendale.*

c) Fondamentale è poi la possibilità di prevedere un ***pagamento non integrale dei creditori muniti di privilegio, pegno o ipoteca***, purché la soddisfazione loro assicurata "non risulti inferiore a quella realizzabile, in ragione della collocazione preferenziale, sul ricavato in caso di liquidazione, avuto riguardo al valore di mercato attribuibile ai beni o diritti sui quali sussiste la causa di prelazione" (c.d. *capienza*) e alle spese di procedura. Per la parte restante del credito, cioè quella che esorbita dal valore effettivamente realizzabile, il credito dei privilegiati verrà invece ad essere considerato e trattato come (si dice: "degraderà a") chirografario.

d) La tendenziale autonomia del debitore nel decidere se e come formulare una proposta concordataria incontra infine due importanti **limiti**.

Il primo dei due concerne l'eventualità che il piano contempli *l'****offerta*** *di un soggetto, già individuato,* ***di acquisire l'azienda*** (o suoi rami o beni) *ad un prezzo già determinato*; o che comunque preveda un contratto che realizzi indirettamente lo stesso effetto. Modalità, questa, dietro la quale – bisogna riconoscere – si annida talora il tentativo del debitore di reimpossessarsi a basso costo della sua azienda, per il tramite di prestanome o "sodali" che figurino come offerenti. In questo caso il commissario giudiziale, valutata la congruità dell'offerta e il miglior interesse dei creditori, potrà sollecitare il tribunale a promuovere un procedimento competitivo che consenta a terzi di formulare "***offerte concorrenti***"; con l'*obbligo* del debitore – se alcuna di essa venga preferita, nel corso di un'apposita udienza, alle altre e a quella contenuta nel piano – a modificare il piano già proposto in conformità all'esito della gara (art. 91).

e) L'altro e ancor più significativo (sebbene scarsamente riscontrabile, nella prassi) limite, riguarda la possibilità che uno o più creditori che rappresentino almeno il 10% dei crediti possano presentare una o più ***proposte concorrenti*** rispetto a quella del debitore (art. 90), se di quest'ultima non sia attestata l'idoneità a pagare i chirografari per almeno il 40%, o il 30% se il concordato è con continuità (o anche il 20% qualora il proponente avesse utilmente avviato una procedura di composizione negoziata). La proposta o le proposte concorrenti saranno sottoposte al voto dei creditori insieme a quella del debitore: potendo allora, se una delle prime venga preferita a quest'ultima, condurre all'omologazione del piano concordatario che essa prospetta, quantunque non proposto dal debitore, eppure ugualmente obbligatorio per quest'ultimo; addirittura con poteri del commissario giudiziale (o di un amministratore giudiziario nominato *ad hoc*) di darvi coattivamente esecuzione in sostituzione del debitore inerte (art. 118).

III. *L'apertura della procedura*

1. *La domanda di ammissione*

L'iniziativa di accedere al concordato preventivo spetta *solo al debitore*. La **domanda di ammissione** alla procedura – secondo il "procedimento unitario" previsto dagli artt. 40 ss. – assume la forma del *ricorso* sottoscritto dal debitore o, se questo è una società o altra forma di impresa collettiva, dai suoi amministratori cui compete in via *esclusiva* la relativa decisione (della quale dovranno informarne i soci senza che però questi li possano revocare solo a motivo della scelta compiuta: art. 120-*bis*).

Il ricorso va presentato al tribunale del luogo ove l'impresa ha il centro principale dei suoi interessi e, su iniziativa della cancelleria, sarà *pubblicato* nel registro delle imprese. Insieme ad esso occorrerà depositare, secondo quanto previsto dall'art. 39: le scritture contabili e fiscali obbligatorie; le dichiarazioni dei redditi e Iva; i bilanci degli ultimi tre anni; una situazione economica patrimoniale e finanziaria aggiornata; l'elenco dei creditori con l'indicazione dei rispettivi crediti e le eventuali cause di prelazione; l'indicazione degli atti di straordinaria amministrazione degli ultimi cinque anni.

La domanda, contenente la proposta e il piano come sopra descritti, e corredata dalla documentazione appena ricordata, dovrà essere accompagnata dalla **relazione di un professionista** designato dal debitore *che attesti la veridicità dei dati aziendali esibiti e la fattibilità del piano*. Si tratta di un'attestazione di grande rilevanza, dacché tutto il senso economico della proposta verrebbe alterato se essa risultasse fondata su premesse errate o previsioni improbabili.

2. *La domanda di concordato "con riserva"*

L'ammissione al concordato è favorita anche nel caso in cui l'imprenditore ancora non sia riuscito a confezionare un piano concordatario da presentare ai creditori, in quanto stia ancora esplorando quali condizioni sarebbero accettabili. La fase di "trattative", del resto, potrebbe generare allarmi che, anziché favorire la composizione della crisi, potrebbero provocare istanze di l.g. che precluderebbero la via concordataria.

L'art. 44 consente allora di depositare un *ricorso contenente la domanda di concordato* (corredata, in questa fase, dei soli bilanci relativi agli ultimi tre esercizi e da un elenco dei creditori: art. 39, co. 3), *riservandosi di presentare la proposta, il piano e la restante documentazione* entro un successivo termine assegnato dal giudice. Si parla perciò di "**concordato con riserva**" o anche "**in bianco**" (o anche concordato "*prenotativo*", o "*pre-concordato*").

Il vantaggio sta in ciò, che nel periodo così concessogli con decreto (60-120 giorni) il debitore potrà definire la proposta concordataria senza temere di incorrere in una dichiarazione di l.g., dal momento che *medio tempore* già cominceranno a prodursi alcuni degli effetti tipici della domanda di concordato "completa". Fra questi, *ma solo se l'imprenditore proponente ne faccia apposita istanza* con la domanda (o successivamente), anche *il divieto di iniziare o proseguire azioni esecutive e cautelari da parte dei creditori*, che per contro beneficeranno della sospensione dei termini prescrittivi e decadenziali dei propri diritti (c.d. ***misure protettive***: art. 54, co. 2). Anzi, la possibilità di prevenire possibili istanze di l.g. o persino il loro accoglimento quand'anche già fosse in corso l'istruttoria, ha fatto sì, in pratica, che si ricorra più spesso ad un tale percorso anticipatorio che non alla domanda di concordato già completa del piano.

Per contenere il rischio di un abuso di una siffatta possibilità, tuttavia, il tribunale, nello stesso decreto di concessione dei termini per il deposito della domanda: (i) nominerà un ***commissario giudiziale*** (talvolta definito gergalmente "pre-commissario"), affinché accerti l'eventuale sussistenza di atti fraudolenti del debitore, che conserverà l'amministrazione dei suoi beni e la gestione dell'impresa (salva l'autorizzazione del tribunale degli atti di straordinaria amministrazione: art. 46); (ii) disporrà ***obblighi informativi periodici*** sulla gestione finanziaria dell'impresa e sull'attività compiuta ai fini della predisposizione della proposta, oltre all'obbligo di depositare una *situazione finanziaria* mensile; (iii) ordinerà l'immediato versamento di un anticipo di parte delle ***spese*** di procedura. Se il debitore non ottemperi a tali obblighi o compia atti fraudolenti rilevati dal commissario, il decreto di concessione dei termini potrà essere revocato.

Nel termine assegnato, il ricorso dovrà essere integrato dalla proposta, dal piano e dalla residua documentazione prevista dall'art. 39, proseguendo poi la procedura normalmente. Oppure, in alternativa, potrà depositarsi un ricorso per l'omologazione di un *accordo di ristrutturazione dei debiti* o *di un piano di ristrutturazione*, quali previsti rispettivamente dagli artt. 57 ss. e 64-*bis* (appresso analizzati), così "dirottando" la procedura di concordato verso quella prevista da tali disposizioni. Se invece nel termine assegnato non venisse presentata la proposta con il piano e la documentazione richiesta, le conseguenze non potranno che essere quelle di una mancata ammissione alla procedura di concordato, con eventuale successiva l.g.

3. *L'ammissione alla procedura*

Sull'**ammissibilità del ricorso** deve pronunciarsi il tribunale *verificando la sussistenza dei presupposti della procedura e della documentazione* sopra indicata (art. 47). In particolare, in caso di domanda di ***concordato liquidatorio***, il tribunale valuterà *l'ammissibilità della proposta* (anche quanto alle nuove risorse e al livello minimo di soddisfazione dei creditori, imposti dall'art. 84, co. 4) e la *fattibilità* del piano, intesa come "*non manifesta inattitudine*" a raggiungere gli obiettivi prefissati. Nel caso di ***concordato con continuità aziendale*** (per il quale evidentemente ogni prognosi è più complessa), sarà invece valutata la mera *ritualità* della proposta e, sul piano della fattibilità del piano, soltanto se esso sia "*manifestamente inidoneo*" *alla soddisfazione dei creditori* (come proposta) e alla *conservazione dei valori aziendali*.

Alla luce dei suddetti criteri di giudizio, se la domanda non risultasse ammissibile (eventualmente neppure all'esito di un termine concesso per modificare il piano o integrare la documentazione) il tribunale dichiarerà *inammissibile* la domanda di concordato con decreto non soggetto a reclamo, eventualmente poi dichiarando l'apertura della l.g. del debitore.

Se invece il ricorso venga ritenuto ammissibile, il tribunale *dichiarerà aperta la procedura* con **decreto di ammissione** (reclamabile), nominando gli altri organi: il ***giudice delegato*** e il ***commissario giudiziale*** (eventualmente confermando quello già nominato a seguito della domanda con riserva). Quest'ultimo, in particolare, pur munito di funzioni e poteri diversi da quelli del curatore della l.g., è soggetto a molte delle norme previste per quest'ultimo; ma di certo non rappresenta, neppure indirettamente, né il debitore, che conserva la disponibilità delle sue situazioni soggettive, né i creditori.

IV. *Gli effetti dell'apertura*

1. *Per il debitore*

L'apertura del concordato lascia il debitore a capo della sua impresa, ***conservando l'amministrazione dei suoi beni e l'esercizio dell'impresa*** (art. 94); esercizio che, come si è detto, è centrale nel piano concordatario con continuità aziendale, come il mezzo attraverso il quale realizzare (anche in misura non prevalente, specifica l'art. 84) i proventi necessari ad adempiere la proposta rivolta ai creditori. Di ogni atto compiuto dopo l'apertura della procedura, pertanto, l'imprenditore risponderà con il suo patrimonio, ben potendo le controparti pretendere l'esatta prestazione convenuta alla scadenza e, in caso di inadempimento, agire a tutela delle proprie ragioni.

Se si tratti di società, in particolare, la sua attività proseguirà normalmente sotto l'impulso dei suoi organi, che manterranno inalterata la loro funzionalità. E ciò (eccezionalmente, ma solo sino alla chiusura della procedura con l'omologazione) anche se constassero *perdite di capitale* che provocherebbero, altrimenti, l'obbligo di ricapitalizzazione o eventualmente lo scioglimento della società ai sensi dell'art. 2484, n. 2, c.c. (art. 89).

Per evitare che il debitore abusi del suo perdurante **potere di gestione**, esso incontra però due ordini di **limiti** (ciò per cui talora si parla di "spossessamento attenuato").

a) In primo luogo, il compimento di **atti eccedenti l'ordinaria amministrazione** non potrà produrre effetto nei confronti dei creditori anteriori al concordato senza l'*autorizzazione del giudice delegato* (senza la quale anzi, se alcuno di quegli atti venisse nondimeno compiuto, sarà disposta la revoca del decreto di ammissione).

In questo quadro si inserisce anche la possibilità che il debitore – dopo la presentazione della domanda di concordato o anche del solo ricorso "con riserva" – chieda al tribunale di essere autorizzato a contrarre **nuovi finanziamenti** (di cui si dirà appresso).

Saranno invece compresi nell'ordinaria amministrazione l'assunzione e il pagamento di *nuovi* **crediti di gestione**, che andranno soddisfatti, insieme a ogni altro **credito prededucibile**, durante la procedura (art. 98), restando altrimenti prededucibili anche in seno alla procedura di l.g. che dovesse conseguire al concordato (art. 6, co. 1, lett. *d*).

Diversamente si pone la questione per il pagamento dei **crediti anteriori**, posto che essi dovrebbero in principio essere soddisfatti soltanto in esecuzione del piano omologato e non durante la procedura, alterandosi altrimenti la *par condicio*. Tuttavia, se si tratti di concordato *con continuità aziendale*, il ***pagamento dei crediti pregressi*** per prestazioni di beni e servizi potrà essere *autorizzato* dal tribunale se risulti – come da attestazione di professionista indipendente allegata ad apposita istanza del debitore formulata nella domanda di accesso – "essenziale per la prosecuzione dell'attività di impresa e funzionale ad assicurare la migliore soddisfazione dei creditori". Interpretata *a contrario*, la stessa norma sembra quindi ritenere inammissibile il pagamento di crediti anteriori in assenza delle suddette condizioni.

b) Un secondo limite di ordine generale consiste in ciò, che l'**amministrazione del patrimonio** dell'imprenditore e la **gestione dell'impresa**, seppur lasciate all'imprenditore (salva l'autorizzazione, eventualmente dispensabile al di sotto di un certo valore, da parte del giudice delegato degli atti di straordinaria amministrazione) saranno esercitate *sotto la* **vigilanza** *del commissario giudiziale* (art. 94). Questi, anzi, potrà provocare l'interruzione della procedura laddove accertasse il compimento di atti eccedenti l'ordinaria amministrazione non autorizzati o comunque di atti diretti a frodare le ragioni dei creditori. In questo caso, il commissario ne riferirà al tribunale affinché questo apra il procedimento per la revoca dell'ammissione al concordato, per poi eventualmente dichiarare anche la l.g. dell'impresa (art. 106).

2. *Per i creditori*

Per i **creditori** il concordato comporta innanzitutto – *ma solo se il creditore abbia fatto istanza delle misure protettive* previste dall'art. 54 (poi da confermarsi dal tribunale: art. 55) – che fino all'omologazione ***non potranno, a pena di nullità, iniziare o proseguire azioni esecutive e cautelari*** sul patrimonio del debitore. Se poi si tratti di un concordato con continuità aziendale, esso potrà prevedere una ***moratoria fino a un anno dall'omologazione per il pagamento dei creditori muniti di cause legittime di prelazione*** (sei mesi, però, per i crediti dei lavoratori dipendenti assistiti da privilegio: art. 86).

Potrà realizzarsi così quell'"ombrello protettivo" al cui riparo la negoziazione potrà svolgersi senza dover temere l'iniziativa di questo o quel creditore, contando su una sorta di cristallizzazione della massa passiva analoga a quella che si produce per effetto della l.g. Della procedura di l.g. sono infatti espressamente richiamati, a quello scopo, le norme relative agli "*effetti per i creditori*" (artt. 153-162). D'altra parte, durante questa fase, stante l'inibizione dal potere di agire a tutela delle proprie ragioni, *non matureranno né i termini prescrizionali né quelli decadenziali*.

L'eventuale divieto di azioni esecutive, ove richiesto, *vale però solo per i creditori anteriori* alla (pubblicazione della) domanda di concordato, in nulla pregiudicando la posizione di coloro che vantino crediti sorti dopo la domanda, che avranno quindi tutto il diritto di essere *soddisfatti alla scadenza e alle condizioni convenute* contrattualmente (art. 98), con libertà di intraprendere individualmente ogni iniziativa cautelare od esecutiva nei confronti dell'imprenditore.

3. *Sui contratti pendenti e sugli atti pregiudizievoli*

Circa i **contratti pendenti** ("ancora *ineseguiti* o non completamente eseguiti nelle *prestazioni principali* da *entrambe* le parti") alla data della presentazione del ricorso, l'art. 97 prevede che essi ***proseguono*** durante il concordato. Tuttavia, con autonoma istanza al tribunale e da notificarsi alla controparte, il debitore potrebbe chiedere l'*autorizzazione a **sciogliersene***, ovvero la loro ***sospensione***, qualora si tratti di contratti non coerenti con le previsioni del piano e la sua esecuzione. Alla controparte dovrà però riconoscersi un *indennizzo* – equivalente al risarcimento del danno che le sarebbe spettato in caso di inadempimento – da soddisfarsi come *credito anteriore* al concordato stesso, subendo quindi, al pari degli altri crediti anteriori, la falcidia concordataria. Fanno ***eccezione*** a tale disciplina di favore per il debitore, tuttavia, taluni rapporti contrattuali, fra i quali soprattutto, per intuibili ragioni, quelli di *lavoro subordinato*, di locazione immobiliare e quelli preliminari aventi ad oggetto l'acquisto dell'abitazione o la sede principale di un'impresa.

Quanto agli **atti pregiudizievoli** precedenti all'apertura della procedura, la legge tace. Nella logica del concordato, in effetti, non occorre reintegrare il patrimonio del debitore mediante azioni, come tipicamente la revocatoria concorsuale, che presuppongono uno stato di insolvenza del debitore. Il che non toglie che se la procedura concordataria dovesse sfociare in una l.g., il termine a ritroso per l'individuazione degli atti assoggettabili a revocatoria concorsuale dovrebbe computarsi, secondo un principio di "*consecuzione*" *delle procedure*, dalla data della domanda di accesso al concordato (art. 170).

V. *La fase intermedia della procedura e la nuova finanza*

1. *Il ruolo del commissario giudiziale e l'informazione dei creditori*

Aperta la procedura, occorrerà innanzitutto che il commissario giudiziale, per definire la massa passiva e individuare i legittimati al voto, effettui una **ricognizione dei creditori**, avvalendosi in primo luogo delle scritture contabili dell'impresa (art. 103). Essa, peraltro, varrà soltanto quale verifica amministrativa ai fini della procedura, lasciando impregiudicata, in sede giurisdizionale, ogni questione sull'esistenza, sull'entità e sull'eventuale causa di prelazione dei crediti verificati. Sulla base di quanto verificato, il commissario **comunicherà** ai creditori la data di convocazione disposta nel decreto di ammissione, la proposta del debitore ed eventualmente, dopo, di quelle "concorrenti" (art. 104).

Parallelamente, il commissario provvederà ad una **ricognizione della massa attiva**, individuando i debitori dell'imprenditore e procedendo all'inventario del suo patrimonio.

L'attivo e il passivo così accertati costituiranno elementi decisivi per una consapevole decisione dei creditori, che sarà altresì supportata da una **relazione particolareggiata** del commissario sulle *cause del dissesto*, precisando se l'impresa si trovi in *stato di crisi o di insolvenza* (ciò che potrebbe condizionare una successiva apertura di una l.g.), sulla *condotta del debitore*, e soprattutto sulle *proposte di concordato, comprese eventualmente quelle concorrenti, fra loro comparate; nonché sulle garanzie offerte ai creditori*; dovrà illustrare, inoltre, *le utilità che, in caso di l.g.*, deriverebbero da eventuali azioni risarcitorie, recuperatorie e revocatorie verso terzi (art. 105, co. 1 e 2).

Un tale ruolo "protettivo" del commissario giudiziale si conferma anche nella **vigilanza** che egli svolge al fine di tenere al riparo i creditori da tentativi di frode. Egli infatti non soltanto, come sopra visto, *vigila sull'attività del debitore durante la procedura* (art. 92), ma indaga anche sugli eventuali profili di dolo insiti nella proposta di concordato, come quando si accorga che in essa risultino *occultati o dissimulati elementi dell'attivo, ovvero esposte passività insussistenti ovvero che il debitore ha commesso altri atti di frode* (posteriori alla domanda, o anteriori ma solo in quanto attualmente capaci di alterare il giudizio dei creditori). Riscontrata alcuna di queste sopravvenienze negative, il commissario giudiziale ne riferirà al tribunale che, verificatane la sussistenza, disporrà la revoca del decreto di ammissione alla procedura e l'eventuale conseguente l.g. (art. 106).

2. *La "nuova finanza"*

L'impresa che si trovi in crisi – e che pure si sia risolta a tentarne una composizione attraverso una procedura di concordato preventivo (*ma anche di omologazione di un accordo di ristrutturazione dei debiti*: essendovi anzi, come visto, una qualche possibilità di consecuzione fra le rispettive procedure, e perciò riferendosi ad entrambe quanto detto qui di seguito) – può, nondimeno, avvertire la necessità di ricorrere a nuovi, e spesso urgenti, finanziamenti, non solo da parte di intermediari finanziari, ma anche da controparti commerciali. E ciò, pur nella consapevolezza che questa "***nuova finanza***" andrà ad aggravare ulteriormente il suo indebitamento. Una tale esigenza si può manifestare in momenti e per finalità diverse:

a) può sorgere già **prima dell'accesso alla procedura**, per fronteggiare i costi necessari all'accesso alla procedura (e così per pagare i consulenti e professionisti che ne valutino la percorribilità, preparino un piano e presentino la domanda) o quelli di continuazione dell'attività aziendale, onde non pregiudicarne il valore in vista della formulazione di un piano. In questo caso, oltre alla *prededucibilità*, in un'eventuale futura l.g., dei crediti professionali sorti in funzione della presentazione della domanda (nei limiti del 75% del credito accertato, e sempre che la procedura sia poi effettivamente aperta, oppure gli accordi omologati: art. 6), il debitore potrà anche chiedere di essere autorizzato a contrarre ***finanziamenti funzionali alla presentazione della domanda*** di concordato preventivo, o di omologazione di accordi di ristrutturazione (c.d. ***finanziamenti ponte***, nella prassi chiamati anche "*bridge loans*"). Tali finanziamenti diverranno allora prededucibili: *se già previsti dal piano* presentato insieme alla domanda; e *se* la prededuzione sia *espressamente disposta nel provvedimento del tribunale* che accoglie la domanda di concordato preventivo o che omologa gli accordi di ristrutturazione (art. 99, co. 5);

b) può emergere, poi, **dopo che sia stata presentata la domanda di ammissione alla procedura** di concordato preventivo o di omologazione di accordi di ristrutturazione dei debiti (anche se si tratti di domanda "in bianco" o durante le trattative), durante il suo svolgimento. L'art. 99, a tale riguardo, prende in considerazione i c.d. ***finanziamenti interinali*** che siano ***funzionali alla continuazione dell'attività aziendale*** (quand'anche provvisoriamente strumentale ad una liquidazione, e perciò anche nel caso di concordato liquidatorio) sino all'eventuale omologazione del concordato o dell'accordo. In questo caso l'imprenditore proponente potrà chiedere di essere *autorizzato* a contrarre tali finanziamenti, specificandone la destinazione e la loro necessità al fine di evitare un pregiudizio all'attività aziendale. La sussistenza di tutte queste condizioni dovrà essere oggetto dell'*attestazione* di un professionista allegata all'istanza di autorizzazione, salvo che nell'istanza si alleghi l'*urgenza* (condivisa dal tribunale) di evitare un danno grave ed irreparabile alla continuità aziendale;

c) può riferirsi, infine, alla fase che si aprirà *dopo la chiusura* della procedura, allorché si tratterà di dare **esecuzione al piano** omologato. In effetti, potrebbe essere proprio tale piano ad aver previsto che il suo obiettivo andrà realizzato, innanzitutto, grazie alla pronta liquidità ricavata da nuovi finanziamenti erogati durante la fase di esecuzione; mentre soltanto in seguito, grazie ai ricavi che, a distanza di tempo, potranno via via ottenersi dalla prosecuzione dell'attività o dalla realizzazione del valore dei beni liquidati, si riuscirà a rimborsare la nuova finanza così ottenuta e a pagare i creditori concordatari nelle percentuali promesse (se già non lo siano stati proprio grazie alla nuova finanza). Anche in questo caso, proprio per incentivare i possibili erogatori di "nuova finanza", l'art. 101 prevede – solo però ove sia prevista la *continuazione dell'attività aziendale* – che i crediti derivanti dai finanziamenti in questione acquisteranno il rango della **prededucibilità** in caso di successiva l.g.

In tutti i casi di "nuova finanza", quindi, ogni nuovo finanziatore saprà che, nel caso in cui venisse poi aperta la l.g., il suo credito troverà nell'ambito del passivo una collocazione che garantirà, se non la soddisfazione piena, certamente un *trattamento migliore di quello riservato ai creditori concorsuali*.

Può osservarsi anche, in una visione più ampia, che una tale prededuzione rappresenterà un incentivo al risanamento dell'impresa capace di operare *in parallelo alla esenzione dall'azione revocatoria concorsuale* di taluni atti compiuti dal debitore, prima della l.g., in esecuzione di un concordato preventivo. Entrambi gli strumenti risulteranno infatti fra di loro *complementari*, come delle "stampelle" che il legislatore, nella forma di incentivi ai terzi, mette a disposizione dell'imprenditore in crisi per tentare un risanamento o, almeno, una soluzione liquidatoria alternativa alla l.g.

VI. *La votazione*

Nel periodo indicato nel decreto di ammissione alla procedura (art. 47, co. 1, lett. *c*), avrà luogo la **votazione dei creditori** (artt. 107 ss.). Entro i quindici giorni precedenti, il commissario giudiziale illustrerà, in una relazione inviata via p.e.c. ai creditori, la proposta concordataria e le eventuali "proposte concorrenti" dei creditori, allegando l'elenco dei creditori ammessi al voto e l'indicazione dell'ammontare per cui sono ammessi. Entro i sette giorni precedenti, tenuto conto delle osservazioni e contestazioni ricevute da tutti gli interessati, il commissario comunicherà quindi la sua ***relazione*** definitiva, seguita eventualmente, nei due giorni successivi, dagli eventuali provvedimenti del giudice delegato.

All'esito, i creditori (compresi quelli che abbiano formulato proposte concorrenti, collocati però in autonoma classe) saranno chiamati a **votare**, solo a mezzo p.e.c., la proposta (o le varie proposte loro sottoposte, con modalità di voto che consentano di selezionare quella con più consensi).

Legittimati al voto sono, innanzitutto, tutti i ***creditori chirografari.***

Quanto ai ***privilegiati***, la loro posizione è complessa. In generale, e comunque nel concordato liquidatorio, se la proposta contempli un loro pagamento integrale, non avranno diritto al voto, a meno che: (a) *rinuncino in tutto od in parte al diritto di prelazione* (seppure con effetto limitato ai soli fini del concordato), essendo in questo caso ammessi a votare per la parte di credito rinunciata; (b) oppure quando, constando *ex ante* l'incapienza della garanzia, sia la stessa proposta del debitore a riservare un *soddisfacimento non integrale* ai (o ad alcuni dei) creditori privilegiati: e quindi, ancora una volta, per la sola parte del credito di cui non viene promesso il pagamento integrale. In entrambi i casi, per la parte di credito ammessa al voto, i privilegiati saranno *equiparati ai chirografari* (art. 109, co. 3 e 4).

Per il concordato *con continuità aziendale*, peraltro, l'art. 109, co. 5, pare voler meglio precisare – anche in ragione della maggiore incertezza e proiezione nel tempo del piano – la nozione di "*integrale soddisfazione*". Difatti, la regola che quest'ultima possa giustificare una loro esclusione dal voto vale solo a condizione che essi, secondo la proposta, debbano essere soddisfatti *in denaro ed entro 180 giorni* dall'omologazione (*o 30 giorni* per i crediti da lavoro dipendenti assistiti da privilegio *ex* art. 2751-*bis* c.c.) e sempre che la *garanzia reale* che assiste il loro credito "resti ferma sino alla liquidazione del bene o diritto su cui sussiste la causa di prelazione". Se queste condizioni non venissero assicurate, invece, i privilegiati (dunque quando non soddisfatti integralmente, ma anche se soddisfatti per intero e però non in denaro, oppure oltre i termini predetti) *saranno ammessi al voto.* Voteranno, in particolare, in una classe ad essi riservata, ed eventualmente in un'altra classe ancora, ma distinta dalla prima, per la parte del credito per la quale non consti capienza.

Non potranno votare, invece, i creditori in ***conflitto di interessi*** o quelli per il quale un tale conflitto sia presumibile in ragione del rapporto che hanno col debitore (ad. es. il coniuge, o un parente, o società appartenenti allo stesso gruppo, ecc.). Potrà però votare il creditore, pure portatore di un suo interesse particolare, che abbia presentato una proposta concorrente, ma solo se questa ne preveda l'inserimento in un'apposita classe (art. 109, co. 6 e 7).

Anche per l'**approvazione** del concordato, la legge, al fine di determinare le **mag-**

gioranze necessarie, distingue fra concordato liquidatorio e in continuità.

Per entrambi varrà *(a)* la regola per cui occorrerà il voto favorevole dei creditori che rappresentino la ***maggioranza dei crediti ammessi al voto***; *(b)* ed inoltre – ma *solamente nel caso in cui un unico creditore* fosse titolare di crediti in misura superiore alla maggioranza dei crediti ammessi al voto – la ***maggioranza per teste*** dei votanti.

(c) Più articolata è invece la rilevanza di un terzo e concorrente criterio maggioritario, riferibile in questo caso al voto espresso nelle singole **classi** nelle quali i votanti siano stati suddivisi.

(c1) Il ***concordato liquidatorio*** sarà infatti approvato non solo se consti la maggioranza dei crediti ammessi al voto, ma se essa risulti raggiunta all'interno del ***maggior numero di classi***.

(c2) Per l'approvazione del ***concordato in continuità aziendale***, invece, viene previsto in prima battuta che occorrerà il voto favorevole ***di tutte le classi*** (art. 109, co. 5).

Se così non fosse, tuttavia, sarà possibile la c.d. ***ristrutturazione trasversale*** (art. 112, co. 2): cioè la possibilità che il tribunale omologhi il concordato nonostante una o più classi (vale a dire la maggioranza al loro interno) risultino dissenzienti, purché però ricorrano le seguenti condizioni:

i) il *valore di liquidazione* (cioè quello riferibile al valore del patrimonio all'inizio della procedura e che potrebbe ricavarsi anche da una procedura di l.g.) venga distribuito nel rispetto della graduazione delle cause legittime di prelazione. Si tratta della c.d. *absolute priority rule* ("a.p.r."), per cui nessuna classe di rango inferiore può ricevere alcunché, se quelle di rango superiore non siano integralmente soddisfatte;

ii) il *valore eccedente quello di liquidazione* (cioè il plusvalore eventualmente ricavato dalla continuità aziendale) è distribuito in modo tale che i crediti inclusi nelle classi dissenzienti ricevano complessivamente un trattamento almeno pari a quello delle classi dello stesso grado (dunque senza discriminazioni fra pari rango) e più favorevole rispetto a quello delle classi di grado inferiore (che tuttavia potranno risultare destinatarie di qualcosa): è questa la c.d. *relative priority rule* ("r.p.r.");

iii) *nessun creditore riceva più dell'importo del proprio credito* (ciò che rappresenterebbe un arricchimento ingiustificato a danno degli altri);

iv) la proposta è approvata dalla *maggioranza delle classi, purché*: almeno una sia formata da creditori titolari di diritti di prelazione; oppure se, in mancanza di una tale classe, consti l'approvazione di almeno una classe di creditori che sarebbero almeno parzialmente soddisfatti se si rispettasse la graduazione delle cause legittime di prelazione anche sul valore eccedente quello di liquidazione. Occorrerà, in altri termini, il voto favorevole di una classe che avrebbe ricevuto qualcosa se fosse stata rispettata l'a.p.r. anche sul "valore eccedente".

VII. *L'omologazione del concordato*

1. *Il giudizio di omologazione*

Se all'esito della votazione le maggioranze prescritte non vengano raggiunte, il concordato sarà respinto, con eventuale conseguente l.g. del debitore (art. 111). In caso di approvazione, invece, la procedura proseguirà con il **giudizio di omologazione** (art. 112).

Durante tale giudizio, il tribunale **dovrà verificare** la regolarità della procedura, l'esito della votazione, l'ammissibilità della proposta e la corretta formazione delle classi, e che all'interno di ciascuna di esse sia stata assicurata la parità di trattamento dei creditori. Sul piano della ***fattibilità***, inoltre, il tribunale dovrà verificare, nel caso di *concordato liquidatorio*, che il piano *non risulti manifestamente inadatto* a raggiungere gli obiettivi prefissati; e nel caso di *concordato in continuità* – per sua natura più incerto – che il piano "*non sia privo di ragionevoli prospettive di impedire o superare l'insolvenza*", oltre all'effettiva necessità degli eventuali nuovi finanziamenti e che essi non pregiudichino ingiustamente gli interessi dei creditori. Sempre in questa sede, il tribunale dovrà eventualmente condurre quel complesso scrutinio, descritto al paragrafo precedente, in esito al quale omologare un concordato con continuità quand'anche non votato dall'unanimità delle classi (c.d. *ristrutturazione trasversale*).

I creditori dissenzienti, invece, potranno proporre **opposizione**: spettante nel concordato con continuità a qualunque creditore dissenziente; mentre nel concordato in liquidazione solo al creditore dissenziente che appartenga ad una classe dissenziente, ovvero, in caso di mancata formazione delle classi, a tanti creditori che rappresentino almeno il 20% dei crediti ammessi al voto.

In entrambi i casi, se con l'opposizione venisse lamentata la sconvenienza del trattamento riservato dalla proposta, potrà ugualmente addivenirsi all'omologazione del concordato se quel trattamento risulterà non inferiore a quello che si sarebbe ricevuto in seno ad una procedura di l.g. (c.d. "*best interest test*", superato il quale l'opponente dovrà senz'altro accettare il trattamento riservatogli, c.d. *cram down*). Pure alle opposizioni interne alla procedura – e non ad autonomo giudizio – sarà poi affidata l'eventuale contestazione della validità delle operazioni di trasformazione, fusione o scissione della società debitrice eventualmente previste dal piano.

Infine, se opposizioni non vi fossero, o fossero state superate, il tribunale ***omologherà*** il concordato preventivo con sentenza, con il che la procedura potrà dirsi conclusa (art. 113).

2. *Gli effetti dell'omologazione*

Con l'omologazione si produrranno i seguenti **effetti** (art. 117):

a) il debitore sarà affrancato dalle limitazioni alla disponibilità del suo patrimonio sopra esaminate, recuperando *piena capacità d'agire e processuale*, e sarà inoltre *liberato dalle obbligazioni* il cui adempimento non sia previsto dalla proposta approvata;

b) se si tratti di *società con soci a responsabilità illimitata*, il concordato produrrà effetti liberatori anche a favore di questi ultimi, sempre che non consti patto contrario; ciò, peraltro, nei confronti dei soli creditori sociali, mentre quelli particolari conserveranno impregiudicata ogni loro ragione;

c) *il debitore* (o l'eventuale assuntore) resterà ovviamente *obbligato (verso i creditori) a dare esecuzione a quanto promesso nel piano concordatario*, sia in termini di pagamenti veri e propri, sia in termini di atti a ciò funzionali (costituzione delle garanzie promesse, atti gestori, modificazioni statutarie, ecc.): il che certamente vincola le possibili scelte gestionali dell'impresa, seppure tornata *in bonis*;

d) l'*effetto esdebitatorio*, nei termini poc'anzi precisati, *si opporrà a tutti i creditori*, compresi quelli dissenzienti, *anteriori* alla pubblicazione della domanda di concordato, e fra di essi anche quelli che non abbiano partecipato alla procedura. I *creditori successivi*, invece, manterranno integra ogni loro pretesa sostanziale e processuale;

e) i creditori anteriori conserveranno però intatti i loro diritti nei confronti dei *coobbligati*, *fideiussori del debitore*, nonché *degli obbligati in via di regresso* con quest'ultimo (in deroga al principio di comunicabilità degli effetti favorevoli fra condebitori: artt. 1301, 1239 e 1941 c.c.).

VIII. *L'esecuzione del concordato. Risoluzione e annullamento*

Tra gli effetti dell'omologazione vi è innanzitutto l'**obbligo del debitore di adempiere alla proposta concordataria**. Nel caso particolare di *concordato con cessione* (*anche parziale*) *dei beni*, inoltre, il tribunale, se il piano non disponga diversamente, nominerà uno o più liquidatori e un comitato di tre o cinque creditori, determinando le altre modalità della liquidazione (art. 114). Ai liquidatori, legittimati a intraprendere ogni iniziativa per la miglior realizzazione del patrimonio del debitore, competerà, in particolare, ogni azione recuperatoria, di beni o crediti, nonché l'azione sociale di responsabilità; resta invece impregiudicata la legittimazione dei singoli creditori per le azioni di responsabilità loro spettanti *ex* art. 2394 c.c. (art. 115).

Tanto che il concordato sia liquidatorio, quanto che sia finalizzato alla ristrutturazione dell'impresa, spetta al commissario giudiziale, proseguendo nell'esercizio della sua funzione, la **sorveglianza** sull'adempimento del concordato, controllando non solo il rispetto dei singoli impegni dedotti nel piano, ma anche, prospetticamente, la persistenza della sua fattibilità in ragione dell'evolversi della situazione generale dell'impresa. Ove il piano concordatario trovi *piena e puntuale esecuzione*, non vi saranno naturalmente ulteriori conseguenze giuridiche oltre a quelle già prodottesi. Può accadere però che gli **impegni assunti non vengano rispettati dal debitore** (che vi sarà tenuto quand'anche scaturiscano da una proposta concorrente: art. 118, co. 3). Ipotesi, questa, che la legge considera *in senso oggettivo*, a prescindere cioè da profili di dolo o colpa di chi li abbia assunti, sia esso il debitore ovvero un terzo che, secondo il piano, risulti aver offerto ai creditori garanzie. In tali casi, è innanzitutto il commissario giudiziale che, constatato e segnalato l'inadempimento al tribunale, potrà essere investito da quest'ultimo dei poteri necessari a compiere gli atti necessari a dare esecuzione al concordato. Addirittura potrà pervenirsi, se il debitore abbia veste societaria, alla revoca dell'organo amministrativo e alla nomina di un amministratore giudiziario con poteri di compiere ogni atto necessario all'esecuzione, compreso il potere di convocare l'assemblea chiamata a modificare l'atto costitutivo, se previsto dal piano, ed ivi esercitare il voto spettante al socio di maggioranza (art. 118, co. 4-6).

Qualora – malgrado i poteri di sostituzione coattiva nelle prerogative del debitore, e anche a prescindere da inerzie colpose – non si riesca a dare regolare esecuzione al concordato, competerà, in ultima analisi, *ai creditori* (o al *commissario giudiziale*, ma solo se richiesto da uno o più creditori) di provocare la **risoluzione del concordato per inadempimento** (art. 119). Il procedimento si avvierà con ricorso presentato al tribunale entro un anno dal termine previsto per l'ultimo degli adempimenti del piano, e si svolgerà con rito camerale: se il tribunale accerti un grave inadempimento, con sentenza (reclamabile) dichiarerà la risoluzione ed eventualmente la lg. del debitore. La risoluzione non potrà però essere richiesta nel caso in cui gli obblighi derivanti dal concordato fossero stati assunti da un terzo (assuntore, appunto) con liberazione del debitore. In questa ipotesi, dunque, il debitore continuerà a godere dell'effetto esdebitatorio del concordato, mentre l'inadempimento potrà esser fatto valere nei confronti del solo assuntore.

Con la risoluzione del concordato *verranno meno retroattivamente i suoi effetti*, in primo luogo quelli esdebitatori; *ma resteranno comunque efficaci* (nonché sottratti ad eventuale azione revocatoria) *gli atti compiuti durante la procedura e in esecuzione del concordato*, comprese le eventuali modifiche organizzative che abbiano riguardato la società debitrice. I creditori potranno così richiedere, eventualmente concorrendo nella l.g. aperta a seguito della risoluzione, il pagamento dell'intero credito originario, detratto quanto già ricevuto in esecuzione del concordato.

Gli effetti del concordato preventivo potranno venir meno, inoltre, nel caso di suo **annullamento**. Esso conseguirà non tanto all'inadempimento del piano, quanto piuttosto alla scoperta della sua inaffidabilità dovuta ad un *disegno fraudolento* del debitore, che si scopra aver dolosamente esagerato il passivo o sottratto una parte rilevante dell'attivo. Su ricorso dei creditori o su iniziativa del commissario giudiziale (*entro sei mesi* dalla scoperta del dolo e comunque entro due anni dall'ultimo adempimento previsto) il tribunale potrà allora annullare il concordato, anche in tal caso derivandone la *caducazione degli effetti riconnessi alla procedura concordataria*; con la possibilità altresì, se ne ricorrano i presupposti, di dichiarare la l.g. del debitore.

IX. *La partecipazione dei soci al concordato preventivo*

A quanto esaminato nei precedenti paragrafi, va aggiunto che le varie fasi attraverso cui si articola la procedura di concordato preventivo possono essere caratterizzate – se il debitore sia una società (ipotesi frequente) e vi sia un concreto interesse dei soci (ipotesi meno probabile) – da una partecipazione diretta dei soci della società proponente.

Seppure essi non siano qualificabili come creditori; e in ogni caso considerando che, anche a volerli accomunare a questi ultimi quali *residual claimants*, la loro pretesa sarebbe, proprio perciò, pari o prossima allo zero; ciò nonostante, il c.ins. si occupa dei soci all'interno della procedura concordataria, per una duplice ragione. In principio, perché non è scontato che il valore ricavabile dalla procedura, specialmente se si assicuri la continuità aziendale, non possa essere superiore al valore riservato ai creditori, così che il valore residuo dovrebbe rimanere riservato ai soci (direttamente o indirettamente tramite le partecipazioni detenute, se la società persistesse). Ma soprattutto perché, se ai soci si consenta di partecipare alla procedura, potrebbero essere incentivati a immettervi nuovo valore nell'azienda, proprio per preservare, ma infine recuperare a sé, quel valore che altrimenti potrebbe disperdersi in assenza di un loro sostegno.

Per questo si consente innanzitutto ai soci stessi di poter presentare una **proposta concorrente** (art. 120-*bis*, co. 5). E poi che, a prescindere dal proponente, il piano concordatario possa prevedere **una o più classi di soci** (a seconda che le rispettive partecipazioni comprendano diritti diversi) che saranno addirittura *obbligatorie* se il piano preveda modificazioni statutarie che incidono sui diritti dei soci, o se si tratti di società che fanno ricorso al mercato del capitale di rischio.

I soci potranno così esprimere, al pari dei creditori, il loro **voto** (commisurato, all'interno della classe in cui vengano collocati, alla proporzione della partecipazione detenuta prima dell'apertura della procedura) capace di condizionare l'eventuale approvazione del concordato. Ed analoga possibilità si prevede anche per i titolari di strumenti finanziari, diversi dalle azioni, che siano stati emessi dalla società debitrice (art. 120-*ter*).

Naturalmente, la possibilità che ai soci collocati in una classe – che potrebbe essere indicata dal piano come destinataria di una parte del valore della ristrutturazione – possa venire destinato alcunché, può muovere i creditori ad esprimersi, sol per ciò, in senso contrario all'approvazione del piano. In particolare, il "*valore riservato ai soci*" andrebbe misurato nella differenza fra il valore delle partecipazioni da essi possedute all'esito dell'omologazione, e il valore da essi apportato alla procedura sotto forma di conferimenti o versamenti a fondo perduto: insomma, il plusvalore generato dalla procedura al netto delle (e talora grazie alle) risorse nuove da essi iniettate nell'impresa.

Ferme le altre condizioni previste in caso di ristrutturazione trasversale, allora, il **dissenso di una o più classi di creditori** potrà essere tacitato se risulti che il trattamento riservato a tali classi dissenzienti sarebbe altrettanto favorevole rispetto alle classi di pari rango e più favorevole rispetto a quelle di rango inferiore, nell'ipotesi in cui il valore che il piano riserva ai soci venisse invece distribuito fra quelle classi (art. 120-*quater*). Insomma, dimostrandosi che le classi dissenzienti, applicando la *relative priority rule* e senza alcuna attribuzione ai soci, non avrebbero comunque subìto un trattamento deteriore.

D'altronde, potrebbero essere i **soci** stessi (anche a prescindere da ogni loro "classamento", stando alla formula dell'art. 120-*quater*, co. 3) ad **opporsi all'omologazione del concordato**, provando che da ciò potrebbe derivar loro un pregiudizio rispetto all'alternativa liquidatoria. Si tratta quindi dell'ipotesi (improbabile) che il valore di liquidazione ecceda le pretese dei creditori e che il concordato preventivo possa celare un percorso attraverso il quale espropriare quell'eccedenza a coloro ai quali, seppure residualmente, essa "appartiene".

§ 30. Il concordato nella liquidazione giudiziale

Sommario: I. *L'iniziativa*. – II. *L'esame della proposta e la votazione*. – III. *L'omologazione e i suoi effetti. L'esecuzione del concordato. Risoluzione e annullamento.*

Pur se *nell'ambito di una l.g. già aperta* – e quindi in un contesto *ben diverso* da quello nel quale può prendere avvio la procedura di concordato preventivo (la cui funzione anzi, come visto, può essere proprio quella di prevenire una l.g.) – il **concordato nella liquidazione giudiziale** rappresenta un percorso attraverso il quale, similmente al concordato preventivo, può essere offerta ai creditori la possibilità di esprimersi su un piano di regolazione delle proprie pretese alternativo, ed in ipotesi preferibile, rispetto allo sviluppo che la procedura di l.g. seguirebbe secondo le "normali" fasi previste dalla legge. Ciò spiega perché *la disciplina del concordato di l.g. coincida, per alcuni tratti, con quella del concordato preventivo (soprattutto liquidatorio)*, pur nell'evidente differenza di scenario e di premesse: il concordato di l.g., infatti, non costituisce un'autonoma procedura concorsuale, ma solo una "**subprocedura**" che *si inscrive* ***all'interno di una procedura di l.g. già in corso***, *costituendone anzi uno dei modi di cessazione*; e tuttavia, anch'esso consistendo in un procedimento giudiziale nell'ambito del quale i creditori potranno pronunciarsi su una *proposta* che, nella sua essenza, è orientata ad una loro parziale "soddisfazione", con esdebitazione dell'imprenditore per la parte residua.

Quest'omogeneità funzionale, insieme al parallelismo delle rispettive discipline, sono all'origine della strategia espositiva qui appresso seguita: trattare il concordato di l.g. nell'ambito di un capitolo dedicato alle soluzioni negoziate della crisi d'impresa e subito dopo la trattazione del concordato preventivo; limitandosi, per evitare inutili ripetizioni, ad illustrare le differenze procedimentali che, rispetto al secondo, connotano il primo.

I. *L'iniziativa*

Lo scenario nel quale può realizzarsi il concordato di l.g. è quello di una **procedura di l.g. già aperta**, che già ha prodotto, fra gli altri effetti, lo spossessamento del debitore, e che già risulta incamminata lungo un percorso liquidatorio che dovrà portare alla soddisfazione dei creditori.

Pur in questo contesto, può utilmente profilarsi un percorso alternativo che, in prospettiva, prometta ai creditori un risultato migliore di quello prevedibile in base alla procedura in corso: la formulazione di una **proposta di concordato di l.g.** (art. 124) interromperà dunque l'ordinario corso della procedura medesima, fino a decretarne, in caso di esito positivo mediante la sua omologazione, la chiusura.

Il **contenuto** di una tale proposta non differisce da quello che potrebbe assumere una proposta di concordato preventivo. Anche in questo caso si tratterà di un piano che prometta, sulla base di una *ristrutturazione dei debiti* (spesso supportata dalla prestazione di adeguate *garanzie*, anche di terzi), di realizzare la *finalità principale di soddisfare i creditori*, secondo le modalità che il proponente potrà liberamente congegnare e che, analogamente al concordato preventivo, potranno anche consistere:

a) in una *soddisfazione parziale dei creditori privilegiati*, nei limiti della capienza della loro garanzia (per la parte residua degradandoli a chirografari);

b) nella suddivisione dei creditori chirografari (ivi compresi i privilegiati "degradati") in classi destinatarie di trattamenti differenziati;

c) nella *realizzazione di operazioni straordinarie*, capaci anche, compatibilmente con la primaria finalità satisfattiva, di assicurare la *conservazione dell'impresa*. E ciò anche ricorrendo a percorsi che possano portare alla sottrazione della titolarità dell'impresa al debitore e alla sua attribuzione (o, comunque, al trasferimento del relativo valore) ai creditori, eventualmente in forma "cartolarizzata", cioè mediante assegnazione di strumenti finanziari;

d) benché poi solo la disciplina del concordato preventivo preveda il concordato con continuità aziendale, non è da escludersi che anche in seno ad un concordato di l.g., *mutatis mutandis* (e quindi nella prospettiva tipicamente liquidatoria della l.g., tendenzialmente incompatibile pertanto con la conservazione dell'impresa in capo al debitore), possa comunque prevedersi che il pagamento dei creditori possa ottenersi, almeno in parte, attingendo a flussi finanziari provenienti dalla prosecuzione, magari provvisoria e in attesa di una sua cessione, dell'impresa sottoposta a l.g.

Significative differenze rispetto al concordato preventivo, però, si riscontrano sul piano dell'**iniziativa** (art. 240). La proposta concordataria, infatti, potrà essere presentata, almeno inizialmente, soltanto *da uno o più* ***creditori***, ovvero *da un* ***terzo*** (*concordato con assunzione*). Una tale iniziativa sarà possibile a partire dal momento in cui si disponga di una rappresentazione complessiva della massa dei creditori da soddisfare (fra i quali quelli chiamati al voto): e quindi o *dopo che sia stato reso esecutivo lo stato passivo*, o prima, ma solo se consti una contabilità ed altre notizie tali da consentire al curatore di predisporre un *elenco provvisorio dei creditori*, da sottoporre poi all'approvazione del giudice delegato.

Il ***debitore*** potrà invece presentare la proposta solo *dopo un anno dall'apertura della l.g.* e purché non siano decorsi due anni dal decreto che rende esecutivo lo stato passivo; e sempre che la proposta contempli un apporto di *nuove risorse che incrementino il valore dell'attivo di almeno il dieci per cento.*

II. *L'esame della proposta e la votazione*

Essendo nel caso del concordato di l.g. già insediati ed operanti gli organi della procedura, la proposta andrà presentata con **ricorso** *al giudice delegato*. Il quale a sua volta, senza che occorra un qualche provvedimento formale di apertura, dovrà acquisire due ***pareri***: prima, *del curatore*, che dovrà esprimersi con specifico riferimento ai presumibili risultati della liquidazione ed alle garanzie offerte (e quindi anche in una prospettiva comparativa con il risultato di una ordinaria liquidazione giudiziale); e poi il parere vincolante *del comitato dei creditori* (art. 241). Inoltre, se il piano proposto preveda una suddivisione dei creditori per classi destinatarie di trattamenti differenziati, esso dovrà essere *sottoposto al vaglio del tribunale*, chiamato a verificare il corretto utilizzo dei criteri in base ai quali è stata operata la suddivisione e la previsione dei rispettivi trattamenti differenziati.

Superato il vaglio del tribunale e valutata la ritualità della proposta, il giudice delegato procederà alla **comunicazione** ai creditori della proposta unitamente ai suddetti pareri e all'indicazione di dove potrebbero essere reperiti i dati utili alla valutazione.

Essendo la presentazione di ogni proposta condizionata, come detto, all'esistenza dello stato passivo o quantomeno di un elenco provvisorio redatto dal curatore sulla base della contabilità e delle altre notizie disponibili, **legittimati al voto** (art. 243) saranno i *creditori chirografari* che risulteranno tali secondo questi prospetti, e i *privilegiati* se e nella misura in cui la proposta di concordato non ne preveda l'integrale pagamento, ovvero nella misura in cui rinunceranno, anche parzialmente, al diritto di prelazione. Potrà essere ammesso al voto lo stesso **creditore proponente** purché inserito (come nel concordato preventivo) in un'apposita classe.

Sulla base di questi criteri, dunque, si procederà alla **votazione**, *conteggiando come consenzienti tutti coloro che non avranno fatto pervenire il loro dissenso* entro il termine fissato dal giudice delegato (art. 244, co. 2). La regola del silenzio – assenso, evidentemente, investe i creditori di un particolare onere di vigilanza, potendo conseguire dalla semplice loro inerzia l'approvazione di una proposta che essi dovranno subire senza possibilità di contestazione.

III. *L'omologazione e i suoi effetti. L'esecuzione del concordato. Risoluzione e annullamento*

Completata la votazione, del suo esito il curatore riferirà al giudice delegato, il quale a sua volta – se le maggioranze previste dalla legge siano state raggiunte – disporrà che il curatore ne dia comunicazione al proponente perché richieda l'omologazione del concordato (art. 245). La comunicazione dovrà inoltre essere rivolta anche al debitore e ai creditori dissenzienti affinché essi, oltre che qualunque altro interessato, abbiano la possibilità di proporre **opposizione** (sulla base dei medesimi motivi già analizzati in materia di concordato preventivo).

Il giudizio di omologazione, analogamente a quanto già visto per il concordato preventivo, si concluderà, in caso positivo, con l'**omologazione** con *decreto motivato del tribunale*, emesso alla scadenza del termine per proporre opposizioni (se non ve ne siano state) ovvero quando esse risulteranno definitivamente respinte.

Dopo di che, reso il conto della gestione da parte del curatore, il tribunale dichiarerà la **chiusura della procedura di l.g.**: con il che il debitore recupererà la piena disponibilità del suo patrimonio e la liberazione da ogni impegno che non gli derivi dal concordato: sia in quanto egli stesso l'abbia proposto, assumendosi l'obbligo di eseguirlo; sia, nel caso di concordato con assunzione, ove l'assuntore abbia escluso la responsabilità del debitore verso i creditori non risultanti al tempo della proposta, accettando di rispondere anche verso di essi.

In questi termini, dunque, il concordato omologato risulterà "***obbligatorio***" (*rectius: l'esdebitazione opererà*) ***nei confronti di tutti i creditori anteriori all'apertura della l.g.***, compresi quelli che non abbiano presentato domanda di ammissione al passivo. Come nel concordato preventivo, comunque, essi conserveranno la loro azione per l'intero credito contro i coobbligati, i fideiussori del debitore e gli obbligati in via di regresso.

L'**esecuzione** del concordato sarà "*sorvegliata*", secondo l'art. 249, dal giudice delegato, dal curatore e dal comitato dei creditori, secondo le modalità stabilite nel decreto di omologazione; sin quando, adempiuti integralmente gli obblighi concordatari, un provvedimento del giudice delegato accerterà l'***avvenuta esecuzione***, ordinando lo svincolo delle eventuali cauzioni e la cancellazione delle ipoteche iscritte a garanzia, nonché ogni altra misura idonea per il conseguimento delle finalità del concordato.

Qualora invece il piano concordatario ***non venisse eseguito*** ovvero risultasse ***viziato da frode***, potrà richiedersi, rispettivamente, la **risoluzione** o l'**annullamento** del concordato.

La risoluzione o l'annullamento saranno dichiarati con sentenza che provocherà la **riapertura della l.g.**, con i consueti effetti già esaminati (art. 252, rinviando agli artt. 238 e 239), fra i quali, innanzitutto, la *riammissione dei creditori al passivo per l'importo dell'originario credito*, detratta la parte riscossa in parziale esecuzione del concordato, che non dovrà essere restituita. Inoltre, per effetto di tale riapertura, è espressamente previsto (art. 252, co. 2) che potranno essere *riproposte le azioni revocatorie* già iniziate e interrotte per effetto del concordato; ed inoltre che i creditori anteriori conserveranno le garanzie per le somme tuttora ad essi dovute in base al concordato risolto o annullato.

Non è escluso, peraltro, che a seguito dell'insuccesso del concordato di l.g. e della conseguente riapertura della l.g., possa essere riproposto un **nuovo concordato di l.g.** In tal caso, però, la legge (art. 253) pretende garanzie adeguate ad evitare un nuovo insuccesso, condizionando l'omologazione della proposta al deposito, da parte del proponente, delle somme occorrenti per l'integrale adempimento (ovvero alla prestazione di garanzie equivalenti).

§ 31. GLI ACCORDI STRAGIUDIZIALI. GLI ACCORDI DI RISTRUTTURAZIONE DEI DEBITI OMOLOGATI. I PIANI DI RISANAMENTO

I. *Gli accordi stragiudiziali*

Al di là dei meccanismi appositamente previsti dalla legge per prevenire o gestire la crisi, oppure per regolare l'insolvenza di un imprenditore, si è sempre attestato nella prassi il tentativo, da parte degli imprenditori in difficoltà, di comporre la crisi ricorrendo a soluzioni negoziate stragiudizialmente con i creditori, o almeno con i più importanti di essi.

Le ragioni di una tale propensione alla composizione stragiudiziale possono solitamente individuarsi nella ritrosia degli imprenditori a "portare i libri in tribunale": ciò che da un lato renderebbe notorio il loro stato di crisi, così peggiorando il merito di credito dell'impresa sul mercato; e d'altro lato provocherebbe una forte restrizione alla libertà di manovra dell'imprenditore, consistente non solo nello spossessamento attenuato conseguente ad un'eventuale ammissione a concordato preventivo, ma eventualmente nelle ben peggiori conseguenze di un assoggettamento ad una procedura di liquidazione giudiziale (e con essa lo spossessamento e la perdita dell'impresa), quante volte una domanda di concordato non venisse ammessa o la relativa proposta fosse respinta dai creditori. Così, più discretamente, l'imprenditore cerca una via d'uscita con i suoi creditori, proponendo loro un accordo che consenta di prevenire l'apertura di una procedura concorsuale (è ancora presto per prevedere se una tale ritrosia riguarderà anche la procedura di composizione negoziata, v. § 23.III). In effetti, un creditore fortemente esposto, magari senza forti garanzie, può temere l'esito di una liquidazione giudiziale non molto meno di quanto lo tema il suo stesso debitore (ed anzi talvolta di più, quando quest'ultimo non abbia più niente da perdere), dal momento che la falcidia concorsuale alla quale il primo andrebbe incontro potrebbe risultare pesantissima.

Ecco perché allora alcuni creditori potrebbero accettare la proposta del debitore di dar vita ad una **ristrutturazione dei debiti**, che potrà consistere: in una loro *riduzione in conto capitale*; e/o in una *dilazione* del termine di adempimento; e/o in una *rinuncia a tutti o a parte degli interessi dovuti*; ovvero, nei casi più complessi, in una *conversione del credito in partecipazione al capitale*; o addirittura nella *concessione di* *un credito supplementare* (c.d. "nuova finanza"), magari a fronte dell'intervento di *nuove garanzie* prestate da terzi, ovvero dell'accettazione, da parte di altri creditori, della *postergazione* del loro credito o della rinunzia ad una garanzia.

Ovviamente, un accordo di ristrutturazione potrà consistere anche in una combinazione delle forme appena esaminate, o essere "rafforzato" dall'impegno del debitore (c.d. *covenant*) a non porre in essere certe iniziative, ovvero ad avviare processi di ristrutturazione aziendale (licenziamenti, dismissioni) o di riorganizzazione societaria (aumento di capitale, o fusione, ovvero coinvolgendo nell'organo amministrativo o di controllo soggetti designati dal creditore interessato, ecc.).

È importante tenere presente che, situandosi questa fase al di fuori di ogni procedura concorsuale e valendo il generale *principio della libera disponibilità del proprio credito* (per cui ciascun creditore è libero di rinunciare al proprio credito o di novarlo nei termini e nella misura che ritiene), ***la proposta non dovrà essere necessariamente rivolta a tutti i creditori*** (si potrà trattare anche con uno solo di essi, così garantendosi la massima riservatezza circa la difficoltà dell'impresa proponente; oppure con più di uno, ma ciascuno all'insaputa degli altri), ***né dovrà rispettare necessariamente il principio della par condicio*** (ciascun creditore potendo accettare condizioni quantitativamente e/o qualitativamente diverse).

Quanto ai **creditori** che rimangano **estranei** all'accordo, per essi, almeno in principio, non cambia nulla. Infatti, in base al principio di *efficacia relativa del contratto* (cioè solo fra le parti: art. 1372 c.c.) essi *non subiranno alcun effetto derivante dall'accordo concluso con gli altri creditori.* Conserveranno pertanto integre le proprie pretese e la possibilità di farle valere ricorrendo a tutti gli strumenti normalmente disponibili: ivi compresa, al di là delle ordinarie azioni cautelari od esecutive individuali, la possibilità di richiedere la l.g. dell'impresa.

Un accordo di questo tipo presenta tuttavia taluni significativi **rischi**, tenuto conto che tutti gli atti compiuti in esecuzione di esso (pagamenti o garanzie ricevute dai creditori, nuove obbligazioni assunte o contratti stipulati) restano esposti, in caso di successiva l.g., ad una possibile *revocatoria concorsuale.* Parallelamente, ogni nuovo credito che in funzione della conclusione, o in esecuzione dell'accordo, venisse erogato per aiutare l'impresa in difficoltà, *non godrebbe di alcuna prededuzione* in caso di successiva l.g. Per non parlare poi del rischio di un'eventuale responsabilità del finanziatore per concorso nel reato di *ricorso abusivo al credito* (art. 325), ipotesi a cui deve essere aggiunta, sempre sul piano della responsabilità penale, la possibilità che i creditori partecipanti all'accordo vengano ritenuti corresponsabili della ritardata apertura della l.g. o dell'effettuazione di pagamenti preferenziali in danno degli altri, e perciò incriminati per concorso in bancarotta (artt. 322 e 323).

A tutti questi rischi il legislatore ha tentato allora di ovviare, in una prospettiva evidentemente di *favor* per la conclusione di soluzioni negoziate della crisi, attraverso la previsione di particolari strumenti di regolazione della crisi (esaminati nei paragrafi successivi) *ulteriori* rispetto a quello, più antico e paradigmatico, costituito dal concordato preventivo, che come visto integra a tutti gli effetti una procedura concorsuale giudiziale, seppure anch'essa connotata da elementi di negozialità.

II. *Il piano di risanamento attestato*

Esaminando la disciplina della revocatoria concorsuale, e in particolare delle esenzioni previste dall'art. 166, co. 3, ci si è imbattuti nei c.d. **piani di risanamento attestati**. In particolare, si è osservato come alla lett. d) di tale disposizione venga stabilito che "*non sono soggetti ad azione revocatoria*" – né concorsuale, né ordinaria – "*gli atti, i pagamenti e le garanzie concesse su beni del debitore posti in essere in esecuzione del piano attestato di cui all'art. 56 o di cui all'art. 284 e in esso indicati*".

L'art. 56 individua la fattispecie di riferimento (considerata pure nell'art. 284, appena citato, quale strumento di risanamento di un gruppo di imprese), descrivendola come un "**piano**" **che appaia idoneo a consentire il risanamento della esposizione debitoria dell'impresa e ad assicurare il riequilibrio della situazione economico finanziaria**".

Viene imposta inoltre – in termini che si direbbero descrittivi della fattispecie, e pertanto condizionanti i suoi stessi effetti legali – una precisa **strutturazione dei contenuti del piano**, che dovrà indicare: la situazione economico-patrimoniale e finanziaria dell'impresa; la cause della crisi; le strategie e i tempi di intervento necessari per il riequilibrio della situazione finanziaria; i creditori e i crediti di cui si propone la rinegoziazione, ovvero le coperture per far fronte a quelli che resterebbero estranei ad ogni rinegoziazione; gli eventuali apporti di nuova finanza; le verifiche che dovranno svolgersi per monitorare la progressiva realizzazione del piano; il piano industriale attraverso il quale realizzare gli obiettivi perseguiti e i suoi effetti sul piano finanziario. La previsione di un *piano industriale*, in particolare, induce a ritenere che il piano di risanamento sia utilizzabile solamente all'interno di una prospettiva di *continuità aziendale*, e non già meramente liquidatoria, come potrebbe desumersi anche dal dato per cui l'obiettivo principale sia quello di un "riequilibrio della situazione economico-finanziaria dell'impresa".

Un siffatto "piano" – dunque la programmazione di un percorso di risanamento dell'impresa – rileverà poi, secondo l'art. 56, in quanto:

– sia stato predisposto da un ***imprenditore in stato di crisi o insolvente***. Non si specifica se debba trattarsi necessariamente di un imprenditore commerciale o non minore (per quanto solo in presenza di tali requisiti sarebbe profilabile una revocatoria concorsuale, così come poco si attaglia ad un'impresa minore la necessità di un piano "industriale"), sicché lo strumento risulta, almeno in principio, accessibile per qualsiasi imprenditore (ad esempio interessato a conseguire l'esenzione da una revocatoria ordinaria, o i *benefici fiscali* che la legge accorda sulle eventuali plusvalenze generate dalla riduzione dei debiti);

– sia ***rivolto ai creditori***. Si tratta infatti di un programma dell'imprenditore che, pur essendo espressione di un'iniziativa unilaterale, e dunque non rilevando quale oggetto di un vero e proprio accordo, è comunque destinato, nella sua fase esecutiva, ad essere condiviso con i creditori: posto che una loro collaborazione (soprattutto nella rinegoziazione di talune esposizioni debitorie) è indispensabile per la realizzazione dell'obiettivo programmato. Ecco, quindi, perché la rubrica dell'art. 56, che prevede lo strumento qui esaminato parla di "*accordi in esecuzione di piani attestati di risanamento*", e sia inserita – all'interno della parte del c.ins. (Tit. IV) rivolta agli strumenti di regolazione della crisi – nel capo I dedicato agli "accordi";

– sia oggetto di una ***attestazione di fattibilità*** (quanto al raggiungimento dell'obiettivo del risanamento) ***e di veridicità*** (quanto ai dati aziendali su cui si fonda) rilasciata da un professionista designato dal debitore, purché in possesso dei necessari requisiti di professionalità e indipendenza. Sono profili, questi, sui quali non saranno invece chiamati ad esprimersi né i creditori, non essendo prevista alcuna loro adesione o voto, né l'autorità giudiziaria, non essendo prevista alcuna omologazione del piano;

– abbia "***data certa***": cioè una data incontestabile che possa essere opponibile all'eventuale, futura l.g. Parimenti "certa", allo stesso fine, dovrà essere la data degli atti unilaterali e dei contratti posti in essere in esecuzione del piano, da provarsi per iscritto (art. 56, ult. co.).

Appare quindi evidente che la funzione dello strumento di regolazione della crisi qui esaminato sia quella di *incentivare* un percorso che consenta di prevenire la l.g. *proprio grazie alla rassicurazione*, offerta alle terze controparti, *di una protezione da un'eventuale azione revocatoria* degli atti esecutivi del piano ai quali essi partecipassero, nel malaugurato caso in cui non venisse raggiunto l'obiettivo del riequilibrio della situazione economico-finanziaria, e venisse conseguentemente aperta una l.g.

Il legislatore si preoccupa poi di prevenire i possibili **abusi** dello strumento. Ciò, non solo imponendo, come visto, la forma scritta e la data certa degli atti esecutivi del piano; ma anche negando l'effetto dell'esenzione dalle azioni revocatorie (art. 166, co. 3, lett. *d*) quante volte il creditore, al momento del compimento dell'operazione o del pagamento ricevuto, risultasse a conoscenza del dolo o della colpa grave del debitore o dell'attestatore, e cioè che a costoro, date le circostanze reali, il piano non potesse che risultare incapace di realizzare i suoi obbiettivi, pur a dispetto di quanto dichiarato. Anche il terzo che partecipi ad un atto esecutivo del piano, in questo modo, viene responsabilizzato, gravandolo dell'onere di valutare, in sostanza, se il piano – ancora nel momento in cui l'atto viene posto in essere – non risulti così manifestamente inattendibile da doversene dedurre la colpa grave o il dolo di chi l'abbia confezionato o attestato.

III. *Gli accordi di ristrutturazione dei debiti e la convenzione di moratoria*

1. *La fattispecie "base" degli accordi di ristrutturazione dei debiti*

Gli artt. da 57 a 61 c.ins. sono dedicati agli "**accordi di ristrutturazione dei debiti**", quale ulteriore strumento di regolazione della crisi (Tit. IV) compreso fra quelli definiti "accordi" (capo I). La legge prevede in realtà **quattro** diversi tipi di accordi di ristrutturazione; oppure, può forse meglio dirsi, una ***fattispecie base*** – di cui occorre ora occuparsi per prima per comprendere i profili essenziali dell'istituto – e tre sue possibili varianti (*accordi agevolati; accordi ad efficacia estesa; accordi ad efficacia estesa con intermediari finanziari*).

In ogni caso – salvo alcune specificazioni su quali dovrebbero essere le parti dell'accordo, la sua finalità, e il piano su cui si fonda – la legge non chiarisce il possibile **contenuto** degli impegni assunti dal debitore verso i suoi creditori. Ciò, però, non a caso o per dimenticanza. Infatti, proprio al fine di rendere la disciplina in discorso applicabile a qualunque accordo che abbia per effetto di "ristrutturare" il debito (quali che siano gli obblighi assunti dalle parti, il percorso prescelto per consentirne l'adempimento e le modalità di quest'ultimo), non si è inteso ulteriormente definire la fattispecie; rischiandosi altrimenti di limitare la libertà negoziale delle parti coinvolte o di escludere taluni accordi dal campo d'applicazione della norma. Può dirsi allora che gli accordi in questione devono ritenersi, quanto al loro possibile contenuto, appartenenti allo stesso *genus* degli accordi stragiudiziali di composizione della crisi sopra esaminati (*sub* I).

La differenza, piuttosto, si lascia cogliere sul diverso piano degli **effetti** che tali accordi possono produrre. Difatti, essi, se si scelga di seguire la procedura ora esaminata, non esplicheranno solamente i tipici ***effetti negoziali*** propri di qualsiasi accordo stragiudiziale (ad es., la rinuncia ad una parte del credito o la dilazione del termine di pagamento); bensì ulteriori ***effetti legali*** dipendenti esclusivamente dall'essere dedotti all'interno di una particolare procedura giudiziale destinata a perfezionarsi (sempre che abbia esito positivo) con un provvedimento di omologazione. Si tratta, dunque, di effetti, *anche ultra partes,* che mai potrebbero derivare dalla semplice volontà negoziale espressa in un accordo stragiudiziale; effetti che – può dirsi in prima approssimazione – si esplicheranno proprio nelle aree in cui si potrebbero altrimenti registrare, nell'eventualità della successiva apertura di una l.g., alcuni degli inconvenienti riconnessi ai meri accordi stragiudiziali (v. sopra, *sub* I), consentendone invece la neutralizzazione: il rischio di una revocatoria concorsuale o ordinaria degli atti compiuti in esecuzione dell'accordo; la falcidia concorsuale cui andrebbero incontro i crediti derivanti da finanziamenti concessi in esecuzione dell'accordo; il rischio che durante le trattative possano essere intraprese dai creditori iniziative esecutive o cautelari capaci di compromettere il perfezionamento dell'accordo; il rischio che le condotte esecutive dell'accordo possano essere valutate come reati concorsuali.

Può dirsi insomma che la disciplina in discorso contempla un contratto (o un fascio di contratti) i cui contenuti sono lasciati all'autonomia privata, ma anche un procedimento giudiziale volto alla sua omologazione e del quale vengono disposti specifici effetti, ulteriori rispetto a quelli che potrebbero derivare dall'accordo in sé.

2. *Condizioni di omologabilità dell'accordo*

L'accordo dovrà possedere le seguenti **caratteristiche**, che rendono la relativa fattispecie più circoscritta rispetto ai contenuti che un qualsiasi altro accordo di ristrutturazione stragiudiziale potrebbe assumere.

a) Quanto alle **parti**, esso dovrà essere concluso fra:

i) ***un imprenditore in crisi***, *anche non commerciale, ma diverso dall'imprenditore minore*;

ii) e ***uno o più dei suoi creditori*** che rappresentino ***almeno il 60% dei crediti***, quand'anche non scaduti o condizionali o (taluno ritiene) contestati. Certo, il calcolo di tale percentuale non risulta agevole in assenza di uno stato passivo o di altra forma di accertamento che non sia quella rimessa ad un professionista incaricato dal debitore stesso;

b) quanto alla sua **struttura**, l'art. 57 specifica che l'accordo dovrà fondarsi su un "piano" – cioè un percorso idoneo a rendere possibile l'adempimento di quanto proposto ai creditori – redatto secondo le modalità e con i contenuti descritti dall'art. 56, cioè le stesse sopra esaminate per il piano di risanamento.

c) Quanto alle **finalità** dell'accordo, esso dovrà comunque, complessivamente:

i) consistere in una ***ristrutturazione dei debiti*** dell'impresa: ciò che potrà essere realizzato – fra le altre pur immaginabili – secondo le possibili pattuizioni che già si sono menzionate parlando in generale degli accordi stragiudiziali (rinuncia a parte del capitale, o degli interessi, o dilazione, etc.) e, anche qui, senza che occorra rispettare *alcuna par condicio*;

ii) rivelarsi idoneo ad assicurare l'***integrale pagamento dei creditori estranei***. Questo è il punto fondamentale, il profilo che cioè rende l'accordo meritevole della significativa "protezione" accordatagli dalla legge. La ristrutturazione di alcuni debiti (verso i creditori partecipanti all'accordo) deve cioè risultare tale da alleggerire la complessiva situazione debitoria dell'imprenditore sino al punto di consentire, anche rispetto agli altri debiti (quelli verso i creditori estranei), il pieno recupero della solvibilità: dovendosi al riguardo dimostrare che, in virtù della ristrutturazione, vi saranno *mezzi e liquidità sufficienti per la loro soddisfazione integrale e puntuale entro 120 giorni* (dall'omologazione, se già scaduti, ovvero dalla loro successiva scadenza).

A questo scopo, l'imprenditore dovrà fornire una documentazione accompagnatoria dell'accordo che possa attestarne la credibilità. Si tratterà, in particolare della **documentazione contabile e fiscale prevista dall'art. 39, co. 1 e 3**; nonché – con rilevanza decisiva – della **attestazione** di un professionista indipendente (per quanto nominato dallo stesso debitore) che, sotto la sua personale responsabilità civile e penale, dichiari: (a) la ***veridicità*** dei dati aziendali sui quali si fonda il piano; (b) la sua ***fattibilità*** (cioè la realizzabilità del percorso volto al risanamento); (c) e, di conseguenza, ***l'idoneità dell'accordo e del piano a garantire l'integrale pagamento dei creditori estranei***, come appena visto.

3. *La fase introduttiva del procedimento e gli effetti immediati*

Il procedimento volto all'omologazione dell'accordo muove innanzitutto dal **deposito dell'accordo**, con *ricorso* volto ad ottenerne l'omologazione (art. 37), unitamente alla documentazione accompagnatoria sopra riferita (art. 39), presso il tribunale competente (art. 27), secondo il "procedimento unitario" regolato dagli artt. 40 ss. Subito dopo il deposito l'accordo dovrà anche essere **pubblicato** nel registro delle imprese, così producendo i suoi effetti *ulteriori rispetto a quelli inter partes*, appunto perciò definiti legali (art. 40, co. 3).

a) Il primo di tali effetti consiste, ma *solo se vi sia istanza del ricorrente* (art. 54), nel ***blocco temporaneo delle azioni esecutive e cautelari***. In questo caso, dalla data della pubblicazione i creditori per titolo e causa anteriore non potranno intraprendere tali iniziative (fra cui la stessa istanza di l.g.) sul patrimonio del debitore. Per lo stesso periodo, inoltre, i creditori *non potranno acquisire titoli di prelazione* (salvo consenso del debitore), pur potendo contare sulla *interruzione di ogni termine prescrizionale o decadenziale*.

L'imprenditore conserverà l'amministrazione del suo patrimonio venendo così a poter disporre, nelle more del procedimento, di una sorta di "ombrello protettivo" anche nei confronti dei creditori estranei all'accordo.

Se si tratta di società, varranno poi le stesse considerazioni già svolte in tema di concordato preventivo: gli organi sociali manterranno inalterata la loro funzionalità; inoltre, a partire dalla data di deposito della domanda di omologazione (o da quella dell'istanza di concessione delle misure cautelari e protettive, anticipata già nella fase delle trattative, v. *infra*), le eventuali perdite di capitale sociale non provocheranno, per la durata della procedura, le conseguenze altrimenti previste dalla disciplina comune in termini di obblighi di ricapitalizzazione o di eventuale scioglimento (art. 64, co. 3).

b) Laddove consti l'istanza di concessione delle misure protettive (anche se proposta nel corso di trattative precedenti alla stipula di un accordo ai sensi dell'art. 54, co. 3), ***i creditori non potranno rifiutare l'adempimento dei contratti in corso di esecuzione o provocarne la risoluzione***, né anticiparne la scadenza o modificarli in danno del debitore, restando inefficace ogni patto contrario (art. 64, co. 4); e ciò neppure a motivo del fatto (che altrimenti potrebbe di per sé giustificare una risoluzione) di non essere stati pagati dall'imprenditore, se si trattasse di contratti "essenziali" in corso di esecuzione, cioè necessari per la continuazione della gestione corrente dell'impresa (art. 64, co. 5).

c) Inoltre, analogamente a quanto già esaminato in tema di concordato preventivo, il debitore potrà – prima dell'accesso alla procedura o durante essa (anche se avviata sulla base di mere trattative in corso, come subito qui sotto chiarito) – essere ***autorizzato a contrarre finanziamenti*** che potranno godere, in caso di successiva l.g., della *prededucibilità*. Potrà essere inoltre ***autorizzato a pagare crediti anteriori*** alla presentazione della domanda (art. 99).

Il procedimento che, come appena visto, muove dal deposito di un accordo già stipulato (con i titolari di almeno il 60% dei crediti), seguirà ovviamente ad una fase di **trattative**. È questa, tuttavia, una fase che, procurando ai creditori destinatari della proposta (o anche a quelli estranei che ne avessero avuto notizia) la conoscenza dello stato di crisi o di insolvenza dell'imprenditore proponente, potrebbe allarmarli ed indurli ad affrettarsi ad agire in via cautelare o esecutiva; con l'effetto allora di compromettere in partenza la conclusione dell'accordo, rendendo fin da subito inattuabile la proposta, proprio in quanto basata sulla disponibilità dei beni che frattanto venissero sottoposti alle iniziative cautelari o esecutive intraprese dai creditori (tipicamente: un sequestro conservativo o un pignoramento). Per scongiurare un tale rischio, allora, si consente (art. 54, co. 3) **la *possibilità di rendere operante il c.d. ombrello protettivo già durante la fase delle trattative.*** A questo fine viene consentito che l'imprenditore che si trovi ancora in tale fase possa presentare una domanda nella quale ci si *riserva* di presentare gli accordi, contestualmente potendo chiedere la concessione delle misure protettive previste dell'art. 54, co. 2. A tal fine basterà depositare la documentazione informativa prevista dall'art. 39, co. 3 e una mera **proposta di accordo**, corredata dalla dichiarazione di un professionista indipendente che attesti sia l'effettiva pendenza delle *trattative* con i creditori che rappresentano almeno il 60% dei crediti, sia che l'accordo con essi raggiunto, ove la proposta venisse accettata, renderà possibile il pagamento dei creditori estranei (art. 54, co. 3).

Il tribunale, a fronte della domanda con riserva, emetterà un decreto, da iscriversi nel registro delle imprese, nel quale sarà fissato un termine (30-60 giorni, eventualmente prorogabili di altri 60) per il deposito degli accordi, della relativa attestazione di fattibilità e veridicità e della ulteriore documentazione prevista dall'art. 39, oltre a nominare eventualmente un commissario che vigili sul compimento di eventuali atti di frode in danno ai creditori e a disporre obblighi informativi periodici a carico dell'imprenditore (artt. 44-45).

La sussistenza dei presupposti per pervenire effettivamente all'accordo sarà successivamente oggetto di un ***accertamento giudiziale*** in contraddittorio con i creditori. In caso positivo, l'accertamento si concluderà con un *decreto* che confermerà, prolungandolo, l'effetto sopra ricordato fino a quando, entro un termine di 30-60 giorni, eventualmente prorogabile per altri 60, non sopraggiunga il deposito dell'accordo di ristrutturazione vero e proprio, accettato dai creditori e corredato dalla relazione di fattibilità stilata dal professionista designato dal debitore. A questo punto, il procedimento potrà ben raccordarsi con quello previsto per l'omologazione di un accordo già concluso.

4. *L'omologazione dell'accordo e i suoi effetti. L'esecuzione*

Avviato il procedimento volto all'omologazione dell'accordo, vi sarà la possibilità, per i *creditori* (*anche estranei*) *e per ogni altro interessato*, di proporre **opposizione** entro trenta giorni dalla pubblicazione dell'accordo medesimo, così investendo il tribunale del compito di vagliarne la fondatezza, onde decidere dell'omologazione o meno (art. 48, co. 3).

Le opposizioni potranno fondarsi in particolare sull'***insussistenza dei requisiti di omologabilità***, come ad es. il mancato raggiungimento della percentuale minima richiesta dalla legge, ovvero l'inattuabilità dell'accordo, con particolare riguardo alla sua inidoneità ad assicurare l'integrale soddisfacimento dei creditori estranei.

Se invece non constino opposizioni, il tribunale, verificata la ritualità della proposta e la sussistenza della documentazione richiesta dalla legge, procederà immediatamente all'**omologazione**, disposta con sentenza *pubblicata* nel registro delle imprese (art. 48, co. 4). La sentenza sarà peraltro suscettibile di reclamo (dinanzi alla Corte di Appello) che, se accolto, potrà provocarne la revoca, con contestuale apertura della l.g., salvi gli effetti degli atti legalmente compiuti dal debitore (art. 53, co. 5).

Fermi gli effetti negoziali degli accordi raggiunti con i creditori aderenti, la sentenza di omologazione degli accordi produrrà rilevanti **effetti legali**, anche se per la verità soltanto *eventuali*: ciascuno di essi, infatti, potrà concretamente esplicarsi *soltanto* ***nell'ambito di una (eventuale) l.g. consecutiva***, che però, com'è ovvio, non vi sarà mai se l'accordo omologato trovasse regolare esecuzione. Tali effetti consistono:

a) nell'*esenzione da un'eventuale revocatoria, sia concorsuale che ordinaria, "degli atti, dei pagamenti, e delle garanzie poste in essere in esecuzione dell'accordo*" (art. 166, co. 3, lett. *e*);

b) nel beneficio della *prededuzione* concesso alla c.d. *nuova finanza.*

Si tratta, a ben vedere, di *effetti comuni a quelli disposti in caso di concordato preventivo*, per l'ipotesi di un suo eventuale sbocco in una l.g. (c.d. consecuzione delle procedure). E del tutto simili ne sono anche le ragioni: si tende a incentivare il raggiungimento di una soluzione negoziata della crisi, rassicurando i creditori coinvolti che, se la situazione dovesse precipitare (cioè se il piano non riuscisse a trovare esecuzione, conseguendone una l.g.), chi lo ha reso possibile potrà quantomeno far salvo quanto già ricevuto in esecuzione (sia pur parziale) dell'accordo, ovvero recuperare, in prededuzione, la nuova finanza concessa. E ciò anche a discapito dei creditori estranei, che potranno rifarsi a questo punto solo su ciò che, nella l.g., "resta": così scoprendo di essere rimasti estranei... ma solo fino ad un certo punto.

Se l'accordo troverà integrale **esecuzione**, ogni creditore potrà dirsi soddisfatto ed ogni insolvenza potrà dirsi scongiurata. La legge, peraltro, non prevede (a differenza di quanto fa per il concordato preventivo o di l.g.) chi dovrà vigilare sull'esecuzione, né contempla un formale provvedimento che accerti l'avvenuta esecuzione dell'accordo. La vera e propria **vigilanza** risulterà, in definitiva, rimessa ***ai creditori*** stessi: *a quelli estranei*, indirettamente, restando essi sempre legittimati a reagire con qualsiasi mezzo a tutela delle proprie ragioni (ivi compresa la possibilità di richiedere la l.g.) non appena registrino la loro mancata "integrale" soddisfazione (seppure, come visto, differita di 120 giorni senza il loro consenso); *a quelli partecipanti all'accordo*, invece, direttamente, potendo essi reagire, di fronte al mancato adempimento degli obblighi previsti dall'accordo omologato, chiedendone la **risoluzione** *ex* artt. 1453 ss. c.c. Se invece i creditori lamentassero che il perfezionamento dell'accordo è stato frutto di una lesione della loro libertà negoziale (essendo stato il loro consenso viziato da *dolo*, *errore* o, meno verosimilmente, *violenza o incapacità*) potrebbero chiedere, *ex* artt. 1442 ss. c.c., l'**annullamento dell'accordo** stesso.

In ogni caso, per prevenire il rischio di un insuccesso dello strumento di regolazione della crisi ora considerato, il c.ins. si occupa, opportunamente, della possibilità di una **modifica sostanziale** del piano, considerata la variabilità e per certi aspetti la imprevedibilità delle dinamiche economiche ed imprenditoriali che possono alterarne le basi fattuali presupposte. Una modifica sarà allora possibile non soltanto (ed in tal caso non solo del piano, ma anche degli stessi accordi) già ***durante*** la procedura di omologazione, con rinnovata attestazione e rinnovato consenso dei creditori; ma soprattutto, ***dopo*** l'omologazione del piano, cioè durante la sua fase di esecuzione, che potrebbe in effetti essere programmata per un periodo di alcuni anni (solitamente 3-5 anni).

È proprio in questa fase che, in effetti, si pongono spesso delicate questioni allorché ci si renda conto dell'impossibilità, o anche solo dell'inopportunità, persino nell'interesse comune, di dare esecuzione al piano sotteso all'accordo omologato in virtù delle circostanze sopravvenute. Il problema consiste allora in ciò, che potrebbe diventare dubbio, pur al di là di una tolleranza dei creditori, se gli effetti dell'accordo omologato possano "coprire" anche quelle operazioni che, seppure paressero a tutti opportune in relazione alle modificate circostanze, non fossero state inizialmente dedotte nel piano omologato. L'art. 58 consente allora al debitore di procedere unilateralmente ad una *nuova formulazione del piano sottostante all'accordo*, di cui nuovamente dovrà essere data pubblicità ed attestata l'idoneità ad assicurare "l'esecuzione" (ferma la necessità di assicurare ancora il pagamento dei creditori estranei). A tali condizioni, il piano modificato rimpiazzerà a tutti gli effetti il precedente se i creditori, di ciò avvisati, non propongano opposizione entro trenta giorni, oppure se eventuali opposizioni venissero respinte.

5. *Le varianti degli accordi di ristrutturazione: agevolati; ad efficacia estesa; con intermediari finanziari*

Gli accordi di ristrutturazione dei debiti possono configurarsi, rispetto alla fattispecie delineata dall'art. 64, secondo diverse varianti, fra di loro peraltro non alternative.

Vengono innanzitutto in questione gli accordi di ristrutturazione **agevolati** (art. 60). La specificità di tali accordi – sia rispetto alla fattispecie base sopra esaminata, sia rispetto alle altre varianti appresso esaminate – va individuata nella regola, propizia al raggiungimento dell'omologazione (e perciò detta agevolata), dovuta al ***dimezzamento della percentuale*** minima dei crediti spettanti ai creditori che aderiscano all'accordo: ***30%***, anziché 60%. Una tale agevolazione è concessa *a condizione* che l'imprenditore proponente, nella sua domanda di omologazione: non proponga la moratoria dei creditori estranei agli accordi (altrimenti possibile, come visto, fino a 120 giorni); non abbia richiesto, e rinunci a richiedere misure protettive temporanee. Si tratta, evidentemente, di due condizioni che depongono nel senso di un contesto di relativa solidità del debitore, e perciò di maggiore sicurezza per i creditori estranei, che giustifica l'abbassamento di una percentuale, quella del 60%, altrimenti ritenuta meglio bilanciata per la fattibilità del piano, cioè per garantire il pagamento integrale della restante percentuale "estranea".

Un'altra variante degli accordi di ristrutturazione dei debiti – la più interessante e verosimilmente destinata a trovare maggiore impiego rispetto alla fattispecie base – è quella degli accordi **ad efficacia estesa**. Si tratta infatti di accordi le cui condizioni (per lo più remissorie o dilatorie, come proposte dall'imprenditore), a differenza degli accordi previsti in via generale dall'art. 57, non impegneranno solo i creditori aderenti; ma potranno, a certe condizioni, ***imporsi anche a tutti, o alcuni, creditori estranei***, in evidente deroga al principio di relatività degli effetti del contratto previsto dagli artt. 1372 e 1411 c.c.

Questo sarà possibile a condizione che si raggruppino taluni, o anche tutti i creditori, in una o più "***categorie***" determinate in ragione della omogeneità di posizione giuridica ed interessi economici, nell'ambito delle quali – in deroga al principio per cui la pretesa dei creditori estranei ad un accordo non dovrebbe mai risultare da esso incisa – varrà una regola di segno opposto, che colora di vera e propria *concorsualità* la procedura di omologazione degli accordi di ristrutturazione. Il debitore potrà infatti chiedere, nel ricorso introduttivo del procedimento, che gli effetti dell'accordo accettato da tanti creditori che rappresentino il 75% della categoria vengano estesi anche a quelli non aderenti inseriti *nella medesima categoria* (art. 61, co. 1 e 2, lett. *b*). Solo si esclude che le condizioni contrattuali investite da una tale efficacia espansiva possano comprendere l'imposizione ai creditori di nuove prestazioni, o la concessione o il mantenimento di nuova finanza (art. 61, co. 4).

Come si vede, dunque, la fattispecie tipica degli accordi di ristrutturazione delineata dall'art. 57 subisce una trasformazione radicale, in senso ***concorsuale***: non si avrà più una *pluralità* di creditori a decidere, *ciascun per sé*, in considerazione del trattamento propostogli *individualmente*. Al contrario, si avrà una *collettività* che, a *maggioranza* (che potrebbe anche consistere in un solo creditore, se da solo rappresenti il 75% dei crediti inseriti nella categoria) potrà approvare un trattamento unitario di tutti i creditori compresi nella "categoria", determinandone l'imposizione *anche ai non aderenti*.

A questo fine sarà tuttavia necessario che la procedura – proprio in ragione della rilevanza espansiva della rinegoziazione accettata soltanto da alcuni – si svolga nel rispetto delle seguenti quattro **condizioni**: a) ***omogeneità***, per posizione giuridica e interesse economico, ***della categoria*** (o delle diverse categorie) in cui i creditori siano stati raggruppati; b) totale ***trasparenza*** anche verso i creditori non aderenti e loro necessario coinvolgimento nella negoziazione, alla quale siano stati messi in condizione di "*partecipare in buona fede*"; c) salvaguardia del c.d. "***best interest***" di ciascun creditore, verificando che in base all'accordo potrà raggiungersi una soddisfazione in misura *non inferiore a quella raggiungibile attraverso la l.g.*; d) che l'accordo persegua la prosecuzione dell'attività d'impresa in via diretta o indiretta, cioè miri alla ***continuità aziendale*** e non alla liquidazione.

Va pure precisato, peraltro, che una tale efficacia espansiva degli effetti dell'accordo raggiunto con i creditori di ciascuna categoria vale solo all'interno della singola categoria. Da un lato, quindi, non ne saranno coinvolti i creditori non aderenti all'accordo che fossero rimasti fuori dalla categoria, o dalle categorie, che la proposta abbia delineato, con loro persistente facoltà, dunque, di non aderire al piano, mantenendo integre le proprie pretese (e libero anche il debitore, dal canto suo, di non coinvolgerli affatto nelle trattative). D'altro lato, l'estensione dell'accordo ai creditori non aderenti inseriti in una categoria che l'abbia invece approvato al 75% non per questo consente di considerarli come aderenti ai fini del raggiungimento della complessiva percentuale minima di adesione che comunque dovrà essere rispettata affinché l'accordo possa venire omologato e cioè, come, detto il 60% (ovvero il 30%, ricorrendo le ulteriori condizioni previste per gli accordi agevolati previsti dall'art. 60). L'accordo ad efficacia estesa, in questo senso, rappresenterà una "variante" della figura generale degli accordi di ristrutturazione: giacché il regime posto dall'art. 61 opererà come ***integrativo***, e non già sostitutivo, di quello previsto dall'art. 57 (ed eventualmente dall'art. 60, se ricorrano le condizioni per un accordo agevolato), destinato a fungere pur sempre da cornice di riferimento.

Un'ultima variante di accordi di ristrutturazione è quella con **banche o intermediari finanziari**. Essa si presenta per la verità come un accordo ad efficacia estesa, venendo in effetti prevista all'ultimo comma dell'art. 61 dedicato a tale tipo di accordi; differenziandosene, tuttavia, per due profili. Sul piano della fattispecie, innanzitutto, si tratterà di accordi possibili solamente in presenza di una situazione debitoria (che potrebbe peraltro precostituirsi appositamente, operando tramite cessione dei crediti) rispetto alla quale ***la metà dei crediti sia riferibile a banche o altri intermediari finanziari***; questi potranno allora essere ripartiti per ***categorie omogenee***, rispetto alle quali varrà sempre la regola, già sopra esaminata, dell'imposizione ai dissenzienti delle condizioni accettate dalla maggioranza, fermi i diritti di tutti gli altri creditori diversi, estranei alle categorie. Sul piano della disciplina, l'elemento differenziale è invece rappresentato dalla possibilità che l'accordo (in deroga all'art. 61, co. 2, lett. *d,* sopra ricordato) possa anche fondarsi su un piano avente carattere **liquidatorio**. Il che pare conferire a questo strumento di regolazione della crisi o dell'insolvenza una particolare rilevanza pratica, considerato come spesso gli imprenditori perseguano una finalità liquidatoria da realizzarsi al di fuori e in alternativa ad una procedura di l.g. (ritenuta per molti aspetti troppo "invasiva"), ciò che tuttavia, come visto, non è consentito per gli altri accordi di ristrutturazione ad efficacia estesa, ovvero, nel caso di un concordato preventivo, sarebbe possibile solo a condizioni piuttosto onerose (sia in termini di percentuali minime offerte ai creditori, sia di necessarie nuove risorse da apportare).

6. *Gli accordi su crediti tributari e contributivi*

La possibilità per l'imprenditore che intenda ottenere l'omologazione di un accordo di ristrutturazione dei debiti (in tutte le diverse varianti previste dagli artt. 57, 60 e 61) di formulare, nella fase delle trattative, una proposta che preveda un **pagamento parziale o dilazionato** dei debiti, può riguardare anche quelli per **tributi amministrati dalle agenzie fiscali o per contributi amministrati dagli enti previdenziali**.

La proposta, avente ad oggetto una "*transazione su crediti tributari e contributivi*" (art. 63), dovrà essere corredata da una specifica attestazione da parte di un professionista indipendente in merito alla convenienza (o meno) del trattamento offerto rispetto a quello ritraibile da una l.g. e dovrà osservare particolari formalità per la sua comunicazione ai creditori istituzionali oblati, così come per la loro accettazione.

Un'accettazione espressa potrebbe tuttavia non essere necessaria per l'omologazione dell'accordo, considerate le conseguenze normative riconnesse all'ipotesi di una ***mancata adesione*** (che potrebbe essere esplicita, ma anche tacita, se una accettazione non sia stata espressa entro 90 giorni dalla ricezione della proposta). In questo caso, infatti, la legge (con un *favor* forse dipendente dalla constatazione che, spesso, le amministrazioni interessate restano inerti a causa di lungaggini burocratiche o per troppa prudenza), piuttosto che equiparare la mancata adesione ad un dissenso capace di pregiudicare l'omologazione dell'accordo, consente al tribunale di omologare ugualmente l'accordo.

Ciò, in particolare, quando consti (i) che l'adesione sarebbe risultata decisiva per il raggiungimento delle necessarie maggioranze (ii) e, inoltre, possa ritenersi, "*anche*" in base all'attestazione espressa dal professionista, che il trattamento offerto all'agenzia fiscale o all'ente previdenziale sia conveniente rispetto all'alternativa liquidatoria (art. 63, co. 2-*bis*). Può notarsi, allora, come in questo caso la convenienza non svolga solamente il ruolo di condizione ostativa all'accoglimento di un'eventuale opposizione ad un accordo già omologato (secondo il c.d. *best interest test*) ma, ancor prima, favorisce essa stessa il raggiungimento della maggioranza necessaria all'omologazione (60% o 30%, come visto).

7. *La convenzione di moratoria*

Le **convenzioni di moratoria** sono accordi che *ogni imprenditore* (anche non commerciale, o minore) può concludere con i suoi creditori per "disciplinare in via *provvisoria* gli effetti della crisi", perseguendo una finalità meramente ***dilatoria***. Potrà a questo scopo essere dedotta nella convenzione una *rinuncia agli atti* di un giudizio *o la sospensione di azioni esecutive e conservative*. Com'è insito nello stesso *nomen juris* "moratoria", dunque, non si tratterà di pattuire alcuna rinuncia o riduzione del credito (cosa sempre possibile, evidentemente, ma allora secondo altro schema negoziale). Solo si tratterà, invece, di concertare una *dilazione temporale* (durante la quale eventualmente verificare la possibilità di addivenire ad un concordato preventivo o a un accordo di ristrutturazione) che comporterà l'*inesigibilità provvisoria* (la legge non specifica tempi minimi o massimi) del credito, attraverso un *pactum de non petendo*.

La specificità di un tale strumento – rispetto a quello che potrebbe altrimenti essere il contenuto negoziale di un qualsiasi accordo di moratoria con i creditori – è che, *come per gli accordi di ristrutturazione dei debiti ad efficacia estesa*, la legge vi riconnette l'effetto ("legale", in quanto evidentemente irrealizzabile dalla mera autonomia privata) di estendere l'impegno assunto dai creditori aderenti anche nei confronti di quelli non aderenti.

E ciò a condizioni analoghe a quelle già esaminate per gli accordi ad efficacia estesa, e cioè che: *(a)* gli uni e gli altri siano stati inseriti in una categoria omogenea; *(b)* gli aderenti rappresentino almeno il 75% dei crediti inclusi; *(c)* risulti verosimile – come attestato da un professionista indipendente – che i creditori estranei, all'esito e per effetto della moratoria convenuta (cioè al suo impatto sulla capacità di adempimento del debitore), troveranno una soddisfazione che non sia inferiore a quella che otterrebbero in una immediata l.g. (art. 62). L'utilità dello strumento consente allora di realizzare una moratoria generalizzata, dall'effetto auspicabilmente positivo per tutti i creditori, che il dissenso di una minoranza renderebbe invece impossibile, o comunque metterebbe a repentaglio, dissuadendo anche quei creditori che sarebbero sì disposti a concedere la moratoria, ma non al prezzo di lasciare "mano libera" ad una minoranza che ne volesse approfittare.

La tutela di ciascun creditore dissenziente sarà comunque assicurata dalla possibilità di contestare giudizialmente la sussistenza delle condizioni sopra previste (specialmente quella della "non sconvenienza" rispetto ad una eventuale l.g.) tramite una *opposizione* al tribunale, da proporsi entro 30 giorni da quando gli sia stata comunicata la convenzione.

IV. *Il piano di ristrutturazione soggetto a omologazione*

Ultimo fra gli strumenti di regolazione della crisi previsti dal Titolo IV del c.ins. (anche per ragioni di tempo, essendo stato introdotto al Capo I-*bis* solo pochi giorni prima dell'entrata in vigore del c.ins., con il d.lgs. "correttivo" n. 83 del 17 giugno 2022) è il **piano di ristrutturazione soggetto ad omologazione**.

Si tratta di uno strumento attraverso il quale l'***imprenditore commerciale non minore che si trovi in stato di crisi e di insolvenza*** può – secondo una procedura ricalcata su quella del concordato preventivo – sottoporre all'approvazione dei creditori, necessariamente suddivisi *per classi* omogenee – una proposta che preveda un loro ***trattamento non vincolato al rispetto dei criteri distributivi che invece occorrerebbe rispettare in una procedura concordataria***. Fatta salva, infatti, la sola posizione dei prestatori di lavoro subordinati assistiti da privilegio ai sensi dell'art. 2751-*bis*, co. 1, n. 1, c.c., che dovranno essere soddisfatti integralmente entro 30 giorni dall'omologazione, il trattamento offerto a tutti gli altri, seppure muniti di cause legittime di prelazione, non dovrà rispettare i criteri generali di parità di trattamento o di priorità previsti dagli artt. 2740 e 2741 c.c., consentendo una distribuzione "libera", da questo punto di vista, "del valore generato dal piano" (art. 64-*bis*, co. 1).

Il piano, corredato da un'attestazione di fattibilità e veridicità dei dati aziendali rilasciata da un professionista dotato dei necessari requisiti di indipendenza e professionalità, potrà essere omologato a condizione che sia ***approvato dalla unanimità delle classi***.

Da questo punto di vista, quindi, la procedura ripete taluni caratteri degli accordi di ristrutturazione ad efficacia estesa, piuttosto che del concordato preventivo: la minoranza sarà infatti vincolata dal voto della maggioranza, ma solo se questa vi sia stata all'interno della singola classe; non opererà alcun vincolo legato alla *par condicio*, tanto che il singolo creditore dissenziente potrà sì opporsi all'omologazione del piano per difetto di convenienza della proposta, ma ciò solo valutandola in comparazione alla soddisfazione che avrebbe ritratto da una l.g., e non al trattamento eventualmente "preferenziale" accordato ad altri creditori.

Inoltre, come per gli accordi di ristrutturazione dei debiti, e diversamente dal concordato preventivo, ***non opererà alcuno spossessamento***, neppure "attenuato", dell'imprenditore proponente: il quale conserverà la gestione ordinaria e straordinaria dell'impresa, pur nel necessario rispetto del "prevalente interesse dei creditori" (dunque in un'ottica tendenzialmente conservativa) e sotto la vigilanza di un commissario giudiziale, nominato dal tribunale, insieme ad un giudice delegato, dopo aver valutato la ritualità della proposta e la correttezza dei criteri di formazione delle classi.

Se il piano sarà approvato dall'unanimità delle classi, dunque, il tribunale lo ***omologherà***, con gli effetti previsti – quanto alla sua esecuzione e all'eventuale risoluzione o annullamento – per il concordato preventivo. Diversamente, in caso di ***mancata approvazione di tutte le classi***, il debitore potrà operare una *conversione* della procedura di omologazione del piano di ristrutturazione in una di concordato preventivo, modificando in tal senso la domanda già formulata e chiedendo al tribunale l'emanazione del decreto di apertura previsto dall'art. 47.

§ 32. Le procedure di composizione della crisi da sovraindebitamento

Sommario: I. *Il debitore "sovraindebitato" nell'ordinamento concorsuale*. – II. *La ristrutturazione dei debiti del consumatore*. – III. *Il concordato minore*. – IV. *La liquidazione controllata*. – V. *L'esdebitazione del sovraindebitato*.

I. *Il debitore "sovraindebitato" nell'ordinamento concorsuale*

L'ordinamento concorsuale italiano, tradizionalmente volto a regolare l'insolvenza dell'imprenditore commerciale privato non piccolo, già nel 2012 registrava una forte innovazione con la l. 3/2012, recante una disciplina *ad hoc* per la "*composizione delle crisi da sovraindebitamento*" dei debitori che non fossero assoggettabili alle procedure previste dalla legge fallimentare.

Quella disciplina, in parte modificata, è stata recepita e consolidata nel c.ins., che è venuto così ad assumere una portata, del resto consona all'utilizzo del nome di "codice", di normativa generale volta a regolare e comporre la crisi o l'insolvenza di *qualsivoglia* debitore privato. Il "codice della crisi e dell'insolvenza" viene così ad assurgere ad un ruolo per certi versi antagonista dello stesso Codice civile, se è vero che il sistema della responsabilità patrimoniale da quest'ultimo edificato si fonda sulla garanzia offerta dai beni presenti e futuri del debitore (art. 2740 c.c.), laddove il c.ins. (per certi aspetti di rilevanza applicativa preponderante quando si tratti di attuazione coattiva della responsabilità, considerato che questa consegue solitamente proprio allo stato di crisi o di insolvenza del debitore) è decisamente orientato a garantire, seppure a certe condizioni, ***la liberazione del debitore dai suoi debiti quand'anche non li abbia soddisfatti per intero***; ed anzi, al limite *neppure in minima parte*, come dimostra la possibilità di una "esdebitazione dell'incapiente".

Una prospettiva radicalmente diversa, questa, giustificata dal fatto che la disciplina del sovraindebitamento è orientata da finalità, anche sociali, di reinserimento del debitore insolvente nel circuito economico, che travalicano evidentemente la logica microeconomica dei singoli rapporti obbligatori.

In particolare, sono previste tre diverse procedure volte a regolare il "**sovraindebitamento**", e cioè, secondo l'art. 1, co. 1, lett. *c*, "***lo stato di crisi o di insolvenza***" (c.d. presupposto oggettivo) "*del* ***consumatore****, del* ***professionista****, dell'* ***imprenditore minore****, dell'* ***imprenditore agricolo, delle start-up innovative*** *e di* ***ogni altro debitore*** *non assoggettabile alla liquidazione giudiziale ovvero a liquidazione coatta amministrativa o ad altre procedure liquidatorie previste dal codice civile o da leggi speciali per il caso di crisi o insolvenza*" (c.d. presupposto soggettivo).

II. *La ristrutturazione dei debiti del consumatore*

La *ristrutturazione dei debiti del consumatore* è prevista (artt. 67 ss.) quale strumento di regolazione della crisi del *solo consumatore*.

È **consumatore** "la *persona fisica* che agisce" (che cioè si è indebitata) "*per scopi estranei all'attività* imprenditoriale, commerciale, artigiana o professionale eventualmente svolta" (art. 2, lett. *e*). Si prevede anche la possibilità di regolare il complessivo sovraindebitamento di un *gruppo familiare*, consentendo ai membri della stessa famiglia di presentare un unico progetto di risoluzione della crisi, pur restando distinte le rispettive masse attive e passive (art. 66).

Il consumatore – con l'ausilio e per il tramite di un Organismo di composizione della crisi da sovraindebitamento ("**OCC**") – presenterà al tribunale un **piano** per la ristrutturazione dei debiti che indichi tempi e modalità per superare la crisi e una **proposta** indicante la misura in cui si propone la soddisfazione parziale, e anche "differenziata", dei creditori. Salvo che ricorrano talune *condizioni soggettive ostative* (fra cui quella di avere già goduto dell'esdebitazione per due volte, o negli ultimi cinque anni, oppure di essersi colpevolmente sovraindebitato: art. 69), il piano e la proposta saranno dichiarati ammissibili con decreto (pubblicato in apposita area *web*) del giudice, che potrà disporre misure protettive del patrimonio del debitore, eventualmente sospendendo o vietando l'avvio o la prosecuzione di procedimenti di esecuzione forzata che potrebbero pregiudicare la fattibilità del piano (art. 70). Dopodiché il giudice – se valuterà positivamente l'*ammissibilità giuridica e la fattibilità economica* del piano e se respingerà le eventuali contestazioni dei creditori (tuttavia *non chiamati ad alcuna votazione*, essendo anzi escluse dalla stessa possibilità di contestazione le banche che abbiano causato la crisi concedendo credito "irresponsabile") – omologherà con sentenza il piano stesso.

Il debitore resterà obbligato all'esecuzione del piano, pena la revoca dell'omologazione e l'eventuale successiva apertura di una "liquidazione controllata" (v. *infra*) restando per il resto liberato.

III. *Il concordato minore*

Il *concordato minore* è previsto (artt. 74 ss.) anch'esso quale strumento di "regolazione della crisi" dei debitori sovraindebitati sopra elencati, *fatta però eccezione per il consumatore*. Si tratta quindi – per quanto in particolare interessa il diritto dell'impresa – della procedura di regolazione della crisi accessibile dalle ***imprese minori***, dalle ***imprese agricole*** (che tuttavia possono accedere anche agli accordi di ristrutturazione dei debiti, sopra esaminati), dai ***professionisti intellettuali*** e dalle **imprese *start-up***.

Come dice lo stesso *nomen juris*, il concordato minore è una procedura analoga al concordato preventivo, le cui disposizioni vengono in effetti dichiarate applicabili in quanto compatibili ed ove non diversamente previsto (art. 74). Anche per questa procedura, infatti, la finalità (salvo che vengano apportate nuove risorse esterne, ciò che consentirà una finalità liquidatoria) dev'essere quella della **continuità**, cioè della "prosecuzione dell'attività imprenditoriale o professionale", da realizzarsi sulla base di un *piano a contenuto libero* e di una *proposta* che consenta il *soddisfacimento* (parziale) dei creditori (che potranno, e talora dovranno, essere suddivisi in classi) *in qualsiasi forma*.

La **domanda** sarà formulata tramite un **OCC** (o in sua mancanza da professionisti abilitati *ex* art. 358) che allegherà una sua relazione particolareggiata sulle cause dell'indebitamento, sulle ragioni dell'incapacità del debitore ad adempiere le sue obbligazioni, sulla completezza e l'attendibilità della documentazione che andrà depositata a corredo della domanda (quale specificata dall'art. 75). La domanda sarà valutata, ed in caso positivo ammessa, dal giudice con un decreto pubblicato in apposita area *web* del tribunale nel quale potranno essere disposte le opportune misure protettive e verranno invitati i creditori a far pervenire le loro ***dichiarazioni di adesione***, o non, alla proposta.

Se gli aderenti (tali considerandosi anche coloro che non avranno inviato alcuna comunicazione, secondo la regola del silenzio-assenso) rappresenteranno la *maggioranza dei crediti ammessi al voto* ed eventualmente, se previste, *anche per classi* (nonché per teste se un solo creditore rappresenti la maggioranza per crediti), il giudice, valutata positivamente la *ammissibilità giuridica e la fattibilità economica* del piano, ***omologherà il concordato*** con sentenza che chiuderà la procedura.

Il debitore sarà a questo punto obbligato, sotto la vigilanza dell'OCC, ad eseguire il piano e ad adempiere alla proposta omologata, pena la *risoluzione* e la conseguente **revoca dell'omologazione** (revoca possibile, peraltro, anche in caso di dolo o colpa grave del debitore), con conseguente conversione della procedura in liquidazione controllata.

IV. *La liquidazione controllata*

La liquidazione controllata del sovraindebitato, prevista (artt. 268 ss.) quale procedura liquidatoria, si applica a **tutti i debitori sovraindebitati** sopra elencati. Risponde quindi, al pari della l.g. delle imprese commerciali non minori, ad una ***finalità*** eminentemente ***liquidatoria*** (cui si sottraggono solo alcuni crediti e beni impignorabili del sovraindebitato: art. 268).

Può essere attivata su **istanza** (anche personale, allegata ad una relazione dell'OCC) dello stesso *debitore*, ma anche dei *creditori* ("anche" in pendenza di procedure esecutive individuali, sempre che l'indebitamento sorpassi la soglia di cinquantamila euro) ovvero del *P.M.* (se si tratti di conversione di altra procedura da sovraindebitamento revocata per frode); ferma la priorità di trattazione, in questi ultimi due casi, della eventuale domanda di accesso ad una procedura di regolazione della crisi presentata dal debitore.

La *sentenza* che apre la procedura (anche nei confronti dei soci illimitatamente responsabili, ove il debitore sia una società: art. 270), pubblicata in apposito sito internet del tribunale oltre che nel registro delle imprese se il debitore sia un imprenditore, nominerà un "**liquidatore**" chiamato ad un'attività analoga a quella svolta dal curatore nella l.g., sia quanto alla formazione del passivo, sia quanto all'amministrazione e liquidazione del patrimonio appreso alla procedura, con conseguente riparto.

I **creditori** con *causa o titolo posteriore* all'apertura della procedura non potranno agire esecutivamente sui beni oggetto di liquidazione, mentre quelli sorti *in occasione o in funzione* della liquidazione saranno soddisfatti con preferenza rispetto agli altri, salvo quanto ricavato dai beni già oggetto di pegno o ipoteca per la parte destinata ai garantiti (art. 277).

V. *L'esdebitazione del sovraindebitato*

Tutte le procedure sopra elencate, in caso di esito positivo, conducono alla **esdebitazione** del sovraindebitato.

Nel caso delle ***procedure di regolazione della crisi*** (ristrutturazione dei debiti del consumatore e concordato minore), l'esdebitazione sarà una conseguenza implicita nella falcidia contemplata dalla stessa proposta che sia stata omologata.

Nel caso della ***liquidazione controllata***, invece, l'esdebitazione (artt. 282 ss.), quale *inesigibilità dei crediti* rimasti insoddisfatti nella procedura (dunque non estinti, per incapienza dell'attivo), opererà ***di diritto*** a seguito del provvedimento di chiusura o comunque decorsi tre anni dall'apertura. Essa sarà dichiarata con decreto motivato del tribunale, chiamato solamente a verificare l'assenza di ***eventuali cause ostative***, e cioè le stesse (già sopra esaminate) previste dall'art. 280 in relazione all'esdebitazione nella l.g., ma anche riferibili ad ipotesi in cui il debitore si sia sovraindebitato con colpa grave, malafede o frode (art. 282, co. 2).

Il c.ins. si occupa poi dell'ipotesi – estrema e per certi aspetti considerabile come una *quarta procedura* (giudiziale, ma non concorsuale) – dedicata al **debitore persona fisica del tutto incapiente ma "meritevole"** (art. 283).

Si tratta del caso in cui una persona fisica sovraindebitata non sia in grado di offrire ai creditori *nessuna utilità* diretta o indiretta, nemmeno in prospettiva futura. Il *fresh start* del soggetto altrimenti condannato a restare del tutto emarginato dalla vita economica potrà allora essere ottenuto grazie ad una domanda presentata tramite un OCC al tribunale. Questo – valutata la documentazione allegata, la relazione predisposta dallo stesso OCC e assunta "ogni altra informazione ritenuta utile" – sarà chiamato a valutare l'effettiva ***meritevolezza*** del debitore (di cui sarà un requisito l'assenza di atti in frode e la mancanza di dolo o colpa grave nella creazione della situazione dell'indebitamento) per poi concedere, in caso positivo, l'esdebitazione con decreto (reclamabile dai creditori entro trenta giorni).

Unico impegno che resterà in capo al debitore, sarà quello *di pagare i debiti*, pur dichiarati inesigibili, laddove gli sopravvenissero, entro quattro anni dal decreto, *utilità rilevanti* che consentano il soddisfacimento dei creditori in misura non inferiore complessivamente al 10% del dovuto. Un impegno – bisogna pur riconoscere – non del tutto in linea con la finalità della procedura, volta al reinserimento del debitore nel circuito economico (oltre che sociale): da una parte, infatti, il debitore viene disincentivato per quattro anni a procurarsi nuove utilità, visto che andrebbero a beneficio dei creditori; d'altra parte, seppure tali utilità egli fosse riuscito a produrre, esse gli verrebbero sottratte, così mantenendolo in una condizione di inesorabile povertà, o comunque nullatenenza, per tutto quel periodo.

CAPO TERZO
LE PROCEDURE AMMINISTRATIVE

§ 33. LA LIQUIDAZIONE COATTA AMMINISTRATIVA (IN GENERALE)

SOMMARIO: I. *Natura e presupposti della procedura.* – II. *L'apertura della procedura e i suoi effetti.* – III. *Le fasi della procedura.*

I. *Natura e presupposti della procedura*

Analogamente alla l.g., la liquidazione coatta amministrativa ("l.c.a.") è una **procedura concorsuale con finalità liquidatoria**. Tuttavia, mentre dell'intera procedura di l.g. è investito il tribunale concorsuale, cioè l'autorità giudiziaria ordinaria, alla procedura di l.c.a. è sovraordinata un'***autorità amministrativa***, deputata a provocarne l'apertura e a vigilarne lo svolgimento; talora, anzi, indirizzandolo avvalendosi della tipica discrezionalità del potere amministrativo. Ciò determina significative differenze rispetto alla l.g., parlandosi dunque, per la l.c.a., di *procedura amministrativa* (o "amministrata") e non giudiziale.

Le ragioni dell'intervento dell'autorità amministrativa devono rintracciarsi nel ***particolare interesse pubblico*** che rivestono gli enti che vanno soggetti alla l.c.a. È in considerazione di tale interesse che si giustifica la previsione di una speciale disciplina, la quale opererà, beninteso, per i soli **casi espressamente indicati dalla legge**: "*la legge determina le imprese soggette a liquidazione coatta amministrativa, i casi per i quali la liquidazione coatta amministrativa può essere disposta e l'autorità competente a disporla*" (art. 293).

Formalmente, una tale rilevanza pubblica può ricontrarsi (oltre che, in teoria, negli enti pubblici, per i quali è tuttavia esclusa espressamente l'applicabilità della l.c.a.: art. 294, co. 3) nelle **imprese sottoposte a vigilanza pubblica**. Fra queste, limitandosi qui a menzionare le più significative, vanno senz'altro ricordate quelle che operano istituzionalmente nel settore del credito o delle assicurazioni o della finanza – e così le ***banche*** (nonché, per esservi, almeno originariamente, collegate, le ***fondazioni bancarie***) e le ***assicurazioni*** (d.lgs. 205/2005); le imprese abilitate alla prestazione di servizi di investimento come le società di intermediazione mobiliare (***SIM***), le società di investimento a capitale variabile e fisso (***SICAV e SICAF***), le società di gestione del risparmio (***SGR***); ma poi anche le ***società fiduciarie*** e ***di revisione*** (l. 430/1986), le "***imprese sociali***" (d.lgs. 112/2017) e, non certo ultime per rilevanza, le società ***cooperative che svolgono attività commerciale*** (art. 2545-*terdecies*, co. 1, c.c.).

È la legge, dunque, che individua i soggetti ai quali si applica la l.c.a. Inutilmente, però, si rintraccerebbe una siffatta individuazione nel c.ins., e in particolare nel suo titolo dedicato alla l.c.a. Gli artt. 194 ss., difatti, si limitano a dettare una serie di regole di natura per lo più procedimentale da applicarsi nelle singole procedure di l.c.a. previste da **leggi speciali**, in via tendenzialmente integrativa (benché talora prevalente, in caso di incompatibilità). Regole che pertanto vengono a costituire una sorta di nucleo normativo comune. È a tali leggi speciali (ad es. il TUB, per quanto riguarda le banche, o il TUF, per quanto riguarda le SIM, SGR e SICAV) che occorre pertanto fare riferimento per quanto concerne, soprattutto, l'*individuazione dell'Autorità di vigilanza* (ad es., la Banca d'Italia per le banche) preposta alle singole procedure, nonché dei loro *presupposti soggettivi* (cioè l'individuazione degli enti sottoposti alla procedura, sopra ricordati) e *oggettivi* (che in parte possono variare da legge a legge, a seconda del tipo di ente a cui ci si riferisce).

Quanto ai **presupposti oggettivi**, deve rilevarsi innanzitutto come essi non riguardino esclusivamente le *condizioni economiche* dell'ente, come accade per la l.g.; ma in alcune leggi – sebbene meno frequentemente – anche una (patologica) *situazione gestionale* che, in ragione della rilevanza pubblica degli interessi coinvolti, consiglia la messa in liquidazione dell'ente a prescindere da un suo stato di crisi patrimoniale.

Fra i presupposti della l.c.a. troviamo quindi non soltanto quelli che, per l'appunto, esprimono una **crisi economico-finanziaria**, come l'*insolvenza* o, talora, le *gravi perdite patrimoniali* dell'ente (che pure, come visto, possono non coincidere con lo stato di insolvenza). Ma anche quelli che esprimono **anomalie amministrative**, come il caso in cui vengano riscontrate delle *violazioni di norme legislative*, *amministrative o statutarie*, o comunque *irregolarità nella gestione dell'ente*, ovvero *l'incoerenza dell'attività svolta rispetto al fine* che l'ente dovrebbe perseguire (come ad es. potrebbe accadere per una cooperativa che non persegua uno scopo mutualistico).

L'inclusione fra tali presupposti dello stato di insolvenza, che è presupposto oggettivo anche della l.g., suscita evidentemente l'esigenza di un criterio che consenta di discernere quando, al manifestarsi di quel presupposto, debba applicarsi la **procedura di l.c.a. in luogo di quella della l.g.** Un tale criterio viene così articolato dalla legge:

a) taluni enti (ad esempio quelli operanti nel settore finanziario e assicurativo) sono sottoposti ***esclusivamente alla procedura di l.c.a.*** La constatazione di un loro stato di insolvenza, pertanto, non può che condurre all'apertura di tale procedura;

b) altri enti (tipicamente, le cooperative che svolgono attività commerciale) possono invece essere sottoposti *sia a l.c.a. che a l.g.* In questi casi opererà il cosiddetto ***principio della prevenzione***, secondo il quale si applicherà la procedura che venga aperta *per prima*: con esclusione (o preclusione), pertanto, dell'altra (artt. 295, co. 2; 2545-*terdecies* c.c.);

c) ***regola residuale***, comunque, è da intendersi la prima (art. 295, co. 1): le imprese per le quali è prevista l'applicazione della l.c.a. sono sottoposte esclusivamente a quest'ultima, a meno che la possibilità di una l.g. (e quindi l'eventuale operatività del principio di prevenzione) non sia *prevista espressamente* dalla legge.

Da quanto detto deriva che l'**accertamento** (sempre giudiziale) **dello stato di insolvenza** può operare diversamente a seconda del tipo di ente e a seconda che venga accertato prima dell'apertura di alcuna procedura ovvero dopo che la procedura di l.c.a. sia già stata aperta (evidentemente sulla base di altro presupposto).

Per quanto riguarda gli *enti sottoposti anche a l.g.*, l'accertamento dello stato di insolvenza *prima che sia stata aperta alcuna procedura* provocherà, secondo il principio di prevenzione testé ricordato, l'apertura della l.g. Per quanto riguarda gli *enti sottoposti esclusivamente alla disciplina della l.c.a.*, invece, l'accertamento giudiziale dello stato di insolvenza non potrà che provocare l'apertura della l.c.a.

Per gli uni e per gli altri, invece, l'accertamento giudiziario dello stato di insolvenza *dopo che la procedura di l.c.a. sia già stata aperta* (evidentemente sulla base di altro presupposto) non impedirà la prosecuzione della procedura, ma vi inciderà provocando, oltre i normali effetti di quest'ultima, anche l'applicazione degli artt. 163 ss. in materia di azioni revocatorie e delle disposizioni penali previste per la l.g. (art. 343).

Per converso, la delimitazione del campo d'applicazione della l.c.a. **rispetto al concordato preventivo** è regolata da un principio inverso a quello fissato dall'art. 295, stabilendosi che *se la legge non dispone diversamente* (cosa peraltro non infrequente, e così per le banche, le assicurazioni e le società che prestano servizi di investimento) le imprese soggette a l.c.a. *possono essere ammesse al concordato preventivo* (art. 296). Anche in questo campo, comunque, opererà il *principio della prevenzione*, sicché l'apertura di una procedura precluderà l'altra.

II. *L'apertura della procedura e i suoi effetti*

L'**apertura della l.c.a.** può innanzitutto verificarsi quando nei confronti di un'impresa soggetta a l.c.a. con esclusione della l.g. venga ***accertato uno stato di insolvenza***. In tal caso l'*iter* si articola in due momenti: (a) l'accertamento dello stato di insolvenza sarà operato dal ***tribunale***, a sua volta sollecitato dai creditori o dall'Autorità amministrativa che vigila sull'impresa; (b) accertata l'insolvenza, l'apertura della procedura non potrà però essere dichiarata dal medesimo tribunale, ma soltanto dalla stessa ***Autorità amministrativa*** (art. 297).

Quando invece il ***presupposto*** realizzatosi sia ***diverso dall'insolvenza***, l'*iter* è più semplice: l'Autorità amministrativa, constatato essa stessa il verificarsi di tale presupposto, aprirà la procedura.

Accertato dunque lo stato di insolvenza o altra delle cause previste dalle leggi speciali, l'Autorità amministrativa che vigila sull'ente emanerà il **provvedimento di liquidazione**, nominando gli ulteriori **organi della procedura** (art. 301): il ***commissario liquidatore*** (talora tre, se la procedura rivesta particolare importanza, tratti dall'albo di cui all'art. 356) il cui ruolo può, in larga approssimazione, paragonarsi a quello del curatore nella l.g.; il ***comitato di sorveglianza*** (facoltativo nelle cooperative), composto da tre o cinque membri scelti fra persone particolarmente esperte nel ramo di attività esercitato dall'impresa (possibilmente fra i creditori); ed il cui ruolo può rapportarsi, sempre in larga approssimazione, a quello del comitato dei creditori nella l.g.

Dalla data del provvedimento si producono i suoi **effetti** che, secondo l'art. 299, coincidono in gran parte con quelli riconnessi alla l.g.

a) Innanzitutto, nei confronti del **debitore** si producono gli effetti dello ***spossessamento*** previsti dagli artt. 142 e 144-147. Il mancato rinvio all'art. 143 è invece in parte integrato dall'art. 303, co. 2, che prevede la *legittimazione processuale del commissario giudiziale* (senza che occorra alcuna autorizzazione) "nelle controversie anche in corso, relative a rapporti di diritto patrimoniale" dell'impresa. Inoltre, se il debitore ha la veste giuridica di *società* o comunque di *persona giuridica*, "cessano le funzioni delle assemblee e degli organi di amministrazione e di controllo" (art. 303, co. 1).

b) Anche nei confronti dei **creditori** e per quanto riguarda **i rapporti giuridici preesistenti**, l'art. 304 prevede espressamente che dalla data del provvedimento che ordina la liquidazione si applichino le disposizioni previste dalla l.g. sulla *regolazione concorsuale dei crediti* e sulla sorte dei *contratti pendenti*. Pure applicabile, nonostante manchi un espresso rinvio, pare del resto la norma dell'art. 211, co. 8, sulla prosecuzione automatica dei contratti nel caso il commissario liquidatore decida, con l'autorizzazione dell'autorità di vigilanza, di continuare l'esercizio dell'impresa.

c) Quanto poi agli **atti pregiudizievoli** compiuti prima dell'apertura della procedura, lo stesso art. 304 dichiara incondizionatamente applicabile l'art. 165 e quindi esercitabile dal commissario giudiziale l'***azione revocatoria ordinaria***. Quanto invece alle altre norme – e cioè gli artt. 163 ss.: *in primis* dunque la ***revocatoria concorsuale*** – queste, come sopra ricordato, saranno applicabili *soltanto se sia stato accertato giudizialmente lo stato d'insolvenza* a norma degli artt. 297 o 298 (e cioè, rispettivamente, prima o dopo l'apertura della procedura di l.c.a.), con effetto in ogni caso, anche ai fini del computo a ritroso del periodo sospetto, dalla data del provvedimento che ordina la liquidazione (art. 299, co. 2).

III. *Le fasi della procedura*

La procedura della l.c.a. è scandita dalla legge secondo fasi corrispondenti, benché regolate in modo non coincidente, a quelle previste per la l.g. Principio organizzativo generale è che il *commissario liquidatore proceda a tutte le operazioni della liquidazione secondo le direttive dell'autorità che vigila sulla liquidazione, e sotto il controllo* (raramente vincolante) *del comitato di sorveglianza* (art. 305). Il commissario comincerà con il *prendere in consegna i beni, le scritture contabili e gli altri documenti dell'impresa*, formando conseguentemente l'*inventario*.

Parallelamente, egli procederà all'**accertamento del passivo**, secondo un percorso, peraltro, più "libero" rispetto a quello imposto nella procedura di l.g. (art. 310), all'esito del quale formerà – *senza alcuna mediazione dell'autorità giudiziaria o amministrativa – l'***elenco dei crediti ammessi** (anche con riserva) *o respinti, e delle domande di restituzione o rivendicazione accolte o respinte*, depositandolo nella cancelleria del tribunale del luogo dove l'impresa ha la sede principale e dandone notizia a coloro la cui pretesa non sia stata, in tutto o in parte, ammessa. Già con tale deposito, l'elenco diventa ***esecutivo***. Occorrerà allora, ove se ne vogliano contestare le risultanze, proporre ***impugnazione*** (o le eventuali *domande tardive*) secondo le norme previste in tema di l.g. (artt. 206 ss.): solo in fase di opposizione, pertanto, può instaurarsi una vera e propria cognizione giudiziale sui diritti vantati dai creditori.

Quanto alla **amministrazione**, conservazione e **liquidazione del patrimonio** del debitore, vige la regola fondamentale per la quale *il commissario liquidatore "dispone di tutti i poteri necessari* per la liquidazione dell'attivo, salve le limitazioni stabilite dall'autorità che vigila sulla liquidazione" (art. 311). Egli gode dunque della più ampia ***autonomia decisionale*** e dispone delle più varie opzioni operative, salvo procurarsi quando occorra (non raramente, peraltro) l'*autorizzazione dell'Autorità di vigilanza*.

La fase (logicamente successiva ma che cronologicamente può anche sovrapporsi) della **ripartizione dell'attivo**, anche mediante acconti parziali se autorizzati, è regolata secondo principi analoghi a quelli della procedura di l.g. (art. 312).

Quanto alla **chiusura della procedura**, l'art. 313 stabilisce che, prima dell'ultimo riparto, il commissario presenterà all'autorità che vigila sulla liquidazione il *bilancio finale* della liquidazione con il *conto della gestione* e il *piano di riparto* tra i creditori, accompagnati da una relazione del comitato di sorveglianza e depositati, previa autorizzazione dell'autorità di vigilanza, presso la cancelleria del tribunale. Ciò, affinché i creditori e ogni altro interessato possano proporre eventuali ***contestazioni*** su cui provvederà il tribunale. Ove invece non vengano presentate contestazioni, il bilancio, il conto di gestione e il piano di riparto si intenderanno approvati ed il commissario provvederà alle *ripartizioni finali* tra i creditori secondo le norme applicabili per la l.g. (art. 313, ult. co.), provvedendo, ove occorra, alle formalità necessarie all'estinzione della società.

Con ciò, pur non essendo previsto un provvedimento formale di chiusura, la procedura di l.c.a. amministrativa potrà dirsi conclusa. Alternativamente, la legge (art. 314) prevede anche, analogamente a quanto accade per il concordato nella l.g., una soluzione concordataria (c.d. **concordato di liquidazione**).

§ 34. L'AMMINISTRAZIONE STRAORDINARIA DELLE GRANDI IMPRESE IN STATO DI INSOLVENZA

SOMMARIO: I. *L'amministrazione straordinaria nel sistema concorsuale.* – II. *Presupposti, finalità e struttura dell'amministrazione straordinaria.* – III. *La procedura.* – 1. La dichiarazione dello stato di insolvenza. – 2. La c.d. fase di osservazione e i suoi effetti. – 3. L'apertura dell'amministrazione straordinaria e i suoi effetti. – 4. La definizione e l'esecuzione del programma. L'accertamento del passivo e la ripartizione dell'attivo. – 5. La cessazione della procedura. – IV. *L'amministrazione straordinaria nei gruppi di imprese.*

I. *L'amministrazione straordinaria nel sistema concorsuale*

Se nella l.c.a. la "specialità" della procedura, caratterizzata dalla sovraordinazione di un'autorità amministrativa, viene giustificata in nome dell'interesse pubblico coinvolto dall'esercizio di certi tipi di attività, è invece in ragione della *rilevanza economica* di talune attività imprenditoriali che è emersa, nella seconda metà del secolo scorso, l'esigenza di un trattamento concorsuale speciale per le imprese di grandi dimensioni. L'esigenza di salvaguardia non soltanto dei grandi complessi produttivi di per sé, ma anche dei livelli occupazionali da essi raggiunti, hanno infatti sollecitato la ricerca di percorsi alternativi rispetto a quello (già detto) "fallimentare", pur in presenza di organismi aziendali inefficienti e dispersivi di ricchezza; in qualche modo finendo col sovrapporre all'interesse dei creditori quello, più ampio ma eterogeneo, della comunità alla conservazione dei posti di lavoro e all'economia indotta: sacrificando il primo e collettivizzando i costi del secondo. Questo percorso alternativo è oggi l'**amministrazione straordinaria delle grandi imprese in stato di insolvenza** (d'ora in poi: a.s.), disciplinata dal d.lgs. 270/1999.

II. *Presupposti, finalità e struttura dell'amministrazione straordinaria*

Secondo l'art. 1 d.lgs. 270/1999, l'a.s. è la procedura concorsuale della "**grande impresa insolvente**". Dal punto di vista **soggettivo**, dunque, l'applicazione della procedura è condizionata innanzitutto al fatto che si tratti di impresa, teoricamente anche individuale, ***soggetta alle disposizioni sulla l.g.*** (escluse dunque *le imprese soggette solo a l.c.a.*).

Inoltre, quanto al profilo dimensionale, non basterà che si tratti di impresa al di sopra delle soglie dimensionali che caratterizzano l'impresa "minore" (art. 2, co. 1, lett. *d*, c.ins.), occorrendo piuttosto il *possesso congiunto* di due ulteriori requisiti che consentano di qualificarla, secondo quanto previsto dall'art. 2 della legge 270, come "***grande***". Tali requisiti consistono:

a) nell'avere essa un *numero di lavoratori subordinati non inferiore a duecento* da almeno un anno;

b) nell'avere *debiti* per un ammontare complessivo *non inferiore ai due terzi* tanto *del totale dell'attivo* dello stato patrimoniale che dei ricavi provenienti dalle vendite e dalle prestazioni dell'ultimo esercizio (cioè *del fatturato*). Chiaro, peraltro, che questo secondo requisito non esprime alcuna "grandezza" in termini assoluti, ma solo l'incidenza proporzionale del debito.

Dal punto di vista **oggettivo**, dovrà trattarsi – al pari di quanto previsto per la l.g. – di impresa che si trovi ***in stato di insolvenza***. Occorrerà però anche che l'impresa, seppure insolvente, versi in condizioni economiche tali da consentire, o almeno da far prevedere come possibile, il raggiungimento della finalità che la legge stessa assegna alla procedura: la "***conservazione del patrimonio produttivo***, ***mediante prosecuzione***, ***riattivazione o riconversione delle attività imprenditoriali***" (art. 1).

Quando ricorrano i suddetti requisiti soggettivi ed oggettivi, l'impresa sarà, almeno inizialmente, sottratta a l.g. e necessariamente assoggettata alla procedura di a.s.; salva poi la possibilità, ma solo in un secondo momento, che si constati che tale procedura non possa addivenire agli obiettivi che la legge le assegna, dovendo allora essere convertita in l.g.

Strutturalmente, infatti, la procedura di a.s. si scompone in due fasi. In una ***prima fase*** (detta di "*osservazione*"), la grande impresa, dopo essere stata dichiarata insolvente, verrà sottoposta ad un esame volto ad accertare se constino "*concrete prospettive di recupero dell'equilibrio economico delle attività imprenditoriali*". Soltanto se le condizioni economiche dell'impresa siano tali da rendere realistica una tale prospettiva, l'impresa potrà essere ammessa alla ***seconda fase***, quella dell'amministrazione straordinaria vera e propria. Altrimenti (ovvero nel caso che durante la seconda fase l'obiettivo del recupero non sia più possibile), verrà sottoposta a l.g. *Anche per la grande impresa insolvente, quindi, la l.g. resta sempre una prospettiva possibile.* Non è escluso, invece, che un'impresa avente i requisiti soggettivi di assoggettabilità alla procedura di a.s. venga ammessa ad un **concordato preventivo**, salvo, in caso di insuccesso di quest'ultimo, venire sottoposta alla procedura di a.s. anziché di l.g. (art. 3, co. 2).

III. *La procedura*

1. *La dichiarazione dello stato di insolvenza*

La procedura di a.s. muove dalla **dichiarazione dello stato di insolvenza** ad opera del tribunale sede delle sezioni specializzate in materia di impresa, avuto riguardo al luogo dove il debitore ha il centro principale dei suoi interessi (art. 27 c.ins.). Ciò potrà avvenire, secondo l'art. 3 d.lgs. 270/1999, *su ricorso dello stesso imprenditore*, *o di uno o più creditori*, *o del pubblico ministero o anche* (diversamente da quanto avviene per la l.g.) *d'ufficio*.

Il **procedimento** attraverso il quale il tribunale perverrà alla dichiarazione di insolvenza si svolgerà secondo un *rito camerale e sommario*, durante il quale il tribunale dovrà accertare, oltre all'insolvenza in sé, anche il possesso dei requisiti di ammissibilità alla procedura.

Se all'esito del procedimento il riscontro sarà stato positivo, il tribunale emetterà la ***sentenza dichiarativa dello stato di insolvenza*** (da comunicarsi anche al Ministro dello Sviluppo Economico) con la quale (art. 8 d.lgs. 270/1999): a) verranno nominati gli altri organi (oltre al tribunale stesso ed al Ministro) della prima fase della procedura, e cioè un ***giudice delegato*** e un ***commissario giudiziale*** (o tre, in caso di eccezionale complessità della procedura), quest'ultimo in conformità all'indicazione del Ministro; b) verrà assegnato ai creditori e agli aventi diritti reali mobiliari un *termine* (90-120 giorni dal deposito della sentenza) *per la presentazione delle domande*; c) verrà *fissata l'adunanza* in cui, nel termine dei successivi trenta giorni, verrà esaminato lo stato passivo davanti al giudice delegato; d) verrà stabilito se la *gestione dell'impresa*, in questa prima fase, sarà lasciata all'imprenditore insolvente oppure affidata al commissario giudiziale.

2. *La c.d. fase di osservazione e i suoi effetti*

Con la sentenza dichiarativa dello stato di insolvenza si apre una **fase di "osservazione"** (o "prodromica") volta, essenzialmente, ad accertare la compatibilità delle condizioni economiche dell'impresa con le finalità che la legge assegna alla procedura. In particolare, obiettivo di questa prima fase e compito essenziale del commissario giudiziale sarà quello di accertare – con una "particolareggiata" relazione che il commissario dovrà depositare in cancelleria e comunicare al Ministro – se sussistano "*concrete prospettive di recupero dell'equilibrio economico delle attività imprenditoriali*", da realizzarsi attraverso un programma (di cessione o di ristrutturazione) che il commissario stesso potrà già in questa fase abbozzare. Il programma vero e proprio verrà poi predisposto, se si acceda alla fase successiva, dal commissario straordinario (subentrato al commissario giudiziale) per delineare il percorso dell'a.s. vera e propria. Se invece si constati l'insussistenza di tali prospettive, la fase di osservazione si concluderà con la sottoposizione dell'impresa – pur "grande", ma non più "recuperabile" – a l.g.

La fase di "osservazione", contenuta nel breve termine di *sessanta giorni* dalla dichiarazione d'insolvenza, inaugura una nuova condizione giuridica dell'impresa, data dagli **effetti** che la legge riconnette alla dichiarazione dello stato di insolvenza.

Per quanto riguarda il debitore, tali effetti risultano peraltro di intensità diversa a seconda della *scelta* – operata dal tribunale nella stessa sentenza dichiarativa di insolvenza o con successivo decreto – di lasciare la **gestione dell'impresa** *all'imprenditore* stesso ovvero di affidarla *al commissario giudiziale* (fermo restando che in entrambi i casi essa proseguirà). Nel primo caso si produrranno effetti analoghi a quelli provocati dall'ammissione al concordato preventivo (richiamati infatti dall'art. 18 d.lgs. 270/1999); nel secondo caso (art. 19), si avrà un pieno *spossessamento* del debitore, secondo i principi operanti in sede di l.g. e *l'attribuzione al commissario giudiziale di tutti i poteri e doveri* che, in punto di gestione dell'impresa e amministrazione del patrimonio del debitore, competono al curatore della l.g.

Per quanto riguarda i *creditori*, interdetti dall'intraprendere o proseguire individualmente qualsiasi azione esecutiva o cautelare, varranno le norme previste dalla disciplina della l.g. per la loro regolazione concorsuale: i crediti, considerati scaduti ed espressi in termini pecuniari, si "cristallizzeranno" perché possano poi essere regolati concorsualmente. Il giudice delegato potrebbe autorizzarne il pagamento (art. 18

d.lgs. 270/1999), anche se una tale previsione, per risultare compatibile con la parità di trattamento dei creditori, è da interpretarsi nel senso che sia soltanto consentita l'*anticipazione del pagamento*, salva però la ripetibilità nei confronti di chi all'esito della procedura avrà ricevuto una percentuale maggiore di quella spettante. In ogni caso, i *crediti sorti per la continuazione dell'esercizio dell'impresa* dovranno essere soddisfatti *in prededuzione* (art. 20 d.lgs. 270/1999).

Infine, dopo aver dichiarato l'insolvenza, il tribunale diviene competente a conoscere di tutte le **azioni che ne derivano** (art. 13 d.lgs. 270/1999), qualunque ne sia il valore (secondo i principi della *vis attractiva* operante nella l.g.), fatta eccezione però per le azioni reali immobiliari, per le quali restano ferme le norme ordinarie di competenza.

3. *L'apertura dell'amministrazione straordinaria e i suoi effetti*

Entro trenta giorni dalla ricezione della relazione del commissario giudiziale sulla **sussistenza di concrete prospettive di recupero** dell'equilibrio economico delle attività imprenditoriali (art. 27) e valutate, oltre al parere del Ministro, le eventuali osservazioni che a questo riguardo potranno presentare l'imprenditore o i creditori e qualunque altro interessato, il ***tribunale*** si pronuncerà sull'ammissibilità dell'impresa alla procedura, disponendone (con decreto motivato e reclamabile) l'**apertura** (o, in caso negativo, la l.g.: art. 30 d.lgs. 270/1999).

Se non nella fase iniziale, almeno in questa seconda, decisiva fase, può dunque dirsi che il potere di decidere (almeno nell'*an*) torni all'autorità giudiziaria, mentre quella amministrativa può solo dare un parere. Sempre relegati sullo sfondo, invece, risultano i creditori che possono tutt'al più formulare delle osservazioni.

Lo **svolgimento della procedura** è tendenzialmente regolato, laddove il d.lgs. 270/1999 non disponga diversamente, dalla *disciplina della liquidazione coatta amministrativa*, sostituito al commissario liquidatore il **commissario straordinario** (normalmente uno, oppure tre nei casi di eccezionale complessità) nominato dal Ministro dello Sviluppo Economico, che orienterà quindi la gestione dell'impresa e l'amministrazione dei beni dell'imprenditore insolvente e dei soci illimitatamente responsabili ammessi alla procedura (art. 40 d. lgs. 270/1999) e a sua volta (a parte le competenze esclusive degli organi giudiziari) vigilerà sullo svolgimento dell'intera procedura, disponendo di un largo potere autorizzatorio.

Il Ministro, inoltre, nominerà un **comitato di sorveglianza** (composto da tre o cinque creditori chirografari) dotato di una funzione prevalentemente consultiva (rilasciando pareri non vincolanti), ma anche di ispezione (art. 46 d.lgs. 270/1999) e di controllo sugli atti del commissario.

Gli **effetti** del decreto di apertura dell'a.s., tendenzialmente gli stessi conseguenti all'apertura della l.c.a., si pongono in continuità, ma intensificandoli, con quelli già prodottisi nella prima fase.

a) Così, quanto al **debitore**: se nella fase di osservazione l'affidamento della gestione dell'impresa al commissario giudiziale era solo una possibilità, con il decreto di apertura dell'a.s. vera e propria il tribunale ne affiderà senz'altro la gestione al commissario giudiziale; e, subito dopo, appena nominato, *al commissario straordinario*.

Con l'inevitabile ***spossessamento***, quindi, del debitore. Varrà anche, inoltre, nei termini già ricordati a proposito della l.c.a., la norma che dispone la ***"cessazione" degli organi sociali***.

b) Quanto ai **creditori** varranno ancora le norme – già applicabili nella prima fase, e del resto richiamate anche dalla disciplina della l.c.a. – sulla loro regolazione concorsuale nella l.g. Come nella prima fase, naturalmente, i *crediti sorti per la prosecuzione dell'attività di impresa* dovranno essere pagati in prededuzione, anche nel caso di un eventuale sbocco in una procedura di l.g. a seguito dell'insuccesso della procedura.

c) Circa invece i **contratti pendenti** (che nella fase "prodromica" avranno continuato a trovare normale esecuzione), la regola di fondo è quella della loro automatica ***prosecuzione*** (diversamente dalla tendenziale sospensione automatica che opera nella l.g., posto che nell'a.s. si ha la prosecuzione dell'impresa), sino a quando eventualmente il commissario straordinario non decida espressamente, a sua discrezione, di *sciogliersene*. Tale facoltà di provocare la risoluzione dei contratti non opera peraltro per quelli, di primaria rilevanza, di ***lavoro subordinato***, oltre che per quelli di *locazione* quando l'impresa sottoposta a a.s. è la parte locatrice.

d) Particolare è invece la disciplina degli effetti del decreto di apertura sugli **atti pregiudizievoli ai creditori** compiuti prima della dichiarazione di insolvenza. Le "azioni per la inefficacia e la revoca degli atti pregiudizievoli" (così si esprime l'art. 49 d.lgs. 270/1999, ricomprendendo quindi tutte le azioni previste dagli artt. 163 ss. c.ins.) potranno essere intraprese dal commissario straordinario *solamente se la procedura abbia preso la via del* ***programma di cessione*** dei complessi aziendali (v. par. seguente). In effetti, il programma ad esso alternativo, quello di "*ristrutturazione*", è volto a far sì che l'imprenditore insolvente stesso "recuperi la capacità di soddisfare regolarmente le proprie obbligazioni entro la scadenza del programma" (art. 70): con esclusione, quindi, della necessità di azioni revocatorie.

4. *La definizione e l'esecuzione del programma. L'accertamento del passivo e la ripartizione dell'attivo*

Il percorso di recupero dell'equilibrio economico dell'attività può essere, alternativamente, di ***cessione*** o di ***ristrutturazione***.

Se la verifica di ammissibilità alla procedura, da parte del tribunale, sia stata positiva, ed avviata quindi la procedura stessa, spetterà al commissario straordinario, nei sessanta giorni successivi, la decisione sul percorso da intraprendere. Egli dovrà così predisporre (considerate le linee programmatiche sottese alla relazione del commissario giudiziale e alla sua condivisione da parte del tribunale, ma da esse comunque non vincolato) il vero e proprio "**programma**" che, secondo quanto appunto indicato dall'art. 27, potrà essere:

a) **di cessione dei complessi aziendali** a terzi, sulla base di un programma di prosecuzione dell'esercizio dell'impresa di durata *non superiore ad un anno*;

b) **di ristrutturazione economica e finanziaria** dell'impresa (che dunque resterà nella titolarità della società debitrice), sulla base di un programma di risanamento, industriale e/o finanziario, di durata *non superiore a due anni*.

In entrambi i casi il programma prevedrà una prosecuzione dell'attività d'impresa, eventualmente parziale e limitata, "tagliando" gli eventuali rami improduttivi. A questo fine esso *dovrà indicare le attività imprenditoriali destinate alla prosecuzione e quelle da dismettere* (cioè da abbandonare puramente e semplicemente), nonché il piano per la eventuale liquidazione dei beni non funzionali all'esercizio dell'impresa; e poi farsi carico di prospettare le *condizioni economico-finanziarie della sua fattibilità*. Inoltre, se sia stato adottato l'indirizzo della *cessione*, il programma dovrà altresì indicare come, e con quali prospettive, essa possa realizzarsi, specificando tra l'altro le stime sulla *soddisfazione dei creditori* che potrà derivarne. Se invece sia stato adottato l'indirizzo della *ristrutturazione*, il programma dovrà indicare le eventuali previsioni di *ricapitalizzazione dell'impresa* e di *mutamento degli assetti imprenditoriali* nonché i tempi e le modalità di *soddisfazione dei creditori*, anche sulla base di piani di modifica convenzionale delle scadenze dei debiti o di definizione mediante concordato (56, co. 2 e 3, d.lgs. 270/1999).

Il forte condizionamento derivante dall'autorità amministrativa risulta dalla necessità che il programma, per poter essere eseguito, riceva l'**approvazione** del Ministero, che potrà anche chiedere integrazioni o modifiche del piano stesso; così come potrebbe essere il commissario straordinario che di sua iniziativa, durante l'esecuzione del piano, ne richieda al Ministero la **modifica** o la sua **sostituzione** con un programma che adotti l'indirizzo alternativo a quello già adottato.

L'***esecuzione** del programma è affidata al commissario straordinario*, che ha il dovere-potere di "*compiere tutte le attività*" a ciò funzionali, salva però, in alcuni casi, la necessità dell'autorizzazione del Ministero, specialmente per quanto riguarda la liquidazione dei beni dell'impresa, mentre maggiore sarà l'autonomia per quanto riguarda le scelte di ristrutturazione.

Man mano che proceda, il commissario straordinario presenterà ogni tre mesi al Ministro una *relazione periodica*, fino a presentare, nei dieci giorni successivi al termine di scadenza del programma, una *relazione finale* sugli esiti dell'esecuzione, specificando se gli obiettivi sono stati conseguiti o meno. Le stesse relazioni dovranno altresì essere comunicate a tutti i creditori, oltre a poter essere consultate dall'imprenditore e da ogni altro interessato.

Nel mentre il programma di cessione o ristrutturazione viene predisposto ed eseguito, dovrà farsi luogo – essendo la procedura di a.s. volta, anche se non soprattutto, alla soddisfazione dei creditori – all'**accertamento del passivo** e alla **ripartizione dell'attivo**, fasi necessarie che avranno luogo negli stessi modi previsti per la l.g. (art. 53 d.lgs. 270/1999). Analogamente a quanto previsto per la l.c.a., saranno possibili anche *acconti parziali* (art. 68 d.lgs. 270/1999), con preferenza peraltro per i crediti dei lavoratori subordinati e delle controparti "commerciali".

5. *La cessazione della procedura*

L'a.s. può cessare per tre diverse cause.

a) Innanzitutto potrà aversi una **conversione in liquidazione giudiziale** quando, già *nel corso nella procedura*, si prenda atto che questa non potrà essere utilmente proseguita poiché il programma autorizzato non risulti più realizzabile (né utilmente modificabile); ovvero quando, *alla scadenza del termine previsto per l'esecuzione del programma adottato*, si constati che questo non è stato realizzato. In tal caso, il tribunale, sentito il commissario e il Ministro, emanerà decreto (reclamabile dinanzi alla Corte di Appello) di conversione in l.g., secondo un principio di ***continuità delle procedure*** (soprattutto quanto alla prosecuzione dell'accertamento del passivo già iniziato e alla salvezza degli atti legalmente compiuti dagli organi della procedura).

b) La **chiusura della procedura**, sempre per mezzo di decreto reclamabile emesso dal tribunale, si avrà invece (i) *quando non siano state proposte domande* di ammissione al passivo (ipotesi teorica); (ii) o quando, anche prima del termine di scadenza del programma, l'imprenditore insolvente abbia *recuperato la capacità di soddisfare regolarmente le proprie obbligazioni*; (iii) ovvero in caso di *concordato*, di cui si dirà a breve (art. 74, co. 1, d.lgs. 270/1999). Ancora (iv) – ma nella sola ipotesi in cui la procedura abbia preso l'indirizzo del *programma di cessione* – quando i crediti ammessi siano stati *integralmente soddisfatti* o siano stati in altro modo estinti, o quando sia stato *integralmente ripartito l'attivo* (art. 74, co. 2, d.lgs. 270/1999). In tal caso l'a.s., pur senza essere convertita in l.g., non avrà più ad oggetto la gestione dell'impresa insolvente, ma solo lo scopo di ripartire l'attivo liquidato.

c) Ultima ipotesi di cessazione della procedura, come si diceva, è quella che si realizza per effetto di un **concordato**, tendenzialmente regolato dalle norme sulla l.c.a., salvo per il fatto che nell'a.s. la proposta può provenire solo *dall'imprenditore o da un terzo* (non dai creditori) e dopo che sia stato dichiarato esecutivo lo stato passivo. Occorrerà, comunque, la previa ***autorizzazione*** del Ministro dello Sviluppo, rilasciata solo dopo aver valutato i pareri del commissario straordinario e del comitato di sorveglianza e, soprattutto, dopo aver "tenuto conto della convenienza del concordato e della sua compatibilità con il fine conservativo della procedura" (art. 78).

In tutti i casi di chiusura occorrerà che prima il commissario straordinario sottoponga al Ministero il **bilancio finale** della procedura e il **conto della gestione**, accompagnati da una relazione del comitato di sorveglianza. Il Ministero autorizzerà il deposito del bilancio e del conto presso la cancelleria del tribunale, di modo che gli interessati (e in particolare i creditori, avvertiti anche mediante comunicazione telematica) possano proporre le loro eventuali contestazioni con ricorso al tribunale. In mancanza di contestazione, o rigettato il ricorso, il bilancio e il conto della gestione si intenderanno approvati ed il tribunale potrà emettere il **decreto di chiusura**, sempre motivato e comunque reclamabile dinanzi alla Corte di appello (artt. 75-76).

Infine, qualora vi siano soci illimitatamente responsabili ai quali fossero stati estesi gli effetti della dichiarazione dello stato di insolvenza, anch'essi, come per la l.g., potranno godere dell'esdebitazione secondo gli artt. 278 ss. c.ins. (art. 76-*bis*).

IV. *L'amministrazione straordinaria nei gruppi di imprese*

Come oramai anche nel diritto "comune" della crisi di impresa (cioè agli artt. 284 c.ins.), già la più risalente legge sull'a.s. avvertiva – e tuttora affronta – l'esigenza di coordinare la gestione dell'insolvenza delle diverse imprese che compongono un gruppo. Agli artt. 80 ss. si prevede infatti la possibilità di "**estendere**" l'a.s. aperta rispetto ad un'impresa in possesso dei requisiti dimensionali previsti dall'art. 2 della legge – c.d. "*procedura madre*" – anche ad altre imprese insolventi (non necessariamente aventi forma societaria) appartenenti allo **stesso gruppo** (secondo la definizione datane dall'art. 80) *anche se prive dei medesimi requisiti dimensionali*. Unica condizione posta dalla legge è quella della **complementarietà funzionale** di una tale estensione alla procedura madre, il che potrà aversi in due casi:

a) quando le altre imprese del gruppo presentino ***concrete prospettive di recupero dell'equilibrio economico*** delle attività, e dunque quando la stessa finalità assegnata alla procedura madre possa essere perseguita anche per le altre imprese;

b) ovvero quando risulti comunque ***opportuna la gestione unitaria dell'insolvenza nell'ambito del gruppo***, in quanto idonea ad agevolare, in ragione dei collegamenti di natura economica o produttiva esistenti tra le singole imprese, il raggiungimento degli obiettivi della procedura madre.

Quando accerti la sussistenza di tali condizioni, il tribunale del luogo dove ha sede la singola impresa del gruppo (anche su ricorso del commissario straordinario della procedura madre) la ammette (c.d. "**estensione**") alla procedura di a.s.; e ciò eventualmente anche in via di *conversione della l.g.* a cui fosse stata eventualmente già assoggettata (artt. 82-84).

In tal modo, all'a.s. dell'impresa del gruppo sono preposti gli **stessi organi** nominati per la procedura madre, fermo restando, naturalmente, la ***distinzione delle rispettive masse attive e passive***.

Vi sarà naturalmente anche un **programma** specifico per le procedure "satelliti", con un contenuto che tuttavia varierà a seconda della condizione in base alla quale l'impresa sia stata ammessa alla procedura. Difatti, se sia stata ammessa in considerazione delle concrete prospettive di recupero del suo equilibrio economico, il programma seguirà uno dei due "normali" *indirizzi* (*alternativi*) *previsti dall'art. 27*. Se invece sia stata ammessa soltanto in considerazione della opportunità della gestione unitaria dell'insolvenza nell'ambito del gruppo, vi sarà un mero programma *integrativo* di quello approvato per la procedura madre o predisposto per altra impresa del gruppo ammessa alla procedura.

SEZIONE NONA

LA NOZIONE DI SOCIETÀ E I PRINCIPI GENERALI

§ 35. L'ORGANIZZAZIONE PRODUTTIVA: ELEMENTI COSTITUTIVI

Le **società** sono ***strutture organizzative destinate all'esercizio di un'attività produttiva***: *organismi di diritto privato* con una propria dotazione patrimoniale e un più o meno articolato apparato operativo, per mezzo dei quali viene svolta un'attività economica diretta alla produzione o allo scambio di beni o servizi.

Esse nascono, storicamente, come fenomeni associativi, collettività di persone che si aggregano per trarre un guadagno da una iniziativa comune. Etimologicamente, il termine *società* è accostabile al verbo latino *sequi*, "seguire", e presenta la stessa radice del vocabolo indoiraniano *sákhā*, in uso con riferimento ad ambiti militari, che significa "compagno". Già note nell'antichità, esse si impongono nel corso dei secoli (a partire dal tardo medioevo) come le formazioni che si affiancano a quanti, singolarmente, avviano un'attività economica: accanto alle imprese individuali, essenzialmente di modeste dimensioni, si sviluppano e si affermano le *imprese collettive*, promosse da gruppi di persone che uniscono le proprie forze finanziarie e lavorative per intraprendere congiuntamente una determinata attività.

Le società sono dunque gli enti cui è demandato per eccellenza l'esercizio delle imprese che non fanno capo giuridicamente ad una persona fisica. In realtà, è bene subito precisare che nel sistema giuridico attuale *non può essere tracciata una perfetta corrispondenza biunivoca tra fenomeno societario e impresa collettiva*. Infatti, sono oggi configurabili società che esercitano un'attività produttiva non imprenditoriale (le società tra professionisti intellettuali), o che non svolgono una attività collettiva, perché all'organismo partecipa un unico socio (società unipersonali); in secondo luogo, esistono enti diversi dalle società, che pure possono esercitare un'impresa (associazioni, fondazioni, consorzi: si pensi all'associazione di beneficenza che, per finanziare le proprie iniziative di sostegno ai meno abbienti, organizza spettacoli teatrali o musicali a pagamento e ne destina i proventi alle opere assistenziali).

Per questi motivi, una corretta definizione generale dell'istituto non può formularsi che nei termini sopra esposti. Il carattere *necessariamente produttivo* (e *normalmente imprenditoriale*) dell'attività svolta e il fatto che la disciplina dell'istituto sia *concepita precisamente in funzione dell'esercizio di un'attività di questo tipo* ne spiega l'appartenenza al diritto commerciale: il diritto delle società è il complesso delle norme che *regolano la vita e le modalità operative della struttura organizzativa a destinazione produttiva*.

L'attività svolta in questa forma è naturalmente soggetta, sotto ogni profilo, alla disciplina generale delle attività produttive e, se del caso, a quella dell'imprenditore commerciale; ma, diversamente da quanto accade quando essa sia esercitata a titolo individuale da una persona fisica, in questo caso si rende necessario definire anche: a) le regole di costituzione e di scioglimento dell'organismo a cui essa fa capo; b) le posizioni giuridiche assunte, rispetto alla stessa e nei rapporti reciproci, dai soci e dagli eventuali altri finanziatori che vi partecipano; c) le regole di funzionamento dell'organismo medesimo.

La società non si esaurisce mai, infatti, in un mero rapporto obbligatorio tra soggetti: l'atto costitutivo dà vita ad un *centro di interessi dotato di un* ***patrimonio giuridicamente distinto da quelli personali dei soci*** *e di* ***autonomia soggettiva***. Ciò pone la necessità di regolare l'ente così creato, sia sul piano interno (i diritti, i poteri e i doveri dei partecipanti rispetto ad esso; le modalità di formazione degli atti riferibili al medesimo), sia su quello esterno (la rappresentanza dell'ente, la responsabilità per le obbligazioni assunte in suo nome): il diritto delle società costituisce l'insieme di tali regole.

L'ordinamento giuridico delinea una **pluralità di modelli organizzativi** diversificati, ciascuno caratterizzato da regole proprie, e tra cui, pur con qualche limite che esamineremo, i fondatori possono scegliere liberamente quello più adatto a soddisfare le proprie esigenze. La ***società semplice***, la ***società in nome collettivo*** (s.n.c.) e la ***società in accomandita semplice*** (s.a.s.) appartengono alla famiglia delle cosiddette *società di persone*: organismi snelli, funzionali all'esercizio di attività di dimensioni non particolarmente cospicue e generalmente partecipati da un numero ridotto di soci. La ***società per azioni*** (s.p.a.), la ***società a responsabilità limitata*** (s.r.l.) e la ***società in accomandita per azioni*** (s.a.p.a.) formano invece la famiglia delle *società di capitali*: si tratta di enti più complessi, destinati allo svolgimento di attività di dimensioni variabili e con una compagine sociale pure più o meno ampia: in queste vesti si possono certamente incontrare enti con pochi soci ed esercitanti imprese di modesta rilevanza, ma anche le società finanziariamente più ricche e sviluppate, coinvolgenti migliaia di soci investitori (le società quotate sono s.p.a.). Complessivamente, questi sei modelli compongono la classe delle cosiddette *società lucrative*, così denominate per il fatto di perseguire (salve le eccezioni di cui diremo) uno scopo di lucro, ossia l'obiettivo di realizzare, attraverso l'esercizio dell'attività, un profitto da dividere tra i soci (cfr. art. 2247).

A questi sei modelli si affiancano quelli delle ***società cooperative*** e delle ***mutue assicuratrici***, enti che perseguono uno scopo mutualistico (le ultime, nello specifico settore delle assicurazioni), e le nuove figure della ***società europea*** e della ***società cooperativa europea***.

Ciascuno dei modelli indicati costituisce un **tipo di società**, a cui è dedicato, in questo stesso ordine, un più o meno articolato complesso di norme (a partire dall'art. 2251, dopo l'enunciazione di alcuni principi di portata generale; i due modelli di matrice europea sono però regolati direttamente dal diritto comunitario: reg. CE 2157/2001 e 1435/2003). Pur nelle specificità che li differenziano reciprocamente, i diversi modelli presentano alcuni tratti comuni, quali varianti dell'unico fenomeno di cui riproducono gli elementi caratterizzanti. Prima di esaminare analiticamente ciascuno di essi, dunque, è necessario identificare questi elementi, al fine di determinare il concetto di "società" nel suo complesso.

I. *Società ente collettivo e società ente unipersonale*

1. *Pluralità di soci e socio unico*

Non tutte le società sono **organismi pluripersonali**.

Lo sono senza eccezioni *le società di persone* e *in accomandita per azioni*, e *quelle con scopo mutualistico*. Per le prime, la necessaria presenza di una pluralità di fondatori (almeno due) si evince dalla natura dichiaratamente *contrattuale* dell'atto che le costituisce (artt. 2251, 2296) e dal fatto che il venir meno della pluralità dei soci, nel corso della vita dell'ente, ne determina lo scioglimento e l'estinzione (art. 2272, n. 4, riguardante la società semplice, ma applicabile anche a s.n.c. e s.a.s. in forza del richiamo fatto negli artt. 2293 e 2315). Altre sono invece le ragioni che giustificano la necessaria pluripersonalità delle società in accomandita per azioni e delle cooperative (e mutue assicuratrici): *strutturali* per le prime, poiché esse sono composte tipicamente da due classi di soci (gli accomandanti e gli accomandatari: v. art. 2452), *funzionali* per le seconde, perché il perseguimento di uno scopo mutualistico ha senso solo in presenza di più fruitori (e v. art. 2522, che richiede un minimo di nove soci, o, a certe condizioni, di tre, per la costituzione della società, e dispone che, se successivamente la compagine sociale scende al di sotto del limite, essa deve venire integrata nel termine di un anno, pena lo scioglimento dell'ente).

S.p.a. e s.r.l. ***non sono*** invece ***necessariamente pluripersonali***. Questi tipi *possono essere costituiti anche per atto unilaterale* (artt. 2328 e 2463), quindi da un ***unico fondatore***, e inoltre possono veder confluire nelle mani di un ***unico socio*** tutte le quote di partecipazione nel corso della loro esistenza, senza che questa ne venga pregiudicata (cfr. artt. 2362 e 2470). Il fenomeno è particolarmente diffuso nei gruppi di società, in cui la capogruppo (o *holding*) o le società che si trovano al centro della piramide non di rado detengono tutte le partecipazioni nelle controllate; ma non è meno frequente nelle realtà produttive di più modeste dimensioni, perché, come vedremo, nelle s.p.a. e nelle s.r.l. solo la società con il proprio patrimonio risponde delle obbligazioni sorte nell'esercizio dell'attività, così che, adottando questa forma, una persona fisica può promuovere un'impresa che, dal punto di vista dell'interesse economico finale, le resta riferibile in via esclusiva, limitando il relativo rischio al patrimonio sociale (beneficio che invece non potrebbe assicurarsi esercitando l'attività a titolo di imprenditore individuale, alla luce del principio sancito nell'art. 2740, per cui ogni debitore risponde dei debiti con tutti i propri beni).

La presenza di **società unipersonali** è un indicatore molto significativo dell'evoluzione vissuta dall'istituto nel diritto moderno; è tra i segni più tangibili del fatto che oggi esso non può essere letto come semplice fenomeno di aggregazione tra soggetti, regolato su basi contrattuali, ma diventa (se si guarda principalmente ai tipi più evoluti, le società di capitali) piuttosto una *formula giuridica organizzativa* – la formula, anzi, per eccellenza – di esercizio delle attività produttive. Corrispondentemente il diritto societario, da disciplina di un rapporto contrattuale e della sua esecuzione, si fa *ordinamento di una struttura organizzativa*, legge di un organismo (a vocazione economica). *La società con un unico socio è* in effetti ***un ente autonomo da quest'ultimo***, all'interno del quale viene formata la volontà negoziale secondo precise regole organizzative, che acquista diritti e assume obblighi secondo regole di imputazione proprie e che espone alla responsabilità per l'adempimento di questi il patrimonio di cui viene dotata, al pari di ogni società pluripersonale: ciò che si traduce nel riconoscimento agli organismi in questione della *personalità giuridica* (§ 36).

È chiaro che la società, quando vi partecipa un unico socio (persona fisica o altro ente), risponde ad un interesse patrimoniale prettamente individuale; l'attività produttiva dalla stessa svolta risulta, *dal punto di vista economico*, difficilmente distinguibile da un'impresa esercitata dal socio in proprio; *giuridicamente*, tuttavia, la distinzione è netta e riguarda la stessa *imputabilità dell'attività* e dei rapporti che ne scaturiscono: alla persona dell'imprenditore, in questo secondo caso, alla società come soggetto autonomo, nel primo. Questa alterità risponde ad interessi non trascurabili nell'economia moderna e non può stupire chi si accosti al diritto positivo delle società con occhio attento agli scenari del capitalismo e della finanza dei nostri tempi, in cui l'opportunità di avviare iniziative produttive anche unisoggettive, circoscrivendo il rischio d'impresa ad un patrimonio delimitato, rappresenta un incentivo non trascurabile di promozione dell'economia. Sotto il profilo della tutela dei creditori, d'altra parte, i sistemi di controllo, nonché quelli pubblicitari ed informativi, che circondano l'attività delle società di capitali (*in primis*: la presenza di un organo di controllo; il deposito del bilancio presso il registro delle imprese; l'obbligo di rendere conclamate le perdite, quando superino un certo ammontare) dovrebbero proteggere sufficientemente i terzi e renderli edotti in merito alla relativa situazione finanziaria, e quindi dovrebbero orientare correttamente il mercato nella scelta della fiducia da riporre o da non riporre nelle diverse società.

2. *Il contratto e l'atto unilaterale costitutivo: struttura e disciplina*

Le società, se si eccettuano quelle create direttamente dalla legge (società legali), *trovano la propria fonte in un* **atto di autonomia privata**: in un *contratto*, oppure, nei casi appena visti, in un *atto unilaterale*.

È proprio a causa del possibile carattere unilaterale dell'atto costitutivo di alcune società che la disposizione con cui si apre l'intero corpo di norme dedicate a questo istituto (art. 2247) contiene, come evidenzia la relativa rubrica, la definizione *non* della società come fenomeno unitariamente considerato, ma del *contratto di società*: questo è il contratto con cui "**due o più persone conferiscono beni o servizi per l'esercizio in comune di un'attività economica allo scopo di dividerne gli utili**".

La parzialità della definizione non ne diminuisce però l'importanza, perché, al di là del profilo riguardante il numero dei partecipanti, essa enuncia i *tratti fondamentali del fenomeno societario*, e quindi il contenuto che anche l'atto unilaterale deve possedere.

La volontà negoziale costitutiva si esplica su tre livelli. Essa ha ad oggetto:

1) il "***conferimento***" di determinati beni o servizi, cioè la composizione di una dotazione di risorse, funzionale all'esercizio di una attività economica;

2) lo ***svolgimento*** (secondo determinate regole organizzative) ***di questa attività*** per mezzo di quel patrimonio;

3) infine, la realizzazione di un profitto da assegnare ai partecipanti (*scopo di lucro*), rispetto a cui la stessa attività risulta strumentale. Va peraltro ricordato che esistono anche società che perseguono uno *scopo mutualistico* (art. 2511) oppure *consortile* (art. 2615-*ter*). Sotto il profilo funzionale, l'art. 2247 definisce dunque esclusivamente le società lucrative: non è un caso che la norma si collochi all'interno del Titolo (il V), dedicato solo a queste ultime, e non ai tipi con scopi di mutualità (regolate nel Titolo VI). Ciò che importa è che, in ogni caso, tutte le società perseguono (con le sole eccezioni previste dalla legge e di cui diremo) uno ***scopo di natura patrimoniale ed egoistico*** e che il contratto di società cooperativa o consortile coincide, nei tratti essenziali suindicati, e fatta eccezione per l'aspetto dello scopo, con l'atto costitutivo di società lucrativa.

Negozio unilaterale e contratto condividono, in conclusione, *gli elementi fondamentali* e differiscono esclusivamente sul piano (accidentale, se vogliamo, guardando all'istituto nel suo complesso) del numero delle persone che si fanno promotrici dell'iniziativa.

Proprio questa identità di oggetto e di causa e la piena compatibilità dell'uno e dell'altra sia con una volontà unilaterale che con una plurilaterale evidenziano le **specificità** proprie **del contratto di società**, che presenta uno schema irriconducibile alla tradizionale categoria dei contratti di scambio (compravendita, locazione, appalto ecc.), su cui è costruito in via quasi esclusiva il sistema normativo del libro IV del codice.

I **contratti di scambio** sono diretti a comporre tra le parti una *contrapposizione di interessi*, soddisfacendoli entrambi attraverso la commutazione (lo scambio, appunto) di prestazioni reciproche. Gli effetti prodotti da questi negozi non sarebbero neppure concepibili, in assenza di una delle parti. Il contratto di società appartiene invece alla diversa categoria dei **contratti plurilaterali con comunione di scopo**. Si tratta di negozi che mirano alla realizzazione di un *interesse comune* tra le parti: le prestazioni a cui queste si impegnano non si incrociano tra loro, ma convergono, in vista del soddisfacimento di tale interesse (nelle società, ciascun partecipante non cede il bene promesso allo scopo di appropriarsi di quelli apportati dagli altri, bensì per farli confluire tutti nel patrimonio strumentale all'esercizio dell'attività produttiva). L'unicità dell'interesse negoziale spiega l'inessenzialità del numero delle parti, ossia, in primo luogo, la compatibilità dell'effetto che l'atto produce con l'eventuale unilateralità di quest'ultimo e, in secondo luogo, la neutralità, rispetto al perseguimento dello scopo, degli eventi che, nel corso del rapporto, determinano la variazione del numero dei contraenti (ad es.: il recesso di uno dei soci, la cessione a terzi, da parte di uno di essi, di alcune soltanto delle azioni di sua proprietà): sotto quest'ultimo profilo il contratto con comunione di scopo è un *contratto a struttura aperta*.

Il contratto di società appartiene più precisamente alla categoria dei contratti plurilaterali a rilevanza esterna, ossia dei **contratti associativi**. L'esecuzione delle prestazioni (nelle società: i conferimenti) non soddisfa qui direttamente l'interesse delle parti, ma costituisce il presupposto per l'esplicazione di una attività, che si sviluppa nel compimento di atti materiali e giuridici, anche nei confronti dei terzi, e che è funzionale alla realizzazione dell'obiettivo finale del rapporto. Nel negozio si radicano pertanto, sotto il profilo genetico, non solo gli obblighi assunti dalle parti, ma anche l'*organizzazione cui esse danno vita*; il regolamento contrattuale, conseguentemente, non esplica soltanto (come nei contratti di scambio e in quelli plurilaterali a rilevanza interna) una *funzione attributiva*, di assegnazione di prestazioni tra i contraenti, ma ha altresì un *valore organizzativo*, cioè di disciplina dell'organizzazione così creata.

Alle specificità strutturali e funzionali corrisponde una **parziale autonomia** del contratto di società (e di tutti i contratti associativi) sul piano della **disciplina**. Che si tratti di contratti in senso proprio e che, come tali, ad essi risulti in linea di principio applicabile il relativo *corpus* normativo non può essere dubitato; d'altra parte, è lo stesso legislatore ad esplicitarne la qualificazione in questi termini (artt. 1420, 1446, 1459, 1466). Ma, come si è osservato, la disciplina generale dei contratti è concepita con quasi esclusivo riferimento ai contratti bilaterali di scambio (basta pensare alla disciplina delle invalidità, tutta protesa a regolare la restituzione delle prestazioni); di fronte ad una attività complessa e durevole e alla sua organizzazione, gli adattamenti sono per ciò stesso inevitabili.

Più in generale, è un dato ormai sostanzialmente acquisito che *il fenomeno societario non si risolve in un contratto che deve essere adempiuto* e non può essere letto in questa chiave. La vita e l'attività dell'ente, cioè, pur originate da un atto di autonomia privata, non sono qualificabili semplicemente come *esecuzione* di questo, ma se ne distaccano, acquisendo autonomia sul piano del trattamento giuridico: *la disciplina delle società è*, in altre parole, **disciplina** *non dell'esecuzione di un atto negoziale*, *ma* **di una struttura organizzativa** ***e dei modi di esercizio di una attività***, *rilevanti come tali*. Il distacco, pur presente anche nelle società di persone, è evidentissimo in quelle di capitali, che, una volta iscritte, vengono ad esistenza ed operano efficacemente a prescindere dalla validità dell'atto costitutivo (art. 2332) ed il cui funzionamento è soggetto a regole che privilegiano la stabilità delle operazioni economiche rispetto alle esigenze di rimozione degli atti viziati, su cui si fonda invece la disciplina generale dei contratti (v. ad es. artt. 2377, 2379, 2384). Ciò significa non che i principi del diritto comune dei rapporti obbligatori siano di per sé inapplicabili, ma che non vi è un automatismo nel loro operare, proprio perché l'attività dell'organizzazione non può essere ridotta a semplice momento attuativo di un rapporto obbligatorio e perché la stessa disciplina speciale è spesso informata a principi diversi.

L'atto unilaterale ha, al pari del contratto, un **rilievo organizzativo**: esso cioè *pone le basi e regola l'organizzazione* deputata allo svolgimento dell'attività. In egual modo, *dà vita al rapporto di partecipazione*, cioè al fascio di diritti e obblighi che fanno capo al socio, nei confronti della società: esso costituisce anche la giustificazione causale del conferimento, che il fondatore deve eseguire nel momento stesso in cui l'atto si perfeziona (artt. 2342, co. 2, e 2464, co. 4).

Strutturalmente e *funzionalmente*, dunque, *atto unilaterale e contratto si identificano* e questo spiega come anche il primo sia potenzialmente aperto all'ingresso di nuovi soci: o per mezzo della cessione, dall'unico fondatore, di parte della sua quota, o attraverso l'adesione di altri investitori, che apportino nuovi conferimenti alla società. In questo modo, si genera un rapporto tra soci che prima non esisteva, ma che non contraddice in alcun modo la fonte unilaterale dell'ente, proprio perché quest'ultima non esaurisce il proprio significato nel produrre un effetto giuridico in capo al soggetto agente, ma continua ad esplicare il proprio valore, per tutta la durata della società, come atto fondativo e come legge fondamentale di questa.

II. *L'esercizio dell'attività produttiva*

1. *Attività sociale e attività d'impresa. Le società per l'esercizio delle professioni intellettuali (ovvero tra professionisti)*

La società è un organismo cui si dà vita per l'**esercizio di una attività economica** (art. 2247). Il settore all'interno del quale questa si esplica (ad es.: la produzione e la vendita di elettrodomestici, il servizio di trasporto aereo, la gestione di impianti sciistici) è indicato nell'atto costitutivo e viene definito **oggetto sociale**.

Nella delineazione dei caratteri che l'iniziativa deve assumere, l'art. 2247 specifica dunque che deve trattarsi di una *attività*, e che questa deve avere *carattere economico*, *capacità*, cioè, *di generare nuovi valori economici*, attraverso la produzione di beni o servizi o l'intermediazione nella loro circolazione: deve insomma trattarsi di **attività produttiva**.

Sotto questo profilo, la nozione riecheggia chiaramente quella di imprenditore (art. 2082), sebbene non vi coincida pienamente, innanzitutto sotto il profilo delle *modalità* di esercizio dell'attività, mancando qualsiasi richiamo ai requisiti della professionalità e dell'organizzazione. Quest'ultimo elemento, per la verità, è svalutato nella stessa definizione di imprenditore e d'altra parte l'attività sociale è per definizione organizzata, perché non può mancare il coordinamento dei beni o servizi conferiti dai soci o acquisiti per mezzo di essi.

Vi possono essere invece società che esercitano una attività non professionale (*società occasionali*); l'ipotesi resta però confinata a realtà del tutto marginali (si fa tradizionalmente l'esempio dell'acquisto "in pianta", da parte di una pluralità di soggetti, di una partita di prodotti agricoli, per la loro successiva raccolta e rivendita al dettaglio).

Le società occasionali sono un esempio di **società senza impresa**. È però sotto il profilo dell'*oggetto* dell'attività, che si manifesta lo scostamento potenziale più significativo tra il fenomeno imprenditoriale e l'istituto societario. Come si è osservato, l'elemento connotante dell'attività sociale è rappresentato dalla sua essenziale produttività, cioè dalla creazione di nuovi valori economici; si tratta di un carattere certamente presente in ogni attività d'impresa, ma che non si esaurisce in essa: infatti, anche l'attività del professionista intellettuale è, in questo stesso senso, produttiva, ma, per legge, sottratta alla disciplina dell'impresa.

Ora, in ambito societario, non soltanto *non esiste alcuna disposizione corrispondente all'art. 2238, co. 1*, che sottragga alla disciplina delle società l'esercizio di una **professione intellettuale** da parte di una struttura organizzata, ma l'art. 10 l. 183/2011 *permette espressamente la costituzione di società* (di qualsiasi tipo) *per lo svolgimento di una simile professione*.

Questa norma chiude (ma non senza lasciare un fitto strascico di dubbi) una lunghissima stagione di cambiamenti normativi, rovesciando il principio codificato in una risalente disposizione (art. 2 l. 1815/1939), per la quale era "vietato costituire, esercire o dirigere [...] società, istituti, uffici, agenzie od enti, i quali abbiano lo scopo di dare, anche gratuitamente, ai propri consociati od ai terzi, prestazioni di assistenza o consulenza in materia tecnica, legale, commerciale, amministrativa, contabile o tributaria". La giurisprudenza aveva sempre inferito da questa disposizione la nullità della costituzione di società per l'esercizio di professioni intellettuali e dei contratti d'opera dalle stesse stipulati, quand'anche la prestazione fosse stata in concreto eseguita da un professionista iscritto all'albo.

Sebbene l'art. 2 fosse stato abrogato già alla fine del secolo scorso (dalla l. 266/1997), la liceità dell'esercizio in forma sociale delle professioni intellettuali restava dubbia, non essendo stato mai emanato il previsto regolamento attuativo e non potendosi quindi determinare le condizioni alle quali le specificità delle prestazioni d'opera intellettuale e i particolari principi normativi che presiedono allo svolgimento di queste attività si sarebbero potute conciliare con il loro inserimento in un contesto societario.

Deve infatti tenersi presente che esistono comunque nell'ordinamento:

a) **vincoli di carattere pubblicistico**, che limitano la libertà individuale e costituzionale di iniziativa economica e di esercizio dell'arte e della scienza (v. art. 33, co. 5, Cost.): molte delle professioni intellettuali richiedono infatti il ***conseguimento di un titolo abilitativo*** (superamento di uno o più esami o vittoria di un concorso) e l'iscrizione in un apposito albo, senza i quali l'esercizio della professione è illecito e nullo è qualsiasi contratto stipulato dal soggetto non abilitato (art. 2231);

b) **vincoli di carattere privatistico**, che incidono sul contenuto del contratto avente ad oggetto l'opera professionale (artt. 2222 ss.): lo schema tipico di questo pone invero, tra i principi cardine del rapporto, quello dell'*esecuzione della prestazione personalmente da parte del professionista* (che, al più, può avvalersi di sostituti o ausiliari sotto la propria direzione: art. 2232), in considerazione del carattere strettamente fiduciario che connota il rapporto stesso.

Anche dopo l'abrogazione dell'espresso divieto sancito dalla legge del 1939, restava dunque la necessità, in assenza di un'apposita norma autorizzatrice e regolatrice, di valutare se e come fosse possibile uno svolgimento non individuale della professione; se, in altre parole, il modello societario risultasse compatibile con i vincoli summenzionati e come fosse possibile conciliare il requisito dell'abilitazione con l'espletamento degli incarichi professionali da parte di un organismo, che per definizione non può superare una prova e conseguire un titolo, nonché come potesse venire soddisfatta la regola dell'esecuzione personale della prestazione, quando l'inesistenza *in rerum natura* dell'ente non potrebbe che spersonalizzare ogni atto che giuridicamente gli viene imputato.

Il legislatore si era mosso negli anni successivi in ordine sparso e senza seguire alcuna logica unitaria, disciplinando il fenomeno solo con riguardo a specifici settori professionali ed in particolare introducendo nell'ordinamento la **società tra avvocati** (d.lgs. 96/2001, cui oggi si sovrappone l'art. 4-*bis* l. 247/2012), mentre già da tempo erano presenti le **società di revisione legale** (oggi disciplinate dal d.lgs. 39/2010). Questa tecnica di normazione settoriale lasciava del tutto aperto il problema per le professioni non contemplate, anche a causa dell'eterogeneità delle scelte regolamentari adottate, che impediva di individuare tra di esse un minimo comune denominatore, capace di assurgere al rango di quadro disciplinare di portata generale.

La menzionata riforma del 2011 traccia per la prima volta un sistema uniforme ed organico che, per quanto affrettato e pieno di opacità, consente oggi di affermare la ***piena* liceità *dell'esercizio in forma societaria di qualsivoglia professione***, alle condizioni enunciate nell'art. 10.

Il fenomeno dei rapporti tra professioni intellettuali e attività collettive è però assai più complesso di quanto il rapido *excursus* sin qui delineato lasci intendere.

Occorre in special modo precisare che il problema affrontato dal legislatore riguarda esclusivamente le c.d. ***professioni protette***, per le quali è necessaria l'abilitazione (avvocato, notaio, architetto, ingegnere, ecc.), non invece le ***professioni non protette***, il cui esercizio è libero (si pensi all'attività di esperto in indagini di mercato).

a) L'erogazione di **servizi non protetti** è sempre stata ed è possibile da parte di qualunque società e prescinde dal rispetto dei requisiti fissati nell'art. 10 l. 183/2011, svolgendosi peraltro sotto forma di ***attività d'impresa***, con la conseguenza dell'integrale applicazione del relativo statuto giuridico e, in particolare, dell'assoggettamento alle procedure concorsuali. Si tratta, dunque, di società imprenditrici. Rispetto a tali professioni, infatti, il problema del conseguimento del titolo da parte dell'ente neppure si pone. Ed anche quello della personalità della prestazione è superabile, dal momento che nulla vieta a chi eroga (anche a titolo individuale) servizi relativi a queste attività di accantonare il modello contrattuale della prestazione d'opera, di cui agli artt. 2222 ss., per ricorrere invece al tipo del contratto di appalto (art. 1655), a cui quel principio rimane estraneo. Infatti, anche l'appalto può avere ad oggetto il compimento di un servizio a favore del committente e l'elemento distintivo rispetto al contratto d'opera non è rappresentato dalla natura della prestazione (che può essere identica nei due casi), bensì dalle modalità della sua esecuzione, che avviene, in questo secondo, prevalentemente con il lavoro proprio del prestatore (art. 2222) e, nel primo, ricorrendo ad un apparato organizzativo di fattori produttivi, non incentrato sul lavoro del suo titolare e di natura imprenditoriale. Quando dunque il servizio reso, pur a carattere intellettuale, per entità e complessità richieda oggettivamente l'utilizzazione di un simile apparato, o comunque quando il committente si sia pattiziamente affidato ad un soggetto che se ne avvale, il contratto andrà qualificato come appalto e non si porrà alcun problema di esecuzione personale e diretta della prestazione da parte del contraente. In definitiva, chi offre questo tipo di servizi intellettuali non riservati può scegliere di operare in qualità di professionista non imprenditore, se fonda l'offerta per lo più sul proprio lavoro, oppure di imprenditore, se vuole o se deve organizzare una struttura aziendale apposita; e se è una società, secondo quest'ultimo schema essa opererà.

b) Per quanto riguarda le società aventi per oggetto l'esercizio di una **professione protetta**, la soluzione accolta dal legislatore con il citato art. 10 l. 183/2011 passa attraverso una duplice previsione: i) *la società deve essere composta* (anche se non esclusivamente) *da soci abilitati*; ii) *la prestazione deve essere eseguita da uno dei soci iscritti all'albo*, scelto dal cliente o a lui preventivamente indicato. Non vi sono per il resto limiti al tipo di società eleggibile.

i) Il primo principio rende inammissibili le *società fra capitalisti*, cioè costituite esclusivamente tra soci non abilitati, per offrire prestazioni riservate mediante il ricorso al lavoro organizzato di terzi professionisti. La legge usa, per designare il fenomeno regolato, l'espressione **società tra professionisti**, che deve essere tra l'altro contenuta nel nome della società. Essa va diretta al cuore dell'istituto (l'esercizio in comune dell'attività intellettuale, da parte dei soci abilitati), sebbene trascuri di considerare la *possibile compartecipazione di soci non abilitati* e pertanto la possibilità che si dia vita ad una *società mista* tra professionisti e capitalisti.

La composizione della compagine sociale non è però del tutto libera. L'art. 10, co. 4, stabilisce che "il numero dei soci professionisti e la partecipazione al capitale sociale dei professionisti deve essere tale da determinare la maggioranza di due terzi nelle deliberazioni o decisioni dei soci" (lett. *b*). In questo modo si esprime il principio per cui *il controllo della società deve fare capo a soggetti abilitati*; il superamento della soglia di partecipazione consentita ai capitalisti determina lo *scioglimento della società*, a meno che l'equilibrio non sia ristabilito nel termine di sei mesi.

ii) Il secondo principio concerne il *rapporto d'opera*. La prestazione professionale resta una prestazione dovuta dalla società, che è parte formale e sostanziale di tale rapporto, e non dal socio, il quale è tenuto all'esecuzione solo nei confronti della prima – a titolo di conferimento, ad es. –. Egli gode in ogni caso, nello svolgimento dell'incarico, di piena autonomia di giudizio, non essendo soggetto ad alcun potere di direzione da parte degli amministratori. Per tale motivo, e sebbene l'art. 10 taccia sul punto (a differenza di quanto dispongono le discipline speciali sulle società tra avvocati e di revisione) deve ritenersi che il socio esecutore assuma nei confronti del cliente una *responsabilità diretta per i danni* arrecati nell'esecuzione della prestazione, solidalmente con la società.

2. *Attività produttiva e godimento di beni: società e comunione in generale*

L'attività sociale, in quanto produttiva, è attività essenzialmente *creatrice di nuova ricchezza*, ossia di *nuove utilità economiche*. Come tale essa ***si distingue dall'attività di mero godimento di beni***, intesa come semplice fruizione delle utilità (frutti civili o naturali) generate da uno o più beni.

Dalla definizione dell'art. 2247 si ricava dunque l'***inammissibilità di*** **società di mero godimento**: nessuna società può essere costituita *esclusivamente* a questo scopo. È ovvio che anche l'esercizio di un'attività economica, in quanto avviene mediante l'impiego di beni, implica il loro sfruttamento; è quindi evidente che ogni società, prima di tutto, gode degli elementi che compongono il suo patrimonio (utilizza gli impianti, occupa l'immobile, riscuote i crediti, ecc.); ma tale godimento non è, non deve mai essere, fine a se stesso, dovendo sempre risultare funzionale all'esercizio di un'attività produttiva.

L'inammissibilità di società di mero godimento è confermata dall'art. 2248, per cui "la comunione costituita o mantenuta al solo scopo del godimento di una o più cose è regolata dalle norme del titolo VII del libro III" (cioè dalle norme sulla comunione ordinaria: artt. 1100 ss.). Questo significa che se più persone mettono in comune uno o più beni con l'unico obiettivo di trarne i relativi frutti (ad es., acquistano congiuntamente un immobile per concederlo in locazione a terzi e dividersi i canoni riscossi), il solo effetto che si produce è la costituzione tra di esse di una normale situazione di comproprietà per quote.

Si configura così una **impossibilità giuridica**, che riguarda, va precisato, *il solo momento genetico dell'ente ed il relativo programma negoziale*, ossia gli obiettivi che i fondatori si impegnano a perseguire: è cioè impossibile *dare vita* ad una società *finalizzata* al mero godimento. Altro accade invece se una società, originariamente costituita per lo svolgimento di una normale attività economica, ne cessa successivamente di fatto l'esercizio e si limita a godere del patrimonio (ad es., concede in affitto la propria azienda) o a lasciare che ne godano i soci; qui la società resta senz'altro in vita e tutt'al più, nel secondo caso, può porsi la diversa questione se ed a quali condizioni sia ravvisabile la tacita volontà dei soci di scioglierla e di liquidarne il patrimonio residuo mediante una distribuzione in natura.

Viene così codificato il principio della separazione tra società e mero godimento di beni e le ragioni di questa separazione stanno nella diversa funzione assolta in concreto dai beni medesimi, che ne giustifica un trattamento giuridico sensibilmente diverso.

Ciò è ben evidente mettendo a confronto i due istituti (della comunione e della società). La **comproprietà** è una ***situazione giuridica statica***, in cui rileva soltanto l'appartenenza comune del bene; perciò la disciplina che vi si applica appartiene al *diritto dei beni*, cioè è disciplina della *res* e dei poteri su di essa; ogni contitolare ha diritto di fare uso individualmente della cosa, sia pure nel rispetto del coesistente diritto degli altri (art. 1102), e può chiedere in ogni momento la divisione (art. 1111). La **società**, per contro, configura una ***situazione giuridica dinamica***, in cui il conferimento dei beni in comune non è fine a se stesso, ma è strumentale all'esercizio di una attività; perciò la relativa disciplina appartiene al *diritto dell'impresa*, cioè è disciplina dell'attività e delle modalità del suo svolgimento; nessun socio può utilizzare i beni sociali per i propri scopi personali, poiché essi sono destinati e vincolati all'esercizio dell'iniziativa economica (art. 2256), e lo scioglimento dell'ente si verifica solo quando questa sia stata realizzata o ne sia divenuta impossibile l'attuazione, o quando i soci lo decidano all'unanimità (o, nelle società di capitali, a maggioranza: artt. 2272 e 2484).

Proprio per il fatto che, nell'istituto societario, tutto ruota attorno all'attività, che va salvaguardata e consolidata, la legge conferisce poi al patrimonio sociale una (più o meno ampia) autonomia, rispetto ai patrimoni dei soci, i cui caratteri verranno esaminati più avanti (§ 36): qui basta accennare al fatto che i creditori particolari di questi ultimi non possono mai aggredire direttamente i beni sociali e che i soci o non rispondono affatto, con i propri beni, delle obbligazioni sociali (in particolare, nelle s.p.a. e nelle s.r.l.), oppure ne rispondono solo in via sussidiaria. I beni in comproprietà, per converso, non godono di alcuna autonomia: i terzi che hanno acquistato crediti per effetto di atti relativi alla gestione del bene comune sono normali creditori dei singoli comunisti, possono aggredire questo bene come quelli personali dei comproprietari e concorrono sugli uni e sull'altro con i loro creditori personali; questi, a propria volta, possono espropriare indifferentemente il patrimonio individuale del loro debitore, così come la cosa comune, per la quota di sua pertinenza.

Anche le regole di gestione e i rapporti tra i partecipanti non coincidono, sempre in ragione della diversa funzione assolta dai due istituti.

Dunque l'art. 2248 esprime il principio per cui più persone, mettendo in comune una o più cose per una mera finalità di fruizione, non possono assoggettarle al regime della società, rimanendo sempre applicabile quello della comunione.

Analogamente, un individuo non può assoggettare una o più cose proprie al primo, costituendo una società unipersonale con questo solo scopo; il regime applicabile resta in tal caso, per costui, esclusivamente quello della proprietà di diritto comune.

Non sempre è facile, tuttavia, qualificare una determinata attività come di godimento o produttiva. È un problema che si pone già a livello della nozione generale di imprenditore e che si riproduce in termini identici con riferimento alla nozione di società.

L'interrogativo riguarda, in primo luogo, le **attività ricettive e di noleggio**. È godimento la semplice locazione di uno o due immobili, o di un furgone, per la riscossione dei relativi canoni. Non è tale, per contro, l'attività di autonoleggio, o di gestione di una struttura residenziale turistica. La differenza è sottile, ma non è solo quantitativa: il proprietario dell'immobile e del furgone si limita a trarre i frutti civili di un'utilità economica che preesiste alla sua attività (il bene è suscettibile di godimento, a prescindere dall'azione del proprietario), mentre il coordinamento e l'offerta al mercato di un servizio complesso di noleggio o di ospitalità creano un valore economico altrimenti inesistente; tanto più questo, se al servizio di locazione si abbinano servizi integrativi o collaterali (come la ristorazione, nel caso del residence, o l'assicurazione, nell'autonoleggio).

Di parimenti difficile qualificazione è l'**attività di gestione di partecipazioni**. Anche qui, la semplice detenzione di quote sociali costituisce, di per sé, godimento delle stesse; ma la direzione unitaria e il coordinamento delle società di un gruppo, attraverso l'esercizio dei poteri di controllo, genera un valore che arricchisce le singole realtà societarie, integrandole, e rappresenta dunque, in sé, una attività produttiva. Ne deriva la piena legittimità delle c.d. ***holdings* pure**, cioè delle società costituite per l'acquisizione e la gestione di partecipazioni in altre società e destinate ad assumere il ruolo di vertice di un gruppo di imprese.

III. *L'esercizio in comune dell'attività*

1. *Forme di partecipazione dei soci all'attività sociale: gestione comune, rischio comune, regime di imputazione dell'attività*

Ai sensi dell'art. 2247, l'**esercizio dell'attività** deve essere **comune**. Si tratta di un elemento i cui contorni risultano difficilmente definibili, ma che consente di distinguere la società da altre figure affini.

È naturale declinare questo concetto assumendo che l'attività sia comune quando siano condivisi il *potere di decisione* e l'*interesse economico* (il rischio d'impresa). L'assunto è però solo parzialmente corretto. Lo è, in quanto la volontà di esercitare un'attività in questi termini comune è *necessariamente costitutiva di una società*: non vi sono cioè altre figure negoziali compatibili con una volontà di questo tenore e anche coloro i quali esercitino solo in via di fatto un'attività economica in tal senso comune, senza avere espresso alcuna volontà contrattuale (si pensi agli eredi che continuino l'impresa del defunto), si intendono avere stipulato per fatti concludenti un contratto di società (*società di fatto*, qualificabile come s.n.c. o s. semplice, a seconda che l'attività sia commerciale o no: *infra*, § 36.II). Ma la condivisione, insieme, del potere e del rischio, pur se sufficiente, non è elemento coessenziale all'istituto.

È in particolare sotto il profilo del *potere* che può *esservi società senza alcuna relativa condivisione*. Se infatti si scorre la disciplina dei diversi modelli organizzativi, si constata immediatamente come la posizione assunta dai singoli partecipanti possa variare profondamente sia tra i diversi tipi, sia all'interno dello stesso tipo. Nelle società semplici e in nome collettivo, il contratto può sottrarre a taluno dei soci ogni potere di amministrazione (arg. *ex* art. 2257); nelle s.a.s., i soci accomandanti sono per definizione esclusi dalla gestione (art. 2320); nelle s.p.a. l'atto costitutivo può creare categorie di azioni totalmente prive del diritto di voto (art. 2351). In queste ipotesi, configurare una gestione comune è impossibile e tuttavia i soggetti titolari di queste partecipazioni sono soci non meno degli altri.

La *condivisione del rischio* e dunque la compartecipazione ai risultati positivi o negativi che l'attività produce è invece una componente sempre presente. Ma un interesse di più soggetti nella medesima iniziativa produttiva può profilarsi *anche in rapporti giuridici non societari*: si pensi all'associazione in partecipazione (art. 2549), in cui l'associato apporta beni nell'impresa dell'associante, in cambio di una compartecipazione agli utili (ed eventualmente alle perdite), o al contratto di licenza di un marchio o di un brevetto, in cui il licenziatario si obblighi a corrispondere *royalties* proporzionali ai profitti che riesce a realizzare.

Il fatto è che, in tali casi, l'attività resta *propria ed esclusiva di una sola delle parti*, salvo l'obbligo di corrispondere una data somma all'altra parte, obbligo che rappresenta, per la prima, un costo dell'attività stessa, al pari di ogni altro, e diverso solo per il fatto di non essere predeterminato, ma commisurato ai risultati ottenuti; lo stesso apporto del terzo non contribuisce a formare un patrimonio comune, ma è assegnato alla controparte (entra nel suo patrimonio), perché questa se ne serva.

Nella società, per contro, *i risultati sono giuridicamente imputati alla struttura organizzata*, e dunque direttamente al gruppo come soggetto autonomo; prima ancora, gli apporti vanno a formare un *patrimonio giuridicamente attribuito alla struttura*, dunque comune. Ciò che differenzia la società dalle altre figure, in definitiva, e rende "comune" l'attività sono le **regole della sua imputazione**: la scelta della veste societaria è scelta di un ***regime di imputazione*** (degli apporti, degli atti giuridici, dei risultati economici) non individuale, ma ***collettivo***.

Questo criterio consente di mostrare altresì la perfetta identità che la volontà costitutiva mantiene, dal punto di vista degli elementi essenziali, indipendentemente dal numero dei fondatori: anche nell'atto costitutivo di società unilaterale (dove per definizione non vi può essere condivisione né di poteri né di rischio) è presente la volontà del socio di imputare giuridicamente l'attività alla struttura a cui egli dà vita.

Tale criterio permette di distinguere la società da altre figure in cui pure l'interesse in un'attività produttiva è comune a più soggetti.

i) Dell'associazione in partecipazione si è detto.

ii) Analoghe considerazioni valgono per l'**impresa familiare** (art. 230-*bis*), definita come "quella cui collaborano il coniuge, i parenti entro il terzo grado, gli affini entro il secondo". Nulla esclude che, tra familiari, si manifesti espressamente o, quando possibile, per fatti concludenti la volontà di costituire un rapporto di lavoro o di società (tale sarà il caso già menzionato degli eredi che continuino l'impresa del defunto condividendo decisioni e rischio). L'art. 230-*bis* concerne tuttavia l'ipotesi in cui i familiari si limitino a prestare di fatto "in modo continuativo la [loro] attività di lavoro" nell'impresa o nella famiglia, coadiuvando in concreto l'imprenditore a causa del vincolo parentale. Si tratta dunque di un'impresa *giuridicamente imputabile al solo familiare che la esercita* (e perciò la responsabilità per le obbligazioni assunte grava solo su di lui e solo lui è sottoposto, in caso di crisi, alle procedure concorsuali). Non essendo in tal caso rinvenibile alcuna volontà negoziale regolatrice di un rapporto tra le parti, è la legge che, per ragioni di equità e solidarietà, riconosce ai collaboratori alcuni ***diritti patrimoniali e di codecisione***, che altrimenti non spetterebbero loro. Si badi che la nozione non ha nulla a che vedere con la definizione di piccolo imprenditore e con il criterio della prevalenza del lavoro proprio e dei propri familiari: l'art. 230-*bis* si applica anche all'impresa medio-grande. Si tratta ad ogni modo di diritti che, proprio in quanto l'impresa non assume carattere collettivo, hanno *rilevanza meramente interna*, costituendo esclusivamente obblighi a carico dell'imprenditore nei confronti dei suoi congiunti.

iii) Distinta dal fenomeno societario rimane, per volontà della legge, anche l'**impresa coniugale**: l'art. 177, lett. *d*, prevede che sia soggetta al *regime di comunione legale l'azienda costituita (o acquistata) dopo il matrimonio e gestita da entrambi i coniugi*. Qui non vi è però un problema di imputazione, collettiva o individuale, dell'attività; vi è invece la scelta normativa di attrarre l'attività e i rapporti che ne scaturiscono al diritto di famiglia, il quale si discosta profondamente da quello societario: a) assai modesta è l'*autonomia patrimoniale* della comunione, dal momento che i creditori personali di ciascuno dei coniugi possono aggredire i beni comuni, fino al valore corrispondente alla quota del loro debitore (art. 189), mentre dei debiti contratti nell'interesse della comunione risponde in via sussidiaria anche il patrimonio personale dei coniugi, nella misura della metà del credito (art. 190); b) la *gestione* spetta ai coniugi disgiuntamente, per gli atti di ordinaria amministrazione, e congiuntamente per quelli di amministrazione straordinaria, con la possibilità di ricorrere al giudice in caso di rifiuto del consenso (art. 180 s.).

Non sono chiari i motivi della scelta normativa di non attrarre tale fenomeno entro il diritto societario. Essa dipende forse dal fatto che si impedisce di qualificare il comportamento di fatto tenuto dai coniugi (cioè la gestione comune) come espressivo di una volontà negoziale corrispondente a quella dell'art. 2247 (pur venendo condivisi potere e rischio), sul presupposto che qui, sullo scopo prettamente egoistico e speculativo che è immanente ad ogni contratto di società, prevalga il diverso *spirito di so-*

lidarietà familiare, che giustifica l'applicazione della diversa disciplina della comunione legale; anche se la sottrazione alle regole societarie permane pur quando l'impresa coniugale assuma dimensioni ben superiori ai bisogni della famiglia. È chiaro ad ogni modo che nulla impedisce agli sposi, se lo vogliono, di costituire una vera e propria società; ma, per far questo, occorre che essi manifestino chiaramente la volontà di superare quello spirito per perseguire finalità puramente speculative, il che si traduce nella necessità che, in tal caso, il contratto sociale sia concluso espressamente.

2. *Imputazione dell'attività e spendita del nome sociale. La società non manifesta*

L'iniziativa economica viene svolta *in nome della società*; chi agisce (gli amministratori, eventuali ausiliari) compie i relativi atti rappresentando la società stessa e facendo così ricadere nella sua sfera gli effetti giuridici che ne conseguono; coerentemente, è sempre la società a venire iscritta nel registro delle imprese. La **spendita del nome sociale** comporta, secondo i principi generali del diritto privato e del diritto dell'impresa, l'imputazione giuridica dell'attività all'ente come tale.

Si tratta di un dato costante e dall'ordinamento considerato implicito nel fenomeno societario: per ciascuno dei tipi disciplinati, invero, si regola il profilo del nome e della rappresentanza dell'ente, senza alcun cenno ad ipotesi in cui questi elementi manchino (artt. 2266, 2292, 2298, 2314, 2326, 2384, 2453, 2475-*bis*, 2515). L'avere d'altra parte identificato l'elemento dell'esercizio "in comune" con il regime di imputazione dell'attività consente di comprendere appieno il valore di queste norme.

Tale identificazione va tuttavia ora sottoposta ad un ulteriore vaglio. Ci si deve cioè chiedere se l'esternazione del nome costituisca elemento non solo normale, ma coessenziale all'istituto societario, o se possa configurarsi anche una società non manifesta.

Di **società non manifesta**, o *società interna*, o *occulta*, si dovrebbe parlare quando il contratto prevedesse che l'esercizio dell'attività debba avvenire in nome di uno solo dei soci, il quale dunque apparirebbe all'esterno come imprenditore individuale: i partecipanti attribuirebbero a costui la disponibilità dei beni strumentali all'attività, somministrandogli periodicamente i mezzi finanziari necessari (conferimenti), suddividendo utili e perdite (scopo di lucro, rischio comune) ed impegnandosi a concordare secondo le regole fissate convenzionalmente ogni decisione (potere comune), mentre l'attività resterebbe giuridicamente imputabile al solo socio agente, che a sua volta si obbligherebbe a svolgerla in nome proprio.

Questi gli obiettivi perseguibili per tal via: il mantenimento del riserbo sulla partecipazione all'iniziativa di un soggetto cui sarebbe precluso prendervi parte (ad es. perché vincolato verso un terzo da un patto di non concorrenza), ma soprattutto la sottrazione dei patrimoni personali dei soci alla responsabilità per le obbligazioni sociali (nelle società di persone, come vedremo, i soci rispondono di queste solidalmente con la società), facendola gravare sul solo prestanome, di regola dotato di modeste risorse patrimoniali.

Il **patto di occultamento** sarebbe tuttavia ***invalido***. L'art. 2552, co. 1, che, nell'associazione in partecipazione, riserva la gestione all'associante, mostra come l'ordinamento ammetta la compartecipazione al rischio di un'iniziativa giuridicamente imputata ad un terzo, solo se non viene condiviso il potere decisionale; altrimenti, se l'attività è nel suo complesso soggetta ad un potere gestorio collettivo, deve essere imputata al gruppo. Si è talora evidenziato anche che un patto di questo tenore darebbe vita ad una *società atipica* (come si è detto, la spendita del nome è elemento costante di tutti i tipi disciplinati), vietata giacché l'art. 2249 non consente la creazione di società non riconducibili ad uno dei tipi previsti (*infra*, § 36).

Tutto ciò non esclude, peraltro, che in concreto il gruppo operi rimanendo di fatto occulto. In tal caso, il problema più rilevante è quello di determinare se delle obbligazioni assunte in nome proprio risponda soltanto il prestanome, o se la **responsabilità** *si estenda anche al gruppo* e quindi ai soci occulti. È anzi proprio questo il tema centrale del fenomeno che veniamo esaminando: è intuitivo infatti che, dal punto di vista pratico, le controversie non sorgeranno di regola perché uno dei compartecipi contesta la validità del patto di occultamento, ma perché i terzi creditori, disvelata la realtà, cercheranno di aggredire i patrimoni di tutti costoro.

È un interrogativo che, d'altra parte, è stato già esaminato trattando in generale dell'imputazione dell'impresa e dell'imprenditore occulto. Riassumendo: il prestanome agisce per conto del gruppo, quale *mandatario senza rappresentanza*; in base ai principi (art. 1705), la responsabilità verso i terzi dovrebbe dunque gravare esclusivamente su di lui; solo introducendo nel diritto dell'impresa un diverso principio che colleghi la responsabilità non già al dato formale della spendita del nome, ma a quello sostanziale della pertinenza dell'interesse economico e della signoria sull'iniziativa, potrebbe giungersi alla soluzione opposta. Ora, con riferimento alla fattispecie della società occulta, all'interrogativo, che tanto aveva afflitto la dottrina e la giurisprudenza, risponde oggi direttamente l'art. 256, co. 5, c.ins.: "quando, dopo l'apertura della procedura di liquidazione giudiziale nei confronti di un imprenditore individuale…, risulta che l'impresa è riferibile ad una società di cui l'imprenditore … è socio illimitatamente responsabile", *il tribunale dichiara la l.g. di questa e degli altri soci illimitatamente responsabili.*

3. *Organizzazione interna: unanimità e maggioranza, gestione e controllo*

Il ruolo dei soci nella gestione, le forme dell'organizzazione interna delle società sono profondamente eterogenei nei diversi modelli normativi ed anche entro lo stesso modello. Ciascuno di questi profili verrà esaminato attentamente nel trattare i vari tipi di società; qui si rendono però opportune alcune considerazioni di carattere generale, utili per cogliere quali siano i principi generali sottesi ai meccanismi di funzionamento della struttura societaria.

Ora, la compartecipazione dei soci all'esercizio dell'attività può assumere gradi e vesti diversissime. Al livello più alto sta certamente la **diretta attribuzione** ai medesimi **del potere di amministrazione**, cioè del potere decisionale in ordine alla gestione dell'attività stessa. È il modello proprio delle società di persone, in cui, di regola, tutti i soci sono amministratori (art. 2257; non però l'accomandante nella s.a.s.). Ad un livello diverso si pone la compartecipazione tipica delle società di capitali, nelle quali (fatta eccezione per le s.a.p.a., in cui gli accomandatari sono di diritto amministratori: art. 2455) i soci esercitano il proprio potere attraverso il **voto in assemblea** e attraverso questa contribuiscono a nominare i soggetti preposti all'amministrazione dell'ente. Però l'atto costitutivo, come si è detto, può escludere alcuni soci da questa compartecipazione o limitarne l'estensione: sottraendo loro, nelle società di persone, il potere di amministrazione, o, ad es., limitandolo alla sola amministrazione straordinaria; sottraendo, nelle società di capitali, il diritto di voto e in particolare il diritto di nomina degli amministratori. Nei casi estremi (ma non rari), ogni possibilità di contribuire alla gestione sociale può venire azzerata.

È chiaro che ogni modello che prevede la compartecipazione di più soggetti all'assunzione di una decisione deve poi fare i conti con la possibilità che, nel caso concreto, le persone coinvolte si trovino ad avere orientamenti tra loro contrastanti. Occorre dunque fissare in via preventiva un criterio per trattare i conflitti. Anche da questo punto di vista, gli schemi societari sono molteplici. In alcuni tipi, può essere adottata la regola dell'**unanimità**: nessun atto può essere compiuto se non vi è il consenso di tutti. È anzi questo il principio normale per le modifiche del contratto sociale, e quindi delle basi fondamentali dell'ente, nelle società di persone (art. 2252), nelle quali anche per la gestione dell'attività o almeno per gli atti di gestione straordinaria può optarsi per il regime di amministrazione congiuntiva all'unanimità (art. 2258). Per contro, la disciplina delle società di capitali poggia sulla diversa **regola maggioritaria**: la posizione della maggioranza assembleare (calcolata tendenzialmente in base alla dimensione delle partecipazioni) prevale sempre su quella della minoranza, financo nelle decisioni di modifica dell'atto costitutivo; si tratta, anzi, di una regola *inderogabile* almeno nelle s.p.a.

Ognuno di questi modelli delinea equilibri diversi: il principio di unanimità implica, per il buon funzionamento dell'ente, una perfetta armonia tra i soci e d'altra parte mette ciascuno di essi in condizione di respingere qualunque scelta non condivisa; in questo senso, può dirsi che tale modello rappresenta il massimo grado di esercizio *collettivo* dell'attività.

Il principio maggioritario consente di superare gli ostacoli e le possibili situazioni di stallo, che il riconoscimento di un potere di veto anche al socio con la partecipazione più modesta porta con sé; ma rimette la minoranza alla mercé dei soci più forti. Nelle società che lo adottano, il rapporto tra i partecipanti si sviluppa innescando una **dialettica tra maggioranza e minoranza** (o, il che è lo stesso, tra chi amministra e chi è escluso dall'amministrazione), che può risultare virtuosa, quando la prima sia capace di esprimere nel modo più efficiente l'interesse di tutti alla massimizzazione del profitto, o quando consenta, con il formarsi di volta in volta di maggioranze variabili raccoltesi attorno alla proposta migliore, la composizione dei diversi orientamenti e l'adozione di strategie ottimali; ma che può generare anche situazioni di tensione e di pregiudizio per la minoranza, quando una maggioranza stabile e consolidata pieghi il proprio potere al soddisfacimento di interessi egoistici e lesivi di quelli degli altri soci.

In questa dialettica, come vedremo, la legge innesta molteplici **prerogative di carattere difensivo**, variabili nel contenuto e nell'incisività e diverse a seconda del tipo societario, accordate alla minoranza o a chi è escluso dall'amministrazione, proprio quale contrappeso del ruolo riconosciuto alla maggioranza. Si va dai *poteri di vigilanza* (diritto di informazione, di consultazione della documentazione sociale: v. ad es. artt. 2261, 2476, co. 2), ai *poteri di attivare rimedi giudiziali* di fronte ad atti di *mala gestio* (v. ad es. artt. 2259, co. 3, 2393-*bis*, 2409, 2476, co. 3), fino al *diritto di recedere* dalla società, in presenza di una giusta causa (art. 2285, co. 2) o quando la maggioranza assuma decisioni che modificano gli elementi fondamentali della struttura societaria (artt. 2437, 2473). Più in generale, vedremo che il **principio di correttezza e buona fede**, che presidia lo svolgimento di tutti i rapporti patrimoniali tra vivi (artt. 1175, 1375) e che è applicabile anche ai rapporti societari, funge da limite costante ed insuperabile all'arbitrio del socio nell'esercizio dei suoi diritti: egli non può asservire questi ultimi al perseguimento di interessi non meritevoli di tutela ed al solo scopo di arrecare danno agli altri partecipanti, esponendosi altrimenti al rischio che la sua azione venga neutralizzata (è annullabile, ad es., la delibera che la maggioranza assembleare adotti abusando, in questo senso, del suo potere), e che costoro attivino nei suoi confronti i comuni rimedi risarcitori, chiamandolo a rispondere dei danni provocati.

Si tratta di temi che, tutti, verranno approfonditi in seguito. È bene però tenere presente sin da subito che questo rapporto tra unanimità e maggioranza, tra maggioranza e minoranza, tra gestione e controllo, rappresenta una costante del fenomeno societario e una chiave di lettura di tutta la disciplina che più direttamente riguarda i profili dell'agire collettivo, dello *svolgimento comune dell'attività*.

IV. *La dotazione patrimoniale*

1. *I conferimenti: il loro oggetto, la loro essenzialità*

L'attività viene esercitata per mezzo delle utilità economiche apportate dai soci, cioè dei "beni o servizi" di cui parla l'art. 2247; sono questi i **conferimenti**, che formano il ***complesso delle risorse iniziali***, che i fondatori *destinano in via definitiva all'iniziativa economica progettata* e attraverso cui questa può trovare realizzazione.

In linea di principio, ogni entità utile e suscettibile di valutazione economica può essere **oggetto di conferimento**: il denaro, la proprietà o il godimento (a titolo di diritto reale o personale) di cose mobili o immobili o di un'intera azienda, la titolarità o la licenza di beni immateriali (marchi o brevetti, ma anche il diritto allo sfruttamento commerciale del nome del socio, che goda di particolare rinomanza nell'ambiente), i crediti, le quote di partecipazione in altre società, le opere e i servizi, cioè le prestazioni collaborative dei soci, ecc. Anche un obbligo di non fare potrebbe essere conferito (ad es., l'obbligo di non costruire edifici industriali su un proprio terreno, nei pressi degli acri coltivati dalla società, che questa reclamizza come siti in un'area incontaminata). In realtà, come vedremo, la disciplina delle società di capitali pone vincoli e limiti più stringenti, per ragioni di tutela dell'integrità del capitale sociale, cosicché il novero delle entità conferibili varia da tipo a tipo (in particolare, nelle s.p.a. vige il divieto di conferimento d'opera e servizi: art. 2342, ult. co.).

È l'*atto costitutivo della società* che contiene l'assunzione, da parte dei soci, dell'obbligo di effettuare i conferimenti (l'impegno a prestare la propria attività manuale o intellettuale, a versare il denaro promesso, a permettere alla società il godimento di un dato bene per il tempo convenuto), o che direttamente trasferisce alla stessa la titolarità del bene conferito in proprietà. I conferimenti dei vari soci possono essere naturalmente di diverso tipo e di diverso ammontare. Essi ***rappresentano le*** **prestazioni** ***degli stipulanti*** e giustificano dunque causalmente la loro partecipazione alla costituzione della società. Queste prestazioni non soddisfano però direttamente l'interesse degli altri contraenti, ma rappresentano lo *strumento* per l'esercizio dell'attività, dalla cui realizzazione soltanto essi conseguiranno lo scopo negoziale. Può dunque dirsi senz'altro che è il conferimento a giustificare l'assegnazione, a ciascun socio, della quota di partecipazione nella società; ma, come si è detto, non si tratta qui di un rapporto tra prestazione e controprestazione.

I conferimenti sono **elemento essenziale** dell'atto costitutivo di società. Questo principio ha una duplice implicazione: innanzitutto, *non esiste società se non si forma una dotazione iniziale di risorse* per l'esercizio dell'attività; in secondo luogo, *ciascun fondatore deve conferire qualcosa*. Ciò lo si deduce non solo, testualmente, dalla definizione contenuta nell'art. 2247, ma, prima ancora, dalla considerazione della *causa* del negozio societario: la partecipazione all'iniziativa economica presuppone necessariamente l'assunzione del relativo rischio per il perseguimento di uno scopo egoistico; senza l'una o senza l'altro non si può essere soci, perché verrebbe meno la funzione stessa della partecipazione, il che è espresso anche nell'art. 2265, che vieta il c.d. *patto leonino*, sancendo la nullità di ogni accordo che escluda un socio da qualsiasi partecipazione agli utili o alle perdite. E il conferimento, in quanto costituisce l'entità economica che ciascun socio destina in via definitiva all'attività, rappresenta proprio il *valore del rischio* che egli accetta di assumere: se l'attività sociale si chiuderà in perdita, infatti, il valore di ciò che gli verrà rimborsato con la liquidazione risulterà inferiore rispetto al valore del suo conferimento. Il rischio in questione è esclusivo, nei tipi di società che non prevedono la responsabilità illimitata del socio per le obbligazioni sociali; è invece esteso all'intero suo patrimonio personale, in caso contrario.

La legge non prescrive in via generale che le risorse patrimoniali iniziali debbano avere un determinato valore. Però fissa dei **minimi** nelle società di capitali (10.000 € nelle s.r.l. "a capitale ordinario", 50.000 € in s.p.a. e s.a.p.a.: artt. 2463 e 2327) e talora dei minimi più elevati, a seconda dell'oggetto sociale (ad es., per le società che operano nel settore dell'intermediazione finanziaria). Queste sono però le uniche prescrizioni che, a tal proposito, devono essere osservate: in altre parole *non esiste un principio generale in forza del quale i conferimenti debbano essere di dimensioni adeguate per consentire lo svolgimento dell'attività*; il contratto è dunque in ogni caso valido, sotto questo profilo, e i soci non potrebbero in alcun modo considerarsi obbligati ad integrare i loro conferimenti oltre quanto hanno pattuito. D'altra parte, la società potrebbe anche ricorrere al credito (ad es. bancario), per reperire risorse.

Il principio dell'essenzialità dei conferimenti è peraltro messo in crisi dalla possibilità, oggi riconosciuta dagli artt. 2463, co. 4, e 2463-*bis*, di costituire una s.r.l., sia pur soggetta a norme speciali, con un capitale (dunque con conferimenti) inferiore a 10.000 €, pari almeno a 1 €. La cifra rappresenta un ossequio puramente formale al modello generale descritto nell'art. 2247: le s.r.l. con un simile capitale sono nei fatti **società "senza conferimenti"** e dunque senza assunzione iniziale di rischio da parte dei soci. Di fatto, tali norme consentono di costituire un organismo progettato per fondare la propria attività solo su risorse reperite esternamente (ad es., prestiti bancari) e che pertanto trova la propria ragione di esistere non nella speculazione imprenditoriale dei fondatori, bensì nell'essere, puramente e semplicemente, un centro di raccolta di risorse finanziarie e di imputazione dell'attività.

È un'ipotesi del tutto originale, perché nelle società di persone, per quanto non vi siano soglie minime di valore dei conferimenti, la responsabilità illimitata dei soci introduce sempre una componente di rischio ineliminabile, mentre nelle società di capitali analoga funzione svolgono i citati minimi legali di 10.000 e 50.000 €. È vero che, come si è detto, questi minimi non impediscono che, con un rischio modesto, si avvii un'attività finanziariamente molto più impegnativa, raccogliendo all'esterno la gran parte dei capitali necessari; ma le s.r.l. "*a capitale marginale*" vanno oltre, azzerando una componente che dell'istituto societario rappresenta(va) uno dei pilastri fondamentali; la loro previsione incrina dunque significativamente l'architettura sistematica dell'istituto stesso e mostra come i modelli delle società di capitali vadano sempre più distaccandosi dagli schemi tradizionali, per divenire organismi produttivi funzionalmente polivalenti.

2. *Vincolo di destinazione dei beni conferiti e vincolo di indisponibilità del capitale*

I beni conferiti, come si è detto, sono destinati *in via definitiva* dai soci all'attività sociale. L'atto costitutivo imprime dunque su di essi un **vincolo di destinazione**, in forza del quale è impedito che essi vengano sottratti all'iniziativa economica per tutta la durata della società.

Il vincolo di destinazione si traduce nelle seguenti regole:

a) *il socio conferente non può mai chiedere la restituzione del bene*. Anche quando gli è concesso di recedere dalla società, non ha diritto al ritrasferimento del bene a suo tempo conferito in proprietà, ma solo ad una somma di denaro (quota di liquidazione), corrispondente al valore attuale della sua partecipazione (v. artt. 2289, 2437-*ter*, 2473); neppure ha diritto all'immediata riconsegna del bene conferito in godimento, il quale rimane alla società per tutto il periodo per il quale era stato originariamente concesso;

b) *il socio non è neppure libero di chiedere in qualsiasi momento detta liquidazione*, ossia non può recuperare il valore dell'investimento effettuato, se non nelle specifiche ipotesi in cui gli è consentito il recesso (artt. 2285, 2437, 2473); in questo senso, egli vincola, con il conferimento, non solo lo specifico bene, ma anche il suo *valore.* Infatti, durante la vita della società può essere distribuito tra i soci solo l'utile, ossia il maggior valore acquisito dal patrimonio netto rispetto ai conferimenti (*infra*).

Sotto altri profili, il vincolo di destinazione si estende a tutti i beni che, in un dato momento, formano il patrimonio della società;

c) *i soci non possono individualmente servirsi dei beni per fini estranei a quelli della società* (art. 2256, che, pur collocato all'interno della disciplina della società semplice, esprime un principio generale);

d) *i beni sono destinati alla garanzia dei creditori sociali*, *prioritariamente rispetto ai creditori individuali dei soci*, *o in via esclusiva*, il che esprime quell'autonomia patrimoniale, più o meno accentuata a seconda del tipo di società, che esamineremo più avanti.

Naturalmente, il vincolo di destinazione non implica invece che i singoli beni conferiti debbano necessariamente restare nel patrimonio della società per tutta la sua durata: le materie prime potranno essere lavorate e vendute, le cose conferite in proprietà potranno essere liberamente cedute a terzi, il denaro verrà speso per remunerare i collaboratori o per acquistare altri beni. In altre parole, la società può disporne, come ogni soggetto può disporre del proprio patrimonio.

Funzionalmente collegato, ma concettualmente distinto, è il **vincolo di indisponibilità del capitale sociale**. Per comprendere di cosa si tratti, è necessario introdurre brevemente la nozione di capitale, che verrà poi analizzata più attentamente all'interno della disciplina dei singoli tipi.

Il **capitale sociale** (o *capitale nominale*) è una ***posta contabile*, *che rappresenta il valore dei conferimenti*** e che viene indicata nell'atto costitutivo. Esso non va confuso con il *patrimonio della società*. Per patrimonio si intende l'insieme dei concreti elementi dell'attivo e del passivo che in un dato momento fanno capo all'ente: dunque *quei* beni, *quei* crediti, *quei* debiti, che, *ora*, appartengono a quest'ultimo. Il patrimonio è pertanto un complesso di entità concrete, la cui composizione varia continuamente: muta, ad es., ogniqualvolta la società vende un prodotto, perché questo esemplare esce dal suo patrimonio e vi entra il denaro o il credito al prezzo. Il capitale sociale è invece un *valore astratto*, una *posta ideale e numerica*: non identifica specifici beni, ma rappresenta semplicemente il valore delle risorse iniziali della società; è dunque un'entità immutabile, che infatti può essere variata solo modificando (secondo le regole proprie di ogni tipo) l'atto costitutivo della società – e dunque il suo programma fondante –, ad es. quando questa raccolga ulteriori conferimenti da nuovi soci o dai vecchi, che incrementano così la propria partecipazione (aumento del capitale).

Si vedrà in seguito quali funzioni svolge il capitale nei diversi tipi di società e in particolare in quelle di capitali. Qui basta sottolinearne la **funzione produttiva**, ossia il fatto di rappresentare quel valore complessivo di risorse, che i soci destinano *irreversibilmente* all'attività. È alla luce di questa funzione che può essere compreso il vincolo di indisponibilità che lo riguarda: *i soci non possono prelevare dal patrimonio della società*, *per distribuirsele*, *se non le somme che eccedano il valore del capitale*. Solo se il patrimonio netto (differenza tra valori dell'attivo e del passivo) è superiore a quest'ultimo, può dirsi che l'attività sociale ha prodotto un utile e questo può essere ordinariamente distribuito; se, viceversa, il valore del patrimonio netto coincide con il capitale, o ne è addirittura inferiore, i risultati dell'attività sono nulli o, rispettivamente, negativi, e l'attivo residuo non può essere distribuito tra i soci, proprio a causa del suddetto vincolo di indisponibilità, se non sciogliendo l'ente, o attraverso un'operazione di "riduzione del capitale", la quale pure rappresenta una formale modifica del programma originario (e dunque dell'atto fondativo della società), adottata per calibrare più efficientemente l'entità delle risorse destinate all'attività a quelle richieste per le dimensioni concretamente assunte dalla medesima, ma che, proprio in quanto incide sul vincolo di indisponibilità, è corredata da una serie di cautele a tutela del mercato (in particolare, i creditori sociali possono opporvisi: artt. 2306, 2445, 2482).

Anche qui, è bene osservare che il vincolo non riguarda *specifici beni*, ma un *valore*: di tutti gli elementi che compongono il suo patrimonio, la società è libera di disporre come qualunque altro soggetto giuridico e, così come può disporne instaurando relazioni d'affari con i terzi, potrebbe pure disporne nel contesto di un rapporto negoziale costituito con uno dei soci (trasferendogli ad es. un bene in una compravendita, o versandogli il corrispettivo di una consulenza in un rapporto professionale); ma non può assegnare ad alcuno dei soci *in base al rapporto sociale* se non il valore dell'eccedenza fra patrimonio netto e capitale (dunque nessuna attribuzione di beni o denaro a titolo di rimborso dei conferimenti, salvo che si attivi e si riesca a portare a buon fine la complessa procedura della "riduzione del capitale"; e possibile attribuzione a titolo di distribuzione di utili, solo nella misura di tale eccedenza); il che significa, nuovamente, che i soci non possono ridurre il valore dell'investimento, e dunque del rischio, inizialmente accettato.

V. *Lo scopo egoistico dell'attività*

1. *Scopo di lucro, scopo mutualistico e consortile. La causa come criterio distintivo tra i fenomeni associativi*

La definizione dell'art. 2247 enuncia lo scopo negoziale, ossia la causa, dell'atto costitutivo: i soci esercitano l'attività per realizzare un guadagno (**lucro oggettivo**), da attribuirsi (**lucro soggettivo**), partecipando alla sua distribuzione secondo la proporzione dagli stessi convenuta.

L'eventuale guadagno, ossia l'incremento di valore del patrimonio netto rispetto al capitale, si definisce **utile**; per effetto del vincolo di indisponibilità del capitale, esso rappresenta la sola porzione ideale del patrimonio che può essere distribuita tra i soci durante la vita della società.

Si è già visto peraltro che gli enti c.d. lucrativi non esauriscono il fenomeno societario, dal momento che ad essi si affiancano, innanzitutto, le cooperative (e la sottospecie delle mutue assicuratrici), che perseguono uno **scopo mutualistico**. L'obiettivo di questi enti non è quello di realizzare un profitto (una differenza positiva tra ricavi e costi), da assegnare poi ai soci, ma quello di far avere a costoro *direttamente* beni, servizi o occasioni di lavoro, a condizioni più favorevoli rispetto al mercato: in altre parole, la società cooperativa esercita l'attività rinunciando al profitto d'impresa, tendendo esclusivamente al pareggio tra costi e ricavi (opera dunque pur sempre con metodo economico), al fine di poter erogare ai soci che intendano avvalersene beni o servizi a prezzo "di costo" (nelle cooperative di consumo), o un salario maggiore (in quelle di produzione e lavoro). La diversità fra società lucrative e mutualistiche emerge evidente, se si riflette sul fatto che, nelle prime, il socio trae il proprio profitto per il solo fatto di essere socio, con la distribuzione dell'utile, mentre nelle seconde ricava il suo beneficio (un risparmio di spesa, uno stipendio più elevato), solo se e nella misura in cui acquisti i prodotti o i servizi della società o lavori per essa.

Infine, l'art. 2615-*ter* consente di costituire ogni tipo di società di persone o di capitali (tranne la società semplice) per uno **scopo consortile** (art. 2602), ossia per uno scopo di natura mutualistica, a beneficio delle imprese dei soci. È interessante solo osservare che, per la realizzazione di questo fine, il legislatore non appronta un tipo societario autonomo, ma ricorre a quelli normalmente utilizzati per scopi lucrativi.

In tutti i casi, dunque, ***la società è una struttura costituita per il perseguimento di uno* scopo egoistico**. Ed è proprio questo elemento, nelle tre forme che esso può assumere, a caratterizzare il fenomeno societario nel suo complesso, all'interno del più ampio insieme dei negozi associativi a rilevanza esterna.

In linea generale, *il criterio che consente di distinguere tra loro i negozi associativi* (più precisamente: negozi costitutivi di una struttura organizzativa) *è pertanto basato sulla* **causa**, cioè sulla *funzione* cui assolve l'attività progettata dai fondatori. In particolare, a questa eterogenea categoria appartengono anche gli atti costitutivi di associazioni e fondazioni, cioè degli enti disciplinati nel libro I del codice. Orbene, non è in alcun modo precluso a questi di svolgere un'attività economica, e in particolare d'impresa, anche di natura e dimensioni analoghe a quelle di una società: basta pensare alla fondazione che allestisce mostre e organizza manifestazioni culturali a pagamento, alle associazioni di beneficienza che raccolgono fondi attraverso la gestione di negozi, ecc. In tutti questi casi, anzi, l'attività non solo è svolta stabilmente e con metodo economico, ma persegue uno scopo di lucro *oggettivo*; ciò che caratterizza questi enti non societari è la mancanza di qualsivoglia scopo di lucro *soggettivo*: i proventi realizzati attraverso l'attività sono devoluti in beneficenza, destinati ad opere assistenziali, alle iniziative politiche del partito (i partiti sono associazioni), ossia sono impiegati nel perseguimento di uno *scopo ideale o altruistico*.

Società ed enti del libro I si distinguono in conclusione secondo questa scala progressiva: a) se non vi è svolgimento di attività produttiva (ad es., associazioni religiose di preghiera), non si può avere società; b) se vi è attività produttiva, la distinzione è funzione dell'idealità o meno del fine, cioè dipende *dall'eterodestinazione* o, rispettivamente, dall'*autodestinazione* dei benefici dell'attività.

2. *Le eccezioni normative: le società senza scopo egoistico, in particolare l'impresa sociale*

L'art. 2247 non ammette eccezioni alla causa egoistica del negozio societario. In realtà, negli ultimi decenni, la legislazione speciale ha introdotto sempre più diffusamente figure espressamente societarie, caratterizzate però dall'**assenza di scopi egoistici**.

Tali erano in passato, ad es., le società sportive professionistiche, e tali possono essere ancora oggi molte società che operano nel settore dei mercati finanziari: ad es., le società di gestione dei mercati regolamentati devono essere costituite in forma di s.p.a., ma possono non perseguire scopi di lucro (art. 64 TUF). E importanza ancora maggiore, da questo punto di vista, assume la disciplina dell'**impresa sociale** (d.lgs. 112/2017): non si tratta di una nuova entità organizzata a carattere imprenditoriale, distinta da quelle tradizionali, ma di una qualifica, che comuni *associazioni*, *fondazioni*, ***società***, possono acquisire (ad es., per godere di agevolazioni fiscali, ecc.), quando esercitino un'attività economica di interesse generale e rispettino determinate condizioni, tra cui la mancanza di scopo di lucro.

Per le imprese sociali che rivestono la forma societaria questo requisito è mitigato: è infatti consentita la distribuzione di una quota minoritaria degli utili maturati, entro limiti di rendimento predeterminati (art. 3, co. 3); dunque la società può scegliere tra *assenza* e *mero contenimento* dello scopo di lucro. La possibilità di optare per la prima soluzione è ciò che rileva ai nostri fini.

L'insieme di questa normativa speciale ha fatto invero dubitare della perdurante essenzialità dello scopo egoistico nel fenomeno societario, tanto più che il possibile perseguimento di finalità ideali o altruistiche oggi non è più circoscritto a limitati settori economici, ma, con l'impresa sociale, è esteso a tutto lo spettro delle iniziative produttive.

In realtà, già a partire dal 1970, emerse in dottrina la tesi del ***tramonto dello scopo lucrativo***, si affermò cioè che la società, almeno quella di capitali, non costituirebbe una struttura caratterizzata sul piano causale, ma sarebbe una figura neutra, e quindi un modello organizzativo utilizzabile per il soddisfacimento di qualsiasi tipo di finalità. La tesi, se corretta, avrebbe implicazioni assai rilevanti: sarebbe legittima la costituzione di una qualsiasi società di capitali, dichiaratamente per scopi non egoistici, anche al di fuori delle ipotesi normativamente previste; pertanto i fondatori, quando mirassero alla realizzazione di scopi ideali mediante l'esercizio di un'attività produttiva, potrebbero liberamente scegliere tra la veste associativa (o della fondazione) e quella societaria.

Si tratta, però, di una ricostruzione contro cui è schierata la dottrina assolutamente maggioritaria. Di fronte al chiaro dettato dell'art. 2247, a tutte le richiamate disposizioni di settore viene attribuito **carattere di eccezionalità**, specie alla luce delle ragioni tutt'altro che generali, che ne sono in effetti a fondamento: nel settore dei mercati finanziari, ad es., l'opportunità, per gli intermediari, di costituire società di gestione di tipo consortile, non per trarne profitto, ma per rendere più efficienti i servizi connessi alla loro attività principale (= di intermediazione) e quindi per valorizzare quest'ultima. In tale prospettiva, si tratterebbe di disposizioni che non sarebbe possibile astrarre dal contesto in cui sono calate e da cui dunque non potrebbe formularsi, per analogia, alcun principio generale di neutralità della causa societaria, capace di tradursi in una parziale abrogazione dell'art. 2247.

La tesi è in linea di principio corretta, ma a partire dalla regolamentazione dell'impresa sociale lo scenario non può più considerarsi quello di un tempo. Tutte le precedenti discipline summenzionate (dalle società sportive a quelle di gestione dei mercati) avevano in effetti incidenza solo in settori produttivi specifici e circoscritti; con l'impresa sociale il quadro è cambiato, perché *ogni ambito economico può essere palcoscenico di una società senza scopo di lucro*, a condizione che essa arruoli tra il personale, in una certa percentuale, lavoratori appartenenti alle categorie disagiate (eccone la valenza di interesse generale e utilità sociale) e si assoggetti a certe altre regole coerenti con le finalità a questo punto principalmente ideali che intende perseguire. La scelta che l'ente deve compiere è una scelta di campo, segnalata anche nel nome, che deve contenere l'espressione "impresa sociale" (art. 6 d.lgs. 112/2017), ed è una scelta definitiva, perché non è possibile riconvertire la società in una con scopi lucrativi, né trasferirne l'azienda se non preservando le finalità di interesse generale, e l'autorità governativa ha il potere, nel caso in cui i requisiti per il riconoscimento della qualità di impresa sociale vengano meno, di sciogliere l'ente, devolvendone il patrimonio (dedotto il capitale) non già ai soci, ma a fondi per la promozione delle imprese sociali (artt. 12 e 15); in altre parole, la società "impresa sociale" non è una società uguale alle altre, caratterizzata semplicemente (quando vi opti) dall'assenza di lucro, ma è una società voluta per essere assoggettata ad un regime particolare, che incide sulla sua organizzazione e sulla sua vita.

In definitiva, per effetto di questa disciplina, risulta ormai difficile predicare la marginalità delle ipotesi in cui una società può non avere finalità egoistiche. Essa conferma invece la tendenza ormai in atto su più fronti, in virtù della quale l'istituto societario, da formula organizzativa rigorosamente caratterizzata sul piano della causa, diviene sempre più, nel quadro che ne delinea l'ordinamento, un modello di struttura per l'esercizio delle attività produttive, apprezzato in quanto tale per la sua efficienza organizzativa, e quindi chiamato a svolgere nel contesto economico e sociale un ruolo più diffuso e polivalente, dal punto di vista degli obiettivi perseguiti (speculativi, ideali, di interesse pubblico).

Tuttavia anche questa resta una *disciplina di carattere eccezionale*. Ciò significa che ***l'atto costitutivo di una società non può in via generale contenere puramente e semplicemente clausole incompatibili con lo scopo*** lucrativo o comunque ***economico/egoistico***, che rappresenta ancora la causa normale di questo negozio (come sarebbe la clausola che disponesse la devoluzione in beneficenza degli utili, affidando all'assemblea dei soci il compito di individuare di volta in volta il beneficiario), a meno che non sia compiuta la scelta di campo di cui si è detto e si opti (già nel nome della società) per il submodello previsto per l'impresa sociale, o a meno che l'ente non operi in uno degli specifici settori in cui altre norme eccezionali consentono di abdicare allo scopo egoistico.

§ 36. I TIPI DI SOCIETÀ. AUTONOMIA PATRIMONIALE, PERSONALITÀ GIURIDICA, SOGGETTIVITÀ

SOMMARIO: I. *Il tipo di società: nozione*. – II. *La libertà di scelta e i criteri di individuazione dei tipi. Il principio di tipicità e l'autonomia privata. Le società di diritto speciale*. – III. *L'autonomia patrimoniale nei diversi tipi*. – IV. *Personalità giuridica e soggettività giuridica*.

I. *Il tipo di società: nozione*

Come si è detto, l'ordinamento disciplina una pluralità di modelli organizzativi societari: le sei società c.d. lucrative (società semplice, s.n.c., s.a.s.; s.p.a., s.r.l., s.a.p.a.) e le società cooperative (con le mutue assicuratrici). Ciascuno di questi modelli (a cui vanno aggiunte la società europea e la società cooperativa europea) rappresenta un *tipo di società* e si distingue dagli altri sotto molteplici aspetti, che riguardano essenzialmente:

1) le **regole dell'organizzazione interna**: questa è tendenzialmente più agile nelle società di persone, pensate per iniziative di modesta entità, con pochi soci, partecipi personalmente ed attivamente alla gestione dell'attività; l'organizzazione si fa più complessa e circondata da maggiori cautele a tutela dei creditori nelle società di capitali e cooperative; in queste ultime, inoltre, essa asseconda la finalità solidaristica e non speculativa dell'ente (la società è aperta all'ingresso di chiunque appartenga alla categoria – di lavoratori, di consumatori, ecc. – interessata alle sue attività e ciascun socio ha in linea di principio lo stesso potere degli altri e non un potere proporzionale all'investimento);

2) l'**autonomia patrimoniale**: questa è minore nelle società di persone, in cui almeno i soci amministratori rispondono personalmente e illimitatamente delle obbligazioni sociali, maggiore nelle altre, che sono persone giuridiche del tutto distinte dai soci (*infra*, III).

Il **tipo** è dunque ***un modello societario con proprie caratteristiche distintive, autonomamente disciplinato in via normativa***. L'ordinamento offre così agli operatori economici un ventaglio di soluzioni organizzative, capaci di soddisfare le molteplici e diverse esigenze che essi possono in concreto manifestare: il senso della presenza di una pluralità di modelli sta proprio nella volontà di approntare strutture giuridiche alternative, in considerazione della varietà di dimensioni e assetti che l'iniziativa da svolgere in forma societaria può assumere. D'altra parte, anche storicamente, i diversi tipi nascono proprio per queste ragioni.

Il concetto di "tipo", accolto nello stesso codice (art. 2249), richiede alcuni chiarimenti. Il contratto di società è di per sé un *tipo contrattuale*: il sistema normativo cataloga i contratti proprio *per tipi* (compravendita, locazione, ecc.), differenziati per la diversa funzione (causa) assolta; in linea di principio, come si è visto, questo vale anche per il contratto di società, sebbene il valore differenziale della causa si perda quando la legge consente la creazione di società con scopi ideali (là dove ciò è permesso – es.: imprese sociali – è chiaro che ciò che contraddistingue il contratto costitutivo di un'associazione da quello costitutivo di una società non sta più nello scopo, ma nella particolare struttura organizzativa prescelta per raggiungerlo).

Orbene, quando si parla di *tipi societari*, non si introduce una sub-segmentazione della fattispecie "atto/contratto di società", nuovamente in funzione della causa, ma una *suddivisione dipendente dal modello organizzativo*. È stato detto bene che questa nozione di tipo vale a distinguere non tanto il *perché* ci si proponga di svolgere una certa attività, ma i diversi *modi* in cui si sceglie di svolgerla. Però diversità di modello organizzativo e diversità di causa tornano ad intrecciarsi quando si pongono l'una di fronte alle altre la società cooperativa e le società lucrative.

II. *La libertà di scelta e i criteri di individuazione dei tipi. Il principio di tipicità e l'autonomia privata. Le società di diritto speciale*

A) Il principio di fondo che presiede alla selezione tra i modelli è quello della **libertà di scelta**: *i fondatori possono eleggere liberamente il tipo che preferiscono*. La scelta avviene, naturalmente, con la costituzione della società, ma può essere successivamente mutata dai soci, attraverso la modificazione dell'atto costitutivo: l'operazione di cambiamento del tipo prende il nome di *trasformazione della società* (artt. 2498 ss.).

Il principio di libertà di scelta è enunciato nell'art. 2249, che ne esplicita anche i **limiti**, dipendenti dalla natura dell'attività programmata, cioè dall'oggetto sociale.

1) Il primo limite ha carattere generale: *se l'attività è di natura commerciale, non può optarsi per la società semplice* (co. 1); in caso contrario (attività agricola, di professione intellettuale) si può scegliere fra uno qualunque dei tipi (co. 2). Il modello della società semplice è dunque utilizzabile esclusivamente per attività non commerciali.

2) Il secondo limite ha portata settoriale: per lo svolgimento dell'attività in determinati settori, la legge può richiedere l'adozione di un particolare tipo (co. 3). Ad es., l'attività bancaria è riservata alle s.p.a. e alle cooperative per azioni (art. 14 TUB); ancora in forma di s.p.a. devono costituirsi certe società operanti nei mercati finanziari (per la prestazione di servizi di investimento, la gestione di mercati regolamentati: artt. 19, 64 TUF).

Se le parti non effettuano alcuna scelta, cioè si accordano genericamente per lo svolgimento comune di un'attività, o di fatto ne intraprendono l'esercizio, senza ulteriori specificazioni, lo stesso art. 2249, co. 2, stabilisce che si applichino le disposizioni sulla *società semplice*, quando l'attività sia non commerciale. Se questa è commerciale, la società va invece qualificata come *s.n.c.*, come si deduce dal fatto che ogni altro tipo, per le specificità che lo connotano, presuppone che vi sia una volontà mirata, diretta a porne in essere gli elementi caratterizzanti (le due categorie di soci, nella s.a.s. e nella s.a.p.a.; l'autonomia patrimoniale perfetta e dunque la limitazione del rischio al conferimento, che si acquista con l'iscrizione, nelle società di capitali). Questa operatività della relativa disciplina in assenza di una scelta negoziale alternativa si suole rappresentare affermando che *società in nome collettivo e società semplice costituiscono i* **tipi residuali**, *rispettivamente, per le attività commerciali e per le attività diverse*.

B) Corollario della libertà di scelta del tipo è il **principio di tipicità delle società**, chiaramente deducibile dall'art. 2249: le società con oggetto commerciale "*devono* costituirsi secondo uno dei tipi regolati nei capi III e seguenti" (cioè negli artt. 2291 ss.), mentre quelle con oggetto non commerciale sono società semplici, "a meno che le parti non abbiano voluto costituire la società *secondo uno degli altri tipi regolati* nei capi III e seguenti". Dunque ***le parti non possono dar vita a modelli organizzativi nuovi e diversi da quelli regolati in via normativa***: il sistema dei tipi è un sistema chiuso, che li predetermina *tassativamente*.

Si tratta di un limite all'autonomia negoziale (art. 1322) che dipende dalla rilevanza esterna degli enti societari, la quale suggerisce di assicurarne una pronta e facile riconoscibilità da parte dei terzi. In quest'ottica, è stato giustamente rilevato che il principio non urta contro quello costituzionale di libertà nelle iniziative economiche (art. 41 Cost.), perché anche questa deve esplicarsi nel rispetto dei valori della comunità e, tra questi, di quello alla trasparenza del mercato.

Il principio di tipicità non cancella tuttavia ogni spazio all'**autonomia privata**: nessuno dei modelli legali è infatti rigido e sotto molti profili la libertà negoziale può tornare ad esplicarsi, o perché la legge stessa affida al negozio il compito di regolarli, o perché la regolamentazione è predisposta sì in via normativa, ma con disposizione derogabile. La tendenza recente è anzi ad una sempre maggiore accentuazione dell'autonomia negoziale.

Tradizionalmente, questa è meno ampia nei modelli destinati alle iniziative economiche più importanti, per l'intreccio che si determina con gli interessi generali del mercato e per le più spiccate esigenze di protezione dei creditori e degli investitori: ma da una concezione dirigistica, per cui il modello legale deve assicurare l'integrità della gestione imprenditoriale e la sua rigidità è funzionale ad impedire soluzioni organizzative che offrano minori garanzie, si è passati ad una concezione più liberale, che, pur non rinunciando a porre vincoli e limiti dove gli interessi dei terzi sono più direttamente coinvolti, lascia libertà ai soci di regolare i reciproci rapporti tra loro ed anche i sistemi organizzativi, affidando al mercato la selezione tra imprese affidabili e non affidabili. È così che lo stesso tipo della s.p.a. – storicamente il meno malleabile – resta ancora caratterizzato da una certa rigidità, ma è anche aperto a molte, possibili varianti, che consentono di adattarne il modello, nel caso concreto, alle multiformi esigenze dei partecipanti; e la s.r.l., nata nel codice del 1942 come una gemella minore della s.p.a., è divenuta per effetto delle successive riforme il terreno di elezione dell'autonomia negoziale, non meno delle società di persone, dove la preoccupazione del legislatore di stabilire regole organizzative per proteggere il mercato è da sempre meno avvertita, perché quest'ultimo è garantito dalla responsabilità illimitata e personale dei soci.

I modelli organizzativi regolati nel codice civile hanno *carattere generale*: la loro disciplina è la disciplina applicabile a tutte le società costituite secondo uno di essi.

Diverse normative speciali tuttavia introducono disposizioni dedicate a categorie di società e talvolta persino a singole società, che *derogano o integrano*, *in misura più o meno ampia*, *la disciplina generale*. Si parla, in tal caso, di **società di diritto speciale**: si tratta di enti che appartengono ad uno dei tipi codicistici e quindi soggetti, in linea di principio, alle relative norme, ma che, sotto certi profili, presentano invece una regolamentazione loro propria, giustificata dall'esistenza di un interesse pubblico specifico.

Gli interventi normativi in proposito sono numerosissimi e variegati, al punto che risulta impossibile ricondurre ad unità questo fenomeno e persino individuare delle linee di tendenza omogenee. Può però almeno evidenziarsi che ciò che muove il legislatore è principalmente la necessità di dettare regole apposite in settori economici di particolare delicatezza o con spiccate peculiarità (ad es., il credito bancario, i mercati finanziari, le professioni intellettuali), o l'opportunità di consentire alla pubblica amministrazione di intervenire nell'economia attraverso strumenti giuridici di diritto privato, ma corretti in modo da favorire il perseguimento dei correlati interessi pubblicistici (ed è in questo contesto che si è pervenuti negli ultimi decenni alla *privatizzazione* delle imprese pubbliche).

Tra le società ora considerate, numerose sono in effetti quelle cui partecipa, sovente come socio unico o di maggioranza, un ente pubblico. Il fenomeno delle **società a partecipazione pubblica** è assai diffuso; esso è andato sviluppandosi in misura esponenziale specie negli anni recenti, poiché gli enti territoriali hanno spesso esternalizzato rispetto al proprio apparato amministrativo l'erogazione di servizi di interesse per la popolazione (quali il trasporto pubblico, la somministrazione dell'acqua, ecc.), affidandola ad organismi societari dagli stessi controllati. Recentemente il legislatore vi ha dedicato una apposita disciplina (d.lgs. 175/2016).

Essa sancisce l'*assoggettamento* di tali società *al diritto societario comune*: si tratta dunque di normali società, appartenenti ad uno dei tipi previsti dalla legge e sottomesse alla relativa disciplina, come ogni società partecipata esclusivamente da soggetti privati. Tuttavia, sotto taluni aspetti, viene delineata una disciplina speciale, in particolare quando l'ente pubblico detiene la partecipazione di controllo e, ulteriormente, nella specifica ipotesi in cui questa configuri il c.d. "controllo analogo" dell'ente pubblico sulla società (analogo a quello che l'amministrazione esercita sui propri servizi interni).

III. *L'autonomia patrimoniale nei diversi tipi*

La società è un organismo caratterizzato dall'**autonomia patrimoniale**. I beni che ad essa fanno capo non si confondono mai, giuridicamente, con quelli personali dei soci, ma ne rimangono separati; questa separazione si traduce in un ***distinto regime di responsabilità nei confronti dei creditori***, rispettivamente della società e del singolo socio. Si tratta di una caratteristica centrale del fenomeno societario nel suo complesso, impressa dal legislatore al fine di favorire l'iniziativa economica e il suo svolgimento; l'autonomia varia però di grado, a seconda del tipo di società: essa è modesta (ma comunque presente) nelle società semplici, e cresce via via nelle s.n.c. e nelle s.a.s., fino a diventare piena nelle società di capitali e nelle cooperative. Per comprenderne il significato, è utile muovere dalle situazioni apparentemente contigue alla società, ma in cui l'autonomia è totalmente assente.

a) *Comunione di beni*. La comunione costituita per meri fini di godimento, come si è visto, è retta dalla disciplina della proprietà (art. 2248) e, dal punto di vista della responsabilità, la contitolarità non isola in alcun modo il bene comune da quelli individuali dei comproprietari. Infatti, nei confronti del creditore comune (ad es., il custode del parco) tutti i comproprietari rispondono solidalmente ed egli può soddisfare il proprio diritto aggredendo indifferentemente tale bene o quelli personali dei debitori; parimenti, il creditore particolare del singolo comproprietario (ad es., il suo insegnante di inglese) può aggredire indifferentemente i beni personali di questo o il bene comune, per la quota di contitolarità. In conclusione: *la semplice costituzione di una comunione patrimoniale, senza destinazione economica dei beni, non consente di accedere ad alcuna forma di autonomia.*

b) *Azienda individuale.* L'imprenditore che destini parte dei propri beni all'esercizio di un'attività svolta a titolo individuale risponde dei relativi debiti, secondo il principio dell'art. 2740, anche con tutti i propri beni extraaziendali; analogamente, quelli aziendali sono liberamente aggredibili anche dai suoi creditori, che vantino diritti per rapporti estranei all'impresa. In conclusione: *la destinazione economica di beni, se l'impresa resta individuale, a sua volta non determina alcuna separazione patrimoniale.*

1) Già nella **società semplice**, per contro, si delinea un ***primo grado di autonomia***.

1a) Il creditore particolare di un socio non può aggredire direttamente i singoli beni sociali, sebbene possa esigere dalla società la liquidazione in denaro della quota spettante al suo debitore (art. 2270). Dal punto di vista del risultato finale questo può sembrare equivalente (in ogni caso la società deve privarsi di un valore patrimoniale), ma così non è, perché l'inespropriabilità dei beni sociali assicura l'integrità del complesso produttivo, sia a favore degli altri soci (che così conservano la disponibilità dei beni strumentali), sia dei creditori sociali (che nel valore di questi beni trovano una garanzia preferenziale rispetto al creditore particolare, cui, infatti, spetta il valore *netto* della quota, cioè il valore che residua dopo aver soddisfatto i primi).

1b) Autonomia vi è anche riguardo ai debiti sociali, di cui i beni dell'ente rispondono prioritariamente o addirittura esclusivamente, rispetto ai patrimoni personali dei soci; esclusivamente, per quei soci non amministratori la cui responsabilità il contratto sociale può limitare al conferimento (art. 2267); prioritariamente, per gli altri soci, che sono sì illimitatamente e solidalmente responsabili, ma che possono evitare l'espropriazione dei propri beni, indicando quelli della società su cui il creditore può agevolmente soddisfarsi (art. 2268).

2) ***Maggiore intensità*** acquista l'autonomia patrimoniale nelle **s.n.c.** In esse il creditore particolare del socio non può chiedere neppure la liquidazione della quota (art. 2305), sicché l'integrità del patrimonio produttivo è garantita sia nella composizione che nel valore. E, pur essendo tutti i soci, senza eccezioni, illimitatamente responsabili per le obbligazioni sociali, i creditori non possono aggredire i beni individuali, se non dopo avere inutilmente escusso il patrimonio sociale (art. 2304), il che difende i primi da qualsiasi loro pretesa, almeno finché la società è solvibile, e fa di questo patrimonio, distaccandolo da quelli individuali, l'*asset* primario attraverso cui l'attività economica si sostiene.

3) Analoga è l'autonomia nelle **s.a.s.**, dove, in più, vi è una categoria di soci (gli accomandanti) sempre responsabili solo nei limiti del conferimento (art. 2313).

A questo punto è chiaro perché quella delle società di persone si definisca **autonomia patrimoniale imperfetta**.

4) Il massimo grado, ossia l'**autonomia patrimoniale perfetta**, si raggiunge nelle **società di capitali e cooperative**. Qui i patrimoni sono del tutto separati e nessuna

interferenza si verifica nell'assoggettamento alla responsabilità per i debiti dei singoli soci e per quelli sociali: il creditore particolare non ha azione alcuna verso la società ed il creditore sociale nessuna verso i soci (salvo che verso gli accomandatari delle s.a.p.a., che rispondono illimitatamente). Il fenomeno di separazione patrimoniale che così si determina nella sua compiutezza pone il patrimonio destinato all'attività produttiva al centro di questa, garanzia esclusiva – con l'eccezione appena evidenziata – per i terzi, e indifferente alle vicende che colpiscono individualmente i partecipanti.

IV. *Personalità giuridica e soggettività giuridica*

La funzione produttiva dell'autonomia patrimoniale, quale strumento di incentivazione delle attività economiche, è stata appena illustrata. La sua conquista rappresenta il portato di un'evoluzione storica secolare dell'istituto societario, sviluppatasi di pari passo con il rinnovamento degli scenari economici e con la maturazione e l'implementazione delle iniziative commerciali, dai primi sussulti dell'età comunale, alle grandi intraprese coloniali, sino ai nostri giorni.

La dottrina tradizionale spiega, o meglio identifica, l'autonomia patrimoniale perfetta con la nozione di **personalità giuridica**: la separazione patrimoniale non sarebbe che la logica, immediata conseguenza del fatto che ***la società è un soggetto distinto dai soci***; per questo, delle proprie obbligazioni non potrebbe che rispondere essa soltanto, con il proprio patrimonio, mentre nessuna responsabilità potrebbe gravare su quest'ultimo per i debiti di un'altra persona, quali sarebbero quelli del socio.

Il concetto riassunto in questa espressione, e che travalica ampiamente i confini del fenomeno societario e dello stesso diritto privato (concernendo *in primis* lo Stato e le altre collettività pubbliche), ha implicazioni notevoli: significa ammettere che, accanto alle persone fisiche, esistano entità ulteriori che l'ordinamento eleva a centri autonomi di imputazione di rapporti giuridici, cioè a titolari di pretese e destinatari di comandi: le persone giuridiche appunto.

È bene osservare che lo stesso legislatore accoglie questa nozione (in generale, già nel primo libro del codice: v. l'intitolazione del Titolo II del Libro I) e la ricollega alle **società di capitali**: ai sensi dell'art. 2331, "con l'iscrizione nel registro [delle imprese] la società acquista la personalità giuridica". Per la verità l'ordinamento non ne definisce direttamente il significato; ma è l'intera disciplina a risultare costruita come consequenziale proprio all'idea che la personalità consista nell'alterità soggettiva tra organismo e partecipanti: così si spiegherebbe l'esistenza di un "nome" della società (art. 2326), la "rappresentanza" della stessa (art. 2328, n. 9), la sua responsabilità esclusiva per le obbligazioni sociali (art. 2325), la costituibilità di rapporti contrattuali fra società e singoli soci (art. 2362) e via dicendo.

Alle **società di persone**, invece, la legge non attribuisce espressamente la personalità giuridica. Questo silenzio implicherebbe, secondo un primo orientamento dottrinale, che tali società, non elevandosi a soggetti autonomi e distinti, si risolverebbero nelle persone dei soci che le compongono. L'autonomia patrimoniale loro riconosciuta avrebbe rilevanza, in questa prospettiva, soltanto *sul piano oggettivo*: la titolarità dei beni e dei rapporti giuridici societari farebbe capo direttamente ai soci, quantunque secondo un regime di contitolarità e di corresponsabilità diverso da quello ordinario. Inoltre, l'attività sarebbe pure direttamente riferibile a loro stessi, a ciascuno dei quali dunque andrebbe attribuita la qualità di imprenditore.

Questa tesi, pur autorevolmente sostenuta in dottrina e accolta da una parte della giurisprudenza ancora recentemente (ad es. nell'affermare che la società, per ottenere il rilascio di un immobile locato a terzi, può invocare come proprie le esigenze di utilizzazione dell'immobile da parte di un socio), appare recessiva e non condivisibile. Nel passato si era anche predicata la personalità giuridica di queste società. Nelle elaborazioni più mature e moderne e nella giurisprudenza oggi assolutamente prevalente si afferma invece che esse sono dotate di una propria **autonomia soggettiva**, di grado inferiore rispetto alla personalità giuridica, ma comunque tale da erigerle a ***centri di imputazione di rapporti giuridici***, distinti dai soci.

La stessa disciplina codicistica lo dimostrerebbe: con l'art. 2266 ("La società acquista diritti e assume obbligazioni ..."), con l'attribuzione all'ente come tale di un nome e di una sede (artt. 2292, 2295), con il riconoscimento della trascrivibilità di atti a suo favore o contro nei registri immobiliari (artt. 2659, 2839). La tesi è corretta ed ancor più evidente questo risulta dalla insensibilità dei rapporti giuridici instaurati con i terzi al mutare della compagine sociale.

Si afferma in proposito, frequentemente, che le società di persone rientrerebbero in un *tertium genus* di soggetti (terzo rispetto alle persone fisiche e giuridiche) e si parla non di personalità, ma di **soggettività minore**. La cosa non può stupire chi comprenda che soggettività e personalità giuridica non sono qualità ontologiche di un essere reale, ma esprimono semplicemente il fatto che l'ordinamento tratta un certo ente *come se* fosse un soggetto autonomo, cosicché l'estensione e la portata di questo trattamento non costituiscono un dato assoluto, ma dipendono dalla disciplina normativa e dalle sue finalità e quindi possono variare. È corretto pertanto trarre deduzioni dalla riconosciuta soggettività o personalità delle società, ma solo fin tanto che ciò non contrasta con la *ratio* di una determinata disciplina. In cosa d'altronde si manifesti il minor grado di soggettività delle società di persone dovrebbe essere chiaro: nella loro inferiore autonomia patrimoniale. Per il resto, soggettività e personalità finiscono sostanzialmente per coincidere: la titolarità dei beni e dei rapporti sociali fa capo alla società (e così tra l'altro, secondo la giurisprudenza, la quota spettante al socio escluso o receduto deve essere liquidata dalla società e non dagli altri soci); la responsabilità dei soci per le obbligazioni sociali è responsabilità per debiti altrui; imprenditore è la società.

SEZIONE DECIMA

LE SOCIETÀ DI PERSONE

INTRODUZIONE

Le società di persone si caratterizzano tradizionalmente nel panorama societario quale ***modello elettivo per l'esercizio in comune di imprese di dimensioni contenute***. Sul piano delle caratteristiche, esse presentano alcuni tratti comuni: la ***responsabilità illimitata*** di almeno un socio per le obbligazioni sociali, la ***stabilità*** nel tempo della compagine sociale e dell'originario assetto organizzativo cristallizzato nell'atto costitutivo, la rilevanza normativa di talune ***vicende personali*** dei soci, l'***agilità gestionale***.

La disciplina di riferimento è codificata in poco più di 70 articoli raggruppati subito dopo la nozione di società (artt. 2250-2324), che approntano un modello piuttosto elementare, concepito per disciplinare società con una ristretta cerchia di soci ed un elevato vincolo fiduciario tra gli stessi (c.d. *intuitus personae*).

Sarebbe tuttavia fuorviante conferire a tali connotati un'impronta irrinunciabile: il modello legale presenta ***ampi margini di derogabilità***, che consentono ai soci di confezionare modelli statutari orientati a ridimensionare (se non ad accantonare) i tratti personalistici attraverso clausole che richiamino istituti e regole proprie dei tipi capitalistici, sia sul piano della struttura organizzativa, che su quello della circolazione delle quote (si usa in tali casi parlare, rispettivamente, di società di persone *a struttura corporativa* e *a struttura aperta*). D'altro canto, la struttura più genuinamente personalistica mal si adatta all'ipotesi, pienamente legittima, in cui alcuni o tutti i soci della società di persone siano società di capitali.

Sul piano della "***competizione tra tipi***" per l'esercizio delle piccole e medie imprese, le società di persone subiscono la concorrenza delle s.r.l., cui il legislatore ha inteso conferire sempre maggiore *appeal* normativo. Nel complesso, tuttavia, i dati statistici confermano il costante successo delle società di persone, *nonostante la responsabilità illimitata di almeno un socio*. Ciò principalmente per due motivi: il *trattamento tributario*, ispirato al principio della trasparenza fiscale (che consente di tassare l'utile non in capo alla società, ma direttamente in capo ai soci, con conseguente possibilità di fruire di aliquote più favorevoli); la *maggiore elasticità* tanto in sede di costituzione quanto nel corso della vita sociale.

Prima di illustrare in dettaglio la disciplina delle società di persone, occorre fare un cenno ai tre tipi regolati: ***società semplice***, ***società in nome collettivo*** e ***società in accomandita semplice***. Sul piano dell'**attività**, va ricordato che *la società semplice può svolgere esclusivamente attività diversa da quella commerciale* (art. 2249, co. 2), e dunque si presta all'esercizio in comune di attività d'impresa agricola e di attività professionale. *Detto limite non sussiste per s.n.c. e s.a.s.*, qualificate per l'appunto società di persone commerciali (o, più chiaramente, *di forma commerciale*), alle quali, come già illustrato, è consentito lo svolgimento di attività d'impresa commerciale (art. 2249, co. 1), ma anche di attività diversa (art. 2249, co. 2). Sul piano della **responsabilità**, *tutte le società di persone presentano almeno un socio chiamato a rispondere illimitatamente per le obbligazioni sociali*, in solido con la società. Nella società semplice e nella s.n.c. rispondono illimitatamente tutti i soci, mentre nella s.a.s. rispondono illimitatamente i soli soci accomandatari, ai quali deve necessariamente affiancarsi la categoria dei soci accomandanti, la cui responsabilità è viceversa circoscritta al conferimento effettuato o promesso. Sul piano dell'**organizzazione dell'attività**, vengono lasciati ampi spazi all'autonomia statutaria, e le poche regole dettate, in larga parte derogabili, disegnano un *modello organizzato* "*per persone*" nel senso che tutti i poteri (di gestione, di controllo, di partecipazione alle decisioni più rilevanti) sono rimessi ai soci in quanto tali, e non ad organi designati, nominati o delegati dai soci (ad eccezione della decisione di accesso agli strumenti di regolazione della crisi e dell'insolvenza, rimessa esclusivamente agli amministratori).

Occorre infine segnalare che le società di persone si caratterizzano per una tecnica normativa c.d. *a cascata*. Con tale espressione si intende sottolineare la circostanza che solo al primo dei tipi (la società semplice) viene riservata una disciplina tendenzialmente completa, costituita da ben quaranta articoli del codice che formano un corpo normativo organico (artt. 2251-2290). Agli altri due tipi, invece, vengono dedicate poche disposizioni specifiche cui si aggiunge un richiamo alle regole del tipo precedente, le quali dunque, entro certi limiti, rifluiscono nei tipi successivi, contribuendo a disegnarne la disciplina.

Così, per individuare le regole applicabili alla s.n.c. occorre tener presenti sia i ventidue articoli ad essa espressamente dedicati (artt. 2291-2312), sia, "*in quanto questi non dispongano*" (così l'art. 2293), quelli dettati in tema di società semplice. Per individuare le regole applicabili alla s.a.s. occorre tener presenti non solo i dodici articoli che la riguardano direttamente (artt. 2313-2324), ma altresì le disposizioni sulla s.n.c. (ivi comprese, dunque, quelle in tema di società semplice a loro volta richiamate), che l'art. 2315 dichiara applicabili "*in quanto compatibili*" con quelle specificamente riservate alla s.a.s.

In questa sede si è ritenuto opportuno sganciare l'ordine espositivo da quello codicistico, e trattare in primo luogo le società di persone commerciali, ovvero la s.n.c. e la s.a.s., sia in ragione della loro utilizzabilità per l'esercizio di attività commerciale che per la loro enorme diffusione nella realtà dei traffici. E dunque la trattazione prenderà le mosse dalla s.n.c., ovvero il *prototipo normativo delle società di persone commerciali*, per poi passare alla s.a.s. Rispetto a queste si è posposta la trattazione della società semplice, che, pur rappresentando il *prototipo normativo delle società di persone*, costituisce un modello fruibile esclusivamente per l'esercizio di attività non commerciali. Ed in realtà anche per tali attività si tratta di modello tutt'altro che diffuso, non assicurando un adeguato livello di autonomia patrimoniale.

CAPO PRIMO
LA SOCIETÀ IN NOME COLLETTIVO

§ 37. PROFILI FORMALI E PROFILI FINANZIARI

I. *Nozione*

Secondo l'art. 2291, nella società in nome collettivo **tutti i soci rispondono solidalmente ed illimitatamente per le obbligazioni sociali**.

Questo dato parrebbe dunque rappresentare l'*elemento caratterizzante* della s.n.c. Si tratta di una responsabilità ineliminabile: l'eventuale patto limitativo della responsabilità di uno o più soci avrà infatti rilevanza esclusivamente *nei rapporti interni tra soci*, e non sarà in alcun caso opponibile ai creditori della società (*infra*, III.5); e tanto basta a differenziare la s.n.c. rispetto alla società semplice, in cui viceversa è ammessa l'efficacia anche esterna delle limitazioni di responsabilità, e alla s.a.s., in cui non può mancare, accanto ai soci accomandatari, il cui regime di responsabilità ricalca quello dei soci di s.n.c., una categoria di soci (soci accomandanti) che rispondono per le obbligazioni sociali nei limiti del capitale dagli stessi sottoscritto.

È poi previsto che la s.n.c. agisca sotto una **ragione sociale**, composta dal nome di uno o più soci con l'indicazione del rapporto sociale (art. 2292), che assolve ad una funzione distintiva-identificativa dell'ente come soggetto di diritto. Si tratta di un contenuto minimo, al quale possono aggiungersi ulteriori elementi (ad esempio, *Alfa Trasporti s.n.c. di Giovanni Bianchi*). Dalla norma si desume chiaramente che basta l'inserimento del nome di uno dei soci, mentre implicitamente deve escludersi l'inserimento del nome di soggetti estranei alla compagine sociale.

II. *Costituzione. Partecipazione. Invalidità dell'atto costitutivo*

1. *La costituzione della società in nome collettivo*

Il codice fissa un **contenuto** piuttosto ampio dell'**atto costitutivo** di s.n.c. (che è sempre un *contratto*, dovendo essere più d'uno i soci fondatori). Esso deve infatti indicare (art. 2295): 1) il cognome e il nome, il domicilio, la cittadinanza dei soci; 2) la ragione sociale; 3) i soci che hanno l'amministrazione e la rappresentanza della società; 4) la sede della società e le eventuali sedi secondarie; 5) l'oggetto sociale (cioè il settore di attività in cui la società opererà); 6) i conferimenti di ciascun socio, il valore ad essi attribuito e il modo di valutazione; 7) le prestazioni a cui sono obbligati i soci d'opera, se vi sono; 8) le norme secondo le quali gli utili devono essere ripartiti e la quota di ciascun socio negli utili e nelle perdite; 9) la durata della società (sebbene sia possibile costituirla a tempo indeterminato).

Non si tratta però di elementi tutti essenziali, in quanto all'integrazione di alcuni di essi, ove mancanti (in particolare: soci titolari del potere di amministrazione e rappresentanza, durata della società, criteri di ripartizione di utili e perdite) provvedono, come si vedrà, norme dispositive del codice.

Sul piano della **forma**, viene richiesta la stipula per atto pubblico o scrittura privata autenticata (art. 2296), ma ciò vale ai soli fini pubblicitari, ovvero per ottenere l'*iscrizione nel registro delle imprese*. In altre parole, il contratto costitutivo è ***a forma libera*** (a meno che una forma solenne non sia richiesta in ragione dei conferimenti apportati dai soci, art. 2251: se ad es. viene conferita la proprietà di un immobile, l'atto deve rivestire la forma scritta *ex* art. 1350). E l'**iscrizione** *non costituisce condizione di esistenza della società*: essa è solo ***condizione di regolarità*** della stessa (il che segna una vistosa differenza rispetto alle società di capitali, in cui la mancanza della forma prescritta comporta la nullità della società, anche dopo l'iscrizione, e senza quest'ultima la società non viene neppure a piena esistenza). L'unica conseguenza della mancata iscrizione è il parziale assoggettamento della s.n.c., limitatamente ai rapporti tra la stessa ed i terzi, alle disposizioni dettate in tema di società semplice (ferma la responsabilità illimitata e solidale di tutti i soci: art. 2297): in sostanza, *la s.n.c. non iscritta gode della minore autonomia patrimoniale propria della società semplice*. In tal caso si parla, come si è visto, di ***efficacia normativa*** dell'iscrizione (v. *supra*, § 6).

Ne consegue che la s.n.c. non iscritta (**s.n.c. irregolare**) è validamente costituita pur in assenza delle forme richieste ai fini dell'iscrizione. Proprio muovendo da tale considerazione, si comprende come una s.n.c. possa essere costituita anche indipendentemente *dalla esternazione della stipula del contratto di società*. E si distingue allora tra s.n.c. irregolare, il cui atto costitutivo viene stilato espressamente (e persino in forma scritta) osservando le prescrizioni di contenuto sopra illustrate (ma senza l'iscrizione nel registro), e **s.n.c. di fatto**, in cui per converso manca la documentazione dell'atto costitutivo e l'attività societaria viene esercitata per fatti concludenti (il contratto viene concluso in tal caso *tacitamente*).

A rigore, nella società di fatto manca, a differenza della s.n.c. irregolare, la stessa **scelta del tipo** s.n.c. E manca altresì una disposizione, quale quella rinvenibile per l'esercizio di attività agricola (art. 2249, co. 2), la quale stabilisca in modo esplicito che le società esercenti attività d'impresa commerciale, in assenza di una diversa opzione dei soci, siano regolate dalle norme sulla s.n.c. Ciò nonostante, nei casi in cui i soci non abbiano specificato il tipo prescelto e l'attività svolta è commerciale, si ritiene in via interpretativa, come già illustrato, che vadano applicate le norme della s.n.c. Si tratta infatti dell'unico tipo compatibile con la società di fatto, in quanto per la costituzione degli altri tipi (dalla s.a.s. alle società di capitali) viene costantemente richiesta l'indicazione di ulteriori elementi contrattuali (la previsione delle due categorie dei soci nell'accomandita), fino alle prescrizioni di forma a pena di nullità (società di capitali), il che richiede all'evidenza una manifestazione espressa della volontà costitutiva.

Alla società irregolare vengono tradizionalmente ricondotte due ipotesi elaborate da dottrina e giurisprudenza che, per motivi diversi, presuppongono necessariamente la mancata iscrizione della s.n.c.: la **società occulta o non manifesta**, già illustrata in precedenza (*supra*, § 5.I.2); la **società apparente**, che costituisce applicazione in campo societario del più generale principio dell'apparenza di diritto, nel senso che pur non sussistendo (o non riuscendosi ad offrire la prova di) un vincolo societario nei rapporti tra soci, si reputa comunque sussistente, e quindi assoggettabile a l.g./l.c., quella società che appare tale nei rapporti esterni, inducendo i terzi a confidare sulla sua concreta esistenza.

In entrambi i casi, si mira ad estendere a determinati soggetti la l.g./l.c. di un imprenditore individuale, utilizzando i medesimi indizi comportamentali ora per provare che la società, sebbene non manifestata, sussisteva nei rapporti interni, ora per provare che si era creato un affidamento dei terzi sulla sua sussistenza. Di regola si assegna valore probatorio alla *partecipazione alle trattative* preliminari alla stipula di rilevanti contratti o al *sistematico rilascio di garanzie e finanziamenti* da parte dei soggetti, distinti dall'imprenditore insolvente, di cui si voglia così dimostrare o che condividevano con il primo, sia pure agente in nome proprio, poteri gestori e rischi dell'attività, o che avevano ingenerato nei terzi il legittimo affidamento di cui si è detto; si distinguono tuttavia, in caso di coniugi o parenti, i comportamenti giustificabili alla luce dell'*affectio familiaris* da quelli tipici dell'*affectio societatis*.

2. *La partecipazione*

La partecipazione ad una s.n.c. è consentita non solo alle ***persone fisiche*** (nel qual caso per l'incapace valgono le regole sull'esercizio di un'attività d'impresa commerciale fissate dall'art. 2294), ma anche alle **persone giuridiche**.

Per le società di capitali, in particolare, l'assunzione di partecipazioni in altre imprese comportanti una responsabilità illimitata per le obbligazioni delle medesime richiede la previa autorizzazione dell'assemblea. Tanto si desume dall'art. 2361, co. 2, dettato in tema di s.p.a. e s.a.p.a., che si considera applicabile anche alla s.r.l. E dunque, in caso di partecipazione ad una s.n.c., detta autorizzazione si renderà necessaria sempre (diversamente dall'accomandita, in cui sarà richiesta solo per la posizione di accomandatario).

A tale previsione, inserita nella disciplina della s.p.a., si ricollega espressamente uno specifico precetto in tema di **bilancio** della s.n.c. (e s.a.s.). Si precisa infatti che le società di persone di tipo commerciale devono redigere il bilancio secondo le norme previste per la s.p.a. qualora tutti i loro soci illimitatamente responsabili siano s.p.a., s.a.p.a. o s.r.l. (art. 111-*duodecies* disp. att.). Si ammette quindi la possibilità di una s.n.c. i cui soci siano esclusivamente società di capitali. In tal caso, evidentemente, le persone giuridiche socie (o solo alcune tra loro) non potranno che rivestire altresì la veste di amministratori, secondo i principi che governano il potere di amministrazione e rappresentanza.

3. *L'invalidità del contratto*

Il codice non detta alcuna specifica disposizione in tema di **invalidità dell'atto costitutivo** di s.n.c., così come per tutte le società di persone. Di conseguenza, si è invocata *l'applicazione della disciplina generale sulla patologia dei contratti* (artt. 1418 ss.), sia pur valorizzando il portato dell'art. 1420 sulla nullità dei contratti plurilaterali (richiamato dall'art. 1446 per l'annullabilità), che limita le ripercussioni sul contratto societario della nullità della singola partecipazione, salvo che la stessa debba, secondo le circostanze, reputarsi essenziale.

Per la verità, il risultato assicurato è apparso ben misero rispetto all'ipotesi in cui la s.n.c. abbia iniziato la propria attività, ponendo in essere atti giuridici che coinvolgano terzi estranei alla stessa. Il problema non si pone tanto con riguardo ai ***vizi rilevanti*** (per la loro individuazione si può ricorrere senz'altro alla disciplina sui contratti), quanto rispetto agli ***effetti*** dell'invalidità. In quasi tutti i casi di invalidità (salvo, appunto, quello della singola partecipazione non essenziale) resterebbero infatti ferme le regole comuni sulla retroattività degli effetti della stessa; l'applicazione dei comuni canoni sulla patologia del contratto si rivelerebbe però foriera di conseguenze che contrasterebbero con il ***principio di salvaguardia dell'attività svolta*** dall'organizzazione societaria nell'interesse di tutti i soci.

In tale prospettiva, sono stati proposti diversi percorsi argomentativi accomunati dall'obiettivo di individuare soluzioni tali da preservare l'attività posta in essere dalla società nulla. All'uopo si è invocata la rilevanza dell'esercizio di fatto dell'attività, la tutela dell'affidamento dei terzi, oppure – e si tratta dell'orientamento che riscuote crescente consenso anche alla luce dell'evoluzione dei dati normativi – l'applicabilità alla s.n.c., sempre che l'attività sociale sia in fatto iniziata, della regola dettata in tema di s.p.a. (e richiamata per le altre società di capitali): il principio secondo cui la nullità opera *ex nunc*, alla stregua di un'ipotesi di scioglimento della società. A conforto di quest'ultima soluzione milita il rilievo secondo cui l'**art. 2332** esprime un principio generale nel campo societario, ai sensi del quale le cause di invalidità di una società che ha iniziato la propria attività legittimano gli interessati a richiederne l'eliminazione per il futuro, ma non rendono improduttiva di effetti, fra le parti e per i terzi, l'attività svolta prima dell'accertamento giudiziale dell'invalidità.

III. *Profili finanziari e rapporti patrimoniali tra i soci. Responsabilità per le obbligazioni sociali*

1. *I conferimenti*

La disciplina dei conferimenti nelle s.n.c. è estremamente snella e si concentra, in particolare, sul tema delle entità conferibili e dei rapporti tra socio e società in ordine alla loro prestazione. Al riguardo va innanzitutto sottolineato che i soci sono tenuti ad indicare nell'atto costitutivo il *valore attribuito ai conferimenti stessi* ed il *modo di valutazione* (art. 2295, n. 6). Nel rispetto di tale prescrizione esclusivamente formale, il valore dei conferimenti potrà essere liberamente concordato tra i soci all'atto della stipula dell'atto costitutivo o in sede di aumento del capitale. La somma del valore dei conferimenti darà luogo al capitale della società, per il quale non è fissata alcuna soglia minima (*infra*, III.2).

Muovendo dalla individuazione delle **entità conferibili**, va rilevato che *non sussistono limiti* espliciti o impliciti, sicché potrà trovare la più ampia applicazione il principio codificato nell'ambito della nozione generale del contratto di società (art. 2247), secondo cui sono conferibili, senza ulteriori precisazioni, tutti i "beni e servizi".

In tale contesto, si tende correttamente ad ammettere che possa formare oggetto di conferimento ***qualsivoglia entità suscettibile di valutazione economica***, e dunque, oltre ai più tradizionali *conferimenti in denaro o di beni in natura* (in proprietà o in godimento) o di *crediti*, anche i conferimenti aventi ad oggetto un *obbligo di non fare*, o ancora *beni intangibili* (nome commerciale, brevetti ed invenzioni industriali, *know-how*, ecc.), purché dotati di una qualche utilità per la società. Proprio nella s.n.c. trova poi la più compiuta applicazione il ***conferimento d'opera* (*o servizi*)**: il socio si obbliga nei confronti della s.n.c. a *svolgere una prestazione di fare*, senza assumere la posizione di lavoratore subordinato (o parasubordinato), ma quella di socio, con conseguente diritto a partecipare agli utili (ed alle perdite) della società ed alle decisioni sociali. Al contempo, per il socio d'opera si profila il rischio di esclusione, qualora emerga la sua sopravvenuta inidoneità a svolgere l'opera conferita (art. 2286, co. 2).

Venendo all'**importo di ciascun conferimento** (a quanto, cioè, ciascuno si impegna a conferire), i soci possono naturalmente *fissarlo in piena autonomia*, all'atto della stipula dell'atto costitutivo o in sede di aumento del capitale. Se tuttavia l'entità dei conferimenti da ciascuno dovuti non risulta determinata, scatta una duplice presunzione (art. 2253, co. 2): a) sul piano del *quantum* complessivo, i soci devono ritenersi *obbligati a conferire quanto è necessario per il conseguimento dell'oggetto sociale*, avendo riguardo al momento della stipula dell'atto costitutivo; l'obbligo di conferimento in tal caso è quindi circoscritto a quanto è ragionevole supporre necessario al momento in cui il contratto di società è concluso; b) sul piano delle parti interne, si presume che esse siano *uguali per tutti i soci*. Si tratta di regole integrative che consentono di ricostruire gli elementi essenziali del rapporto societario pur in assenza di esplicite pattuizioni al riguardo e che si combinano con le presunzioni fissate, in tema di partecipazione agli utili e alle perdite, dall'art. 2263 (*infra*, III.3).

2. *Il capitale sociale*

L'insieme dei conferimenti dei soci, come accennato, contribuisce a formare il **capitale sociale** della s.n.c., sul cui concetto ci si è già soffermati trattando delle società in generale.

Basti qui ricordare che *i soci sono tendenzialmente liberi di fissare la cifra del capitale sociale nominale* (non è previsto un minimo legale, né un obbligo di accantonare utili al fine di alimentare una riserva come accade per la s.r.l. costituita con capitale inferiore al minimo legale ai sensi dell'art. 2463, co. 5) e *di valorizzare i beni diversi dal danaro nella misura tra loro concordata*, senza che sia necessario attestare il valore degli stessi attraverso una relazione di stima redatta da un perito.

La determinazione dell'importo del capitale in una cifra monetaria è, seppur implicitamente, richiesta dall'art. 2295, che prescrive l'indicazione nell'atto costitutivo del *valore attribuito ai conferimenti*. Deve perciò ritenersi che nella s.n.c. il capitale costituisca ***elemento essenziale dell'atto costitutivo***, come peraltro confermano le disposizioni che assegnano allo stesso una funzione vincolistica ed organizzativa. La cifra del capitale sarà rappresentata dalla somma dei valori dei conferimenti; va però detto che, in questa operazione valutativa e matematica, non è necessario che il contratto sociale assegni un valore ai conferimenti d'opera e che questi concorrano dunque con un loro valore alla determinazione del capitale: ciò si esprime dicendo che tali conferimenti *non devono essere necessariamente capitalizzati* (possono, ma non devono esserlo). L'eventuale loro mancata capitalizzazione provoca conseguenze specie in sede di liquidazione della società, quando l'attivo residuo dopo il pagamento dei debiti sociali deve essere distribuito tra i soci innanzitutto restituendo loro il capitale (ossia a ciascuno il valore del proprio conferimento capitalizzato) e poi distribuendo l'eccedenza, se vi sia, in proporzione alla partecipazione di ciascuno di essi agli utili.

a) Sul **piano vincolistico**, si delinea già nella s.n.c. una ***prima disciplina di tutela del capitale***, a protezione del mercato; disciplina la cui intensità non è certo paragonabile a quella che essa assume nelle società di capitali (a partire dal fatto, già accennato, che i soci di s.n.c. possono attribuire un valore qualunque ai conferimenti diversi dal denaro, il che evidentemente non garantisce appieno l'effettiva corrispondenza del capitale dichiarato ai valori reali delle risorse conferite), ma che non è comunque trascurabile: è chiaramente preclusa, come subito si vedrà, la restituzione ai soci dei conferimenti o la distribuzione agli stessi di somme attinte dal patrimonio sociale, se non nella misura in cui si tratti di eccedenza del patrimonio netto rispetto all'importo del capitale indicato in atto costitutivo. Questa minore intensità della disciplina si spiega in ragione della minore autonomia patrimoniale della s.n.c., i cui creditori trovano invero garanzia anche nel patrimonio personale dei soci. Al contempo, quando tutti i soci illimitatamente responsabili sono società di capitali, si è già sottolineato che scatta l'obbligo di applicare le regole di bilancio della s.p.a. (*supra*, II.2).

a1) In tale prospettiva, è dunque innanzitutto previsto che la decisione di **riduzione reale del capitale** (sia mediante rimborso ai soci delle quote pagate sia mediante liberazione degli stessi soci dall'obbligo dei versamenti ancora da effettuare) non è immediatamente efficace, ma lo diventa decorsi tre mesi dal giorno dell'iscrizione della stessa nel registro delle imprese (art. 2306). Nel medesimo termine di tre mesi i creditori della società anteriori all'iscrizione, che evidentemente ritengano di subire un pregiudizio dall'esecuzione della riduzione, possono fare opposizione dinnanzi al tribunale. L'opposizione paralizza l'esecuzione della riduzione, ma il tribunale può disporre che essa abbia comunque luogo, previa prestazione da parte della società di un'idonea garanzia.

La regola appena esposta rispecchia inequivocamente l'obiettivo di tutelare i creditori delle società di persone di tipo commerciale da ***riduzioni facoltative del capitale***, di regola dettate da una valutazione di esuberanza del capitale stesso rispetto al perseguimento dell'oggetto sociale, ma potenzialmente pregiudizievoli per i creditori medesimi; va infatti rimarcato che il capitale rappresenta il valore delle risorse programmaticamente ed irreversibilmente destinate dai soci all'esercizio dell'attività, e perciò volontariamente assoggettate a vincolo di indisponibilità; la riduzione successiva del capitale si traduce allora in una modifica di tale programma, diretta a liberare parte di quel valore dal predetto vincolo e ciò giustifica l'esigenza di protezione dei creditori (del mercato, dunque), un'esigenza a cui, come già rilevato, il legislatore diviene ancora più sensibile (ponendo principi ancora più stringenti) nelle società di capitali.

a2) Inoltre, e per analoghe ragioni, è vietato distribuire somme tra i soci se non per utili realmente conseguiti (art. 2303, co. 1), il che riflette uno dei principi cardine delle s.p.a. (art. 2433, co. 2 e 3), ovvero il divieto di distribuzione di **utili fittizi** (cioè somme non corrispondenti ad un'eccedenza del patrimonio netto rispetto al capitale sociale nominale, o ancora somme destinate alla copertura di perdite maturate in esercizi precedenti e non ripianate). La s.n.c. può senz'altro richiedere la restituzione degli eventuali utili fittizi distribuiti, a prescindere dallo stato soggettivo del socio, come peraltro indirettamente conferma l'art. 2321, che sottrae a tale regola il socio accomandante che abbia riscosso gli utili in buona fede.

Da tali regole, che ricalcano analoghi principi espressi in tema di società di capitali, si ricava un *obbligo a carico degli amministratori di conservazione del capitale.*

a3) Manca però una disciplina della **riduzione obbligatoria del capitale** a seguito di perdite, sicché agli amministratori non è fatto obbligo di adottare particolari provvedimenti quando il capitale venga eroso dalle perdite (cioè nel caso in cui il patrimonio divenga inferiore rispetto al valore del capitale), ed in particolare non è obbligatorio procedere ad una rettifica contabile (riduzione nominale) del capitale, adeguandolo al nuovo, minor valore del patrimonio. Infatti, anche per effetto dell'assenza di un capitale sociale minimo, i soci restano liberi di non intervenire in caso di perdite, senza che ciò determini lo scioglimento della società. Si vedrà invece che la riduzione è doverosa nelle società di capitali e che, trattandosi di una rimodulazione del programma iniziale (sebbene meramente contabile) e dunque di una modifica dell'atto costitutivo, essa va iscritta nel registro delle imprese, così che il mercato ne viene informato. È però vietato alla s.n.c. in perdita ripartire utili fino a che il capitale non sia reintegrato (grazie ad un nuovo, successivo incremento del patrimonio) o ridotto (cioè, per l'appunto, adeguato nel suo valore contabile al più basso valore attuale del patrimonio) in maniera corrispondente (art. 2303, co. 2).

In generale va precisato che ogni modifica del capitale originario (in aumento o in riduzione) va assunta dai soci all'unanimità ai sensi dell'art. 2252 (*infra*, § 38.II.3).

b) Sul **piano organizzativo**, va rimarcata la seppur limitata funzione che il capitale assolve nelle s.n.c., testimoniata dalle disposizioni che agganciano alla partecipazione al capitale (anziché alla partecipazione agli utili) il computo delle maggioranze per determinate decisioni (*infra*, § 38.II.1). Il che accade in tema di proposta di concordato nella l.g. e in tema di introduzione e soppressione di clausole compromissorie (art. 838-*bis*, co. 6, c.p.c., che riprende l'art. 34, co. 6, d.lgs. 5/2003); ad una percentuale minima (10%) del capitale si fa riferimento anche in caso di proposte concorrenti di concordato preventivo (art. 120-*bis*, co. 5, c.ins.).

3. *Utili e perdite. Divieto di patto leonino*

Nelle s.n.c. l'atto costitutivo può indicare espressamente *le norme secondo cui gli utili devono essere ripartiti e la quota di ciascun socio negli utili e nelle perdite.* Dunque i soci godono di notevole autonomia nel confezionare le rispettive posizioni, senza particolari vincoli (salvo quanto si dirà sull'art. 2265).

Pertanto, se di regola la **parte** di ciascuno **negli utili** coinciderà con la quota di partecipazione al capitale, è consentito, per far fronte ad esigenze di personalizzazione delle quote, alterare detta ***simmetria tra conferimenti e partecipazione agli utili***, la quale costituisce solo il criterio residuale, che si presume vigente in assenza di clausole specifiche sul punto (art. 2263, co. 1).

Così, ad es., ben potrà un socio partecipare al 30% del capitale e solo al 20% degli utili; il socio d'opera potrà avere il 10% degli utili sebbene, come illustrato, il suo conferimento non venga imputato a capitale.

Nei rari casi in cui la partecipazione agli **utili del socio d'opera** non sia stata fissata *ex ante* nell'atto costitutivo (il che per lo più potrà verificarsi nelle società di fatto), è previsto un intervento suppletivo del tribunale: questo può essere adito dal socio interessato e dovrà giudicare ***secondo equità***.

Del pari, nessuna simmetria è prescritta tra partecipazione agli utili ed alle **perdite**, sicché un socio potrà vedersi riconosciuta una quota del 20% degli utili e del 15% delle perdite. Anche in questo caso il codice sancisce una mera presunzione di corrispondenza, nel senso che qualora l'atto costitutivo preveda la sola parte dei soci agli utili, nella medesima misura deve reputarsi la partecipazione alle perdite (art. 2263, co. 3).

Proprio nel rapporto tra utili e perdite si rinviene tuttavia l'unico limite all'autonomia dell'atto costitutivo, in quanto l'art. 2265 dispone che "***è nullo il patto con cui uno o più soci sono esclusi da ogni partecipazione agli utili e alle perdite***". Si tratta del c.d. **divieto del patto leonino**, che mira ad evitare che possa snaturarsi il contratto societario, creando situazioni di particolare favore o svantaggio nei rapporti tra un socio e gli altri. Si tratta di un divieto applicabile, proprio per tale ragione, *in tutti i tipi societari*. Sul piano delle conseguenze dell'accertata nullità, sembra preferibile applicare, in sostituzione della pattuizione viziata, i criteri presuntivi di cui all'art. 2263.

La quota di partecipazione agli utili ed alle perdite assume particolare rilevanza, come meglio si illustrerà (*infra*, § 39.II.2), in sede di liquidazione della società. La parte di ciascuno negli utili funge infatti da criterio per la distribuzione del *surplus* di attivo al netto del rimborso dei conferimenti capitalizzati (art. 2282, co. 1). Per converso, la parte di ciascuno nelle perdite vale a determinare la distribuzione tra i soci del peso dei debiti sociali, una volta che i fondi della s.n.c. si rivelino insufficienti (anche per la ripartizione tra gli altri soci del debito del socio insolvente).

La partecipazione agli utili assume nella s.n.c. anche **valore organizzativo**, essendo alla stessa ancorato il peso del socio in una serie di decisioni molto rilevanti (previste dagli artt. 2257, 2258, 2500-*ter* e 2502).

Infine va rimarcato che il **diritto del socio alla percezione degli utili** sorge ***automaticamente***, *una volta che venga approvato il bilancio da cui gli utili stessi risultino* (art. 2262). Non c'è pertanto bisogno, diversamente da quanto accade per le società di capitali, di un'ulteriore decisione volta a distribuire gli utili tra i soci.

4. *La posizione dei creditori particolari dei soci*

Si è già visto nella precedente sezione in cosa consista l'**autonomia patrimoniale** (*non perfetta*) della s.n.c.

Innanzitutto, a presidio della medesima rispetto alle potenziali aggressioni di quanti abbiano di mira il patrimonio personale dei soci è previsto che ***i creditori particolari*** (cioè coloro che vantano un credito nei confronti di un singolo socio: ad es., il suo ex coniuge per i diritti sanciti dal giudice *ex* art. 156) ***non possono chiedere la liquidazione della quota del socio loro debitore***, almeno finché dura la società (art. 2305). I creditori particolari possono tutelarsi solo ***aggredendo gli utili*** spettanti al socio loro debitore e ponendo in essere *atti conservativi sulla quota* a questi spettante in occasione della liquidazione della società (art. 2270, co. 1); è loro invece sottratta la facoltà di provocare lo scioglimento del singolo rapporto sociale, quand'anche offrano la prova che gli altri beni del socio sono insufficienti alla soddisfazione del credito azionato (tale facoltà permane però se la s.n.c. è *irregolare*, godendo questa, come si è detto, della minore autonomia patrimoniale tipica della società semplice). Ciò garantisce l'intangibilità del patrimonio sociale e del suo valore dalle azioni di tali creditori, a servizio dell'attività produttiva e a garanzia dei relativi debiti.

Ne consegue che il **termine di durata** della società si traduce in un limite temporale ai poteri dei creditori particolari, tenuti ad attendere lo scioglimento della stessa per vedere incrementate le *chances* di soddisfazione. Proprio in tale prospettiva, si profila il rischio che attraverso la proroga della durata vengano sostanzialmente deluse le aspettative dei creditori particolari del socio anteriori alla stessa. Ecco perché in capo agli stessi è riconosciuta la legittimazione ad opporsi alla decisione di proroga della società (c.d. **proroga espressa**) entro tre mesi dall'iscrizione nel registro delle imprese della stessa (art. 2307). Se l'opposizione è accolta, la società deve, entro altri tre mesi dalla notificazione della sentenza, liquidare la quota del socio debitore dell'opponente.

In caso di **proroga tacita**, poi, il creditore particolare del socio può in ogni momento chiedere la liquidazione della quota del suo debitore a norma dell'art. 2270 (mera richiesta rivolta formalmente alla s.n.c.). Ed analoga regola deve ritenersi applicabile all'ipotesi di proroga non iscritta nel registro delle imprese o in caso di soppressione del termine di durata, che comporta il passaggio a società a tempo indeterminato.

5. *Responsabilità dei soci per le obbligazioni sociali. Il beneficio di escussione*

Altro profilo dell'autonomia patrimoniale attiene alla responsabilità per le obbligazioni sociali. Nella s.n.c., come anticipato, **tutti i soci rispondono solidalmente e illimitatamente** per esse (art. 2291). La responsabilità, si noti, è strettamente legata alla qualità di socio e del tutto disancorata dalla qualità di amministratore. Si tratta di regola caratterizzante il tipo, sia rispetto alle società di capitali, in cui siffatta responsabilità è istituzionalmente esclusa, sia rispetto alle altre società di persone, nelle quali, come si avrà modo di illustrare, è ammissibile (società semplice) o addirittura fisiologica (s.a.s.) la presenza di soci a responsabilità limitata.

La responsabilità è **illimitata**, e dunque *i soci rispondono con l'intero loro patrimonio personale* (art. 2740), senza alcuna possibilità di predeterminare un limite (sia esso quantificato in un valore assoluto in termini monetari, o agganciato al valore del conferimento o a un multiplo di esso). Beninteso, anche i soci persone giuridiche risponderanno con l'intero patrimonio, sebbene sul piano sostanziale la persona o le persone fisiche che partecipano al capitale della persona giuridica socia di una s.n.c. risponderanno nei limiti di quanto conferito nella società di capitali (così cumulando i vantaggi delle due famiglie di società).

I soci rispondono altresì **in solido tra loro**, nel senso che *ciascuno di loro può essere costretto all'adempimento per l'intero importo delle obbligazioni sociali*, di qualsiasi natura, e l'adempimento da parte di un socio libera gli altri nei confronti dei terzi (secondo i canoni fissati dall'art. 1292).

La duplice regola codificata nell'art. 2291 assume una *connotazione imperativa* sul piano dei **rapporti esterni**, ovvero tra soci e creditori sociali. L'eventuale patto contrario che dovesse intercorrere tra i soci è infatti dichiarato ***privo di efficacia nei confronti dei terzi***. E ciò, si badi, indipendentemente da qualsivoglia indagine circa lo stato soggettivo dei terzi (che quindi possono anche versare in mala fede) e dagli ordinari effetti della pubblicazione del patto limitativo nel registro delle imprese, che si ha qualora il patto venga inserito nell'atto costitutivo pubblicato *ex* art. 2296. Ne consegue che i creditori sociali, pur se pienamente edotti della limitazione, potranno comunque invocare la responsabilità illimitata nei loro confronti del socio beneficiario della limitazione stessa.

Va al contempo rimarcato che la responsabilità fissata dall'art. 2291 opera pur sempre *per debito altrui*, sicché il socio conserverà, una volta che abbia pagato un'obbligazione sociale, il **diritto di rivalersi** *per l'intero nei confronti della società*. La società potrebbe infatti disporre di elementi patrimoniali, preesistenti o sopravvenuti, che i creditori sociali non sono riusciti ad escutere fruttuosamente, ma che il socio escusso potrebbe invece, in sede di rivalsa, aggredire con successo. La responsabilità per le obbligazioni sociali permane, entro certi limiti, anche dopo lo **scioglimento del rapporto sociale**. L'art. 2290 dispone infatti che la responsabilità del socio (o dei suoi eredi, in caso di scioglimento per morte) per le obbligazioni sociali sorte fino al giorno dello scioglimento permane nei confronti dei terzi anche all'indomani dello scioglimento stesso.

La responsabilità illimitata dei soci ha un importante riflesso in caso di assoggettamento della s.n.c. a l.g./l.c. I soci sono infatti esposti alla procedura, in "estensione" di quella aperta in capo alla s.n.c. (artt. 256 e 270 c.ins.; art. 14-*ter*, co. 7-*bis*, l. 3/2012). Il rischio di venire assoggettato a l.g./l.c. per estensione riguarda anche l'***ex socio***, ma solo nel termine di ***un anno dallo scioglimento del rapporto sociale***, e sempre che l'insolvenza della società dipenda da obbligazioni sorte prima dello scioglimento stesso. In altre parole, il soggetto che fuoriesca dalla compagine sociale o perché cede la propria quota, o perché è intervenuta una causa di scioglimento del singolo rapporto sociale (recesso, esclusione o morte), pur avendo perso la qualità di socio, non può considerarsi al riparo dal rischio di venire assoggettato a l.g./l.c. in estensione.

Per converso, nell'ambito dei concordati (nella l.g. e preventivo) della società gli effetti favorevoli per la società debitrice (efficacia remissoria) si ripercuotono anche sui soci illimitatamente responsabili (artt. 266, co. 1 e 117, co. 2, c.ins.), con soluzione estesa agli accordi di ristrutturazione dei debiti ed al concordato minore (artt. 59, co. 3, e 79, co. 4, c.ins.). E dunque se il piano o l'accordo approvato dai creditori della società ed omologato dal Tribunale contempla una riduzione percentuale e/o una dilazione dei debiti, il beneficio, salvo patto contrario, riguarda anche i soci. Allineandosi alla posizione delle sezioni unite in materia di concordato, il c.ins. prevede la possibilità di estendere tale beneficio (riduzione percentuale del debito), limitatamente agli accordi di ristrutturazione, anche al socio illimitatamente responsabile che si sia reso contestualmente garante (a mezzo di fideiussione o ipoteca) di talune obbligazioni sociali (art. 59, co. 3, c.ins., che lascia tuttavia ferma, in mancanza di espressa previsione in tal senso, la responsabilità piena del socio garante ai sensi del co. 2).

Va infine sottolineato che il beneficio dell'esdebitazione, ovvero la definitiva liberazione della società dai debiti rimasti insoddisfatti nella procedura di lg/l.c., avvantaggia altresì in via automatica i soci illimitatamente responsabili, sempre che anche in capo a costoro (oltre che in capo ai legali rappresentanti) sussistano le condizioni di meritevolezza (art. 278, co. 5, c.ins.).

La responsabilità dei soci di s.n.c. verso i creditori sociali è *sussidiaria rispetto a quella della società*, in quanto l'art. 2304 accorda ai soci, seppur solidalmente responsabili con la s.n.c., il **beneficio di preventiva escussione**. Tale beneficio si traduce in un corrispondente onere a carico dei creditori sociali, chiamati a *provare*, *nel processo di esecuzione promosso contro i soci*, *di aver previamente escusso*, *in modo infruttuoso*, *il patrimonio della società*.

La valenza della disposizione si coglie guardando alla disciplina generale della fideiussione, che ai sensi dell'art. 1944 ammette detto beneficio a favore del fideiussore *solo se espressamente pattuito*. Il beneficio previsto dall'art. 2304 opera invece **automaticamente**, sempre che la s.n.c. sia iscritta nel registro delle imprese, e non viene meno quando la società versi in stato di liquidazione.

Ben più circoscritto il significato che il beneficio di preventiva escussione assume nelle ipotesi di **s.n.c. irregolare**. Il legislatore degrada infatti il beneficio ad ***eccezione*** che il socio, il cui patrimonio venga aggredito per obbligazioni sociali, può sollevare in sede esecutiva. I creditori sociali saranno quindi liberi di aggredire direttamente il patrimonio del socio, su cui grava l'onere di invocare il *beneficium excussionis* ***indicando i beni della società su cui i creditori sociali possono agevolmente soddisfarsi*** (art. 2268, cui rinvia l'art. 2297).

§ 38. PROFILI ORGANIZZATIVI

I. *L'amministrazione*

1. *Il modello legale e l'autonomia privata*

Le regole in tema di amministrazione e rappresentanza della s.n.c. presentano un notevole **margine di elasticità**, specie se confrontate con quelle in tema di responsabilità dei soci.

Innanzitutto viene approntato un **modello legale** (applicabile, cioè, in mancanza di una diversa opzione dell'atto costitutivo) che prevede l'***amministrazione disgiunta di tutti i soci*** (art. 2257) È poi simmetricamente stabilito che il potere di rappresentanza, in mancanza di diversa disposizione del contratto, "*spetta a ciascun socio amministratore*" (art. 2266, co. 2). Si tratta di un regime ispirato ad assicurare la *piena funzionalità* della società, munendo ogni singolo amministratore del più ampio potere di gestione (inteso come *potere di decidere* le operazioni da compiere) e di rappresentanza (inteso come *potere di spendere il nome* della s.n.c. nei traffici giuridici). Esso presuppone un'elevata fiducia tra i soci, in quanto ciascuno può operare indipendentemente dagli altri e fare insorgere obbligazioni della s.n.c., che comportano altresì la responsabilità illimitata e solidale di tutti i soci.

Al contempo, viene espressamente sancita la **derogabilità** sotto più profili di tale disciplina, così dischiudendo all'autonomia privata ampi spazi per plasmare il regime di amministrazione adattandolo alle concrete esigenze della società. In particolare, l'atto costitutivo può: disporre che gli amministratori operino secondo il diverso regime di *amministrazione congiunta*; combinare i due regimi, ricorrendo all'uno per talune operazioni gestorie, all'altro per altre; prevedere che solo uno o più soci siano amministratori della s.n.c., secondo il regime disgiunto o congiunto; prevedere un amministratore unico, nel qual caso non si rende necessario scegliere un regime. Infine, come vedremo, possono essere inserite specifiche clausole statutarie volte alla *risoluzione dei contrasti sulla gestione* che eventualmente dovessero sorgere tra gli amministratori mediante deferimento della decisione a uno o più terzi (c.d. **arbitraggio gestionale**, contemplato dall'art. 838-*quinquies* c.p.c., già art. 37 d.lgs. 5/2003).

Tanto premesso, e procedendo con ordine, occorre considerare un duplice profilo: chi ha il potere di amministrare e, in caso di pluralità di amministratori, secondo quali regole essi operano. Va sin d'ora ribadito che nel modello legale *l'amministrazione della società spetta* ***a ciascuno dei soci disgiuntamente dagli altri*** (art. 2257, co. 1). Se ne ricavano due semplici regole, sicuramente applicabili nel silenzio dell'atto costitutivo: a) tutti i soci sono di diritto amministratori; b) gli amministratori possono esercitare il potere gestionale disgiuntamente.

2. *Amministrazione disgiunta*

In regime di amministrazione disgiunta *ciascun singolo amministratore è pienamente legittimato ad assumere decisioni di carattere gestorio* ***indipendentemente dagli altri amministratori***. Non è dunque tenuto a coinvolgere questi ultimi, richiedendo loro di esprimere il voto o l'opinione sull'operazione progettata, né, a rigore, ad avvisarli preventivamente della stessa. Il sistema delineato privilegia al massimo grado l'agilità operativa della società, sacrificando, per converso, la partecipazione alla decisione gestionale degli altri amministratori.

Al contempo, il legislatore riconosce a ciascun amministratore il **diritto di opposizione** (**di veto**) nei confronti di una o più operazioni programmate dagli altri amministratori. Esso si concretizza nel *diritto di manifestare il proprio dissenso rispetto all'operazione, prima che la stessa sia realizzata*. L'opposizione *acquista la propria efficacia negativa* (cioè impedisce il compimento dell'operazione, la quale, se comunque compiuta, lo sarebbe da un soggetto a quel punto privo di poteri) rispetto ai poteri positivamente riconosciuti a ciascun singolo amministratore sempre che venga esercitata tempestivamente (art. 2257, co. 2). Ciò presuppone che l'amministratore che esercita il veto venga in anticipo a conoscenza dell'operazione che l'altro intende compiere, o perché questi lo ha spontaneamente informato in merito all'operazione ipotizzata, o perché l'amministratore opponente ha acquisito tale informazione autonomamente, ovvero senza alcuna collaborazione dell'altro amministratore coinvolto (opposto). E nulla esclude, in tale prospettiva, che uno degli amministratori possa esplicitare la propria opposizione anche animato dal solo sospetto, così pervenendo, nel dubbio, a paralizzare il potere dell'altro con riguardo ad un determinato atto gestorio (ad es., stipula di un mutuo bancario). Il veto deve comunque essere indirizzato nei confronti di operazioni ben individuate nell'oggetto, onde evitare la paralisi completa dell'attività, incompatibile con il modello disgiunto.

Il regime di amministrazione disgiunta presenta al suo interno un sistema di superamento del conflitto così venutosi a creare. L'art. 2257, co. 3, prevede infatti che *sull'opposizione decida la maggioranza dei soci, determinata secondo la parte attribuita a ciascun socio agli utili* (si badi, non in base alla partecipazione al capitale). Si tratta, dunque, di un caso in cui lo stallo venutosi a creare sul piano gestionale sollecita un pronunciamento del gruppo dei soci senza distinzioni, e dunque includendo nel perimetro dei votanti anche i *soci non amministratori*.

3. *Amministrazione congiunta*

Il regime di amministrazione congiunta (art. 2258) rappresenta uno schema gestionale in cui agli amministratori si impone un confronto costante, diversamente modulato a seconda del sottotipo prescelto (all'unanimità o a maggioranza). Il legislatore ha ritenuto di disancorare in ogni caso questo regime di amministrazione dal modello legale di s.n.c. Entrambe le varianti contemplate dal legislatore richiedono infatti un'apposita previsione dell'atto costitutivo, che può anche combinarle con l'amministrazione disgiunta, ad es. disponendo che quest'ultimo regime valga per gli atti di valore inferiore a una certa soglia, mentre per quelli di valore superiore operi il sistema congiunto.

a) La prima variante è l'**amministrazione congiunta all'unanimità**: essa prevede che per la decisione *occorre il consenso di tutti gli amministratori*. E si tratta di modello privilegiato dal codice, nel senso che si applica in mancanza dell'espressa indicazione dello schema prescelto (co. 1). In altre parole, si è interpretato il mero rinvio al sistema congiunto come automatica volontà di coinvolgere tutti gli amministratori nella decisione, nessuno escluso. Si comprende agevolmente che attraverso la regola unanimistica si pone a repentaglio l'agilità decisionale in quanto si concede sostanzialmente a ciascun singolo amministratore un potere di veto. Veto che non va tuttavia confuso con quello disciplinato in tema di amministrazione disgiunta: in quest'ultima, infatti, ciascun amministratore ha il potere decisionale, fintantoché un altro si opponga, paralizzando il potere stesso; nella congiunta nessun amministratore può esercitare da solo il potere decisionale, a meno che non coinvolga l'altro o gli altri amministratori. Inoltre, nell'amministrazione congiunta il gruppo dei soci non assume alcun ruolo di "scioglimento" dell'opposizione come invece accade per la disgiunta.

b) Se poi i soci intendono temperare le rigidità del modello congiunto, possono inserire nell'atto costitutivo la regola secondo cui gli amministratori decidono **a maggioranza**. In tal modo si crea la possibilità che un amministratore (o gruppo di amministratori) prevalga sull'altro amministratore (o gruppo di amministratori). Per il computo della maggioranza l'art. 2258 rinvia all'art. 2257, sicché varrà anche in questa ipotesi il ***criterio della partecipazione agli utili***.

La rigidità dell'amministrazione congiunta è peraltro temperata dall'art. 2258, co. 3, che consente al singolo amministratore di compiere individualmente atti di gestione, quando vi sia **urgenza di evitare un danno alla società**: ad es., qualora stia per scadere un termine sostanziale o processuale e non via sia il tempo o la possibilità di coinvolgere nella decisione l'altro o gli altri amministratori.

4. *Rappresentanza*

Il ***potere di gestione*** degli amministratori, ovvero quello di decidere le operazioni sociali da compiere per realizzare l'oggetto sociale, va tenuto logicamente distinto dal ***potere di rappresentanza***. Per potere di rappresentanza si intende quello di *esternare*, nei rapporti tra la s.n.c. ed i terzi che con la stessa entrano in contatto, *la volontà della società*, acquistando in nome della stessa diritti ed assumendo obbligazioni al fine di ottemperare alle linee gestionali decise dagli amministratori per la realizzazione dell'oggetto sociale.

Così, occorrerà individuare ***chi sia titolato a spendere il nome della società*** nella stipula di contratti con i fornitori e con la clientela, nelle operazioni bancarie, nei rapporti con i lavoratori, e così via. In secondo luogo, andrà delimitato l'ambito di operatività di detto potere.

Circa l'**individuazione dei rappresentanti**, l'art. 2295, n. 3, rimette all'atto costitutivo l'indicazione dei soci che hanno la rappresentanza della società. Potranno quindi essere indicati quali rappresentanti tutti gli amministratori o solo alcuni di essi, o addirittura uno solo.

In caso di pluralità di rappresentanti, l'atto costitutivo dovrà precisare se essi operano congiuntamente (nel senso che per la conclusione del negozio debbano intervenire tutti i rappresentanti; ad es., che occorra la sottoscrizione di tutti, in caso di atto scritto) o disgiuntamente (basta l'intervento – la sottoscrizione – di uno solo). In mancanza di indicazioni, dovrà reputarsi che il potere di rappresentanza sia *simmetrico a quello di gestione.*

Quanto all'**estensione del potere** di rappresentanza, l'art. 2298 precisa che l'amministratore che ha la rappresentanza della società *può compiere tutti gli atti che rientrano nell'**oggetto sociale**, salve le **limitazioni che risultano dall'atto costitutivo o dalla procura**.* Inoltre esso ricomprende il ***potere di rappresentanza giudiziale*** della società, come espressamente prevede l'art. 2266, co. 1.

In applicazione dei canoni generali sull'efficacia della pubblicità commerciale, poi, la norma soggiunge che le limitazioni non sono opponibili ai terzi, se non sono iscritte nel registro delle imprese o se non si prova che i terzi ne hanno avuto conoscenza.

La disciplina in questione consente quindi alla s.n.c. regolare di opporre ai terzi, se debitamente iscritte, tutte le limitazioni contenute nell'atto costitutivo (così, ad es., se è prevista la firma congiunta per gli atti di valore superiore a una certa soglia). Inoltre, sui terzi ricade il rischio che possano venire dichiarati inefficaci gli atti estranei rispetto all'oggetto sociale della società (c.d. atti *ultra vires*, come, ad es., l'acquisto di una villa al mare del tutto avulsa dall'attività aziendale).

Va poi segnalato che l'autonomia statutaria può dar luogo ad ipotesi di **dissociazione tra potere di gestione e potere di rappresentanza**: può essere cioè eliminata la coincidenza soggettiva tra amministratori e rappresentanti, riservando la rappresentanza solo ad alcuni amministratori o addirittura ad uno solo (ad es., in regime di amministrazione congiunta, si dispone che la rappresentanza competa solo all'amministratore più anziano); può essere alterata la simmetria tra regole di gestione e di rappresentanza, differenziando le relative modalità di esercizio; può essere esclusa l'operatività di un regime unico per tutte le operazioni sociali, prevedendo diversi sistemi a seconda dell'operazione, ed in particolare distinguendo tra atti di ordinaria e straordinaria amministrazione. Anche in tali casi nei confronti dei terzi valgono le regole appena esposte: la dissociazione che priva di potere rappresentativo un amministratore fornito di quello gestorio può essere opposta ai terzi, purché risulti iscritta nel registro delle imprese, oppure si provi che il terzo ne ha avuto comunque conoscenza effettiva.

5. *Nomina e revoca degli amministratori*

a) L'art. 2295, n. 3, richiede che l'atto costitutivo indichi *i soci che hanno l'amministrazione e la rappresentanza della società*. Si parla in tal caso di **nomina nell'atto costitutivo**, in quanto tale indicazione esprime la volontà dei soci di investire soltanto alcuni di loro del potere gestorio e rappresentativo, escludendo implicitamente gli altri (che tuttavia non perdono per questo la responsabilità illimitata per le obbligazioni sociali).

La nomina, a rigore, può anche mancare del tutto. Se infatti l'atto costitutivo tace sul punto, troverà applicazione la regola secondo cui *potere di amministrazione e potere di rappresentanza spettano a tutti i soci* (artt. 2257, co. 1 e 2266, co. 2): regola tipica delle società di persone, che, salvo per l'accomandante nella s.a.s., ricollega alla posizione di socio, senza passare per alcuna formale investitura, quella di amministratore (si parla di organizzazione per persone, contrapposta a quella per uffici, caratteristica delle società di capitali).

L'atto costitutivo può anche seguire una diversa opzione: limitarsi a prevedere il numero di amministratori, rinviando ad una successiva *decisione dei soci*, che costituisce appunto atto separato (rispetto all'atto costitutivo), la concreta designazione degli stessi. La possibilità che gli amministratori siano nominati non direttamente nell'atto costitutivo, ma con **atto separato** si ricava dall'art. 2259 in tema di revoca. In tal modo si disancorano le vicende degli amministratori sia da quelle dell'atto costitutivo, sia dalla circolazione delle partecipazioni sociali, per far sì che il nuovo entrato in società, pur subentrando ad un amministratore, non acquisti il diritto di amministrare, ma quello, più limitato, di concorrere alla nomina degli amministratori. Sorge tuttavia il problema di individuare se la nomina, in mancanza di apposita clausola dell'atto costitutivo, vada assunta all'unanimità o, come pare preferibile, a maggioranza (*infra*, II.1).

b) Alla **revoca** è dedicata una norma più articolata, foriera di non pochi dubbi interpretativi. In primo luogo va distinta la ***revoca negoziale*** (cioè per volontà dei soci), automaticamente efficace purché soddisfi i presupposti di legge, dalla ***revoca giudiziale***, che viceversa può produrre effetto solo dopo la pronuncia del tribunale (salva la possibilità di chiedere provvedimenti cautelari).

Per la **revoca negoziale**, viene dettata una regola differenziata a seconda che gli amministratori siano nominati nell'atto costitutivo (o siano tali perché questo nulla dispone) o con atto separato. Nel primo caso l'art. 2259, co. 1 stabilisce che la revoca non ha effetto se non ricorre una ***giusta causa***: vale a dire, di regola, il verificarsi di fatti d'inadempimento degli obblighi gravanti sull'amministratore abbastanza gravi da legittimarne la rimozione (ad es., assenze reiterate e ingiustificate, falsificazione della contabilità, uso non autorizzato di beni sociali per scopi personali). Inoltre, la decisione di revoca soggiace alle regole per le modifiche dell'atto costitutivo, e dunque richiederà l'***unanimità dei consensi*** (salvo che la società abbia introdotto una clausola di maggioranza; in ogni caso non occorre ovviamente il consenso anche del revocando). Ne consegue che per l'efficacia della revoca devono sussistere entrambi i presupposti: giusta causa e unanimità. La ragione di tale rigore consiste nel fatto che, in tali ipotesi, la carica di amministratore è intrinsecamente legata al fatto stesso di essere socio della società; va da sé, peraltro, che la revoca priva il socio solo del potere di amministrazione, non certo della sua partecipazione sociale.

Per ***gli amministratori nominati con atto separato***, invece, la revoca è ammessa secondo quanto disposto in tema di ***mandato*** (art. 2259, co. 2). Di conseguenza, è certo che si potrà procedere efficacemente alla revoca anche in assenza di giusta causa (art. 1725), sebbene ciò esponga la società al rischio di dover risarcire il danno (corrispondente tendenzialmente ai futuri emolumenti che all'amministratore revocato sarebbero stati dovuti se fosse stato mantenuto in carica). È invece controverso se la relativa decisione vada comunque assunta all'unanimità, in applicazione della regola sul mandato collettivo, o possa essere decisa a maggioranza (v. *infra*, II.1). Se si accoglie quest'ultima opinione, suffragata da argomentazioni convincenti che inducono a ridimensionare correttamente il rinvio alle regole sul mandato, si comprende che è estremamente più agevole revocare l'amministratore nominato con atto separato.

L'art. 2259, co. 3, infine, riconosce *in capo a ciascun socio*, indipendentemente dalla misura della sua partecipazione, *il diritto di richiedere la* **revoca giudiziale** *per giusta causa*. Il che significa che al socio è conferito il diritto individuale di promuovere un'azione innanzi al tribunale per accertare la sussistenza di una giusta causa di revoca, pur nell'inerzia della società.

6. *Obblighi e responsabilità degli amministratori*

a) Gli amministratori sono investiti del compito (cioè: hanno il *potere* e il *dovere*) di **gestire l'impresa sociale**. A tal fine essi hanno il potere di compiere tutti gli atti rientranti nell'oggetto sociale: predisporre l'apparato strumentale per l'esercizio dell'impresa (locali, impianti, attrezzature, ecc.), delineare le strategie imprenditoriali della società, organizzare le modalità di svolgimento dell'attività e curarne la sostenibilità finanziaria, individuare gli atti da compiere e le eventuali controparti negoziali, operare secondo criteri di economicità volti a contenere i costi e a massimizzare i ricavi dell'attività. Sugli amministratori incombono poi obblighi più specifici, quali la tenuta della contabilità (art. 2302), la redazione del bilancio d'esercizio, l'iscrizione della società nel registro delle imprese mediante deposito dell'atto costitutivo presso il relativo ufficio (art. 2296).

Circa la posizione degli amministratori occorre muovere dall'art. 2260, co. 1, ai sensi del quale ***diritti ed obblighi degli stessi sono regolati dalle norme sul mandato***. Detto rinvio alla disciplina del mandato non va tuttavia sopravvalutato. In primo luogo è pacifico che per gli amministratori non valga la distinzione tra ordinaria e straordinaria amministrazione (che invece riguarda colui che sia munito di un mandato generale: art. 1708, co. 2), avendo carattere generale l'estensione dei loro poteri (sancita in tema di rappresentanza dall'art. 2298) all'oggetto sociale.

In sostanza, ad essi fa capo ***l'obbligo e il potere di gestire l'attività*** nel senso più ampio del termine, ponendo in essere tutti gli atti che appaiano necessari o opportuni per il conseguimento dell'oggetto sociale. Inoltre, in regime di amministrazione disgiunta, su ciascun amministratore grava anche un ***obbligo generale di vigilanza*** sull'operato degli altri ed eventualmente ***di intervento*** (attraverso l'esercizio del potere di opposizione), quando si riscontri il pericolo del compimento di operazioni dannose; in sostanza, tale regime non può diventare un pretesto perché il singolo amministratore si disinteressi della gestione (confidando che la curino gli altri) o del comportamento altrui.

Occorre poi tener conto di altre regole sicuramente espressione di princìpi generali, quale ad esempio l'obbligo di non operare in conflitto di interessi con la società.

L'obbligazione generale degli amministratori di gestire l'attività è un'**obbligazione di mezzi** e non di risultato. Gli amministratori sono quindi tenuti a svolgere le loro funzioni con la ***diligenza del buon padre di famiglia*** (art. 1710) e qualora osservino tale grado di diligenza nell'espletamento dell'incarico non sono responsabili dell'eventuale andamento negativo della gestione. Gli amministratori non rispondono quindi delle perdite derivanti dalla normale alea connaturata ad ogni attività d'impresa. Rispondono qualora non abbiano adempiuto ai loro doveri, oppure non abbiano uniformato i loro comportamenti agli *standard* di diligenza ad essi imposti.

Ne consegue che *nelle scelte gestorie gli amministratori godono di un notevole* ***margine di discrezionalità*** e in sede di accertamento della responsabilità *non sarà possibile sindacare l'opportunità e la convenienza delle decisioni assunte*. Sarà invece possibile censurare le scelte contrarie ai canoni di prudenza e di ragionevolezza che devono guidare gli amministratori in una sana e corretta gestione imprenditoriale della società.

b) La **responsabilità** nei confronti della società è uno dei temi più complessi, in quanto la disciplina si presenta molto lacunosa, specie se confrontata con quella dei tipi superiori. Il codice si limita a sancire che "*gli amministratori sono solidalmente responsabili verso la società per l'adempimento degli obblighi ad essi imposti dalla legge e dal contratto sociale*" e che "la responsabilità non si estende a quelli che dimostrino di essere esenti da colpa" (art. 2260).

È dunque precisato il perimetro degli ***obblighi rilevanti***, attraverso un rinvio a quelli fissati direttamente dalla disciplina societaria (quello generale di diligente gestione, o quelli specifici, come ad es. il divieto di concorrenza *ex* art. 2301) o dall'atto costitutivo; ed è sancita la ***solidarietà passiva*** di tutti gli amministratori coinvolti, cui potranno sottrarsi quelli tra loro che riescano ad offrire la ***prova di non avere colpa*** (ad es., un'operazione dannosa viene compiuta, in regime di amministrazione disgiunta, da un amministratore che la ha deliberatamente tenuta nascosta agli altri). Naturalmente si tratta di un'**azione di risarcimento danni**, sicché la società agente non potrà limitarsi a provare la violazione degli obblighi, ma dovrà completare il proprio impianto probatorio dimostrando l'entità del danno subito ed il nesso di causalità tra detto danno e la condotta censurabile degli amministratori.

7. *Amministratore non socio. Socio non amministratore*

Restano da illustrare le ipotesi di non coincidenza tra qualità di socio e di amministratore.

a) Al riguardo la prima questione riguarda la possibilità di investire del ruolo di amministratore anche **soggetti estranei alla compagine sociale**.

La tesi contraria muove, sia pure con varietà di sfumature, dall'assunto che sussista un nesso tra posizione di amministratore e qualità di socio illimitatamente responsabile. La questione, si badi, non riguarda i rapporti tra società e terzi, atteso che nei confronti di questi ultimi tutti i soci rispondono ai sensi dell'art. 2291 indipendentemente dalla loro qualifica di amministratori. Si tratta piuttosto di valutare se sia compatibile con il tipo s.n.c. il conferimento del potere di gestione a soggetti che, non essendo soci, non risentono degli effetti della gestione in termini di responsabilità.

Le opinioni sul punto possono essere raggruppate in tre posizioni principali: quella dell'*inammissibilità*, fondata sul principio che il potere di amministrazione può spettare ai soli soci a responsabilità illimitata (a tutti o ad alcuni); quella secondo cui è possibile il conferimento del potere di direzione dell'impresa sociale a un soggetto estraneo, ma quest'ultimo non è qualificabile come vero e proprio amministratore, ma tutt'al più come *institore*; la tesi dell'*ammissibilità tout court* dell'amministratore non socio. Quest'ultima tesi appare preferibile e sembra confermata dalla possibilità, espressamente contemplata dall'art. 838-*quinquies* c.p.c., (che riprende l'art. 37 d.lgs. 5/2003), che l'atto costitutivo affidi ad un terzo la risoluzione degli eventuali contrasti tra amministratori su una data operazione (c.d. **arbitraggio gestionale**: ad es. si rimette ad un consulente esterno la decisione sull'operazione, quando, in regime di amministrazione disgiuntiva, sorga un contrasto tra gli amministratori che paralizza la gestione sociale).

b) Una seconda questione concerne la s.n.c. in cui, derogando al modello legale, vengano nominati amministratori (nell'atto costitutivo o per atto separato) non tutti i soci, ma soltanto alcuni di essi.

Ebbene, i **soci esclusi dall'amministrazione** partecipano innanzitutto, al pari degli amministratori, all'attività sociale, essendo coinvolti nelle decisioni che il codice rimette a tutti i soci (come meglio si illustrerà più avanti), ivi compresa quella, già descritta (*supra*, I.2) sull'opposizione in regime di amministrazione disgiunta.

L'art. 2261 riconosce poi in capo ai soci che non partecipano all'amministrazione penetranti **poteri di controllo**, articolati nel diritto di: 1) avere dagli amministratori notizia dello svolgimento degli affari sociali (***diritto di informazione***); 2) consultare i documenti relativi all'amministrazione (***diritto di ispezione***); 3) ottenere il rendiconto quando gli affari per cui fu costituita la società sono stati compiuti (***diritto al rendiconto***). Si tratta di poteri, sicuramente suscettibili di ampliamento nell'atto costitutivo, che fungono da contrappeso all'esclusione dal governo dell'impresa societaria, e che almeno in parte si giustificano in considerazione dell'esposizione illimitata al rischio per l'attività gestoria condotta esclusivamente dagli amministratori.

Nelle prime due ipotesi si consente al socio di procurarsi le informazioni ed i documenti che reputa necessari per valutare sia il generale andamento della società, sia quello di specifiche operazioni alle quali sia particolarmente interessato. Il principio espresso per l'accesso ai documenti non può però ritenersi esteso sino a ricomprendere l'ispezione di cose o luoghi, quali capannoni industriali, macchinari aziendali o merce in magazzino.

Rispetto ai diritti di informazione e di ispezione, quello al **rendiconto** non è ancorato ai tempi dell'iniziativa del socio, ma al termine di ogni anno o al diverso termine fissato dall'atto costitutivo (sempre che, come per lo più accade, il compimento degli affari duri oltre un anno). Va rimarcato che il rendiconto cui si riferisce l'art. 2261 va inteso come *prospetto analitico delle operazioni realizzate* (con espressa indicazione delle relative entrate ed uscite), secondo il tradizionale modello delle gestioni per conto altrui (art. 1713). Esso dunque non coincide con il rendiconto inteso come strumento di informazione contabile volto a determinare gli utili d'esercizio (cui fa riferimento l'art. 2262) o con il bilancio d'esercizio che la s.n.c. deve in ogni caso redigere *ex* art. 2302. Ne consegue che il rendiconto del primo tipo andrà approntato *solo su richiesta dei soci non amministratori*, e non postula alcuna approvazione da parte dei soci in generale.

In linea di principio i diritti fissati dall'art. 2261 presuppongono la **qualità di socio**, ma non può escludersi che possano venire esercitati anche dopo la **perdita** della stessa (e dunque dal socio receduto o escluso o dagli eredi del socio defunto), nei limiti in cui le informazioni richieste riguardino affari sociali dal cui esito dipende la responsabilità dell'ex socio o la determinazione del valore della sua quota.

II. *Decisioni dei soci. Modificazioni dell'atto costitutivo*

1. *Unanimità e maggioranza nelle decisioni dei soci*

Amministratori e soci sono figure che, dal punto di vista concettuale, vanno tenute sempre distinte; e la distinzione, come si è visto, può divenire in concreto anche fisica, quando la società affidi la gestione non a tutti i soci o addirittura a terzi. Se è vero allora che le decisioni sono rimesse alla figura degli amministratori, è altresì vero che in ogni società vi sono temi e momenti in cui i soci stessi, come tali, assumono decisioni. Nelle principali ci si è già imbattuti: le modifiche dell'atto costitutivo, eventualmente la nomina e la revoca degli amministratori ecc.

Ora, uno dei tratti tipici delle s.n.c., e di tutte le società di persone, è *l'assenza di una disciplina generale delle* **decisioni dei soci**. La peculiarità si coglie non appena si guardi alla disciplina della s.r.l., modello concorrente per le imprese di dimensioni minori, ove l'apparato normativo è ben più ricco ed articolato (artt. 2479 ss.). Nella s.n.c., all'opposto, si riscontra esclusivamente la disciplina di singole decisioni rimesse ai soci, ed è muovendo da quelle poche ed embrionali disposizioni che si è tentato, non senza contrasti, di ricostruire regole di portata più ampia.

Inoltre, vi sono decisioni espressamente sottratte ai soci in quanto devolute in via esclusiva agli amministratori. Si tratta della definizione degli assetti di cui all'art. 2086, co. 2 (finalizzati a prevenire o gestire eventuali crisi dell'impresa), e dell'iniziativa per accedere ad uno strumento di regolazione della crisi o dell'insolvenza (art. 120-*bis* c.ins.). Resta fermo in capo ai soci soltanto il diritto di essere informati dell'avvenuta decisione degli amministratori.

Un primo profilo da trattare, sviluppando quanto già accennato con riguardo alla società in generale, è il rapporto tra maggioranza ed unanimità.

a) L'**unanimità**, come meglio si illustrerà, trova applicazione, salvo diversa disposizione dell'atto costitutivo, per le ***modifiche dell'atto costitutivo*** stesso, alla luce del disposto dell'art. 2252 (vi rientrano quindi tanto le *modifiche soggettive* che quelle *oggettive*, fatte salve le decisioni di trasformazione in società di capitali, fusione e scissione, per le quali è sufficiente la maggioranza).

b) Il principio di unanimità convive, nel diritto della s.n.c., con il **principio di maggioranza**. Va al riguardo sottolineato che la maggioranza viene calcolata secondo ***tre diversi criteri***, che possono, in base al concreto atteggiarsi della compagine sociale, determinare il prevalere o meno di un socio (o gruppo di soci) a seconda della decisione da assumere.

b1) Per la decisione sull'opposizione in regime di amministrazione disgiunta (art. 2257), così come per quelle di trasformazione in società di capitali, fusione e scissione (artt. 2500-*ter* e 2502) i soci sono chiamati a decidere a maggioranza ***in base alla partecipazione agli utili*** (per quote di interesse).

b2) Per la decisione di esclusione del socio (art. 2287, co. 1), a maggioranza calcolata ***per teste*** (ovvero in base al numero dei soci).

b3) Per la proposta di concordato nella l.g. (art. 265 c.ins.) a maggioranza ***in base alla partecipazione al capitale***, la quale, come illustrato, non necessariamente coincide con la partecipazione agli utili; detta regola, diversamente da quanto si riteneva in passato, non vale per l'accesso agli strumenti di regolazione della crisi e dell'insolvenza: al riguardo vige infatti la competenza esclusiva degli amministratori, cui è rimessa la decisione anche sui contenuti della proposta e del piano (art. 120-*bis* c.ins.).

c) Vengono poi contemplate decisioni senza indicazione del numero di consensi richiesti, alimentando un dibattito circa l'individuazione di una regola residuale applicabile. Tra le varie ipotesi ricostruttive volte a colmare detta lacuna, si lascia preferire quella che, privilegiando l'analisi complessiva dei dati normativi, prende atto della convivenza nel sistema delle società di persone di due diversi princìpi applicabili a seconda del tipo di decisione. Si può distinguere così tra ***decisioni inerenti all'attività gestoria*** (in senso lato), che vanno assimilate a quella sull'opposizione di un amministratore nell'ambito del modello disgiuntivo (maggioranza in base alla partecipazione agli utili), e ***decisioni inerenti alla struttura organizzativa***, legale o convenzionale, assimilabili alle modifiche dell'atto costitutivo (unanimità).

c1) Nella prima categoria vengono annoverate le decisioni di *nomina e revoca degli amministratori nominati con atto separato* (superando così correttamente anche l'argomento da taluno invocato a favore dell'unanimità muovendo dalla disciplina della revoca del mandato collettivo) e l'*approvazione del bilancio*, da cui, come illustrato, scatta il diritto agli utili *ex* art. 2262.

c2) Nella seconda categoria rientrano alcune decisioni che, pur non integrando modifiche contrattuali in senso stretto, sono alle stesse assimilabili, in quanto comunque riferibili alle basi organizzative della società, e, come tali, assoggettate alla regola unanimistica. Il riferimento è al *consenso all'esercizio di attività concorrenziali* da parte del socio (art. 2301). Si tratta di decisioni che attribuiscono, in una fase successiva del rapporto societario, una facoltà supplementare ad un socio, modificando sensibilmente l'equilibrio delle reciproche posizioni contrattuali.

2. *Il procedimento decisionale e l'impugnazione delle decisioni*

D'altra parte, il codice non detta alcuna regola con riguardo al **procedimento** da applicare alle decisioni dei soci di s.n.c. Né, per la verità, detta regole per le decisioni degli amministratori, qualora si tratti di atti da compiere congiuntamente, all'unanimità o a maggioranza.

In effetti, sul piano del procedimento, la mancanza di qualsivoglia prescrizione aveva alimentato il convincimento che le decisioni (dei soci o degli amministratori) potessero reputarsi del tutto svincolate da regole formali di sorta, in contrapposizione alle rigide cadenze procedimentali tipiche delle delibere assembleari (e consiliari) di s.p.a.

La dottrina ha tuttavia tentato di colmare tale lacuna rivendicando anche nell'ambito delle società di persone l'esigenza di articolare il procedimento decisionale nel rispetto delle fasi tipiche del **procedimento collegiale**, ricavabili dal sistema societario e non solo (convocazione, riunione, discussione, votazione e verbalizzazione).

Anche quanto alla disciplina applicabile all'**impugnativa della decisione viziata**, non si riscontrano norme di riferimento, ad eccezione di quella sull'esclusione (art. 2287, co. 2). Si tratta infatti dell'unico caso in cui il legislatore, nell'ambito delle società di persone, ritaglia una seppur embrionale forma di impugnativa, individuando il soggetto legittimato (socio escluso), il termine (trenta giorni dalla comunicazione), ed un rimedio cautelare tipico (potere del tribunale di sospendere l'esecuzione della decisione in pendenza del giudizio). Quale sia la disciplina applicabile per le altre decisioni (ad es., una revoca dell'amministratore viziata da un errato computo della maggioranza, una decisione assunta senza la necessaria maggioranza) non è detto e, in questo silenzio, la giurisprudenza sembrava orientata a ritenere applicabile la disciplina generale del contratto (artt. 1418 ss.).

Questa posizione non è però convincente: le norme sulla decisione di esclusione dimostrano come al sistema legislativo delle società di persone sia sottesa una logica diversa da quella alla base del sistema generale dei contratti (termini ridotti di impugnazione per garantire la certezza delle situazioni giuridiche, limitazioni nella legittimazione all'impugnazione, rimedi cautelari per neutralizzare d'urgenza gli effetti di una decisione viziata), e ciò è dimostrato ancor più dallo speciale e articolato *corpus* di regole sull'invalidità delle decisioni nelle società di capitali. Se allora si guarda in particolare alla disciplina delle s.r.l. (art. 2479-*ter*), che tra le società di capitali rappresenta come si è detto il modello più vicino alle società di persone (e soprattutto contempla, diversamente dalla s.p.a., decisioni dei soci a collegialità "attenuata"), si può concludere che *detta disciplina costituisce un sistema applicabile anche a tutte le organizzazioni societarie di persone*. In quest'ultimo senso si è recentemente posizionata la giurisprudenza di legittimità, favorevole alla applicazione analogica delle regole comuni dettate in tema di società di capitali, ed in particolare della categoria della annullabilità per i meri vizi procedimentali.

3. *Le modificazioni dell'atto costitutivo: nozione e pubblicità. Modificazioni soggettive e oggettive*

a) Le modificazioni dell'atto costitutivo nella s.n.c. vanno assunte, come si è detto, all'**unanimità** dei soci (art. 2252). L'ambito di applicazione di detta regola è particolarmente ampio, e ricomprende tanto le modifiche aventi ad oggetto *elementi oggettivi* dell'atto costitutivo, che quelle relative ad *elementi soggettivi*.

È certo infatti che ricade nell'alveo dell'art. 2252 ogni ***modifica degli elementi tipici dell'atto costitutivo*** (fissati dall'art. 2295). Possono dunque farsi rientrare in questa categoria, per quel che riguarda gli **elementi oggettivi**, le variazioni aventi ad oggetto: la ragione sociale; i soci che hanno l'amministrazione (a meno che non fossero stati nominati per atto separato) o la rappresentanza della società; il regime di amministrazione e rappresentanza; la sede sociale; l'oggetto sociale; i conferimenti di ciascun socio; le prestazioni che i soci d'opera sono tenuti a svolgere; le variazioni del capitale; le norme di ripartizione degli utili; la quota di ciascun socio negli utili e nelle perdite; la durata della società.

Per quel che riguarda invece i mutamenti soggettivi del contratto, si tratta di ogni ipotesi di **trasferimento delle quote di partecipazione**, sia *inter vivos* che *mortis causa*.

b) Nei rapporti tra soci le modifiche sono immediatamente efficaci, ma divengono opponibili ai terzi solo dopo l'**iscrizione nel registro delle imprese**, da effettuarsi a cura degli amministratori nel termine di trenta giorni (art. 2300). Le modifiche non iscritte possono essere opposte solo fornendo la prova che i terzi ne fossero comunque a conoscenza (art. 2300, co. 3). In entrambi i casi, dunque, viene replicata la regola dell'efficacia dichiarativa sancita dall'art. 2193.

c) Tanto premesso sul piano della forma e della pubblicità della decisione, occorre soffermarsi sul **principio di unanimità**, che rappresenta uno dei cardini del diritto delle società di persone. Esso tutela al massimo grado l'interesse dei singoli soci alla conservazione nel tempo dell'assetto contrattuale originario, nella misura in cui consente a ciascuno, a prescindere dalla misura della sua partecipazione, di paralizzare con il suo dissenso (o mancato consenso) l'assunzione delle decisioni modificative dell'atto costitutivo. In chiave sistematica, è agevole rilevare che la necessità del consenso di tutti i soci rappresenta uno dei principali tratti distintivi delle società di persone rispetto a quelle di capitali, sebbene, come vedremo, la nuova disciplina delle s.r.l. renda meno netta la linea di confine.

Anche per quel che riguarda in particolare i mutamenti soggettivi, la regola unanimistica marca una vistosa differenza tra lo statuto delle s.n.c. e quello delle società di capitali (e, limitatamente alla quota dell'accomandante, della s.a.s.), che si inquadra puntualmente in un sistema caratterizzato da un *elevato vincolo fiduciario tra i componenti della compagine sociale* (intuitus personae), ben giustificato se sol si riflette che tutti i soci rispondono illimitatamente per le obbligazioni assunte attraverso l'operato gestorio degli amministratori. Così, la necessità del consenso unanime consente agli altri soci di valutare i riflessi delle vicende delle partecipazioni sociali, ed in particolare l'ingresso di nuovi soci, sulla propria posizione in società.

D'altronde, il modello legale di s.n.c. presenta un significativo margine di adattabilità, essendo espressamente consentito ***derogare al principio unanimistico*** confezionando modelli alternativi, che tutelino l'interesse alla pronta adattabilità dell'atto costitutivo alle mutate esigenze dell'attività sociale. Tipico strumento in tal senso è l'inserimento di una **clausola di maggioranza**, da cui scaturisce una dialettica tra soci di maggioranza e di minoranza molto simile a quella che caratterizza le s.r.l. Una deroga è possibile anche per facilitare i mutamenti soggettivi, qualora i soci preferiscano ridimensionare la rilevanza del vincolo fiduciario o addirittura modellare in termini "aperti" la s.n.c. L'*intuitus* rappresenta infatti *elemento naturale*, *ma non essenziale*, delle società di persone. Diversamente da quanto accade per le modifiche oggettive, tuttavia, la deroga all'art. 2252 non si realizza attraverso una clausola di maggioranza, che comporterebbe delicati problemi di parità di trattamento tra soci: la prassi rivela come sia decisamente più diffusa e funzionale la **clausola di libera trasferibilità** delle partecipazioni sociali, che rimuove ogni vincolo alla circolazione sia *inter vivos* che *mortis causa*.

d) Si è già visto che il legislatore ha peraltro egli stesso sottratto al principio unanimistico talune decisioni anche se di carattere strutturale. Tra queste, assai significativa è la regola prevista per le decisioni di **trasformazione** (**in società di capitali**), **fusione** e **scissione**, con il dichiarato intento di favorire il transito verso le società di capitali. L'art. 2500-*ter* stabilisce che, salvo diversa disposizione del contratto sociale, la trasformazione in società di capitali è decisa con il **consenso della *maggioranza dei soci*** determinata secondo la *parte attribuita a ciascuno negli utili*; al socio che non ha concorso alla decisione viene riconosciuto il diritto di recesso. Ed analoga regola sussiste, con lievi differenze terminologiche, nello statuto delle operazioni di fusione e scissione (art. 2502, richiamato dall'art. 2506-*ter*, co. 5).

L'insieme di queste norme determina per la verità un'asimmetria tra le varie possibili ipotesi di mutamento del tipo sociale: l'art. 2500-*ter* fissa il principio di maggioranza esclusivamente quando si passi ad un tipo capitalistico, mentre resta assoggettata alla regola unanimistica di cui all'art. 2252 ogni altra ipotesi di trasformazione; al contempo, ogni fusione, dia essa vita ad una società di persone o di capitali, è decisa a maggioranza. Di conseguenza, per quanto singolare possa apparire, la trasformazione, ad es., da s.n.c. in s.a.s. andrà decisa all'unanimità, mentre la fusione tra due s.n.c. – in cui la società risultante dalla fusione sia una s.a.s. – potrà essere decisa a maggioranza.

L'introduzione della regola di maggioranza per le operazioni suddette pone poi un delicato problema interpretativo per quel che riguarda i rapporti tra le medesime e le **modifiche dell'atto costitutivo collegate** alle stesse (ad es., variazioni del capitale sociale, trasferimento della sede, mutamento del metodo di amministrazione, ecc.). In merito, rispetto alla soluzione di applicare alle modifiche collegate la regola unanimistica sembra preferibile quella di estendere a tutte le modifiche collegate la regola maggioritaria. La prima soluzione rischia invero di vanificare il portato precettivo delle disposizioni succitate, privandole di un'effettiva utilità, atteso che un minimo di modifiche collegate discende dalla necessità di adeguare la struttura societaria alle regole che caratterizzano il diverso tipo risultante dall'operazione di trasformazione, fusione o scissione. In ogni caso, gli artt. 2500-*ter* e 2502 fanno salva una ***diversa opzione statutaria***, sicché appaiono lecite le clausole che, uniformando la trasformazione, la fusione e la scissione alle altre modifiche statutarie, richiedano per tali operazioni *il consenso di tutti i soci* (o *maggioranze diverse*, non puntualmente coincidenti con quella legale).

§ 39. Lo scioglimento del singolo rapporto sociale. Lo scioglimento della società

Sommario: I. *Lo scioglimento del singolo rapporto sociale*. – 1. Morte del socio. – 2. Recesso. – 3. Esclusione facoltativa. – 4. Profili procedimentali. Opposizione all'esclusione. – 5. Esclusione di diritto. – 6. Liquidazione della quota. – II. *Lo scioglimento della società*. – 1. Cause di scioglimento della società. – 2. Effetti dello scioglimento. Procedimento di liquidazione. – 3. Cancellazione, estinzione e liquidazione giudiziale della s.n.c.

I. *Lo scioglimento del singolo rapporto sociale*

Le norme in tema di scioglimento del singolo rapporto sociale (artt. 2284-2290) governano uno dei profili da cui maggiormente affiora il forte legame tra vicende personali dei soci e vincolo societario. Come si illustrerà nei paragrafi che seguono, le singole cause di scioglimento (morte, recesso ed esclusione) si ricollegano ad eventi personali o patrimoniali che colpiscono la persona del socio o vanno ad incidere sulle relazioni interpersonali tra i soci. Eventi che in linea di principio *impediscono, limitano o rendono sgradito il protrarsi della partecipazione di un determinato socio in società*.

Al contempo, detti eventi non inficiano di per sé l'organizzazione societaria nel suo insieme, atteso che ***l'attività sociale prosegue con gli altri soci***. Scioglimento del singolo rapporto sociale significa solo che viene meno (giuridicamente: *si estingue*) *il rapporto partecipativo facente capo ad uno specifico socio* (con diritto alla liquidazione in denaro del valore della sua quota, come vedremo). Gli eventi che provocano tale effetto possono tuttavia inficiare la prosecuzione della stessa società qualora questa si ritrovi, all'indomani dell'evento che ha determinato lo scioglimento del singolo rapporto, in stato di *unipersonalità protratta per oltre sei mesi*. In quest'ipotesi dunque morte, recesso ed esclusione determinano, combinati con l'inerzia dell'unico socio (che non si attivi tempestivamente per ricostituire la pluralità dei soci), lo scioglimento della società (art. 2272, n. 4).

Fonte dello scioglimento del singolo rapporto può essere la **volontà del socio** interessato (recesso) **o degli altri soci** (esclusione facoltativa). In alcuni casi manca una manifestazione di volontà, e lo scioglimento consegue ad una **previsione legale** (esclusione di diritto) o ad un **evento naturale** (morte), ma in quest'ultimo caso la volontà degli altri soci assume comunque rilevanza in quanto può determinare la prosecuzione del rapporto con gli eredi del socio defunto (sempre che questi acconsentano).

Intreccio tra vicende personali e societarie da un lato, *rapporto tra scioglimento del singolo rapporto e scioglimento della società* dall'altro, rappresentano i tratti distintivi della disciplina della s.n.c., come di tutte le società di persone. Sotto questo profilo, profondo è il solco che distanzia le regole che si vanno ad illustrare dalle corrispondenti norme in tema di società di capitali, sebbene la disciplina attuale della s.r.l. in parte colmi il fossato.

Ulteriore tratto peculiare si coglie nella *rilevanza di situazioni legate alla persona fisica* (la morte, come si è detto, ma anche l'interdizione, l'inabilitazione, l'inidoneità fisica a prestare la propria opera). E sovente le tensioni tra soci traggono origine non tanto dalla gestione dell'impresa societaria, bensì da conflitti interpersonali di carattere coniugale o familiare. L'attenta analisi della casistica giurisprudenziale rivela infatti come le liti tra soci di s.n.c. (o s.a.s.) rappresentano solo uno dei fronti di più ampie battaglie legali tra ex coniugi (per contrasti legati alla separazione ed al divorzio) o tra fratelli (per contrasti ereditari).

Si può infine notare che nella s.n.c. *lo scioglimento del singolo rapporto sociale non tronca immediatamente ogni legame tra socio e società*. L'ex socio o i suoi eredi dovranno attendere il termine (fino a sei mesi) per vedersi liquidato il valore della quota (art. 2289); continueranno anche in futuro a rispondere illimitatamente per le obbligazioni sociali sorte fino al giorno in cui si era prodotto lo scioglimento del rapporto (art. 2290), senza alcun termine temporale (salvi gli effetti della prescrizione); potranno essere assoggettati a l.g./l.c. in estensione entro un anno dallo scioglimento del rapporto o, in caso di trasformazione, fusione o scissione, dalla cessazione della responsabilità illimitata (art. 256, co. 2, c.ins., richiamato dall'art. 270); il nome del socio receduto o defunto potrà restare inserito nella ragione sociale, con il consenso dell'interessato (in caso di recesso) o dei suoi eredi (in caso di morte) (art. 2292, co. 2).

Non solo: in tutti questi casi gli amministratori devono provvedere entro trenta giorni dall'evento ad iscrivere lo scioglimento presso il registro delle imprese. Il che assume particolare rilevanza nell'ottica della responsabilità del socio uscente (o dei suoi eredi, in caso di morte). L'art. 2290 limita sì infatti la responsabilità di detti soggetti alle obbligazioni sociali sorte fino al giorno in cui si verifica lo scioglimento, ma poi precisa che questo deve essere **opponibile** ai terzi. E l'opponibilità si ottiene attraverso l'iscrizione nel registro delle imprese, per cui, in difetto, il socio uscito si troverà a rispondere nei confronti dei creditori anche per le obbligazioni successive (pur avendo poi regresso verso i suoi ormai ex consoci) e se ne potrà sottrarre solo provando che chi esige da lui il pagamento era comunque a conoscenza dell'avvenuto scioglimento.

1. *Morte del socio*

L'art. 2284 esprime il principio secondo cui *la morte di un socio determina l'**obbligo della società di liquidare la quota agli eredi*** dello stesso.

Nel modello legale si è quindi preservata la continuazione della società, evitando che il venir meno di una partecipazione ne determini lo scioglimento (salva l'ipotesi di unipersonalità). Al contempo, non si è prevista l'automatica trasmissione della quota di partecipazione del defunto ai suoi eredi, come invece accade, limitatamente alla quota del socio accomandante, nella s.a.s. (art. 2322, co. 1), e per tutte le quote nelle s.r.l. (art. 2469, co. 1), per tacere delle s.p.a.

Il principio descritto, tuttavia, vale sempre che nel termine di sei mesi, previsto per la liquidazione della quota agli eredi, non vengano adottate decisioni che incidano sulla situazione determinatasi. Le alternative che i soci superstiti possono privilegiare sono due, ed entrambe presuppongono una decisione modificativa dell'atto costitutivo da assumersi all'unanimità: lo *scioglimento anticipato della società*; la *continuazione della società con gli eredi*.

a) I soci superstiti possono preferire lo **scioglimento anticipato** per *motivi di ordine soggettivo*, qualora ritengano la figura del socio deceduto essenziale per la prosecuzione dell'attività; per *motivi di ordine oggettivo*, qualora reputino impossibile liquidare la sua quota senza privare la società del patrimonio necessario alla prosecuzione dell'attività. In questi casi, la decisione di porre in liquidazione la società, purché assunta nei sei mesi dalla morte del socio, evita che si perfezioni il diritto degli stessi eredi alla corresponsione della quota di liquidazione. Gli eredi pertanto, al pari degli altri soci, dovranno attendere l'esito del procedimento di liquidazione della società.

b) La seconda alternativa (**continuazione della società con gli eredi**) richiede, come la norma stessa precisa, il *consenso degli eredi* del socio. Si discute al riguardo se possa ritenersi sufficiente il consenso anche soltanto di alcuni degli eredi (che dunque subentreranno *pro quota*), o si renda comunque necessario, come pare preferibile, il consenso di tutti. Poiché il subentro non comporta di per sé il frazionamento della quota del socio defunto, in caso gli eredi siano più d'uno si formerà una *comunione* degli stessi sulla quota ed occorrerà il consenso di tutti anche in merito alla nomina di un rappresentante comune per l'esercizio dei diritti sociali.

Sotto il profilo della continuazione con gli eredi, la valutazione rimessa ai soci superstiti ruota intorno all'accettazione degli stessi quali soggetti atti a subentrare in società come soci e, di regola, altresì quali amministratori. L'accettazione si renderà necessaria anche qualora gli eredi, come sovente accade nelle compagini a base familiare, detengano già in proprio una partecipazione in società. Anche in tal caso, infatti, la successione nella quota determinerebbe un accrescimento in capo a costoro delle quote (di capitale e di partecipazione agli utili ed alle perdite) che richiede il consenso unanime *ex* art. 2252.

2. *Recesso*

L'art. 2285 prevede il recesso del socio distinguendo tra società a tempo determinato e a tempo indeterminato. La dichiarazione di recesso è una *manifestazione unilaterale di volontà del socio*, recettizia nei confronti della società.

a) Per le **società a tempo indeterminato** non vi sono limiti in merito ai presupposti per l'esercizio del diritto. Dunque *i soci sono liberi di recedere* (c.d. **recesso *ad nutum***), con l'onere di rispettare un termine di preavviso di tre mesi (per cui il recesso produce effetti dopo tre mesi dal momento in cui la relativa dichiarazione è pervenuta alla società: dunque, ad es., delle obbligazioni sorte in tale periodo il receduto risponderà in quanto socio a tutti gli effetti).

Ai fini del recesso, il codice equipara alle società a tempo indeterminato quelle ***contratte per tutta la vita di uno dei soci***. In queste ultime sussiste pur sempre un termine finale (la morte di uno specifico socio), ma lo stesso non è determinabile *a priori*. Tale regola va applicata anche qualora la società, pur essendo formalmente a tempo determinato, contempli un *termine non previamente determinabile o comunque tale da superare le aspettative di vita medie dell'essere umano* (la formula della legge non è chiarissima: probabilmente il calcolo va fatto in base all'aspettativa media di vita del più anziano dei soci). Del pari, qualora la durata di una società a tempo determinato venga prorogata espressamente senza fissare un termine, o addirittura tacitamente (art. 2307, co. 3), si passerà automaticamente al regime che governa le società contratte a tempo indeterminato.

In effetti la regola in questione ricalca il principio espresso dall'art. 1373, co. 2, per tutti i contratti ad esecuzione periodica o continuativa, e completato (quanto all'onere di preavviso) dall'art. 1569 in tema di somministrazione. Se ne discosta solo per il riferimento alla vita di uno dei soci, che consente di equiparare (ricomprendendole nella sfera di applicabilità del recesso *ad nutum*) tutte quelle ipotesi in cui la durata del vincolo si presenti sostanzialmente eccessiva.

b) Per le **società a tempo determinato**, invece, l'ordinamento subordina la validità del recesso alla sussistenza di una ***giusta causa*** o ad ***un'apposita previsione dell'atto costitutivo.***

b1) Quanto alla previsione di **cause facoltative** di recesso, il legislatore non sembra porre limiti sul punto all'autonomia privata, nonostante l'inevitabile depauperamento del patrimonio sociale che si genera in occasione del rimborso di quote della società. Si potrà così prevedere che i soci abbiano diritto di recedere qualora si verifichino eventi relativi alla loro persona (ad es., quando trasferiscano la loro residenza in regione diversa da quella ove ha sede la società) o alla società (ad es., qualora entro un dato periodo non siano raggiunti determinati obiettivi di fatturato).

b2) Venendo poi al riferimento alla **giusta causa**, si tratta di nozione mutuata da altri settori dell'ordinamento, rispetto ai quali la s.n.c. presenta non poche peculiarità. Sovente la pretesa del socio di recedere non viene assecondata dagli altri, che negano la sussistenza della giusta causa. Ne consegue un fronte di tensione tra soci, con l'apertura di un contenzioso giudiziario volto ad accertare la genuinità dei presupposti del recesso e, non di rado, con la reazione degli altri soci consistente nella decisione di escludere il socio che ha dichiarato di voler recedere.

In argomento l'orientamento giurisprudenziale è quello di individuare la giusta causa soprattutto nell'incrinarsi del rapporto tra soci, o, mutuando la formula più comune, nella *reazione ad un comportamento degli altri soci obiettivamente, ragionevolmente ed irreparabilmente pregiudizievole del rapporto fiduciario tra soci.* L'impostazione appena esposta riflette per la verità una concezione angusta del recesso di cui all'art. 2285, inquadrato nei principi generali dei contratti di durata (mandato, apertura di credito, rapporti di lavoro), ove la giusta causa viene costantemente ricondotta alla altrui violazione di obblighi contrattuali, ovvero alla violazione dei doveri di fedeltà, lealtà, diligenza o correttezza inerenti alla natura fiduciaria del rapporto sottostante. Decisamente più convincente e più in linea con il diritto societario appare la tesi che àncora invece il recesso ad ***ogni* situazione oggettiva *che aggravi***, *seppur indirettamente*, ***la responsabilità del socio o le condizioni di rischio economico in presenza del quale egli aveva aderito al contratto sociale.*** Si tende correttamente a negare, invece, che la giusta causa possa essere integrata da *situazioni soggettive* del socio, quali gravi malattie, impedimenti fisici o età avanzata. Naturalmente, resta ferma la possibilità che dette vicende, se conducono all'interdizione o inabilitazione del socio (o all'attivazione dell'amministrazione di sostegno), legittimino gli altri soci ad escludere il socio stesso dalla s.n.c.

c) Per completare la trattazione sul diritto di recesso vanno illustrate tre **ulteriori**

ipotesi con riguardo ai soci che non abbiano concorso alle decisioni (a maggioranza, ricordiamo) di *trasformazione in società di capitali*, *fusione* e *scissione*. Il diritto di recesso viene qui legato alla posizione di mancato consenso ad una determinata decisione. E deve ritenersi che dette disposizioni esprimano un ***principio valido anche per le altre modifiche a maggioranza***, quando l'atto costitutivo deroghi dunque alla regola unanimistica, quanto meno là dove si tratti di *modifiche particolarmente incisive* (suscettibili di aggravare, seppure indirettamente, la responsabilità del socio: ad es., una modifica dell'oggetto sociale).

3. *Esclusione facoltativa*

L'esclusione facoltativa è la causa di scioglimento del singolo rapporto sociale legata ad un'iniziativa promossa dalla stessa società, attraverso una ***decisione adottata*** (al verificarsi di dati presupposti: art. 2286) ***dagli altri soci*** (art. 2287). Si tratta di istituto tipico delle società di persone, presente anche, con tratti non del tutto coincidenti, nello statuto delle società cooperative (art. 2533) e delle s.r.l. (art. 2473-*bis*). Rispetto a questi ultimi, tuttavia, il modello delle società di persone si caratterizza per l'inquadramento della competenza ad escludere tra le decisioni dei soci, e non degli amministratori.

Il riferimento alla fonte dello scioglimento vale a distinguere nettamente l'esclusione facoltativa dal recesso: in quest'ultimo lo scioglimento del rapporto consegue alla volontà unilaterale del socio interessato, come si è detto; nell'esclusione lo scioglimento consegue ad una *decisione assunta a maggioranza degli altri soci*, mentre la volontà del socio estromesso è contraria e mira al mantenimento della posizione in società. Proprio in ragione di tale conflitto, il legislatore ha approntato a tutela del socio escluso una forma specifica di controllo giudiziale (opposizione) diretta a verificare *ex post* la sussistenza dei presupposti sostanziali e procedimentali fissati rispettivamente dagli artt. 2286 e 2287.

Inoltre, l'esclusione resta una **decisione facoltativa**, sicché gli altri soci sono liberi anche di soprassedere, mantenendo inalterato il rapporto con il socio che pur versi in una delle situazioni contemplate dall'art. 2286 (a differenza di quanto accade nelle ipotesi di *esclusione di diritto*, che, come vedremo, scattano automaticamente).

I presupposti dell'esclusione facoltativa possono essere raggruppati in tre grandi categorie: a) *gravi inadempienze delle obbligazioni* che derivano dalla legge o dall'atto costitutivo; b) *interdizione*, *inabilitazione* del socio o sua *condanna* a pena che comporti l'interdizione, anche temporanea, dai pubblici uffici; c) *impossibilità sopravvenuta della prestazione* dedotta nel conferimento per inidoneità del socio a svolgere l'opera conferita (conferimento d'opera); *perimento della cosa* dovuto a causa non imputabile agli amministratori (conferimento in godimento); perimento della cosa che il socio si è obbligato a trasferire prima che la proprietà sia acquistata dalla società (conferimento in proprietà non immediatamente traslativo).

a) Il primo gruppo di ipotesi, quello delle **gravi inadempienze**, più di ogni altro ha alimentato, anche per la sua estrema genericità, controversie interpretative.

a1) Non vi sono dubbi che lo stesso ricomprenda l'***obbligo di effettuare il conferimento*** promesso nel contratto. Ad es., il socio si è impegnato nell'atto costitutivo a conferire denaro per un determinato importo oppure un determinato bene e successivamente si rende inadempiente rispetto all'obbligazione assunta. Deve naturalmente trattarsi di *inadempimento imputabile al socio*, atteso che l'impossibilità sopravvenuta integra altra e distinta ipotesi di esclusione di cui all'art. 2286, co. 2 e 3.

a2) Tra le gravi inadempienze (oltre alla violazione di altri obblighi specifici, quali ad es. il dovere di non concorrenza *ex* art. 2301) va ricompreso anche il ***comportamento del socio contrario al principio di buona fede***, quando si riscontri un uso sistematico dei diritti di controllo o di veto del socio con l'unico fine di condurre la società alla dissoluzione. Se infatti non è possibile affermare che sul socio gravi un vero e proprio *obbligo di collaborazione*, cioè di partecipare fattivamente, mediante l'esercizio dei propri diritti, alla vita della società (in altri termini la sua inerzia non può mai essere punita), allo stesso deve ritenersi però vietato compiere atti preordinati alla dissoluzione dell'ente. Tuttavia, non potrà essere escluso un socio che semplicemente si opponga ad una o più decisioni: l'atteggiamento ostruzionistico, affinché sia rilevante ai fini dell'esclusione, deve giungere ad ostacolare l'assunzione di qualsivoglia decisione e, di conseguenza, mirare alla paralisi dell'attività sociale con relativa impossibilità di conseguire l'oggetto sociale.

In generale va precisato che le gravi inadempienze cui fa riferimento l'art. 2286 attengono sempre a comportamenti ed obblighi *gravanti sul socio in quanto tale*: eventuali inadempienze agli obblighi gravanti sul socio in quanto amministratore (ad es., una negligenza in una scelta gestoria) non possono perciò mai giustificare una decisione di esclusione. In tal caso, infatti, gli altri soci potranno attivare il procedimento di revoca per giusta causa ai sensi dell'art. 2259 e, se del caso, esercitare l'azione di responsabilità ai sensi dell'art. 2260.

b) Il secondo gruppo di ipotesi (**interdizione**, **inabilitazione del socio o sua condanna** a pena che comporti l'interdizione, anche temporanea, dai pubblici uffici) presenta carattere eterogeneo.

b1) Le ipotesi di interdizione ed inabilitazione assumono rilevanza in quanto incidono, seppure indirettamente, sulla composizione della base sociale. Di regola, infatti, gli eventi indicati determinano il *subingresso del tutore* (o l'affiancamento al socio del *curatore*) nell'esercizio dei diritti sociali. E tale tipologia di evento viene ritenuta sufficiente a porre gli altri soci (o l'altro socio) nella condizione di decidere l'estromissione del socio interessato. Sembra ragionevole, a parità di *ratio*, estendere l'applicazione della norma al caso in cui venga nominato, in luogo del tutore o del curatore, un *amministratore di sostegno* ai sensi degli artt. 404 ss.

b2) Per converso, la condanna penale di un socio rischia di proiettare un'ombra di discredito sulla società, pregiudicando la sua immagine commerciale. Il chiaro riferimento alla ***condanna*** induce a non considerare sufficienti a giustificare l'esclusione del socio *misure cautelari penali* che colpiscono il suo patrimonio, quand'anche prevedano la nomina di un custode o di un amministratore giudiziario della quota (sequestro penale o sequestri antimafia).

c) Il terzo ed ultimo gruppo di casi attiene a particolari tipologie di **conferimento**, che presentano un rischio peculiare di regola assente nelle ipotesi di conferimento in danaro, conferimento di crediti o conferimento (immediatamente traslativo) di beni in proprietà. In effetti, tanto il ***conferimento di beni in godimento*** quanto il ***conferimento d'opera*** richiedono che per un determinato arco temporale permangano determinate condizioni tali da assicurare alla società l'acquisizione dell'utilità promessa dal socio: l'idoneità del socio ad effettuare l'opera promessa; l'attitudine del bene ad essere oggetto di godimento. Così, se ad es. il socio si è impegnato a prestare una determinata opera per la durata di dieci anni dal suo ingresso in società, e dopo otto anni diviene fisicamente inabile a svolgere l'opera promessa, lo stesso socio viene a trovarsi in una condizione di (parziale) inadempimento rispetto alla società. Lo stesso vale per chi ha conferito il godimento di un immobile, che dopo un certo periodo diviene inutilizzabile per fatto non imputabile alla società.

d) L'atto costitutivo della società può indicare **ulteriori ipotesi di esclusione**, che si affiancano a quelle contemplate dall'art. 2286 o ne specificano il contenuto (ad es., l'esclusione potrebbe essere estesa a sentenze di condanna che non comportano l'interdizione dai pubblici uffici). Senz'altro preclusa è invece la clausola che consenta di escludere il socio senza alcuna motivazione, a **discrezione assoluta** degli altri soci.

4. *Profili procedimentali. Opposizione all'esclusione*

Sul piano procedimentale, l'esclusione va decisa dai soci a maggioranza, non computandosi nel numero di questi il socio da escludere. Il riferimento al numero dei soci postula che si tratti di **maggioranza per teste**, nel senso che ciascun socio esprime un singolo voto, indipendentemente dall'entità della partecipazione al capitale o agli utili della s.n.c. Ammessi al voto devono ritenersi anche i soci "non di capitale", ovvero quei soci i cui conferimenti non vengono capitalizzati (principalmente i soci d'opera, come si è visto). Il particolare computo della maggioranza nell'art. 2287 costituisce un *unicum* contrapposto alle altre decisioni maggioritarie pure previste dalla legge, che potrebbe consentire il formarsi di una maggioranza in sede di esclusione del tutto disancorata dal valore dell'investimento dei soci (ad es., il socio che detenga il 90% del capitale ben potrebbe ritrovarsi escluso da due soci che detengano il 5% ciascuno).

Proprio per la delicatezza della vicenda, la legge prevede che ***l'efficacia dell'esclusione decorre dopo trenta giorni dalla comunicazione*** della stessa al socio escluso, al quale viene offerta la possibilità di *opporsi alla decisione* stessa, sottoponendo allo scrutinio del giudice, come accennato, la sussistenza dei presupposti fissati dall'art. 2286 e il rispetto del procedimento decisionale di cui all'art. 2287. Si prescrive dunque la **comunicazione al socio** della decisione di esclusione, concedendo allo stesso un ***termine di trenta giorni*** decorrenti dal ricevimento della comunicazione stessa per promuovere **opposizione** innanzi al tribunale competente.

Si tratta, a ben vedere, di scelta particolarmente penalizzante per il socio escluso, in quanto su di lui grava l'onere di attivarsi tempestivamente, dopo che la decisione gli venga comunicata, avviando un'azione legale; il costo della sua inerzia è la perdita del diritto di opposizione e la definitiva efficacia dell'esclusione, seppur viziata. Se invece il socio escluso si oppone tempestivamente, può chiedere che venga ***sospesa l'efficacia della decisione***, in attesa che si concluda il giudizio di merito sulla validità dell'esclusione. L'opposizione alla decisione di esclusione integra una vera e propria impugnativa della decisione, governata, secondo la giurisprudenza, dalle regole dettate in tema di società di capitali e dai profili di specialità quali l'appena illustrato termine (ridotto) di trenta giorni.

Se l'opposizione viene accolta, il socio ha diritto di essere reintegrato nella società con efficacia *ex tunc*, e dunque potrà partecipare ai risultati positivi e negativi prodottisi nel frattempo. Inoltre resteranno travolte automaticamente eventuali decisioni assunte nel frattempo (ovvero nelle more del giudizio) senza la partecipazione del socio ingiustamente escluso (ad esempio, modifiche oggettive o soggettive del contratto assoggettate, in quanto tali, alla regola unanimistica).

Diversa regola vige qualora la società si componga di **due soli soci**: in tal caso, non potendosi formare una maggioranza per teste, si concede a ciascuno dei soci la facoltà di richiedere direttamente al tribunale l'esclusione dell'altro (art. 2287, co. 3). In questo caso, diversamente da quanto accade nelle s.n.c. con più di due soci, l'esclusione acquisterà efficacia solo dopo che il tribunale si sia pronunciato al riguardo, ferma restando la possibilità di richiedere un provvedimento di urgenza atipico (*ex* art. 700 c.p.c.) che assicuri provvisoriamente gli effetti della decisione sul merito, conferendo efficacia anticipata all'esclusione.

5. *Esclusione di diritto*

L'**esclusione di diritto** scatta in due distinte ipotesi: a) ***quando il socio venga assoggettato a l.g./l.c.***, perché titolare di un'impresa individuale, oppure perché socio illimitatamente responsabile di altra società; b) ***quando il creditore particolare del socio abbia ottenuto la liquidazione della quota*** *del socio* stesso.

Nei casi indicati l'esclusione non è legata ad una decisione degli altri soci (come accade nell'esclusione facoltativa), ma ad una valutazione aprioristica effettuata direttamente dal legislatore (art. 2288). Valutazione rispetto alla quale ai soci è sottratta ogni discrezionalità, atteso che *lo scioglimento del rapporto viene automaticamente ancorato dal legislatore alla sussistenza dei menzionati presupposti*, oltretutto difficilmente confutabili. La perdita della qualità di socio comporta oltretutto anche l'automatica perdita della qualità di amministratore.

Alla luce di quanto illustrato, sembra chiaro che l'esclusione di diritto è dettata a tutela di interessi esterni alla società (creditori della l.g./l.c. del socio o creditori particolari dello stesso). Si tratta dunque di una disciplina ***immodificabile dall'atto costitutivo***.

Va poi segnalato che in alcuni casi il presupposto dell'esclusione può venir meno, come accade in caso di revoca della dichiarazione di l.g./l.c. del socio. Ne consegue che quest'ultimo andrà reintegrato nella società con efficacia *ex tunc*, analogamente a quanto già illustrato con riguardo all'accoglimento dell'opposizione all'esclusione facoltativa.

6. *Liquidazione della quota*

Regola comune a tutte le ipotesi di scioglimento del singolo rapporto sociale è quella dell'***obbligo della società di*** **liquidare in denaro la quota** ***del socio*** (o degli eredi del socio) la cui partecipazione è venuta meno (art. 2289). Il legislatore concede alla società, e dunque ai soci superstiti, un *termine di sei mesi* per provvedere al pagamento (tre, in caso di esclusione di diritto).

Resta ferma la possibilità che i soci superstiti preferiscano, attraverso una decisione modificativa dell'atto costitutivo (e dunque da assumere all'unanimità *ex* art. 2252, salvo diversa pattuizione) assunta entro i sei mesi dallo scioglimento del singolo rapporto sociale, sciogliere anticipatamente la società. In questo caso il socio receduto o escluso, o gli eredi del socio defunto, dovranno attendere per il pagamento i tempi (di regola più lunghi) della liquidazione della società. Si comprende, pertanto, che solo dopo il decorso di sei mesi il diritto può dirsi perfezionato.

Al contempo, là dove la società non rispetti il termine semestrale fissato per il pagamento, l'inadempienza esporrà la società ad azioni esecutive e gli amministratori a responsabilità: in sostanza il socio diviene un vero e proprio **creditore della società**.

Non è invece mai consentito rivolgere la domanda di liquidazione della quota agli altri soci illimitatamente responsabili, in quanto, per consolidata posizione giurisprudenziale, la responsabilità illimitata di costoro (ai sensi dell'art. 2291) opera solo a favore dei terzi. La domanda andrà quindi indirizzata sempre esclusivamente alla società, in persona del legale rappresentante, e ciò anche quando la stessa sia rimasta unipersonale.

L'art. 2289 è molto chiaro nell'identificare il diritto dell'ex socio "*ad una* **somma di danaro** *che rappresenti il valore della quota*". Non residua quindi spazio, nel modello legale, per ottenere la restituzione del bene conferito in proprietà o in godimento (in quest'ultimo caso il bene dovrà essere restituito dalla società solo una volta decorso il periodo per il quale il godimento le era stato originariamente concesso), oppure una liquidazione in natura (possibili, invece, in sede di scioglimento della società). Muovendo dalla disciplina in tema di liquidazione, tuttavia, deve reputarsi lecita una ***diversa clausola dell'atto costitutivo*** (analogamente a quanto consentito dall'art. 2283).

Quanto ai criteri per la **determinazione del valore** della quota, l'art. 2289 stabilisce che debba avvenire *sulla base della situazione patrimoniale* della società al momento dello scioglimento (co. 2), e che, se vi sono *operazioni in corso*, il socio o i suoi eredi *partecipano agli utili ed alle perdite* inerenti a dette operazioni (co. 3). Dunque è chiaro che la *data di riferimento per il calcolo è quella dello scioglimento*, a nulla rilevando che il pagamento venga materialmente effettuato con sei mesi di ritardo. Decorsi i sei mesi, tuttavia, deve ritenersi che scatti l'obbligo di corrispondere gli interessi legali. Una volta liquidata all'ex socio la quota, ovvero la porzione di patrimonio corrispondente alla sua partecipazione, il capitale della s.n.c. andrà corrispondentemente ridotto. Per quanto riguarda poi la quota di partecipazione agli utili (e alle perdite, se diversa) dell'ex socio, questa si accresce proporzionalmente a quella degli altri soci.

II. *Lo scioglimento della società*

1. *Cause di scioglimento della società*

Occorre ora trattare dello scioglimento della società nel suo complesso, vicenda, questa, che conduce, passando per la liquidazione del suo patrimonio e l'estinzione dei debiti sociali, all'estinzione della società stessa come autonomo soggetto di diritti.

Lo **scioglimento** della s.n.c. si ha nei seguenti casi (artt. 2272 e 2308): 1) decorso del termine; 2) volontà di tutti i soci; 3) conseguimento dell'oggetto sociale o sopravvenuta impossibilità di conseguirlo; 4) quando viene a mancare la pluralità dei soci, se nel termine di sei mesi questa non è ricostituita; 5) provvedimento dell'autorità governativa nei casi stabiliti dalla legge; 6) dichiarazione di l.g./l.c.; 7) altre cause previste dal contratto sociale.

1) La prima ipotesi di scioglimento, per **decorso del termine**, è automatica e si ricollega alla durata della società, che costituisce uno degli elementi tipici dell'atto costitutivo di s.n.c. (art. 2295, n. 9). Di conseguenza, essa non trova applicazione per le società a tempo indeterminato.

I soci possono tuttavia assumere una decisione, volta a prorogare il termine originario prima che lo stesso spiri (**proroga espressa**). La relativa decisione seguirà le regole fissate in concreto per le modifiche dell'atto costitutivo. Essa andrà poi iscritta nel registro delle imprese e, come accennato, fa insorgere in capo ai creditori particolari dei soci la facoltà di opporsi, ricorrendo al tribunale competente, affinché la proroga non acquisti nei loro confronti l'efficacia tipica di paralizzare la possibilità di richiedere lo scioglimento del rapporto al fine di soddisfarsi sul credito del socio alla liquidazione della quota.

La s.n.c. potrà anche limitarsi a proseguire la propria attività come se il termine non fosse mai decorso (**proroga tacita**). Sicché la proroga tacita si risolve nella implicita soppressione del termine originario di durata, con conseguente *passaggio a società a tempo indeterminato*. Il che, nella prospettiva pubblicitaria, impone agli amministratori di iscrivere comunque la relativa modifica nel registro delle imprese ai sensi dell'art. 2300. In ogni caso, la prosecuzione delle operazioni sociali senza apertura della liquidazione e senza decisione espressa di prorogare la durata della s.n.c. determina una duplice conseguenza: i creditori particolari del socio sono legittimati a richiedere la liquidazione della quota del socio loro debitore; i soci possono recedere liberamente (dando preavviso a norma dell'art. 2285).

2) In tutti i casi diversi dal decorso del termine, si ha scioglimento anticipato rispetto al termine stesso, in ragione di un evento sopravvenuto che determina l'apertura della liquidazione.

La prima ipotesi da prendere in esame è la **volontà di tutti i soci** di anticipare lo scioglimento rispetto al termine fissato nell'atto costitutivo. Naturalmente, detta decisione sarà necessaria anche per porre in liquidazione le società a tempo indeterminato o il cui termine di durata è stato superato tacitamente.

3) Più complessa la seconda ipotesi, che ricomprende al suo interno due distinti eventi entrambi dipendenti dall'**oggetto sociale**, ovvero quell'elemento dell'atto costitutivo che rappresenta il programma economico (il settore o il tipo di attività) che la società si prefigge.

Nessun problema solleva il **conseguimento** dell'oggetto sociale, che presuppone un tipo di attività estremamente circoscritta (ad es., la società ha per oggetto la costruzione e vendita di un centro commerciale: l'oggetto è conseguito quando l'ultimo degli spazi del centro è venduto).

Quanto all'**impossibilità di conseguimento**, invece, è oramai pacifico che oltre all'***impossibilità oggettiva*** (causata talvolta dall'*illiceità sopravvenuta dell'attività*: ad es., una società ha per oggetto la realizzazione di conserve di una determinata specie ittica e interviene una legge che, al fine di preservare detta specie dall'estinzione, ne vieta qualsiasi forma di cattura e commercializzazione) può configurarsi anche un'***impossibilità soggettiva***, dovuta o al venir meno di una partecipazione reputata essenziale, o, più frequentemente, all'incrinarsi dei rapporti tra soci al punto da determinare la paralisi dell'attività. Si parla in questo caso di *insanabile dissidio*, in grado di condurre allo scioglimento della società. Nei casi di impossibilità soggettiva, a differenza di quanto accade per quella oggettiva, una decisione modificativa dell'oggetto sociale non sarebbe evidentemente sufficiente ad evitare lo scioglimento della società.

4) Per quanto riguarda l'**unipersonalità sopravvenuta**, si è già sottolineato trattarsi di ipotesi di scioglimento tipica delle società di persone, che si verifica nelle società di due soli soci, in caso di morte o recesso di uno di essi.

5-6) Le cause di scioglimento indicate *sub* 5 e 6 sono almeno in parte tipiche della s.n.c. (art. 2308): la prima (**provvedimento dell'autorità governativa**) è sostanzialmente priva di rilevanza pratica; la seconda (**apertura della procedura di l.g.**), scatta automaticamente con l'avvio della procedura concorsuale. Lo stesso automatismo viene legato alla procedura di l.c., che vale per tutte le società di persone (art. 2272, n. 5-*bis*).

2. *Effetti dello scioglimento. Procedimento di liquidazione*

Le regole in tema di scioglimento e liquidazione della s.n.c. si presentano sensibilmente diverse, e per alcuni versi arretrate, rispetto ai corrispondenti principi dettati in tema di società di capitali.

Va innanzitutto sottolineato che ***il verificarsi di una causa di scioglimento determina automaticamente l'ingresso della s.n.c. in*** **stato di liquidazione**. Attraverso tale espressione si indica che *l'attività residua deve essere preordinata a liquidare il patrimonio sociale, a pagare i creditori della società ed a ripartire l'eventuale residuo attivo tra i soci*. Solo *dopo il compimento di tali operazioni*, che possono protrarsi anche per anni, potrà pervenirsi alla *cancellazione della s.n.c.* dal registro delle imprese ed alla conseguente *estinzione* della stessa.

Questo aspetto va rimarcato: se è vero che l'ingresso in stato di liquidazione è ricollegato automaticamente all'insorgere della causa di scioglimento, l'organizzazione societaria non viene meno (essa cessa, per l'appunto, solo con la successiva cancellazione dal registro delle imprese). Deve quindi ammettersi, tra l'altro, la decisione di **revoca della liquidazione**, purché adottata con il consenso di tutti i soci (essendo oramai maturato il diritto alla quota di liquidazione).

Il transito della s.n.c. nello stato di liquidazione è scandito dalla **limitazione dei poteri degli amministratori**, che scatta "*avvenuto lo scioglimento della società*" (art. 2274). Da tale momento essi conservano il potere di amministrare, ma *limitatamente agli affari urgenti*, e *fino a che siano presi i provvedimenti necessari per la liquidazione*.

È in particolare pacifico che si applichi già agli amministratori il **divieto di nuove operazioni** sancito a carico dei liquidatori dall'art. 2279: la *ratio* del divieto è quella di evitare che possa proseguirsi l'attività produttiva in fase di liquidazione, quasi che lo scioglimento non si fosse verificato. La norma non va però intesa in senso eccessivamente rigido: ad es., potrebbero ammettersi operazioni che, pur presentando profili di novità, mirano esclusivamente a salvaguardare il valore del patrimonio (tipico esempio è quello della tutela dell'efficienza del complesso aziendale).

La riduzione dei poteri e la correlata responsabilità spingono gli amministratori ad avviare con la massima tempestività il **procedimento formale di liquidazione**, che si articola nella *nomina dei liquidatori*, nel *passaggio di consegne* tra costoro e gli amministratori, nel *pagamento delle passività*, nel *riparto delle attività* tra i soci e nella successiva *cancellazione* della s.n.c. dal registro delle imprese.

Tanto premesso, va in primo luogo sottolineato che il procedimento di liquidazione legale svolge un **ruolo residuale**, in quanto trova applicazione solo in assenza di diverse statuizioni pattizie al riguardo. Le modalità di liquidazione del patrimonio possono essere infatti indicate già nell'atto costitutivo, così come l'individuazione dei soggetti legittimati a svolgere la relativa attività. In mancanza, i soci possono adottare una decisione *ad hoc*, sicuramente assoggettata al principio unanimistico *ex* art. 2252 (salvo clausola di maggioranza in deroga). La regolamentazione convenzionale consente di confezionare il procedimento in base alle concrete esigenze dei soci. Uno dei profili più interessanti, sotto questo aspetto, è la possibilità di prevedere la ripartizione di beni in natura (art. 2283), che tutela l'interesse dei soci a che i beni sociali non vengano alienati a terzi per consentire di addivenire ad un riparto.

Se tuttavia l'atto costitutivo nulla dispone in merito alla liquidazione del patrimonio ed i soci non trovano un accordo al riguardo, si aprirà il procedimento di liquidazione regolato dal codice.

a) In primo luogo, occorrerà nominare, sempre all'unanimità (salvo deroga), uno o più **liquidatori**. Se i soci non si accordano, alla nomina provvederà il tribunale su istanza di uno di essi o di un amministratore.

b) I liquidatori *succedono agli amministratori della società nella gestione del patrimonio e dell'attività sociale*. La legge impone agli amministratori di collaborare in tal senso, consegnando ai liquidatori i beni e i documenti sociali e presentando ad essi il conto della gestione per il periodo successivo all'ultimo bilancio.

Ai liquidatori è fatto obbligo di prendere in consegna i beni e i documenti sociali, e di redigere, insieme agli amministratori, l'inventario dal quale risulti lo stato attivo e passivo del patrimonio sociale. Amministratori e liquidatori devono sottoscrivere congiuntamente l'inventario, che determina il formale subingresso dei secondi nella gestione della società.

c) **Obblighi e responsabilità dei liquidatori** sono individuati mediante rinvio alle disposizioni in tema di amministratori. Si precisa, tuttavia, che sono fatte salve le norme specificamente dettate in tema di liquidazione o le eventuali previsioni *ad hoc* dell'atto costitutivo (art. 2276). I liquidatori, siano essi nominati dai soci o dal tribunale, possono essere revocati per volontà di tutti i soci (o a maggioranza, se lo prevede l'atto costitutivo) e in ogni caso dal tribunale per giusta causa su richiesta di uno o più soci (art. 2275, co. 2).

Sul piano dei **poteri**, ai liquidatori è consentito il ***compimento degli atti necessari per la liquidazione***, ovvero di quegli atti che *consentono di trasformare in denaro il patrimonio della società*. Dal momento in cui viene iscritta la loro nomina, i liquidatori hanno poi la **rappresentanza** della società, sia sostanziale che giudiziale (art. 2310). La duplice rappresentanza vale a munire i liquidatori dei poteri indispensabili per attivare all'esterno, sempre in chiave di monetizzazione dell'attivo, la vasta gamma di strumenti negoziali e giudiziali a tutela del patrimonio della società nei confronti dei terzi (rivendiche di beni, riscatto di beni in *leasing*, scioglimento di vincoli contrattuali per recesso o risoluzione, riscossione anche coattiva dei crediti, ecc.). Al contempo, i liquidatori non possono prescindere da tali poteri per difendere la società dalle eventuali aggressioni dei creditori sociali (ivi compresi fisco e enti di previdenza), che rischiano di ridimensionare l'attivo destinato ad essere ripartito tra i soci.

A completare il quadro va menzionato un **duplice divieto** gravante in capo ai liquidatori. Il primo è il già menzionato ***divieto di intraprendere nuove operazioni***, contravvenendo al quale essi *rispondono personalmente e solidalmente per gli affari intrapresi* (art. 2279). Inoltre, ai liquidatori è fatto ***divieto di ripartire tra i soci i beni sociali***, *anche parzialmente*, *finché non siano pagati i creditori della società o non siano accantonate le somme necessarie per pagarli.*

d) Dunque uno dei criteri cardine è l'*anteposizione del diritto dei creditori sociali* ad essere soddisfatti rispetto al diritto dei soci alla quota di liquidazione. In tale prospettiva i liquidatori, per il **pagamento dei debiti sociali**, devono attingere innanzitutto ai *fondi disponibili della società.* Se questi risultano insufficienti, i liquidatori possono chiedere ai soci i versamenti ancora dovuti sulle rispettive quote e, se occorre, le somme necessarie, nei limiti della rispettiva responsabilità e *in proporzione della parte di ciascuno nelle perdite.* Nella stessa proporzione si ripartisce tra i soci il debito del socio insolvente.

e) Estinti i debiti sociali, ***l'attivo residuo è destinato in primo luogo al rimborso dei conferimenti*** (più esattamente: dei conferimenti capitalizzati): per quelli aventi ad oggetto somme di danaro, sarà restituito l'esatto importo a suo tempo versato; per quelli diversi dal danaro (crediti, beni in proprietà) sarà rimborsato un importo corrispondente alla valutazione operata nell'atto costitutivo o, in mancanza secondo il valore "storico" che essi avevano nel momento in cui furono eseguiti (art. 2283).

La disciplina che governa il rimborso dei conferimenti presuppone la previa trasformazione in denaro dell'attivo ancora disponibile dopo l'estinzione delle passività. Se tuttavia l'atto costitutivo prevede che la **ripartizione dei beni** sia fatta **in natura**, si applicano le disposizioni sulla *divisione delle cose comuni.* Naturalmente, siffatta pattuizione rende più complesse le operazioni di riparto, ma tutela l'interesse dei soci che abbiano conferito un bene in proprietà ad evitare che quel determinato bene venga alienato a terzi.

Infine, qualora dopo il rimborso dei conferimenti risulti un'**eccedenza di attivo**, essa andrà *ripartita tra i soci* ***in proporzione della parte di ciascuno nei guadagni (utili)*** fissata dall'atto costitutivo. E dunque solo a tale fase del riparto parteciperanno i soci il cui conferimento non sia stato capitalizzato (ad es., i soci d'opera).

f) Una volta realizzata la liquidazione, è previsto che i liquidatori predispongano e sottopongano all'approvazione dei soci il **bilancio finale di liquidazione** ed il **piano di riparto**, comunicando detti documenti a mezzo raccomandata (art. 2311). Al riguardo sono dettate due regole improntate all'obiettivo di agevolare la chiusura della liquidazione (e la successiva cancellazione della società). In primo luogo, è previsto un meccanismo di ***silenzio assenso***: il bilancio e il piano di riparto si intendono approvati se non vengono impugnati dai soci nel termine di due mesi dal ricevimento della comunicazione. Inoltre, qualora entrambi i documenti vengano impugnati, si consente ai liquidatori di esaminare separatamente le questioni legate alla liquidazione da quelle attinenti al riparto. In questo modo, i liquidatori possono accelerare i tempi della loro liberazione rispetto ai soci, agganciata all'approvazione del bilancio, da discussioni in merito al riparto, che afferiscono esclusivamente alla sfera dei rapporti interni tra i soci stessi.

3. *Cancellazione, estinzione e liquidazione giudiziale della s.n.c.*

Dopo l'approvazione del bilancio finale, i liquidatori devono presentare istanza per la **cancellazione** della società dal registro delle imprese (art. 2312). Sicché la cancellazione si pone come *momento terminale del procedimento di liquidazione*. Non solo: con la cancellazione si determina, secondo quanto afferma la giurisprudenza, orientata ad applicare anche alle società di persone l'art. 2495, l'**estinzione della società**, la quale dunque viene definitivamente meno.

Al principio dell'estinzione immediata a seguito di cancellazione sono tuttavia sottratti, con norma di favore estremamente discutibile sotto il profilo sistematico, i debiti per tributi e contributi previdenziali, per i quali l'estinzione si verifica solo dopo cinque anni dalla richiesta di cancellazione (art. 28, co. 4, d.lgs. 175/2014). La giurisprudenza ha avuto modo di chiarire che la norma, pur riferendosi all'art. 2495, si applica anche alle società di persone.

Il codice si occupa solo in parte dell'ipotesi in cui, all'indomani della cancellazione, emergano situazioni giuridiche passive o attive riconducibili alla società oramai estinta.

Innanzitutto, al fine consentire la ricostruzione, anche in seguito alla cancellazione, dell'andamento degli affari sociali, è stabilito che la maggioranza dei soci designi un *depositario delle scritture contabili e dei documenti sociali*, tenuto a conservarli per dieci anni dalla cancellazione.

Per le **sopravvenienze passive** i creditori sociali insoddisfatti possono far valere i loro crediti esclusivamente ***nei confronti dei soci*** (art. 2312). Questi ultimi, beninteso, continueranno a rispondere illimitatamente per le obbligazioni sociali, anche dopo la cancellazione.

In aggiunta ai soci, potranno essere chiamati a rispondere i ***liquidatori***, ma solo quando i creditori sociali dimostrino che il mancato pagamento è dipeso da loro colpa. Il che avverrà nei casi in cui la sopravvenienza passiva corrisponda ad un debito già risultante dalla contabilità sociale, e dunque agevolmente riscontrabile dai liquidatori che negligentemente non ne hanno tenuto conto. Nessuna responsabilità potrà imputarsi ai liquidatori per i residui passivi imprevisti ed imprevedibili al momento dell'attività di liquidazione.

La legge nulla dice invece in merito ad eventuali **residui attivi** non distribuiti e **sopravvenienze attive**, ma si ritiene che gli stessi ricadano in una situazione di *contitolarità tra i soci*. Al contempo, si esclude che i soci possano, all'indomani della cancellazione, far valere in giudizio diritti che la società avrebbe potuto attivare prima dell'estinzione. In altre parole, si ravvisa nel comportamento della società un indice inequivoco della volontà di rinunciare a quelle azioni, facendo così venir meno l'oggetto stesso di una trasmissione successoria ai soci. La soluzione adottata dalla giurisprudenza mira a frenare possibili abusi: i soci potrebbero addivenire alla cancellazione non per un genuino intento di rimuovere la società inattiva, bensì per accaparrarsi i correlati benefici sul piano della assoggettabilità a l.g./l.c. dei soci, salvaguardando al contempo iniziative recuperatorie per conto della società.

La cancellazione proietta i suoi effetti anche sul piano delle **procedure concorsuali**. Come si è visto, infatti, anche per gli imprenditori collettivi è fissato il principio secondo cui la dichiarazione di l.g./l.c. può avvenire dopo la cessazione, purché però *entro un anno dalla cancellazione dal registro delle imprese* (art. 33 c.ins.). Il che significa che la s.n.c., seppur formalmente estinta e dunque, secondo la giurisprudenza, non più soggetto di diritto, può reputarsi, ai soli fini concorsuali, ancora in vita per il limitato periodo di un anno. Il che le conferisce, peraltro, piena capacità processuale nell'ambito del procedimento volto all'apertura della procedura concorsuale, con notevole ferita del principio elaborato dalla giurisprudenza.

CAPO SECONDO

LA SOCIETÀ IN ACCOMANDITA SEMPLICE. LA SOCIETÀ SEMPLICE

§ 40. SOCIETÀ IN ACCOMANDITA SEMPLICE

SOMMARIO: I. *Nozione*. – 1. Caratteri generali. – 2. La responsabilità dei soci. – II. *La posizione dell'accomandante e dell'accomandatario*. – 1. I conferimenti e la circolazione della quota. – 2. Il divieto di immistione dell'accomandante. – III. *Scioglimento della società*. – IV. *Società in accomandita semplice irregolare*.

I. *Nozione*

1. *Caratteri generali*

La società in accomandita semplice si caratterizza per la previsione di **due categorie di soci**: ***soci accomandatari*e *soci accomandanti***. La compresenza di entrambe le categorie costituisce tratto ineludibile della s.a.s., al punto che il venir meno di una delle due comporta lo scioglimento della società (art. 2323).

Esse si distinguono innanzitutto per il ***diverso regime di responsabilità***: gli accomandatari rispondono *solidalmente ed illimitatamente per le obbligazioni sociali*, non diversamente dai soci di s.n.c.; gli accomandanti, invece, rispondono *limitatamente alla quota conferita* (art. 2313).

Inoltre, il codice eleva a dato centrale della disciplina, ancorché recentemente scosso da alcune modifiche sul piano sistematico, la regola secondo cui ***soltanto i soci accomandatari possono essere amministratori*** (art. 2318), mentre gli accomandanti sono tendenzialmente esclusi dall'attività gestoria, nei limiti meglio indicati dal cosiddetto *divieto di immistione* (art. 2320).

Così congegnata, la s.a.s. rappresenta un modello organizzativo in cui fanno la loro comparsa quelli che potremmo definire i soci capitalisti, soggetti che investono in un'attività produttiva, assumono la qualità di socio ed i correlati poteri e doveri, ma tendenzialmente affidano ad altri soggetti (coloro che tale attività sono chiamati ad amministrare) risorse finanziarie proprie, ed in ciò si concentra (e si limita) il rischio d'impresa che essi assumono. Un modello che, come già si può intuire, costituisce il paradigma su cui sono costruite le società di capitali e le s.p.a. in special modo. Da questo punto di vista, la s.a.s., che appartiene a tutti gli effetti alla famiglia delle società di persone, occupa in questa famiglia la posizione più vicina al confine con le società di capitali.

2. *La responsabilità dei soci*

Per gli **accomandatari** – illimitatamente e solidamente responsabili delle obbligazioni sociali – possono senz'altro ribadirsi le regole già illustrate per i soci di s.n.c. in tema di responsabilità illimitata, solidarietà, beneficio di preventiva escussione ed inefficacia nei confronti esterni dell'eventuale patto limitativo della responsabilità.

Profondamente diversa appare, invece, la posizione degli **accomandanti**. I soci di tale categoria sono, infatti, ***istituzionalmente a responsabilità limitata***, in quanto godono di tale beneficio, certamente valido anche nei rapporti esterni, in virtù delle regole applicabili al tipo. In altre parole, la limitazione di responsabilità opera in ragione della circostanza *di essere indicati come accomandanti nell'atto costitutivo*, ed è parte integrante ed ineludibile dello statuto della s.a.s. Corollario di quanto illustrato è che la limitazione di responsabilità a favore dei soci accomandanti opera a prescindere dallo stato soggettivo dei creditori sociali, come conferma chiaramente la regola secondo cui gli accomandanti rispondono limitatamente alla loro quota anche quando la s.a.s. versi in condizione di irregolarità, ovvero non sia iscritta nel registro delle imprese (art. 2317, co. 2). Neanche nei rapporti interni, poi, potrebbe reputarsi valida la previsione di una responsabilità illimitata dei soci accomandanti, che contrasterebbe con i principi inderogabili del tipo s.a.s.

La responsabilità limitata comporta che *gli accomandanti non possono essere aggrediti direttamente dai creditori sociali*, i quali possono soddisfarsi soltanto sul patrimonio degli accomandatari e su quello della società (situazione che permane anche dopo la liquidazione della s.a.s., come si ricava dall'art. 2324). Se tuttavia i conferimenti promessi dall'accomandante non sono stati in tutto o in parte effettuati, si ammette il diritto dei creditori sociali di promuovere nei confronti degli accomandanti un'*azione surrogatoria ex* art. 2900, al fine di ottenere l'integrale versamento del conferimento dovuto alla s.a.s. loro debitrice.

II. *La posizione dell'accomandante e dell'accomandatario*

Come anticipato, la rilevanza delle due classi di soci permea l'intera disciplina della s.a.s. Le regole specifiche del tipo si concentrano sulla definizione della figura (qualificazione e poteri; limiti) del socio accomandante.

Per il **socio accomandatario**, infatti, valgono le regole già esposte in tema di s.n.c., ivi compresa la *possibilità di investire del potere di amministrazione solo alcuni dei soci accomandatari*. Poiché d'altra parte nella prassi la stragrande maggioranza delle s.a.s. viene costituita con un solo socio accomandatario, questi funge inevitabilmente da amministratore unico, senza doversi confrontare, al momento delle scelte gestionali, con il potere di veto degli altri soci. Va poi ricordato che, in linea con quanto già illustrato con riguardo alla partecipazione nella s.n.c., *l'unico accomandatario può essere anche una società di capitali*.

Prima di illustrare le norme dedicate all'**accomandante**, va precisato in limine che questi certamente non può assumere la veste di amministratore (riservata agli accomandatari ai sensi dell'art. 2318, co. 2), ma *è pur sempre socio*, ed in quanto tale portatore di un'istanza partecipativa all'attività sociale che non può essere trascurata.

Proprio in tale prospettiva, non è sempre agevole ricostruirne lo statuto, anche in ragione della tecnica normativa volta a dettare regole soltanto per alcuni profili (divieto di immistione, partecipazione alla nomina ed alla revoca degli accomandatari, circolazione della quota) lasciandone in ombra altri (approvazione del bilancio, trasformazione). E le lacune hanno alimentato il dibattito circa le regole da applicare ai casi dubbi.

1. *I conferimenti e la circolazione della quota*

a) Muovendo dalla disciplina dei **conferimenti**, va sottolineato che il socio accomandante partecipa all'iniziativa economica comune apportando, di regola, ***mezzi finanziari***. Nulla però esclude che l'accomandante conferisca ***altri tipi di beni***, e persino la propria ***opera***, nella misura in cui l'acquisizione della sua attività al patrimonio sociale sia reputata conveniente per la società.

b) Un secondo aspetto di profonda differenziazione concerne il **regime di circolazione** delle quote di partecipazione dei soci accomandanti.

In merito a tale profilo, va innanzitutto precisato che le quote di partecipazione dei soci, siano essi accomandanti o accomandatari, ***non possono essere rappresentate da azioni*** (art. 2313, co. 2; quindi non possono essere documentate in titoli di credito), ed in ciò si ravvisa la differenza con la s.a.p.a.

A tale divieto di carattere generale si aggiunge una regola specifica per il trasferimento della quota dell'accomandante, emancipata dalle corrispondenti regole vigenti per l'accomandatario. Per l'**accomandatario**, infatti, *la circolazione della partecipazione soggiace alla medesima disciplina dettata per la s.n.c.*; essa, quindi, necessita del ***consenso unanime*** degli altri soci, salvo diversa previsione statutaria. Quanto alla circolazione *mortis causa*, troverà applicazione, nel silenzio dell'atto costitutivo, la regola fissata dall'art. 2284.

La circolazione della **partecipazione dell'accomandante**, invece, riceve il trattamento tipico della partecipazione spettante ad un socio capitalista; sul versante ***mortis causa*** essa, cioè, si realizza liberamente in favore dei soggetti designati dal *de cuius*, pur non potendosi escludere che l'autonomia statutaria, così come previsto nelle stesse società di capitali (art. 2355-*bis* co. 3 e 2469 co. 2), stabilisca limitazioni più o meno stringenti alla sua operatività. La **circolazione *inter vivos***, invece, soggiace al *principio maggioritario*; la cessione non avrà effetto verso la società in assenza del *consenso dei soci che rappresentino la maggioranza del capitale*. L'opzione legislativa si giustifica proprio in considerazione del ruolo marginale che l'accomandante assume, per legge, in seno alla gestione dell'attività sociale. È ammessa anche in tal caso una diversa previsione statutaria che può spingersi ad escludere la necessità della preventiva approvazione in favore di un regime di libera trasferibilità *inter vivos* delle quote.

2. *Il divieto di immistione dell'accomandante*

Tradizionalmente, il terzo dei principi cardine della s.a.s. viene individuato nel **divieto di immistione** a carico dell'accomandante, sancito dall'art. 2320.

Di tale divieto occorre, in primo luogo, ricostruire la *ratio*. Come illustrato, gli accomandanti accedono al beneficio della responsabilità limitata sul presupposto normativo che non siano amministratori né possano esserlo, concentrandosi, di conseguenza, il potere di gestione dell'impresa sociale in capo ai soli accomandatari. Appare pertanto agevole ravvisare in tale "struttura" una seppur embrionale espressione della "organizzazione corporativa"; vale a dire, del principio – che assume la sua più compiuta forma nelle società di capitali – secondo cui in tanto è possibile una limitazione della responsabilità per le obbligazioni sociali, in quanto la gestione dell'impresa sia articolata in organi con funzioni definite per legge ed inderogabili.

In tale contesto, la condotta dell'accomandante che intervenga attivamente nella gestione della società (sia formalmente che nella sostanza) appare suscettibile di *alterare il corretto funzionamento del principio della organizzazione corporativa*, contraddicendo lo stesso presupposto della responsabilità limitata di tale categoria di soci. Si presenta così pienamente giustificata la sanzione normativa della perdita della responsabilità limitata nei termini che si vanno ad esporre, sanzione che, proprio per tali ragioni, opera *anche se l'ingerenza sia avvenuta con il pieno consenso degli amministratori e degli altri soci*.

L'art. 2320 articola il divieto di immistione in un **limite di carattere generale** ("*i soci accomandanti non possono compiere atti di amministrazione, né trattare o concludere affari in nome della società*"), ed in una **eccezione** espressa costituita dalla possibilità di agire in virtù di procura speciale per singoli affari e di esprimere pareri ed autorizzazioni, se l'atto costitutivo lo preveda.

Con riferimento al **limite**, emerge il delicato problema di individuare quando lo stesso possa reputarsi superato: mentre a prima vista esso parrebbe ruotare intorno ai soli ***atti esterni***, quale l'agire in nome e per conto della società, niente sembra escludere che possano dar luogo ad un atto di immistione vietato anche le ipotesi nelle quali l'accomandante compia ***atti interni*** alla società, ingerendosi di fatto nelle decisioni gestorie (il dubbio si è, in particolare, proposto quando l'accomandante, per aver erogato importanti finanziamenti alla società, assuma, di fatto, un ruolo di riferimento nella gestione, ossia venga materialmente coinvolto nelle relative decisioni, pur non avendo giuridicamente alcun titolo per esserlo).

Identici dubbi accompagnano l'esatta delimitazione dell'ambito della **eccezione**, testualmente riferita alle attività svolte "in forza di procura speciale per singoli affari".

È pacifico che l'accomandante munito di rappresentanza per singolo affare possa stipulare i contratti collegati allo stesso senza la presenza degli accomandatari, il cui coinvolgimento è quindi limitato alla fase gestoria (e cioè alla decisione a monte sull'affare). Ma nella pratica si registra la tendenza ad investire l'accomandante di una posizione che gli consenta formalmente e più genericamente di presenziare in società e di trattare con i terzi. Il vero problema è, dunque, se l'espressa indicazione offerta dall'art. 2320 in tema di procura speciale per singolo affare ponga un'eccezione tassativa al divieto, o possa reputarsi espressione di un principio generale, in base al quale l'accomandante può compiere atti gestori, *a condizione che sussista un rapporto gerarchico tra lo stesso e gli accomandatari* e *che il suo ambito di operatività sia chiaramente circoscritto* (ovvero non sia generalizzato né per categoria di atti, né per la ripetitività degli stessi). Sul punto, è da ritenersi che tale accertamento vada effettuato caso per caso in base al grado di poteri concretamente affidati all'accomandante. Al contempo, va escluso che la mera partecipazione a trattative o la mera presenza in sede sociale determinino automaticamente la violazione del divieto.

La posizione dell'accomandante con riferimento alla gestione viene, poi, completata dal riconoscimento, alle condizioni previste dall'art. 2320, co. 2, del potere di dare **autorizzazioni e pareri** per determinate operazioni. Si tratta di una peculiare forma di incidenza di tale classe di soci sulla concreta operatività dell'organo gestorio e viene, dal legislatore, subordinata alla conforme previsione, sul punto, da parte dell'atto costitutivo. Deve ritenersi che autorizzazioni e pareri abbiano *carattere necessariamente consultivo*, e non vincolante.

Inoltre il socio accomandante può essere investito dall'atto costitutivo, ai sensi dell'art. 2320, co. 2, di **poteri di controllo** sulla legittimità dell'operato degli amministratori, ed è *ex lege* inderogabilmente fornito, ai sensi dell'art. 2320, co. 3, di **poteri di informativa** annuale sulle attività sociali (ricevendo *comunicazione del bilancio*) e di verifica dell'esattezza dei documenti che le rappresentano. A tale ultimo fine gli è accordato il potere di consultazione dei documenti dell'ente. Deve invece ritenersi che all'accomandante non spettino i più ampi poteri di controllo riconosciuti al socio non amministratore di s.n.c. dall'art. 2261. Tali diritti potranno essere infatti configurati solo in capo agli accomandatari non amministratori.

Una volta che si realizzi una **violazione** del divieto di immistione, si producono conseguenze sia in termini negoziali che sul beneficio della responsabilità limitata; e si profila altresì la possibilità dell'esclusione dell'accomandante.

Quanto ai ***riflessi sugli atti gestori***, se si tratta di atti esterni e se sono stati compiuti senza procura, *essi non impegnano la società*, ma determinano a carico dell'accomandante l'applicazione della disciplina sanzionatoria prevista per il *falsus procurator* (art. 1398). A ben vedere, tale sanzione tutela non solo e non tanto la controparte dell'atto – che può, al contrario, essere danneggiata –, ma la massa indistinta dei terzi.

Essendo *ex lege* considerata una sanzione per la violazione delle regole della organizzazione corporativa, inoltre, la violazione del divieto di immistione comporta a carico degli accomandanti l'***assunzione di responsabilità illimitata per tutte le obbligazioni sociali*** (art. 2320, co. 1), al fine di evitare che soggetti che corrono un rischio limitato possano interferire nella gestione sociale, non adottando l'opportuna prudenza.

Il medesimo comma stabilisce che il socio "***può essere escluso*** a norma dell'art. 2286". La violazione del divieto configura in effetti, in linea teorica, una "grave inadempienza" che legittima, dunque, l'esclusione. Tale potere di tutela del gruppo deve venire, però, negato, allorquando la violazione del divieto di immistione avvenga, come per lo più accade nella pratica, con il pieno consenso dei soci accomandatari. In tale eventualità, nei rapporti interni nessuna doglianza gli accomandatari potranno avanzare nei confronti degli accomandanti, qualora questi ultimi dimostrino l'autorizzazione (o anche la mera acquiescenza) degli stessi accomandatari.

III. *Scioglimento della società*

Espressamente integrata in coerenza con l'essenzialità delle due categorie di soci appare l'elencazione normativa delle cause di scioglimento della s.a.s.

Alle cause comuni anche alla s.n.c., si aggiunge invero qui quella rappresentata dal **venir meno di una delle due istituzionali categorie di soci** (per lo scioglimento del rapporto sociale con tutti o con l'ultimo socio accomandante o accomandatario). Dunque anche se la s.a.s. conserva una pluralità di soci (perché restano due o più accomandanti o due o più accomandatari), ma questi appartengono tutti ad una sola categoria, la società non può proseguire per la più volte sottolineata essenzialità di entrambe le categorie.

Va tuttavia rimarcato che *lo scioglimento non opera automaticamente*, in quanto l'art. 2323 (non diversamente da quanto prevede l'art. 2272, n. 4, per il venir meno della pluralità di soci) concede un termine di tolleranza di *sei mesi* nei quali è consentito ricostituire la dualità di posizioni.

In particolare, qualora venga meno la categoria degli accomandatari, la società può rimanere operativa durante i sei mesi di tolleranza mediante la *nomina di un amministratore provvisorio* (un accomandante o un estraneo) che è legittimato a compiere atti di ordinaria amministrazione e che non assume la qualifica di socio accomandatario (art. 2323, co. 2). In questo lasso di tempo la rappresentanza della società compete all'amministratore *pro tempore* nominato, e, laddove non intervenga detta nomina, deve escludersi che il potere di impegnare all'esterno l'ente competa al socio accomandante in quanto tale, anche qualora sia l'unico superstite, per il sol fatto di aver assunto in concreto la gestione sociale. La giurisprudenza sembra richiedere pure in questa ipotesi un atto formale di nomina iscritto nel registro delle imprese.

IV. *Società in accomandita semplice irregolare*

Come già anticipato, la **s.a.s. irregolare** ricorre in caso di *mancata iscrizione dell'atto costitutivo nel competente registro delle imprese.*

In tal caso, e fino a quando non avvenga un'iscrizione tardiva volta alla regolarizzazione della società, questa si trova a poter godere solo della più ridotta autonomia patrimoniale, propria della società semplice: il *sistema di responsabilità per le obbligazioni sociali e personali dei soci è dunque quello più rigoroso* (e penalizzante per costoro), *previsto per le società semplici* (art. 2317).

La qualità di accomandante rimane però anche in tal caso opponibile ai creditori, in quanto, come già accennato, deriva dal tipo prescelto e dichiarato nei rapporti con i terzi. Tuttavia, l'art. 2317, co. 2, accentua le limitazioni alla partecipazione degli accomandanti all'attività gestoria. A questi ultimi, infatti, è preclusa anche la possibilità di operare quali procuratori speciali per singoli affari, pena la responsabilità illimitata per (tutte) le obbligazioni sociali. Di conseguenza, per conservare la responsabilità limitata il socio accomandante dovrà astenersi da tali atti, anche se probabilmente può ammettersi una sua partecipazione alle operazioni sociali nelle più tenui forme del parere o dell'autorizzazione al compimento di singoli atti.

La *ratio* dell'aggravamento del regime di responsabilità per l'accomandante è evidente: in difetto di una adeguata segnalazione pubblicitaria della struttura societaria, non sarebbe garantita ai terzi la possibilità di verificare *a priori* la posizione e il ruolo assunto da ciascun socio agente e, pertanto, il loro affidamento viene tutelato con l'insorgenza del vincolo non solo a carico della società ma anche solidalmente a carico dell'agente stesso.

Al contempo, deve comunque riconoscersi agli accomandanti il diritto di compiere atti di ispezione e sorveglianza, nonché la facoltà di prestare la propria opera a favore della s.a.s., seppur sotto la direzione degli amministratori: tali atti, infatti, non limitano l'autonomia decisionale dell'organo gestorio e, quindi, hanno un impatto sulle operazioni sociali estremamente ridotto.

§ 41. SOCIETÀ SEMPLICE

SOMMARIO: I. *La costituzione e l'iscrizione*. – II. *L'ordinamento patrimoniale della società. La responsabilità dei soci per le obbligazioni sociali. I creditori personali dei soci*. – III. *L'amministrazione della società: la rappresentanza.*

La società semplice rappresenta l'unico tipo di **società "non commerciale"**, nel senso che alla stessa è precluso l'esercizio di attività d'impresa commerciale (art. 2249, co. 1) e il perseguimento dello scopo consortile (art. 2615-*ter*, co. 1).

Ad essa è pertanto consentito esclusivamente l'esercizio in comune di **attività d'impresa agricola** o di una **professione intellettuale**, che tuttavia possono svolgersi altresì utilizzando gli altri tipi societari (art. 2249, co. 2 e, per le professioni intellettuali, art. 10 l. 183/2011).

Si è già rimarcato che la tecnica legislativa dei rinvii rende la società semplice il **prototipo normativo** delle società di persone, la cui disciplina trova applicazione tutte le volte in cui non risulti espressamente derogata dalla normativa specifica degli altri tipi societari personali. Così, è dettata in tema di società semplice la disciplina dei conferimenti, dell'amministrazione e dello scioglimento della società e del singolo vincolo societario.

È chiaro, quindi, che il particolare rilievo normativo della società semplice rappresenta – in buona sostanza – il punto in cui si esaurisce la sua importanza: ed infatti la possibilità di impiego per soli fini non commerciali ha conferito scarsa diffusione pratica a questo tipo societario. Va tuttavia sottolineato che una spinta verso un maggiore, e del tutto peculiare impiego delle società semplici si deve ad alcune norme speciali (da ultimo: l'art. 1, co. 115, ultimo periodo, l. 208/2015), che hanno previsto la possibilità di pervenire, sia pure tramite operazioni straordinarie da compiersi entro un arco temporale circoscritto (ancorato all'entrata in vigore delle norme stesse), all'esistenza di *società semplici di gestione di beni* (spesso, di patrimoni familiari): si tratta di vere e proprie società di godimento, che come tali non dovrebbero essere ammissibili in linea di principio (*supra*: § 35.II.2) e che dunque dovrebbero considerarsi alla stregua di ipotesi eccezionali, introdotte da tali norme in modo del tutto asistematico; nella prassi, tuttavia, si tenta di dilatare la portata delle suddette disposizioni speciali fino a coglierVi la legittimazione in via generale di società semplici di questo tipo.

I. *La costituzione e l'iscrizione*

La disciplina della costituzione di una società semplice è improntata alla massima semplicità e **libertà formale**: *il contratto non è soggetto a forme speciali*, salvo quelle richieste dalla natura dei beni conferiti (art. 2251). Come già per la s.n.c., infatti, l'atto costitutivo può essere concluso anche verbalmente o per fatti concludenti (c.d. società di fatto); e, anzi, la società di fatto è regolata dalle norme dettate in tema di società semplice ogniqualvolta l'attività esercitata non è commerciale.

La semplificazione emerge, inoltre, dalla considerazione che l'art. 2251 omette *qualsiasi prescrizione di* **contenuto** dell'atto costitutivo. In particolare, non è previsto che il contratto sociale debba menzionare un capitale sociale o i conferimenti; manca, infatti, una norma come l'art. 2295, n. 6, che prescriva l'indicazione nell'atto costitutivo non solo dei conferimenti dei soci, ma anche del valore ad essi attribuito e del modo di valutazione; anzi, *la nozione di capitale sociale è del tutto assente nella disciplina della società semplice*; ed infatti, la destinazione all'esercizio di un'attività non commerciale la esclude dall'obbligo della tenuta delle scritture contabili e della redazione annuale del bilancio. In ogni caso, il legislatore interviene (come già, peraltro, per la s.n.c.) a colmare l'eventuale silenzio delle parti su elementi (anche) essenziali del contratto di società per effetto di norme suppletive (artt. 2253, 2257, 2263).

L'impostazione originaria del codice che escludeva l'**obbligo di iscrizione** presso il registro delle imprese è stata sovvertita dapprima nel 1993 con la legge istitutiva del registro (che ha previsto l'iscrizione delle società semplici nella sezione speciale con funzione di certificazione anagrafica e di pubblicità notizia) e poi nel 2001 con la riforma dell'impresa agricola (che ha riconosciuto efficacia dichiarativa all'iscrizione, sempre nella sezione speciale, delle società semplici esercenti attività agricola).

II. *L'ordinamento patrimoniale della società. La responsabilità dei soci per le obbligazioni sociali. I creditori personali dei soci*

a) Mentre i conferimenti sono soggetti alla stessa disciplina prevista per la s.n.c., una specifica regolamentazione vale, invece, per i profili concernenti la **responsabilità dei soci** per le obbligazioni sociali.

Resta fermo il principio generale proprio delle società di persone, per cui almeno uno dei soci deve assumere la responsabilità illimitata per le obbligazioni sociali; di regola ***tutti i soci sono illimitatamente responsabili*** (a differenza della s.a.s.); tale regola è però *parzialmente* ***derogabile*** (diversamente da quanto previsto per la s.n.c. e la stessa s.a.s.). Infatti, nella società semplice è possibile che i soci stipulino un accordo (può trattarsi ovviamente anche di una clausola del contratto sociale) finalizzato a ***limitare la responsabilità*** di alcuni di essi, che sarà (a differenza della s.n.c.) *opponibile ai terzi*, ma solo se: i soci beneficiari dell'accordo limitativo non abbiano il potere di agire in nome e per conto della società (potere di rappresentanza); il patto sia portato a conoscenza dei terzi con mezzi idonei (in mancanza, la limitazione della responsabilità o l'esclusione della solidarietà non è opponibile a coloro che non ne hanno avuto conoscenza): art. 2267.

Ne segue che i creditori sociali, oltre la garanzia del patrimonio sociale, godono anche della garanzia personale e solidale dei soci che hanno agito in nome e per conto della società, garanzia a cui si aggiunge quella del pari personale e solidale degli altri soci, a meno che un patto espresso non la escluda.

b) La società semplice viene esclusa, in ragione delle attività esercitabili, dal perimetro delle imprese assoggettabili a l.g. Per converso, essa può venire assoggettata, al pari di tutte le imprese minori, a l.c. in caso di sovraindebitamento, con conseguente estensione della procedura ai soci illimitatamente responsabili (come si è avuto modo di illustrare in tema di s.n.c.). Inoltre, per fronteggiare la crisi o l'insolvenza sono fruibili, così come per l'imprenditore agricolo in forma individuale: la convenzione di moratoria, l'accordo di ristrutturazione dei debiti ed il concordato minore; a queste procedure concorsuali va aggiunto il procedimento di composizione negoziata e il concordato semplificato in caso di insuccesso della composizione.

c) Le differenze rispetto alla collettiva ed all'accomandita coinvolgono poi anche le **modalità di attuazione della responsabilità**. Il ***beneficio di escussione***, pure previsto nelle società semplici, opera in termini meno rigidi rispetto alle s.n.c., sicuramente più favorevoli per i creditori sociali. Ed infatti, il socio può essere il *destinatario diretto* dell'azione esecutiva promossa dai creditori sociali e può sottrarsene solo in via di eccezione, *indicando i beni societari su cui il creditore può agevolmente soddisfarsi* (art. 2268). Pertanto, l'esistenza e la concreta individuazione di beni societari prontamente aggredibili (denaro, beni mobili, crediti) opera come unico strumento impeditivo dell'esecuzione forzata esercitata direttamente contro il socio. In mancanza, il socio subisce l'iniziativa esecutiva e, non essendo l'eccezione rilevabile d'ufficio, il procedimento andrà avanti anche qualora egli resti contumace.

d) Modifiche rispetto alla disciplina della collettiva riguardano anche la posizione dei **creditori personali** del singolo socio.

Come nella s.n.c. (regolare), anche nei confronti del socio di società semplice il creditore personale può colpire gli utili spettanti al socio debitore tramite il pignoramento presso terzi e procedere al sequestro conservativo della quota spettante allo stesso in sede di liquidazione. A differenza della collettiva, invece, solo nella società semplice il creditore particolare può *chiedere (ed ottenere) in ogni momento la* **liquidazione della quota** del socio-debitore, purché dimostri che *gli altri beni sono insufficienti a soddisfare i suoi crediti*. In questa evenienza, la quota deve essere liquidata entro tre mesi dalla domanda, salvo che sia deliberato lo scioglimento della società, ed il socio suo debitore è *escluso di diritto* dalla società.

III. *L'amministrazione della società: la rappresentanza*

Mentre per l'amministrazione della società trova applicazione la stessa disciplina già esposta con riferimento alla collettiva, una disciplina particolare concerne la **rappresentanza della società**.

Viene in realtà confermato il principio base dell'art. 2266: la società acquista diritti e assume obbligazioni per mezzo dei soci che ne hanno la rappresentanza e sta in giudizio nella persona dei medesimi (co. 1); e in mancanza di diversa previsione contrattuale, la rappresentanza spetta a ciascun socio amministratore e si estende a tutti gli atti che rientrano nell'oggetto sociale (co. 2).

Ne consegue, quindi, che: *a*) se non è diversamente pattuito nel contratto sociale, la rappresentanza della società spetta a ciascun amministratore, disgiuntamente o congiuntamente, a seconda che in un modo o nell'altro sia stata prevista l'amministrazione; *b*) il contratto sociale può riservare la rappresentanza solo ad alcuni soci e può altresì prevedere limiti a tale potere.

Differente dalla s.n.c. appare, invece, il regime della **opponibilità dei limiti** originari del potere, nonché delle sue modificazioni ed estinzione. Occorre, al proposito, distinguere a seconda degli effetti ricollegati alla pubblicità nel registro delle imprese.

Quando l'iscrizione della società sia dotata di mera efficacia notiziale – società semplice professionale –, invero, *i limiti originari saranno sempre opponibili ai terzi*, incidendo sullo stesso contenuto del potere di rappresentanza ed avendo i terzi, a propria tutela, la c.d. "*verifica dei poteri*"; cioè, il diritto di ottenere dal socio con cui contratta i documenti che ne giustificano il potere di rappresentanza (tutto ciò secondo la disciplina di diritto comune della rappresentanza: art. 1393). Saranno, ugualmente, *regolati da quest'ultima disciplina le limitazioni successive e l'estinzione del potere di rappresentanza* dell'ente, con la conseguenza che, in tanto potranno essere opposti, in quanto siano, tali vicende, portate a conoscenza dei terzi con mezzi idonei (art. 1396).

Quando, invece, l'iscrizione sia fornita per legge di efficacia dichiarativa – e, dunque, per la società semplice "agricola", a norma dell'art. 2 d.lgs. 228/2001 – la situazione è diversa. Troverà, infatti, applicazione la disciplina generale relativa all'efficacia dell'iscrizione nel registro delle imprese, sia per le limitazioni originarie, che per quelle successive e l'estinzione del potere, e *l'opponibilità sarà sempre condizionata alla iscrizione del limite nel registro delle imprese* (art. 2298).

SEZIONE UNDICESIMA
LA SOCIETÀ PER AZIONI

SOMMARIO: Capo Primo. LA STRUTTURA FORMALE. – § 42. La società per azioni: fattispecie economica e rilevanza giuridica. – § 43. La costituzione della s.p.a. e le altre vicende dell'organizzazione. – Capo Secondo. LA STRUTTURA FINANZIARIA. – § 44. Il capitale sociale e i conferimenti. – § 45. Le azioni. Creazione ed estinzione. – § 46. La partecipazione azionaria. – § 47. I titoli azionari. Legittimazione del socio e circolazione delle azioni. – § 48. Le azioni proprie e le partecipazioni sociali della s.p.a. – § 49. Le obbligazioni. – § 50. Gli strumenti finanziari diversi da azioni e obbligazioni. – Capo Terzo. LA STRUTTURA ORGANIZZATIVA. – § 51. Il sistema tradizionale: l'assemblea. – § 52. Gli amministratori. – § 53. Il controllo sulla gestione e contabile. – § 54. I sistemi alternativi di amministrazione e controllo: il sistema dualistico e il sistema monistico. – § 55. Il controllo giudiziario sulla gestione. – § 56. La documentazione dell'attività sociale. – Capo Quarto. LE SOCIETÀ QUOTATE. – § 57. Le società con azioni quotate in mercati regolamentati.

CAPO PRIMO
LA STRUTTURA FORMALE

§ 42. LA SOCIETÀ PER AZIONI: FATTISPECIE ECONOMICA E RILEVANZA GIURIDICA

SOMMARIO: I. *Nozione e disciplina*. – 1. Il fenomeno s.p.a. – 2. Le origini e l'evoluzione della disciplina. – II. *Fattispecie e tipologia*. – 1. I "tipi" di s.p.a. – 2. La società unipersonale.

I. *Nozione e disciplina*

1. *Il fenomeno s.p.a.*

La società per azioni (artt. 2325 ss.) può definirsi il più importante tipo di società oggi disciplinato nell'ordinamento, tenendo presente in particolare la rilevanza che esso ha sul piano economico, data dall'ammontare degli investimenti e delle risorse finanziarie in genere che le società costituite in questa forma raccolgono e canalizzano nei confronti di attività produttive e i volumi di ricavi correlativamente così generati. Una tale valutazione ancora più può condividersi se si fa riferimento ai tipi societari stranieri omologhi a quello della s.p.a. i quali, con varietà di denominazioni, sono presenti negli ordinamenti di tutto il mondo (*Société anonyme*, *Aktiengesellschaft*, *Public corporation*, *Sociedad anónima*, ecc.).

Tra le società di capitali italiane la società per azioni è, inoltre, il modello più tradizionale e risalente, e allo stesso tempo il fenomeno su cui si è concentrata gran parte della moderna elaborazione scientifica di diritto commerciale: in ragione, oltre che della riferita importanza sul piano economico-reale, del posto centrale che è stato riservato alla corrispondente fattispecie normativa nella sistematica del codice civile, in raffronto ai due diversi tipi "capitalistici" della s.r.l. e della s.a.p.a. Invero, proprio in ragione del fatto che la disciplina dei "tipi minori" di società di capitali è stata nel codice civile in larga parte costruita con rimandi alle disposizioni dettate per le s.p.a., il lavoro interpretativo della giurisprudenza teorica e pratica è stato da sempre condotto avendo come riferimento fondamentale, quando non esclusivo, le regole della s.p.a. e i principi di cui esse sono state considerate espressione.

Il successo della s.p.a. si deve alla speciale combinazione dei peculiari elementi che concorrono a formare la sua fattispecie tipica, la quale è frutto di una lunga evoluzione storica: è grazie a tali elementi che la s.p.a. si caratterizza, tra tutte le società, per essere in particolare un efficiente strumento di canalizzazione e utilizzo di investimenti finanziari nella produzione d'impresa.

Al fine di una migliore illustrazione di tale fattispecie, è bene procedere a una sua scomposizione analitica: in tale prospettiva, possono evidenziarsene i seguenti specifici elementi.

a) Anzitutto, l'idea che rappresenta il cuore della s.p.a., e risulta legata alle prime origini storiche del fenomeno, è quella di uno strumento che consente di raccogliere risorse finanziarie, al servizio di una data attività, presso **investitori di rischio "anonimi"**, cioè *soggetti interessati a non essere personalmente coinvolti nella gestione dell'iniziativa* (e nelle correlative responsabilità), della quale devono pertanto essere incaricati professionisti, scelti tra persone di fiducia. In tal modo, da un lato, *lo svolgimento dell'attività è affidato in via esclusiva ad amministratori-manager dedicati e competenti*, specificamente incaricati di fare fruttare gli investimenti, generando lucro; dall'altro, gli investitori mantengono (quali "soci") una *legittimazione a operare un controllo di merito* sugli atti posti in essere dagli amministratori in attuazione del loro incarico (tanto da poter non solo promuovere nei loro confronti l'azione di responsabilità in caso di violazione dei loro doveri, ma anche da poterli revocare a piacere), in modo che detti gestori siano incentivati al perseguimento di risultati positivi nonché venga impedito agli stessi sia di trarre personale profitto dai mezzi loro consegnati sia di essere negligenti nello svolgimento dell'incarico loro assegnato.

b) In secondo luogo, in correlazione alla caratterizzazione "anonima" del socio, nell'organizzazione "s.p.a." le "quote di interesse" nell'iniziativa (e nei suoi risultati) vengono assegnate a date persone in conseguenza del fatto che queste contribuiscano a un fondo "di rischio", cosicché i soci non vengono identificati semplicemente, come avviene nelle società di persone, per il fatto di essere parti del contratto sociale ma in primo luogo in virtù della contribuzione operata. Nella s.p.a. è così titolare dell'iniziativa – ossia può definirsi "socio", con i diritti a ciò connessi – chi in particolare la supporta fornendole *capitale*, nella misura ed entro i limiti in cui gli si riconosca di avere operato tale apporto. Tale criterio di identificazione del "socio" peraltro vale sia nei rapporti esterni sia in quelli interni alla società. Infatti, per un verso, poiché è la contribuzione al "rischio" che identifica i *soci* e ne giustifica i poteri, può dirsi in una s.p.a. che si diventa soci nella misura in cui si presta capitale; e non, viceversa, che – come invece accade nelle società di persone – chi è socio in forza di un accordo, è a quel punto obbligato a prestare capitale (o lavoro). Per un altro verso, la *distribuzione dei risultati e del potere* all'interno della società in linea generale dipende dalla misura dell'apporto di ciascuno, secondo la logica della spersonalizzazione prima richiamata (lontana da quella delle società di persone) e imponendosi il **principio plutocratico** (secondo cui tra i soci il potere tendenzialmente spetta proporzionalmente alla ricchezza investita).

Per effetto del descritto criterio organizzativo i privati sono specialmente incentivati a destinare risorse a servizio del programma produttivo: a tale criterio infatti è coerente una regola di esatta e rigorosa *predeterminazione*, oltre che dell'investimento singolo, *del rischio d'impresa* e dunque di **delimitazione della garanzia patrimoniale**, in deroga alla regola generale espressa dall'art. 2740. ***La responsabilità del socio è così limitata***, al contrario che nelle società di persone, ***al conferimento*** effettuato e le s.p.a. si dicono caratterizzate dalla c.d. **autonomia patrimoniale perfetta** (art. 2325: "per le obbligazioni sociali risponde soltanto la società con il suo patrimonio"). Sarebbe del resto contraddittorio stabilire la rigida correlazione quantitativa del potere all'investimento "di rischio", se poi si accettasse che ciascun investitore fosse potenzialmente soggetto al pericolo di una esposizione debitoria molto maggiore, dipendente dall'eventuale attivazione di una responsabilità sussidiaria e personale per tali obbligazioni.

c) In terzo luogo, l'effettiva canalizzazione di capitale di rischio nei confronti dell'attività sociale è favorita dall'opportunità offerta a chi vi contribuisce di operare un *disinvestimento anticipato* rispetto alla data di generale conclusione dell'iniziativa (cioè alla scadenza del termine di durata della società, fissato nell'atto costitutivo): è infatti reso sempre agevole ai soci cedere a terzi le proprie quote di titolarità dell'investimento, collocandole nel c.d. *mercato secondario*, grazie al meccanismo di suddivisione delle medesime quote in "**azioni**".

In proposito, va considerato che affinché la s.p.a. possa essere utilizzata per la realizzazione di importanti progetti imprenditoriali è necessario le risorse rimangano investite in essa in modo stabile e duraturo. Accade così che la possibilità dell'investitore di liquidare anzitempo l'investimento attraverso la cessione delle partecipazioni evita, da un lato, a questi di programmare una eccessiva immobilizzazione di risorse, dall'altro, alla società di fronteggiare una parallela riduzione del patrimonio sociale: attraverso la cessione, il cedente recupera indirettamente, conseguendo il prezzo, il valore del proprio investimento, mentre i fondi rimangono investiti in società nell'interesse dell'acquirente. Ebbene, la ricorrenza di effettive condizioni perché si possa realizzare una tale cessione è appunto favorita dalla suddivisione delle quote in **azioni**. Esse infatti sono ***frazioni standard*** dell'investimento in capitale, che attribuiscono al loro titolare diritti i quali sono: *i*) passibili di libero trasferimento senza che ciò comporti una qualche modifica nell'organizzazione; *ii*) suscettibili di più facile valutazione da parte dei terzi eventualmente interessati al relativo acquisto.

Tale profilo della fattispecie in esame incide in modo speciale sul ruolo che la s.p.a. oggi ha a livello socio-economico: la riferita possibilità di rendere più agevole la cessione delle partecipazioni in società permette infatti che vi investano anche coloro che non dispongano di grandi capitali, né abbiano inclinazioni imprenditoriali; cosicché la s.p.a. può guardare (in un modo che non ha eguali tra i tipi sociali, a parte la "variante" della s.a.p.a.), per l'approvvigionamento delle proprie risorse di capitale, ai risparmiatori privati.

Proprio affinché sia reso possibile e incentivato il processo di effettivo avvicinamento del risparmio privato all'investimento azionario, la disciplina della s.p.a. è resa compatibile con lo ***sviluppo del mercato secondario degli investimenti*** in capitale di rischio. In particolare – come si vedrà –, le azioni sono di base conformate quali strumenti finanziari i cui diritti sono suscettibili di essere esercitati e trasferiti con regole particolarmente efficienti sul piano della sicurezza e celerità, per effetto della loro possibilità di ***emissione nella forma cartolare o scritturale***. Lo straordinario successo di questa formula documentale nella storia economica internazionale ha così incentivato la nascita e lo sviluppo dei mercati mobiliari, e determinato la configurazione del submodello delle **s.p.a. con azioni quotate:** fattispecie che, in ragione delle peculiari dinamiche che la governano e l'ampio coinvolgimento dei risparmiatori, è divenuta destinataria nel tempo di un regime particolare, previsto da leggi speciali, integrativo di quello di diritto comune.

2. *Le origini e l'evoluzione della disciplina*

Come accennato, la complessa vicenda sopra descritta è frutto di un'evoluzione storica articolata, di cui possono di seguito segnalarsi alcuni principali momenti, in vista di una sua migliore comprensione.

Antenate delle attuali s.p.a., secondo un'opinione diffusa, devono considerarsi le antiche **compagnie coloniali**, operanti nei secoli XVI e XVII e costituite per la realizzazione di grandi imprese commerciali. Si trattava di entità emanazione delle autorità sovrane, le quali incentivavano la frammentata raccolta di risorse private, allo scopo di supportare iniziative bisognose di ingenti finanziamenti.

Tale idea originaria ha conosciuto nel tempo, come risulta evidente dalla visione del modello attuale, alcune fondamentali correzioni e integrazioni. Anzitutto, gli investitori hanno assunto nel tempo il ruolo di *soci titolari* dell'iniziativa, dismettendo gli originari panni di *meri creditori* al risultato; poi, all'originaria idea di una distribuzione dei risultati ai soci solo al momento, potenzialmente molto lontano nel tempo, del completamento dell'intero "affare" si è sostituita quella, moderna, della *divisione dell'iniziativa in periodi di un anno*, detti "*esercizi*", rispetto ai quali operare il calcolo dei risultati parziali dell'attività e dunque la *distribuzione di "dividendi"* (cioè "utili di periodo"); infine, la possibilità di un trasferimento *durante societate* delle quote di partecipazione all'impresa è stata consentita e resa più agevole dalla incorporazione di queste quote in *titoli di investimento* e dalla creazione dei relativi mercati secondari.

All'evoluzione della vicenda sul piano fattuale ha poi corrisposto nel tempo una radicale evoluzione nella *disciplina*, con una particolare accelerazione nell'ultimo secolo, cui è bene fare un rapido cenno.

Anzitutto, va notato che le maglie della libertà concessa ai privati nel settore in esame si erano già sensibilmente allargate con l'emanazione dell'attuale codice civile, rispetto all'originaria impostazione seguita nel codice di commercio ottocentesco (che prevedeva, ad es., un benestare amministrativo alla costituzione); e tuttavia l'impianto del 1942 era comunque fortemente permeato da principi di prudenza e rigore, con vincoli particolarmente stringenti all'azione organizzativa dei privati, assoggettata a limiti contenutistici assai penetranti e costretta a muoversi nel rispetto di rigide regole imperative, per lo più pensate nell'ottica della protezione dell'interesse dei terzi. In seguito all'emanazione del codice civile, tuttavia, si sono verificati una serie di interventi legislativi che hanno mutato il volto della s.p.a.

Una prima modifica è stata occasionata dalla diffusione della consapevolezza, da parte degli operatori e poi del legislatore, del fatto che le esigenze delle s.p.a. medie e piccole sono in parte diverse (come già si vide, il capitale minimo per la costituzione di una s.p.a. non è oggi particolarmente elevato: 50.000 €) da quelle delle società di grandi dimensioni, con compagini molto frammentate e con azioni quotate in borsa. È stata infatti evidenziata la presenza, in queste, di risparmiatori non disposti a partecipare alle assemblee né più in generale capaci di svolgere democraticamente il ruolo di controllo effettivo nei confronti dell'amministrazione ma, al contempo, bisognosi di protezione; inoltre, si è nel tempo resa evidente la peculiarità delle dinamiche generate dall'esistenza dei mercati finanziari, specialmente tenuto conto dell'incidenza delle vicende societarie sui prezzi delle azioni (e degli altri strumenti finanziari eventualmente emessi). Si provvide così, a partire dagli anni '70 (quando venne istituita la Consob, la Commissione nazionale per le società e la borsa), ad introdurre regole speciali per queste società, in una tendenza riformatrice che culminò nel 1998 con l'emanazione del ***Testo unico in materia finanziaria*** (il c.d. TUF: d.lgs. 58/1998). Con tale legge (in parte riprendendo e coordinando disposizioni già presenti in leggi precedenti) si è disegnato un quadro disciplinare organico del settore finanziario, prevedendosi all'interno del medesimo un'apposita zona (la parte IV, composta dagli articoli dal 91 al 165-*septies*) dedicata proprio alla regolamentazione dei c.d. emittenti (tra cui soprattutto appunto le s.p.a. quotate in mercati regolamentati).

Pure le società con azioni non quotate sono state nel tempo destinatarie di importanti modifiche, occasionate per lo più dalla necessità di attuare nell'ordinamento interno gli interventi promossi in Europa dal legislatore comunitario, ispirati all'obiettivo della rimozione degli ostacoli a libertà di stabilimento e libertà di circolazione nei Paesi membri della Comunità europea (ora: dell'Unione europea) e intesi a realizzare, per il tramite dello strumento della direttiva, l'armonizzazione in relazione alla materia societaria negli ordinamenti dei Paesi suddetti. Così sono state nel tempo emanate numerose direttive sulla s.p.a (concernenti ad es. la relativa struttura formale, le regole sul capitale sociale, la disciplina del bilancio, le operazioni di fusione e di scissione, i diritti dei soci), più una (la tredicesima) in tema di società unipersonale, riguardante la s.r.l. Una forte spinta a una inversione di tendenza rispetto al suddescritto *trend* nazionale e comunitario di armonizzazione è stata tuttavia data di recente dalla *globalizzazione dei mercati*. L'interesse a favorire, in una sorta di "competizione tra ordinamenti", la raccolta di investimenti privati (interni e stranieri) e la domanda (privata e pubblica) di una più intensa loro canalizzazione nei confronti dell'organizzazione d'impresa ha comportato un sensibile alleggerimento dell'istanza di prudenza che aveva animato i legislatori storici, dato anche il diffondersi di un'idea di liberalizzare le regole di svolgimento dell'attività organizzata. La **riforma del diritto societario**, realizzata con il d.lgs. 6/2003 (e le successive sue modifiche), è stata figlia di questo nuovo corso. Nell'intento del legislatore di accrescere la competitività delle nostre imprese, e così incoraggiare i privati ad organizzare la propria impresa in modo da consentire una raccolta più ampia possibile della domanda di investimento si è operata sul piano normativo un'intensa ***liberalizzazione delle regole***, espressa soprattutto tramite un aumento degli spazi dell'autonomia statutaria, cui ha però pure corrisposto una più attenta regolamentazione dell'attività di amministrazione e controllo delle società.

Infine, il recente manifestarsi di una poderosa crisi finanziaria ed economica ha subito condotto a "correggere il tiro" rispetto al programma normativo precedentemente attuato e immaginare nuovi interventi. Ciò si è riflesso: da una parte, in una serie di provvedimenti per le società con azioni quotate, con i quali sono state previste importanti modifiche e integrazioni alla disciplina del TUF, intese al ***rafforzamento dei controlli*** nei confronti degli agenti di mercato e degli organi societari e a un ulteriore incremento delle regole di *governance*; dall'altra, nella previsione, nel contesto della riforma della disciplina della crisi d'impresa, di norme anche integrative del generale regime delle società di capitali, frutto di una maggiore sensibilità del legislatore nei riguardi della cura, da parte degli organi di *governance*, della continuità aziendale.

II. *Fattispecie e tipologia*

1. *I "tipi" di s.p.a.*

Se il tipo s.p.a. è unico e unitariamente caratterizzato dal convergere degli elementi che si sono sopra evidenziati, la prassi da sempre conosce una **pluralità di varianti**, cioè di *specifiche diverse concrete manifestazioni della medesima fattispecie di base*. Si distinguono, così, tradizionalmente: a) le ***società di medio-grandi dimensioni*** dalle ***società piccole*** (si ricordi che il capitale minimo per la costituzione di una s.p.a. non è molto elevato: 50.000 €, *ex* art. 2327), le une e le altre individuate avendo riguardo ai *dati economici* espressi dalle relative imprese (capitale investito o patrimonio netto, volumi dei ricavi, esposizione finanziaria); b) le ***s.p.a.*** con compagini sociali ampie e comunque "***aperte***" alla partecipazione di nuovi soci, e quelle a ristretta base familiare o comunque destinate allo svolgimento di iniziative di fatto "***chiuse***" all'ingresso di investitori esterni; c) ***società che si rivolgono ai mercati*** come luogo di reperimento di possibili investitori e società prive di tale connotato; tra le prime, le società le cui azioni sono *quotate nei mercati finanziari regolamentati* e società le cui azioni sono negoziate in altre "sedi di negoziazione" oppure ancora con azioni non negoziate nei mercati ma che hanno formato oggetto di sollecitazione all'investimento presso il pubblico dei risparmiatori; d) le società con titolarità riferibile solo *a* ***privati,*** dalle società le cui partecipazioni sono, interamente o parzialmente, *in* ***mano pubblica.***

Tali classificazioni sono utili anzitutto per comprendere la possibile diversa utilizzazione del modello azionario sul piano pratico, spiegandosi così la diffusa varietà e particolarità delle clausole statutarie adottate dai privati e conosciute nella prassi notarile. Alcune delle distinzioni sopra indicate, poi, e in particolare quelle appena indicate nelle lettere *c* e *d*, sono oggi recepite nel sistema normativo, determinandosi l'applicazione, sotto taluni profili, di discipline difformi, a seconda della concreta variante scelta. In particolare, rileva in proposito (tralasciando qui le società a partecipazione pubblica) la classificazione operata dal legislatore con l'art. 2325-*bis*. Questa disposizione enuclea, infatti, la categoria delle "**società che fanno ricorso al mercato del capitale di rischio**", cioè delle società le cui azioni siano *quotate in mercati regolamentati* o *diffuse in misura rilevante* (la diffusione è determinata secondo i parametri stabiliti dall'art. 2-*bis* Reg. Emitt.: tra cui vanno menzionati il numero dei soci, che deve essere superiore a 500, e la necessità che la diffusione sia conseguente a operazioni di sollecitazione o collocamento).

Si profila così un impianto normativo articolato, in cui può distinguersi una **disciplina comune** *a tutte le s.p.a.*, indipendentemente dal grado di presenza nei mercati delle proprie azioni, e **due regimi speciali**: uno, dettato con riferimento appunto alle società con compagini sociali molto ampie e aperte al continuo ingresso di nuovi soci per il tramite del ricorso al mercato del capitale di rischio; un altro, con riguardo a tutte le altre. La divaricazione tra i due regimi si giustifica per i diversi interessi collegabili ai due scenari.

Deve inoltre ricordarsi la peculiarità del ruolo che, all'interno della categoria delle società che fanno ricorso al mercato del capitale di rischio, viene a riconoscersi alle **società con azioni quotate nei mercati regolamentati**: particolarità che è alla base della *disciplina speciale* dettata per le stesse, in gran parte – ma non solo – contenuta nel TUF. La peculiarità di tale disciplina, che sarà più avanti analizzata nel dettaglio, consegue principalmente alla circostanza che il prezzo delle azioni quotate in un dato mercato è legato a un valore della s.p.a. emittente che viene ricavato dalla valutazione dalle informazioni diffuse, come adeguatamente interpretate dagli operatori e dunque riflesse nei listini. Pertanto, oltre a stabilire speciali regole di partecipazione del socio alla vita amministrativa (i diritti c.d. di *voice*), il legislatore prevede peculiari istituti aventi quale finalità un corretto funzionamento delle dinamiche di mercato e una tutela del diritto dell'azionista alla adeguata valorizzazione dell'investimento in sede di circolazione e quindi, soprattutto, al momento della finale alienazione (i diritti c.d. di *exit*). Quest'ultima vicenda rileva, peraltro, sia in considerazione del citato interesse individuale dell'alienante, sia come fatto che, potendo innescare un passaggio del controllo e di conseguenza un ricambio manageriale, rappresenta un'indiretta sollecitazione degli amministratori all'efficiente gestione.

2. *La società unipersonale*

Una situazione opposta a quella della società a compagine azionaria dispersa e frammentata si verifica allorché tutte le azioni appartengono, originariamente o per effetto di acquisti operati nel corso dell'attività, a un'unica persona, che viene a detenere così una **partecipazione "totalitaria"** nella medesima società. Come sappiamo, oggi il legislatore ammette espressamente, avendo a cuore principalmente la s.p.a. quale *sistema di organizzazione d'impresa* (e non tanto in sé il rapporto contrattuale tra più soci), che si possa strutturare e svolgere un'attività lucrativa nella forma di "**s.p.a. unipersonale**". Ciò in particolare può avvenire sin dal momento della costituzione (per atto unilaterale: art. 2328, co. 1) o successivamente, e senza che ciò mai comporti la conseguenza del necessario scioglimento dell'ente, al contrario di quanto accade nelle società di persone. Inoltre, tale circostanza non determina a carico dell'unico socio, salvo quanto tra poco si preciserà, l'insorgere di alcuna responsabilità aggiuntiva rispetto a quella ordinaria, legata al conferimento.

La presenza nella società di un solo azionista comporta tuttavia il gravare di **speci-**

fici oneri a carico di costui e degli amministratori, sia in tema di conferimenti sia in ambito pubblicitario.

Dal primo punto di vista (**conferimenti**), come meglio si chiarirà (v. § 44), al contrario di quanto accade nell'ipotesi di pluralità di soci, l'azionista unico fondatore è sempre obbligato a prestare da subito *l'intero apporto* cui si sia impegnato con la sottoscrizione del capitale sociale. In particolare, *ex* art. 2342, co. 2, va versato presso una banca già "alla sottoscrizione dell'atto costitutivo" tutto l'ammontare dei *conferimenti in denaro*; ciò mentre rimane fermo l'obbligo, previsto in generale e dunque anche nell'ipotesi di società pluripersonale, di immediata effettuazione degli apporti in natura, che siano oggetto di conferimento. Allorché, invece, la partecipazione del socio divenga totalitaria successivamente alla costituzione, gli eventuali versamenti in denaro ancora da questi dovuti dovranno essere effettuati entro novanta giorni (co. 4).

Sotto il secondo profilo, attinente alla **informazione dei terzi** del carattere unipersonale della società, si prevede che gli amministratori debbano tempestivamente rendere pubblica la circostanza (art. 2362) dell'esistenza di un unico socio, col *deposito presso il registro delle imprese di un'apposita dichiarazione*, contenente l'indicazione delle generalità dell'azionista stesso (e cioè: il cognome e nome o la denominazione sociale, data e luogo di nascita o di costituzione, domicilio o sede e cittadinanza del socio). Specularmente, l'art. 2362, co. 2, stabilisce che "quando si costituisce o ricostituisce la pluralità dei soci, gli amministratori ne devono depositare apposita dichiarazione presso il registro delle imprese". E in caso di inerzia degli amministratori alla pubblicità in parola può provvedere anche lo stesso unico socio.

Gli adempimenti appena menzionati sono particolarmente importanti. È infatti stabilito che al rispetto degli stessi è condizionata l'applicazione del **regime di responsabilità** esclusiva della società col proprio patrimonio sociale per le obbligazioni insorgenti dalla propria attività. Più precisamente, l'art. 2325, co. 2, dispone che "quando i conferimenti non siano stati effettuati secondo quanto previsto dall'art. 2342 o fin quando non sia stata attuata la pubblicità prescritta dall'art. 2362", "in caso di insolvenza della società, *per le obbligazioni sociali sorte nel periodo in cui le azioni sono appartenute ad una sola persona*, questa risponde illimitatamente". L'unico socio è pertanto gravato di una *responsabilità di tipo sussidiario*, suscettibile di insorgere unicamente qualora la s.p.a. non adempia le proprie obbligazioni e sempre che – è da ritenere – si riveli infruttuosa l'escussione del relativo patrimonio. Per tale ragione, di fatto un tale gravame è destinato a farsi valere nell'ipotesi di fallimento della s.p.a.; va avvisato tuttavia che dall'art. 256, co. 1, c.ins. pure si ricava che al socio in tale caso, al contrario di quanto avviene nell'ipotesi di insolvenza delle società di persone, *non può essere estesa la dichiarazione di fallimento* quale conseguenza del fallimento della società.

Sempre a salvaguardia degli equilibri patrimoniali connessi all'agire della società nei riguardi dei terzi è stabilita, infine, la regola di cui all'art. 2362, co. 5, concernente il caso in cui lo svolgimento dell'attività determini l'instaurarsi di **rapporti contrattuali tra la s.p.a. e il suo unico socio**. Per evitare manovre fraudolente di quest'ultimo ai danni dei creditori, con aggiramento del sistema della garanzia generica dei creditori della s.p.a. rappresentata dal patrimonio della stessa, si prevede in particolare che "i contratti della società con l'unico socio o le operazioni a favore dell'unico socio sono opponibili ai creditori della società solo se risultano dal libro delle adunanze e delle deliberazioni del consiglio di amministrazione o da atto scritto avente data certa anteriore al pignoramento".

§ 43. La costituzione della s.p.a. e le altre vicende dell'organizzazione

Le norme sulla società per azioni hanno come finalità la **disciplina di una complessa organizzazione,** destinata alla raccolta e all'impiego combinato di risorse produttive e costruita secondo le caratteristiche illustrate in precedenza. La s.p.a. va vista, pertanto, non come un comune negozio da portare ad esecuzione ma appunto specificamente come un sistema di regole che stabiliscono le modalità di reperimento e utilizzo combinato di risorse destinate alla produzione. Questo vale a partire dalla disciplina concernente il momento iniziale della vicenda in esame, ossia quello della "**costituzione della società**". Già dall'espressione adoperata, si trae che il legislatore non considera sufficiente la stipula in sé di un contratto o il perfezionamento di un atto unilaterale, ma richiede l'instaurazione e il completamento di un ***procedimento***, che, muovendo dalle manifestazioni di volontà dei fondatori (eventualmente raccolte attraverso una complessa procedura di mercato) e passando attraverso una fase di controllo, culmina con l'iscrizione nel registro delle imprese, soltanto a partire dalla quale la società, venuta ad esistenza, acquista la personalità giuridica.

L'atto che contiene la volontà dei fondatori di dare vita alla società e ne determina gli elementi essenziali è l'**atto costitutivo**. Assieme ad esso, vanno peraltro anche fissate le regole dello **statuto** in senso stretto, cioè quelle previsioni relative al funzionamento dell'organizzazione e allo svolgimento dell'attività: le quali dunque si occupano di *come* la s.p.a. è "organizzata", ossia sulla base di quali regole la società, una volta creata (e in coerenza con la struttura definita dall'atto costitutivo), potrà funzionare.

Costituita la s.p.a., l'assetto organizzativo non rimane però necessariamente e definitivamente "cristallizzato" in quelle regole originariamente immaginate da promotori o soci fondatori, ma è suscettibile di successive revisioni e integrazioni in vista del raggiungimento degli scopi sociali. La legge prevede così la possibilità che si determinino delle **modificazioni dello statuto**, dettando apposite norme in ordine al relativo procedimento: le quali hanno la funzione di contemperare gli interessi, da un lato, alla variazione delle regole originarie, dall'altro, alla *continuità* dell'azione societaria.

Oltre a prevedere termini e condizioni valevoli per tutte le (eventuali) modifiche dello statuto, il legislatore si preoccupa altresì di dettare una speciale normativa per i casi in cui la variazione in particolare attenga al capitale sociale, in relazione tanto al suo eventuale *aumento*, quanto alla *riduzione* dello stesso. Una ulteriore apposita normativa è infine prevista per le ipotesi di complessa alterazione degli originari assetti organizzativi, comuni però anche ad altri tipi societari: trasformazione, fusione e scissione.

Qui di seguito ci si occuperà delle previsioni concernenti la disciplina della costituzione della società e delle modifiche dello statuto in generale, mentre le ipotesi di variazioni statutarie speciali o complesse saranno trattate in un successivo momento.

I. *La costituzione della società per azioni*

Nella disciplina del codice civile la nascita della persona giuridica societaria, e dunque la costituzione della s.p.a. (artt. 2328 ss.), avviene attraverso due passaggi: la definizione e attestazione dei fondamentali elementi formali e sostanziali della società in un ***atto costitutivo***; la ***pubblicità*** dell'avvenuta costituzione della s.p.a.

Dal primo punto di vista la legge: a) detta una serie di regole per determinare quali debbano essere forma e contenuto dell'atto costitutivo; b) prevede la necessità di ulteriori adempimenti materiali, che vengono esplicitamente qualificati come "condizioni per la costituzione"; c) stabilisce due diversi procedimenti, alternativi tra loro, per la concreta realizzazione dei suddetti elementi formali e materiali.

Sotto il profilo, invece, della pubblicità della vicenda, nel codice, oltre a prevedersi il procedimento con cui addivenire all'iscrizione della s.p.a. presso il registro delle imprese, vengono dettate ulteriori norme, la cui opportuna previsione è conseguenza della circostanza che tale pubblicità ha un'eccezionale efficacia costitutiva: cosicché il legislatore si preoccupa di disciplinare i rapporti che intervengono prima del dispiegarsi di tale efficacia, ossia nel periodo intercorrente tra la stipulazione dell'atto costitutivo e la relativa iscrizione.

1. *L'atto costitutivo e lo statuto: i contenuti*

Ai sensi dell'art. 2328, co. 1, la s.p.a. "***può essere costituita per contratto o per atto unilaterale***". In relazione all'ipotesi della società che derivi da un negozio unilaterale e sia dunque, sin dalla sua origine, unipersonale si può rinviare a quanto già riferito in precedenza, per la relativa disciplina. Quanto, invece, alla possibilità di una costituzione della s.p.a. "per contratto", essa implica che per la disciplina dell'insieme dei comportamenti da cui si genera il rapporto sociale, ove appunto frutto di un accordo tra più parti, devono tenersi presenti le regole previste nel codice civile sui "contratti in generale" (libro IV, titolo II). Una volta iscritta la s.p.a. (e formatasi così una organizzazione avente la dignità di persona giuridica), essa sarà invece tendenzialmente destinataria solo delle norme alla medesima specificamente dirette (quali esplicitamente formulate dalla legge ovvero tratte dall'interprete sulla base della lettura del sistema societario), salve ipotesi particolari, di cui si darà conto a tempo debito.

Perché sorga la società, è comunque necessario che il socio o i soci fondatori redigano un **atto costitutivo**, i cui contenuti si ricavano dal co. 2 dello stesso art. 2328.

a) Un primo gruppo di elementi che compongono tali contenuti attiene alle concrete caratteristiche dell'**attività** che verrà esercitata con l'organizzazione sociale. Possono ricondursi a questo insieme i punti di cui ai numeri 2, 3, 4 e 13, della disposizione appena citata, i quali impongono di doversi specificare *denominazione* e *sede*, *oggetto*, *capitale* e *durata* della società. Si tratta di profili che possono ritenersi identificare l'attività da esercitare e dunque al contempo *l'oggetto sostanziale dell'investimento azionario*. L'essenzialità di tali elementi per la configurazione dell'organizzazione è dimostrata dalla loro assoluta irrinunciabilità, sancita *ex lege* dalla loro caratterizzazione quali elementi (tranne quello della durata) previsti, ai sensi dell'art. 2332, *a pena di nullità* della società.

Con riferimento, poi, alla disciplina di dettaglio dei singoli elementi di tale primo gruppo, va tenuto presente, in particolare, che se la **denominazione sociale** – cioè l'indicazione utilizzata dalla s.p.a. nei rapporti esterni ai fini della formale imputazione dell'attività esercitata – *può essere liberamente formata*, purché compaia la qualificazione di "società per azioni" (ad es., Vetroluce s.p.a., F.lli Rossi s.p.a., Banca A.B.C. s.p.a.), ai fini dell'indicazione della **sede** – comunemente identificata col luogo dove operano stabilmente gli amministratori e in generale i "vertici" della società – il codice reputa oggi sufficiente la precisazione del *comune* della stessa, senza che sia dunque obbligatoria la specificazione del preciso indirizzo; dovendosi tuttavia dichiarare nell'atto costitutivo (*ex* art. 2328, co. 2, n. 2) anche le eventuali "sedi secondarie" della società; l'art. 16, co. 6, d.l. n. 185/2008 impone inoltre alle società di nuova costituzione di indicare, all'atto dell'iscrizione nel registro delle imprese, la c.d. *sede elettronica*, ossia un indirizzo di posta elettronica certificata. In relazione, poi, all'**oggetto**, il n. 3 dell'art. 2328, co. 2, chiarisce che il requisito è soddisfatto con la precisazione del *genere di "attività"* da svolgere. Per ciò che attiene alla **durata** della società, il n. 13 dell'art. 2328 oggi ammette che questa possa essere ***indeterminata***. Quanto, infine, alla previsione del **capitale sociale** sottoscritto e versato, su essa si tornerà tra breve, essendo la clausola pertinente a fatti pure compresi tra le c.d. condizioni (materiali) per la costituzione della società.

b) Ad altra logica obbedisce l'insieme degli elementi stabiliti dai numeri 5, 6, 7, 8 e 12, i quali rispettivamente impongono l'inserimento, nell'atto costitutivo, del numero e delle caratteristiche delle *azioni* e della loro emissione, del *valore attribuito a crediti e conferimenti in natura*, nonché delle "norme secondo le quali gli *utili* devono essere ripartiti", dei "benefici eventualmente accordati ai *promotori o ai soci fondatori*" e "dell'importo globale, almeno approssimativo, delle *spese per la costituzione* poste a carico della società"; alle regole in parola vanno poi affiancate quelle, eventuali, concernenti l'emissione di strumenti finanziari (art. 2346, co. 6) e di obbligazioni (art. 2410). Anche tutte le clausole appena nominate possono ritenersi relative all'attività d'impresa, nella misura in cui concernono, allo stesso modo del capitale sociale, la sua **struttura finanziaria**. Al contrario, tuttavia, di quanto accade con le previsioni sopra richiamate, quelle ora in esame caratterizzano l'attività comune su un piano dinamico, nella misura in cui precisano le stabili condizioni in base alle quali l'investimento in capitale di rischio è reperito e viene stabilmente remunerato.

Va tuttavia avvisato che l'effettivo inserimento da parte dei soci nell'atto costitutivo di larga parte delle clausole adesso in questione è in realtà solo *eventuale*: o perché la legge comunque detta un regime di base al riguardo (come nel caso degli utili); o in quanto alcune di tali previsioni sono legate a presupposti sostanziali che possono in concreto del tutto mancare (là dove ad es. non si stabiliscano benefici particolari per soci e promotori e non si preveda di addossare alla società spese iniziali). In relazione ai benefici per promotori e soci fondatori è bene peraltro evidenziare che essi non solo vanno limitati entro il tetto del decimo degli utili netti di bilancio, ma possono essere accordati unicamente "per un periodo massimo di cinque anni".

c) Un ulteriore gruppo di elementi è formato, infine, da previsioni incidenti sulla **struttura di governo** della società, essendo rivolti a determinare *a quali soggetti e, tra essi, con quale ordine di rapporti* spetterà di stabilire come le risorse investite o altrimenti reperite verranno gestite per realizzare al meglio l'attività comune. Di tale insieme fanno parte le indicazioni di cui ai numeri 9 e 10, rispettivamente riguardanti il *sistema di amministrazione* adottato, nonché quantità e poteri degli amministratori e, infine, il numero dei *componenti dell'organo di controllo*. Va notato che sono pertinenti a tale area pure le previsioni relative alle *azioni* (già menzionate come anche appartenenti al gruppo della struttura finanziaria), poiché da queste dipende l'assunzione della qualità di socio, la spettanza dei diritti sociali e le conseguenti condizioni di partecipazione all'*assemblea*, organo fondamentale ineliminabile in ogni s.p.a., a cui gli amministratori devono rendicontare la gestione. Possono poi accostarsi alla classe di previsioni ora in commento quelle ulteriori, di cui ai punti 1 e 11, riguardanti l'individuazione nominativa, per un verso, dei *soci fondatori*, per un altro, dei *primi soggetti incaricati della gestione della società e del relativo controllo*: si tratta tuttavia di indicazioni che rinviano a un mero dato storico, idonee a identificare l'organizzazione sociale solo nel momento iniziale e destinate a essere soppiantate per effetto dell'ordinario gioco dell'avvicendamento di soci e relativi fiduciari nella società.

Sul piano della stretta disciplina, con riferimento a tale ultimo "settore" dello statuto, riguardante la *governance* societaria, è bene da subito segnalare che, a partire dalla riforma del 2003 la legge ha previsto una possibilità di scelta fra tre diversi **sistemi di amministrazione**, prima sconosciuta all'ordinamento e di cui si tratterà a tempo debito: tuttavia, in assenza di diversa indicazione, il modello di conduzione della società che si intenderà adottato, in forza dell'art. 2380, sarà quello comunemente definito "tradizionale", cioè basato sull'elezione da parte dell'assemblea dei soci di un consiglio di amministrazione e di un collegio sindacale, quali organi rispettivamente di gestione e controllo.

L'art. 2328, co. 3, tratta poi dello **statuto** (in senso stretto), distinguendolo dall'atto costitutivo per il fatto che il primo contiene "***le norme relative al funzionamento della società***": in via esemplificativa, sono previste all'interno di tale atto le regole su emissione e circolazione delle azioni e le procedure sul funzionamento degli organi sociali. Va tuttavia avvisato che la concreta predisposizione di clausole che possano definirsi (in quanto appunto concernenti il funzionamento della società) "statutarie" ***non è strettamente necessaria***, in quanto la legge spesso interviene in tale materia in modo penetrante, con apposite previsioni: queste ultime però, come si vedrà, hanno a volte carattere dispositivo e sono dunque suscettibili di *deroga*; inoltre, i privati sentono spesso l'opportunità di integrare le previsioni del codice civile, con *disposizioni aggiuntive*, anche per meglio venire incontro a una domanda di investimento diversificata. Una previsione di particolare importanza, ricorrente con una certa frequenza nella prassi, è ad es. la clausola statutaria compromissoria, con cui viene prevista la devoluzione *ad arbitri* delle controversie insorgenti tra soci, o tra la società e gli amministratori.

In relazione ai **rapporti tra statuto e atto costitutivo** l'art. 2328, co. 3, precisa che il primo documento, "anche se forma oggetto di atto separato, costituisce parte integrante" del secondo: del resto, si è detto che atto costitutivo e statuto concorrono insieme a comporre le regole dell'organizzazione, l'uno ponendosi a completamento dell'altro. Va anzi precisato che il documento che viene nella prassi chiamato "statuto" spesso materialmente contiene non solo le regole di funzionamento dell'organizzazione, ma anche i suoi elementi identificativi (ammontare del capitale, durata della società, sede, oggetto sociale, diritti spettanti agli azionisti, ecc.), i quali dunque vengono di fatto riprodotti anche in esso. In obbedienza, peraltro, a un principio di prevalenza dell'interesse a disciplinare efficientemente l'organizzazione dell'attività sociale su quello allo scrupoloso rispetto dell'intento negoziale dei soci è stabilito dal legislatore che "in caso di contrasto tra le clausole dell'atto costitutivo e quelle dello statuto prevalgono le seconde".

2. *La forma dell'atto costitutivo. Il controllo notarile*

Norma fondamentale in materia di costituzione della s.p.a. è quella secondo la quale *l'atto costitutivo "deve essere redatto per* **atto pubblico**" (art. 2328, co. 2, prima frase). Tale disposizione serve infatti a soddisfare una duplice esigenza: a *certificare* la dichiarazione privata con cui viene fondata la s.p.a. e vengono destinati i conferimenti a capitale, rendendosi così tale dichiarazione (nel suo effettivo storico verificarsi e nei relativi contenuti) non contestabile; e a operare una ***verifica del notaio circa l'effettiva conformità a legge*** delle regole così formate.

Ne segue che al suddetto notaio risulta affidata una essenziale **funzione di controllo**. In relazione al problema della precisazione dei limiti di questo controllo, è rilevante la considerazione della previsione di cui all'art. 28 l.not., ai sensi del quale è fatto divieto al notaio di ricevere atti "espressamente proibiti dalla legge o manifestamente contrari al buon costume o all'ordine pubblico".

È da ritenere, peraltro, che la forma notarile debba essere osservata non solo per l'atto costitutivo ma anche in relazione allo statuto.

3. *Le condizioni per la costituzione*

L'art. 2329 stabilisce che, affinché si possa "procedere alla costituzione" della s.p.a., debbano essere rispettate **tre diverse "condizioni"** e in particolare:

1) che sia sottoscritto per intero il capitale sociale;

2) che siano rispettate le previsioni stabilite dalla legge in materia di conferimenti (in particolare, richiamandosi al riguardo gli artt. 2342, 2343 e 2343-*ter*);

3) che sussistano le autorizzazioni e le altre condizioni richieste dalle leggi speciali per la costituzione della società, in relazione al suo particolare oggetto.

Gli adempimenti in parola rendono ulteriormente evidente che la s.p.a. si identifica in una *organizzazione di mezzi*, al punto che se ne impone la parziale materiale predisposizione già al momento dell'inizio dell'attività sociale.

1) La prima delle riferite "condizioni", attinente all'**integrale sottoscrizione del capitale sociale**, corrisponde al c.d. ***principio di effettività in senso lato*** del capitale stesso. Detto principio – sul quale ci si dovrà soffermare successivamente, allorché si

analizzerà la disciplina dedicata alla struttura finanziaria della s.p.a. – implica che per un importo complessivo pari alla cifra del capitale indicata nello statuto (e dunque all'intera misura della dotazione di mezzi di rischio stabilmente vincolata al servizio degli scopi sociali) devono sin dall'origine constare corrispondenti impegni individuali da parte dei soci, assunti con la sottoscrizione delle azioni: che il capitale della società, cioè, è non un mero "programma", ma un'entità in qualche modo *reale* ed *attuale*.

2) La seconda "condizione" attiene al rispetto delle norme sui **conferimenti** ed è ispirata alle ***regole di effettività in senso stretto*** e di ***integrità*** del capitale sociale c.d. "reale", le quali impongono che, almeno in parte (per il 25% dei conferimenti in denaro e per la totalità dei conferimenti di tipo diverso), la società abbia *immediata e sicura disponibilità delle risorse a essa destinate* (v. art. 2342), e che il loro valore *corrisponda interamente* (*ex* artt. 2343, 2343-*ter*) *alla cifra del capitale sottoscritto* (cioè al c.d. valore nominale). La previsione, come meglio si chiarirà, realizza una esigenza di serietà o solidità della dotazione finanziaria della società, soprattutto rilevante in vista del raggiungimento di un corretto equilibrio economico-finanziario nei rapporti con i creditori e il mercato in genere.

3) La terza "condizione" concerne tutte quelle ipotesi in cui la speciale rilevanza dell'attività da esercitarsi induce il legislatore a subordinarne lo svolgimento al rilascio di apposite **autorizzazioni**, provenienti da soggetti di diritto pubblico. Ad. es. per l'attività bancaria la costituzione della società è subordinata alla preventiva autorizzazione di Banca d'Italia (art. 14 TUB); per l'attività sportiva, l'art. 10 l. 91/1981 subordina l'iscrizione nel registro delle imprese dell'atto costitutivo delle società sportive professionistiche alla loro preventiva affiliazione a una o più federazioni sportive nazionali riconosciute dal CONI. Va precisato, però, che la formalità in parola concerne soltanto quelle autorizzazioni che devono intervenire *prima della stipula dell'atto costitutivo* (o almeno prima dell'iscrizione della società nel registro delle imprese). Rimangono quindi fuori dall'ambito applicativo della disposizione i casi in cui l'avallo amministrativo vada richiesto semplicemente affinché possa iniziare *l'esercizio dell'attività* in cui consiste dell'oggetto sociale (come ad es. accade per le società di intermediazione mobiliare): anche se in tale ipotesi, poiché l'autorizzazione in parola sarà comunque di regola legata a requisiti discendenti dalla formulazione dell'atto costitutivo (ad es., un certo importo minimo del capitale), questi devono comunque essere presenti al momento della stipula o dell'iscrizione, pena il rischio di costituire una società destinata a non poter operare.

4. *Le modalità di costituzione istantanea e per pubblica sottoscrizione*

Al fine dell'integrazione della complessa fattispecie costitutiva fin qui descritta, il codice civile appronta in astratto *due diversi procedimenti*: quello della c.d. costituzione istantanea e l'altro, della costituzione per pubblica sottoscrizione.

La **costituzione istantanea** è la più immediata e l'unica effettivamente diffusa nella prassi. Essa prevede, semplicemente, che i soci fondatori sottoscrivano interamente il capitale nel momento in cui fissano l'integrale contenuto delle regole dell'organizzazione sociale, con la stipula dell'atto costitutivo presso il notaio. V'è dunque una *contestualità* tra le ideali fasi della determinazione del programma di attività, della sua adozione da parte degli investitori con la destinazione a esso dei conferimenti tramite le sottoscrizioni e della formale volontaria costituzione della s.p.a., quale ente rilevante nei rapporti esterni.

Più articolata è la fattispecie della **costituzione per pubblica sottoscrizione** (artt. 2333 ss.), la quale prevede, quali peculiarità: per un verso, la possibilità che le operazioni prima menzionate (programma, sottoscrizioni, formulazione di atto costitutivo e statuto, stipula finale) avvengano *in momenti differenti*; per un altro, che le sottoscrizioni *siano sollecitate presso il "pubblico"* e dunque tra investitori sconosciuti e non spontaneamente mossi a concorrere all'iniziativa. Tutto questo avviene con la presentazione di un progetto di s.p.a. ("programma"), da parte di "promotori", che invitano gli interessati ad aderirvi e a sottoscrivere quote di capitale, in modo che, quando sia stato raggiunto l'obiettivo programmato, e cioè siano state raccolte le risorse prefissate, si pervenga alla stipulazione dell'atto costitutivo fra gli aderenti.

Il procedimento da ultimo menzionato, per quanto immaginato in coerenza con la potenziale apertura della s.p.a. al mercato e in vista dell'immediato coinvolgimento di ampi capitali in una data iniziativa, ha avuto tuttavia scarso successo nella prassi, la quale ha quasi sempre preferito il ricorso alla costituzione istantanea (salvo poi raccogliere ulteriori fondi attraverso un successivo aumento di capitale).

5. *L'iscrizione nel registro delle imprese e le operazioni prima dell'iscrizione*

Affinché il procedimento di costituzione della spa si completi è necessario che si effettui un adempimento ulteriore rispetto alla realizzazione degli elementi formali e materiali dell'organizzazione societaria: l'iscrizione della società nel registro delle imprese.

In relazione alla **procedura di iscrizione**, l'art. 2330 impone anzitutto al notaio che ha ricevuto l'atto costitutivo di "depositarlo entro dieci giorni presso l'ufficio del registro delle imprese nella cui circoscrizione è stabilita la sede sociale". Al deposito vanno allegati "i documenti comprovanti la sussistenza delle condizioni previste dall'art. 2329". Là dove il notaio, o gli amministratori, nel termine stabilito non provvedano al deposito, la legge acconsente a che tale formalità possa effettuarsi a cura di ciascun socio.

Contestualmente al deposito si dovrà presentare la *richiesta di iscrizione*, su cui l'ufficio del registro effettua un mero **controllo di "regolarità formale della documentazione**" (secondo quanto precisato dall'art. 2330, co. 3): ove l'esito risulterà positivo, l'ufficio iscriverà la società nel registro.

Una volta iscritta, la s.p.a., come sancisce solennemente l'art. 2331, co. 1, "**acquista la personalità giuridica**". Si è dunque in presenza di una di quelle poche ipotesi nelle quali l'ordinamento attribuisce alla pubblicità un *rilievo costitutivo*, cioè determinante per la produzione degli effetti dell'atto. Solo a partire da questo momento, così, alle clausole statutarie potrà riconoscersi il valore di stabilire le regole secondo cui dovrà svolgersi l'attività sociale: ad es., disciplinando il procedimento assembleare o del consiglio di amministrazione, determinando le condizioni per il trasferimento delle azioni, ecc. In coerenza con questo fatto, inoltre, *ex* art. 2331, ult. co., è previsto un *divieto di emettere azioni* prima dell'iscrizione.

Se all'iscrizione nel registro delle imprese è legata, quindi, l'applicazione delle norme di legge e statutarie dettate a proposito della vita della s.p.a., rimane da comprendere quali siano allora gli effetti che la stipula dell'atto costitutivo è in grado di produrre nel **periodo antecedente l'iscrizione**: periodo nel quale, spesso, sorgono una serie di rapporti necessari od opportuni per la successiva operatività della società. E del resto, di tale evenienza è consapevole lo stesso legislatore, che ha previsto che nell'atto costitutivo vada indicato "l'importo globale, almeno approssimativo, delle *spese per la costituzione* poste a carico della società" (art. 2328, co. 2, n. 12).

A questo riguardo, è bene anzitutto precisare che sin dal momento della stipulazione dell'atto costitutivo ***i sottoscrittori sono irrevocabilmente vincolati ai conferimenti***: e un tale vincolo potrà sciogliersi, ai sensi dell'art. 2331, co. 4 (col diritto dei sottoscrittori alla restituzione delle somme versate), solo se entro novanta giorni dalla redazione dell'atto costitutivo l'iscrizione non abbia avuto luogo. Ciò detto, rimane tuttavia il problema di quale sia il regime applicabile agli **atti** che in tale periodo fossero eventualmente posti in essere in vista della futura realizzazione degli scopi sociali e quale sia la posizione della (futura) società rispetto ai rapporti così sorti.

Così, in ordine, in primo luogo, al rilievo degli atti, compiuti in nome della s.p.a. prima dell'iscrizione, *sulla sfera soggettiva di coloro che partecipino alla fase di costituzione della s.p.a.*, l'art. 2331, co. 2, stabilisce che, al riguardo, "sono ***illimitatamente e solidalmente responsabili verso i terzi coloro che hanno agito***". Alla responsabilità di questi soggetti si aggiunge, poi: quella del "socio unico fondatore e [di] quelli tra i soci che [...] hanno deciso, autorizzato o consentito il compimento dell'operazione"; nonché, in caso di costituzione "a formazione successiva", quella dei promotori, relativamente alle "obbligazioni assunte per costituire la società" (art. 2338). Una volta che la società, invece, si è costituita, in relazione alle operazioni compiute prima di tale momento il co. 3 dell'art. 2331 si limita a precisare che la società è per esse responsabile qualora, in seguito all'iscrizione, le abbia *approvate*, essendo in tal caso *tenuta a rilevare coloro che hanno agito*. L'art. 2338 prevede, inoltre, che lo stesso obbligo la società lo assume nei confronti dei promotori, in relazione alle spese da essi sostenute, "sempre che siano state necessarie per la costituzione dell'assemblea" (ovvero, anche qui, qualora siano state da essa comunque approvate).

Dalle disposizioni espresse non risulta invece, almeno in modo evidente: né se vi sia un criterio in base al quale la riferita successiva approvazione da parte della s.p.a., degli atti compiuti nel suo interesse prima dell'iscrizione, *debba o no reputarsi obbligata*; né quale sia la sorte dei negozi compiuti nell'interesse della costituenda s.p.a. che non vengano successivamente approvati. Sul punto, si ritiene da qualificati interpreti che gli interrogativi appena richiamati trovino una equilibrata soluzione riconoscendo che già nella fase anteriore all'iscrizione nel registro delle imprese comunque esista una fattispecie configurabile come società (c.d. **società in formazione**), e dunque dotata di soggettività, sia pure priva della capacità, dell'autonomia patrimoniale e dei tratti tipici di una compiuta s.p.a. Pertanto, una volta costituita nella sua pienezza con l'iscrizione nel registro delle imprese, la società avrà il *dovere* di ratificare quegli atti che, concretamente posti in essere da questi soggetti, risultino effettivamente rispondenti a tale interesse.

Quanto al regime applicabile alla fattispecie così delineata, questa "società in formazione", per effetto dell'operare dei generali principi di diritto societario, deve reputarsi destinata a essere provvisoriamente disciplinata, per i rapporti tra i soci o comunque per le parti non espressamente regolate dagli artt. 2330 e 2331, dalle norme in tema di *società semplice* (per cui ad. es., le operazioni non procrastinabili e necessarie potranno essere poste in essere dai singoli amministratori, *ex* art. 2258).

II. *Le modificazioni dello statuto*

1. *La fattispecie delle modifiche dello statuto*

È del tutto normale che dopo la costituzione possa prospettarsi l'opportunità di **modifiche all'assetto regolamentare originario della s.p.a.** Trattandosi di un'organizzazione la cui essenza consiste in un apparato di regole che devono servire al raggiungimento di determinati obiettivi dipendenti dalla continua evoluzione del mercato è infatti plausibile che nel tempo le clausole statutarie siano giudicate in tale prospettiva inefficienti e dunque suscettibili di modifica, soppressione, sostituzione, o di essere affiancate da ulteriori clausole, meglio rispondenti all'ipotetico nuovo bisogno economico espresso dagli operatori.

Il legislatore si riferisce indiscriminatamente alle variazioni tanto dello statuto in senso stretto quanto degli elementi specificamente formanti l'atto costitutivo, tutte qualificate come ***modificazioni dello statuto***, prevedendo una generale disciplina per la loro adozione con l'art. 2436 (d'altra parte, si è detto prima che, nella prassi, il documento che viene redatto come "statuto" riproduce anche tutti quegli elementi essenziali identificativi della società). Posta la rigorosa distinzione della persona societaria rispetto ai suoi azionisti, tali modificazioni statutarie sono sottratte alla regola, prevista invece nella disciplina delle società di persone, dell'unanimità dei consensi dei soci e sono invece affidate alla competenza degli organi sociali. Più in particolare, come meglio si vedrà, in considerazione della loro rilevanza organizzativa esse sono sottoposte alla generale **competenza dell'assemblea straordinaria**, operante con le normali maggioranze previste dagli artt. 2368 e 2369 [tranne che nel caso della riduzione del capitale per perdite, dove la competenza è dell'assemblea ordinaria o (nelle società soggette al c.d. "sistema dualistico") del consiglio di sorveglianza (e, per il caso di inerzia di tali due organi, dello stesso tribunale)]. Sono poi salve le ipotesi in cui, in considerazione della *natura non strategica* della decisione di modifica, implicante l'espressione di mere funzioni tecnico-esecutive (art. 2365, co. 2), ovvero tenendo presente la particolare rilevanza della fattispecie in relazione alla *gestione della società* (art. 2443), la legge consente che nello statuto sia prevista l'attribuzione o una delega della competenza all'organo amministrativo o anche, nel caso nelle società che adottano il sistema dualistico di amministrazione e controllo, al consiglio di sorveglianza.

2. *Il procedimento*

Per le modificazioni dello statuto l'assemblea straordinaria dei soci delibera con i ***normali quorum costitutivi e deliberativi*** previsti in relazione allo stesso, salve specifiche previsioni stabilite in relazione a particolari materie. Tuttavia, secondo quanto accade pure in sede di costituzione, le nuove regole statutarie, una volta deliberate, possono essere adottate solo nell'osservanza di importanti **vincoli formali**.

In particolare, l'art. 2436 prevede anzitutto l'***iscrizione presso il registro delle imprese*** della stessa delibera di modifica. A tale fine, viene stabilito che la richiesta di iscrizione, accompagnata dal deposito dell'atto assembleare e allegando le eventuali autorizzazioni richieste, debba provenire da parte del notaio il quale abbia provveduto alla verbalizzazione della decisione. Tuttavia, similmente a quanto accade nella costituzione, l'art. 2436, co. 1, prevede che questi, prima del deposito, sia tenuto a *verificare "l'adempimento delle condizioni stabilite dalla legge"*. Ciò significa, evidentemente, che egli deve operare un **controllo sul rispetto delle norme**, in linea con quello che si è detto incombere su di lui in relazione all'atto costitutivo (solo che mentre in quest'ultima occasione il controllo del notaio è contestuale alla stipula dell'atto, in sede di modifica statutaria è idealmente successivo alla redazione del verbale): nella specie, occorrerà verificare il rispetto delle disposizioni imperative concernenti tanto il procedimento di formazione della delibera quanto i relativi contenuti.

Ove la verifica del notaio dia esito negativo, questi deve darne comunicazione "tempestivamente" (e comunque non oltre trenta giorni dopo la verbalizzazione della delibera) agli amministratori, i quali hanno a loro volta trenta giorni per "convocare l'assemblea per gli opportuni provvedimenti", in modo cioè da valutare l'eventualità di assumere una nuova decisione che raccolga e superi le segnalazioni critiche operate dal notaio: alternativamente, gli amministratori possono decidere di insistere sulla delibera già presa e "ricorrere al tribunale" affinché sia esso, al termine di un apposito procedimento di verifica della sussistenza delle condizioni di legge, "a ordinare l'iscrizione nel registro delle imprese con decreto soggetto a reclamo". Ulteriore possibilità è che gli amministratori rimangano inerti, senza prendere alcun provvedimento a seguito della ricezione della comunicazione negativa proveniente dal notaio: in tal caso, trascorsi i trenta giorni dalla stessa comunicazione, ai sensi dell'art. 2436, co. 3, ult. frase, "la deliberazione è definitivamente inefficace".

Solo qualora l'organo di gestione opti per il ricorso al tribunale, si apre il c.d. **procedimento di omologazione**. Questo, così (mentre in passato era sempre imposto dalla legge, quale momento essenziale in sede sia di costituzione sia di modificazioni statutarie), è oggi unicamente previsto *in via residuale*, per l'ipotesi in cui, nonostante l'esito negativo del controllo del notaio, la società insista per l'iscrizione (evidentemente reputando infondati i contrari rilievi ricevuti). In tale eventualità, il tribunale è chiamato, secondo quanto comunemente si afferma (anche, come detto, in relazione al controllo notarile), a operare un **controllo di conformità a legge** della deliberazione di modifica. Pertanto, il decreto di omologa sarà emesso là dove il tribunale valuti che la modifica oggetto di esame, inserita anche nel contesto generale delle previsioni dello statuto, non abbia comportato o comporti un contrasto con disposizioni imperative.

Qualora l'esito del controllo notarile o giudiziale sia positivo, l'ufficio del registro delle imprese procede all'**iscrizione** (ciò, dopo avere effettuato una verifica della "regolarità formale della documentazione"). Solo in seguito a questa iscrizione, ai sensi dell'art. 2436, co. 5, ***la delibera di modificazione dello statuto "produce effetti"***. Semplice efficacia di c.d. *pubblicità notizia* deve essere invece riconosciuta alla formalità, prevista nell'art. 2436, ult. co.: dove è stabilito il deposito presso il registro delle imprese, da effettuare dopo ogni modifica dello statuto, del "testo integrale nella sua redazione aggiornata".

III. *La nullità della s.p.a.*

La presenza della s.p.a. nel mercato determina – lo si è già accennato – un'***esigenza di certezza della sua azione***. E tale esigenza si esprime da due punti di vista: quello della *circolazione della ricchezza*, che presuppone la sicurezza degli scambi nei confronti dei terzi; quello della *produzione della ricchezza*, la quale richiede che le risorse messe a servizio dell'attività comune possano senz'altro considerarsi definitivamente acquisite e legittimamente utilizzabili dalla società. E si tratta di esigenze che il legislatore avverte anche là dove si occupa della formazione della società: ipotesi in cui la variazione della sfera patrimoniale dei soci (che pure si determina, prima con la prestazione dei conferimenti e poi con la percezione degli utili) appunto avviene nell'ambito dello svolgimento di una più generale vicenda "economica", di produzione e distribuzione di ricchezza, destinata per sua natura a rilevare nei confronti dei terzi e del mercato.

In occasione, così, della costituzione della s.p.a., affinché possano considerarsi sicuri sia gli scambi con essa operati dagli attori del mercato, sia gli investimenti alla medesima destinati dai soci, la legge cura scrupolosamente di garantire preventivamente l'incontrovertibilità e la conoscibilità dell'esistenza della società, con i suoi elementi identificanti e le sue regole statutarie; nonché di garantire preventivamente la conformità a legge di tali elementi e regole. Tale esigenza infatti giustifica, lo si è visto, l'individuazione tipica, da parte della legge, del contenuto dell'organizzazione, con la previsione delle clausole essenziali di atto costitutivo e statuto (art. 2328), il procedimento della relativa creazione e modifica (artt. 2328; 2333-2335; 2346), nonché il controllo notarile e la pubblicità (artt. 2330; 2346). Ma rimane il problema di capire, in secondo luogo, cosa accade quando in seguito al completarsi delle vicende sopra indicate si constati che le previsioni citate *non siano state interamente rispettate* e pertanto il procedimento costitutivo o le regole dell'organizzazione si rivelino *a posteriori* viziate: occorre verificare, cioè, quale reazione l'ordinamento approntì nei confronti di una tale evenienza, in considerazione dell'esigenza di certezza di cui si sta discutendo.

A tale questione è dedicato l'art. 2332, che disciplina la "**nullità della società**".

La speciale rilevanza dell'art. 2332 si mostra già per quanto attiene al profilo dell'individuazione delle **cause di nullità**. Mentre per il contratto è regola generale quella secondo cui ogni ipotesi di suo contrasto con le norme imperative ne determina la nullità (art. 1418, co. 1), nell'art. 2332 è stabilita per la s.p.a. la diversa regola della ***tassativa individuazione***, da parte del legislatore, di quelle specifiche ipotesi di contrarietà alla legge che legittimano l'azione di nullità della società e ne giustificano la relativa dichiarazione da parte del giudice. Si prevede, in particolare, che la nullità della s.p.a. "può essere pronunciata solo nei seguenti casi: 1) mancata stipulazione dell'atto costitutivo nella forma dell'atto pubblico; 2) illiceità dell'oggetto sociale; 3) mancanza nell'atto costitutivo di ogni indicazione riguardante la denominazione della società, o i conferimenti, o l'ammontare del capitale sociale o l'oggetto sociale".

Tale previsione è suscettibile di produrre conseguenze assai significative sul piano applicativo. In base alla norma appena citata, infatti, la violazione della maggioranza delle norme previste in tema di costituzione della s.p.a., nonostante il carattere imperativo delle stesse, è *irrilevante sul piano dell'invalidità*: l'art. 2332 è infatti assai chiaro nello specificare che "solo" le ipotesi previste dalla legge possono dar luogo a una pronuncia di nullità. Va inoltre evidenziato che tale disciplina non si applica unicamente ai vizi in genere comportanti la *nullità in senso tecnico* di un atto negoziale ma *copre anche tutte le ipotesi in cui potrebbe teoricamente discorrersi di* ***annullabilità*** *o di* ***inefficacia*** *dell'atto costitutivo*: ad es., contrariamente a quanto previsto dall'art. 1446, non si potrà mai provocare l'annullamento di una s.p.a., invocando il vizio della volontà o l'incapacità di uno dei soci, la cui partecipazione sia stata determinante per il consenso degli altri.

Altro fondamentale punto in cui la disciplina dell'invalidità della s.p.a. si distacca in modo rilevante da quella dettata per i contratti è quello delle conseguenze dell'eventuale concreto accertamento di un'ipotesi di nullità. Invero, al contrario di quanto accade in generale in ambito contrattuale, la dichiarazione di nullità della s.p.a. è per legge caratterizzata dalla c.d. **irretroattività dei relativi effetti**. Così, in primo luogo, ai sensi dell'art. 2332, co. 2, testualmente, "***la dichiarazione di nullità non pregiudica l'efficacia degli atti compiuti in nome della società dopo l'iscrizione nel registro delle imprese***". Dunque, nessuna pretesa restitutoria può essere fondata nei confronti degli eventuali terzi (indipendentemente dal loro stato di buona o mala fede) sull'eventualità che siano stati accertati vizi di nullità della s.p.a. In secondo luogo, si vuole che l'impegno formalmente assunto dal socio con la sottoscrizione del capitale sociale, pure se relativo a una società nulla, sia a sua volta efficace e irretrattabile: così da rendersi definitiva e incontestabile l'azione sociale anche sul piano dei suoi materiali presupposti patrimoniali. È espressamente stabilito, infatti, che "***i soci non sono liberati dall'obbligo di conferimento fino a quando non sono soddisfatti i creditori sociali***" (co. 3).

Ciò detto, l'esigenza di certezza dell'azione sociale non può spingersi fino a comportare che una s.p.a. rispetto alla quale si sia accertata la presenza di vizi giudicati rilevanti dall'ordinamento (quelli indicati poc'anzi, e solo quelli) possa continuare tranquillamente la sua attività. La contrarietà ai principi che devono governare l'organizzazione azionaria e che il legislatore considera irretrattabili implica che il concreto programma societario non può ritenersi degno, per il futuro, di riconoscimento e tutela. Poiché non potrebbe immaginarsi, tuttavia, in coerenza con la riferita regola di irretroattività, una semplice "scomparsa" dell'organizzazione in precedenza eretta, con una materiale "disgregazione istantanea" del complesso aziendale a essa strumentale, il legislatore dispone che una reazione adeguata al manifestarsi dell'eventuale nullità sia rappresentata dalla **liquidazione**. Si prevede così che "*la sentenza che dichiara la nullità nomina i liquidatori*": la nullità finisce così con l'affiancarsi alle ipotesi previste dall'art. 2484 quale motivo di ***scioglimento*** del rapporto sociale e conseguente estinzione della s.p.a.

Infine, ancora deviando dai principi in tema di contratto, che com'è noto predicano in via generale l'impossibilità di "sanare" un negozio nullo, il legislatore invece considera ammissibile ed efficace la **convalida** di una s.p.a. colpita da un vizio di nullità. Quest'ultima non può essere infatti dichiarata "quando la causa di essa è stata eliminata e di tale eliminazione è stata data pubblicità con l'iscrizione nel registro delle imprese" (art. 2332, co. 5).

Tutto ciò chiarito, la s.p.a. nulla è da considerare invece soggetta ai principi e alle regole generali sulla nullità contrattuale per quegli aspetti di disciplina su cui l'art. 2332 non interviene. Così, è da ritenere senz'altro applicabile all'azione di nullità della s.p.a. la regola di cui all'art. 1422, che ne stabilisce l'**imprescrittibilità**; così come è da ritenere che anche per la **legittimazione** all'azione di nullità debba seguirsi la previsione generale dell'art. 1421, secondo cui essa compete "a chiunque ne ha interesse".

Alcuni dei suddetti principi generali in tema di contratto, poi, devono ritenersi applicabili solo nei limiti di compatibilità con la disciplina sopra illustrata. Tanto accade, ad es., in relazione alla c.d. nullità parziale (art. 1419). Là dove, infatti consti che non l'*intero* atto costitutivo bensì solo *una o più* **clausole statutarie** risultino **viziate**, cioè contrarie a norme imperative (ad es., la clausola che sottragga al collegio sindacale certi poteri di controllo inderogabilmente attribuitigli dalla legge, o quella che privi il socio del diritto di recesso nei casi in cui questo gli sia inderogabilmente riconosciuto dalla legge), nulla esclude che le stesse siano dichiarate nulle. Tuttavia, dato il principio di tassatività delle cause di nullità, anche là dove dette clausole viziate debbano considerarsi determinanti del consenso dei soci fondatori ciò non può provocare – come sarebbe se risultasse applicabile l'art. 1419 – l'invalidità dell'atto costitutivo nella sua interezza e dunque la nullità della società.

Speciale è pure il caso dell'**invalidità della singola partecipazione** del socio al contratto sociale. Fermo restando, anche qui, che tale invalidità non potrebbe mai provocare quella "della società" e fare così venire meno il rapporto tra gli altri soci (come invece accadrebbe se fossero applicabili gli artt. 1420 e 1446), è da ritenere che l'adesione individuale all'atto costitutivo di s.p.a. possa essere colpita dai vizi generalmente comportanti la nullità o l'annullabilità (ad es., i vizi della volontà) dei negozi: perciò, ad es., il fondatore il cui consenso sia stato estorto con violenza potrebbe chiedere l'annullamento della sua partecipazione. Tuttavia, si precisa correttamente in dottrina che l'eventuale accertamento dell'invalidità ***non potrà avere effetto retroattivo***, in modo che sia comunque garantita a tutela dei creditori l'effettività dell'impegno finanziario assunto dal socio: in caso di annullamento, al socio spetterà non la restituzione di quanto originariamente conferito bensì il rimborso in denaro di una *quota di liquidazione*, pari al valore attuale della sua partecipazione.

Un ultimo cenno va infine riservato al tema dei vizi delle **modifiche statutarie**. Poiché il legislatore non dedica a tale materia un'apposita disposizione, la disciplina sul punto viene normalmente ricostruita facendo riferimento alle previsioni (di cui si darà a tempo debito adeguato conto) dettate con generale riferimento all'invalidità *di tutte le delibere assembleari* (artt. 2377 ss.): anche cioè di quelle, correnti e senz'altro più frequenti, incidenti sull'esercizio dell'attività (e non sulla determinazione delle regole di struttura) della s.p.a. Nel segue che i casi in cui una modifica statutaria possa considerarsi nulla possono identificarsi appunto tenendo presenti le ordinarie cause di invalidità delle delibere, stabilite negli artt. 2377 ss.: con l'avvertenza che tale disposizione va integrata con alcune altre, dettate con riferimento a speciali ipotesi di modifiche statutarie complesse (aumento e riduzione del capitale sociale, nonché trasformazione, fusione e scissione), che dispongono preclusioni nei confronti della possibilità di far dichiarare l'invalidità una volta completato il procedimento di iscrizione della modifiche in questione nel registro delle imprese (v. l'art. 2379-*ter*, l'art. 2500-*bis* e l'art. 2504-*quater*, che saranno in seguito illustrati).

IV. *I patti parasociali*

Si è detto che le clausole statutarie compongono la struttura dell'organizzazione sociale, in quanto con esse vengono formulate le regole concernenti l'attività comune. Con la redazione dello statuto può dirsi pertanto che i soci definiscono *le regole che sovraintendono le concrete modalità di realizzazione dell'interesse sociale*. È da questo stesso angolo visuale, pertanto, che forma oggetto di regolamentazione nello statuto anche la posizione dell'azionista: in tale documento, egli viene in considerazione *in quanto socio*, attraverso la disciplina dell'insieme dei diritti che possono dirsi "comporre" la partecipazione sociale e che si avrà modo di illustrare più avanti.

Tenuto conto dei diritti e dei poteri che, dunque, l'ordinamento societario (la legge e lo statuto) gli attribuisce, il socio è libero di determinarsi nel loro esercizio come meglio ritiene (può decidere di partecipare alle assemblee oppure no; può votare a favore o contro una certa proposta; può decidere di impugnare una delibera o no, ecc.).

È tuttavia ipotizzabile che gli azionisti abbiano pure interesse a definire tra loro vincoli al proprio comportamento in società per meglio coordinare la propria azione e assicurarsi così reciprocamente in modo più efficace la salvaguardia dell'interesse personale, che ciascuno di essi nutre, alla conservazione e valorizzazione dell'investimento azionario singolarmente considerato. Proprio in vista del soddisfacimento di un tale interesse, pertanto, sono diffusi da lungo tempo nella prassi *accordi che si affiancano allo statuto nella regolamentazione delle posizioni degli azionisti* e che, proprio perché presuppongono la qualità di socio dei soggetti che vi partecipano o le cui prerogative vengono regolate, sono chiamati **patti parasociali**. Si tratta di ***accordi negoziali***, ***stipulati tra tutti o parte dei soci***, con i quali si impongono *determinati vincoli in relazione all'esercizio dei diritti amministrativi* (*specie del voto*, c.d. ***sindacati di voto***: ad es., i soci si impegnano a votare come verrà loro indicato da un consulente designato nel patto stesso) *o limiti alla libera facoltà di disporre delle azioni* (c.d. ***sindacati di blocco***). Detti soci si premuniscono così contro il rischio di un'alterazione degli originari equilibri di potere esistenti tra loro e a volte concordano di garantirsi determinati benefici (impegnandosi ad es. a votare annualmente una costante distribuzione di utili in una certa percentuale).

In concreto, queste intese vengono stipulate ad es. nel più ampio contesto di operazioni di investimento in società (le quali prevedano l'ingresso nella s.p.a. di nuovi soci) ovvero tra i membri della famiglia che detiene le partecipazioni di controllo. Sono assai diffusi anche nelle grandi società (ad es., quotate), stipulati tra gli azionisti "di riferimento", i quali, pur detenendo singolarmente quote modeste di capitale (ad es. del 2 o 3%) possono insieme, grazie al reciproco coordinamento, assicurarsi una comune, stabile posizione di controllo sulla società stessa.

Poiché la ***causa*** di tali negozi non può definirsi a rigore "societaria" (non avendo essi come obiettivo il perseguimento del tipico scopo lucrativo comune, bensì la protezione dell'investimento operato da ciascuno dei paciscenti) da ciò deriva che essi tipicamente producono **effetti di carattere obbligatorio** tra le parti, mentre *ne viene ordinariamente esclusa l'idoneità a incidere nei confronti della validità degli atti della s.p.a. o dei soci*. Ne deriva che la violazione degli accordi in parola va trattata come un normale *inadempimento contrattuale*, con la conseguenza di condurre al risarcimento dei danni eventualmente procurati alla/e controparte/i, ma *non all'invalidità di delibere assembleari o di contratti aventi a oggetto le azioni "sindacate"*. Pertanto, qualora uno dei soci aderenti al patto votasse in modo difforme da quanto obbligatosi a fare, la delibera assembleare sarebbe in ogni caso valida, anche se il voto del primo fosse stato determinante; se egli cedesse le proprie azioni in violazione dell'impegno di non trasferirle a terzi, la cessione sarebbe valida ed efficace nei confronti della società e l'acquirente ne diverrebbe in ogni caso soci

In relazione alla relativa **disciplina**, data la riferita connotazione extrasociale di tali accordi, il diritto societario non se ne occupa con una normativa armonica e completa concernente la loro formazione e realizzazione ma dedica attenzione solo *ai riflessi e alle interferenze che essi possono determinare nei confronti delle regole dell'attività*. Poiché, infatti, i patti parasociali comunque hanno per oggetto la regolamentazione delle prerogative del socio (seppure in vista delle diverse finalità "personali" cui si è fatto cenno), l'esecuzione degli stessi, in quanto determina un coordinamento giuridicamente vincolante tra gli azionisti, è in grado di incidere in modo significativo, anche se indirettamente, sulla effettiva realizzazione delle regole statutarie. Si pone così il problema di stabilire se ed entro quale misura una tale influenza dei patti parasociali sull'attività sociale possa essere consentita.

La questione appena evidenziata si pone soprattutto con riguardo ai *sindacati di voto*, cioè ai patti aventi a oggetto l'esercizio del voto da parte dell'azionista, specie quelli che subordinano lo stesso voto alla decisione della maggioranza dei partecipanti all'accordo. La concreta stipula di tali negozi, poiché potenzialmente idonea ad alterare le dinamiche assembleari, finisce con l'incidere nella sostanza sull'applicazione delle regole imperative di funzionamento della s.p.a. Tuttavia, il legislatore ha implicitamente mostrato, in più riprese, di presupporre la piena **validità degli accordi parasociali**: prima, dedicando due disposizioni del TUF, gli artt. 122 e 123, alla regolamentazione dei patti riguardanti le azioni quotate nei mercati regolamentati; poi, inserendo nel codice civile due appositi articoli, il 2341-*bis* e il 2341-*ter*, riguardanti in generale la disciplina degli accordi parasociali aventi a oggetto la partecipazione in s.p.a.

Degli artt. 122 e 123 TUF si avrà modo di parlare in altra sede (*infra*, § 57), trattandosi di norme da ricondurre all'esigenza di trasparenza degli assetti proprietari nello specifico contesto delle società quotate. Avendo invece riguardo alle previsioni del codice civile, va tenuto presente, anzitutto, che l'art. 2341-*bis* si applica unicamente a quei patti aventi un dato *oggetto* e determinate *finalità*. In particolare, dal primo punto di vista (dell'**oggetto**), la previsione legale riguarda quelli vertenti sul voto e sui limiti al trasferimento delle azioni, nonché quelli concernenti l'assunzione e l'esercizio del controllo societario; dal secondo punto di vista (delle **finalità**), è stabilito che, per la disciplina in commento, rilevano solo quei patti che siano stipulati "al fine di stabilizzare gli assetti proprietari o il governo della società".

Ciò premesso, la norma ha cura di disciplinare l'ampiezza temporale degli accordi in parola, stabilendo che essi "non possono avere **durata** *superiore a cinque anni* e si intendono stipulati per questa durata anche se le parti hanno previsto un termine maggiore". Là dove, invece, non sia del tutto previsto un termine finale all'accordo, è disposto che ciascun socio possa recedervi con un preavviso di centottanta giorni.

L'art. 2341-*ter* si occupa invece della **pubblicità** dei patti parasociali, ove riguardino società che fanno ricorso al mercato del capitale di rischio. Si prevede in proposito che i patti "devono essere *comunicati alla società e dichiarati in apertura di ogni assemblea*" con obbligo della trascrizione della dichiarazione nel verbale e relativo deposito presso il registro delle imprese.

CAPO SECONDO

LA STRUTTURA FINANZIARIA

§ 44. IL CAPITALE SOCIALE E I CONFERIMENTI

I. *Gli elementi della struttura finanziaria della s.p.a.*

Lo svolgimento dell'attività di una s.p.a. non soltanto comporta ma *presuppone* la raccolta di risorse finanziarie a essa destinate. Come si è detto, infatti, il tipo s.p.a. è in particolare caratterizzato dalla *fisiologica apertura al reperimento nel mercato di investimenti finanziari*, affinché possano essere canalizzati e impiegati nell'organizzazione d'impresa. È previsto, così, che siano operate contribuzioni in favore della società, a fronte delle quali gli investitori che le effettuano ricevono *strumenti rappresentativi della posizione che essi rivestono nell'ambito dell'organizzazione sociale*: posizione che a sua volta dipende dal tipo di operazione a cui va ricondotto l'investimento effettuato.

Da tale punto di vista, può distinguersi una raccolta nel mercato di risorse finanziarie *essenziale* al tipo s.p.a., cioè necessaria per la stessa esistenza di tale forma organizzativa, da una raccolta solo *eventuale*.

a) È essenziale alla s.p.a. la raccolta che interviene in occasione della creazione (e assegnazione) di quei particolari strumenti finanziari costituiti dalle **azioni**. In tale circostanza, infatti, la società riceve il c.d. ***capitale***, e cioè la *provvista primaria "di rischio"* con cui nel contesto della formazione della struttura aziendale la medesima società lega a sé le sorti di una specifica categoria di investitori, gli azionisti: soggetti indispensabili al funzionamento dell'organizzazione, titolari di una serie di diritti di tipo patrimoniale e amministrativo, i quali spettano a fronte del conferimento effettuato. E invero gli azionisti, poiché *soci*, non solo parteciperanno alla distribuzione degli utili e dell'avanzo di liquidazione, ma avranno voce in capitolo (nei modi che si avrà modo di illustrare) in decisioni che incidono sull'esercizio dell'impresa comune.

Le azioni, come di regola accade per tutti gli strumenti finanziari diffusi nel mercato, sono *destinate a circolare*: in tal modo si realizza quella *possibilità di disinvestimento* che costituisce, come già avvertito, una caratteristica tipica della s.p.a. Per rendere più agevole tale circolazione è stabilita la normale emissione di ***titoli azionari***, i quali – in quanto titoli di credito (o strumenti a essi assimilabili) – rendono più sicuro l'acquisto della partecipazione nel mercato e insieme consentono che l'esercizio dei diritti sociali si svolga secondo regole efficienti, in modo che insieme all'interesse dei soci sia tutelato quello della stessa società al proprio funzionamento.

b) È solo *eventuale*, invece, la raccolta di risorse presso gli investitori effettuata per il tramite della creazione e assegnazione dei c.d. **altri strumenti finanziari partecipativi**, di cui fa menzione l'art. 2346, ult. co.: essi sono essere emessi a fronte di contributi che non entrano a far parte del capitale di rischio (e infatti possono consistere anche in contribuzioni non finanziarie, come ad es. prestazioni d'opera), sebbene attribuiscano ai loro titolari diritti di tipo patrimoniale analoghi a quelli degli azionisti, poiché legati ai risultati dell'attività sociale espressi in ciascun esercizio, nonché, sebbene in misura ridotta, prerogative di tipo amministrativo.

c) Del pari eventuale, benché ricorrente, è poi l'emissione di **obbligazioni**, cioè di strumenti con cui la s.p.a. si procura, sempre nel mercato finanziario, *risorse "a debito"*, impegnandosi cioè alla restituzione a una data scadenza delle somme ricevute nonché, normalmente, a effettuare pagamenti aggiuntivi nei confronti dei finanziatori, a titolo di interessi. I titolari di obbligazioni, in ragione del fatto di contribuire unicamente alla formazione del "capitale di debito" (e non mai del "capitale di rischio") non godono degli stessi diritti partecipativi dei soci (né dei titolari degli altri strumenti finanziari sopra riferiti). È stabilita tuttavia una disciplina per la tutela della loro posizione nei confronti della società; la stessa tutela è estesa ai titolari degli **strumenti finanziari assimilabili alle obbligazioni**, previsti dall'art. 2411, co. 3.

Ciò detto, per una migliore comprensione dei contenuti della struttura finanziaria della s.p.a., appena descritta, è bene anzitutto analizzare la normativa prevista nel codice civile a proposito del capitale sociale, per poi passare all'esame delle regole dettate in relazione alle azioni nonché alla relativa emissione e circolazione; successivamente, si affronterà nel dettaglio la lettura del sistema di norme riguardanti le obbligazioni e gli altri strumenti finanziari.

II. *Il capitale sociale*

Con "capitale sociale" si può genericamente intendere, in via di prima approssimazione, *l'insieme dei mezzi originariamente prestati dai soci (o ancora da prestare, in esecuzione degli obblighi ai conferimenti) a copertura di un valore prestabilito, risultante dallo statuto*. Tale valore a sua volta definisce *un vincolo di stabile destinazione nella società di risorse, per un pari importo netto, allo svolgimento dell'attività produttiva che costituisce l'oggetto sociale*.

Come si nota, il concetto in esame ha dunque un duplice significato. Esso riguarda, anzitutto, un "*fatto*": è capitale sociale ciò che è stato (o deve essere) effettivamente prestato dai soci in un dato momento storico e così posto a disposizione dell'attività comune. In secondo luogo, nelle s.p.a. a quel fatto corrisponde una *"regola"* che la s.p.a. dà a se stessa: la prestazione dei mezzi che "formano" il capitale avviene in osservanza di una parallela previsione inserita nello statuto, la quale stabilisce che la società *debba avere*, non solo all'inizio ma anche nel corso dell'attività, un certo "capitale".

Più precisamente, dal primo punto di vista (capitale sociale come fatto), il codice civile – come si ricorderà – prevede all'art. 2329, n. 1, quale "condizione" per la stessa costituzione della s.p.a., che il capitale sia integralmente "sottoscritto". Perché una s.p.a. si costituisca è pertanto necessario che sia stata effettuata per intero la sottoscrizione del relativo capitale: cioè che i soci abbiano già assunto, con le dichiarazioni di sottoscrizione, l'impegno a effettuare i conferimenti in misura pari alla cifra che si intende raggiungere quale capitale. Da quest'angolo visuale, la cifra del capitale sociale esprime un *dato storico*, e consente di raffrontare in ogni momento il contributo che è stato operato (o promesso) dai soci (in sede di costituzione o di successivo aumento del capitale) – a cui *non* corrisponde un debito della società verso terzi – con quello continuativamente richiesto nel tempo sul mercato ai creditori sociali.

Dal secondo punto di vista, del capitale sociale come "regola", occorre sottolinearne la *stabilità*. La clausola statutaria del capitale, oltre a "certificare" l'avvenuto apporto in un dato momento storico di certe risorse finanziarie, impone alla società un *vincolo al mantenimento* nel corso del tempo di entità di pari ammontare netto. In questo modo, con la decisione di raccogliere un certo numero di sottoscrizioni i soci vengono automaticamente ad adottare una regola di *costante autodestinazione all'attività di mezzi per un importo (almeno) pari, al netto dei debiti sociali, alla cifra risultante dalla somma delle sottoscrizioni medesime*.

Del capitale abbiamo già parlato in generale e abbiamo visto che già nelle società di persone ne è contenuta una disciplina embrionale. Nella s.p.a. i vincoli e le regole si fanno però, come si era anticipato, assai più stringenti. Secondo la più accreditata dottrina, la ragione di tale sistema di norme risiede nella volontà legislativa di fare in modo che la s.p.a. operi in una situazione di *equilibrio economico-finanziario*, cosicché essa possa ricavarne un vantaggio in termini di *migliore produttività*.

Innanzitutto, la regola del capitale è particolarmente "rigida": è infatti previsto, come accennato, che la previsione dell'adozione di un dato capitale sociale avvenga con una ***clausola statutaria***. Ne consegue la c.d. **fissità del capitale sociale**, e cioè la sua tendenziale invariabilità nel tempo. Infatti, perché sia modificata la cifra del capitale sociale (e ne sia dunque adottato uno *nuovo*), non basta un'ordinaria decisione di gestione, assunta dagli amministratori, ma occorre che si proceda a una *formale modifica dello statuto*: la quale dovrà essere decisa dall'assemblea straordinaria o comunque risalire a una sua decisione (nel caso stabilito dall'art. 2443, di cui si dirà in seguito, del c.d. aumento delegato del capitale sociale). E vedremo poi con quale rigore (ben diverso rispetto alla disciplina delle società di persone) il legislatore persegua gli obiettivi di *effettività* e di *integrità* di detto capitale.

Dalla regola di fissità dello stesso discende poi (qui, d'altra parte, come anche nelle società di persone), un rigoroso **vincolo di non distribuzione** presso gli azionisti di risorse in misura corrispondente, che si manifesta principalmente: *a*) nel *divieto di ripartizione di utili* in caso di perdita del capitale sociale, "fino a che il capitale non sia reintegrato o ridotto in misura corrispondente" (art. 2433, co. 3); *b*) nella previsione secondo cui la *restituzione dei conferimenti ai soci* e la conseguente riduzione "reale" del capitale sociale *non è libera*, ma è condizionata a un giudizio sulla concreta sostenibilità dell'operazione da parte della società (*ex* art. 2445, co. 3 e 4), affidato in prima battuta ai creditori ma (qualora essi neghino il consenso all'operazione) suscettibile di essere ulteriormente devoluto al tribunale. La regola di stabilità del capitale sociale è poi all'origine della previsione dell'appostazione di una corrispondente voce al passivo del bilancio, nell'ambito della classe del "patrimonio netto" (v. art. 2424, *passivo*, lett. A), I).

Nelle s.p.a. inoltre, ed ecco un'altra importante differenza rispetto alle società di persone, la scelta della misura del capitale sociale che deve essere inizialmente sottoscritto non è pienamente libera. L'art. 2327 prevede, in particolare, che "*la società per azioni deve costituirsi con un* ***capitale non inferiore a cinquantamila euro***" (**capitale minimo**). Si tratta di un comando senz'altro imperativo: è dunque sicuro che il notaio non possa procedere alla stipula dell'atto costitutivo là dove verifichi che il capitale sottoscritto sia inferiore alla soglia appena menzionata. La medesima previsione è poi vincolante – in coerenza con la generale caratterizzazione del capitale quale "regola", stabilmente governante l'attività sociale – anche in seguito alla costituzione della s.p.a., lungo tutto il corso della esistenza dell'ente. È infatti previsto (art. 2484, co. 1, n. 4) che il capitale sociale non possa mai ridursi (per effetto di una effettiva diminuzione del patrimonio netto) al di sotto della misura indicata dall'art. 2327, pena lo scioglimento della società là dove non si provveda secondo quanto stabilito nell'art. 2447 (norma che di fronte a tale eventualità consente la continuazione dell'attività sociale solo là dove, alternativamente, si decida di ricostituire la provvista di capitale nella misura minima oppure si opti per la trasformazione della società in un tipo "minore"), e salvo che la società in crisi non ricorra agli strumenti tipicamente previsti dalla legge per la relativa composizione (accordo di ristrutturazione o concordato preventivo) presentando le corrispondenti istanze (v. artt. 64 e 89 c.ins.).

III. *La formazione del capitale sociale*

1. *Le sottoscrizioni del capitale sociale e i conferimenti in denaro*

Come si è detto, la **cifra del capitale sociale** coincide con quella risultante dalle sottoscrizioni dei soci. Può dirsi anzi che la determinazione di quale sia il capitale sociale di una s.p.a. deriva direttamente dal contenuto delle sottoscrizioni effettuate. Non è pensabile, infatti, dato il disposto dell'art. 2329, n. 1 (obbligo di integrale sottoscrizione del capitale sociale), che la società dichiari un "capitale" per una somma superiore a quella espressa dalle sottoscrizioni. Né è contemplato in via generale da noi il meccanismo, tipico dei sistemi anglosassoni (in relazione alla disciplina delle *public corporations*), del c.d. capitale autorizzato, ai sensi del quale i soci si limitano a stabilire nell'atto costitutivo la quota massima di capitale da potersi raccogliere nel corso della vita della società (*authorized capital*), mentre compete stabilmente agli amministratori la decisione di emettere concretamente le azioni e raccogliere così nuovo capitale (*issued capital*). Un sistema del genere è nel nostro ordinamento previsto solo a proposito della c.d. delega agli amministratori all'aumento di capitale (art. 2443), la quale è tuttavia consentita, come si vedrà, a precise condizioni e comunque entro confini temporali assai ristretti.

Con la **dichiarazione di sottoscrizione** del capitale, originariamente coincidente con la partecipazione alla stipula dell'atto costitutivo, chi la emette assume l'impegno ad effettuare una prestazione in favore della s.p.a., il *conferimento*, il cui valore è determinato in modo espresso tenendo conto del capitale "rappresentato" dalle azioni da emettere a nome del sottoscrittore, il quale a sua volta corrisponde a una quota del complessivo capitale della società.

In relazione ai **conferimenti**, la legge detta una articolata disciplina, contenuta nelle disposizioni comprese tra l'art. 2342 e l'art. 2343-*quater*, la quale forma il complesso sistema sovente descritto come attinente al c.d. ***"capitale reale"***. Si tratta di previsioni complementari a quelle sopra riferite (concernenti invece quello che viene invece comunemente chiamato "capitale nominale"), intese alla realizzazione del **principio di** c.d. **effettività** del capitale sociale.

Vediamo dunque in cosa consiste tale principio di "effettività" del "capitale reale". Al riguardo, si prevede anzitutto che "se nell'atto costitutivo non è stabilito diversamente, *il conferimento deve farsi in* **denaro**". La regola si spiega sia con la circostanza che l'emissione di azioni è anzitutto rivolta al reperimento di un'*indifferenziata* provvista di liquidità, destinata a essere discrezionalmente (e professionalmente) utilizzata dagli organi di gestione per la strutturazione e l'esercizio dell'azienda, sia con la generale irrilevanza delle singole persone degli azionisti per il funzionamento dell'organizzazione. Si tratta però di una regola non assoluta: la legge ammette che possano effettuarsi conferimenti diversi dal denaro, ma solo ove consti il consenso dei soci, il quale può essere espresso originariamente nell'atto costitutivo o, in seguito, nella delibera di aumento del capitale sociale mediante conferimenti in natura (art. 2441, co. 4).

È richiesto, poi, dall'art. 2342, co. 2, che *un quarto dei conferimenti in denaro* (o l'intero ammontare in caso di società unipersonale) *debba essere* **versato** dai soci *immediatamente*, "alla sottoscrizione dell'atto costitutivo", per poi rimanere depositato presso una banca fino al momento dell'iscrizione della s.p.a. nel registro delle imprese. Con tale disposizione, da un lato si prevede che la società disponga da subito di una parte dei mezzi a essa destinati, in modo da potere provvedere alle esigenze minime di *start-up*, dall'altro si ottiene una sorta di "impegno cauzionale" da parte dei soci, garantendosi così la serietà del loro coinvolgimento nell'iniziativa comune, tramite la loro sottoposizione sin dall'inizio a un impegno finanziario effettivo. Spetterà poi agli amministratori richiedere ai soci – a questo obbligati sin dalla sottoscrizione del capitale – la prestazione dei versamenti residui, nel momento in cui i primi riterranno essere divenuta attuale un'esigenza finanziaria della società in proposito.

Va sottolineato, peraltro, che anche durante la fase di pendenza dell'obbligo al conferimento dei versamenti residui le azioni possono comunque circolare. È tuttavia previsto, *ex* art. 2356, che l'**alienante** non è **liberato dall'obbligo** suddetto, "per il periodo di tre anni dall'annotazione del trasferimento nel libro dei soci": decorso tale termine, unicamente l'acquirente rimane vincolato ai versamenti residui.

Per il caso, poi, di **socio inadempiente** in seguito alla richiesta degli amministratori relativa al pagamento dei conferimenti ancora dovuti, la società ha a disposizione un rimedio speciale in alternativa a quelli ordinariamente spettanti al creditore per ottenere l'adempimento coattivo da parte del debitore. Infatti, ai sensi dell'art. 2344, co. 1 e 2, decorsi quindici giorni dalla pubblicazione di una diffida sulla Gazzetta Ufficiale, anziché dovere necessariamente ricorrere alle ordinarie vie giudiziali (formazione del titolo esecutivo, pignoramento dei beni del debitore, ecc.) per il soddisfacimento delle proprie ragioni di credito, gli amministratori possono "fare da sé": e così offrire le azioni ancora non liberate, prima agli altri soci (proporzionalmente alla partecipazione sociale da essi posseduta e per un corrispettivo almeno pari ai conferimenti da prestare) e poi verificando la sussistenza di eventuali terzi interessati, tramite una banca o un altro intermediario. In mancanza di compratori, inoltre, il socio può essere dichiarato decaduto (con estinzione, alla fine dell'esercizio, delle sue azioni, e corrispondente riduzione del capitale), trattenendo la società le somme già riscosse (e salva la richiesta di maggiori danni). È inoltre stabilito che "il socio in mora nei versamenti non può esercitare il diritto di voto".

2. *I conferimenti diversi dal denaro*

Per i **conferimenti diversi dal denaro** il legislatore prevede un'ampia serie di previsioni, ispirate ai principi di "effettività in senso stretto" (sotteso all'intero art. 2342) e di "integrità" del capitale (cui è dedicato l'art. 2343). Si vuole cioè assicurare che il capitale sociale reale, in sede di sua formazione, sia certo nel "se" e nel "quanto" (*an et quantum*), imponendosi: in primo luogo, che la società consegua *la sicurezza della disponibilità degli apporti* promessi a copertura delle sottoscrizioni operate, in modo che essi siano realmente utilizzabili in concreto nell'ambito dell'attività sociale; in secondo luogo, che *il valore di tali risorse sia pari alla quota di capitale sociale* che il singolo conferente si è appunto impegnato a "coprire" con la propria sottoscrizione.

Al primo principio, di ***effettività "in senso stretto"***, corrisponde la norma dell'art. 2342, co. 3, secondo la quale le azioni corrispondenti ai conferimenti di beni in natura e di crediti "*devono essere* **integralmente liberate** *all'atto della sottoscrizione*". Il legislatore evita in tal modo che il rinvio nel tempo dell'adempimento della prestazione di conferimento comporti il rischio che il bene promesso alla s.p.a. non venga da questa poi in effetti acquisito per un'impossibilità sopravvenuta della prestazione, e quindi per fatti, non imputabili al socio conferente (che non ne potrebbe dunque rispondere), i quali sfuggano al controllo degli amministratori: evitandosi così che il capitale si riveli, *a posteriori* (per la parte corrispondente al conferimento non più effettuato), "ineffettivo". Ciò posto, è da ritenere che l'esigenza protetta dall'articolo in commento sia propriamente evitare che la futura acquisizione delle utilità connesse all'apporto dipenda significativamente da fattori esterni alla società. E in tale prospettiva, è da reputare allora ammissibile il **conferimento** di un bene non solo *in proprietà*, ma anche **in godimento** (conferimento di un diritto reale o personale di godimento su un bene immobile, conferimento della licenza d'uso di un marchio), purché la società ne consegua sin dalla sottoscrizione la disponibilità.

Sempre in funzione della "effettività in senso stretto" è dettato il divieto previsto nell'art. 2342, co. 5, ai sensi del quale "non possono formare oggetto di conferimento le **prestazioni di opera o di servizi**". Si tratta infatti di apporti di per sé non idonei (in quanto di per sé soggetti al rischio di sopravvenuta impossibilità della prestazione) a fornire agli amministratori quel pieno "controllo" del fattore produttivo conferito, che sopra si è indicato quale necessario presupposto dell'inclusione di una prestazione nel "capitale reale".

A soddisfare l'esigenza di ***integrità del capitale*** è invece dedicato l'art. 2343, ai sensi del quale l'emissione e la consegna di azioni a fronte del conferimento di beni in natura o di crediti avvengono solo a seguito di un complesso procedimento, che prevede: *a*) *la* **stima del valore** *del bene o del credito* apportati, contestualmente alla stipula dell'atto costitutivo e allegata a questo, espressa con una "relazione giurata di un esperto", indipendente in quanto "nominato dal tribunale nel cui circondario ha sede la società", relazione che deve attestare che il valore di tale bene o credito "è almeno pari a quello ad ess[o] attribuito ai fini della determinazione del capitale"; *b*) il successivo *controllo di tale stima* (nei centottanta giorni dall'iscrizione della società nel registro delle imprese) da parte degli amministratori; *c*) la proporzionale *riduzione del capitale sociale* (con annullamento delle azioni scoperte) nell'ipotesi in cui dalla revisione degli amministratori risulti che "il valore dei beni o crediti conferiti era inferiore di oltre un quinto a quello per cui avvenne il conferimento", a meno che il conferente non decida di *integrare con versamento in denaro* la propria prestazione o di *recedere* del tutto dalla società. Là dove egli opti per quest'ultima soluzione, è peraltro stabilito che questi "ha diritto alla restituzione del conferimento, [solo] qualora sia possibile in tutto o in parte in natura". Infine, nel periodo in cui la stima dei conferimenti è sottoposta a revisione dagli amministratori, è stabilito che le azioni corrispondenti "sono inalienabili e devono restare depositate presso la società".

L'art. 2343 contiene pertanto regole rivolte a fare in modo che il calcolo del valore dei beni apportati avvenga secondo criteri il più possibile oggettivi e "di mercato", anche evitando strumentali sopravvalutazioni da parte dei soci dei mezzi effettivamente destinati all'impresa comune e dunque garantendosi una assegnazione delle quote di titolarità dell'impresa proporzionata al rischio realmente assunto. Correlativamente, i terzi che vengono in contatto con la società, nel valutarne la solvibilità all'atto di decidere se attivare o meno rapporti (di credito, di fornitura, ecc.) con la stessa, possono contare sul fatto che all'importo di capitalizzazione dichiarato corrispondano risorse reali di pari valore e non meramente millantate.

Tutto ciò detto, poiché il procedimento di stima dei conferimenti in natura, previsto nell'art. 2343, per quanto opportuno ai fini del rispetto del principio di effettività, impone ai soci un vincolo assai oneroso (si pensi ai costi dell'esperto, alle risorse personali da impiegare nei controlli richiesti), la legge prevede alcune ipotesi di "**esenzione**" dal suo rispetto, ritenendo che la ricorrenza di particolari circostanze escluda il concreto verificarsi di rischi di errata valutazione del conferimento

In particolare, ai sensi dell'art. 2343-*ter*, una perizia del conferimento non è necessaria quando ci si trovi in una delle seguenti ipotesi:

i) il conferimento riguardi "*valori mobiliari*" o "*strumenti del mercato monetario*", sempre che il valore a essi attribuito (a fronte del capitale assegnato e dell'eventuale soprapprezzo) sia pari o inferiore "al prezzo medio ponderato" di tali beni, registrato in un mercato regolamentato nei sei mesi precedenti al conferimento (co. 1);

ii) al bene apportato sia attribuito un *valore corrispondente al fair value* a cui il bene medesimo è stato iscritto nel bilancio del conferente, relativo all'esercizio precedente a quello nel quale è effettuato il conferimento, e purché detto bilancio sia stato sottoposto a revisione legale, espressa senza rilievi (co. 2, lett. *a*);

iii) il bene sia apportato per un valore corrispondente a quello che risulti da una *valutazione operata da un esperto* indipendente (nel senso di: non legato al conferente da rapporti che possano compromettere l'obiettività della sua valutazione; qui non si richiede invece la nomina da parte dell'autorità giudiziaria) e "dotato di adeguata e comprovata professionalità", stima la quale avvenga non più di sei mesi prima del conferimento e sia "conforme ai principi e criteri generalmente riconosciuti per la valutazione dei beni oggetto del conferimento" (co. 2, lett. *b*).

Ai fini del completamento del procedimento è poi previsto che gli amministratori verifichino la permanenza dei requisiti di esenzione e quindi – sempre che l'esame dia esito positivo – depositino presso il registro delle imprese una apposita dichiarazione, contenente indicazioni sui beni conferiti e il relativo valore.

3. *Gli acquisti da soggetti correlati alla s.p.a. e la compensazione tra il debito al conferimento del sottoscrittore e il credito da questi vantato verso la società*

Dopo avere dettato la descritta disciplina di salvaguardia dell'effettività del capitale sociale, la legge si preoccupa di scongiurare il rischio che nella prassi il sistema sopra descritto sia oggetto di manovre elusive da parte dei privati. In particolare, si vuole scongiurare l'eventualità che il socio si impegni solo in termini formali a un conferimento in denaro, mentre nei fatti in realtà operi in favore della società una prestazione di tipo diverso, senza osservare i vincoli prima riferiti: e un tale rischio si ha in particolare nell'ipotesi in cui chi abbia sottoscritto le azioni concordi con la società di non effettuare in tutto o in parte il proprio conferimento in denaro, decidendosi di operare una *compensazione* tra il debito che da tale sottoscrizione sorge e un credito originatosi in capo al medesimo sottoscrittore da un altro negozio, appositamente stipulato tra questi e la società. Per evitare la riuscita di una tale manovra elusiva, viene stabilito che l'**acquisto**, da parte della s.p.a. di recente costituzione, **di beni o crediti di soggetti a essa correlati** possa avvenire solo con l'osservanza di una rigorosa procedura, i cui contenuti ricalcano quella prevista in generale in materia di conferimenti in natura.

L'art. 2343-*bis* prescrive in particolare che, ove un tale acquisto intervenga nei *due anni* dall'iscrizione della s.p.a., a fronte di un corrispettivo *pari almeno al decimo del capitale sociale*, e riguardi *beni o crediti di promotori*, *fondatori*, *soci o amministratori*, si operi come segue: *a*) l'acquisto debba essere autorizzato dall'assemblea; *b*) ai soci debba essere messa a disposizione (nei quindici giorni precedenti l'assemblea) una stima del bene da acquistare (effettuata da un esperto in conformità a una disciplina del tutto analoga a quella di cui all'art. 2343, co. 1) ovvero la documentazione comprovante la sussistenza di ipotesi di esenzione dalla stima ai sensi dell'art. 2343-*ter*, co. 1 e 2; *c*) il verbale dell'assemblea debba essere depositato e iscritto presso il registro delle imprese a cura degli amministratori. In altre parole: l'acquisto è consentito, ma viene assistito da cautele intese a impedire che si verifichi con esso il c.d. *annacquamento del capitale sociale*.

È da notare che non tutti gli acquisti sono soggetti alla normativa in questione. Il co. 4 dell'art. 2343-*bis* esclude in particolare dall'ambito applicativo della disposizione, comprensibilmente, gli acquisti effettuati "a condizioni normali nell'ambito delle operazioni correnti della società", nonché quelli operati "sotto il controllo dell'autorità giudiziaria o amministrativa" (ad es. l'aggiudicazione di un bene espropriato al socio in seno ad una procedura di esecuzione forzata): tali atti possono pertanto essere operati liberamente, senza osservare i requisiti poc'anzi elencati (nelle lett. *a, b* e *c*). L'esenzione è poi estesa agli acquisti intervenuti "nei mercati regolamentati", rispetto ai quali è evidentemente ritenuto escluso il pericolo di strumentale sopravvalutazione del bene alienato alla società.

Quale conseguenza della **violazione della procedura** di legge, l'art. 2343-*bis*, ult. co., indica la *solidale responsabilità di amministratori e alienante*, per i danni causati alla società, i soci e i terzi. Ciò non esclude, d'altra parte, che, ferma restando la validità della sottoscrizione delle azioni da parte del socio cedente, l'atto di acquisto da parte della società possa risultare viceversa invalido o inefficace, in particolare quando sia ravvisabile una vera e propria frode alla legge.

IV. *Il soprapprezzo e gli altri apporti "fuori capitale"*

Se per formare il capitale sociale occorrono gli apporti dei soci non è vero l'inverso: *non è vero cioè che a ogni apporto del socio debba corrispondere l'imputazione in capo a questi di una quota del capitale sociale.*

In proposito, deve anzitutto tenersi presente come sia ormai pacifica la possibilità che tutti o alcuni dei soci effettuino in favore della società prestazioni *aggiuntive* rispetto a quelle necessarie a formare il complessivo capitale sociale e che abbiano a tal fine formato oggetto di conferimento. È così plausibile che il socio possa essere sollecitato ad effettuare, oltre a ciò che lo identifica come socio di s.p.a., e cioè il conferimento di quel capitale da utilizzare produttivamente nell'attività sociale, anche una prestazione ulteriore che venga a favorire più in generale lo scopo comune, accrescendo il *patrimonio* della società senza per questo aumentarne il *capitale*.

a) A tale ordine di idee corrisponde il c.d. **soprapprezzo**, ossia una prestazione aggiuntiva rispetto al conferimento a capitale, tipicamente prevista dalla legge – e in tal caso la società *deve richiederla*, come si vedrà – nell'aumento di capitale sociale con esclusione del diritto di opzione (art. 2441, co. 6). Il soprapprezzo è pure considerato implicitamente *ammissibile* (e dunque facoltativa) nel contesto della costituzione della s.p.a., prevedendosene la possibile menzione nell'attestazione depositata dall'esperto in caso di conferimenti in natura (art. 2343, co. 1). In sostanza, al sottoscrittore si chiede in tal modo, quasi come un "ticket d'ingresso" in società, "qualcosa di più" rispetto al conferimento (ad es. il versamento di 120 € a fronte dell'assegnazione di ogni azione di nominali 100 €).

b) Diversa dal caso del soprapprezzo è l'ipotesi in cui il socio effettui un **conferimento a capitale "individualmente esuberante":** cioè, un apporto che, sebbene sia in sé necessario per coprire (insieme ai conferimenti degli altri soci) la cifra complessiva del capitale nominale della s.p.a., dal punto di vista invece del singolo socio conferente sia di valore maggiore e non proporzionale rispetto a quello riguardante la specifica quota di capitale nominale al medesimo assegnata. In una tale ipotesi, un azionista si obbliga così ad un conferimento superiore rispetto a quello che sarebbe astrattamente sufficiente per le azioni da emettere *in suo favore*, per consentire l'emissione *in favore di un altro socio* di un numero di azioni per un valore superiore rispetto al conferimento cui, a sua volta, quest'ultimo si obbliga.

Tale eventualità è in particolare oggi espressamente prevista dall'art. 2346, co. 4: norma che, dopo avere stabilito il criterio generale dell'assegnazione a ciascun socio delle azioni in via "proporzionale alla parte del capitale sottoscritta e per un valore non superiore a quello del suo conferimento", aggiunge che "lo statuto può prevedere una diversa assegnazione delle azioni". È dunque possibile, dietro apposita previsione dell'atto costitutivo, che un socio accetti di prestare *più "capitale reale"* rispetto a quello che gli verrà ad essere "nominalmente" assegnato con le azioni emesse in suo favore (ad es., conferisce 10.000 € a fronte dell'assegnazione di 5.000 azioni con valore nominale 1 €), in quanto, per converso, un altro socio ottenga di ricevere azioni *di valore nominale superiore al valore del proprio conferimento* (in denaro, ovvero in natura, quale risultante dalla stima). Ad es., alcuni soci potrebbero essere disposti a fornire così la provvista necessaria per le azioni che decidano di assegnare a chi sia disposto a conferire una propria invenzione solo a un valore superiore a quello di stima, qualora ritengano detta invenzione fondamentale per il successo della comune attività.

In accordo col principio di integrità del capitale sociale (che verrebbe altrimenti privato di reale consistenza), l'art. 2346, co. 5, impone tuttavia, quale limite all'ammissibilità della concreta previsione di apporti non proporzionali, che "in nessun caso il valore dei conferimenti può essere complessivamente inferiore all'ammontare globale del capitale sociale".

c) Deve infine darsi conto della prassi dei soci di effettuare, per venire incontro a un bisogno della società, "versamenti" a patrimonio, operati senza osservanza delle forme procedimentali richieste *ex lege* in relazione all'aumento di capitale: cosicché a tali versamenti appunto non corrisponde (come nell'ipotesi prima prospettata) un incremento o una qualche variazione del capitale sociale e della misura delle singole partecipazioni. Per indicare tale fattispecie è comune il ricorso alla denominazione di "**versamenti in conto capitale**" o "**versamenti a fondo perduto**", a seconda della generica destinazione dei medesimi a sopperire a una potenziale futura esigenza di capitalizzazione o alla copertura di perdite. Si tratta in ogni caso di somme che vanno ad incrementare il patrimonio netto della società, in quanto al socio non spetta alcun diritto alla loro restituzione, se non in caso di liquidazione della società.

Da tutte le tipologie di apporti che abbiamo illustrato vanno tenuti invece distinti gli eventuali **prestiti** che i soci eroghino alla società. L'ipotesi non è infrequente, specie nelle società medio-piccole: per effetto di una simile operazione (ad es., un contratto di mutuo tra l'azionista e la società o la concessione di congrue dilazioni per il pagamento di eventuali somme dalla società al socio), il primo finanzia la seconda fornendole risorse *a titolo di capitale di debito*; ne diviene dunque *creditore*, come un qualsiasi terzo (ad es. una banca) che abbia a sua volta prestato denaro alla società. Per questo motivo, la fattispecie è radicalmente diversa da quella del conferimento e degli apporti fuori capitale di cui abbiamo sin qui parlato e il suo trattamento giuridico dipende dalle previsioni stabilite per il rapporto contrattuale cui si dà vita. Sul piano societario, la maggioranza degli interpreti considera tuttavia il credito derivante da tali prestiti, specie se essi sono effettuati da un socio detentore di una partecipazione maggioritaria, assoggettato a una regola di postergazione rispetto al pagamento degli altri creditori sociali, in analogia al regime stabilito per le s.r.l. nell'art. 2467 e per i gruppi nell'art. 2497-*quinquies*.

V. *Le azioni con prestazioni accessorie*

Una previsione esplicita della possibilità di prestazioni dei soci, in favore della s.p.a., che siano *aggiuntive rispetto ai conferimenti a capitale* si rinviene nell'art. 2345, riguardante le c.d. **azioni con prestazioni accessorie**. La disposizione, in particolare, stabilisce che "oltre l'obbligo dei conferimenti, l'atto costitutivo può stabilire l'obbligo dei soci di eseguire prestazioni accessorie non consistenti in denaro, determinandone il contenuto, la durata, le modalità e il compenso, e stabilendo particolari sanzioni per il caso di inadempimento".

L'istituto consente alla società di vincolare gli azionisti assegnatari dei titoli in parola a fornire utilità *di tipo diverso* (ad es., prestazioni d'opera) o comunque *ulteriori* (ad es. fornitura di merci) rispetto ai conferimenti a capitale, in vista della migliore realizzazione dell'attività sociale. Si realizza così una sorta di ***personalizzazione della partecipazione azionaria***, che viene strettamente legata alle sorti di un rapporto tra il socio e la s.p.a., descritto e disciplinato nell'atto costitutivo, distinto rispetto a quello tra essi intercorrente in via ordinaria, fondato sulla prestazione del capitale.

Di tale personalizzazione sono specchio le norme, sempre contenute nell'art. 2345, per le quali: per un verso, *le azioni circolano solo previo consenso degli amministratori* (co. 2); per un altro, in assenza di diversa disposizione nell'atto costitutivo, *gli obblighi oggetto di prestazione accessoria* "*non possono essere modificati senza il consenso di tutti i soci*" (co. 3).

Va segnalato che con riferimento alla fattispecie in questione non ci si trova dinnanzi a una "categoria di azioni" nel senso presupposto dall'art. 2348 e 2376: del resto, al contrario di quanto accade normalmente nelle categorie di azioni, connotato tipico di quelle con prestazioni accessorie è l'esistenza di *obblighi* e non (come appunto avviene nell'ipotesi ora in esame) il riconoscimento al socio di *particolari diritti*. Ed è pure chiaro che l'obbligo di "prestazioni accessorie" può essere statutariamente previsto dai soci, non soltanto in collegamento ad azioni di categoria c.d. *ordinaria*, ma pure accessoriamente ad azioni di categoria *speciale*: le quali saranno dunque assoggettate, nell'ipotesi, oltre che alla disciplina dettata a proposito di quest'ultima figura (e quindi soprattutto l'art. 2376), all'art. 2345.

§ 45. Le azioni. Creazione ed estinzione

Sommario: I. *Il significato delle azioni quale partecipazione al capitale. Il valore nominale delle azioni.* – II. *Creazione delle azioni.* – 1. La creazione e l'assegnazione delle azioni nella costituzione della s.p.a. – 2. L'emissione successiva. L'aumento del capitale sociale gratuito. – 3. L'aumento di capitale tramite nuovi conferimenti. – 4. Il diritto di opzione. – III. *Estinzione delle azioni.* – 1. La riduzione del capitale sociale. La riduzione "reale". – 2. La riduzione del capitale sociale per perdite.

Ai sensi dell'art. 2346, co. 1, "**la partecipazione sociale è rappresentata da azioni**". La previsione ha un significato complesso, atteso che, secondo quanto in prevalenza si ritiene, essa contiene tre distinti precetti. In particolare, si tratta dei seguenti:

a) *l'assegnazione di azioni attesta e quantifica la* ***partecipazione al capitale sociale*** *dei diversi soci*, definendo pertanto la misura entro la quale i loro conferimenti sono stati considerati "capitale" al momento dell'emissione azionaria;

b) *dal numero e dal tipo di azioni assegnate discendono peso e caratteri* ***della partecipazione all'attività "sociale"*** e dunque la quantità e il contenuto dei diritti e degli obblighi riferibili a ciascun socio;

c) *il possesso o la disponibilità dei titoli azionari* ***condiziona l'acquisto e l'esercizio*** *dei diritti partecipativi*, alla stessa stregua di quanto accade in generale per i titoli di credito nei confronti dei diritti in essi "incorporati".

Com'è evidente, nelle affermazioni appena elencate al termine "azioni" viene dato un significato ogni volta molto diverso: nel primo caso, di *parti(zioni) del capitale sociale*; nel secondo, di entità contenenti un *insieme di situazioni giuridiche soggettive*; nel terzo, di *documenti (o documentazioni)* destinati a consentire l'esercizio di quelle situazioni. L'analisi della disciplina delle azioni dovrà essere di seguito condotta, pertanto, tenendo presente i tre significati in parola ed esaminando in modo separato le previsioni dettate per ognuno dei distinti profili tematici che si sono evidenziati.

I. *Il significato delle azioni quale partecipazione al capitale. Il valore nominale delle azioni*

Come anticipato, col prevedere che le azioni "rappresentano" la partecipazione si affida a esse prima di tutto il compito di certificare formalmente (e cristallizzare) il contributo del socio al "capitale sociale". Le azioni indicano da questo angolo visuale, in che misura la collettività dei soci valuta il conferimento apportato dal singolo quale *porzione delle risorse produttive* rientranti nell'originaria dotazione comune di capitale di rischio. Posta così, ad es., una società che si intende dotare di un capitale sociale di 60.000 € diviso in 60 azioni, l'assegnazione di 20 azioni a fronte di un dato conferimento indica che il medesimo conferimento è stato valutato 20.000 € appunto in termini di "capitale", e dunque che al relativo conferente è stato riconosciuto di avere contribuito per un terzo alla fornitura della provvista di rischio destinata con quella s.p.a. alla iniziativa che ne costituisce l'oggetto sociale.

Nell'ottica in osservazione, le singole azioni devono pertanto considerarsi una "***misura prefigurata di investimento***", e in particolare l'**unità minima di apporto** richiesta in una certa s.p.a. per partecipare all'iniziativa d'impresa con essa organizzata: nell'esempio formulato appena sopra, così, può dirsi che i soci abbiano previsto che l'unità (minima) di investimento nella loro s.p.a. è 1.000 €. Ne segue che avere più azioni significa essere riconosciuti titolari di più "unità di investimento" nella medesima iniziativa, in vista del proporzionale godimento dei vantaggi a ciò collegati.

Una tale previsione, in forza della quale lo statuto predetermina con le azioni le unità standard di investimento nell'impresa societaria, consente ai singoli investitori di decidere liberamente la quantità della propria partecipazione individuale al programma sociale, così facilitandosi un'adesione allo stesso da parte di una varia (e dunque ampia) collettività di persone; inoltre, la medesima regola impone di considerare le partecipazioni del tutto ***fungibili*** l'una alle altre sul piano dell'esercizio dell'attività d'impresa, cosicché l'incidenza sulla stessa da parte del singolo socio sarà diversificata solo a seconda della *misura dell'investimento* dallo stesso effettuato. Si attua, in tal modo, il **principio della essenziale "spersonalizzazione" della partecipazione**, reso efficacemente con la tradizionale affermazione secondo cui le s.p.a. sono, non comunità di persone, ma unioni di "sacchi di denaro", in cui tra gli associati rileva non la "considerazione negoziale" delle qualità di ciascuno (che assume invece rilievo nelle società di persone e, a certe condizioni, pure nella s.r.l.), bensì il valore monetario del contributo del singolo, rapportato all'intera dotazione di capitale di rischio: così facilitandosi il processo per cui la partecipazione viene a essere esternamente percepita come un "bene", suscettibile di collocamento e circolazione nel mercato.

In coerenza con l'aspetto sopra considerato la legge regola il **valore nominale delle azioni**, espressione con cui si intende *la precisa porzione del capitale corrispondente alla singola azione*, e dunque inizialmente "coperta" dal conferimento del socio che ne abbia ricevuto l'assegnazione. Se le azioni attestano l'avvenuta sottoscrizione di frazioni del capitale sociale (nell'esempio prima fatto, ciascuna equivale a 1/60), il loro valore nominale rende esplicita questa frazione (sempre nell'esempio fatto: 1/60 di 60.000 = 1.000), come testualmente stabilisce l'art. 2346, co. 2. Si tratta di un valore che necessariamente deve con esattezza corrispondere, pertanto, alla divisione della cifra del capitale sociale per il numero delle azioni emesse. Esso ha un fondamentale significato organizzativo sul piano dei rapporti tra la s.p.a. e i singoli azionisti: ***misura i diritti spettanti a ciascuno di loro***, atteso che tali diritti ordinariamente gli competono appunto in proporzione alle azioni possedute, in quanto rappresentative di una porzione predeterminata del capitale sociale. In correlazione a tale ruolo, è stabilito che, ove determinato nello statuto, il valore nominale "deve riferirsi senza eccezioni a tutte le azioni emesse dalla società": non è perciò consentito emettere *azioni di diverso valore nominale* e così predeterminare differenti "unità minime di investimento" in s.p.a.

Va avvisato che il valore nominale delle azioni di per sé non coincide col c.d. **valore reale** delle stesse (e della complessiva partecipazione azionaria del singolo socio), il quale non può per definizione ricavarsi da un'astratta previsione statutaria, e *dipende invece dal valore della s.p.a. in un dato momento storico*. Più in particolare il valore reale delle azioni è espresso dalla divisione del valore dell'organizzazione aziendale per il numero delle azioni emesse, e muta pertanto nel tempo al mutare di tale entità. Diversi tra loro possono tuttavia essere i *criteri di valutazione* dell'organizzazione aziendale, sicché possono a tal riguardo distinguersi: un **valore contabile** delle azioni, derivante dalla valutazione del patrimonio sociale come espresso dai dati di bilancio e dunque condizionato dai criteri previsti dalla legge per l'iscrizione dei beni sociali nel bilancio stesso; un **valore** c.d. **effettivo**, che è indipendente dagli accertamenti contabili obbligatoriamente previsti *ex lege* e che può dunque essere risultato del contemperamento di parametri che nelle poste del bilancio rimangono spesso inespressi, specie in relazione alle prospettive reddituali della società. Il valore effettivo può peraltro a sua volta determinarsi avendo riguardo a una *prospettiva di continuità* dell'impresa comune oppure nell'ottica di una sua immediata *liquidazione*; così come può tenersi conto, in vista della formazione del prezzo azionario in una data operazione di scambio, della considerazione già maturata in un dato ambiente commerciale su una data società, e dunque del suo ***valore di mercato***.

Tornando al valore nominale delle azioni, va evidenziato che l'art. 2346, co. 3, consente che una esplicitazione statutaria del valore nominale delle azioni *manchi*. Pertanto, allorché una corrispondente clausola non compaia nel corpo dell'atto costitutivo, si avrà una s.p.a. con **azioni senza valore nominale** (o, per meglio dire, con valore nominale inespresso). In una tale ipotesi, l'unità azionaria rimane comunque misura dei diritti spettanti a ciascun socio: tuttavia, nello statuto non viene operata una rigida predeterminazione, in termini assoluti e stabili, dell'investimento minimo in società. È così stabilito che "le disposizioni che a esso si riferiscono [cioè: al valore nominale] si applicano con riguardo al numero [delle azioni possedute da ciascun socio] in rapporto al totale delle azioni emesse". Se, ad es., un dato diritto spetta per legge ai soci che detengono il 10% del capitale, la regola si traduce nella seguente: il diritto spetta ai soci che detengono il 10% *delle azioni*. È, semplicemente, pertanto, una diversa tecnica di computo, che conduce comunque ai medesimi risultati.

A norma dell'art. 2354, co. 3, n. 3, il valore nominale delle azioni o, per il caso di azioni senza valore nominale, "il numero complessivo delle azioni emesse, nonché l'ammontare del capitale sociale" devono essere **indicati nei titoli azionari** eventualmente emessi dalla società. La formalità serve evidentemente a fare conoscere al sottoscrittore il peso proporzionale della partecipazione assunta in rapporto al capitale complessivo.

II. *Creazione delle azioni*

Come si è visto, la **creazione delle azioni** implica la formazione del c.d. capitale sociale e dunque richiede che ne sia effettuata dai soci la relativa **sottoscrizione**: una *dichiarazione con la quale essi si vincolano a prestare conferimenti* per una somma almeno pari, appunto, a quella del capitale sottoscritto. Le azioni sono così originariamente emesse sulla base del valore del conferimento operato o promesso dal socio. Si tratta, ordinariamente (cioè, salvo il caso della assegnazione di azioni non proporzionale ai conferimenti), di operare una semplice equazione tra la somma che il socio si impegna a versare all'atto della sottoscrizione e il numero complessivo delle azioni alla cui assegnazione egli ha diritto (ad es., conferisco denaro o beni del valore di 10.000 euro: ho diritto ad avere assegnate azioni per un pari valore nominale).

Una tale sottoscrizione del capitale, che dà titolo per chi la compie all'acquisto originario delle azioni, può avvenire in due diverse occasioni: (A) al momento della *costituzione della s.p.a.*; oppure nel corso dell'attività sociale, allorché si decida di accrescere la dotazione finanziaria di rischio e di procedere dunque a un (B) *aumento di capitale sociale tramite nuovi conferimenti*. Sempre nel corso della vita della s.p.a. è poi possibile procedere ad un'emissione azionaria a prescindere dalla raccolta di nuove risorse, nelle ipotesi, di cui si avrà modo di parlare oltre, di (C) *aumento di capitale sociale* c.d. *gratuito*, ossia realizzato, anziché a fronte di nuovi apporti, *tramite una "imputazione a capitale" di altri fondi o di utili* già facenti parte del patrimonio netto della società (art. 2442 e 2349, co. 1).

Specularmente alla correlazione tra formazione del capitale e creazione delle azioni, all'eventuale venir meno del capitale sociale può corrispondere l'**estinzione delle azioni**, essendo esse "parti" dello stesso, e l'annullamento dei corrispondenti titoli, se emessi. Ciò può avvenire, oltre che in occasione dello scioglimento generale della società, nelle ipotesi di riduzione del capitale tipicamente previste dalla legge, connesse a una decisione dei soci di modifica dello statuto (v. artt. 2445, 2446, 2447) o allo scioglimento del rapporto sociale limitatamente a un socio (artt. 2344, 2437).

Si dovrà ora procedere a esaminare partitamente la disciplina prevista in relazione alle varie ipotesi tipiche di creazione ed emissione delle azioni, distinguendo tra costituzione della società e aumento del capitale sociale, ed esaminando in seguito le regole dettate a proposito della sua riduzione.

1. *La creazione e l'assegnazione delle azioni nella costituzione della s.p.a.*

Dei **presupposti della creazione di azioni** in sede di costituzione si è in parte già detto in altri luoghi. Come riferito, essa ordinariamente richiede: in primo luogo, la *sottoscrizione* delle azioni rappresentative del capitale, che interviene al momento della stipula dell'atto costitutivo (artt. 2328, 2329) o, nel caso di pubblica sottoscrizione, successivamente alla pubblicazione del programma (art. 2333, co. 3); in secondo luogo (ma contestualmente alla sottoscrizione), il versamento presso una banca del 25% del conferimento in denaro; nel caso in cui abbia a oggetto beni in natura il conferimento va prestato subito interamente (art. 2342).

È discusso se e in che termini la **mancanza di uno dei richiamati presupposti** possa produrre l'invalidità della singola partecipazione sociale e obbligare gli organi sociali al conseguente annullamento dei corrispondenti titoli eventualmente emessi. Nel silenzio di legge, prevale la tesi secondo cui la violazione di una norma imperativa dettata in materia di sottoscrizione e conferimento in s.p.a. determinerebbe la *nullità della partecipazione*. Dai più si ritiene inoltre – come si è visto trattando in generale dell'invalidità di questa – che, in accordo con i principi dell'art. 2332, la declaratoria di nullità *non abbia efficacia retroattiva* (cioè non legittimi una pretesa alla restituzione *ex tunc* del conferimento effettuato), ma comporti il diritto dell'azionista alla liquidazione in denaro della propria quota, in termini analoghi a quanto previsto in tema di recesso.

2. *L'emissione successiva. L'aumento del capitale sociale gratuito*

Come si è detto, è possibile che i soci, spontaneamente o in quanto a ciò sollecitati dagli amministratori, ritengano di dovere rivedere nel corso della vita della società l'originaria previsione circa il capitale sociale: o perché la considerino non adeguata all'attività che si sta già svolgendo, ovvero in vista di uno sviluppo futuro sul piano qualitativo o dimensionale della comune iniziativa. Più in particolare, là dove nel contesto di un certo piano economico-finanziario soci e amministratori prevedano che la società debba poter contare sulla stabile esistenza di una maggiore quantità di risorse "interne" vincolate al servizio dell'affare comune, occorrerà procedere a un aumento del capitale sociale. Da una tale decisione, d'altra parte, la società trarrà spesso beneficio in termini di maggiore credibilità finanziaria nei confronti del mercato e dei creditori, i quali potranno dirsi indirettamente più "garantiti" rispetto al passato circa la solvibilità del proprio debitore.

Si è pure anticipato che una tale operazione può assumere due diverse configurazioni, diversamente disciplinate e quindi suscettibili di separata trattazione: l'aumento di capitale sociale c.d. *gratuito* e quello c.d. *a pagamento*.

A) L'**aumento di capitale gratuito** (o nominale; art. 2442), a differenza di quello tramite nuovi conferimenti, consiste in una ***mera operazione contabile di imputazione a capitale*** (= di assoggettamento alla disciplina del capitale) ***di valori patrimoniali già presenti in società***: senza che vi sia un incremento, dunque, del patrimonio della stessa. Esso si fonda così sulla "pura e semplice" *decisione organizzativa* di rivedere verso l'alto la soglia del vincolo di stabilità e non restituibilità da applicare alle risorse dei soci già risultanti come facenti parte del patrimonio netto e impiegate a servizio dell'attività sociale.

Per bene comprendere tale operazione, deve preliminarmente ricordarsi che, perché una certa cifra sia inizialmente adottata come capitale sociale di una s.p.a., è necessario che siano apportati alla società fondi che questa possa considerare "propri" (e cioè valori di patrimonio non oggetto di una pretesa restitutoria da parte di creditori) di importo almeno pari alla misura del capitale sociale c.d. nominale (cioè dell'investimento programmato come indisponibile). L'ammontare dei "fondi propri" è poi destinato ad accrescersi se e nella misura in cui, nel corso dell'attività sociale, maturino utili che non vengano distribuiti, i quali possono essere accantonati a riserva, così dando vita a una porzione del patrimonio netto ulteriore e distinta dal capitale sociale. Ciò posto, è evidente che, sempre per il principio di conformità tra capitale "emesso" e capitale reale", condizione necessaria perché si possa programmare un aumento di capitale gratuito, è che la società in un dato momento appunto in concreto possieda detti "fondi propri" *in misura superiore rispetto a quelli corrispondenti all'importo del capitale sociale precedentemente stabilito*, e detenga tale porzione esuberante di risorse quali fondi "disponibili" (iscritti quali riserve o altre poste analoghe) e dunque non vincolati rigidamente per legge a un determinato utilizzo. Cosicché, con la decisione di aumento, per la parte di fondi necessari a coprire il "nuovo" capitale, cessa suddetta situazione di "disponibilità", venendo essi ora sottoposti a una regola "vincolistica": cioè *al precetto*, assistito da sanzione penale (v. art. 2626), *della non restituibilità, tipico del "capitale sociale"*.

Precisamente, a livello normativo, l'aumento di capitale gratuito è previsto dal citato art. 2442, secondo cui "l'assemblea può aumentare il capitale, imputando a capitale le riserve e gli altri fondi iscritti in bilancio in quanto disponibili".

L'operazione si concreta, dunque, in primo luogo, in una **deliberazione** dell'assemblea straordinaria, modificativa dello statuto, con cui si decide di "imputare" a capitale risorse patrimoniali che la società già detiene quali fondi disponibili. La deliberazione in parola, si è detto, ha per oggetto un'operazione contabile, interviene cioè sull'*articolazione formale del patrimonio netto di bilancio*, concretandosi in una sorta di "riposizionamento" tra poste presenti al suo interno, in particolare nel senso che all'aumento della cifra del capitale corrisponde una pari diminuzione di una o più tra le altre poste (riserve e/utili) del patrimonio netto, purché considerate *ex lege* "disponibili" (dunque, con esclusione della riserva legale). Ad es., posto un capitale di 200 ed esistente una riserva statutaria per 100, un eventuale aumento gratuito del capitale fino a 300 potrà consistere nell'azzeramento della suddetta riserva e nel contestuale corrispondente aumento della posta del capitale.

In secondo luogo, in relazione all'esecuzione dell'operazione è da tenere presente che essa può svolgersi in due diverse modalità. Una possibilità è che l'aumento di capitale gratuito si attui, là dove così venga previsto in delibera dai soci, "mediante aumento del valore nominale delle azioni in circolazione" (art. 2442, co. 3). In via alternativa, l'operazione si concreta con l'**emissione di nuove azioni**. Dispone però l'art. 2442, co. 2, che là dove a una tale emissione in effetti si provveda, dette azioni comunque "devono avere le stesse caratteristiche di quelle in circolazione, e devono essere assegnate gratuitamente agli azionisti in proporzione di quelle da essi già possedute". Non può dunque immaginarsi un aumento di capitale nominale che determini tra i soci un'alterazione delle precedenti quote di partecipazione all'organizzazione: né può immaginarsi che essi sopportino un sacrificio economico per ottenere l'assegnazione delle nuove azioni, atteso che i fondi che giustificano la nuova emissione sono già idealmente *pro quota* loro riferibili.

L'unico caso in cui un'alterazione del precedente assetto partecipativo al capitale sociale può prodursi per legge è quello previsto dall'art. 2349, ai sensi del quale "se lo statuto lo prevede, l'assemblea straordinaria può deliberare l'assegnazione di utili ai prestatori di lavoro dipendenti delle società o società controllate mediante l'emissione, per un ammontare corrispondente agli utili stessi, di speciali categorie di azioni da assegnare individualmente ai prestatori di lavoro". Si tratta, com'è evidente, di una norma del tutto eccezionale, ispirata a favorire il c.d. **azionariato dei dipendenti**, e cioè un sistema di remunerazione o premio di quest'ultimi, che si traduce in una parallela incentivazione del legame fiduciario tra essi e la società, con potenziali effetti positivi nei confronti dei risultati sociali.

3. *L'aumento di capitale tramite nuovi conferimenti*

B) Un'emissione di nuove azioni successiva alla costituzione della s.p.a. ricorre più frequentemente in collegamento, anziché con l'ipotesi appena esaminata di aumento gratuito del capitale sociale, con un'operazione di **aumento del capitale sociale *tramite nuovi conferimenti*** (ovvero, come pure si dice "**a pagamento**", o "reale").

Anche in questa fattispecie, come in quella già illustrata, la decisione della società di modificare la clausola originaria concernente il capitale sociale è motivata da una volontà di adeguamento delle risorse stabilmente destinate all'attività a suoi (maggiori) volumi effettivi ovvero da un piano di sviluppo della medesima attività: tuttavia, qui la società, per supportare tale progetto, decide di ricorrere a *nuove risorse provenienti dall'esterno*, o perché è in concreto priva di mezzi "propri" nella misura necessaria, o perché (quand'anche ne abbia invece disponibilità) preferisce comunque procurarsi provvista finanziaria "di rischio" aggiuntiva e destinare le riserve precedentemente accumulate ad altro uso. Nell'aumento di capitale "a pagamento" non si tratta, dunque, semplicemente, di rendere fisse e stabili risorse già presenti in società, bensì di raccogliere *ex novo* altri conferimenti per l'attività, da sottoporre da subito al rigido regime vincolistico del capitale sociale.

L'aumento di capitale sociale "a pagamento" è un'operazione dalla natura e dalla struttura complesse.

Trattandosi di una modifica dell'atto costitutivo, **organo competente** è, come per tutte le modificazioni statutarie ai sensi dell'art. 2436, l'***assemblea dei soci***, la quale delibera in sede straordinaria. È possibile, tuttavia, sempre che lo preveda lo statuto, che la decisione sia *delegata dall'assemblea agli amministratori*, i quali avranno a quel punto il potere di stabilire, entro cinque anni dalla delega, l'aumento di capitale fino a un ammontare massimo statutariamente predeterminato (v. art. 2443).

Nell'aumento di capitale tramite nuovi conferimenti la delibera non è però sufficiente, come invece avviene nel caso dell'aumento di capitale gratuito, per modificare la cifra del capitale sociale statutariamente stabilita: perché tale mutamento si produca, occorre che intervengano **nuove sottoscrizioni**, cioè dichiarazioni negoziali degli investitori, con le quali vengono espressi impegni a conferire il denaro o gli altri beni necessari a "coprire" il capitale nominale aggiuntivo. Pertanto, è corretto dire che l'adozione del nuovo capitale e la creazione delle nuove azioni *si perfeziona nel momento in cui concorrano sia la delibera di aumento di capitale sia la raccolta, da parte degli amministratori, delle relative sottoscrizioni*. Queste devono peraltro intervenire entro un termine finale, il quale deve essere a sua volta pure stabilito nella delibera di aumento. Qualora, peraltro, a quella data l'aumento di capitale deliberato non sia integralmente sottoscritto, "il capitale è aumentato di un importo pari alle sottoscrizioni raccolte soltanto se la deliberazione medesima lo abbia espressamente previsto". Pertanto, se alla data scadenza l'aumento di capitale programmato è stato effettivamente coperto solo in parte dalle sottoscrizioni raccolte, queste diverranno *inefficaci* là dove nella precedente delibera non fosse stato espressamente previsto il contrario.

In relazione, poi, ai contenuti dell'operazione in esame, il codice si preoccupa di dettare una serie di regole, rivolte ad assicurare, come pure avviene in sede di costituzione della società, l'*effettività del capitale*.

i) A tale proposito, rileva anzitutto l'art. 2438, ai sensi del quale è *vietata la realizzazione di un aumento di capitale fino a quando non consti l'*__integrale liberazione delle azioni precedentemente emesse__: e ciò perché è incoerente, agli occhi del legislatore, che si provveda a raccogliere "nuova finanza" (di rischio) in un momento in cui una parte delle somme di cui è programmata l'acquisizione da parte dei soci non siano state ancora riscosse.

ii) In relazione all'oggetto dell'impegno dei sottoscrittori l'art. 2439, co. 1, stabilisce che, in caso di conferimenti in denaro, *il 25% di questi debba essere* **versato** *all'at-*

to della sottoscrizione. La previsione evidentemente richiama quella vigente in sede di costituzione.

iii) Come avviene per il caso delle azioni originarie, le azioni di nuova emissione dovranno liberarsi tramite conferimenti in denaro, a meno che si stabilisca espressamente, da parte dell'assemblea straordinaria, di accettare dai nuovi sottoscrittori **apporti in natura**. Pure in tal caso, come in sede di costituzione, le azioni corrispondenti a conferimenti in natura devono essere liberate integralmente al momento della sottoscrizione e occorre depositare in società (prima della delibera di aumento, è da ritenere in ogni caso) la relazione di un perito redatta nel rispetto dell'art. 2343. Il deposito della stima non va effettuato là dove ricorrano, in sede di aumento di capitale, le stesse condizioni previste nell'art. 2343-*ter* per la relativa esenzione.

Infine, a fronte dell'apporto di nuovo capitale, vengono emesse **nuove azioni.** Deve tuttavia avvertirsi che per il completamento del procedimento di aumento di capitale la legge prevede una formalità pubblicitaria peculiare, la quale si aggiunge a quelle in generale previste per le modifiche statutarie (art. 2436 c.c.). In particolare, ai sensi dell'art. 2444, entro trenta giorni dalle sottoscrizioni "gli amministratori devono depositare per l'iscrizione nel registro delle imprese un'attestazione che l'aumento di capitale è stato eseguito". Si ritiene pacificamente che una tale formalità ha una mera *efficacia dichiarativa*, e non condiziona quindi l'efficacia dell'aumento di capitale e la creazione delle azioni, che dipendono solo, in sé, dalla raccolta delle sottoscrizioni.

4. *Il diritto di opzione*

L'aumento di capitale tramite nuovi conferimenti è operazione dalla quale potrebbe in astratto derivare un'alterazione delle precedenti percentuali di partecipazione in società degli azionisti. Infatti: da una parte, si incrementa la quantità delle azioni in circolazione e aumenta correlativamente la misura complessiva di azioni su cui calcolare le percentuali partecipative di ciascun socio; dall'altra parte, non è detto che a questo segua un aumento proporzionale della misura delle azioni possedute da ciascuno, poiché una tale circostanza dipende dalla sottoscrizione delle azioni da parte dei singoli soci. Là dove, pertanto, dovesse accadere che i nuovi obblighi di conferimento siano assunti dai terzi, o che i precedenti soci sottoscrivano le nuove azioni in modo non proporzionale alle partecipazioni anteriormente possedute, la misura dei rispettivi diritti e obblighi varierà corrispondentemente.

Ad esempio, immaginata una società con capitale sociale di 200.000 € diviso in 200 azioni di 1.000 € ciascuna e distribuito paritariamente tra quattro soci, Tizio, Caio, Sempronio e Mevio (ciascuno detentore di azioni per un importo nominale pari a 50.000 €), e amministrata da Tizio, un aumento di capitale reale di 100.000 € (che portasse così il capitale da 200.000 € a 300.000 €) sottoscritto solo dai primi due soci a metà per ciascuno (grazie a un'offerta esclusiva effettuata nei loro confronti dallo stesso Tizio) conferirebbe ai medesimi la maggioranza del nuovo capitale successivo all'operazione (venendo essi a quel punto a detenere complessivamente 200 azioni su 300 e dunque i 2/3 dei diritti sociali), ai danni della precedente partecipazione di Sempronio e Mevio, che a quel punto si vedrebbero costretti a vedersi ridotta ciascuno a 1/6 la quota di godimento dei diritti patrimoniale e amministrativi.

Ciò posto, per evitare il rischio di una alterazione non concordata degli originari rapporti tra i soci, il legislatore riconosce ai singoli soci il c.d. **diritto di opzione**: in particolare, nell'art. 2441, co. 1, è stabilito che "le azioni di nuova emissione [...] devono essere offerte in opzione ai soci in proporzione al numero delle azioni possedute". In tale modo, si impedisce agli amministratori un discrezionale (o arbitrario) indirizzamento dell'offerta di nuove azioni, cosicché il mantenimento della precedente quota di capitale sociale del singolo socio viene fatto dipendere unicamente dalla sua decisione di accettare o meno la proposta di sottoscrizione proveniente dalla società. E la legge prevede in dettaglio la **procedura da seguire** al riguardo: l'offerta di sottoscrizione va *pubblicata* presso il registro delle imprese ad opera degli amministratori (e contestualmente resa nota attraverso un avviso pubblicato sul sito internet della società); dal momento di siffatta pubblicazione, per l'esercizio del diritto di opzione decorre un termine, da precisare nell'offerta medesima, non inferiore a quattordici giorni (art. 2441, co. 2).

Per meglio scongiurare la possibilità che gli amministratori utilizzino l'offerta di nuove azioni per incidere sugli assetti della compagine sociale, il legislatore pure stabilisce che le **azioni** c.d. **inoptate** (cioè quelle che rimangano non sottoscritte allo scadere dell'offerta in opzione) non possono essere liberamente collocate: nelle società non quotate, si riconosce (ai sensi dell'art. 2441, co. 3) un *diritto di prelazione* su tali azioni a coloro i quali abbiano esercitato tempestivamente il diritto di opzione; in quelle quotate (o con titoli ammessi in altri sistemi di negoziazione) si prevede che i diritti di opzione non esercitati devono essere offerti nel mercato regolamentato o nel sistema multilaterale di negoziazione, per conto della società, per almeno due sedute.

Il vincolo imposto alla società dalla disciplina del diritto di opzione, nonostante corrisponda a un'esigenza apprezzabile e degna di riconoscimento, determina tuttavia evidenti limiti all'azione discrezionale degli organi sociali, non sempre trascurabili nell'ottica del migliore perseguimento degli scopi comuni. È ipotizzabile, infatti, che l'aumento di capitale si riveli in concreto uno strumento importante per l'attuazione di programmi, suscettibili di arrecare grande vantaggio alla s.p.a., i quali necessitino, tuttavia, dell'ingresso in società *di uno o più terzi*, chiamati ad apportare nuova finanza con la sottoscrizione di un aumento di capitale. È chiaro che, in tal caso, l'obbligo di offrire necessariamente ai soci in opzione le azioni di nuova emissione potrebbe impedire di fatto la realizzazione dell'operazione in questione, là dove alcuni soci si rifiutassero di rinunciare alla prospettiva del mantenimento di una quota partecipativa in ipotesi incompatibile con le attese del nuovo investitore.

Per evitare, allora, di comprimere oltre modo il potere della maggioranza, la legge stabilisce che il **diritto di opzione** possa essere **escluso**, sebbene solo *in casi tipicamente individuati*. In particolare, l'art. 2441 stabilisce che tale esclusione, la quale deve essere deliberata dall'assemblea, può in generale intervenire nelle seguenti ipotesi: *a*) quando le azioni "***devono essere liberate mediante conferimenti in natura***" (co. 4, prima frase); *b*) "quando ***l'interesse della società lo esige***" (co. 5); *c*) quando le azioni "***sono offerte ai dipendenti della società*** o di società che la controllano o che sono da essa controllate" (co. 8). In tali ipotesi, peraltro, per evitare che i nuovi sottoscrittori approfittino dell'occasione di investimento per ottenere con la sottoscrizione delle nuove azioni, a scapito dei vecchi soci, un vantaggio patrimoniale effettivo non strettamente correlato al sacrificio assunto, è stabilito che la deliberazione di aumento del capitale con esclusione del diritto di opzione "determina il prezzo di emissione delle azioni in base al valore del patrimonio netto" (tenendosi conto, per le azioni quotate, "anche delle quotazioni dell'ultimo semestre).

Infine, un'ulteriore, significativa ipotesi di esclusione (*d*), è prevista solo in relazione alle società quotate nei mercati regolamentati o negoziate in sistemi multilaterali di negoziazione, nel co. 4, ult. frase dell'art. 2441: ai sensi del quale nello statuto di tali società il diritto di opzione può escludersi (ma con l'allegazione in una relazione degli amministratori della ragione dell'esclusione e dei criteri per la determinazione del prezzo di emissione), sebbene solo "nei limiti del dieci per cento del capitale sociale preesistente".

III. *Estinzione delle azioni*

1. *La riduzione del capitale sociale. La riduzione "reale"*

Operazione speculare e opposta a quella sopra esaminata è la **riduzione del capitale sociale**, la quale consiste nell'abbassamento della soglia di investimento stabilmente destinato all'attività sociale, rispetto a quella precedentemente prevista dai soci con la determinazione del capitale sociale.

Occorre ancora una volta distinguere, al riguardo, due diverse ipotesi. Una prima è la c.d. ***riduzione reale del capitale***, la quale presuppone un corrispondente impoverimento della società, con correlativa restituzione ai soci di parte delle risorse precedentemente apportate (ferma restando la necessità che il nuovo capitale non sia fissato in misura inferiore al minimo legale di 50.000 €). Una seconda, è la c.d. ***riduzione nominale***, che la legge disciplina in collegamento al verificarsi di perdite al capitale e realizza semplicemente, senza uscita di risorse dalla società, un riallineamento tra l'importo del capitale che risulta statutariamente programmato e il più basso importo del patrimonio netto di cui la società ormai effettivamente dispone in un dato momento storico.

A) La **riduzione reale** è di competenza esclusiva dell'***assemblea straordinaria*** ed è regolata in dettaglio dall'art. 2445, il cui co. 1 prevede due possibili diverse modalità dell'operazione. In particolare, i soci possono stabilire, alternativamente, o il *rimborso* (parziale, ovviamente) *del capitale versato* o la *liberazione dei soci dall'eventuale debito residuo ai versamenti*, fino a concorrenza con la misura di riduzione stabilita.

La legge riconosce **ampia discrezionalità alla maggioranza** assembleare nella decisione dell'operazione. È infatti legittimo che la società, con la decisione di riduzione reale del capitale, persegua unicamente scopi di *parziale liquidazione* dell'azienda, con correlativo ridimensionamento dell'affare intrapreso: e ciò, pure se così vengano tradite le aspettative che erano coltivate da un'eventuale minoranza azionaria a che l'attività continuasse a svolgersi con gli stessi volumi del passato. Affinché, tuttavia, l'operazione in questione possa deliberarsi devono fornirsi spiegazioni ai soci. L'art. 2445, co. 2, stabilisce infatti che "l'avviso di convocazione deve indicare le ragioni e le modalità della riduzione". Si deve peraltro ritenere che pure nell'atto assembleare tali ragioni devono essere richiamate, nonché che esse vadano formulate in modo che possano considerarsi pertinenti e congrue alla deliberazione presa.

La riduzione del capitale è infine soggetta a un importante vincolo, esterno alla società, contemplato dall'art. 2445, co. 3: la deliberazione "può essere eseguita soltanto dopo novanta giorni dal giorno dell'iscrizione nel registro delle imprese, purché entro questo termine nessun creditore sociale anteriore all'iscrizione abbia fatto opposizione". Tale **potere dei creditori di opporsi** alla decisione al ribasso del capitale sociale discende dal ruolo, da esso ricoperto, di "perno" rispetto alla leva operata dalla società nei riguardi dei finanziamenti esterni e presa in considerazione dai creditori sociali al momento della concessione di tali medesimi finanziamenti. È chiaro, infatti, che coloro i quali hanno fatto credito alla società ne hanno misurato la solvibilità tenendo presente lo stabile contributo offerto dal capitale alla formazione della provvista finanziaria reputata necessaria alla realizzazione della data attività: contributo che rappresenta pertanto una garanzia indiretta rispetto a tale solvibilità e il cui mantenimento potrebbe corrispondere a esigenze di cautela del tutto legittime.

Ciò non significa, tuttavia, che la valutazione soggettiva dei creditori debba condizionare in termini assoluti le scelte dei soci. Contro il rischio che i primi manifestino un'eccessiva prudenza in tale valutazione l'art. 2445, co. 4, stabilisce che la società possa rivolgersi al **tribunale**, e che questo, "quando ritenga infondato il pericolo di pregiudizio per i creditori oppure la società abbia prestato idonea garanzia" può disporre che l'operazione abbia comunque luogo nonostante l'opposizione. Si tratta, pertanto, di verificare se il soddisfacimento dei creditori possa reputarsi ragionevolmente *in pericolo* sulla base di considerazioni obbiettive circa la sostenibilità dell'operazione nella prospettiva della futura solvibilità della società.

L'**esecuzione dell'operazione** comporta, a scelta dell'assemblea, la *riduzione del valore nominale* (espresso o inespresso) *delle azioni* (e allora necessariamente in misura uguale per tutte le azioni, il cui numero complessivo dunque non viene variato), oppure l'*estinzione di alcune azioni*, in misura complessivamente corrispondente alla riduzione decisa; in quest'ultimo caso l'estinzione dovrà rispettare il principio di parità di trattamento fra i soci (e dunque, normalmente, dovrà riguardare ciascuno di essi, proporzionalmente alla rispettiva partecipazione).

2. *La riduzione del capitale sociale per perdite*

B) Altra ipotesi tipica di riduzione del capitale sociale è quella che consegue al prodursi di perdite tali da intaccare il capitale stesso (c.d. **perdite di capitale**). L'ipotesi, considerata dagli artt. 2446 e 2447, è dunque quella in cui, in conseguenza di dati negativi, in un dato momento di vita della società, ***il patrimonio netto*** della società (e cioè, ricordiamo, il valore corrispondente alla differenza tra il valore complessivo delle attività della società iscritte in bilancio e quello complessivo delle passività) ***risulti inferiore alla cifra del capitale sottoscritto e stabilmente adottato dai soci***.

Con tale disciplina il legislatore, come si era preoccupato in sede di formazione del capitale stesso di assicurare l'effettività della destinazione all'attività delle relative risorse, così si prende cura ora del fatto che, durante la vita della società, il *mantenimento* dell'investimento di pari risorse *sia allo stesso modo effettivo*: ciò che comporta la necessità di prevedere regole, appunto, dedicate all'ipotesi in cui la provvista originariamente apportata sia in tutto o in parte venuta meno, e ciò non perché parte di quelle risorse sia stata restituita ai soci (come avviene nel caso disciplinato dall'art. 2445) ma in quanto sia stata consumata (e non rigenerata) nell'ambito dell'attività sociale.

In ogni caso, è certo che sul piano economico l'accertamento di perdite al capitale sociale implica la constatazione che l'organizzazione di impresa non si sta svolgendo nel modo in astratto programmato in funzione del migliore raggiungimento dello scopo lucrativo: e ciò rappresenta un'informazione che gli amministratori devono valutare, come oggi imposto dalla legge, "anche in funzione della rilevazione tempestiva della crisi dell'impresa e della perdita della continuità aziendale" (art. 2086, co. 2, richiamato dall'art. 2380-*bis*). Tale situazione, d'altra parte, avendo riguardo all'interesse dei singoli soci non è priva di contraccolpi, visto che in presenza di perdite l'assemblea non potrà deliberare la distribuzione dell'eventuale, successivo utile di esercizio, ove in concreto inferiore alle perdite medesime (v. art. 2433, co. 3). Inoltre, finché persistono le perdite, i creditori rischiano di ricevere (ove continuino a tenere presente la cifra del capitale nominale) un'informazione errata circa le condizioni della società. Il legislatore interviene dunque con una serie di norme imperative, prescrittive di rigorosi adempimenti a carico degli organi sociali.

B1) In particolare, l'art. 2446 stabilisce, anzitutto, che qualora la **perdita** del capitale sociale sia **superiore a un terzo** rispetto alla misura dello stesso (cosicché, dunque, il valore del patrimonio netto sia sceso al di sotto dei 2/3 del capitale nominale), gli amministratori (o il consiglio di gestione e, in caso di inerzia, i sindaci o il consiglio di sorveglianza) hanno l'obbligo di ***convocare l'assemblea***, cui dovranno sottoporre una *relazione sulla situazione patrimoniale* della società, con le osservazioni del collegio sindacale. Alla riunione così convocata i soci non devono necessariamente adottare decisioni di modifica alla cifra del capitale sociale: è previsto semplicemente che l'assemblea valuti gli "***opportuni provvedimenti***" da assumere in società: i quali potranno essere diversi, a seconda che i soci giudichino l'anomalia temporanea (e quindi non quale sintomo di perdita di continuità ma suscettibile di essere riassorbita attraverso interventi sulla gestione, quali ristrutturazioni aziendali, riduzioni del personale, ecc.) o strutturale (e dunque implicante la necessità di un mutamento nelle regole di organizzazione, ossia appunto l'immediata riduzione del capitale, oltre che eventuali altri provvedimenti per affrontare la crisi).

La stessa discrezionalità non è loro concessa, tuttavia, allorché la perdita (nelle medesime proporzioni) perduri per un altro esercizio. Più specificamente, l'art. 2446, co. 2, stabilisce che *se entro l'***esercizio successivo** *a quello in cui è stata accertata la perdita* questa "non risulta diminuita a meno di un terzo, l'assemblea ordinaria o il consiglio di sorveglianza che approva il bilancio di tale esercizio *deve ridurre il capitale in proporzione delle perdite accertate*". La società non può peraltro sottrarsi all'adempimento in parola: si prevede infatti che qualora al verificarsi delle condizioni richiamate l'assemblea (o il consiglio di sorveglianza) non provveda, gli amministratori e i sindaci o il consiglio di sorveglianza devono rivolgersi al tribunale perché sia questo a disporre la riduzione.

B2) Una regola particolare è prevista nell'ipotesi, oggetto dell'art. 2447, in cui la perdita sia tale che il patrimonio netto della società venga a ridursi a una **misura inferiore al capitale minimo** (di 50.000€) consentito dall'art. 2327. In coerenza con quest'ultima disposizione – la quale, come si ricorderà, fissa una soglia sotto la quale il legislatore giudica il tipo s.p.a. non adeguato all'impresa esercitata –, non può tollerarsi che la società prosegua senz'altro la sua attività nelle condizioni patrimoniali surriferite. Si comprende dunque come la legge imponga che, là dove sia accertata la citata perdita, *l'assemblea sia convocata "senza indugio"* e a essa debba proporsi di "*deliberare la riduzione del capitale ed il **contemporaneo aumento** del medesimo a una cifra non inferiore al detto minimo*" (aumento a pagamento, ovviamente). In alternativa, residua la possibilità di decidere la ***trasformazione*** in un tipo per il quale sia previsto un capitale minimo inferiore, determinandosi altrimenti lo ***scioglimento*** della società ai sensi dell'art. 2484, co. 1, n. 4 (il tutto, qualora la società non decida di accedere agli strumenti tipici di composizione della crisi, quali l'accordo di ristrutturazione dei debiti o il concordato preventivo, e presenti apposita istanza: v. artt. 64 e 89 c.ins.).

B3) Va precisato che, là dove la perdita sia inferiore al limite del terzo del capitale, sebbene il descritto obbligo di riduzione non operi (potendosi ritenere di essere di fronte a un calo di dimensioni temporaneo e fisiologico), l'assemblea può comunque assumere una tale decisione e così operare volontariamente un riallineamento tra la misura statutaria e quella effettiva (c.d. **riduzione facoltativa**). Non è precisato, tuttavia, dalla legge, quale disciplina sia da applicare a una tale ipotesi: al riguardo, nonostante il diverso avviso della Corte di Cassazione, sembra preferibile ritenere applicabile, analogicamente, oltre che l'art. 2446, co. 1, e ritenersi gli amministratori comunque obbligati al deposito dei documenti (relazione e situazione patrimoniale) stabiliti da questa norma, pure l'art. 2445, co. 3 e 4 (reputandosi necessario, pertanto, il rilascio da parte dei creditori di un loro consenso nei confronti della riduzione e correndosi così il relativo rischio).

Anche la riduzione nominale, in tutti i casi esaminati, comporta o la ***riduzione del valore nominale*** (espresso o no) ***di tutte le azioni esistenti*** (fermo il loro numero) o l'***estinzione*** di alcune di esse, in tal caso colpendo ciascun socio proporzionalmente alla partecipazione posseduta (salvo che non esistano categorie di azioni postergate nella sopportazione delle perdite, del che si dirà più avanti).

§ 46. LA PARTECIPAZIONE AZIONARIA

SOMMARIO: I. *Caratteri generali della partecipazione azionaria*. – 1. Indivisibilità e inscindibilità dell'azione. – 2. Uguaglianza e autonomia. – II. *Il contenuto della partecipazione azionaria*. – 1. Il diritto agli utili. – 2. Il diritto di recesso. – 3. I diritti "amministrativi" della generalità dei soci. Il diritto di voto. – 4. I diritti della minoranza. – 5. Pegno, usufrutto e sequestro di azioni. – III. *Le categorie di azioni*. – 1. La libertà di creazione di azioni "speciali". – 2. Le fattispecie. – 3. Le assemblee speciali.

I. *Caratteri generali della partecipazione azionaria*

Come in precedenza avvisato, altro fondamentale ruolo assegnato dalla legge alle "azioni" è quello di "rappresentare" la **partecipazione individuale all'attività sociale**. In questa accezione, col termine "azione" si intende identificare, pertanto, non la quota unitaria dell'investimento in capitale di rischio nella s.p.a. ma una *ideale "porzione unitaria" del rapporto che lega l'azionista alla società*: rapporto i cui contenuti sono appunto "rappresentati", e cioè *espressi* e prima ancora *determinati*, dai diritti e dagli obblighi collegati alle azioni possedute.

Dall'angolo visuale ora in esame, come già a suo tempo osservato, le norme sulle azioni possono considerarsi (non più solo co-elementi della struttura finanziaria ma pure) parte del regolamento degli organi della s.p.a., da osservare nelle procedure decisorie sullo svolgimento dell'attività sociale. A questo proposito va evidenziato che il riconoscimento agli azionisti della titolarità di partecipazioni sociali è perfino *essenziale per il buon funzionamento della* governance di una s.p.a., atteso il ruolo assegnato ai soci di "controllori" nei confronti della gestione svolta, in via esclusiva, dagli amministratori sui beni comuni. Tale ruolo è infatti svolto per il necessario tramite dei diritti partecipativi del socio, i quali a loro volta trovano continuo e perenne incentivo nell'investimento operato dall'azionista e, quindi, nella conseguente prospettiva di subire una perdita o di ottenere un utile.

Ciò premesso, le azioni si caratterizzano in quanto **unità minime indifferenziate** della partecipazione individuale all'attività sociale e ai suoi risultati, e ciò in conseguenza del fatto che la legge le disciplina come *indivisibili*, *inscindibili*, *uguali*.

1. *Indivisibilità e inscindibilità dell'azione*

Il primo requisito è solennemente sancito dall'art. 2347, secondo cui **"le azioni sono indivisibili"**. Si tratta di un'affermazione del tutto in linea con la regola per cui l'azione è l'*unità minima predefinita* dell'investimento in s.p.a. e del correlato interesse partecipativo dei soci. Invero, se la singola azione rappresenta il limite al di sotto del quale non è consentito l'investimento nella comune organizzazione sociale, non può coerentemente consentirsi *all'azionista di "suddividere" in più parti la partecipazione all'attività sociale, per assegnare separatamente ai titolari delle singole parti, in modo frazionato, diritti e obblighi sociali.*

Una tale indivisibilità non esclude però che l'azione possa essere oggetto di **contitolarità** tra più persone (poiché una siffatta esclusione rappresenterebbe evidentemente un vincolo ingiustificato all'autonomia privata), purché sia garantita la regola dell'unitario esercizio della partecipazione in società: si comprende dunque la previsione, di cui allo stesso art. 2347, co. 1 secondo cui "nel caso di comproprietà di un'azione, *i diritti dei comproprietari devono essere esercitati da un rappresentante comune*" (nominato *ex* artt. 1105 e 1106 e dunque a maggioranza).

L'indivisibilità della partecipazione azionaria, poiché è un mero riflesso della decisione statutaria sull'unità azionaria, non significa naturalmente immutabilità di una tale decisione, posto che la clausola relativa alla determinazione statutaria del valore nominale dell'azione, come ogni altra, può essere oggetto di modifica con l'osservanza della procedura prevista dall'art. 2436. È possibile in particolare che l'assemblea straordinaria decida una variazione sia verso il basso sia verso l'alto e dunque una riduzione o un aumento del valore nominale unitario delle azioni, cui sarà conseguenza: nel primo caso, il **frazionamento delle azioni** in circolazione, nel secondo, all'opposto, il **raggruppamento** delle medesime in funzione della formazione di una nuova unità partecipativa maggiore (con ritiro, in entrambi i casi, dei titoli azionari in circolazione e consegna di nuovi documenti adeguati all'attuale misura del valore nominale).

Oltre che indivisibili le azioni sono altresì qualificate tradizionalmente come **inscindibili**, nel senso che non deve neppure reputarsene ammissibile quel *frazionamento, da parte dell'azionista, che consista nel disporre in modo parziale del contenuto dell'azione in favore di altri soggetti, con l'attribuzione ai medesimi solo di uno o più diritti azionari, separandoli rispetto alla titolarità della* (o di altro diritto reale sulla) *intera partecipazione.*

Così, è comunemente considerata inammissibile ad es. la **vendita del voto** in via separata dalla vendita dell'intera partecipazione azionaria. Invero, l'esercizio di un diritto sociale da parte di chi lo abbia isolatamente acquistato non sembra potersi considerarsi lecito, in quanto contrario al principio per cui il potere del socio (e così la possibilità di influire sulle sorti di una data società) è conseguenza di una parallela costante partecipazione pro quota al rischio d'impresa.

2. *Uguaglianza e autonomia*

Poiché le azioni sono conformate in astratto in termini oggettivi, esse sono suscettibili di attribuire ai relativi titolari ***partecipazioni uguali l'una alle altre***, avendo riguardo alle prerogative sociali alle stesse ricollegabili: "le azioni – dispone l'art. 2348, co. 1 – devono essere di uguale valore e conferiscono ai loro possessori uguali diritti". Non è dunque immaginabile una distinzione tra gli azionisti che si basi su concrete previsioni statutarie concernenti questa o quella persona tra i soci: ciò che realizza, del resto, la regola di "spersonalizzazione" della partecipazione in s.p.a.

Occorre tuttavia avvertire che il **principio di uguaglianza** delle azioni non implica affatto che tutte le azioni emesse da una società debbano essere identiche, la legge anzi consentendo esplicitamente, nell'art. 2348, co. 2, la creazione di **categorie diverse di azioni**, attributive di diritti particolari. Tale possibilità, come meglio si vedrà in seguito, asseconda infatti l'interesse della società ad offrire serie di relazioni partecipative differenziate, così da intercettare nel mercato dei capitali classi di investitori con le più diverse aspettative di investimento e aspirazioni di partecipazione al controllo societario. *Non è invece ammissibile che la diversità della partecipazione azionaria sia legata, anziché al tipo di azione posseduta, alla persona* che venga a possederla, poiché in tal caso si verificherebbe una contraddizione col principio della tendenziale fungibilità dell'incidenza del socio nell'attività comune e con la stessa connotazione "capitalistica" della società. Una differenziazione *tra gli azionisti* detentori di azioni della medesima categoria può così determinarsi in concreto solo in correlazione con l'eventualità che gli stessi possiedano *diverse quantità* delle azioni emesse da una s.p.a. E ciò: sia perché, in conformità al c.d. criterio "plutocratico" (secondo cui il potere è direttamente proporzionale alla ricchezza posseduta), la maggior parte delle prerogative sociali sono misurate in base alla quota di capitale detenuta e dunque al *numero* di azioni possedute (si pensi, esemplificativamente, al voto); sia perché alcuni diritti sociali sono condizionati *ex lege*, o possono essere condizionati per statuto, al possesso di una certa partecipazione minima, e dunque alla titolarità in concreto di un dato numero di azioni.

Secondo parte della dottrina, dalla rilevanza oggettiva delle azioni sotto il profilo organizzativo discende inoltre il principio della c.d. **autonomia delle azioni**, secondo cui ognuna di esse attribuisce al proprio possessore prerogative esercitabili in modo appunto autonomo: con la conseguenza di potersi concepire la possibilità di un *esercizio diversificato dei diritti partecipativi* da parte del medesimo socio, come nell'ipotesi del c.d. voto divergente. Secondo tale visione un azionista può così, ad es., nei confronti della stessa delibera, esprimere voto favorevole per una parte delle azioni possedute e contrario per un'altra parte (e magari astenersi per una terza porzione ancora); o il medesimo socio potrebbe intervenire in assemblea "in parte" personalmente, "in parte" tramite rappresentante. Va detto però che una tale possibilità viene temperata dal ***principio di buona fede*** o dal ***divieto di abuso del diritto***, cosicché si precisa che l'esercizio diversificato dei diritti deve essere in concreto giustificato da ragioni obbiettive (come nell'ipotesi di esercizio dei diritti sociali da parte di un fiduciario per conto di più fiducianti).

II. *Il contenuto della partecipazione azionaria*

Dalla titolarità di azioni discende, come più volte anticipato, la spettanza di una serie di situazioni o prerogative soggettive, tipicamente previste in via inderogabile dalla legge: i c.d. **diritti sociali**. In particolare, secondo una bipartizione tradizionale, all'azionista spettano diritti sia di tipo ***patrimoniale*** sia di tipo ***amministrativo***.

1. *Il diritto agli utili*

Appartengono al primo genere di situazioni sopra menzionato, di stampo patrimoniale, il **diritto agli utili** e il **diritto alla quota di liquidazione** della società in sede di scioglimento generale o parziale del rapporto sociale. Si tratta, evidentemente, di prerogative che derivano dall'inquadramento della s.p.a. nella più generale fattispecie societaria, e dal conseguente essenziale rispetto del requisito dello scopo lucrativo previsto dall'art. 2247. Ne consegue che sicuramente *invalida sarebbe una clausola che escludesse il diritto agli utili o alla quota di liquidazione degli azionisti*, anche là dove trovasse il favore dell'unanimità dei soci e anche nell'ipotesi di società "chiuse" (dunque del tutto a prescindere da esigenze di tutela degli investitori reperibili nel mercato finanziario).

Del diritto alla quota di liquidazione si parlerà più avanti, quando ci si occuperà del recesso e dello scioglimento della società. Quanto al **diritto al** c.d. **dividendo**, esso matura ogni anno solo nella misura in cui la società produca un utile di esercizio distribuibile e se ne decida effettivamente la distribuzione. Occorre dunque, innanzitutto, che gli utili da distribuire siano *realmente conseguiti* e *risultino da un bilancio regolarmente approvato* (art. 2433, co. 2). Perché di utili distribuibili si possa parlare, è in particolare necessario:

a) che risultino effettivamente *utili di esercizio* dal conto economico relativo all'anno in discussione (cioè che la differenza tra ricavi e costi di esercizio sia positiva);

b) che gli utili da distribuire trovino *capienza nello stato patrimoniale della società*, al "netto" delle perdite che si sono eventualmente prodotte negli esercizi precedenti. Si evita in tal modo che un'eventuale produzione di utili di esercizio conduca, là dove se ne decida la distribuzione, a intaccare porzioni di quell'attivo che in un'ideale liquidazione immediata della società servirebbe per il pagamento dei creditori sociali: sicché viene salvaguardato al massimo il principio per cui i diritti degli azionisti sono postergati al soddisfacimento degli altri creditori. Va sottolineato peraltro che, perché la distribuzione di utili sia permessa, non basta che residui in società un patrimonio sufficiente al soddisfacimento dei creditori; occorre che residui un *patrimonio netto di valore almeno pari al capitale sociale*. Perciò là dove le perdite pregresse (al netto degli utili maturati) siano tali da continuare a intaccare il capitale stesso anche negli esercizi successivi a quello in cui si sono formate, pure in questi continuerà a essere impedita la distribuzione degli utili (art. 2433, co. 3): altrimenti, essa si tradurrebbe in un parziale rimborso del capitale ai soci, inammissibile in quanto slegato dai presupposti al riguardo stabiliti *ex* art. 2445.

Per il sorgere in capo al socio del diritto alla percezione del dividendo, non basta però neppure che un utile distribuibile (in base ai requisiti detti) risulti dal bilancio approvato di anno in anno, ma è necessario che vi sia una delibera, da parte dell'**assemblea** dei soci, la quale (oltre ad approvare il bilancio) ***espressamente stabilisca la distribuzione dei dividendi*** in una certa misura, dedotti gli accantonamenti previsti *ex lege* o per statuto. E va notato in proposito che la maggioranza dei soci detiene in materia un *potere ampiamente discrezionale*; sicché, anche dinnanzi a un bilancio che registri utili ragguardevoli, essa può del tutto legittimamente decidere di trattenere le relative somme, istituendo una apposita riserva o semplicemente rinviando ad esercizi successivi ogni decisione circa la loro distribuzione. Sono tuttavia legittime eventuali previsioni statutarie che invece impongano una distribuzione in date percentuali dell'utile di esercizio eventualmente accertato (purché ciò avvenga sempre, ovviamente, nel rispetto della regola sulla capienza del patrimonio netto).

2. *Il diritto di recesso*

Come si è evidenziato nella parte introduttiva della presente sezione, il successo della s.p.a., quale strumento di canalizzazione di investimenti verso l'impresa, è legato alla circostanza che la sua disciplina realizza un contemperamento tra l'esigenza che all'organizzazione di imponenti attività commerciali siano destinati stabilmente capitali "di rischio" e l'interesse di chi li ha apportati a poterne operare il disinvestimento anche anteriormente alla fine di tali attività. Questo contemperamento si realizza soprattutto, come pure detto, grazie alla possibilità che ha il socio di trasferire ad altri in tutto in parte la propria partecipazione, in quanto rappresentata da azioni. Va ora aggiunto che un siffatto meccanismo, tuttavia, per meglio operare presuppone che, per un verso, le azioni "abbiano" un mercato, per l'altro, che questo sia adeguato alle legittime attese degli azionisti: cioè che i titoli possano essere *di fatto* scambiati, a un prezzo che rifletta l'effettivo valore della partecipazione all'attività, il quale per lo più dipende dalla *percezione esterna* delle concrete potenzialità della s.p.a. di produrre e distribuire utili in una certa misura.

Poiché però queste circostanze non sempre in concreto si realizzano, in relazione ad alcune ipotesi, nelle quali la legge ritiene opportuno comunque garantire un'effettiva salvaguardia dell'interesse del socio al disinvestimento, viene assicurato a questi il diritto di **recesso**, ossia il *potere di sciogliersi dalla società, per mezzo di una propria, unilaterale manifestazione di volontà, e di ottenere anticipatamente la quota di liquidazione.*

a) Anzitutto, tale diritto è riconosciuto dall'art. 2437 al verificarsi di alcune alterazioni significative delle regole societarie, decise dalla maggioranza assembleare e idonee a incidere sul programma produttivo originario. In questa direzione il diritto di recesso rappresenta il bilanciamento tra il potere della maggioranza di modificare qualsiasi profilo dello statuto e l'interesse dell'azionista a non rimanere vincolato alla società nel mutato contesto organizzativo. Si tratta di **cause inderogabili di recesso**, riguardanti provvedimenti di notevole impatto nei confronti dell'interesse del socio, quali la modifica dell'oggetto sociale, la trasformazione della società, il trasferimento della sede sociale all'estero, le modificazioni dello statuto concernenti i diritti di voto o di partecipazione e altri ancora elencati in generale dall'art. 2437, co. 1 o previsti in via speciale in altre disposizioni. In relazione a tali cause "è nullo ogni patto volto a escludere o rendere più gravoso l'esercizio del diritto di recesso" (ult. co.).

b) A queste fattispecie vanno poi affiancate altre ipotesi tipiche di recesso, **derogabili**, ossia previste sempre dalla legge ma operanti solo là dove *lo statuto non disponga diversamente*: si tratta de: i) la proroga del termine della società; ii) l'introduzione o la rimozione di vincoli alla circolazione dei titoli azionari.

c) È pure consentito, dalla parte opposta, che la tutela del socio venga rafforzata, con l'inserimento nello statuto (ma solo delle società che non fanno ricorso al mercato del capitale di rischio) di **"ulteriori cause di recesso"**, in aggiunta a quelle legalmente prefigurate. Queste possono essere collegate a ***importanti mutamenti del programma organizzativo*** (ad es., un aumento di capitale con esclusione del diritto di opzione); o, secondo una tesi, pure a *significative vicende economiche della società*, precisamente individuate nello statuto.

Nei casi suddetti, **legittimato** a recedere è l'azionista che non abbia votato a favore della delibera modificativa e il recesso può essere esercitato anche solo per alcune delle azioni possedute, così da ridimensionare il proprio investimento nella società, senza azzerarlo.

d) È infine riconosciuto a ogni socio, ma solo nel caso in cui *la società non sia quotata in un mercato regolamentato e sia costituita a tempo indeterminato*, un diritto di **recesso *ad nutum***, cioè esercitabile liberamente in qualsiasi momento e non collegato al verificarsi di particolari ragioni giustificative: si evita così che, in assenza di un effettivo mercato delle partecipazioni, egli rimanga per sempre "prigioniero" dell'affare intrapreso.

Quanto alle **modalità di esercizio** del diritto, ai sensi dell'art. 2437-*bis* il recesso deve essere esercitato, come si è detto per tutte o alcune delle azioni possedute, con lettera raccomandata, da spedire entro quindici giorni dall'iscrizione nel registro delle imprese "della delibera che lo legittima". È ipotizzabile, tuttavia, che il recesso possa derivare da un fatto diverso da una deliberazione (v. ad es. gli artt. 2343 e 2355-*bis*): in questo caso il termine di legge è di 30 giorni dalla conoscenza del fatto in parola da parte del socio.

Dal momento dell'esercizio del recesso le azioni del socio recedente *devono rimanere depositate presso la sede sociale*, onde evitarne una circolazione che sarebbe – oltre che incoerente con l'intento manifestato dall'azionista – incompatibile col regolare e utile svolgimento della procedura di liquidazione.

In merito al procedimento previsto per il **calcolo della quota di liquidazione**, in coerenza con la *ratio* del recesso evidenziata in apertura di paragrafo, la legge fissa precisi criteri intesi a proteggere il valore dell'investimento azionario e il correlativo interesse del socio alla sua monetizzazione al momento dell'uscita dalla s.p.a. È disposto, in particolare, che il valore di liquidazione venga stabilito dagli amministratori (sentito il parere del collegio sindacale e di chi opera la revisione dei conti), "*tenuto conto della consistenza patrimoniale della società e delle sue prospettive reddituali, nonché dell'eventuale valore di mercato delle azioni*" (art. 2437-*ter*, co. 2). Si deve dunque procedere ad una valutazione del patrimonio sociale *in base ai suoi* ***valori reali attuali***, e non già in base ai (di regola inferiori) valori di bilancio. Per le **azioni quotate** la liquidazione è invece calcolata "facendo riferimento alla media aritmetica dei prezzi di chiusura nei sei mesi che precedono la pubblicazione ovvero la ricezione dell'avviso di convocazione dell'assemblea le cui deliberazioni legittimano il recesso" (art. 2437-*ter*, co. 3).

L'art. 2437-*ter* detta poi una procedura intesa alla tutela del socio, per assicurare che la determinazione della quota di liquidazione applichi in modo corretto i criteri già indicati. Per i casi in cui il recesso sia legittimato da una delibera assembleare, si stabilisce in particolare che coloro che siano interessati a recedere possono prendere visione *anticipatamente* della determinazione del valore delle azioni ai fini del recesso, la quale deve pertanto essere approntata – e può essere richiesta dal socio – "nei quindici giorni precedenti alla data fissata per l'assemblea". Ove i soci intendano contestare la determinazione effettuata, possono farlo con la stessa dichiarazione di recesso e in tale sede così sollecitare una diversa stima da parte di un *esperto nominato dal tribunale*, il quale è chiamato a effettuarla tramite relazione giurata.

Infine, con apposite norme è definita la **procedura di liquidazione** (art. 2437-*quater*). A differenza di quanto accade nelle società di persone, il recesso dell'azionista *non determina in linea di principio l'estinzione della partecipazione sociale, bensì il suo* ***trasferimento*** ad altri soggetti. In effetti, le azioni del recedente devono essere *offerte in opzione agli altri soci*, che hanno diritto di acquistarle, a un prezzo pari al valore indicato nella stima degli amministratori o dell'esperto, in proporzione alla rispettiva partecipazione, e con diritto di proporsi anche per l'acquisto delle azioni che rimanessero inoptate. In mancanza di soci interessati, gli amministratori possono cercare altri soggetti disponibili all'acquisto (e, nelle società quotate, negoziare la vendita sui mercati regolamentati). Le azioni che residuano da una tale procedura (perché non sono state acquistate né da soci né da terzi) devono essere rimborsate *direttamente dalla società* (la quale provvederà al loro acquisto), attingendo a riserve disponibili o utili distribuibili. Ove questi fondi non sussistano, occorrerà che si deliberi, in alternativa allo scioglimento della stessa (intera) s.p.a., una *riduzione del capitale sociale* (e allora con estinzione delle azioni) in osservanza delle regole di cui all'art. 2445, dettate a proposito della riduzione "reale" del capitale sociale. In caso di opposizione alla riduzione da parte dei creditori, *dovrà alternativamente deliberarsi, da parte dell'assemblea, o lo scioglimento della società o la revoca* "a monte" della prima delibera da cui si era originato il diritto di recesso.

3. *I diritti "amministrativi" della generalità dei soci. Il diritto di voto*

Con diritti di tipo "amministrativo" possono intendersi le prerogative che esprimono modi e termini di partecipazione del socio allo svolgimento dell'attività sociale (contribuendo alla produzione delle regole che indirizzano l'azione della persona giuridica s.p.a.). Tra queste situazioni, vanno anzitutto tenuti presenti i diritti rispondenti a un interesse *riferibile alla generalità dei soci*, strumentali al concorso alla formazione delle delibere assembleari: dunque, essenzialmente, i *diritti di intervento in assemblea e di voto* (artt. 2351 e 2370). Separata considerazione meritano, poi, le situazioni del socio intese alla protezione di un'esigenza della *minoranza azionaria* nei rapporti con la maggioranza.

Con l'esercizio della prima serie di prerogative, e in special modo attraverso il **diritto di voto**, gli azionisti hanno la possibilità di concorrere nella determinazione della volontà assembleare e così di incidere sulla vita della società: sia, direttamente, *concorrendo alle scelte dell'assemblea in materia di organizzazione dell'attività sociale*; sia *influendo indirettamente nei confronti della gestione*, specie attraverso il concorso nella nomina e nella revoca degli amministratori (o, in generale, dell'organo di gestione).

Va avvisato che l'interesse individuale a incidere col voto sull'iniziativa imprenditoriale non rappresenta un profilo essenziale della partecipazione azionaria, come è dimostrato dal fatto che la legge ammette espressamente, con l'art. 2351, co. 2, che "lo statuto può prevedere la creazione di **azioni senza diritto di voto**, con **diritto di voto limitato** a particolari argomenti, con diritto di voto subordinato al verificarsi di particolari condizioni non meramente potestative". Poiché il "controllo" dell'insieme degli azionisti nei confronti dell'attività sociale rappresenta, tuttavia, come già avvertito, uno strumento fondamentale di equilibrio dell'attività sociale, inteso a scongiurare il perseguimento di iniziative azzardate da parte di coloro cui è affidata la gestione, l'ordinamento stabilisce limiti al potere dell'autonomia statutaria di creare azioni con diritto di voto escluso o limitato: l'art. 2351, co. 2, dispone in particolare che "*il valore di tali azioni non può complessivamente superare la metà del capitale sociale*". In questo modo, si garantisce che almeno una parte rilevante di chi ha investito nel capitale di rischio della società sia nelle condizioni di esercitare il "controllo" in questione.

In relazione alle regole di dettaglio concernenti la spettanza del voto, il codice civile accoglie, come regola generale, il c.d. sistema **"un'azione-un voto"**: "ogni azione – stabilisce solennemente l'art. 2351, co. 1 – attribuisce il diritto di voto". L'unità di investimento rappresentata dall'azione va pertanto pure considerata quale ***unità di potere azionario***: cosicché, per aumentare la propria capacità di incidere sulle sorti della società, il socio deve necessariamente effettuare (tramite, ad es., un acquisto di azioni) un incremento proporzionale della propria quota di investimento nel capitale sociale. Viene in tal modo fortemente incoraggiato l'investimento (a differenza di quanto accade nelle società cooperative, dove invece vige il principio una testa-un voto), quale principale mezzo per ottenere il comando societario: consolidandosi il principio "plutocratico", di distribuzione del potere sulla base della quantità di ricchezza investita.

Tuttavia, in considerazione della estrema varietà dei rapporti di potere tra soci per i quali è ipotizzabile – e nei fatti realmente praticato – l'utilizzo della s.p.a., la legge prevede che l'autonomia statutaria possa stabilire una varia serie di **deroghe** al principio sopra indicato, così adattabili in particolare sia alle ipotesi in cui la società voglia essere caratterizzata da una stabile centralizzazione del comando sia, all'opposto, a quelle caratterizzate da una tendenziale democrazia partecipativa.

Dal primo punto di vista (ipotesi della centralizzazione del comando), una importante previsione è contenuta nell'art. 2351, co. 3, ai sensi del quale "salvo quanto previsto da leggi speciali, lo statuto può prevedere la creazione di ***azioni con diritto di voto plurimo*** anche per particolari argomenti o subordinato al verificarsi di particolari condizioni non meramente potestative". Si precisa, nella stessa disposizione, che "ciascuna azione a voto plurimo può avere fino a un massimo di tre voti". L'istituto in esame consente con evidenza agli azionisti di configurare assetti societari nei quali ad alcuni di loro (appunto, grazie al possesso di azioni a voto plurimo) sia possibile detenere, con un investimento proporzionalmente ridotto rispetto all'intero capitale sociale, *una stabile quota di controllo dell'assemblea*: in tal modo, da un lato, di fatto si annulla o si riduce sensibilmente la possibilità che la società sia soggetta a periodici cambi di maggioranza, dall'altro, si rafforzano le probabilità che l'operato degli amministratori sia soggetto (da parte appunto del socio stabilmente interessato al suo governo) a un serio e continuo monitoraggio.

Nel complesso, l'emissione di categorie azionarie a voto plurimo (da una parte) o a voto limitato o escluso (dall'altra) consente ad alcuni soci, qualora siano particolarmente attivi ed interessati al controllo, di acquisire risorse finanziarie collocando azioni presso altri soggetti, ma senza perdere le redini della società: consente a tali soci, in altre parole, di conservare detto controllo anche senza detenere la maggioranza del capitale. Per effetto, tuttavia, dei richiamati limiti generali imposti dalla legge all'autonomia (quello del divieto di emissione di azione senza voto o a voto limitato per più della metà del capitale sociale e quello dei tre voti come massimo voto plurimo riconoscibile) accade che lo statuto non può in alcun modo far scendere la partecipazione minima di controllo al di sotto del 12,5% + 1 del capitale: soglia che si otterrebbe se la società emettesse azioni prive di voto per la metà del capitale e una ulteriore categoria di azioni a voto triplo, per un ottavo (12,5%) dello stesso (il titolare di queste e di un'altra azione a voto unitario godrebbe della maggioranza dei voti esercitabili in assemblea).

Il voto plurimo è peraltro oggetto di *espresso divieto nelle società quotate*, in ragione dell'esigenza di una più forte protezione del meccanismo della c.d. contendibilità del controllo: tali medesime società mantengono (e dunque non sono tenute ad annullare) le azioni a voto plurimo solo se eventualmente già emesse *anteriormente alla quotazione*.

Dall'altra parte, come si accennava è pure possibile moderare la vigenza del principio plutocratico, con previsioni intese a facilitare la realizzazione di una opposta regola di *democrazia azionaria*, impedendo l'automatica progressione del potere di controllo a misura dell'aumento del numero di azioni possedute. Ai sensi, del co. 3 del citato art. 2351, può infatti statutariamente stabilirsi che, "in relazione alla quantità di azioni possedute da uno stesso soggetto, ***il diritto di voto sia limitato ad una misura massima o disporne scaglionamenti***". È così immaginabile che, in concreto, il possesso nelle mani di una sola persona di una certa percentuale di azioni *comporti la non spettanza del diritto in questione*, la quale operi: o in relazione alla quota posseduta al di sopra di una soglia data (ad es., stabilendosi che il voto non spetti per la parte di azioni, posseduta dalla stessa persona, eccedente il 5% del capitale sociale); o per "salti" tra uno "scaglione" e l'altro (là dove si preveda, ad es., che il voto non spetti al di sotto della soglia del 10%, e poi via via non aumenti se non al raggiungimento ulteriore delle misure del 20%, 30% e così via). Della possibilità, infine, prevista per le società quotate, di definire una maggiorazione del voto per il singolo socio in conseguenza dell'eventuale possesso continuativo di azioni (anche ordinarie), si tratterà diffusamente in altra sede (v. § 57.II).

4. *I diritti della minoranza*

La s.p.a. può dirsi sede di varie "tensioni" o "contrapposizioni" tra soggetti portatori di interessi distinti. Così, all'interesse degli amministratori alla gestione indisturbata dell'impresa fa da contraltare quello del gruppo dei soci al "controllo" della stessa, onde evitare o ridurre il rischio che gli amministratori approfittino della propria posizione di detentori esclusivi della gestione e indirizzino quest'ultima verso scopi contrari a quelli per i quali è stata loro conferita. È in vista della protezione di tale esigenza che sono tipicamente previste le competenze dell'assemblea dei soci, e le riferite prerogative di questi ultimi in tale ambito.

La s.p.a. è però normalmente sede anche di un'ulteriore contrapposizione di interessi: quella *tra maggioranza e minoranza dei soci*, occasionata dall'esistenza, in capo ai primi, del potere di determinare o indirizzare le scelte sociali, e l'aspettativa dei secondi di evitare che l'esercizio del potere in parola realizzi una ingiusta prevaricazione, strumentale al perseguimento di interessi personali contrastanti con la realizzazione della causa lucrativa comune.

Al fine di tutelare tale aspettativa e di scongiurare l'evenienza dell'ingiusto approfittamento, da parte di alcuni soci, della posizione di potere concretamente assunta, vengono riconosciuti agli azionisti detentori di quote minori del capitale sociale i c.d. **diritti della minoranza**, con i quali tali soggetti possono ottenere protezione adeguata contro eventuali abusi della maggioranza, o sollecitare gli organi sociali, nell'inerzia di questa, all'adempimento dei propri doveri fiduciari nel perseguimento dell'oggetto sociale.

Tra tali situazioni, di cui si darà adeguatamente conto man mano che verranno affrontati gli argomenti ai quali sono collegate, si possono distinguere, in primo luogo, le ***prerogative funzionali alla promozione della regolare attività dell'assemblea***, in particolare attraverso la facoltà di sollecitarne la convocazione (art. 2367) o il rinvio della riunione per una migliore preparazione della discussione (art. 2374), nonché la previsione del potere di impugnativa delle delibere di tale organo (art. 2377, co. 3). Prerogative particolari (quali il diritto all'integrazione dell'ordine del giorno, *ex* art. 126-*bis* TUF, o alla presentazione di domande ante assemblea, *ex* art. 127-*ter* TUF) sono poi riconosciute al socio di minoranza di società quotate in ragione delle speciali dinamiche di *governance* operanti in relazione a tali enti. In secondo luogo, possono tenersi presenti quelle ipotesi in cui *la tutela accordata è occasionata da comportamenti degli amministratori* (attuati in accordo con la volontà della maggioranza) e comporta la possibilità di sollecitare l'intervento, nei loro confronti, degli organi di vigilanza e controllo. Vengono in rilievo, in proposito, i casi del ***potere di denunzia*** spettante ai soci: o nei confronti del *collegio sindacale*, per l'ipotesi di compimento da parte degli amministratori di *fatti censurabili* (art. 2408); o *al tribunale*, nell'eventualità di fondato sospetto di *gravi irregolarità* nella gestione (art. 2409).

In quasi tutte le ipotesi ora indicate, le prerogative attribuite dalla legge sono riconosciute al socio, o a gruppi di soci, solo al possesso (solitario o congiunto) di particolari **percentuali del capitale sociale** (che verranno indicate nel dettaglio, man mano che si tratteranno i singoli istituti in commento). Una tale delimitazione dei poteri di stimolo e sollecitazione del socio, tipica del modello s.p.a., consente evidentemente di attenuare il rischio di comportamenti ispirati a un intento puramente emulativo o ricattatorio da parte di chi sia titolare di una sola azione o comunque di quote di investimento marginali rispetto al capitale complessivamente destinato all'attività comune.

5. *Pegno, usufrutto e sequestro di azioni*

I diritti fin qui descritti spettano, in via ordinaria, al socio, il quale si identifica a sua volta nel *titolare delle azioni*. Questi può infatti legittimarsi in quanto tale nelle forme che vedremo e con ciò acquistare la possibilità di esercitare tutte le prerogative collegate alle azioni, le quali concorrono a formare la partecipazione sociale. Una tale regola subisce tuttavia una rilevante deroga là dove le azioni siano sottoposte a **vincoli di tipo reale o giudiziale**, dovendosi in tale caso conciliare l'interesse del socio alla partecipazione con quello di terzi soggetti, nell'interesse dei quali detti vincoli possono sorgere.

Al riguardo, il legislatore si occupa in particolare dell'eventualità che le azioni siano oggetto di **pegno** o **usufrutto** ovvero dell'ipotesi che siano genericamente sottoposte a **sequestro** (senza distinguere a tale ultimo proposito in relazione alla fonte dello stesso e dunque tra "sequestri" di diverso genere, conservativo, giudiziario o convenzionale). E ciò al fine appunto di determinare a chi competa in questi casi, nell'alternativa se riconoscerli al socio o agli altri soggetti coinvolti da detti vincoli, l'esercizio dei diritti azionari: tenendo conto, in tale regolamentazione, da un lato, dell'interesse personale di suddetti soggetti al soddisfacimento, per il tramite della partecipazione in società, delle esigenze in vista delle quali i vincoli sono immaginati; dall'altro, e soprattutto, di come queste esigenze meglio si concilino con l'obbiettivo del perseguimento dell'interesse sociale.

L'art. 2352 si occupa in primo luogo a questo proposito della disciplina del **diritto di voto**, stabilendo: in caso di pegno o usufrutto, che esso "spetta", salvo che non sia diversamente previsto, al *creditore pignoratizio* o all'*usufruttuario*; in caso di sequestro, che lo stesso "è esercitato" dal *custode*. Come è stato bene evidenziato, dal primo punto di vista, la legge sembra riconoscere in capo a creditore pignoratizio e usufruttuario una posizione autonomamente rilevante in seno all'organizzazione sociale: nell'esercizio del voto essi sembrano così potersi ispirare al *proprio interesse protetto* dalla situazione soggettiva posseduta (l'usufrutto, il pegno) e non "rappresentare" invece gli interessi del titolare. Altra è, invece, la posizione del custode in caso di sequestro, il quale è chiamato a esercitare i diritti *per conto altrui*, essendo opportuno che il suddetto esercizio, durante il periodo di durata del medesimo sequestro, non sia invece soggetto al volere discrezionale del reale interessato.

È al socio che compete, invece, in base all'art. 2352, co. 2, il **diritto di opzione** in caso di aumento di capitale a pagamento, nonché le nuove azioni rivenienti dall'operazione, una volta emesse.

Per i diritti della minoranza o comunque tutti gli **altri diritti amministrativi** diversi da quelli sopra menzionati (ad es., diritto all'impugnativa delle delibere assembleari viziate), mentre nel caso di sequestro ne è sempre disposto l'esercizio a opera del custode, nell'ipotesi di pegno o usufrutto è previsto che spettino *sia* al creditore pignoratizio o all'usufruttuario, *sia* al socio (ult. co.). In relazione, invece, ai diritti patrimoniali, occorre distinguere: mentre la legittimazione alla percezione degli utili e della quota di liquidazione nei rapporti con la società compete ai titolari dei diritti frazionari (creditore pignoratizio e usufruttuario), la spettanza "finale" dei diritti in parola nei rapporti interni tra socio e titolare del diritto frazionario (creditore pignoratizio od usufruttuario) dipende dalle norme previste all'interno di tali istituti.

III. *Le categorie di azioni*

1. *La libertà di creazione di azioni "speciali"*

Come si è accennato, l'art. 2348, dopo avere sancito il principio dell'uguaglianza delle azioni, nel co. 2 precisa che "si possono tuttavia creare, con lo statuto o con successive modificazioni di questo, categorie di azioni fornite di diritti diversi". Viene così consentito alle s.p.a. di emettere **azioni "speciali"**, differenti rispetto a quelle c.d. ordinarie in quanto caratterizzate dall'attribuzione di diritti non coincidenti, per genere o misura, con quelli di norma collegati per legge in sé, nel silenzio dello statuto, al possesso dell'azione.

La logica sottesa all'emissione di azioni speciali è quella della *diversificazione dell'offerta di strumenti finanziari di raccolta di capitale*, in considerazione della varietà degli interessi che possono esprimere gli investitori presenti sul mercato e dunque della potenzialmente diversa "domanda di investimento" da essi concretamente rappresentata. Tra essi vi possono essere, infatti, come si ricava del resto dalle regole in tema di diritti azionari, sia soggetti interessati al *controllo della società* e alla partecipazione alle dinamiche d'impresa, sia individui che mirino unicamente al *profitto e al risultato* dell'attività, in sé considerato; tra questi ultimi possono poi distinguersi coloro che adottino un'*ottica di produzione di risultati nel lungo periodo*, rispetto agli *"speculatori puri"*, interessati a lucrare in un breve arco di tempo sul gioco dei listini; se alcuni possono avere, infine, maggiore *propensione al rischio*, altri potrebbero cercare di *ridurlo al massimo* o comunque in termini significativi com'è di norma il caso dei risparmiatori: seppure nei limiti di un investimento, com'è quello in azioni, di per sé soggetto al pericolo dell'integrale perdita, in ipotesi di crisi, del capitale investito.

Come evidenziato più volte, tuttavia, non è possibile dare vita ad *una singola azione* attributiva di particolari diritti, confezionati *ad hoc* per rispondere alle esigenze di un singolo socio; ciò che è possibile creare è una **categoria di azioni**, cioè una pluralità di azioni *eguali tra loro*, attraverso la cui speciale conformazione (cioè, attraverso gli speciali diritti attribuiti dalle quali) intercettare le esigenze di una particolare *classe di investitori*. E per meglio assecondare l'eventualità di una domanda di investimento così diversificata, si concede all'autonomia statutaria la più ampia **libertà di creazione** di categorie speciali. Sul piano dei limiti all'emissione di azioni di categoria, così, la legge, sebbene prefiguri alcune fattispecie determinate (così precisandone in termini generali l'ammissibilità e la disciplina di massima), evita tuttavia di stabilire un catalogo chiuso di "tipi di azioni". V'è dunque piena libertà per i soci (al momento della costituzione della società o in sede di modifica statutaria) di immaginare e conformare ogni categoria senza dovere seguire schemi predefiniti.

Dal punto di vista, poi, dei possibili contenuti particolari delle azioni speciali, fermo il fatto che la specialità deve consistere *nell'attribuzione o esclusione di particolari "diritti"*, è certo che questi possano riguardare tanto *la posizione patrimoniale del socio* quanto *quella amministrativa*.

2. *Le fattispecie*

a) Più in dettaglio, sotto il primo profilo (cioè con riguardo ai diritti di tipo patrimoniale), possono crearsi categorie di azioni le quali attribuiscano ai relativi possessori un **"privilegio patrimoniale"**, consistente nel ***diritto a un utile maggiorato*** o ***maggiormente garantito*** rispetto agli altri azionisti, prevedendosi che ai titolari di tali azioni speciali spetti: o sempre una percentuale in più dell'utile eventualmente oggetto di distribuzione, rispetto a quella destinata agli azionisti ordinari; ovvero una priorità nella riscossione del diritto al dividendo entro certe percentuali (stabilendosi ad es. che gli azionisti ordinari possano concorrere al dividendo solo dopo che gli azionisti speciali abbiano ricevuto una remunerazione pari al 2% del capitale investito).

b) L'art. 2348, co. 2, precisa inoltre che la "diversità" della posizione patrimoniale dell'azionista di categoria può riguardare "anche l'**incidenza delle perdite**": è cioè ammissibile la creazione di una categoria azionaria che attribuisca all'azionista speciale (anche quale unico vantaggio offertogli) il diritto di subire l'imputazione delle eventuali perdite della società (in sede di riduzione del capitale) solo *dopo che le stesse abbiano colpito la partecipazione degli altri soci*. Là dove, ad es., una s.p.a. con capitale 500.000 €, di cui 100.000 rappresentato da azioni speciali postergate nelle perdite e 400.000 da azioni ordinarie, dovesse deliberare *ex* art. 2446 una riduzione del capitale per perdite pari a 200.000 €, queste determinerebbero un abbattimento esclusivamente della partecipazione degli azionisti titolari delle azioni ordinarie, i quali vedrebbero la propria quota di capitale ridursi da 400.000 a 200.000 €. Il rapporto tra azioni speciali e azioni ordinarie passerebbe dunque dalla precedente misura di 1/5 alla nuova di 1/3.

c) Sempre sul piano delle prerogative di tipo patrimoniale, azioni rappresentative di una partecipazione particolare devono considerarsi le c.d. **azioni correlate**, stabilite dall'art. 2350, co. 2, le quali si caratterizzano in quanto "*fornite di diritti patrimoniali correlati ai risultati dell'attività sociale in un* ***determinato settore***". Si tratta dunque di titoli che collegano la remunerazione dell'investimento del socio, anziché a una proporzione tra questo e l'*intero* profitto della società, all'utile prodotto da essa in un *particolare "settore"* (e cioè ai profitti specificamente derivanti da una individuata porzione dell'attività sociale o anche, secondo quanto si afferma in prevalenza, dalla realizzazione di uno specifico affare).

La previsione è coerente con la più volte sottolineata promozione, da parte del legislatore, dell'autonomia privata in ambito societario e la collegata liberalizzazione delle regole sull'organizzazione della s.p.a. La categoria ora in esame è in particolare suscettibile di essere utilizzata specialmente in relazione a iniziative di *venture capital* o comunque in generale nell'eventualità che vi siano investitori interessati a "puntare" su particolari prodotti o branche dell'attività sociale in via separata rispetto ad altri. Sul piano della disciplina, il co. 3 dell'art. 2350 ha tuttavia cura di precisare che "non possono essere pagati dividendi ai possessori delle azioni previste dal precedente comma se non nei limiti degli utili risultanti dal bilancio della società". E ciò in quanto i titolari degli strumenti in parola sono sempre azionisti, sicché deve necessariamente loro applicarsi la regola generale secondo la quale il concreto diritto alla riscossione di utili ha come presupposto l'esistenza di fondi sufficienti a "coprire" le passività della società e il capitale: il diritto di tutti soci, "correlati" o meno, è sempre idealmente condizionato al concreto accertamento dell'idoneità del patrimonio sociale al preventivo soddisfacimento dei terzi creditori.

d) Dal punto di vista dei **diritti amministrativi** del socio, si è già illustrato che l'art. 2351 consente con larghezza tanto il *potenziamento* che la *compressione* della "ordinaria" posizione del medesimo: fino ad ammettere – sia in relazione ad ogni assemblea sia con riguardo a particolari decisioni – che si possa, da un lato, creare **azioni a voto plurimo** (*doppio o triplo*), dall'altro del tutto *escludere il diritto di voto* dell'azionista (si parla a quest'ultimo proposito di **azioni a voto escluso** e di **azioni a voto limitato**, ad es. limitato alle materie di competenza dell'assemblea straordinaria, o alla materia dell'approvazione del bilancio). Si potrà anche subordinare il diritto di voto delle azioni speciali al verificarsi di particolari condizioni (**azioni a voto condizionato**): ad es. stabilendo che il diritto di voto spetti solo se, nell'esercizio precedente, non siano stati distribuiti utili.

Potrà dunque immaginarsi la contemporanea presenza di azionisti i quali, pur godendo dei medesimi diritti patrimoniali, anche a parità di capitale investito siano caratterizzati da una situazione molto diversa sotto il profilo del potere di incidenza nella vita sociale detenuto da ciascuno di essi. Secondo un orientamento, tale incidenza può spingersi fino al punto di attribuire all'azionista diritti amministrativi potenziati ulteriori rispetto a quelli tipicamente elencati nell'art. 2351, così ad es. prevedendosi che gli azionisti speciali abbiano (con decisione da assumere in sede di assemblea speciale) **diritto di veto** nei confronti di determinate decisioni (ad es., in relazione all'autorizzazione alla vendita di cespiti aziendali) o il **diritto di nomina** di un membro del consiglio di amministrazione (come l'art. 2351, co. 4 stabilisce del resto possa disporsi per i titolari di strumenti finanziari partecipativi) o anche più consiglieri, tali da rappresentare la maggioranza degli amministratori in carica.

Tipicamente prive del diritto di voto, salva diversa disposizione dello statuto, sono le c.d. **azioni di godimento** (art. 2353), la cui emissione è prevista in favore di quei soggetti ai quali sia stato rimborsato, in sede di riduzione "reale" del capitale sociale (*ex* art. 2445) operata non proporzionalmente tra i soci (di talché siano state annullate le azioni prima emesse di solo alcuni dei soci), il valore nominale delle azioni precedentemente possedute. Poiché in una tale eventualità ai titolari di queste azioni è stato già restituito l'importo prestato in sede di conferimento (ossia, appunto, il capitale nominale versato), la legge coerentemente stabilisce per il periodo successivo a tale restituzione che la partecipazione del socio il quale ne abbia goduto, pur se consentita grazie al possesso di tali azioni, subisca una severa mortificazione del diritto alla percezione degli utili o al concorso alla ripartizione del patrimonio sociale residuo in sede di scioglimento della società: l'art. 2353 in particolare attribuisce ai titolari di azioni di godimento solo il diritto a concorrere, "nella ripartizione degli utili che residuano dopo il pagamento delle azioni non rimborsate, di un dividendo pari all'interesse legale e, nel caso di liquidazione, nella ripartizione del patrimonio sociale residuo dopo il rimborso delle altre azioni al valore nominale".

e) Le categorie qui presentate non esauriscono quelle potenzialmente oggetto di elaborazione dall'autonomia privata, stante il già menzionato *principio della libertà di creazione*. Così, potrebbe immaginarsi anche una categoria caratterizzata ad es. dall'attribuzione del diritto di recesso per cause non previste per le altre azioni. Si parla di **atipicità delle azioni speciali**.

Unici **limiti inderogabili** sono rappresentati dal ***divieto del patto leonino*** (art. 2265, come sappiamo, applicabile a tutti i tipi sociali) e dal necessario rispetto di un ***equilibrio tra rischio e potere***, nell'allocazione del diritto di voto tra le varie categorie (art. 2351, co. 2, già esaminato, secondo cui il valore complessivo delle azioni con voto limitato o escluso non può superare la metà del capitale sociale); va poi ricordato che nelle società quotate l'art. 126-*sexies* vieta l'emissione di azioni a voto plurimo).

3. *Le assemblee speciali*

La ricorrenza di una pluralità di emissioni diversificate, e dunque di categorie di azioni, implica che è più complessa la possibilità di una composizione dei diversi interessi, in vista del formarsi di un indirizzo, in relazione all'attività sociale, che possa dirsi "comune". E invero: da un lato, v'è la necessità di proteggere la posizione dei portatori degli interessi della categoria, i quali spesso rappresentano una minoranza nel capitale sociale, contro l'eventualità di decisioni della maggioranza che non tengano conto delle particolari esigenze espresse dai primi; dall'altro, per lo stesso funzionamento della s.p.a. è fondamentale che la maggioranza possa assumere decisioni opportune nell'interesse sociale, senza essere oltre modo "ingessata" dalle pretese dei singoli soci di categoria, anche promuovendo radicali innovazioni nelle regole originariamente decise al momento delle singole emissioni: ciò che del resto è regola, in generale, in caso di modifiche statutarie.

Per contemperare queste distinte esigenze, in vista della migliore disciplina del complesso rapporto che viene a instaurarsi tra i soci con l'emissione di categorie di azioni, il legislatore prevede l'*istituzione di un organo particolare*, l'**assemblea speciale** degli azionisti di categoria. In particolare, al fine della tutela degli interessi di categoria contro l'eventualità di un prevalere, *sic et simpliciter*, del potere della maggioranza dei soci, l'art. 2376, co. 1, dispone che, allorché *le deliberazioni dell'assemblea pregiudicano i diritti di una categoria di azioni*, *esse "devono essere approvate anche dall'assemblea speciale degli appartenenti alla categoria interessata"*: e ciò, secondo quanto pacificamente si ritiene, a pena di *inefficacia* di tali medesime deliberazioni.

In altre parole, l'assemblea generale degli azionisti può, con le consuete maggioranze, anche modificare *in pejus* i diritti delle azioni speciali, e non occorre che ricerchi, per rendere efficace la modifica, il consenso individuale di tutti i titolari della categoria pregiudicata dalla modifica stessa. Neppure però può farlo semplicemente imponendo la propria decisione su quella dei soci di categoria, poiché dovrà, invece, ottenere il consenso della *maggioranza* di questi ultimi, espressa in forma di delibera dell'assemblea speciale, per il cui funzionamento è peraltro prevista l'applicazione delle regole dettate in materia di assemblea straordinaria (art. 2376, co. 2).

§ 47. I TITOLI AZIONARI. LEGITTIMAZIONE DEL SOCIO E CIRCOLAZIONE DELLE AZIONI

SOMMARIO: I. *Le diverse tecniche di documentazione dell'azione*. – II. *I titoli azionari (cartacei)*. – 1. La rilevanza dell'emissione dei titoli azionari. Azioni e titoli di credito. – 2. Trasferimento dei titoli azionari e conseguimento della legittimazione. – III. *La dematerializzazione delle azioni*. – IV. *La mancata emissione*. – V. *I limiti statutari alla circolazione delle azioni*.

I. *Le diverse tecniche di documentazione dell'azione*

Si è detto che uno degli elementi fondamentali che spiegano la fortuna economica della s.p.a. e la sua ampia utilizzazione da parte degli operatori è la possibilità offerta agli azionisti di potere disinvestire già nel corso della vita della società, utilizzando la via d'uscita rappresentata dal c.d. "mercato secondario", e cioè tramite il trasferimento a terzi delle azioni già emesse. Ciò significa in primo luogo prevedere, in sé, l'astratta trasferibilità delle azioni: ed a questo la legge in effetti provvede con una serie di norme su cui avremo modo di soffermarci in dettaglio. In secondo luogo, per garantire – oltre che la possibilità – la *facilità* della circolazione, è esigenza sentita dal legislatore quella di approntare un sistema di regole rivolto a rendere possibile la stessa *creazione di un efficiente mercato secondario delle azioni*: e ciò impone di risolvere l'esigenza che queste possano essere percepite dalla generalità dei consociati come un "bene" suscettibile di formare oggetto di acquisto in un contesto caratterizzato da scambi "impersonali".

a) A questo specifico scopo, e al collegato fine di rendere facile e sicuro (sia per la società sia per il socio) pure l'*esercizio* dei diritti sociali in suddetto contesto, è previsto che la s.p.a. si possa avvalere di un particolare strumento: l'emissione di **titoli azionari**, la cui trasmissione è governata dalle ***regole sui titoli di credito***. Con tale *operazione di emissione*, più volte menzionata dalla legge (v. artt. 2346, co. 1; 2354, co. 2 e 5), alla creazione e assegnazione delle azioni tradizionalmente si accompagna la consegna al socio di documenti cartacei, rappresentativi delle suddette azioni: questi diventeranno un mezzo necessario (nel senso che vedremo) per permettere la cessione della partecipazione e l'esercizio dei relativi diritti. I documenti in parola hanno peraltro un **contenuto tipico**, previsto dall'art. 2354, co. 3: norma che elenca una serie di indicazioni destinate a permettere la diretta e indiretta conoscenza, da parte dell'investitore, delle caratteristiche essenziali della specifica partecipazione azionaria acquistata.

b) L'art. 2354, co. 6, fa salve, inoltre, le "disposizioni delle leggi speciali in tema di strumenti finanziari negoziati o destinati alla negoziazione nelle sedi di negoziazione". Tale disposizione rinvia di fatto all'art. 83-*bis* TUF, dove si prevede che gli strumenti finanziari appena menzionati (cioè appunto quelli trattati in tali sedi) "possono esistere solo in forma scritturale". Ne consegue che, *per le* ***azioni quotate*** *in* *mercati regolamentati o negoziate in altri sistemi di negoziazione*, poiché senz'altro qualificabili quali strumenti finanziari ai sensi della norma appena citata (e v. l'art. 1, co. 1-*bis* e 2, TUF), *un'emissione di titoli, nella tradizionale forma cartacea, non può avvenire*. Il trasferimento e l'esercizio dei diritti relativi a dette azioni devono allora effettuarsi in conformità alle regole previste negli art. 83-*ter* ss. TUF, relative alla c.d. ***dematerializzazione degli strumenti finanziari***. Tali azioni sono in particolare rappresentate da **titoli scritturali**, la cui circolazione e l'esercizio dei cui diritti sono assoggettati alle regole (per vero analoghe a quelle dei titoli cartacei) che abbiamo esaminato a suo tempo (v. § 20).

Il sistema dei titoli scritturali, peraltro, non è necessariamente esclusivo degli strumenti quotati, essendo in generale stabilito nel TUF (art. 83-*bis*, ult. co.) che "l'emittente strumenti finanziari diversi da quelli di cui al comma 1 può volontariamente assoggettarli al regime di dematerializzazione presso un depositario centrale stabilito nel territorio della Repubblica, secondo la disciplina della presente sezione". Nel caso delle azioni, è dunque possibile che pure un ente che non sia dovuto per legge ricorrere ai titoli scritturali, com'è il caso delle società con azioni non quotate, opti comunque per tale forma di emissione, in sostituzione dell'ordinaria modalità cartacea; in forza dell'art. 2354, co. 7, perché vi si possa ricorrere, una tale eventualità deve essere tuttavia *contemplata nello statuto*.

c) Infine, va detto che la documentazione dell'azione, in sé, in forma cartacea o scritturale che sia, non è senz'altro obbligatoria (salvo che per le azioni quotate, in relazione a quella scritturale). L'art. 2346, co. 1, dopo avere solennemente statuito che "la partecipazione sociale è rappresentata da azioni", precisa infatti che *"lo statuto può escludere l'emissione dei relativi titoli"* (e insieme anche la dematerializzazione). In una tale eventualità, accade pertanto che all'atto della creazione seguirà unicamente l'iscrizione nel libro soci dell'azionista, così come dopo ogni trasferimento interverrà l'iscrizione in tale libro dell'acquirente. In questo caso, però, la circolazione ***non è soggetta alle regole cartolari*** e non viene dunque favorita la creazione di un mercato secondario delle partecipazioni.

Ciò premesso, è bene procedere con ordine all'illustrazione della disciplina relativa alla materia in questione: cominciando da quella dedicata all'ipotesi, più tradizionale, di emissione dei titoli azionari cartacei, nella quale riprenderemo alcuni temi già trattati nella parte dedicata in generale alla circolazione della ricchezza mobiliare.

II. *I titoli azionari (cartacei)*

1. *La rilevanza dell'emissione dei titoli azionari. Azioni e titoli di credito*

Come accennato, l'emissione di titoli azionari consente l'applicazione di una particolare disciplina (quella dei ***titoli di credito***), intesa a permettere di dare *velocità e certezza* a due momenti fondamentali nella vita dell'organizzazione societaria: l'esercizio dei diritti sociali e la circolazione delle azioni. Bisogna soffermarsi distintamente su questi due profili.

Il possesso dei titoli azionari da parte dell'azionista consente, anzitutto, di riconoscergli la c.d. **legittimazione attiva all'esercizio dei diritti** attribuiti dalle azioni possedute.

È bene ricordare, a tale riguardo, che il concetto di *legittimazione* va distinto da quello di *titolarità* di un diritto: mentre quest'ultima concerne l'astratta *spettanza* del diritto medesimo, la legittimazione riguarda l'individuazione del soggetto al quale compete in fatto il potere di esercitarlo efficacemente nei rapporti coi terzi. Se le due situazioni sono ordinariamente unificate in capo ad un unico soggetto nell'ordinamento, ciò non accade sempre, specie nell'ambito del diritto commerciale. Si è visto in particolare che, nell'ipotesi dei titoli di credito, legittimato all'esercizio delle relative pretese è, ai sensi dell'**art. 1992**, il *possessore* (eventualmente qualificato) del titolo; si è visto anche che il possesso non gli attribuisce di per sé la titolarità del diritto, né alcuna posizione giuridica qualificabile come credito alla prestazione ma, per l'appunto, la sola legittimazione, la quale consiste nel potere di pretendere la prestazione dal debitore senza dovere provare altrimenti la titolarità del diritto stesso.

Ora, là dove prevista, una tale separazione tra legittimazione e titolarità *realizza efficienza*: in quanto consente il velocizzarsi del conseguimento dell'utilità connessa all'esercizio di un diritto, specie là dove questo sia sottoposto a un'ampia serie di trasferimenti. Ne deriva che l'emissione di un titolo azionario, nella misura in cui attribuisce la legittimazione attiva all'esercizio dei diritti sociali a chi assuma – nelle forme stabilite dall'art. 2355, v. *infra* – il possesso legittimo del titolo stesso, correlativamente conferisce i caratteri di *certezza e rapidità alla stessa attività sociale*, atteso che questa in larga misura si basa appunto sull'esercizio dei diritti attribuiti dalle azioni ai soci.

Tali certezza e rapidità caratterizzano, poi, anche la **circolazione delle azioni** allorché rappresentate da titoli.

Infatti, in primo luogo, chi acquista un titolo azionario ne può appunto prontamente assumere la legittimazione e dunque con essa la possibilità di un efficiente esercizio delle proprie prerogative. In secondo luogo, soprattutto, il possesso legittimo del documento garantisce all'acquirente una *tutela rafforzata del suo acquisto*, applicandosi ai titoli azionari la regola prevista in materia cartolare dall'**art. 1994**, secondo cui "chi ha acquistato in buona fede il possesso di un titolo di credito, in conformità delle norme che ne disciplinano la circolazione, non è soggetto a rivendicazione" (c.d. **autonomia reale**). L'investitore che decida pertanto di acquistare azioni, là dove siano stati emessi i relativi titoli, *non dovrà investigare circa la reale titolarità dell'ipotetico venditore*: essendo sufficiente, ai fini dell'acquisto di un'inattaccabile titolarità, che gli sia garantita l'assunzione del possesso legittimo dei titoli stessi.

A questo va aggiunta la tutela garantita all'acquirente dall'**art. 1993**, in virtù del quale al possessore del titolo sono opponibili solo le eccezioni reali e le eccezioni a lui personali, non invece quelle fondate su rapporti personali con i precedenti possessori: cosicché, ad es., l'acquirente dell'azione potrà esigere dalla società il pagamento dei dividendi, anche se questi fossero già stati corrisposti al cedente, se l'avvenuto pagamento non risulta dal titolo (attraverso lo stacco della relativa cedola).

2. *Trasferimento dei titoli azionari e conseguimento della legittimazione*

Ai sensi dell'art. 2354, co. 1, "i **titoli** possono essere **nominativi o al portatore** a scelta del socio, se lo statuto o le leggi speciali non stabiliscono diversamente". Una tale previsione, la quale con chiarezza configura un possibile duplice regime di circolazione delle azioni, nella sostanza risale all'emanazione del codice civile; tuttavia, quasi contemporaneamente un altro provvedimento (il r.d.l. 1148/1941) smentiva l'originaria scelta del codice, stabilendo, con norma tuttora vigente, che "*le azioni delle società aventi sede nello Stato* ***devono essere nominative***".

Ancora oggi la legge conferma la scelta compiuta dal legislatore del 1941-1942 sulla generale **obbligatorietà delle azioni nominative**, la quale si comprende tenendo presenti i possibili svantaggi dell'anonimato azionario (maggior rischio di appropriazione indebita dei titoli, minore rintracciabilità della ricchezza, minore possibilità di coesione tra soci). Solo in via teorica è concessa, pertanto, la possibilità di influire sulla velocità degli scambi azionari regolando la legge di circolazione. Fanno eccezione i rari casi in cui la legge ha espressamente autorizzato l'emissione di azioni al portatore, oggi di fatto prevista unicamente per le azioni di risparmio e per le azioni delle Sicav (una particolare forma di società esclusivamente destinata allo svolgimento di attività di gestione del risparmio): art. 145, co. 3, e 45, co. 4, TUF.

Sul piano della disciplina, la nominatività azionaria comporta anzitutto l'applicazione del particolare regime in tema di circolazione, proprio dei titoli di credito nominativi: regime che, in conformità alle generali regole, si articola in *due diverse* **modalità di trasferimento**. Al riguardo, va tenuto presente anzitutto l'art. 2355, co. 4, il quale rinvia al sistema del c.d. *transfert*, disciplinato dall'art. 2022. Ai sensi di quest'ultima disposizione, il trasferimento azionario si può operare con la ***doppia annotazione*** del nome dell'acquirente, a cura dell'organo amministrativo della società, sul titolo e sul registro dell'emittente (nella specie: sul libro soci), o col rilascio di un nuovo titolo intestato all'acquirente.

Alternativamente al *transfert*, l'art. 2355, co. 3, stabilisce – con una norma quasi identica a quella dettata dall'art. 2023, co. 1 – che il trasferimento delle azioni nominative possa effettuarsi "mediante ***girata autenticata*** da un notaio o da altro soggetto secondo quanto previsto da leggi speciali". In base all'art. 2023, co. 2, la girata deve essere piena e, ove le azioni non siano interamente liberate, deve essere sottoscritta anche dal giratario. In relazione agli effetti collegati a questa modalità di trasferimento, l'art. 2355 deroga però a quanto previsto in generale per i titoli nominativi nell'art. 2021 (secondo cui il possessore consegue la legittimazione "per effetto dell'intestazione a suo favore contenuta nel titolo e nel registro dell'emittente"), stabilendo che il giratario che si dimostri possessore in base a una serie continua di girate "*è comunque legittimato ad esercitare i diritti sociali*". In altri termini, per potere esercitare i diritti sociali non occorre che il possessore del titolo preventivamente chieda e ottenga l'iscrizione nel libro soci: basterà esibire il documento munito di regolare girata. Va detto però che in seguito all'esercizio dei diritti da parte dell'azionista, la società dovrà aggiornare il libro soci (come tuttora richiesto da specifiche previsioni: art. 2370, co. 5; art. 5 l. 1745/1962) iscrivendovi il nome del giratario che, con detto esercizio, si sia palesato.

Allorché siano emesse e circolino, là dove consentito, **azioni al portatore**, si applicherà invece il regime assai più snello, proprio dei titoli di credito al portatore. Al riguardo, premesso che una tale emissione non può comunque avvenire (art. 2354, co. 2) "finché le azioni non siano interamente liberate", rileva l'art. 2355, co. 2, ai sensi del quale, molto semplicemente, esse "si trasferiscono con la consegna del titolo". L'esercizio dei diritti sociali, pertanto, avverrà con la mera dimostrazione del possesso attuale del documento.

Qualunque sia la natura, infine, delle azioni, è sicuro che il relativo trasferimento può operarsi sia con un atto *inter vivos* (si tratterà di un contratto di compravendita o altro negozio suscettibile di produrre il passaggio di proprietà), sia per effetto di successione *mortis causa*.

III. *La dematerializzazione delle azioni*

Come avvisato, per le azioni negoziate nei mercati o nelle altre sedi di negoziazione il già citato art. 83-*bis* TUF prevede *inderogabilmente* il regime della ***dematerializzazione dell'emissione***, ai sensi del quale la creazione e circolazione di documenti azionari è integralmente sostituita da un *sistema di iscrizioni e annotazioni delle azioni e dei nomi degli azionisti su registri informatici* tenuti da appositi intermediari. A tale regime, come pure si è detto, può assoggettare le proprie azioni anche lo statuto di una società con azioni non negoziate nei mercati. In alternativa è pure previsto che i soci possano statutariamente adottare la regola della c.d. ***dematerializzazione della circolazione*** (o "dematerializzazione parziale"): sistema che pure comporta l'affidamento della circolazione delle azioni a intermediari, ma stavolta (non come una iniziale non emissione dei titoli bensì) per effetto di un'operazione per cui i documenti, benché regolarmente generati all'atto dell'emissione, vengono poi depositati presso un "gestore".

Sebbene dei titoli dematerializzati (o scritturali) si sia già parlato in generale, è bene comunque qui tornare più dettagliatamente sulla disciplina.

Al riguardo, va anzitutto riferito che il sistema (regolato, oltre che dai citati artt. 83-*bis* ss. TUF, dal reg. BdI/Consob del 22-2-2008) in generale prevede, per il suo funzionamento, la necessaria scelta da parte dell'emittente di un "**depositario centrale**" autorizzato alla prestazione del relativo servizio ai sensi del reg. UE 909/2014. A questo va affidato l'importante ruolo di contabilizzare l'emissione e sovraintendere, nei modi che si illustreranno, alle operazioni di trasferimento. Tale depositario deve essere unico "per ciascuna emissione" (art. 83-*ter* TUF). In Italia, allo stato, è d'altra parte una sola la società che svolge una tale attività: la Monte Titoli s.p.a.

Una volta scelto il depositario centrale, allo stesso l'emittente comunica, all'atto dell'emissione, le caratteristiche dell'emissione azionaria (numero di azioni, tipologia, valore), nonché gli intermediari cui accreditare i titoli emessi: i quali saranno, evidentemente, quelle banche, sim, agenti di cambio, che per conto di singoli clienti avranno comunicato alla s.p.a. le dichiarazioni di sottoscrizione. Il citato depositario a sua volta: a) apre per ogni emissione un conto riepilogativo a nome dell'emittente; b) accende, per ogni intermediario che gliene faccia richiesta, i conti destinati a registrare le disposizioni azionarie operate tramite lo stesso. Gli intermediari che accedono al sistema, da parte loro, sono incaricati di registrare per ogni titolare di conto le azioni di relativa pertinenza nonché il trasferimento e gli atti di esercizio disposti dal medesimo titolare.

Si comprende, pertanto, come le operazioni di consegna originaria del documento azionario, dalla società al primo prenditore, e di successivo trasferimento da questi ad altri siano sostituite, nel sistema della dematerializzazione, da una serie di ***scritturazioni contabili***. Più in particolare, la "prima consegna" dei titoli ai sottoscrittori è sostituita dall'iscrizione: sia, presso il depositario centrale, in un "conto titoli" a nome della s.p.a. emittente e in più conti a nome dei vari intermediari incaricati dagli investitori della trasmissione degli ordini di sottoscrizione; sia, presso gli stessi intermediari, nei vari conti intestati ai sottoscrittori, a misura delle sottoscrizioni effettuate. Il successivo trasferimento delle azioni avverrà tramite l'addebito e l'accredito dei conti tenuti dai titolari delle azioni presso gli intermediari operanti per conto di alienanti e acquirenti e il corrispondente addebito e accredito dei conti che gli intermediari stessi hanno aperto presso la società che funge da depositario centrale (***operazione di giro***). Pure i vincoli "di ogni genere" (ad es., usufrutto, pegno) si costituiscono, ai sensi dell'art. 83-*octies* TUF, "unicamente con le registrazioni in apposito conto tenuto dall'intermediario".

Tutto ciò posto, come si ricorderà, la legge detta una disciplina intesa a garantire ai titolari dei conti la stessa **tutela** prevista dalle norme cartolari a favore del possessore. In particolare, in piena coerenza con la c.d. regola di autonomia reale in sede di circolazione, dettata dall'art. 1994, l'art. 83-*quinquies* precisa che "colui il quale ha ottenuto la registrazione in suo favore, in base a titolo idoneo e in buona fede, non è soggetto a pretese o azioni da parte di precedenti titolari": cosicché, anche in caso di dematerializzazione, è protetto l'**acquisto azionario *a non domino***, purché sia avvenuto, da parte del nuovo titolare (il quale chieda al proprio intermediario di accendere un conto a suo nome), in buona fede e con l'osservanza delle formalità di legge. Il titolare di azioni dematerializzate, inoltre, gode di una posizione equivalente a quella del possessore di un titolo cartaceo, avendo riguardo all'altra regola fondamentale in materia di circolazione cartolare, quella dell'inopponibilità delle eccezioni personali ai precedenti titolari (art. 1993): l'art. 83-*septies*, in particolare, dispone che a chi risulta titolare del conto presso l'intermediario "l'emittente può opporre soltanto le **eccezioni personali** al soggetto stesso e quelle **comuni** a tutti gli altri titolari degli stessi diritti" (dunque non si può eccepire al nuovo titolare un pagamento di utili già effettuato al vecchio ma non risultante dal titolo, ma si può senz'altro fare valere la circostanza che, alla stregua dei risultati di una correzione del bilancio di esercizio in precedenza approvato, nessun utile è in realtà maturato in favore dei soci).

Quanto infine alla **legittimazione dell'azionista**, ai sensi dell'art. 83-*quinquies*, co. 1, il titolare del conto presso l'intermediario (allo stesso modo del portatore legittimo di un titolo di credito, *ex* art. 1992) "ha la legittimazione piena ed esclusiva all'esercizio dei diritti relativi agli strumenti finanziari in esso registrati, secondo la disciplina propria di ciascuno di essi". Ai fini dell'esercizio dei diritti, tale legittimazione è in particolare attestata da apposite ***certificazioni*** rilasciate dall'intermediario o (per l'intervento e il voto in assemblea) da una ***comunicazione*** trasmessa da questo direttamente all'emittente (art. 83-*sexies*).

L'esercizio dei diritti sociali può d'altra parte avvenire, da parte degli azionisti, sia *personalmente*, sia *per il tramite dello stesso intermediario*, previo apposito mandato che venga a questo espressamente conferito (art. 83-*novies*); per i diritti patrimoniali, anzi, il mandato all'intermediario opera *ex lege* ed è inderogabile, essendo stabilito (art. 83-*quater*) che tali diritti possono esercitarsi "soltanto tramite gli intermediari" (ad es. l'incasso dei dividendi).

IV. *La mancata emissione*

Come anticipato, la s.p.a. può statutariamente decidere (benché nella prassi ciò avvenga assai di rado) di escludere, *ex* art. 2346, l'emissione dei titoli azionari (tanto in forma cartacea, quanto scritturale), in tal modo rinunciando del tutto ad adottare strumenti idonei ad agevolare la rapida e sicura circolazione delle partecipazioni.

In tale ipotesi, per la **circolazione delle azioni** la legge stabilisce che il trasferimento "ha effetto nei confronti della società dal momento dell'iscrizione nel libro soci" (art. 2355). In mancanza, tuttavia, dell'indicazione di quali siano i presupposti in presenza dei quali una tale **iscrizione** debba avvenire, è prevalente l'indirizzo di quanti considerano applicabili le norme dettate per l'annotazione sul libro soci in tema di *transfert* di titoli nominativi, contenute nell'art. 2022.

V. *I limiti statutari alla circolazione delle azioni*

È principio generale dell'ordinamento delle s.p.a. la **libera circolazione delle azioni**. Fa parte, infatti, dell'essenza dell'organizzazione azionaria che i soci abbiano la possibilità di trasferire ad altri le proprie partecipazioni e in tal modo realizzare il disinvestimento dei capitali precedentemente impegnati nell'iniziativa.

Ciò non significa che non sia ammesso e non possa essere giustificato che in una data s.p.a. si adottino regole di **limitazione della circolazione** delle azioni. Là dove, infatti, si tratti di una società che non faccia ricorso al mercato del capitale di rischio, gli azionisti possono avere interesse a *controllare* e *condizionare il ricambio* nelle quote di titolarità dell'impresa, per evitare che esso conduca a un'alterazione dei precedenti assetti di *governance*. E questo accade non necessariamente in vista di un interesse dei soci di tipo puramente individuale: è chiaro infatti che lo svolgimento dell'attività sociale subisce influenza dagli equilibri della compagine degli azionisti, cosicché può essere esigenza avvertita quella di evitare che gli stessi equilibri, una volta raggiunti, non vengano sconvolti per effetto dell'ingresso in società di terzi.

In ragione di quanto precede, il legislatore prevede espressamente la possibilità che, nei casi di emissione di azioni nominative o di mancata emissione dei relativi titoli, il ricordato principio di libera circolazione delle azioni possa subire *vincoli o condizionamenti* ad opera dell'autonomia statutaria (art. 2355-*bis*). Onde consentire, peraltro, l'opponibilità delle limitazioni statutarie ai terzi acquirenti, in applicazione dei principi cartolari (e in particolare della regola di "letteralità") è stabilito che le limitazioni al trasferimento delle azioni "devono risultare dal titolo".

i) Con riferimento ai contenuti di tali vincoli, è anzitutto specificamente prevista la possibilità che via statuto si vieti del tutto il trasferimento delle azioni (**divieto di trasferimento**), consentendosi così di cementare radicalmente la compagine sociale iniziale in vista della realizzazione di un determinato programma commerciale. Il divieto è tuttavia ***temporalmente contenuto*** *ex lege* (poiché altrimenti non potrebbe considerarsi compatibile con i caratteri essenziali della s.p.a.): la durata massima è di "*cinque anni* dalla costituzione della società o dal momento in cui il divieto viene introdotto".

ii) La prassi conosce ulteriori clausole implicanti deroghe meno radicali alla regola di libera circolazione. Ampia diffusione conoscono anzitutto le **clausole statutarie "di prelazione"**, con le quali viene stabilito che il socio che intenda trasferire le azioni (a mezzo di una compravendita ovvero anche, secondo quanto sembra corretto ritenere, in occasione di vicende traslative diverse) è vincolato a offrirle prima agli altri soci, i quali avranno diritto (in proporzione alle rispettive partecipazioni) a essere preferiti nell'acquisto, di regola a parità di condizioni (c.d. "prelazione propria") rispetto al terzo interessato al medesimo acquisto. È pure ammessa la diversa clausola (di prelazione c.d. impropria) con cui ai soci sia data la possibilità di acquistare le azioni offerte, sempre con preferenza rispetto a eventuali terzi interessati ma attraverso la corresponsione di un prezzo non liberamente stabilito dall'offerente bensì determinato (dagli organi sociali o da un arbitratore) alla stregua di criteri oggettivi predefiniti (purché tali da condurre a un prezzo da reputarsi congruo).

La clausola normalmente prevede che l'alienante debba comunicare la propria intenzione di vendere alla società e che gli altri soci, da questa informati, abbiano un certo periodo di tempo entro il quale far pervenire le loro eventuali dichiarazioni di esercizio della prelazione. Se questa non è esercitata o se è esercitata solo parzialmente, l'alienante medesimo è libero di cedere efficacemente le proprie azioni al terzo con cui aveva originariamente trattato.

iii) Vera e propria clausola di "chiusura" della compagine sociale è quella c.d. "**di gradimento**", che si ha allorché il trasferimento delle azioni venga subordinato al consenso degli organi sociali (ad es., dell'organo amministrativo, oppure dell'assemblea; non però di singoli soci o di terzi). In tale ipotesi, intento diretto degli azionisti è la selezione delle persone che possono entrare a far parte della compagine sociale, da ammettere sulla base di criteri predeterminati o in vista di considerazioni da svolgere nel singolo caso.

Si tratta di una clausola in sé lecita; peraltro, essa in concreto deve essere compatibile con la regola secondo la quale all'azionista va in qualche modo concessa l'astratta possibilità di disinvestire. Per tale ragione, è in primo luogo sicuramente valida ed efficace la clausola che puntualizzi *ex ante* i criteri in base ai quali debba essere concesso il *placet* societario all'aspirante acquirente (clausola di **gradimento non mero**: ad es., il gradimento potrà essere negato ai non residenti in una certa regione).

L'art. 2355-*bis*, co. 2, stabilisce invece che le clausole che subordinino il trasferimento delle azioni al "**mero gradimento**" degli organi sociali (cioè: che non indicano già nello statuto i criteri sui quali la decisione di questi ultimi dovrà basarsi) "sono *inefficaci* se non prevedono, a carico della società o degli altri soci, un obbligo di acquisto oppure il diritto di recesso dell'alienante". Stesso regime si applica, *ex* art. 2355-*bis*, co. 3, alla clausola che sottoponga "a particolari condizioni" il trasferimento delle azioni *mortis causa*, "salvo che sia previsto il gradimento e questo sia concesso". Insomma, la possibilità di lasciare che la selezione da parte dell'organo sociale sia del tutto libera e non preventivabile è concessa solo a condizione di adottare un sistema che comunque garantisca al socio la possibilità di un effettivo disinvestimento (per mezzo del recesso o della vendita delle azioni alla società o agli altri soci).

La **violazione** di uno qualsiasi di questi vincoli statutari alla circolazione (cioè la cessione delle azioni nel periodo di vigenza del divieto, o senza avere preventivamente chiesto e ottenuto il gradimento o concesso la prelazione) determina l'***inefficacia***

del trasferimento nei confronti della società, la quale dunque in tale ipotesi non consentirà all'acquirente l'esercizio dei diritti sociali. Conseguenza, questa, ben diversa da quella che avrebbe la violazione di un *patto parasociale limitante la libera trasferibilità delle azioni* (il c.d. *sindacato di blocco*), dalla quale violazione, come si è detto, scaturirebbe solo un obbligo risarcitorio a carico del socio inadempiente (e a favore degli altri partecipanti al patto), ferma la validità e l'efficacia del trasferimento posto in essere.

iv) La finalità di "chiusura" della compagine sociale a soggetti connotati dal possesso di determinati requisiti o comunque in qualche modo caratterizzati si realizza pure, seppure con diverse modalità, nell'ipotesi delle c.d. "**azioni riscattabili**". In tale caso, contemplato dall'art. 2437-*sexies*, si prevede nello statuto che tutte le azioni della società, o una categoria di speciale emissione, siano soggette alla possibilità che, al verificarsi di circostanze predeterminate, la società o gli altri soci le "riscattino", ossia le acquistino senza che il relativo titolare possa opporsi alla vendita. In questa eventualità, il prezzo da pagare al socio "riscattato" da parte del riscattante dovrà determinarsi in base alle disposizioni stabilite dal codice civile in tema di liquidazione della quota in sede di recesso (artt. 2437-*ter* e 2437-*quater*). Mentre, così, le clausole di gradimento impediscono a chi non possieda certi requisiti di *divenire* socio, le clausole di riscatto, all'opposto, evitano che *rimanga* socio colui che le azioni le abbia già acquistate e si trovi nella situazione suddetta. Nell'assenza di una dettagliata disciplina, si afferma che le condizioni cui è subordinato il riscatto debbano essere puntualmente predeterminate in via statutaria, facendo riferimento a elementi oggettivi.

§ 48. Le azioni proprie e le partecipazioni sociali della s.p.a.

Sommario: I. *L'acquisto di azioni proprie da parte dell'emittente o della sua controllata*. – II. *L'"auto-sottoscrizione" di azioni: sottoscrizione di azioni proprie, sottoscrizione da parte della società controllata, sottoscrizione reciproca*. – III. *Il finanziamento per l'acquisto di azioni proprie*. – IV. *L'assunzione di partecipazioni sociali qualificate*.

Rientra certamente nella capacità giuridica della s.p.a. l'idoneità ad acquisire la titolarità di azioni a seguito dell'acquisto delle medesime da terzi investitori o della relativa sottoscrizione in sede di altrui emissione, come anche di partecipazioni sociali diverse dalle azioni. In tal modo in generale si realizza un investimento che dal punto di vista della s.p.a. acquirente può essere a sua volta spiegato: o nel contesto di un'operazione *di tipo finanziario*, allorché la società immagini di ottenere un ritorno dall'acquisto azionario in termini di maggiore liquidità (destinata a costituire parte dei profitti dell'impresa, qualora l'attività principale sia a sua volta di tipo finanziario, ovvero a essere utilizzata accessoriamente a servizio di un oggetto sociale diverso); o nell'ambito dell'eventuale decisione di *segmentazione del programma industriale* e della conduzione di sue parti per il tramite, appunto, della partecipazione in altre organizzazioni societarie. Ciò premesso, avendo riguardo al momento della nascita del rapporto partecipativo, l'assunzione di partecipazioni sociali non può non obbedire al generale principio di *libertà dell'iniziativa economica*, sicché la società dovrebbe poter decidere liberamente una tale assunzione nel rispetto degli ordinari vincoli governanti la gestione sociale. Tuttavia, nel codice civile sono stabilite alcune norme – collocate sistematicamente in chiusura della parte relativa alle azioni – che pongono significativi limiti e condizioni in relazione a particolari ipotesi di acquisto di azioni e, più in generale, di assunzione di partecipazioni.

In particolare, ciò avviene in una serie di disposizioni dettate tra gli artt. 2357 e 2361, relative a negozi della società aventi a oggetto: l'acquisto (o il finanziamento per l'acquisto) di azioni da parte *della stessa società che le ha emesse* o di società da essa controllata (ovvero che abbia concordato una sottoscrizione reciproca di azioni); nonché l'acquisto di partecipazioni (azionarie e non) *in altra impresa*, qualificate dalla concreta idoneità a determinare una modifica dell'oggetto sociale della s.p.a. acquirente o dal comportare una responsabilità illimitata a carico della stessa. All'esame di questa disciplina saranno dedicati i paragrafi che seguono.

I. *L'acquisto di azioni proprie da parte dell'emittente o della sua controllata*

La s.p.a. può avere interesse per varie ragioni ad acquistare e detenere azioni di propria emissione. Anzitutto, all'acquisto di azioni proprie può essere sotteso un *in-*

teresse di tipo organizzativo, che può manifestarsi in relazione a determinate operazioni la cui realizzazione presuppone appunto che gli organi sociali dispongano di azioni della propria stessa società. Si pensi, ad es., all'attuazione di piani di compensi che prevedano la futura attribuzione di azioni della società ai suoi amministratori esecutivi o altri dirigenti aziendali, anche in seguito all'esercizio di apposite "opzioni" concesse a detti soggetti (c.d. *stock options*): in tali piani è spesso previsto che i titoli da attribuire siano non di nuova emissione in sede di aumento di capitale, bensì azioni già emesse e quindi entrate nella detenzione dalla società. Similmente, si rileva spesso che una società con azioni quotate può avere interesse ad acquistare azioni proprie al fine di *stabilizzare i valori di quotazione*, attraverso il ritiro di una certa quantità di azioni circolanti (c.d. "flottante") in periodi di forte speculazione, specie là dove gli organi ritengano che date fluttuazioni dei corsi non siano effettivamente giustificate dall'andamento dell'attività sociale. Ancora diversa è l'ipotesi in cui le azioni proprie rappresentino in sé per la società oggetto di *business finanziario*: può infatti immaginarsi che la s.p.a. concretamente consideri l'acquisto conveniente sul piano economico, avendo riguardo in particolare, alla possibilità di speculare sui valori di mercato in un'operazione di c.d. *trading*.

Gli stessi fini appena evidenziati possono essere perseguiti attraverso un acquisto di azioni cui proceda, anziché la stessa società che le ha emesse, un'altra società dalla medesima controllata (secondo la nozione di "controllo" fissata nell'art. 2359: v. *infra*, § 64), la quale intervenga nell'affare o su incarico della controllante o su proprio impulso, ma grazie alle informazioni comunque ottenute dalla controllante stessa e in coordinamento con la medesima.

Le fattispecie sopra passate in rassegna obbediscono a interessi astrattamente degni di tutela e sono dunque, in linea di principio, soggette al generale **principio di libertà** che vale per ogni acquisto di partecipazioni da parte della s.p.a. Gli organi sociali potranno pertanto decidere di porre in essere tali operazioni nei limiti in cui le ritengano utili nell'interesse della società e dunque se e in quanto rientranti in via principale o accessoria nell'oggetto sociale.

È tuttavia preoccupazione sentita dal legislatore quella di evitare che per il tramite dell'acquisto dei titoli in parola si realizzino risultati pregiudizievoli rispetto a vari interessi tutelati dalla legge, e in particolare che: *a*) si intacchi in modo significativo il capitale e, in generale, la struttura finanziaria su cui l'attività della data s.p.a. si regge; e *b*) si alterino i concreti equilibri di *governance* che a quella medesima struttura siano legati. In questa prospettiva, viene dettata negli artt. da 2357 a 2359-*quater* un'articolata disciplina, che viene qui di seguito illustrata, la quale introduce una serie varia di **vincoli** e **limiti** alle operazioni in questione, salve rimanendo solo alcune ipotesi particolari di esenzione (artt. 2357-*bis* e 2359-*quater*) per le quali questi vincoli e limiti si applicano solo in parte.

a) L'art. 2357, co. 1, stabilisce anzitutto che "la società non può acquistare azioni proprie se non nei **limiti degli utili distribuibili e delle riserve disponibili** risultanti dall'ultimo bilancio regolarmente approvato". La norma è intesa a evitare il rischio che il negozio di acquisto di azioni proprie di fatto comporti una indiretta restituzione dei conferimenti ai soci, lesiva del principio di integrità del capitale sociale. È chiaro infatti che se la società riceve da un dato sottoscrittore un conferimento di 100 e poi acquista per la stessa cifra le relative azioni, l'operazione potrebbe tradursi nella sottrazione alle finalità sociali delle risorse che ad essa dovrebbero restare irreversibilmente destinate. Si prevede perciò che l'operazione di acquisto di azioni proprie ove sia comunque decisa, possa avvenire solo *con mezzi ulteriori* rispetto a quelli che concretamente forniscono da copertura netta alla cifra del capitale nominale.

Sempre a protezione del capitale sociale, l'art. 2357, co. 1, ult. parte, statuisce che possono essere oggetto di acquisto unicamente **azioni interamente liberate**: per le quali, cioè, non residui un debito di conferimento a carico del socio alienante. Previsioni identiche a quelle fin qui riferite sono poi dettate, nell'art. 2359-*bis*, a proposito dell'acquisto di azioni della controllante da parte della controllata.

b) L'altro profilo di cui si fa carico il legislatore è quello del riflesso dell'operazione sulle regole riguardanti i diritti partecipativi e la relativa distribuzione (pure qui con norme analoghe replicate per i casi di acquisto da parte della controllata: art. 2359-*bis*): l'intento è in particolare di evitare che l'acquisto di azioni proprie sia operato in modo strumentale, per alterare gli assetti di potere preesistenti tra i soci (posto che, ad es., a nessun controllo dei soci sarebbe più soggetto l'amministratore se facesse acquistare alla società tutte le proprie azioni). Così si prevede innanzitutto che, pur rientrando la materia nella normale competenza dell'organo di gestione, debba sussistere un'**autorizzazione dell'assemblea ordinaria** tanto per l'acquisto (art. 2357, co. 2) quanto per la successiva disposizione delle azioni proprie (art. 2357-*ter*, co. 1). Per ciò che attiene, poi, alla **disciplina delle azioni proprie nel periodo di detenzione** da parte della società emittente, l'art. 2357-*ter*, co. 2, stabilisce che "*il diritto di voto è sospeso*, *ma le azioni proprie sono computate* ai fini del calcolo delle maggioranze e delle quote richieste per la costituzione e per le deliberazioni dell'assemblea". In tal modo, è impedito agli amministratori e ai soci in generale di utilizzare le azioni proprie per intervenire direttamente sulle dinamiche assembleari.

A sancire poi la neutralizzazione delle azioni proprie sul piano della loro partecipazione alla struttura finanziaria interviene sempre l'art. 2357-*ter*, disponendo che, finché le stesse rimangono detenute dalla società emittente, *il diritto agli utili e il diritto di opzione sono attribuiti proporzionalmente alle altre azioni*.

c) V'è, infine, un **limite quantitativo** di azioni proprie (o della controllante) acquistabili, ma è previsto solo per le azioni delle società che fanno ricorso al mercato del capitale di rischio: il valore nominale delle azioni proprie acquistate non può eccedere "*la quinta parte del capitale sociale*, tenendosi conto a tal fine anche delle azioni possedute da società controllate" (artt. 2357, co. 3; 2359-*bis*).

Per concludere, va evidenziato che per garantire l'effettivo rispetto delle previsioni sopra illustrate, per l'ipotesi della **violazione** delle stesse sono stabilite norme speciali, in deroga alle ordinarie sanzioni stabilite dal codice civile in materia negoziale per il mancato rispetto di norme imperative: in particolare, la legge prevede l'obbligo di alienazione e annullamento delle azioni illegittimamente acquistate o detenute dalla s.p.a. emittente.

II. *L'"auto-sottoscrizione" di azioni: sottoscrizione di azioni proprie, sottoscrizione da parte della società controllata, sottoscrizione reciproca*

La normativa fin qui descritta trova applicazione nelle ipotesi in cui l'acquisto di azioni, da parte della emittente o della sua controllata, avvenga *a titolo derivativo*:

quando cioè le azioni siano già state inizialmente emesse e collocate, cosicché la società le acquisti da un precedente titolare. Una diversa, più rigorosa disciplina è prevista dal legislatore con riferimento all'eventualità in cui la società intenda invece procedere a un acquisto *a titolo originario*, attraverso quindi una *sottoscrizione di azioni*.

Al riguardo, l'art. 2357-*quater*, co. 1, con disposizione senz'altro imperativa, esclude del tutto l'ammissibilità di una simile operazione, statuendo che "***la società non può*** **sottoscrivere azioni proprie**". Del pari, alla stregua dell'art. 2359-*quinquies*, è vietata la sottoscrizione da parte della società controllata nei confronti delle azioni emesse in un aumento di capitale deliberato dalla controllante. Si tratta, dunque, di *divieti assoluti*, che non ammettono deroghe, il cui fondamento è ancora una volta ricondotto alla tutela dell'effettività del capitale sociale (attraverso la sottoscrizione di azioni proprie la società farebbe figurare un incremento di capitale, cui non corrisponderebbe alcun ingresso di nuove risorse finanziarie nel suo patrimonio).

Quale conseguenza della **violazione** dei divieti il legislatore prevede una sanzione del tutto peculiare, non corrispondente a quella (che deriverebbe dall'applicazione delle norme generali in materia contrattuale) della nullità del negozio di sottoscrizione. L'art. 2357-*quater*, co. 2, stabilisce infatti che in caso di violazione le azioni "si intendono sottoscritte e devono essere liberate dai promotori e dai soci fondatori o, in caso di aumento del capitale sociale, dagli amministratori" (con l'eccezione di coloro che siano esenti da colpa). Analogamente stabilisce l'art. 2359-*quinquies*, co. 2, in relazione alla posizione degli amministratori della controllata che abbia sottoscritto azioni della controllante.

Ultima fattispecie da analizzare è quella della **sottoscrizione reciproca di azioni**, integrata, *ex* art. 2360, allorquando due società non legate da rapporti di controllo decidano in parallelo di costituirsi o aumentare il proprio capitale, l'una sottoscrivendo, per il medesimo importo, l'emissione dell'altra. Anche in tale ipotesi la sottoscrizione di azioni è perentoriamente *vietata* (e qui, si ritiene dai più, la sanzione ne è la *nullità*), in quanto l'afflusso di conferimenti da una s.p.a. all'altra si rivela solo apparente: ciascuna finisce con l'ottenere le stesse somme che ha destinato all'altra, col risultato di continuare a disporre, pure a operazione completata, delle medesime risorse in precedenza detenute. Il rischio sotteso è dunque che tramite la reciproca sottoscrizione, due società moltiplichino i propri capitali nominali, senza che si realizzi alcun incremento delle rispettive dotazioni di mezzi destinati a servizio delle rispettive attività.

III. *Il finanziamento per l'acquisto di azioni proprie*

Ultima ipotesi di operazione su azioni proprie considerata dal legislatore è quella del **finanziamento** (l'erogazione di un prestito) e della **concessione di garanzie** (una fideiussione, ad es.) da parte della s.p.a. nei confronti di soggetti intenzionati all'acquisto a titolo derivativo o alla sottoscrizione di azioni emesse dalla prima.

In effetti, la s.p.a. può avere interesse ad agevolare l'ingresso nella compagine sociale di eventuali terzi investitori, nell'ottica della realizzazione di *joint ventures* o accordi di vario genere, che implichino una partecipazione esterna alle sue sorti, ovvero in vista della facilitazione all'ingresso nell'azionariato di *managers* e dipendenti. Se a un tale interesse è normale che corrisponda l'intento di impegnare risorse sociali per il suo soddisfacimento, si pone tuttavia, ancora una volta, il problema di evitare le indirette conseguenze negative che l'operazione può essere suscettibile di provocare nei confronti di interessi, ruotanti intorno alla s.p.a., legalmente tutelati. Sicché, similmente a quanto accade in relazione alle operazioni disciplinate dagli artt. 2357 e 2359-*bis*, il legislatore consente alla s.p.a. la realizzazione del negozio in discussione solo nel rispetto di precisi presupposti, dettati dall'art. 2358.

Più specificamente, la legge prevede, in primo luogo, la necessità di una delibera di **autorizzazione** della concessione del finanziamento o delle garanzie, resa *dall'assemblea straordinaria* in seguito allo svolgimento di un'attività istruttoria da parte degli amministratori dettagliatamente regolata dal legislatore, al fine di assicurare la razionalità e la sostenibilità dell'operazione. In secondo luogo, l'art. 2358, co. 3, impone che per il finanziamento o le garanzie si ricorra a fondi tratti da **utili distribuibili e riserve disponibili**, non destinati a fungere da copertura nei confronti al capitale sociale.

Se il finanziamento per l'acquisto di azioni proprie è consentito dalla legge, sebbene entro certo limiti, è invece del tutto vietata l'**accettazione di azioni proprie in garanzia** (art. 2358, co. 7).

IV. *L'assunzione di partecipazioni sociali qualificate*

Se l'acquisto di azioni proprie o della controllante può considerarsi un investimento del tutto particolare, lo stesso non accade in relazione all'**assunzione di partecipazioni in altre società**, operazione che rientra sovente nel novero degli atti di gestione straordinaria che le s.p.a. si trovano a compiere nel corso della loro esistenza.

Si è già detto, del resto, che l'acquisto di partecipazioni da parte di una s.p.a. può spiegarsi *per ragioni industriali o finanziarie*. Nella prima ipotesi (motivazione "industriale"), esso si configura quale mezzo per generare una situazione di controllo o collegamento tra società (*ex* art. 2359, co. 1 e 3) e porre così i presupposti per articolare l'attività in più comparti ovvero realizzare intese strategiche tra soggetti diversi. Nella seconda (motivazione finanziaria), l'acquisto di partecipazioni è realizzato o per l'impiego di liquidità utile in via accessoria rispetto al perseguimento di un oggetto sociale di tipo industriale (sicché per formare mantenere o accrescere il valore di detta liquidità questa viene investita nella partecipazione in altri *business*) o, in via principale, quale tipico momento di diretta realizzazione di un oggetto sociale viceversa centrato sulla realizzazione di profitti tramite la diretta acquisizione e gestione di un portafoglio di partecipazioni nel capitale di rischio di imprese selezionate (il che accade nelle c.d. società finanziarie o nelle *holding*).

Ora, proprio la consapevolezza della potenziale rilevanza dell'operazione sotto questi profili spiega la speciale attenzione dedicata dal legislatore a tale fattispecie con l'art. 2361, co. 1: disposizione con cui viene stabilito innanzitutto che "l'assunzione di partecipazioni in altre imprese, anche se prevista genericamente nello statuto, non è consentita, se *per la misura e per l'oggetto* della partecipazione ne risulta ***so-***

stanzialmente modificato l'oggetto sociale determinato dallo statuto". Si vuole così evitare che un acquisto di partecipazioni in concreto induca una deviazione delle risorse affidate agli amministratori rispetto alla destinazione tematica, appunto espressa dall'oggetto sociale, che ha guidato gli investimenti degli azionisti nella s.p.a. medesima. Si pensi, ad es., all'ipotesi di una società industriale, operante nel settore della produzione di acciaio, che utilizzi una porzione significativa del proprio patrimonio per investire in partecipazioni di controllo di una società commerciale, attiva nel settore della moda: è chiaro che un tale acquisto (specie se la partecipazione acquistata non è a sua volta facilmente liquidabile a breve) genererà di fatto il problema di dovere amministrare la partecipazione assunta e una corrispondente immobilizzazione di risorse che dovrebbero essere altrimenti utilizzate.

A escludere l'integrazione della violazione non basta la concreta approvazione dell'acquisto da parte dell'assemblea straordinaria. L'interesse tutelato dalla norma, infatti, non è la mera protezione dei soci contro la violazione degli amministratori del mandato fiduciario loro attribuito: si tratta piuttosto di preservare l'utilizzo coerente delle risorse al servizio del programma destinato. Pertanto, perché un acquisto potenzialmente rilevante *ex* art. 2361, co. 1, possa legittimamente compiersi, *occorrerà prima procedere a una formale modifica dell'oggetto sociale*, riconoscendo nell'occasione ai soci il diritto di recesso.

Là dove ciò non avvenga, l'amministratore sarà passibile di **responsabilità per i danni** eventualmente occorsi e la sua eventuale revoca dovrà considerarsi sorretta da giusta causa.

In relazione, poi, alla speciale ipotesi dell'**acquisto** di partecipazioni in società **comportante la responsabilità illimitata** per le relative obbligazioni (ad es., acquisto di quota di s.n.c.), il co. 2 dell'art. 2361 dispone che esso debba essere *deliberato dall'assemblea*, dandosene poi specifica informazione in nota integrativa al bilancio. La norma risolve così positivamente il dubbio, che aveva interessato in passato dottrina e giurisprudenza, circa la stessa ammissibilità di una partecipazione delle società di capitali in società di persone (o comunque in forme organizzative implicanti la responsabilità illimitata per i debiti d'impresa). Essa trova tuttavia applicazione solo per le ipotesi in cui la responsabilità illimitata sia conseguenza ordinaria della partecipazione del socio a una data organizzazione: con esclusione, pertanto, dei casi in cui detta responsabilità invece consegua a particolari comportamenti o inadempimenti, come nell'eventualità della società unipersonale (che si trovi in una delle situazioni menzionate nell'art. 2325, co. 2) o del socio accomandante (che violi il divieto di immistione: art. 2320 c.c.).

§ 49. Le obbligazioni

Sommario: I. *Nozione*. – II. *Il procedimento di emissione*. – III. *I limiti legali all'emissione di obbligazioni*. – IV. *Le regole di organizzazione degli obbligazionisti*. – V. *Le obbligazioni convertibili in azioni*.

I. *Nozione*

Come in precedenza accennato, la s.p.a., al fine di canalizzare investimenti nell'organizzazione d'impresa, può reperire risorse finanziarie *nel mercato* anche con strumenti diversi dalle azioni: in particolare, attraverso le **obbligazioni**.

Con l'emissione di obbligazioni la s.p.a. riceve, a fronte dell'attribuzione al sottoscrittore dei relativi titoli, ***risorse finanziarie "a debito"***, impegnandosi conseguentemente a restituire a una data scadenza la somma originariamente ricevuta (il "capitale" preso a debito) più gli eventuali *interessi*. E proprio la previsione del necessario rimborso delle somme versate rappresenta l'elemento che contraddistingue con nettezza i titoli ora in esame rispetto alle azioni: posto che l'azionista, invece, non è mai creditore *ex ante* a una data somma di denaro, bensì a una quota di proventi di incerta realizzazione, come accade con gli utili o il residuo in sede di liquidazione.

Come le azioni, le obbligazioni sono **titoli di massa**. Esse presuppongono, infatti, la creazione contestuale, da parte della s.p.a., di una *pluralità di strumenti finanziari* aventi *eguale valore*, nell'ambito di un'*unica, complessiva operazione finanziaria*. Si tratta, più in particolare, di ***titoli di credito*** (appartenenti al genere dei *titoli di debito*, distinto rispetto a quello dei *titoli partecipativi*, cui appartengono le azioni), i quali pertanto "incorporano" i diritti di credito dell'obbligazionista alla restituzione delle somme prestate e al pagamento degli interessi. E a ciò segue che tali diritti sono connotati da autonomia, astrattezza e letteralità, come avviene per ogni fattispecie cartolare.

La prassi conosce vari **tipi di obbligazioni**, identificabili in dipendenza delle condizioni alle quali vengono sottoposti il credito alla restituzione della somma corrisposta e quello agli interessi, ove (come di regola) previsto. Dal punto di vista del *contenuto economico* si distinguono così: le ***obbligazioni aventi una struttura semplice***, con la previsione della restituzione finale della somma prestata nonché del pagamento di interessi (a loro volta o da corrispondere periodicamente a parte come interessi cedolari ovvero inglobati nel capitale di restituzione); e obbligazioni più complesse, come quelle variamente "***indicizzate***", nelle quali la quantificazione della somma dovuta a titolo di interessi è collegata a parametri di diverso genere (indici di borsa, valutari); o quelle c.d. "***a premio***", le quali prevedono la corresponsione, da parte della società ad alcuni degli obbligazionisti (normalmente individuati tramite sorteggio), di somme aggiuntive rispetto a quelle ordinariamente spettanti in base al rapporto di credito; l'art. 2411, co. 2, ammette oggi inoltre espressamente la possibilità di emettere ***obbligazioni*** c.d.

"***partecipative***", in cui "i tempi e l'entità del pagamento degli interessi possono variare" anche in dipendenza "dell'andamento economico della società" (cosicché può dirsi che i frutti di tali obbligazioni "partecipano" agli esiti dell'attività sociale).

Sul piano del *contenuto giuridico*, meritano particolare menzione alcune fattispecie, del pari previste espressamente dal legislatore e la cui emissione ricorre con particolare frequenza: le ***obbligazioni postergate***, nelle quali il rimborso del prestito è condizionato alla *preventiva soddisfazione dei diritti "di altri creditori della società"* (art. 2411, co. 1); e le ***obbligazioni convertibili in azioni*** (*infra*, V), caratterizzate dal diritto dell'obbligazionista, a determinate condizioni e seguendo precise procedure, all'assegnazione di azioni in cambio delle obbligazioni possedute, sulla base di un dato rapporto di cambio.

Come già per le categorie di azioni, la molteplicità dei tipi di obbligazioni suscettibili di emissione permette alla società di intercettare classi di investitori differenziate, fermo restando che questo canale di finanziamento si distingue da quello azionario per le ragioni suesposte: in linea generale può dirsi che, mentre l'azionista corre il rischio d'impresa (e sia pur con gradazioni diverse, se ad es. siano emesse azioni postergate nelle perdite e azioni ordinarie), l'obbligazionista corre solo il rischio (tipico di ogni creditore) dell'insolvenza del proprio debitore (e sia pure anche qui potenzialmente con gradazioni diverse, se siano emesse ad es. obbligazioni semplici e obbligazioni postergate nel rimborso, dunque più rischiose).

II. *Il procedimento di emissione*

La creazione di obbligazioni da parte della società, anche in considerazione della essenziale emissione dei relativi titoli (in forma cartolare o "dematerializzata"), presuppone che si segua un articolato procedimento, il quale consta della *delibera*, con cui si definisce creazione e contenuto dei titoli da emettere, e della successiva *materiale emissione*, contestuale alla sottoscrizione da parte degli investitori.

La **delibera** di creazione delle obbligazioni è di competenza, ai sensi dell'art. 2410, co. 1, degli ***amministratori***: ma ciò solo "se la legge o lo statuto non dispongono diversamente", in tal caso attribuendo la relativa competenza all'assemblea. Ai sensi dell'art. 2410, co. 2, inoltre, la decisione in ordine all'emissione di obbligazioni deve risultare in ogni caso da *verbale redatto da un notaio* e deve essere *depositata e iscritta nel registro delle imprese* secondo quanto previsto dall'art. 2436.

L'**emissione dei titoli** si ha successivamente, con la sottoscrizione da parte degli investitori, secondo le formalità stabilite nella delibera, cui segue la consegna nei loro confronti dei titoli cartacei o la realizzazione delle alternative formalità scritturali, là dove ne ricorrano i presupposti (in base alle stesse disposizioni del TUF in precedenza richiamate a proposito delle azioni).

I titoli emessi possono essere *nominativi* o *al portatore* (art. 2412, co. 1), nonché devono contenere le indicazioni elencate dall'art. 2414 (riguardanti i dati della società e dell'emissione). È inoltre prevista, *ex* art. 2421, n. 2, l'istituzione di un libro delle obbligazioni, dove vanno annotate le obbligazioni emesse e l'ammontare di quelle estinte, nonché, per il caso di titoli nominativi, oltre alle generalità dei titolari, i trasferimenti e i vincoli relativi ai medesimi titoli.

III. *I limiti legali all'emissione di obbligazioni*

L'emissione di obbligazioni – lo si è già accennato – assume particolare rilevanza per la s.p.a., la quale subisce un'alterazione della propria struttura debitoria sul piano sia quantitativo sia qualitativo.

In effetti, dal primo punto di vista, rileva considerare come la creazione di obbligazioni, poiché determina un incremento dell'importo complessivo delle risorse reperite a credito, evidentemente comporta un parallelo aumento dell'esposizione finanziaria della società verso l'esterno, con correlativo accrescersi delle passività di cui tenere conto nel bilancio societario. Dal secondo punto di vista (del mutamento qualitativo della struttura debitoria), vanno tenuti presenti i particolari caratteri del prestito obbligazionario, la cui restituzione è caratterizzata da un orizzonte di medio-lungo periodo, e i cui titolari ordinariamente non sono i consueti interlocutori dell'ente, conosciuti nell'ordinario svolgimento dell'attività (banche, ecc.), ma sono investitori spesso anonimi, reperiti od operanti sul mercato dell'intermediazione finanziaria.

Ora, sebbene per regola generale gli amministratori siano liberi di definire discrezionalmente la composizione del debito finanziario della società, tale discrezionalità incontra un limite proprio nella materia obbligazionaria. L'art. 2412, co. 1, stabilisce infatti un rigoroso **limite all'entità del prestito obbligazionario** cui la società può ricorrere a servizio delle proprie esigenze di liquidità. In particolare, è stabilito che "la società può emettere obbligazioni per somma complessivamente non eccedente il ***doppio del capitale sociale, della riserva legale e delle riserve disponibili risultanti dall'ultimo bilancio approvato***". I sindaci inoltre, al momento della emissione, devono attestare il rispetto di tale limite.

La ***ratio*** del divieto sembra doversi rinvenire nell'intento del legislatore di evitare che la società per il tramite dello strumento obbligazionario riesca a intraprendere iniziative finanziarie azzardate, scaricandone il rischio su investitori sprovvisti di adeguati poteri di controllo nei riguardi della capacità di credito della società nonché della programmazione e gestione delle suddette iniziative. La previsione esaminata pare insomma ispirata all'intento di assicurare, da un lato, il prudente governo dell'attività sociale, dall'altro, la conservazione della fiducia degli investitori.

In conformità alla sua *ratio*, lo stesso art. 2412 prevede del resto una serie di ipotesi in cui il riferito limite *non si applica*, in quanto reso inutile o superato dal contesto in cui avviene l'emissione. In particolare, ciò accade nelle seguenti ipotesi:

a) Nell'ipotesi in cui le obbligazioni eccedenti rispetto alla citata soglia "sono destinate alla *sottoscrizione da parte di investitori professionali* soggetti a vigilanza prudenziale a norma delle leggi speciali" (art. 2412, co. 2). È chiaro, infatti, che tali soggetti sono in grado di valutare al meglio i rischi assunti con la sottoscrizione. Per evitare, poi, che il collocamento presso i soggetti in parola possa rappresentare solo un *escamotage* per raggiungere risparmiatori sprovveduti, i quali vengano chiamati solo in seconda battuta all'acquisto dagli stessi investitori professionali, il medesimo comma stabilisce che "in caso di successiva circolazione delle obbligazioni chi le trasferisce risponde della solvenza della società nei confronti degli acquirenti che non siano investitori professionali".

b) Per l'emissione di obbligazioni "*destinate a essere quotate* in mercati regolamentati" (art. 2412, co. 5). Qui è il contesto regolamentare che circonda l'emissione che appare in sé, dati gli stringenti obblighi informativi imposti sull'emittente e le responsabilità assunte dagli intermediari nel collocamento, in grado di scongiurare l'eventualità che la società emittente possa realizzare un'operazione suscettibile di provocare un'incauta sottoscrizione da parte di investitori inaccorti.

c) Per l'emissione di obbligazioni "che danno il diritto di acquisire ovvero di sottoscrivere azioni" (art. 2412, co. 5, ult. frase): cioè per le *obbligazioni convertibili* in azioni o cui sono collegati *warrants* nei confronti di azioni emesse o di nuova emissione.

d) Qualora ricorrano "particolari ragioni che interessano l'economia nazionale" (art. 2412, co. 6), sempre che la società in tal caso sia "autorizzata con provvedimento dell'autorità governativa" all'emissione sopra la soglia di legge, e comunque con l'osservanza dei limiti, delle modalità e delle cautele stabilite nel provvedimento stesso.

e) Ai fini della verifica del superamento del tetto del doppio summenzionato, la legge precisa poi di non doversi tenere conto di quelle obbligazioni che siano state "*garantite da ipoteca* di primo grado su immobili di proprietà della società, sino a due terzi del valore degli immobili medesimi" (art. 2412, co. 3). Dalla parte opposta, per evitare che il limite di legge sia aggirato indirettamente con l'aiuto di altre società compiacenti, è stabilito che concorrono invece al computo di detto limite (del doppio del capitale più riserve) "gli importi relativi a garanzie comunque prestate dalla società per obbligazioni emesse da altre società, anche estere".

IV. *Le regole di organizzazione degli obbligazionisti*

La legge riconosce all'obbligazionista un interesse a monitorare il comportamento della società, avendo riguardo sia all'attività in generale, sia soprattutto alle vicende direttamente incidenti sul rapporto creditizio. Ciò trova fondamento nell'interesse degli obbligazionisti, da un lato, secondo quanto comunemente sottolineato, al rispetto del programma contrattuale, dall'altro alla tutela del valore di scambio del titolo stesso.

In tale prospettiva la legge prevede due organi: l'assemblea degli obbligazionisti e il rappresentante comune.

L'**assemblea degli obbligazionisti** (funzionante secondo le regole dell'assemblea straordinaria degli azionisti) è l'organo deputato ad assumere tutte le decisioni che riguardino il prestito obbligazionario e la posizione dei relativi sottoscrittori, in considerazione, come testualmente prevede l'art. 2415, co. 1, n. 5, dell'*interesse "comune"* degli stessi.

La legge prevede un'elencazione specifica delle **competenze** di tale organo, stabilendo che esso delibera in ordine a: 1) la nomina e la revoca del rappresentante comune; 2) le modificazioni delle condizioni del prestito; 3) la proposta di concordato; 4) la costituzione di un fondo per le spese necessarie alla tutela dei comuni interessi e sul relativo rendiconto; 5) sugli altri oggetti di interesse comune agli obbligazionisti.

Tra tali previsioni, spicca quella di cui al n. 2, relativa all'approvazione delle **modifiche delle regole del prestito** decise dalla società. Tali modifiche suscettibili di approvazione, secondo quanto oggi diffusamente si ritiene, possono astrattamente concernere tutte le possibili condizioni contenute nel regolamento di emissione (si può ad es. pure acconsentire a una riduzione del tasso di interessi, o alla proroga della scadenza del prestito). La disposizione è dettata nell'interesse degli obbligazionisti a non veder mutate le caratteristiche dell'investimento senza il loro consenso, ma anche nell'interesse della società, che così può realizzare la modifica anche senza dover ricercare il consenso di tutti gli obbligazionisti, essendo sufficiente quello della maggioranza di essi.

L'altro organo è il **rappresentante comune degli obbligazionisti**, il quale può non essere scelto tra gli stessi (v. art. 2417). Si tratta di un *organo necessario*, atteso che ai sensi del co. 2, nell'inerzia dell'assemblea "il rappresentante comune è nominato con decreto dal tribunale, su domanda di uno o più obbligazionisti o degli amministratori della società".

I doveri previsti dalla legge ne fanno una sorta di organo titolare di una "***funzione esecutiva***". In base all'art. 2418, il rappresentante comune, oltre a dovere specificamente curare l'esecuzione delle deliberazioni degli obbligazionisti nonché "assistere alle operazioni di sorteggio delle obbligazioni" ove previste, deve in generale "tutelare gli *interessi comuni*" degli obbligazionisti, nei rapporti con la società. Nella medesima prospettiva va anche letta la norma che legittima (e obbliga) il rappresentante comune ad *assistere all'assemblea dei soci*, cosicché gli obbligazionisti possano essere edotti dal primo rispetto ai principali fatti societari, in vista di eventuali decisioni di intervento o disinvestimento. Ai sensi dell'art. 2422, infine, il rappresentante comune ha diritto di esaminare il libro delle obbligazioni e quello delle adunanze dei soci, nonché di ottenerne estratti.

Fuori dai casi in cui è coinvolto l'interesse comune degli obbligazionisti, la tutela della loro posizione è affidata alla rispettiva **iniziativa individuale** (art. 2419). La possibilità di una tale iniziativa (ad es., consistente nell'esercizio di un'azione di condanna della società all'adempimento) trova però un limite esplicito nella circostanza che il comportamento della società eventualmente oggetto di contestazione sia stato approvato dall'assemblea, e dunque a livello di gruppo: così confermandosi che l'organizzazione degli obbligazionisti, nel rappresentare un efficiente strumento di tutela per i medesimi, soddisfa pure l'interesse della società a potere concordare con la maggioranza (e non con ciascuno di essi) l'adozione di decisioni rilevanti.

V. *Le obbligazioni convertibili in azioni*

Unico "tipo particolare" di obbligazioni cui la legge dedica un'apposita speciale disciplina di dettaglio, con l'art. 2420-*bis*, è quello delle c.d. obbligazioni convertibili in azioni.

Lo strumento in parola prevede che il rapporto originario, di tipo obbligazionario e quindi nato come concessione di credito dall'investitore alla società, *si converta* nel corso dello svolgimento della relazione in rapporto *sociale*: e che la somma originariamente acquisita dalla società a titolo di "capitale di debito", a partire dalla **conversione** venga a potersi considerare quale "capitale di rischio". Si attribuiscono, quindi, all'investitore, all'atto di tale conversione e in base a un rapporto di cambio prestabilito, titoli rappresentativi della sua mutata situazione, in sostituzione di quelli prima assegnati: azioni, al posto delle originarie obbligazioni. Così, da un lato, viene soddisfatto l'interesse della società a ottenere immediata liquidità al momento dell'emissione originaria dei titoli; dall'altro, si offre all'investitore la possibilità di effettuare un investimento potenzialmente più redditizio, trascorso un periodo iniziale di "studio" della società finanziata: la conversione, in effetti, rappresenta per costui una ***facoltà***, posto che egli può scegliere, alla scadenza prestabilita, se richiedere il rimborso dell'obbligazione (estinguendo allora puramente e semplicemente il finanziamento) o, appunto, la conversione.

Il meccanismo appena descritto fa scaturire un problema di disciplina, ulteriore rispetto a quello ordinario, che si determina in considerazione della nascita con la sottoscrizione dei titoli in questione, accanto al rapporto obbligazionario, di una serie di partecipazioni, inizialmente solo "potenziali" (in quanto condizionate alla conversione), ma la cui effettiva futura creazione nei contenuti inizialmente determinati debba da subito essere tutelata. La vicenda in esame è così assoggettata a una serie di regole speciali.

Anzitutto, la delibera di emissione delle obbligazioni convertibili è di **competenza *dell'assemblea straordinaria***, anziché dell'organo amministrativo. Questo perché accanto alla decisione di emissione la società deve assumere una ***deliberazione di aumento del capitale sociale***, "per un ammontare corrispondente alle azioni da attribuire in conversione", destinato a prodursi effettivamente solo a misura delle dichiarazioni di conversione eventualmente raccolte.

La legge determina inoltre in dettaglio la **procedura di conversione**, in particolare prevedendo che le azioni siano emesse dagli amministratori a scadenze semestrali, sulla base delle dichiarazioni di conversione nel frattempo effettuate dai titolari delle obbligazioni convertibili. La modifica del capitale sociale corrispondente all'aumento di capitale avviene pertanto *in modo progressivo* (e non una volta sola), sebbene "per salti" (di sei mesi in sei mesi), fino all'ultimo termine utile previsto nel regolamento di emissione. Di ogni progressiva modifica gli amministratori danno inoltre pubblicità mediante deposito presso il registro delle imprese di un'apposita attestazione (art. 2420-*bis*, co. 3, ult. parte). Inoltre, le obbligazioni convertibili devono essere offerte in **opzione** agli azionisti, negli stessi termini previsti per l'emissione di nuove azioni (art. 2441): in modo che al successivo momento della conversione non si produca una "diluizione" delle loro quote di partecipazione in società.

Altre norme tutelano infine gli obbligazionisti appunto in quanto "azionisti potenziali", per i casi in cui la società voglia o debba deliberare *medio tempore* ulteriori **operazioni sul capitale**. Così, ove essa decida un ulteriore, autonomo aumento a pagamento, il diritto di opzione deve essere riconosciuto, in proporzione al rapporto di conversione, anche ai titolari delle obbligazioni convertibili (art. 2441); l'aumento gratuito e la riduzione per perdite, in pendenza dell'emissione obbligazionaria, comportano la rideterminazione del rapporto di conversione (art. 2420-*bis*); la riduzione "reale" nello stesso arco di tempo è ammessa solo se agli obbligazionisti è data la possibilità di esercitare preventivamente la conversione.

§ 50. GLI STRUMENTI FINANZIARI DIVERSI DA AZIONI E OBBLIGAZIONI

SOMMARIO: I. *Gli strumenti finanziari "atipici"*. – II. *Le regole della partecipazione "atipica"*. – III. *Gli strumenti finanziari con obbligo di rimborso condizionato.*

I. *Gli strumenti finanziari "atipici"*

Nei paragrafi precedenti è stata illustrata la normativa riguardante quegli strumenti finanziari che possono dirsi "tipici" della s.p.a.: ossia destinatari di una puntuale disciplina in considerazione di interessi prefigurati, i quali o coesistono necessariamente con la s.p.a. (è il caso delle azioni) oppure soltanto occasionalmente (come accade con le obbligazioni). Da una parte, così, le azioni sono state in passato considerate dal legislatore come gli esclusivi strumenti da potere emettere in favore di chi voglia investire nell'iniziativa *a titolo di rischio*, ossia in vista dell'ottenimento degli utili (o comunque di un guadagno in sede di successiva rivendita) e accettando l'eventualità di una integrale perdita del capitale impiegato. Dall'altra parte, le obbligazioni sono invece strumenti alla cui previsione è stato tradizionalmente affidato in via normativa il soddisfacimento dell'interesse all'investimento nel *credito* a una data organizzazione d'impresa, cui far corrispondere un'aspettativa a un guadagno più ridotto ma più sicuro rispetto alle azioni, collegato al valore che in un dato contesto di mercato è assegnato a quel credito nei confronti di quell'impresa.

Va ora tenuto presente che tali figure *non esauriscono i modi con cui la s.p.a. potrebbe astrattamente reperire investimenti nel mercato finanziario*, da canalizzare verso la propria attività produttiva. È possibile infatti immaginare che la società possa avere interesse di rivolgersi al pubblico degli investitori per:

a) raccogliere *contribuzioni alla provvista "di rischio"* non rivolte (o in sé non idonee) a incrementare specificamente la misura del capitale azionario formalmente destinato al servizio dell'attività comune e purtuttavia suscettibili di offrire un prezioso sostegno materiale al programma sociale;

b) ovvero sollecitare la domanda di investimento in *crediti caratterizzati da un rimborso meno "sicuro"* rispetto a quanto ordinariamente accade col prestito obbligazionario, magari a fronte dell'offerta di una maggiore remunerazione (del credito e conseguentemente) dell'investimento così operato.

In coerenza col principio costituzionale di libertà dell'iniziativa economica privata (art. 41 Cost.), il quale in sé implica che ogni operazione coerente col programma organizzativo d'impresa non contrastante con l'utilità sociale dovrebbe essere permessa, il moderno legislatore prende in effetti in considerazione la duplice astratta esigenza della s.p.a. appena descritta, con una serie di norme intese a consentire a essa una – per quanto più possibile – *autonoma articolazione della propria struttura finanziaria*.

Viene espressamente disposta, così, l'ammissibilità del ricorso a "**strumenti finanziari atipici**", suscettibili di arricchire nei due sensi sopra indicati l'offerta di prodotti finanziari da parte di ogni emittente e di ampliare in modo significativo per la s.p.a. l'arco delle possibilità di ricorso al mercato finanziario quale mezzo di stabile supporto dell'attività produttiva.

Nel dettaglio, in primo luogo, è precisato dalla legge che il principio (art. 2346, co. 1) secondo cui "la partecipazione sociale è rappresentata da azioni" non esclude la possibilità di immaginare ***altre forme di partecipazione all'impresa*** (al rischio e ai risultati) scaturenti da una *fonte diversa* rispetto alla sottoscrizione di azioni. Più in particolare, l'art. 2346, co. 6, precisa che "resta salva" la possibilità della società di emettere "**altri strumenti finanziari partecipativi**" (così vengono espressamente definiti dalla rubrica): e ciò, a fronte di "apporti" non destinati a formare il capitale, e con l'attribuzione di diritti patrimoniali "o anche diritti amministrativi, escluso il voto nell'assemblea generale degli azionisti".

In secondo luogo, sebbene la tipologia ordinaria dell'investimento finanziario nel credito alla s.p.a. rimanga ancora oggi – conformemente a tradizione – quella obbligazionaria, la quale come detto presuppone il diritto a un rimborso sicuro (di un determinato capitale a una data scadenza), la legge precisa, con l'art. 2411, co. 3, che la società è pure legittimata a emettere strumenti che da tale modello si discostino sensibilmente, nella misura in cui prevedano un rimborso del capitale *che possa essere invece condizionato*, sia quanto a tempi sia per l'entità, "*all'andamento economico della società*". Si consente, in tale modo, alla s.p.a., una generale possibilità di ricorso a **strumenti finanziari di credito** c.d. **"ibridi"**, per lo più noti fino alla fine del secolo scorso solo al settore della prassi bancaria: titoli suscettibili di intercettare categorie di investitori molto diverse dai comuni obbligazionisti, in quanto caratterizzati da una propensione al rischio a questi ultimi del tutto estranea.

II. *Le regole della partecipazione "atipica"*

In relazione agli strumenti finanziari innominati emessi dalla società con **contenuto "partecipativo"**, la legge detta una disciplina assai scarna, di seguito descritta, peraltro fonte di numerose questioni interpretative.

Anzitutto, l'emissione di tali strumenti finanziari deve essere espressamente prevista nello statuto (art. 2346, co. 6). Per quanto concerne, poi, la *determinazione della prestazione* che il sottoscrittore di detti strumenti deve effettuare per ottenerne l'assegnazione, l'art. 2346, co. 6, si limita a stabilire la necessità che sia operato in favore della società un **"apporto"**; e dunque l'emissione avviene a fronte di un contributo che non rappresenta, tecnicamente, un conferimento destinato a contribuire alla formazione del capitale: e infatti il capitale sociale non viene aumentato a fronte dell'apporto stesso. Nella citata previsione si specifica che, sul piano dei contenuti, la prestazione in questione può essere "anche di opera o servizi"; così, implicitamente, il legislatore ammette (avendo utilizzato la parola "anche") che a fronte dell'emissione dello strumento partecipativo vi possa pure essere un apporto consistente (com'è regola per le azioni) in denaro o in beni in natura.

Quanto alle prerogative che devono spettare ai portatori degli strumenti partecipativi, in ordine ai **diritti patrimoniali** la legge riconosce una ampia discrezionalità. Può rilevarsi tuttavia che, perché possa discutersi di strumenti "partecipativi" e così ragionarsi circa l'applicabilità o meno, ai titoli volta a volta emessi dalla s.p.a., delle norme dettate a tale proposito dal legislatore (gli artt. 2346, 2349, 2351, 2376), deve ritenersi che ai sottoscrittori di questi titoli vada comunque riconosciuto il ***diritto agli utili***: cosicché la società ha effettiva liberta solo nel precisare il contenuto di tale diritto, ossia i profili della *misura* e delle *condizioni* della partecipazione dei suddetti sottoscrittori ai risultati di periodo.

Lo statuto può inoltre prevedere che ai portatori di strumenti finanziari spettino anche **prerogative di tipo amministrativo**: e a questo proposito l'art. 2351 detta una importante previsione, là dove precisa che gli strumenti finanziari in esame "possono essere dotati del ***diritto di voto su argomenti specificamente indicati*** [ad es., per l'approvazione del bilancio] e che in particolare può essere a essi riservata, secondo modalità stabilite dallo statuto, la ***nomina di un componente indipendente*** del consiglio di amministrazione o del consiglio di sorveglianza o di un sindaco". L'art. 2346, co. 6, tuttavia, espressamente esclude che ai possessori degli strumenti in esame possa attribuirsi il diritto di voto "*nell'assemblea generale degli azionisti*". Analogamente a quanto accade in materia di categorie di azioni, così, detta nomina interviene nel contesto di un'***assemblea speciale***, organo nella quale dunque il diritto di voto andrà esercitato, e competente inoltre in generale all'approvazione delle delibere della società che pregiudichino i diritti degli strumenti finanziari (art. 2376).

È stato infine ritenuto siano accordabili ai possessori di strumenti partecipativi anche altri diritti "minori", come ad es. un diritto di recesso al verificarsi di determinate condizioni o il diritto all'ispezione dei libri sociali.

III. *Gli strumenti finanziari con obbligo di rimborso condizionato*

L'art. 2411 legittima la s.p.a., come detto, pure all'emissione di **strumenti finanziari atipici "di debito"**, caratterizzati dalla circostanza che il rimborso della somma fornita dagli investitori alla sottoscrizione degli stessi non è senz'altro assicurato, bensì dipende dall'andamento economico della società (ad es.: alla scadenza si rimborserà l'intera somma, qualora la società abbia raggiunto determinate soglie di fatturato, altrimenti si rimborserà solo l'80%).

Il **regime giuridico** specifico richiamato da tale previsione non solleva particolari questioni interpretative: viene in essa stabilita infatti l'integrale applicabilità agli strumenti ora in esame delle *norme dettate in tema di obbligazioni societarie*, in precedenza illustrate. Sorgono tuttavia importanti interrogativi, su cui è bene soffermarsi, con riguardo alla precisazione degli esatti *contorni che individuano tale fattispecie* e la delimitano rispetto a quella, appena sopra descritta, degli strumenti finanziari "partecipativi".

Al riguardo, va anzitutto evidenziata la circostanza che la norma sopra citata menziona esclusivamente la possibilità che il rimborso del capitale sia condizionato "***all'andamento economico della società***". Non può dunque immaginarsi, al contrario di quanto avviene (ma con esclusivo riferimento al calcolo degli interessi) nell'ipotesi prevista dall'art. 2411, co. 2 (obbligazioni con interessi indicizzati), che la prestazione incombente sulla società sia parametrata a *dati di mercato*, esterni alla società (indici di borsa, ad es.): e ciò perché, allorché a tale criterio si ancorasse il rimborso del capitale attribuito in prestito alla società (anziché solo gli interessi), più che in un investimento sul credito a una s.p.a., l'operazione consisterebbe in una sorta di pura scommessa, cosicché la legittimazione della società all'emissione non troverebbe più adeguata giustificazione.

Per quanto attiene, poi, al particolare profilo dei **rapporti tra le due fattispecie** passate in rassegna, strumenti finanziari "partecipativi" e "di debito", va evidenziato che, alla stregua della lettura sistematica del testo di legge sostenuta dalla dottrina maggioritaria, le due ipotesi non devono considerarsi senz'altro *alternative tra loro*, dovendosi reputare possibile che, in concreto, ai possessori di strumenti finanziari definibili come "partecipativi" ai sensi dell'art. 2346, co. 6 (perché ad essi spetta una quota di utili e magari anche il potere di nomina di un amministratore), *venga riconosciuto pure un diritto al rimborso ai sensi dell'art. 2411* (pieno, o variabile ai sensi del co. 3): ciò, sempre che il patrimonio netto disponibile sia capiente rispetto a una tale restituzione. Ne deriva che, là dove la società emetta titoli i quali prevedano che all'investitore spetti al contempo, a fronte di un dato apporto, sia la partecipazione agli utili sia la restituzione del capitale prestato a una data scadenza, a una siffatta fattispecie le previsioni in tema di obbligazioni verranno ad applicarsi (per effetto del disposto della norma da ultimo citata) a integrazione di quelle, in precedenza illustrate, specificamente previste per gli strumenti finanziari "partecipativi". Non sembra invece potersi ammettere l'eventualità opposta: e cioè che ai possessori di strumenti rappresentativi di una posizione di credito non soggetta a rischio vengano attribuite prerogative che la legge ammette in connessione col carattere "partecipativo" dello strumento emesso, e così, ad es., il diritto di voto o diritti amministrativi analoghi a quelli spettanti ai soci.

CAPO TERZO

LA STRUTTURA ORGANIZZATIVA

INTRODUZIONE

Le società per azioni sono caratterizzate dalla presenza di una **struttura organizzativa** complessa, articolata in tre distinti organi sociali, ai quali la legge assegna specifiche funzioni, e le cui competenze sono tendenzialmente inderogabili da parte dello statuto.

La tipologia degli organi sociali e le relative competenze variano a seconda del sistema di amministrazione e controllo adottato dalla società. Infatti, mentre il c.c. del '42 prevedeva originariamente *un solo sistema organizzativo*, basato sulla tradizionale tripartizione fra assemblea (organo rappresentativo della compagine sociale), organo amministrativo (organo gestionale) e collegio sindacale (organo di controllo), oggi si dà la possibilità di adottare in alternativa ad esso, previa apposita scelta statutaria (art. 2380, co. 1), anche uno tra altri due sistemi, e cioè il *sistema dualistico* (di derivazione tedesca) e il *sistema monistico* (di derivazione anglosassone), per la verità ancora scarsamente utilizzati nella pratica.

Qualora la società adotti uno dei sistemi alternativi, mutano sia la tipologia degli organi sociali (nel sistema dualistico, avremo un *consiglio di sorveglianza* in luogo del collegio sindacale e un *consiglio di gestione* in luogo del consiglio di amministrazione; nel sistema monistico, avremo un *comitato per il controllo sulla gestione* in luogo del collegio sindacale), sia le relative competenze: in particolare, nel sistema dualistico il consiglio di sorveglianza svolge sia le funzioni di controllo di legalità della gestione, assegnate nel sistema tradizionale al collegio sindacale, sia talune funzioni assegnate in via ordinaria all'assemblea, come la nomina e revoca degli amministratori e l'approvazione del bilancio.

Indipendentemente dal sistema di amministrazione e controllo, l'ordinamento delle s.p.a. prevede un assetto societario interno, caratterizzato dal **principio della ripartizione fissa di competenze**. Tale assetto, tipico di tutte le organizzazioni complesse (di tipo privato ma anche pubblico), è volto a privilegiare le esigenze di certezza delle regole di funzionamento dell'ente, ha nelle s.p.a. come principale obiettivo quello di assicurare la definizione di meccanismi di governo dell'impresa (c.d. ***corporate governance***) che privilegino l'*interesse all'efficienza* della gestione.

In generale, l'***esercizio dell'impresa è interamente affidato all'organo amministrativo***, specializzato nell'attività di gestione e responsabile anche verso i creditori ed i terzi per i danni cagionati con il proprio operato (artt. 2392 ss.); viceversa, le ***decisioni societarie di tipo organizzativo*** (nomina delle cariche sociali, approvazione del bilancio, modificazioni statutarie), relative al complessivo assetto della società e al controllo dei risultati della gestione, sono in linea di massima ***rimesse alla competenza dei soci*** (o di loro rappresentanti, come nel sistema dualistico, che assegna larga parte di tali compiti al consiglio di sorveglianza nominato dai soci), quali destinatari ultimi dei risultati dell'attività sociale (i soci, infatti, sono i titolari del diritto agli utili e del diritto alla quota di liquidazione del patrimonio sociale in caso di scioglimento).

Inoltre, le società azionarie sono caratterizzate dalla necessaria presenza, all'interno dell'organizzazione societaria, di un'***autonoma funzione di controllo*** *sulla legalità, sulla correttezza della gestione imprenditoriale e sull'adeguatezza dell'assetto aziendale*, nonché *sulla regolarità dei bilanci e delle scritture contabili*, anche nell'interesse della minoranza e dei terzi: funzioni assegnate, la prima, ad un ***organo di controllo*** (*collegio sindacale* nel sistema tradizionale, *consiglio di sorveglianza* nel sistema dualistico, *comitato di controllo* in quello monistico); la seconda, di regola (si vedranno poi le eccezioni), al ***revisore*** (professionista o ente legati alla società da rapporto professionale e non organico, ma titolari comunque di funzioni inderogabilmente previste dalla legge).

Già nelle **società non quotate** il modello organizzativo è caratterizzato da una *notevole rigidità*. Infatti, diversamente dalle s.r.l., in cui l'autonomia statutaria presenta larghi spazi d'intervento, nelle s.p.a. è possibile semplificare taluni aspetti procedurali ed organizzativi, anche in funzione di una maggiore "chiusura" della società (ad es., prevedere forme personalizzate di comunicazione dell'avviso di convocazione dell'assemblea, limitare l'uso della rappresentanza in assemblea, aumentare taluni *quorum* costitutivi e deliberativi, ricorrere alla figura dell'amministratore unico, attribuire il controllo contabile al collegio sindacale), ma si tratta di aspetti "secondari", mentre non si può intervenire sulle caratteristiche principali di funzionamento del modello organizzativo.

Per le **società quotate** è poi prevista una disciplina rafforzata su vari fronti (talune disposizioni sono contenute nello stesso codice civile, la maggior parte nel TUF e nei regolamenti attuativi della Consob). Nel suo complesso, tale disciplina è finalizzata ad *incentivare l'investimento del risparmio* privato nelle società emittenti; ciò avviene con l'accrescere la tutela delle minoranze, con l'aumentare il livello di efficienza dell'organo amministrativo, nonché la quantità e qualità dei controlli sul suo operato, e con il migliorare il livello di trasparenza delle informazioni al mercato.

§ 51. Il sistema tradizionale: l'assemblea

Sommario: I. *Le competenze dell'assemblea*. – II. *Il procedimento assembleare*. – 1. La convocazione dell'assemblea. – 2. Costituzione dell'assemblea e validità delle deliberazioni. – 3. L'intervento. – 4. La rappresentanza in assemblea. – 5. Lo svolgimento dei lavori. – 6. La verbalizzazione. – III. *Il conflitto d'interessi in assemblea e l'abuso del diritto di voto*. – 1. Il conflitto d'interessi. – 2. L'abuso di maggioranza. – 3. L'ostruzionismo della minoranza. – IV. *L'invalidità delle deliberazioni assembleari*. – 1. Inesistenza e inefficacia della delibera. – 2. L'annullabilità. – 3. La nullità.

Nel presente paragrafo si affronterà lo studio dell'organo di base del sistema tradizionale, e cioè l'**assemblea dei soci**, tenendo presente che tale organo è presente in tutti i sistemi di amministrazione e controllo, ma che le sue competenze risultano più limitate in caso di opzione per il sistema dualistico.

Le principali caratteristiche dell'assemblea sono le seguenti. In primo luogo, l'assemblea è l'**organo rappresentativo degli azionisti** della società, anche se non è necessariamente composto da tutti gli azionisti, vista la possibilità di creare per statuto azioni prive del diritto di voto o a voto limitato (art. 2351). La possibilità di restringere la base di partecipazione assembleare, escludendo una parte anche significativa della compagine (con il limite della metà del capitale sociale: art. 2351, co. 2), è funzionale in particolare alle esigenze delle società aperte (*in primis*, di quelle quotate), caratterizzate dal fisiologico disinteresse di una rilevante parte dei soci (soprattutto piccoli risparmiatori) rispetto alla vita interna.

In secondo luogo, l'assemblea è un **organo necessariamente collegiale** (art. 2366): lo statuto può al massimo consentire ai soci di esprimere il proprio voto per corrispondenza o elettronicamente (art. 2370, co. 4), ferma restando però la necessità di convocare e tenere la seduta assembleare; pertanto, ogni avente diritto al voto conserva il diritto di assistere personalmente ai lavori assembleari. Tutto ciò, al fine di assicurare che le scelte fondamentali per la vita sociale vengano adottate a seguito di un procedimento che assicuri al meglio le esigenze di partecipazione, ponderatezza e certezza.

In terzo luogo, le **competenze** dell'assemblea sono tassativamente determinate dalla legge (art. 2364), e – salvo casi limitati stabiliti dalla legge stessa (cfr. art. 2365) – non sono delegabili in favore di altri organi della società. Tale sistema assicura, come già illustrato, l'esigenza di una efficiente e stabile ripartizione delle funzioni all'interno dell'organizzazione societaria.

Il ruolo dell'assemblea, in generale, si esplica nell'ambito di quelle che abbiamo definito le *decisioni di tipo organizzativo*, non invece sul piano della gestione dell'impresa sociale: infatti, come si è visto, la logica su cui è costruito il modello s.p.a. è quella della raccolta del capitale finanziario da investitori (gli azionisti) che affidano le loro risorse a soggetti qualificati (gli amministratori) per la loro gestione produttiva. Pertanto le decisioni che attengono all'assetto strutturale dell'organizzazione (in qualche modo alle "condizioni" dell'investimento) ed alla valutazione dei risultati della gestione restano affidate ai "titolari" dell'investimento (e cioè i soci), i quali rimangono invece estranei alla vera e propria gestione dell'impresa.

Infine, l'assemblea decide secondo la **regola di maggioranza**, sulla base di aliquote che sono fissate in misura variabile a seconda della materia (c.d. *quorum* costitutivi e deliberativi): in tal modo si assicura che i soci di controllo, i quali hanno investito la parte determinante di risorse nella società, abbiano non solo la possibilità di indirizzare in modo coerente la gestione, mediante la scelta degli amministratori e la verifica del loro operato, ma anche quella di adattare nel tempo la struttura organizzativa tramite eventuali modificazioni statutarie.

I. *Le competenze dell'assemblea*

Le competenze dell'assemblea sono stabilite, quanto al sistema ordinario di amministrazione e controllo (per i sistemi alternativi, v. *infra*, § 54), dagli artt. 2364 e 2365.

Tali articoli innanzitutto distinguono tra **assemblea ordinaria** e **assemblea straordinaria**. Non si tratta di due organi distinti, ma dello stesso organo, che, a seconda delle materie trattate, si riunisce e delibera con maggioranze e secondo regole formali diverse. La bipartizione ha la funzione di assicurare che: a) le *decisioni periodicamente necessarie per il concreto funzionamento dell'organizzazione sociale*, ed attinenti principalmente al rapporto con gli organi di amministrazione e controllo (nomina e revoca delle cariche sociali, determinazione del compenso, approvazione del bilancio di esercizio), siano adottate *in "sede ordinaria"*, secondo regole di funzionamento più snelle e in particolare con maggioranze meno elevate; b) le *decisioni attinenti alle regole di funzionamento* (modifiche statutarie), *alle vicende evolutive* (liquidazione, trasformazione, fusione e scissione) ed *alla struttura finanziaria* della società (operazioni sul capitale, obbligazioni convertibili), siano invece adottate *in "sede straordinaria"* secondo regole che assicurino una maggiore partecipazione dei soci, grazie a *quorum* più elevati, ed una maggiore certezza di regolarità della decisione, mediante la presenza del notaio in funzione di segretario verbalizzante.

A) Le competenze fondamentali e indisponibili dell'**assemblea ordinaria**, previste dall'art. 2364, sono le seguenti: 1) l'***approvazione del bilancio*** e la ***distribuzione degli utili*** (art. 2433); 2) la ***nomina*** e la ***revoca degli altri organi sociali*** (amministratori, sindaci, revisori, con la sola eccezione dei liquidatori, che sono nominati in sede straordinaria); 3) la determinazione del compenso degli amministratori e dei sindaci; 4) la ***deliberazione dell'azione di responsabilità*** contro altri organi della società (amministratori, sindaci); 5) ogni altra competenza genericamente rimessa da altre disposizioni di legge all'assemblea dei soci, senza specificazione riguardo alla sede ordinaria o straordinaria (ad es. l'autorizzazione allo svolgimento di attività concorrenziali degli amministratori prevista dall'art. 2390 o l'acquisto e vendita di azioni proprie previsti dall'art. 2357).

Si deve invece escludere che lo statuto possa legittimamente attribuire all'assemblea *ulteriori competenze*, rispetto a quelle previste per legge.

Vi è però una ulteriore materia, che è di *"eventuale" spettanza dell'assemblea*, e che merita particolare attenzione: quella delle "**autorizzazioni** *eventualmente richieste per il compimento di atti degli amministratori*" (art. 2364, n. 5).

In linea generale, come si è detto, la gestione dell'impresa sociale (che racchiude anche l'istituzione dell'assetto organizzativo, amministrativo e contabile) spetta in modo esclusivo agli amministratori, senza che dunque l'assemblea abbia alcuna possibilità di ingerenza in proposito (sicché essa non potrebbe impartire direttive ai primi, o avocare a sé il compimento di un'operazione gestoria, o proibirla: una siffatta deliberazione violerebbe infatti la competenza esclusiva dell'organo amministrativo in tali materie). Tuttavia, la norma appena citata consente allo statuto di prevedere che, per certe operazioni, gli amministratori debbano ottenere la *preventiva autorizzazione dell'assemblea* in sede ordinaria.

Con l'espressione "autorizzazioni" la legge esclude implicitamente che lo statuto possa attribuire all'assemblea una *competenza diretta* su atti di gestione; limita di conseguenza il suo intervento al caso in cui gli amministratori abbiano già per proprio conto deliberato di compiere l'atto, e debbano però ricevere il consenso preventivo dell'organo assembleare prima di eseguire l'operazione. Autorizzando l'operazione, l'assemblea non ne può mai imporre il compimento: gli amministratori restano liberi di decidere se eseguirla o no e quindi anche di rivalutare la loro precedente decisione; tanto è vero che l'autorizzazione ricevuta non li solleva dall'obbligo di valutare con la normale diligenza l'opportunità del compimento dell'operazione, né dalla responsabilità per i danni che da questa eventualmente derivassero alla società.

Il ricorso del legislatore alla figura dell'autorizzazione induce inoltre a ritenere che, in caso di *diniego* da parte dell'assemblea, gli amministratori siano del tutto carenti di legittimazione al compimento dell'operazione: il compimento dell'atto gestionale, nonostante la mancata autorizzazione, li esporrà pertanto alla piena responsabilità per tutti i danni conseguenti all'operazione compiuta, oltre a determinare la sussistenza di una giusta causa di revoca e, se del caso, di una grave irregolarità ai sensi e per gli effetti di cui all'art. 2409. Resta fermo, al contempo, che i terzi sono tutelati dalla regola di inopponibilità delle limitazioni al potere di rappresentanza previste nello statuto, e pertanto l'atto non autorizzato resterà valido, salvo il caso di dolo da parte del terzo (art. 2384, co. 2).

È da ritenersi che lo statuto possa definire l'ambito di applicazione del meccanismo autorizzatorio in modo anche ampio, individuando "*categorie*" *di atti*, secondo criteri di tipo quantitativo (ad es., atti eccedenti un certo valore) o qualitativo (ad es., atti che incidano sulla struttura imprenditoriale e finanziaria della società); di tipo analitico (ad es., le cessioni di azienda, la concessione di garanzie a terzi, la costituzione di società controllate, ecc.) oppure più generico (ad es., le operazioni aventi valore strategico), ferma restando la riserva, comunemente riconosciuta, per cui l'assemblea non può ingerirsi nella c.d. *gestione corrente*.

B) Le competenze fondamentali dell'**assemblea straordinaria** sono fissate dall'art. 2365 e sono limitate alle ***modificazioni statutarie*** ed alla ***nomina dei liquidatori***. Vi sono, però, anche altre competenze stabilite dal codice civile, e in particolare: la deliberazione di non emissione delle azioni (art. 2346, co. 1), l'emissione di obbligazioni convertibili in azioni (art. 2420-*bis*), l'autorizzazione alla concessione di prestiti e garanzie per la sottoscrizione o l'acquisto di proprie azioni (art. 2358).

Sono peraltro previste numerose ipotesi in cui, tramite apposita clausola statutaria, può essere prevedersi una **delega agli amministratori** per la deliberazione di modificazioni statutarie che presentino *carattere minore* (onde evitare le complicazioni del procedimento assembleare), o che risultino indirettamente *collegate con l'ambito gestionale* (onde garantire una maggiore efficienza dell'azione imprenditoriale). Tra le principali, previste dall'art. 2365, co. 2, ricordiamo il trasferimento della sede legale nell'ambito del territorio nazionale, la scelta degli amministratori dotati di potere di rappresentanza, l'adeguamento dello statuto a disposizioni normative. Ad esse si aggiungono ulteriori (e più rilevanti) ipotesi, contemplate da varie norme del codice, quali l'aumento di capitale a pagamento (art. 2443) e l'emissione di obbligazioni convertibili (art. 2420-*ter*).

II. *Il procedimento assembleare*

L'assemblea è un tipico **organo collegiale**, il cui funzionamento è caratterizzato dal necessario rispetto di tutte le fasi tipiche dei procedimenti collegiali, che nel caso delle s.p.a. sono regolate in modo particolarmente dettagliato e vincolante, visto il ruolo che svolge l'assemblea all'interno dell'organizzazione societaria ed il carattere particolarmente rilevante degli interessi economici coinvolti nelle società azionarie.

I momenti essenziali del **procedimento collegiale** hanno tutti carattere formale (devono cioè rispettare forme vincolate) e sono i seguenti: convocazione dell'organo (con relativo "ordine del giorno"), costituzione e riunione, discussione, votazione e relativa deliberazione, proclamazione, verbalizzazione.

Le **regole** di fonte legale possono essere integrate, e talora derogate, da apposite clausole statutarie, nei termini che verranno appresso illustrati per le singole fasi procedimentali. Il rispetto delle regole legali e di quelle statutarie è ***condizione di validità delle deliberazioni***: precisamente – salvo i due casi estremi della mancata convocazione e della mancata verbalizzazione, che determinano la nullità della deliberazione (art. 2379) – la "non conformità" della deliberazione alla legge ed allo statuto è *causa di annullabilità* della delibera (art. 2377), a meno che il vizio procedimentale risulti del tutto ininfluente sul risultato deliberativo (art. 2377, co. 5).

1. *La convocazione dell'assemblea*

a) La prima fase del procedimento deliberativo è quella della **convocazione**, che di regola è decisa dall'organo amministrativo, *ogni qual volta lo ritenga opportuno*. È dunque rimessa alla ***discrezionalità*** di tale organo la decisione sul se, quando e per quali materie convocare l'assemblea (ad es. perché si ritiene opportuno proporre una modifica statutaria).

Al verificarsi di talune circostanze, però, la convocazione diviene ***obbligatoria***: in particolare, allorché si determinano perdite superiori ad un terzo del capitale sociale (art. 2446) o si verifichi una causa di scioglimento della società (art. 2487, co. 1). Inoltre, la convocazione dell'assemblea ordinaria è *obbligatoria in via generale almeno una volta all'anno*, per l'approvazione del bilancio: il termine per la relativa delibera non può essere superiore a 120 giorni (elevabili dallo statuto a 180, in alcuni casi previsti dalla legge) dalla chiusura dell'esercizio (*dies a quo* che coincide, per ragioni di tipo fiscale, con la fine dell'anno solare), e l'assemblea dev'essere tempestivamente convocata con anticipo congruo, in modo da rispettare tale termine (art. 2364, co. 2).

La convocazione è altresì obbligatoria, allorché venga **richiesta dalla minoranza** (art. 2367), con la necessaria "indicazione degli argomenti da trattare", e in particolare da tanti soci che rappresentino un decimo del capitale sociale (un ventesimo nelle società che fanno ricorso al mercato del capitale di rischio), o dalla minore percentuale minima prevista nello statuto. Gli amministratori non possono respingere la richiesta per ragioni di opportunità: un rifiuto è legittimo solo se fondato su ragioni di illegittimità della richiesta (incompetenza dell'assemblea, illiceità o impossibilità giuridica degli argomenti da trattare), ovvero su ragioni di "abuso del diritto" da parte della minoranza (ad es., ripetitività, futilità o intempestività della richiesta). Se l'organo amministrativo non provvede (e lo deve fare "senza ritardo"), l'ottemperanza all'obbligo di convocazione può avvenire anche da parte dell'organo di controllo (collegio sindacale, consiglio di sorveglianza) e, in caso di inerzia, i soci possono rivolgersi al tribunale, che provvede con decreto.

b) L'atto di convocazione dell'assemblea è in generale di **competenza** dell'***organo amministrativo*** e dev'essere quindi deliberato collegialmente dal consiglio di amministrazione. Tale regola è da ritenersi parzialmente derogabile, nel senso che lo statuto potrebbe rimettere la relativa competenza anche a singole cariche amministrative, come il presidente del c.d.a. (ferma restando la titolarità originaria in capo all'organo collegiale, che può sempre deliberare in materia).

Altri soggetti titolari del potere di convocazione, nelle sole specifiche ipotesi previste dalla legge, sono: i ***sindaci*** (artt. 2386: quando vengono a mancare tutti gli amministratori o l'amministratore unico; 2406, co. 1: quando la convocazione sia obbligatoria e l'organo amministrativo non provveda; 2406, co. 2: qualora il collegio ravvisi fatti censurabili di rilevante gravità e vi sia necessità di provvedere), il *tribunale* (artt. 2367, 2409), l'*amministratore giudiziario* nell'ambito del procedimento di cui all'art. 2409, i *liquidatori* (artt. 2488, 2490).

c) L'**avviso di convocazione** deve contenere tutte le indicazioni relative alla data, all'ora, al luogo della riunione (nonché, in caso di assemblee per tele- o video-conferenza ai sensi dell'art. 2370, co. 4, le modalità con le quali è possibile collegarsi con la seduta assembleare), nonché l'*ordine del giorno*.

Le modalità di **emanazione** dell'avviso di convocazione variano a seconda delle caratteristiche della società. Nelle società non quotate, esso dev'essere pubblicato per legge sulla *Gazzetta Ufficiale* della Repubblica almeno *quindici giorni* prima di quello fissato per l'adunanza. Lo statuto può tuttavia prevedere la pubblicazione su "almeno un *quotidiano*", espressamente indicato nello statuto stesso (art. 2366, co. 2), fermo il rispetto del termine legale.

Nelle **società "chiuse"** (e cioè nelle società che non fanno ricorso al mercato del capitale di rischio) lo statuto può però prevedere in alternativa modalità di convocazione più semplici e con termine ridotto, purché tali da garantire la prova dell'avvenuto ricevimento dell'avviso almeno *otto giorni* prima dell'assemblea (co. 3). Può essere dunque prevista la convocazione a mezzo *raccomandata con ricevuta di ritorno*, ma anche per posta elettronica certificata, telefax, o consegna direttamente "a mani" dei soci.

Nelle **società quotate**, l'assemblea è convocata almeno *trenta giorni* prima della data di svolgimento dell'assemblea, mediante avviso pubblicato sul *sito internet* della società, nonché con le altre modalità eventualmente previste dalla Consob con regolamento (art. 125-*bis*, co. 1, TUF).

d) Quanto al **luogo della seduta**, l'assemblea dev'essere convocata nel *comune dove ha sede la società*, a meno che lo statuto non autorizzi la convocazione anche in luoghi diversi (art. 2363), e la relativa clausola può avere il contenuto più diverso: è ad es. legittima la previsione di convocazioni all'estero (purché in ambiti territoriali dettagliati), o in ambito provinciale e regionale.

e) L'**ordine del giorno** ha la funzione di informare i soci sulle "materie" in merito alle quali si dovrà discutere e deliberare (le deliberazioni prese su materie non all'ordine del giorno sono annullabili, *ex* art. 2377). Non è necessario, però, che sia indicato il contenuto di specifiche proposte da parte dell'organo amministrativo: i soci sono liberi di avanzare in sede assembleare ulteriori e differenti proposte rispetto a quelle eventualmente formulate dagli amministratori, i quali a loro volta possono anche restare neutrali, senza prendere posizione sul merito degli argomenti. L'ordine del giorno può essere dunque "sintetico", purché non "generico" (ad es., si potrà indicare: rinnovo delle cariche sociali).

Per le società quotate è previsto (per motivi di maggiore trasparenza) un obbligo generalizzato degli amministratori di predisporre – e pubblicare sul sito internet – una ***relazione sulle materie*** all'ordine del giorno (art. 125-*ter* TUF). Inoltre, l'art. 126-*bis* TUF prevede la possibilità di integrare successivamente l'ordine del giorno, dietro richiesta dei soci che rappresentino almeno un quarantesimo del capitale sociale, da esercitarsi entro dieci giorni dalla pubblicazione dell'avviso di convocazione.

L'ordine del giorno comprende implicitamente anche la discussione e la deliberazione sui ***provvedimenti*** "strettamente" ***consequenziali*** alle materie indicate, e ciò anche se l'avviso non contenga la clausola di stile (frequente nella prassi, ma priva di effettiva utilità) delle "varie ed eventuali" (ad es., se è indicata la revoca degli amministratori, l'assemblea potrà procedere alla loro sostituzione, anche se non menzionata).

f) Le delibere eventualmente assunte da un'assemblea che fosse stata convocata senza il rispetto di queste regole sarebbero annullabili (e nulle, solo in caso di mancanza assoluta di convocazione di uno o più soci). L'assemblea si reputa però in ogni caso validamente costituita quando *tutti i soci aventi diritto al voto sono presenti alla riunione* (c.d. **assemblea totalitaria**: art. 2366, co. 4; non occorre invece la presenza di tutti gli amministratori e di tutti i sindaci, essendo sufficiente che assista ai lavori la *maggioranza dei componenti i rispettivi organi*), con la conseguenza di sanare il mancato rispetto delle formalità iniziali e di consentire la trattazione di qualsivoglia argomento. Ciascuno dei partecipanti – e pertanto ciascun socio, ma anche ciascun amministratore o sindaco – può tuttavia *opporsi* alla trattazione di un data materia, dichiarando di non essere sufficientemente informato in proposito.

2. *Costituzione dell'assemblea e validità delle deliberazioni*

La validità delle deliberazioni assembleari è subordinata al preventivo raggiungimento di un *quorum* costitutivo, e cioè della *presenza alla riunione di un numero minimo di azioni*, ed al successivo raggiungimento di un *quorum* deliberativo, e cioè di una *maggioranza di voti favorevoli alla decisione*.

a) Il ***quorum*** **costitutivo** consiste nella regola per cui, se non interviene alla seduta un certo numero di soci (più esattamente: tanti soci da rappresentare un certo numero di azioni, o, se si vuole dirlo con altre parole, da rappresentare una certa aliquota di capitale), l'assemblea non può neppure iniziare i propri lavori: essa risulta infatti *non regolarmente costituita*. La funzione di questa regola è quella di garantire che le decisioni, al fine di una loro migliore ponderazione, vengano assunte con la partecipazione e il confronto tra un certo numero minimo di soci, in quanto portatori di un'adeguata quota dell'investimento azionario (per questo motivo, potrebbe bastare anche un solo socio, ove rappresenti l'aliquota di capitale sufficiente). E come vedremo, la legge modula diversamente tale *quorum*, a seconda dell'importanza della materia da trattare.

Per il **calcolo** del *quorum* costitutivo *non devono computarsi le azioni "normativamente" prive del diritto di voto*, ossia le azioni che per statuto non hanno voto sulle materie poste in concreto all'ordine del giorno. Devono invece computarsi le azioni "*occasionalmente*" prive di tale diritto (ad es. quelle in possesso della stessa società *ex* art. 2357; quelle dei soci in conflitto d'interessi i quali dichiarino di astenersi dal voto *ex* art. 2373, co. 4; quelle dei soci che non abbiano effettuato gli adempimenti pubblicitari per i patti parasociali *ex* art. 2341-*ter*). Ciò significa che nel primo caso, e non nel secondo, viene agevolata la possibilità di costituire regolarmente l'assemblea: se le azioni non si computano, significa che la base di calcolo per il raggiungimento del *quorum* costitutivo è più ristretta. Se poi vi sono azioni a voto plurimo, è da ritenersi che la base di calcolo sarà computata non sul capitale avente diritto di voto, bensì sul numero di voti esercitabili dai soci nel loro complesso.

b) Il ***quorum* deliberativo** risponde a una funzione diversa e intuitiva: perché una certa decisione possa considerarsi adottata, occorre che si sia espresso favorevolmente un certo numero di soci (o meglio, anche qui: tanti soci da rappresentare una certa aliquota di capitale). La logica stessa vuole che, quanto meno tra i voti espressi, quelli favorevoli superino i contrari (e dunque che si raggiunga la maggioranza del capitale presente); ma anche in tal caso, come vedremo, la legge modula spesso il *quorum*, elevandolo (e dunque richiedendo maggioranze più alte) quando la materia in decisione assuma particolare rilevanza. Le azioni prive del diritto di voto, non solo "normativamente" ma anche "occasionalmente", non si computano mai nel *quorum* deliberativo (tranne nel caso delle azioni proprie nelle società chiuse *ex* art. 2357-*ter*, co. 2), con conseguente abbonamento delle maggioranze necessarie per deliberare.

Per il **calcolo** del *quorum* deliberativo la legge ricorre di volta in volta a due parametri: in alcuni casi (di cui subito si dirà) esso è computato sul *capitale sociale complessivo della società* (ovviamente, escludendosi le azioni "normativamente" prive del diritto di voto sulla materia in decisione; e se vi sono azioni a voto plurimo il calcolo sarà non sul capitale ma sul numero complessivo dei voti esercitabili); in altri, sul *capitale concretamente presente in assemblea* (o, in caso di azioni a voto plurimo, sul numero dei voti esprimibili dai soci concretamente presenti). In questo secondo caso, si tiene conto anche della posizione dei *presenti non votanti* o di coloro che si sono espressamente e volontariamente astenuti: in pratica, non votanti ed astenuti sono equiparati ai voti contrari.

Con riferimento ad entrambi i parametri, non si deve tenere conto (e si riducono, pertanto, le maggioranze necessarie per approvare la delibera): a) delle *azioni del so-*

cio in conflitto d'interessi, qualora il socio dichiari di astenersi in ragione della propria situazione personale (ne consegue che, in caso di astensione per conflitto d'interessi di larga parte del capitale sociale, le deliberazioni possono essere adottate anche da maggioranze particolarmente ridotte); b) dei soci il cui voto sia *occasionalmente sospeso* (ad es., nel caso di soci che non abbiano effettuato la comunicazione di cui all'art. 2341-*ter*).

I *quorum* costitutivi e deliberativi sono **fissati** dalla legge in misura differenziata, a secondo della materia (assemblea ordinaria, straordinaria o materie per cui sono previsti *quorum* particolari), del tipo di convocazione (prima, seconda o successive) e del tipo di società (società che faccia ricorso o meno al capitale del mercato di rischio).

a) In sede di **prima convocazione** nelle **società "chiuse"**, per l'assemblea ordinaria il *quorum* costitutivo è pari alla metà del capitale sociale, mentre il *quorum* deliberativo è pari alla maggioranza assoluta del capitale avente diritto di voto e presente in assemblea (art. 2368, co. 1). Per l'assemblea straordinaria, il *quorum* costitutivo è pari alla maggioranza assoluta del capitale sociale: lo si deduce implicitamente dal fatto che tale maggioranza è prevista come *quorum* deliberativo e pertanto dev'essere *a fortiori* presente in assemblea.

I *quorum* legali di prima convocazione possono essere **modificati in aumento** dallo statuto, in via generale o per singole materie (l'esigenza si pone normalmente per le sole assemblee straordinarie, dato che per le ordinarie l'incremento dei *quorum* di prima convocazione avrebbe scarsa efficacia, vista la regola – che vedremo appresso – secondo cui le principali delibere ordinarie devono potersi prendere comunque a maggioranza dei soli presenti nella seconda convocazione). Tuttavia, si ritiene generalmente inammissibile (e pertanto nulla) una clausola statutaria che imponga l'unanimità, o maggioranze così elevate da attribuire un sostanziale diritto di veto ad ogni socio, che ostacoli il regolare funzionamento dell'assemblea. Poiché l'art. 2368, co. 2, consente espressamente le deroghe in aumento, è da ritenersi che sia invece sempre illegittima la **modificazione in diminuzione** dei *quorum*: la norma ha la finalità di garantire un'adeguata rappresentatività delle maggioranze assembleari, in materie di particolare importanza come quelle straordinarie.

b) Se, all'inizio della riunione, si constata la mancata formazione del numero legale, il presidente dell'assemblea deve dichiarare la *mancata costituzione della seduta* e l'assemblea dovrebbe essere convocata a una nuova data. Per ovviare all'inconveniente di riavviare tutto il procedimento *ex novo* e con esito verosimilmente negativo, l'art. 2369 prevede e disciplina l'istituto della **seconda convocazione**, in cui si applicano maggioranze più ridotte ed il cui avviso può essere contestuale a quello della prima, oppure emanato separatamente ed anche dopo la mancata costituzione della prima seduta (nel qual caso, il termine di legge per la pubblicazione dell'avviso è ridotto da quindici a otto giorni). La seconda convocazione deve essere fatta per un giorno diverso da quello della prima (non occorre che tra la prima e la seconda seduta intercorrano ventiquattro ore), ma la seduta deve tenersi entro trenta giorni dalla prima (in caso contrario, occorrerà riavviare il procedimento deliberativo dalla prima convocazione).

I *quorum* legali per le assemblee in seconda convocazione nelle società "chiuse" sono definiti come segue dall'art. 2369. Per l'assemblea ordinaria: nessun *quorum* costitutivo (è sufficiente qualsiasi porzione, anche minima, del capitale); mentre il *quorum* deliberativo non è stabilito, ragione per cui deve applicarsi l'art. 2368, co. 1 (maggioranza assoluta del capitale presente alla seduta). Per l'assemblea straordinaria, il *quorum* costitutivo è pari ad un terzo del capitale sociale e il *quorum* deliberativo ai due terzi del capitale rappresentato in assemblea. Per alcune specifiche materie, e in ragione della loro importanza, è però richiesta (art. 2369, co. 5) una **maggioranza qualificata** pari ad un terzo del capitale sociale (cambiamento dell'oggetto sociale, trasformazione, scioglimento anticipato, proroga, revoca liquidazione, trasferimento della sede all'estero, emissione di azioni privilegiate: il relativo *quorum* è da ritenersi aggiuntivo rispetto alla normale maggioranza deliberativa dei due terzi sul capitale presente). Si parla in tal caso di assemblee "*superstraordinarie*".

A norma dell'art. 2369, co. 4, lo statuto *può richiedere maggioranze più elevate* per l'assemblea di seconda convocazione, tranne che per l'***approvazione del bilancio e per la nomina e revoca delle cariche sociali*** (l'elevazione è invece possibile per altre materie anche ordinarie, come la deliberazione sui compensi o sulla responsabilità degli amministratori). La norma è pertanto imperativa per le deliberazioni nelle quali si esprime la competenza principale dell'assemblea ordinaria, e svolge così un ruolo di "chiusura del sistema", assicurando che la maggioranza del capitale attivo in assemblea riesca a controllare effettivamente la società, mediante la scelta degli amministratori e la possibilità di verificarne l'operato (approvazione del bilancio, eventuale revoca).

c) Lo statuto può prevedere una terza ed anche **successive convocazioni** (art. 2366, co. 6, 7). I *quorum* restano però identici a quelli di seconda convocazione, ragion per cui le successive convocazioni hanno pertanto un'efficacia assai limitata.

d) Nelle **società "aperte"**, di tipo non cooperativo, si prevede che – salvo diversa disposizione statutaria – l'assemblea si tenga in **convocazione unica** (art. 2369, co. 1), con applicazione immediata dei *quorum* previsti per l'assemblea di seconda convocazione in sede ordinaria (e cioè, come detto, la maggioranza semplice dei presenti, quale che sia il capitale sociale intervenuto) e, per le assemblee straordinarie, di un *quorum* costitutivo pari al quinto del capitale e di un *quorum* deliberativo dei due terzi del capitale intervenuto. Tali ultimi *quorum* rivestono una particolare funzione, e cioè quella di contemperare le esigenze di efficienza e facilità deliberativa di fronte al possibile assenteismo di molti investitori (permettendo l'adozione delle deliberazioni straordinarie con maggioranze inferiori a quelle necessarie nelle società chiuse: se partecipa ai lavori solo il 20% del capitale, è sufficiente per deliberare il 13,34%) con quelle di tutela delle minoranze organizzate e degli investitori istituzionali (attribuendo di fatto a tali componenti un potere di veto nei confronti della maggioranza anche assoluta del capitale sociale: se ad es. partecipa all'assemblea il 90% del capitale sociale, il 30,01% di voti contrari può bloccare l'adozione della delibera, anche se la maggioranza è favorevole).

3. *L'intervento*

Il diritto di intervenire in assemblea spetta – oltre a tutti i componenti dell'organo amministrativo e dell'organo di controllo (per i quali l'intervento è anzi un dovere) – a tutti gli ***azionisti***, ***titolari del diritto di voto*** (art. 2370).

a) Il **diritto di intervento** ha dunque *carattere puramente strumentale* e non gode di tutela autonoma rispetto al diritto di voto. Non hanno, di conseguenza, diritto di intervento gli azionisti privi del diritto di voto. Anche nel caso di azioni a voto limitato a particolari argomenti o subordinato a determinate condizioni (art. 2351, co. 2), i soci possono intervenire nelle sole assemblee (o per i soli argomenti) in cui hanno diritto di voto, con la ulteriore conseguenza che potrà cambiare, a seconda degli argomenti, la base di calcolo dei *quorum*.

b) Per essere ammesso alla singola assemblea, l'azionista deve dimostrare la propria **legittimazione**. Se non sono stati emessi titoli (b1), il socio si limita a presentarsi alla riunione e il presidente dell'assemblea non fa che verificare la corrispondenza tra la sua identità e il nominativo iscritto a libro soci. Se invece sono stato emessi titoli, occorre distinguere a seconda che l'azione sia documentata in un titolo cartaceo o risulti immessa nei sistemi di gestione accentrata.

b2) Nella prima ipotesi, il socio deve ***esibire i titoli azionari***. La sua identità e la sua legittimazione verranno accertate seduta stante dal presidente dell'assemblea. Lo statuto può tuttavia subordinare l'intervento del socio ad una *prenotazione*, da effettuarsi mediante deposito dei titoli azionari presso la sede della società o presso banche indicate nell'avviso di convocazione. Il termine massimo di prenotazione, che dev'essere stabilito nello statuto, non è fissato dalla legge nelle società chiuse, mentre è fissato in due giorni non festivi per quelle aperte.

b3) Per le società con azioni soggette al regime di dematerializzazione, il controllo della legittimazione è demandato, anziché al presidente dell'assemblea, agli intermediari presso cui sono registrate le azioni, i quali effettuano un'apposita ***comunicazione*** alla società, dietro richiesta del socio (art. 83-*sexies* TUF). La legittimazione all'intervento spetta pertanto al soggetto indicato dall'intermediario in conformità alle proprie scritture (e cioè al soggetto nel cui conto le azioni risultano registrate).

Per le società quotate, deve tenersi presente che la legittimazione all'esercizio dei diritti di intervento e di voto in assemblea è legata alla detenzione delle azioni ad una *data antecedente l'assemblea* (c.d. **data di registrazione** o *record date*), a prescindere da eventuali atti di disposizione successivi a tale data, e le società non possono introdurre limitazioni alla circolazione delle azioni tra la data di registrazione e l'apertura dell'assemblea stessa. In altre parole, legittimato è colui nel cui conto le azioni risultano registrate alla data predetta, sicché l'eventuale loro cessione successiva non priverebbe l'alienante del diritto di voto (c.d. *empty voting*: ad intervenire e votare è un soggetto non più titolare delle azioni). In particolare, la comunicazione deve essere effettuata dall'intermediario in base alle evidenze risultanti al *settimo giorno di mercato* antecedente alla data fissata per la prima o unica convocazione (art. 83-*sexies*, co. 2, TUF).

c) L'assemblea può svolgersi anche con modalità di *intervento telematico* (con relativo voto) o prevedere l'utilizzo del *voto per corrispondenza o in via elettronica* (art. 2370, co. 4), dietro previsione di apposita clausola statutaria.

Nel primo caso, la partecipazione del socio avviene mediante l'utilizzo di **mezzi di telecomunicazione** (ad es.: audio- o video-conferenza): a coloro che partecipano a distanza deve essere data la possibilità di intervenire attivamente anche nella discussione assembleare e votare simultaneamente agli altri soci; deve essere garantita inoltre la parità di trattamento tra i partecipanti e la possibilità di identificare i medesimi in maniera attendibile. Le modalità di svolgimento dell'assemblea devono essere precisate nell'avviso di convocazione.

Nel caso di **voto per corrispondenza o in via elettronica**, il socio non partecipa alla seduta assembleare, ma invia il proprio voto prima della seduta, in forma cartacea o elettronica, con le modalità indicate dallo statuto (e nelle società quotate dagli artt. 140 ss. Reg. Emitt.). Il sistema del voto per corrispondenza richiede che nell'avviso di convocazione siano testualmente formulate le singole proposte su cui dovrà esprimersi il voto favorevole, contrario o di astensione (arg. *ex* art. 2538, co. 6), e non già solo le materie in discussione all'ordine del giorno. Il socio che esprima il suo voto per corrispondenza "si considera intervenuto all'assemblea" (art. 2370. co. 3), ragion per cui le relative azioni vanno computate nel *quorum* costitutivo.

Questi strumenti possono favorire una più ampia partecipazione ai lavori, annullando le distanze e i costi di partecipazione che potrebbero dissuadere alcuni soci dall'intervento, sebbene (nel voto per corrispondenza) a prezzo di rinunciare a quel confronto pieno e dialettico tra partecipanti, che sarebbe tipico della collegialità assembleare. La previsione di modalità d'intervento telematico o per corrispondenza non può in ogni caso privare il socio del diritto di intervenire fisicamente nella sede principale di svolgimento di lavori, dove sono presenti il presidente ed il segretario, ed esercitare pertanto i propri poteri usufruendo di tutte le garanzie proprie del metodo collegiale: e infatti lo statuto può "*consentire*", e mai imporre all'azionista di partecipare o votare a distanza.

4. *La rappresentanza in assemblea*

Agli azionisti è consentito partecipare all'assemblea personalmente, oppure mediante un proprio **rappresentante**. Questa opzione può risultare utile al socio per varie finalità: quella di avvalersi di soggetti professionalmente qualificati, quella di ovviare ad una propria impossibilità o difficoltà a partecipare direttamente ai lavori, quella di rafforzare il legame parasociale con altri soci. Lo statuto (ma solo nelle società che non facciano ricorso al mercato del capitale di rischio) può escludere tale possibilità, oppure limitarla in vario modo (art. 2372, co. 1), ad es. imponendo – per ragioni di riservatezza – che il delegato debba essere necessariamente un socio.

La disciplina della rappresentanza in assemblea ha subìto nel tempo numerosi mutamenti normativi, alternando interventi di carattere fortemente limitativo, per il timore che taluni abusi dell'istituto potessero favorire i gruppi di controllo, ed interventi di carattere più liberale, caratterizzati dalla opposta valutazione per cui l'istituto favorirebbe la partecipazione dei soci e la contendibilità del controllo azionario. Il quadro normativo non è particolarmente lineare, essendo previsti dall'art. 2372 ben **tre diversi regimi**, per le società chiuse, per quelle con azioni diffuse (che fanno ricorso al mercato dei capitali di rischio ma non sono quotate) e per le società quotate.

A) Alcune regole sono di carattere generale.

i) In particolare, la delega deve essere sempre conferita **per iscritto** (forma *ad substantiam*, necessaria per la validità della procura e l'ammissione alla seduta) e i relativi documenti devono rimanere conservati dalla società (co. 1). Può ritenersi valida un'eventuale clausola statutaria che disponga requisiti formali convenzionali (ad es. autenticazione della firma o data certa della procura), ma non già una clausola che deroghi al requisito della forma scritta, imposto per ragioni di certezza e di legalità del procedimento deliberativo.

ii) È prescritta la nullità della **delega in bianco**, e cioè della delega priva di indicazione del nome del delegato (anche se la regola può essere facilmente elusa riempendo la delega prima della seduta).

iii) La procura è **revocabile**, nonostante ogni patto contrario, anche se sia conferita *in rem propriam* e cioè anche nell'interesse del delegato (in deroga all'art. 1723, co. 2): è da ammettersi la revoca tacita, che avviene mediante presentazione personale dell'azionista in assemblea, in luogo del delegato.

iv) La norma prevede poi un divieto di **subdelega** discrezionale da parte del delegato: il nome dell'eventuale subdelegato deve essere direttamente contenuto nell'atto di delega; se la delega è attribuita ad una persona giuridica (società, associazione, ecc.), quest'ultima (oltre ad intervenire per mezzo del legale rappresentante) potrà tuttavia farsi rappresentare in assemblea da un suo dipendente o da un suo "collaboratore", senza che sia necessario indicare preventivamente detto nominativo nell'autorizzazione alla subdelega.

B) Nelle sole *società che fanno ricorso al mercato del capitale di rischio*, ivi incluse le quotate, *la procura può essere solo* **per singole assemblee** (co. 2). La limitazione serve ad evitare un trasferimento surrettizio di posizioni di potere (è il fenomeno della c.d. incetta di deleghe), sganciato dal possesso azionario, nelle imprese di rilevanti dimensioni ed aperte alla raccolta del capitale diffuso. Si consente soltanto che la procura, salva diversa indicazione del delegante, valga per tutte le convocazioni, se ve ne sia più d'una.

Nelle *società chiuse*, la *delega per più assemblee è invece ammessa*, anche se rimane temperata dalla revocabilità *ad nutum* della procura da parte del socio (il legislatore ritiene, evidentemente, che nelle piccole società i rischi sopra evidenziati siano meno rilevanti). È pertanto consentita sia la delega generica a partecipare a tutte le assemblee di una determinata società, sia la delega a partecipare a tutte le assemblee di società in cui il socio detenga partecipazioni.

C) Alcune regole valgono per le sole **società chiuse** e per quelle **con azioni diffuse** e *non si applicano* dunque *alle quotate*.

i) Il **numero massimo** di delegati rappresentabili da parte di un singolo delegato è definito dall'art. 2372, co. 5, in venti nelle società chiuse; in cinquanta, cento e duecento per le società diffuse, a seconda dell'entità del capitale (rispettivamente, fino a 5 milioni, 25 milioni, ed oltre). Lo statuto può introdurre limitazioni più rigide. Nelle società quotate, invece, prevale l'idea del legislatore che il ricorso alle deleghe vada incentivato, come strumento di possibile contendibilità del controllo societario, ragion per cui non operano limiti quantitativi.

ii) Vi è poi, sempre nelle sole società non quotate, un divieto di delega a favore di membri degli **organi di amministrazione e controllo** della società o di **dipendenti** della stessa. Per le società quotate il punto è invece regolato dall'art. 135-*decies*, TUF, che non contempla divieti rigidi, ma prevede una ***disciplina di trasparenza*** applicabile a tutti i casi di potenziale "conflitto di interessi del rappresentante e dei suoi sostituti". L'ambito di tale fattispecie è più esteso di quello codicistico, perché include, oltre agli organi di amministrazione e controllo, altri soggetti, fra cui anche il socio di controllo della società; la disciplina si limita però a prevedere la *comunicazione per iscritto al delegante delle circostanze da cui deriva il conflitto*, nonché l'*obbligatorietà delle istruzioni di voto* per ciascun punto all'ordine del giorno (il delegante deve indicare al delegato se votare a favore, contro o astenersi).

D) Il **regime delle società quotate** prevede inoltre alcuni istituti specifici.

i) È previsto in primo luogo che la società debba designare un soggetto (c.d. **rappresentante designato dalla società**: art. 135-*undecies* TUF), a cui ciascun socio potrà conferire una delega, impartendo istruzioni di voto cui il rappresentante dovrà attenersi. Trattasi, anche in tal caso, di un istituto che dovrebbe favorire – come il voto per corrispondenza e le assemblee telematiche – la possibilità per i piccoli soci di esprimere il proprio voto senza costi.

ii) È prevista poi una particolare procedura di agevolazione della rappresentanza assembleare, denominata **sollecitazione di deleghe** (artt. 138 ss., TUF), che mira a conciliare l'esigenza dei piccoli soci di partecipare indirettamente alla votazione con quella delle minoranze organizzate o anche di soggetti esterni che intendano favorire la coagulazione del consenso su singole proposte deliberative (proposte che, nel caso delle assemblee sul rinnovo delle cariche sociali, potrebbero anche determinare un ricambio del gruppo di controllo).

Chiunque (anche soggetti che non sono attualmente soci, ma pure la società stessa per mezzo dei propri amministratori) si rivolga al pubblico dei soci (e per sollecitazione al pubblico s'intende quella rivolta ad ***almeno duecento azionisti***) richiedendo il conferimento di una delega su una specifica proposta, oppure accompagnando la richiesta con "raccomandazioni, dichiarazioni o altre indicazioni idonee ad influenzare il voto" (pertanto non occorre la richiesta di adesione a specifiche proposte di voto, ma è sufficiente la formulazione di più generiche indicazioni di voto ai deleganti: art. 136 TUF), è soggetto ad una specifica disciplina, che contempla obblighi procedurali e di trasparenza, oltre a poteri di intervento della Consob *ex* art. 144.

In particolare, la sollecitazione è effettuata dal promotore – il quale può anche avvalersi di appositi intermediari – mediante la diffusione, secondo modalità stabilite dalla legge, di un ***prospetto*** (contenente le proprie indicazioni di voto) e di un modulo (per il rilascio della procura). La delega, sottoscritta dal delegante, deve contenere le ***istruzioni di voto*** (art. 142 TUF). Per mezzo di queste il socio può utilizzare la sollecitazione al fine di dare istruzioni anche su materie (di cui sia prevista la trattazione nella medesima assemblea) per le quali il promotore non ha dato indicazioni preventive, con la conseguenza che lo stesso sarà tenuto ad esercitare il voto per conto dei diversi deleganti, anche in modo divergente nel caso in cui abbia ricevuto istruzioni non omogenee. Invece, nell'ambito delle materie oggetto di espressa indicazione da parte del promotore, il socio non può dare istruzioni contrastanti con quelle contenute nel prospetto, a meno che il promotore non abbia previsto tale possibilità (c.d. *sollecitazione bidirezionale*).

iii) Non costituisce "sollecitazione" il caso in cui la richiesta di deleghe sia effettuata – anche (ma non necessariamente) a seguito di raccomandazioni o altre indicazioni di voto – da **associazioni di azionisti** (c.d. *raccolta di deleghe*), costituite per scrittura privata autenticata, non esercenti attività d'impresa e composte da almeno cinquanta soci, persone fisiche, ciascuna delle quali non detenga più dello 0,1% del capitale rappresentato da azioni con diritto di voto (art. 141 TUF).

In tal caso, il rilascio delle deleghe è sottratto alla disciplina della sollecitazione e può essere pertanto effettuato fra i soci dell'associazione senza il rispetto delle norme procedimentali e sostanziali previste dagli artt. 136 ss. TUF (e ciò, anche se l'associazione sia composta da duecento e più soci): la scelta del legislatore si spiega con l'intento di favorire l'aggregazione stabile di piccoli azionisti e con la valutazione per cui, in presenza di tali forme associative, le esigenze di tutela dei soci deleganti risulterebbero attenuate rispetto alla sollecitazione rivolta al pubblico indistinto.

5. *Lo svolgimento dei lavori*

a) Il **presidente dell'assemblea** ha un ruolo di particolare rilievo nel procedimento collegiale, perché spettano al titolare di questa funzione: il *controllo sulla regolare costituzione dell'organo*, incluso l'accertamento dell'identità e della legittimazione dei presenti; la *direzione dei lavori* (svolgimento della discussione, formulazione delle proposte di deliberazione, modalità di votazione e controllo sullo svolgimento della stessa); lo *scrutinio* e la *proclamazione dei risultati*; la *verbalizzazione*.

Il presidente dell'assemblea è rappresentato dalla ***persona indicata nello statuto*** (che fa usualmente riferimento alla carica del presidente del c.d.a.) o, in mancanza, da quella ***eletta con il voto della maggioranza dei presenti*** (si ritiene che la maggioranza si calcoli in tal caso per teste, visto che il controllo sulla legittimazione all'intervento e sulla costituzione della seduta spettano al presidente solo dopo la propria nomina), ed è coadiuvato da un **segretario**, eletto nelle stesse modalità del presidente, che lo assiste nelle varie operazioni e collabora attivamente alla verbalizzazione, controfirmando il documento finale (art. 2375).

Le funzioni del segretario, nella disciplina della s.p.a., possono essere assorbite dal notaio al quale sia affidata la verbalizzazione, come previsto obbligatoriamente per le assemblee straordinarie (nelle assemblee ordinarie il ricorso al notaio può essere previsto dallo statuto o deciso dall'assemblea a maggioranza).

È stato ampiamente discusso se il presidente debba considerarsi organo della società, dotato di **competenze autonome**, o se egli sia un semplice mandatario degli azionisti presenti in assemblea. Il testo dell'art. 2371, precisando le competenze del presidente e stabilendo che egli "regola" lo svolgimento dei lavori, sembra chiarire che la carica esprime una funzione propria e non delegata. Se così è, ***le decisioni del presidente non sono sindacabili o revocabili da parte dell'assemblea.*** Eventuali errori o abusi del presidente possono in ogni caso essere contestati in sede di impugnazione della deliberazione assembleare, dando luogo anche a responsabilità personale (o professionale) del soggetto che ha ricoperto la carica.

b) La disciplina legale dello **svolgimento dei lavori** non è particolarmente dettagliata ed è per larga parte rimessa alle valutazioni ed alle decisioni del presidente, il quale, come si è detto, deve innanzitutto procedere alla *verifica della legittimazione* in capo ai presenti, escludendo dalla partecipazione chi non ne abbia diritto. Egli potrà inoltre *regolare la discussione*, imponendo limiti di tempo agli interventi ed esercitando *poteri di "polizia" interni* se si verifichino abusi o scorrettezze da parte di qualcuno dei partecipanti.

c) Un punto molto delicato è costituito dall'esercizio del **diritto di informazione** da parte degli azionisti. Spesso gli interventi di questi ultimi consistono in domande rivolte agli amministratori o ai sindaci. Costoro hanno il dovere di rispondere, purché la domanda sia pertinente e la materia di cui si tratta non sia coperta da segreto aziendale. Nelle **società quotate**, l'art. 127-*ter* TUF ha introdotto inoltre il diritto per ogni azionista di porre domande sulle materie all'ordine del giorno anche prima dell'assemblea; qui però la società, che è tenuta a fornire risposta, può provvedere mediante pubblicazione di un'apposita relazione sul proprio sito internet, in modo da evitare l'appesantimento dei lavori assembleari.

Varie norme del codice civile prevedono poi una specifica **informazione preassembleare**, sotto forma di deposito o comunicazione di progetti, documenti e relazioni (vedi, ad es., art. 2446, co. 1); i soci hanno *diritto a prendere visione* ed *ottenere copia* a proprie spese di tali documenti ed in genere di tutti gli atti depositati presso la sede sociale per assemblee già convocate.

d) Nell'affrontare i diversi temi da trattare, il presidente deve anzitutto rispettare l'ordine del giorno, interpretandone il contenuto con diligenza professionale e così evitando allargamenti o restrizioni ingiustificate. Anche la successione degli argomenti contenuta nell'avviso di convocazione dev'essere rispettata, salvo che l'assemblea stessa deliberi un'inversione dell'ordine del giorno. La **discussione** dev'essere regolata in modo da evitare ogni discriminazione a danno di uno o più azionisti, ma è ben possibile adottare un contingentamento dei tempi. Il presidente può anche sciogliere la seduta, nel caso in cui non sussistano le condizioni per un ordinato svolgimento dei lavori (disordini, violenze fisiche, ecc.).

L'art. 2374 prevede poi un **diritto di rinvio** dell'assemblea, attribuito a coloro i quali, anche cumulativamente, raggiungano la quota di un terzo del capitale sociale e dichiarino di non essere sufficientemente informati sugli argomenti in discussione. La richiesta può essere formulata anche su singoli punti all'ordine del giorno. L'assemblea non può essere rinviata ad oltre cinque giorni; la seduta di rinvio costituisce in tal caso prosecuzione della seduta originaria e pertanto l'ordine del giorno rimane invariato.

e) In ordine alla **votazione**, dev'essere anzitutto scelto il relativo sistema, e questo, salvo l'esistenza di apposite clausole nello statuto o nel regolamento assembleare, è proprio un compito del presidente, che deve comunque tenere conto di eventuali mozioni d'ordine approvate dall'assemblea. Fra i possibili **metodi** di voto rientrano: le *dichiarazioni verbali*, il metodo per *alzata di mano*, il metodo per *acclamazione*, l'utilizzo di *schede precompilate*. La votazione dev'essere per tutti simultanea: è causa di invalidità l'alterazione nella successione delle varie fasi (ad es.: la separazione della votazione in più fasi, intercalate da discussioni, e quindi senza contestualità nella formulazione del voto e senza la compresenza di tutti i votanti). Se vi sono più proposte di deliberazione, spetta al presidente decidere quale mettere per prima in votazione.

Varie ragioni portano a ritenere che *non sia ammissibile il sistema del* **voto segreto**. L'art. 2375 impone infatti l'identificazione nel verbale dei soci favorevoli, contrari e astenuti. Inoltre, il voto segreto è incompatibile con la disciplina del conflitto di interessi (§ III.1), la cui applicazione impone di verificare come abbia votato ogni socio.

f) Subito dopo la votazione dev'essere accertato il risultato dei lavori e il presidente deve effettuare la c.d. **proclamazione** (e cioè la dichiarazione che l'assemblea ha accolto, oppure rigettato, le singole proposte di deliberazione), con la conseguenza che la trattazione del relativo punto all'ordine del giorno deve dichiararsi esaurita.

6. *La verbalizzazione*

Le deliberazioni devono infine constare da un **verbale**, che ha la funzione di documentare lo svolgimento della riunione e riveste *carattere obbligatorio e necessario*, come risulta dal fatto che la sua *assoluta mancanza* determina *nullità della deliberazione* (art. 2379). Le *irregolarità* nella sua redazione, invece, determinano l'*annullabilità* della delibera (art. 2377).

In caso di **assemblea ordinaria**, il verbale è redatto insieme e sottoscritto dal presidente e dal segretario; in caso di **assemblea straordinaria**, il verbale dev'essere redatto da un ***notaio***, che assume il ruolo di segretario, ferma la sottoscrizione anche da parte del presidente. Non occorre invece la sottoscrizione dei presenti, né l'approvazione del testo da parte delle successive assemblee (come avviene invece per consuetudine negli organi collegiali di diritto pubblico).

Come si è detto, la presenza del notaio si spiega in ragione della *funzione di controllo* che a tale soggetto è attribuita, in ordine alla legalità della deliberazione: va infatti ricordato che, stanti le competenze dell'assemblea straordinaria, le delibere hanno ad oggetto il più delle volte una modifica dello statuto e dunque quell'insieme di regole fondamentali che già in sede di costituzione sono soggette al controllo notarile di legalità. Il notaio che ravvisi nella decisione concretamente adottata un profilo di nullità della delibera assunta (e pertanto, in particolare, delle nuove clausole che si vogliono introdurre nello statuto), è tenuto comunque alla redazione del verbale (non può rifiutarsene, dato che in questa sede egli è tenuto a documentare lo svolgimento dei lavori e della votazione, secondo i risultati proclamati dal presidente, senza avere alcun potere formale di interdizione preventiva sul deliberato assembleare), ma successivamente non procederà all'iscrizione nel registro delle imprese prevista dall'art. 2436, bloccando quindi l'operatività della delibera (la quale acquista efficacia solo a seguito dell'iscrizione: art. 2436, co. 5).

Quanto al **contenuto del verbale**, l'art. 2375, co. 1, precisa che il verbale deve essere "***analitico***", e cioè indicare l'identità dei partecipanti, il capitale rappresentato in assemblea, le modalità ed il risultato delle votazioni, e deve consentire l'identificazione dei soci favorevoli, astenuti o dissenzienti. Con la sola eccezione della indicazione delle modalità e del risultato della deliberazione, tutti gli altri elementi possono risultare da *allegati* (come il c.d. foglio firme, che serve ad indicare i presenti alla seduta). Nel verbale devono essere inoltre riassunte, su richiesta degli intervenienti, le relative dichiarazioni, purché le stesse siano pertinenti all'ordine del giorno (pertanto, i soci non hanno diritto di pretendere una integrale verbalizzazione di tutte le dichiarazioni, né di ottenere il deposito e l'allegazione di documenti predisposti *ad hoc*).

In ordine ai **tempi di redazione**, l'art. 2375, co. 3, stabilisce che non è richiesta la contestualità, potendo il verbale essere legittimamente redatto in data posteriore alla seduta assembleare, purché senza ritardo e in tempo utile per gli obblighi di deposito e pubblicazione.

III. *Il conflitto d'interessi in assemblea e l'abuso del diritto di voto*

1. *Il conflitto d'interessi*

L'esercizio del diritto di voto nelle società per azioni, come in generale nelle collettività organizzate di diritto privato (associazioni, consorzi, ecc.), costituisce espressione di un *diritto di partecipazione del singolo* ed è pertanto *rimesso in linea di principio al libero apprezzamento del socio*, che può scegliere autonomamente se partecipare o meno all'assemblea e se votare a favore o contro le singole proposte deliberative. Ne consegue tra l'altro che, in caso d'impugnazione delle deliberazioni assembleari, *l'autorità giudiziaria non può sindacare il merito della deliberazione*, ma può verificare solamente se la delibera presenta profili di illegittimità.

Ciò non significa però che l'esercizio del diritto di voto nel diritto societario sia assolutamente libero ed insindacabile, dato che le società per azioni costituiscono organizzazioni complessivamente volte al perseguimento di un predeterminato fine, che è rappresentato dall'*interesse sociale*. Mentre, tuttavia, la regola della "funzionalizzazione" del voto (per la quale questo *deve* essere rivolto al perseguimento di tale interesse) vale senz'altro per le deliberazioni dell'organo amministrativo (gli amministratori, infatti, hanno il *dovere* di perseguire l'interesse sociale), per quanto riguarda il voto dell'azionista si afferma di regola che esso incontra nel medesimo interesse solo un ***limite esterno***, costituito dalla disciplina del conflitto d'interessi.

L'art. 2373 rimodula in effetti nei confronti dell'azionista una regola generale dei procedimenti collegiali: quella per cui al componente dell'organo, che si trovi in **conflitto d'interessi** con l'ente, è vietato, con il proprio voto sulla materia oggetto del conflitto, arrecare un danno all'ente stesso. Un tale conflitto si verifica quando ***l'interesse personale del socio*** (che deve essere ***di natura patrimoniale***) ***sia contrapposto a quello della società***, e cioè quando il socio è posto nell'alternativa di privilegiare l'interesse sociale o al contrario quello personale: quando, ad es., il socio, proprietario di uno stabilimento, sia chiamato a votare l'autorizzazione all'acquisto del cespite da parte della società, per un prezzo assai più elevato rispetto a quello di mercato. L'interesse personale, anche se oggettivo e determinante, non rileva invece se non risulta in oggettivo contrasto con quello della società: per questa ragione, la giurisprudenza ritiene che le delibere di nomina a cariche sociali siano valide, anche nel caso in cui determinati azionisti abbiano votato per se stessi; e che altrettanto valga per le delibere di determinazione dei compensi degli amministratori, assunte con il voto determinante degli interessati, se la misura dei compensi stessi non sia irragionevole e pregiudizievole per la società.

In sostanza, la legge non impone all'azionista di orientare in generale il proprio voto in modo da perseguire l'oggettivo interesse sociale, dopo avere proceduto ad una diligente valutazione di questo (sicché il voto e la delibera non saranno mai impugnabili solo perché frutto di una scelta negligente e potenzialmente dannosa per la società: si pensi alla nomina ad amministratore di un soggetto privo di adeguate competenze professionali). L'ordinamento non impone neppure mai al socio di partecipare alle assemblee e di votare, anche quando una certa delibera sia vitale per la società. Di più, la legge non si occupa neppure dell'ipotesi in cui l'azionista persegua, con il proprio voto, un interesse extrasociale (si pensi al caso del socio che voti alla carica di amministratore un soggetto con il quale intrattiene ulteriori rapporti d'affari), finché questo non entra in contrasto con quello sociale.

La legge interviene pertanto solo in caso di conflitto e pertanto in caso di oggettiva incompatibilità tra l'interesse personale e quello sociale. Secondo un certo orientamento di pensiero, tuttavia, la disciplina del conflitto d'interessi sarebbe applicabile anche in caso di **eccesso di potere**, e cioè nel caso di decisioni dannose per la società, anche in assenza di un comprovato interesse personale della maggioranza, allorché la deliberazione presenti una incompatibilità assoluta ed oggettiva con un qualsivoglia criterio di efficiente gestione dell'impresa a scopo lucrativo (si pensi alla fissazione di compensi per gli amministratori in misura esorbitante, tale da assorbire *ex ante* e stabilmente ogni previsione di utili sociali; o allo scioglimento anticipato ed immotivato di società in condizioni economiche floride).

Il legislatore non sancisce tuttavia un obbligo generale di astensione a carico dell'azionista in conflitto d'interessi, disponendo solamente che il suo voto costituisce **causa di annullabilità** della deliberazione al ricorrere di determinate condizioni: *a*) che sia stato ***determinante*** per l'adozione della delibera (c.d. prova di resistenza); *b*) che la deliberazione sia ***idonea a danneggiare*** la società (non si richiede invece l'attualità del danno).

La disciplina normativa *rimette* pertanto *al socio la* ***decisione se astenersi o votare***. E il presidente dell'assemblea non può estrometterlo dalla riunione, ragion per cui si corre il rischio di annullamento della deliberazione solo se il voto viene poi esercitato in direzione contraria all'interesse della società. Se ne deduce che il gruppo di controllo, che si trovi in situazioni anche rilevanti di conflitto di interessi, può deliberare legittimamente, a condizione di non assumere decisioni che arrechino danno al patrimonio sociale; e con ciò si evita che il controllo dell'assemblea transiti anche occasionalmente in capo alla minoranza. In tal modo, la disciplina non incide tanto sul piano procedimentale, quanto sul piano sostanziale: ciò che rileva è che *la decisione sia oggettivamente conforme con l'interesse sociale e non con l'interesse esterno del socio.*

L'unica ipotesi in cui il codice vieta in via preventiva ed assoluta il voto è quella stabilita dall'art. 2373, co. 2, per i **soci-amministratori** nelle *deliberazioni riguardanti la propria responsabilità*. In linea generale, l'amministratore che sia anche titolare di azioni con diritto di voto emesse dalla società è infatti pienamente legittimato ad intervenire alle assemblee nella sua qualità di socio e a votare anche a favore delle proposte che egli stesso avanzi nella qualità di amministratore. Invece, nel caso in questione egli è *privo della legittimazione al voto*, ragion per cui il presidente dell'assemblea ha anzi il dovere di escluderlo dalla votazione (il socio-amministratore presente alla seduta va però computato nel *quorum* costitutivo: vedi, art. 2368, co. 3).

2. *L'abuso di maggioranza*

Situazione diversa è quella che si può determinare se una deliberazione viene assunta dalla maggioranza per danneggiare non la società, ma i soci di minoranza; ipotesi che viene comunemente qualificata come **abuso di maggioranza**: ad es., viene deliberato un aumento di capitale, anche se la società non ne ha specifico interesse, al solo fine di ridurre la quota di partecipazione dei soci di minoranza, i quali non abbiano la disponibilità finanziaria per sottoscrivere le azioni di nuova emissione.

A tal riguardo, è normalmente accettata – sia in giurisprudenza che in dottrina – la tesi secondo cui la deliberazione assembleare, in quanto atto negoziale che si inquadra in un rapporto privatistico di tipo patrimoniale (il rapporto societario), deve rispettare il **principio di buona fede** (art. 1375), ed è pertanto ***annullabile per non conformità alla legge*** in caso di sua violazione.

Il dovere di correttezza funge dunque da *limite esterno* alla libertà di esercizio del diritto di voto da parte dell'azionista, sanzionando il comportamento del socio che, pur non pregiudicando l'interesse sociale, persegua strumentalmente con il voto l'obiettivo di arrecare danno agli altri soci. Si può pensare, oltre all'esempio già fatto, alla ripetuta decisione della maggioranza di non distribuire mai gli utili annuali, adottata nonostante l'assenza di esigenze finanziarie della società, al chiaro scopo d'indurre la minoranza a cedere a basso prezzo le proprie azioni. In tali casi, come si vede, non vi è danno per la società (per cui la disciplina sul conflitto di interessi non è invocabile), ma il voto è piegato al soddisfacimento unicamente di scopi lesivi della posizione degli altri soci.

La **sanzione** consiste nell'*annullamento della delibera*, come si è detto, ma anche, ove la rimozione dell'atto non basti, nel ***risarcimento del danno*** a carico dell'azionista e a favore dei soci danneggiati.

3. *L'ostruzionismo della minoranza*

Gli esempi sinora fatti vertevano su ipotesi in cui la maggioranza (o comunque un socio componente la maggioranza) esprime un voto illegittimo, contribuendo all'approvazione di una delibera lesiva dell'interesse della società o degli altri soci. Accanto a tale problema si può porre però il problema speculare del caso in cui l'adozione della delibera sia *impedita dal* **comportamento ostruzionistico** *di alcuni soci*.

Ciò accade più facilmente nel caso in cui le partecipazioni siano divise fra due soci (o due gruppi di soci) in parti uguali, sicché l'abuso di voto negativo di ciascuno porta alla paralisi dell'assemblea; oppure nel caso di assemblee straordinarie di società aperte, in cui si delibera con il voto favorevole di almeno due terzi del capitale presente (art. 2368 s.), sicché il socio detentore di più del terzo dello stesso può far rigettare con il proprio voto qualsiasi proposta.

Anche in tal caso, l'azionista può essere mosso dall'intento di perseguire un interesse personale in danno di quello sociale (ad es., ostacolando un aumento di capitale necessario per lo sviluppo della società, a vantaggio di altra impresa concorrente nella quale detenga partecipazioni) o da quello di danneggiare gli altri soci, contro il principio di buona fede (ad es., impedendo sistematicamente l'adozione di qualsiasi decisione, così da determinare lo scioglimento della società per impossibilità di funzionamento dell'assemblea).

Rispetto a tali situazioni, deve certamente riconoscersi la ***responsabilità civile*** dell'azionista che abbia tenuto la condotta abusiva. Quanto all'*annullamento della delibera negativa* (per conflitto di interessi o per violazione del dovere di correttezza), il problema è che tale rimedio non rappresenta un risultato particolarmente utile per la società (anche se l'annullamento della prima delibera potrebbe costituire un elemento di dissuasione per la minoranza, allorché venga convocata una nuova assemblea sugli stessi argomenti): occorrerebbe ottenere un provvedimento giudiziale di *approvazione della proposta* sostenuta dal voto degli altri azionisti. La giurisprudenza prevalente ritiene tuttavia che un simile rimedio non possa esperirsi, per ragioni attinenti alle caratteristiche tipiche della sanzione (meramente) invalidativa, prevista dall'art. 2377.

IV. *L'invalidità delle deliberazioni assembleari*

Le deliberazioni assembleari possono essere viziate dalla violazione di norme che disciplinano le varie fasi del procedimento deliberativo, o che attengono invece al contenuto della delibera, determinandone l'**invalidità**.

Come nella disciplina dei contratti, il codice non regola unitariamente il fenomeno dell'invalidità, ma prevede due diverse figure: l'***annullabilità*** e la ***nullità***. Mentre tuttavia nella disciplina dei contratti l'annullabilità costituisce rimedio speciale (la violazione di norme imperative di legge determina infatti, salva diversa disposizione normativa, la nullità del contratto: art. 1412), nella disciplina societaria ***la categoria generale e residuale*** – e cioè quella che si applica per tutte le violazioni non espressamente assistite da una sanzione diversa – ***è quella dell'annullabilità***. E diversamente dalla disciplina dei contratti, l'annullabilità si determina non solamente quanto viene violata una norma imperativa, ma anche quando viene violata una *norma dispositiva* (giacché le norme dispositive possono essere derogate solo dallo statuto) o una *clausola statutaria*, come si ricava dall'art. 2377, co. 2, secondo cui possono essere impugnate per annullabilità le "*deliberazioni che non sono prese in conformità della legge o dello statuto*". La nullità, per contro, si determina solamente quando ricorre una delle tre cause tipiche previste dall'art. 2379: la *illiceità o impossibilità dell'oggetto*, la *mancanza di convocazione* e la *mancanza di verbalizzazione*.

L'esame della (diversa) disciplina delle due forme di invalidità chiarirà le ragioni di questo sistema. In effetti la deliberazione è un atto negoziale (pur non trattandosi certo in se stessa di un contratto), per la regolamentazione dei cui vizi potrebbe in teoria pensarsi di ricorrere alle disposizioni sui contratti, che costituiscono il sistema generale delle norme sugli atti negoziali a contenuto patrimoniale. Ma il legislatore, con gli artt. 2377 ss., detta una *disciplina apposita ed autonoma* rispetto a quelle disposizioni, in quanto ravvisa l'opportunità di tutelare interessi e perseguire obiettivi diversi da quelli sottesi alla disciplina delle invalidità contrattuali. In particolare, il legislatore cerca di assicurare un adeguato livello di tutela all'esigenza di ***stabilità degli atti societari***, cercando un equilibrio tra questa istanza e quella di assicurare il rispetto della disciplina societaria: perciò la forma generale di invalidità è, come si è detto, l'annullabilità, che richiede un'impugnazione tempestiva (entro 90 giorni) e la stessa nullità (contrariamente al principio, tipico dei contratti, dell'imprescrittibilità dell'azione) deve essere fatta valere entro un dato termine (sebbene più ampio: 3 anni), mentre vi sono addirittura delibere che, una volta eseguite, divengono non più impugnabili (e l'impugnazione eventualmente già promossa diviene improcedibile), allo scopo di assicurare la definitività del riassetto organizzativo che esse implicano (v. art. 2379-*ter*, co. 2); per lo stesso motivo, la legittimazione ad impugnare per annullabilità spetta, in linea di principio, non ad ogni socio, ma solo a chi detenga una determinata aliquota (il 5%) del capitale sociale.

1. *Inesistenza e inefficacia della delibera*

Oltre alle due figure tipiche della nullità e dell'annullabilità, le deliberazioni assembleari possono essere oggetto di contestazione attraverso il richiamo ad altre due figure, di portata generale nel sistema: l'inesistenza e l'inefficacia.

L'**inesistenza** si riferisce al caso in cui la deliberazione sia solo apparente e manchi dei requisiti essenziali e minimi della fattispecie; in tal caso, non si tratta di invalidare e rimuovere gli effetti di una decisione pur sempre assunta, ma semplicemente di accertare (con *legittimazione da parte di chiunque vi abbia interesse* e *senza limiti di tempo*) l'assenza in concreto di qualsivoglia atto qualificabile come deliberazione di una certa assemblea. Il ricorso alla figura in questione dev'essere tuttavia circoscritto ai casi limite di "***inesistenza materiale***" (e cioè di verbalizzazione di un'assemblea mai convocata dagli amministratori e mai tenutasi). Lo si deduce dal fatto che, come vedremo, anche vizi particolarmente gravi, come la mancata convocazione o la mancata verbalizzazione, sono espressamente previsti dalla legge e trattati come autonome cause di nullità; mentre altri vizi, pur gravi, come il mancato raggiungimento delle maggioranze, sono addirittura considerati semplici cause di annullabilità.

Diversamente dall'inesistenza, e dalle forme tipiche di invalidità (annullabilità e nullità), l'**inefficacia** è invece un vizio derivante dalla ***carenza di legittimazione*** (in via generale, o in assenza di una specifica situazione legittimante esterna) rispetto al potere deliberativo dell'assemblea: ad es., mancanza di titolarità dei diritti di cui si dispone (si pensi ad una delibera che disponga l'esclusione del socio dalla società), carenza di una *condicio juris* (si pensi alla delibera di revoca per giusta causa di un amministratore già dimessosi dalla carica). L'inefficacia può essere fatta valere in giudizio senza limiti di tempo e da parte di chiunque vi abbia interesse.

2. *L'annullabilità*

A) In via generale, come si è detto, il co. 2 dispone l'annullabilità delle deliberazioni che non siano prese "in conformità della legge o dello statuto". E la **difformità della delibera dalla legge o dallo statuto** può determinarsi per la *violazione di norme sia sostanziali, sia procedimentali.*

I **vizi di contenuto (o sostanziali)** attengono all'*oggetto della decisione*. Se il vizio consiste nella violazione di norme imperative (e cioè, non derogabili dallo statuto), si determina un problema di distinzione dalla figura più grave della "illiceità dell'oggetto", che dà invece luogo a nullità e sarà illustrata successivamente (*infra*). Non sussistono invece difficoltà di valutazione se la disposizione di ordine sostanziale è di fonte statutaria (ad es., nomina di amministratori privi di requisiti statutari di professionalità) o se la norma di legge violata è derogabile (ad es., l'esclusione immotivata del diritto di opzione dei soci in caso di aumento del capitale sociale), dovendosi in tal caso escludere in radice la ricorrenza di un'illiceità dell'oggetto.

Anche l'annullabilità per **vizi di procedimento** può derivare dalla violazione di norme aventi fonte legale (ad es., emanazione dell'avviso di convocazione senza il rispetto del termine di preavviso) o statutaria (ad es., convocazione con mezzi diversi da quelli previsti nello statuto); non si pongono però qui problemi di distinzione con le cause di nullità, che sono infatti circoscritte alle due sole ipotesi speciali della omessa convocazione e della omessa verbalizzazione (art. 2379): qualunque altra violazione di norme procedimentali, anche particolarmente grave, determina annullabilità e non nullità della deliberazione. Tra i vizi comportanti l'annullabilità vanno annoverati anche i casi della delibera assunta con il voto determinante di un socio in conflitto di interesse o espresso in violazione del dovere di correttezza, che abbiamo già esaminato in precedenza.

In linea di principio, parrebbe che ogni violazione, anche minima, della legge o dello statuto determini l'invalidità della delibera. In realtà, l'art. 2377, co. 5, prevede delle ipotesi specifiche per le quali la mera sussistenza del vizio non è sufficiente a determinare l'annullabilità della deliberazione, occorrendo invece che *il vizio superi in concreto una determinata* **soglia di rilevanza sostanziale**: 1) la partecipazione all'assemblea di persone non legittimate (in quanto prive della qualifica di socio o degli altri eventuali requisiti di legittimazione: si pensi ad un delegato, la cui procura sia stata rilasciata in violazione dell'art. 2372) è causa di annullamento solo se, a seguito della c.d. ***prova di resistenza***, la partecipazione sia risultata determinante per il raggiungimento del *quorum* costitutivo; 2) lo stesso vale per l'invalidità dei singoli voti (si pensi ad un voto espresso in presenza di vizi della volontà: violenza, dolo, errore) o per il loro errato conteggio da parte del presidente dell'assemblea; anche in tal caso occorrerà accertare se la violazione sia stata determinante per il raggiungimento della maggioranza (la stessa regola si applica ai casi di conflitto di interessi o di abuso del voto); 3) l'incompletezza o l'inesattezza del verbale sono cause di annullamento solo quando impediscono l'accertamento del contenuto, degli effetti o della validità della delibera (non costituisce pertanto in linea di massima causa di annullabilità il fatto che l'intervento di un socio nella discussione sia riportato in maniera non fedele allo svolgimento dei lavori).

Al di fuori di questi casi espressamente disciplinati, la violazione delle regole proprie del procedimento collegiale comporta di per sé l'annullabilità della deliberazione. Possono tuttavia verificarsi casi in cui una determinata violazione abbia una *rilevanza marginale*, tale da non essere in grado di incidere neanche potenzialmente sull'esito della successiva deliberazione; ed in tal caso sarebbe ingiustificato pervenire ad un annullamento della delibera. Ad es., nel caso in cui gli amministratori neghino in modo immotivato talune informazioni richieste dal socio in sede di approvazione del bilancio, occorrerà che le stesse rivestano una qualche rilevanza sostanziale ai fini della regolarità del bilancio o del possibile orientamento dei soci in ordine alla sua approvazione. Occorre dunque una lesione concreta e non trascurabile dell'interesse protetto dalla norma violata, anche se non occorre invece provare che il socio avrebbe votato diversamente se avesse avuto l'informazione richiesta o che il suo voto sia risultato determinante per l'esito della votazione (non si tratta, pertanto, di una vera e propria regola di resistenza, che va circoscritta ai casi già esaminati).

B) La **legittimazione ad impugnare** le deliberazioni annullabili spetta, in primo luogo, ai ***soci assenti***, ***dissenzienti***, ***o astenuti*** (può impugnare la deliberazione anche il socio che ha ottenuto – o chieda contestualmente – l'annullamento del proprio voto positivo, ad es. per vizi del consenso). La legittimazione spetta però ai *soli soci che avevano diritto di voto* sulle materie oggetto della deliberazione (art. 2377, co. 3).

È tuttavia in generale posto un limite assai forte alle impugnative dei piccoli soci, in quanto la legittimazione ad impugnare spetta solo a ***minoranze qualificate***, che detengano determinate quote di capitale: il 5% del capitale sociale, ridotto all'uno per mille nelle società che fanno ricorso al mercato del capitale di rischio (art. 2377, co. 3). Lo statuto può tuttavia escludere o ridurre tale requisito. La soglia minima può essere raggiunta anche sommando una pluralità di domande presentate separatamente (arg. *ex* art. 2378, co. 4). La ragione di tale limite consiste nella volontà di evitare impugnative promosse da soci marginali, i quali, subendo in misura assai modesta le conseguenze potenzialmente negative sul valore della partecipazione, che un'impugnativa può provocare, potrebbero utilizzare questo strumento giudiziale per azioni di disturbo e di turbativa (e pertanto per esercitare pressioni di vario genere nei confronti della maggioranza e/o degli amministratori).

I soci che non rappresentano la parte di capitale necessaria per essere legittimati a impugnare la deliberazione "hanno diritto al **risarcimento del danno** loro cagionato dalla non conformità della deliberazione alla legge o allo statuto" (art. 2377, co. 4).

La legittimazione all'azione di annullamento è data pure agli ***amministratori*** (intesi come organo, e pertanto previa deliberazione del consiglio di amministrazione) ed al ***collegio sindacale*** (nonché al consiglio di sorveglianza nel sistema dualistico).

C) Il **termine** per l'impugnativa è di ***novanta giorni*** e decorre dalla data della deliberazione, ovvero dall'iscrizione nel registro delle imprese, o ancora dalla data del deposito nel registro se la delibera è soggetta solo a tale obbligo (come nel caso del bilancio) (art. 2377, co. 6).

D) Con riferimento al **procedimento** di impugnazione, l'azione si propone mediante *atto di citazione notificato alla società* (che pertanto è l'unica controparte processuale necessaria dell'impugnante), dinanzi al tribunale del luogo in cui è stabilita la sede legale (art. 2378, co. 1).

La parte attrice ha l'onere di dimostrare la propria legittimazione attiva (qualifica di organo amministrativo o di controllo; possesso del numero minimo di azioni). Se la legittimazione viene meno in corso di processo, a seguito di trasferimenti azionari per atto tra vivi (e sempre che gli acquirenti non intendano proseguire il giudizio, subentrando nell'azione), il giudice può pronunciare solamente sulla domanda di risarcimento del danno, ed a condizione che sia stata promossa tempestivamente dal socio (art. 2378, co. 2).

E) La proposizione dell'azione non sospende di per sé l'esecuzione della delibera da parte degli amministratori; ma la **sospensione cautelare** può essere disposta dal tribunale su richiesta degli attori, se l'impugnazione appare sorretta da valide ragioni (*fumus boni iuris*), e se sussiste il rischio di grave pregiudizio per le ragioni dell'istante nel periodo occorrente per la definizione del giudizio di merito con sentenza (*periculum in mora*): in particolare, il giudice dovrà *valutare comparativamente il pregiudizio* che riceverebbe la società dall'eventuale sospensione cautelare (ad es., mancato afflusso di risorse in caso di sospensione della deliberazione di aumento di capitale; pregiudizio nei rapporti con i terzi in caso di sospensione della deliberazione di approvazione del bilancio), con il pregiudizio che riceverebbe il ricorrente dall'esecuzione della delibera (ad es., perdita di titolarità delle azioni, in caso di riduzione illegittima del capitale sociale, deliberata sulla base di una falsa rappresentazione delle perdite di esercizio), e che può essere ovviamente anche di tipo indiretto, per il danno che la stessa società, e *pro quota* il socio, possono subire dalla deliberazione impugnata (ad es., in caso di illegittima autorizzazione all'acquisto di partecipazioni in imprese a responsabilità illimitata *ex* art. 2361, co. 2, per il danno derivante dal peso dei debiti della partecipata) (art. 2378, co. 3, 4).

F) L'annullamento non può essere pronunziato se la società abbia **sanato il vizio**, attraverso "apposita" sostituzione della delibera impugnata con altra presa in conformità alla legge o allo statuto (art. 2377, co. 8). Il giudizio eventualmente già introdotto potrà pertanto proseguire solo per provvedere sulle spese di lite, che verranno poste di norma a carico della società e sul risarcimento dell'eventuale danno. L'effetto retroattivo non pregiudica i diritti eventualmente acquisiti da terzi (anche se non siano in buona fede: art. 2377, co. 9) sulla base della deliberazione sostituita.

G) Se la deliberazione è annullata (o sospesa, ai sensi dell'art. 2378, co. 3 e 4), il co. 7 stabilisce che l'annullamento ha **effetto** *rispetto a tutti i soci ed obbliga gli amministratori*, sotto la propria responsabilità, *a prendere i "**conseguenti provvedimenti**"*. Ciò significa che l'annullamento ha immediata efficacia giuridica (si pensi all'annullamento – o alla sospensione cautelare – della deliberazione di nomina degli amministratori, che determina automaticamente il ripristino in carica del precedente organo amministrativo). Nel caso in cui si imponga la necessità di un provvedimento esecutivo degli amministratori (si pensi al ritiro di azioni emesse a seguito di un aumento di capitale annullato; alla restituzione degli utili percepiti in mala fede dai soci sulla base di un bilancio falso: vedi art. 2433, co. 2), essi hanno l'obbligo di provvedere nel più breve tempo possibile, mediante il compimento di tutti gli atti necessari, a dare attuazione alla sentenza.

L'annullamento non pregiudica però "*i diritti acquistati in buona fede dai terzi* in base ad atti compiuti in esecuzione della deliberazione": la tutela, secondo l'interpretazione corrente, riguarda però solo i "terzi" di buona fede, e non gli stessi azionisti.

3. *La nullità*

A) Le **cause di nullità** delle deliberazioni assembleari sono ***tassativamente*** previste dall'art. 2379, co. 1, e sono tre: una di tipo sostanziale, e cioè la illiceità o impossibilità dell'oggetto; due di tipo procedimentale, e cioè la mancata convocazione dell'assemblea e la mancata verbalizzazione della deliberazione.

i) La **illiceità dell'oggetto** è l'ipotesi più controversa, in quanto pone il problema di distinguere tale figura dalla non conformità della deliberazione alla legge, prevista dall'art. 2377, co. 2, come causa di annullabilità.

A livello teorico, la giurisprudenza adotta una posizione largamente consolidata, indicando come criterio generale di distinzione tra delibere nulle e annullabili per vizi sostanziali quello dell'*interesse tutelato dalla norma violata*: sarebbero nulle le delibere che contengano una violazione di norme inderogabili poste nell'interesse generale (si pensi alla violazione dei criteri di redazione del bilancio, per l'approvazione di bilanci affetti da falsità o difetto di chiarezza: *infra*, § 56); sarebbero semplicemente annullabili, invece, quelle costituenti violazione di norme, anche inderogabili, ma poste nell'interesse e a tutela dei soli soci (si pensi alla violazione delle disposizioni inderogabili in materia di diritto di opzione *ex* art. 2441 o di diritto di recesso *ex* art. 2437).

ii) Quanto alla **mancata convocazione** dell'assemblea, il vizio è causa di nullità solo se *assoluto* e *sostanziale*. Tale vizio radicale si verifica per il semplice fatto che anche uno solo dei soci, aventi diritto di voto, non sia stato avvertito nelle forme minime previste che si vedranno appresso. La convocazione non è invece "omessa" (e pertanto la delibera non è nulla), ma solo irregolare (con conseguente annullabilità), se l'avviso non rispetta i termini minimi di convocazione o se manca di alcuni suoi contenuti tipici secondo la legge o lo statuto (v. art. 2366). In particolare, affinché la ***convocazione*** possa dirsi solo irregolare e ***non mancante***, occorre, secondo quanto è stabilito nell'art. 2379, co. 3, che sia ricevuto *prima dello svolgimento dell'assemblea*, da ciascuno degli aventi diritto al voto, un avviso, *proveniente da almeno un componente dell'organo di amministrazione o di controllo in carica* (non basterebbe dunque un avviso proveniente da un socio o addirittura da un terzo), e che contenga per lo meno *la data* dell'assemblea (la mancata indicazione dell'ordine del giorno non costituisce pertanto causa di nullità, ma di annullabilità).

Il vizio di nullità non può essere fatto valere da quei soci che, anche successivamente all'assemblea, abbiano dato (in qualunque forma, anche tacita, ad es. mediante la partecipazione all'assemblea senza contestazione in ordine alla mancata convocazione) il proprio **assenso allo svolgimento** della stessa (anche se non necessariamente alla deliberazione concretamente assunta: si pensi al caso del socio che partecipi all'assemblea ma risulti in minoranza nella votazione).

iii) La **mancanza di verbale** è causa di nullità solo se consiste nella mancanza assoluta di un documento, sottoscritto "dal presidente dell'assemblea, o dal presidente del consiglio di amministrazione o del consiglio di sorveglianza e dal segretario o dal notaio", e contenente quanto meno l'indicazione della data e dell'oggetto, e cioè sia delle materie trattate, sia della deliberazione concretamente assunta dall'assemblea. Il sistema sembra potersi ricostruire come segue, anche se la norma solleva inevitabili dubbi interpretativi: a) la delibera, il cui verbale sia sottoscritto dal solo presidente dell'assemblea (e non dal segretario), è annullabile; b) analogamente, se è sottoscritto dal presidente di altro organo, vi sia o no la sottoscrizione pure del segretario; c) la delibera, il cui verbale sia sottoscritto dal solo segretario, non notaio, è invece nulla; d) infine, la delibera, il cui il verbale sia sottoscritto solo dal segretario notaio, è annullabile.

La mera insufficienza contenutistica del verbale, e cioè la mancata indicazione di tutti gli elementi di cui all'art. 2375 (ad es., del voto espresso da ogni soggetto legittimato), può essere invece solo causa di annullabilità, e sempre che (v. *supra*) il vizio sia effettivamente tale da inficiare l'accertamento del contenuto, degli effetti o della validità della delibera.

La nullità è in ogni caso sanata con effetto retroattivo se la verbalizzazione interviene prima dell'assemblea successiva, salvi i diritti acquisiti dai terzi che in buona fede ignoravano l'esistenza della deliberazione (art. 2379-*bis*, co. 2).

B) La **legittimazione all'impugnazione** spetta, come da regola generale (art. 1421), a *chiunque vi abbia interesse*, ivi compresi i soci che abbiano votato a favore della deliberazione. La nullità può essere *rilevata anche dal giudice d'ufficio*.

C) A differenza dell'azione di nullità dei contratti, che non è soggetta a termini di prescrizione o decadenza, le deliberazioni nulle possono essere invece impugnate nel **termine** di ***tre anni*** dall'iscrizione o dal deposito nel registro delle imprese, se previsti dalla legge, o in caso contrario, dalla trascrizione nel libro delle adunanze dell'assemblea (art. 2379, co. 1). Tale termine non vale per il solo caso (da ritenersi "di scuola") delle deliberazioni che abbiano modificato l'oggetto della società, prevedendo lo svolgimento di attività illecite o impossibili, nel qual caso l'azione è imprescrittibile (qui la deroga al termine triennale è prevista per coerenza con la causa di nullità della società, di cui all'art. 2332, co. 2, n. 2).

Per ragioni di tutela del mercato azionario – in tutte le s.p.a., anche non quotate – è poi previsto un *termine di centottanta giorni*, per le deliberazioni di *aumento del capitale sociale*, di *riduzione facoltativa del capitale sociale* e di *emissione delle obbligazioni* (art. 2379-*ter*, co. 1); in caso di nullità per omessa convocazione dell'assemblea, il termine è di novanta giorni, ma decorre dall'approvazione del bilancio dell'esercizio nel quale la deliberazione nulla sia stata anche parzialmente eseguita. Per tali delibere però, e nell'ottica di una ancora più compiuta protezione del mercato dei capitali, se la società fa ricorso al capitale del mercato di rischio l'**impugnazione** è del tutto **preclusa**, e la sentenza non può essere pronunciata anche se la deliberazione sia stata tempestivamente impugnata, ove la delibera abbia avuto esecuzione anche parziale mediante *l'emissione o l'annullamento dei relativi titoli* (art. 2379-*ter*, co. 2), fermo il diritto al risarcimento dei danni eventualmente spettante ai soci e ai terzi.

Ulteriori preclusioni sono infine previste per le deliberazioni di *approvazione del bilancio* (una volta intervenuta l'approvazione del bilancio successivo: art. 2434-*bis*), nonché per le deliberazioni di *trasformazione*, *fusione e scissione* (una volta perfezionata l'iscrizione nel registro delle imprese della delibera di trasformazione e degli atti di fusione e scissione: artt. 2500-*bis*, 2504-*quater*; 2506-*ter*, co. 5; e vedi le relative parti del presente manuale), fermo restando anche in tal caso il diritto al risarcimento del danno.

D) Per quanto riguarda gli **effetti** della sentenza di nullità, il co. 4 rinvia espressamente all'art. 2377, co. 7 e 8, che si applicano "in quanto compatibili". Pertanto, la sentenza di nullità non pregiudica i diritti acquisiti dai terzi di buona fede. La nullità è sanabile, come l'annullabilità, mediante apposita sostituzione con altra delibera assembleare.

§ 52. Gli amministratori

Sommario: I. *Le competenze degli amministratori*. – II. *Nomina degli amministratori e costituzione del rapporto di amministrazione*. – 1. Competenza sulla nomina. Gli amministratori c.d. di minoranza. – 2. I requisiti per la nomina. L'amministratore c.d. indipendente. – 3. Il divieto di concorrenza. – 4. L'accettazione della carica. L'amministratore di fatto. – III. *La cessazione degli amministratori*. – 1. Durata della carica e cause di cessazione. – 2. La sostituzione degli amministratori cessati. La cooptazione. – IV. *Struttura e funzionamento dell'organo di amministrazione*. – 1. Consiglio di amministrazione e presidente. – 2. L'impugnazione delle delibere consiliari. – 3. L'amministrazione delegata. – V. *Interesse sociale, interessi degli amministratori e le c.d. "parti correlate"*. – 1. Gli interessi degli amministratori. – 2. Le operazioni con parti correlate. – VI. *I compensi degli amministratori*. – VII. *La rappresentanza*. – VIII. *Le azioni di responsabilità contro gli amministratori*. – 1. La responsabilità verso la società: presupposti. – 2. L'azione di responsabilità. – 3. L'azione sociale esercitata dalla minoranza. – 4. La responsabilità verso i creditori sociali. – 5. Le azioni di responsabilità nelle procedure concorsuali. – 6. L'azione individuale del socio e del terzo. – 7. I direttori generali.

I. *Le competenze degli amministratori*

Nel sistema c.d. tradizionale di amministrazione e controllo, la gestione dell'impresa societaria è affidata all'organo amministrativo, a composizione unipersonale (amministratore unico) o pluripersonale (consiglio di amministrazione). Gli amministratori hanno ***competenza esclusiva sull'attività di gestione***, e dunque per il compimento di tutte le operazioni (atti e/o fatti) volte ad attuare l'oggetto sociale. Sono, altresì, esclusivamente competenti per l'***istituzione degli assetti*** *organizzativi, amministrativi e contabili*, idonei anche a rilevare tempestivamente le situazioni di crisi dell'impresa, sì da consentire agli amministratori di prontamente attivare uno degli strumenti previsti dall'ordinamento per il superamento della crisi stessa (art. 2086, cpv.).

Queste competenze esclusive dell'organo amministrativo costituiscono regole **inderogabili** (art. 2380-*bis*, co. 1) per l'organizzazione interna della società, suscettibili di essere limitate, in materia gestoria, solo nei casi espressamente previsti dalla legge (v. artt. 2410, co. 1, e 2447-*ter*, co. 2): nulla sarebbe pertanto una clausola statutaria che attribuisse competenze gestorie o l'istituzione degli assetti agli altri organi sociali; come parimenti nulla sarebbe una clausola contrattuale o dello statuto che attribuisse a un soggetto esterno alla società il potere di amministrazione (salva l'applicazione della disciplina dei gruppi di società, là dove la clausola attribuisse il potere di direzione e coordinamento ad altra società o ente: *infra*, § 64.II).

Come si è visto, l'assemblea non ha invece poteri decisionali in materia gestoria. Sulla gestione essa può indirettamente incidere soltanto grazie a competenze tassative, e segnatamente: (i) potere di scelta degli amministratori; (ii) potere *lato sensu* di controllo (a cominciare dall'approvazione del bilancio); e, infine, (iii) potere normativo (determinazione delle norme statutarie, anche rispetto ai modelli di amministrazione e controllo). E lo statuto può solo attribuirle (iv) un potere *autorizzatorio* su singoli atti di competenza degli amministratori (art. 2364, n. 5).

Questa regola di ***divisione dei poteri*** all'interno dell'organizzazione societaria è dettata in modo dunque imperativo. L'ordinamento intende così dare certezza ed efficienza al governo dell'impresa societaria, rafforzando il ruolo del potere esecutivo interno (ma anche in qualche misura, come vedremo, quello degli organi di controllo).

Tale ruolo è maggiormente rafforzato là dove la società versi in situazione di crisi o di insolvenza ed occorra accedere ad uno degli strumenti di regolazione offerti dall'ordinamento (ad es., un concordato preventivo): in tal caso, gli amministratori hanno competenza decisionale esclusiva sulla scelta di tale strumento, anche in ordine al "contenuto della proposta e alle condizioni del piano" (art. 120-*bis*, co. 1, c.ins.), ed è di contro sottratta ai soci ogni competenza deliberativa pure in ordine alle modificazioni statutarie funzionali al buon esito di un piano di ristrutturazione predisposto autonomamente dagli amministratori (art. 120-*bis*, co. 2, c.ins.).

Ai soci, come si è visto, è lasciata la scelta fra diversi modelli di governo, ma si tratta di *modelli legalmente tipici*, rispetto cui gli statuti hanno facoltà di optare per uno od altro modello, ma non anche di creare varianti atipiche, né di introdurre organi atipici.

II. *Nomina degli amministratori e costituzione del rapporto di amministrazione*

1. *Competenza sulla nomina. Gli amministratori c.d. di minoranza*

L'**assemblea ordinaria** nomina con propria deliberazione i preposti alla carica gestoria, il cui organo, nel modello di amministrazione e controllo tradizionale, può avere, come si è detto, composizione monocratica (***amministratore unico***) ovvero pluripersonale (***consiglio di amministrazione***). Nelle società quotate l'organo di amministrazione ha però sempre composizione pluripersonale (art. 147-*ter* TUF).

È lo statuto a fissare la composizione numerica dell'organo, ovvero l'assemblea nell'ambito di una forbice fissata dallo statuto stesso.

La competenza assembleare per la nomina è sancita al riguardo dagli artt. 2364, n. 2, e 2383, co. 1, alla stregua di un *principio fondamentale*, *inderogabile dagli statuti*. Il codice civile fissa, peraltro, alcune *deroghe* espresse e tassative, che prevedono possibilità di **nomine separate**:

a) l'art. 2351, ult. co., consente che lo statuto attribuisca il potere di nomina di un consigliere indipendente ai ***portatori di strumenti finanziari partecipativi*** (art. 2346, co. 6);

b) l'art. 2449 prevede la possibilità che lo statuto assegni il potere di nomina esterna di "*un numero di amministratori*", purché "*proporzionale alla partecipazione al capitale sociale*", ad ***enti pubblici*** titolari di partecipazioni in s.p.a. che non fanno ricorso al mercato del capitale di rischio; mentre, per le società che fanno ricorso al mercato del capitale di rischio, tale possibilità è ammessa soltanto a favore dell'ente che sia portatore dei detti strumenti finanziari partecipativi (è uno dei casi di c.d. *golden share*).

Non sono invece stabilite norme generali a tutela delle minoranze, sicché la maggioranza assembleare *può legittimamente nominare l'intero consiglio di amministrazione*.

Tuttavia, l'art. 2368, co. 1, prevede che "per la nomina alle cariche sociali lo statuto può stabilire **norme particolari**". E pertanto, fermo il divieto di prevedere modalità di nomina extra-assembleare e il rispetto del principio di maggioranza, gli statuti possono stabilire norme volte a garantire la c.d. *rappresentanza delle minoranze*, con diverse tecniche: ad es., riservando a distinte "categorie" di azioni la nomina di uno o più amministratori (ad es., azioni di categoria "A" e di categoria "B" intestate rispettivamente a soci appartenenti a due distinti nuclei familiari), segnatamente con designazioni o votazioni separate espresse da parte di ciascuna "categoria" all'interno dell'assemblea generale degli azionisti convocata per deliberare la nomina degli amministratori, purché a nessuna "categoria" di azioni che sia minoritaria per partecipazione al capitale sociale si riservi la maggior parte dei seggi consiliari; ovvero, introducendo sistemi che temperano la regola di maggioranza con criteri di tipo proporzionalistico, come con lo scrutinio di lista.

L'elezione con **voto di lista** è invero la tecnica maggiormente diffusa nella pratica statutaria per consentire la nomina di "rappresentanti di minoranza", tanto da essere stata razionalizzata dal legislatore, che ne ha anzi imposto l'adozione alle società quotate non solo per l'organo amministrativo (art. 147-*ter* TUF), ma pure per quello di controllo (art. 148 TUF). Tale tecnica, prevedendo la presentazione di più liste di candidati, consente tipicamente di trarre gli amministratori da eleggere non soltanto dalla lista maggiormente votata, ma in parte anche da quella seconda per numeri di voti ricevuti, purché si tratti di lista neppure indirettamente riconducibile al gruppo di maggioranza. Nelle **società quotate**, dunque, è stabilito che almeno un componente del c.d.a. deve essere espresso da una lista di minoranza, salva naturalmente la facoltà dello statuto, vuoi di accentuare il criterio proporzionalistico dello scrutinio di lista assegnando a liste minoritarie più seggi consiliari, vuoi di agevolare la migliore scelta assembleare da parte degli azionisti prevedendo il dovere del c.d.a. uscente di formulare una propria lista di candidati, individuati con trasparenza rispetto ai diversi requisiti di professionalità e indipendenza richiesti dalla disciplina legale e statutaria per la composizione del consiglio (v. *infra*, 2).

2. *I requisiti per la nomina. L'amministratore c.d. indipendente*

Possono essere nominati amministratori di s.p.a. sia **soci**, sia **terzi** che non siano soci (art. 2380-*bis*, co. 2). Lo statuto potrebbe però scegliere di limitare ai soli soci l'eleggibilità.

È dubbia la legittimità della nomina come amministratore di una **persona giuridica**. Sembra peraltro preferibile l'orientamento tradizionale negativo, giacché la soluzione ammissiva rischia di depotenziare la funzionalità dell'organo amministrativo: la persona giuridica nominata finirebbe per essere legittimata a scegliere la persona che in concreto eserciterà le funzioni gestorie (di amministratore unico o di consigliere di amministrazione), così sottraendo all'assemblea il fondamentale compito di selezionare i soggetti con le caratteristiche personali migliori per amministrare la società.

Gli azionisti trovano comunque sicuri limiti imperativi nella scelta degli amministratori. L'ordinamento prevede, infatti, **cause legali** espresse di **ineleggibilità** e di **decadenza** dalla carica, quali l'*incapacità legale*, l'assoggettamento a *liquidazione giudiziale*, e le *condanne penali* che comportino interdizione dagli uffici pubblici o privati (artt. 29 e 32-*bis* c.p.).

La nomina di soggetto ineleggibile è dunque nulla (art. 2379), e, se la causa di ineleggibilità sopravviene, l'amministratore decadrà automaticamente dall'ufficio.

Il modello legale non prevede, invece, in generale **requisiti di professionalità e onorabilità** degli amministratori per tutte le società per azioni, ma soltanto per le società quotate (ove è previsto un regime più severo di incompatibilità anche per condanne penali minori o per misure di prevenzione della disciplina antimafia), o per alcune società a statuto speciale, come per quelle bancarie e assicurative (requisiti che possono essere richiesti anche per una parte degli amministratori: ad es., nelle società di revisione la maggioranza degli amministratori deve essere abilitata all'esercizio della professione di revisore legale dei conti: art. 2 d.lgs. 39/2010).

Stante che, come ricordato, agli statuti è consentito di introdurre norme particolari per la nomina alle cariche sociali (art. 2368, co. 1), gli stessi statuti, oltre che prevedere i richiamati sistemi di nomina di amministratori "di minoranza", possono anche:

a) richiedere che la composizione interna dell'organo amministrativo rispetti determinati requisiti di *professionalità* dei singoli membri;

b) fissare norme volte a garantire l'*indipendenza* di (per lo più, parte) dei componenti del c.d.a.

Così, ulteriori requisiti di professionalità e/o onorabilità possono essere stabiliti dallo **statuto**, nel modo più vario e in tutte le s.p.a., anche diversificando i requisiti in relazione alle funzioni (presidente, amministratore delegato) che l'amministratore è destinato a svolgere una volta eletto.

In aggiunta a qualità di "professionalità" e "onorabilità", possono essere poi imposti per alcuni amministratori requisiti di "**indipendenza**" nei confronti degli azionisti di controllo e del *management*. Requisiti, questi, volti in particolare a migliorare gli standard di affidabilità sulla correttezza dei gestori, tramite la vigilanza affidata ad amministratori dotati di una particolare autonomia di giudizio, sia per l'assenza di relazioni con la società o con soggetti ad essa legati, sia per la capacità professionale e socio-economica di esprimere posizioni autonome, segnatamente a fronte di situazioni di conflitto di interessi in cui siano coinvolti ora il gruppo di controllo ora gli altri amministratori.

Tali requisiti sono imposti per legge, oltre che in alcune società a statuto speciale, in tutte le società quotate i cui consigli di amministrazione devono comprendere *almeno un consigliere indipendente* (art. 148 TUF), o *due consiglieri indipendenti se il consiglio è composto da più di sette componenti* (art. 147-*ter*, co. 4, TUF).

In tutte le s.p.a., peraltro, gli statuti possono legittimamente prevedere che uno o più amministratori siano "indipendenti" rispetto agli azionisti e/o ad altri amministratori.

L'amministratore che sia indipendente deve rimanere tale per tutta la durata della carica. Ed infatti, "l'amministratore indipendente che, successivamente alla nomina, perda i requisiti di indipendenza deve darne immediata comunicazione al consiglio di amministrazione e, in ogni caso, decade dalla carica" (art. 147-*ter*, co. 4, TUF).

3. *Il divieto di concorrenza*

L'art. 2390 contiene a carico degli amministratori uno dei tradizionali **divieti di concorrenza** *ex lege*, sanciti dall'ordinamento anche in altri casi simili: il riferimento più vicino è dato dall'art. 2301, in tema di divieto di concorrenza del socio di s.n.c.

Il divieto di concorrenza a carico degli amministratori viene in rilievo non già quando l'amministratore compia atti sporadici, ma soltanto con riferimento a una vera e propria ***attività*** svolta in altra impresa in rapporto di *concorrenza attuale o potenziale* con quella effettivamente svolta dalla società. L'art. 2390 ha tipizzato alcune fattispecie, vietando espressamente all'amministratore l'esercizio di *impresa individuale*, come anche di attività concorrente *per conto altrui*, l'assunzione della qualità di *socio illimitatamente responsabile*, come pure l'assunzione della qualità di *amministratore* o di *direttore generale* di altra società concorrente.

È però possibile una ***autorizzazione in deroga*** al divieto, che deve essere assunta da una delibera formale dell'*assemblea ordinaria*, senza che necessiti di una specifica motivazione.

L'eventuale **violazione** del divieto può invece esporre l'amministratore a revoca per giusta causa (salva un'autorizzazione *ex post*) e a risarcimento dei danni (salve anche, ricorrendone i presupposti, le azioni di concorrenza sleale *ex* art. 2598 contro l'impresa che si sia avvalsa del contributo dell'amministratore inadempiente).

4. *L'accettazione della carica. L'amministratore di fatto*

L'assunzione della carica di amministratore non è automatica, ma richiede un atto di **accettazione**, che può essere anche tacito.

L'art. 2383, co. 4, fissa poi gli **adempimenti pubblicitari** della nomina nel registro delle imprese, richiedendo l'iscrizione dei relativi dati anagrafici nel termine di "trenta giorni dalla notizia della nomina", a cura di ciascun amministratore (o in mancanza *ex officio*), termine che decorre dal momento dell'accettazione da parte dell'eletto. Eguale pubblicità è dovuta in caso di cessazione dalla carica (art. 2383, co. 5).

La disciplina sull'amministrazione può però trovare applicazione anche rispetto a soggetto *non investito formalmente della carica* con un atto di nomina seguito da debita accettazione: si parla in tal caso di **amministratore di fatto**. Si tratta di un soggetto che, pur privo di investitura formale (spesso lo stesso azionista di maggioranza), *s'ingerisce sistematicamente nella gestione della società* (tipicamente con investitura tacita, cioè con piena consapevolezza e consenso da parte degli azionisti), svolgendo compiti sostanzialmente amministrativi (e certe volte perfino rappresentativi, se munito di procure speciali provenienti dagli amministratori di diritto della società). In tal caso, la giurisprudenza riconosce che l'amministratore di fatto abbia gli stessi poteri e, soprattutto, le stesse ***responsabilità*** (civile, e perfino penale: v. art. 2639, co. 1) proprie dell'amministratore di diritto.

III. *La cessazione degli amministratori*

1. *Durata della carica e cause di cessazione*

La **durata massima** della carica è di ***tre anni*** (art. 2383, co. 2). La norma è *inderogabile*, restando quindi inammissibili amministratori a vita o in posizione privilegiata quanto al mantenimento della carica, che finirebbero per minare l'equilibrio dei poteri interni nella società, il quale invece esige che all'assemblea sia sempre riservato il ruolo di confermare periodicamente la fiducia ai gestori.

Non è peraltro sancita una regola di necessaria contemporaneità della data di cessazione delle cariche, come nelle assemblee di rappresentanza politica, ma lo statuto può imporre la **sincronicità** dei mandati gestori, specie per garantire l'effettività dei sistemi di nomina di amministratori "di minoranza".

L'amministratore **cessa dalla carica** anzitutto per (a) scadenza del termine; può cessare anzitempo per altre cause: (b) rinunzia (c.d. dimissioni); (c) revoca; (d) cause di decadenza previste *ex lege* (art. 2382) o dallo statuto; e, ovviamente, (e) decesso.

Là dove intervenga la cessazione di uno o più amministratori per una di tali cause, la disciplina tende a salvaguardare l'efficienza dell'organizzazione societaria, ovviando, per quanto possibile, a soluzioni di continuità nell'esercizio della funzione amministrativa.

Si considerino, in particolare, le cause di cessazione ove quest'esigenza viene tipicamente in rilievo.

a) Così, con riguardo alla **scadenza del termine**, l'art. 2385, co. 2, fissa anzitutto la regola della *illimitata* ***prorogatio*** dell'organo amministrativo (cioè della permanenza in carica, con pienezza di poteri), fino alla sua sostituzione da parte dell'assemblea.

b) Le c.d. **dimissioni** (*rectius*, rinunzia alla carica) dell'amministratore non richiedono la forma scritta *ad substantiam*. Non necessitano neppure di una giustificazione, né comportano alcun obbligo di indennizzo verso la società: l'ordinamento prevede, infatti, meccanismi per ovviare a pericolose vacanze della carica (artt. 2385, 2386, 2388, co. 1).

Se la rinunzia ha in linea di principio ***effetto immediato***, non necessitando di accettazione, e una volta comunicata non può essere revocata, la regola dell'effetto immediato è però derogata quando essa comporterebbe una paralisi dell'organo amministrativo, vuoi per il venir meno della maggioranza dei componenti in carica, vuoi, *a fortiori*, nel caso in cui dimissionario sia l'amministratore unico. In tali casi, la rinunzia ha effetto solo al momento della sostituzione dell'organo, e segnatamente nel momento in cui la maggioranza degli amministratori sia ricostituita (v. art. 2386).

c) La **revoca** dell'amministratore può essere disposta, senza limiti, da parte dell'assemblea ordinaria (art. 2383, co. 3), la quale provvederà alla relativa contestuale sostituzione. Come si vedrà più avanti, sono anche previste ipotesi di revoca di diritto (art. 2393, co. 5) e di revoca giudiziale (art. 2409, co. 4). In via eccezionale, il potere di revoca dell'amministratore *nominato da enti pubblici* (art. 2449) è attribuito allo stesso ente pubblico che ha effettuato la nomina, e non già all'assemblea.

La revoca è dunque in generale di competenza della stessa assemblea che nomina gli amministratori, la quale può procedervi *ad nutum* in qualsiasi momento e per qualsiasi ragione. La delibera di revoca non richiede, infatti, alcuna motivazione e in particolare la sua efficacia non è subordinata alla sussistenza di una giusta causa; la mancanza di **giusta causa** dà soltanto luogo al diritto al *risarcimento del danno* a favore dell'amministratore revocato. Eccezionalmente, nel solo caso in cui gli amministratori abbiano deciso di accedere ad uno strumento di regolazione della crisi e dell'insolvenza (nell'esercizio di una loro competenza esclusiva: v. *supra*, I), al fine di evitare che i soci vi frappongano irragionevolmente ostacoli (art. 12 dir. UE/2019/1023) la revoca sarà *inefficace*, se priva di giusta causa e dell'approvazione da parte dal tribunale (art. 120-*bis*, co. 4, c.ins.).

La giusta causa ricorrerà, in particolare, sia in presenza di un *grave inadempimen-*

to degli obblighi gestori da parte del revocato, sia là dove ricorra un *giustificato motivo oggettivo* che, minando il rapporto fiduciario tra l'amministratore e la società, manifesti la sua sopravvenuta inidoneità all'esercizio della funzione. Non ricorrerà, quindi, una giusta causa di revoca quando l'assemblea abbia revocato gli amministratori, vuoi per limitare i costi inerenti all'organo riducendo il numero degli amministratori, vuoi perché il nuovo azionista di controllo, che abbia acquistato la partecipazione maggioritaria, intenda sostituire gli attuali gestori con persone di sua fiducia. Neppure costituirà giusta causa la mera presentazione da parte degli amministratori di una domanda di accesso ad uno strumento di regolazione della crisi e dell'insolvenza se avvenuta "in presenza delle condizioni di legge" (art. 120-*bis*, co. 4, c.ins.).

2. *La sostituzione degli amministratori cessati. La cooptazione*

Se nel corso del mandato vengono a mancare uno o più amministratori, per cause diverse dalla revoca assembleare (che comporterà la sostituzione del revocato ad opera della stessa assemblea che ne abbia deliberato la revoca), e dunque per rinunzia, decadenza e decesso, soccorre poi, per integrare l'organo, la disciplina della **sostituzione** degli amministratori, sempre improntata all'esigenza di evitare soluzioni di continuità della funzione amministrava.

In particolare, in caso di cessazione di uno o più consiglieri, ma solo *se rimane in carica la maggioranza degli amministratori di nomina assembleare*, l'art. 2386 prevede il potere di **cooptazione** di membri del c.d.a., con deliberazione del consiglio stesso (composto, naturalmente, dagli amministratori rimasti in carica), la quale deve essere *approvata dai sindaci.*

L'amministratore cooptato dura in carica sino alla assemblea immediatamente successiva alla sua nomina, la quale potrà confermarlo, anche implicitamente.

Quando però *viene meno*, per uno o più fatti successivi, *la maggioranza degli amministratori nominati dall'assemblea*, quelli rimasti in carica devono *convocare prontamente l'assemblea*, per la sostituzione dei mancanti.

In mancanza di diversa disposizione (dello statuto o dell'assemblea stessa), il componente che sia stato cooptato, e quindi confermato dall'assemblea (co. 1), scadrà dalla carica contemporaneamente alla scadenza del mandato di quei consiglieri che si trovavano in carica all'atto della sua nomina (art. 2386, co. 3).

Per il caso, infine, in cui vengano meno tutti gli amministratori e non si versi in un'ipotesi di loro *prorogatio* (ad es., morte dell'amministratore unico), sarà il collegio sindacale a dover convocare urgentemente l'assemblea e a potere nel frattempo esercitare i poteri di amministrazione ordinaria (art. 2386, ult. co.).

In linea di principio, dunque, il venir meno di uno o più amministratori lascia in carica i restanti, aprendo alla sostituzione dei soli consiglieri venuti meno, come si è visto, per cooptazione o comunque da parte dell'assemblea.

I soci possono tuttavia introdurre in statuto la **clausola *simul stabunt simul cadent***, tipicamente al fine di mantenere nel tempo gli equilibri fra le diverse componenti consiliari (e si pensi a quei consigli in cui siedono anche amministratori "di minoranza"). Questa clausola fissa la regola secondo cui, qualora vengano a mancare nel corso del mandato uno o più amministratori (per una o altra causa), cesserà l'intero consiglio: gli altri amministratori (che non siano già cessati per la causa prevista nella clausola) dovranno allora provvedere alla convocazione d'urgenza dell'assemblea per il rinnovo dell'intero consiglio. E per rafforzare il peso della clausola, i soci potranno pure prevedere che, in tal caso, la cessazione del consiglio abbia effetti immediati, sì che, essendo venuti a cessare tutti gli amministratori, saranno i sindaci a dover convocare d'urgenza l'assemblea e ad assumere nel frattempo i poteri di ordinaria amministrazione della società (art. 2386, co. 4).

IV. *Struttura e funzionamento dell'organo di amministrazione*

L'organo amministrativo, nel c.d. modello tradizionale di amministrazione e controllo, può avere **composizione numerica varia**, da ***una*** a ***più persone*** (come detto, rispettivamente, amministratore unico o c.d.a.), secondo le indicazioni dello statuto, che può anche limitarsi a fissare un numero minimo e massimo, demandandone all'assemblea ordinaria la determinazione (art. 2380-*bis*, co. 4). Il numero minimo degli amministratori indicato in statuto può anche corrispondere ad una unità, così lasciandosi all'assemblea la scelta tra amministrazione monocratica o collegiale.

Nelle s.p.a. quotate, tuttavia, non può prevedersi un amministratore unico, ma necessariamente un consiglio di amministrazione, che veda la presenza almeno di un amministratore di minoranza e/o indipendente (art. 147-*ter* TUF). Per tutte le società non vi è, invece, un limite massimo di numero.

1. *Consiglio di amministrazione e presidente*

Se gli amministratori sono più d'uno, essi costituiscono dunque il **consiglio di amministrazione**, e l'amministrazione dovrà allora essere attuata con ***metodo collegiale***. Ciò significa che le deliberazioni dovranno rispettare tale metodo (convocazione, riunione – anche con mezzi di telecomunicazione, se lo statuto lo consente –, discussione, votazione, proclamazione, verbalizzazione) e avranno quale criterio decisionale quello di maggioranza.

a) Fondamentale per il buon funzionamento dell'organo consiliare è la figura del **presidente del consiglio di amministrazione**, la cui disciplina risulta divisa tra l'ult. co. dell'art. 2380-*bis* ed il primo dell'art. 2381. Recependo tendenze ricorrenti nel dibattito internazionale sulla *corporate governance*, l'attuale disciplina riconosce al presidente del c.d.a. la titolarità di una serie di poteri cardine per esercitare funzioni non solo di coordinamento dell'attività collegiali, ma anche di stimolo e dunque di tutela dell'effettività del ruolo del consiglio.

Il presidente può essere *nominato direttamente dall'assemblea*, o essere *eletto dal consiglio* stesso (art. 2380-*bis*, co. 5), sempre fra i suoi componenti.

Proprio con riguardo alle sue **competenze**, il presidente del c.d.a. ha un ruolo centrale: a lui spettano (i) la convocazione dell'organo, (ii) la fissazione dell'ordine del giorno, (iii) la direzione della discussione e la sottoposizione a votazione delle deliberazioni, (iv) la proclamazione dei risultati della votazione, (v) la verbalizzazione ove non sia previsto l'intervento del notaio. E tra le funzioni tradizionali del presidente dell'organo collegiale v'è anche quella di curare la corretta informazione di tutti i componenti l'organo, ai fini della ponderata adozione delle deliberazioni (art. 2381, co. 1).

b) Nel definire i poteri organizzativi tipici del presidente, la disciplina ha così pure formalizzato le fasi del **procedimento deliberativo** consiliare, rafforzando la dialettica nell'organo consiliare.

Segnatamente, la **convocazione** di tutti i consiglieri è essenziale per la legittimità della deliberazione (anche se questa sia stata presa con schiacciante maggioranza o all'unanimità dei presenti), nelle forme previste dallo statuto (o, in mancanza, per iscritto dal presidente). La convocazione è disposta dal presidente, che emana il relativo avviso, ma è da ritenere che ciascun componente abbia il potere di richiedere che il consiglio venga convocato dal presidente.

L'avviso deve contenere l'***ordine del giorno***, che *non è derogabile* da parte del consiglio: il legislatore ha infatti fissato uno stretto legame tra la fissazione delle materie all'o.d.g., da parte del presidente, e la somministrazione di "*adeguate informazioni* sulle materie iscritte all'ordine del giorno", sempre da assicurare a tutti i consiglieri, per congruo tempo in anticipo, a cura del presidente, e sotto la sua responsabilità.

L'art. 2381, co. 1, dispone, poi, che il presidente "**coordina i lavori**" del consiglio, così attribuendogli una serie di compiti comunemente riconosciuta *naturaliter* alla figura del presidente di un collegio: dichiarare aperta la seduta e regolarne la discussione secondo l'ordine delle materie da trattare, dando e togliendo la parola ai singoli componenti, ponendo in votazione i diversi deliberandi proposti, procedendo poi allo scrutinio e alla proclamazione del risultato.

Il consiglio adotta le proprie deliberazioni con i *quorum* fissati dall'art. 2388, co. 1. In particolare con il ***quorum*** **costitutivo** della "*presenza della maggioranza degli amministratori in carica*", e con il ***quorum*** **deliberativo** della "*maggioranza assoluta dei presenti*" (con computo dunque anche del *consigliere astenuto*).

Lo statuto di s.p.a. può legittimamente prevedere ***maggioranze qualificate***, ma non anche la regola dell'*unanimità*.

Nelle società quotate, è raccomandata (non imposta per legge) dal *Codice di autodisciplina*, quale *best practice*, la figura del c.d. ***Lead Independent Director***, scelto dal consiglio tra gli amministratori indipendenti, quale "punto di riferimento e di coordinamento delle istanze e dei contributi degli amministratori non esecutivi e, in particolare, di quelli indipendenti". La figura è chiamata a coordinare le riunioni dei soli amministratori indipendenti e dunque a valorizzarne il ruolo nell'organo gestorio; essa è per l'autodisciplina necessaria, anzitutto, là dove la carica di presidente del c.d.a. cumuli le funzioni di amministratore delegato, ovvero sia ricoperta da chi controlli, anche congiuntamente, la società; ma è pure necessaria se la nomina del *LID* sia richiesta dalla maggioranza dei componenti indipendenti del consiglio di una "grande società" quotata (con oltre 1 miliardo di capitalizzazione).

2. *L'impugnazione delle delibere consiliari*

Le deliberazioni del c.d.a. sono suscettibili di **impugnazione** in caso di "*non conformità alla legge o allo statuto*" (art. 2388, co. 4). Il legislatore prevede così uno strumento di tutela incisivo sugli atti degli amministratori quasi a contrappeso del potere esclusivo che nella gestione è attribuito all'organo di amministrazione.

La disciplina non distingue, peraltro, tra casi di annullabilità e di nullità e non richiama l'art. 2379: *tutti i possibili vizi* delle deliberazioni consiliari integrano così *sempre una causa di* ***annullabilità***, da far valere nel termine di novanta giorni dalla data della deliberazione, ancorché si tratti di vizi che in relazione alle deliberazioni dell'assemblea sono invece, ai sensi dell'art. 2379, causa di nullità.

La **legittimazione** ad impugnare è attribuita agli *amministratori assenti o dissenzienti* (o *astenuti*) e al *collegio sindacale*, che avrà l'obbligo dell'impugnazione se la stessa è necessaria per impedire la produzione di un danno alla società (art. 2407, co. 2).

Anche il ***singolo socio*** dispone di una speciale legittimazione ad impugnare, ma solo quando la deliberazione sia *lesiva dei suoi "diritti"*, vale a dire allorché pregiudichi situazioni soggettive che nascono all'interno dell'organizzazione societaria (ad es., potrà impugnare la delibera consiliare di aumento del capitale, che abbia escluso il diritto d'opzione dei soci in assenza dei presupposti di legge; ovvero la delibera che fissi illegittimamente il valore di liquidazione delle azioni nel caso di esercizio del diritto di recesso).

Rimangono in ogni caso salvi i **diritti acquistati dai terzi di buona fede** per atti compiuti in esecuzione della delibera (art. 2388, ult. co.): si richiede, quindi, per l'opponibilità del vizio deliberativo al terzo, oltre che la tempestiva impugnazione della deliberazione, anche la prova della mala fede del terzo a carico della società.

3. *L'amministrazione delegata*

Le funzioni amministrative sono suscettibili di delega da parte del consiglio ad uno o più dei propri componenti (c.d. **amministratori delegati**) o ad un collegio ristretto composto sempre da propri componenti denominato **comitato esecutivo** (art. 2381, co. 2-4).

Questa opzione organizzativa corrisponde ad evidenti esigenze della prassi, che vede tipicamente l'organo amministrativo articolarsi in un *plenum*, con funzioni di controllo e indirizzo pieno, e in un nucleo delegato: appunto l'amministratore delegato, od anche più amministratori delegati con deleghe su materie eguali o tra loro distinte, ovvero un comitato esecutivo. A tale organo delegato è affidata non solo la gestione complessiva, a cominciare dal *day-by-day management*, ma anche la predisposizione delle linee strategiche dell'impresa, che però dovranno essere oggetto di esame da parte del consiglio.

Come si vedrà subito appresso, l'organo delegato è chiamato ad un ruolo fondamentale nella gestione dell'impresa societaria, con ricadute non solo sulle modalità di esercizio della funzione gestoria, ma anche in punto di responsabilità degli amministratori. Se infatti la delega attribuisce all'amministratore delegato (o comitato esecutivo) ***il potere di gestione sulle materie delegate***, il *plenum* del consiglio, rimanendo titolare della funzione amministrativa nel suo complesso, anche se non eserciterà tipicamente le funzioni gestorie in quelle stesse materie, avrà comunque il ***dovere di vigilare*** sull'operato del delegato e, quindi, ***di intervenire*** ove occorra; con diverse conseguenze, allora – come pure si vedrà – in ordine a presupposti di responsabilità dei consiglieri deleganti, da un lato, e dei consiglieri delegati, dall'altro, allorché questi ultimi abbiano compiuto atti di *mala gestio* nelle materie loro delegate ai danni vuoi della società, vuoi dei creditori, vuoi ancora di singoli soci o terzi (artt. 2392 ss.).

a) La delega di potere amministrativo, a favore di amministratore delegati o del comitato esecutivo, è anzitutto soggetta all'**autorizzazione** di un'apposita clausola statutaria o di una deliberazione dell'assemblea ordinaria (art. 2381, co. 2), ed è attribuita con ***delibera consiliare***, la quale deve determinare il "**contenuto**" e i "limiti" della delega stessa; di tal che è esclusa l'ammissibilità di una delega *generica*, attribuita cioè senza una puntuale determinazione dei poteri delegati.

È invece ammissibile una ***delega generale***: diverse disposizioni danno per scontato, infatti, che agli organi delegati sia addirittura riservata l'*intera gestione della società* (art. 2381, co. 3, secondo periodo, e co. 5).

Alcune ***competenze*** rimangono però ***non delegabili*** (tra le principali, la redazione del progetto di bilancio, l'aumento del capitale delegato dall'assemblea) e restano pertanto *ex lege* riservate al consiglio, senza possibilità di deroghe statutarie (art. 2381, co. 4).

Gli organi delegati hanno comunque alcune competenze attribuite automaticamente dalla legge (ancorché derogabili a favore della competenza del consiglio). Il co. 5 dell'art. 2381 dispone, infatti, che "gli organi delegati *curano che l'assetto organizzativo, amministrativo e contabile sia adeguato alla natura e alle dimensioni dell'impresa*". Sulla base delle informazioni ricevute dagli organi delegati – che hanno al riguardo, come vedremo, un obbligo di *reporting* – il consiglio, poi, valuta l'adeguatezza di tale assetto (art. 2381, co. 3).

In questa valutazione, segnatamente, il consiglio stesso dovrà tenere in conto che, per l'art. 2380-*bis*, la gestione dell'impresa deve svolgersi nel rispetto della disposizione dell'art. 2086 la quale, come si è visto, impone l'istituzione di un assetto adeguato "anche in funzione della *rilevazione tempestiva della crisi dell'impresa* e della perdita della continuità aziendale", sì da poter attivare le iniziative necessarie per superarla.

Nella *cura* dell'**obbligo di adeguatezza organizzativa**, come pure nella *valutazione* del suo adempimento da parte degli amministratori, è senz'altro decisiva la razionalità del processo decisionale; essa presuppone, in primo luogo, la previa "mappatura dei rischi" operativi cui è esposta l'impresa in ragione della sua natura e della sua dimensione, in relazione soprattutto alle scelte di strategia dell'impresa discrezionalmente decise "a monte" dall'organo amministrativo (v. subito *infra*), e, quindi, la coerente scelta di quali presidi organizzativi siano da approntare per prevenire quei rischi, con apposite previsioni documentali; scelta decisionale, questa, da assumere nel rispetto dei principi di corretta amministrazione (artt. 2403, 2497, co. 1), che a loro volta impongono al riguardo la ragionevole completezza informativa in sede di procedimento decisionale. Nelle s.p.a. di diritto comune sussistono pertanto ambiti di discrezionalità degli amministratori sulle modalità di adempimento dell'obbligo di adeguatezza, sindacabili soltanto in caso di errore evidente, come in caso di violazione di regole tecniche di "univoca lettura" da applicarsi a seguito della scelta adottata in merito alle strategie d'impresa; laddove, allorché l'ordinamento tipizza, con normative di settore, rischi specifici e assetti organizzativi da attuare per prevenirli, notevole sarà la compressione della discrezionalità gestoria.

L'organo delegato è pure competente a deliberare sui "**piani strategici** *industriali e finanziari della società*", che il consiglio "esamina" (art. 2381, co. 3), "quando elaborati": fatta salva diversa disposizione statutaria, il consiglio potrebbe limitarsi ad una presa d'atto, oppure all'espressione di un parere, ovvero anche – stante il cennato principio per cui il c.d.a. rimane titolare pieno delle competenze di gestione nel loro complesso – procedere all'approvazione (o anche alla modifica totale o parziale) dei piani dell'amministratore delegato.

b) Il consiglio mantiene, come ricordato, una **competenza concorrente e sovraordinata** sulle materie delegate, che fonda il potere del consiglio stesso di impartire ***direttive*** ai delegati e di ***avocare*** a sé la decisione su singole operazioni rientranti in materie delegate, come pure di disporre la ***revoca della delega*** in qualsiasi momento, senza necessità di giustificazione.

Il consiglio nel suo insieme conserva, dunque, i seguenti poteri-doveri: (i) indirizzo; (ii) avocazione (ossia sospensione della delega per singoli atti); (iii) sostituzione; (iv) controllo.

Al fine di valorizzare le funzioni di controllo del consiglio sull'attività degli organi delegati, l'art. 2381 sancisce regole di corretta **circolazione delle informazioni** all'interno del consiglio.

Gli amministratori delegati, anzitutto, hanno l'obbligo di *fornire regolarmente le informazioni* essenziali agli altri organi sociali (consiglio di amministrazione e collegio sindacale), *con periodicità* non inferiore a sei mesi (e a tre mesi nelle quotate: art. 150 TUF), "sul generale andamento della gestione e sulla sua prevedibile evoluzione nonché sulle operazioni di maggior rilievo, per le loro dimensioni o caratteristiche, effettuate dalla società e dalle sue controllate". Si tratta di un **obbligo di *reporting*** che ogni delegato deve adempiere nell'ambito dell'area gestionale affidata alla sua cura.

L'**obbligo di vigilanza** del consiglio è fissato dalla disposizione per cui il consiglio "valuta, sulla base della relazione degli organi delegati, il *generale andamento della gestione*" (art. 2381, co. 3).

L'**attività valutativa del consiglio** è senz'altro estesa alla considerazione di tutti gli elementi fattuali contenuti nei citati rapporti periodici degli organi delegati, come pure agli aspetti prospettici, essendo il consiglio organo di governo, e non di mero controllo, che potrà e dovrà intervenire, se del caso, con atti di indirizzo o correttivi.

La disciplina impone anche a tutti gli amministratori un più generale **obbligo di "agire in modo informato"** e li rende responsabili per non avere assunto le iniziative opportune, in relazione alle informazioni possedute, avendo il singolo amministratore l'obbligo di attivarsi per impedire il realizzarsi di eventi dannosi (art. 2392, co. 2). Il che significa che ogni deliberazione del consiglio deve essere assunta con *adeguata istruttoria*, e che non sia mai giustificabile un atteggiamento passivo da parte del singolo consigliere, quando risulti necessario assumere un *supplemento di informazioni*, specialmente in presenza di lacune e contraddizioni nei rapporti informativi dei delegati.

E a tal fine, il codice assegna a ciascun consigliere, delegato o meno, non già poteri individuali di ispezione, quanto il diritto di "chiedere agli organi delegati che *in consiglio siano fornite informazioni* relative alla gestione della società" (art. 2381, ult. co.), e quindi all'intera materia gestoria, sollecitando all'uopo il presidente alla convocazione del consiglio.

Sin qui, per quanto concerne l'allocazione della funzione amministrativa tra i diversi componenti del consiglio di amministrazione.

Con riguardo alle diverse articolazioni interne del consiglio, come già detto, la delega amministrativa può anche essere fatta ad un organo collegiale (composto da componenti del consiglio di amministrazione) che assume la denominazione di **comitato esecutivo**. Non è d'altra parte esclusa – ed è anzi raccomandata per le società quotate quale *best practice* dal codice di autodisciplina – la previsione di più **comitati interni** consiliari (tipicamente composti da amministratori non esecutivi e/o indipendenti), che formalmente non sono titolari di deleghe amministrative, ma hanno *funzioni* solo *istruttorie* (propositive e consultive) prodromiche per la migliore attività deliberativa del *plenum* del consiglio in tematiche di particolare rilievo: ad es., in materia di nomine, di remunerazione, di controllo dei rischi. Questi ultimi comitati consiliari non possono mancare nelle articolazioni interne dell'organo amministrativo di una "grande società" quotata: solo nelle società quotate di minori dimensioni l'autodisciplina consente che le relative funzioni siano assorbite dal *plenum*, sempre che il consiglio sia composto almeno per metà da indipendenti e dedichi ad esse apposite sessioni consiliari. E ai comitati tutti, in quanto organi collegiali, si applicheranno in linea di principio le regole del procedimento deliberativo del c.d.a.

V. *Interesse sociale, interessi degli amministratori e le c.d. "parti correlate"*

1. *Gli interessi degli amministratori*

Gli amministratori, diversamente dei soci, sono non già titolari dell'interesse gerito, bensì *gestori di un interesse altrui*, e come tali sono soggetti a regole di comportamento che nella funzione amministrativa attengono fondamentalmente all'***obbligo di diligente gestione***, e all'***obbligo del perseguimento dell'interesse sociale***. Fermi tali obblighi, se la società è quotata il codice di autodisciplina raccomanda, in particolare, quale obiettivo della guida della società da parte degli amministratori, il c.d. *successo sostenibile* da perseguirsi creando valore nel lungo termine a beneficio degli azionisti, ma tenendo conto degli interessi degli *stakeholder* rilevanti per la società (quali, ad es., i lavoratori, o le comunità incise dall'impatto ambientale dell'impresa).

Può accadere tuttavia che l'amministratore si trovi ad essere, rispetto ad una data decisione, latore di interessi, per conto proprio o altrui (principalmente per conto del gruppo di soci che lo abbia eletto), diversi da quello sociale. Al fine allora di prevenire distorsioni nell'esercizio della discrezionalità amministrativa, l'ordinamento predispone una disciplina (art. 2391), inderogabile dagli statuti, e rafforzata dalla tutela penale (art. 2634), che impone **obblighi di trasparenza** a carico degli amministratori stessi, che dovranno ***informare*** sia tutti gli altri componenti l'organo di gestione, sia i sindaci, in tutti i casi in cui siano appunto ***portatori di interessi personali***, *per conto proprio* o *di terzi*, interferenti (non necessariamente in conflitto) in una data operazione della società (si pensi al caso in cui l'amministratore stia negoziando una locazione di un immobile, sì funzionale all'esercizio dell'impresa, ma di cui sia proprietaria altra società alla quale lo stesso amministratore partecipi come azionista qualificato), oggetto di decisione vuoi monocratica (amministratore unico o delegato) vuoi collegiale (comitato esecutivo e/o consiglio di amministrazione).

L'obbligo di comunicazione agli altri amministratori e ai sindaci si aggrava, divenendo vero e proprio **obbligo di astensione**, quando la situazione si presenti in capo ad un *amministratore delegato*. In tal caso, questi ha l'obbligo di investire "l'organo collegiale", alla cui decisione dovrà poi conformarsi.

Ove ad essere portatore di un interesse in una determinata operazione sia invece l'*amministratore unico*, questi non è obbligato ad astenersi, ma soltanto a comunicare ai sindaci la situazione in cui versa per poi "darne notizia anche alla prima assemblea utile".

Il consigliere latore dell'interesse, oltre all'obbligo di informare, avrà poi quello di **votare in modo non pregiudizievole** all'interesse della società. Non è invece obbligatoria l'astensione del voto.

Una volta informato, il consiglio, per deliberare in presenza di un interesse di un amministratore, ha l'obbligo di *adeguata* **motivazione** della deliberazione: il co. 2 dell'art. 2391 impone, infatti, di esplicitare "***ragioni e convenienza***" della deliberazione per la società; e dovranno quindi indicarsi sia i presupposti della deliberazione (ed in particolare la base istruttoria su cui la deliberazione si fonda) sia le sue finalità.

La **delibera** assunta in violazione di tale disciplina è **invalida**. In particolare, in caso di mancato adempimento degli obblighi sia di comunicazione sia di motivazione, o di voto determinante dell'amministratore interessato, la delibera è soggetta ad **impugnazione**, entro 90 giorni, ma solo *qualora possa recare danno alla società* (art. 2391, co. 3).

L'accertamento dell'**idoneità a danneggiare** la società non è requisito previsto in generale per l'impugnazione delle delibere consiliari ai sensi dell'art. 2388, ma è qui contemplato in una logica di stabilità delle decisioni dell'organo amministrativo. Si vuole garantire che la pronuncia di invalidità sia supportata dall'*interesse concreto e attuale* della società a rimuovere gli effetti di una decisione su una data operazione, assunta in violazione della disciplina in esame.

La norma riveste un'importanza sistematica fondamentale: essa è punto di emersione di un principio di più ampia portata che dà rilevanza ad ogni deviazione dal perseguimento dell'interesse sociale da parte degli organi interni della società nell'esercizio delle proprie funzioni, e che come tale legittima più in generale la sanzione dell'invalidità avverso quegli atti degli amministratori viziati da **eccesso di potere**. Questa stessa regola si ricollega allora idealmente alla norma sul conflitto di interessi del socio (art. 2373), ove è posto un divieto espresso di esercizio del voto in danno dell'interesse sociale, norma parimenti da considerare punto di emersione di un principio che lega l'organizzazione societaria al perseguimento dello scopo lucrativo. Il vizio di eccesso di potere ricorrerà allora là dove le ***scelte gestionali*** siano ***irrazionali***, in quanto incompatibili con qualunque (per quanto audace) strategia imprenditoriale, e come tali sicuramente inconciliabili con il fine lucrativo della società. E pertanto, se è vero che, in linea generale, ogni decisione presa dagli amministratori rimane giudizialmente insindacabile nel *merito* sotto il profilo dell'opportunità o dello stesso rischio che dalle stesse possa discendere (c.d. *business judgement rule*), allorché però una decisione del c.d.a. implichi scelte gestorie *irrazionali,* nei termini sopra indicati, essa potrà ben essere impugnata: la sanzione, in tal caso, sarà data dall'annullabilità della delibera consiliare.

È ferma inoltre la **tutela risarcitoria** per violazione della disciplina sugli interessi degli amministratori, anche per il danno da lucro cessante (art. 2391, co. 4). Tutela risarcitoria, questa, che riguarderà allora anche il compimento di operazioni viziate, per quanto detto, da eccesso di potere (v. *infra*, VIII).

E la tutela risarcitoria sussiste pure per l'ipotesi in cui l'amministratore si approfitti, nell'interesse personale o di terzi, di informazioni che abbia acquisito nell'esercizio delle sue funzioni all'interno della società (c.d. ***corporate opportunities***).

2. *Le operazioni con parti correlate*

Una disciplina speciale, che rafforza le cautele disposte da quella generale sugli interessi degli amministratori, si applica soltanto alle *società che fanno ricorso al mercato del capitale di rischio*. Essa si sostanzia in un ***obbligo di informazione al mercato***, nonché in un ***obbligo di istruttoria*** particolarmente accurata per i casi in cui maggiore è il rischio di decisioni in conflitto di interessi; rischio che ricorre tutte le volte in cui l'organo amministrativo deliberi di realizzare una certa operazione economica che abbia *come controparti soggetti particolarmente "prossimi" alla società*, e che la disciplina qualifica come "parti correlate" (art. 2391-*bis*).

La nozione di "**parti correlate**" non è determinata dal codice, bensì da un regolamento Consob (Reg. Consob 17221/2010). Essa comprende soggetti che appartengano all'aerea del *controllo* e del *collegamento* societario (v. art. 2359), a quella dei *dirigenti* con responsabilità strategiche, e infine a quella dei soggetti "vicini" ai precedenti per *legami personali*.

L'art. 2391-*bis* si limita a sancire che tali operazioni devono avvenire secondo principi di "***trasparenza e correttezza sostanziale e procedurale***", rinviando al potere regolamentare della Consob la precisazione di tali principi, quanto a competenza, motivazione e documentazione delle deliberazioni. La concretizzazione finale delle regole avviene, infine, con un ***regolamento interno*** *dello stesso organo amministrativo*, approvato previo parere motivato favorevole di un comitato composto soltanto da amministratori indipendenti (art. 4, co. 3, Reg.).

Il **sistema procedurale** è l'aspetto saliente della disciplina. Esso prevede, anzitutto, generali obblighi di approfondita *istruzione* "sull'*interesse* della società al compimento dell'operazione nonché sulla *convenienza* e sulla *correttezza* sostanziale delle relative condizioni" (art. 7 Reg.).

Alcune regole procedurali si applicano, peraltro, alle sole operazioni *di maggiore rilevanza*. In particolare, tali operazioni devono essere riservate alla competenza del c.d.a., e decise previo *parere motivato favorevole da parte di un comitato*, composto soltanto da ***amministratori indipendenti*** (artt. 7 e 8 Reg.); agli amministratori indipendenti stessi devono essere assicurati tempestivi *flussi informativi* sull'andamento delle relative trattative.

Il regolamento interno dell'emittente può tuttavia rendere meno rigorosa la procedura, stabilendo che il parere contrario degli amministratori indipendenti rimanga non vincolante e possa essere superato da un'autorizzazione assembleare (sempre se prevista dallo statuto) *ex* art. 2364, n. 5 (art. 8, co. 2, Reg.). L'assemblea, in tal caso, delibererà col sistema del c.d. *whitewash*, e cioè con il voto favorevole della maggioranza dei soci diversi dalle parti correlate, restando per così dire sterilizzato il voto dei soci "correlati" (art. 11, co. 3, Reg.).

VI. *I compensi degli amministratori*

L'esercizio delle funzioni gestorie avviene normalmente ***a titolo oneroso***. In mancanza di diversa clausola statutaria, la **competenza** a determinare i compensi è così ripartita:

a) i compensi degli amministratori come tali sono stabiliti, in via generale, dall'***assemblea ordinaria***;

b) i compensi del comitato esecutivo possono essere stabiliti direttamente dall'assemblea o, in mancanza di determinazione di questa, saranno stabiliti dal consiglio all'atto della nomina;

c) i compensi degli amministratori "investiti di particolari cariche in conformità allo statuto", e cioè del presidente e degli amministratori delegati *uti singuli* sono invece stabiliti dal c.d.a., all'atto della nomina o della delega, previo parere del collegio sindacale (art. 2389, co. 3).

L'assemblea è dunque incompetente a determinare i compensi del presidente e degli amministratori delegati. È però espressamente ammessa una clausola statutaria che attribuisce all'assemblea il potere di stabilire un "**tetto**" per la remunerazione di tutti gli amministratori, compresi quelli investiti di particolari cariche.

La determinazione assembleare (o consiliare) dei compensi non incontra, tuttavia, tetti minimi e massimi di legge e, nella pratica, si osservano differenze notevoli nelle diverse situazioni concrete. La giurisprudenza ha però ritenuto che soltanto le **remunerazioni** palesemente **eccessive** (rispetto al compenso corrente nel mercato in società di analoghe dimensioni) siano illegittime per lesione dell'interesse sociale, con la conseguenza che la relativa deliberazione, se presa con il voto determinante dell'amministratore interessato, in tanto sarà annullabile per conflitto d'interessi, in quanto la determinazione del compenso sia irragionevole o sproporzionata, quale indice di danno potenziale per la società (art. 2371, co. 1; art. 2391, co. 3).

La materia all'evidenza esige un pregnante *grado di* **trasparenza**: nelle società non quotate, la trasparenza è peraltro moderata, dovendosi solo indicare nella nota integrativa l'*ammontare cumulativo* dei compensi degli amministratori (art. 2427, n. 16); e non dovendosi alcuna indicazione al riguardo se il bilancio è redatto in forma abbreviata (art. 2435-*bis*).

L'esigenza di trasparenza trova invece maggiore tutela nelle **società quotate**, ove il consiglio deve approvare una ***relazione sulla remunerazione***, messa a disposizione del pubblico, la quale deve dare indicazione, sia delle politiche di remunerazione nel successivo esercizio, sia dei compensi percepiti da ciascun componente nel precedente esercizio; l'assemblea viene poi chiamata a deliberare, esprimendo, con *voto consultivo*, un parere sulle politiche di remunerazione da pubblicarsi a sua volta sul sito internet della società (art. 123-*ter* TUF).

Quanto all'**oggetto del compenso**, che di regola consisterà in un corrispettivo in denaro, il co. 2 dell'art. 2389 prevede espressamente che esso può essere anche costituito, in tutto o in parte, da una **partecipazione agli utili** conseguiti dalla società, o dal **diritto di opzione** sulla sottoscrizione o sull'acquisto di azioni, con parametri dunque che dovrebbero in astratto incentivare i gestori a migliori performance.

Poiché il **diritto al compenso** dell'amministratore nasce direttamente *ex lege*, non necessitano né apposita clausola statutaria, né deliberazioni assembleari di impegno, sicché, in assenza di determinazione da parte dell'organo competente, l'amministratore avrà diritto ad ottenere in via giudiziale la condanna della società al pagamento di un compenso, da determinarsi dal giudice secondo le regole relative alle prestazioni d'opera intellettuale.

VII. *La rappresentanza*

La società opera all'esterno, necessariamente, attraverso persone fisiche. È quindi necessaria l'individuazione di una o più persone che abbiano il potere di *agire in nome e per conto della società*.

Si deve distinguere, in proposito, fra la rappresentanza "volontaria" e la rappresentanza "organica" (o "statutaria", o "legale").

a) La prima forma di **rappresentanza** (**volontaria**) è eventuale ed è disciplinata dalle mere regole civilistiche generali (artt. 1388 ss.). Si tratta di una ***rappresentanza di secondo grado***, che può essere cioè conferita con *procura speciale* da parte del rappresentante statutario, ma che non può avere carattere generale (si pensi al collaboratore occasionale che, incaricato di curare l'acquisto di un macchinario, venga munito allo scopo di una corrispondente procura). Se la società è anche titolare di impresa commerciale, poi, alla possibilità di rappresentanza fondata su procura speciale si accompagna la possibilità di rappresentanza, a contenuto più o meno ampio, derivante dalla preposizione institoria o dalle altre regole relative alla *rappresentanza commerciale* (artt. 2203 ss.).

b) La seconda forma di **rappresentanza**, quella **organica**, è invece ***necessaria***, per poter la società agire nel traffico giuridico, e trova disciplina nell'art. 2384. Tale potere di rappresentanza può essere attribuito solo ***ad uno o più amministratori***, con indicazione inserita in statuto (cfr. art. 2328, n. 9; indicazione che gli stessi amministratori potrebbero modificare su delega statutaria, art. 2365, cpv.). È frequente, ad es., l'attribuzione del potere di rappresentanza al presidente del c.d.a. e/o all'amministratore delegato. Qualora siano individuati più amministratori quali rappresentanti, lo statuto stesso, o in mancanza l'assemblea (art. 2383, co. 4), preciserà se il potere di rappresentanza è attribuito *in via congiuntiva* o *disgiuntiva*.

Per i rappresentanti organici vige una disciplina di particolare *tutela dei terzi contraenti*, secondo un'evoluzione normativa (sin dalla spinta iniziale dalla prima direttiva di armonizzazione 68/251/CEE) caratterizzata da una tutela sempre più estesa dell'***affidamento dei terzi***, rispetto alla disciplina delle società personali e alla appena richiamata disciplina della rappresentanza commerciale.

Secondo la regola vigente *il rappresentante legale* è necessariamente un **rappresentante generale** (anche processuale) e, pertanto, può compiere qualsiasi tipo di atto in nome della società.

Lo statuto (come anche una delibera assembleare *una tantum*, con riguardo a determinate operazioni) può introdurre eventuali "**limitazioni** ai poteri degli amministratori" (art. 2384): limitazioni queste che riguardano specifiche deroghe alla generalità della procura, che potrebbero essere, vuoi in senso contenutistico (ad es.: clausole statutarie che prevedano rappresentanza divisa, per categorie di atti, fra presidente e amministratore delegato), vuoi, più frequentemente, nel senso di prevedere – sempre per alcune categorie di atti (tipicamente, di particolare importanza) – formalità aggiuntive, come la *firma congiunta* di due o più soggetti.

Gli eventuali **limiti statutari** dell'ambito della rappresentanza che fossero violati dal rappresentante legale della società nello spendere il nome della società *non* sono però *opponibili ai terzi* che abbiano contrattato con la società, *ancorché* tali limiti siano stati previamente *pubblicati nel registro delle imprese*.

Vi è una sola eccezione alla regola dell'inopponibilità: la violazione di tali limiti potrà sempre essere opposta soltanto a quel terzo che "abbia intenzionalmente agito a danno della società" (c.d. ***exceptio doli***). Affinché la società possa pertanto opporre al terzo che ha contrattato con la società l'inefficacia dell'atto compiuto dall'amministratore violando il limite al potere di rappresentanza fissato dallo statuto, dovrà essere in grado di invocare l'eccezione di dolo: al riguardo, non basterà dimostrare la semplice mala fede del terzo, che conosceva o ignorava colpevolmente il superamento di tale limite, ma occorrerà pure offrire (in giudizio) la specifica prova di un atteggiamento di dolo, cioè di coscienza e volontà di quel terzo di arrecare un danno alla società.

Tutte queste regole comportano, quindi, che per i terzi sarà sufficiente verificare, attraverso il registro delle imprese, che colui che agisce in nome della società ne risulti rappresentante legale, per essere sicuri dell'efficacia dell'atto nei confronti della società stessa, a prescindere dal fatto che, agendo, il rappresentante si sia mantenuto o meno nei limiti del potere concretamente spettantegli.

Non è invece applicabile tale disciplina – proprio perché dettata a protezione dei terzi nei confronti delle clausole limitative del potere di rappresentanza (art. 2384) – al diverso caso del difetto di **titolarità** del potere individuale del rappresentante, che derivi da una clausola che attribuisca *congiuntamente a diversi amministratori l'* ***intero*** *potere* di rappresentanza, e non già la sola rappresentanza relativa al compimento di alcune ben determinate categorie di atti. Se allora lo statuto fissa la titolarità del potere di rappresentanza legale per *tutti* gli atti congiuntamente in capo sia al presidente del c.d.a. sia all'amministratore delegato, l'inefficacia dell'atto compiuto da parte del solo presidente o del solo delegato sarà sempre opponibile al terzo.

Rientra invece nella regola dell'inopponibilità della violazione delle limitazioni ai poteri degli amministratori dettata dall'art. 2384 il pur distinto caso in cui l'atto compiuto dal rappresentante si ponga non tanto in violazione di espressi e precisi limiti statutari, ma risulti persino **estraneo all'oggetto sociale** (c.d. atto *ultra vires*). L'oggetto sociale costituisce, infatti, un limite implicito e generale ai poteri di rappresentanza statutari, proprio perché traccia il perimetro del potere gestorio degli amministratori, di tal che la società ne potrà opporre il superamento al terzo soltanto nella misura in cui sarà in grado di invocare nel caso di specie l'*exceptio doli*.

L'estraneità dell'atto all'oggetto sociale potrà in ogni caso essere determinata solo *in concreto* e non in astratto. Non è infatti escluso che un tipo di operazione economica, pur estraneo all'attività tipica di impresa indicata nello statuto come oggetto sociale, sia collegato a quest'ultimo secondo un criterio di funzionalità (si pensi al caso della fideiussione prestata dalla società a favore di un terzo).

La medesima regola della inopponibilità ai terzi delle violazioni alle limitazioni al potere di rappresentanza degli amministratori (salva sempre l'invocazione dell'*exceptio doli*), è da ritenere applicabile non solo nel caso di vizio del potere rappresentativo derivante dalla violazione di clausole statutarie (o da deliberazioni assembleari), ma anche nel caso in cui l'amministratore abbia speso il nome della società senza osservare i **limiti legali** e il vizio del suo potere rappresentativo sarà allora costituito dalla violazione di una norma di legge (si pensi, ad es., al caso dell'assunzione di partecipazioni in altre imprese in assenza della prescritta autorizzazione assembleare *ex* art. 2361, co. 2): il testo vigente dell'art. 2384, infatti, anche se non menziona più "le limitazioni che risultano dalla legge" (invece richiamate nel previgente testo), afferma comunque il carattere *generale* del potere di rappresentanza degli amministratori, di tal che anche i limiti fissati dalla legge vanno compresi nella regola dell'inopponibilità dei limiti ai terzi, salvo *exceptio doli*.

La stessa regola è da ritenere poi parimenti applicabile ai casi di **dissociazione tra potere gestorio e di rappresentanza**, cioè là dove il rappresentante agisca sì nell'ambito del suo generale potere, ma spenda il nome della società senza essere munito di un previo e valido atto deliberativo interno dell'organo sociale competente: così, nel caso in cui il potere di decidere l'atto appartenga al c.d.a. (che non abbia rilasciato deleghe amministrative) e si preveda che solo il presidente abbia il potere di rappresentanza. Il rispetto dei diversi passaggi decisionali costituisce, infatti, un limite del potere di rappresentanza legale, al quale limite dovrà allora applicarsi la norma dell'art. 2384, che renderà inopponibile al terzo (salvo *exceptio doli*) la mancanza, a monte, dell'atto decisionale interno che sarebbe stato necessario perché il rappresentante potesse spendere il nome della società.

L'applicazione della regola dell'art. 2384 rimane dunque di ordine generale, e non è neppure posta in discussione da quelle diverse disposizioni (artt. 2377, co. 6, 2388, co. 5) che, per i casi di *invalidità* di un atto deliberativo interno, proteggono soltanto gli acquisti dei terzi *di buona fede* (rendendo quindi la loro posizione meno garantita). Tali ultime disposizioni si applicano, infatti, soltanto alle delibere c.d. *self-executing*, che non abbisognano ossia del successivo compimento di un atto esterno di spendita del nome della società, e che pertanto determinano direttamente effetti nei confronti di terzi (come, ad es., per il *placet* in caso di clausola di gradimento).

Diverso trattamento, rispetto a quello sin qui esaminato, riceve però l'atto compiuto dal rappresentante in situazione di **conflitto d'interessi**, entrando in gioco la disciplina dell'annullabilità ai sensi dell'art. 1394. Occorre però distinguere: tale ultima norma si applica tutte le volte in cui il rappresentante abbia agito in conflitto d'interessi senza il supporto di una delibera autorizzativa del c.d.a. (come, naturalmente, avviene per l'amministratore unico); in tal caso, infatti, anche nelle s.p.a. si ritiene applicabile la norma civilistica generale dell'art. 1394, per cui l'atto compiuto è immediatamente efficace, ma sempre **annullabile** su domanda del rappresentato (in questo caso, la società), se il conflitto era *noto o riconoscibile dal terzo contraente*.

Là dove, invece, una delibera consiliare esista, ed abbia predeterminato gli elementi essenziali dell'atto compiuto in conflitto di interessi, si dovrà applicare la ben più favorevole (per il terzo) disciplina dell'art. 2391, co. 3, in base alla quale la delibera dell'organo amministrativo è annullabile, ma potrà consolidarsi per decadenza del termine di impugnazione (art. 2388, co. 4); soltanto allora in caso di tempestiva impugnazione, la società potrà ottenere l'annullamento del negozio concluso con il terzo in esecuzione della deliberazione annullata, se riesce a dare previa dimostrazione della *malafede* del terzo. In altri termini, l'art. 1394 e l'art. 2391 si pongono in rapporto di reciproca esclusione.

VIII. *Le azioni di responsabilità contro gli amministratori*

Le regole generali sulla responsabilità civile degli amministratori per violazione di obblighi inerenti al proprio ufficio sono dettate dagli artt. 2392 ss. Lo schema tradizionale della disciplina prevede **tre ipotesi di responsabilità civile** degli amministratori: verso la *società*, verso i *creditori sociali*, verso *singoli soggetti* (soci o terzi estranei).

1. *La responsabilità verso la società: presupposti*

La prima (**responsabilità verso la società**) è di certo la più importante, anche perché può spesso assorbire le altre, nella misura in cui il danno dei creditori o dei terzi si configuri come danno indiretto.

a) La responsabilità degli amministratori verso la società è **responsabilità contrattuale**, per inadempimento dell'obbligo di corretta amministrazione, e in particolare per violazione dei "doveri ad essi imposti dalla legge e dallo statuto", cui essi devono adempiere "con la diligenza richiesta dalla natura dell'incarico e dalle loro specifiche competenze" (art. 2392, co. 1). Gli amministratori non sono infatti investiti di poteri nell'interesse proprio, ma in quello della società: essi perciò *devono esercitare la loro funzione* (violerebbe gli obblighi della propria carica anche l'amministratore che si astenesse dal curare la gestione) e devono esercitarla *nell'interesse di questa*. Il danno risarcibile si ravvisa in tutti i casi in cui la cattiva gestione porti ad un deterioramento dello stato patrimoniale o del conto economico della società.

b) La responsabilità contrattuale degli amministratori è fondata (secondo le regole generali) su un criterio soggettivo di **colpevolezza**, valutandosi cioè la loro diligenza in una prospettiva *ex ante* rispetto agli eventi successivi con cui può concretizzarsi il pregiudizio (si guarda cioè non al risultato negativo in sé, che potrebbe essere dipeso anche da fattori indipendenti dall'operato degli amministratori, quali una contrazione o una crisi del mercato, ma al risultato che sia dipeso da una condotta degli amministratori difforme da quella esigibile da un gestore diligente).

In proposito, dalla disciplina emerge una distinzione fra l'**obbligo *generale* di diligenza**, in cui il comportamento dovuto non è tipizzato dalla legge, ma da determinarsi in concreto alla stregua dei criteri della negligenza, imprudenza, ed imperizia, e gli **obblighi *specifici***: per tali ultimi obblighi, il comportamento dovuto è tipizzato dalla legge e, quindi, la colpa dell'amministratore si integra per il solo fatto di non aver adempiuto al comportamento imposto (ad es., apertura della liquidazione se ricorre una causa di scioglimento della società; adozione tempestiva di uno degli strumenti previsti dall'ordinamento per il superamento della crisi e il recupero della continuità aziendale). E la distinzione ha immediate ricadute, come si vedrà, in ordine all'**onere della prova** in giudizio.

La colpa dell'amministratore nella violazione dell'**obbligo *generale* di diligenza** va dunque valutata secondo i tre criteri tradizionali della ***imperizia, negligenza e imprudenza***, conformati dalle regole speciali dettate per gli amministratori di s.p.a.

Con riguardo alla ***perizia*** professionale, l'amministratore deve anzitutto possedere attitudini adeguate alla "*natura dell'incarico*" (arg. *ex* art. 2392, co. 1), al di là di requisiti particolari di professionalità, che gli statuti, come si è visto, possono ulteriormente richiedere: ne segue che la valutazione dell'adempimento degli obblighi dev'essere fatta ai sensi del co. 2 dell'art. 1176 (*diligenza professionale*) e non già del co. 1 (criterio del "buon padre di famiglia").

La responsabilità è poi commisurata alle "*specifiche competenze*" dell'amministratore: egli ha dunque un obbligo di mettere a frutto, nell'esercizio della funzione, la perizia professionale di cui sia dotato, senza che la natura dell'incarico (ad es., la funzione di semplice componente del consiglio, privo di delega) possa valergli da esimente.

Aggiungasi che, come si è visto, l'amministratore deve sempre "*agire in modo informato*" (art. 2381, ult. co.), per un verso, con obbligo di ponderazione delle deliberazioni da adottare, e per altro verso, con un obbligo di informazione con finalità di vigilanza, sulle attività gestorie compiute da altri soggetti (art. 2381, co. 3 e 5). Tale dovere di agire informato, pertanto, implica che l'amministratore, ove non sia esperto della singola questione tecnica specialistica (legale, contabile, ingegneristica, linguistica, aziendalistica, etc.) che possa emergere in occasione di una decisione da assumere, non potrà esimersi dal richiedere che siano fornite comunque informazioni adeguate (avvalendosi ove occorra di consulenti interni o esterni alla società), affinché l'organo di amministrazione possa adottare una decisione ponderata.

Quanto alla ***diligenza*** in senso stretto (da intendersi come misura dell'impegno versato nell'adempimento), l'espressione "*natura dell'incarico*" di cui al testo della norma (art. 2392, co. 1), se da un lato, come già visto, consente di ritenere necessaria una certa preparazione professionale, dall'altro permette anche di graduare la misura dell'impegno richiesto (in termini di tempo e di energie dedicate), in relazione all'eventuale diversità di specifici compiti ripartiti all'interno del consiglio.

Con particolare riguardo poi al profilo dell'***imprudenza***, l'obbligo di diligente gestione si dirà violato soltanto allorché possa imputarsi all'amministratore di avere fatto scelte *assolutamente irrazionali*, ed incompatibili con qualsivoglia logica di impresa: il compito dell'amministratore è infatti quello di gestire un'attività produttiva, e il rischio è componente essenziale della stessa, di tal che non potrebbe certo imputarsi all'amministratore di avere intrapreso operazioni o strategie particolarmente rischiose, rinunziando ad altre più prudenti. Al riguardo, quindi, valutazioni di merito sull'esercizio della *discrezionalità gestoria* sono precluse sul piano giudiziale (c.d. ***business judgement rule***), salvo che le scelte risultino o, come si è detto, del tutto irrazionali, oppure siano adottate senza adeguata istruttoria (art. 2381), ovvero ancora in violazione della disciplina sugli interessi (artt. 2391 e 2391-*bis*).

c) Se viene in rilievo la violazione dell'**obbligo *generale* di diligenza** degli amministratori, la **prova della colpa** (o del dolo) dev'essere data dalla società attrice, essendo la diligenza criterio di determinazione dello stesso oggetto dell'obbligazione gestoria, e dunque misura dell'inadempimento.

Se, invece, viene in rilievo la violazione di un **obbligo *specifico***, l'onere della prova da parte della società attrice resterà facilitato: secondo le regole generali rimarrà a suo carico infatti soltanto la prova del fatto dell'inadempimento (ad es., la mancata rilevazione di una perdita del capitale che avrebbe dovuto determinare l'apertura della liquidazione della società; il difetto di istituzione di assetti adeguati *ex* art 2086; la mancata tempestiva adozione di uno degli strumenti offerti dal c.ins. per il superamento della crisi ancora reversibile della società), oltre che del nesso di causalità, ma non anche della colpevolezza. Resterà peraltro sempre salva la prova dell'*errore scusabile* da parte dell'amministratore convenuto, il quale sarà mandato esente da responsabilità ove dimostri una causa che abbia reso impossibile l'adempimento o, in altri termini, un "fatto impeditivo" dell'adempimento (art. 1218) (ad es., impossibilità non imputabile di rilevare la perdita del capitale sociale che avrebbe imposto l'apertura della liquidazione della società).

d) La responsabilità degli amministratori è, poi, **solidale**, per espressa indicazione di legge (art. 2392, co. 1), e si estende secondo la giurisprudenza, come si è visto, anche ai c.d. *amministratori di fatto*.

La disciplina distingue in proposito tra una ***responsabilità diretta*** di ciascun consigliere di amministrazione, che può sorgere, soprattutto, per gli atti di competenza del consiglio di cui egli è componente, ma anche per atti direttamente imputabili al singolo amministratore (ad es., per violazione del divieto di concorrenza *ex* art. 2390, o dell'obbligo di comunicazione dettato dalla disciplina degli interessi *ex* art. 2391); ed una ***responsabilità per omessa o difettosa vigilanza***, che può addebitarsi al singolo consigliere non delegato rispetto ad atti di competenza di amministratori delegati.

Al riguardo, a ciascun amministratore è imposto un ***obbligo di intervento*** tutte le volte in cui sia a conoscenza di fatti pregiudizievoli, "per impedirne il compimento o eliminarne o attenuarne le conseguenze dannose" (art. 2392, co. 2). Obbligo, questo, che grava anche sui *nuovi* amministratori, che dovranno adoperarsi per la rimozione delle conseguenze derivanti dalle irregolarità compiute dai loro predecessori.

Il singolo amministratore può però riuscire a sottrarsi al **vincolo di solidarietà**. Ed infatti, il legislatore, come si è detto, precisa, per un verso, che gli amministratori devono adempiere i doveri della carica con la diligenza "richiesta dalla natura dell'incarico e dalle loro specifiche competenze", per altro verso, che gli amministratori stessi non sono solidalmente responsabili in caso di "funzioni in concreto attribuite ad uno o più amministratori" (art. 2392, co. 1). La regola della solidarietà nella responsabilità vale quindi solo come *criterio presuntivo*: il singolo amministratore potrà sempre dare la ***prova contraria*** dimostrando di essere estraneo al vincolo di solidarietà in ragione della *lontananza* che, in concreto, separa il singolo comportamento dannoso compiuto da altro amministratore rispetto, vuoi alla *sfera di funzioni* specificamente attribuitegli in seno all'organo di amministrazione, vuoi al proprio *ambito di competenze professionali* (art. 2392, co. 1). Rimarrà naturalmente fermo il più volte ricordato obbligo generale di agire in modo informato (art. 2381, ult. co.), che non consentirà comunque ad un amministratore di sottrarsi al vincolo di solidarietà – anche quando l'operazione o la decisione pregiudizievole non rientri tra le sue specifiche abilità o fra le funzioni in concreto attribuitegli – semplicemente assumendo un comportamento passivo invece di doverosamente contestare l'eventuale carenza di adeguata istruttoria e di chiedere, se del caso, un supplemento di informazioni.

Ma anche se l'amministratore, per quanto sopra, non è in grado di sottrarsi al vincolo di solidarietà, egli dispone comunque di un mezzo per separare la propria posizione rispetto agli atti produttivi di responsabilità: questo mezzo è dato dalla **procedura di dissociazione** prevista dal co. 3 dell'art. 2392. Tale procedura lo esonererà da responsabilità a tre condizioni: (i) che egli faccia *annotare il suo dissenso* senza ritardo nel libro delle adunanze del consiglio; (ii) che *informi* immediatamente del suo dissenso il presidente del collegio sindacale; (iii) che, naturalmente, l'amministratore che si sia così dissociato risulti effettivamente *esente da colpe*.

Sotto quest'ultimo profilo, quindi, non deve esser rimasto inadempiuto né l'*obbligo di agire informati*, né l'*obbligo di vigilanza e di intervento* dei consiglieri non delegati sugli organi delegati. Così, ciascun amministratore, per potersi sottrarre alla responsabilità solidale discendente dalle decisioni assunte a maggioranza dagli altri consiglieri, dopo aver richiesto un'adeguata istruttoria della deliberazione ed eventualmente un supplemento di informazioni in consiglio, dovrà osservare tale procedura di dissociazione, che richiama gli altri amministratori ad una maggiore ponderazione sulla situazione in cui si è determinato il dissenso, segnalando i rilievi critici anche all'organo di controllo, senza che egli possa invocare a propria discolpa il mero fatto di non avere concorso con il proprio voto alla decisione stessa.

2. *L'azione di responsabilità*

Il promovimento dell'**azione sociale di responsabilità** necessita di ***deliberazione dell'assemblea ordinaria*** (salvo quanto disposto dall'art. 2393-*bis* per l'azione promossa dalla minoranza). E l'esercizio dell'azione può essere validamente deliberato, nell'assemblea ordinaria di approvazione del bilancio, anche se non è indicato fra le materie da trattare (art. 2393, co. 2); e ciò in deroga eccezionale al principio, proprio dei procedimenti collegiali, per cui l'oggetto della deliberazione dev'essere preventivamente indicato nell'ordine del giorno.

Oltre all'assemblea, pure il ***collegio sindacale*** ha competenza a deliberare in materia, con la maggioranza qualificata dei due terzi dei componenti (art. 2393, co. 3).

La deliberazione di esercizio dell'azione comporta la **revoca *ope legis*** degli amministratori, purché approvata con il voto favorevole di una maggioranza dei presenti, rappresentativa almeno di 1/5 del capitale. La revoca automatica comporta altresì (con ulteriore integrazione implicita dell'ordine del giorno) l'obbligo dell'assemblea di provvedere alla nomina di nuovi amministratori.

È poi nella piena disponibilità dell'assemblea deliberare espressamente la **rinunzia** all'azione o una **transazione** con gli amministratori (art. 2393, ult. co.), senza che occorra al riguardo motivazione alcuna. La delibera di rinunzia o transazione può essere però impedita dall'esercizio di un ***diritto di veto*** con voto contrario da esprimersi in assemblea da parte di una minoranza qualificata (la stessa che è legittimata ad esercitare in proprio l'azione di responsabilità, alla stregua dell'art. 2393-*bis*, che esaminiamo subito oltre).

Il termine di **prescrizione** dell'azione sociale di responsabilità è stabilito in *cinque anni* "*dalla cessazione dell'amministratore dalla carica*" (art. 2393, co. 4). Ma è da ritenere che la prescrizione non potrà comunque decorrere dalla cessazione della carica, sin quando l'azione risarcitoria non possa essere promossa dalla società che non abbia ancora visto verificarsi il danno.

3. *L'azione sociale esercitata dalla minoranza*

Il legislatore attribuisce oggi la legittimazione all'esercizio dell'azione sociale di responsabilità anche ad una **minoranza qualificata** (art. 2393-*bis*). Questa regola tenta così di superare una critica ricorrente alla previgente disciplina codicistica, che rilevava come l'azione sociale fosse rimessa alla volontà di quella stessa maggioranza che aveva nominato gli amministratori (e che magari trae vantaggio dai relativi, pur censurabili, comportamenti).

La quota di capitale richiesta perché la minoranza possa esercitare l'azione è, nelle società chiuse, di 1/5 (20%) e, in quelle aperte, di 1/40 (2,5%).

L'azione esercitata dagli azionisti di minoranza ha un ***carattere*** lato sensu ***surroga-***

torio. Essa è, infatti, pur sempre definita dalla legge come "azione sociale di responsabilità", di tal che le somme dovute per effetto dell'eventuale sentenza di condanna (o per l'eventuale transazione) vanno alla società, e non ai soci che hanno agito; è poi previsto un litisconsorzio necessario con la società, che dev'essere citata in giudizio dagli attori, insieme con gli amministratori di cui si chiede la condanna.

Data la natura sostanzialmente surrogatoria dell'azione, questa sarà allora preclusa tutte le volte in cui l'azione sociale sia già pendente o la società ne abbia già disposto: così, qualora l'assemblea ne abbia deliberato direttamente l'esercizio, avviando poi il relativo giudizio, o abbia validamente deliberato di transigere.

La società potrà poi anche sempre *rinunciare o transigere* l'azione incardinata dalla minoranza (art. 2393-*bis*, co. 7). Invece, ai soci minoritari è soltanto dato di rinunciare o transigere circa il giudizio intrapreso (la società potrebbe dunque ricominciare in proprio una nuova azione), eventualmente disponendo del proprio diritto a proporre (o proseguire l'esercizio del)l'azione; in tal caso, la disciplina impone però alla minoranza attrice di restituire alla società ogni corrispettivo che avesse ricevuto per rinunciare o transigere (art. 2393-*bis*, co. 6).

L'aspetto più critico dell'istituto, che ne disincentiva massimamente l'operatività, è rappresentato dall'**accesso alle informazioni** necessarie per avviare e supportare, sul piano probatorio, l'azione da parte delle minoranze stesse. Il sistema non consente, infatti, agli azionisti indagini esplorative all'interno dell'organizzazione societaria, essendo loro precluso l'accesso a tutti i libri sociali (art. 2422) e alla documentazione relativa all'amministrazione (diversamente da quanto è consentito, come si vedrà, al socio di s.r.l.: art. 2476, co. 2). Il che rende spesso questo rimedio a favore della minoranza un'arma sostanzialmente spuntata. Si aggiunga, sotto altro aspetto, che, in caso di accoglimento della domanda, la società (che gode del ricavato della condanna) dovrà sì rimborsare delle **spese** i soci che hanno agito in giudizio, ma solo quando questi ultimi non abbiano potuto soddisfarsi sulla parte soccombente; con una regola, dunque, ancora una volta non molto favorevole alle minoranze agenti, giacché, oltre a porre a loro carico il rischio della soccombenza, presuppone l'infruttuosa escussione dei soccombenti.

4. *La responsabilità verso i creditori sociali*

L'azione di responsabilità dei **creditori sociali** è fondata su due presupposti (art. 2394):

a) anzitutto, occorre che sia addebitabile agli amministratori l'"*inosservanza degli obblighi inerenti alla conservazione dell'integrità del patrimonio sociale*"; una tale inosservanza, in generale, si avrà con riferimento ad ogni atto commissivo o omissivo negligente, che abbia determinato un depauperamento di tale patrimonio; tali medesimi obblighi si colorano poi di particolare rigore allorché per la società si prospetti una situazione di crisi o insolvenza: essi saranno da ritenere violati da quegli amministratori che, vuoi non abbiano istituito *assetti* idonei a rilevare tempestivamente uno stato di crisi dell'impresa (art. 2086, co. 2), vuoi, trovandosi la società in situazione di "squilibrio patrimoniale o economico-finanziario che ne rendano probabile la crisi o l'insolvenza" (art. 12, co. 1, c.ins.), non abbiano prontamente assunto le iniziative che ne avrebbero consentito il superamento, neppure dopo la segnalazione da parte dell'organo di controllo (art. 25-*octies* c.ins.); parimenti, dovranno dirsi violati gli obblighi di conservazione dell'integrità patrimoniale da quegli amministratori che, in una situazione di crisi o di insolvenza ma con concrete prospettive di risanamento, non abbiano gestito l'impresa nel prevalente interesse dei creditori (artt. 4, co. 2, lett. *c*, e 21, co. 1, c.ins.), né provveduto alla rapida definizione dello strumento di regolazione della crisi e dell'insolvenza prescelto (art. 4, co. 2, lett. *b*, c.ins.);

b) l'azione, poi, può essere proposta dai creditori solo *in via sussidiaria*, cioè quando il **patrimonio** sociale risulti **insufficiente** al soddisfacimento dei loro crediti.

Va subito chiarito che la fonte di tale responsabilità degli amministratori non riguarda mai in sé i debiti della società rimasti inadempiuti (per i quali gli amministratori ovviamente non rispondono), ma il pregiudizio subito dai creditori a causa dell'incapienza del patrimonio sociale, appunto determinata dalla violazione di obblighi gestori e/o di intervento precoce rispetto ad una situazione di crisi da parte degli amministratori.

È discusso se l'azione di responsabilità dei creditori sociali abbia natura di azione diretta ovvero di azione surrogatoria (dunque esperibile solo in caso di inerzia della società ad agire contro gli amministratori): il dubbio deriva dal fatto che il danno consiste in entrambi i casi in una diminuzione imputabile del patrimonio sociale, sicché per questo stesso danno gli amministratori non possono essere chiamati a rispondere due volte. L'orientamento giurisprudenziale corrente propende però a favore della **natura autonoma** dell'azione, ed è avvalorato dalla lettera dell'art. 2394-*bis* che, nell'intestare al curatore, quando la società sia sottoposta a l.g., la legittimazione alle azioni di responsabilità *ex* artt. 2393 e 2394, fa riferimento a tali azioni appunto al plurale (v. *infra*, 5). Se si riconosce la natura autonoma, ne segue allora l'inopponibilità ai creditori delle eccezioni che gli amministratori potrebbero invocare verso la società (ad es., in materia di prescrizione dell'azione sociale di responsabilità); ne segue pure che *il risultato utile dell'azione non verrà acquisito al patrimonio della società, ma solo a quello di chi agisce* (e legittimato ad agire è ogni singolo creditore).

La **prescrizione** (sempre quinquennale, *ex* art. 2949) decorre, secondo i principi generali, dal momento in cui si è manifestato l'evento dannoso, cioè l'insufficienza del patrimonio sociale: tipicamente, in caso di liquidazione giudiziale, l'insolvenza. In pratica, di regola il termine decorrerà dalla dichiarazione di apertura della procedura di l.g., che, secondo l'*id quod plerumque accidit*, fa presumere che il *deficit* patrimoniale si sia in quel momento rivelato, salvo che l'amministratore interessato dia prova contraria circa il fatto che, nel caso concreto, l'insufficienza del patrimonio al soddisfacimento dei creditori si sia manifestata già in un momento anteriore alla procedura (e in particolare, ad es., dalla proposta di concordato preventivo, che costituisca prova dell'insolvenza).

Anche se l'azione dei creditori può ritenersi giuridicamente *autonoma* rispetto a quella promossa dalla società, la legge prende comunque in considerazione le possibili interferenze fra le due azioni, legate, come si è detto, alla circostanza che il danno subito dai creditori non è che il riflesso di quello subito dalla società. L'eventuale **rinunzia o transazione** dell'azione sociale di responsabilità ha allora ricadute sull'azione di responsabilità dei creditori, nei termini fissati dall'ult. co. dell'art. 2394: in particolare, la rinunzia è inopponibile ai creditori, mentre la transazione produce effetto anche nei loro confronti. Tuttavia, per il caso in cui l'accordo transattivo sia frutto di collusione fra vecchi e nuovi amministratori, il codice consente ai creditori di impugnare la transazione con l'***azione revocatoria***.

5. *Le azioni di responsabilità nelle procedure concorsuali*

È ben poco frequente che l'azione sociale venga promossa da parte della società (essendo gli amministratori, come si è ricordato, espressione della stessa maggioranza che dovrebbe deliberarne il promovimento; salvo in caso di mutamento del gruppo di controllo), o da parte delle minoranze fruendo della legittimazione loro riconosciuta dall'art. 2393-*bis* (stanti i diversi disincentivi operativi di cui si è già detto); altrettanto raro è che gli stessi creditori promuovano l'azione di responsabilità, se è vero che il pregiudizio patrimoniale tipicamente emerge quando l'insolvenza della società è conclamata nell'ambito di una **procedura concorsuale**.

È allora proprio in quest'ultima sede che le azioni di responsabilità vedono per lo più la luce, e al riguardo l'attuale disciplina detta una norma apposita nell'art. 2394-*bis* (e v. art. 255 c.ins.): con la liquidazione giudiziale, *la legittimazione a promuovere le azioni sopra esaminate spetta, non più alla società e ai creditori, ma* ***in via esclusiva al curatore*** (in caso di amministrazione straordinaria, al commissario straordinario; in caso di l.c.a., al commissario liquidatore; in caso di concordato preventivo, la legittimazione esclusiva per l'azione sociale è del liquidatore giudiziale, rimanendo in capo ai singoli creditori l'azione *ex* art. 2394: art. 115 c.ins.).

Il legislatore ha quindi accolto la tesi giurisprudenziale, secondo cui, in caso di assoggettamento della società alla liquidazione giudiziale, l'azione del curatore costituisce ***sintesi delle azioni*** di cui agli artt. 2393 e 2394. Al curatore è dunque consentito avvalersi della disciplina più favorevole, anche di quella delle due azioni che sarebbe preclusa (ad es., per precedente rinunzia da parte della società). Così, in punto di *dies a quo* del termine di prescrizione, si applicherà la disciplina più favorevole per la curatela, e la prescrizione dell'azione decorrerà quindi dal momento della conoscibilità per i creditori dell'insufficienza patrimoniale.

L'apertura di una procedura concorsuale sul presupposto dello stato di insolvenza della società non può però mai configurare, di per sé, una responsabilità dell'amministratore su base presuntiva: secondo i principi dell'**onere della prova** in materia, il curatore ha i medesimi oneri relativamente ad allegazione e prova degli specifici fatti su cui si fonda la responsabilità dell'amministratore, il nesso causale e il danno risarcibile.

Tuttavia, l'ordinamento prevede due presunzioni in materia di liquidazione del danno proprio nelle azioni di responsabilità concorsuali, per il caso in cui, a fronte di una causa di scioglimento della società (ad es., in primo luogo, la perdita del capitale sociale), gli amministratori non abbiano adottato gli adempimenti imposti per mettere in liquidazione la società, non limitandosi ad operare in modo conservativo, ma continuando a gestire l'impresa, e aggravandone così il dissesto (art. 2486, co. 3).

La prima è una *presunzione relativa* e richiama il c.d. ***criterio della differenza dei netti patrimoniali***. In base ad esso "il danno risarcibile si presume pari alla differenza tra il patrimonio netto alla data in cui l'amministratore è cessato dalla carica o, in caso di apertura di una procedura concorsuale, alla data di apertura di tale procedura e il patrimonio netto determinato alla data in cui si è verificata una causa di scioglimento di cui all'articolo 2484". È fatta peraltro salva la facoltà di "prova di un diverso ammontare" da parte dell'amministratore, il quale potrebbe anche dimostrare che la durata dell'illecito è più ridotta, ad es. perché abbia adottato condotte di ravvedimento operoso (come l'avvio della procedura concorsuale, o di uno strumento di risoluzione della crisi fra quelli previsti dal c.ins.) prima del momento di apertura della procedura concorsuale rispetto al quale opera il criterio presuntivo della differenza dei netti.

La seconda presunzione ha invece carattere assoluto: nei casi di mancanza delle scritture contabili o di inattendibilità delle stesse per gravi irregolarità, tali da non consentire un plausibile calcolo dei netti patrimoniali, l'ammontare del danno corrisponderà alla differenza tra l'attivo e il passivo accertati nella procedura concorsuale (c.d. ***criterio del deficit***).

6. *L'azione individuale del socio e del terzo*

L'ordinamento attribuisce, infine, al singolo azionista o a terzi che siano stati direttamente danneggiati dagli amministratori, per atti relativi alla gestione della società, la legittimazione a promuovere nei loro confronti un'**azione diretta di responsabilità**.

L'azione riguarda i casi in cui gli azionisti o i terzi siano stati "***direttamente danneggiati***" (art. 2395). Non può dunque avere ad oggetto i *danni* "*riflessi*", che l'azionista può subire per la perdita di valore delle sue azioni a seguito di atti di *mala gestio* degli amministratori che abbiano depauperato il patrimonio sociale. In tal caso, infatti, in presenza di un medesimo pregiudizio subito dal patrimonio sociale e, indirettamente, dal singolo socio, l'ordinamento sottrae a quest'ultimo l'azione, che finirebbe per esporre gli amministratori alla duplice riparazione del medesimo danno.

Il danno risarcibile è qui dunque distinto e va ricondotto alla perdita patrimoniale derivante da una specifica vicenda, in cui l'azionista o il terzo si siano trovati coinvolti *uti singuli*: ad es., la sottoscrizione di un aumento di capitale o l'acquisto di azioni a prezzo eccessivo, indotti da un bilancio falso; la stipulazione di un determinato affare con la società, indotta da una errata rappresentazione della situazione finanziaria della società, da parte degli amministratori. In casi del genere, il comportamento doloso o colposo dell'amministratore, che ha causato pregiudizio al singolo socio o al terzo, è di solito, come si vede, la comunicazione di *informazioni false*. Altri fatti produttivi di danno risarcibile possono essere eventuali *azioni discriminatorie* compiute dagli amministratori a danno di un singolo azionista.

Nell'azione individuale di responsabilità, il socio o il terzo che agisce deve dare la ***prova*** specifica del fatto colposo o doloso dell'amministratore, nonché del nesso di causalità con il danno direttamente subito. Così, in caso di falsa informazione, contenuta nel bilancio o in altra informazione pubblica, occorrerà offrire la prova che il deprezzamento delle relative azioni non sia conseguenza mera dell'andamento del mercato, e che la stessa informazione abbia effettivamente determinato il processo motivazionale che ha indotto l'azionista ad acquistare o a non alienare, o comunque a disporre in un certo modo, delle azioni.

La **prescrizione** dell'azione è quinquennale, in applicazione della regola generale dell'art. 2947. Il termine di prescrizione è da ritenere che decorra dal momento in cui il danneggiato, con l'impiego dell'ordinaria diligenza, sia stato in grado di venire a conoscenza dell'evento dannoso; e ciò per ragioni di tutela del diritto di difesa *ex* art.

24 Cost., nonostante la lettera dell'art. 2395 indichi come *dies a quo* quello del "compimento dell'atto".

7. *I direttori generali*

È normale che nelle imprese di dimensione medio-grande sia presente un (ma anche più di un) *funzionario dirigente*, posto in posizione "apicale" nella struttura aziendale, e che opera in relazione diretta con l'organo amministrativo, costituendo il tramite fra l'attività deliberativa dell'organo e l'organizzazione degli uffici interni. Questa figura prende il nome di **direttore generale,** con mansioni vuoi di "alta gestione", vuoi più limitate alla gestione esecutiva quotidiana, secondo scelte organizzative proprie della società.

Il codice considera la figura del direttore generale (art. 2396), al fine di *estenderle il regime speciale di responsabilità civile* dettato per gli amministratori, sempre sul presupposto che egli sia nominato dall'assemblea ovvero dall'organo di amministrazione (in quest'ultimo caso sulla base di autorizzazione statutaria). Ove difetti tale presupposto, la figura eventualmente nominata dagli amministratori non sarà soggetta al regime speciale di responsabilità civile proprio degli amministratori stessi, ma sarà esposta a responsabilità nei confronti della società e dei creditori secondo le regole di diritto comune (artt. 1218 e 2043).

Il direttore generale è *subordinato gerarchicamente agli amministratori*: potrà dunque legittimamente rifiutarsi di eseguire una deliberazione dell'organo amministrativo solo quando, da tale esecuzione, possa derivare una responsabilità a suo carico, e sicuramente là dove, prestando la propria opera, integrerebbe un illecito civile o penale, giacché non costituisce scriminante un ordine ricevuto se illegittimo.

Sotto il profilo della responsabilità, l'art. 2396 fa "salve *le azioni esercitabili in base al* ***rapporto di lavoro*** *con la società*", azioni queste che si affiancano dunque alle azioni di responsabilità disciplinate dagli artt. 2392 ss., le quali rimangono autonome: ed allora, anche là dove la società abbia licenziato il direttore generale, e gli amministratori abbiano agito proprio in base al rapporto di lavoro per il risarcimento dei danni, ovvero rinunziato alla relativa azione o l'abbiano poi transatta, l'assemblea avrà pur sempre il potere di deliberare di agire *ex novo* contro il direttore generale, in base alle norme societarie.

§ 53. Il controllo sulla gestione e contabile

Sommario: I. *I sindaci.* – 1. Le funzioni del collegio sindacale. – 2. Nomina e requisiti. Cause di cessazione dalla carica. – 3. L'indipendenza e l'inamovibilità dei sindaci. – 4. Il collegio sindacale: funzionamento e poteri. – 5. La responsabilità dei sindaci. – II. *La revisione legale dei conti.* – 1. La funzione di controllo contabile e il giudizio sul bilancio. – 2. Disciplina e responsabilità del revisore. – III. *L'organismo di vigilanza (d.lgs. 231/2001).*

La funzione del controllo interno è propria di ogni organizzazione imprenditoriale che mira ad assetti efficienti, e, nel tipo s.p.a., il legislatore ha cura di assegnare tale funzione sia ad *organi* o uffici interni all'organizzazione della società (dedicati specificatamente al controllo interno e non già alla gestione attiva), sia a *soggetti esterni.*

Nel modello di amministrazione c.d. tradizionale, la funzione di controllo è in linea di principio suddivisa tra un *organo sociale* – il ***collegio sindacale*** – e, per i profili contabili, un *soggetto esterno*, il ***revisore legale dei conti.***

I. *I sindaci*

1. *Le funzioni del collegio sindacale*

Il **collegio sindacale** è l'organo che rimane al vertice dei sistemi di controllo. La funzione di controllo, però, come palesa la già considerata disciplina dell'organo di amministrazione del sistema c.d. tradizionale, e come pure si vedrà esaminando i modelli di amministrazione e controllo alternativi, non è in sé estranea alla stessa funzione gestoria in merito all'attuazione delle decisioni una volta assunte dall'organo di amministrazione.

a) Nelle società per azioni, il controllo apicale è dunque affidato al collegio sindacale, il quale, a norma dell'art. 2403, anzitutto "***vigila sull'osservanza della legge e dello statuto***".

Il **controllo di legalità** non è tuttavia meramente formale, sulle deliberazioni assunte dall'assemblea, dal c.d.a. e dall'eventuale comitato esecutivo, ma *sostanziale*, dovendo il collegio vigilare anche "***sul rispetto dei principi di corretta amministrazione***". E il controllo sostanziale sulla corretta gestione comprende la vigilanza sull'"*adeguatezza* dell'assetto organizzativo, amministrativo e contabile adottato dalla società e sul suo concreto funzionamento" (art. 2403, co. 1) e, alla luce dell'art. 2086, di un assetto adeguato "anche in funzione della *rilevazione tempestiva della crisi dell'impresa* e della perdita della continuità aziendale".

Si tratta di un controllo non meramente censorio su atti, ma di una *vigilanza complessiva* ***sull'attività***, che si estende sino alla valutazione dell'adeguatezza vuoi tecnico-produttiva, vuoi finanziaria, vuoi del personale, e che può implicare la creazione di idonei uffici di controllo interno. Il controllo non riguarda, infatti, soltanto l'attività degli amministratori, ma tutta l'attività sociale, e dunque ragioni di adeguatezza organizzativa possono richiedere l'istituzione di *sistemi formalizzati di controlli interni* su cui il collegio sindacale è poi chiamato a vigilare, anche in relazione alla verifica della corretta attuazione di eventuali regolamenti interni.

L'attività di vigilanza dei sindaci sulla correttezza dell'amministrazione *non può estendersi però sino ad un controllo di merito*, diversamente dal controllo che esercita il consiglio di amministrazione rispetto agli organi di amministrazione delegata. È dunque estranea al controllo sindacale ogni valutazione sulla convenienza, sull'opportunità e sul livello di rischio delle decisioni di gestione: rispetto a tali decisioni i sindaci devono soltanto rilevare se la scelta gestionale concreti una violazione delle regole di comportamento degli amministratori, in quanto manifestamente irragionevole, ovvero non supportata da adeguatezza organizzativa o finanziaria.

La funzione di controllo dei sindaci deve essere ***continuativa***, e potrà essere a campione, ove ciò sia imposto da criteri di razionalità aziendale; ed essendo controllo sull'attività, non necessita della verifica di ogni singolo atto: l'organo di controllo deve selezionare gli atti che richiedono particolare attenzione nell'ambito di un'attività di vigilanza sulla gestione, anche in considerazione delle caratteristiche strutturali della società.

b) Al collegio sindacale è in definitiva assegnata una posizione di alta sorveglianza rispetto al complessivo sistema societario dei controlli interni, la cui cura è di volta in volta demandata, ora all'organo di amministrazione, ora al revisore legale esterno. Si è già visto, infatti, come funzioni di controllo, sul piano delle articolazioni interne dell'organizzazione societaria, siano dalla legge attribuite anche all'organo gestorio (si pensi, ad es., all'obbligo di curare assetti amministrativi adeguati: art. 2381).

In linea con tale collocazione di vertice nei sistemi dei controlli, al collegio sindacale di **società quotate** è espressamente intestato proprio il potere di vigilanza sia sull'adeguatezza organizzativa dei c.d. *sistemi di controllo interno*, da predisporre da parte dell'organo gestorio (art. 149, co. 1, lett. *c*, TUF), anche con riguardo alle operazioni con parti correlate (v. *supra*, § 52.V.2), sia sull'attività di revisione legale dei conti, affidata al revisore esterno (art. 19 d.lgs. 39/2010).

Criterio di valutazione dell'*adeguatezza* dei sistemi di controllo interno è, segnatamente, l'istituzione di procedure idonee al governo e al controllo dei rischi operativi e della regolarità gestoria (così come raccomandato dal Codice di autodisciplina per le società quotate che vi abbiano aderito, e sulla cui attuazione i sindaci sono chiamati a vigilare: art. 149, co. 1, lett. *c-bis*, TUF). E per saggiare l'adeguatezza dell'assetto contabile e del suo funzionamento, il collegio sindacale non potrà esimersi da indagini a campione, per verificare adeguatezza e affidabilità del sistema.

c) Sempre nell'ordine di prevenzione dai rischi, in specie dal compimento di reati, il collegio sindacale può essere investito (in ogni s.p.a., quotata o meno) delle funzioni dell'organismo di vigilanza ai sensi del d.lgs. 231/2001 (art. 6, co. 4-*bis*).

d) Ai sindaci non spettano però funzioni dirette di **controllo contabile** – vale a dire sulla *regolare tenuta della contabilità sociale* e la *corretta rilevazione nelle scritture contabili dei fatti di gestione* – che l'ordinamento demanda a soggetti professionali esterni – i revisori legali dei conti –. Tuttavia, ma soltanto *nelle s.p.a.* "*chiuse*" (ossia quelle le cui azioni non sono quotate né diffuse tra il pubblico in modo rilevante) che non siano tenute alla redazione del bilancio consolidato (che non siano, quindi, al vertice di un gruppo), che non controllino comunque società "non chiuse" o che non siano da queste ultime controllate (art. 19-*bis* d.lgs. 39/2010), gli statuti *possono* operare una diversa scelta, assegnando al collegio sindacale anche la funzione di controllo contabile; e in tal caso i sindaci dovranno tutti possedere la qualifica di revisori legali dei conti (art. 2409-*bis* cpv.; art. 16 d.lgs. 39/2010).

e) Oltre all'attività di controllo, il collegio sindacale ha compiti di **informazione** ***dell'assemblea*** e **consultivi** ***obbligatori***, anzitutto con riguardo alla relazione che, in occasione della approvazione del bilancio di esercizio, deve essere depositata ai sensi dell'art. 2429.

Tale relazione è centrale per l'informazione dei soci, dovendo il collegio sindacale in essa riferire: (i) sull'attività svolta nell'adempimento dei propri doveri; (ii) sulla valutazione dei risultati dell'esercizio sociale; (iii) su osservazioni e proposte in ordine al bilancio e alla sua approvazione.

Fermo il dovere di segnalare le eventuali irregolarità o criticità riscontrate nell'esercizio delle proprie funzioni di controllo sull'attività sociale, il collegio sindacale nella relazione resa in occasione del bilancio – ove non abbia intestati anche i poteri di controllo contabile – non esprime però un "giudizio tecnico-professionale" sul bilancio, giudizio che è riservato al revisore legale esterno.

f) Gli altri poteri del collegio sindacale sono tipizzati dalla legge. Rimangono eccezionali i poteri di ***amministrazione attiva*** (v. art. 2386, co. 5), come pure di ***approvazione di atti*** degli amministratori (in caso di cooptazione: art. 2386); e la legge tipizza anche i casi in cui il collegio sindacale deve rendere ***pareri obbligatori*** (ad es., in materia di remunerazione degli amministratori che rivestano particolari cariche: art. 2389, co. 3; e di emissione di obbligazioni: artt. 2412; di informazioni da rendere, con il revisore legale, sulla concreta prospettiva di risanamento, all'esperto nominato nella fase di composizione negoziata della crisi: art. 17, co. 5, c.ins.), o anche esercitare, al fine dell'emersione anticipata e tempestiva della crisi, l'obbligo di **segnalazione di allerta** all'organo amministrativo sul ricorrere dei presupposti per accedere alla composizione negoziale (art. 25-*octies* c.ins.).

Non sembra però precluso ai sindaci di esprimere *pareri facoltativi*, se si ha riguardo all'esigenza di una leale cooperazione fra organi societari, oltre che ad un'istanza generale di efficienza dell'organizzazione.

g) Sono, poi, assai importanti i **poteri reattivi** di cui dispongono i sindaci, che così possono far fronte alle irregolarità degli amministratori, tra cui il potere di convocare con urgenza l'assemblea (art. 2406), quello di presentare la denuncia al tribunale *ex* art. 2409, quello di promuovere contro gli amministratori l'azione sociale di responsabilità (art. 2393), e persino di proporre la domanda di apertura della liquidazione giudiziale (art. 37, co. 2, c.ins.).

2. *Nomina e requisiti. Cause di cessazione dalla carica*

a) L'organo di controllo ha **composizione numerica rigida**, potendo lo statuto scegliere soltanto fra due alternative: 3 o 5 membri *effettivi*. Devono essere comunque nominati 2 *supplenti*. Solo nelle società quotate, fatto salvo il numero minimo, è consentita una deroga verso l'alto (art. 148 TUF).

b) I sindaci devono godere di determinati **requisiti di professionalità** fissati dall'art. 2397, cpv.: almeno uno di essi deve essere *revisore legale dei conti*, mentre occorre che gli altri siano iscritti in appositi albi professionali individuati da regolamento (d.m. 320/2004: avvocati, dottori commercialisti ed esperti contabili, consulenti del lavoro), ovvero scelti fra professori universitari in materie economiche o giuridiche.

Tali requisiti sono *a pena di nullità della nomina*, o di successiva decadenza *ope legis* in caso di perdita sopravvenuta (art. 2399, ult. co.).

Soltanto nelle società che abbiano potuto scegliere e abbiano scelto di attribuire per statuto le funzioni di controllo contabile al collegio sindacale (art. 2409-*bis*, ult. co.), l'organo deve essere composto, come si è detto, *esclusivamente da revisori legali dei conti*.

Nelle società quotate, l'art. 148, co. 4, TUF, dispone poi regole speciali in materia di professionalità e onorabilità dei sindaci.

c) La **nomina** del collegio sindacale è di *competenza inderogabile dell'assemblea* ordinaria (salvo per i primi sindaci, da indicare nell'atto costitutivo: art. 2400, co. 1). Una deroga alla competenza assembleare è prevista, su disposizione statutaria, solo per la *nomina da parte di ente pubblico* purché proporzionale alla partecipazione dello stesso al capitale sociale (art. 2449); e per la nomina di un sindaco da parte dei portatori di *strumenti finanziari partecipativi* (art. 2351, co. 5).

Ferme queste attribuzioni, gli statuti possono poi introdurre, al pari che per gli amministratori, sistemi statutari di nomina di **sindaci di minoranza**; nelle società quotate, anzi, la legge impone che lo statuto preveda il c.d. voto di lista per la nomina di un sindaco "di minoranza", ed il presidente deve poi essere scelto fra i sindaci di minoranza (art. 148, co. 2 e 2-*bis*, TUF), laddove per tutte le altre s.p.a. la scelta è riservata liberamente all'assemblea (art. 2398).

Alla nomina deve seguire l'**accettazione**, anche per comportamenti concludenti per i *sindaci titolari*, che va iscritta nel registro delle imprese, entro 30 giorni dalla delibera, a pena di sanzioni amministrative. L'accettazione del *sindaco supplente* deve essere espressa, giacché è chiamato a subentrare automaticamente in caso di venir meno di un sindaco titolare.

d) Le **cause di cessazione del rapporto**, oltre al decesso, attengono alle seguenti ragioni: (i) scadenza del termine; (ii) decadenza; (iii) rinuncia; (iv) revoca per giusta causa.

i) Quanto al **termine**, inderogabile dagli statuti, i sindaci restano in carica per tre esercizi, e scadono alla data dell'assemblea convocata per l'approvazione del bilancio relativo al terzo esercizio della carica. La scadenza è simultanea per l'intero collegio, anche là dove uno o più dei suoi componenti sia stato sostituito in corso di mandato.

Fino alla nomina del nuovo collegio, i precedenti sindaci rimangono in carica in regime di *prorogatio*, senza limitazioni di poteri (art. 2400, co. 1).

ii) Le cause di **decadenza** si suddividono a seconda che attengano alla sopravvenuta perdita di un requisito di eleggibilità, ovvero all'inadempimento di un dovere dei sindaci, appunto sanzionato con la decadenza.

Le cause del primo tipo riguardano situazioni in cui il sindaco perde, dopo la nomina, i necessari requisiti di professionalità o l'indipendenza richiestagli (*infra*, 3). In particolare, è previsto per le società quotate (art. 148-*bis* TUF) che la Consob dichiara la decadenza dei sindaci che abbiano superato il limite di cumulo degli incarichi di controllo, ma anche di amministrazione in altre società, fissato dalla stessa Consob con regolamento (art. 144-*terdecies*, Reg. emittenti).

Le cause di decadenza del secondo tipo, di natura sanzionatoria, scattano in caso di assenza ingiustificata, nell'arco di uno stesso esercizio sociale, vuoi a due riunioni del collegio sindacale (art. 2404, co. 2), vuoi alle assemblee, ovvero a due adunanze consecutive del c.d.a. o del comitato esecutivo, se presente (art. 2405 cpv.).

iii) La **rinuncia** è sempre ammissibile in ogni tempo, senza che la società possa avanzare pretese risarcitorie verso il sindaco dimissionario: per integrarsi è sufficiente che sia comunicata al presidente del collegio sindacale. Di regola ha effetto immediato, ma si ritiene che, ove sia impossibile integrare il collegio con membri supplenti, i dimissionari restino in carica in *prorogatio*, in applicazione analogica dell'art. 2385, co. 1, dettato per gli amministratori.

iv) Della **revoca** dei sindaci si parlerà subito più avanti, trattando dell'indipendenza dei sindaci, che appunto dalla revoca può essere compromessa.

Per tutti i casi esaminati, quando venga meno un componente del collegio sindacale, a salvaguardia dell'integrità della composizione dell'organo e della sua continuità di funzionamento, è previsto il sistema della **supplenza**, e non già quello della cooptazione (che è proprio, come si è visto, degli amministratori). È sempre ferma la regola per la quale, nella prima assemblea possibile, deve provvedersi alla ricomposizione dell'organo collegiale, con la nomina di sindaci effettivi e supplenti necessari per l'integrazione del collegio (art. 2401, co. 1). Il subentro dei supplenti, in ordine di età, è automatico *ope legis* e non abbisogna di accettazione (il supplente aveva già accettato a suo tempo la nomina), e ha effetto dal momento della causa di sostituzione. Il subentro ha luogo soltanto se il supplente gode della stessa qualifica del sindaco cessato (revisore dei conti; requisito professionale statutario; sindaco di minoranza); diversamente, va senza indugio convocata l'assemblea per la nomina del nuovo sindaco.

3. *L'indipendenza e l'inamovibilità dei sindaci*

L'effettività della funzione di controllo è affidata a due caratteristiche rigorose che sono proprie dell'organo sindacale: l'***indipendenza*** e l'***inamovibilità*** dei componenti.

Punto debole dell'istituto rimane però all'evidenza il meccanismo di nomina, affidato alla competenza assembleare, secondo la regola di maggioranza. Stando al modello legale (salvo che nelle società quotate, dove, come ricordato, un sindaco deve essere sempre espressione della minoranza: art. 148 TUF), la maggioranza ha dunque la disponibilità della scelta di *tutti* i componenti l'organo di controllo, nonostante essa disponga pure della nomina dei soggetti, gli amministratori, destinatari del controllo medesimo. La regola, legata alla visione della società quale organizzazione privata, determina così un potenziale intreccio di interessi fra controllanti e controllati, che indebolisce tipicamente l'esercizio della funzione di controllo. Ma l'inevitabile accesso ad informazioni aziendali riservate da parte di chi eserciti funzioni di controllo interno può spiegare perché la disciplina tenga ferma la regola della nomina assembleare, sia pure cercando di rafforzare l'efficacia dell'azione del collegio sindacale.

A fronte di tale regola di nomina, il rafforzamento dell'effettività delle funzioni dei sindaci si gioca allora, anzitutto, sul fronte del **principio di indipendenza** dei componenti il collegio.

Trattasi di un principio che trova ricadute, sia sul piano dei *requisiti di eleggibilità* alla carica, sia sul piano dell'eventuale *rimozione dalla carica* stessa.

a) Quanto ai primi, l'art. 2399 fissa ipotesi che fanno presumere *iuris et de iure* la carenza del requisito di indipendenza, con conseguente nullità (per illiceità dell'oggetto) della delibera di nomina, o, in caso di loro sopravvenienza, di decadenza *ope legis* dalle funzioni.

Sono **cause legali di ineleggibilità** e decadenza, non derogabili dagli statuti:

i) anzitutto, quelle previste per gli amministratori (incapacità legale, liquidazione giudiziale, pene accessorie);

ii) il coniugio, la parentela o l'affinità entro il quarto grado con amministratori della società o di altre società del gruppo;

iii) i rapporti di lavoro (subordinato o autonomo) di carattere continuativo (anche in senso sostanziale) con la società o con altre società del gruppo;

iv) gli "altri rapporti di natura patrimoniale che ne compromettano l'indipendenza": vengono qui in rilievo rapporti di carattere non continuativo, idonei a compromettere l'indipendenza del sindaco (ad es., un'importante, anche se occasionale, consulenza, in considerazione specialmente del confronto fra i compensi di sindaco e quelli derivanti dalla consulenza).

b) Altra regola a salvaguardia dell'indipendenza del sindaco è quella sull'**invariabilità dei compensi**: essi devono essere fissati contestualmente alla nomina da parte dell'assemblea, in misura equa nel *quantum*, e a scadenza periodica annuale, senza che possano essere modificati nel corso del mandato (art. 2402), proprio per evitare incentivi alla collusione. E il diritto al compenso si ritiene irrinunciabile.

c) Parimenti a salvaguardia dell'indipendenza del sindaco, è la regola indisponibile che vuole il sindaco soggetto a **revoca** soltanto ***per giusta causa*** con deliberazione dell'assemblea ordinaria, la quale, per avere efficacia, deve poi essere ***approvata con decreto del Tribunale*** (art. 2400, co. 2).

La deliberazione di revoca deve essere *motivata* in ordine alla giusta causa, la quale può consistere sia in un *inadempimento* ai doveri d'ufficio (di non scarsa importanza, *ex* art. 1455), sia in un *giustificato motivo oggettivo* legato, vuoi al deterioramento dei rapporti fra sindaco e società (ad es., controversia giudiziaria), vuoi a vicende personali del sindaco che ne screditino il ruolo, facendone venir meno l'affidabilità (ad es., eccessivo numero di incarichi in altre società, specie se concorrenti); giusta causa da valutarsi sempre e comunque da parte del Tribunale, per evitare abusi, a salvaguardia del principio di indipendenza dei sindaci.

4. *Il collegio sindacale: funzionamento e poteri*

L'organo sindacale è pienamente **collegiale**. Le proprie deliberazioni contemplano dunque le fasi basilari di un collegio (convocazione con indicazione dell'o.d.g., riunione, discussione, votazione, proclamazione, verbalizzazione). Deve riunirsi almeno ogni 90 giorni, salvo che la diligenza professionale imponga riunioni più ravvicinate.

Non si tratta di un collegio c.d. perfetto (che funzionerebbe solo con la presenza di tutti i suoi componenti): il collegio sindacale è infatti regolarmente costituito con la maggioranza dei sindaci (*quorum costitutivo*) e delibera a maggioranza assoluta dei presenti (*quorum deliberativo*).

Nell'esercizio delle proprie funzioni, l'attività dei sindaci si articola fondamentalmente in tre fasi: *istruttoria*, *valutativa* e, infine, *reattiva*.

In ciascuna di queste fasi, i poteri dell'organo sono ora *individuali*, attribuiti quindi disgiuntamente a ciascun sindaco, ora *collegiali*, e dunque esercitabili soltanto in forma collegiale (e senza possibilità di deleghe interne). Tutti questi poteri sono da intendere come *poteri-doveri*, il cui mancato esercizio dà luogo, come si vedrà, a responsabilità dei sindaci: infatti essi (come pure gli amministratori) non sono investiti di poteri nell'interesse proprio, ma di una funzione da assolvere nell'interesse della società.

a) Così, nella **fase** c.d. **istruttoria**, i sindaci godono di ***poteri ispettivi individuali*** (art. 2403-*bis*, co. 1: esame dei documenti sociali, ispezione degli stabilimenti, interrogazione dei dipendenti), laddove la ***richiesta di informazioni*** agli amministratori è di competenza del collegio (co. 2); nelle società quotate, però, i sindaci hanno anche poteri di informazione individuali (art. 151, co. 1, TUF). Gli amministratori sono tenuti a fornire le informazioni richieste, a pena di integrazione anche del reato di "impedito controllo" (art. 2625).

I sindaci possono avvalersi, per le attività ispettive, a proprie spese, di propri **collaboratori** (indipendenti *ex* art. 2399), o nelle quotate anche di dipendenti della società (art. 151, co. 2, TUF), ma gli amministratori possono rifiutarsi di fornire informazioni a tali ultimi soggetti, se riservate. Per i sindaci non vi sono invece limiti di riservatezza per l'accesso personale ad informazioni aziendali, salvo che per i segreti industriali (art. 623 c.p.).

La fase istruttoria può arricchirsi, oltre che con il potere-dovere di *scambiare informazioni* con il revisore legale (art. 2409-*septies*), con l'esercizio del potere-dovere di collaborazione con organi di controllo delle società controllate (art. 2403-*bis*, co. 2). Di tal che, nell'ambito della circolazione delle informazioni infra-gruppo, il collegio sindacale di una società-*holding* dovrà tener conto dell'andamento complessivo del gruppo, e i sindaci della controllata potranno chiedere informazioni agli amministratori della controllante.

Di tutti gli accertamenti eseguiti, collegialmente o individualmente, deve restar traccia nel *libro delle adunanze del collegio sindacale* (art. 2403-*bis*, co. 3), che così non conterrà soltanto i relativi verbali delle riunioni.

b) La **fase valutativa** deve essere esercitata collegialmente. Al sindaco dissenziente rimane la possibilità di far uso di strumenti residuali di reazione (v. subito *infra*), che rimangono nella sua disponibilità individuale.

c) La **fase reattiva**, infine, può concretarsi in diverse iniziative, secondo una graduazione di situazioni.

i) Per quanto riguarda i poteri da esercitarsi collegialmente, i sindaci possono e devono anzitutto direttamente ***convocare l'assemblea*** in caso di *omissione o ingiustificato ritardo degli amministratori* nella convocazione obbligatoria dell'assemblea (art. 2406, co. 1).

Il collegio sindacale – dandone previo avviso al presidente del c.d.a. – convocherà pure l'assemblea per l'adozione di provvedimenti urgenti, in caso di "*fatti censurabili di rilevante gravità*", commessi dagli amministratori o rilevati all'interno di uffici della società in violazione dei rispettivi doveri, purché tali fatti non attengano al merito delle scelte di gestione (sottratto, come si è detto, al potere di controllo dei sindaci).

In caso di "*gravi irregolarità nella gestione*", i sindaci potranno poi presentare ***de-***

nuncia al Tribunale per il procedimento *ex* art. 2409 (*infra*, § 55), e nelle quotate alla Consob (art. 149, co. 3, TUF).

Il collegio sindacale è anche legittimato ad ***impugnare le deliberazioni assembleari*** (art. 2377, co. 2) ***o consiliari*** illegittime (art. 2388, co. 4), là dove ritenga nell'interesse sociale che tali deliberazioni siano da eliminare. Ha, inoltre, il potere-dovere di ***promuovere l'esercizio dell'azione sociale di responsabilità*** nei confronti degli amministratori, con la maggioranza dei due terzi dei componenti (art. 2393, co. 1); e, infine, di ricorrere al tribunale per l'***apertura della liquidazione giudiziale*** della società (art. 37, co. 2, c.ins.).

ii) Al singolo sindaco è dato comunque di reagire *individualmente* rispetto ad accertate irregolarità: vuoi formulando rilievi in collegio, vuoi intervenendo se del caso nella discussione in assemblea o in c.d.a., vuoi, ma solo nelle quotate, convocando il c.d.a. o il comitato esecutivo (o l'assemblea, se la convocazione è congiunta da parte almeno di due sindaci), o persino denunziando al P.M. gravi irregolarità rilevanti ai sensi dell'art. 2409, ancorché il collegio abbia deliberato di desistere.

iii) L'intervento dei sindaci può essere poi ***sollecitato dagli azionisti***, tramite apposita **denuncia**.

Ad ogni socio è dato, infatti, di compulsare il collegio sindacale ad indagare su *fatti censurabili*, che il collegio invero avrebbe dovuto già rilevare nell'esercizio delle funzioni di controllo (c.d. *denuncia semplice*). In tal caso, il collegio stesso dovrà tener conto di tale denuncia nella relazione annuale all'assemblea (art. 2408, co. 1).

Se la denunzia proviene però da una *minoranza qualificata* (1/20 del capitale sociale, o 1/50 nelle quotate), il collegio sindacale, dopo aver indagato senza ritardo, dovrà riferirne alla prima assemblea utile.

In ogni caso, e a prescindere che la denunzia sia semplice o qualificata, i sindaci dovranno sollecitamente convocare l'assemblea là dove, a seguito della relativa indagine, ravvisino *fatti censurabili di rilevante gravità* e vi sia urgenza di provvedere (art. 2408 cpv., che richiama l'art. 2406 cpv.).

iv) L'intervento dei sindaci potrebbe anche scaturire da ***segnalazioni di allerta esterna***, in ordine a situazioni di crisi o di condotte degli amministratori che siano in grado di comprometterne il risanamento: ad es., quella indirizzata al presidente del collegio sindacale e proveniente da creditori pubblici (quali INPS, Agenzia delle entrate, ecc.) circa la qualificata esposizione debitoria della società nei loro confronti (art. 25-*novies* c.ins.); o la comunicazione dell'esperto nominato nella fase della composizione negoziale della crisi, in ordine al compimento di atti gestori pregiudizievoli per le trattative stesse e le prospettive di risanamento (art. 21, co. 3 e 5, c.ins).

5. *La responsabilità dei sindaci*

I sindaci devono adempiere ai propri doveri con lo *standard* proprio della **diligenza professionale**, che implica un certo grado di perizia. Un punto di riferimento, sia pure presuntivo, dello standard di comportamento da loro dovuto si ritrova nei *Principi di comportamento* redatti dal Consiglio nazionale dei dottori commercialisti.

a) I sindaci sono, anzitutto, ***solidalmente responsabili con gli amministratori*** colpevoli di *mala gestio*, se il danno non si sarebbe prodotto se avessero vigilato in conformità dei propri doveri (art. 2407, co. 2).

All'azione di responsabilità nei confronti dei sindaci si applica, in quanto compatibile, la disciplina sull'azione contro gli amministratori (art. 2407, co. 3).

Si tratta, va osservato, di una *responsabilità per fatto proprio*, di tal che il sindaco non risponde automaticamente in caso di accertata responsabilità degli amministratori, ma soltanto là dove gli si possa imputare la violazione degli obblighi di vigilanza propri della carica; segnatamente, per omesso esercizio dei poteri reattivi: mancata impugnativa di deliberazioni illegittime; mancata convocazione dell'assemblea, nell'inerzia degli amministratori; difetto di denuncia al tribunale delle gravi irregolarità *ex* art. 2409; mancata attivazione tempestiva dello strumento di allerta agli amministratori sulla possibilità di avvio della fase di composizione negoziale della crisi e omessa vigilanza sull'andamento delle relative trattative; mancata iniziativa per l'apertura della liquidazione giudiziale (art 37, co. 2, c.ins.). Naturalmente, occorrerà sempre che si dia prova del ***nesso di causalità*** fra il comportamento, commissivo od omissivo del sindaco, in violazione dei suoi doveri, e la produzione dell'evento dannoso a seguito del comportamento di *mala gestio* degli amministratori.

b) Potranno però aversi anche casi in cui il danno è determinato *esclusivamente dal comportamento dei sindaci*, che ne saranno allora essi soli responsabili: è il caso della **violazione di segreti**, con danno della società, o di **false attestazioni** date agli azionisti o al pubblico, causa di danno per singoli soci o terzi (i quali, ove direttamente danneggiati dal comportamento dei sindaci, potranno allora promuovere un'azione individuale contro di essi, come conferma l'art. 2407, ult. co., che rinvia espressamente pure all'art. 2395).

Anche la responsabilità dei sindaci è soggetta a **prescrizione** quinquennale, al pari di quella degli amministratori.

II. *La revisione legale dei conti*

1. *La funzione di controllo contabile e il giudizio sul bilancio*

Secondo un percorso evolutivo dell'ordinamento, dapprima sperimentato nelle sole società quotate e poi esteso a tutte le s.p.a., la funzione di controllo contabile, un tempo prerogativa del collegio sindacale, è stata sottratta a quest'ultimo e fondamentalmente attribuita a un revisore esterno (con la sola eccezione della riattribuzione statutaria ai sindaci, nei casi consentiti e sopra ricordati).

La materia trova da ultimo la propria regolamentazione nel d.lgs. 39/2010, in attuazione della direttiva 2006/43/CE, quale testo unico delle norme sulla revisione legale dei conti nelle società azionarie, prima sparse tra TUF e codice civile. Il decreto, in particolare, istituisce un *Registro dei revisori legali* in cui sono iscritti, sotto la vigilanza del Ministero dell'economia, i soggetti (revisori legali e società di revisione legale) ***abilitati alla revisione legale dei conti*** (art. 2).

Un corpo di regole speciali sulla revisione è stato tuttavia introdotto dal medesimo d.lgs. 39/2010 per i c.d. **enti di interesse pubblico** (**EIP**), che si identificano nelle società emittenti azioni o strumenti finanziari *quotati* o *diffusi* in maniera rilevante, oltre che in alcune società a regime speciale (quali società bancarie, assicurative, del settore del mercato mobiliare, e intermediari finanziari: art. 16 d.lgs. 39/2010).

La **funzione di controllo contabile**, esercitata dal revisore, ha come contenuto tipico, anzitutto, il compito di verificare "*la regolare tenuta della contabilità sociale e la corretta rilevazione nelle scritture contabili dei fatti di gestione*" (art. 14 d.lgs. 39/2010). Oggetto ultimo della revisione sono, quindi, gli eventi di gestione, e la relativa contabilizzazione.

Dei risultati di tali controlli occorre, poi, che siano messi a parte i soggetti interessati con apposita relazione. All'uopo, ulteriore compito del revisore è il **giudizio sul bilancio di esercizio**, e, ove presente, sul bilancio consolidato. Naturalmente, il revisore non deve "garantire" che il bilancio sia vero, avendo piuttosto l'obbligo di "ricercare" il vero, ovvero l'esistenza di possibili frodi contabili, secondo metodi, anche a campione, dotati di razionalità aziendale.

Il revisore deve quindi formulare un giudizio, che presenta una tipologia quadripartita a seconda dell'esito: positivo, positivo con rilievi, negativo, o con impossibilità di emettere un giudizio.

Se il giudizio è ***positivo***, il revisore attesta non solo la conformità del bilancio alle norme che ne disciplinano la redazione, ma anche se il bilancio rappresenta in modo veritiero e corretto sia la situazione patrimoniale e finanziaria della società, sia il risultato economico di esercizio.

Se il giudizio è positivo, ma ***con rilievi***, oppure ***negativo***, oppure ancora con la dichiarazione di ***impossibilità*** di renderlo, il revisore dovrà analiticamente illustrarne i motivi: in ogni caso, non varrà la regola di legittimazione speciale all'impugnativa della delibera che approva il bilancio di esercizio, che si applica soltanto in caso di giudizio senza rilievi (art. 2434-*bis*, co. 2).

Il controllo contabile deve esercitarsi "nel corso dell'esercizio" (art. 14, co. 1, lett. *b*, d.lgs. 39/2010) e dunque ***con continuità***, e non solo a ridosso del giudizio da esprimersi sul bilancio.

Al fine di ottimizzare i controlli, sia il revisore sia il collegio sindacale hanno obblighi di *tempestiva, reciproca informazione* in ordine ad informazioni rilevanti per lo svolgimento delle relative funzioni (art. 2409-*septies*; art. 150, co. 3, TUF). Di tal che il revisore dovrà segnalare al collegio sindacale eventuali fatti censurabili (nelle società quotate, v., espressamente, art. 155, co. 2, TUF), stante la già ricordata intestazione di compiti di supervisione sui sistemi di controllo interno, e dunque anche sulla regolarità contabile, in capo al collegio sindacale, quale organo di vertice dei controlli.

2. *Disciplina e responsabilità del revisore*

La vigente disciplina sulla revisione legale dei conti mira a rimuovere le principali criticità alla creazione di un mercato efficiente dei revisori, puntando su regole che dovrebbero accentuarne l'*indipendenza.*

a) Così, in punto di **nomina** del revisore, si tenta di non lasciare al gruppo di maggioranza completa autonomia sulla scelta: la nomina da parte dell'assemblea è *su* ***proposta*** *motivata dell'organo di controllo*; di tal che l'assemblea rimarrà libera di non nominare il soggetto designato dall'organo di controllo, ma non di procedere alla nomina di un revisore diverso da quello proposto (art. 13 d.lgs. 39/2010).

In punto di **durata** dell'incarico, la regola di base fissa 3 esercizi. In caso di EIP, la durata è più lunga, potendo essere fissata per 7 o 9 esercizi. Sempre solo negli EIP è previsto un regime di *rotazione degli incarichi*, con un periodo necessario di "raffreddamento" fra un incarico e l'altro, a garanzia di ulteriore "distanza" del revisore dalla società revisionata: l'incarico non può essere infatti rinnovato o nuovamente conferito se non siano decorsi almeno tre esercizi dalla data di cessazione del precedente incarico (art. 17).

Anche sotto il profilo del **corrispettivo**, quale profilo sensibile per l'indipendenza del revisore, sono fissate regole imperative: esso deve essere adeguato all'incarico (art. 10, co. 10), va previsto in sede di nomina, *non è variabile*, salvo che siano previamente indicati criteri per l'adeguamento durante l'incarico. Fermo sempre il divieto per il revisore, come per ogni soggetto allo stesso legato, di sollecitare o accettare regali o favori di qualsivoglia natura dalla società revisionata o da ente ad essa legata (art. 10, co. 10).

b) La **revoca** del revisore può essere deliberata dall'assemblea solo ***per giusta causa***, ed è soggetta comunque a *parere dell'organo di controllo* (e non già all'approvazione del Tribunale, come per la revoca dei sindaci: art. 13, co. 3).

Un potere di **revoca d'ufficio** rimane in capo al Ministero dell'economia, e per gli EIP alla Consob, che possono revocare uno o più incarichi di revisione, nell'ambito dei poteri sanzionatori generali in caso di accertate irregolarità, e che possono consistere dal divieto temporaneo di assunzione di incarichi sino alla cancellazione dal Registro dei revisori legali (artt. 24 e 27).

c) Quasi a mo' di chiusura delle regole volte a rafforzare l'**indipendenza** del revisore, l'art. 10 d.lgs. 39/2010 introduce, infine, una clausola generale sull'indipendenza del revisore, il quale non deve essere coinvolto in alcun modo (al pari di qualsiasi persona fisica in grado di influenzare direttamente o indirettamente l'esito della revisione) nei processi decisionali della società revisionata (c.d. *obiettività del revisore*). E, segnatamente, il revisore non deve detenere strumenti finanziari emessi e/o garantiti dalla società revisionata, né intrattenere rapporti lavorativi o rivestire cariche sociali negli organi della stessa, che potrebbero essere percepiti come causa di un conflitto di interessi (co. 5).

Il legislatore punta più in generale, peraltro, sull'***autoresponsabilità*** del revisore stesso, il quale deve adottare tutte le misure atte ad ovviare ai fattori (e a tempestivamente rilevarne l'esistenza) che possano minarne l'indipendenza, e comunque a non effettuare la revisione legale ove ricorrano circostanze per le quali razionalmente l'indipendenza possa apparire compromessa: e, segnatamente, là dove "un terzo informato, obiettivo e ragionevole, tenendo conto delle misure adottate, trarrebbe la conclusione che l'indipendenza del revisore legale o della società di revisione legale risulti compromessa" (co. 2).

Anche ai soci e all'organo amministrativo della società revisionata è posto un divieto di ingerenza nell'espletamento della revisione legale, a salvaguardia ancora una volta dell'indipendenza e obiettività della revisione. Il legislatore, tuttavia, non richiama qui la disciplina delle cause di ineleggibilità e decadenza dei sindaci, rinviando piuttosto all'autodisciplina dettata dalle associazioni professionali, con approvazione ministeriale o della Consob, ovvero di emanazione diretta ministeriale. Con una possibile allora (e discutibile) divaricazione della disciplina tra sindaco e revisore.

Soltanto per gli EIP si tende ad evitare che, per via di servizi diversi dalla revisione, resi dallo stesso revisore o da società appartenenti al medesimo gruppo o alla stessa "rete" di imprese cui appartiene il revisore, la sua indipendenza possa essere compromessa dalla minaccia di non avvalersi più di tali servizi da parte della società revisionata. Al riguardo, l'art. 17, co. 3, definisce i servizi diversi dalla revisione che rimangono proibiti al revisore legale, consentendo comunque alla Consob di individuarne di ulteriori. Una *relazione di trasparenza* (da pubblicarsi su sito internet del revisore) è poi imposta anche in ordine ai ricavi discendenti da servizi consentiti diversi dalla revisione contabile prestati a enti oggetto di revisione, e la nota integrativa al bilancio deve comunque specificare quali importi siano corrisposti al revisore per servizi diversi dalla revisione legale (art. 2427, co. 1, n. 16-*bis*).

Ad ulteriore rafforzamento dell'indipendenza del revisore degli EIP è poi posto il c.d. *divieto della porta girevole*, di tal che, prima che siano trascorsi due anni, al responsabile della revisione e a chi ha preso parte alla revisione con funzioni di direzione e di supervisione è precluso l'"ingresso", con l'assunzione di cariche sociali o funzioni dirigenziali, nel gruppo della società revisionata (art. 17, co. 5); come pure ai componenti, cessati da meno di due anni, degli organi della società revisionata (amministratori, controllori, direttore generale, dirigente preposto) è posto il divieto di esercitare poi la revisione legale della società medesima o di società controllate o che la controllano (art. 17, co. 6). Divieto, questo, esteso da ultimo pure alle società che non siano EIP, per la durata di un anno (art. 10, co. 7).

Il legislatore precisa, poi, che il revisore – il quale deve rispettare i principi di deontologia professionale elaborati da associazioni e ordini professionali, congiuntamente al Ministero dell'Economia e alla Consob – deve pure esercitare nel corso dell'intera revisione il c.d. *scetticismo professionale*, ossia "un atteggiamento caratterizzato da un approccio dubitativo, dal costante monitoraggio delle condizioni che potrebbero indicare una potenziale inesattezza dovuta a errore o frode, nonché da una valutazione critica della documentazione inerente alla revisione" (art. 9).

Per espletare le funzioni di controllo contabile, il revisore esterno gode di **poteri informativi**, avendo il diritto ad ottenere dagli amministratori *documenti e notizie utili* all'attività di revisione legale, ma anche **ispettivi**, potendo procedere ad accertamenti, controlli ed esame di atti e documentazione (art. 14, co. 6). L'attività del revisore deve essere **documentata**, ed è al riguardo previsto l'obbligo di conservazione decennale di documenti e carte di lavoro relativamente all'attività svolta (ovviamente, utile in caso di promovimento dell'azione di responsabilità).

La **responsabilità** del revisore è ***solidale con gli amministratori*** verso la società, i soci e i terzi per i danni cagionati in violazione dei propri doveri, secondo criteri di *diligenza professionale* (art. 1176, co. 2); tali criteri devono uniformarsi agli *standard* per come fissati dai principi di revisione elaborati da associazioni e ordini professionali e dalla Consob. Nel caso in cui revisore legale sia una società di revisione, responsabili in solido sono pure il *responsabile della revisione* (ossia la persona che sottoscrive il giudizio sul bilancio) e i *dipendenti* che hanno collaborato all'attività di revisione (art. 15, co. 2).

Diversamente però dalla più severa disciplina applicabile ai sindaci, il regime di **prescrizione**, per tutte le azioni di responsabilità contro il revisore, è fissato nel termine di *cinque anni* a decorrere dalla data della relazione di revisione che rilevi nell'invocata responsabilità del revisore, e non già dal momento della cessazione dell'incarico.

III. *L'organismo di vigilanza (d.lgs. 231/2001)*

In base alla disciplina sulla c.d. **responsabilità amministrativa degli enti collettivi privati** (d.lgs. 231/2001), anche le società per azioni sono onerate, da un lato, a predisporre ed attuare un modello organizzativo idoneo a prevenire il compimento di reati (c.d. reati presupposto); e dall'altro ad istituire un **organismo di vigilanza** (OdV) col compito di verificare il corretto funzionamento e l'osservanza di quel modello organizzativo, e di curarne l'aggiornamento.

La società che non abbia allora adottato ed efficacemente attuato un idoneo modello, o che non abbia configurato un funzionante OdV, sarà senz'altro soggetta alle sanzioni previste dalla legge a suo carico in caso di compimento di reati da parte dei propri soggetti c.d. apicali, ossia di preposti alle funzioni amministrative e di controllo sulla società stessa, o da parte di dipendenti.

È pertanto indubbio che la mancata adozione ed attuazione di idoneo modello di prevenzione di reati e/o il difetto di adeguata istituzione dell'OdV esporranno gli amministratori (ed eventualmente i componenti degli organi di controllo, per omessa vigilanza) a responsabilità verso la società, ma anche verso i creditori sociali, per violazione di un obbligo specifico di diligenza, in ragione del pregiudizio legato all'applicazione alla società delle sanzioni amministrative da reato che ne dovessero derivare.

§ 54. I SISTEMI ALTERNATIVI DI AMMINISTRAZIONE E CONTROLLO: IL SISTEMA DUALISTICO E IL SISTEMA MONISTICO

SOMMARIO: I. *Il sistema dualistico*. – 1. Il consiglio di sorveglianza: composizione. – 2. Le funzioni del consiglio di sorveglianza. Il ruolo dell'assemblea. – 3. Le modalità di funzionamento del consiglio di sorveglianza. – 4. Il consiglio di gestione. – II. *Il sistema monistico*. – 1. Il comitato per il controllo sulla gestione: composizione. – 2. Le funzioni del comitato.

L'attuale disciplina, come si era detto, prevede la possibilità di adottare, in luogo del sistema tradizionale di amministrazione e controllo, basato sulla compresenza dell'organo amministrativo e del collegio sindacale, due altri sistemi: il *sistema dualistico* e quello *monistico*. Gli obiettivi dichiarati del legislatore sono quelli di favorire gli investimenti in Italia da parte di imprese straniere, abituate a sistemi organizzativi diversi da quello previsto nel codice civile, e quello di offrire alle società una sufficiente varietà di modelli, atti a soddisfare le più differenti esigenze.

Il **sistema dualistico**, di derivazione tedesca, prevede la presenza di un ***consiglio di gestione***, le cui caratteristiche e competenze sono assimilabili a quelle del consiglio di amministrazione, e di un ***consiglio di sorveglianza***, che assomma le principali competenze del collegio sindacale alle principali competenze tradizionalmente attribuite all'assemblea ordinaria, con la conseguenza di creare un organo intermedio fra l'assemblea dei soci e l'organo di amministrazione, che diviene il vero e proprio fulcro dell'organizzazione societaria.

Il **sistema monistico**, di derivazione anglosassone, si caratterizza invece per la presenza, all'interno dell'***organo amministrativo***, di un ***comitato di controllo per la gestione***, composto da *amministratori indipendenti*, al quale sono affidate le principali funzioni assegnate nel sistema ordinario al collegio sindacale.

Tratto comune dei due sistemi è quello per cui la *revisione legale dei conti* è affidata, senza eccezioni, al ***revisore esterno***, non potendo essere assegnata, neanche in caso di espressa previsione statutaria, all'organo di controllo interno (*arg. ex* art. 2409-*bis*, co. 3). Ciò si spiega per varie ragioni, ma soprattutto, nel sistema dualistico, per la concentrazione già rilevante di poteri in capo al consiglio di sorveglianza, per il quale non valgono – come si vedrà – gli stessi requisiti di professionalità e indipendenza del collegio sindacale; e nel sistema monistico, per la ridotta indipendenza del comitato di controllo per la gestione, formato come detto da componenti del consiglio di amministrazione; in entrambi i casi, il legislatore ha pertanto ritenuto indispensabile la nomina di un soggetto esterno e professionalmente qualificato, al quale affidare la funzione di revisione contabile.

L'applicazione dei sistemi alternativi richiede una **apposita scelta statutaria**, in sede di costituzione della società o di successiva modifica: a norma dell'art. 2380, co. 2, "[l]o statuto può adottare per l'amministrazione e per il controllo della società il sistema di cui al paragrafo 5, oppure quello di cui al paragrafo 6"; e "salvo che la delibera disponga altrimenti, la variazione di sistema ha effetto dalla data dell'assemblea convocata per l'approvazione del bilancio relativo all'esercizio successivo".

Può enuclearsi, pertanto, una regola di ***residualità del sistema tradizionale***, che troverà applicazione nel caso in cui lo statuto non formuli alcuna diversa scelta. L'orientamento prevalente ritiene, inoltre, che lo statuto non possa rimettere all'assemblea ordinaria detta scelta, neanche se le varie opzioni siano tutte regolamentate preventivamente dallo statuto medesimo.

Quanto alla **disciplina**, in via generale l'art. 223-*septies* disp. att. prevede innanzitutto *l'applicazione ai consiglieri di sorveglianza e ai componenti del comitato per il controllo della gestione*, se non diversamente disposto, delle *norme del codice civile in materia di sindaci*. Occorre, però, avvertire che l'applicazione della clausola generale di rinvio in questione è preclusa non solo quando sussiste una norma *ad hoc* nella disciplina specifica dei rispettivi sistemi alternativi, ma anche quando risulti che il legislatore ha volontariamente omesso di richiamare una norma dettata per il sistema tradizionale, particolarmente negli articoli che contemplano appositi elenchi di norme richiamate (artt. 2409-*undecies*, 2409-*quaterdecies*, 2409-*novesdecies*).

Più agevole è *l'applicazione al consiglio di gestione del dualistico, ed al consiglio di amministrazione del monistico*, della *disciplina in materia di amministratori prevista per il sistema tradizionale*, stante la maggiore omogeneità della disciplina relativa all'organo amministrativo nei tre sistemi ed il rinvio previsto dall'art. 2380, co. 3, a norma del quale, "salvo che sia diversamente stabilito, le disposizioni che fanno riferimento agli amministratori si applicano a secondo dei casi al consiglio di amministrazione o al consiglio di gestione".

I sistemi alternativi, nonostante sia oramai trascorso più di un quindicennio dalla loro introduzione del nostro ordinamento, hanno avuto una diffusione assolutamente marginale, essendo stati adottati in casi e sulla base di esigenze del tutto particolari (che emergeranno dall'analisi della relativa disciplina), forse anche in ragione delle incertezze interpretative su svariati profili e per il conseguente timore degli ambienti imprenditoriali ad adottare modelli organizzativi poco sperimentati.

I. *Il sistema dualistico*

1. *Il consiglio di sorveglianza: composizione*

Il sistema dualistico è caratterizzato da una *maggiore separazione fra proprietà e gestione*, rispetto al sistema tradizionale: l'assemblea dei soci non provvede alla nomina degli amministratori, ma alla nomina di un organo intermedio, e cioè il **consiglio di sorveglianza**, al quale è affidato non solo il ***controllo di legalità*** sulla gestione, tipico del collegio sindacale, ma anche il ***complessivo rapporto con l'organo di gestione***, che si traduce nelle competenze in merito alla nomina ed alla determinazione del compenso degli amministratori, alla loro eventuale revoca anticipata ed all'approvazione annuale del bilancio.

Rispetto al sistema tradizionale, si determina pertanto un accentramento di potere decisionale in mano al gruppo di controllo, atteso che, in mancanza di clausole contrarie, nelle società (non quotate) il consiglio di sorveglianza è espressione della sola maggioranza (non sussiste peraltro incompatibilità tra la qualifica di consigliere di sorveglianza e quella di socio), con la conseguenza che la minoranza perde la possibilità di interloquire rispetto a decisioni di fondamentale importanza. In cambio, il sistema dualistico dovrebbe teoricamente assicurare una maggiore efficacia dei controlli sull'efficacia della gestione, visto lo stretto rapporto che si dovrebbe instaurare tra il consiglio di sorveglianza ed il comitato di gestione.

Nella prassi, il sistema dualistico è stato fin qui adottato in casi abbastanza rari ed in ragione di circostanze particolare: ad es., nell'ambito di società in mano pubblica, al fine di assicurare un maggior controllo degli amministratori ed un maggior coinvolgimento nella gestione da parte dei soci, tramite la loro rappresentanza nel consiglio di sorveglianza; oppure nell'ambito di talune fusioni, al fine di assicurare un ruolo nella società risultante dalla fusione alle varie componenti societarie e manageriali rappresentate nei precedenti organi gestionali. In ogni caso, la maggiore complessità della struttura organizzativa dovrebbe determinare una naturale destinazione di tale modello all'impresa di rilevanti dimensioni e nella quale convivano svariate componenti interne.

Il consiglio di sorveglianza è un **organo necessariamente collegiale**, composto almeno da tre soggetti (o dal maggior numero di soggetti indicato nello statuto, non operando il limite massimo dei cinque membri previsto per il collegio sindacale dall'art. 2397), che possono essere *soci o non soci* (art. 2409-*duodecies*). Alla **nomina** dei primi componenti provvede l'atto costitutivo, mentre i successivi sono nominati dall'assemblea ordinaria. Nelle *società quotate* trovano applicazione norme simili a quelle previste per il collegio sindacale, e pertanto è *obbligatoria la nomina di un componente da parte della minoranza*, mediante il sistema del voto per lista (art. 148, co. 4-*bis*, TUF); tale componente non deve tuttavia necessariamente assumere il ruolo di presidente.

I **requisiti di professionalità** nelle società non quotate sono inferiori rispetto a quelli previsti per il collegio sindacale, essendo previsto che essi debbano ricorrere per uno solo dei componenti (e non necessariamente per il presidente), il quale deve risultare iscritto nel registro dei revisori legali. Nelle società quotate, invece, tutti i consiglieri, a pena di decadenza, devono essere in possesso dei requisiti di professionalità e onorabilità fissati con regolamento del Ministro della giustizia, ai sensi dell'art. 148, co. 4, TUF (d.m. 162/2000).

Meno stringenti sono anche i **requisiti di indipendenza** (art. 2409-*duodecies*, co. 10, lett. *b*, *c*). Nelle società non quotate è vietato solamente: il cumulo (ma non la parentela) con la carica di consigliere di gestione della società (ma non di quelle controllanti o controllate); la sussistenza – con la società, con le controllate e con quelle sottoposte a comune controllo – di rapporti di lavoro o di rapporti continuativi di consulenza e prestazione d'opera, che ne compromettano l'indipendenza (e non invece, la sussistenza di altri rapporti patrimoniali potenzialmente lesivi). Nelle società quotate i requisiti sono invece assimilati a quelli previsti per il collegio sindacale, dall'art. 148, co. 3, TUF.

I consiglieri di sorveglianza hanno diritto ad un **compenso**, la cui determinazione spetta all'assemblea ordinaria. Il compenso non può essere variato in corso di mandato, né in aumento, né in diminuzione, al fine di assicurare l'indipendenza dell'organo di controllo.

Con riferimento alle cause di **cessazione**, identica è la disciplina della durata, pari a tre esercizi (art. 2409-*duodecies*, co. 3). Diversa, invece, è la disciplina della **revoca**, che assicura minore indipendenza rispetto al collegio sindacale, dato che i consiglieri di sorveglianza sono liberamente revocabili, anche in assenza di giusta causa (e pertanto anche senza controllo preventivo del tribunale, come previsto invece per i sindaci dall'art. 2400, co. 2, e salvo il diritto al risarcimento del danno: art. 2409-*duodecies*, co. 5), a condizione che la delibera sia approvata con il voto favorevole di almeno un quinto del capitale sociale. In caso di cessazione di singoli consiglieri non è previsto né il ricorso a supplenti (come per i sindaci), né la cooptazione (come per i consiglieri di amministrazione). Alla sostituzione dovrà provvedere pertanto l'assemblea ordinaria (art. 2409-*duodecies*, co. 7).

2. *Le funzioni del consiglio di sorveglianza. Il ruolo dell'assemblea*

Le funzioni del consiglio di sorveglianza possono essere suddivise in ***funzioni di controllo*** in senso stretto, analoghe a quelle spettanti al collegio sindacale, e ***funzioni di indirizzo*** della gestione, assegnate nel modello tradizionale all'assemblea ordinaria.

a) Quanto alle prime, l'art. 2409-*terdecies*, co. 1, lett. *c*, richiama integralmente i **doveri del collegio sindacale**: controllo sul rispetto della legge e dello statuto; controllo sul rispetto dei principi di corretta amministrazione; controllo sulla adeguatezza dell'assetto organizzativo, amministrativo e contabile della società.

Meno incisivi, però, soprattutto nelle società non quotate, sono i **poteri** assegnati dall'ordinamento per l'esercizio delle funzioni tipiche.

Quanto ai ***poteri di ispezione***, la disciplina codicistica prevede il rinvio all'art. 2403, co. 2 e 3, con esclusione del co. 1. Ne consegue che il consiglio di sorveglianza può chiedere notizie sulla gestione agli amministratori e scambiare informazioni con gli organi corrispondenti delle società controllate. Non si applica, invece, il potere individuale di ispezione del singolo componente, al quale è pertanto precluso di procedere ad atti individuali di controllo. Eventuali operazioni di ispezione documentale dovranno pertanto essere deliberate dal collegio, il quale potrà delegare singoli componenti ad effettuare gli accessi materiali presso la società.

Nelle *società quotate* i poteri individuali sono in parte rafforzati (art. 151-*bis* TUF). Infatti, pur limitandosi espressamente il potere di ispezione ad un'apposita deliberazione del consiglio, il potere di richiedere informazioni spetta al singolo consigliere di sorveglianza. È inoltre previsto il potere individuale di chiedere la convocazione senza ritardo del consiglio di sorveglianza.

Con riferimento ai ***poteri di convocazione*** degli altri organi sociali, si applicano al consiglio di sorveglianza gli artt. 2406 (convocazione dell'assemblea in caso di omissione degli amministratori o di fatti censurabili) e 2408 (convocazione a seguito di denunzia da parte dei soci). Nel caso di gravi irregolarità, il consiglio è ***legittimato alla denunzia*** ai sensi dell'art. 2409.

Nelle *società quotate*, l'art. 151-*bis*, co. 3, prevede inoltre – analogamente a quanto dispone l'art. 151, co. 2, per il collegio sindacale – il potere anche individuale del singolo consigliere di sorveglianza di convocare il consiglio di gestione, previa comunicazione al presidente; nonché il potere del consiglio di sorveglianza, collegialmente (o quanto meno su atto deliberato da almeno due membri), di convocare l'assemblea dei soci, anche al di fuori dei casi previsti dal codice civile. Il consiglio riferisce poi all'assemblea sull'attività di vigilanza svolta, sulle eventuali omissioni e fatti censurabili, almeno una volta l'anno (art.2409-*terdecies*, co. 1, lett. *f*).

b) La seconda area di funzioni assegnata al consiglio di sorveglianza attiene alle competenze tradizionalmente rimesse nel sistema tradizionale all'assemblea ordinaria, e riguardanti il complessivo **rapporto con l'organo di gestione**. Il consiglio di sorveglianza, infatti: i) ***nomina e revoca i componenti del consiglio di gestione*** (determinandone il compenso, a meno che lo statuto non rimetta tale competenza all'assemblea); ii) ***approva il bilancio di esercizio*** e, ove redatto, anche il bilancio consolidato (che, nel sistema tradizionale, è invece di competenza del c.d.a.); 3) ***autorizza l'esercizio dell'azione di responsabilità*** contro i consiglieri di gestione (art. 2409-*terdecies*, co. 1).

I poteri del consiglio di sorveglianza possono essere inoltre accresciuti dallo statuto, prevedendo la competenza a deliberare in ordine alle ***operazioni strategiche*** ed ai ***piani industriali e finanziari***, predisposti dal consiglio di gestione (art. 2409-*terdecies*, co. 1, lett. *f-bis*). In tal modo, il consiglio di sorveglianza viene ad assumere un ruolo di preminenza anche nella gestione sociale, potendosi riservare ad esso le decisioni in merito alla c.d. *alta amministrazione dell'impresa*.

Per converso, il ruolo dell'**assemblea ordinaria** – fermo quello dell'assemblea straordinaria – viene significativamente compresso rispetto al sistema tradizionale (art. 2364-*bis*). Infatti, è esclusa ogni competenza deliberativa in materia di nomina e revoca dei consiglieri di gestione; l'approvazione del bilancio spetta, se prevista dallo statuto, nel solo caso di mancata approvazione del progetto di bilancio da parte del consiglio di sorveglianza, dietro apposita richiesta formulata da parte di un terzo dei componenti del consiglio di gestione o di sorveglianza. L'assemblea ordinaria mantiene, invece, la competenza – concorrente con il consiglio di sorveglianza – in ordine all'azione di responsabilità nei confronti degli amministratori (art. 2364, co. 1, n. 4), nonché, in via esclusiva, la competenza in materia di distribuzione degli utili e di nomina del revisore. Ad esse, rispetto al sistema tradizionale, si aggiunge naturalmente la nomina dei consiglieri di sorveglianza e la determinazione del relativo compenso.

3. *Le modalità di funzionamento del consiglio di sorveglianza*

Il codice detta poi alcune **regole organizzative** per il funzionamento del consiglio di sorveglianza.

Il suo *presidente* è *necessariamente eletto dall'assemblea* e non può pertanto essere nominato dal consiglio stesso (art. 2409-*duodecies*, co. 8 e 9). Il consiglio deve riunirsi con *cadenza trimestrale*, come il collegio sindacale (nelle società quotate il consiglio deve riunirsi ogni qual volta un componente lo richieda: art. 151-*bis*, co. 2, TUF). Per la validità della seduta è necessaria la *presenza della maggioranza dei componenti* e le deliberazioni sono assunte a *maggioranza assoluta dei presenti*.

Le deliberazioni del consiglio di sorveglianza sono poi soggette ad un particolare regime di **impugnazione**. Infatti, nonostante talune competenze del consiglio corrispondano a competenze attribuite nel sistema tradizionale all'assemblea, il legislatore ha ritenuto di operare un rinvio generale all'art. 2388 (che disciplina l'impugnazione delle delibere del consiglio di amministrazione), da applicarsi in quanto compatibile (art. 2409-*quaterdecies*, co. 1). Ne consegue che l'unica sanzione ammessa in via generale è l'***annullabilità***, e che le delibere possono essere in linea di massima impugnate solo dai consiglieri di sorveglianza assenti o dissenzienti.

Il regime della **responsabilità** si presenta articolato sulla falsariga di quello previsto per il collegio sindacale. A norma dell'art. 2409-*terdecies*, co. 3, i componenti del consiglio di sorveglianza devono, infatti, adempiere ai propri doveri con la diligenza richiesta dalla natura dell'incarico. E come per i sindaci, è prevista la ***responsabilità per omessa vigilanza*** nei confronti del consiglio di gestione, per i fatti e le omissioni di questi ultimi, quando il danno non si sarebbe prodotto se i consiglieri di sorveglianza avessero correttamente vigilato sulla gestione. Quanto alla disciplina della relativa azione, l'unica disposizione normativa è quella contenuta nell'art. 2364-*bis*, che affida la decisione sulla sua promozione all'assemblea. In assenza di altre disposizioni che regolino la responsabilità dei consiglieri di sorveglianza verso i creditori o i singoli soci ed i terzi, può poi ritenersi comunque applicabile la disciplina prevista per gli amministratori del sistema tradizionale dagli artt. 2394 e 2395.

4. *Il consiglio di gestione*

Diversamente dal sistema tradizionale, nel quale è ammessa la figura dell'amministratore unico, nel sistema dualistico è invece necessaria la ***costituzione di un organo collegiale***, composto almeno da due componenti, anche non soci, al quale spetta *in via esclusiva la gestione dell'impresa*. Tale organo è denominato "**consiglio di gestione**", ma le sue competenze e le sue regole organizzative sono molto simili a quelle del consiglio di amministrazione.

La **nomina** dei primi componenti viene effettuata nell'atto costitutivo, mentre i successivi sono nominati dal *consiglio di sorveglianza*. Il numero dei componenti è determinato dallo statuto, o in maniera fissa, o mediante introduzione di un limite massimo, lasciando in tal caso libero il consiglio di sorveglianza di nominare un numero inferiore di amministratori (art. 2409-*novies*). Il **compenso** è stabilito dal consiglio di sorveglianza, a meno che lo statuto assegni tale competenza all'assemblea ordinaria (art. 2409-*terdecies*, co. 1, lett. *a*).

La **revoca** dei consiglieri di gestione è di esclusiva competenza dello stesso consiglio di sorveglianza. Come nel sistema tradizionale, la revoca può avvenire anche in assenza di giusta causa, salvo in tal caso il risarcimento dei danni (art. 2409-*novies*, co. 4). Anche le regole in materia di **durata** dell'incarico sono simili, essendo prevista la durata triennale (art. 2409-*novies*, co. 4). In caso di **cessazione anticipata** di un consigliere, non è previsto il ricorso alla cooptazione (art. 2386, co. 1) e la sostituzione deve pertanto essere deliberata senza indugio dal consiglio di sorveglianza (art. 2409-*novies*, co. 6).

Quanto all'esercizio delle funzioni, l'art. 2409-*novies*, co. 1, prevede che il consiglio di gestione possa **delegare** proprie attribuzioni ad uno o più dei suoi componenti, con conseguente applicazione della relativa disciplina; non si richiama invece la figura del comitato esecutivo, il che può ricondursi ad un disegno volto ad evitare la formazione di un quarto livello decisionale di natura collegiale.

La disciplina relativa al **funzionamento del consiglio di gestione** (convocazione, deliberazioni, interessi personali, impugnazione delle deliberazioni) è regolata in modo pressoché integrale per rinvio alla disciplina del consiglio di amministrazione (art. 2409-*undecies*, co. 1).

L'**azione sociale di responsabilità** contro i consiglieri può essere promossa a seguito di *delibera dell'assemblea ordinaria* ai sensi dell'art. 2393 o *su iniziativa della* *minoranza* ai sensi dell'art. 2393-*bis*, come nel sistema tradizionale, ma anche a seguito di *delibera del consiglio di sorveglianza*. In tal caso, con norma simile all'art. 2393, co. 5, si prevede che se il consiglio di sorveglianza delibera l'esercizio dell'azione con una maggioranza pari almeno ai due terzi dei componenti, gli amministratori oggetto della delibera cessano dall'incarico per ***revoca automatica*** e il consiglio di sorveglianza provvede contestualmente alla sostituzione (art. 2409-*decies*, co. 2).

II. *Il sistema monistico*

Il sistema monistico è caratterizzato dalla presenza di un **comitato per il controllo sulla gestione**, costituito *all'interno del consiglio di amministrazione*, in sostituzione della figura del collegio sindacale e con competenze assimilabili a quelle di quest'ultimo. Tale sistema presenta minori garanzie di indipendenza della funzione di controllo, dato che i componenti del comitato sono nominati (ed eventualmente revocati) dallo stesso c.d.a. di cui fanno parte.

La caratteristica del sistema è proprio quella di coinvolgere i soggetti istituzionalmente deputati alla funzione di controllo nelle decisioni gestionali (i componenti del comitato sono a tutti gli effetti amministratori e votano in seno al c.d.a. al pari di ogni altro consigliere) e di pervenire in tal modo ad un esercizio più consapevole del compito precipuo loro assegnato, assicurando al contempo una struttura organizzativa più semplificata rispetto al sistema tradizionale, vista la conseguente riduzione del numero di organi sociali (donde anche la denominazione di sistema "monistico"): in definitiva, minore indipendenza (almeno sul piano formale), controbilanciata da una maggiore responsabilizzazione. Anche il sistema monistico ha tuttavia conosciuto una scarsa diffusione, probabilmente in quanto, pur essendo potenzialmente adatto per le società di piccole dimensioni per il "vantaggio" derivante dall'eliminazione del tradizionale organo autonomo di puro controllo, determina una rilevante complicazione nella struttura dell'organo amministrativo, che nel modello tradizionale delle s.p.a. può essere invece rappresentato da un amministratore unico: come si vedrà, infatti, il modello adottato in Italia non contempla la versione monistica "semplice", in cui sono presenti solamente l'organo amministrativo ed il revisore contabile, ma impone la nomina di amministratori indipendenti e l'adozione di un sistema di controllo interno a livello aziendale.

1. *Il comitato per il controllo sulla gestione: composizione*

Al fine di pervenire alla nomina regolare del comitato, è previsto che *almeno un terzo dei componenti del consiglio di amministrazione* debba risultare in possesso dei **requisiti di indipendenza** stabiliti per i sindaci. Lo statuto può prevedere il rispetto di requisiti più stringenti, stabiliti per rinvio a codici di comportamento redatti da associazioni di categoria o da società di gestione dei mercati regolamentati (art. 2409-*septiesdecies*, co. 2). A sua volta, tutti i componenti del comitato di controllo devono essere scelti fra i consiglieri che risultino in possesso dei requisiti di indipendenza, nonché degli ulteriori requisiti di professionalità ed onorabilità stabiliti dallo statuto (art. 2409-*octiesdecies*, co. 2). I componenti del comitato *non possono inoltre far parte* *del comitato esecutivo, né ricevere deleghe e cariche particolari* (fra cui, ad es., quella di presidente del c.d.a.), nonché altri incarichi che comportino di fatto l'esercizio di funzioni attinenti alla gestione dell'impresa sociale; e tale divieto è esteso anche alla società controllante ed alle società controllate. In definitiva, essi devono essere scelti tra i c.d. ***amministratori non esecutivi.*** Nelle **società quotate** almeno un amministratore indipendente deve essere nominato dalla *minoranza*, attraverso il sistema del voto di lista (art. 147-*ter*, co. 3, TUF); e la *presidenza del comitato* deve essere riservata proprio ad un componente nominato dalla minoranza (art. 148, co. 2-*bis* e 4-*ter*).

Il **numero** dei componenti del comitato è stabilito dal consiglio di amministrazione (se il numero non è stabilito dallo statuto, che potrebbe rimettere tale decisione anche all'assemblea), ma il comitato dev'essere composto nelle società che fanno ricorso al mercato del capitale di rischio da *almeno tre componenti* (art. 2409-*otiesdecies*, co. 1); se ne deduce che nelle altre s.p.a. il comitato deve essere composto *almeno da due componenti*, trattandosi comunque di un organo necessariamente collegiale.

Come si è detto, la **nomina** spetta al c.d.a., salvo diversa clausola statutaria, che potrebbe attribuire tale potere all'assemblea. Al c.d.a. deve ritenersi spettare anche il potere di **revoca**, e non essendo richiamato l'art. 2400, essa può essere disposta anche ***senza giusta causa***, salvo il risarcimento del danno. La revoca da componente del comitato, disposta dal consiglio, non comporta però la cessazione dalla carica di amministratore (che può essere deliberata solamente dall'assemblea ordinaria).

2. *Le funzioni del comitato*

Le **funzioni** del comitato per il controllo sono simili a quelle del collegio sindacale. In realtà, l'art. 2409-*octiesdecies*, co. 5, richiama solamente la terza delle funzioni del collegio sindacale individuate dall'art. 2403, e cioè il controllo sull'adeguatezza della struttura organizzativa, amministrativa e contabile della società. Può ritenersi, però, che anche le altre funzioni contemplate per i sindaci dall'art. 2403 – e cioè il *controllo di legalità* ed il *controllo sul rispetto dei principi di corretta amministrazione* – rientrino tra i doveri del comitato per il controllo: l'art. 2409-*octiedecies* non le prevede, infatti, per il semplice motivo che i componenti del comitato sono amministratori, e pertanto tenuti già come tali al rispetto dei principi di legalità e di corretta gestione.

È inoltre prevista l'applicazione al comitato delle disposizioni in materia di denunzia da parte dei soci sui fatti censurabili (art. 2408: in tal caso, il comitato è destinatario della denunzia) e in materia di denunzia al tribunale (art. 2409: in tal caso, il comitato può effettuare ricorso al tribunale contro le gravi irregolarità degli amministratori) o alla Consob (art. 149, co. 4-*ter*, TUF), tipiche del collegio sindacale.

Non risultano richiamate dal codice neanche le norme in materia di **poteri informativi** dei sindaci (e in particolare, né il potere di ispezione individuale di cui all'art. 2403-*bis*, co. 1, né il potere collegiale di richiedere informazioni agli amministratori, di cui all'art. 2403-*bis*, co. 2), prevedendosi espressamente solo il potere di scambiare informazioni con il soggetto incaricato della revisione legale dei conti (art. 2409-*septies*, richiamato dall'art. 2409-*novesdecies*). Nelle ***società quotate*** è prevista una disciplina più analitica (art. 151-*ter* TUF): il *potere di ispezione* è assegnato collegialmente al comitato, che può delegare singoli componenti, nonché avvalersi di dipendenti della società per l'espletamento delle proprie funzioni; i singoli componenti del comitato possono chiedere agli amministratori della società e delle società controllate *notizie sull'andamento delle operazioni o su determinati affari*; il comitato, ed anche singoli componenti, possono convocare il c.d.a. o il comitato esecutivo. Per le ***società non quotate***, il mancato richiamo dell'art. 2403-*bis* sembra allora doversi interpretare nel senso che i componenti del comitato di controllo devono esercitare le proprie funzioni utilizzando i *poteri informativi comunemente attribuiti agli amministratori*, e conseguenti al dovere di agire in modo informato, previsto dall'art. 2381, co. 6. Deve, però, ritenersi che sussistano anche poteri di ispezione e controllo, da assegnare al comitato nella sua collegialità, in quanto coessenziali allo svolgimento di una autonoma funzione di controllo. La differenza fra la disciplina delle società quotate e quella delle società non quotate andrebbe, pertanto, individuata nel fatto che solo per le prime è previsto un permanente potere individuale di chiedere notizie agli amministratori, anche al di fuori della sede consiliare.

La disciplina del **funzionamento del comitato di controllo** è regolata per rinvio alla disciplina del collegio sindacale (art. 2404, co. 1, 2 e 3, richiamati dall'art. 2409-*octiesdecies*, co. 6) e comporta, pertanto, l'obbligo di riunioni trimestrali, l'obbligo di verbalizzazione delle sedute e di tenuta del libro delle adunanze, la previsione di un *quorum* costitutivo pari alla maggioranza dei componenti e di un *quorum* deliberativo pari alla maggioranza dei presenti. Il comitato è convocato dal presidente. Nelle società quotate, la convocazione può essere richiesta ove occorra da ogni singolo componente, indicando gli argomenti da trattare, e deve essere in tal caso effettuata dal presidente senza ritardo, salvo che ostino ragioni tempestivamente comunicate al richiedente ed illustrate alla prima riunione successiva (art. 151-*ter*, co. 2, TUF).

Non trova richiamo, invece, la disciplina in materia di **responsabilità** dei sindaci. Ed infatti, essendo i componenti del comitato amministratori, trova *applicazione diretta la disciplina di cui agli artt. 2392-2395*. In particolare, l'art. 2392, co. 1, prevede che la responsabilità discenda dal mancato rispetto della "diligenza richiesta dalla natura dell'incarico e dalle loro specifiche competenze". Pertanto, la norma ben può essere applicata tenendo conto della particolarità dell'incarico (specifici doveri di controllo) e delle competenze (qualificate) dei componenti del comitato. Inoltre, mentre per i sindaci la responsabilità ha in via tipica natura di responsabilità per omessa vigilanza, per i componenti del comitato di controllo la responsabilità può avere natura "commissiva", per le deliberazioni gestionali assunte dal c.d.a., allorché i componenti non abbiano rispettato la procedura di esonero di cui all'art. 2392, co. 3 (voto contrario e annotazione del dissenso nel libro delle adunanze e delle deliberazioni del c.d.a.) e fatto quanto potevano per impedire il compimento dei fatti pregiudizievoli o eliminarne o attenuarne le conseguenze dannose (ad es., impugnando anche individualmente la deliberazione del c.d.a., ai sensi dell'art. 2388, co. 4).

§ 55. Il controllo giudiziario sulla gestione

Per le s.p.a. l'ordinamento prevede, oltre a strumenti di controllo interno, anche meccanismi di controllo esterno, di natura giudiziaria, che il codice disciplina all'art. 2409. Si consente così a soci (purché, come vedremo, con partecipazione azionaria qualificata), al collegio sindacale, e anche al P.M. nelle società "aperte", di attivare un **controllo giudiziario sulla gestione**, in caso di gravi irregolarità commesse dagli amministratori in violazione dei propri doveri.

L'istituto è posto *a presidio dell'interesse generale al buon funzionamento delle imprese maggiori*, che fruiscono del tipo s.p.a., in linea col principio di efficiente gestione che pervade la disciplina del tipo azionario, e dunque non solo a tutela dell'interesse di breve periodo dei soci di minoranza e dei creditori sociali.

Trattasi comunque di rimedio che, per il fatto di assegnare, come si vedrà, poteri inquisitori e discrezionali di intervento al giudice civile, ha **natura eccezionale**. L'opinione corrente ne esclude, difatti, l'applicabilità analogica ad altri tipi sociali, diversi da quelli ove è espressamente previsto, come per le cooperative alle quali il controllo giudiziario è esteso dall'attuale disciplina (art. 2545-*quinquiesdecies*); o come anche per le s.r.l., ove l'applicabilità è pure espressamente disposta dal legislatore (art. 2477, co. 6). Per società di settore sebbene s.p.a. (banche, assicurazioni, trasporti, comunicazioni elettroniche, ecc.), invece, il rimedio è di volta in volta reso dalla legge, ora alternativo, ora sostituito da controlli di tipo amministrativo (ad es., art. 70, co. 6, TUB), attribuiti alla competenza delle relative autorità di regolazione.

I **presupposti** per la denuncia al Tribunale sono tradizionalmente definiti come "***fondato sospetto di gravi irregolarità***": non disponendo tutti i legittimati alla denuncia, e segnatamente i soci, del potere di ispezione dei libri sociali degli organi di amministrazione e controllo e, più in generale, della documentazione sociale (*infra*, § 56), si spiega perché è indicata dal legislatore a presupposto del rimedio la semplice presenza di *indizi*, che non devono quindi necessariamente raggiungere il livello di prova piena (come quando si abbiano diversi indizi "gravi, precisi e concordanti").

Le "**gravi irregolarità**" devono *attenere alla gestione*, onde non dovrebbero rilevare irregolarità di tipo "organizzativo", per le quali sono previsti i normali rimedi invalidativi. Le "gravi irregolarità" devono quindi consistere in ***violazione dei "doveri" degli amministratori*** (v. artt. 2381, 2392), che non riguardino mere violazioni della legalità formale, ma che si traducano in ***atti idonei a danneggiare la società****, o società controllate*.

Ed allora, neppure per mezzo di questa denuncia sarebbe possibile sottoporre a sindacato giudiziale nel *merito* qualsivoglia decisione presa dagli amministratori sotto il profilo dell'opportunità o dello stesso rischio che dalle stesse possa discendere (secondo il già ricordato principio della *business judgement rule*), salvo che ricorra una violazione dell'obbligo di diligente gestione rimasto inadempiuto dagli amministratori a fronte di scelte gestorie *irrazionali* (v. *supra*, § 52.VIII.1.b), ovvero dell'obbligo di adeguatezza degli assetti organizzativi (nei limiti della relativa sindacabilità giudiziale: v. *supra*, § 52.IV.3).

La **legittimazione** alla denunzia è in capo agli ***azionisti*** che rappresentino almeno il 10% del capitale sociale, o il 5% per le società che fanno ricorso al mercato del capitale di rischio (gli statuti possono diminuire, ma non aumentare, tali percentuali).

La legittimazione è poi propria dell'***organo di controllo*** (collegio sindacale, ovvero, secondo il sistema di amministrazione adottato, consiglio di sorveglianza o comitato per il controllo sulla gestione), ed anche del **P.M.**, ma, come detto, solo nelle società che fanno ricorso al mercato del capitale di rischio. I soci che non raggiungano le soglie di partecipazione per la legittimazione potranno quindi rivolgere vuoi la denunzia all'organo di controllo, ai sensi del richiamato istituto dell'art. 2408 attivabile da parte di ciascun azionista, vuoi anche un esposto al P.M., se la società è "aperta", per sollecitarne il ricorso *ex* art. 2409.

La **procedura** prende avvio dalla denuncia presentata da uno dei predetti legittimati presso il Tribunale civile nella cui circoscrizione la società ha sede legale. Il Tribunale convoca anzitutto in ***camera di consiglio*** gli amministratori e i sindaci, al fine di verificare la fondatezza della denuncia stessa.

Il Tribunale potrà decidere, quindi, l'archiviazione, per manifesta infondatezza della denuncia, ovvero di sospendere la procedura, per un tempo determinato, a seguito di "***ravvedimento operoso***" della società, che abbia sostituito gli amministratori e i sindaci con altri soggetti "di adeguata professionalità", a condizione che questi ultimi si impegnino a procedere in autotutela ad un dettagliato e serio programma di risanamento.

In mancanza di "ravvedimento operoso", e sempre che la denuncia abbia un *fumus* di fondatezza, il Tribunale può ordinare l'**ispezione giudiziale** della società, nominando un ispettore.

Al termine dell'ispezione giudiziale, ove, sulla scorta della relazione dell'ispettore, le irregolarità denunciate sussistano e siano attuali, il Tribunale può adottare gli **opportuni provvedimenti provvisori** (non meglio identificati dalla legge, e quindi determinabili con discrezionalità dal giudice) e la *convocazione dell'assemblea* per le conseguenti deliberazioni.

Nei casi più gravi, verrà nominato un **amministratore giudiziario**, in sostituzione degli amministratori, ed eventualmente anche dei sindaci, che verranno così revocati giudizialmente.

Il nominato amministratore giudiziario rimarrà in carica per il tempo fissato dal Tribunale e per lo svolgimento delle ***funzioni di risanamento*** della società previste nell'atto di incarico; potrà compiere anche atti "eccedenti l'ordinaria amministrazione", ma solo se a ciò espressamente autorizzato dal Tribunale, il quale mantiene un potere di vigilanza sulla sua azione (art. 92 disp. att.). E ove vi sia urgenza, l'amministratore giudiziario potrà esercitare anche i poteri dell'assemblea, ma l'efficacia delle relative deliberazioni sarà subordinata all'approvazione del Tribunale (art. 92, co. 4, disp. att.).

L'amministratore giudiziario dispone poi di informazioni e materiale probatorio verosimilmente ben più consistenti di quanto possano mai possedere gli azionisti minoritari. Ecco dunque perché egli gode anche di una ***legittimazione autonoma al promovimento dell'azione sociale di responsabilità*** contro i revocati amministratori e sindaci, legittimazione che assumerà anche i tratti del potere-dovere là dove il promovimento dell'azione costituisca strumento di risanamento delle accertate violazioni.

All'esito della gestione "commissariale", l'amministratore giudiziario dovrà infine ***convocare l'assemblea*** perché provveda alla nomina dei nuovi organi nella società risanata, ovvero alla messa in liquidazione della società stessa, ovvero ancora alla proposizione di un'istanza di auto-liquidazione giudiziale o di ammissione ad altra procedura concorsuale.

§ 56. La documentazione dell'attività sociale

Sommario: I. *Il bilancio d'esercizio.* – 1. Le clausole generali: verità, chiarezza, correttezza. – 2. I principi tecnici di redazione. – 3. La struttura. – 4. Il procedimento di formazione e l'invalidità del bilancio.

L'attività della società deve essere documentata in un complesso assai ampio di scritture, chiamate a dare evidenza storica e una rappresentazione costante dei diversi aspetti in cui la vita dell'ente si articola. Esse possono essere suddivise, a seconda del loro oggetto, in più gruppi.

1) **Conti dell'iniziativa economica**. Innanzitutto, la società deve tenere i **libri** e le altre **scritture contabili** indicati nell'art. 2214, e ciò a prescindere dalla natura (commerciale o meno) dell'attività esercitata (l'art. 2421, infatti, non limita quest'obbligo alle sole società esercenti un'impresa commerciale). Si applicano senza eccezioni gli artt. 2214 ss., sia per quanto riguarda il contenuto, che la forma e le modalità di conservazione della documentazione.

Una considerazione particolare merita il ***bilancio d'esercizio***, documento periodico, chiamato a dare una rappresentazione della situazione patrimoniale e finanziaria della società al termine di ciascun esercizio e del risultato economico di quest'ultimo, cui il codice dedica una disciplina capillare e rigorosa (artt. 2423 ss.) e che assume un ruolo centrale nell'informazione societaria.

2) **Libri sociali** (art. 2421). Si tratta di scritture ulteriori, concernenti i profili più propriamente societari dell'ente, la cui tenuta è pure obbligatoria, raggruppabili in due categorie:

a) i ***libri in cui va documentata l'attività degli organi***, e che contengono dunque i verbali delle relative riunioni. Ogni organo ha il proprio libro: l'assemblea, l'organo amministrativo collegiale (se l'amministratore è unico il libro non si tiene), il comitato esecutivo (se nominato), l'organo di controllo, l'assemblea degli obbligazionisti. A questi si aggiungono i fascicoli relativi alla revisione legale dei conti, conservati dal soggetto incaricato della stessa (art. 10-*quater* d.lgs. 39/2010);

b) i ***libri che contengono le informazioni relative ai rapporti di investimento e finanziamento di natura societaria***: il libro dei soci e quelli, eventuali, delle obbligazioni e degli strumenti finanziari correlati a patrimoni destinati, con indicazione dei proprietari dei titoli (se nominativi), dei trasferimenti e dei vincoli. L'elencazione è per la verità lacunosa (non è previsto un libro degli strumenti finanziari partecipativi, ad es.) e è dubbio che sia integrabile analogicamente.

L'insieme della documentazione offre un quadro dei diversi profili dell'attività societaria, organizzativi, patrimoniali e finanziari, rappresentati sia nella dinamica del loro svolgersi, sia staticamente, nel loro essere in un determinato momento storico. La funzione informativa assolta è di straordinaria importanza, ma è esplicata in grado diverso dalle diverse scritture, a seconda della più o meno ampia accessibilità alle stesse. Infatti le scritture contabili e i libri sociali sono *documenti interni*, che neppure i soci possono consultare, se non in minima parte, avendo diritto di esaminare e trarre estratti solo del libro soci e di quello delle adunanze assembleari (art. 2422). La *funzione informativa del mercato* (e dunque degli stessi azionisti) è svolta invece dal **bilancio**. Ciò ne spiega la centralità nella disciplina normativa e l'insistenza del legislatore sulla sua correttezza, veridicità e chiarezza.

I. *Il bilancio d'esercizio*

Il bilancio è l'**insieme di documenti**, redatti con periodicità annuale dall'organo amministrativo ed approvati dall'assemblea (dal consiglio di sorveglianza, se il sistema di *governance* è dualistico), che "deve ***rappresentare in modo veritiero e corretto la situazione patrimoniale e finanziaria della società e il risultato economico dell'esercizio***" (art. 2423, co. 2). Si definisce bilancio *d'esercizio*, in quanto va redatto dopo la chiusura di ciascun periodo (esercizio sociale), in cui per legge viene scandita convenzionalmente l'attività e che deve avere *durata inderogabilmente annuale*.

Esso si articola in **stato patrimoniale**, **conto economico**, **rendiconto finanziario** e **nota integrativa** (co. 1): il primo, il secondo ed il terzo sono *documenti contabili*, cioè sequenze di voci e dei relativi valori numerici, il quarto è un *documento descrittivo ed illustrativo*. Lo *stato patrimoniale* (art. 2424) è la *rappresentazione di una situazione statica*, in quanto enuncia le attività e le passività che compongono il patrimonio della società alla chiusura dell'esercizio e ne indica il valore; non si tratta però di un inventario, sicché gli elementi patrimoniali non vengono elencati singolarmente, ma raggruppati per voci e sottovoci, distinte in ragione della natura e della destinazione dei beni all'interno della società. Il *conto economico* (art. 2425) è invece la *sintesi di un processo dinamico*, in quanto riepiloga (ancora per voci e con i relativi valori) ricavi realizzati e costi sostenuti nel corso dell'esercizio, dalla sua apertura alla sua chiusura, ed evidenzia così per sottrazione il risultato, positivo o negativo, dello stesso. Il *rendiconto finanziario* (art. 2425-*ter*) è un prospetto contabile che fotografa le disponibilità liquide della società all'inizio e alla fine dell'esercizio e registra, disaggregate per categorie, le variazioni di tali disponibilità prodottesi nell'arco del medesimo. La *nota integrativa* (art. 2427), infine, contiene dati numerici e notizie in forma narrativa che completano o illustrano le informazioni ricavabili dai primi due documenti.

Il legislatore regola con estremo rigore e dettaglio la *struttura* del bilancio (composizione e contenuto dei documenti), i *principi di redazione e valutazione delle poste contabili* e il *procedimento di formazione*, *approvazione e pubblicità*. Il quadro normativo è ormai ampiamente armonizzato all'interno dell'Unione europea e ciò favorisce la comparabilità dei bilanci, la loro attitudine informativa e, di conseguenza, la circolazione dei capitali e degli investimenti.

Le ragioni di tale attenzione sono state già sottolineate. Il bilancio d'esercizio assolve a due **funzioni fondamentali** e funge altresì da parametro di riferimento per l'applicazione di numerosi istituti. Essenziale è la ***funzione informativa***: in questa direzione esso – accessibile a chiunque, in quanto depositato presso il registro delle imprese – si rivolge a tutti gli attori del mercato (soci, investitori, finanziatori, creditori, dipendenti) e consente loro di evincere dati patrimoniali e finanziari, anche attraverso il raffronto tra i bilanci dei diversi esercizi, capace di evidenziare lo sviluppo nel tempo della situazione societaria; nei confronti dei soci, esso funge altresì da rendiconto dell'operato degli amministratori. Non meno importante è peraltro la ***funzione estimativa dei risultati dell'attività***: è il bilancio che determina se il patrimonio netto sia maggiore e di quanto, rispetto al capitale (cioè alla dotazione di risorse *vincolate*) e quale sia dunque l'utile eventualmente distribuibile ai soci; sotto questo profilo, esso interagisce profondamente con i principi di tutela dell'integrità del capitale. A queste si affianca una non marginale ***funzione organizzativa***: numerose disposizioni richiamano i dati di bilancio come parametro di riferimento e limite per la legittimità di certe operazioni (ad es. per l'emissione di obbligazioni, art. 2412, o l'acquisto di azioni proprie, art. 2357).

La natura degli interessi che il bilancio è chiamato a soddisfare spiega l'**inderogabilità** della relativa disciplina. Questa ha un'articolazione di tipo piramidale. a) Al vertice sono poste le **clausole generali**, o *principi fondamentali*, che presiedono all'intero *corpus* normativo e rappresentano i pilastri su cui ogni bilancio deve poggiare: verità, chiarezza e correttezza (art. 2423, co. 2). b) L'assolvimento delle funzioni su illustrate, nel rispetto dei principi fondamentali, è garantito dai **principi di redazione** (art. 2423-*bis*), contenenti i criteri generali di iscrivibilità e di valutazione degli elementi patrimoniali. c) Clausole generali e principi di redazione trovano infine specificazione nelle **disposizioni attuative** successive, che delineano in dettaglio la struttura e la composizione del bilancio (artt. 2424, 2425, 2427) e dettano le regole di valutazione dei singoli tipi di beni (art. 2426).

Le relazioni che si instaurano tra i livelli della piramide verranno illustrate nel prosieguo della trattazione. Va poi tenuto conto (d) dei **principi contabili**. Da tempo organismi rappresentativi del mondo professionale, a livello nazionale come internazionale, elaborano criteri guida e regole tecniche molto puntuali, ormai codificati in complessi dispositivi di considerevoli dimensioni. Di questi insiemi di regole tecniche il principale è quello degli **IAS/IFRS** (*International accounting standards*, nuovo nome *International financial reporting standards*), redatti dall'*International accounting standard board* (IASB) e periodicamente aggiornati e integrati. In linea generale, ***nessuno di questi corpi di regole ha***, di per sé, ***valore normativo***. Tuttavia la disciplina codicistica non prescinde affatto dall'*adeguatezza tecnica* delle metodologie da applicare nella redazione del bilancio. In questo quadro, le regole codificate nei principi contabili costituiscono strumenti importanti di ricognizione dei criteri tecnici più adeguati. La loro ***utilità*** può profilarsi (i) sul *piano interpretativo* delle norme (chiarendo, ad es., il significato del concetto di "competenza"), (ii) sul *piano dell'integrazione* della disciplina, ove questa nulla disponga, e soprattutto (iii) sul *piano applicativo* (ad es., guidando nell'individuazione dei "casi eccezionali" *ex* art. 2423, co. 4 o nella corretta individuazione della quota di costi generali imputabili al bene da valutare al costo *ex* art. 2426, n. 1). Ai principi contabili *non può tuttavia mai farsi ricorso, quando risultino in contrasto con la disciplina normativa*: ciò può accadere quando ad es. al criterio legale di valutazione dei beni al costo sostenuto (che rappresenta il beneficio atteso dalla società e dunque il valore d'uso del bene per la stessa) gli IAS/IFRS sostituiscano il criterio del c.d. *fair value*, ancorato a parametri di mercato.

I principi IAS/IFRS hanno però assunto **valore normativo pieno** nelle società quotate, per effetto del d.lgs. 38/2005. Queste sono oggi ***obbligate*** *a redigere il loro bilancio d'esercizio in conformità ai principi contabili internazionali* (artt. 3 e 4), dunque non più secondo la disciplina codicistica. Secondo l'art. 4, ogni altra società (purché superi le soglie che consentirebbero la redazione del bilancio in forma abbreviata: art. 2435-*bis*) ha ***facoltà*** *di redigere il bilancio d'esercizio secondo i principi contabili internazionali*; però la scelta è irrevocabile, salvo che non ricorrano circostanze eccezionali.

1. *Le clausole generali: verità, chiarezza, correttezza*

I canoni fondamentali a cui il bilancio deve ispirarsi sono enunciati nell'art. 2423, co. 2: esso va redatto con "chiarezza" e la rappresentazione fornita deve essere "veritiera" e "corretta".

a) Il **principio di verità** è il fulcro dell'intera disciplina, strettamente correlato alla funzione informativa del bilancio: poiché questo somministra i dati attraverso la cui lettura ogni interessato formula le proprie valutazioni ed orienta le proprie scelte di investimento, finanziamento, di conduzione dei propri rapporti con la società, la situazione patrimoniale e finanziaria rappresentata deve essere vera e vero il risultato dell'esercizio. Perché ciò si realizzi, è necessario: (a) che ***gli elementi patrimoniali, i proventi ed i costi iscritti siano reali e completi*** (l'omissione di alcune poste falserebbe il quadro rappresentato); (b) che ***ciascun elemento sia iscritto secondo il suo valore reale***.

Sul piano valutativo, però, va fatta una precisazione: se si eccettuano alcuni cespiti patrimoniali aventi un valore sicuro ed univoco (il denaro in cassa, i debiti pecuniari incontroversi), la valutazione di ogni altro elemento dell'attivo e del passivo presenta margini più o meno ampi di opinabilità: la residua utilizzabilità degli impianti (ed il tempo del loro deperimento), l'abbattimento di prezzo che il mercato imporrà per smaltire le scorte invendute ecc. sono variabili che non consentono di pervenire alla determinazione di un risultato matematicamente certo. Non c'è dubbio che applicando metodi tecnici corretti si può pervenire ad una valutazione attendibile; ma, pur quando lo si faccia, resta ineliminabile un *margine di discrezionalità*: ad es., la tecnologia su cui poggia un impianto sarà superata tra dieci o otto anni? entro quale periodo, dunque, il valore del bene andrà progressivamente ridotto (ammortizzato)? In altre parole, per ciascun bene è delineabile un *range* di valori tutti veri o, meglio, *tutti realistici*. Il principio di verità è allora il dovere non di cercare un valore assolutamente ed univocamente certo, che non esiste, ma di esprimere una ***valutazione*** sì discrezionale, ma ***oggettiva***, ***tecnicamente corretta***, ***ragionevole e realistica***: la rappresentazione, *ex* art. 2423, deve essere **veritiera**.

b) Il **principio di chiarezza** impone una esposizione ordinata, intelligibile (da parte di un lettore competente), trasparente, dettagliata e fruibile dei dati forniti. Esso è *di rango pari a quello di verità*, poiché la funzione del bilancio non è soltanto quella di determinare un risultato numerico, ma principalmente quella di somministrare un certo tipo di informazioni con un certo grado di approfondimento; dunque anche un bilancio vero (perché esatto nei valori iscritti e nella loro somma algebrica) sarebbe viziato (nullo, come si dirà) se non fosse chiaro (*infra*, 4).

La chiarezza è anzitutto garantita (a) dalla **struttura** delineata dalla legge per le diverse parti del bilancio (artt. 2424, 2425, 2425-*ter*, 2427). L'articolazione prescritta rappresenta il *grado di dettaglio minimo*, sicché nessun raggruppamento di voci (salva la previsione dell'art. 2423-*ter*, co. 2) e nessuna compensazione tra voci di segno opposto sono legittimi. Ma deve essere altresì fornita *ogni informazione complementare*, che risulti in concreto rilevante a fini di chiarezza: attraverso una ulteriore sottodistinzione delle voci (art. 2423-*ter*, co. 2: ad es. della voce "crediti verso clienti", se, in considerazione della complessa attività sociale, sia opportuno evidenziare le diverse tipologie di clientela) o una specifica indicazione su aspetti ulteriori rispetto a quelli di legge, nella nota integrativa. Il principio di chiarezza impone altresì (b) di rispettare l'**ordine delle voci** (art. 2423-*ter*, co. 1) e la **collocazione delle informazioni** previsti dalla legge, per favorirne la lettura e la comparazione tra bilanci diversi.

c) Terzo enunciato nell'art. 2423 è il **principio di correttezza**, che peraltro funge semplicemente da corollario a quelli di verità e di chiarezza. Un bilancio è vero, in quanto adotti i *corretti* criteri contabili e le *corrette* regole della scienza aziendalistica: correttezza sotto questo profilo equivale dunque ad ***adeguatezza tecnica***. Un bilancio è chiaro, in quanto i dati siano forniti in modo non fuorviante e trasparente: da questo punto di vista, correttezza equivale a ***buona fede oggettiva***.

I tre principi fondamentali, come si vede, trovano attuazione in molteplici disposizioni di dettaglio. Essi non costituiscono peraltro una mera formula riassuntiva di queste ultime, ma hanno una rilevante **valenza precettiva autonoma** e sono **strumento di interpretazione** della restante disciplina. Dalla regola di verità discende ad es. l'obbligo di scegliere, quando la legge preveda criteri di valutazione alternativi per lo stesso bene, quello che in concreto offre il risultato più attendibile; dalla regola di chiarezza l'obbligo di fornire tutte le informazioni complementari necessarie e di esporre in forma narrativa lineare e intelligibile le notizie richieste dall'art. 2427.

Non solo: i principi fondamentali sono **sovraordinati** rispetto alle disposizioni attuative, al punto che quando "in casi eccezionali, l'applicazione [di una di esse] è incompatibile con la rappresentazione veritiera e corretta, la disposizione non deve essere applicata" (art. 2423, co. 4). A poter risultare inidonei a garantire la verità e correttezza del bilancio sono più specificamente i *criteri valutativi* enunciati nell'art. 2426 ed è dunque a questi che si riferisce il principio della disapplicazione, non invece ai principi tecnici di redazione (art. 2423-*bis*) e alle norme sulla struttura dei documenti, che non possono mai essere incompatibili con i canoni fondamentali. La disapplicazione presuppone il configurarsi in concreto di un "caso eccezionale": si deve dunque trattare di *circostanze straordinarie riguardanti uno specifico elemento del patrimonio sociale* (ad es., un terreno agricolo acquistato per pochi soldi e che successivamente divenga edificabile dovrà essere iscritto non più al costo di acquisto, ma al valore di stima; non rileva invece come caso eccezionale il semplice apprezzamento sul mercato del bene).

2. *I principi tecnici di redazione*

L'art. 2423-*bis* enuncia i c.d. principi di redazione del bilancio, ossia i **criteri tecnici generali** cui ci si deve attenere nella sua elaborazione: la prudenza, la competenza, la continuità dell'attività sociale, ecc. Essi *rispettano per definizione le clausole ge-*

nerali dell'art. 2423, poiché forniscono la chiave di lettura della verità e correttezza: infatti, la verità richiesta non è, come si è visto, una inesistente verità assoluta, ma la fedele rappresentazione di dati nella prospettiva della prudenza, della continuità e così via. La loro inderogabilità non subisce pertanto alcuna eccezione. Essi sono inoltre *sovraordinati* rispetto alle disposizioni attuative che li seguono: ne costituiscono il fondamento logico, ma hanno anche *valenza precettiva autonoma* e fungono da *criterio interpretativo* delle stesse. Vediamone i principali.

a) Il **principio di prudenza** (art. 2423-*bis*, n. 1) incide sull'iscrivibilità degli elementi dell'attivo e del passivo e sulla loro valutazione, all'una e all'altra dovendosi procedere evitando di far risultare una consistenza patrimoniale non suffragata dalla certezza della sua esistenza. Esso è alla base di importanti disposizioni attuative (come il criterio valutativo del costo storico: art. 2426, n. 1) e di altri fondamentali principi di redazione, pure enunciati nell'art. 2423-*bis*:

i) il **principio di realizzazione** (n. 2), per cui "si possono indicare esclusivamente gli utili realizzati alla data della chiusura dell'esercizio": gli incrementi patrimoniali sono iscrivibili solo se *giuridicamente conseguiti* dalla società, non invece se sono meramente attesi o sperati, per quanto alte siano le probabilità della loro futura, effettiva realizzazione (perciò la plusvalenza derivante dalla vendita di un bene ad un prezzo più elevato del valore a cui era iscritto non può essere indicata fino a che non è stata perfezionata la vendita, per quanto avanzate siano le trattative e ben disposto l'aspirante acquirente);

ii) il **principio di dissimmetria** (implicito nel riferimento ai "rischi": n. 4), per cui, viceversa, le diminuzioni patrimoniali debbono essere iscritte non soltanto al momento della loro concretizzazione, ma anche quando sono soltanto *temute e probabili* (perciò, se la società sia stata convenuta in giudizio per un debito che essa ha contestato, andrà subito iscritto al passivo un fondo rischi, di entità corrispondente alla probabilità di soccombenza in giudizio).

b) Il **principio di continuità dell'attività** (n. 1) incide sui criteri di valutazione degli elementi patrimoniali, orientando quest'ultima non tanto verso la determinazione del loro valore corrente, quanto verso l'emersione di quello che essi hanno per la società, "nella prospettiva della continuazione dell'attività". Si tratta di un principio essenziale per comprendere quale tipo di verità il bilancio deve offrire: esso non è chiamato a rappresentare il valore corrente dell'azienda sociale o di mercato dei singoli beni, o il loro valore di liquidazione, ma quello d'uso per la società, in vista della prosecuzione dell'attività.

c) Il **principio di competenza** (nn. 3 e 4) costituisce il criterio temporale di selezione degli elementi patrimoniali da iscrivere. Il bilancio d'esercizio è un bilancio *per competenza e non per cassa*: ciò significa che le poste attive e passive vanno iscritte nel bilancio relativo all'esercizio a cui sono giuridicamente ed economicamente imputabili, indipendentemente dalla data dell'effettivo incasso o pagamento (n. 3). Ad es., il corrispettivo della vendita di un bene va iscritto (tra i ricavi nel conto economico e tra i crediti verso clienti nello stato patrimoniale) nel bilancio dell'esercizio in cui si è prodotto il trasferimento della proprietà del bene dalla società all'acquirente, anche se il pagamento avverrà nell'esercizio successivo. Il principio non è in contrasto con quello di realizzazione, poiché incremento "realizzato" non è quello incassato, ma quello giuridicamente certo.

Va da sé che l'imputazione di un elemento all'esercizio non dipende neppure dal momento in cui esso è conosciuto (n. 4); perciò la diminuzione di valore di un immobile, a causa dell'incendio che lo abbia colpito, va iscritta nell'esercizio in cui si è verificato l'evento, anche se scoperto dopo la chiusura dell'esercizio stesso.

3. *La struttura*

Il bilancio codicistico è composto, come si è detto, dallo stato patrimoniale, dal conto economico, dal rendiconto finanziario e dalla nota integrativa (art. 2423, co. 1).

A) Lo schema dello **stato patrimoniale** (art. 2424) è articolato in due blocchi contrapposti, l'attivo e il passivo.

i) All'**attivo** vanno iscritti gli elementi patrimoniali positivi, ripartiti per macrovoci e sottovoci. Fondamentalmente, esso distingue le ***immobilizzazioni*** dall'***attivo circolante***. Sono immobilizzazioni i *beni utilizzati durevolmente dalla società* (art. 2424 *bis*, co. 1), siano essi immobili, macchinari, beni immateriali (marchi, brevetti, incrementi di produttività dell'azienda sociale derivanti da attività di sviluppo), beni finanziari (ad es. partecipazioni in società controllate). L'attivo circolante è invece formato dalle rimanenze (merci in magazzino, scorte di materie prime, ecc.), dai crediti, dalla liquidità (denaro in cassa, depositi bancari) e dalle disponibilità finanziarie non immobilizzate.

L'art. 2426 detta i **criteri di valutazione** dei beni, suddivisi per tipi. È utile evidenziare i principali, che rivelano come il legislatore attui i principi generali esposti nei paragrafi precedenti.

a) Le immobilizzazioni sono iscritte al *costo di acquisto o di produzione* (n. 1). Questo criterio deriva dal principio di continuità dell'attività, in quanto consente di rilevare il valore d'uso del bene per la società (il costo è ciò che la società è stata disposta a spendere per il bene e dunque misura l'utilità che essa si attende), mentre ne trascura il valore corrente; discende pure dal principio di prudenza, perché, anche se il bene si fosse nel tempo rivalutato nel mercato, solo qualora lo si cedesse si realizzerebbe e si potrebbe dunque iscrivere la plusvalenza. Dal principio di verità si ricava poi che, se invece il bene si è durevolmente svalutato, va iscritto il minor valore (n. 3); e che, se il bene è di quelli la cui utilizzazione è per natura limitata nel tempo (ad es., macchine), dal valore di costo deve essere detratta anno per anno una quota di *ammortamento*, fino all'azzeramento quando l'utilità cessa (n. 2).

b) Gli incrementi di produttività derivanti da spese di sviluppo sono iscrivibili al *costo* (n. 5); ma, per prudenza, dal momento che non è misurabile l'utilità effettivamente ricavata dalla società, devono essere mantenute in società riserve tali da coprire il loro valore. Sempre per prudenza, anche l'avviamento è iscrivibile solo se acquisito a titolo oneroso (comprando l'azienda a cui inerisce: n. 6), non invece se generato internamente, perché in tal caso non è neppure rintracciabile un costo sostenuto per il suo ottenimento; ma se la società vende l'azienda realizzando, grazie ad esso, una plusvalenza, questa verrà iscritta.

c) I crediti devono essere iscritti tenendo conto del *valore presumibile di realizzazione* (n. 8), cioè, per prudenza, delle eventuali contestazioni in ordine al loro ammontare e della possibile incapienza del patrimonio del debitore.

ii) Al **passivo** vanno iscritti innanzitutto gli elementi patrimoniali negativi, sempre per voci. Si tratta dunque dei ***debiti*** (ripartiti per categorie di creditori) e dei ***fondi per rischi ed oneri***, in cui confluiscono le passività certe nell'*an* e nel *quantum*, ma non ancora nella data in cui si realizzeranno, e le passività probabili (come nel caso in cui la società sia convenuta in un giudizio per il risarcimento di un danno o per il pagamento di un debito contestati).

Ma al passivo va iscritto anche il ***patrimonio netto*** della società. Questo è costituito dalla differenza tra il valore dell'attivo e gli elementi negativi testé indicati. Di per sé, esso non costituisce evidentemente una componente negativa del patrimonio, ossia una ulteriore esposizione della società nei confronti di terzi, tale da determinare una diminuzione delle attività. La sua iscrizione al passivo è dunque puramente convenzionale e consente la costante chiusura contabile del bilancio con un pareggio tra attivo e passivo.

Importante è però l'**imputazione del valore di patrimonio netto** tra le diverse poste contabili in cui esso è scomposto. Il netto è un numero, che non rappresenta il valore di specifici beni, ma solo il risultato di un'operazione algebrica di sottrazione (attivo meno passivo, appunto); però è un numero che viene ripartito tra una pluralità di voci, con implicazioni giuridiche fondamentali.

Il ***capitale*** è la porzione ideale del netto soggetta a vincolo di indisponibilità. Se il netto è inferiore, la sottovoce "capitale" si troverà bilanciata da un'iscrizione con segno meno, alla voce "perdite d'esercizio" e/o "perdite portate a nuovo" (cioè derivanti da esercizi precedenti). Se il netto è maggiore del capitale, a questo si affiancheranno (con segno positivo) iscrizioni a riserva o ad utili (portati a nuovo o di esercizio).

Le ***riserve*** rappresentano ricchezza superiore al capitale, che la società conserva nel proprio patrimonio e dunque reinveste nell'attività. Esse possono avere diversa fonte e diverso trattamento. Le principali sono:

a) la *riserva legale* (art. 2430), che viene formata obbligatoriamente prelevando annualmente il cinque per cento degli utili di esercizio, finché essa non raggiunge un valore pari al quinto del capitale (si tratta, beninteso, di un prelievo ideale, nel senso che, ogni anno, la percentuale indicata degli utili maturati non può essere distribuita, ma deve restare in società, imputata alla riserva in esame); questa, dunque, espande la porzione di netto coperta dal vincolo di indisponibilità, a tutela della produttività della società e indirettamente dei creditori;

b) le *riserve statutarie*, appostazioni previste dallo statuto, che può disporne l'indistribuibilità (in tal caso, per svincolarle occorre una modifica statutaria);

c) le *riserve facoltative*, deliberate dall'assemblea che approva il bilancio, la quale, potendo decidere sulla destinazione degli utili (art. 2433), può stabilire di non distribuirli, in tutto o in parte, e di reinvestirli nell'attività sociale; si tratta di riserve di cui peraltro ogni assemblea ordinaria può disporre liberamente.

Anche gli ***utili*** rappresentano ricchezza superiore al capitale, ma occorre precisare che tale carattere hanno gli *utili di bilancio*, incrementi del patrimonio non appostati a riserva, che ricevono un trattamento analogo a quello delle riserve facoltative (solo l'etichetta, in sostanza, è diversa): la voce può risultare dalla non imputazione formale a riserva di risultati positivi degli esercizi precedenti (utili portati a nuovo), cui può aggiungersi il risultato positivo dell'esercizio attuale (utile dell'esercizio). Va osservato che quest'ultimo è semplicemente il risultato positivo del conto economico dell'esercizio e dunque rappresenta (al contempo) una ricchezza superiore al capitale solo se il patrimonio netto di partenza (cioè quello esistente all'inizio dell'esercizio) era almeno pari al capitale; qualora, invece, vi fosse una perdita iniziale, l'utile di esercizio, per la parte corrispondente, non farà altro che reintegrare il capitale stesso. I concetti di "utile di bilancio" e di "utile di esercizio" vanno dunque tenuti distinti.

Diverso è il trattamento di riserve ed utili anche sul piano dell'*incidenza delle perdite*. Queste gravano prima di tutto sugli utili di bilancio e successivamente, nell'ordine, sulle riserve facoltative, statutarie e legale, e infine sul capitale. Il "gravare" della perdita su queste voci è, ancora una volta, una imputazione ideale e contabile della diminuzione patrimoniale, che determina la riduzione del loro valore secondo l'ordine indicato, ma questa gerarchia (scaturente dalla logica stessa della loro articolazione) è ricca di implicazioni giuridiche, in primo luogo perché non consente alla società di mantenere elevati i valori di certe poste a scapito di altre (il che potrebbe generare comportamenti opportunistici, là dove la legge permette il compimento di certe operazioni solo fino al limite degli utili e delle riserve disponibili: ad es. art. 2357), in secondo luogo perché definisce i presupposti della riduzione obbligatoria del capitale, individuandoli in una perdita che intacchi, nella misura prevista, il capitale (dunque dopo avere azzerato tutte le riserve).

B) Il **conto economico** (art. 2425) è un *conto a scalare*, il cui risultato cioè si forma attraverso la somma algebrica progressiva dei ricavi, dei costi, degli altri proventi ed oneri (tutti per voci) e determina il risultato economico (positivo o negativo) dell'esercizio.

Le prime due macrovoci riguardano il ***valore della produzione*** e i ***costi*** della stessa. Anche questo documento è elaborato secondo il criterio della *competenza*, per cui i ricavi e i costi dell'esercizio (dunque iscritti) non necessariamente coincidono con gli incassi e gli esborsi del medesimo (se la società riscuote nell'esercizio un credito quale corrispettivo per un servizio prestato in quello anteriore, il ricavo doveva essere iscritto già e solo nel bilancio precedente). In secondo luogo, il conto rappresenta il *valore integrale della produzione del periodo* e non solo il valore della produzione venduta: perciò ai ricavi va aggiunto l'eventuale incremento delle rimanenze di magazzino.

Le altre macrovoci riguardano i *proventi e gli oneri diversi da quelli nascenti dall'esercizio dell'attività* (dividendi incassati per le quote possedute in altre società, interessi sui prestiti ricevuti, ecc.). Al risultato della somma algebrica delle diverse voci vanno detratte le imposte, per ottenere l'utile netto (o la perdita) dell'esercizio.

C) Il **rendiconto finanziario** enuncia innanzitutto l'ammontare delle *disponibilità liquide* della società all'inizio e alla fine dell'esercizio e la relativa composizione: denaro in cassa, saldo dei conti correnti e depositi bancari e postali ecc. Documenta inoltre i *flussi finanziari* prodottisi complessivamente nell'arco dell'esercizio stesso, ossia le variazioni positive o negative di tali disponibilità, disaggregate per categorie: separando le variazioni derivanti dall'attività operativa (in cui confluiranno i corrispettivi incassati dai clienti, i salari corrisposti al personale e via dicendo), da quelle derivanti dalle attività di investimento e finanziamento (ad es. le somme rimborsate per estinguere un mutuo). La rilevazione avviene qui dunque *per cassa* e non per competenza, arricchendo il pacchetto di informazioni sulla situazione finanziaria della società con la rilevazione delle sue risorse liquide e del loro *trend* e perciò fornendo dati sulla sua solvibilità e capacità di far fronte agli impegni a breve termine e di autofinanziarsi.

D) Il quarto documento componente il bilancio è la **nota integrativa** (art. 2427), la quale raccoglie una nutrita serie di informazioni illustrative dei dati contabili o complementari a questi, utili per una più compiuta conoscenza della situazione societaria. Spesso infatti il contenuto dello stato patrimoniale e del conto economico, in cui ad una classe o sottoclasse corrisponde solo un numero, risulta poco indicativo dell'assetto reale del patrimonio e richiede perciò ragguagli ulteriori (in cosa consistono le attività di promozione e sviluppo contabilizzate tra le immobilizzazioni come incrementi di produttività; quale criterio di valutazione si è scelto, là dove la legge pone un'alternativa; come sono ripartiti i ricavi tra i diversi rami di attività ed aree geografiche di esercizio; in cosa consistono i proventi o gli oneri straordinari iscritti, ecc.).

Le informazioni contenute nella nota sono in parte numeriche, in parte narrative, e sono analiticamente prescritte dalla legge, senza escludere che il principio di chiarezza esiga in concreto l'inserimento di notizie ulteriori. Si tratta di dati relativi alla composizione delle voci contabili, alle loro variazioni, ai criteri di valutazione applicati, nonché a taluni aspetti concernenti la struttura finanziaria della società (numero delle azioni per categoria, numero e caratteristiche degli strumenti finanziari emessi, finanziamenti concessi dai soci).

Non appartiene invece al bilancio la **relazione degli amministratori** (art. 2428), che pure lo accompagna (lo "correda", secondo la definizione legislativa). Si tratta, sostanzialmente, di un *resoconto*, in parte narrativo, in parte numerico, "contenente un'analisi [...] della situazione della società e dell'andamento e del risultato della gestione, nel suo complesso e nei vari settori in cui essa ha operato": dunque una descrizione dello scenario attuale e delle prospettive dell'attività. A questa indicazione generica di contenuto segue l'elencazione analitica di una serie di informazioni che la relazione deve "in ogni caso" fornire, e tra le quali rileva "l'evoluzione prevedibile della gestione" oltre ad alcuni indicatori ed aspetti finanziari.

4. *Il procedimento di formazione e l'invalidità del bilancio*

Il **progetto di bilancio** è redatto dall'organo gestorio, necessariamente in formazione collegiale (trattandosi di materia non delegabile: art. 2381, co. 4).

Viene poi sottoposto all'organo di controllo e al soggetto incaricato della revisione legale, il primo dovendo redigere una propria relazione con la descrizione dell'attività svolta e le osservazioni in ordine al progetto stesso (art. 2429; ma di questa relazione non c'è bisogno se è adottato il sistema dualistico, perché in tal caso è lo stesso consiglio di sorveglianza ad approvare il bilancio, *ex* art. 2409-*terdecies*), il secondo dovendo formulare il proprio giudizio sulla corrispondenza del medesimo a verità e sul rispetto della disciplina che presiede alla sua redazione (art. 14 d.lgs. 39/2010).

Successivamente è l'**assemblea ordinaria** (il consiglio di sorveglianza, nel sistema dualistico) che **approva il bilancio** (art. 2364, n. 1 e co. 2). Solo con l'approvazione il bilancio acquista *rilevanza giuridica* come tale e deve essere *depositato presso il registro delle imprese*, con le relazioni che lo corredano.

Come ogni altra delibera, anche questa può essere **invalida** e può dunque venire impugnata *ex* artt. 2377 e 2379.

I *vizi procedimentali* ne determinano come di consueto l'annullabilità (salvi i due casi di nullità di cui all'art. 2379). Assai rilevante è qui, però, l'altra ipotesi di **nullità**: costituendo il bilancio l'*oggetto della delibera*, se esso non è conforme alla disciplina che presiede alla sua redazione, la delibera è nulla per contrarietà a norme imperative (e dunque per *illiceità*) *dell'oggetto*. Nullo è innanzitutto il bilancio (più esattamente: nulla è la delibera che lo approva) se *non è conforme a verità*: e ciò accade quando si omettono elementi patrimoniali esistenti o se ne indicano di fittizi o si procede a valutazioni contrarie ai criteri legali. Nullo è anche il bilancio vero ma *non conforme al principio di chiarezza*.

Al fine di evitare impugnative meramente ostruzionistiche, ad opera di azionisti di minoranza aventi l'obiettivo di danneggiare la società con il metterne in discussione la situazione patrimoniale passata e presente e con il minarne così la reputazione nel mercato, il legislatore ha tuttavia posto alcuni sbarramenti. Innanzitutto, un **termine di decadenza** più severo di quello generale previsto nell'art. 2379: l'impugnazione non può essere proposta contro un bilancio, dopo l'approvazione (valida o no, non importa) di quello successivo (art. 2434-*bis*, co. 1). In secondo luogo, un **requisito di legittimazione**, che altrimenti sarebbe assente: se il revisore (o i sindaci, se ad essi spetta la revisione) non ha formulato rilievi sul bilancio, l'impugnazione può essere proposta, se proviene dai soci, solo da quelli che (anche congiuntamente) rappresentano almeno il 5% del capitale (co. 2).

CAPO QUARTO

LE SOCIETÀ QUOTATE

§ 57. LE SOCIETÀ CON AZIONI QUOTATE IN MERCATI REGOLAMENTATI

La circostanza che le azioni di una s.p.a. siano quotate in un dato mercato assume significato per l'organizzazione societaria sotto un duplice profilo.

In primo luogo, v'è la necessità per il legislatore di tenere conto delle conseguenze della partecipazione di una *moltitudine di soci*, in buona parte detentori di quote minime di capitale sociale, nonché caratterizzati dall'essere *risparmiatori* o comunque privi di qualunque interesse alla partecipazione attiva alla *governance*. Una tale prospettiva spiega oggi la previsione di uno specifico sub-modello di s.p.a., al quale fa puntuale riferimento, come si era visto, l'art. 2325-*bis* nel tipizzare la categoria delle "*società che fanno ricorso al mercato del capitale di rischio*" (e della quale fanno parte integrante le "società con azioni quotate in mercati regolamentati"), cui rinviano norme del codice civile che, da un lato, incidono sulla *distribuzione dei diritti sociali* ai soci "attivi"; dall'altro, rafforzano la protezione dell'istanza di *certezza e affidabilità* delle regole dell'attività sociale e della sua gestione.

Ma v'è pure da tenere conto che la quotazione sancisce l'ingresso dei titoli azionari in un vero e proprio "mercato", avente a oggetto prodotti di tipo finanziario: cosicché le s.p.a. "emittenti" dei titoli oggetto di negoziazione divengono a loro volta parti del suddetto contesto e accettano pertanto di assoggettarsi alle logiche finanziarie e alle leggi che sono tipiche della sollecitazione all'efficiente incontro tra domanda ed offerta. Tale disciplina trova il suo fulcro nell'attenzione normativa nei confronti del *processo di formazione dei prezzi*, con l'interesse a che, in un *mercato regolamentato*, questi si possano determinare correttamente. A fianco di un siffatto interesse se ne pone poi un altro, relativo alla protezione della *stabilità della domanda di collocamento di investimenti e risparmi*, contro i rischi di improvvise cadute, indotte da comportamenti disattenti o azzardati dei suoi operatori. Di ciò il TUF si occupa centralmente, a partire dall'art. 91, con previsioni ispirate "*alla tutela degli investitori* nonché all'*efficienza* e alla *trasparenza del mercato del controllo societario* e *del mercato dei capitali*".

I. *I presupposti formali del ricorso al mercato. Gli obblighi di trasparenza delle società quotate*

Le società con azioni quotate, per quanto detto, da un lato sono destinatarie (in quanto società che fanno ricorso al mercato del capitale di rischio, insieme a quelle con titoli "diffusi"; la cui nozione, si ricorda, è codificata nell'art. 2-*bis* Reg. Emitt.) di regole codicistiche specificamente a esse dedicate, dall'altro, sono soggette alle previsioni del TUF, indirizzate alla regolamentazione del mercato.

Dal primo punto di vista, l'art. 2325-*bis* opera un generico riferimento alla circostanza che le azioni concretamente emesse siano quotate in "mercati regolamentati", cosicché le regole speciali del c.c. dettate per le società cui si riferisce tale norma si applicano *a prescindere dalla localizzazione in Italia* del mercato di negoziazione (sempre, è da ritenere, che si tratti di mercati riconosciuti ai sensi dell'ordinamento comunitario); tali regole speciali sono state volta a volta illustrate nei Capi precedenti. Dal secondo punto di vista sopra menzionato, secondo l'**art. 119 TUF** sono soggette alle previsioni dello stesso TUF le (sole) "società italiane con azioni quotate in mercati regolamentati italiani o di altri paesi dell'Unione Europea"; a tali ultime previsioni è dedicata la trattazione che segue.

In ordine alle **condizioni per l'ammissione** (come pure per l'esclusione e la sospensione) delle azioni nel dato mercato, ai sensi dell'art. 62 TUF occorre osservare le previsioni regolamentari elaborate dalla *società che ne ha la gestione* (*infra*, § 77.I). In particolare, così, ai sensi del "Regolamento dei mercati organizzati e gestiti dalla Borsa Italiana s.p.a.", la richiesta di quotazione deve essere preceduta da una delibera dell'organo competente (art. 2.4.1); nei due mesi successivi la società di gestione decide intorno all'ammissione e ne dà quindi comunicazione all'emittente, alla Consob e al mercato.

Il provvedimento di ammissione emesso dalla società di gestione del mercato non è tuttavia sufficiente affinché le azioni siano effettivamente negoziate nel dato mercato. La legge stabilisce la necessità di un documento informativo iniziale, definito **prospetto di quotazione**, la cui disciplina è contenuta nel reg. UE 1129/2017 (c.d. Reg. Prospetti). Più in particolare, nell'art. 1, par. 5, si stabilisce che "i titoli sono ammessi alla negoziazione in un mercato regolamentato situato o operante all'interno dell'Unione soltanto previa pubblicazione di un prospetto".

La disciplina del prospetto è rivolta alla realizzazione dell'interesse a un'adeguata informazione degli investitori, la quale deve curarsi sin dal momento del ricorso iniziale al mercato. Tuttavia, una volta che l'emittente abbia avuto accesso allo stesso, i suoi obblighi informativi non sono definitivamente assolti: la società diviene infatti a quel punto soggetta a una penetrante ulteriore **disciplina di trasparenza** in relazione allo svolgimento dell'attività d'impresa. È dunque previsto l'obbligo, a carico degli emittenti, di adeguarsi a un pervasivo sistema di produzione e comunicazione di "**informazioni regolamentate**" individuate dalla legge (art. 113-*ter*, co. 1, TUF), da diffondere e da depositare presso la Consob e la società di gestione del mercato.

Quanto ai contenuti delle notizie che devono fornirsi, la legge in particolare prevede:

a) una puntuale e capillare informazione del mercato sulle ***principali operazioni*** poste in essere dalle società emittenti, nonché sulle vicende dell'organizzazione reputate rilevanti, quali individuate dalla Consob con proprio regolamento (artt. 70 ss. Reg. Emitt.; si tratta di fusioni e scissioni, aumenti di capitale con conferimento in natura, realizzazione di patrimoni destinati, ecc.).

b) un obbligo di *continua informazione* del mercato in relazione a fatti non puntualmente individuati *ex lege* ma destinati a essere identificati in concreto sulla base della loro *idoneità a incidere sui valori dei titoli negoziati*. È pertanto fatto obbligo agli emittenti di comunicare al pubblico "senza indugio", ogni ***informazione privilegiata*** (relativa agli stessi emittenti o alle società da essi controllate), come individuata dall'art. 7 MAR; tale fattispecie ricorre in presenza di tre elementi: *i*) il "carattere preciso" dell'informazione; *ii*) il trattarsi di un'informazione che non è stata resa pubblica, concernente, direttamente o indirettamente, gli emittenti o gli strumenti finanziari; *iii*) la circostanza che la sua diffusione potrebbe avere un "effetto significativo" sui prezzi degli strumenti finanziari medesimi.

II. *Le dinamiche partecipative e la struttura finanziaria delle s.p.a. Le regole di mercato delle azioni quotate*

La disciplina concernente la struttura finanziaria della s.p.a., che si è altrove diffusamente illustrata, riceve per le società quotate significative integrazioni dalle previsioni del TUF, per lo più dettate in vista delle istanze, da un lato, di efficienza, dall'altro, di trasparenza, del c.d. "mercato del controllo".

a) Poiché la legge favorisce la c.d. ***contendibilità del controllo*** (per evitare che soci rilevanti riescano, con un investimento relativamente ridotto, a cristallizzare una posizione di potere acquisita), l'art. 127-*sexies* TUF sancisce l'**inammissibilità** per le società quotate dell'emissione di **azioni a voto plurimo**. La norma precisa però che "le azioni a voto plurimo emesse anteriormente all'inizio delle negoziazioni in un mercato regolamentato mantengono le loro caratteristiche e diritti".

b) In accordo invece con la constatazione secondo cui è del tutto comune in una società con azioni quotate che l'acquisto dei relativi titoli sia operato da parte o per conto di *meri risparmiatori*, soggetti del tutto disinteressati alla partecipazione alla *governance*, è prevista (artt. 145 ss. TUF) una articolata disciplina, intitolata alle c.d. **azioni di risparmio**, categoria di "azioni *prive del diritto di voto*" e "*dotate di particolari privilegi di natura patrimoniale*". Compete allo statuto di determinare "il contenuto del privilegio, le condizioni, i limiti, le modalità e i termini per il suo esercizio", nonché "i diritti spettanti agli azionisti di risparmio in caso di esclusione dalle negoziazioni delle azioni ordinarie o di risparmio".

In buona sostanza, con la fattispecie in esame il legislatore oggi prevede una *disciplina specifica* in relazione a una operazione, l'emissione di azioni prive del diritto di voto, generalmente consentita a tutte le s.p.a., avendo riguardo al caso in cui tale emissione sia operata da una società con azioni ordinarie quotate in mercati regolamentati. A tale proposito, è così stabilito che tali azioni devono contenere la denominazione di "azioni di risparmio" e possono essere al portatore. Si ritiene che gli azionisti di risparmio siano del pari *privi*, oltre che del diritto di voto, *di ogni altro diritto amministrativo*. È inoltre stabilita un'***organizzazione*** analoga a quella ordinariamente caratterizzante le obbligazioni, con la previsione di un'*assemblea speciale* e un *rappresentante comune* degli azionisti di risparmio.

c) In relazione ai generali diritti degli azionisti, sono previsti due istituti peculiari, ispirati all'idea di ***incentivare la fidelizzazione del socio***, al fine essenzialmente di favorire un impegno di lungo periodo da parte degli investitori o comunque disincentivare il rapido disinvestimento, per promuovere uno sviluppo più efficiente dell'impresa dall'angolo visuale di chi cerchi invece di massimizzare i guadagni nel breve periodo (*long termism* vs. *short termism*).

c1) La prima figura di c.d. *"loyalty shares"*, è quella della **maggiorazione del dividendo**, prevista nell'art. 127-*quater* TUF. La disposizione stabilisce la possibilità che sul piano patrimoniale sia riconosciuto via statuto agli azionisti una sorta di "premio fedeltà", in particolare attribuendosi il diritto a una certa maggiorazione del dividendo, rispetto a quello spettante alle altre azioni, a coloro che posseggano i titoli per un "periodo continuativo indicato nello statuto", purché non inferiore a un anno. L'assegnazione di una tale maggiorazione, non può eccedere del 10% il comune dividendo e non si applica in caso di partecipazione superiore allo 0,5%, per quella parte che eccede tale misura, mostrandosi così che l'istituto è comunque rivolto a investitori di minoranza non interessati a concorrere o incidere in modo significativo nel controllo societario.

c2) Altra figura speciale è rappresentata dalla c.d. "**maggiorazione del voto**" (art. 127-*quinquies* TUF). In tale caso, si appronta pure una sorta di "premio fedeltà", tuttavia riguardante non il profilo patrimoniale della partecipazione bensì quello amministrativo. In particolare viene stabilito che, sempre via statuto, possa disporsi di attribuirsi un voto maggiorato, "fino a un massimo di due voti", per ogni azione posseduta dallo stesso socio di una s.p.a. con azioni quotate per un periodo continuativo di due anni: in tal caso, si tratta pertanto, a differenza che nel precedente, di intercettare azionisti interessati al dialogo di *governance*, sollecitandoli a una presenza più attiva e consapevole in società.

III. *Gli obblighi informativi sugli assetti proprietari*

La considerazione, da parte del legislatore, degli interessi collegati al mercato produce a carico del titolare della partecipazione sociale penetranti *doveri di trasparenza* circa la sua posizione di socio. Ciò, in modo da consentire al mercato e agli stessi azionisti di acquisire conoscenza, per un verso, della articolazione dell'azionariato e così della *esistenza e composizione* di posizioni di comando in relazione a una data s.p.a., nonché della relativa stabilità; per un altro verso, del *comportamento* tenuto dai soci di riferimento nelle occasioni sociali e del grado di armonia o conflittualità manifestatosi.

a1) In tale quadro, va letta anzitutto la normativa concernente la trasparenza del profilo "statico" degli assetti azionari, la cui principale disposizione è l'art. 120 TUF, da leggere insieme alle previsioni del Reg. Emitt. di esso attuative.

Con essa il legislatore si preoccupa di stabilire modi e termini dell'informazione nei confronti della società e, tramite la Consob, del mercato, avente a oggetto le **par-**

tecipazioni considerate "**rilevanti**", cioè tali da far supporre un'attenzione dell'azionista alla *governance* sociale e un suo conseguente interesse a un comportamento attivo in tale ambito. In particolare, la ***soglia*** fissata dalla legge oltre la quale si configura la "partecipazione rilevante" è quella dell'acquisto di azioni "in misura superiore al *tre per cento* del capitale sociale", col che scatta un obbligo di darne ***comunicazione*** "alla società partecipata e alla Consob". Uguale obbligo di comunicazione opera all'avvenuto superamento di ulteriori soglie, precisate dalla Consob in via regolamentare (v. in part. l'art. 117, co. 1, Reg. Emitt.). In caso di inadempimento, oltre a una sanzione amministrativa è stabilita la ***sospensione del voto*** inerente alle azioni a cui l'omissione è relativa, con estensione alla Consob della legittimazione all'impugnativa delle delibere adottate con il voto determinante di tali azioni.

a2) Sempre in tema di trasparenza degli assetti proprietari sul piano "statico", l'art. 121 TUF si preoccupa altresì di evitare che si diano **partecipazioni reciproche** che eccedano la misura del 3% (elevabile al 5%, previo accordo tra le due società): stabilendo in particolare che in caso di partecipazioni reciproche eccedenti i limiti sopra nominati "la società che ha superato il limite successivamente *non può esercitare il diritto di voto* inerente alle azioni eccedenti e deve alienarle entro dodici mesi dalla data in cui ha superato il limite. In caso di mancata alienazione entro il termine previsto la sospensione del diritto di voto si estende all'intera partecipazione".

b1) In ordine, poi, alla trasparenza degli assetti sotto il profilo "dinamico", ossia dell'informazione agli investitori circa i comportamenti tenuti dagli azionisti rilevanti, occorre avere riguardo per prima cosa alla previsione dell'art. 120, co. 4-*bis*, per il caso di superamento delle soglie del 10%, o 20% o 25%: in tale ipotesi, in forza della disposizione citata, l'acquirente è obbligato a "dichiarare gli obiettivi che ha intenzione di perseguire nel corso dei sei mesi successivi". Viene così edotto il mercato della eventualità che la società sia soggetta a imminenti "scalate".

b2) Vanno poi tenute presenti le previsioni contenute negli artt. 124-*quater* ss., finalizzate a rendere evidente al mercato il ruolo concretamente esercitato, nella data s.p.a., da alcuni **azionisti qualificati** (fondi pensione, imprese di assicurazione ramo vita, società di gestione del risparmio quali gestori di OICR). Si prevede che tali soggetti: *i*) adottino e comunichino al pubblico una *politica di impegno*, relativa al comportamento che essi intendono tenere quali azionisti della società, in coerenza con le rispettive strategie di investimento delle somme di cui dispongono; *ii*) effettuino alcune comunicazioni al pubblico per rendere evidenti al mercato le situazioni partecipative più favorevoli a una *governance* orientata a risultati di lungo periodo (e dunque tendenzialmente contrarie a una gestione guidata da politiche distributive di breve termine).

c) Ulteriore tassello importante della disciplina degli assetti proprietari delle società quotate è costituito dalla regolamentazione dei **patti parasociali**. La disciplina del TUF al riguardo si distingue rispetto a quella inserita nel codice civile, soprattutto in quanto maggiormente improntata alla previsione di *obblighi pubblicitari* a carico dei paciscenti, qui molto più intensi di quelli stabiliti per le comuni s.p.a. (anche se con titoli diffusi), nonché per la fissazione di limiti più stringenti in relazione alla *durata* dei patti in parola.

Procedendo con ordine, quanto agli **obblighi di trasparenza** (art. 122) è stabilito che gli accordi parasociali tra soggetti che congiuntamente raggiungano le soglie di rilevanza *ex* art. 120, e riguardanti le società quotate o le società che le controllano debbano, essere: *i*) comunicati alla Consob; *ii*) pubblicati per estratto nella stampa quotidiana; *iii*) depositati presso il registro delle imprese del luogo ove la società ha la sua sede legale; *iv*) comunicati alla società con azioni quotate. L'inadempimento produce la radicale ***nullità*** dei patti stipulati, nonché, come nel caso generale delle partecipazioni rilevanti, la ***sospensione del diritto di voto*** del socio inadempiente.

In ordine ai **limiti temporali** del rapporto parasociale, è disposto che i patti "non possano avere durata superiore a *tre anni* e si intendono stipulati per tale durata anche se le parti hanno previsto un termine maggiore" (art. 123). È espressamente precisato, tuttavia, che detti accordi "sono rinnovabili alla scadenza". Ove siano invece stipulati *a tempo indeterminato*, è *ex lege* riconosciuto un *diritto di recesso* a favore di ogni contraente, esercitabile con un preavviso di sei mesi. In caso di recesso, si applicano le previsioni pubblicitarie prima richiamate.

Quanto alla **fattispecie** rispetto a cui la disciplina appena riferita si applica, non viene stabilito, come per le società non quotate (nell'art. 2341-*bis* c.c.) di restringere l'ambito applicativo unicamente all'ipotesi degli accordi stipulati "al fine di stabilizzare gli assetti proprietari o il governo delle società": l'art. 122 TUF fa piuttosto generale riferimento ai "patti aventi per oggetto l'esercizio del diritto di voto" (sempre che oggetto degli stessi siano partecipazioni complessivamente almeno pari alla soglia del 3%, come si è detto). Inoltre, la norma estende la disciplina appena illustrata pure ai patti "che istituiscono obblighi di preventiva consultazione per l'esercizio del diritto di voto", "che pongono limiti al trasferimento delle relative azioni o di strumenti finanziari che attribuiscono diritti di acquisto o di sottoscrizione delle stesse" o che ne prevedono l'acquisto, e in generale ai patti "aventi per oggetto o per effetto l'esercizio anche congiunto di un'influenza dominante".

IV. *Gli obblighi collegati all'acquisto del controllo. I riflessi societari dell'offerta pubblica di acquisto*

1. *L'offerta pubblica di acquisto di azioni quotate e la* "passivity rule"

L'o.p.a., ossia l'**offerta pubblica di acquisto o scambio** consiste, in base all'art. 1, co. 1, lett. *v*, TUF, in "ogni offerta, invito a offrire o messaggio promozionale, in qualsiasi forma effettuati, finalizzato all'acquisto o allo scambio di prodotti finanziari e rivolti a un numero di soggetti e di ammontare complessivo superiori" a una certa soglia fissata per legge. Mentre la disciplina generale di questa operazione si inserisce nel più ampio quadro del fenomeno finanziario rappresentato dalla sollecitazione del risparmio (la cui disciplina sarà illustrata *infra*, § 77, II), allorché l'offerta abbia a suo specifico oggetto azioni quotate in un mercato regolamentato il legislatore se ne occupa per i relativi riflessi sul piano societario: in particolare, per fare in modo che l'offerta possa svolgersi ed essere adeguatamente valutata dall'investitore tenendo presente la *possibile sua incidenza sul piano del mercato del controllo*.

In particolare, rilevano al riguardo gli istituti della c.d. *passivity rule* (art. 104 TUF) e dell'*o.p.a. obbligatoria* (art. 106 TUF).

A) Col primo dei due istituti il legislatore si preoccupa di evitare che il tentativo di assunzione del controllo di una società per il tramite di un'offerta di acquisto delle relative azioni avente a oggetto un numero di titoli sufficiente al raggiungimento della maggioranza dei voti possa essere ostacolato o impedito, dal socio che al momento dell'o.p.a. detenga la partecipazione di controllo, con strumenti di vario genere (es., emissione di nuove azioni suscettibili di innalzare la precedente misura di controllo; acquisto di azioni proprie), idonei a soddisfare l'intento difensivo del gruppo di comando ma magari non in linea con un genuino interesse sociale. A tale riguardo, viene stabilità una **regola di "passività"** della società bersaglio, cioè la proibizione delle manovre contrarie al successo dell'o.p.a., nell'ottica del menzionato *favor* legislativo verso la contendibilità del controllo.

Ai sensi dell'art. 104 TUF, così, "le società italiane quotate i cui titoli sono oggetto dell'offerta *si astengono dal compiere atti od operazioni che possono contrastare il conseguimento degli obiettivi dell'offerta*", salvo che non consti una "autorizzazione dell'assemblea ordinaria o di quella straordinaria per le delibere di competenza"

Tuttavia: *a*) la regola di "passività" vale solo là dove non ne sia prevista la deroga via statuto, della quale è peraltro previsto obbligo di comunicazione alla Consob; *b*) l'autonomia statutaria può pure prevedere, d'altra parte, di *rafforzare* la regola di passività affiancando a essa una regola di "neutralizzazione" (art. 104-*bis* TUF), il cui principale contenuto consiste nello stabilire l'inefficacia, nel periodo di pendenza dell'offerta, di eventuali "limitazioni al trasferimento di titoli previste nello statuto" o "limitazioni al diritto di voto previste nello statuto o nei patti parasociali", nonché nella temporanea inefficacia di eventuali clausole prevedenti azioni a voto plurimo o voto maggiorato; *c*) vige una "clausola di reciprocità" (art. 104-*ter* TUF), tale per cui le regole di sfavore per le difese da o.p.a., fin qui riferite, non si applicano all'ipotesi di offerenti provenienti da Paesi stranieri, non soggetti alle medesime previsioni nel Paese di origine.

B) L'istituto dell'**o.p.a. obbligatoria** trova fondamento nell'importanza che il mutamento del controllo in una società quotata assume dal punto di vista degli *azionisti esterni alla maggioranza*. Una nuova stabile maggioranza in una società quotata comporta infatti la possibilità che all'attività sociale sia impresso un nuovo corso nella politica aziendale e societaria.

Davanti a una tale prospettiva, l'investitore è esposto al rischio di dovere sopportare un duplice pregiudizio. Da un lato, può teoricamente accadere che il nuovo assetto generi un assestamento verso il basso del prezzo della società partecipata, il cui contraccolpo nel patrimonio dell'investitore non è evitabile con un'ordinaria cessione sul mercato delle azioni successiva al mutamento del controllo, poiché questa avverrebbe dopo che detto ribassamento dei corsi si fosse già verificato. Dall'altro, l'acquisizione del controllo normalmente comporta il pagamento di un **premio**, evidentemente corrispondente al valore latente dei titoli negoziati: ma della possibilità di godere di tale surplus (rispetto allo stretto valore aziendale) dato dal fornire al titolare il vantaggio del controllo, godrebbero unicamente coloro che hanno ceduto la partecipazione al nuovo acquirente, in contrasto col principio di uguale trattamento degli investitori.

Per impedire che tali pregiudizi si verifichino, il legislatore stabilisce due diverse ipotesi di offerta pubblica di acquisto obbligatoria: l'***o.p.a.*** c.d. ***successiva*** e l'***o.p.a.*** c.d. ***incrementale***.

b1) La più importante (quanto a ricorrenza pratica e a impatto sistematico) può considerarsi la prima, cioè l'**o.p.a. totalitaria successiva**. Ai sensi dell'art 106 TUF, chiunque, a seguito di acquisti ovvero di maggiorazione dei diritti di voto, venga a detenere una partecipazione superiore al 25% del capitale (ovvero il 30%, nelle PMI) "promuove un'offerta pubblica di acquisto rivolta a tutti i possessori di titoli sulla totalità dei titoli ammessi alla negoziazione". Più specificamente, compiuto l'acquisto della percentuale rilevante, sorge l'obbligo di pubblicazione di un'offerta, riguardante appunto la totalità dei titoli in circolazione, la quale deve: *a*) essere emessa nel termine massimo di venti giorni dalla data dell'acquisto; *b*) avere a oggetto ciascuna categoria dei titoli emessi dalla società in questione; *c*) indicare un **prezzo** determinato *ex lege*. Quest'ultimo è un requisito particolarmente importante: l'art. 106, co. 2, prevede in particolare che "l'offerta è promossa [...] a un prezzo non inferiore a quello più elevato pagato dall'offerente e da persone che agiscono di concerto con il medesimo, nei dodici mesi anteriori..., per acquisti di titoli della medesima categoria".

b2) Oltre che per l'ipotesi di acquisto di una partecipazione di controllo in società con titoli quotati, la legge prevede un obbligo di **o.p.a. totalitaria** c.d. **incrementale**, per il caso di successivo *aumento*, da parte di un soggetto che già possieda una quota superiore al 30%, *della partecipazione* originaria. Segnatamente, l'obbligo di offerta totalitaria scatta nel caso di ulteriore acquisto, anche indiretto, di *più del 5%* del capitale rappresentato da titoli con diritto di voto, complessivamente realizzato in un periodo di dodici mesi (artt. 106, co. 3, lett. *b*, TUF e 46 Reg. Emitt.).

Per entrambe le ipotesi, comunque, importanti **esenzioni** sono previste in dipendenza di due specifiche ipotesi di ***offerta preventiva***, disciplinate dagli artt. 106, co. 4 (offerta preventiva totalitaria), e 107 (offerta preventiva parziale): l'obbligo di o.p.a. successiva o incrementale non sorge, cioè, se la soglia rilevante sia stata superata non attraverso contrattazioni individuali, ma grazie a un'offerta al pubblico avente ad oggetto o la totalità, o almeno il 60% delle azioni.

C) L'art. 108 TUF stabilisce, poi, l'istituto dell'**obbligo di acquisto residuale,** imponendosi a chi si trovi a detenere una partecipazione almeno pari al ***novantacinque per cento*** del capitale rappresentato in titoli di una società quotata "l'obbligo di acquistare i restanti titoli da chi ne faccia richiesta" (in realtà l'obbligo sorge al raggiungimento del 90%, ma in tal caso il detentore della partecipazione può esentarsi ripristinando "entro novanta giorni un flottante sufficiente ad assicurare il regolare andamento delle negoziazioni"). La funzione dell'istituto è precisamente quella di sottrarre i piccoli risparmiatori ai rischi (di illiquidità del mercato e di non veridicità dei relativi prezzi), derivanti dalla permanenza sul mercato stesso di titoli scarsamente circolanti.

D) Ulteriore istituto, speculare a questo, è quello del "**diritto di acquisto**" (art. 111 TUF): se un soggetto venga a detenere una percentuale di titoli pari al 95% del capitale "a seguito di un'offerta pubblica totalitaria", ha *diritto* (e non solo l'obbligo alla stregua dell'art. 108 TUF) di acquistare i titoli residui.

V. *La struttura organizzativa. Il rafforzamento dei diritti dei soci in assemblea e la* corporate governance

Il TUF prevede, lo si è più volte notato, una disciplina speciale pure in tema di **or-**

gani delle società con azioni quotate, con regole che in più punti *integrano* la normativa generale in materia. Essa, poiché è stata già illustrata in precedenza, verrà qui solo sinteticamente richiamata, evidenziandone il filo conduttore considerato dal legislatore speciale.

A) Rispetto alla disciplina codicistica dell'**assemblea di s.p.a.** si prevedono importanti deroghe all'ordinario procedimento assembleare, ispirate all'intento di rafforzare i "**diritti dei soci**" e così rendere effettiva la concreta possibilità di una incidenza degli azionisti di minoranza (qui da intendersi come quei soggetti comunque interessati a partecipare alla *governance* e per lo più rappresentati dai c.d. investitori istituzionali) nella vita sociale.

i) Viene rafforzato il **diritto di informazione** degli azionisti attraverso: l'ampliamento dei *termini* dell'avviso di convocazione (art. 125-*bis*, co. 1-3: la previsione generale è di 30 giorni prima della riunione, mentre per l'assemblea di nomina degli amministratori è stabilito il maggior termine di 40 giorni, e per la riduzione del capitale per perdite o la nomina dei liquidatori il minor termine di 21 giorni); e dei relativi *contenuti* (art. 125-*bis*, co. 4: norma che elenca una serie ampia e minuziosa di dati importanti da inserire nell'avviso, per facilitare l'esercizio dei diritti di intervento e voto dei soci); nonché l'imposizione di una *relazione dettagliata intorno alle materie all'ordine del giorno* (da pubblicare nelle stesse forme dell'avviso: art. 125-*ter*).

ii) Viene facilitata la possibilità del socio di minoranza di utilizzare l'occasione assembleare per sollecitare il pronunciamento dell'amministrazione e degli altri soci su profili considerati rilevanti o urgenti. A tale riguardo, si ricorda il diritto riconosciuto a tutti gli azionisti di *formulare domande e richiedere chiarimenti in ordine alle materie all'ordine del giorno* (art. 127-*ter*: con l'imposizione agli amministratori di fornire risposta ai quesiti o prima dell'assemblea o al più tardi durante la stessa), nonché quello, attribuito a coloro che rappresentino almeno un quarantesimo del capitale sociale, di *richiedere l'integrazione dell'ordine del giorno con nuovi argomenti* o di *presentare sugli argomenti comunicati nuove proposte di deliberazione* (art. 126-*bis*).

iii) È favorita e incentivata la possibilità di soci rilevanti di **partecipare attivamente** all'assemblea e raccogliere adesioni su posizioni competitive rispetto a quelle espresse da altri, attraverso: da un lato, il sistema della c.d. *record date* (art. 83-*sexies*, co. 2), che facilita la presenza in assemblea degli investitori istituzionali e il mantenimento di voti a ridosso dell'occasione assembleare; dall'altro, le norme sulla sollecitazione di deleghe, che consentono a soci di minoranza di raccogliere e aggregare consenso proveniente dalla vasta platea degli azionisti "passivi".

Si palesa, così, l'intento di consentire un più effettivo confronto tra soci e rendere trasparenti sia le scelte compiute dal socio di controllo, sia il riscontro dato alle stesse da parte delle minoranze.

B) È tuttavia la disciplina dettata in tema di amministrazione e controllo delle s.p.a. quotate che può forse dirsi rappresentare il cuore della c.d. ***corporate governance***. Essa è ispirata dalla constatazione del diminuito controllo esercitabile dai soci, in tale contesto, nei riguardi degli amministratori e al contempo dalla più forte necessità di scongiurare condotte distrattive o dissolutive delle risorse investite, in vista della tutela dei risparmiatori e del mercato: per una adeguata protezione dei quali non può considerarsi sufficiente la fissazione di sanzioni successive ma occorrono rimedi preventivi.

i) Così, le norme in tema di **nomina degli amministratori**, già altrove illustrate, devono leggersi come regole attuative del metodo della *prevenzione*, preordinate all'effettivo rispetto dei canoni di diligenza, lealtà e correttezza nella gestione. A tali principi rispettivamente corrispondono: *a*) l'imperativa adozione, per la designazione dei membri del consiglio, del criterio del *voto di lista* (art. 147-*ter*, co. 1), e per il tramite di questo la nomina di ***rappresentanti delle minoranze*** (art. 147-*ter*, co. 3), in linea con l'intento normativo – che si è visto attraversare pure la disciplina dell'assemblea – di sottoporre a un confronto dialettico gli indirizzi strategici e operativi riconducibili al socio di maggioranza; *b*) l'integrazione dell'organo di gestione con uno o più ***amministratori indipendenti*** (artt. 147-*ter*, co. 4; 147-*quater*, co. 1), la cui missione fondamentale è chiaramente quella di sorvegliare affinché le decisioni consiliari non siano guidate dalla considerazione di interessi personali ai gestori, in conflitto con quello della società; *c*) l'inderogabile rispetto, nella selezione delle persone degli amministratori, di un criterio che assicuri l'***equilibrio tra i generi***, e con esso una considerazione di diversi angoli visuali nell'assunzione delle decisioni e conseguentemente una più attenta ponderazione delle stesse.

ii) In relazione agli **organi di controllo**, rilevano anzitutto le regole del TUF di precisazione dei ***requisiti di indipendenza*** (v. l'art. 148, co. 3), e ***professionalità*** (v., in particolare, l'art. 148-*bis*, il quale sancisce la regola della esistenza di *limiti al cumulo degli incarichi*). Soprattutto, però, vengono forniti ai sindaci particolari strumenti per individuare le violazioni potenziali dei principi di legalità e correttezza, destinate a essere scongiurate con nuove procedure di controllo. Rileva a questo proposito (accanto alla ripetizione delle speciali regole, delineate per gli amministratori, in ordine alla nomina dell'organo, con la previsione delle *quote di genere* e del *sindaco di minoranza*, al quale compete la presidenza del collegio: art. 148): *a*) la peculiare disciplina dei ***flussi informativi***, con la espressa previsione di una comunicazione almeno trimestrale dagli amministratori ai sindaci, avente a oggetto l'attività svolta e le operazioni di maggior rilievo (art. 150); *b*) gli estesi ***poteri di iniziativa*** rispetto all'azione degli altri organi sociali, con la generale possibilità di convocazione dell'assemblea, del consiglio di amministrazione, del comitato esecutivo (art. 151, co. 2); *c*) il rafforzamento dei ***poteri ispettivi***, con la possibilità di "avvalersi dei dipendenti della società" (art. 151, co. 2); *d*) l'attribuzione al collegio sindacale di compiti di ***supervisione e direzione*** nei confronti dei soggetti preposti al controllo interno, esplicitamente tenuti a riferire "anche al collegio sindacale di propria iniziativa o su richiesta anche di uno solo dei sindaci" (art. 150, co. 4), nonché del ruolo di *organo sociale di riferimento nei confronti dei controllori esterni*, quali i revisori o la Consob (alla quale, ai sensi dell'art. 149, co. 3, il collegio comunica senza indugio "le irregolarità riscontrate nell'attività di vigilanza e trasmette i relativi verbali delle riunioni e degli accertamenti svolti e ogni altra utile documentazione").

iii) Ancora, è coerente col quadro appena rappresentato la disciplina sul **controllo contabile**, come si ricorderà centralmente affidato a *società di revisione*. Vanno menzionate in proposito le norme che forniscono agli investitori una protezione rafforzata contro il pericolo che l'effettività delle verifiche contabili sia inficiata dalla presenza di conflitti di interessi: si spiega così la regola della necessaria ***rotazione degli incarichi***, con la previsione di un intervallo tra l'uno e l'altro di un periodo di almeno tre anni (art. 17 d.lgs. 39/2010); nonché quella del ***divieto di porta girevole***, preclusiva sia dell'affidamento di cariche sociali a soggetti che hanno precedentemente preso parte all'attività di revisione nella s.p.a. delle cui cariche si tratta, sia all'inverso dell'assunzione di compiti di revisione da parte di soggetti che siano stati in precedenza membri degli organi della società revisionata (art. 17, co. 5 e 6, d.lgs. 39/2010). È certo un importante completamento, poi, di tale disciplina, la figura del *dirigente preposto alla redazione dei documenti contabili societari*, tipizzata e regolata nell'art. 154-*bis* TUF.

C) Un ruolo fondamentale, infine, nella definizione dell'impianto organizzativo e nella configurazione del concreto assetto di *corporate governance* è affidato all'**autonomia privata**. Norma fondamentale, al riguardo, può considerarsi quella sulla pubblicazione della *Relazione sul governo societario e sugli assetti proprietari*, la quale impone di affidare al mercato il giudizio circa la concreta formula organizzativa adottata dalla s.p.a. quotata e le scelte sulle regole di *governance* che la compongono (ivi comprese le decisioni in materia di responsabilità sociale dell'impresa), elencate secondo il catalogo previsto nell'art. 123-*bis* TUF. Tra le scelte cui è chiamata la s.p.a. con azioni quotate, assume poi speciale importanza quella relativa ai ***codici di autodisciplina***, ai quali è dato significativo rilievo dalla legge con lo stabilire che non solo deve essere resa trasparente dalla s.p.a. l'adesione ai medesimi, ma pure che l'eventuale, mancata adozione di singole disposizioni di detti codici *deve essere motivata* (c.d. ***regola del comply or explain***: co. 2).

SEZIONE DODICESIMA

LA SOCIETÀ A RESPONSABILITÀ LIMITATA. LA SOCIETÀ IN ACCOMANDITA PER AZIONI

§ 58. LA S.R.L. CARATTERISTICHE TIPOLOGICHE E STRUTTURA FORMALE

I. *Il tipo s.r.l.: disciplina "di base" e norme "speciali"*

La società a responsabilità limitata risulta ***uno dei tipi societari più diffusi nella prassi.*** E tale circostanza dipende certamente dalla adattabilità e dalla utilizzabilità del modello sia in contesti molto ristretti, come ad es. società familiari, sia in contesti più ampi, come nei gruppi di società, sia in società con una estesa compagine societaria. Lo stesso è da dirsi per quanto riguarda il dato dimensionale, posto che le s.r.l., pur pensate per le piccole imprese, possono essere utilizzate anche per imprese medio-grandi.

La disciplina dedicata alla s.r.l. tiene conto di tale eterogeneità e, come vedremo, prevede innanzitutto una **regolamentazione "di base"**, tesa ad attribuire alla s.r.l. una propria specifica identità, principalmente caratterizzata dal ruolo centrale dei soci (generalmente pochi), di norma interessati a partecipare attivamente alla vita societaria, e dall'ampio ricorso all'autonomia negoziale. Il tutto senza trascurare l'esigenza di tutela dei terzi e, in generale, del rispetto della legalità, attraverso un articolato complesso di norme (che ricalca, seppure con qualche importante differenza, quanto previsto nelle s.p.a.) volto a prevedere dei controlli (interni ed esterni), e conseguenti reazioni, in presenza di patologie in ordine all'operato dei soggetti deputati alla gestione societaria (si pensi alle norme in tema di responsabilità degli amministratori e dei soci, ai controlli sindacali ed *ex* art. 2409).

Alla disciplina "di base" si affiancano (introducendovi importanti deroghe, talune delle quali di portata tale da suscitare rilevanti interrogativi sulla loro reale coerenza con l'identità tipologica della s.r.l.) delle **norme "speciali"**, che vanno ad incidere su molteplici aspetti del modello, al chiaro fine di facilitare la costituzione di tale tipo societario e di incentivarne l'utilizzo, favorendo così la nascita di nuove iniziative imprenditoriali. Negli ultimi anni, infatti, il legislatore è più volte intervenuto (non sempre in modo ordinato e sistematico), adottando disposizioni volte o ad agevolare, sotto il profilo formale o patrimoniale, la costituzione delle s.r.l. (si tratta delle previsioni in tema di s.r.l. c.d. semplificate e a capitale marginale) o a promuoverne la "capitalizzazione", favorendo l'apertura di nuovi canali di accesso ai mercati (dapprima sperimentati per le *start-up* innovative e poi estesi a tutte le s.r.l. PMI, che, come avremo modo di ricordare anche successivamente, rappresentano la grandissima maggioranza delle s.r.l. presenti nel nostro paese).

Quanto alla **disciplina "di base"**, essa è volta in primo luogo ad ***enfatizzare la figura dei soci*** nell'ambito della società e ad attribuire ai medesimi ampi poteri (non solo di *exit*, ma soprattutto) di *voice*. Si muove dal presupposto, infatti, che i soci di s.r.l. siano di norma un numero limitato e, soprattutto, siano interessati a partecipare attivamente alla vita della società (c.d. soci imprenditori) e ad interloquire anche in relazione ad aspetti attinenti alla gestione, con ciò differenziandosi notevolmente dalla s.p.a. Si comprendono così quelle norme, di cui ci si occuperà successivamente, che attribuiscono agli stessi ampi poteri di controllo e di "ingerenza" nella gestione societaria, non senza conseguenze sotto il profilo risarcitorio.

In secondo luogo, le regole attuali accentuano il ***ruolo dell'autonomia negoziale*** e dei rapporti contrattuali tra i soci medesimi. L'ampia autonomia riconosciuta alle parti trova dei *limiti* solo in alcune norme imperative poste principalmente a tutela dei terzi, in considerazione del fatto che la s.r.l. è pur sempre dotata di autonomia patrimoniale perfetta (si pensi alla norma che introduce una postergazione del rimborso del finanziamento operato dal socio rispetto al soddisfacimento dei creditori sociali), nonché in specifiche disposizioni in grado di fissare gli elementi distintivi della medesima rispetto ad altri tipi societari (si considerino, ad es., la norma che prevede, a differenza di quanto avviene nelle società di persone, la limitazione di responsabilità del socio e quella che vieta di attribuire alle partecipazioni la forma azionaria).

La combinazione tra questi due cardini della disciplina (autonomia negoziale, ruolo dei soci) permette altresì di introdurre elementi di ***caratterizzazione personale dei singoli soci***, di agire, cioè, sul principio (tipico delle società di capitali) di proporzionalità tra diritti ed entità della partecipazione, attribuendo ad uno o più soci, nominativamente individuati nell'atto costitutivo, "diritti particolari" di carattere patrimoniale o amministrativo (ad es., come vedremo, il potere di nomina degli amministratori), con ciò valorizzando la rilevanza personale del singolo compartecipe (ad es., per la sua notorietà nel mercato di riferimento, il contributo che può offrire allo sviluppo dell'impresa, la sua storia, le relazioni familiari con gli altri soci, ecc.).

Infine, la disciplina "di base" si caratterizza per la presenza di una molteplicità di norme dispositive che lasciano all'autonomia negoziale la possibilità di prospettare, anche sotto il profilo organizzativo, soluzioni differenti. Così che la s.r.l., pur restando una società di capitali e mantenendo un regime di autonomia patrimoniale perfetta, può sotto diversi profili presentare ***elementi personalistici*** ed avvicinarsi alle società di persone: è ad es. possibile (oltre all'introduzione dei diritti particolari, di cui si è appena detto) adottare i sistemi di amministrazione disgiuntiva o congiuntiva (art.

2475, co. 3), o introdurre nell'atto costitutivo clausole di esclusione dei soci per giusta causa (art. 2473-*bis*), o, infine, conferire prestazioni d'opera o di servizi (art. 2464).

Proprio questa flessibilità e la conseguente possibile declinazione di una specifica s.r.l., in base alle scelte statutarie, nella direzione dell'avvicinamento ai modelli delle società di persone può rendere, in alcune ipotesi, difficile per l'interprete individuare la disciplina applicabile in caso di **lacune normative**. La (pur ampia) disciplina prevista per il tipo in esame, invero, lascia scoperti taluni aspetti anche rilevanti. Se, da un lato, la mancanza di una apposita previsione in relazione ad uno specifico tema non sempre deve essere interpretata come una lacuna, in quanto può essere che il legislatore abbia intenzionalmente deciso di non disciplinarlo (così è, ad es., per la mancata introduzione di una norma legittimante la costituzione di una s.r.l. per pubblica sottoscrizione), dall'altro lato, in presenza di una accertata lacuna, non appare corretto rinviare in ogni caso alle norme della s.p.a., essendo in alcuni specifici casi più opportuno, anche in considerazione dell'assetto concreto che è stato dato dalle parti, rivolgersi alla disciplina in essere per le società di persone.

Come precedentemente si è ricordato, negli ultimi anni il legislatore è intervenuto molteplici volte al fine di prevedere delle **norme "speciali"** al fine di agevolare la costituzione e la creazione di s.r.l. Gli interventi hanno toccato molteplici aspetti e complessivamente hanno suscitato più di un interrogativo.

Da un lato, sono state introdotte delle norme che prevedono ***minori oneri nella fase costitutiva*** e/o un ***ridotto impegno economico*** per i soci nella creazione di s.r.l., attraverso la previsione delle *s.r.l.* c.d. *semplificate* e delle *s.r.l.* c.d. *a capitale marginale*. Le norme che consentono la costituzione di una s.r.l. con capitale ridotto sono funzionali a consentire l'esercizio di una impresa, con limitazione del relativo rischio, anche a chi sia sostanzialmente privo di risorse finanziarie.

Dall'altro lato, il legislatore ha introdotto importanti deroghe alla disciplina "di base" anche con specifico riferimento all'aspetto partecipativo e finanziario; deroghe che hanno come principale finalità quella di agevolare il ***ricorso al mercato dei capitali*** (in alternativa al finanziamento bancario) e di concedere la possibilità di ***strutturare in modo differenziato le partecipazioni*** all'interno della società.

Suddette deroghe, originariamente introdotte per le sole *start-up* innovative (aventi cioè ad oggetto un'attività dall'alto contenuto tecnologico) sono poi state estese a tutte le s.r.l. che sono (= che hanno i requisiti per essere considerate) *PMI* e, cioè, le cui dimensioni non superino le soglie comunitarie qualificanti la piccola-media impresa, indicate dalla racc. 2003/361/CE: meno di 250 dipendenti, fatturato annuo non superiore a 50 milioni € oppure totale di bilancio annuo non superiore a 43 milioni €.

Si tratta, come vedremo, della possibilità: *i*) di emettere categorie di quote, anche prive del diritto di voto, standardizzate e pensate per investitori non intervenienti direttamente nella vita della società, secondo formule partecipative, dunque, potenzialmente distanti dalla filosofia – dell'enfatizzazione del ruolo attivo del socio e della personalizzazione della sua posizione –, che permea, come si è detto testé, la cornice generale della disciplina "di base"; *ii*) di offrire le partecipazioni al pubblico, anche attraverso portali telematici a ciò dedicati (c.d. *equity crowdfunding*); *iii*) di ricorrere al regime alternativo e intermediato di intestazione e trasferimento delle quote, *ex* art. 100-*ter* TUF, e *iv*) di effettuare operazioni sulle proprie quote, qualora queste siano compiute in attuazione di piani di incentivazione.

Tali opportunità, fino a poco tempo fa riservate solo alle s.p.a., mettono ora anche le s.r.l. PMI in condizione di attrarre nuovi capitali attraverso canali alternativi all'investimento dei soci-imprenditori e al canale bancario (quello storicamente privilegiato nel nostro paese, con alterne fortune); ciò al fine di non comprometterne le opportunità di crescita e di sviluppo nel moderno contesto economico. Si determina, in questo modo, un sensibile ravvicinamento per le s.r.l. PMI alle logiche e ai modelli della s.p.a, il che non può destare qualche perplessità, dato che ne restano escluse sole quelle s.r.l. di rilevanti dimensioni che più assomigliano alle s.p.a. ma che, in tal modo, verrebbero spinte ad adottare direttamente il codice organizzativo azionario.

II. *La costituzione*

La s.r.l. può essere costituita unicamente mediante **costituzione simultanea**, a differenza della s.p.a. per la quale è possibile anche una costituzione attraverso pubblica sottoscrizione.

1. *La s.r.l. unipersonale*

La s.r.l. può essere costituita, ai sensi dell'art. 2463, con **contratto** o con **atto unilaterale**. È, infatti, permessa la costituzione di una s.r.l. unipersonale, quindi con un unico socio (sia esso persona fisica o persona giuridica). Data, però, la possibilità che l'unicità del socio rappresenti un aspetto "negativo" soprattutto per i terzi – considerata la mancanza di una dialettica tra i soci stessi e, conseguentemente, il venir meno di una forma, anche se indiretta, di controllo interno – il legislatore prevede alcune disposizioni volte principalmente a tutelare i creditori (soprattutto, anche se non solo, sotto il profilo informativo) nel caso, per l'appunto, la s.r.l. abbia un unico socio. E si tratta di principi coincidenti con quelli già visti in materia di s.p.a.

a) Ai sensi dell'art. 2470, quando l'intera partecipazione appartiene ad un solo socio o muta la persona dell'unico socio, gli amministratori (o il socio stesso) devono depositare per l'iscrizione nel registro delle imprese, entro trenta giorni dall'avvenuta variazione della compagine sociale, una **dichiarazione** contenente tutte le generalità del medesimo (una dichiarazione deve, poi, essere depositata anche nel caso inverso, in cui si costituisce o ricostituisce la pluralità dei soci).

b) In base all'art. 2464, allo scopo di tutelare l'integrità del capitale sociale, si richiede che, in presenza di un unico socio fondatore, sia **versato immediatamente** l'*intero ammontare del capitale sottoscritto* (co. 4), mentre, se la pluralità dei soci viene meno successivamente, i *versamenti ancora dovuti devono essere effettuati entro novanta giorni* da tale evento (co. 7).

In caso di **violazione** di tali obblighi, e come già per la s.p.a., il socio *risponde personalmente e illimitatamente delle obbligazioni sociali* sorte nel periodo in cui è stato unico socio, sempre che la società risulti insolvente. È questa l'unica deroga prevista alla generale regola della responsabilità limitata: regola – enunciata, per le s.r.l., dall'art. 2462 – in forza della quale *per le obbligazioni sociali risponde soltanto la società con il suo patrimonio*.

c) L'art. 2250, co. 4, prevede infine che, in presenza di una società unipersonale, negli atti e nella corrispondenza debba essere indicata l'esistenza dell'unico socio. Da ultimo, viene riconosciuto che i **contratti** della società **con l'unico socio** o le operazioni a favore dell'unico socio sono opponibili ai creditori della società solo se risultano dal libro delle decisioni degli amministratori o da un atto scritto avente data certa anteriore al pignoramento (art. 2478, ult. co.).

2. *L'atto costitutivo e l'iscrizione della società nel registro delle imprese*

Per dare vita ad una s.r.l. occorre, in primo luogo, redigere l'atto costitutivo in *forma di atto pubblico*. L'**atto costitutivo** deve necessariamente indicare, in forza dell'art. 2463, i seguenti aspetti, oltre ovviamente ad altre previsioni che le parti possono sempre decidere di inserire nel medesimo (come, ad es., la durata della società, l'introduzione di vincoli alla circolazione delle partecipazioni, l'attribuzione di diritti particolari a singoli soci, ecc.):

a) gli *elementi identificativi di ciascun socio fondatore*;

b) gli *elementi essenziali e identificativi della società*, cioè la denominazione (contenente l'indicazione di s.r.l.), il comune ove è posta la sede (e le eventuali sedi secondarie), l'attività che costituisce l'oggetto sociale;

c) gli *elementi identificativi delle risorse destinate alla società e delle corrispondenti partecipazioni* assunte dai soci fondatori, e cioè l'ammontare del capitale sottoscritto e di quello versato, i conferimenti di ciascun socio e il valore attribuito ai crediti e ai beni conferiti in natura, la quota di partecipazione di ogni socio (non per forza – come constateremo – proporzionale al conferimento effettuato);

d) le *norme relative al funzionamento della società* (ivi comprese quelle concernenti l'amministrazione e la rappresentanza; resta, comunque, inteso che, in mancanza di alcuna indicazione in proposito nell'atto costitutivo, si applicherà la normativa legale, eventualmente integrata mediante l'estensione analogica di quella relativa ad altri tipi societari), le persone cui è affidata l'amministrazione, l'organo di controllo o il revisore nel caso in cui la sua presenza sia richiesta dalla legge o prevista dall'atto costitutivo.

Il legislatore si riferisce (per la s.r.l.) unicamente all'atto costitutivo e non menziona lo **statuto**, a differenza di quanto previsto nella s.p.a. Nella prassi non sembrano, però, sussistere ostacoli a che si possa prevedere anche nelle s.r.l. la predisposizione di due documenti: l'atto costitutivo, contenente i dati "storici" relativi alla costituzione della società e lo statuto, ove inserire le regole organizzative. In tale caso, secondo una parte della dottrina, si renderà applicabile la norma generale in essere per la s.p.a. (art. 2328, ult. co.) in base alla quale lo statuto, anche se forma oggetto di un atto separato, costituisce parte integrante dell'atto costitutivo e, in caso di contrasto tra le clausole dell'atto costitutivo e quelle dello statuto, prevalgono le seconde.

Nella disciplina in essere per la s.r.l. nessuna previsione è, infine, dedicata ai **patti parasociali** posti in essere dai soci (ovvero da alcuni di questi): tale mancanza può essere dipesa dal fatto che il legislatore confida che, nel presente tipo societario, i soci preferiscano introdurre già nell'atto costitutivo (e nello statuto) ogni previsione frutto della negoziazione tra i medesimi, dando, quindi, alle stesse una efficacia reale e rendendole, così, opponibili anche ai terzi. Ciò non toglie, però, che pure nella s.r.l. alcuni dei (o anche tutti i) soci siano legittimati a stipulare un patto parasociale, avente efficacia meramente obbligatoria.

Passando ora ad esaminare il procedimento da seguire per la costituzione della società, occorre ricordare come il legislatore richiami in proposito la disciplina in vigore per la s.p.a.: in tutti e due i casi si tratta, infatti, di erigere una organizzazione capitalistica avente personalità giuridica e di garantire la legalità della costituzione, nonché l'effettività del capitale. Dunque, ai sensi dell'art. 2329 (norma cui espressamente rinvia l'art. 2463, co. 3) è necessario, anche per la s.r.l., che sia sottoscritto per intero il capitale sociale, siano rispettate le previsioni (di cui *infra*, § 59) relative ai conferimenti e sussistano le autorizzazioni e le altre condizioni richieste dalle leggi speciali per la costituzione della società in relazione al suo particolare oggetto.

Il notaio, una volta predisposto l'atto costitutivo ed effettuato un **controllo di legalità** del medesimo, deve depositarlo entro dieci giorni presso l'ufficio del registro delle imprese, allegando i documenti comprovanti la sussistenza delle condizioni previste dall'art. 2329 sopra richiamate e, contestualmente, richiedere l'**iscrizione** della società nel registro medesimo. L'ufficio del registro, verificata la regolarità formale della documentazione, iscrive la società e, con l'iscrizione, quest'ultima ***acquista la personalità giuridica*** (artt. 2330 e 2331, richiamati dall'art. 2463, co. 3). Come nella s.p.a., il legislatore limita poi i casi che possono dare luogo a **nullità** della società, una volta avvenuta l'iscrizione nel registro delle imprese, rinviando sul punto all'art. 2332.

III. *Le modifiche dell'atto costitutivo*

Rinviando al prosieguo per la trattazione specifica relativa alle due modifiche dell'atto costitutivo consistenti nell'aumento e nella riduzione del capitale sociale, occorre qui ricordare che le modificazioni dell'atto costitutivo sono generalmente riservate alla **competenza dei soci** *ex* art. 2479, co. 2, n. 4 e, per garantire una maggiore ponderazione e discussione in proposito, si prevede che questi ultimi debbano necessariamente esprimersi, diversamente da quanto può accadere per altre loro decisioni, come si vedrà, *in assemblea* (art. 2479, co. 4) con il voto favorevole di tanti soci in grado di rappresentare almeno la metà del capitale sociale (art. 2479-*bis*, co. 3). Si ritiene, comunque, possibile (in forza di una apposita previsione nell'atto costitutivo) l'intervento in assemblea mediante mezzi di telecomunicazione.

La deliberazione modificativa deve essere, ai sensi dell'art. 2480, **verbalizzata** da un **notaio**, il quale, entro trenta giorni, verificato l'adempimento delle condizioni stabilite dalla legge, è tenuto a depositarla e a richiedere l'iscrizione nel registro delle imprese. L'ufficio del registro, verificata la regolarità formale della documentazione, iscrive la delibera nel registro. Qualora il notaio non ritenga adempiute le condizioni stabilite dalla legge, ne deve dare comunicazione tempestivamente agli amministratori, i quali possono convocare l'assemblea per gli opportuni provvedimenti (ad es., adottare delle modifiche rispetto alla deliberazione assunta in grado di superare le "obiezioni" notarili) oppure ricorrere al tribunale. Il tribunale, qualora ritenga adempiute le condizioni richieste dalla legge, sentito il pubblico ministero, ordina l'iscrizione nel registro delle imprese. È solo ***con l'iscrizione*** che ***la delibera modificativa dell'atto costitutivo acquista piena efficacia.*** Si tratta, come si vede, di una disciplina quasi identica a quella già esaminata per la s.p.a.

IV. *I procedimenti semplificati di costituzione*

1. *Le s.r.l. c.d. semplificate*

Per agevolare la costituzione e la nascita di nuove iniziative imprenditoriali che non necessitano di un capitale sociale minimo elevato, il legislatore ha introdotto nel nostro ordinamento, sul modello di altre esperienze straniere, le s.r.l. c.d. semplificate (art. 2463-*bis*), alle quali si applica una disciplina "speciale" in relazione alla loro fase costitutiva (oltre che in tema di capitale sociale).

Tali s.r.l. possono essere costituite da uno o più soci purché **persone fisiche**: non sono, quindi ammessi soci persone giuridiche Per la loro creazione i ***costi*** sono stati dal medesimo legislatore ***ridotti***, in quanto non sono dovuti l'imposta di bollo, i diritti di segreteria e, soprattutto, gli onorari notarili; resta, invece, da versare l'imposta di registro. La costituzione delle s.r.l. semplificate avviene mediante contratto o atto unilaterale (nel caso di società unipersonale) redatto da notaio, a titolo gratuito, in conformità ad un **modello *standard***, predisposto con il d.m. 138/2012. Tale modello appare, in verità, alquanto scarno e non contempla, ad es., la possibilità di indicare una durata, o di optare per una amministrazione congiuntiva o disgiuntiva o di nominare (in via facoltativa) un organo di controllo, o, ancora, di prevedere ulteriori (rispetto a quelli legali) casi di recesso. Le clausole contenute nel suddetto modello, in base al testo dell'art. 2463-*bis*, **non sono modificabili dalle parti**, in tal modo introducendo un forte limite all'autonomia negoziale, tratto, invece, caratterizzante le (altre) s.r.l. In sostanza, il risparmio di costi comporta la necessaria adesione ad un modello di atto costitutivo preconfezionato ed elementare con il sacrificio della possibilità di modellare, secondo le proprie esigenze, le regole di funzionamento della società.

Anche sotto il profilo patrimoniale, le s.r.l. semplificate presentano una particolarità: esse, infatti, devono avere un **capitale sociale** sottoscritto e interamente versato ***pari almeno ad un euro ed inferiore a diecimila euro***. Il conferimento deve farsi necessariamente in denaro (non sono, quindi, ammessi conferimenti di beni in natura, crediti, o di opera e servizi) ed essere versato all'organo amministrativo (art. 2463-*bis*, co. 2, n. 3). Va, comunque, sottolineato che le s.r.l. semplificate ***non sono società senza capitale***; per quanto minimo, esso è sempre presente e ad esso risulta applicabile la disciplina generale. Perciò, ed in particolare in caso di perdite che abbiano ridotto al di sotto dello zero il capitale sociale (più esattamente: al di sotto della soglia minima di un euro), la società non potrà sopravvivere, dovendo, come ogni altra s.r.l. (art. 2482-*ter*), procedere alla reintegrazione delle risorse mediante aumento del capitale o alla trasformazione in una società di persone (con perdita, allora, del beneficio della responsabilità limitata).

La possibilità di costituire delle s.r.l. dotate (in quanto società di capitali) di autonomia patrimoniale perfetta con capitale sociale "irrisorio" ha suscitato diverse critiche. In particolare è stato segnalato come questo possa rendere, nei fatti, assai difficoltoso per tali società il ricorso al credito e, comunque, creare dei problemi per i creditori sociali: *in primis*, per i creditori "deboli" che non sono riusciti a farsi rilasciare delle garanzie personali da parte dei soci (si pensi ai dipendenti) e per i creditori "involontari", i quali possono trovarsi loro malgrado a vantare delle pretese nei confronti di soggetti dotati di un capitale del tutto insufficiente.

È opinione prevalente che le s.r.l. semplificate siano, comunque, ***riconducibili al***

tipo s.r.l. e non rappresentino, pertanto, un tipo autonomo (così che non dovrebbe trovare applicazione la disciplina in tema di trasformazione nel caso, ad es., di "passaggio" da una s.r.l. semplificata ad una s.r.l. ordinaria; basterà allo scopo modificare l'atto costitutivo eliminando dalla denominazione l'aggettivo "semplificata" ed integrare il capitale sociale) ed è lo stesso legislatore a rinviare, per tutti gli aspetti non espressamente contemplati dall'art. 2463-*bis*, alla disciplina "di base" in essere per le s.r.l., in quanto compatibile. La scelta di costituire una s.r.l. semplificata non è peraltro irreversibile, potendo la società appunto evolvere verso la s.r.l. c.d. ordinaria, oppure trasformarsi in un qualunque altro tipo di società, o partecipare ad operazioni di fusione e scissione con società diverse. Anzi, è naturale pensare che la costituzione in forma di s.r.l. semplificata sia voluta dai soci fondatori, in concreto, solo per la fase di avvio dell'attività, e che poi gli stessi preferiscano passare ad una s.r.l. ordinaria (in virtù, anche, della maggiore autonomia ivi riconosciuta) o ad un altro tipo di società, sebbene la legge non ponga alcun obbligo in tal senso, né alcun limite temporale di permanenza della forma semplificata.

È, invece, discusso se sia possibile che una s.r.l. ordinaria possa divenire semplificata e in che termini. Una operazione, questa, cui dovrebbe naturalmente collegarsi una riduzione del capitale. Ora, parte della dottrina nega la convertibilità in s.r.l. semplificata, principalmente basandosi sul fatto che l'accesso alla disciplina di quest'ultima dovrebbe essere possibile solo in fase di costituzione. Altra parte della dottrina, invece, lo ammette in considerazione del principio di conservazione delle imprese e dell'autonomia negoziale dei soci.

2. *La costituzione* online

La Direttiva 1151/2019 ha proposto l'introduzione di procedure volte a consentire l'intero svolgimento della **costituzione** delle società ***online***.

In attuazione della Direttiva è stato emanato il d.lgs. 183/2021, in forza del quale le s.r.l. e le s.r.l. semplificate, aventi sede in Italia, possono essere costituite *online* purché tutti i *conferimenti* iniziali siano fatti *in denaro* mediante bonifico bancario su un conto corrente dedicato del notaio rogante. In tal caso non è necessaria la presenza fisica dei soci fondatori dinnanzi al notaio, essendo sufficiente la *presenza virtuale* mediante sistemi di videoconferenza, attraverso una piattaforma telematica predisposta e gestita dal Consiglio nazionale del notariato.

Il notaio, accertata l'identità dei partecipanti e compiute le necessarie verifiche, anche in ordine alla volontà delle parti e alle sottoscrizioni elettroniche da parte di tutti i firmatari, riceve l'*atto pubblico informatico* che, poi, viene iscritto nel registro delle imprese, mediante invio telematico di una copia digitale corredata dei necessari allegati. In definitiva, l'evoluzione verso il digitale non comporterà una diminuzione dei controlli, sempre garantiti dall'intervento notarile.

Per agevolare ancor più la costituzione, si riconosce, infine, la facoltà di utilizzare un modello uniforme di atto costitutivo predisposto dal Ministero dello sviluppo economico con d.m. 155/2022.

§ 59. LA S.R.L.: LA STRUTTURA FINANZIARIA

SOMMARIO: I. *Il capitale sociale e i conferimenti.* – 1. I conferimenti. – 2. L'aumento e la riduzione del capitale sociale. – 3. Le società con capitale sociale inferiore a diecimila euro. – II. *Le partecipazioni dei soci.* – 1. Le partecipazioni. – 2. I diritti particolari del socio. Le categorie di quote nelle s.r.l. PMI. – 3. Il trasferimento delle partecipazioni. – 4. Le operazioni sulle proprie partecipazioni e i vincoli sulle stesse. – III. *I finanziamenti dei soci.* – IV. *I titoli di debito.* – V. *L'uscita del socio dalla società.* – 1. Il recesso. – 2. L'esclusione.

I. *Il capitale sociale e i conferimenti*

1. *I conferimenti*

In tema di capitale sociale e conferimenti il legislatore introduce una apposita e rigorosa disciplina "di base" volta a garantire che la s.r.l. operi in una situazione di equilibrio economico-finanziario. Detto questo, occorre, però, segnalare che la normativa in questione appare meno restrittiva rispetto a quella in essere per la s.p.a., a dimostrazione dell'intento legislativo di incentivare l'utilizzo della s.r.l. per iniziative (anche) di minore dimensione.

Più precisamente, nel tipo in esame (salvo quanto si vedrà *infra*, 3, e quanto si è detto per le s.r.l. semplificate), il **capitale sociale minimo** non può essere, *ex* art. 2463, co. 2, n. 4, inferiore a diecimila euro, a differenza della s.p.a., ove lo stesso non può essere minore, come si è visto, di cinquantamila euro.

Ulteriori differenze possono essere ravvisate per quanto attiene alle **entità conferibili**. Innanzitutto, il legislatore prevede (art. 2464) che possano essere conferiti ***tutti gli elementi dell'attivo suscettibili di valutazione economica***. Questo permette di ritenere che, nel tipo societario in esame, molteplici siano i conferimenti effettuabili – come, ad es., il c.d. *know-how* e l'avviamento commerciale – purché dotati di un valore misurabile secondo parametri il più possibile oggettivi.

I **conferimenti** possono innanzitutto avvenire **in denaro** e, anzi, questa è la modalità preferita dal legislatore, il quale prevede che, qualora i soci intendano effettuare dei conferimenti diversi dal denaro, debbano espressamente prevederlo nell'atto costitutivo. Nel caso di conferimenti in denaro, occorre che il socio, già alla sottoscrizione, versi agli amministratori nominati nell'atto costitutivo (previsione quest'ultima che differenzia la s.r.l. dalla s.p.a., ove il versamento avviene presso una banca) almeno il 25% del capitale sottoscritto (o l'intero ammontare in caso di unico socio) (regole differenti si applicano nel caso di costituzione *online*, come sopra indicato); il versamento può, però, essere sostituito (altra differenza rilevante rispetto a quanto previsto per la s.p.a.) dalla stipula, per un importo analogo, di una polizza assicurativa o di una fideiussione bancaria (art. 2464, co. 4).

Relativamente, invece, ai **conferimenti di beni in natura e di crediti**, il legislatore, dopo aver chiarito (pure per la s.r.l.) che le partecipazioni corrispondenti a tali conferimenti devono essere integralmente liberate al momento della sottoscrizione (art. 2464, co. 5), richiede una relazione giurata (da allegare all'atto costitutivo) predisposta da un revisore legale o da una società di revisione legale, anche se la scelta di questi viene qua rimessa al socio medesimo (art. 2465) e non al tribunale, come invece avviene nella s.p.a.

Un controllo da parte degli amministratori in ordine alle valutazioni contenute nella suddetta relazione non è previsto – a differenza della s.p.a. *ex* art. 2343 –, né, pertanto, sono indicate le conseguenze derivanti dall'eventuale accertamento di una differenza tra valore accertato e valore effettivo; questo peraltro non ha impedito di ritenere comunque necessario un controllo di merito da parte degli amministratori e, anche, di ipotizzare, in presenza di una differenza tra valore accertato e quello effettivo, l'applicabilità della disciplina in essere nella s.p.a.

È, infine, possibile, a differenza della s.p.a. e, invece, in analogia con quanto avviene nelle società di persone, effettuare dei conferimenti sotto forma di **prestazioni d'opera o di servizi**, in grado di accentuare la caratterizzazione personalistica della società. In tal caso, però, il legislatore prevede, a tutela dei terzi e al fine di garantire l'effettiva formazione del capitale sociale, che il soggetto conferente debba fornire alla società una polizza di assicurazione o una fideiussione bancaria con cui vengono garantiti, per l'intero valore ad essi assegnato, gli obblighi assunti (art. 2464, co. 6). È anche possibile che l'atto costitutivo preveda la facoltà per il socio conferente di sostituire la polizza o la fideiussione con il versamento a titolo di cauzione del corrispondente importo in danaro presso la società. Non è, invece, espressamente richiesta una stima delle prestazioni d'opera o di servizi, come invece accade nel caso di conferimenti di beni in natura e di crediti, anche se la necessità della stessa sembra sostenibile qualora si voglia evitare il rischio di un pregiudizio all'effettività del capitale che potrebbe essere provocato da una assoluta libertà di valutazione.

Qualora il socio risulti inadempiente rispetto all'obbligo di effettuare i conferimenti promessi (ovvero nel caso in cui siano scadute o divengano inefficaci la polizza assicurativa o la garanzia bancaria prestate dal socio e questo non le sostituisca con il versamento del corrispondente importo in denaro), si applicherà la disciplina relativa al **socio moroso**: più precisamente, l'art. 2466 dispone che, nel caso in cui il socio non esegua il conferimento nel termine prescritto, gli amministratori debbano diffidarlo ad adempiere entro trenta giorni. Decorso il termine inutilmente, gli amministratori, qualora non ritengano utile promuovere azione per l'adempimento, possono vendere la partecipazione agli altri soci, in proporzione alla loro partecipazione, per il valore risultante dall'ultimo bilancio approvato (e soddisfarsi con il ricavato). In mancanza di offerte, e purché l'atto costitutivo lo consenta, la partecipazione può essere venduta all'incanto. Se la vendita non può avere luogo per mancanza di compratori, gli amministratori escludono il socio, trattenendo le somme già riscosse e, in questo caso, il capitale sociale deve essere ridotto in misura corrispondente. Viene, infine, previsto che il socio moroso non possa partecipare alle decisioni dei soci.

Da ultimo, occorre ricordare che, nel caso di **cessione di partecipazione non ancora interamente liberata**, l'alienante, *ex* art. 2472, è obbligato solidalmente con l'acquirente per i versamenti ancora dovuti, per il periodo di tre anni dall'iscrizione del trasferimento nel registro delle imprese. Il pagamento non può, però, essere domandato all'alienante se non quando la richiesta al socio moroso sia rimasta infruttuosa.

2. *L'aumento e la riduzione del capitale sociale*

Una volta costituita la società, il capitale sociale nominale può subire delle modificazioni nel corso del tempo. Più precisamente possono verificarsi degli aumenti o delle riduzioni dello stesso, eventi cui il legislatore dedica per la s.r.l. una apposita disciplina (artt. 2481-2482-*quater*), pur essendo la medesima in gran parte simile a quella in essere per la s.p.a.

Iniziando dai primi, è possibile ravvisare anche qui due diverse forme di **aumento del capitale**: un *aumento nominale e gratuito* ed uno *reale e oneroso*.

a) L'**aumento nominale** – che, come già sappiamo, non dà vita ad un aumento reale dell'attivo patrimoniale – consiste *ex* art. 2481-*ter*, co. 1, in una variazione meramente contabile e, cioè, nel semplice passaggio a capitale di riserve e/o di altri fondi iscritti in bilancio in quanto disponibili, così ampliando gli ammontari soggetti al vincolo di destinazione proprio del capitale. In questo caso, a seguito della variazione contabile connessa all'aumento del capitale, il valore nominale delle quote si accresce, anche se il **rapporto aritmetico fra partecipazione e capitale deve restare immutato** *ex* art. 2481-*ter*, co. 2 (così che il socio, detentore di una quota avente valore nominale 1.000 e pari al 10% del capitale sociale, in presenza di un aumento di quest'ultimo, verrà ad avere una quota dal valore nominale maggiore, ma che rappresenterà sempre il 10% del capitale sociale).

b) L'**aumento** di capitale può essere anche **reale**: in questo caso, si è in presenza di un effettivo incremento dell'attivo patrimoniale, dato che il capitale viene aumentato mediante nuovi conferimenti effettuati dai soci o da soggetti terzi secondo le modalità ora indicate.

La decisione di aumentare il capitale sociale – decisione che, di norma, trattandosi di modifica dell'atto costitutivo, spetta ai soci, ma che l'atto costitutivo può anche attribuire agli amministratori, determinandone i limiti e le modalità di esercizio (art. 2481, co. 1) – non può, però, essere attuata fin quando i conferimenti precedentemente dovuti non siano stati integralmente eseguiti, così da evitare che la società possa ottenere nuovo capitale di rischio fin quando non ha interamente ricevuto quello già promesso (art. 2481, co. 2).

I conferimenti devono essere effettuati con le modalità sopra richiamate previste per la costituzione e l'aumento deve essere integralmente sottoscritto, a meno che la delibera stessa abbia espressamente consentito un ***aumento*** c.d. ***scindibile***: in questo caso, il capitale è innalzato di un importo pari alle sole sottoscrizioni raccolte (art. 2481-*bis*, co. 3).

Ai soci spetta il **diritto di sottoscrivere** il capitale in proporzione alle partecipazioni possedute, così da poter mantenere invariata la propria posizione all'interno della compagine societaria; è, questo, l'equivalente del diritto di opzione accordato agli azionisti di s.p.a. L'*atto costitutivo* può tuttavia prevedere – ad eccezione del caso in cui il capitale sociale si sia ridotto al di sotto del minimo legale e si proceda ad una riduzione e contestuale aumento dello stesso (in tal caso, se il diritto di sottoscrizione potesse essere escluso, il socio potrebbe addirittura rischiare di perdere lo stesso *sta-*

tus di socio all'interno della società) – che l'aumento possa essere attuato anche mediante ***offerta di partecipazioni di nuova emissione a terzi*** e senza che, in questa ipotesi, sia necessario introdurre (come, invece, avviene nella s.p.a.) un sovrapprezzo. È bene sottolineare che, qui, a permettere l'esclusione del diritto di sottoscrizione non è la legge, ma una apposita clausola dell'atto costitutivo e che l'esclusione può pure operare in assenza dei rigidi presupposti (interesse della società, nuovi conferimenti in natura, ecc.) richiesti, proprio dalla legge, nella s.p.a. Date le conseguenze che detta esclusione può in concreto determinare per i soci, i quali possono vedere modificati i precedenti equilibri partecipativi, nella s.r.l. (e non, invece, nella s.p.a.) è così riconosciuto il *diritto di recesso* per coloro che non hanno consentito alla decisione di aumento (art. 2481-*bis*, co. 1).

Nel caso il diritto di sottoscrizione non venga escluso, la decisione di emissione deve prevedere le modalità ed i termini (non inferiori a 30 giorni) entro i quali esso può essere esercitato. La decisione può, anche, consentire, disciplinandone le modalità, che la parte dell'aumento di capitale non sottoscritta da uno o più soci sia sottoscritta dagli altri soci o da terzi. In definitiva, l'aumento reale può comportare l'*accrescimento* delle quote preesistenti (qualora venga sottoscritto dai vecchi soci; e un accrescimento magari non proporzionale, nel caso in cui alcuni soci sottoscrivano anche la parte di capitale non sottoscritta dagli altri), oppure la *creazione di nuove quote* (qualora i sottoscrittori siano, appunto, nuovi soci).

Passando, ora, ad esaminare i casi di **riduzione del capitale** sociale, si può anche qui distinguere tra *riduzione reale* e *riduzione nominale*.

a) La **riduzione reale**, come già si è visto per la s.p.a., comporta un'effettiva diminuzione del patrimonio sociale e può avere luogo (nel rispetto del limite minimo del capitale sociale) mediante rimborso ai soci delle quote pagate o mediante liberazione dall'obbligo dei versamenti ancora dovuti, senza che sia necessario indicare, come invece avviene nella s.p.a., le ragioni di tale riduzione (art. 2482, co. 1); ragioni di norma corrispondenti ad un interesse dei soci a non mantenere sottoposte alla rigida disciplina relativa al capitale sociale risorse non necessarie per l'attuazione dell'oggetto sociale.

Il legislatore prevede che la decisione in proposito (decisione assunta dai soci con deliberazione assembleare e con verbale redatto da notaio) possa essere eseguita soltanto dopo novanta giorni dal giorno dell'iscrizione nel registro delle imprese della stessa, purché entro questo termine nessun creditore sociale anteriore all'iscrizione abbia fatto opposizione. In caso di opposizione, il tribunale può disporre che la riduzione abbia luogo comunque quando ritenga infondato il pericolo di pregiudizio per i creditori oppure la società abbia prestato una idonea garanzia (art. 2482, co. 2 e 3).

b) Per quanto riguarda, invece, la **riduzione nominale**, essa consiste, come pure è già noto, in una semplice *operazione contabile* attraverso la quale si procede ad un adeguamento (nella apposita voce di bilancio) del capitale sociale a fronte di una perdita già verificatasi.

Vi possono essere dei casi di riduzione del capitale per perdite **facoltativi** (rimessi, quindi, alla decisione dei soci) e altri **obbligatori** (imposti dalla legge). Più precisamente, il legislatore prevede due ipotesi di riduzione per perdite obbligatorie caratterizzate da una distinta gravità e da una conseguente diversa disciplina.

La prima scatta qualora si sia verificata una **perdita superiore ad un terzo** del capitale sociale: in tal caso gli amministratori devono senza indugio convocare l'assemblea dei soci e sottoporre loro una relazione sulla situazione patrimoniale della società, con le osservazioni dell'organo di controllo o del revisore, qualora nominati (art. 2482-*bis*, co. 1 e 2). L'assemblea assume gli opportuni provvedimenti, anche se non è per forza tenuta a ridurre immediatamente il capitale sociale. Se, però, entro l'esercizio successivo la perdita non risulta diminuita a meno di un terzo, l'assemblea deve essere nuovamente convocata per l'approvazione del bilancio e per la riduzione del capitale in proporzione delle perdite accertate. In mancanza, gli amministratori e, qualora nominati, l'organo di controllo o il revisore devono chiedere al tribunale che venga disposta la riduzione del capitale in ragione delle perdite risultanti dal bilancio. Il tribunale provvede con decreto da iscriversi nel registro delle imprese a cura degli amministratori (art. 2482-*bis*, co. 4 e 5).

Nella seconda ipotesi di riduzione obbligatoria prospettata dal legislatore, invece, la perdita, oltre ad essere superiore di oltre un terzo del capitale sociale, deve averlo ridotto **al disotto del minimo legale**. In questo caso, non è più possibile attendere un esercizio per verificare gli sviluppi della situazione, ma gli amministratori devono *ex* art. 2482-*ter* senza indugio convocare l'assemblea per deliberare la riduzione del capitale e il contemporaneo aumento del medesimo ad una cifra non inferiore al minimo (e in tale circostanza, come sopra si è visto, non è possibile escludere il diritto di sottoscrizione dei soci), ovvero la riduzione del capitale e la trasformazione (ad es.: in una società di persone che non ha minimi di capitale), ovvero, ancora, la nomina dei liquidatori e ogni altro provvedimento relativo allo svolgimento della fase di liquidazione, in conformità alla disciplina fissata, per le società di capitali, negli artt. 2484 ss. (e proprio lo scioglimento si determina *ex lege*, se l'assemblea non opti per una delle alternative possibili).

Resta fermo che, in tutti i casi di riduzione del capitale per perdite, è esclusa ogni modificazione delle quote di partecipazione e dei diritti spettanti ai soci (art. 2482-*quater*): le perdite devono, pertanto, incidere proporzionalmente su tutti i soci, in modo tale che ogni socio possa conservare invariato il valore percentuale della sua partecipazione, come pure i connessi diritti.

3. *Le società con capitale sociale inferiore a diecimila euro*

Nell'ambito dell'art. 2463 il legislatore prevede la possibilità di costituire una s.r.l. con un **capitale sociale inferiore a diecimila euro**, purché pari almeno ad un euro.

La s.r.l. con capitale sociale inferiore a diecimila euro si caratterizza in forza di specifiche regole in tema di conferimenti, capitale sociale e formazione della riserva legale, mentre per tutti gli altri aspetti resta interamente soggetta alla medesima disciplina applicabile alle (altre) s.r.l.; nessuna peculiarità sussiste, quindi, in relazione al procedimento di costituzione, come invece avviene per la s.r.l. semplificata, ove, come si è visto, da un lato, vi è la possibilità di beneficiare di risparmi e semplificazioni nella fase costitutiva, ma, dall'altro lato, i soci devono necessariamente essere persone fisiche e occorre adottare uno statuto organizzativo standardizzato e molto elementare. In definitiva, alla s.r.l. con capitale sociale inferiore a diecimila euro, salvo le regole peculiari che ora andremo ad analizzare, si applica *in toto* la disciplina generale fissata per le s.r.l. e, quindi, vi è la medesima libertà di definire nell'atto costitutivo le regole organizzative e di far partecipare, in qualità di soci, sia persone fisiche, sia persone giuridiche.

Nel caso di s.r.l. con un capitale sociale inferiore a diecimila euro i ***conferimenti*** devono essere effettuati ***esclusivamente in denaro*** ed essere versati ***per intero*** alle persone cui è affidata l'amministrazione. Parte della dottrina ritiene, poi, che tale disciplina trovi applicazione sia in sede di costituzione, sia in sede di aumento del capitale (almeno fino a quando il capitale resti al di sotto dei diecimila euro).

Viene inoltre prevista una disciplina più rigorosa rispetto alla disciplina generale relativa alla ***riserva legale***. Di norma, in base all'art. 2430, espressamente richiamato per la s.r.l. dall'art. 2478-*bis*, è richiesto che dagli utili netti annuali sia dedotta una somma corrispondente almeno alla ventesima parte di essi, così da costituire una riserva legale, fino a che questa non abbia raggiunto il quinto del capitale sociale. L'art. 2463, co. 5, impone, invece, di dedurre dagli utili netti risultanti dal bilancio una somma pari almeno ad un quinto degli stessi, *fino a che la suddetta riserva e il capitale sociale non abbiano raggiunto l'ammontare di diecimila euro*. Una volta raggiunto tale ammontare, all'accantonamento si applicherà la disciplina generale di cui all'art. 2430. La citata riserva può essere utilizzata solo per imputazione a capitale (e, cioè, in caso di aumento gratuito del capitale) e per copertura di eventuali perdite, con obbligo di sua reintegrazione laddove essa sia diminuita.

La funzione di queste regole è intuibile: si permette agli operatori economici di avviare un'attività d'impresa sostanzialmente senza investirvi risorse proprie (o investendo risorse modestissime) e ciononostante garantendosi il beneficio di limitazione del rischio d'impresa; e affidando poi al mercato la valutazione se l'iniziativa sia meritevole o no di fiducia (facendole credito, ad es.). La regola particolare in tema di riserva legale serve poi a garantire che la società, con le sue forze, raggiunga se possibile rapidamente quelle dimensioni di patrimonio indisponibile che sono proprie delle (altre) s.r.l.

L'introduzione di queste previsioni (nonché di quelle in tema di s.r.l. semplificata, come sopra si è detto) ha posto, tuttavia, molti dubbi a proposito del loro rapporto con le norme – per così dire generali – sul capitale della s.r.l. In sostanza ci si chiede se, oggi, il capitale minimo della s.r.l. debba essere considerato pari ad un euro (per cui, ad es., una società originariamente costituita con capitale pari a diecimila euro potrebbe continuare ad esistere come s.r.l. a capitale ridotto, anche in presenza di perdite tali da ridurre il capitale sociale fino ad un euro), o se il capitale minimo continui ad essere di diecimila euro (impedendosi, quindi, riduzioni al di sotto di questa soglia), salva la possibilità di avviare (ma solo di avviare) l'attività con risorse iniziali inferiori, optando per la costituzione di una s.r.l. semplificata o di una s.r.l. con capitale sociale inferiore a diecimila euro.

II. *Le partecipazioni dei soci*

1. *Le partecipazioni*

Occorre ora trattare il tema delle partecipazioni dei soci e dei diritti loro spettanti. In base all'art. 2468, co. 1, *le partecipazioni dei soci nella s.r.l.* ***non possono essere rap-***

presentate da azioni: da tale divieto viene comunemente dedotto che le partecipazioni dei soci, a differenza di quanto avviene nella s.p.a., non possono essere incorporate in titoli di credito, né possono essere suddivise in frazioni omogenee del capitale (con l'eccezione per le s.r.l. PMI, ove – come vedremo – si riconosce invece la possibilità di emettere categorie di quote, anche standardizzate). Ciascun socio deve, quindi, risultare titolare di *una sola* **partecipazione**, partecipazione rappresentativa di un complesso di situazioni giuridiche (o, se si preferisce, di posizioni giuridiche a contenuto partecipativo) qualunque ne sia l'ammontare e il cui "peso" all'interno della società (specie in sede di esercizio dei diritti) si suole determinare in valore nominale (una partecipazione, ad es., di mille euro) e/o in termini percentuali (una partecipazione, ad es., pari al 10% rispetto al capitale sociale).

L'unitarietà della partecipazione di s.r.l. non ne implica però anche l'*indivisibilità*: il socio può perciò cedere ad es. metà della sua quota, formando così due partecipazioni di "peso" dimezzato rispetto alla precedente. È, tra l'altro, lo stesso legislatore a prevedere, in alcune disposizioni, proprio la possibile **divisibilità** della partecipazione, come, ad es., nel caso di socio moroso o di socio recedente, ove è precisato che la partecipazione in capo agli stessi può essere acquistata dagli altri soci in proporzione alle rispettive partecipazioni (artt. 2466, co. 2, e 2473, co. 4).

Le partecipazioni dei soci non possono inoltre costituire oggetto di offerta al pubblico di prodotti finanziari (art. 2468, co. 1), in tal modo impedendo alla s.r.l. di ricorrere al mercato dei capitali di rischio, con l'eccezione, ancora una volta, per le s.r.l. PMI, per le quali è prevista la possibilità di offrire al pubblico le partecipazioni, anche attraverso portali appositamente dedicati*, facendo dunque appello al pubblico risparmio per la raccolta del relativo capitale di rischio (il tutto prende il nome di **equity crowdfunding**)*. In questo caso, le quote possono essere sottoscritte per il tramite di un intermediario abilitato, il quale effettua la sottoscrizione in nome proprio e per conto di coloro i quali hanno aderito all'offerta e deposita al registro delle imprese una certificazione attestante la sua titolarità di socio per conto di terzi (art. 100-*ter* TUF). Lo stesso intermediario rilascia poi al sottoscrittore una certificazione comprovante la titolarità delle quote e tale certificazione ha natura di puro titolo di legittimazione per l'esercizio dei diritti sociali.

Le partecipazioni dei soci sono determinate ***in misura proporzionale al conferimento*** effettuato, anche se è possibile *ex* art. 2468, co. 2, introdurre una *diversa disposizione nell'atto costitutivo*: è così lecito (come d'altra parte nella s.p.a.) che i soci si accordino e introducano nell'atto costitutivo una previsione in base alla quale, ad es., due soci conferiscono entrambi una medesima somma, ma ad uno di essi è attribuita una partecipazione maggiore in considerazione del suo ruolo privilegiato e, soprattutto, dei suoi intensi rapporti con possibili clienti e fornitori.

La regola della proporzionalità è, poi, richiamata dal legislatore anche in relazione ai **diritti sociali**: più precisamente, nell'art. 2468, co. 2, si riconosce, in termini generali, che i diritti sociali spettano ai soci ***in misura proporzionale alla partecipazione*** da ciascuno posseduta; fermo, comunque, restando che vi possono essere dei diritti sociali che competono ai soci indipendentemente dalla entità della partecipazione detenuta (ad es., il diritto di impugnativa delle decisioni dei soci che, nella s.r.l., fa capo a ciascun socio *ex* art. 2479-*ter*; così come il diritto di esperire l'azione sociale di responsabilità contro gli amministratori *ex* art. 2476).

2. *I diritti particolari del socio. Le categorie di quote nelle s.r.l. PMI*

L'atto costitutivo può prevedere anche l'**attribuzione a singoli soci** di **diritti particolari** (art. 2468, co. 3). È, questa, una disposizione di grande importanza e centrale per comprendere il significato della s.r.l. come tipo in cui può essere enfatizzata la rilevanza *personale* dei singoli soci; una disposizione che, d'altra parte, proprio per questo motivo, segna una differenza significativa con il modello azionario ove invece, come abbiamo visto, tutte le azioni attribuiscono eguali diritti ed è data solo la possibilità di creare categorie diverse di azioni allo scopo di soddisfare le differenti esigenze di classi distinte (ma al loro interno omogenee) di investitori. L'assegnazione di diritti particolari può viceversa servire a "premiare" alcune peculiarità o caratteristiche personali di un socio (nominativamente individuato): si pensi ad un diritto particolare attribuito ad un socio in grado di apportare alla società competenze e conoscenze specifiche in un determinato settore.

Il legislatore chiarisce, nella medesima norma, che i diritti particolari possono riguardare l'*amministrazione della società* o la *distribuzione degli utili.*

Si può così ritenere che, in relazione all'**amministrazione**, possano essere attribuiti particolari privilegi per quanto riguarda: i) la *facoltà di scelta di alcuni amministratori* (facoltà espressamente prevista anche nell'art. 2475, co. 1, laddove si dispone che l'amministrazione della società è affidata a uno o più soci nominati con decisione dei soci presa ai sensi dell'art. 2479, "salvo diversa disposizione dell'atto costitutivo") o di esprimere il proprio gradimento in ordine alle persone designate dagli altri soci; o ii) la *riserva a favore del socio stesso della funzione di amministratore*; o, ancora, iii) il *diritto di veto* o anche *di decisione su determinati atti gestori* (su cui v. *infra* più diffusamente).

Per quanto riguarda, invece, i privilegi riguardanti la **distribuzione degli utili**, si assume possibile prevedere *clausole che riservino ad uno o più soci percentuali qualificate* e, quindi, disancorate dalla misura della partecipazione sociale, vuoi degli utili di cui si sia deliberata la distribuzione, vuoi di quelli semplicemente conseguiti (con la conseguenza che il socio avrà diritto di vedersi liquidata la percentuale di utili a lui assegnata, a prescindere dalla generale decisione – in linea di principio spettante alla maggioranza dei soci – in merito alla loro distribuzione). Ancora, il privilegio sulla distribuzione degli utili può consistere in una *priorità nel prelievo del dividendo* (ad es. al singolo socio spetta il 10% prima di ogni ulteriore distribuzione, la quale può seguire le regole più svariate).

L'ampio spazio riconosciuto all'autonomia negoziale nel tipo s.r.l. ha indotto poi a ritenere lecita l'attribuzione di diritti particolari anche al di fuori dell'amministrazione e della ripartizione di utili (c.d. **diritti atipici**), quali, ad es., un più ampio diritto di recesso o uno specifico diritto di prelazione qualora un altro socio intenda cedere la propria partecipazione.

Bisogna, poi, sottolineare che il legislatore ha voluto assegnare *direttamente al socio* i diritti particolari. L'assegnazione dei suddetti diritti al socio e non alla partecipazione dovrebbe pertanto comportare che, in caso di **trasferimento** di quest'ultima, i diritti particolari non circolino con essa, ma si estinguano.

Un cenno va pure dedicato alla peculiare disciplina prevista per i suddetti diritti particolari. Nell'ambito dell'art. 2468, co. 4, si prevede che i citati diritti – data la loro rilevanza nell'ambito della "vita societaria" – possano essere **direttamente modificati** (e, anche, eliminati) solo con il ***consenso unanime dei soci*** (quindi anche con il consenso dei soci c.d. ordinari) e appare lecito ritenere che la stessa regola debba applicarsi anche al caso di introduzione successiva dei medesimi nell'atto costitutivo. È fatta salva, però, una diversa disposizione dell'atto costitutivo. In tal modo i soci possono reintrodurre per le modifiche c.d. dirette la regola maggioritaria, tipica delle società di capitali.

È poi riconosciuto che, in presenza di una **modifica** c.d. **indiretta**, attuata cioè non attraverso una formale e specifica variazione dell'atto costitutivo, ma mediante il compimento di un'operazione approvata dai soci a maggioranza, suscettibile di incidere *indirettamente* sul diritto particolare (si pensi, ad es., al caso in cui venga costituita una *joint venture* con altre imprese, con cui si programma un coordinamento o una combinazione delle rispettive azioni amministrative, così da ridurre in modo significativo il diritto di veto riconosciuto ad un socio ai sensi dell'art. 2468, co. 3), spetti al socio non consenziente il ***diritto di recesso***.

Se i diritti particolari sono attribuiti direttamente ai soci e, come si è detto, non circolano con la quota, ampiamente dibattuta è la possibilità di introdurre nell'atto costitutivo di una s.r.l. una diversa configurazione volta a collegare i suddetti diritti particolari a singole partecipazioni (che in tal modo si configurano come quote speciali), così da permettere una circolazione dei diritti assieme alle medesime. La prevalente dottrina ritiene possibile prospettare delle **quote speciali** in considerazione dell'indiscussa e massima autonomia riconosciuta ai soci della s.r.l.

Più difficile risulta, invece, la possibilità di creare **categorie di quote** e, dunque, delle *serie di partecipazioni* dotate oggettivamente di diritti diversi da quelli spettanti alle altre partecipazioni e, come tali, attributive di questi diritti in modo indifferenziato a chiunque venga a detenerle. Sul punto è ora intervenuto il legislatore, il quale (prima con specifico riferimento alle *start-up* innovative ed ora estendendo tale previsione a tutte le s.r.l. PMI) ha espressamente riconosciuto la possibilità di creare (oltre che diritti particolari da attribuire a singoli soci o quote speciali come si ritiene possa accadere pure nelle s.r.l. non PMI) delle *categorie di quote fornite di diritti diversi*.

Per quanto riguarda il contenuto di tali diritti è possibile ipotizzare categorie di quote sia con ***diritti maggiorati***, sia ***depotenziati***. Sono così prospettabili delle categorie di quote con dei diritti (di norma spettanti ai soci) limitati (ad es., diritto di voto limitato a particolari argomenti) o addirittura esclusi, purché questi diritti non siano *insopprimibili per disposizione imperativa di legge* (ad es. non sarebbe ammessa la soppressione totale del diritto all'utile per contrasto con il divieto del patto leonino, ovvero la soppressione del diritto di sottoscrizione nel caso di aumento del capitale conseguente ad una riduzione dello stesso al di sotto della soglia minima) o *inderogabile inerenza al tipo* (è in proposito discusso se sia possibile ipotizzare una limitazione dei diritti di controllo del socio).

3. *Il trasferimento delle partecipazioni*

Le partecipazioni nella s.r.l. sono **liberamente trasferibili** per atto tra vivi e per successione a causa di morte, salvo contraria disposizione dell'atto costitutivo (art.

2469, co. 1). Quest'ultimo può, pertanto, limitare il trasferimento delle partecipazioni, introducendo, ad es., ***clausole di gradimento*** o ***di prelazione*** o, anche, ***escludendo del tutto la trasferibilità*** delle stesse (in tal caso non opera il limite di cinque anni, fissato, invece, per la s.p.a. dall'art. 2355-*bis*, co. 1). Questo fa sì che la s.r.l. possa pure caratterizzarsi come ***società*** c.d. ***chiusa*** nell'ambito della quale le partecipazioni non risultano liberamente trasferibili.

Il legislatore – a tutela dell'interesse del socio (o dei suoi eredi) a non restare "prigionieri" nella società – prevede però (art. 2469, co. 2) che, qualora l'atto costitutivo introduca l'intrasferibilità della partecipazione, o ne subordini il trasferimento al gradimento di organi sociali, di soci o di terzi senza prevederne condizioni e limiti (clausole c.d. di mero gradimento), o ponga condizioni o limiti che, nel caso concreto, impediscono il trasferimento a causa di morte, il socio o i suoi eredi possano esercitare il **diritto di recesso** ai sensi dell'art. 2473. L'atto costitutivo può, in questi casi, solo stabilire un termine non superiore a due anni dalla costituzione della società o dalla sottoscrizione della partecipazione prima del quale il recesso non può essere esercitato.

La disciplina relativa al trasferimento della partecipazione è contenuta nell'art. 2470. L'**atto di trasferimento** deve essere redatto *per iscritto con atto pubblico o sottoscrizione autenticata da parte di un notaio* (ovvero con sottoscrizione effettuata mediante firma digitale e senza notaio, come prevede la speciale regola dell'art. 36 d.l. 112/2008); esso (mentre per le parti è valido ed efficace per effetto del semplice consenso) risulta **efficace nei confronti della società** dal momento del ***deposito*** a cura del notaio rogante o autenticante (ovvero a cura di un intermediario abilitato, vale a dire un soggetto iscritto negli albi dei dottori commercialisti e degli esperti contabili – nel caso di sottoscrizione digitale non notarile) presso l'ufficio del registro delle imprese nella cui circoscrizione è stabilita la sede sociale. L'adempimento rilevante per la società è, quindi, il deposito e non la successiva (ed eventuale) iscrizione nel registro delle imprese.

In caso, però, di **contrasto tra più acquirenti,** a fronte di una doppia alienazione della medesima partecipazione, è *preferito colui che, per primo, abbia effettuato in buona fede l'iscrizione* nel registro delle imprese, anche se il suo titolo è di data posteriore (art. 2470, co. 3). In definitiva, la norma dà rilevanza ad un elemento oggettivo (l'iscrizione nel registro delle imprese) e ad uno soggettivo (la buona fede), non sempre, però, di immediata accertabilità.

Per le quote collocate attraverso i citati portali telematici (dunque, eventualmente emesse da s.r.l. PMI), infine, l'art. 100-*ter* TUF prevede una terza modalità di circolazione (**circolazione intermediata**): l'alienazione delle quote può avvenire mediante semplice annotazione del trasferimento nel registro tenuto dall'intermediario senza deposito e iscrizione nel registro delle imprese (presso il quale risulterà iscritto unicamente l'intermediario quale intestatario della quota per conto altrui); in tal caso, il (nuovo) acquirente si legittima nei confronti della società esibendo una apposita certificazione rilasciata dall'intermediario stesso. Come si vede, un modello ispirato alla circolazione delle azioni dematerializzate.

4. *Le operazioni sulle proprie partecipazioni e i vincoli sulle stesse*

In forza dell'art. 2474, la s.r.l. non può in alcun caso *acquistare o accettare in garanzia* **partecipazioni proprie**, ovvero *accordare prestiti o fornire garanzia* per il loro acquisto o la loro sottoscrizione. Nel caso di violazione dei divieti sopra richiamati (per la responsabilità penale v. art. 2628), la prevalente dottrina reputa applicabile l'art. 1418 e, quindi, considera **nullo** l'atto contrario alla norma di cui all'art. 2474 (ad es. l'atto di compravendita con cui la società ha acquistato le proprie partecipazioni).

Il divieto ora richiamato non trova, però, applicazione per le s.r.l. PMI qualora l'operazione sia compiuta in attuazione di piani di incentivazione che prevedano l'assegnazione di partecipazioni a dipendenti, collaboratori o componenti dell'organo amministrativo, prestatori di opera e servizi anche professionali.

La partecipazione può formare oggetto di **espropriazione** (art. 2471). Il pignoramento si esegue mediante notificazione al debitore e alla società e successiva iscrizione nel registro delle imprese. L'ordinanza del giudice dell'esecuzione che dispone la vendita della partecipazione deve essere notificata alla società a cura del creditore.

Nel caso di ***partecipazione non liberamente trasferibile*** (data, ad es., la presenza di una clausola di gradimento all'interno dell'atto costitutivo) si applica una particolare disciplina volta a tutelare sia l'interesse della società ad evitare l'ingresso nella compagine sociale di estranei non graditi, sia l'interesse dei creditori a soddisfarsi sulla partecipazione. Innanzitutto è prevista una fase preordinata al raggiungimento di un accordo sulla cessione della partecipazione tra creditore, debitore e società. Se l'accordo non viene raggiunto, la vendita ha luogo all'incanto. Tuttavia, per impedire che la partecipazione possa essere trasferita a soggetti "non graditi", si riconosce la possibilità per la società di rendere la vendita priva di effetto qualora, entro dieci giorni dall'aggiudicazione, essa presenti un altro acquirente in grado di offrire lo stesso prezzo (art. 2471, co. 3: le disposizioni ora indicate si applicano anche nel caso di fallimento del socio e nel caso di pegno, usufrutto e sequestro di partecipazione non liberamente trasferibile in presenza di un eventuale esito espropriativo).

Infine, la partecipazione può formare oggetto di **pegno**, **usufrutto** e **sequestro** (conservativo e giudiziario). In tal caso, il legislatore nell'art. 2471-*bis* richiama le disposizioni di cui all'art. 2352 volte, in relazione alla s.p.a., a determinare i diritti spettanti al socio e/o al titolare del diritto frazionato, al cui commento, dunque, si rinvia.

III. *I finanziamenti dei soci*

Nell'ambito dell'art. 2467 il legislatore si occupa dei finanziamenti effettuati dai soci, ovvero, più precisamente, di quei finanziamenti forniti dai soci alla società in un momento in cui quest'ultima necessitava di nuovi capitali: i soci – invece che procedere ad effettuare dei conferimenti (e, cioè, a fornire dei nuovi capitali di rischio) – preferiscono, appunto, elargire dei finanziamenti e divenire, sotto questo profilo, creditori della società. Si ritiene che, in questi casi, la società si trovi in una situazione di **sottocapitalizzazione c.d. nominale** in quanto le esigenze finanziarie della stessa vengono soddisfatte mediante (non capitale di rischio, ma) capitale di credito (a differenza della sottocapitalizzazione c.d. reale che si ha quando la società né ha un capitale sociale adeguato, né ha ricevuto dei finanziamenti da parte dei soci medesimi). Siffatto fenomeno può, però, determinare dei pregiudizi per i creditori sociali, i quali si trovano a concorrere con i soci per quanto riguarda i finanziamenti da questi ultimi effettuati, vedendosi così ridotte le prospettive di soddisfacimento nei confronti della società medesima.

Per arginare tale situazione il legislatore ha previsto, con norma imperativa posta a tutela di interessi indisponibili dalle parti, che il ***rimborso dei finanziamenti effettuati dai soci a favore della società sia postergato*** rispetto alla soddisfazione degli altri creditori (art. 2467, co. 1). Non sempre, però, la suddetta postergazione trova applicazione. Essa opera solo *qualora i finanziamenti siano stati elargiti dal socio* (la qualità di socio deve sussistere quando il prestito è stato concesso) *in un momento in cui risultava*, anche in considerazione del tipo di attività esercitata dalla società, *un eccessivo* ***squilibrio dell'indebitamento rispetto al patrimonio netto*** oppure una situazione finanziaria nella quale sarebbe stato ***ragionevole un conferimento*** piuttosto che un finanziamento (co. 2): si può, in quest'ultimo caso, confrontare la condotta tenuta dal socio con l'ipotetico comportamento di un terzo estraneo alla società e verificare se, nella situazione data, un terzo avrebbe o meno concesso un finanziamento alla società.

Solo in presenza delle suddette circostanze la postergazione può essere attuata; negli altri casi il finanziamento deve essere considerato un fenomeno fisiologico che permette alla società di ottenere capitale di credito da parte dei soci, invece che ricorrere a soggetti terzi (ad es.: a delle banche, che potrebbero fornire prestiti a condizioni più onerose), e la disciplina di cui all'art. 2467, co. 1, non trova applicazione.

La norma ora richiamata si applica ai **finanziamenti "in qualsiasi forma effettuati"**: in tale modo la norma riguarda qualsiasi atto in grado di comportare un'attribuzione patrimoniale compatibile con l'obbligo di futuro rimborso della medesima (si pensi ad un mutuo, ad una apertura di credito, ad una prestazione di una garanzia personale o reale ai terzi per l'erogazione di credito a favore della società).

Qualora i finanziamenti (aventi i requisiti di cui all'art. 2467, co. 2) vengano rimborsati *dopo il deposito della domanda da cui è scaturita l'apertura di una procedura concorsuale ovvero nell'anno anteriore*, tali rimborsi sono *inefficaci* ai sensi dell'art. 164 c.ins.

Infine, ci si è chiesti se l'art. 2467 possa essere applicato anche alle **altre società di capitali** (ad es., ad una s.p.a.), quesito cui parte della dottrina e della giurisprudenza tende a dare risposta positiva almeno con riferimento alle società con base azionaria ristretta e con soci partecipi attivamente alla vita della società.

IV. *I titoli di debito*

L'art. 2483 consente alla s.r.l. di emettere **titoli di debito** e, cioè, secondo la ricostruzione compiuta dalla prevalente dottrina, *titoli di massa* rappresentativi ciascuno della frazione predeterminata di un debito pecuniario. In tal modo la società (in questo caso ogni s.r.l., anche non PMI) può ricorrere, sia pure indirettamente e con i limiti di cui si sta per dire, al *mercato del capitale di credito* (e, se PMI, anche con offerte in sottoscrizione a mezzo di portali *online*).

Per poter procedere all'emissione è necessaria, ai sensi dell'art. 2483, co. 1, la presenza di una *apposita previsione nell'atto costitutivo*, che deve individuare a chi (tra soci o amministratori) compete decidere sulla concreta emissione e le modalità e maggioranze necessarie, oltre che determinare eventuali limiti (anche quantitativi) all'emissione; limiti che, a differenza di quanto avviene nella s.p.a. per le obbligazioni, non vengono indicati dalla legge, ma rimessi *in toto* all'autonomia delle parti.

Spetta, poi, al soggetto individuato nell'atto costitutivo stabilire – nella decisione di emissione dei titoli – le *condizioni del prestito* e le *modalità del rimborso* (art. 2483, co. 3). La stessa decisione di emissione deve essere **iscritta** a cura degli amministratori presso il registro delle imprese. Per la **modifica delle condizioni del prestito** e delle modalità di rimborso, la società deve ottenere l'assenso di tutti i possessori dei titoli, a meno che la stessa decisione di emissione non preveda come sufficiente il previo consenso della maggioranza di questi.

Considerata la minore affidabilità (soprattutto) sotto il profilo patrimoniale della s.r.l. rispetto alla s.p.a., il legislatore prevede che i titoli di debito (a differenza delle obbligazioni) debbano essere **sottoscritti** unicamente da **investitori professionali** soggetti a vigilanza prudenziale a norma delle leggi speciali (ad es. SIM, SGR, SICAV, banche), i quali possono, però, una volta sottoscritti i titoli, immetterli nel mercato secondario, vendendoli ad altri soggetti. Al fine tuttavia di tutelare i successivi acquirenti contro il rischio economico consistente, principalmente, nella possibilità che la società risulti insolvente e non sia, pertanto, in grado di rimborsare il debito contratto, si riconosce che, in caso di successiva circolazione, chi li trasferisce debba rispondere della solvenza della società. Tale **garanzia** opera purché l'acquirente non sia anch'esso un investitore professionale o un socio della società medesima. Ed evidenti appaiono le ragioni sottostanti alla suddetta previsione in grado di escludere la garanzia nel caso di soggetti per i quali sia lecito presumere un'adeguata capacità di valutazione circa i rischi insiti nell'operazione: e, cioè, investitori professionali e soci, ai quali, come si constaterà anche in seguito, il legislatore attribuisce nella s.r.l. ampi poteri di controllo e di informazione.

V. *L'uscita del socio dalla società*

Oltre che nelle ordinarie dinamiche di circolazione dei beni, anche l'uscita del socio di s.r.l. dalla società può radicarsi nelle cause di estinzione del rapporto tipiche dei sistemi societari: il recesso e l'esclusione. La s.r.l. anzi, quale tipo in cui si compenetrano elementi di impronta capitalistica con elementi di matrice personalistica, attinge alle discipline di entrambe le famiglie societarie (delle società di persone e di capitali) e presenta una regolamentazione composita.

Di tenore analogo a quello della s.p.a. è l'istituto del **recesso** (art. 2473), pensato anche qui, fondamentalmente, a difesa del socio non assenziente, come contrappeso al potere della maggioranza di mutare la società fino nei suoi elementi fondanti. Proprio in quanto poggia su questa *ratio*, il diritto di abbandonare la società realizzando il valore effettivo dell'investimento è, almeno entro certi limiti, inderogabile dall'autonomia statutaria, che più liberamente può invece intervenire per *accrescere* le occasioni di esercizio di questo diritto.

Deriva invece dalle società di persone l'istituto dell'**esclusione** (art. 2473-*bis*), come rimedio al verificarsi di fatti che rendono inopportuna la permanenza in società di un determinato socio; l'espulsione si verifica qui indipendentemente dalla sua volontà e si giustifica proprio perché, in questo tipo, le vicende che attengono alla persona del socio non restano, o meglio, nella misura in cui le parti lo vogliano, possono non restare irrilevanti. Ma dal momento che per l'appunto alle parti (cioè all'autonomia statutaria) è rimesso il compito di decidere se ed in che misura valorizzare l'elemento personalistico, l'introduzione di questo istituto non è disposta dalla legge in determinati casi tipizzati, come invece nelle società di persone, ma è affidata alle scelte statutarie.

Va subito detto che, come nella s.p.a., anche qui l'uscita del socio si attua di regola attraverso una cessione della quota (agli altri soci, ad un terzo) e non attraverso la sua estinzione; quest'ultima, con conseguente riduzione del capitale, è infatti solo eventuale.

1. *Il recesso*

L'istituto è regolato dall'art. 2473. Come si è detto, esso svolge innanzitutto la funzione, comune alla s.p.a., di bilanciamento tra potere della maggioranza e interessi della minoranza dissenziente, di fronte alle scelte più radicali assunte dalla prima; è a questo, fondamentalmente (anche se non solo), che si deve la presenza di *cause legali inderogabili* di recesso, tra l'altro significativamente simili a quelle già previste a favore dell'azionista. Ma l'atto costitutivo può ampliare il novero delle ipotesi in cui al socio è consentito porre termine alla sua permanenza in società: l'introduzione di *cause statutarie* di recesso può assolvere alla medesima funzione, estendendo questo meccanismo di bilanciamento a materie non interessate dal recesso *ex lege*, ma può realizzare anche obiettivi diversi, permettendo di dare rilievo a circostanze che i soci, o alcuni di essi, reputino fondamentali per il mantenimento del vincolo con la società.

Le principali **cause legali e inderogabili** di recesso (dunque ineliminabili dall'atto costitutivo: una clausola di questo tenore sarebbe *nulla*) sono indicate, nella prima parte dell'art. 2473, con la formula: "in ogni caso il diritto di recesso compete [...]". L'enunciazione di tali cause è però talvolta più sintetica o imprecisa rispetto all'analoga fattispecie regolata in materia di s.p.a. (art. 2437), il cui testo funge dunque da valido criterio interpretativo e chiarificatore delle incertezze sollevate dall'art. 2473. Il recesso è permesso ai soci che non hanno acconsentito a:

a) *cambiamento dell'oggetto sociale*; e si intende che il mutamento debba essere *significativo*, come nella s.p.a., cioè tale da determinare almeno potenzialmente una sensibile alterazione del rischio dell'investimento;

b) *cambiamento del tipo di società*; ma, come nella s.p.a., ogni trasformazione – anche quella eterogenea in ente non societario: art. 2500-*septies* – legittima al recesso;

c) *fusione* o *scissione*;

d) *revoca dello stato di liquidazione* (art. 2487-*ter*);

e) *trasferimento della sede all'estero*;

f) *eliminazione di una o più cause di recesso statutarie*; e ciò vale anche se questo viene subordinato a condizioni ulteriori prima non presenti, o se si introducono criteri di calcolo della quota di liquidazione meno favorevoli al recedente;

g) *compimento di operazioni che comportano una sostanziale modifica dell'oggetto sociale statutario o una rilevante modifica dei diritti particolari dei soci*, sebbene oggetto e diritti restino formalmente invariati; si tratta di operazioni gestorie di competenza esclusiva dei soci (art. 2479, co. 2, n. 5), consistenti ad es., le une, nella conversione della società da ente operativo a società di godimento, mediante l'affitto dell'azienda, e, le altre, nel ridimensionamento degli investimenti e dell'attività nel settore cui sia ricollegato, a favore di un socio, un diritto particolare sugli utili.

h) Inoltre, *se la società è costituita a tempo indeterminato*, ciascun socio può recedere liberamente e in qualsiasi momento, con un preavviso di almeno centoottanta giorni, elevabile dall'atto costitutivo al massimo sino a un anno (art. 2473, co. 2); qui l'*exit* è concessa sulla base del generale principio per cui i vincoli giuridici di natura patrimoniale contratti senza limiti di tempo possono essere sciolti unilateralmente ed in qualsiasi momento da parte di ciascuno dei contraenti.

L'atto costitutivo può introdurre, come si è detto, ulteriori **cause convenzionali di recesso** (art. 2473, prima frase), perseguendo così gli obiettivi più disparati. Ad es., collegando il recesso al mancato raggiungimento di certi risultati aziendali, si consente al socio di dismettere un investimento dal rendimento non più apprezzato; collegandolo al trasferimento, da parte del socio stesso, della propria residenza all'estero o in un'altra regione, si valorizza il suo interesse a mantenere la partecipazione solo in quanto gli sia possibile un coinvolgimento attivo e costante nella vita dell'ente. È invece discusso se l'autonomia statutaria possa spingersi fino a prevedere il **recesso *ad nutum***, cioè sino a consentire a ciascuno, in una società costituita a tempo determinato, di sciogliersi dal vincolo senza motivo ed in qualsiasi momento.

La **legittimazione** all'esercizio del diritto spetta, quando la causa consista in una decisione dei soci, a quelli non consenzienti (dunque ad assenti, astenuti e contrari) ed invece a qualunque socio, per il recesso *ad nutum* dalla società a tempo indeterminato. Se si tratta di cause convenzionali, la legittimazione dipende dal tipo di causa (così, se il recesso è consentito a chi trasferisce la propria residenza, spetta in astratto a tutti i soci, ma in concreto solo a chi di volta in volta si trasferisce); e non è escluso che, rispetto a determinate fattispecie, l'atto costitutivo la attribuisca soltanto a taluni soci, come diritto particolare *ex* art. 2468, co. 3 (ad es., prevedendo che solo uno specifico socio possa recedere qualora la società non raggiunga una data soglia di fatturato). Se l'atto costitutivo lo prevede, il recesso può essere anche parziale (per una parte soltanto della partecipazione).

Anche in relazione alle **modalità di esercizio del diritto**, l'art. 2473 rimanda all'atto costitutivo. Questo è dunque libero di definire i termini e le forme entro cui la dichiarazione di recesso deve essere comunicata alla società; tuttavia, per le ipotesi legali, l'autonomia statutaria non può stabilire condizioni e termini che rendano eccessivamente gravoso l'esercizio del diritto (ad es. imponendo che esso sia dichiarato in assemblea). Nel silenzio dell'atto costitutivo, è applicabile l'art. 2437-*bis* (dichiarazione mediante raccomandata spedita alla società entro 15 giorni dall'iscrizione nel registro delle imprese della delibera legittimante, o dalla sua trascrizione nel libro delle decisioni dei soci, se non è prevista iscrizione; entro 30 giorni dalla conoscenza del fatto legittimante, diverso da una decisione dei soci).

Anche le **modalità di attuazione** del disinvestimento e di rimborso del recedente sono affidate all'atto costitutivo. In linea di principio, come già nella s.p.a., non si produce l'estinzione del rapporto partecipativo, ma si procede *in primis* attraverso la cessione della quota ad altri soggetti: questi possono essere – secondo quanto indicato dal co. 4 – gli altri soci, proporzionalmente alle rispettive partecipazioni, o anche uno o più terzi, individuati concordemente dai soci stessi (eccettuato il recedente). In mancanza di interessati, la quota è liquidata ricorrendo alle riserve disponibili (o agli utili) della società (e in tal caso non si verifica un acquisto della partecipazione da parte dell'ente, vietato dall'art. 2474, ma si accrescono proporzionalmente le quote dei soci restanti). Solo qualora tali riserve non siano sufficienti, si riduce il capitale, estinguendo la partecipazione; ma poiché si tratta di una riduzione reale, si applica l'art. 2482 e i creditori possono opporvisi; e se, per effetto dell'opposizione, la riduzione e il rimborso vengono impediti, la società viene posta in liquidazione. È questa, ovviamente, l'ipotesi estrema, per conciliare l'interesse del recedente con la tutela dei creditori: il primo partecipa, con gli altri, alla liquidazione, e viene rimborsato solo al termine di questa, non più secondo il valore che la sua quota aveva nel momento in cui il recesso era divenuto efficace, ma secondo il valore che essa ha al termine della procedura di liquidazione.

Il **termine** entro cui si deve procedere al rimborso è di 180 giorni dalla comunicazione del recesso (co. 4). Decorso invano questo termine, il recedente può agire nei confronti della società quale titolare di un diritto di credito nei confronti della stessa.

Il **valore della somma** (in denaro) spettante al recedente (a titolo di corrispettivo, in caso di cessione della partecipazione; a titolo di rimborso, in caso di pagamento mediante riserve disponibili o riduzione del capitale) deve essere determinato *proporzionalmente al patrimonio sociale*, applicando *criteri di valutazione non contabili, ma tali da riflettere il* **valore reale** *del patrimonio stesso nel momento in cui il recesso diviene efficace*; lo si deduce dal riferimento, contenuto nel co. 3, al "valore di mercato" del patrimonio. Si applica, dunque, un principio analogo a quello delle s.p.a., dovendosi tenere conto delle prospettive reddituali della società e computare ogni elemento suscettibile di valutazione, indipendentemente dalla sua iscrivibilità in bilancio.

2. *L'esclusione*

Ai sensi dell'art. 2473-*bis*, "l'atto costitutivo può prevedere specifiche ipotesi di esclusione per giusta causa del socio". A differenza delle società di persone dunque, e se si eccettua l'ipotesi legale dell'art. 2466 (esclusione del socio moroso), lo strumento espulsivo è qui previsto come meramente **eventuale** e rimesso all'autonomia statutaria: in assenza di un'apposita disposizione dell'atto costitutivo, e con l'eccezione testé indicata, nessun socio può essere escluso, neppure in presenza di gravi motivi, né può essere invocata la risoluzione del contratto *ex* artt. 1453 ss., istituto che risulta inapplicabile al contratto sociale.

È quindi all'autonomia negoziale che compete *in primis* l'individuazione delle **cause di esclusione**: ed in ciò non vi è limite se non quello della **giusta causa**. In effetti l'esclusione è legittima solo al verificarsi di *fatti*, *relativi alla persona di uno dei soci, che rendono oggettivamente non più opportuna la sua permanenza in società*, alla luce di interessi, meritevoli di tutela, cui i soci stessi, nell'esercizio della loro autonomia negoziale, hanno voluto dare rilevanza; il requisito in esame costituisce il logico equilibrio tra l'esigenza dei soci di estromettere, in certi casi, uno di essi e l'interesse di quest'ultimo alla prosecuzione del rapporto. La giusta causa può consistere:

a) nella *violazione*, da parte del socio, *degli obblighi nascenti dal rapporto sociale*, diversi dall'obbligo di conferimento (perché l'inadempimento di questo è già causa legale di esclusione e soggetto alla disciplina speciale dell'art. 2466): può trattarsi, ad es., dell'abuso del diritto di voto in assemblea, o della divulgazione di notizie riservate apprese nell'esercizio dei propri diritti di controllo *ex* art. 2476;

b) in altri *comportamenti del socio, reputati incompatibili con l'attività sociale*: ad es., l'esercizio di un'impresa concorrente, o la stipulazione di contratti con soggetti o categorie di soggetti predeterminati e sgraditi alla società;

c) nella *perdita, da parte del socio, di taluni requisiti soggettivi* (come l'iscrizione a un albo);

d) nel *sopravvenire di altri fatti relativi alla sua persona* (assoggettamento alla procedura di liquidazione giudiziale, interdizione, condanne penali, ecc.).

Il requisito della giusta causa opera a due livelli. Innanzitutto, è *condizione di legittimità della clausola* dell'atto costitutivo: non basta che una vicenda sia enunciata in questo, per farla apprezzare come motivo giustificato di esclusione, occorrendo invece che, nel quadro del concreto assetto di interessi su cui poggia la società, l'espulsione del socio risulti perseguire un interesse *obiettivamente meritevole* dei soci. Inoltre, quando la fattispecie prevista non si riferisca ad una vicenda di cui basti accertare se si è o no verificata (ad es., una condanna subita dal socio), ma richieda una valutazione discrezionale (ad es., il carattere riservato e l'importanza delle notizie divulgate dal socio, il carattere concorrenziale e la nocività dell'attività svolta dallo stesso), la giusta causa opera altresì come *criterio di valutazione della gravità e rilevanza del fatto in concreto verificatosi*, ancora in rapporto all'interesse che la clausola persegue.

Pur con questo insuperabile limite, l'istituto dell'esclusione si presta a realizzare obiettivi tra loro molto eterogenei, potendo essere impiegato non solo come rimedio sanzionatorio, per reagire contro gli inadempimenti del socio, ma anche come strumento per interrompere il rapporto sociale al verificarsi di eventi di natura diversa, riferibili alla sua persona, ma non consistenti in un inadempimento.

L'art. 2473-*bis* pone inoltre un secondo requisito di validità, esigendo che le ipotesi di esclusione siano "specifiche", cioè enunciate nell'atto costitutivo in modo preciso e non generico: il **requisito di specificità** tutela l'interesse di ciascun socio a poter conoscere *ex ante* le conseguenze del proprio comportamento o dei fatti che lo riguardano. Perciò non basta che la clausola si richiami genericamente alla giusta causa, e neppure basta che si riferisca a "inadempimenti del socio" o alla "violazione del dovere di correttezza e buona fede", o a "comportamenti e fatti incompatibili con la prosecuzione del rapporto"; occorre invece che l'accadimento rilevante sia preindividuato in termini puntuali, sebbene non sia escluso che l'accertamento del suo verificarsi e della sua gravità possa richiedere una valutazione discrezionale (ad es., l'ostruzionismo dell'assemblea attuato mediante lo stabile voto negativo espresso allo scopo di paralizzarne i lavori; l'esercizio del diritto di controllo ripetuto allo scopo di ostacolare la gestione della società).

Proprio la presenza di tale requisito fa sì che *l'elencazione statutaria sia da considerarsi sempre tassativa*.

Rimessa all'autonomia statutaria è anche la determinazione della **procedura di esclusione**. L'atto costitutivo potrà così prevedere ipotesi di **esclusione automatica** (cioè immediatamente conseguente al verificarsi della causa), oppure attribuire alla collettività dei soci o, in alternativa, agli amministratori (o anche al sindaco, se presente), il potere di decidere se escludere o no il socio in relazione a cui si sia realizzato l'evento legittimante l'estromissione (**esclusione facoltativa**).

In ogni caso, l'escluso, cui la decisione motivata deve essere comunicata, ha **diritto**

di opporsi, davanti al Tribunale (probabilmente entro 60 giorni, applicando analogicamente l'art. 2533), potendo altresì chiedere la sospensione dell'esecuzione.

In ordine all'**attuazione dell'esclusione**, cioè alle forme attraverso cui l'escluso viene privato della titolarità della quota e riceve la liquidazione del suo valore, l'art. 2473-*bis* si limita a rinviare quasi interamente alla disciplina del recesso. Anche il **valore della quota di liquidazione** è determinato mediante i criteri enunciati nell'art. 2473, dunque secondo il *valore reale* della partecipazione

§ 60. La s.r.l.: la struttura organizzativa

La disciplina concernente la struttura organizzativa della s.r.l. si sviluppa, negli artt. 2475 ss., secondo due linee direttrici fondamentali: a) *estrema flessibilità del sistema di governo dell'impresa*; b) *attribuzione ai soci di un ruolo attivo e centrale nella vita della società*.

Entrambi i principi discendono direttamente dalla vocazione del nostro tipo societario a servire essenzialmente compagini sociali ridotte, composte da soci coinvolti in prima persona nella conduzione dell'attività: riflettono dunque la volontà normativa di caratterizzare questo tipo differenziandolo marcatamente dalla società per azioni, dall'un lato attraverso il riconoscimento di una estesa libertà statutaria nella definizione delle regole di amministrazione, dall'altro per mezzo dell'attribuzione ai soci di incisivi poteri di ingerenza e controllo sulla gestione.

Il **modello legale**, quello cioè operante se l'atto costitutivo non dispone diversamente, si delinea secondo uno schema che in realtà parrebbe analogo al sistema di *governance* tradizionale della s.p.a.: con i soci chiamati a decidere sulle modifiche strutturali dell'ente (ossia dell'atto costitutivo) e a nominare gli amministratori (art. 2479); con un organo amministrativo unipersonale o collegiale cui è affidata la gestione dell'impresa (art. 2475); ed un sindaco per il controllo amministrativo e contabile (o un sindaco e un revisore), se le dimensioni finanziarie e patrimoniali della società superano una certa soglia (art. 2477). Ma la coincidenza è solo apparente. Nella s.p.a. la struttura organizzativa *per uffici*, con una rigorosa distribuzione delle competenze tra gli organi, è caratterizzata da una spiccata rigidità: l'azionista non ha poteri gestori né di controllo diretto, egli aderisce o disapprova le strategie imprenditoriali adottate dall'organo amministrativo investendo o disinvestendo dalla società; la logica di fondo che ispira la disciplina è quella di un organismo spersonalizzato a forte connotazione capitalistica. Nella s.r.l., per contro, i soci sono, singolarmente e come collettività, parte attiva dell'organismo: essi non sono affatto esclusi dalla gestione, ma possono trovarsi chiamati ad assumere ogni relativa decisione, se lo richieda la minoranza o uno degli amministratori (art. 2479, co. 1); e ciascun partecipante ha accesso a tutte le informazioni e ai documenti societari, potendo promuovere individualmente l'azione di responsabilità e chiedere la revoca degli amministratori infedeli (art. 2476, co. 2).

Su questo schema legale può poi innestarsi l'**autonomia negoziale**, cui ai soci è data facoltà di ricorrere anzitutto per dare una coloritura ancora più marcatamente personalistica al proprio modello organizzativo. Ciò può avvenire sia attraverso una diversa distribuzione delle competenze e dei poteri, sia introducendo forme e procedure decisionali più agili. Sotto il primo profilo, l'atto costitutivo può arricchire le competenze gestorie della collettività dei soci, spostando a piacimento l'equilibrio di poteri con l'organo amministrativo (salva la riserva a favore di quest'ultimo, sancita dall'art. 2475, circa il potere di predisporre gli assetti adeguati di cui all'art. 2086); e può assegnare anche a singoli soci, come si è visto, specifiche prerogative, come il potere di nomina dei componenti di tale organo, o il diritto di assumerne le funzioni, o il potere di veto su alcune operazioni imprenditoriali. Sotto il secondo profilo, l'autonomia statutaria può snellire le procedure collegiali (artt. 2475, co. 4, e 2479, co. 3) e persino adottare i regimi di amministrazione, disgiuntiva o congiuntiva, tipici delle società di persone (art. 2475, co. 3).

L'autonomia statutaria può agire peraltro (se si tratti di s.r.l. PMI) anche in direzione opposta, come pure si è visto, innestando nella struttura partecipativa una componente più spiccatamente capitalistica, rappresentata da soci-investitori, titolari di quote standardizzate prive di significativi diritti amministrativi o con diritti amministrativi depotenziati (fino all'integrale esclusione del diritto di voto e, verosimilmente, di controllo: art. 26 d.l. 179/2012). Si tratta di una importante apertura a modelli di partecipazione chiaramente ispirati a quelli propri delle società per azioni, collegata alle opportunità di accesso al mercato dei capitali offerte alle imprese medio-piccole dalle recenti riforme legislative e dalla conseguente attivazione degli appositi canali di finanziamento in esse disciplinati. L'emissione di quote di questo tenore introduce nella società soci mossi da finalità di mero investimento e statutariamente esclusi da ogni coinvolgimento attivo nella vita dell'ente: l'identità tipologica della s.r.l., rispetto alla s.p.a., è tuttavia conservata, dal momento che, come alcuni interpreti affermano, non può mancare la presenza di almeno una partecipazione dotata della pienezza dei diritti amministrativi summenzionati, sicché la componente partecipativa dei soci meri investitori può al più coesistere, ma mai sostituirsi integralmente alla componente dei soci con diritti inerenti alla gestione, di informazione e di controllo completi.

In questa articolazione organizzativa, l'osservanza dei principi di corretta amministrazione resta uno dei capisaldi del sistema; ma la vigilanza e l'attivazione dei consueti meccanismi reattivi (azione di responsabilità, revoca degli amministratori) sono affidate *in primis* alla dialettica tra soci e alla loro iniziativa (v. art. 2476); il controllo contabile e amministrativo è invece imposto solo quando la società supera certi livelli dimensionali o si trova al vertice di un gruppo (art. 2477); rimane comunque possibile l'intervento dell'autorità giudiziaria *ex* art. 2409.

I. *Le competenze dei soci e i procedimenti decisionali*

1. *Le competenze*

Il ruolo della collettività dei soci è *centrale* all'interno della struttura organizzativa della s.r.l. Il connotato caratterizzante è rappresentato dal fatto che essi hanno una competenza potenziale su ogni profilo della gestione imprenditoriale, che concorre con la competenza degli amministratori e che l'autonomia statutaria può rafforzare ma non comprimere, se non, come si dirà, a favore di prerogative riconosciute a singoli soci, e dunque sempre in vista di un più diretto e personale coinvolgimento di questi nell'esercizio dell'impresa.

Le competenze della collettività dei soci (per tale dovendosi intendere quella formata dai soci con diritto di voto, qualora la società, in quanto PMI, abbia emesso anche quote standardizzate senza diritto di voto) si distinguono in:

a) **Competenze necessarie**: l'art. 2479, co. 2, delinea l'area di riserva legale delle materie affidate *inderogabilmente* alla decisione del gruppo dei soci ("In ogni caso sono riservate alla competenza dei soci ..."). Le ragioni della riserva consistono o nella rilevanza delle materie stesse, in quanto concernenti l'assetto fondamentale dell'ente (*modifiche dell'atto costitutivo*; *operazioni gestorie che comportano una sostanziale modifica dell'oggetto statutario o una rilevante modifica dei diritti dei soci*), o nella necessità di rispettare il normale equilibrio di poteri e di funzioni tra gli organi (*approvazione del bilancio; nomina del titolare del controllo o del revisore* e, nonostante la norma non ne parli, relativa *revoca*, che tuttavia è subordinata all'esistenza di una giusta causa).

b) **Competenze normali**, ma derogabili. Si tratta della *nomina degli amministratori* e della *distribuzione degli utili*. Quanto alla prima, l'atto costitutivo può attribuire a singoli soci, *ex* art. 2468, co. 3, un diritto particolare che, investendoli individualmente della carica di amministratore (anche a tempo indeterminato) o del potere di nomina, escluda la competenza del gruppo, in parte o totalmente, a seconda che l'organo gestorio così formato debba o meno essere integrato da componenti designati dal gruppo stesso. Quanto alla distribuzione degli utili, l'atto costitutivo può assegnare a singoli soci un diritto di percepire gli utili risultanti dal bilancio, o parte di essi, a prescindere da ogni decisione dei soci, altrimenti necessaria come nella s.p.a. Anche la *revoca* degli amministratori spetta alla collettività, se a questa compete la designazione.

c) **Competenze legali eventuali**. L'art. 2479, co. 1, prevede che "i soci decidono [...] sugli argomenti che uno o più amministratori o tanti soci che rappresentano almeno un terzo del capitale sottopongono alla loro approvazione". Si tratta di una *competenza gestoria illimitata* (potenzialmente concernente, cioè, qualsiasi operazione imprenditoriale), *concorrente* con quella degli amministratori, ma *meramente eventuale* in quanto attivabile solo su richiesta dei soggetti indicati. La decisione della collettività è *vincolante* per gli amministratori stessi, salvo che l'operazione deliberata non li esponga a responsabilità nei confronti della società o dei terzi, in quanto potenzialmente dannosa: infatti l'art. 2475 attribuisce agli amministratori stessi la funzione di filtro delle decisioni dei soci (*infra*, II.1).

d) **Competenze esclusive statutarie**. L'atto costitutivo può attribuire ai soci *ulteriori e rafforzate competenze in ambito gestorio*. L'art. 2483 prevede che a costoro possa spettare il potere di emissione di titoli di debito; ma è soprattutto l'art. 2479, co. 1, a stabilire con formula generale che "i soci decidono su [tutte] le materie riservate alla loro competenza dall'atto costitutivo". La disposizione va posta a confronto con quella, ben più restrittiva, dedicata alle autorizzazioni assembleari nella s.p.a. (art. 2364, n. 5). Nella s.r.l. *l'autonomia statutaria non incontra alcun limite di materia*: la clausola può assegnare ai soci il potere decisionale, vincolante per gli amministratori (salva la loro funzione filtrante: *infra*, II.1), su qualsivoglia argomento (ad es. su ogni operazione di gestione straordinaria, o di valore superiore ad una data cifra, o appartenente ad una determinata tipologia; non però sull'istituzione degli assetti adeguati, posta la riserva disposta dall'art. 2475), comprimendo a piacere la relativa competenza degli amministratori stessi.

Clausole di questo genere consentono di calibrare variamente, secondo le concrete aspettative dei partecipanti, gli equilibri organizzativi interni: ad es. tra i soci cui sia attribuito il diritto di amministrare in via esclusiva la società *ex* art. 2468, co. 3, e la restante compagine, che può così riservare a se stessa il potere di decidere le operazioni economicamente più significative; oppure tra soci di maggioranza e di minoranza, attribuendo all'organo gestorio (nominato dai primi) la competenza sull'ordinaria amministrazione, e quella straordinaria alla collettività dei soci, con *quorum* rafforzati in modo da riconoscere alla minoranza un potere di veto.

Il coinvolgimento dei soci nella gestione è dunque, nella s.r.l., ***istituzionalizzato***. E questo ruolo si rispecchia nella disciplina della responsabilità per gli atti di *mala gestio*, per i quali, infatti, rispondono in solido con gli amministratori i soci che li hanno intenzionalmente decisi o autorizzati (art. 2476, co. 8: *infra*, II.3); si tratta di una disposizione, non a caso assente nella disciplina della s.p.a., che riveste una posizione centrale nel sistema normativo del nostro tipo, contribuendo a caratterizzarlo come il modello che coniuga la limitazione di responsabilità tipica dell'impresa moderna con l'azione diretta e personale dei soggetti investitori, ossia dei soci.

2. *I procedimenti decisionali: le alternative ed i vincoli*

Il **procedimento** attraverso cui la collettività dei soci assume le proprie decisioni *non ha necessariamente natura assembleare*. L'art. 2479, co. 3, consente infatti all'atto costitutivo di "prevedere che le decisioni dei soci siano adottate mediante consultazione scritta o sulla base del consenso espresso per iscritto".

Ciò spiega il ricorso, nella disposizione in esame, al termine "**decisione**", che indica ogni atto del gruppo dei soci. Le "**deliberazioni**" (art. 2479-*bis*) costituiscono pertanto solo una specie, un sottoinsieme del *genus* "decisioni", individuando quelle adottate in assemblea; accanto a queste, dunque, possono profilarsi "**decisioni non assembleari**", aventi il medesimo contenuto ed effetti, ma la cui formazione è soggetta a regole almeno parzialmente diverse.

Il **metodo assembleare** (collegiale: la delibera è assunta nel corso di una riunione, che garantisce l'unità di tempo e di luogo delle dichiarazioni di voto) resta per la verità, nella valutazione normativa, il modello principale e naturale, in quanto il più adatto, attraverso il dibattito ed il confronto tra i soci, all'assunzione di scelte ponderate ed equilibrate; da questo punto di vista, esso rafforza l'efficienza dell'azione societaria. Per tale motivo, le materie di maggiore importanza (*modifiche dell'atto costitutivo; operazioni gestorie fondamentali*) debbono essere *inderogabilmente trattate in assemblea*: l'art. 2479, co. 4, richiede infatti la collegialità con riferimento alle materie indicate nei nn. 4 e 5 del co. 2. Inoltre, l'adozione di procedure non collegiali (per le altre materie) non è ammessa se non vi è una corrispondente clausola dell'atto costitutivo.

I **procedimenti non assembleari** perseguono obiettivi di efficienza da un punto di vista diverso: essi consentono l'assunzione di decisioni con maggiore agilità e ne semplificano l'*iter* di formazione. La norma li identifica nella "consultazione scritta" e nel "consenso espresso per iscritto"; la formulazione, come vedremo (*infra*, 4), è generica e le tecniche consentite sono molteplici, dalla sottoposizione ai soci di una proposta, inviata loro con qualsiasi mezzo (fax, mail, ecc.), sollecitandoli ad una dichiarazione di voto, adesiva o contraria, inviata con un mezzo analogo, fino alla circolazione tra i soci stessi di un documento contenente la proposta di decisione, che viene sottoscritto in calce da coloro che vi aderiscono. La semplificazione così raggiungibile paga, evidentemente, il prezzo della rinuncia alla discussione ed al confronto aperto tra i votanti, che viene lasciato, eventualmente, all'iniziativa dei singoli. Tuttavia, anche quando l'atto costitutivo li preveda, questi metodi soccombono, di fronte alla richiesta, avanzata da uno o più amministratori o dai soci che rappresentano almeno un terzo del capitale, di sottoporre l'argomento alla discussione in assemblea (art. 2479, co. 4).

3. *Le deliberazioni assembleari*

All'assemblea dei soci è dedicato l'art. 2479-*bis*. Il procedimento si snoda secondo il modello comune alle s.p.a. (convocazione, intervento dei soci, discussione, votazione, proclamazione dei risultati, verbalizzazione), ma la disciplina risulta molto più scarna e frammentaria, il che pone immediatamente il problema del significato da attribuire al silenzio del legislatore e dell'integrazione delle eventuali **lacune**.

Ora, il ricorso alla disciplina gemella, dettata per l'assemblea di s.p.a., è certo legittimo, trattandosi di regolare il funzionamento dello stesso organo sociale ed analoghe, seppur non identiche, essendone composizione e competenze. Tuttavia l'**applicazione in via analogica** di quella disciplina non può essere automatica e generalizzata: la s.r.l. ha proprie specificità sia per il maggiore spazio concesso all'autonomia statutaria, sia per la centralità che le persone dei soci hanno all'interno della struttura organizzativa; ciò comporta che il silenzio dell'art. 2479-*bis* su un determinato profilo regolato, per contro, nelle s.p.a. potrebbe indicare non la presenza di una lacuna, ma semplicemente una apertura alla libertà negoziale dei soci; o che, comunque, l'applicazione della corrispondente disciplina azionaria potrebbe restare preclusa in quanto incompatibile con le peculiarità del tipo s.r.l. Ogni fase e profilo del procedimento deliberativo richiede dunque una ricostruzione specifica.

i) La **convocazione** avviene nelle forme indicate nell'atto costitutivo (ad es. telegramma, posta elettronica, fax), tali comunque da assicurare la *tempestiva informazione* di tutti i soci sugli argomenti da trattare. Nel silenzio dell'atto costitutivo, vi si procede mediante lettera raccomandata spedita almeno otto giorni prima della riunione (co. 1). Questa è svolta presso la sede della società (co. 3).

La norma tace su chi sia **legittimato a procedere alla convocazione**. Deve tuttavia ritenersi che lo siano senz'altro gli amministratori (collegialmente, disgiuntamente o congiuntamente a seconda della forma di esercizio delle funzioni gestorie prescelta dall'atto costitutivo) ed eventualmente l'organo di controllo, se nominato e nelle ipotesi previste dall'art. 2406. È invece dubbio se lo siano anche i soci che rappresentano il terzo del capitale, o se invece, quando intendano sottoporre all'assemblea un argomento *ex* art. 2479, co. 1, essi debbano richiederne la convocazione agli amministratori (nell'inerzia dei quali provvederebbe il Tribunale, applicando analogicamente l'art. 2367, co. 2).

ii) Hanno **diritto di intervenire** (personalmente o, se l'atto costitutivo non lo vieta, mediante rappresentante) *tutti i soci*. Il principio è espresso nell'art. 2479, co. 5 ("ogni socio ha diritto di partecipare alle decisioni"). Va però tenuta presente la possibilità che la società (in quanto sia PMI) emetta categorie di quote senza diritto di voto o con diritto di voto condizionato o limitato a particolari argomenti (art. 26 d.l. 179/2012); come si è visto, la normale centralità che caratterizza la posizione del socio nel nostro tipo può arretrare di fronte all'opportunità di intercettare risparmiatori interessati alla sola redditività del proprio investimento e da non coinvolgere invece nel governo dell'ente. In tali casi, il diritto di intervento va riconosciuto ai soli soci con diritto di voto sugli argomenti all'ordine del giorno, come nelle s.p.a.

iii) L'assemblea, presieduta dalla persona indicata nell'atto costitutivo (che spesso la individua nel presidente del c.d.a., o nell'amministratore unico) o designata dagli intervenuti (co. 4), è validamente costituita se sono presenti tanti soci che rappresentino almeno la metà del capitale (***quorum* costitutivo**; e si deve intendere, la metà del capitale avente diritto di voto). Essa delibera con il voto favorevole della maggioranza del capitale presente, o, nelle materie indicate nei nn. 4 e 5 dell'art. 2479 (modifiche dell'atto costitutivo e operazioni gestorie fondamentali) con una maggioranza rafforzata, che rappresenti almeno la metà del capitale sociale (***quorum* deliberativo**; sempre, del capitale con diritto di voto): art. 2479-*bis*, co. 3 (mentre l'art. 2479, ult. co., si riferisce solo alle decisioni non assembleari). Il **voto** espresso da ciascun socio ha un ***peso proporzionale alla sua partecipazione***: art. 2479, co. 5 (salvo per le categorie di quote con voto non proporzionale, eventualmente emesse dalla s.r.l. PMI: art. 26 d.l. 179/2012; logicamente si tratterà, di regola, di quote di investimento con voto ridotto).

L'atto costitutivo può *modificare i quorum legali*, per tutte o solo per alcune decisioni. Ne è possibile la *riduzione* (ad es. del *quorum* costitutivo, che può essere anche azzerato, o di quello deliberativo, richiedendo per le modifiche statutarie la sola maggioranza prevista per le altre materie) o l'*aumento*, fino a potersi richiedere il consenso unanime dei soci: infatti, le esigenze di efficienza dell'impresa, che nella s.p.a. renderebbero illegittima una clausola di questo tenore e impediscono anche il solo innalzamento delle maggioranze in alcune materie (art. 2369, co. 4), qui non prevalgono sulla libertà negoziale. Per l'elezione alle cariche sociali potrebbero infine essere previsti sistemi particolari (voto per liste bloccate, voto cumulativo).

Come si vede, non è formalmente prevista, nelle s.r.l., una articolazione dell'assemblea in ordinaria e straordinaria, ma, non diversamente che nella s.p.a., le deliberazioni più rilevanti richiedono maggioranze più elevate e sono soggette a regole formali più rigide (verbalizzazione notarile per le modifiche dell'atto costitutivo: art. 2480). Neppure è prevista la scansione in una prima e in una seconda convocazione, con *quorum* più favorevoli in questa per l'assunzione delle decisioni. Pertanto, se non si raggiunge il *quorum* costitutivo nella prima e unica riunione prevista, è necessario riavviare *ex novo* l'*iter* procedimentale con una nuova convocazione. L'atto costitutivo può però introdurre un'assemblea di seconda convocazione, riducendo l'aliquota di capitale prevista dalla norma.

iv) Anche delle assemblee di s.r.l. deve essere redatto il **verbale** (per atto pubblico, se si tratta di deliberazioni modificative dell'atto costitutivo: art. 2480), da trascrivere nel libro delle decisioni dei soci (art. 2478, n. 2). Il contenuto e i tempi della sua redazione sono disciplinati, in via analogica, dall'art. 2375: esso deve dunque essere formato senza ritardo e deve indicare, almeno in allegato, l'identità dei partecipanti e il voto espresso da ciascuno di essi (verbale analitico).

v) Una volta adottate (con la proclamazione presidenziale dei risultati), le delibere sono immediatamente efficaci, tranne quelle modificative dell'atto costitutivo, che acquistano piena efficacia con l'iscrizione nel registro delle imprese (art. 2436, richiamato dal 2480).

4. *Le decisioni non assembleari*

Nessuna norma è dedicata alle tecniche non collegiali, che il legislatore si limita a individuare nella "consultazione scritta" e nel "consenso espresso per iscritto". Si tratta, come si è detto, di formule generiche, che dunque lasciano ampia ***libertà nella determinazione dell'iter procedimentale***. Ciò che caratterizza questi meccanismi decisori è un connotato negativo, l'assenza di collegialità: l'atto è assunto al di fuori di qualsiasi riunione tra i soci, con benefici in termini di speditezza e di costi.

La procedura può essere comunque scandita in fasi prestabilite e regolamentate nelle forme e nei tempi, come nel caso in cui si preveda l'invio ai soci, da parte degli amministratori e con un mezzo specifico (fax, mail), della sollecitazione a pronunciarsi su una determinata proposta, ed un termine entro il quale i soci debbano far pervenire presso la sede della società il proprio voto scritto o copia di esso (ancora via fax, ad es.). Ma sono ammissibili anche forme del tutto destrutturate, come nel caso in cui si preveda che chiunque possa assumere l'iniziativa di redigere un documento scritto contenente la decisione, da sottoporre poi all'approvazione scritta e separata da parte di ciascuno dei soci. L'atto costitutivo è, in questo, libero di optare per le une o le altre forme, definendole nel dettaglio.

Alcuni **principi** risultano tuttavia **inderogabili**. Tutti i soci devono essere informati in tempo utile dell'avvio del procedimento e tutti debbono potervi prendere parte (art. 2479, co. 5; sempre con l'eccezione dei soci titolari delle quote senza voto, eventualmente emesse dalla s.r.l. PMI); non basterebbe dunque la raccolta dei consensi della sola maggioranza, senza interpellare la minoranza. Ed infatti ogni voto (necessariamente scritto) resta revocabile sino alla chiusura del procedimento, sì che ogni socio può cercare di orientare il convincimento degli altri. E sino a questo stesso momento può chiedersi l'interruzione della procedura e la convocazione dell'assemblea, da parte di ciascun amministratore o del terzo del capitale (co. 4).

È anche previsto un *quorum* distinto rispetto a quello per l'assunzione delle delibere assembleari: la decisione è presa con il voto favorevole di una maggioranza che rappresenti almeno la metà del capitale (co. 6), ma lo statuto può disporre diversamente, sia innalzandolo, sia riducendolo (rendendo sufficiente l'adesione della maggioranza dei votanti, così che il capitale di chi decide di non esprimersi viene escluso dal computo).

5. *L'invalidità delle decisioni*

L'art. 2479-*ter* disciplina l'invalidità delle decisioni, senza distinzione fra quelle assembleari e quelle non collegiali. Il sistema è analogo a quello delle s.p.a. (molte delle cui disposizioni sono richiamate: co. 4) e, come questo, risulta totalmente autonomo rispetto allo schema nullità/annullabilità, proprio delle invalidità contrattuali, e ai suoi principi (artt. 1418 ss.): non a caso la norma codicistica ricorre al termine generico di **impugnazione**. Infatti, mentre la disciplina del contratto può focalizzarsi esclusivamente sul rispetto delle norme e sulla libera determinazione della volontà nella conclusione del contratto, e può approntare, in caso di vizi, rimedi finalizzati alla riduzione in pristino delle situazioni giuridiche, l'ordinamento societario, pur non rinunciando a presidiare la conformità dell'azione collettiva alla legge e all'atto costitutivo, deve al contempo, nel predisporre i rimedi attivabili in presenza di vizi, assicurare la stabilità delle operazioni economiche, essenziale per la sicurezza del traffico giuridico e per la stessa incentivazione delle iniziative produttive. Di qui la specialità della disciplina in esame.

Come nella s.p.a., i **vizi invalidanti** si dividono in due categorie: quella, generale, della *non conformità alla legge o all'atto costitutivo* (co. 1) e quella, più grave e specifica, comprendente l'*assenza assoluta di informazione* e l'*illiceità o impossibilità dell'oggetto* (co. 3). Come si è rilevato, peraltro, l'art. 2479-*ter* non ricorre alle nozioni di *annullabilità* e di *nullità*: in entrambe le ipotesi, la decisione è *impugnabile*, ma diversi sono i soggetti legittimati e i termini (*infra*), esattamente come nella s.p.a.

a) L'**assenza assoluta di informazione** consiste nella mancata comunicazione ad uno o più soci dell'avvio del procedimento decisionale e corrisponde al vizio di "mancata convocazione", di cui all'art. 2379: la genericità dell'espressione dipende solo dal fatto che, in caso di decisione non collegiale, il coinvolgimento (pur sempre necessario) dei soci non avviene per mezzo di una "convocazione", ma, per l'appunto, *informandoli* dell'inizio della procedura. L'**illiceità o impossibilità dell'oggetto** discendono dalla contrarietà a norme imperative, ordine pubblico o buon costume, o dall'impossibilità materiale o giuridica del contenuto della decisione.

b) Ogni altro vizio rientra nel **difetto di conformità alla legge o all'atto costitutivo**: ogni *irregolarità procedimentale* (diversa da quella *sub* a), ivi compresa la mancata verbalizzazione della delibera assembleare (a differenza di quanto accade nella s.p.a.: art. 2379); il *conflitto di interessi* del socio il cui voto sia stato determinante per l'assunzione di una decisione potenzialmente dannosa per la società (art. 2479-*ter*, co. 2); l'*abuso del diritto di voto* a danno degli altri soci. Tuttavia va affermato, pur nel silenzio della legge, che non ogni violazione inficia la decisione, ma solo quella che abbia concretamente e significativamente leso l'interesse protetto dalla norma (di legge o statutaria) violata (si pensi ad un ritardo minimo nella convocazione di un socio, che non abbia condizionato in alcun modo la possibilità della sua partecipazione informata alla riunione).

Legittimato all'impugnazione è ciascun socio che non abbia consentito alla decisione, ciascun amministratore e l'organo di controllo (se presente), nei casi *sub* b); chiunque vi abbia interesse, nei casi *sub* a). Proprio perché la legittimazione del socio non dipende, come invece nella s.p.a., dalle dimensioni della sua partecipazione, non è qui prevista la tutela risarcitoria di cui all'art. 2377.

La decisione va impugnata negli stretti **termini** di *novanta giorni* (nei casi *sub* b) e, rispettivamente, di *tre anni* (nei casi *sub* a), decorrenti dalla trascrizione della decisione nel libro delle decisioni dei soci. È impugnabile senza limiti di tempo, invece, la delibera che introduce un oggetto sociale impossibile o illecito. Il **procedimento** di impugnazione coincide con quello previsto per le s.p.a.

II. *L'amministrazione della società*

1. *Le competenze gestorie. Il rapporto di amministrazione*

Ai sensi dell'art. 2475, "l'amministrazione della società è affidata a uno o più soci nominati con decisione dei soci", se l'atto costitutivo non dispone diversamente.

Gli amministratori hanno una **competenza gestoria generale**, nell'ambito dell'oggetto sociale: loro è il compito di elaborare i piani strategici imprenditoriali e di darvi attuazione. Tuttavia si è visto che (con l'eccezione dell'istituzione degli assetti adeguati, oggetto di riserva *ex* art. 2475) la collettività dei soci conserva una *competenza legale concorrente* sull'intera gestione (art. 2479, co. 1) e che l'atto costitutivo può anzi sottrarre talune prerogative agli amministratori per attribuirle in via esclusiva proprio ai soci (*supra*, I.1; ed anche a singoli soci, come diritto particolare *ex* art. 2468, co. 3). Clausole di questo tenore introducono limiti ai poteri dei primi e li vincolano a dare esecuzione alla decisione presa dai secondi; esse, inoltre, possono riguardare anche una porzione molto ampia degli atti d'impresa (come nel caso in cui si stabilisca che la competenza è dei soci per tutte le operazioni di valore superiore ad una data soglia, non particolarmente elevata), spostando così il baricentro del potere gestorio tra i due organi.

Peraltro deve riconoscersi in ogni caso agli amministratori una posizione di *presidio sulla gestione*: i soci possono cioè essere tributari di competenze gestorie e le loro decisioni vincolano in linea di principio gli amministratori, ma a questi ultimi compete la valutazione di ultima istanza circa l'eventuale nocività della decisione e conseguentemente il ***dovere di discostarvisi***, qualora essa si ponga al di fuori di qualsiasi logica imprenditoriale, anche la più audace, e possa recare danno alla società, ai creditori o ai terzi. Questa **funzione di filtro** rispetto all'esercizio delle prerogative gestorie da parte dei soci rimane inamovibile dall'autonomia statutaria.

La **nomina** (la carica può essere assunta tanto da soci, quanto, se lo consente l'atto costitutivo, da soggetti esterni) *avviene con decisione presa dai soci stessi ex* art. 2479, ma anche sotto questo profilo l'autonomia negoziale può disporre diversamente. Si può, ad es., attribuire ad uno o più soci individualmente (non a terzi) il potere (diritto particolare, *ex* art. 2468, co. 3) di designazione degli amministratori (di uno o più; di tutti), oppure il potere di indicazione di una rosa di nomi tra cui la collettività dovrà poi scegliere, o, ancora e direttamente, la carica stessa di amministratore (unico o no), anche a tempo indeterminato. Ciò riflette in maniera evidentissima il ruolo attivo che i soci possono riservarsi nell'esercizio dell'impresa e la rilevanza che può essere riconosciuta alla posizione personale dei singoli, anche a prescindere dall'entità della loro partecipazione; ed è bene osservare che il *carattere sociale* di queste pattuizioni (il fatto cioè di essere elementi dell'atto costitutivo e non accordi parasociali) le rende vincolanti nei confronti di qualunque, eventuale nuovo socio.

La nomina va iscritta nel registro delle imprese (a cura dell'amministratore, che, dunque e ovviamente, deve accettarla) e l'eventuale invalidità del relativo atto non è opponibile ai terzi che non ne fossero a conoscenza (art. 2383, co. 4 e 5, richiamati dall'art. 2475, co. 2).

La **durata della carica** non è indicata dalla legge. La volontà normativa di non introdurre limiti su questo piano, a differenza che nella s.p.a., è dimostrata anche dal fatto che, dell'art. 2383, sono rese applicabili le disposizioni citate, ma non il suo co. 2, che, perciò, non opera neppure per analogia. Dunque è l'atto costitutivo o quello di nomina a determinare la durata e può procedersi anche ad una *nomina a tempo indeterminato*. Inoltre, gli amministratori sono rieleggibili.

Neppure è disciplinata l'ipotesi di **revoca**, il che non significa però che essa non sia legittima. Occorre però distinguere. Gli amministratori che sono tali in forza di un atto di nomina della collettività dei soci o di uno di essi sono revocabili in qualunque momento dai soggetti titolari del potere di nomina; in assenza di giusta causa, come nelle s.p.a., la società è tenuta al risarcimento del danno (v. art. 2383, co. 3), ma se la carica era a tempo indeterminato il risarcimento è dovuto solo se non viene dato un congruo preavviso, applicandosi l'art. 1725, co. 2. Ogni socio, inoltre, può chiedere la *revoca in via giudiziaria* in caso di gravi irregolarità compiute dall'amministratore (art. 2476, co. 3). Al contrario, coloro cui la carica è attribuita come diritto particolare *ex* art. 2468, co. 3, non sono revocabili se non in quest'ultimo caso, dal momento che il loro diritto è immodificabile senza il consenso unanime dei soci (art. 2468, co. 4).

2. *I sistemi di amministrazione. La rappresentanza*

A) Il sistema organizzativo è, sotto il profilo delle **forme di esercizio del potere gestorio**, estremamente versatile.

Questo può essere affidato ad un ***amministratore unico*** o ad una ***pluralità di soggetti***, secondo la previsione statutaria o la decisione dei soci al momento della nomina. In caso di pluralità di amministratori il modello legale prevede che l'esercizio delle funzioni avvenga in forma consiliare, cioè mediante la costituzione di un ***consiglio di amministrazione***, che è la forma tipica delle s.p.a. Tuttavia lo stesso atto costitutivo può optare per i sistemi propri delle società di persone, ossia per l'***amministrazione disgiuntiva*** o ***congiuntiva***, con applicazione, in tal caso, degli artt. 2257 s. (art. 2475, co. 3), oppure per un ***sistema misto*** (ad es., disgiuntivo per le operazioni al di sotto di un certo valore e consiliare per quelle superiori). Il solo limite è imposto dall'art. 2475, co. 5: la redazione del progetto di bilancio e di quelli di fusione e scissione, nonché l'aumento di capitale delegato devono essere decisi in forma collegiale.

Anche questa apertura contribuisce a caratterizzare il tipo s.r.l. per l'accentuazione personalistica che l'organizzazione può assumere e per l'ampiezza degli spazi accordati all'autonomia negoziale: il ricorso ai modelli propri delle società di persone, che andrà normalmente di pari passo con la riserva della carica amministrativa ai soci, consente di assicurare (nel sistema disgiuntivo) una gestione più agile e informale, in cui però fortissima è la componente fiduciaria insita nel rapporto tra i soci stessi, o di garantire (nel sistema congiuntivo all'unanimità) una gestione totalmente condivisa, in cui non meno intenso deve essere il legame e l'armonia tra i partecipanti.

Il *passaggio dall'uno all'altro sistema* è possibile in ogni momento, ma richiede una modifica dell'atto costitutivo; ed il cambio di modello potrà scaturire dall'evoluzione dei rapporti interni alla compagine, dallo sviluppo della società, dalle capacità personali e professionali acquisite o perse dai soci nel corso del tempo.

i) La disciplina dell'**amministrazione consiliare** è praticamente assente e pertanto va ricostruita applicando la disciplina della s.p.a. (verso cui indirizza anche il pur assai parziale richiamo all'art. 2381, ad opera dell'art. 2475, ult. co.) In ogni caso il silenzio normativo vale ad attribuire all'atto costitutivo la più ampia libertà nel determinare il procedimento deliberativo. Legittimo, nei termini dell'art. 2381, è anche il conferimento di deleghe a singoli consiglieri o ad un comitato esecutivo. Dell'*invalidità* delle decisioni consiliari si occupa l'art. 2475-*ter*, co. 2, che tuttavia contempla solo l'ipotesi del *conflitto di interessi*, attribuendo a ciascun amministratore (ignaro del conflitto o comunque non consenziente), al sindaco e al revisore legale, se presenti, il potere di impugnare entro novanta giorni dalla sua adozione la decisione dannosa per la società, assunta con il voto determinante del consigliere in conflitto. Il silenzio sugli altri vizi (ad es. procedimentali) che possono colpire una decisione non significa però che essi restino irrilevanti, potendosi applicare senz'altro analogicamente l'art. 2388, co. 4.

ii) L'**amministrazione disgiuntiva** e congiuntiva sono regolate, per espresso richiamo, dagli artt. 2257 e 2258. Nel primo caso, ciascun amministratore può compiere in piena autonomia ogni atto, salvo il reciproco potere di opposizione, che devolve la decisione su quest'ultima alla collettività dei soci, la quale vota però secondo i criteri dell'art. 2479, co. 5 e non dell'art. 2257 (proporzionalità del voto alla partecipazione e non agli utili).

iii) L'**amministrazione congiuntiva** può essere a maggioranza o all'unanimità. La prima può servire a snellire le procedure decisionali rispetto al sistema consiliare (perché consente alla maggioranza degli amministratori di compiere direttamente ogni operazione, senza necessità di interpellare preventivamente gli altri), ma mantenendo quel controllo reciproco tra i singoli componenti, che invece è fortemente compromesso nel sistema disgiuntivo. Ad essa si può ricorrere sia nel caso in cui gli amministratori siano tutti soci, sia che vi siano dei soggetti estranei alla compagine sociale: nel primo caso, la maggioranza dovrà calcolarsi in base alle rispettive quote di partecipazione (art. 2258, corretto in base all'art. 2479), nel secondo attribuendo egual peso a ciascun amministratore.

L'amministrazione congiuntiva all'unanimità assicura invece a ciascun gestore un insuperabile potere di veto nei confronti di qualsiasi operazione e pertanto – quando la carica è assunta, com'è logico che in tal caso sia, dai soci stessi – rappresenta un fortissimo strumento difensivo a beneficio del singolo, ma può compromettere l'efficienza dell'impresa se viene meno l'armonia del gruppo.

B) La **rappresentanza legale** è attribuita agli amministratori secondo i criteri indicati nell'atto costitutivo: è normale che essa sia collegata a certe cariche (di presidente del consiglio, di amministratore delegato) nel sistema consiliare, e segua invece le regole di esercizio del potere gestorio, negli altri sistemi (sia dunque attribuita disgiuntamente a ciascun amministratore, nell'amministrazione disgiuntiva, e in quella congiuntiva, specie all'unanimità, a tutti con firma congiunta).

Anche qui come nelle s.p.a. tale *rappresentanza* è *generale* ed i relativi *limiti*, anche se risultanti dall'atto costitutivo iscritto nel registro delle imprese, *non sono opponibili ai terzi*, a meno che non si provi che essi hanno agito intenzionalmente a danno della società (c.d. *exceptio doli*): art. 2475-*bis*. Questo principio favorisce gli scambi, rimuovendo nei terzi qualsiasi disincentivo all'instaurazione di rapporti giuridici con la società. Tra i limiti inopponibili rientrano il *difetto di potere gestorio* dipendente dalla struttura organizzativa prescelta dai soci (mancanza della necessaria, preventiva decisione del consiglio di amministrazione o della collettività dei soci *ex* art. 2479, co. 1) e l'*estraneità dell'atto all'oggetto sociale*. Opponibili sono invece i *limiti legali*: tra questi (oltre al caso in cui manchi la preventiva delibera assembleare richiesta dalla legge: art. 2479, n. 5), di particolare rilievo è il *conflitto di interessi del rappresentante*: l'art. 2475-*ter*, co. 1, stabilisce che il contratto stipulato da costui è annullabile se il conflitto era conosciuto o conoscibile dal terzo (cfr. art. 1394): la disposizione si applica agli atti posti in essere dall'amministratore unico, dal consigliere delegato, o nei regimi di amministrazione disgiuntiva o congiuntiva, insomma in tutti i casi in cui l'atto non sia meramente esecutivo di una decisione consiliare (qui sarebbe quest'ultima a dover essere annullata: co. 2).

3. Mala gestio *e responsabilità*

"Gli amministratori sono solidalmente responsabili verso la società dei danni derivanti dall'inosservanza dei doveri ad essi imposti dalla legge e dall'atto costitutivo per l'amministrazione della società" (art. 2476, co. 1).

Il principio, comune a tutti i tipi societari, consacra l'**obbligo degli amministratori di gestire *diligentemente* l'impresa** per l'attuazione dell'oggetto sociale. Si tratta – se si eccettuano i doveri specificamente enunciati dalla legge, ad es. nell'art. 2482-*bis* – di un obbligo a contenuto aperto, dipendente dalle più disparate variabili che, in concreto e in ogni momento, indirizzano e condizionano la gestione della società. Nell'ambito della **discrezionalità tecnica** che ogni attività imprenditoriale per definizione presenta, gli amministratori sono liberi di determinare i tempi, le strategie e le modalità del suo esercizio, definendo e realizzando tutte le operazioni in cui essa si snoda; proprio perché, tuttavia, la discrezionalità loro riconosciuta è di natura tecnica, essa richiede che la gestione si svolga secondo il consueto criterio della **diligenza professionale**: sebbene non sia qui ripetuto il principio codificato nell'art. 2392, è certo che anche gli amministratori di s.r.l. devono adempiere ai loro doveri "con la diligenza richiesta dalla natura dell'incarico", trattandosi di un criterio di carattere generale e d'altra parte operando senz'altro l'art. 1176, co. 2.

La **responsabilità** degli amministratori è **solidale**, sicché ciascuno risponde dell'intero danno nei confronti della società, salvo il diritto di regresso nei confronti degli altri nella misura e secondo il grado della rispettiva colpa. Tuttavia la responsabilità non si estende a chi sia immune da colpa e, conoscendo il fatto dannoso, abbia fatto constare il proprio dissenso (co. 1).

Vi è dunque, per chi intenda sottrarsi all'obbligo risarcitorio, l'onere di segnalare la propria contrarietà all'operazione di cui sia a conoscenza: l'espressione del **dissenso** non richiede il rispetto delle formalità previste dall'art. 2392, ma, nei diversi sistemi di governo adottabili da una s.r.l., variano le modalità della sua comunicazione e le funzioni che esso deve esplicare: in seno al consiglio di amministrazione è sufficiente il voto negativo, mentre, in caso di amministrazione disgiuntiva, è necessaria l'opposizione al compimento dell'atto, *ex* art. 2257, e nell'amministrazione congiuntiva all'unanimità l'esercizio del potere di veto. In generale, tuttavia, la legge richiede che l'amministratore sia altresì immune da colpa, ed anche su quello di s.r.l. gravano l'**obbligo di agire in modo informato** (art. 2381, ult. co.) e l'**obbligo di intervento**; pertanto risponde dei danni anche chi non abbia avuto conoscenza del fatto lesivo per avere violato il dovere di vigilanza (che incombe sul consiglio, nei confronti dell'attività dei membri delegati, e su ciascun amministratore, nell'amministrazione disgiuntiva) e chi, conosciutolo, non si sia attivato per impedirne il compimento o attenuarne gli effetti.

La responsabilità, inoltre, grava senza distinzioni a prescindere dal titolo in virtù del quale l'amministratore rivesta la carica, e dunque anche sul *socio cui il potere gestorio sia accordato come* **diritto particolare** *ex* art. 2468, co. 3: tale diritto è pertanto anche *dovere* di amministrare con la diligenza professionale consueta e *nell'interesse della società*. E analogo principio deve ritenersi valga per il socio cui l'atto costitutivo attribuisca diritti particolari sempre inerenti all'amministrazione, ma circoscritti (ad es. il potere di disporre talune operazioni).

L'**azione di responsabilità** è proponibile individualmente da qualunque socio, a prescindere dall'entità della sua partecipazione (art. 2476, co. 3). Anche sotto questo profilo si manifesta il carattere personalistico del tipo s.r.l.; la legittimazione individuale (inderogabile, salvo forse che le quote standardizzate eventualmente emesse dalla s.r.l. PMI) costituisce d'altra parte il *pendant* del diritto di controllo sulla gestione, pure affidato individualmente ad ogni socio (*infra*, III.1); essa non esclude che la stessa società (previa decisione dei soci *ex* art. 2479, in analogia a quanto disposto dall'art. 2393) possa promuovere l'azione, ma attribuisce al singolo partecipante un penetrante potere di monitoraggio e di reazione che accentua le ricadute anche sul piano gestorio della dialettica interna alla compagine sociale. L'azione del socio, si ritiene, è comunque promossa nell'interesse della società, nel cui patrimonio pertanto confluiranno le somme che eventualmente gli amministratori siano condannati a risarcire.

Come nelle s.p.a., gli amministratori sono poi **responsabili** anche **verso i creditori della società**, per la violazione degli obblighi di conservazione del patrimonio che ne abbia determinato l'*insufficienza*, e verso **i singoli soci o terzi** che siano stati *direttamente* danneggiati da un loro comportamento colposo (co. 6 s.).

La responsabilità non coinvolge tuttavia solo gli amministratori (e il sindaco, se presente: art. 2477): l'art. 2476, co. 8, sancisce la **responsabilità solidale dei soci** ***che abbiano intenzionalmente deciso o autorizzato il fatto dannoso***. La disposizione costituisce uno dei cardini del sistema organizzativo della s.r.l. e si fonda sul principio del diretto ed istituzionale coinvolgimento dei soci nell'amministrazione; essa, in effetti, rappresenta il logico corollario della competenza gestoria generale, che la legge attribuisce loro in concorrenza con gli amministratori e che l'atto costitutivo può ulteriormente rafforzare rendendola esclusiva (*supra*, I.1). Non all'*amministratore di fatto*, dunque – cioè a colui che, pur senza una nomina formale, in concreto si ingerisca stabilmente nella gestione (*supra*, § 52.II.4) –, si applica questa norma: la responsabilità di tale soggetto deriva già dal co. 1, in base al principio (valido anche nella s.p.a.) per cui gli obblighi inerenti alla carica gravano su chiunque di fatto assuma non episodicamente la gestione, a prescindere dall'esistenza di un valido atto di investitura. La disposizione in esame è destinata invece a *trovare applicazione nei confronti di tutti i soci che consentano al compimento di un'operazione dannosa (per la società, i creditori, i terzi) nell'esercizio, anche occasionale, del potere gestorio di cui essi istituzionalmente (*ex lege *o per statuto) dispongono.* Essa manifesta tutta la propria importanza anche in considerazione del fatto che è la minoranza del capitale a poter avocare alla collettività dei soci la decisione su qualunque operazione (art. 2479, co. 1), così costringendo la maggioranza che quell'operazione voglia realizzare ad assumersene personalmente la responsabilità.

Restano però incerti i presupposti soggettivi di questa responsabilità: senz'altro non è una responsabilità oggettiva (è infatti solidale con quella degli amministratori, che presuppone la colpa), ma non è chiaro quale sia il grado di diligenza esigibile dai soci. La norma richiede, con espressione equivoca, che la decisione o l'autorizzazione al compimento dell'atto siano **intenzionali**; non basta però la (scontata) volontarietà del voto, ma non serve neppure la volontà del danno (dolo): il socio deve valutare le potenziali conseguenze dell'operazione, con una diligenza probabilmente variabile, a seconda del contesto (ad es., se il coinvolgimento è episodico, basta l'esame delle informazioni fornite dagli amministratori, se non palesemente inadeguate; se il coinvolgimento ha carattere di maggiore stabilità, perché l'atto costitutivo affida ai soci buona parte della gestione, la diligenza deve essere di grado analogo a quella degli amministratori).

III. *Il controllo*

1. *I diritti di controllo del socio*

L'esistenza di un organo di vigilanza indipendente nelle s.r.l. è meramente eventuale e diviene obbligatoria solo se si verificano le condizioni fissate nell'art. 2477 (*infra*, 2). In generale, il controllo è invece affidato individualmente a ciascuno dei soci: quelli che non partecipano all'amministrazione, infatti, "hanno diritto di avere dagli amministratori notizie sullo svolgimento degli affari sociali e di consultare, anche tramite professionisti di loro fiducia, i libri sociali e i documenti relativi all'amministrazione" (art. 2476, co. 2). Si determina così una sorta di *"internalizzazione" del controllo*, che viene a radicarsi e a svolgersi nella dialettica interna alla compagine sociale e lasciato all'iniziativa dei suoi singoli componenti. È intuitivo che la norma è, dal punto di vista della funzione cui assolve, strettamente collegata a quella immediatamente successiva, che attribuisce ancora una volta a ciascun socio la legittimazione a promuovere l'azione di responsabilità nei confronti degli amministratori e a domandarne la revoca in presenza di gravi irregolarità nella gestione.

Tali diritti spettano ai **soci non amministratori** (gli altri hanno accesso alle stesse informazioni già in quanto amministratori ed hanno anzi, in virtù della carica, un *dovere* di controllo) in ogni caso, e dunque *anche quando sia presente il sindaco*.

Il loro contenuto è assai ampio, riguardando **informazioni** e dati relativi a singole operazioni, come pure alle linee strategiche o all'andamento generali dell'impresa; i **documenti** consultabili sono tutti quelli riguardanti le vicende della gestione (libri sociali, scritture contabili, contratti, corrispondenza, atti giudiziari, ecc.), senza eccezione alcuna, e senza che gli amministratori possano respingere la richiesta del socio per ragioni di riservatezza e di segreto aziendale, l'unico limite essendo quello dell'esercizio del diritto secondo buona fede e in modo da non intralciare la conduzione dell'impresa.

Si tratta di un **diritto non eliminabile né comprimibile** dall'atto costitutivo, neppure nel caso in cui sia presente il sindaco, perché appartiene a quegli elementi che caratterizzano il tipo s.r.l. in ragione dei suoi tratti personalistici e del diretto, almeno potenziale coinvolgimento dei soci nella vita dell'impresa. Tuttavia, le quote standardizzate "fornite di diritti diversi", emettibili dalla s.r.l. PMI (art. 26 d.l. 179/2012), possono verosimilmente esserne prive o esserne dotate in misura ridotta. L'atto costitutivo resta invece in ogni caso libero di accrescerne il contenuto, come di regolarne le modalità di esercizio.

2. *L'organo di controllo e il revisore*

Solo al superamento di determinate soglie dimensionali si rende **obbligatoria** l'attivazione di una **funzione di controllo** svolta da un soggetto indipendente e professionalmente qualificato.

Le **condizioni** al verificarsi delle quali la nomina è necessaria sono (art. 2477, co. 2): a) l'essere la società obbligata a redigere il bilancio consolidato, e dunque, sostanzialmente, l'essere al vertice di un gruppo, ai sensi del d.lgs. 127/1991; b) l'essere controllante di altra società obbligata alla revisione legale dei conti (ad es. di una s.p.a.); c) il superare, per due esercizi consecutivi, uno o più dei limiti seguenti: 4 milioni € di attivo dello stato patrimoniale; 4 milioni € di ricavi; 20 dipendenti.

Le ragioni della previsione normativa sono intuitive: al raggiungimento di queste soglie l'interesse alla corretta gestione dell'impresa non è più solo una questione interna alla compagine sociale e la sua protezione va "esternalizzata" come nelle s.p.a. I soci non amministratori conservano i diritti previsti dall'art. 2476, co. 2 (inderogabili, come si è detto), ma al loro controllo si affianca quello dell'ufficio all'uopo costituito.

Quanto al **tipo di controllo** obbligatorio, l'art. 2477 si esprime oggi (dopo diverse rielaborazioni della norma) in termini ambigui, richiedendo la nomina di un "organo di controllo o [di un] revisore" e lasciando così il dubbio se la società sia libera di scegliere a piacimento tra un controllo sulla gestione e uno contabile. In realtà appare preferibile una lettura più rigorosa, la quale, per quanto meno aderente al dato testuale, risulta più coerente con la *ratio* del precetto: il controllo obbligatorio deve inderogabilmente riguardare entrambi i profili, gestorio e contabile.

L'organo di cui è richiesta la nomina è comunque **monocratico**, se l'atto costitutivo non dispone diversamente (co. 1; si consegue così un risparmio di costi, lasciando peraltro all'autonomia statutaria la facoltà di optare per un organo pluripersonale, come anche per una distinta attribuzione a soggetti diversi delle funzioni, rispettivamente, di controllo sull'amministrazione e di revisione dei conti), e ad esso si applica la disciplina sui sindaci di s.p.a. (artt. 2397 ss.), richiamata dall'art. 2477, co. 4.

Pertanto **poteri e doveri** del soggetto cui è affidato il controllo ***sono quelli stabiliti dagli artt. 2403 ss. e dall'art. 14 d.lgs. 39/2010*** (per la revisione legale); anche la sua responsabilità è regolata dall'art. 2407, ma, almeno per quella concorrente, la disciplina va coordinata con l'art. 2476, sicché deve ritenersi che ogni socio sia legittimato ad agire nei suoi confronti (come contro gli amministratori).

Il rinvio alla disciplina della s.p.a. consente di sancire automaticamente anche per la s.r.l. l'**immodificabilità delle funzioni e dei poteri** attribuiti al titolare del controllo, a causa del carattere generale e indisponibile degli interessi protetti. Tale soggetto ha dunque il compito di vigilare "sull'osservanza della legge e dello statuto, sul rispetto dei principi di corretta amministrazione" e "sull'adeguatezza dell'assetto organizzativo, amministrativo e contabile adottato dalla società" (art. 2403), avvalendosi allo scopo delle prerogative e dei poteri di intervento regolati negli artt. 2403-*bis* ss.; ha inoltre il compito (se non è nominato un revisore) di verificare costantemente "la regolare tenuta della contabilità sociale e la corretta rilevazione dei fatti di gestione nelle scritture contabili", nonché di esprimere in una apposita relazione il giudizio sul bilancio (art. 14 d.lgs. 39/2010).

La **nomina** compete necessariamente alla collettività dei soci, che, se lo statuto lo consente, può procedervi anche con decisione non collegiale (art. 2479, co. 3), nonostante l'art. 2477, co. 5, improvvidamente parli di "assemblea". Tale norma fissa anche il momento in cui la nomina diviene obbligatoria: l'assemblea [*rectius*: la collettività dei soci] che approva il bilancio in cui vengono superati i limiti del co. 2 deve provvedervi entro trenta giorni, termine decorso il quale la designazione è fatta dal tribunale su istanza di qualunque interessato o del conservatore del registro delle imprese.

Al di fuori delle ipotesi di nomina obbligatoria, l'atto costitutivo può comunque prevedere la presenza di un "organo di controllo" monocratico o pluripersonale (cui si applicano, *ex* art. 2477, co. 5, gli artt. 2397 ss., dunque si tratta di un sindaco o di un collegio sindacale) e/o di un revisore, in questo caso potendone determinare anche le competenze, con una certa libertà (**controllo facoltativo**: art. 2477, co. 1).

L'affidamento di poteri di vigilanza a soggetti esterni, indipendenti e professionalmente qualificati, può svolgere la duplice funzione di incrementare le garanzie per i soci non amministratori (per quanto inderogabilmente titolari dei diritti di informazione e di esame della documentazione: art. 2476, co. 2) e di favorire l'immagine della società sul mercato.

Proprio per quest'ultima ragione, deve ritenersi che la presenza, sia pur facoltativa, di un ufficio deputato al controllo susciti nei terzi un affidamento che limita parzialmente l'autonomia dei soci nelle decisioni relative alle sorti ed ai **poteri di tale ufficio**. È pur vero che la stessa legge affida all'atto costitutivo il compito di definirne i poteri, ma la libertà negoziale deve rispettare il criterio della *coerenza rispetto alle funzioni tipiche dell'ufficio stesso*: così, al sindaco potranno essere attribuiti compiti di controllo sulla gestione e contabile, o solo sulla gestione, ma non invece funzioni di mera revisione dei conti, mentre al revisore potrà essere affidata quest'ultima e non altro. Anche i poteri (di ispezione, consultazione dei documenti, di intervento) possono essere compressi, ma non al punto da svuotare le funzioni cui l'ufficio deve assolvere, anche perché, in tal caso, la clausola statutaria sarebbe certamente nulla già per immeritevolezza dell'interesse perseguito (art. 1322).

Il **controllo giudiziario**, disciplinato per le s.p.a. nell'art. 2409, è sempre accessibile. L'art. 2477, co. 6, ne prevede l'attivabilità anche se la società è priva di organo di controllo; legittimati alla presentazione della denuncia saranno dunque il sindaco (se presente) e in ogni caso i soci, titolari almeno del 10% del capitale.

§ 61. La s.a.p.a.

Sommario: I. *Caratteri generali*. – II. *I soci accomandatari*.

I. *Caratteri generali*

La società in accomandita per azioni si caratterizza principalmente per il fatto di avere, al pari della s.a.s., **soci accomandanti** e **soci accomandatari**, mentre le quote di partecipazione sono rappresentate, come nella s.p.a., da **azioni**.

I soci accomandanti, in forza dell'art. 2452, co. 1, sono obbligati nei limiti della quota di capitale sottoscritta e, a differenza della s.a.s., non sono previste deroghe a tale previsione; mentre i soci accomandatari rispondono solidalmente e illimitatamente per le obbligazioni sociali. In definitiva, quindi, nella suddetta società opera una **duplice responsabilità**: sia da parte della società, con il proprio patrimonio, sia da parte dei soci accomandatari. È però riconosciuto, nell'art. 2461, co. 1, il ***carattere sussidiario della responsabilità*** di questi ultimi: la norma citata richiama, infatti, l'art. 2304 in forza del quale i creditori sociali non possono pretendere il pagamento dai soci (nel nostro caso dai soci accomandatari) se non dopo l'escussione del patrimonio sociale.

Nel disciplinare la s.a.p.a. il legislatore introduce *specifiche norme* – volte, come ora vedremo, principalmente ad attribuire ampi poteri ai soci accomandatari – e, per il resto, rinvia in termini generali alla **disciplina relativa alla s.p.a.**, in quanto compatibile.

Le norme "particolari" dedicate alla s.a.p.a. rendono il tipo in esame uno strumento pensato ed utilizzato (anche se raramente: sono pochissime le società costituite in questa forma) in relazione a **società familiari** (spesso caratterizzate da una pluralità di eredi), giacché esso consente un assetto di governo in grado di garantire una stabile gestione imprenditoriale (in particolare attraverso l'apposita disciplina in tema di nomina e revoca degli accomandatari), pur nella progressiva frammentazione della proprietà.

II. *I soci accomandatari*

A differenza della s.a.s., ove possono esservi accomandatari non amministratori, i soci accomandatari nella s.a.p.a. – il nome di almeno uno dei quali deve apparire nella denominazione sociale, assieme all'indicazione di s.a.p.a., ai sensi dell'art. 2453 – sono **di diritto amministratori**.

Gli accomandatari sono amministratori a tempo indeterminato ed è prevista una particolare disciplina relativa alla **revoca** e alla **sostituzione** degli stessi, volta a rafforzare la posizione dei medesimi e, conseguentemente, a comprimere, rispetto a quanto indicato nella s.p.a., i poteri dell'assemblea, costretta, come ora vedremo, ad operare nel rispetto di maggioranze più elevate e a vedere condizionata l'efficacia delle proprie decisioni all'approvazione degli amministratori.

Più precisamente, la **revoca** dell'amministratore (comportante il venir meno della sua responsabilità personale per le obbligazioni della società sorte posteriormente all'iscrizione nel registro delle imprese della cessazione dall'ufficio) deve essere deliberata con la maggioranza prescritta per le deliberazioni dell'assemblea straordinaria della s.p.a. (e, se avvenuta senza giusta causa, può dar luogo ad un risarcimento del danno in favore dell'amministratore revocato ai sensi dell'art. 2456). Nel caso occorra sostituire un amministratore che, per qualunque causa, abbia cessato dal suo ufficio, la **nomina** del nuovo – effettuata dai soci in assemblea, sempre con la maggioranza prescritta per le deliberazioni dell'assemblea straordinaria della s.p.a. – deve essere approvata, pena l'inefficacia della stessa, dagli altri amministratori rimasti in carica (art. 2457). In definitiva spetta agli amministratori un diritto di veto sulla nomina dei nuovi. Ed è (solo) dal momento dell'accettazione della nomina che il nuovo amministratore assume la qualità di socio accomandatario.

Da tutto questo si deduce anche come la cessione delle azioni facenti capo ad un socio accomandatario non faccia divenire l'acquirente, di per sé, accomandatario, occorrendo, in tal caso, una delibera assunta dai soci con le maggioranze richiamate e il consenso unanime degli attuali accomandatari. Insomma, l'assunzione della qualità di socio accomandatario dipende dal realizzarsi delle suddette circostanze e non già dal (mero) possesso di un certo numero di azioni.

Un diritto di veto (sempre in capo agli accomandatari) spetta anche in caso di **modifiche dell'atto costitutivo** che devono essere adottate dall'assemblea con le maggioranze prescritte per quella straordinaria di s.p.a. e che devono – per l'appunto – essere approvate (anche) da tutti i soci accomandatari (art. 2460).

Come *contrappeso* all'ampio potere riconosciuto ai soci accomandatari il legislatore introduce, però, una apposita norma (l'art. 2459) relativa agli **organi di controllo**, tesa a garantire una ampia **indipendenza** degli stessi rispetto ai primi: più precisamente, la citata disposizione prevede che i soci accomandatari non abbiano diritto di voto per le azioni ad essi spettanti nelle deliberazioni dell'assemblea che riguardano la nomina e la revoca dei sindaci (ovvero dei componenti del consiglio di sorveglianza) e l'esercizio dell'azione di responsabilità.

L'amministrazione nella s.a.p.a. è, come si è detto, attribuita ai soci accomandatari e *non può essere affidata a soggetti terzi*. Si spiega allora come mai la società si scioglie, oltre che nei casi comuni a tutte le società di capitali, se cessano dall'ufficio tutti gli amministratori e, nel termine di centottanta giorni, non si provvede alla loro sostituzione (art. 2458, co. 1).

SEZIONE TREDICESIMA

LO SCIOGLIMENTO E LA LIQUIDAZIONE DELLE SOCIETÀ DI CAPITALI

§ 62. LO SCIOGLIMENTO

Il codice civile, negli articoli dal 2484 al 2496, disciplina *unitariamente*, per tutte le società di capitali, quella particolare fase della vita della società che, dal verificarsi di una causa di scioglimento, passando attraverso la liquidazione del patrimonio sociale, ossia la sua traduzione in denaro, conduce, seppure non ineluttabilmente, data la possibilità di revocare lo stato di liquidazione ai sensi dell'art. 2487-*ter*, alla sua estinzione.

Con lo **scioglimento** la società non cessa di esistere, ma *prosegue e mantiene la propria personalità giuridica*, entrando nella fase di liquidazione. Da questo punto di vista rimane irrilevante e sostanzialmente nominalistica la questione se lo scioglimento incida sull'oggetto o sullo scopo della società (se, cioè, esso ne muti lo scopo, da lucrativo a liquidatorio, o l'attività). Quel che è certo, in ogni caso, è che lo scioglimento non incide sui rapporti giuridici in essere che fanno capo alla società; ciò vale anche per quei rapporti (ad es. consorzi, associazione in partecipazione, agenzia, ecc.) che presuppongono l'esercizio di un'attività d'impresa, se si considera (v. *infra*) che l'esercizio dell'impresa può proseguire anche nella fase di liquidazione.

I. *Le cause*

Le **cause di scioglimento** delle società di capitali sono elencate nell'art. 2484, anche se non si tratta di un'elencazione esaustiva, come si ricava dal co. 2, ove si rinvia alle "altre cause previste dalla legge". Inoltre, alle cause di scioglimento "**legali**" si possono eventualmente affiancare, nella fattispecie concreta, anche cause "**convenzionali**" (co. 1, n. 7) introdotte mediante apposita previsione statutaria.

1. *Le cause legali* ex *art. 2484*

a) Il **decorso del termine**. Si tratta in realtà di una ipotesi solo eventuale, posta la possibilità di costituire la società ***a tempo indeterminato***.

Ovviamente, quand'anche sia previsto un termine di scadenza, è sempre possibile, prima del suo spirare, prorogarlo per mezzo di una modifica statutaria (una proroga tacita non sarebbe invece concepibile). Per la s.p.a. e, per effetto del rinvio di cui all'art. 2454, per la s.a.p.a., che non facciano ricorso al mercato del capitale di rischio, la deliberazione dell'assemblea straordinaria di **proroga del termine** deve essere, però, assunta con il *quorum* deliberativo rafforzato di cui all'art. 2369, co. 5; nessuna eccezione ai *quorum* stabiliti per le modifiche statutarie è prevista, invece, per la s.r.l. Va poi ulteriormente sottolineato che nella s.p.a. e nella s.a.p.a., salva diversa previsione statutaria, il socio che non abbia concorso all'approvazione della deliberazione di proroga del termine ha diritto, ai sensi dell'art. 2437, co. 2, di **recedere** dalla società. Nella s.r.l., invece, visto che la proroga del termine non rientra tra le cause per le quali viene, in ogni caso, attribuito il diritto di recesso (art. 2473, co. 1), questo, secondo la tesi prevalente, spetta soltanto a fronte di una espressa previsione dell'atto costitutivo.

b) Il **conseguimento dell'oggetto sociale** o la **sopravvenuta impossibilità di conseguirlo**. Mentre l'impossibilità di conseguimento può manifestarsi qualunque sia l'oggetto sociale, il suo conseguimento può ipotizzarsi soltanto là dove sia stata dedotta come oggetto un'attività destinata a concludersi (per es. la realizzazione di una determinata opera).

Quanto all'**impossibilità**, questa può essere sia *materiale* (o di fatto), sia *giuridica*, come avverrebbe nel caso che lo svolgimento di una determinata attività economica, prima consentito, venga successivamente vietato ai privati per effetto di un intervento legislativo o dell'autorità amministrativa. Essa deve, inoltre, essere ***assoluta*** e ***definitiva*** e avere ***carattere oggettivo***, senza dipendere, quindi, da una mera impossibilità soggettiva della società (come potrebbe darsi nel caso della perdita del capitale), mentre si discute se alla fattispecie dell'impossibilità sopravvenuta possa essere affiancata anche quella dell'impossibilità originaria.

Prevedendosi che tale causa operi, "salvo che l'assemblea, all'uopo convocata senza indugio, non deliberi le opportune modifiche statutarie", al suo verificarsi lo scioglimento non è inevitabile, al pari, come si vedrà, di quanto accade con riferimento alla causa consistente nella riduzione del capitale al di sotto del minimo legale. È evidente, allora, che in tale ipotesi gli amministratori sono *obbligati a convocare l'assemblea* per le eventuali modifiche statutarie, prima di procedere all'accertamento del verificarsi della causa di scioglimento *ex* art. 2485, co. 1. Nella normalità dei casi, l'assemblea, per evitare lo scioglimento, dovrà mettere mano all'oggetto sociale, ma correttamente nella legge si fa un più generico riferimento alle "**opportune modifiche statutarie**", perché, a fronte di un'impossibilità sopravvenuta, il rimedio potrebbe anche consistere, per es., in una deliberazione di trasformazione, ovvero in una di aumento del capitale (si pensi al caso che una determinata attività venga riservata alle sole società appartenenti a un diverso tipo sociale, o soltanto a società con un determinato ammontare del capitale sociale).

c) L'**impossibilità di funzionamento** o la **continuata inattività dell'assemblea**. Le due fattispecie sono accomunate in quanto si riferiscono entrambe a una *situazione patologica dell'organo assembleare*, ma, mentre la prima postula una valutazione circa la *definitività* e l'*irreversibilità* della sua paralisi, la seconda prescinde da ogni valutazione, essendo sufficiente il mero riscontro fattuale di una *prolungata inerzia*.

Secondo l'opinione più accreditata anche in giurisprudenza, la paralisi dell'organo deve, per assurgere a causa di scioglimento, *impedire l'adozione di delibere necessarie ed essenziali* per il funzionamento della società, quali l'***approvazione del bilancio d'esercizio*** e il ***rinnovo degli organi sociali***. È classico è il caso della società partecipata da due soci, titolari ciascuno della metà del capitale, che votino stabilmente l'uno contro le proposte dell'altro.

Pur dovendosi registrare sul punto qualche contrasto tra gli interpreti, sembra evidente che questa causa di scioglimento operi, per le società che abbiano adottato il sistema dualistico di amministrazione e controllo, anche rispetto alle disfunzioni del **consiglio di sorveglianza**.

d) La **riduzione del capitale al di sotto del minimo legale**. Poiché la legge stabilisce che la società si sciolga in tale ipotesi, "salvo quanto è disposto dagli articoli 2447 e 2482-*ter*", rinviando per l'esame delle problematiche connesse alla *riduzione del capitale per perdite* alla parte del manuale dedicata alle operazioni sul capitale, è sufficiente in questa sede sottolineare che il richiamo degli articoli sopra citati impone di affermare che non qualunque riduzione al di sotto del minimo legale integra la causa di scioglimento in oggetto, bensì soltanto quella che si realizzi per effetto di una ***perdita di oltre un terzo del capitale***, cioè a dire di una perdita che renderebbe obbligatoria la riduzione del capitale.

e) Il **recesso del socio**. Sia con riferimento alle società azionarie (v. art. 2437-*quater*, ult. co.), sia con riferimento alla s.r.l. (v. art. 2473, co. 4), il recesso del socio può determinare l'insorgere di una causa di scioglimento. Ciò avviene quando per il rimborso della partecipazione si renda necessaria la riduzione del capitale, ai sensi, rispettivamente dell'art. 2445 e dell'art. 2482, ma tale operazione risulti impedita dall'opposizione vincente da parte di uno o più creditori sociali. Rileva, in questa sede, soltanto sottolineare che a questa ipotesi evidentemente si riferisce il n. 5 dell'art. 2484, mentre lo scioglimento previsto nell'art. 2437-*quater*, co. 6, e 2473, co. 5, rientra nell'ambito di quelli deliberati dall'assemblea e, quindi, volontari.

f) La **deliberazione dell'assemblea**. Rientra sempre nell'autonomia dei privati e può considerarsi espressione del principio generale di risolubilità convenzionale dei contratti di durata la possibilità di deliberare lo scioglimento della società **prima della scadenza del termine**. Poiché si tratta, in ogni caso, di apportare una modifica all'atto costitutivo, la relativa decisione deve essere assunta dall'assemblea straordinaria nella s.p.a. e dall'assemblea nella s.r.l.

g) L'**apertura della procedura di liquidazione giudiziale e della liquidazione controllata**.

2. *Le altre cause previste dalla legge*

Tra le **cause legali di scioglimento** previste in norme diverse dall'art. 2484, va ricordata, in primo luogo, quella che si determina per effetto della dichiarazione di **nullità della società** già iscritta nel registro delle imprese, perché di applicazione generale, in quanto, pur prevista espressamente per le sole s.p.a. nell'art. 2332, opera anche nelle altre due società di capitali per effetto dei rinvii di cui agli artt. 2454, per l'accomandita per azioni e 2463, co. 3, per la s.r.l., e per il peculiare meccanismo di nomina dei liquidatori, cui provvede la stessa sentenza che dichiara la nullità.

In secondo luogo, vanno segnalate quella prevista per l'accomandita per azioni nell'art. 2458, co. 1, e quella prevista per le sole società quotate nell'art. 145, co. 5, TUF.

3. *Le cause convenzionali*

In forza della previsione del n. 7 dell'art. 2484, è lasciata all'autonomia privata la possibilità di prevedere nei documenti costitutivi della società **cause di scioglimento ulteriori** rispetto a quelle legali (ad es., per il mancato superamento di certe soglie di fatturato a una certa data). Qualora ciò si verifichi, sembrerebbe necessario, alla luce della disposizione dell'ult. co. del medesimo articolo, che la previsione sia accompagnata dall'indicazione dell'organo, o, comunque, del soggetto, deputato a deliberare, ovvero ad accertare, lo scioglimento, nonché a effettuare gli adempimenti pubblicitari conseguenti. Sembra, tuttavia, preferibile ritenere, quanto meno con riferimento a cause convenzionali di scioglimento che non necessitino di una decisione, bensì di un mero accertamento, che alla mancata indicazione dell'organo a ciò deputato non debba conseguire l'inefficacia o addirittura l'invalidità della previsione, potendosi estendere anche a tali fattispecie il potere generalmente riconosciuto dalla legge all'organo di gestione.

II. *Gli effetti*

In forza della previsione dell'art. 2484, co. 3, *gli effetti dello scioglimento si producono soltanto con l'***iscrizione nel registro delle imprese** della deliberazione assembleare (nel caso di scioglimento anticipato), ovvero della dichiarazione con cui l'organo di gestione abbia accertato il verificarsi di una delle altre cause previste.

Se però si legge tale previsione in una con quelle di cui agli artt. 2485, 2486 e 2487, ci si può rendere facilmente conto che, quanto meno con riferimento all'*organo di gestione*, determinati effetti si producono all'atto stesso del verificarsi di una causa di scioglimento.

In vista degli adempimenti pubblicitari previsti nell'art. 2484, co. 3, l'organo di gestione deve, infatti, procedere "senza indugio" all'**accertamento della causa di scioglimento** (art. 2485, co. 1), nonché ***convocare***, ove ciò sia necessario, ***l'assemblea*** per le deliberazioni relative alla liquidazione (art. 2487, co. 1).

Gli adempimenti di cui all'art. 2485, co. 1, sono essenziali e, quindi, in caso di omissione da parte degli amministratori, ai sensi del co. 2, spetta al **tribunale**, su istanza di singoli soci o amministratori o dei sindaci (come singoli anche questi ultimi), di provvedere con decreto, da iscriversi nel registro delle imprese, all'accertamento del verificarsi di una causa di scioglimento, e ciò anche in pendenza di controversia tra i soci circa la sussistenza di tale causa.

Al di là degli obblighi specifici loro imposti, al verificarsi di una causa di scioglimento, gli amministratori subiscono comunque un ***ridimensionamento del loro potere di ge-***

stione. Stabilisce, infatti, l'art. 2486 che essi conservano sì il potere di gestire, ma soltanto *ai fini della conservazione dell'integrità e del valore del patrimonio sociale*; ciò, peraltro, non impedisce loro di intraprendere anche *nuovi affari* nella fase che va dal verificarsi di una causa di scioglimento sino al passaggio delle consegne con i liquidatori.

Qualora eccedano nella gestione i limiti segnati nell'art. 2486, ovvero omettano di compiere atti di gestione finalizzati alla conservazione del patrimonio sociale, gli amministratori assumono ***responsabilità*** per gli eventuali danni arrecati alla società, ai soci, ai creditori sociali e ai terzi (co. 2). Accertata la responsabilità, il danno risarcibile si presume pari alla differenza tra i patrimoni netti rispettivamente alla data in cui gli amministratori sono cessati dalla carica (o in cui è stata aperta una procedura concorsuale) e alla data in cui si era verificata la causa di scioglimento (co. 3). Nel caso sia stata aperta una procedura concorsuale e manchino le scritture contabili, o per altre ragioni sia impossibile determinare i patrimoni netti di cui sopra, sempre sulla base del co. 3, il danno è liquidato in misura pari alla differenza tra passivo e attivo accertati nella procedura.

§ 63. Il procedimento di liquidazione

Sommario: I. *La nomina e la revoca dei liquidatori*. – 1. La nomina e le regole di funzionamento dell'organo. – 2. (*Segue*). L'intervento sostitutivo del tribunale. – 3. La revoca. – 4. La pubblicità della nomina dei liquidatori e il passaggio dei poteri con gli amministratori. – II. *I poteri e gli obblighi dei liquidatori. La responsabilità*. – 1. I poteri e gli obblighi. – 2. La responsabilità. – III. *Gli organi sociali durante la liquidazione*. – IV. *I bilanci*. – V. *La revoca della liquidazione*. – VI. *La chiusura della liquidazione: bilancio finale, cancellazione ed estinzione della società*. – 1. Il bilancio finale. – 2. La cancellazione e l'estinzione.

Quello di liquidazione delle società di capitali è un **procedimento complesso**, che si apre con la nomina dei liquidatori, ove necessaria (*infra*, I), e, quanto meno secondo l'opinione tradizionale, **inderogabile**, anche quando manchino attività e passività da liquidare.

I. *La nomina e la revoca dei liquidatori*

1. *La nomina e le regole di funzionamento dell'organo*

Ai sensi dell'art. 2487, co. 1, la **nomina dei liquidatori** compete all'*assemblea*, che delibera con le maggioranze previste per le modificazioni dello statuto o dell'atto costitutivo. Una deliberazione assembleare *ad hoc* non è, tuttavia, sempre necessaria: la stessa legge prevede, infatti, l'eventualità che le disposizioni in tema di liquidazione siano già esaustivamente contenute nello statuto o nell'atto costitutivo (che, dunque, potrebbero nominativamente o *per relationem* indicare *ex ante* i liquidatori; più dubbia la possibilità che attribuiscano il potere di nomina a organi diversi o ad un terzo), ovvero che la nomina sia stata effettuata dall'assemblea convocata per le deliberazioni di cui ai nn. 2, 4 o 6 dell'art. 2484.

Anche se è ovvio che nella s.p.a. spetta all'*assemblea straordinaria*, con relativa verbalizzazione notarile, provvedere alla nomina (alla luce del disposto dell'art. 2365, co. 1), opportunamente il legislatore nell'art. 2487 si riferisce genericamente all'assemblea, in considerazione della circostanza che la disciplina dello scioglimento e della liquidazione è dettata indifferentemente per tutte le società di capitali, ivi compresa la s.r.l., per la quale la distinzione tra assemblea ordinaria e straordinaria viene meno. Con specifico riferimento alla s.r.l., tende poi a prevalere la tesi per cui la nomina dei liquidatori potrebbe avvenire anche adottando uno dei metodi alternativi di assunzione delle decisioni dei soci di cui all'art. 2479, co. 3.

La deliberazione ha, sempre ai sensi del co. 1 dell'art. 2487, un contenuto complesso, perché, alla nomina dei liquidatori (e all'indicazione del loro numero, nonché delle regole di funzionamento dell'organo, sempre che a ciò non abbiano già provveduto i documenti costitutivi della società), si accompagna (v. lett. *c*): l'**indicazione dei criteri** in base ai quali deve svolgersi la liquidazione; la **definizione dei poteri** dei liquidatori con specifico riguardo alla cessione dell'azienda e, in generale, dei beni sociali; l'individuazione degli atti necessari per la **conservazione del valore dell'impresa**, ivi compreso l'eventuale **esercizio provvisorio** della stessa, in funzione del migliore realizzo.

Fermo restando che l'omissione delle indicazioni di cui sopra non pregiudica la validità della deliberazione di nomina, l'ampliamento del potere disciplinare dei soci, sino alla puntuale previsione delle linee di svolgimento della liquidazione, cui ovviamente i liquidatori dovranno attenersi, finisce, quanto meno quando si tratti di società per azioni, per segnare una profonda differenza tra la "gestione" durante il normale svolgimento dell'attività, che è di assoluta pertinenza dell'organo amministrativo ai sensi dell'art. 2380-*bis*, co. 1, e la "gestione" nella fase di liquidazione che può essere *in toto* governata dai soci.

L'assenza nella deliberazione di nomina di ulteriori indicazioni può però porre, ove tali indicazioni non siano già contenute nei documenti costitutivi della società, una serie di problemi applicativi e con riferimento al **funzionamento dell'organo** e con riferimento ai poteri esercitabili dai liquidatori.

Rinviando sul secondo aspetto a quanto tra breve si dirà (*infra*, II.1), circa le regole di funzionamento dell'organo deputato alla liquidazione, ove più siano i liquidatori, il riferimento nella lett. *a* dell'art. 2487, co. 1, al "collegio" porta a ritenere che questi, in assenza di indicazioni da parte dell'assemblea (che potrebbe prevedere per essi anche un potere disgiuntivo o congiuntivo, non soltanto nella s.r.l., ma, probabilmente, anche nella s.p.a.) debbano operare secondo il ***metodo collegiale***, mentre, sempre in assenza di positive indicazioni assembleari al riguardo, la ***rappresentanza*** dovrebbe spettare disgiuntamente a ciascuno dei liquidatori. E ancora, non essendo previsto dalla legge un termine per la **durata in carica** dei liquidatori, si deve intendere che, in assenza di contrarie indicazioni nella deliberazione di nomina o nei documenti costitutivi, essi rimangano in carica per tutto il corso della liquidazione.

2. (Segue). *L'intervento sostitutivo del tribunale*

Dopo avere previsto nell'art. 2485, co. 2, l'intervento sostitutivo del tribunale nel caso di inerzia degli amministratori nell'accertamento del verificarsi di una causa di scioglimento, nell'art. 2487, co. 2, sono disciplinati altri due interventi dell'autorità giudiziaria: sempre in sostituzione degli amministratori, per il caso di ***mancata convocazione dell'assemblea*** per la nomina dei liquidatori, e, per il caso di ***mancata costituzione***, ovvero di ***mancata deliberazione*** dell'assemblea, attraverso la nomina diretta degli stessi. Anche in tale ipotesi il tribunale interviene su istanza di singoli soci o amministratori o dei sindaci (come singoli anche questi ultimi).

Con riferimento alla nomina dei liquidatori da parte del tribunale, si deve, peraltro, ritenere che l'intervento dell'autorità giudiziaria non si estenda all'assunzione delle decisioni di cui alla lett. *c*) del co. 1 dell'art. 2487.

3. *La revoca*

A differenza di quanto prevede per gli amministratori l'art. 2383, la legge, nel disciplinare la revoca dei liquidatori all'ultimo comma dell'art. 2487, non riserva *in toto* alla maggioranza assembleare il relativo potere, disciplinando anche la revoca giudiziale "[...] su istanza di soci, dei sindaci o del pubblico ministero", seppure soltanto ove ricorra una giusta causa.

Quanto alla **revoca assembleare** (da deliberarsi con le stesse maggioranze e forme richieste per la nomina, come si può arguire dall'art. 2365), pure in assenza di una previsione espressa, analoga a quella prevista per la revoca degli amministratori, è da ritenere che, in assenza di una giusta causa, spetti ai liquidatori il *risarcimento del danno*. Il potere di revoca dell'assemblea non incontra, d'altro canto, limite alcuno, quand'anche la nomina dei liquidatori fosse già contenuta nello statuto o nell'atto costitutivo, ovvero fosse stata effettuata dal tribunale.

Quanto alla **revoca giudiziale**, è da sottolineare, in particolare, la legittimazione alla relativa istanza attribuita al pubblico ministero che colora, senza che sia dato coglierne con certezza la ragione, di rilievo pubblicistico la vicenda liquidativa delle società di capitali. Circa poi la legittimazione attribuita ai sindaci, è evidente che, riproponendosi, anche a proposito della revoca dei liquidatori, così come già a proposito della loro nomina, la questione del riconoscimento, nelle s.p.a., del relativo potere al singolo, ovvero al collegio, questa non potrà che essere risolta nei medesimi termini già sopra illustrati (con attribuzione del potere dunque al singolo).

4. *La pubblicità della nomina dei liquidatori e il passaggio dei poteri con gli amministratori*

Ai sensi dell'art. 2487-*bis*, co. 1, la **pubblicità della nomina** dei liquidatori e dell'eventuale determinazione dei loro poteri, così come della revoca e delle modifiche a questi secondi, si realizza mediante ***iscrizione nel registro delle imprese***, da effettuarsi a cura degli stessi liquidatori, nonché, eventualmente degli amministratori e dei sindaci.

Sempre con l'intento di fornire un'adeguata informazione ai terzi, la legge prescrive anche l'obbligo di aggiungere alla **denominazione sociale** l'indicazione che si tratta di società in liquidazione (art. 2487-*bis*, co. 2). Tale aggiunta, che non può essere considerata una modifica della denominazione e che, quindi, non necessita di essere realizzata mediante il procedimento di modifica dell'atto costitutivo o dello statuto, va effettuata, alla luce della collocazione della norma che la dispone dopo la previsione degli obblighi pubblicitari relativi alla nomina dei liquidatori, soltanto al seguito dell'adempimento di questi ultimi.

L'iscrizione della nomina dei liquidatori nel registro delle imprese non è importante soltanto a fini pubblicitari, ma anche perché, a norma del co. 3 dell'art. 2487-*bis*, segna il momento in cui cessano dalla carica gli amministratori e avviene, quindi, il **passaggio dei poteri** in capo ai liquidatori. A tale fine, gli amministratori consegnano ai liquidatori i libri sociali, tra i quali andrebbero ricompresi anche i libri e le scritture contabili di cui all'art. 2214, nonché "una *situazione dei conti* alla data di effetto dello scioglimento" e "un *rendiconto* sulla loro gestione relativo al periodo successivo all'ultimo bilancio approvato", documenti, questi, che non vanno sottoposti all'approvazione dei soci, ma meramente allegati, come prescrive l'art. 2490, co. 4, al primo bilancio d'esercizio predisposto dai liquidatori. Quando nei confronti della società sia stata aperta la procedura di l.g. o di l.c., il rendiconto sulla gestione va consegnato anche al curatore o al liquidatore della l.c. (art. 2487-*bis*, co. 3).

II. *I poteri e gli obblighi dei liquidatori. La responsabilità*

1. *I poteri e gli obblighi*

Alla disciplina dei **poteri** e degli **obblighi** dei liquidatori è dedicato in generale l'art. 2489, ma per avere un quadro completo della tematica è necessario considerare anche l'art. 2491, ove sono disciplinati alcuni poteri e doveri particolari, nonché, ma su ciò si tornerà in seguito, le norme in tema di bilanci nella fase di liquidazione (artt. 2490 e 2492) e quella relativa alla cancellazione della società dal registro delle imprese di cui all'art. 2495.

A differenza di quanto è previsto per le società di persone (art. 2279), non è qui previsto per i liquidatori il divieto di compiere nuove operazioni, divieto sostituito dal riconoscimento del potere di "compiere tutti gli **atti utili** per la liquidazione della società" (art. 2489, co. 1), salvi i limiti emergenti dall'atto costitutivo o dallo statuto, o dalla deliberazione di nomina.

Essendo evidente che non sarebbe possibile enunciare in generale il catalogo degli atti che possono essere considerati utili per la liquidazione, al riguardo il tema più delicato, sul quale non a caso si è concentrata l'attenzione degli interpreti, è certamente quello della **continuazione dell'attività d'impresa** ("il suo esercizio provvisorio", come recita l'art. 2487, co. 1, lett. *c*). Ci si chiede, cioè, se la decisione di proseguire nell'attività, oltre che essere eventualmente contenuta nella deliberazione assembleare di nomina, possa essere il frutto di un'autonoma scelta dei liquidatori, da valutarsi in ogni caso soltanto alla stregua del parametro dell'utilità per la liquidazione, dovendosi, cioè, soltanto accertare in concreto la sussistenza di un rapporto di mezzo a fine tra l'atto compiuto e il migliore esito della liquidazione.

Al riguardo, pur sottolineandone l'opinabilità, sembra preferibile la soluzione positiva, alla luce soprattutto del perentorio riconoscimento ai liquidatori del potere di compiere tutti gli atti utili, con l'unico limite segnato da eventuali diverse disposizioni statutarie o adottate in sede di nomina, le quali soltanto potrebbero, quindi, escludere *a priori* dal novero dei poteri dei liquidatori quello di proseguire nell'attività d'impresa.

Passando a considerare gli **obblighi** incombenti sui liquidatori, va sottolineato che, al di là degli obblighi specifici previsti in altre norme, nel co. 2 dell'art. 2489 si afferma, sulla scorta di quanto previsto per gli amministratori di s.p.a. nell'art. 2392, co. 1, il generale dovere dei liquidatori di agire nell'adempimento dei loro obblighi con la **professionalità** e la **diligenza** *richieste dalla natura dell'incarico*: dovere generale che ha ad oggetto la cura dell'attività di liquidazione, la quale consiste, previo procacciamento dei fondi necessari attraverso l'alienazione dei beni costituenti il patrimonio sociale, essenzialmente nel pagamento dei creditori sociali alla cui integrale soddisfazione è subordinata la ripartizione dell'attivo residuo tra i soci.

Ciò spiega bene anche la specifica attenzione dedicata dalla legge alla *gestione del-*

le risorse della società. Nell'art. 2491 si prevedono, infatti: il potere dei liquidatori di chiedere ai soci i **versamenti ancora dovuti** circa i conferimenti promessi (co. 1); il divieto, derogabile a determinate condizioni, di ripartire tra i soci **acconti sul risultato** della liquidazione (co. 2); una specifica responsabilità dei liquidatori per illecita ripartizione di tali acconti (co. 3) (su quest'ultimo aspetto, v., *infra*, 2).

Quanto alla possibilità di chiedere ai soci di completare i versamenti, più che di un potere attribuito ai liquidatori, si tratta di una limitazione di tale potere rispetto a quello corrispondente attribuito agli amministratori, nel senso che, a fronte della discrezionalità assoluta degli amministratori, i liquidatori hanno il potere di richiedere i versamenti soltanto ove i fondi disponibili risultassero insufficienti alla soddisfazione dei creditori.

Circa il divieto di distribuzione ai soci di acconti sul risultato della liquidazione, va sottolineato che, in forza della previsione surriferita, l'accento va posto piuttosto sulla possibilità per i liquidatori di derogare al divieto ogni qual volta "dai bilanci risulti che la ripartizione non incide sulla disponibilità di somme idonee alla integrale e tempestiva soddisfazione dei creditori sociali". È evidente che ne risulta una forte responsabilizzazione, appena mitigata dalla possibilità di richiedere ai soci idonee garanzie, dei liquidatori, i quali sono chiamati, nel momento in cui decidono di ripartire acconti, a una valutazione – anche prospettica – dei risultati dell'attività di liquidazione, in vista della necessità di soddisfare, comunque, integralmente e tempestivamente i creditori sociali.

Anche se la legge nulla dice invece circa i diritti loro spettanti, non si può infine dubitare, in particolare, che l'incarico dei liquidatori sia da considerare naturalmente oneroso, al pari di quello degli amministratori, e che, quindi, spetti loro ordinariamente un **compenso**.

2. *La responsabilità*

Secondo quanto previsto nell'art. 2489, co. 2, la **responsabilità** dei liquidatori per i danni derivanti dall'inosservanza dei doveri loro imposti è disciplinata *secondo le norme in tema di responsabilità degli amministratori*. A tale disposizione di carattere generale, vanno aggiunte le due previsioni specifiche di responsabilità nei confronti dei creditori sociali di cui all'art. 2491, co. 3, per il caso di illecita ripartizione tra i soci di acconti sul risultato della liquidazione, e all'art. 2495, co. 2, per il caso di cancellazione della società dal registro delle imprese, senza avere – con colpa – provveduto al pagamento dei creditori sociali.

III. *Gli organi sociali durante la liquidazione*

"Le disposizioni sulle decisioni dei soci, sulle assemblee e sugli organi amministrativi e di controllo si applicano, in quanto compatibili, anche durante la liquidazione". Così recita l'art. 2488. E se è evidente che così disponendo la legge ha voluto confermare la **continuità della struttura organizzativa** della società anche nel corso della fase di liquidazione, meno evidenti sono, dall'un lato, quali in concreto siano le decisioni dei soci o le deliberazioni assembleari da ritenere *compatibili con la liquidazione* e, quindi, assumibili anche durante tale fase, e, dall'altro, quali siano, con riferimento alla s.p.a., *i margini di compatibilità dei regimi alternativi di amministrazione e controllo* (sistema dualistico e sistema monistico) con la disciplina della liquidazione.

Circa la prima questione, non vi è dubbio che con la disciplina attuale, in cui trova spazio anche la continuazione dell'attività d'impresa, e alla luce della disciplina di istituti quali la trasformazione, la fusione e la scissione, l'esplicazione del potere deliberativo dei soci, al di là delle deliberazioni funzionali alla liquidazione, non incontra moltissimi ostacoli.

Così è certamente possibile durante la liquidazione, sia pure soltanto, a mente dell'art. 2501, co. 2, e 2506, ult. co., sino a quando non sia iniziata la distribuzione dell'attivo, deliberare una **fusione**, ovvero una **scissione**. Così ancora si ritiene, sulla scorta dell'art. 2499, che la consente anche in pendenza di una procedura concorsuale, che sia possibile deliberare una **trasformazione**. Ancora maggiore libertà si ritiene dai più che vi sia nella deliberazione delle **operazioni sul capitale** (con l'esclusione, perché priva di utilità durante la liquidazione, dell'operazione di aumento c.d. gratuito *ex* art. 2442 o art. 2481-*ter*).

Circa la seconda, si può affermare la compatibilità con la liquidazione del **sistema dualistico**, ma nella consapevolezza che il consiglio di sorveglianza verrebbe a perdere le sue più importanti attribuzioni – nomina e revoca dei gestori e approvazione del bilancio d'esercizio – riducendosi a una sorta di collegio sindacale.

Quanto poi al **sistema monistico**, ne va affermata l'assoluta incompatibilità con la fase di liquidazione, con la conseguenza che l'ingresso in liquidazione di una società che l'avesse adottato, determinando la cessazione dalla carica di tutti gli amministratori, comporta l'obbligo per l'assemblea di nominare i sindaci.

IV. *I bilanci*

Anche nella fase di liquidazione vige la regola della redazione periodica del **bilancio d'esercizio**, cui sono tenuti i liquidatori e che deve essere presentato per l'approvazione "all'assemblea o, nel caso previsto dal terzo comma dell'articolo 2479, ai soci" (art. 2490, co. 1).

Sulla base di tale previsione, appare preferibile ritenere che l'attribuzione ai soci del potere di deliberare sul bilancio non soffra eccezioni, nella fase di liquidazione, neppure nel caso di società che abbia adottato il sistema dualistico.

Alla luce del richiamo agli artt. 2423 ss. contenuto nell'art. 2490, co. 1, il bilancio d'esercizio nella liquidazione ha la medesima **struttura** di quello "di funzionamento" e si compone, dunque, di stato patrimoniale, conto economico, rendiconto finanziario e nota integrativa. La circostanza, peraltro, che il suddetto richiamo sia operato con il limite della compatibilità "con la natura, le finalità e lo stato della liquidazione" porta ad affermare che, soprattutto con riferimento ai **criteri di valutazione** delle diverse poste di cui all'art. 2426, il bilancio nella fase di liquidazione si fonda necessariamente su di un sistema contabile flessibile, che può subire modificazioni nel progredire dell'attività liquidativa e che deve trovare adeguata motivazione nella nota integrativa (art. 2490, co. 3).

In tale contesto, particolare rilievo informativo assume la **relazione** che accompagna il bilancio, nella quale, ai sensi del co. 2 dell'art. 2490, i liquidatori devono "illustrare l'andamento, le prospettive, anche temporali, della liquidazione, ed i principi e criteri adottati per realizzarla".

Ai liquidatori compete poi di dare **continuità** ai bilanci, pur nel passaggio alla fase di liquidazione e, quindi, particolare attenzione è dedicata dalla legge al primo bilancio di competenza dei liquidatori, nel quale – o meglio, nella relativa nota integrativa – questi, allegandovi i due documenti contabili *ex* art. 2487-*bis*, co. 3 (situazione dei conti alla data di effetto dello scioglimento e rendiconto sulla gestione relativo al periodo successivo all'ultimo bilancio approvato), devono dare conto delle *variazioni nei criteri di valutazione adottati rispetto all'ultimo bilancio predisposto dagli amministratori*, nonché delle ragioni e conseguenze di tali variazioni (art. 2490, co. 4).

Probabilmente nell'intento di espungere dai registri delle imprese società inattive da molti anni, nell'ultimo comma dell'art. 2490 si prevede infine che il mancato deposito per oltre tre anni consecutivi del bilancio nel corso della liquidazione comporti la cancellazione della società interessata.

Un regime peculiare ha, invece, il bilancio finale di liquidazione regolato negli artt. 2492 e 2493, sul quale, peraltro, ci si soffermerà *infra*, VI.

V. *La revoca della liquidazione*

"La società può in ogni momento revocare lo stato di liquidazione [...] con deliberazione dell'assemblea presa con le maggioranze richieste per le modificazioni dell'atto costitutivo o dello statuto". Questa la perentoria affermazione che si legge nell'art. 2487-*ter*, co. 1, attraverso la quale il legislatore del 2003 ha voluto porre fine agli accesi contrasti sulla **revocabilità a maggioranza della liquidazione** che, nel silenzio della legge, avevano caratterizzato il periodo precedente la riforma.

La scelta di trattare la decisione di revocare lo stato di liquidazione, quanto alle maggioranze richieste, alla stregua di una normale modifica statutaria è in qualche misura mitigata, però, dalla previsione (art. 2437 per la s.p.a. e 2473 per la s.r.l.) che attribuisce inderogabilmente al socio non consenziente il ***diritto di recedere*** dalla società.

La disciplina è poi completata dalla disposizione dell'art. 2487-*ter*, co. 2, che appresta una specifica tutela per i creditori sociali (l'**opposizione**) modellata su quella prevista per l'ipotesi di riduzione effettiva del capitale *ex* art. 2445.

Tornando alla deliberazione di revoca, va, in primo luogo, sottolineato che il ritorno della società all'ordinaria operatività è comunque condizionato alla ***rimozione della causa di scioglimento*** che aveva determinato l'apertura della liquidazione e delle eventuali altre che siano insorte nel corso della stessa (rimozione che può richiedere una modifica statutaria, come nel caso dello scioglimento determinato dal conseguimento dell'oggetto sociale). E in tale contesto la necessità, in particolare, di verificare la sussistenza del capitale minimo richiesto per il tipo imporrà la redazione di un *bilancio straordinario*.

Seguendo l'opinione prevalente, si può affermare che di "revoca dello stato di liquidazione", con applicazione, quindi, della disciplina di cui all'art. 2487-*ter*, si possa parlare soltanto a partire dal momento in cui si realizza l'effetto dello scioglimento, cioè a dire all'atto della realizzazione della pubblicità *ex* art. 2484, co. 3.

Si deve registrare, invece, una notevole incertezza tra gli interpreti circa il momento finale, oltre il quale si deve ritenere irreversibile il fenomeno dissolutorio della società, anche se appare preferibile la tesi di coloro che collocano tale momento all'altezza del deposito del bilancio finale presso il registro delle imprese, a mente dell'art. 2492, co. 2.

VI. *La chiusura della liquidazione: bilancio finale, cancellazione ed estinzione della società*

Compiuta la liquidazione, nel senso della conversione in denaro del patrimonio e di pagamento dei creditori sociali, si apre la fase finale della liquidazione, che, attraverso la *redazione del* ***bilancio finale*** da parte dei liquidatori, la sua *approvazione* da parte dei soci e la ***ripartizione*** tra questi ***dell'attivo residuo***, ovvero il deposito delle somme non riscosse, porta alla richiesta della ***cancellazione della società*** *dal registro delle imprese* e al deposito dei libri sociali nel medesimo ufficio.

1. *Il bilancio finale*

Il **bilancio finale**, alla luce della disciplina prevista negli artt. 2492 e 2493, pur conservando la medesima struttura del bilancio d'esercizio, da questo si differenzia e per quanto riguarda il contenuto e la funzione e per quanto riguarda le modalità di approvazione.

Circa il **contenuto** e la **funzione**, il bilancio finale, che ha rilevanza informativa esclusivamente nei confronti dei soci, con la duplice funzione di rappresentare il rendiconto finale della gestione svolta dai liquidatori e di determinare la quota dell'attivo residuo spettante a ogni azione, ovvero a ogni socio nella s.r.l., si compone di due parti: bilancio finale in senso stretto, al cui attivo generalmente comparirà solo la liquidità residua, e **piano di riparto**. Nulla impedisce che, ove per il pagamento dei creditori sociali non sia stato necessario liquidare tutto il patrimonio, ai soci venga proposta una ripartizione in natura dei beni residui.

Quanto poi all'**approvazione**, gli artt. 2492 e 2493 propongono una disciplina originale che ne prevede, dapprima, il ***deposito***, assieme alla relazione dei sindaci e del soggetto incaricato della revisione contabile (ovviamente, per le s.r.l., ove nominati), presso il registro delle imprese competente e, poi, un termine di novanta giorni dall'iscrizione durante il quale ciascuno dei soci può proporre **reclamo**, che potrà riguardare sia le risultanze del bilancio in senso stretto, sia i criteri di ripartizione dell'attivo residuo, **avanti il tribunale** e nel contraddittorio con i liquidatori. Premesso che, se sono più di uno, i reclami vanno riuniti in un'unica causa che viene decisa con sentenza che fa stato anche nei confronti dei soci che non abbiano partecipato al giudizio, va sottolineato che la mancata proposizione del reclamo vale quale *approvazione tacita* del bilancio finale, così come il medesimo effetto è riconosciuto, anche prima della scadenza dei novanta giorni, alla quietanza rilasciata dal socio senza riserve all'atto del pagamento della quota di riparto.

Le modalità sopra descritte offrono un quadro che attesta come, esaurita la liquidazione, venga anche meno l'applicazione delle regole propriamente societarie, in particolare per quanto riguarda la società come organizzazione; non si spiegherebbe altrimenti perché il bilancio finale vada depositato presso il registro delle imprese e non presso la sede sociale; perché non vada approvato dall'assemblea secondo il metodo collegiale; perché, infine, debba essere approvato da tutti i soci, seppure con l'applicazione del metodo del "**silenzio assenso**".

2. *La cancellazione e l'estinzione*

Una volta che sia stato approvato il bilancio finale di liquidazione, i liquidatori, come prescrive l'art. 2495, co. 1, devono chiedere la **cancellazione** della società dal registro delle imprese. A prescindere dalla richiesta dei liquidatori, il conservatore del registro delle imprese, decorsi cinque giorni dalla scadenza di cui al co. 3 dell'art. 2492, procede alla cancellazione, qualora non abbia ricevuto da parte del cancelliere del tribunale competente notizia della presentazione di reclami (art. 2495, co. 2).

E disposta la cancellazione, ove permangano creditori sociali non ancora compiutamente soddisfatti, questi avranno azione esclusivamente nei confronti dei soci – si intende nei limiti di quanto abbiano percepito in sede di riparto –, ovvero anche nei confronti dei liquidatori, ove il mancato pagamento sia dipeso da colpa di questi, seppure con l'agevolazione di potere notificare la domanda, se proposta entro un anno dalla cancellazione, presso la sede sociale.

Così dispone il co. 3 dell'art. 2495, premettendo però l'inciso "ferma restando l'**estinzione della società**" conseguente alla sua cancellazione. Quest'ultima ha dunque **efficacia costitutiva** e determina in ogni caso *il venir meno della società come soggetto di diritti*, quand'anche, a causa di una omissione nella fase di liquidazione, persistessero debiti sociali (salva, per la verità, la possibilità di aprire anche nell'anno successivo alla cancellazione, *ex* art. 33 c.ins., la l.g. della società stessa). Tale norma, frutto della riforma del 2003, supera il precedente orientamento giurisprudenziale, che negava effetto estintivo alla cancellazione (tra l'altro traendone la conseguenza della fallibilità *sine die* della società) ogni qual volta ad essa fossero residuati rapporti giuridici non compiutamente definiti.

Gli interpreti si dividono, tuttavia, sull'**irreversibilità** o meno della cancellazione, in relazione non tanto all'esistenza di passività insoddisfatte, fattispecie da ritenersi compiutamente disciplinata nel co. 2 dell'art. 2495, quanto in relazione alla sussistenza di **attività non distribuite ai soci**. Al riguardo, infatti, mentre una parte della dottrina e della giurisprudenza rimane correttamente ferma nel sostenere la definitività dell'effetto estintivo prodotto dalla cancellazione, affermando che le eventuali sopravvenienze o sussistenze attive andranno regolate secondo la disciplina della comunione tra gli ex soci, altra parte ritiene in tale ipotesi utilizzabile lo strumento della cancellazione d'ufficio dal registro delle imprese predisposto dall'art. 2191, per mezzo del quale potrebbe ottenersi la "cancellazione (d'ufficio) della cancellazione della società", con l'effetto di rimuovere retroattivamente gli effetti di quest'ultima.

Circa, infine, l'ipotesi della cancellazione di una società che sia parte di un **processo in corso**, si fa preferire l'opinione in base alla quale, ove la società sia stata parte attrice, spetterà agli ex soci, quali contitolari del diritto (già) vantato da quella, riassumere il giudizio, mentre nel caso opposto saranno i creditori (già) sociali a potere riprenderlo nei confronti degli ex soci. In giurisprudenza si afferma, peraltro, che, se la società aveva agito in giudizio sulla base di una mera pretesa o di un credito ancora incerto o illiquido, la cancellazione integrerebbe la rinuncia implicita all'azione, con conseguente estinzione del giudizio.

SEZIONE QUATTORDICESIMA

L'ARTICOLAZIONE DEL RISCHIO D'IMPRESA

SOMMARIO: § 64. I gruppi di società. – § 65. I patrimoni destinati a "specifici affari".

INTRODUZIONE

Articolare il rischio d'impresa significa adottare strumenti giuridici che, nell'esercizio di una pluralità di attività produttive o nello svolgimento di una pluralità di affari, da parte di un medesimo soggetto, gli consentano di esporre al rischio di un loro insuccesso esclusivamente una parte del suo patrimonio.

È noto, a questo proposito, che è principio generale del nostro ordinamento quello consacrato nell'art. 2740, in forza del quale "il debitore risponde dell'adempimento delle obbligazioni con tutti i suoi beni presenti e futuri". Tale principio, come sappiamo, opera senza eccezioni al riguardo delle obbligazioni assunte da parte di un imprenditore, nell'esercizio della propria attività: questi risponde delle medesime con tutti i suoi beni, siano essi o no destinati all'attività stessa. Ed opera, in linea generale, anche con riferimento alle società: non è raro che una società sia attiva in più di un settore, così come non è raro che essa intraprenda plurime operazioni commerciali rilevantissime (si pensi alla ricerca e allo sfruttamento di giacimenti petroliferi in diverse aree del pianeta). Orbene, in base al suddetto principio, delle obbligazioni scaturenti da ciascuno di questi settori o operazioni la società risponde in genere con l'intero proprio patrimonio, il che significa che il rischio d'impresa, per ognuno dei settori ed affari, è esteso a tutto il patrimonio stesso. È però comprensibile, nell'economia moderna, l'aspirazione delle strutture organizzative alla delimitazione e dunque alla ripartizione di questo rischio: il legislatore ritiene questo interesse non immeritevole di tutela e appresta taluni strumenti giuridici per la sua realizzazione.

A questo scopo risponde anzitutto la creazione di un **gruppo di società**. Il soggetto (persona fisica o, più spesso, giuridica) che detenga le partecipazioni di controllo in una pluralità di società (le quali a loro volta potrebbero essere socie uniche o di maggioranza di altre società a valle) è in condizione di dirigere più attività giuridicamente riferibili a soggetti di diritto distinti l'uno dall'altro (con autonomia patrimoniale e dunque di rischio perfetta, ove si tratti di società di capitali), ma aventi economicamente un unico centro di riferimento (la capogruppo). Si vedrà che il legislatore regola questo fenomeno (artt. 2497 ss.), ma non per impedirlo (anzi, ne riconosce la logica, al punto da imporre la redazione di un "bilancio consolidato" di gruppo, rappresentativo della situazione patrimoniale complessiva dello stesso, come se si trattasse di un'impresa unitaria), bensì al fine di assicurare che l'integrazione proprietaria tra le diverse società del gruppo non si traduca in una commistione di interessi tra le medesime, tale da pregiudicare la sana gestione delle diverse attività e quindi da determinare, a danno dei creditori e, se presenti, dei soci di minoranza delle singole società, non già una articolazione, ma una non virtuosa contaminazione tra i separati rischi d'impresa.

Altro strumento giuridico per la realizzazione di effetti simili è la creazione, possibile nelle s.p.a., di **patrimoni destinati ad uno specifico affare** (art. 2447-*bis*). Tali società possono individuare e destinare determinate risorse (nei termini che vedremo) allo svolgimento di una data operazione economica, isolandole giuridicamente dal restante loro patrimonio. Quello "destinato" è, infatti, a tutti gli effetti un ***patrimonio separato***, a cui viene limitato il rischio d'impresa (secondo la disciplina che si esaminerà) relativo all'affare, e che, specularmente, non si trova esposto al rischio d'impresa derivante dalla restante attività della società.

§ 64. I GRUPPI DI SOCIETÀ

A differenza di altri paesi, ove sono diffuse le c.d. *public companies* (e, cioè, quelle società nelle quali le azioni sono di titolarità di una molteplicità di soggetti e manca un socio che detenga una percentuale rilevante, tale da permettergli di esercitare un controllo sulla società), in Italia la **proprietà** è spesso **concentrata** in capo a pochi soggetti ed è, di norma, possibile ravvisare un *socio di controllo*. La mera situazione di controllo comporta l'applicazione di una apposita disciplina volta, tra l'altro, a salvaguardare il corretto svolgersi del rapporto tra controllante e controllata e a fornire (anche ai terzi) una adeguata informazione.

Il soggetto che si trova in una posizione di **controllo** è poi sovente contraddistinto da un interesse "partecipativo" nei confronti della società controllata: in altre parole, non solo è in grado, ma spesso *esercita effettivamente una influenza dominante* che può, anche, sfociare in una più pregnante e costante **attività di direzione e coordinamento** nei confronti della società controllata o delle società controllate. Quest'ultimo fenomeno caratterizza i **gruppi di società** e, cioè, quelle strutture organizzative, molto diffuse nel nostro ordinamento (e non solo), cui il legislatore dedica apposite norme contenute negli artt. 2497 ss. Norme (ulteriori, dunque, rispetto a quelle applicabili in presenza di un mero controllo) che, a fini meramente descrittivi, verranno in seguito suddivise in **norme** c.d. **fisiologiche** – tese a garantire una trasparenza in ordine all'esistenza del gruppo e alle operazioni poste in essere nell'ambito dello stesso e una "via di uscita" per i soci delle società eterodirette – e **norme** c.d. **patologiche** – che si occupano degli abusi della capogruppo e dei finanziamenti elargiti a società del gruppo sottocapitalizzate. Complessivamente, le norme in esame sono volte principalmente a tutelare, sia nel corso della vita fisiologica del gruppo, sia in presenza di eventi patologici, i soci di minoranza e i creditori sociali delle società soggette ad attività di direzione e coordinamento.

Accanto alle norme codicistiche di cui ci occuperemo, sono poi presenti nell'ordinamento sia specifiche previsioni settoriali che riguardano, ad es., i gruppi bancari o assicurativi, sia apposite regole dedicate alla crisi o insolvenza dei gruppi (artt. 284 ss. c.ins.), che, nel consentire una gestione unitaria della crisi nei gruppi, toccano vari aspetti e, certamente, sollevano diversi dubbi interpretativi e problemi di coordinamento con le norme di cui agli artt. 2497 ss. c.c.

I. *Il controllo*

Molteplici sono le nozioni di controllo presenti nel nostro ordinamento. Il legislatore si è, infatti, in diverse occasioni preoccupato di individuare delle fattispecie, non sempre tra loro coincidenti, di controllo, anche in leggi speciali a carattere settoriale (v., ad es., la nozione di controllo prevista dalla l. *antitrust* ovvero quella contenuta nel TUB in tema di partecipazione al capitale delle banche).

1. *La nozione di controllo di cui all'art. 2359*

Limitandoci ad esaminare la nozione introdotta nel codice civile nell'art. 2359, si deve segnalare che, in base a tale norma, possono essere individuate tre distinte **forme di controllo**: a) il *controllo di diritto*; b) il *controllo di fatto* e c) il *controllo contrattuale*.

Orbene, si ha **controllo di diritto** quando una società *dispone della* ***maggioranza dei voti*** *esercitabili nell'assemblea ordinaria di un'altra società*; mentre è configurabile un **controllo di fatto** qualora una società *detenga* (non la maggioranza dei voti esercitabili nell'assemblea ordinaria, ad es. il 51% del capitale: nel qual caso si avrebbe, infatti, un controllo di diritto, ma) *voti comunque sufficienti* (in considerazione della fattispecie concreta) *per esercitare un'* ***influenza dominante*** *nell'assemblea ordinaria*. In entrambe le ipotesi ora indicate il soggetto controllante è in grado di svolgere una influenza dominante; influenza che si esplica, principalmente, nel potere di nominare (revocare, ecc.), attraverso il proprio voto (determinante) in assemblea, gli amministratori. Mentre nel controllo di diritto questo è possibile grazie al fatto di detenere la maggioranza dei voti, in quello di fatto questo dipende dalle reali posizioni di potere all'interno della società: può così capitare che, in una società, anche per effetto della diffusione delle restanti partecipazioni in capo a diversi soggetti e/o dell'assenteismo di molti, chi detiene una percentuale elevata, anche se non pari alla maggioranza, sia in grado di prevalere sugli altri soci in assemblea ordinaria (può essere che una percentuale pari al 25% permetta, nel singolo caso concreto, di acquisire il ruolo di soggetto controllante di fatto della società). Il legislatore ha poi statuito che, per configurare un controllo di diritto o di fatto, si computano anche i voti spettanti a società controllate, società fiduciarie e a persona interposta (c.d. **controllo indiretto**); mentre non si computano i voti spettanti per conto di terzi. Se, quindi, la società A detiene il controllo della società B, e questa a sua volta detiene il controllo di C, si può dire che la società C è controllata indirettamente da A.

Infine, l'art. 2359 prevede anche un **controllo contrattuale**, che si verifica qualora una società risulti sotto l'influenza dominante di un'altra *in virtù di* ***particolari vincoli contrattuali*** con essa. È il caso, ad es., di una società A che ha come unico cliente la società B e che ha stipulato con questa un contratto di esclusiva, in forza del quale essa si trova ad essere in una situazione oggettiva di dipendenza economica rispetto a quest'ultima, derivante dal fatto che il venir meno dell'accordo contrattuale potrebbe seriamente compromettere la prosecuzione della sua attività imprenditoriale.

Accanto alla fattispecie del controllo, sempre nel medesimo articolo, il legislatore introduce anche quella di **collegamento**: sono considerate collegate le società sulle quali un'altra esercita una ***influenza notevole*** (che dovrebbe caratterizzarsi, rispetto all'influenza dominante, per una minore incisività). L'influenza si presume in capo a colui che, nell'assemblea ordinaria, è in grado di esercitare almeno *un quinto dei voti* ovvero un decimo se la società ha azioni quotate in mercati regolamenti. Poche sono, però, le previsioni che si occupano di quest'ultima fattispecie che, quindi, assume un rilievo minore rispetto a quella di controllo sopra indicata.

2. *La disciplina applicabile in caso di controllo*

La possibilità che una società eserciti un'influenza dominante su un'altra società (o su più di una) dà luogo all'applicazione di una apposita e complessa disciplina, che trova la propria fonte in disposizioni normative – molte delle quali previste per le s.p.a. ma, in diversi casi, suscettibili di applicazione anche ad altri tipi societari – volte a tutelare una molteplicità di esigenze e interessi.

In particolare, le finalità cui è volta la disciplina in esame appaiono le seguenti: a) accentuare gli ***obblighi di vigilanza*** da parte degli organi amministrativi e di controllo della controllante sull'attività delle controllate; b) fornire, in generale, a tutti gli interessati una corretta ed adeguata ***informazione*** in merito alla sussistenza del controllo e all'andamento generale della controllante e delle controllate; c) garantire la ***conservazione del capitale sociale*** delle società controllante e controllate in caso di operazioni intercorse tra le suddette società ed evitare delle *alterazioni nei meccanismi di formazione* delle maggioranze assembleari.

a) La prima esigenza (**doveri di vigilanza**) trova riscontro, per le s.p.a. (per quelle quotate cfr., ad es., gli artt. 150 ss. TUF), nell'art. 2381, co. 5, che statuisce che gli organi delegati debbano riferire al consiglio di amministrazione e al collegio sindacale sul generale andamento della gestione, nonché sulle operazioni di maggior rilievo effettuate dalla società e dalle sue controllate, e nell'art. 2403-*bis*, co. 2, che prevede, in capo al collegio sindacale, il potere di richiedere agli amministratori notizie, anche con riferimento a società controllate, sull'andamento delle operazioni sociali o su determinati affari e di scambiare informazioni con i corrispondenti organi delle società controllate in merito ai sistemi di amministrazione e controllo e all'andamento generale dell'attività sociale.

Lo scopo di tali regole è intuitivo: quantunque le diverse società (controllante e controllate) conservino giuridicamente la loro autonomia soggettiva, si forma, tra le medesime, una unità rilevante almeno sul piano economico ed una interazione di cui gli organi della controllante non possono non tenere conto nell'espletamento dei loro compiti.

b) La seconda esigenza sopra richiamata (**informazione al mercato**, in senso ampio) nasce dalle medesime considerazioni ed è tutelata mediante diverse disposizioni codicistiche volte a far emergere dalle *scritture contabili* (quelle accessibili anche ai terzi) una serie di dati ed informazioni. Si considerino, ad es., gli artt. 2424, 2428 e 2429, in forza dei quali occorre tra l'altro: i) indicare in una voce *ad hoc* dello stato patrimoniale le partecipazioni detenute in altre società e i rapporti finanziari (crediti, debiti e garanzie) tra società controllante e controllate; ii) effettuare, nella relazione sulla gestione, un'analisi dei vari settori in cui la società ha operato, anche attraverso imprese controllate; iii) depositare, nella sede della società controllante, copia integrale dell'ultimo bilancio delle controllate insieme al bilancio della prima.

Sempre in quest'ottica va considerato l'obbligo (previsto dalla l. 127/1991) in capo alla società di capitali che controlla una (o più) imprese di predisporre un **bilancio consolidato** e cioè un bilancio da cui è possibile evincere *la situazione patrimoniale, finanziaria ed economica di tutte le società* (controllante e controllate) *nel loro insieme* e nel quale sono elisi i valori delle partecipazioni detenute dalla controllante nelle controllate, i crediti e debiti reciproci fra le società incluse nel consolidamento, i proventi e gli oneri derivanti dai rapporti intercorsi tra le medesime, gli utili e le perdite conseguenti a tali rapporti. In definitiva, il risultato che appare dal bilancio consolidato deve essere quello generato dall'attività delle varie società nei confronti dei terzi e non quello che le medesime hanno realizzato operando tra di loro.

c) La terza esigenza (**effettività del capitale**) trova riscontro nelle norme dedicate all'acquisto e alla sottoscrizione di azioni o quote della controllante da parte delle controllate. In forza degli artt. 2359-*bis* e 2359-*quinquies* le società controllate non possono ***sottoscrivere azioni o quote della controllante*** (e, in caso di violazione di tale divieto, le azioni o quote si intendono sottoscritte dagli amministratori della prima a meno che non dimostrino di essere esenti da colpa), mentre possono ***acquistare azioni o quote*** della stessa, solo nei limiti degli utili distribuibili e delle riserve disponibili risultanti dall'ultimo bilancio approvato e, nel caso di società controllante facente ricorso al mercato del capitale di rischio, sempre che il valore nominale delle azioni o quote acquistate non ecceda la quinta parte del capitale della controllante medesima (art. 2359-*ter*). È poi previsto che possano essere acquistate soltanto azioni interamente liberate e l'acquisto debba essere autorizzato dall'assemblea ordinaria delle società controllate.

Una volta acquistate azioni o quote della controllante, le società controllate non possono esercitare, nell'assemblea della prima, i diritti di voto inerenti alle suddette partecipazioni.

Le previsioni ora richiamate sono volte sia a tutelare il capitale sociale e la sua effettività – che potrebbero essere pregiudicati da acquisti reciproci di partecipazioni posti in essere senza limiti – sia a prevenire distorsioni nella formazione della volontà assembleare, che si produrrebbero qualora il voto fosse esercitato dalle società controllate (*i.e.*, dagli amministratori di queste) soggetti sottoposti all'influenza dominante della controllante.

II. *I gruppi*

Una volta inquadrata la fattispecie codicistica di controllo e la disciplina applicabile, si può passare ad esaminare i **gruppi di società**. Questi sono, come sopra si è anticipato, delle ***forme organizzative*** nell'ambito delle quali vi è un soggetto – definito capogruppo – che esercita un'attività di direzione e coordinamento nei confronti di altre società, che pur mantengono la loro ***autonomia giuridica e patrimoniale***. L'elemento connotante del fenomeno è dato, dunque, dall'**attività di direzione e coordinamento**.

Di norma, molteplici possono essere i **benefici** derivanti dall'appartenenza ad un gruppo per le singole società coinvolte: si pensi, ad es., alla possibilità di utilizzare un marchio di gruppo assai notorio o di ricorrere a dei prestiti intragruppo a condizioni migliori rispetto a quelle di mercato o, ancora, di disporre di un maggior potere contrattuale e di beneficiare di importanti economie di scala. Anche se non è possibile trascurare i **rischi** che la stessa appartenenza può determinare: si consideri l'eventualità che la capogruppo, nel dare attuazione ad una politica di gruppo, impartisca direttive pregiudizievoli nei confronti di alcune società a vantaggio di altre (ad es., imponga ad una società di acquistare un bene da un'altra a condizioni svantaggiose o costringa una società ad emettere una fideiussione a favore di un'altra). In tali casi, la capogruppo può, comunque, ottenere un beneficio dal compimento di tali direttive, se la stessa detiene una posizione di controllo (non solo nella società pregiudicata, ma) anche nella società che ne ha tratto vantaggio. I soggetti più esposti al verificarsi di eventi patologici nell'ambito dei gruppi sono, invece, i soci di minoranza e i creditori sociali delle società sottoposte ad attività di direzione e coordinamento, i quali non possono certo beneficiare di direttive pregiudizievoli imposte alla società con cui intrattengono dei rapporti.

1. *La fattispecie: l'attività di direzione e coordinamento*

Nella disciplina di cui agli artt. 2497 s. non viene specificato a quali tipi debbano appartenere le società coinvolte nella direzione e coordinamento: nel silenzio della legge si può ritenere che la stessa si applichi a ***tutti i tipi di società*** (anche quindi alle società di persone).

Presupposto per l'applicabilità delle summenzionate norme è l'*esercizio da parte della capogruppo* di una **attività di direzione e coordinamento**. Il legislatore non si preoccupa, però, di chiarire in che cosa si esplica tale attività e questo genera, come vedremo, molteplici difficoltà. Di norma, essa consiste nel fatto che la capogruppo svolge un'attività di pianificazione in ordine alle principali scelte imprenditoriali attinenti alle società del gruppo (scelte strategiche ed operative di carattere finanziario, industriale, commerciale) in forza di una più ampia politica di gruppo e, quindi, una conseguente attività di **direzione e coordinamento** mediante direttive impartite alle diverse società.

Il legislatore, anche al fine di agevolare l'onere della prova, introduce una **presunzione relativa** (superabile, quindi, con prova contraria) in merito all'esistenza e all'esercizio di un'attività di direzione e coordinamento. L'art. 2497-*sexies* afferma, infatti, che si presume, salvo prova contraria, che l'attività di direzione e coordinamento sia *esercitata dal soggetto in posizione di* ***controllo.***

Nell'art. 2497-*septies* il legislatore statuisce, poi, che le disposizioni in esame si applicano anche a chi esercita attività di direzione e coordinamento di società sulla base di un **contratto** o di una **clausola contenuta nello statuto**. In tale caso, l'attività di direzione e coordinamento è esercitata da un soggetto (che non si trova in posizione di controllo, ma che è) *legittimato* in forza di un contratto o di una clausola statutaria: si pensi ad un contratto in forza del quale una società acquisisce il potere di impartire ad un'altra direttive vincolanti in relazione ad alcuni aspetti strategici attinenti alla gestione di quest'ultima.

2. *Le norme c.d. fisiologiche*

Le norme che si occupano degli aspetti fisiologici dei gruppi hanno come obiettivo principale quello di garantire la massima **trasparenza ed informazione** in ordine: a) all'esistenza del gruppo, b) alle operazioni poste in essere nell'ambito dello stesso e agli effetti derivanti dal compimento di queste e, infine, c) alle motivazioni sottese all'assunzione di determinate decisioni adottate sotto l'influenza della capogruppo. Tale esigenza nasce dalla constatazione che il gruppo in sé e nel suo concreto operare può determinare, come precedentemente è già stato ricordato, delle situazioni (non per forza negative) diverse da quelle che si potrebbero verificare in mancanza dello stesso e qualora le società coinvolte fossero del tutto autonome. Da qui la necessità di tutelare – mediante una precisa informazione – i soggetti terzi che si trovano e si possono trovare in futuro a contatto con il gruppo (si pensi ovviamente ai creditori delle diverse società), e/o quei soggetti che intendono diventare soci delle società coinvolte o lo sono già diventati, ma in posizione di soci di minoranza.

a) Il legislatore prevede, innanzitutto, la creazione di un'**apposita sezione del registro delle imprese** e l'iscrizione nella stessa delle diverse società del gruppo. L'iscrizione, ai sensi del co. 1 dell'art. 2497-*bis*, deve avvenire nel più breve tempo possibile a cura degli amministratori della società eterodiretta, i quali incorrono in **responsabilità**, ai sensi del co. 3 del medesimo articolo, se non adempiono a siffatto obbligo, o se non provvedono alla cancellazione dal registro nel caso in cui venga meno l'esercizio dell'attività di direzione e coordinamento. In questi casi gli amministratori rispondono dei danni che la mancata conoscenza dei fatti abbia recato direttamente ai soci o ai terzi. Infine, il legislatore prevede che il nome della capogruppo sia indicato negli **atti** e nella **corrispondenza** della società eterodiretta.

b) Altre norme hanno, invece, come obiettivo quello di rendere **trasparente l'operatività** stessa del gruppo. Più precisamente, il co. 5 dell'art. 2497-*bis* prevede che gli amministratori debbano indicare nella ***relazione sulla gestione*** (art. 2428) i rapporti intercorsi con chi esercita attività di direzione e coordinamento e con le altre società che vi sono soggette.

Nella relazione sulla gestione deve inoltre essere indicato – e questo è sicuramente un aspetto fondamentale – l'**effetto** che l'attività di direzione e coordinamento ha avuto sull'esercizio dell'impresa sociale e sui suoi risultati. La relazione sulla gestione può così diventare un utile strumento per i soci e i terzi che vogliono, ad es., esercitare un'azione di responsabilità ai sensi dell'art. 2497. Sempre gli amministratori della società eterodiretta devono poi esporre, in un'apposita sezione della **nota integrativa**, un prospetto riepilogativo dei dati essenziali dell'ultimo bilancio della capogruppo.

c) Da ultimo, l'art. 2497-*ter* prevede che le decisioni adottate dalle società soggette ad attività di direzione e coordinamento, *quando da questa influenzate*, debbano essere *analiticamente* **motivate** e recare puntuale indicazione delle *ragioni* e degli *interessi* la cui valutazione ha inciso sulle suddette decisioni, non essendo, quindi, sufficiente il ricorso a formulazioni generiche e astratte. La disciplina fissata dovrebbe applicarsi sia alle deliberazioni consiliari e assembleari, sia a quelle decisioni assunte a prescindere da un'apposita deliberazione (ad es., le decisioni adottate dall'amministratore unico o delegato). Per garantire, poi, anche ai terzi (cui di norma non compete prendere visione dei libri sociali) l'accesso alle suddette informazioni, si prevede che debba essere data un'adeguata informazione delle decisioni e delle motivazioni sottese nella *relazione sulla gestione*, documento soggetto a pubblicità ai sensi dell'art. 2435.

3. *Le norme c.d. patologiche. La responsabilità di cui all'art. 2497*

Occorre ora soffermarsi sulle *norme* c.d. *patologiche*, le quali, cioè, sono dirette ad arginare le possibili distorsioni nell'esercizio dell'attività di direzione e coordinamento.

La principale previsione è quella di cui all'art. 2497, in forza del quale è possibile per i soci e i creditori di una società eterodiretta esercitare un'**azione di responsabilità** nei confronti della ***capogruppo*** per i danni da questa cagionati.

La **legittimazione attiva** è attribuita ai ***soci*** e ai ***creditori*** della società soggetta all'attività di direzione e coordinamento, ai quali, quindi, spetta il risarcimento eventualmente riconosciuto. La responsabilità nei confronti dei soci sussiste se si è verificato un ***pregiudizio alla redditività ed al valore della partecipazione sociale***; mentre quella nei confronti dei creditori sociali nel caso di ***lesione cagionata all'integrità del patrimonio della società*** eterodiretta.

Con specifico riferimento alla responsabilità nei confronti dei soci, ci si è chiesti se il pregiudizio alla redditività ed al valore della partecipazione sociale presupponga, o meno, un danno al patrimonio sociale. Per i creditori sociali, l'interrogativo sembra essere risolto dalla stessa norma, la quale, appunto, riconosce che il pregiudizio rilevante (per i creditori) consiste nella lesione cagionata all'integrità di tale patrimonio. Ma se per quanto riguarda i creditori questa conclusione non stride con i principi generali in materia di responsabilità per danni da *mala gestio* (v. art. 2394), per i soci, invece, il problema sicuramente si pone e può essere diversamente risolto.

Appare, comunque, prevalente la tesi in base alla quale il pregiudizio rilevante non sarebbe altro che una conseguenza del minor valore del patrimonio della società soggetta all'attività di direzione e coordinamento: in questo caso il **danno** subito dal socio dovrebbe, dunque, considerarsi **indiretto**, costituendo solo il riflesso o la ripercussione sul patrimonio del socio del danno arrecato direttamente alla società. Depongono, in questo senso, alcuni riferimenti normativi di carattere testuale: in particolare il fatto che l'art. 2497, co. 1, statuisce – come meglio vedremo più avanti – che non vi è responsabilità se il danno (quindi: il danno al patrimonio sociale) è stato eliminato a fronte di altri vantaggi che la medesima società ha ottenuto. L'art. 2497 sembra, quindi, introdurre un'innovativa disciplina rispetto ai principi generali posto che, come si sa, nel caso di danno indiretto il singolo socio non può di regola esercitare nei confronti degli amministratori l'azione individuale *ex* art. 2395, ma, unicamente, attivarsi affinché venga esercitata l'azione sociale di responsabilità.

Per poter configurare una responsabilità ai sensi dell'art. 2497, co. 1, è necessario che ricorrano i seguenti **presupposti**: a) sia stata posta in essere un'attività di direzione e coordinamento da parte di una **società** o di un **ente**; b) la capogruppo abbia agito nell'*interesse imprenditoriale proprio o altrui* e in ***violazione dei principi di corretta gestione societaria ed imprenditoriale***; c) la violazione dei suddetti principi abbia determinato, come sopra si è detto, un ***pregiudizio***.

a) L'art. 2497 richiede che vi sia attività di direzione e coordinamento e che la stessa sia svolta da una **società** o un **ente** (ove per ente si intende un soggetto giuridico collettivo, diverso dallo Stato, che detiene la partecipazione sociale nell'ambito della propria attività imprenditoriale ovvero per finalità di natura economica o finanziaria), limitando, in tal modo, l'ambito applicativo ai soli soggetti *diversi dalle persone fisiche*. Per agevolare l'onere della prova, si introducono le presunzioni di cui all'art. 2497-*sexies* e la pubblicità nell'ambito dell'art. 2497-*bis*: pubblicità, però, che non rappresenta una condizione necessaria per l'esercizio dell'azione di responsabilità.

b) Il richiamo ai (generali) **principi di corretta gestione societaria e imprenditoriale** rende non del tutto immediato l'accertamento della loro violazione da parte dell'autorità giudiziaria e rischia di aprire la strada ad una valutazione del merito delle decisioni assunte nei gruppi da parte del giudice in contrasto con gli *standard* giurisprudenziali, oggi consolidati, in termini di accoglimento della c.d. *business judgment rule*, che precludono una valutazione *ex post* della correttezza delle scelte gestionali poste in essere dagli amministratori di una società, a meno che una valutazione imprenditoriale non razionale o una inadeguata informazione preventiva siano alla base delle stesse.

c) Si è già detto che il **pregiudizio** – secondo la tesi prevalente – consiste in un danno patito dalla società eterodiretta e, di riflesso, dall'attore. Va ora aggiunto che, in forza dell'art. 2497, co. 1, la responsabilità per abusivo esercizio dell'attività di direzione e coordinamento non sussiste qualora *il danno risulti **mancante alla luce del risultato complessivo** dell'attività di direzione e coordinamento ovvero **sia integralmente eliminato*** anche a seguito di operazioni a ciò dirette. Occorre quindi utilizzare un criterio valutativo che non si fermi al singolo atto, alla singola operazione, ma che guardi all'attività esercitata e che tenga conto dei molteplici rapporti in essere nel gruppo e dei possibili vantaggi che una società può trarre dall'*appartenenza al gruppo* ovvero da *altre operazioni* in grado di compensare un pregiudizio precedentemente subito (c.d. **vantaggi compensativi**). Sul piano processuale, il vantaggio compensativo deve essere eccepito e provato dal convenuto, salvo che esso risulti dimostrato nella relazione sulla gestione (artt. 2428 e 2497-*bis*, co. 5): nel quale caso spetta all'attore dover contestare la fondatezza dei fatti e delle ragioni in essa pubblicati.

Al co. 3 dell'art. 2497 si prevede che il socio e il creditore sociale possano agire contro la società o l'ente capogruppo, solo se ***non sono stati soddisfatti** dalla società soggetta all'attività di direzione e coordinamento.*

La disposizione in esame – se, con riferimento ai creditori sociali, può essere facilmente compresa (il creditore sociale non può agire contro la capogruppo per la lesione cagionata all'integrità del patrimonio della società eterodiretta, se quest'ultima lo ha, comunque, soddisfatto) e rispecchia un principio generale operante anche con riguardo all'azione di responsabilità di cui all'art. 2394 – diversamente suscita molteplici interrogativi se riferita ai soci e, non a caso, ha indotto parte della dottrina e della giurisprudenza ad interpretarla in modo da non configurare, in capo alla società eterodiretta, alcun obbligo di risarcimento nei confronti dei (suoi) soci. Più precisamente, non si comprende come il socio di una società, soggetta all'attività di direzione e coordinamento, possa ottenere da quest'ultima soddisfazione per un pregiudizio arrecato da un'altra. Se, infatti, il danno per cui il socio richiede il risarcimento è quello subito *in primis* dalla società eterodiretta, quest'ultima non solo subisce un pregiudizio da un'altra, ma è tenuta a risarcire di tale pregiudizio i propri soci. Inoltre, non si può non rilevare come il soddisfacimento che il socio ottiene dalla società partecipata avvenga a spese della stessa e, quindi, a spese dei creditori sociali, degli altri soci di minoranza anch'essi danneggiati oltre che, *pro quota*, dello stesso socio che agisce. Tale socio, infatti, se decide di continuare a partecipare alla suddetta società, finisce per perdere, in misura proporzionale all'entità della partecipazione, il ristoro appena ottenuto.

Ai sensi del co. 2 dell'art. 2497, sono responsabili, *in solido* con la capogruppo, *coloro i quali abbiano preso parte al fatto lesivo* e quanti ne abbiano, comunque, *tratto beneficio consapevolmente*.

Grazie a tale previsione è possibile estendere la responsabilità ad una molteplicità di soggetti: a) agli amministratori (anche di fatto) e/o ai sindaci della capogruppo e della società soggetta all'attività di direzione e coordinamento; b) ai soci della società capogruppo; c) alle società c.d. sorelle; d) a quei soggetti terzi (si pensi, ad es., a delle banche coinvolte nell'ambito di un'operazione finanziaria posta in essere da una società del gruppo su indicazione della capogruppo) che hanno preso parte al fatto lesivo o, comunque, tratto beneficio dal compimento del medesimo. Per quanto riguarda coloro che non hanno partecipato al fatto lesivo, ma ne hanno consapevolmente tratto beneficio, *la responsabilità è limitata dalla legge al vantaggio conseguito*.

Alquanto discussa è, infine, la **natura** della responsabilità di cui all'art. 2497. Il problema non è meramente teorico in quanto dalla natura della responsabilità possono derivare importanti conseguenze attinenti, ad es., all'onere della prova (certamente più impegnativo per l'attore nel caso di responsabilità extracontrattuale), al termine di prescrizione applicabile (rispettivamente di cinque anni per la responsabilità extracontrattuale e di dieci anni per quella contrattuale), al danno risarcibile (estendibile anche a quello non prevedibile nel solo caso di responsabilità extracontrattuale).

Sebbene parte della giurisprudenza di merito opti per la natura extracontrattuale, la dottrina maggioritaria e la più recente giurisprudenza considerano tale responsabilità come **contrattuale**, sulla base dell'assunto che essa deriverebbe dalla violazione di obblighi giuridici preesistenti (obblighi legali), quali, nella specie, le regole di corretta gestione societaria e imprenditoriale.

4. (Segue). *I finanziamenti intragruppo*

È assai frequente che, nell'ambito dei gruppi, vengano effettuati da parte della capogruppo o da parte di una società appositamente dedicata dei finanziamenti a favore delle altre entità. Molto spesso tali flussi finanziari servono per porre riparo ad una situazione di ***sottocapitalizzazione*** presente in alcune unità del gruppo medesimo. Un fenomeno simile, lo si è visto, si presenta anche nelle società c.d. chiuse, ove i soci frequentemente forniscono le risorse necessarie per lo svolgimento dell'attività imprenditoriale, preferendo, però, utilizzare lo strumento del finanziamento, piuttosto che quello del conferimento.

Per evitare che una siffatta forma di finanziamento pregiudichi gli altri creditori, l'art. 2497-*quinquies* richiama la norma (art. 2467) prevista per le s.r.l. Per effetto di tale richiamo, il **rimborso** dei finanziamenti effettuati a favore di una società appartenente ad un gruppo (se sussistono i presupposti previsti dallo stesso art. 2467) deve essere ***postergato*** rispetto alla soddisfazione degli altri creditori.

Rilevante è il **perimetro soggettivo** di applicazione di tale regola. Essa si applica ai finanziamenti effettuati *dal soggetto che esercita attività di direzione e coordinamento*, nonché *dalle altre società sottoposte alla suddetta attività*. Vi rientrano, quindi, anche i finanziamenti posti in essere tra società c.d. sorelle. Non risultano, invece, sottoposti alla citata disciplina i finanziamenti posti in essere *dalle società eterodirette a favore della capogruppo*.

Occorre, infine, ricordare come l'art. 292 c.ins. preveda la *postergazione* dei crediti sorti tra la capogruppo e le imprese sottoposte a direzione e coordinamento sulla base di rapporti di finanziamento contratti *dopo il deposito della domanda di l.g. o nell'anno anteriore*, a prescindere dalla sussistenza dei presupposti dell'art. 2467. Qualora tali crediti siano stati rimborsati nell'anno anteriore alla domanda di l.g., i *rimborsi* risultano inoltre *inefficaci* ai sensi dell'art. 164 c.ins.

5. *Il recesso nei gruppi di società*

Al chiaro fine di tutelare i soci di minoranza delle società soggette ad attività di direzione e coordinamento dinnanzi ad eventi in grado di modificare le condizioni di rischio dell'investimento, il legislatore ha introdotto, nell'art. 2497-*quater*, alcuni casi di **recesso**. Casi che si sommano a quelli previsti con specifico riferimento ai diversi tipi societari.

Innanzitutto l'art. 2497-*quater* prevede che il socio della società eterodiretta possa recedere quando la capogruppo abbia deliberato una **trasformazione** che implichi il mutamento del suo scopo sociale. Si pensi al caso in cui la capogruppo – società lucrativa – si trasformi in società cooperativa avente scopo mutualistico. Tale circostanza, pur riguardante la capogruppo e, cioè, una società diversa rispetto a quella in cui si partecipa, è considerata dal legislatore ipotesi rilevante e legittimante il diritto di recesso per il socio della società soggetta ad attività di direzione e coordinamento.

Il recesso spetta anche nel caso venga **modificato l'oggetto sociale** della capogruppo. Il recesso è, anche in questa ipotesi, collegato ad una circostanza che coinvolge – non la società dalla quale si recede, ma – quella che esercita attività di direzione e coordinamento. In tale caso, però, il socio che intende recedere deve dimostrare che la circostanza richiamata produce delle conseguenze anche nell'ambito della società da lui partecipata: e, cioè, una sensibile e diretta *modificazione delle relative condizioni economiche e patrimoniali*. Un esempio che è stato proposto è il seguente: la società capogruppo amplia il proprio oggetto sociale ad attività in grado di esercitare una forma di concorrenza con la società eterodiretta.

Il socio può inoltre recedere quando sia stata pronunciata a suo favore una **condanna** di chi esercita attività di direzione e coordinamento ai sensi dell'art. 2497. Al socio della società eterodiretta, in presenza di abusi da parte della capogruppo, è così concesso non solo uno strumento di tutela risarcitoria ma, anche, il diritto di recesso.

Infine, è riconosciuta al socio la possibilità di recedere all'**inizio** e alla **cessazione** dell'attività di direzione e coordinamento (e, si ritiene, anche quando muti la capogruppo). L'entrata o l'uscita da uno specifico gruppo, e quindi la soggezione o il venir meno della soggezione ad una specifica attività di direzione e coordinamento (ovvero, come si è detto, la modificazione soggettiva di colui che esercita tale attività), possono in effetti cambiare il contesto in cui l'investimento si colloca, sicché è naturale che sia data al socio la possibilità di liquidarlo.

La facoltà di recedere è, però, qui legata alla sussistenza di diverse **condizioni**. Innanzitutto, non deve trattarsi di una società con azioni quotate in mercati regolamentati e non deve essere stata promossa un'offerta pubblica di acquisto. In altre parole, il recesso è accordato solo qualora non sussistano altre forme di *exit* in capo al socio, quali la possibilità di vendita delle azioni nei mercati o l'adesione ad una offerta d'acquisto. Infine, affinché il recesso possa essere esercitato, è necessario che si verifichi un'*alterazione delle condizioni di rischio dell'investimento*. In definitiva, il socio che intende recedere deve dimostrare che l'inizio o la cessazione dell'attività di direzione e coordinamento (ovvero il cambiamento del soggetto capogruppo) abbia determinato un mutamento del livello di rischio dell'investimento.

§ 65. I PATRIMONI DESTINATI A "SPECIFICI AFFARI"

SOMMARIO: I. *I patrimoni destinati c.d. "operativi" o "industriali"*. – II. *I finanziamenti destinati ad uno specifico affare.*

Le s.p.a. possono essere titolari di distinte attività d'impresa e, come si è anticipato, possono limitare il rischio ad esse connesso alle risorse economiche specificamente destinate a ciascuna attività, in deroga al principio di universalità della responsabilità patrimoniale declinato dall'art. 2740.

La limitazione della responsabilità della società ad un patrimonio destinato è volta a stimolare l'investimento in nuove intraprese, giacché consente un'organizzazione dell'iniziativa economica funzionale alla migliore ripartizione dei rischi.

Tale effetto di reciproca insensibilità delle vicende economiche inerenti alle singole "divisioni aziendali" può conseguirsi, come si è visto, tramite la costituzione di una controllata per ogni "settore" nel quale la società intende articolare (o sul quale mira ad estendere) la propria attività. Anche la destinazione patrimoniale a "specifici affari" che approfondiremo in questo paragrafo è tecnica di articolazione dell'iniziativa economica e di correlativa ripartizione del rischio d'impresa, tecnica dunque *alternativa e concorrente al gruppo di società*. Tecnica i cui vantaggi consisterebbero nel risparmio dei costi di costituzione e di funzionamento degli organi di nuove società controllate per la realizzazione di un singolo *affare*, di durata tendenzialmente (ma non necessariamente) circoscritta nel tempo.

Per la verità, tale rapporto di alternatività e di concorrenza con il gruppo di imprese può predicarsi soltanto di una delle due fattispecie di destinazione patrimoniale a "specifici affari" contemplate dall'art. 2447-*bis* e, segnatamente, dei c.d. ***patrimoni destinati "operativi"*** o "industriali" descritti alla lett. *a*. Diversa funzione assolvono invece i ***finanziamenti*** *destinati a specifici affari* (art. 2447-*bis*, lett. *b*).

Queste due tipologie, pur nella radicale diversità della disciplina, condividono la caratteristica della *strumentalità* del patrimonio ad una ***operazione economica puntualmente identificata***; tale è lo "**specifico affare**", che può consistere vuoi in operazioni economiche di portata elementare e deputate ad esaurirsi in un breve arco temporale, vuoi in un'attività imprenditoriale complessa ed esercitata in via continuativa dalla società: si pensi ad es. ad una s.p.a., operante nel settore della ristorazione, che decide di costituire un patrimonio destinato per l'esercizio di una struttura ricettiva alberghiera.

I. *I patrimoni destinati c.d. "operativi" o "industriali"*

I patrimoni destinati c.d. "operativi" si basano sul principio della **separazione patrimoniale**: con i presupposti e nei limiti che vedremo, il patrimonio destinato, pur restando nella titolarità della società al pari dei restanti suoi beni, *risponde in via esclusiva delle obbligazioni nascenti dallo specifico affare*, mentre su di esso *non possono soddisfarsi i creditori estranei all'affare medesimo* (art. 2447-*quinquies*).

Essi sorgono per effetto di una deliberazione costitutiva, adottata dall'organo gestorio, salvo diversa disposizione dello statuto (art. 2447-*ter*, co. 2). È tale delibera che individua, tra quelli della società, i *beni inizialmente immessi nel patrimonio separato* (poi destinati a mutare, naturalmente, per effetto di cessioni e nuove acquisizioni durante lo svolgimento dell'affare); è previsto peraltro un ***limite quantitativo***: il complessivo valore dei patrimoni destinati c.d. operativi non può eccedere il *dieci per cento* del *patrimonio netto* della società. La deliberazione costitutiva deve essere sottoposta al **controllo di legalità** formale e sostanziale a cura del ***notaio*** rogante, tenuto a depositarla per l'**iscrizione** nel registro delle imprese (art. 2447-*quater*). Entro i successivi sessanta giorni, i creditori sociali anteriori all'iscrizione possono fare *opposizione*. Decorso tale termine senza opposizioni (oppure rigettata dal tribunale l'opposizione) "***i creditori della società non possono far valere alcun diritto sul patrimonio destinato allo specifico affare***, né, salvo che per la parte spettante alla società, sui frutti o proventi da esso derivanti" (art. 2447-*quinquies*, co. 1).

Sono tuttavia previsti taluni **presupposti** e **limiti** di operatività del regime di separazione patrimoniale. Il presupposto è l'espressa *menzione del vincolo di destinazione* negli atti compiuti in relazione allo specifico affare (art. 2447-*quinquies*, co. 4): l'omissione di tale menzione determina l'imputazione degli atti, benché oggettivamente inerenti all'affare, all'intero patrimonio sociale (art. 2447-*quinquies*, ult. co.). Il limite è invece rappresentato dal fatto che la separazione patrimoniale non influisce sulla ***responsabilità per le obbligazioni derivanti da fatto illecito*** (si tutela il creditore, perché, in tal caso, non vi è stata una scelta di far credito ad un patrimonio separato).

Il patrimonio separato permane, in linea di principio, finché dura lo specifico affare al quale è destinato (v. art. 2447-*novies*). Particolari effetti si producono peraltro in caso di insolvenza, la quale potrebbe riguardare la società, oppure anche solo il patrimonio separato. La **liquidazione giudiziale della società** fa sì che anche il patrimonio destinato, sia o non sia esso di per sé solvibile, venga appreso dal curatore e comporta la formazione di distinte masse attive e passive del patrimonio generale e del compendio dedicato, sul quale ultimo potranno soddisfarsi le pretese dei soli creditori particolari dello specifico affare. Quando invece è il **patrimonio destinato** di una società di per sé solvibile ad essere insolvente, gli amministratori della società devono provvedere alla sua liquidazione, da eseguirsi secondo le normali regole di liquidazione (volontaria) della società in quanto compatibili (art. 2447-*novies*).

II. *I finanziamenti destinati ad uno specifico affare*

Le società azionarie possono altresì stipulare **contratti di finanziamento destinato a specifici affari** con terzi disposti a sovvenzionare la realizzazione di nuove iniziative economiche al fine di conseguirne i *futuri proventi* (si pensi al finanziamento della linea ferroviaria ad alta velocità remunerato con i proventi ricavati dalla vendita dei biglietti dei treni per un certo numero di anni). Al finanziatore, in tal caso, non è dunque offerta la garanzia sui beni costituenti il patrimonio sociale; *la garanzia ed il rimborso del finanziamento avvengono esclusivamente* (o principalmente) *con i valori conseguiti nell'esercizio dell'impresa*: sono allora i ***proventi dell'affare*** sovvenuto (art. 2447-*decies*) a venire isolati per effetto di una separazione patrimoniale.

Siffatta separazione mira in effetti a precludere ai creditori sociali l'esercizio di azioni esecutive sui proventi stessi, nonché sui loro frutti e su quelli degli investimenti effettuati con tali proventi in attesa del rimborso al finanziatore (co. 4). Su tali cespiti sarà solo il finanziatore a potersi soddisfare (anche i crediti, diversi dal rimborso del finanziamento, sorti nell'esercizio dell'affare – ad es. i crediti di chi fornisce l'energia elettrica alla linea ferroviaria – non possono soddisfarsi sul patrimonio separato); d'altra parte il finanziatore potrà trovare soddisfazione esclusivamente su quest'ultimo e non sui restanti beni della società.

Quest'ultima è quindi tenuta, oltreché alla pubblicità mediante iscrizione nel registro delle imprese del contratto di finanziamento (che deve descrivere puntualmente l'operazione sovvenuta), all'adozione di "*sistemi di incasso e di contabilizzazione* idonei ad individuare in ogni momento i proventi dell'affare ed a tenerli separati dal restante patrimonio sociale".

È importante anche osservare che, pur non facendo parte del patrimonio separato i **beni strumentali** allo svolgimento dell'affare (la linea ferroviaria come tale, nell'esempio fatto), essi non possono essere dai creditori sociali distratti dalla loro funzione a servizio dell'affare stesso mediante espropriazione e liquidazione, finché il finanziamento non è rimborsato (co. 5).

Quanto alla cessazione, è chiaro che se l'affare non realizza più proventi o si interrompe, il finanziatore perde ogni possibilità di recuperare il proprio credito (o la parte di esso non ancora rimborsata). Quando sia invece la l.g. della società ad impedire la realizzazione dell'operazione (perché il curatore deve liquidare i beni strumentali, che la l.g. rende passibili di distrazione dal servizio all'affare: co. 6), il finanziatore ha diritto di insinuarsi al passivo per il suo intero credito al netto dei proventi già ricevuti (co. 6): venendo infatti impedita la realizzazione di ulteriori proventi per cause estranee all'affare, viene anche meno, a tutela del finanziatore, la separazione patrimoniale.

SEZIONE QUINDICESIMA

LE SOCIETÀ CON SCOPO MUTUALISTICO

§ 66. LE SOCIETÀ COOPERATIVE

I. *La mutualità e i principi del modello cooperativistico*

1. *La funzione sociale e le fonti della disciplina*

Le **società cooperative** nascono nella metà dell'ottocento per reagire alle profonde disuguaglianze generate dalla rivoluzione industriale. In quel periodo storico si avvertiva l'esigenza di un modello di impresa di stampo "democratico", idoneo ad incrementare il benessere dei ceti meno abbienti, offrendo beni primari (derrate alimentari, abiti, casa, ecc.) e soprattutto occasioni di lavoro in un mercato caratterizzato da forte disoccupazione.

Tale **funzione sociale** dell'impresa cooperativa "a carattere di mutualità e senza fini di speculazione privata" consiste nel rendere possibile ai soci cooperatori la realizzazione dei loro bisogni ed economie individuali attraverso la riduzione dei costi ed il miglioramento dei servizi. La funzione sociale della cooperazione è salvaguardata dalla Costituzione (art. 45), che invita il legislatore a promuovere e favorire l'incremento della cooperazione a carattere mutualistico e non speculativo, con i mezzi più idonei ad assicurarne le finalità, anche mediante gli opportuni controlli. Di qui il particolare trattamento riservato alle società cooperative, che si concretizza in rilevanti benefici ed agevolazioni tributarie, previdenziali e finanziarie.

La disciplina civilistica delle società cooperative è molto articolata e piuttosto disorganica.

Essa consta di un nucleo di norme generali collocate nel codice civile (artt. 2511 ss.), e di numerose disposizioni contenute in leggi speciali: talune applicabili a tutte le società cooperative (l. 59/1992), altre invece relative a cooperative operanti in determinati settori produttivi (cooperative agricole, cooperative di credito, ecc.) regolate anche secondo le norme del codice civile in quanto compatibili (art. 2520).

Le eventuali lacune della disciplina specifica delle società cooperative vanno poi colmate con il richiamo al **regime residuale** *delle disposizioni della s.p.a.* (art. 2519, co. 1). Tuttavia, l'atto costitutivo della società cooperativa *può* prevedere che trovino applicazione, in quanto compatibili, le *norme sulla s.r.l.*, a condizione che il numero dei soci cooperatori sia inferiore a venti ovvero l'attivo patrimoniale non sia superiore ad un milione di euro (art. 2519, co. 2); se il numero dei soci è inferiore a nove, l'adozione del regime residuale della s.r.l., in luogo di quello della s.p.a., diviene necessaria (art. 2522, co. 2).

Qualunque sia il regime applicabile in concreto, dunque, le società cooperative sono **dotate di personalità giuridica** e ***per le obbligazioni sociali risponde esclusivamente la società con il proprio patrimonio*** (art. 2518).

In questa sede ci si limita all'analisi della disciplina generale del codice, essenzialmente volta a salvaguardare la radicale diversità di scopo-fine delle cooperative e ad assicurarne l'effettivo perseguimento.

2. *Lo scopo mutualistico e i suoi corollari*

Il codice qualifica le società cooperative in base a due requisiti fondamentali: lo ***scopo mutualistico*** ed il ***capitale variabile*** (art. 2511). La variabilità del capitale costituisce – come si vedrà – una delle conseguenze dello scopo mutualistico, sicché è da quest'ultimo che conviene partire, anche perché il codice sottolinea con particolare enfasi la sua centralità là dove statuisce che, nella denominazione sociale, "l'indicazione di cooperativa non può essere usata da società che non hanno scopo mutualistico" (art. 2515, co. 2).

Tuttavia, il codice non prevede alcuna definizione di **scopo mutualistico**. Per delinearne i tratti caratteristici occorre tuttora risalire all'originaria Relazione al codice stesso (n. 1025) secondo cui l'attività di impresa prevalente delle società cooperative consiste, a seconda del settore di attività, "*nel fornire beni o servizi od occasioni di lavoro direttamente ai membri dell'organizzazione* ***a condizioni più vantaggiose di quelle che otterrebbero sul mercato***". Semplificando e considerando il profilo in esame dal punto di vista economico, può dirsi che questo obiettivo viene raggiunto dalla cooperativa in quanto essa in linea di principio "rinuncia" al proprio profitto imprenditoriale a beneficio dei soci fruitori dei suoi servizi: in tal modo questi riescono a conseguire un determinato bene o servizio (nelle cooperative di consumo) ad un prezzo inferiore a quello di mercato, in quanto la società si accontenta di coprire i costi di produzione (a tale copertura essa non può non mirare: non si dimentichi che esercita anch'essa, come le società lucrative, un'*impresa*, sì che il *metodo economico* deve essere pur sempre rispettato). Analogamente, nelle cooperative di lavoro, i soci lavoratori riescono a conseguire un salario maggiore rispetto a quello di mercato, giacché la società distribuisce loro a questo titolo (dedotti gli altri costi di produzione) l'intero ricavo tratto dalla vendita a terzi dei suoi prodotti, anche qui "rinunciando" a trattenere il proprio profitto imprenditoriale.

Questo qui descritto è per la verità uno schema molto sommario ed approssimativo, in quanto le regole giuridiche in cui la logica ad esso sottesa si traduce risultano assai più complesse. Se ne può comunque sin d'ora ricavare che, diversamente dalle società lucrative, lo **scopo-fine** perseguito dai soci di una società cooperativa consiste nel soddisfacimento di un particolare *bisogno economico* (casa, lavoro, generi di consumo, credito, ecc.) e non già nella remunerazione del capitale investito in società.

Dal punto di vista dell'*impresa*, lo scopo mutualistico non incide sugli elementi tipici del contratto di società: l'*esercizio in comune di attività economica* costituisce lo scopo-mezzo anche delle società cooperative. Né lo scopo mutualistico vieta che i criteri di gestione della società tendano a massimizzare la produzione di utili (*lucro oggettivo*): l'"assenza di speculazione privata", menzionata nell'art. 45 Cost., comporta infatti **mancanza di lucro soggettivo**, non anche del lucro oggettivo, altrimenti giungendosi al paradosso di disincentivare la diffusione delle società cooperative in contrasto con l'intento, palesato proprio dalla norma costituzionale, di promuoverne e favorirne l'incremento con i mezzi più idonei.

Non si tratta di una contraddizione rispetto a quanto si è poc'anzi osservato a proposito della "rinuncia" al profitto imprenditoriale a beneficio dei soci. Infatti, e in primo luogo, ciò che conta, nei confronti di questi, non è che la società (per restare all'esempio della cooperativa di consumo) ceda loro direttamente beni o servizi a prezzo di costo (in tal modo sì che non vi sarebbe neppure lucro oggettivo), potendo invero cederli a prezzo di mercato (allora conseguendone un profitto), purché poi quest'ultimo non venga distribuito ai soci in ragione del capitale posseduto e dunque come remunerazione dell'investimento (lucro soggettivo), ma venga loro restituito ("rimborsato", potremmo dire) in ragione della natura e della quantità di beni e servizi mutualistici acquistati da ciascun socio.

In secondo luogo, e del resto, l'art. 2521, co. 2, consente espressamente all'atto costitutivo di una cooperativa di prevedere che la società svolga la propria **attività anche con terzi**. Ed è auspicabile che tale attività sia fonte di consistenti utili che, reinvestiti nell'impresa, possano assicurarle mezzi finanziari idonei a garantire ai soci l'effettivo soddisfacimento del loro bisogno economico. In altri termini, lo svolgimento dell'attività con i terzi rende generalmente possibile alla società cooperativa acquisire e mantenere livelli di efficienza e di competitività sul mercato. E, se così è, ben si comprende come la legge non imponga affatto alle cooperative l'osservanza di criteri di mera economicità nello svolgimento della loro attività con i terzi, preoccupandosi soltanto di limitare (cfr. artt. 2514, co. 1, lett. *a*, e 2545-*quinquies*) la ripartizione ai soci degli utili accumulati dalla società (*lucro soggettivo*, che dunque non è del tutto escluso, bensì limitato).

Dal punto di vista dei *soci*, la mutualità comporta che il rapporto associativo sia qualificato dalla c.d. **gestione di servizio**, ossia dalla *tendenziale destinazione ai soci* dei beni e servizi prodotti dalla cooperativa. I soci devono pertanto essere i fruitori elettivi (ma non necessariamente esclusivi, come si è appena visto, e neppure prevalenti, come si vedrà) delle prestazioni mutualistiche; e questo spiega anche perché sia necessaria la previsione, nell'atto costitutivo della società cooperativa, di requisiti soggettivi per l'ammissione dei soci (art. 2527), perché, in altre parole, l'accesso alla cooperativa non sia aperto a chiunque, ma soltanto a coloro che sono *potenzialmente idonei* ad intrattenere il rapporto mutualistico con la società o che, più esplicitamente, nutrono effettivo interesse ad ottenere quella prestazione.

Essere i fruitori elettivi dell'attività della società significa, per i soci, avere una "***legittima pretesa***" nell'erogazione della prestazione mutualistica da parte della cooperativa. La gestione di servizio non implica, però, l'esistenza di un vero e proprio diritto soggettivo del socio alle prestazioni mutualistiche, che non trova alcun fondamento nei dati normativi. La pretesa di cui si è detto si traduce piuttosto in un *potere di controllo indiretto* sull'attività mutualistica effettivamente svolta dalla società, ad es. consistente nell'impugnativa di delibere che privilegino in generale i terzi nell'attività d'impresa o violino il *principio di parità di trattamento* tra soci nell'esecuzione dei rapporti mutualistici (art. 2516).

Deve inoltre osservarsi che le prestazioni mutualistiche conseguite dai soci non discendono direttamente dal rapporto sociale, ma trovano la propria fonte in ***autonomi contratti di scambio*** stipulati tra la cooperativa ed i suoi soci (c.d. **scambi mutualistici**): ad es., il contratto di compravendita dei beni prodotti dalla cooperativa (nelle cooperative di consumo); il contratto di lavoro (nelle cooperative di lavoro); il contratto di acquisto delle merci o derrate prodotte dai soci (nelle cooperative agricole di trasformazione e commercializzazione dei prodotti agricoli derivanti dalle attività dei soci imprenditori). È dunque *dalla stipulazione degli scambi mutualistici* e *in proporzione all'entità degli stessi* che il singolo socio trae il vantaggio tipico che costituisce il fondamento della partecipazione in questo tipo societario.

A questo proposito va anche sottolineato che il socio è di regola *libero di scegliere se e in che quantità avvalersi delle prestazioni mutualistiche*; ciò peraltro, se è senz'altro vero nelle cooperative di consumo (il socio può decidere se e quanti prodotti acquistare dalla cooperativa), non è vero nelle cooperative di lavoro o in quelle che si avvalgono, per la propria attività, dei prodotti dei soci, nelle quali generalmente si afferma l'esistenza di un *obbligo del socio*, coessenziale alla stessa partecipazione e dunque esistente anche in assenza di apposite clausole statutarie, a giovarsi degli scambi mutualistici (a fornire lavoro o merci alla società). Lo scopo mutualistico ha notevole incidenza anche sulla **struttura** della società cooperativa. Innanzitutto si capisce che condizione essenziale per la realizzazione dell'esercizio mutualistico dell'impresa è la sussistenza di una pluralità di scambi tra la cooperativa e i suoi soci: di qui la previsione di un **numero minimo di soci** (di nove o di tre, a seconda dell'adozione del modello organizzativo della s.p.a. o della s.r.l.). Sono poi previste regole specifiche che valorizzano la *partecipazione personale del socio* interessato alla prestazione mutualistica. Viene in considerazione al riguardo la *struttura aperta* della cooperativa, cristallizzata nel **principio della porta aperta** secondo cui coloro che posseggono i requisiti soggettivi di partecipazione sanciti dall'atto costitutivo meritano una specifica tutela nell'ammissione alla società (art. 2528) e ne deve essere incentivato l'accesso; specularmente, occorre agevolare l'uscita dalla società dei soci non più interessati alla fruizione della prestazione mutualistica.

Il principio della porta aperta è strettamente connesso all'altra fondamentale caratteristica strutturale menzionata già nella nozione di società cooperativa: la **variabilità del capitale**. Ciò in quanto l'entrata e l'uscita dei soci dalla cooperativa comporta un automatico mutamento del capitale senza necessità di una formale modifica dell'atto costitutivo in seguito ad una delibera dell'assemblea straordinaria, come invece previsto nelle società a capitale fisso. Il **capitale variabile** costituisce insomma requisito strutturale necessario a consentire il conseguimento dello scopo mutualistico e, di riflesso, la gestione di servizio; tale peculiarità del capitale si traduce altresì nell'***assenza di limiti minimi*** all'entità dello stesso, sia che la società adotti il regime della s.p.a., sia che assuma quello della s.r.l.

Fra i princìpi fondamentali dell'impresa cooperativa va annoverato infine il suo essenziale **carattere democratico**, insito nel *voto capitario*: ad ogni socio spetta cioè (salvo talune specifiche deroghe, sulle quali si avrà modo di ritornare in seguito) un solo voto qualunque sia il valore della quota o il numero delle azioni possedute (art. 2538, co. 2). Al fine di evitare che taluni soci acquisiscano comunque situazioni di predominio economico, è altresì stabilito un *limite massimo al possesso di quote ed azioni* (art. 2525, co. 2).

3. *Le cooperative a mutualità prevalente*

La disciplina codicistica introduce una distinzione tra ***cooperative a mutualità prevalente*** e ***cooperative*** c.d. "***diverse***", finalizzata a limitare alle prime i benefici fiscali (art. 223-*duodecies*, co. 6, disp. att.). Anche le cooperative diverse da quelle a mutualità prevalente possono tuttavia godere di agevolazioni finanziarie, creditizie, previdenziali, urbanistiche, nonché di privilegi sui crediti.

Il distinguo assume **rilevanza esclusivamente fiscale**, risolvendosi in disposizioni volte a subordinare la fruizione delle agevolazioni tributarie a drastiche limitazioni legali del lucro soggettivo dei soci; non incide, invece, sulla disciplina dell'organizzazione e del finanziamento dell'impresa.

Sono **cooperative a mutualità prevalente** quelle che svolgono *prevalentemente la loro attività in favore dei soci*, consumatori o utenti di beni o servizi (cooperative di consumo), oppure si avvalgono *prevalentemente*, nello svolgimento della loro attività, *delle prestazioni lavorative dei soci* (cooperative di lavoro) ovvero degli apporti di beni o servizi da parte dei soci (cooperative di produzione e lavoro). Al fine di godere dei benefici fiscali, le cooperative a mutualità prevalente devono essere iscritte in una specifica sezione dell'***Albo delle cooperative***, tenuto presso il Ministero dello sviluppo economico, nel quale depositano annualmente i propri bilanci (art. 2512).

Il codice prevede ***criteri legali*** per la definizione della prevalenza (art. 2513) e ***requisiti statutari*** di prevalenza (art. 2514).

I **criteri legali** sono ancorati a parametri basati sul ***tipo di scambio mutualistico*** praticato dalla cooperativa e devono essere *documentati* dagli amministratori e dai sindaci nella *nota integrativa al bilancio della società*. Se si tratta ad es. di una cooperativa di consumo, i ricavi dalle vendite dei beni e dalle prestazioni di servizi verso i soci devono essere superiori alla metà del totale dei ricavi delle vendite e delle prestazioni; per le cooperative di lavoro, il costo del lavoro dei soci deve essere superiore alla metà del costo del lavoro complessivo.

Le cooperative a mutualità prevalente devono inoltre prevedere nei propri atti costitutivi quattro **clausole statutarie antilucrative**: a) il divieto di distribuire dividendi in misura superiore all'interesse massimo dei buoni fruttiferi postali aumentato di due punti e mezzo rispetto al capitale effettivamente versato; b) il divieto di remunerare gli strumenti finanziari offerti in sottoscrizione ai soci cooperatori in misura superiore al due per cento rispetto al limite massimo previsto per i dividendi; c) il divieto di distribuire le riserve tra i soci cooperatori; d) l'obbligo di devoluzione, in caso di scioglimento della società, dell'intero patrimonio sociale, dedotto soltanto il capitale sociale ed i dividendi eventualmente maturati, ai fondi mutualistici per la promozione e lo sviluppo della cooperazione (art. 2514).

Il mancato rispetto, per due esercizi consecutivi, dei criteri legali di prevalenza o la modifica, con delibera adottata con le maggioranze dell'assemblea straordinaria (art. 2514, co. 2), delle clausole statutarie antilucrative comportano la ***perdita della qualifica di cooperativa a mutualità prevalente.***

Se tutto quanto si è detto vale per questa categoria, ciò significa che, in linea di principio, nulla esclude che una cooperativa "diversa" svolga di fatto prevalentemente la propria attività nei confronti dei terzi e realizzi profitti anche considerevoli, senza incontrare poi limiti nella loro distribuzione ai soci a titolo di utili. La cooperativa "diversa" rimane però un modello organizzativo non coincidente con le società lucrative, per i principi (della gestione di servizio, della porta aperta e della variabilità del capitale) sopra descritti.

II. *La struttura formale. Costituzione e modifiche dell'atto costitutivo*

1. *La costituzione. La nullità della società*

Il **procedimento di costituzione** ricalca quello previsto per le s.p.a. e le s.r.l. (stipulazione dell'atto costitutivo-controllo notarile-deposito dell'atto per l'iscrizione nel registro delle imprese), anche se il contenuto dell'atto costitutivo e il controllo notarile presentano talune peculiarità connesse agli specifici caratteri della cooperativa.

Il contenuto dell'**atto costitutivo** riprende anzitutto le indicazioni già viste per la s.p.a., con qualche particolarità: i) le generalità dei soci, il cui *numero non può essere qui inferiore a nove* se la cooperativa è modellata sulla s.p.a. o a tre se adotta lo schema della s.r.l. (art. 2522); ii) la denominazione sociale che, in qualunque modo formata, deve contenere qui l'indicazione di società cooperativa (art. 2515); iii) la quota di capitale sottoscritta da ciascuno di essi deve essere contenuta nei limiti legali (art. 2525, co. 2). I tratti caratteristici più significativi riguardano tuttavia:

a) "la ***indicazione specifica dell'oggetto sociale*** con riferimento ai ***requisiti e agli interessi dei soci***" (art. 2521, co. 3, n. 3). L'oggetto sociale assume infatti nelle cooperative un rilievo centrale, poiché consente di qualificare lo scopo mutualistico programmato ed al contempo di selezionare, mediante la sua correlazione ai requisiti soggettivi ed agli interessi dei soci, i soggetti effettivamente interessati a quel bisogno economico che la cooperativa si prefigge di appagare; di qui la necessità che l'oggetto sociale risulti coerente con l'attività e le qualifiche professionali dei soci;

b) l'indicazione, nell'atto costitutivo dei ***requisiti, condizioni e procedura per l'ammissione dei soci.*** I criteri di ammissione devono risultare *non discriminatori* e, comunque, coerenti con lo scopo mutualistico e l'attività economica svolta dalla società (art. 2527, co. 1), puntualizzata nell'oggetto sociale. Non possono divenire però soci quanti esercitano in proprio imprese in concorrenza con quella della cooperativa (art. 2527, co. 2).

Ulteriori indicazioni tipiche dell'atto costitutivo delle cooperative sono le condizioni per l'eventuale *recesso* o per l'*esclusione dei soci*, nonché le *regole per la ripartizione degli utili* ed i *criteri per la distribuzione dei ristorni*, che costituiscono – come vedremo meglio in seguito – la specifica tecnica per il conseguimento del vantaggio mutualistico da parte dei soci.

L'atto costitutivo può anche stabilire la *disciplina dei rapporti mutualistici* e puntualizzare quindi le regole per lo svolgimento dell'attività. Per meglio dire, tali disposizioni sono normalmente contenute nei ***regolamenti mutualistici***, i quali possono appunto formare parte integrante dell'atto costitutivo (nulla esclude peraltro che essi vengano predisposti successivamente e separatamente dagli amministratori ed approvati dall'assemblea con le maggioranze dell'assemblea straordinaria: art. 2521, ult. co.). Il notaio che ha ricevuto l'atto costitutivo deve **depositarlo** entro venti giorni presso l'ufficio del registro delle imprese nella cui circoscrizione è stabilita la sede della società (art. 2523).

Si puntualizza che tale deposito deve essere effettuato *a norma dell'art. 2330*. E poiché quest'ultima disposizione prevede che al momento del deposito il notaio debba allegare i documenti attestanti l'esistenza delle **condizioni per la costituzione** previste dall'art. 2329, non è infondato ritenerle necessarie anche per le cooperative: i soci sono dunque tenuti a versare il 25% dei conferimenti in denaro presso una banca ed occorre una relazione giurata di stima per i conferimenti in natura.

L'**iscrizione** nel registro delle imprese ha ***efficacia costitutiva***, in quanto la società cooperativa acquista personalità giuridica e viene ad esistenza come soggetto di diritto distinto dalle persone dei soci.

Si applicano infine (*ex* art. 2523, co. 2) le *cause tassative* e gli *effetti* della disciplina della **nullità** della s.p.a. (art. 2332), così come le regole dell'art. 2436, per le **modifiche dell'atto costitutivo** (art. 2545-*novies*), salvo tenere conto che, essendo le cooperative, come si è detto, società a capitale variabile, l'aumento e la riduzione del capitale, conseguenti all'ingresso o all'uscita dei soci, non comportano modifiche dell'atto costitutivo (art. 2524).

III. *La struttura finanziaria della cooperativa*

1. *Partecipazione, investimenti e finanziamenti nella società cooperativa*

Come anticipato, le società cooperative sono regolate, per quanto non previsto dalla loro specifica disciplina, dalle ***disposizioni sulla s.p.a.*** in quanto compatibili (art. 2519). L'atto costitutivo della cooperativa può tuttavia prevedere che trovino applicazione, in quanto compatibili, le ***norme sulla s.r.l.***, ma tale *facoltà* risulta delimitata da due *limiti legali*: a) essa si trasforma in uno *specifico obbligo* (non essendo cioè consentito applicare le norme sulla s.p.a.) allorché il numero dei soci sia inferiore a nove (art. 2522, co. 2); b) per converso, le norme sulla s.r.l. *non possono applicarsi* (dovendo quindi richiamarsi necessariamente le disposizioni in tema di s.p.a.) se la cooperativa ha un *numero di soci superiore a venti e l'attivo patrimoniale superiore ad un milione di euro* (arg. *ex* art. 2519, co. 2).

Tanto acquisito, il richiamo, legale o statutario, delle disposizioni in tema di s.p.a. o di s.r.l. prospetta, certo, il delicato problema di selezionare le norme di questi due tipi incompatibili con la disciplina speciale delle cooperative. Le peculiarità di queste *non giustificano*, tuttavia, anche *deroghe statutarie* rispetto ai tratti caratteristici dei due modelli di riferimento in assenza di specifiche norme che le consentano espressamente. In altri termini, le differenze del regime giuridico delle cooperative rispetto ai due modelli normativi di riferimento sono soltanto quelle esplicitamente previste o, comunque, direttamente connesse allo scopo mutualistico. E ciò vale, naturalmente, in primo luogo sotto il profilo della struttura finanziaria della cooperativa.

Adottando questa impostazione di fondo, che indubbiamente privilegia le esigenze di certezza, può allora dedursi innanzitutto che soltanto se la cooperativa, per legge o per statuto, abbia adottato lo schema della s.r.l., la partecipazione sociale *deve* essere necessariamente rappresentata da **quote**. Simmetricamente, la cooperativa modellata sullo schema della s.p.a. deve rappresentare la partecipazione sociale in **azioni**.

Al duplice fine di non vanificare il principio della porta aperta e di evitare deviazioni dallo scopo mutualistico, la legge prevede **limiti massimi** al valore delle azioni e della quota detenibili da un socio: in assenza di diversa previsione normativa, nessun socio può avere una quota superiore a *centomila euro*, né tante azioni il cui valore superi tale ammontare; l'atto costitutivo delle cooperative con più di *cinquecento soci* può elevare tale limite fino alla soglia del *due per cento* del capitale sociale (art. 2525, co. 2 e 3).

È inoltre possibile creare **categorie di azioni** fornite di ***diritti diversi*** *in relazione all'oggetto della prestazione mutualistica* o, nella cooperativa modellata sulla s.r.l., attribuire a taluni soci **diritti particolari**. Del resto, l'esigenza di favorire il finanziamento dell'impresa cooperativa milita a favore del riconoscimento di un'ampia autonomia statutaria (peraltro confermato dal richiamo dell'art. 2348), sia pur nel rispetto dei già menzionati limiti legali alla ripartizione dei dividendi, previsti per le cooperative a mutualità prevalente, e della regola inderogabile del voto capitario (art. 2538, co. 2).

Le cooperative possono reperire risorse finanziarie anche mediante l'emissione di **obbligazioni** (art. 58 l. 448/1998) secondo i criteri e nei limiti stabiliti dal CICR ai sensi dell'art. 11, co. 4-*bis*, TUB, limiti oggi parificati a quelli applicabili alle s.p.a. (art. 4, delibera CICR 19-7-2005, n. 1058, che rinvia all'art. 2412).

Al fine di potenziare l'afflusso di risorse finanziarie alle cooperative, il codice prevede la possibilità di emettere **strumenti finanziari** nelle società cooperative che adottano il modello s.p.a. Malgrado il rinvio alla disciplina della s.p.a., gli strumenti finanziari disciplinati dall'art. 2526 costituiscono una ***categoria generale*** idonea a ricomprendere sia partecipazioni al capitale sociale, sia titoli di debito quali le obbligazioni, sia titoli ibridi quali gli strumenti finanziari emessi da s.p.a. ai sensi dell'art. 2346, co. 6. L'atto costitutivo stabilisce i diritti patrimoniali o anche amministrativi attribuiti ai possessori, con alcuni limiti volti a scongiurare pericoli di contaminazione dello scopo mutualistico perseguito dalla società. In caso di emissione di strumenti finanziari privi di voto, i diritti dei loro possessori devono essere salvaguardati da un'organizzazione di gruppo che consta di *assemblee speciali* dei possessori di strumenti finanziari di ciascuna categoria, chiamate a decidere sulle deliberazioni dell'assemblea generale che pregiudicano i diritti della categoria, e di *rappresentanti comuni* che tutelano gli interessi dei finanziatori nei rapporti con la cooperativa e devono provvedere all'esecuzione delle deliberazioni delle assemblee speciali (art. 2541).

2. *Le vicende delle partecipazioni sociali*

La rappresentazione della partecipazione sociale in quote o in azioni non ha alcuna incidenza sulla disciplina del **trasferimento della partecipazione sociale**, che nelle cooperative è unitaria e presenta talune peculiarità.

In particolare, il trasferimento della quota o delle azioni dei *soci cooperatori* è *inefficace nei confronti della società*, se la cessione *non è autorizzata dagli amministratori* (art. 2530, co. 1) (che negherà l'autorizzazione, ad es., se il potenziale acquirente non abbia i requisiti richiesti ai soci).

È possibile d'altra parte prevedere nell'atto costitutivo un **divieto di circolazione** della quota o delle azioni. In tal caso, il socio può tuttavia esercitare, dopo il decorso di due anni dal suo ingresso in società, il **diritto di recesso**, con un preavviso di novanta giorni (art. 2530, co. 6).

Se la quota trasferita **non** è **interamente liberata**, il socio trasferente risponde verso la società per i conferimenti ancora dovuti per un anno dal giorno in cui la cessione si è verificata (art. 2536, co. 1).

3. *Il procedimento di ammissione di nuovi soci*

Uno dei cardini della società cooperativa consiste, come anticipato, nel **principio della porta aperta**, secondo cui l'ingresso di nuovi soci (per il tramite della sottoscrizione di nuovo capitale) avviene secondo una procedura semplificata che non implica una modifica dell'atto costitutivo. Ciò al fine di facilitare il conseguimento delle prestazioni mutualistiche da parte degli appartenenti alla categoria interessata.

Tale procedura è oggi piuttosto articolata, allo scopo di *limitare la discrezionalità dell'organo amministrativo*, in passato fonte di non pochi abusi, e di garantire al contempo trasparenza sulle modalità di accesso praticate dalle singole cooperative: esemplari, da un lato, l'obbligo degli amministratori di illustrare, nella relazione al bilancio, le ragioni delle determinazioni assunte con riguardo all'ammissione di nuovi soci (art. 2528, co. 5) e, dall'altro, il controllo dell'autorità di vigilanza sulla regolarità delle procedure di ammissione, che può condurre ad una diffida della società inottemperante agli obblighi previsti al riguardo dalla legge e, nei casi in cui questa non si adegui, alla sua gestione commissariale (art. 2545-*sexiesdecies*, co. 3).

L'**ammissione** di un nuovo socio è dunque deliberata dagli ***amministratori*** su domanda dell'interessato. La delibera di ammissione deve essere a costui comunicata e annotata a cura degli amministratori nel libro dei soci. L'eventuale **rigetto** della domanda deve essere comunicato entro sessanta giorni e ***motivato*** (non necessariamente con l'assenza dei requisiti soggettivi, ma anche adducendo ragioni di opportunità quali l'eccessiva ampiezza della compagine sociale); l'interessato, entro sessanta giorni da tale comunicazione, può chiedere che sull'istanza si pronunci l'assemblea nella prossima riunione, quand'anche non appositamente convocata per la delibera sulle domande non accolte (art. 2528). E la decisione dell'assemblea di ammissione del nuovo socio è senz'altro vincolante per gli amministratori. Questi vincoli procedimentali indubbiamente potenziano la tutela degli aspiranti soci, ma non valgono ad edificare alcun diritto soggettivo coercibile in giudizio all'ingresso in società.

4. *Lo scioglimento del singolo rapporto sociale*

Il singolo rapporto sociale si scioglie anche nelle cooperative per *recesso*, *esclusione* e *morte* del socio.

a) Il **recesso** del socio cooperatore è stato tradizionalmente valutato con sfavore dal legislatore per il timore che un'eccessiva libertà di esercizio potesse incentivare l'uscita dalla società cooperativa in presenza di congiunture economiche sfavorevoli, generando così crisi di liquidità tali da mettere in pericolo la stessa sopravvivenza dell'impresa. Residui di tale atteggiamento permangono nell'attuale disciplina, con disposizioni volte a comprimere intenti speculativi dei soci cooperatori: esemplare il **divieto di recesso parziale** (art. 2532, co. 1), che mira appunto a scongiurare comportamenti opportunistici dei soci, incentivati dal voto per teste (che consente di mantenere inalterato il proprio peso nelle decisioni sociali malgrado la riduzione della propria partecipazione).

Il socio cooperatore può recedere nei *casi previsti dalla legge e dall'atto costitutivo.*

L'unica ipotesi di **recesso legale** espressamente prevista è la presenza nell'atto costitutivo di un ***divieto di cessione della quota***. In tal caso, il socio può recedere con un preavviso di novanta giorni, semprеché siano decorsi due anni dal suo ingresso nella società (art. 2530, co. 6). Ulteriori fattispecie legali di recesso si ricavano comunque dalla disciplina della s.p.a. (art. 2437) o della s.r.l. (art. 2473), a seconda del modello adottato, in virtù del generale rinvio contenuto nell'art. 2519.

È previsto un articolato **procedimento**, secondo cui la dichiarazione di recesso deve essere comunicata con raccomandata alla società. Gli amministratori devono esaminarla entro sessanta giorni dalla ricezione: la loro valutazione è non già discrezionale, bensì vincolata al mero accertamento dei presupposti del recesso; se questi ultimi non sono ritenuti sussistenti, gli amministratori devono darne immediata comunicazione al socio che, entro sessanta giorni, può proporre opposizione al tribunale (art. 2532, co. 2).

Assai peculiare è poi la disciplina degli **effetti** del recesso, pervasa dall'istanza di salvaguardare l'interesse della cooperativa a non essere privata dell'apporto mutualistico del socio recedente: ed infatti, gli effetti sul rapporto sociale (diritto di voto, agli utili, ecc.) si producono subito (dal giorno della comunicazione del provvedimento di accoglimento della domanda), mentre gli effetti sui rapporti mutualistici tra socio e società vengono ***differiti alla chiusura dell'esercizio in corso***, se è comunicato tre mesi prima, o, in caso contrario, alla chiusura dell'esercizio successivo (per cui ad es. nelle cooperative di lavoro il socio resterà obbligato a prestare lavoro per la società fino a tale data). È però ammessa una diversa regolamentazione (legale o) convenzionale al riguardo (art. 2532, co. 3), che potrebbe stabilire (ritengo) anche un diverso (ma più breve) termine di preavviso.

b) L'**esclusione del socio** può essere disposta per *cause legali* e per ipotesi *convenzionali* specificamente previste dallo statuto della società.

Le **fattispecie legali** di esclusione sono: a) *l'inadempimento, totale o parziale, dei conferimenti*. In questo caso, il socio può essere escluso soltanto in seguito all'intimazione degli amministratori ad adempiere (art. 2531) e ad una successiva delibera dell'organo amministrativo o dell'assemblea; b) *gravi inadempienze* delle obbligazioni che derivano dalla legge, dal contratto sociale, dal regolamento o dal rapporto mutualistico; c) la *mancanza o la perdita dei requisiti soggettivi* di partecipazione alla società; d) *l'interdizione, l'inabilitazione del socio*, o la sua condanna ad una pena che importa l'interdizione, anche temporanea, dai pubblici uffici; e) i casi di *mancata attuazione pur incolpevole del conferimento*, previsti per le società di persone (la sopravvenuta inidoneità ad eseguire il conferimento d'opera promesso o il perimento della cosa conferita in godimento o in proprietà dovuto a causa non imputabile agli amministratori: art. 2286, co. 2 e 3); f) la *l.g. del socio*.

L'atto costitutivo può contemplare ulteriori casi di esclusione (**fattispecie convenzionali**) che tuttavia, secondo l'opinione prevalente e corretta, devono riguardare pur sempre l'inadempimento degli obblighi previsti dal contratto sociale o dal rapporto mutualistico, costituendo pertanto specificazione di quelle previste dalla legge.

In tutti i casi summenzionati l'esclusione è sempre **facoltativa** e mai automatica: deve essere ***deliberata*** dagli amministratori (salvo che lo statuto non affidi la competenza all'assemblea). In ogni caso, il provvedimento di esclusione, recante obbligatoriamente una *motivazione congrua e specifica*, deve essere comunicato al socio, il quale entro sessanta giorni dalla comunicazione può proporre opposizione al tribunale.

Diversamente dal recesso, l'esclusione determina lo scioglimento immediato anche dei rapporti mutualistici pendenti, salvo diversa disposizione statutaria (art. 2533, co. 4).

c) La particolare rilevanza dell'*intuitus personae* nella cooperativa emerge anche dalle conseguenze normative della **morte del socio**: è previsto che, in questo caso, il rapporto sociale si scioglie e gli eredi hanno diritto alla liquidazione della quota o al rimborso delle azioni. È tuttavia consentita una previsione statutaria che consenta agli eredi provvisti dei necessari requisiti soggettivi di subentrare nella partecipazione del socio deceduto, nominando – se la quota non è (ontologicamente o per scelta della società) divisibile – un rappresentante comune (art. 2534).

Il socio receduto o escluso o gli eredi del socio defunto hanno diritto di ottenere la **liquidazione della quota**, che deve avvenire sulla base del bilancio dell'esercizio in cui si è verificata la causa di scioglimento del singolo rapporto sociale (art. 2535). Lo scopo mutualistico incide sulle modalità di tale liquidazione, rendendole piuttosto disincentivanti per il socio: infatti, il principale indice di valutazione resta il bilancio (in cui i beni sono valutati, come si sa, secondo criteri prudenziali); inoltre, nelle cooperative a mutualità prevalente la quota è liquidata al valore nominale, incrementato eventualmente dei soli utili maturati (nei limiti di legge) e non ancora distribuiti. Va osservato infine che, stante il principio di variabilità del capitale, l'uscita del socio, in tutti i casi considerati, non si attua attraverso un trasferimento della sua partecipazione (come invece, in linea di principio, nelle società di capitali), ma determina un vero e proprio ***scioglimento del rapporto societario*** relativamente a tale socio.

IV. *L'organizzazione della società cooperativa*

L'organizzazione della società cooperativa ricalca quella delle s.p.a. o delle s.r.l. a seconda del modello normativo adottato nello statuto o imposto dalla legge. Presenta però importanti particolarità nella disciplina dei singoli organi.

1. *L'assemblea*

Il carattere democratico della cooperativa permea la disciplina dell'assemblea, manifestandosi anzitutto nella regola del **voto per teste**: ciascun socio cooperatore dispone cioè di *un solo voto* qualunque sia il valore della quota o il numero di azioni possedute (art. 2538, co. 2). Il voto capitario incide anche sulle modalità di computo delle maggioranze per la costituzione e per la validità delle deliberazioni, che sono calcolate secondo il numero dei voti spettanti ai soci. Tale regola del voto capitario è però derogata per le **cooperative consortili** (che "realizzano lo scopo mutualistico attraverso l'integrazione delle rispettive imprese o di talune fasi di esse": art. 2538, co. 4; si pensi alla cooperativa agricola che acquista, trasforma e rivende le derrate prodotte dai propri soci imprenditori), in cui l'atto costitutivo può prevedere che il diritto di voto sia attribuito *in ragione della partecipazione allo scambio mutualistico* (e dunque in ragione dell'interesse economico, sia pure di tipo mutualistico, che ciascun socio manifesta nella cooperativa).

La **legittimazione al voto** spetta esclusivamente ai soci iscritti da almeno novanta giorni nel libro dei soci: ciò al fine di impedire che gli amministratori decidano l'ammissione di un consistente numero di soci in prossimità di una certa assemblea per influenzarne gli esiti. Allo scopo di agevolare l'attiva partecipazione dei soci alle decisioni della società, l'atto costitutivo può contemplare il **voto per corrispondenza** o espresso mediante altri mezzi di telecomunicazione (c.d. voto elettronico).

Ulteriore espressione del carattere democratico del sodalizio è l'istituto, tipico delle cooperative, delle **assemblee separate**, preordinato ad agevolare l'attiva partecipazione dei soci alla vita sociale specialmente nelle cooperative di grandi dimensioni (art. 2540). Per effetto di questo sistema, applicabile alle sole cooperative con azioni non quotate nei mercati regolamentati, la formazione della volontà sociale avviene per gradi: le assemblee separate vengono convocate nei luoghi, indicati dallo statuto, in cui risiede un certo numero di soci, per deliberare su tutte le materie che formano oggetto dell'ordine del giorno dell'assemblea generale e per eleggere i c.d. ***soci delegati***. L'assemblea generale è costituita dai soci delegati designati nelle assemblee separate e delibera definitivamente sugli argomenti indicati all'ordine del giorno.

2. *L'organo amministrativo e l'organo di controllo*

a) Meno significative sono le particolarità dell'**organo amministrativo** rispetto ai due modelli capitalistici di riferimento (s.p.a. ed s.r.l.).

Esse riguardano soprattutto i **requisiti soggettivi** e sono ispirate dall'esigenza di contemperare l'interesse (specie delle grandi cooperative) ad una efficiente gestione manageriale con la valorizzazione degli apporti personali dei soci specificamente interessati all'attività mutualistica.

In particolare, si prescrive che la *maggioranza degli amministratori* debba essere scelta *tra i soci cooperatori* ovvero *tra le persone indicate dai soci cooperatori persone giuridiche*. L'atto costitutivo può inoltre prevedere che uno o più amministratori siano scelti tra gli appartenenti alle diverse categorie di soci in proporzione all'interesse che ciascuna categoria nutre nell'attività sociale. È altresì possibile che la designazione di taluni amministratori sia riservata allo Stato o ad enti pubblici, fermo restando che la maggioranza degli amministratori resti di nomina assembleare (art. 2542).

b) Il **collegio sindacale** è necessario nelle società cooperative nei casi in cui è obbligatoria la nomina del sindaco nella s.r.l., nonché quando la società ha emesso "strumenti finanziari non partecipativi" (*scil.*: titoli di debito e obbligazioni).

3. *La vigilanza amministrativa e il controllo giudiziario*

Le agevolazioni tributarie e di altra natura concesse alle cooperative giustificano la loro sottoposizione a **vigilanza amministrativa**, finalizzata a verificare l'effettivo e corretto perseguimento dello scopo mutualistico (art. 1, co. 2, d.lgs. 220/2002) e la tutela della funzione sociale della cooperativa.

È poi oggi esteso a tutte le società cooperative (comprese quelle a mutualità prevalente) il **controllo giudiziario sulla gestione**. Si tratta di scelta opportuna, in quanto assicura una vigilanza più incisiva e meno discrezionale e, di riflesso, una tutela diretta dei soci di minoranza, così maggiormente incentivati all'investimento in cooperativa.

In particolare, se vi è il fondato sospetto che gli amministratori, in violazione dei loro doveri, abbiano compiuto gravi irregolarità nella gestione suscettibili di arrecare danno alla società, i soci che siano titolari di almeno un decimo del capitale (o che rappresentino un decimo del numero complessivo di soci o un ventesimo nelle cooperative con più di tremila soci) possono farne denunzia al tribunale (art. 2545-*quinquiesdecies*). Le particolarità della disciplina delle cooperative consistono nel necessario coordinamento tra controllo giudiziario ed amministrativo, al fine di scongiurare indebite sovrapposizioni di funzioni.

V. *Il bilancio. Utili e ristorni*

1. *Il bilancio e le riserve*

Lo scopo mutualistico delle società cooperative non determina alterazioni sostanziali nel procedimento di formazione del **bilancio**, che ricalca quello già visto per le s.p.a.; impone solo qualche informazione supplementare, da fornire ai soci, circa le modalità di gestione praticate negli allegati al bilancio: gli amministratori ed i sindaci, nelle rispettive relazioni, devono fornire una indicazione specifica dei *criteri seguiti nella gestione sociale per il conseguimento dello scopo mutualistico* (art. 2545).

Notevoli differenze rispetto alle società lucrative presenta invece, evidentemente, la disciplina relativa alla destinazione degli eventuali utili prodotti dalla società. Anzitutto, il *trenta per cento degli utili netti annuali* deve essere *permanentemente* destinato a **riserva legale**. Il costante obbligo di accantonamento a riserva legale trova ragione nella sua stessa funzione di "cuscinetto" di protezione del capitale sociale, che nelle cooperative è variabile: caratteristica che, congiunta all'assenza della previsione legale di limiti minimi al capitale stesso (disposti invece per la s.p.a. e la s.r.l.), ha tradizionalmente imposto un supplemento di tutela per i creditori in modo da scongiurare il rischio di un capitale esiguo della società a fronte di un regime legale di responsabilità limitata dei soci.

2. *Gli utili e i ristorni*

a) Tratto caratteristico dello scopo mutualistico è la presenza di significativi limiti legali e statutari alla distribuzione dei **dividendi** nelle società cooperative.

Va ricordato che tali società ben possono perseguire un lucro oggettivo. Quanto al lucro soggettivo, ossia alla distribuzione del profitto conseguito in proporzione alla quota posseduta da ciascun socio (dividendi) e quindi in funzione di remunerazione dell'investimento, esso non è escluso in radice dall'ordinamento, il quale tuttavia introduce **limiti** significativi al suo perseguimento, allo scopo di preservare la funzione tipica della cooperativa.

La variabilità del capitale comporta anzitutto, a tutela dei creditori sociali, che le *cooperative non quotate* possono distribuire dividendi *ai soci cooperatori* soltanto a condizione che il *rapporto tra patrimonio netto e complessivo indebitamento della società sia superiore ad un quarto*. Tale vincolo impone dunque alle cooperative eccessivamente indebitate la destinazione ad autofinanziamento degli utili generati.

È poi l'atto costitutivo a dover indicare le "regole", nonché le "modalità e la **percentuale massima** di ripartizione dei dividendi tra i soci cooperatori" (artt. 2521, n. 8 e 2545-*quinquies*, co. 1). Nel rispetto del limite legale testé indicato, la nuova disciplina non prevede per la verità, per le cooperative a mutualità *non prevalente*, una soglia massima per la ripartizione degli utili. È invece nelle *cooperative a mutualità prevalente* che deve essere osservato il divieto di distribuire i dividendi in misura superiore all'interesse massimo dei buoni fruttiferi postali, aumentato di due punti e mezzo rispetto al capitale effettivamente versato (art. 2514, co. 1, lett. *a*). Ciò significa che un'eventuale previsione statutaria di una ripartizione di utili in percentuale più elevata varrebbe a rendere la cooperativa in fatto a mutualità *non* prevalente, con conseguente perdita delle agevolazioni tributarie.

b) La tecnica, risalente e nota, con la quale i soci della cooperativa conseguono a determinate scadenze (di regola annualmente, dopo l'approvazione del bilancio), e non al momento del perfezionarsi dello scambio con la società, il vantaggio mutualistico è il **ristorno**. Si tratta di una tecnica composita, le cui modalità di attuazione sono diverse, ad es., nelle cooperative di consumo ed in quelle di produzione e lavoro: nelle prime, il ristorno consiste infatti nel *rimborso ai soci della quota di prezzo eccedente il costo di produzione* di beni e di servizi e consente l'ottenimento del risparmio di spesa nel loro acquisto dalla società; nelle seconde, il vantaggio mutualistico è invece perseguito dai soci in termini di *integrazione della retribuzione per la prestazione di lavoro* resa alla cooperativa e risulta pertanto proporzionato, di regola, all'impegno profuso ed ai meriti dal socio cooperatore. In sostanza e schematizzando, la cooperativa può soddisfare l'interesse mutualistico dei soci in due diversi modi: a) cedendo i propri beni/servizi al socio a prezzo di costo sin dall'atto della vendita (nelle cooperative di consumo) o retribuendo il lavoro o gli apporti dei soci con un corrispettivo maggiorato sin dal momento del suo pagamento (nelle cooperative di produzione e lavoro); in tal caso, si può dire che la società rinunci *a priori* al proprio profitto d'impresa, attribuendo immediatamente ai soci il vantaggio mutualistico atteso; b) cedendo i beni/servizi a prezzo di mercato o corrispondendo un salario/corrispettivo a valori di mercato, e così mirando a realizzare un avanzo di gestione (un profitto), il quale poi, al termine dell'esercizio, verrà distribuito ai soci in proporzione agli scambi mutualistici da ciascuno di essi instaurati con la società (a titolo, appunto, di ristorno); in tal caso si può dire che la società riassegni *a posteriori* ai soci il profitto d'impresa che essa ha conseguito (se lo ha conseguito!), attribuendo loro solo a valle dello scambio il vantaggio mutualistico.

I ristorni devono allora distinguersi dagli utili in senso proprio, benché condividano con essi il carattere di aleatorietà: i ristorni sono infatti pur sempre una ***componente dell'avanzo di gestione***, sicché non ve ne può essere una distribuzione ai soci se il bilancio si è chiuso in perdita. Ciò che allora distingue i ristorni dagli utili sono i **criteri di loro ripartizione:** criteri "***proporzionali alla quantità e qualità degli scambi mutualistici***" e non già al capitale conferito da ciascun socio (art. 2545-*sexies*, co. 1).

Ed ai fini della loro corretta determinazione, le cooperative devono *riportare separatamente in bilancio i dati relativi all'attività svolta con i soci*, distinguendo eventualmente le diverse gestioni mutualistiche. Se ne deduce che non possono essere distribuite a titolo di ristorno le eccedenze derivanti dall'attività di scambio della cooperativa con i terzi.

Per altro verso, non si applicano ai ristorni i limiti alla distribuzione degli utili (artt. 2514, lett. *a* e 2545-*quinquies*, co. 2) sopra esaminati. Le ragioni sono evidenti: qui non vi è l'esigenza di limitare un lucro soggettivo, che, se fosse perseguibile illimitatamente, snaturerebbe la funzione stessa della cooperativa; si tratta, al contrario, di consentire ai soci di trarre appieno il beneficio tipico inerente agli scambi mutualistici posti in essere.

VI. *Lo scioglimento della società e la devoluzione patrimoniale obbligatoria*

La società cooperativa si scioglie, oltreché per le cause tipiche delle società di capitali (v. art. 2484), per l'**integrale perdita del capitale sociale**, in considerazione della sua variabilità (art. 2545-*duodecies*).

Ulteriore causa tipica di scioglimento è la **mancata reintegrazione del numero minimo dei soci** (nove o tre, a seconda del modello normativo adottato) entro un anno da quando è sceso al di sotto del limite legale (art. 2522).

Nel caso di **insolvenza della società**, l'autorità governativa cui compete il controllo sulla società dispone la **liquidazione coatta amministrativa**. Le società cooperative che svolgono attività commerciale possono essere tuttavia soggette anche al**la liquidazione giudiziale**. E la determinazione della procedura concorsuale applicabile segue il ***criterio della prevenzione***, nel senso che: l'apertura della l.g. preclude la liquidazione coatta amministrativa e, per converso, il provvedimento che dispone quest'ultima esclude la successiva apertura della l.g. (art. 2545-*terdecies*).

Le tappe, dall'accertamento dello scioglimento alla fase di liquidazione, sono identiche a quelle delle società di capitali. La più vistosa differenza delle cooperative rispetto alle società lucrative risiede nella **quota di liquidazione**. Mentre infatti nelle società lucrative l'esito finale della liquidazione è la ripartizione ai soci di tutto l'eventuale residuo attivo, le società cooperative (a mutualità prevalente) sono invece obbligate per legge (art. 2514, co. 1, lett. *d*) a destinare il residuo attivo di liquidazione, detratto solo il capitale versato e rivalutato e i dividendi eventualmente maturati (negli strettissimi limiti di legge), ai ***fondi mutualistici*** per la promozione e lo sviluppo della cooperazione (c.d. *devoluzione disinteressata*): ciò al fine di evitare che le risorse finanziarie accumulate dalla società grazie alle agevolazioni fiscali vengano sottratte al movimento cooperativo (c.d. *proprietà cooperativa*).

§ 67. Le mutue assicuratrici

Le **mutue assicuratrici** (o società di mutua assicurazione) costituiscono un peculiare (ed assai poco diffuso) tipo di società cooperative nel quale l'acquisto e la permanenza della qualità di socio è subordinato alla stipulazione di un contratto di assicurazione con la società, con la conseguenza che il singolo rapporto sociale si scioglie con l'estinguersi dell'assicurazione (art. 2546, co. 3).

La necessaria interdipendenza biunivoca tra rapporto sociale e rapporto assicurativo vale a distinguere nettamente le mutue assicuratrici dalle più diffuse **cooperative di assicurazione**. In quest'ultime i soci cooperatori non hanno alcun diritto di ottenere le prestazioni assicurative, a meno che non stipulino con la società un eventuale contratto di assicurazione, che qui resta in ogni caso autonomo e distinto dal rapporto sociale. Per converso, i soci delle mutue assicuratrici devono necessariamente essere al contempo assicurati e l'opinione prevalente (e forse preferibile) tende ad escludere, di riflesso, l'ammissibilità di clausole dello statuto della società che consentano agli assicurati di non acquisire la qualifica di soci della mutua di assicurazione.

Tali società sono per un verso regolate secondo la disciplina generale delle cooperative, applicabile nei limiti di compatibilità con la loro natura; per altro versante restano soggette alla ***vigilanza dell'Ivass*** ed ai controlli stabiliti dalle leggi speciali – e dal codice delle assicurazioni in particolare (artt. 14 ss.) – sull'esercizio dell'assicurazione (art. 2547).

Ne consegue che l'atto costitutivo delle mutue assicuratrici deve essere redatto per *atto pubblico* e la sua iscrizione nel registro delle imprese è subordinata all'avvenuta autorizzazione all'esercizio dell'attività assicurativa da parte dell'Ivass.

Al pari delle altre società cooperative, le mutue assicuratrici sono società dotate di personalità giuridica, in cui le obbligazioni sociali sono garantite esclusivamente dal patrimonio sociale (art. 2546, co. 1).

La necessaria coesistenza della qualità di socio e di assicurato comporta che i **contributi** dei soci abbiano al contempo la funzione di apporto al patrimonio sociale e di pagamento della rata del premio assicurativo. Il che li rende affatto peculiari e non del tutto assimilabili ai conferimenti: ciò in quanto, benché destinati alla formazione del patrimonio sociale, non possono fungere da parametro per la misurazione della partecipazione sociale; né, d'altro canto, i contributi dei soci costituiscono premi assicurativi in senso tecnico, poiché non rappresentano il mero prezzo di una copertura assicurativa. Ed il più rilevante corollario di quest'ultimo distinguo risiede in ciò che, se i premi sono fissi e predeterminati, i contributi dei soci alla mutua assicuratrice possono invece variare sia in aumento che in diminuzione entro il limite massimo previsto dall'atto costitutivo (art. 2546, co. 2).

SEZIONE SEDICESIMA
LE OPERAZIONI STRAORDINARIE

§ 68. LE TRASFORMAZIONI

I. *Nozione. La disciplina comune*

Nel sistema originario del codice civile del 1942 la **trasformazione** era tradizionalmente definita come la modifica dell'atto costitutivo avente ad oggetto il *cambiamento del tipo di società*. Caratteristica peculiare di tale radicale mutamento dell'assetto organizzativo della società era ed è il suo realizzarsi prescindendo dall'estinzione della società e dalla successiva costituzione nel nuovo tipo: è, insomma, la medesima società che assume la nuova veste giuridica, conservando i diritti e gli obblighi anteriori alla trasformazione. Tale opportunità di realizzare una *continuità dell'attività d'impresa* in un mutato assetto giuridico presenta indubbi vantaggi economici e fiscali, scongiurando l'inevitabile dispersione di risorse economiche connessa allo svolgimento della fase di liquidazione.

L'attuale disciplina (frutto della riforma del 2003) affianca alle tradizionali operazioni di modifica statutaria concernenti il ***cambiamento del tipo di società***, nuove fattispecie di trasformazione, definite *eterogenee* (artt. 2500-*septies* e 2500-*octies*), caratterizzate da una *modifica* ben più radicale, che consiste nel ***mutamento della forma giuridica dell'impresa***: nel passaggio, ad es., dalla forma dell'associazione o della comunione d'azienda a quella della società di capitali; mutamento che può coinvolgere (in modo più forte di quanto non accade nel passaggio tra società di persone e società di capitali) l'*autonomia patrimoniale* o lo *scopo-fine* dell'ente che esercita l'attività (da lucrativo a consortile o addirittura ideale, o viceversa).

Non è stata allora prevista una nozione di trasformazione, anche perché sarebbe stato probabilmente impossibile enucleare fattispecie estremamente diverse in un'unica definizione. Si è invece ritenuto di qualificare giuridicamente la trasformazione in virtù dell'effetto di **continuità dei rapporti giuridici** che tale operazione di mutamento dell'assetto organizzativo dell'impresa sempre assicura: "con la trasformazione l'ente trasformato ***conserva i diritti e gli obblighi*** e ***prosegue in tutti i rapporti anche processuali*** dell'ente che ha effettuato la trasformazione" (art. 2498).

La **funzione** di una simile operazione è quella di permettere all'impresa di adeguare la propria forma e struttura giuridica alle mutate esigenze che vengano a maturare nel corso della sua esistenza, così che la scelta originariamente compiuta non risulti tale da ingessare l'attività e impedirne i futuri sviluppi (si pensi ad una attività inizialmente di modeste dimensioni e dunque costituita come s.n.c., che, una volta espansasi, risulti opportuno trasformare in una società di capitali, o viceversa).

I considerevoli vantaggi economici e fiscali connessi alla trasformazione hanno dunque indotto il legislatore a dilatarne l'àmbito di applicazione, come attestato anche dalla sostanziale ***assenza di limiti*** *espliciti* all'operazione. Tra l'altro, l'art. 2499 consente la trasformazione anche in *pendenza di procedura concorsuale*, purché non vi siano incompatibilità con le finalità (soddisfazione dei creditori ed interessi pubblici) o lo stato della stessa.

Così individuato il concetto di trasformazione e il principio fondamentale della continuità dei rapporti giuridici, che caratterizza questa importante operazione di riorganizzazione della struttura dell'impresa, se ne può esaminare la disciplina, muovendo dall'osservazione che essa è composta fondamentalmente da un'unica **regola generale**, mentre tutte le restanti disposizioni sono differenziate a seconda della specifica tipologia di trasformazione posta in essere. La sola norma comune a tutte le fattispecie di trasformazione è in realtà molto importante: si tratta dell'art. 2500-*bis*, che reca la disciplina dell'**invalidità della trasformazione**. Nell'ottica di assicurare una completa stabilità dei rapporti giuridici, con regola pressoché equivalente a quella dettata in tema di fusione e scissione (artt. 2504-*quater*), si prevede che l'invalidità del (l'atto di) trasformazione non può essere pronunciata una volta eseguita la sua iscrizione nel registro delle imprese (ai sensi dell'art. 2500). Si tratta di una ulteriore espressione del principio (di cui già si sono viste numerose manifestazioni in altre norme) di salvaguardia della stabilità e di irretrattabilità delle operazioni economiche, a tutela del mercato. Resta salvo solo il diritto al risarcimento del danno eventualmente spettante ai partecipanti all'ente trasformato ed ai terzi danneggiati dalla trasformazione.

II. *Le trasformazioni omogenee*

Sul piano terminologico, è opportuno puntualizzare che il codice utilizza la formula convenzionale "trasformazioni eterogenee" (artt. 2500-*septies* s.) per definire sia il passaggio da società di capitali ad altri enti (consorzi, società consortili, società cooperative, comunioni di azienda, associazioni non riconosciute e fondazioni), sia il passaggio da consorzi, società consortili, comunioni di azienda, associazioni riconosciute e fondazioni a società di capitali. Alla qualificazione dell'operazione in termini di *trasformazione eterogenea* consegue l'applicazione di una specifica disciplina, esaminata più oltre (*infra*, III).

È allora possibile definire convenzionalmente (sia pur con qualche approssimazione) "**trasformazione omogenea**" il ***cambiamento del tipo di società*** non implicante anche modifica del c.d. scopo-fine (fa eccezione la trasformazione di cooperative a mutualità non prevalente in società di capitali, disciplinata dagli artt. 2545-*decies* s. e che, pur implicando il mutamento dello scopo-fine, non è contemplata fra le trasformazioni eterogenee dall'art. 2500-*octies*).

Le trasformazioni omogenee possono avvenire fra tipi appartenenti alla stessa famiglia (da e verso società di persone; da e verso società di capitali). È l'ipotesi più semplice. Occorrerà una decisione dei soci e, poiché la trasformazione rientra tra le *modifiche dello statuto*, sarà necessario rispettare le regole procedimentali richieste per queste. In particolare, la *trasformazione di società di persone in altra società personale* deve essere decisa all'*unanimità*, se il contratto sociale non prevede la propria modificabilità a maggioranza (art. 2252). La *trasformazione di società di capitali in altra società di capitali* deve essere deliberata dall'*assemblea* (straordinaria, nella s.p.a.: art. 2365) con conseguente verbalizzazione notarile. In tutti i casi occorrerà provvedere al deposito per l'iscrizione nel registro delle imprese, da cui decorre l'**efficacia** stessa **della trasformazione** (art. 2500). Sarà necessario, naturalmente, che l'atto costitutivo, come modificato, ***contenga gli elementi essenziali del tipo di destinazione*** (occorrerà perciò procedere, ad es., ad un aumento di capitale per trasformare una s.r.l. con capitale iniziale di € 10.000 in una s.p.a.).

Da queste ipotesi è necessario isolare, in quanto più complesse, quelle rappresentate dal passaggio da società di persone a società di capitali (c.d. **trasformazione progressiva**) e dall'operazione inversa (c.d. **trasformazione regressiva**). Ad esse il legislatore dedica alcune specifiche norme.

1. *La trasformazione c.d. progressiva*

La disciplina della **trasformazione di società di persone in società di capitali** consiste essenzialmente nella regolamentazione di quattro specifici profili dell'operazione: a) la "decisione" di trasformazione (art. 2500-*ter*, co. 1); b) la formazione del capitale della società risultante dalla trasformazione (art. 2500-*ter*, co. 2); c) l'assegnazione di azioni e quote ai soci della società risultante dalla trasformazione (art. 2500-*quater*); d) la responsabilità dei soci per le obbligazioni sociali sorte anteriormente all'iscrizione nel registro delle imprese dell'atto di trasformazione (art. 2500-*quinquies*).

a) Cominciando dalla **decisione di trasformazione**, va sottolineato che l'obiettivo dell'attuale disciplina di favorire, nell'organizzazione delle attività produttive, l'adozione di modelli societari capitalistici è stato perseguito con l'introduzione di una vistosa *deroga* alla regola del consenso unanime dei soci normalmente richiesto per le modificazioni del contratto sociale (art. 2252). In particolare, la trasformazione di società di persone in società di capitali (ad es., s.n.c. in s.r.l.) è decisa con il consenso della **maggioranza dei soci** determinata *secondo la parte attribuita a ciascuno negli utili*, salvo diversa disposizione del contratto sociale (che potrebbe consistere sia nell'adozione di un diverso criterio di computo della maggioranza, ad es. per teste, sia nell'introduzione del principio unanimistico). L'adozione della regola maggioritaria è però temperata dalla previsione del *diritto di recesso* del socio che non ha concorso alla decisione (art. 2500-*ter*, co. 1).

Regola generale a qualsiasi trasformazione ("omogenea" o "eterogenea") in s.p.a., s.a.p.a. o s.r.l., e quindi che abbia come tipo di destinazione una società di capitali, è quella per cui tale operazione deve rispettare talune **regole formali**. È anzitutto necessario che la trasformazione risulti da *atto pubblico*, contenente le indicazioni richieste dalla legge per l'atto costitutivo di queste società. Inoltre, l'atto di trasformazione deve osservare sia la disciplina del tipo adottato e le forme di pubblicità relative, sia le regole di pubblicità previste per la cancellazione dell'ente che effettua la trasformazione: deve quindi essere iscritto nel registro delle imprese (art. 2500). E l'**efficacia della trasformazione** decorre dall'ultimo degli adempimenti pubblicitari ora ricordati (art. 2500).

b) Al fine di evitare elusioni del principio di corretta formazione e di effettività del capitale sociale, queste trasformazioni comportano poi l'obbligo di determinare il **capitale sociale** della società risultante dalla trasformazione sulla base dei ***valori attuali*** degli elementi dell'attivo e del passivo; ed, in particolare, di fissarlo in una cifra non eccedente il patrimonio netto risultante da una relazione giurata di stima di un esperto, designato dal tribunale se la trasformazione è in s.p.a. (art. 2343), oppure scelto dai soci tra gli iscritti nel registro dei revisori, se la trasformazione è in s.r.l. (art. 2465). In buona sostanza, il patrimonio della società di persone che si trasforma è considerato come un *unico conferimento in natura* da sottoporre ad una valutazione di un terzo imparziale e dotato di adeguati requisiti di professionalità: e ciò *a tutela dei terzi* ed, in particolare, dei creditori sociali.

Nelle ipotesi in cui la consistenza del patrimonio netto della società risultante dalla stima sia inferiore al minimo legale stabilito per la costituzione della società, è necessario che i soci effettuino nuovi conferimenti, ai quali deve sostanzialmente applicarsi la disciplina dettata per i conferimenti in sede di costituzione del tipo societario (s.p.a. o s.r.l.) prescelto.

c) Particolarmente delicato è il profilo della **tutela dei soci**. Al riguardo, è sancito il diritto di ciascun socio all'*assegnazione di un numero di azioni o di una quota proporzionale alla partecipazione sociale* detenuta nella società personale (art. 2500-*quater*, co. 1). Il **socio d'opera** (il cui conferimento, ricordiamo, potrebbe non essere stato capitalizzato) ha diritto all'assegnazione di un numero di azioni o di una quota corrispondente alla partecipazione *agli utili* che l'atto costitutivo gli riconosceva precedentemente alla trasformazione (art. 2500-*quater*, co. 2).

d) Resta da esaminare il profilo della **responsabilità dei soci**, posto che la trasformazione progressiva conduce all'adozione di un tipo in cui la responsabilità illimitata dei soci è destinata a venire meno.

In via generale, l'esigenza di tutela dei creditori sociali anteriori alla trasformazione (che non possono essere pregiudicati contro la loro volontà) impone che la trasformazione *non liberi i soci* a responsabilità illimitata dalla responsabilità *per le obbligazioni sociali sorte prima dell'iscrizione dell'atto di trasformazione* nel registro delle imprese (sono queste sole le obbligazioni rispetto a cui il problema si profila; è ovvio invece che i soci non verranno mai a rispondere delle obbligazioni successive, sorte cioè quando già la società ha assunto la veste di società di capitali), se non risulta che gli stessi creditori abbiano dato il loro consenso alla trasformazione (art. 2500-*quinquies*, co. 1).

Tuttavia, l'accentuato *favor* per l'adozione di modelli societari capitalistici giustifica la previsione di un procedimento volto ad agevolare la **liberazione dei soci** dalla responsabilità illimitata. È così previsto che il consenso dei creditori sociali (alla trasformazione e, di riflesso) alla liberazione dei soci illimitatamente responsabili *si presume* se i creditori ai quali la deliberazione di trasformazione sia stata comunicata (anche con un mero richiamo ai relativi estremi) con raccomandata o con altri mezzi che garantiscano la prova dell'avvenuto ricevimento, non lo abbiano esplicitamente negato entro sessanta giorni dalla ricezione della comunicazione (art. 2500-*quinquies*, co. 2). Vale a dire, silenzio equivale ad assenso.

2. *La trasformazione c.d. regressiva*

La **trasformazione di società di capitali in società di persone** è sottoposta a regole procedurali particolarmente gravose, in considerazione di un tendenziale disfavore del legislatore per l'abbandono dei modelli societari più evoluti nell'esercizio dell'attività d'impresa.

La deliberazione di trasformazione deve essere adottata con le maggioranze previste per le modifiche statutarie, ma è in ogni caso richiesto il **consenso dei soci *che con la trasformazione assumono responsabilità illimitata*** (art. 2500-*sexies*, co. 1). Sicché, se una s.p.a. intende trasformarsi in collettiva, occorre acquisire il consenso unanime dei soci.

Certo, i soci che con la trasformazione assumono responsabilità illimitata necessitano di una tutela più incisiva del mero diritto di recesso, in quanto, in seguito al cambiamento del tipo sociale, rispondono personalmente ed illimitatamente anche per le obbligazioni sorte anteriormente all'iscrizione dell'atto di trasformazione nel registro delle imprese (art. 2500-*sexies*, co. 4), in sintonia con il regime di responsabilità dei nuovi soci nelle società personali (art. 2269). Tuttavia, le cautele che circondano l'operazione in questione sono eccessive, prescrivendosi addirittura un obbligo degli amministratori di predisporre una relazione che illustri e giustifichi le *motivazioni* e gli *effetti* della trasformazione, che deve restare depositata in copia presso la sede sociale durante i trenta giorni che precedono la deliberazione e di cui i soci possono prendere visione ed estrarre gratuitamente copia (art. 2500-*sexies*, co. 2).

Ciascun socio ha poi diritto all'assegnazione nella società di persone risultante dalla trasformazione di una **partecipazione** *proporzionale al valore della sua quota o delle sue azioni* (art. 2500-*sexies*, co. 3).

3. *La trasformazione delle società cooperative*

La tendenza ad estendere l'ambito di applicazione della trasformazione, giustificata dai notevoli vantaggi economici connessi all'istituto (continuità dell'attività economica in un mutato assetto giuridico senza dispersioni di risorse) non avrebbe evidentemente potuto ignorare le cooperative.

Al fine di evitare che i soci cooperatori possano, dopo aver goduto di privilegi ed agevolazioni, riappropriarsi delle risorse accumulate sottraendole al movimento cooperativo, è **vietata** soltanto la ***trasformazione di società cooperative a mutualità prevalente in società lucrative.***

È oggi invece espressamente sancita la liceità sia della trasformazione (qualificata omogenea dalla legge, come si è detto) delle **altre società cooperative *in società lucrative***, benché con l'osservanza di talune regole speciali (artt. 2545-*decies* s.), sia della **trasformazione** (questa, eterogenea) ***di società di capitali in cooperative*** (art. 2500-*septies*).

Rinviando la disamina di quest'ultima fattispecie al prossimo paragrafo, va osservato in particolare, che le *società cooperative diverse da quelle a mutualità prevalente possono deliberare la trasformazione in qualsiasi società lucrativa* (di persone o di capitali) con il voto favorevole di una maggioranza che rappresenti *almeno la metà dei soci*.

Questa operazione si profila, tuttavia, particolarmente onerosa, in quanto la società che intende trasformarsi deve ***devolvere il valore effettivo del suo patrimonio*** (dedotti soltanto il capitale versato e rivalutato e i dividendi che nei limiti previsti dall'atto costitutivo sarebbero stati distribuibili, ma che non sono ancora distribuiti, nonché la somma eventualmente necessaria per raggiungere il capitale minimo richiesto per il tipo sociale che i soci intendono assumere) ***ai fondi mutualistici*** per la promozione e lo sviluppo della cooperazione. Insomma: i soci cooperatori possono sì determinarsi a perseguire lo scopo lucrativo, ma non gli è consentito, con una simile decisione, sottrarre le risorse accumulate dalla società al movimento cooperativo nel suo complesso.

III. *Le trasformazioni eterogenee*

L'attuale disciplina, come si è detto, consente di realizzare la *continuità dell'attività d'impresa* anche nel passaggio ***da società di capitali a società con diverso scopo-fine*** (consortile o mutualistico), ***ad enti collettivi non societari*** (consorzi, associazioni non riconosciute, fondazioni) o ***a comunioni d'azienda*** (art. 2500-*septies*), come pure nel passaggio inverso ***da enti collettivi non societari*** (consorzi, associazioni riconosciute e fondazioni), ***da comunione d'azienda o da società consortili a società di capitali*** (art. 2500-*octies*). È questa la **trasformazione eterogenea**.

Si tratta di una modifica ben più radicale del mero cambiamento del tipo societario, incidente sullo scopo-fine dell'ente e/o sulla sua forma giuridica, mutandone in profondità l'assetto organizzativo (si pensi al passaggio da consorzio a società consortile). E le sue peculiarità si colgono ancor più efficacemente dall'esame della specifica fattispecie del passaggio da comunione d'azienda (ad es., oggetto di successione ereditaria) a società di capitali. A differenza del conferimento d'azienda in società, la trasformazione eterogenea non è una vicenda costitutivo-traslativa: *non implica alcun trasferimento di beni* e consente, pertanto, di modificare l'assetto organizzativo dell'impresa prescindendo dai numerosi e costosi adempimenti che la circolazione dei beni (soprattutto immobili) normalmente richiede.

Individuate le caratteristiche dell'operazione, ne va ora esaminato il **procedimento**.

L'incisività delle modifiche che la trasformazione eterogenea comporta ha indotto il legislatore a costellare il procedimento di una serie di presìdi a tutela dei soci e dei creditori dell'ente che si trasforma.

In particolare, nella **trasformazione di società di capitali** in altri enti la ***tutela dei soci*** si sostanzia nella previsione di un *quorum* rafforzato dei *due terzi degli aventi diritto al voto* (art. 2500-*septies*, co. 3), ferma restando la necessità del consenso dei soci che nell'ente trasformato assumessero responsabilità illimitata. Inoltre, gli amministratori sono tenuti a predisporre una relazione che illustri le *motivazioni* e gli *effetti* della trasformazione, che deve restare depositata presso la sede della società durante i trenta giorni che precedono l'assemblea convocata per deliberare la trasformazione (art. 2500-*sexies*, richiamato dall'art. 2500-*septies*, co. 2).

Più agevole è la **trasformazione eterogenea in società di capitali**. Ed infatti, il generale *favor* per i modelli societari capitalistici comporta che nei consorzi, come nelle società di persone, la deliberazione di trasformazione può essere assunta *a maggioranza*, in deroga alla regola che richiede l'unanimità per le modifiche del contratto di consorzio (art. 2607). Nelle associazioni e nelle società consortili occorre, più specificamente, la maggioranza richiesta dalla legge o dall'atto costitutivo per lo scioglimento anticipato. Unica eccezione è la trasformazione di comunione d'azienda in società di capitali, per la quale la deliberazione deve essere assunta *all'unanimità*.

Il silenzio del dato normativo non osta poi all'applicazione analogica della disciplina della trasformazione "progressiva", sicché il patrimonio dell'ente che si trasforma è sottoposto a *relazione di stima* (art. 2500-*ter*, co. 2) e l'atto di trasformazione deve risultare da *atto pubblico* e contenere tutte le indicazioni del tipo di società prescelto (art. 2500, co. 1).

La **tutela dei creditori** è invece affidata al *diritto di opposizione*. Si prevede, in particolare, che la trasformazione eterogenea non ha effetto con l'iscrizione dell'atto nel registro delle imprese, bensì solo dopo sessanta giorni da tale adempimento pubblicitario, salvo che consti il consenso dei creditori o il pagamento dei creditori non consenzienti. Entro tale termine di sessanta giorni, i creditori possono fare opposizione al tribunale, il quale, qualora ritenga infondato il pericolo di pregiudizio per i creditori o la società abbia prestato idonea garanzia, può disporre che l'operazione abbia luogo nonostante l'opposizione (v. artt. 2500-*novies* e 2445).

IV. *Le trasformazioni atipiche*

L'attuale disciplina della trasformazione si apre con un importante principio generale: le parti possono utilizzare l'istituto per sostituire liberamente il modello organizzativo dell'attività d'impresa inizialmente prescelto con modalità tali da preservarne produttività, efficienza e continuità di rapporti giuridici (art. 2498). In sintonia con questa scelta, il codice civile non ha previsto un divieto di analogia (invece sancito, ad es., nell'ordinamento tedesco). Devono pertanto ritenersi **ammissibili** fattispecie di **trasformazione atipiche**, cioè diverse da quelle espressamente contemplate nelle norme (ad es., da consorzio in società di persone), a condizione che non contrastino con norme inderogabili e non ledano gli interessi di soci e terzi (e, in particolare, creditori dell'ente) ovvero interessi generali sottesi a tali prescrizioni.

Non possono però configurarsi in termini di "trasformazione" né il passaggio da impresa individuale a società unipersonale, che costituisce un conferimento d'azienda (con conseguente applicazione della disciplina dei conferimenti, con le garanzie dalla stessa previste, e delle regole in tema di trasferimento d'azienda), né l'operazione inversa, stante l'inderogabilità della disciplina dello scioglimento delle società di capitali.

§ 69. LE FUSIONI

SOMMARIO: I. *Forme di fusione, fondamento, effetti e limiti.* – II. *Il procedimento di fusione.* – 1. Il progetto di fusione ed i relativi allegati. – 2. La decisione di fusione. – 3. Le fusioni semplificate. – 4. La tutela dei creditori e dei possessori di obbligazioni. – 5. L'atto di fusione. L'esecuzione della fusione. – III. *L'invalidità della fusione ed i rimedi risarcitori.*

La fusione è uno strumento di *concentrazione tra imprese societarie*. Trattasi, in particolare, di ***concentrazione giuridica*** (e non già economica, come invece il gruppo d'imprese), in quanto consente l'unificazione in una sola società di due o più società preesistenti.

Va sin d'ora segnalato che, per effetto delle direttive comunitarie applicabili alle s.p.a., le fusioni che coinvolgono società azionarie sono soggette a regole più stringenti, mentre le altre fusioni godono nella disciplina di talune, rilevanti semplificazioni. Va poi ricordato che una specifica disciplina è stata prevista di recente per le **fusioni transfrontaliere intracomunitarie**, ossia fra società aventi la propria sede in diversi Stati membri dell'Unione europea (d.lgs. 108/2008).

I. *Forme di fusione, fondamento, effetti e limiti*

L'art. 2501 prevede due *forme di fusione*: la c.d. **fusione in senso stretto**, eseguita mediante la costituzione di una nuova società in cui vengono unificate le società preesistenti; la **fusione per incorporazione**, ben più frequente, nella quale una società già operante incorpora una o più altre società: in entrambe le forme di fusione, le *società incorporate o fuse si estinguono per effetto della fusione*.

La società risultante dalla fusione o l'incorporante assumono i diritti e gli obblighi delle società partecipanti alla fusione, ***proseguendo in tutti i loro rapporti, anche processuali, anteriori alla fusione*** (art. 2504-*bis*, co. 1). Questa previsione attesta che la fusione costituisce una peculiare ***vicenda modificativa degli atti costitutivi*** delle società coinvolte i cui complessi imprenditoriali, ben lungi dal dissolversi, risultano preservati, integrati e potenziati nell'incorporante o nella società riveniente dalla fusione. E tale continuazione di rapporti investe anche i soci, ai quali vengono attribuite, in cambio delle partecipazioni sociali originariamente detenute (quindi annullate), azioni o quote dell'incorporante o della società risultante dalla fusione.

Se la fusione coinvolge società del medesimo tipo, è **omogenea**; qualora, invece, partecipino alla fusione società di tipo diverso, la fusione è detta **eterogenea**, per evidenziare che, fra le reciproche modifiche statutarie, vi è la trasformazione di almeno una delle società coinvolte, con la conseguente necessità di osservare le regole ed i limiti esposti nel paragrafo precedente (è preclusa, dunque, la fusione per incorporazione di una cooperativa a mutualità prevalente in una s.p.a.). Sono altresì possibili, sempre nel rispetto dei limiti previsti per le singole fattispecie di trasformazione eterogenea, **fusioni trasformative eterogenee**, ossia fusioni tra società con diverso scopo-fine o tra enti diversi dalle società: si pensi all'incorporazione di una fondazione in una s.r.l. o viceversa.

Quanto alla possibilità di prender parte ad una operazione di fusione, la legge pone un unico **limite**: la partecipazione alla fusione non è consentita alle ***s.p.a. in liquidazione*** che abbiano iniziato la distribuzione dell'attivo (art. 2501, co. 2). Tale limite, di origine comunitaria, non sussiste invece per le fusioni cui non partecipano società con capitale rappresentato da azioni, ossia, ad es., fusioni tra s.r.l. o tra cooperative modellate sulla s.r.l. (art. 2505-*quater*).

Letta in positivo, la norma per la verità rende possibile anche la fusione tra s.p.a. in liquidazione (purché, appunto, prima della ripartizione dell'attivo). In tal caso, però, deve ritenersi escluso che la società incorporante (o risultante dalla fusione) possa permanere in stato di liquidazione: essa dovrà invece esercitare in futuro una normale attività economica. Per converso, la fusione tra s.r.l. o società di persone può essere attuata non solo a prescindere dallo stato di avanzamento della liquidazione, ma anche al fine di concentrare in un unico procedimento la dissoluzione di più entità, con un evidente risparmio di costi.

La legge, infine, non prevede alcun divieto di partecipazione alla fusione per le **società sottoposte a procedure concorsuali**. E questa scelta rende la fusione strumento elettivo per la gestione ed il superamento della crisi di impresa (cfr. artt. 87, co. 1, lett. *d*, 116 e 240, co. 2, lett. *c*, c.ins.).

II. *Il procedimento di fusione*

L'unificazione di più società assume rilevanti implicazioni sul piano della tutela dei rispettivi soci e creditori. Il legislatore ha inteso anzitutto assicurare trasparenza all'operazione, con la previsione di un procedimento inderogabilmente scandito in tre fasi consecutive il cui ordine non può essere alterato dalle parti: il progetto, la delibera e l'atto di fusione.

1. *Il progetto di fusione ed i relativi allegati*

a) Il **progetto di fusione**, redatto dagli amministratori ed unico (*rectius*: con identico contenuto) per tutte le società coinvolte nella stessa, indica le caratteristiche dell'operazione da proporre ai soci, che successivamente decideranno se approvarla o meno in assemblea. Il progetto costituisce l'esito di una precedente attività di programmazione gestionale ed analisi strategica condotta dagli amministratori delle società coinvolte nella fusione. Nelle società di capitali la redazione del progetto è competenza dell'organo amministrativo e, nelle s.p.a., non può essere delegata dal c.d.a. al comitato esecutivo o a singoli consiglieri (artt. 2381, co. 4, e 2475, co. 5).

L'art. 2501-*ter*, co. 1, esplicita il necessario **contenuto** del progetto di fusione, dal quale devono anzitutto risultare i dati più rilevanti delle società coinvolte nell'operazione (tipo, denominazione o ragione sociale, sede) e l'*atto costitutivo della nuova società* risultante dall'operazione o dell'incorporante, con le eventuali modifiche derivanti dalla fusione. Occorre poi esplicitare *le regole di assegnazione delle partecipazioni*, il momento di decorrenza degli effetti contabili della fusione (data dalla quale le azioni o quote partecipano agli utili; data a decorrere dalla quale le operazioni delle società partecipanti alla fusione sono imputate al bilancio della società incorporante o riveniente dalla fusione), il trattamento in ipotesi riservato a particolari categorie di soci o possessori di titoli diversi dalle azioni (strumenti finanziari partecipativi e non), vantaggi particolari eventualmente proposti agli amministratori.

Di particolare rilevanza è poi l'indicazione del **rapporto di cambio delle azioni o quote** (c.d. concambio: art. 2501-*ter*, co. 2, n. 3): è questo l'*indice numerico* in base al quale saranno assegnate le azioni o quote della società riveniente dalla fusione ai soci delle società incorporate o fuse (ad es.: cinque azioni della società B incorporata daranno diritto ad ottenere una azione della società Y incorporante). L'indicazione e la motivazione del rapporto di cambio consentono ai soci di valutare l'effettiva convenienza della fusione e formano perciò (come vedremo) oggetto di uno specifico *giudizio di congruità* formulato da un esperto.

b) Il progetto di fusione deve essere sottoposto a **pubblicità legale** mediante due modalità alternative: il tradizionale deposito per l'iscrizione nel registro delle imprese del luogo ove hanno sede le società partecipanti alla fusione o, sfruttando le moderne tecnologie, la pubblicazione nel sito Internet della società (art. 2501-*ter*, co. 3).

Al fine di rendere possibile ai soci un'approfondita disamina del suo contenuto è previsto un **termine minimo** (rinunciabile con il loro consenso unanime) di trenta giorni (ridotto a quindici nelle fusioni tra società non azionarie) che deve intercorrere tra l'iscrizione (o la pubblicazione) del progetto e la data fissata per la decisione di fusione (art. 2501-*ter*, co. 4).

c) Il contenuto del progetto di fusione risulta effettivamente intellegibile per i soci ed i terzi soltanto se completato dai relativi **allegati**: la *situazione patrimoniale*, la *relazione degli amministratori* e la *relazione degli esperti*. I tre allegati sono finalizzati ad offrire ai soci ed ai possessori di strumenti finanziari con diritto di voto in assemblea (salva una loro rinuncia all'unanimità) un'informativa più completa e dettagliata sui contenuti dell'operazione rispetto a quella ricavabile dai dati sinteticamente esposti nel progetto.

i) In particolare, l'organo amministrativo delle società partecipanti alla fusione deve redigere, con l'osservanza delle norme sul bilancio d'esercizio, la **situazione patrimoniale** delle società stesse (art. 2501-*quater*). Trattasi, in particolare, di un *bilancio infrannuale* (detto ***bilancio di fusione***), volto ad offrire un quadro contabile aggiornato di tutte le società partecipanti. Esso deve essere riferito ad una data non anteriore a centoventi giorni rispetto al giorno del deposito del progetto di fusione presso la sede della società o della pubblicazione nel suo sito Internet. Nel caso in cui il bilancio d'esercizio è stato chiuso non oltre sei mesi prima di quest'ultima data, la legge consente l'allegazione al progetto di tale bilancio, evitando l'onere della redazione del bilancio infrannuale (art. 2501-*quater*, co. 2).

ii) Ulteriore allegato è la **relazione degli amministratori**, deputata ad illustrare e giustificare, sotto il profilo economico e giuridico (evidenziandone quindi i fini produttivi e comparando scenari alternativi), il progetto di fusione ed, in particolare, il rapporto di cambio, esplicitandone i criteri di determinazione e segnalando le eventuali difficoltà di valutazione. Se ne deduce che la fissazione del rapporto di cambio è affidata alla discrezionalità degli amministratori, che non sono tuttavia legittimati a valutazioni arbitrarie e devono pronunciarsi sulla base di dati economici completi e veritieri. Peraltro, al fine di assicurare un'informativa effettivamente aggiornata ed attendibile, gli amministratori non esauriscono il proprio compito con la redazione di questa relazione, ma devono altresì segnalare ai soci in assemblea ed agli organi amministrativi delle altre società partecipanti alla fusione le modifiche rilevanti agli elementi dell'attivo e del passivo intervenute tra la data di deposito o pubblicazione del progetto e la data di decisione della fusione (art. 2501-*quinquies*).

iii) Infine, sempre ad esclusiva salvaguardia dei soci e dei possessori di strumenti finanziari con diritto di voto in assemblea delle società partecipanti alla fusione, l'art. 2501-*sexies* prevede che *uno o più esperti* redigano, per ciascuna di esse, una **relazione sulla congruità del rapporto di cambio** che indichi il metodo o i metodi seguiti per la determinazione del concambio proposto e i valori risultanti dall'applicazione di ciascuno di essi, nonché le eventuali difficoltà di valutazione. Agli esperti si richiede, in particolare, un *parere* sull'adeguatezza dei metodi seguiti dagli amministratori per la determinazione del concambio. Per l'espletamento di questo non facile ufficio, ciascun esperto ha diritto di ottenere dalle società coinvolte nella fusione tutte le informazioni ed i documenti utili e di procedere ad ogni necessaria verifica.

Nelle *fusioni trasformative tra società di persone e di capitali*, gli esperti devono assolvere ad un compito ulteriore: redigere la **relazione di stima del patrimonio** della società di persone secondo criteri analoghi alla valutazione dei conferimenti in natura (art. 2501-*sexies*, co. 7). È questo un adempimento posto *a tutela dei creditori*, così garantiti dell'effettività del capitale post-fusione, sicché non è consentito ai soci di rinunciarvi all'unanimità.

d) Di tutti questi documenti, unitamente ai bilanci degli ultimi tre esercizi di ciascuna delle società partecipanti, è previsto (salva rinuncia unanime) il **deposito** in copia nella sede di quest'ultime o la **pubblicazione nel sito Internet** delle stesse società, durante i trenta giorni che precedono la decisione di fusione (quindici, nelle fusioni tra società non azionarie) (art. 2501-*septies*).

2. *La decisione di fusione*

La fusione deve essere decisa da ciascuna delle società che vi partecipano mediante **approvazione** del relativo progetto.

Tale approvazione avviene, nelle **società di persone**, con il consenso della ***maggioranza dei soci*** determinata secondo la parte attribuita a ciascuno negli utili, salvo il *diritto di recesso* per il socio non consenziente (art. 2502). È ammessa una diversa previsione statutaria che può concretizzarsi in clausole che dispongano diversi criteri di computo della maggioranza o nella previsione dell'unanimità.

Nelle **s.p.a.** la delibera di fusione deve essere approvata, con le normali maggioranze, dall'***assemblea straordinaria***, essendo una vicenda modificativa dell'atto costitutivo. Al socio non consenziente *non è riconosciuto il diritto di recesso*, a meno che la fusione sia eterogenea (cioè presupponga una trasformazione) o comunque implichi una modifica statutaria per la quale è esplicitamente previsto tale diritto (ad es., modifica dell'oggetto sociale cui consegue un significativo mutamento dell'attività della società: art. 2437, co. 1, lett. *a*).

Nelle **s.r.l.** la delibera di fusione è sempre assunta a maggioranza e richiede l'osservanza del *metodo assembleare* (art. 2479, co. 4). Al socio che non ha consentito alla fusione *spetta il diritto di recesso* (art. 2473, co. 1).

La decisione di fusione può apportare **modifiche al progetto di fusione** "che *non incidono sui diritti dei soci o dei terzi*" (art. 2502, co. 2).

Le delibere di fusione delle società di capitali devono essere sottoposte a **controllo notarile**, all'esito positivo del quale vengono depositate (con tutti i documenti preparatori: progetto e relativi allegati) per l'iscrizione nel registro delle imprese. Identico procedimento (controllo notarile e pubblicità) si applica alle decisioni di fusione di società di persone, nei casi in cui risultante dall'operazione è una società di capitali; fuori da queste ipotesi è invece sufficiente il deposito delle decisioni per l'iscrizione nel registro delle imprese (art. 2502-*bis*).

3. *Le fusioni semplificate*

Il procedimento di fusione risulta dunque particolarmente complesso ed articolato. Tuttavia, il legislatore ha previsto una serie di ipotesi in cui è possibile applicare talune **semplificazioni**.

Le agevolazioni e semplificazioni previste per le fusioni *cui non partecipano società con capitale rappresentato da azioni* (art. 2505-*quater*) sono già emerse.

Ulteriori ipotesi di semplificazione riguardano le ***fusioni per incorporazione di società interamente possedute*** (art. 2505) o ***possedute almeno al novanta per cento*** (art. 2505-*bis*). In questi casi, trattandosi sostanzialmente di un riassetto organizzativo di un'unica impresa di gruppo, il carattere prettamente gestorio di una simile operazione ha indotto a consentire all'atto costitutivo delle società fondende innanzitutto di assegnare la competenza ad assumere queste decisioni ai rispettivi *organi amministrativi*, con deliberazione risultante da atto pubblico (cfr. artt. 2505, co. 3, e 2505-*bis*, co. 3). Inoltre, nella fusione per incorporazione di società interamente possedute non è necessario determinare il rapporto di cambio, mentre lo è nella fusione per incorporazione di società possedute almeno al novanta per cento, ove esistono soci di minoranza che occorre salvaguardare con adeguata illustrazione dei criteri di determinazione prescelti dagli amministratori.

4. *La tutela dei creditori e dei possessori di obbligazioni*

I creditori di talune società partecipanti alla fusione possono risultare pregiudicati dall'unificazione dei patrimoni conseguente all'operazione, se alla stessa partecipano società meno solide o in difficoltà finanziarie. È così disposto che la fusione può essere attuata soltanto dopo il decorso di *sessanta giorni* decorrenti dalla data dell'iscrizione dell'ultima decisione di fusione (il termine è di trenta giorni in caso di fusione tra società non azionarie).

Entro questo termine, i *creditori anteriori all'iscrizione o alla pubblicazione del progetto di fusione* possono presentare **opposizione alla fusione** (art. 2503). Tale opposizione ha l'effetto di sospendere l'attuazione dell'operazione fintantoché il tribunale non abbia valutato l'effettiva sussistenza del pregiudizio. Tuttavia, il tribunale, qualora ritenga infondato il pericolo di pregiudizio oppure la società abbia prestato idonea garanzia, dispone che la fusione sia attuata nonostante l'opposizione (art. 2445, co. 4, richiamato dall'art. 2503, co. 2).

È però possibile che le società coinvolte nella fusione abbiano esigenza di un'immediata esecuzione dell'operazione. Perché possa realizzarsi una **fusione anticipata** è necessaria la sussistenza di uno dei seguenti requisiti: a) consenso di tutti i creditori delle società partecipanti anteriori all'iscrizione o alla pubblicazione dei progetti di fusione; oppure b) pagamento dei creditori non consenzienti; oppure c) deposito delle somme corrispondenti presso una banca. A queste strade alternative, l'attuale disciplina aggiunge un'ulteriore opportunità, consistente nell'affidare la relazione degli esperti, per tutte le società partecipanti alla fusione, ad un'unica società di revisione la quale asseveri, sotto la propria responsabilità, che la situazione patrimoniale e finanziaria delle società coinvolte nell'operazione rende superflue garanzie a tutela dei creditori.

La fusione attuata mediante costituzione di una nuova società di capitali o tramite incorporazione in una società di capitali non libera in ogni caso automaticamente i soci dall'eventuale **responsabilità illimitata** per le obbligazioni delle rispettive società partecipanti alla fusione sorte prima dell'ultima iscrizione dell'atto di fusione; affinché tale liberazione possa realizzarsi deve risultare che i creditori abbiano dato il proprio consenso alla fusione (art. 2504-*bis*, co. 5): consenso che si presume se i creditori, ai quali la deliberazione di fusione sia stata comunicata con lettera raccomandata o con altri mezzi che garantiscano la prova dell'avvenuto ricevimento, non lo abbiano espressamente negato nel termine di sessanta giorni dal ricevimento della comunicazione (arg. *ex* art. 2500-*quinquies*, co. 2).

5. *L'atto di fusione. L'esecuzione della fusione*

L'ultima fase del procedimento consiste nella stipula dell'**atto di fusione**. Trattasi di documento di natura sostanzialmente ricognitiva con il quale i *legali rappresentanti* delle società partecipanti eseguono le modifiche statutarie decise dai rispettivi soci.

La fusione deve in ogni caso risultare da **atto pubblico**, anche se l'incorporante (o la società riveniente dalla fusione) è una società di persone (art. 2504, co. 1). Entro trenta giorni da tale stipulazione, il notaio rogante (o i soggetti cui è affidata l'amministrazione dell'incorporante) devono depositare l'atto di fusione per l'iscrizione presso l'ufficio del registro delle imprese dei luoghi ove è posta la sede delle società incorporate o fuse, nonché dell'incorporante (o della società risultante dalla fusione); e quest'ultimo deposito non può precedere quello inerente alle società incorporate o fuse (art. 2504, co. 2 e 3).

L'*ultima di tali iscrizioni* dell'atto ha **efficacia costitutiva** della fusione: è da questo momento che "la società che risulta dall'operazione o quella incorporante assumono i diritti e gli obblighi delle società partecipanti alla fusione, proseguendo in tutti i loro rapporti anche processuali anteriori alla fusione" (art. 2504-*bis*, co. 1).

Conseguita l'efficacia costitutiva della fusione, gli amministratori possono compiere i relativi atti di **esecuzione**, quali l'annullamento delle azioni emesse dalle società incorporate o fuse, l'emissione di nuove azioni, la liquidazione dei soci recedenti e gli adempimenti contabili (bilancio di chiusura delle società incorporate o fuse e bilancio di apertura dell'incorporante). A quest'ultimo proposito in particolare, l'art. 2504-*bis*, co. 4, stabilisce che in tale *bilancio di apertura* le attività e le passività sono iscritte ai valori risultanti dalle scritture contabili alla data di efficacia della fusione (***principio di continuità contabile***).

III. *L'invalidità della fusione ed i rimedi risarcitori*

In base all'art. 2504-*quater*, *una volta eseguite le iscrizioni dell'atto di fusione,* ***la sua invalidità non può essere pronunciata.*** Resta salvo il diritto al risarcimento del danno eventualmente spettante ai soci o ai terzi danneggiati dalla fusione.

La norma è di particolare importanza. Tale assoluta preclusione di pronunce di invalidità dal momento in cui viene a realizzarsi l'efficacia costitutiva della fusione trova giustificazione nell'esigenza di stabilizzare in via definitiva la nuova organizzazione societaria allorché essa diviene operativa nel traffico giuridico. Ed infatti, una sopravvenuta invalidità della fusione – ad es. per vizi del relativo procedimento fin qui esposto – comporterebbe la duplice necessità di scomporre il patrimonio della società risultante dalla fusione e di riassegnare in via giudiziale gli elementi attivi e passivi che vi sono confluiti alle società incorporate o fuse, facendole rivivere, con grave pregiudizio per la certezza dei traffici; d'altra parte, le operazioni compiute *medio tempore* dalla società incorporante o risultante dalla fusione potrebbero aver alterato considerevolmente il suo patrimonio, rendendo pressoché impossibile il ritorno allo *status quo ante*.

Queste considerazioni inducono quindi a ricomprendere nell'ambito di applicazione della norma (che si traduce in una assoluta *preclusione della tutela reale*) anche i *vizi più gravi del procedimento* di fusione, quali sarebbero la totale assenza di una delle sue tre fasi (progetto, delibera ed atto), la *palese incongruità del rapporto di cambio* o l'*iscrizione dell'atto di fusione in pendenza dell'opposizione dei creditori.*

Ai soci e dai terzi danneggiati dalla fusione restano, anche in questi casi più gravi, i soli rimedi risarcitori (**tutela obbligatoria**), fatti salvi dall'art. 2504-*quater*, co. 2: ad es. il risarcimento del danno nei confronti degli amministratori e degli esperti, in caso di erroneità del concambio.

§ 70. LE SCISSIONI

SOMMARIO: I. *Nozione e forme di scissione*. – II. *Il procedimento di scissione*. – 1. Il progetto di scissione e le relazioni. – 2. Le regole specifiche a tutela dei soci. Scissione non proporzionale e scissione asimmetrica. – 3. La decisione e l'atto di scissione. La tutela dei creditori. Gli effetti della scissione.

I. *Nozione e forme di scissione*

La **scissione** è una particolare tecnica di riorganizzazione di complessi patrimoniali destinati all'esercizio dell'impresa, attuata mediante un processo di ristrutturazione delle compagini societarie.

Con la scissione una società *assegna tutto* (scissione totale) *o parte* (scissione parziale) *del proprio patrimonio* ad una (nel solo caso di scissione parziale) o più (in ipotesi di scissione sia totale che parziale) *società beneficiarie preesistenti o di nuova costituzione*. Contestualmente a tale assegnazione patrimoniale, le azioni o quote della (o delle) società beneficiaria/e sono direttamente assegnate ai soci della società scissa sulla base di un determinato rapporto di cambio.

La nozione giuridica di scissione (contenuta nell'art. 2506, co. 1) è dunque ben più complessa di quella ricavabile dal linguaggio comune, che porterebbe semplicisticamente a descriverla in termini di "operazione inversa alla fusione".

Le diverse forme che essa può assumere determinano conseguenze tra loro differenti.

Nella **scissione totale**, si è detto, la società che si scinde assegna *tutto il proprio patrimonio* a *più* società beneficiarie. Tale operazione determina l'*estinzione senza liquidazione* della società scissa (art. 2506, co. 3), dato che la sua attività prosegue nelle società beneficiarie, a cui vengono imputati diritti ed obblighi della scissa in proporzione alla quota di patrimonio loro trasferita.

Con la **scissione parziale**, la società scissa assegna solo *parte* del proprio patrimonio ad una o più società beneficiarie. Ne consegue che la società scissa non si estingue, ma continua ad operare con un patrimonio ridotto; i suoi soci acquistano (di regola, vedremo) anche partecipazioni della (o delle) società beneficiaria (-e).

La configurazione della scissione e, di riflesso, la sua disciplina mutano anche a seconda che *beneficiarie* dell'assegnazione patrimoniale siano società di *nuova costituzione* o *già preesistenti*.

La prima fattispecie è nota come **scissione in senso stretto**: l'atto di scissione funge in tal caso da *atto costitutivo delle nuove società*, i cui soci almeno inizialmente corrispondono a quelli della società estinta.

L'assegnazione di tutto o parte del patrimonio della società scissa a società beneficiarie già preesistenti dà luogo, invece, ad una **scissione per incorporazione**: tale operazione è caratterizzata dall'aumento del capitale (e del patrimonio) delle società beneficiarie a servizio dell'attribuzione delle loro azioni o quote ai soci della società scissa.

Valgono per la scissione i medesimi **limiti** già visti per la fusione.

Anzitutto, la scissione è **omogenea** ove il patrimonio della scissa sia assegnato (in tutto o in parte) a società beneficiarie del medesimo tipo; la scissione è invece **eterogenea** se tutte le società beneficiarie o anche una sola di esse è di tipo diverso dalla scissa. Questa distinzione è gravida di conseguenze sul piano normativo, giacché alla scissione eterogenea deve applicarsi anche la disciplina ed i limiti della trasformazione.

Non è poi consentita la scissione (totale o parziale) di società azionarie in liquidazione che abbiano iniziato la ripartizione dell'attivo (art. 2506, co. 4). Al pari delle fusioni, sono oggi invece consentite scissioni di società sottoposte a procedure concorsuali.

II. *Il procedimento di scissione*

In via di principio, la disciplina del procedimento di scissione ricalca le regole della fusione, stante il loro richiamo nell'art. 2506-*ter*, co. 5.

Le peculiarità ed il "polimorfismo" della scissione giustificano, tuttavia, la previsione di ulteriori regole a tutela dei soci e dei creditori, che è opportuno esaminare analiticamente.

1. *Il progetto di scissione e le relazioni*

a) Gli amministratori di tutte le società coinvolte nella scissione (anche se società beneficiarie preesistenti) devono redigere un **progetto di scissione**, corredato dagli stessi allegati (situazione patrimoniale, relazione degli amministratori e relazione degli esperti: art. 2506-*ter*, co. 1) e soggetto ai medesimi obblighi pubblicitari ed alle relative deroghe previsti per la fusione (art. 2506-*bis*, co. 5).

Il contenuto del progetto di scissione risulta però ancor più articolato in quanto i dati già presenti nel progetto di fusione vanno integrati con indicazioni rese necessarie dalla inevitabile pluralità di società risultanti dalla scissione. Tale circostanza rende quindi necessario specificare: da un lato, l'*esatta descrizione degli **elementi del patrimonio da assegnare** a ciascuna delle società beneficiarie*; e, dall'altro, i ***criteri di distribuzione delle azioni o quote** delle società beneficiarie* (art. 2506-*bis*, co. 4): a quest'ultimo riguardo l'indicazione del rapporto di cambio è qui necessaria ma non sufficiente, poiché occorre altresì definire la *misura* in cui i soci partecipano *in ciascuna* delle società beneficiarie (essendo possibile anche una redistribuzione non proporzionale o asimmetrica delle partecipazioni: *infra*, 2).

Tanto acquisito, non sorprende allora che la disciplina della scissione sia prevalentemente composta da **regole suppletive**, che soccorrono ad eventuali *lacune* del progetto non rimediabili secondo i tradizionali canoni ermeneutici.

Così, si prevede anzitutto la sorte di *elementi dell'attivo* la cui destinazione non sia desumibile dal progetto (art. 2506-*bis*, co. 2). In ipotesi di scissione totale, tali attività sono ripartite tra le società beneficiarie *in proporzione alla quota del patrimonio netto assegnato* a ciascuna di esse così come valutato ai fini della determinazione del rapporto di cambio; nel caso di scissione parziale, l'elemento dell'attivo non indicato nel progetto *resta in capo alla società scissa*, giacché questa non si estingue per effetto della scissione.

Diversa è la regola stabilita per gli *elementi del passivo* di incerta destinazione, ispirata alla finalità di garantire maggiore protezione dei creditori sociali. È in particolare prevista una *responsabilità solidale delle società beneficiarie, nei limiti del valore effettivo del patrimonio netto* attribuito a ciascuna di esse. Alla responsabilità della (o delle) beneficiaria/e entro questo limite, si aggiunge, nella scissione parziale, la responsabilità della società scissa (art. 2506-*bis*, co. 3).

b) Talune peculiarità presenta anche la **relazione dell'organo amministrativo** allegata al progetto di scissione, che deve fornire specifica illustrazione dei criteri di distribuzione delle azioni o quote, nonché indicazioni circa il valore effettivo del patrimonio netto assegnato alle società beneficiarie e di quello eventualmente rimasto alla società scissa.

c) Come nella fusione è tendenzialmente prevista la **relazione degli esperti** sulla congruità del rapporto di cambio delle azioni o delle quote ma, al fine di evitare inutili costi, è disposta una deroga in particolare in caso di *scissione in senso stretto* in cui il progetto preveda l'assegnazione a tutti i soci di azioni o quote in misura *proporzionale* alla partecipazione da loro detenuta nella scissa (art. 2506-*ter*, co. 3).

2. *Le regole specifiche a tutela dei soci. Scissione non proporzionale e scissione asimmetrica*

Alcune norme speciali sono poste a tutela dei soci.

Come anticipato, dal progetto di scissione devono risultare i **criteri di distribuzione delle azioni o quote** delle società beneficiarie. È così certamente consentito decidere *a maggioranza* una scissione che preveda un'attribuzione delle partecipazioni ai soci ***non proporzionale*** alla loro partecipazione originaria (nella scissione totale di una società formata da tre soci con pari partecipazioni, ad es., ciascuno dei tre riceve una partecipazione del 60% in una delle tre beneficiarie di nuova costituzione, mentre i due restanti si dividono il 40%); in tal caso, però, viene assicurata ai soci che non approvano la scissione una tutela particolare, consistente nel riconoscimento di un loro *diritto di far acquistare le proprie partecipazioni* per un corrispettivo determinato alla stregua dei criteri previsti per il recesso. Tale obbligo di acquisto e coloro che ne sono soggetti devono risultare dal progetto di scissione (art. 2506-*bis*, co. 4).

Ma la scissione, oltreché tecnica di ristrutturazione organizzativa, può costituire strumento di vera e propria *separazione di compagini sociali* non più coese. L'attuale disciplina consente così una "scissione in senso soggettivo": col consenso unanime dei soci della società scissa, ad alcuni di essi *non vengono assegnate azioni o quote di una delle società beneficiarie*, ma azioni o quote della società scissa (c.d. **scissione asimmetrica**: art. 2506, co. 2).

3. *La decisione e l'atto di scissione. La tutela dei creditori. Gli effetti della scissione*

Abbiamo visto che il procedimento di scissione è scandito come quello di fusione: il progetto deve essere **approvato dai soci** e **pubblicato** secondo le medesime regole.

Analogamente alla fusione, la decisione (o delibera) di scissione non può essere immediatamente eseguita. La stipula dell'**atto di scissione** può essere effettuata, infatti, soltanto dopo sessanta giorni (trenta, riterrei, se alla scissione partecipano società non azionarie) dall'iscrizione nel registro dell'imprese dell'ultima decisione di scissione.

Entro questo termine ciascun creditore *anteriore alla pubblicazione del progetto di scissione* può proporre **opposizione** (art. 2506-*ter*, co. 5, che richiama l'art. 2503). È tuttavia possibile una *stipula anticipata* dell'atto di scissione, allorché consti il consenso di tutti i creditori anteriori alla pubblicazione del progetto, il pagamento dei creditori non consenzienti o il deposito presso un istituto di credito delle somme necessarie per pagarli, oppure quando la relazione sulla congruità del rapporto di cambio sia redatta da un'unica società di revisione che asseveri, sotto la propria responsabilità, che la situazione patrimoniale e finanziaria delle società partecipanti alla scissione non rende necessarie garanzie a tutela dei creditori (non consenzienti).

Ad ogni modo, nella scissione, la valutazione dell'eventuale pregiudizio dei creditori deve tener conto della sussistenza di un ulteriore presidio a loro tutela, costituito dalla permanenza della **responsabilità solidale** *di ciascuna società coinvolta nell'operazione*, sia pure ***nei limiti del valore effettivo del patrimonio netto*** ad essa rimasto o assegnato, per i debiti della società scissa non soddisfatti dalla società cui fanno carico (art. 2506-*quater*, co. 3).

L'atto di scissione deve risultare da ***atto pubblico***. Nell'ipotesi di scissione in senso stretto, esso vale anche come atto costitutivo delle società risultanti dalla scissione: deve perciò indicare tutti i loro soci e le azioni e le quote a ciascuno di essi spettanti, benché sia pur sempre stipulato e sottoscritto dai soli amministratori della società scissa in esecuzione della decisione di scissione.

La scissione acquista **efficacia costitutiva** nel momento in cui avviene l'ultima iscrizione dell'atto di scissione nel registro delle imprese ove sono iscritte le beneficiarie (art. 2506-*quater*, co. 1); tale adempimento comporta, dunque, che le beneficiarie assumono i diritti e gli obblighi della società scissa a ciascuna assegnati nell'atto di scissione. Se ne deduce che gli adempimenti pubblicitari relativi alla società scissa devono precedere quelli relativi alle beneficiarie.

Dal momento in cui la scissione acquista efficacia, essa diviene inattaccabile, non essendo più consentito – come già visto per la fusione – dichiararne l'**invalidità** (art. 2506-*ter*, co. 5, che richiama l'art. 2504-*quater*). I soci ed i creditori danneggiati dalla scissione possono soltanto esperire i rimedi risarcitori.

SEZIONE DICIASSETTESIMA

IL DIRITTO DEL SISTEMA FINANZIARIO

§ 71. I BISOGNI FINANZIARI, IL SISTEMA FINANZIARIO E LE RAGIONI DELLA SUA REGOLAZIONE. LE FONTI

I. *Il sistema finanziario come "luogo" di risposta ai bisogni finanziari dell'impresa e dei privati*

Nonostante negli ultimi anni il sistema finanziario abbia conosciuto un'esplosione di interesse ed anche una corrispondente crescita di attenzione da parte del legislatore sia in Italia sia a livello internazionale, ***non è*** tuttavia ***rinvenibile alcuna definizione normativa del "fenomeno finanziario"***. In questo contesto è perciò il giurista-interprete ad essere chiamato ad un'opera di ricostruzione della nozione.

Anche in ragione dell'attuale mancanza di qualificazioni giuridiche univoche, sembra opportuno approcciare al tema mettendo per un attimo da parte la prospettiva del giurista per seguire quella – logicamente precedente – dell'***analisi economica*** dei fenomeni in oggetto. Agli economisti risulta infatti assai meno problematico fornire una definizione sia di "sistema finanziario" che di "attività finanziarie", venendo tali concetti ricostruiti a partire dalla ancora più basica nozione di "bisogni finanziari".

Con l'espressione "**sistema finanziario**", in ambito economico si è soliti riferirsi, in via di prima approssimazione, ad un insieme integrato di strumenti, intermediari, mercati e infrastrutture ove si generano rapporti di debito e di credito che consentono: a) il trasferimento di risorse finanziarie da soggetti che ne hanno in eccesso (*soggetti in surplus*) a soggetti che non ne hanno abbastanza (*soggetti in deficit*), così da realizzare la migliore allocazione del capitale; b) il soddisfacimento di altri bisogni, in termini ancor più generali, di natura finanziaria.

Nei casi di cui alla lett. a), i rapporti che si generano tra gli utenti finali sono volti a soddisfare **"bisogni finanziari in senso stretto"** ovvero il bisogno di un individuo di finanziare la propria spesa o, nel caso di un'impresa, di realizzare la provvista dei mezzi finanziari necessari alla costituzione e al funzionamento dell'impresa stessa.

Per quanto concerne poi i c.d. "**bisogni finanziari in senso lato**" degli individui e dell'impresa, si tratta di una tipologia eterogenea, alla quale sono riconducibili, fra gli altri, bisogni di copertura e gestione dei numerosi rischi a diverso titolo connessi alla propria sfera giuridica e all'attività svolta (che possono venire soddisfatti mediante molteplici istituti, ad es. la stipula di polizze assicurative), così come bisogni di consulenza finanziaria e strategica.

Per fare fronte ai suddetti bisogni finanziari, gli utenti finali (individui, imprese e settore pubblico) si rivolgono dunque all'esterno, ponendo in essere, sempre in una prospettiva economica, **attività finanziarie**, ovvero *relazioni con altri soggetti* che comportano, a diverso titolo, un *trasferimento di risorse finanziarie*. Il modo attraverso cui tale trasferimento si verifica è assai vario a seconda dello specifico bisogno finanziario che si intende soddisfare. Ad ogni modo, l'insieme di tali attività finanziarie è in grado, sempre secondo gli economisti, di originare interrelazioni così strette fra tutti i soggetti coinvolti da meritare di essere considerato in termini di "**sistema**", ovvero come qualcosa di ulteriore, per il valore che genera, rispetto ad una semplice sommatoria di rapporti individuali.

Il sistema finanziario nel suo complesso svolge un ruolo fondamentale nell'economia, poiché, consentendo il trasferimento delle risorse finanziarie da soggetti che non hanno opportunità d'investimento produttivo a quelli che al contrario dispongono di tali opportunità, realizza un'***efficiente allocazione del capitale*** e contribuisce ad accrescere la produzione e l'efficienza nell'intera economia.

Per quanto concerne in particolare i bisogni finanziari in senso stretto, ovvero l'esigenza di reperimento esterno di risorse finanziarie, vi sono due fondamentali modalità di realizzazione di tali bisogni.

a) Una prima modalità è quella del **circuito diretto**, nel quale i soggetti in deficit (imprese e settore pubblico) incontrano direttamente i soggetti in surplus sul *mercato mobiliare* – inteso come luogo di incontro della domanda e dell'offerta di risorse finanziarie, in prevalenza strutturate in *strumenti finanziari* – senza che alcun intermediario assuma una propria posizione come parte dello scambio, a credito o a debito. In questo contesto, i risparmiatori (o, per meglio dire, gli investitori) sottoscrivono titoli emessi dalle imprese, rappresentati da quote di partecipazione al capitale (azioni di s.p.a., quote di s.r.l., ecc.) ovvero da quote di debito (obbligazioni di s.p.a., ecc.), assumendosene i relativi rischi (*in primis*, il rischio del fallimento del soggetto partecipato/debitore, ma anche quello della mancata capacità di generare risorse sufficienti a remunerare i titoli emessi).

In una prima variante (***scambio diretto autonomo***), l'instaurazione della relazione finanziaria avviene senza la mediazione di alcun intermediario. Sempre più spesso, peraltro, si assiste ad una seconda variante (***scambio diretto assistito***), caratterizzata dall'intervento di un *intermediario* volto ad agevolare in vario modo il trasferimento delle risorse. In questo caso, gli intermediari prestano *servizi di investimento*, ossia svolgono un ruolo di assistenza alle imprese nel collocamento dei propri titoli sui mercati o ai risparmiatori nell'investimento. In altri casi ancora, i risparmiatori si rivolgono a intermediari per investire nei mercati sfruttando il beneficio della diversificazione del rischio, possibile solo quando si dispone di somme molto ingenti; a tal fine, i risparmiatori, anziché comprare direttamente i titoli emessi dalle imprese o dalle amministrazioni pubbliche, acquistano quote di fondi dotati di autonomia patrimoniale (come i fondi comuni di investimento o i fondi pensione) e gestiti da intermediari specializzati (è questo il fenomeno della *gestione collettiva del risparmio*). Anche in questa variante il rischio dell'investimento rimane a carico dei risparmiatori: gli intermediari rispondono, infatti, nei confronti di questi ultimi solo a titolo di risarcimento del danno nel caso in cui non abbiano adempiuto al contratto avente a oggetto il servizio di investimento, ossia all'incarico ricevuto, secondo i principi di diligenza, correttezza, buona fede.

b) La seconda modalità è quella che dà vita, invece, ad un **circuito indiretto** (o intermediato in senso forte), nel quale i soggetti in deficit e i soggetti in surplus non divengono controparti dirette dello scambio: un intermediario (che, tradizionalmente, è sempre stato una banca) si interpone infatti fra le due categorie di soggetti assumendo una posizione contrattuale propria, a debito verso il datore di fondi e a credito nei confronti del prenditore di fondi (*raccolta del risparmio* ed *erogazione del credito*), così attuando una trasformazione qualitativa del rapporto di finanziamento. Sempre nel circuito indiretto, si può realizzare anche erogazione del credito nei confronti di soggetti in deficit da parte di un intermediario che non raccoglie risparmio ma eroga con fondi propri (è il caso di intermediari finanziari diversi dalle banche).

Allargando poi lo sguardo ai bisogni finanziari in senso lato, fra questi spicca il già menzionato **bisogno di sicurezza**, individuato, in ambito economico, nel bisogno attuale di avere i mezzi di soddisfazione di bisogni futuri quando si presenteranno. L'eventualità che si possano presentare bisogni futuri è detta "***rischio***". Chiunque – impresa, settore pubblico o famiglie consumatrici – sia soggetto a determinati rischi (che nel caso dell'impresa interessano fondamentalmente il patrimonio e consistono in possibili costi o perdite, mentre nel caso di persona fisica riguardano anche la vita umana) può premunirsi o accantonando somme di denaro sufficienti a far fronte al bisogno temuto (così però sottraendo risorse al soddisfacimento di bisogni attuali) oppure ricorrendo ad *operazioni ad hoc di copertura del rischio*. In passato, si trattava prevalentemente di operazioni di natura assicurativa, ma in anni più recenti tale bisogno trova soddisfazione anche nell'operatività in un particolare tipo di prodotti finanziari, i *derivati*, e in specie nei derivati c.d. di copertura.

Il buon funzionamento di un sistema finanziario è assicurato dalla presenza di una serie di **infrastrutture** necessarie per l'esecuzione di transazioni (in senso economico). Le infrastrutture del sistema finanziario includono il *sistema dei pagamenti* e i sistemi atti ad agevolare l'efficiente esecuzione delle operazioni di contrattazione di strumenti finanziari: quindi, tutti quei *sistemi multilaterali* tra molteplici istituzioni partecipanti, compreso un gestore centrale del sistema, che sono utilizzati allo scopo di compensare, regolare o contabilizzare posizioni reciproche.

Fra le infrastrutture appena menzionate, un ruolo cruciale è svolto dal **sistema dei**

pagamenti. Senza dubbio, infatti, in un'economia monetaria, quale è quella contemporanea, è la moneta il veicolo universale per il trasferimento del potere d'acquisto e l'efficiente esecuzione di pagamenti costituisce la base di un sistema finanziario, ma prima ancora del funzionamento dell'economia sia per le imprese sia per gli individui.

II. *Le ragioni della necessaria regolazione del sistema finanziario*

Appartiene ad un lontano passato la corrente di pensiero che nega l'opportunità di qualsivoglia regolamentazione in campo finanziario sulla base dell'assunto che essa comporta costi e inefficienze superiori a quelli che intende risolvere e che il mercato (la sua "mano invisibile") ha in sé la capacità di realizzare condizioni ottimali di efficienza e stabilità.

L'esperienza storica ha messo in evidenza infatti che qualche forma di regolamentazione specifica è necessaria per correggere i c.d. **fallimenti del mercato** (*market failures*): l'incapacità del mercato, cioè, di raggiungere in modo autonomo (tramite il libero gioco della domanda e dell'offerta) condizioni soddisfacenti di efficienza. E tali fallimenti, nel settore finanziario, sono molteplici, riguardano fattispecie diversificate e possono avere effetti negativi particolarmente intensi.

Di conseguenza, il **controllo** e la **regolamentazione** in campo finanziario, benché comportino costi aggiuntivi, si reputano ormai necessari al fine di mitigare i rischi per il sistema attraverso il perseguimento di determinate finalità, che vengono tradizionalmente individuate in: stabilità, buon funzionamento e competitività del sistema finanziario; tutela del risparmio, degli investitori e, più in generale, dei clienti; riduzione di asimmetrie informative, di azzardo morale e selezione avversa; fiducia nel sistema finanziario.

Date per assunte le suddette finalità, il dibattito si articola su entità e modalità della regolamentazione. Sotto questo profilo, è stato osservato che quest'ultima ha un *movimento a pendolo*, oscillante in modo costante, nel corso del tempo, fra una maggiore e una minore pervasività. In questa dinamica, un ruolo significativo rivestono le *crisi finanziarie sistemiche* (vale a dire le crisi che non riguardano solo un singolo intermediario bensì, per l'appunto, tutto il sistema), che sono di solito precedute da una fase di indebolimento del quadro regolamentare e seguite da un irrigidimento del medesimo. Quantomeno rispetto alle due più importanti crisi sistemiche verificatesi dall'Ottocento ad oggi (la crisi degli anni Trenta e quella, più recente, che ha avuto inizio nel 2007), fra le concause viene infatti individuato un precedente periodo di forte liberalizzazione nel sistema finanziario e, come esito, viene invece descritta un'articolata gamma di forme di intervento diretto nell'economia. Più in dettaglio, si rinvengono forme che vanno da iniziative di sostegno del sistema (ad es. salvataggi, operati con denaro pubblico, di banche e altre imprese finanziarie) a riforme della regolamentazione nel segno, appunto, di una maggiore rigidità.

III. *Le linee di fondo delle fonti del sistema finanziario*

Nell'introdursi alle fonti del diritto del sistema finanziario oggi vigenti nel nostro Paese, la prima impressione che si ricava è quella di una vera e propria **sovrapproduzione normativa** verificatasi nell'arco degli ultimi trent'anni e solo in parte spiegabile alla luce della rapidissima evoluzione delle attività finanziarie nella loro dimensione "materiale".

Tra le **ragioni** di tale sovrapproduzione un ruolo rilevante è, innanzitutto, giocato dal ***proliferare delle fonti di produzione***, giacché le regole riferibili ai fenomeni finanziari sono venute nel tempo a moltiplicarsi a più livelli, differenziandosi altresì sotto il profilo della loro natura e del loro grado di vincolatività.

Sul piano delle **fonti legislative**, vi è una assai complessa architettura, giocata tra fonti nazionali e sopranazionali, per un verso, e tra fonti primarie e secondarie di varia origine, per altro verso.

Quanto, anzitutto, alla ***dimensione europea***, può dirsi ormai consolidata un'articolata disciplina del sistema finanziario – riguardante sia il comparto bancario, sia il mercato mobiliare sia il settore assicurativo – che ha una sua propria gerarchia delle fonti, nel cui ambito si distinguono, a partire dalle fonti di diritto primario (Trattati), norme di primo (regolamenti e direttive) e di secondo livello (altre discipline provenienti da Autorità di supervisione e di regolazione europee). Quanto alla ***dimensione nazionale***, si spazia dai principi costituzionali, attraverso le norme primarie, sino a giungere a una rilevante mole di normativa secondaria di diversa provenienza (provvedimenti delle Autorità di vigilanza, decreti ministeriali).

È poi utile evidenziare come nel sistema finanziario sia ormai acquisita la convivenza tra *regole "pubbliche"* (cioè la produzione normativa in senso proprio) e *forme di self-regulation* (o di *soft law*): è il c.d. meccanismo del *two tier system* ovvero del **doppio binario**, ove si realizza una cooperazione tra regolatori pubblici e privati. In questo scenario globale, a partire dagli anni Ottanta vengono invero emanate una serie di regole – di diversa fonte e di diversa natura – volte a fissare ***standard uniformi di vigilanza e best practices***. Sono divenuti ormai numerosi i set di principi predisposti da organismi internazionali, i c.d. *standard setter* – quali il Comitato di Basilea e lo IOSCO –, che, pur se privi di immediata vincolatività nell'ordinamento nazionale, sono tuttavia in grado di incidere in modo rilevante sulla condotta dei *players* del sistema finanziario. Spesso, d'altra parte, questi set vengono poi trasfusi in normative europee (si parla di *soft law* rafforzata).

In una prospettiva analoga si pongono i diversi ***strumenti di autodisciplina*** (quali i codici di comportamento elaborati da organismi rappresentativi di date categorie professionali), in grado anch'essi di incidere in modo rilevante sulla condotta degli operatori di riferimento.

Vi è poi un'ulteriore causa della sovrapproduzione normativa su cui merita fare un cenno e che può definirsi "***tecnificazione***". Con tale espressione, ci si vuole riferire alla tendenza a dare rilevanza giuridica a regole e parametri tecnici a spiccata valenza operativa, inerenti la condotta, l'organizzazione, la struttura dei *players* dei settori implicati. Nel settore finanziario le spinte verso questo modello di giuridificazione sono state di due tipi fra loro convergenti.

In primo luogo, si è assistito ad una diffusa utilizzazione, nella costruzione delle regole normative, di concetti e meccanismi propri delle tecniche finanziarie, aziendalistiche, ma anche informatiche: si pensi, ad es., all'imposizione alle banche di sempre più complessi *ratios* quantitativi. Inoltre, si è andati a procedimentalizzare puntigliosamente ogni aspetto dell'operatività degli intermediari, con correlata moltiplicazione delle strutture organizzative e di controllo, interne ed esterne, e con un'analitica procedimentalizzazione delle loro condotte.

La formalizzazione e traduzione di tutti questi criteri e parametri tecnici in regole giuridiche è avvenuta soprattutto mediante atti di normazione secondaria che, per questa via, sono aumentati considerevolmente in numero ed estensione, venendo a complicare alquanto il sistema delle fonti.

Focalizzando l'attenzione, in questo articolato scenario, all'evoluzione del quadro normativo vigente in Italia, occorre prendere le mosse dalla **Costituzione**, la quale del fenomeno finanziario si occupa in particolare all'art. 47, norma che prevede che la Repubblica debba incoraggiare e ***tutelare il "risparmio in tutte le sue forme"***, e anche all'art. 41 sul ***diritto d'iniziativa economica privata***, norma che, pur non essendo specificamente rivolta al settore finanziario, con quest'ultimo presenta strette attinenze, venendo sovente richiamata a proposito del rilievo costituzionale che avrebbe nel nostro ordinamento un intervento legislativo volto a disciplinare i controlli e i programmi necessari per indirizzare le imprese, pubbliche e private, a fini di utilità sociale.

Negli ultimi trent'anni in Italia si è registrata un'intensa attività del legislatore, che è venuto a ridisegnare in modo profondo la regolazione del sistema finanziario, via via maturando la consapevolezza dei limiti della giurisdizione domestica, nel senso dell'impossibilità, in una prospettiva unicamente nazionale, di perseguire in modo efficace gli obiettivi di trasparenza dei mercati, correttezza e stabilità degli intermediari, tutela della clientela. Da quest'angolo visuale, il più grande motore della normazione in campo finanziario in Italia è stato senza dubbio il **diritto dell'Unione europea**. Sotto il profilo della tecnica normativa utilizzata a livello comunitario per incidere sugli ordinamenti nazionali, occorre rammentare che, nel corso del tempo, il sistema finanziario è passato da essere interessato in prevalenza da *direttive di armonizzazione minima* all'essere oggetto di direttive per lo più *di armonizzazione massima*, cui si sono anche affiancati r*egolamenti europei* (per loro natura direttamente applicabili negli Stati membri); fino a giungere (specie nel settore bancario) al superamento della prospettiva della mera armonizzazione per andare invece verso una vera e propria ***integrazione***. Di conseguenza, il legislatore nazionale si è trovato di fronte a discipline sempre più rigide e dettagliate con spazi di adattamento ai singoli ordinamenti via via più esigui.

Gli attuali testi normativi di riferimento nazionali sono distinti per ciascuno dei tre settori in cui tradizionalmente il sistema finanziario si articola: per quello bancario il **Testo unico bancario** (d.lgs. 385/1993: TUB), per quello mobiliare il **Testo unico della finanza** (d.lgs. 58/1998: TUF) e per quello assicurativo il **Codice delle assicurazioni private** (d.lgs. 209/2005: c.ass.), a ciascuno dei quali si aggiunge poi la congerie di discipline applicative di rango secondario e di *soft law*, a cui si è accennato. Questi tre testi costituiscono fondamentalmente le risultanti di innesti comunitari che ne sono stati occasione e stimolo e rappresentano la sistemazione e il coordinamento fra preesistenti serie disciplinari, secondo la tecnica legislativa dei testi unici o codici di settore.

Sotto questo profilo, va peraltro osservato che, mentre in campo bancario e assicurativo sussistevano nel nostro Paese legislazioni settoriali di molto risalenti rispetto all'avvento del diritto comunitario (e sulle quali quest'ultimo ha avuto un'incidenza sistemica forte), nel settore mobiliare invece solo poche leggi (in particolare la l. 1/1991) avevano preceduto gli interventi comunitari e, in quanto piuttosto recenti, di tale contesto già tenevano parzialmente conto.

L'attuale assetto delle fonti del diritto finanziario, tuttavia, è lungi dal risultare pienamente consolidato. Ad oggi, infatti, a fronte del permanere di serie normative distinte ed anche parzialmente disallineate sotto il profilo delle soluzioni giuridiche prescelte, sono ben visibili e crescenti sia spinte del mercato verso una contaminazione dei tre settori tradizionali, sia alcuni tentativi a livello comunitario di disciplinare in modo trasversale l'intero sistema finanziario.

§ 72. I CONCETTI

SOMMARIO: I. *Il denaro*. – 1. Nozione economica e funzioni. Nozioni giuridiche. – 2. Fenomenologia del denaro. – II. *I soggetti. Banca, impresa di investimento e altri soggetti finanziari, impresa assicurativa*. – III. *Le attività*. – 1. Raccolta del risparmio e servizi di finanziamento. Le altre attività permesse alla banca. – 2. I servizi di investimento. La gestione collettiva del risparmio. – 3. L'attività assicurativa. – IV. *I mercati. Dai mercati tradizionali alle* trading venues.

I. *Il denaro*

1. *Nozione economica e funzioni. Nozioni giuridiche*

Il **denaro**, come si è detto, costituisce l'oggetto del bisogno finanziario e rappresenta pertanto l'elemento fondamentale del sistema finanziario. Definirlo, però, è operazione concettuale tutt'altro che semplice.

Sotto il profilo economico, la **funzione** principale cui assolve è quella di ***bene intermediario negli scambi***. Il denaro consente di superare il modello di circolazione dei beni e dei servizi fondato sul baratto, cioè sullo scambio tra beni vicendevolmente idonei a soddisfare il bisogno umano "specifico" dei soggetti che vi prendono parte (ad es., nel baratto della ruota di una macina e di un aratro l'una parte soddisfa il bisogno di conseguire lo strumento per la produzione di farina e l'altra parte il bisogno di disporre di un mezzo per la coltivazione dei campi). Il superamento di questo modello di circolazione avviene attraverso *l'interposizione di un bene che, nella comunità sociale, viene accettato come* ***bene universale di scambio***; la facilitazione nel commercio che così si realizza è ragguardevole, poiché chi intende alienare qualcosa o fornire un servizio non è costretto a selezionare la controparte in base al bene o al servizio che questa è a sua volta capace di rendergli, ma può limitarsi a ricevere un bene (= il denaro), che potrà successivamente impiegare nell'acquisto di qualsivoglia altro oggetto o servizio cui sia interessato. Il denaro, in altre parole, è un bene che *incorpora un* ***potere di acquisto generale****, riconosciuto tale in una data comunità*.

Accanto a tale funzione vi sono inoltre quella di ***unità di misura del valore*** dei diversi beni o servizi circolanti e quella di ***strumento di accumulazione della ricchezza***.

Proiettandosi nella dimensione giuridica, va osservato anzitutto che il riconoscimento di un dato bene come intermediario negli scambi può determinarsi in primo luogo su *basi legali* (così in Italia per l'euro). Si parla di **moneta avente corso legale** (o moneta legale): *l'ordinamento riconosce un dato bene* (misurabile quantitativamente) *come idoneo a soddisfare le obbligazioni pecuniarie*, cioè quelle aventi ad oggetto l'attribuzione di un potere d'acquisto (v. art. 1277 c.c.).

Posta la molteplicità degli ordinamenti giuridici su base territoriale, coesistono naturalmente una pluralità di monete legali: rispetto a ogni ordinamento, cioè, una è la *moneta legale domestica* (= avente corso legale nel territorio ad esso relativo), le altre sono monete aventi corso legale all'estero (ossia per altri ordinamenti: *monete straniere*).

Accanto alle monete aventi corso legale vi sono poi le c.d. **monete complementari**, cioè beni accettati come intermediari negli scambi su basi meramente convenzionali da una cerchia più o meno ampia di persone e che circolano pertanto parallelamente alla moneta legale. Si tratta di un fenomeno diffuso nel passato come oggi; può trattarsi di monete utilizzate e accettate localmente, o di monete fuori corso (la lira, ad es., veniva qua e là accettata anche dopo l'avvento definitivo dell'euro); l'esempio più moderno è sicuramente quello delle criptomonete, la più nota delle quali è il bitcoin (*infra*, 2).

L'ordinamento giuridico ricorre in più circostanze all'espressione "denaro", o "moneta" o ad altre simili (ad es., strumenti di pagamento) o derivate, tratteggiando con riferimento a tali fattispecie specifiche discipline (ad es., quella dell'obbligazione pecuniaria, sopra ricordata; quella dei conferimenti in società, di cui agli artt. 2342 ss. c.c.; la disciplina antiriciclaggio, contenuta nel d.lgs. 231/2007, ecc.). Tuttavia non ne detta una definizione.

L'esame di tali discipline mostra come vi sia all'interno dell'ordinamento una **pluralità di nozioni giuridiche** di denaro, più o meno ampie, a seconda degli obiettivi perseguiti di volta in volta dalle singole disposizioni o dai singoli gruppi di disposizioni.

Può dirsi, in via preliminare, che ciascuna delle fattispecie registrabili nel sistema giuridico presenta un **elemento comune**: si è sempre di fronte a un: i) *documento* (materiale o, come vedremo, digitale) ii) *oggetto di attribuzione esclusiva* (che cioè non ha rilevanza giuridica in quanto attestante un fatto, ma in quanto appartenente a un soggetto e come tale suscettibile di circolare), iii) *esprimente un dato numerico* (in una data unità monetaria: euro, dollaro, bitcoin ecc.) e iv) *svolgente una funzione intermediaria degli scambi*. Questa è la condizione necessaria per la qualificazione giuridica di un dato bene come denaro.

Ora, alcuni blocchi disciplinari accolgono una nozione fondata esclusivamente su questa condizione (sicché anche le monete complementari vi sono ricomprese). Altri viceversa, in vista del perseguimento delle finalità loro proprie, innestano sul predetto elemento comune talune **specificazioni**, che circoscrivono pertanto la fattispecie ad essi relativa. Ad es. nel delitto di falsificazione di monete (art. 453 c.p.) si fa riferimento alle "monete nazionali o straniere, aventi corso legale nello Stato o fuori"; nella disciplina delle s.p.a. (art. 2342 c.c.), conferimenti in denaro sono esclusivamente i conferimenti nella stessa valuta in cui è espresso il capitale, cioè in euro.

2. *Fenomenologia del denaro*

Ciò che consideriamo denaro ha assunto nel tempo e assume tuttora diverse forme di manifestazione.

a) I primi beni cui venne riconosciuta la funzione di intermediazione negli scambi (e spesso le altre funzioni sopradescritte) erano beni che soddisfacevano prima di tutto bisogni umani specifici e del tutto diversi: cereali, bestiame, metalli preziosi. Si parla in tal caso di **moneta-merce** o *moneta avente un valore intrinseco* (art. 1280 c.c.).

b) Alla moneta-merce si contrappone la **moneta-segno**. Questa è un oggetto-documento che non soddisfa altro interesse se non quello di fungere da denaro. È quel che accade oggi: i pezzi metallici sono composti in materiale vile, le banconote sono ritagli di carta; essi hanno valore solo in quanto e fino a quando sono accettati come mezzo di scambio e sono perciò idonei ad esprimere un potere d'acquisto.

c) Al genere della moneta-segno appartengono anche le **criptovalute**. La più nota attualmente è il bitcoin. Si tratta di *monete complementari*, anche se nulla esclude che un ordinamento ne riconosca una in particolare come moneta avente corso legale e che il relativo apparato statale ne curi l'emissione (ed esperienze in questo senso si stanno compiendo in alcuni Paesi).

La loro creazione e circolazione poggia sulla ***tecnologia blockchain*** e di registrazione distribuita: si tratta di una tecnologia che si basa su *software* presenti nei singoli terminali degli utenti e interconnessi. Le monete sono registrate nei portafogli virtuali (*e-wallets*) degli utenti medesimi, i quali vi accedono mediante una chiave privata; la circolazione avviene attraverso la registrazione dei movimenti disposti dai singoli utenti, che vengono accorpati in blocchi digitali non alterabili dall'esterno.

d) Una natura completamente diversa ha la c.d. **moneta scritturale**. La sua espressione massima e più diffusa è il saldo (attivo) di un conto corrente bancario (si parla di moneta bancaria): di esso il titolare può disporre per effettuare pagamenti ad es. mediante bonifico verso altro conto. Non si tratta tuttavia di denaro nel medesimo senso che l'espressione ha quando viene riferita alla moneta-segno. La moneta scritturale rappresenta infatti un ***debito della banca nei confronti del cliente***. Si coglie la differenza, rispetto al contante (alla moneta-segno, cioè), se si considera che la moneta scritturale rappresenta ricchezza, per il titolare del conto, solo nella misura in cui la banca sia solvibile.

In altre parole, la moneta scritturale non è un dato documentale direttamente esprimente il potere d'acquisto, ma, appunto, il credito a una prestazione pecuniaria, e la sua circolazione non si concreta nella movimentazione (consegna fisica o digitale) di un documento, ma in un'operazione che inerisce ad un credito (diffusa in giurisprudenza è la sua qualificazione come *delegazione*: il pagatore, nel disporre il bonifico, delega la banca sua debitrice a pagare per suo conto il beneficiario del pagamento).

e) Analoga natura ha la **moneta elettronica** (art. 1, co. 2, lett. *h-ter*, TUB). Si tratta di una moderna forma monetaria, che si basa sull'intermediazione di operatori specializzati (gli IMEL, Istituti di moneta elettronica), i quali ricevono denaro (in contanti, o come moneta scritturale) da parte di un utente, registrando a suo favore, in formato digitale, l'importo corrispondente (ad es., in un borsellino memorizzato nella app dello *smartphone* o nel *chip* di una tessera, che si presenta allora come *carta prepagata*), espresso sempre in unità di moneta legale, importo che può poi circolare mediante registrazione egualmente elettronica (ad es., utilizzando la app presso l'esercente a favore del quale deve essere effettuato il pagamento). La moneta elettronica è un ***credito verso l'IMEL*** (avente ad oggetto la restituzione del denaro affidatogli) e la sua circolazione è un'operazione che viene ricondotta alla ***cessione di tale credito*** (il beneficiario di un pagamento effettuato in moneta elettronica, cioè, diviene cessionario del credito verso l'IMEL, in luogo del precedente detentore della moneta).

II. *I soggetti. Banca, impresa di investimento e altri soggetti finanziari, impresa assicurativa*

Tradizionalmente, come si è detto, il sistema finanziario viene articolato in tre comparti (bancario, mobiliare, assicurativo), che riflettono l'operare in origine, in ciascuno di essi, di intermediari distinti, che erogavano servizi specifici: in quello bancario le banche, che alimentavano il circuito indiretto di allocazione delle risorse finanziarie (raccogliendo denaro presso i risparmiatori e facendo credito ai soggetti in *deficit*) e il sistema dei pagamenti; il comparto mobiliare, in cui operavano le imprese di investimento e gli altri intermediari che alimentavano il c.d. circuito diretto assistito (mettendo in contatto domanda e offerta di investimento) e il mercato a valle (secondario) dei prodotti finanziari (si pensi alle negoziazioni in borsa); il comparto assicurativo, in cui le imprese di assicurazione soddisfacevano il bisogno di sicurezza di imprese e privati.

Ancora oggi è giusto accostarsi alle nozioni fondamentali del sistema finanziario, relative ai soggetti e ai servizi resi, su base tripartita. Ma occorre tenere al contempo presente che, modernamente, essa non segna una segmentazione tra settori non comunicanti fra loro: sia perché numerosi intermediari possono prestare servizi inerenti a più di un comparto (ad es. le banche, che possono operare anche nel settore mobiliare, come vedremo); sia perché la prassi ha elaborato prodotti che si situano a cavallo tra due comparti (ad es. prodotti misti assicurativi e di investimento).

A1) Tra i "protagonisti" del sistema finanziario vanno annoverate innanzitutto le **banche**. In base al testo unico bancario, per "banca" deve intendersi "l'impresa autorizzata all'esercizio dell'attività bancaria" (art. 1, co. 1, lett. *b*); sempre il TUB chiarisce che questa attività è costituita dalla "***raccolta di risparmio tra il pubblico***" e dall'"***esercizio del credito***", e che "l'esercizio dell'attività bancaria è *riservato alle banche*" (art. 10, co. 1 e 2, TUB).

Quella delle banche è certamente **attività di impresa**, come risulta sia dal codice civile (art. 2195, co. 1), sia dallo stesso art. 10, co. 1, TUB, ove si afferma espressamente che tale attività "ha carattere d'impresa". Non influisce sul carattere imprenditoriale dell'attività bancaria la regola per cui il suo esercizio da parte delle **banche italiane** (ovvero delle banche con sede legale e direzione generale in Italia) è soggetto ad **autorizzazione** – oggi rilasciata dalla BCE, su proposta della Banca d'Italia – qualora ricorrano le condizioni stabilite sempre dal TUB (differente disciplina vale per le banche comunitarie ed extracomunitarie: in specie, mentre le prime possono svolgere liberamente le proprie attività in Italia anche aprendovi succursali *ex* art. 15 TUB, le seconde hanno bisogno dell'autorizzazione della BdI).

A2) Diversi dalle banche sono ulteriori intermediari, quali innanzitutto gli **istituti di moneta elettronica (IMEL)**, gli **istituti di pagamento (IP)** e gli **intermediari finanziari** di cui all'art. 106 TUB. Si tratta di tipologie di soggetti che offrono o un "segmento" dei servizi bancari tipici (così è per gli intermediari finanziari *ex* art. 106 TUB, che erogano finanziamenti, ma con mezzi propri e dunque senza raccogliere dal pubblico la relativa provvista), o servizi inerenti alla circolazione del denaro, vuoi con contenuti innovativi (nel caso degli IMEL, i quali emettono moneta elettronica), vuoi con modalità innovative (nell'ipotesi degli IP, che prestano servizi di pagamento:

ad es. l'emittente di carte di credito). Accanto ad operatori ormai (relativamente) consolidati, vi sono quindi anche soggetti entrati nel mercato negli ultimi anni, la cui diffusione è stata favorita dallo sviluppo delle nuove tecnologie.

B) Altri importanti soggetti che operano nel sistema finanziario sono le imprese di investimento, le SGR e le SICAV.

B1) La prima categoria – quella cioè delle **imprese di investimento** – comprende tre figure: le società di intermediazione mobiliare (SIM), le imprese di investimento UE e le imprese di Paesi terzi (art. 1, co. 1, lett. *e-f-g*, TUF). La diversa "etichetta" non esprime tuttavia una differenza sostanziale per quanto concerne le attività svolte, che in realtà sono le stesse. Le **SIM** sono quelle imprese – diverse dalle banche e dagli intermediari finanziari iscritti nell'albo *ex* art. 106 TUB – autorizzate a prestare ***servizi o attività di investimento*** (art. 1, co. 1, lett. *e*, TUF). Le imprese di investimento UE possono prestare in Italia servizi e attività di investimento in regime di libera prestazione di servizi. Le imprese di Paesi terzi, invece, devono munirsi dell'autorizzazione della Consob (sentita la BdI).

B2) Accanto alle imprese di investimento, vanno considerate nel comparto mobiliare le società di gestione del risparmio e le società di investimento a capitale variabile, che prestano il servizio di ***gestione collettiva del risparmio***. Tale gestione può avvenire in forme diverse, accomunate sotto l'acronimo OICR (*Organismi di Investimento Collettivo del Risparmio*).

Per quanto riguarda le **società di gestione del risparmio (SGR)**, in base all'art. 33 TUF esse gestiscono gli OICR che hanno la forma del ***fondo comune di investimento***. Quest'ultimo costituisce un patrimonio formato mediante l'apporto di liquidità (denaro) da parte di una pluralità di investitori, che viene globalmente investito – per l'appunto, dalla SGR, nell'interesse degli investitori – in strumenti finanziari (azioni, obbligazioni, titoli di Stato ecc.). Le SGR possono poi svolgere anche *altri servizi*, come ad es. quelli di gestione individuale di portafogli, di istituzione e gestione di fondi pensione, ovvero di consulenza in materia di investimenti.

Le **società di investimento a capitale variabile** (**SICAV**) sono sempre OICR, il cui tratto peculiare si rinviene nella circostanza che l'investitore acquista la ***qualità di socio*** (azionista) e – come tale – può esercitare i diritti sociali (anche se nella realtà ciò non accade quasi mai). Inoltre, le SICAV sono connotate dall'"***apertura***" della compagine sociale, atteso che in ogni momento – sia pur nel rispetto della periodicità fissata dallo statuto – non solo i soci possono ottenere il rimborso delle azioni detenute, ma altri investitori possono sottoscrivere nuove azioni, entrando a far parte della SICAV.

B3) Le imprese di investimento e gli altri intermediari testé illustrati sono senza dubbio i principali attori del mercato mobiliare. Questo è tuttavia popolato da una serie di altri soggetti, tra i quali conviene rammentare innanzitutto le **agenzie di rating**, disciplinate dal reg. CE 1060/2009, le quali prestano il servizio di *rating* del credito, attribuendo un "voto" – espresso con codici alfanumerici (ad es.: AAA) – agli emittenti (compresi gli Stati nazionali), oppure ad una o più specifiche emissioni, e in questo modo orientano le scelte di investimento dei vari soggetti che operano sui mercati. Un cenno va dedicato anche ai **consulenti finanziari**, che svolgono il servizio di consulenza in materia di investimenti (definito dall'art. 1, co. 5-*septies*, TUF).

C1) Il discorso relativo ai soggetti operanti nel sistema finanziario deve essere completato considerando le **imprese di assicurazione**, ovvero quegli intermediari cui l'art. 11 del codice delle assicurazioni private riserva "*l'esercizio dell'attività assicurativa* nei rami vita e nei rami danni". La ***riserva di*** tale ***attività*** alle imprese di assicurazione si giustifica alla luce dei peculiari caratteri del procedimento tecnico assicurativo, che postula che il rischio assicurato sia inserito in una massa di rischi omogenei – assunti sistematicamente da un soggetto che raccoglie e gestisce i contributi degli assicurati, a loro volta quantificati secondo criteri statistico-matematici – quale presupposto indispensabile affinché *il singolo rischio sia neutralizzato*. L'esigenza di apprestare adeguata tutela al cliente spiega l'articolata serie di controlli cui sono sottoposte tali imprese, oltre che il principio dell'***esclusività dell'oggetto sociale*** (art. 11, co. 2, c.ass.): l'impresa di assicurazione *può svolgere soltanto attività assicurativa* e – anzi – per legge deve limitare il proprio oggetto sociale "all'esercizio dei soli rami vita oppure dei soli rami danni e della relativa riassicurazione" (anche se è consentito "l'esercizio congiunto dei rami vita e dei soli rami danni infortuni e malattia").

C2) Per l'esercizio della propria attività, è normale che le imprese assicurative si valgano di **agenti** e di **broker(s)**. I primi sono intermediari che prestano l'attività descritta dall'art. 1742 c.c., agendo in nome o per conto di una o più imprese di assicurazione (art. 109, co. 2, lett. *a*, c.ass.). Sono invece *broker(s)* gli "intermediari che agiscono su incarico del cliente e senza poteri di rappresentanza di imprese di assicurazione" (co. 2, lett. *b*). Gli intermediari di ambedue le tipologie devono essere iscritti nel registro unico degli intermediari assicurativi e riassicurativi, iscrizione necessaria per poter svolgere l'attività di distribuzione assicurativa.

D) Un cenno finale va riservato a(d alcuni de)i soggetti attivi nel "mondo" del *Fintech*, a partire dai **gestori di portali di *crowdfunding***. Questi sono soggetti che organizzano e gestiscono le piattaforme, accessibili su *Internet*, che offrono il servizio di *crowdfunding*, che rappresenta una tecnica di raccolta "dal basso" del risparmio, con cui vengono chieste a un pubblico indistinto di finanziatori (di regola si tratta di privati, che contribuiscono con somme anche molto modeste) le risorse necessarie per sostenere nuove iniziative imprenditoriali. Vanno ricordate anche le **piattaforme di *peer-to-peer (P2P) lending***: un fenomeno questo ancora più recente, il quale può riportarsi pur esso nell'ampia categoria del *crowdfunding*, in cui la piattaforma consente di mettere in contatto – senza passare per i canali tradizionali – coloro che intendono prestare denaro e quanti necessitano di finanziamenti.

III. *Le attività*

L'attuale quadro normativo non permette di tenere rigorosamente distinti gli intermediari operanti nel sistema finanziario dalle *attività* esercitate nell'ambito di tale sistema: non solo vi è una stretta compenetrazione fra gli uni e le altre, ma sono anche rare le ipotesi di esclusiva, cioè i casi in cui gli intermediari possono prestare solo date attività, o quelli in cui certe attività sono tassativamente riservate a specifici intermediari.

1. *Raccolta del risparmio e servizi di finanziamento. Le altre attività permesse alla banca*

Tra queste ultime ipotesi rientra certamente quella dell'**attività bancaria**. Invero, si è già ricordato il principio dell'art. 10 TUB, secondo cui l'esercizio di tale attività "è ***riservato alle banche***". Al riguardo, è ampiamente diffusa l'idea che l'attività in esame sia la "*somma*" dei due addendi della **"*raccolta di risparmio tra il pubblico*"** e dell'**"*esercizio del credito*"**, e che *entrambi* siano pertanto necessari per poter discorrere di attività bancaria. Viceversa, il sistema non esclude che l'una *oppure* l'altra di tali attività sia prestata da soggetti diversi dalle banche.

Per quanto concerne la **raccolta del risparmio tra il pubblico**, fondamentale è la regola per cui "è raccolta del risparmio l'*acquisizione di fondi con obbligo di rimborso*, sia sotto forma di depositi sia sotto altra forma" (art. 11, co. 1, TUB). La raccolta del risparmio può dunque avvenire in modalità diverse, innanzitutto tramite i versamenti di denaro che i clienti effettuano nei propri conti correnti o i bonifici che essi ricevono da terzi. Sempre a proposito della raccolta del risparmio, l'art. 11 TUB prevede che tale raccolta, qualora sia eseguita "*tra il pubblico*", sia "*vietata* ai soggetti diversi dalle banche". Tale assunto va peraltro coordinato con la successiva elencazione di una serie di **fattispecie** che rimangono **estranee al divieto**, o perché si tratta di ipotesi che non costituiscono raccolta del risparmio tra il pubblico in senso proprio (ad es. la ricezione di fondi connessa all'emissione di moneta elettronica), o perché – per legge – tale divieto non si applica (il caso più rilevante è quello delle società, che possono procedere liberamente a raccogliere risparmio tra il pubblico "ai sensi del codice civile mediante obbligazioni, titoli di debito od altri strumenti finanziari": art. 11, co. 4, lett. *c*, TUB).

L'altro corno dell'attività bancaria è rappresentato, come detto, dall'**esercizio del credito**. Si tratta di una formula molto ampia, in grado di ricomprendere pressoché tutte le operazioni con cui la banca permette ai propri clienti di fruire della disponibilità di una somma di denaro per un dato periodo di tempo, decorso il quale i clienti dovranno restituire quanto ricevuto. Rientrano dunque nel concetto di "esercizio del credito" i contratti che le banche concludono con la clientela in base alle norme del codice civile – quali ad es. il mutuo, l'apertura di credito e l'anticipazione bancaria –, come pure le garanzie concesse a favore di terzi (fideiussione bancaria), nonché operazioni come il *leasing* c.d. finanziario, il riporto o i pronti contro termine.

Il TUB permette alle banche di esercitare anche ulteriori attività: precisamente, "ogni **altra attività finanziaria**..., nonché **attività connesse o strumentali**" (art. 10, co. 3). Tra le prime vanno annoverate varie attività, tra cui si segnalano i *servizi di pagamento* e i *servizi* (o attività) *di investimento* di cui si parlerà tra breve. Quanto alle seconde, si tratta di *attività correlate a quella (principale) di tipo finanziario*, oppure *con carattere "servente"* rispetto ad essa (ad es. la gestione di immobili da destinare all'esercizio dell'attività istituzionale della banca, o la vendita di biglietti di viaggio o di eventi sportivi).

2. *I servizi di investimento. La gestione collettiva del risparmio*

Una seconda serie di attività di cui occorre dire è quella dei **servizi di investimento**. Si entra qui nel comparto mobiliare, in cui i servizi caratteristici consistono nel favorire l'incontro di domanda e offerta di investimenti e quindi nel promuovere la costituzione di relazioni finanziarie, e nell'agevolare la successiva circolazione di queste ultime, così permettendo il soddisfacimento e l'incontro della domanda di disinvestimento e, ancora, di investimento. Al riguardo l'art. 1, co. 5, TUF predispone un *elenco unico* di "servizi e attività di investimento", il cui dato comune è costituito dal fatto di avere "per oggetto strumenti finanziari". Tra le varie tipologie di servizi risultanti da tale elenco, quelle di maggiore rilievo sono:

a) la ***negoziazione per conto proprio***, cioè l'attività che il TUF definisce come "di acquisto e vendita di strumenti finanziari, in contropartita diretta": qui l'intermediario compra e vende, traendo profitto dalla differenza tra i rispettivi prezzi;

b) l'***esecuzione di ordini per conto dei clienti***, definita come "conclusione di accordi di acquisto o di vendita di uno o più strumenti finanziari per conto dei clienti", da cui l'intermediario consegue una provvigione;

c) la ***gestione di portafogli***, vale a dire "la gestione, su base discrezionale e individualizzata, di portafogli di investimento ... nell'ambito di un mandato conferito dai clienti": l'elemento caratteristico in questo caso è l'*individualità della gestione*, per cui il portafoglio finanziario di ciascun cliente è gestito in modo personalizzato;

d) la ***ricezione e trasmissione di ordini***, che comprende "l'attività consistente nel mettere in contatto due o più investitori, rendendo così possibile la conclusione di un'operazione fra loro (mediazione)";

e) la ***consulenza in materia di investimenti***, cioè "la prestazione di raccomandazioni personalizzate a un cliente ... riguardo a una o più operazioni relative a strumenti finanziari".

Come si è già notato, i servizi di investimento *non sono riservati* in modo esclusivo ad una specifica tipologia di intermediario. Infatti, il TUF consente l'esercizio professionale nei confronti del pubblico di tali servizi alle *SIM* (e alle *imprese di investimento UE* o *di Paesi terzi*) e alle *banche* (art. 18, co. 1, TUF).

Ciò non vale invece per il servizio di **gestione collettiva del risparmio**, ovvero quel servizio caratterizzato dal fatto che un patrimonio raccolto tra una pluralità di investitori viene *gestito "in monte"* nell'interesse della collettività degli stessi investitori e investito in strumenti finanziari o in altri valori. Tale attività può essere esercitata solo da *alcune specifiche categorie di intermediari* (in primo luogo, SGR e SICAV), i quali godono pertanto di un'autentica ***esclusiva***.

3. *L'attività assicurativa*

L'ultima attività da considerare è quella assicurativa, per la quale vige una **riserva** *(biunivoca) a favore delle imprese di assicurazione*: non solo l'attività assicurativa può essere svolta solamente da tali imprese, ma queste possono prestare soltanto tale attività.

Per individuare i tratti del fenomeno assicurativo è consueto far capo alla regola dell'art. 1882 c.c., che definisce (non l'attività, ma) il **contratto di assicurazione** come il "contratto col quale l'assicuratore, verso pagamento di un premio, si obbliga a rivalere l'assicurato, entro i limiti convenuti, del danno ad esso prodotto da un sinistro, ovvero a pagare un capitale o una rendita al verificarsi di un evento attinente alla vita umana". L'operazione mira dunque a ***neutralizzare il rischio*** (individuale) del contraente, che sussiste sia nella fattispecie dell'assicurazione contro i danni, sia in quella dell'assicurazione sulla vita. A fronte della certezza dell'esborso del premio, l'assicurato – o il beneficiario dell'assicurazione – si garantisce il diritto ad un indennizzo che può essere incerto nel se, nel quando e/o nel quanto, a seconda dell'evento dedotto.

La disciplina dell'attività assicurativa, risultante dalle regole del codice civile e dalle norme speciali del c.ass., si impernia sulla dicotomia tra **assicurazione contro i danni** e **assicurazione sulla vita**, che è alla base della norma – già rammentata – secondo cui le imprese di assicurazione, fra l'altro, devono limitare il proprio oggetto sociale "all'esercizio dei soli rami vita oppure dei soli rami danni" (art. 11, co. 2, c.ass.).

Come notato, l'assicurazione soddisfa un *bisogno finanziario* dell'assicurato (o dei beneficiari): ***bisogno di protezione dal rischio di una perdita finanziaria*** derivante da un sinistro (ad es., danno ai propri beni), oppure da un evento (morte, infortunio) attinente alla vita umana. Peraltro, nell'assicurazione sulla vita si riscontra una componente finanziaria diversa, che non è presente nell'assicurazione contro i danni e che, specie negli ultimi anni, ha portato alla diffusione di prodotti assicurativi finalizzati a soddisfare anche un ***bisogno di investimento***. Ciò si riscontra innanzitutto nelle polizze c.d. *unit linked* o *index linked*, in cui la prestazione a favore dell'assicurato – pur sempre subordinata al verificarsi di un evento relativo alla sua vita – è legata, quanto all'entità, ad un paniere di titoli, o a un particolare indice, delle cui fluttuazioni lo stesso assicurato sopporta dunque i rischi. In tali casi, all'interesse alla protezione dal rischio dell'evento si aggiunge la speculazione finanziaria. Quando poi sia previsto che l'assicurato – indipendentemente dal verificarsi dell'evento – possa sciogliersi dal vincolo, recuperando una somma commisurata ai premi versati e al valore assunto dagli stessi nel tempo in base al particolare indice o paniere, la componente di speculazione finanziaria finisce per prevalere su quella assicurativa.

IV. *I mercati. Dai mercati tradizionali alle* trading venues

Un altro genere di concetti attiene alle infrastrutture del sistema, cioè ai contesti nei quali le operazioni finanziarie si compiono. Qui, oltre al sistema di circolazione del denaro (che fa capo alle banche e ai nuovi intermediari sopra ricordati), spicca la nozione di mercato. Si afferma spesso che la parola **mercato** può essere impiegata – anche in ambito giuridico – in più di un'accezione. In quella che ora interessa, è mercato il ***luogo*** (fisico o solo virtuale) ***in cui certi prodotti finanziari sono oggetto di scambio***. Quando si discorre di "**mercato mobiliare**" (e precisamente di *mercato mobiliare secondario*), ci si riferisce quindi al luogo in cui si svolgono gli scambi dei prodotti finanziari destinati alla circolazione, cioè dei ***valori mobiliari*** (in cui si negoziano le azioni di società, i titoli di Stato, ecc.). Al mercato così inteso è riservata l'intera Parte III (artt. da 61 a 90-*septies*) del TUF. Una dimensione, questa della circolazione delle relazioni finanziarie, di grande rilevanza in concreto, che moltiplica le opportunità di investimento e disinvestimento al di là del momento costitutivo delle relazioni stesse (momento che dà vita al c.d. *mercato primario*).

Negli anni Novanta del secolo scorso si è pervenuti alla privatizzazione **dei mercati finanziari**: il modello "tradizionale" della Borsa valori, come unico luogo ufficiale per le negoziazioni sottoposto a controllo pubblico, è stato abbandonato a favore di un sistema in cui possono coesistere più infrastrutture private e operano *società di gestione* delle stesse (gestione costituente ***attività di impresa*** a tutti gli effetti), ciascuna delle quali può gestire anche più di una infrastruttura.

L'attuale disciplina individua e regola una pluralità di tipologie di mercati mobiliari, tutti ricadenti nella nozione di **sedi di negoziazione** (*trading venues*, nella terminologia anglosassone). A norma del TUF (art. 1, co. 5-*octies*, lett. *c*), sono sedi di negoziazione i *mercati regolamentati*, i *sistemi multilaterali di negoziazione* e i *sistemi organizzati di negoziazione*. Non si tratta più di luoghi fisici ove avvengono gli scambi, ma di "*sistemi*" – infrastrutture informatiche, fondamentalmente – *in cui le proposte di negoziazione convergono e vengono gestite e incrociate, dando luogo agli scambi, secondo le regole prestabilite del sistema stesso.*

Le tre tipologie di sedi di negoziazione presentano molti tratti comuni – ad es., tutte sono sottoposte al *controllo* da parte della Consob (art. 62, co. 1, TUF) – e si differenziano parzialmente sul piano dei soggetti che possono gestirle, degli strumenti finanziari negoziabili e delle regole attraverso cui avvengono gli scambi. La figura più significativa è quella dei **mercati regolamentati** (per la definizione v. l'art. 1, co. 1, lett. *w-ter*, TUF). L'attività di organizzazione e gestione di tali mercati è svolta da ***società per azioni*** anche senza scopo di lucro (art. 64, co. 1, TUF), sulla base dell'autorizzazione della Consob, subordinata, tra l'altro, all'adozione da parte del gestore di un *regolamento del mercato*. L'attività di gestione di un "**sistema multilaterale di negoziazione**" (MTF) e di un "**sistema organizzato di negoziazione**" (OTF) può invece essere prestata – oltre che da una società di gestione di un mercato regolamentato – da *un soggetto abilitato a prestare servizi di investimento* (SIM, banche, ecc.), essendo quella in esame un'attività espressamente annoverata tra i servizi di investimento.

§ 73. La vigilanza e le sue forme

Sommario: I. *L'integrazione tra strumenti privatistici e strumenti pubblicistici. Le Autorità di vigilanza*. – II. *Le forme e l'oggetto della vigilanza*.

I. *L'integrazione tra strumenti privatistici e strumenti pubblicistici. Le Autorità di vigilanza*

Una componente essenziale della disciplina del sistema finanziario è costituita dalle norme in materia di **vigilanza**. A tale proposito è però quasi impossibile svolgere un discorso unitario, vista l'elevata *frammentazione* della disciplina e (dunque) la necessità di introdurre varie distinzioni, la prima delle quali riguarda gli **strumenti** tramite cui la vigilanza si svolge, che possono essere di *tipo privatistico* oppure *pubblicistico*.

A) Vanno annoverati tra i **controlli di carattere privatistico** in primo luogo i ***controlli*** c.d. ***interni***, svolti dagli organi competenti di ciascun soggetto operante nel sistema (intermediari, emittenti) in base all'"ordinaria" disciplina di diritto commerciale e societario, ma soprattutto delle regole speciali in vigore nel singolo settore (*infra*, § 74). Un'ipotesi particolare è poi quella dei controlli che – nel comparto finanziario – sono esercitati dalla *società di gestione del mercato*: è il gestore che, alla luce del regolamento del mercato, vigila sul rispetto della disciplina e sull'ordinato svolgimento degli scambi, perseguendo in tal modo – in via mediata – l'interesse, di rilievo pubblicistico, al corretto e regolare funzionamento dello stesso mercato.

B) Venendo agli **strumenti di carattere pubblicistico**, il sistema italiano si caratterizza per la presenza di tre **Autorità indipendenti**. In termini generali, per "Autorità indipendenti" si intendono quegli *enti o soggetti pubblici* – istituiti con legge dello Stato – che prestano *funzioni amministrative* in ambiti sensibili, o connotati da alto contenuto tecnico, godendo di una posizione di *indipendenza rispetto al Governo*, grazie alla quale essi sono in grado di svolgere le funzioni loro spettanti senza interferenze di tipo politico.

b1) La prima – in termini cronologici – fra siffatte Autorità è la **Banca d'Italia**, cui compete vigilare sul ***comparto bancario***. Istituita con la legge bancaria del 1926 e riformata, da ultimo, con la l. 262/2005, la Banca d'Italia è *istituto di diritto pubblico*, che ha in parte una connotazione paraprivatistica, ma con una fortissima declinazione pubblicistica per tutto ciò che riguarda le funzioni istituzionali espletate e i poteri esercitati. Al vertice si pone un *Governatore*, nominato per un mandato di sei anni (rinnovabile una sola volta).

Gli **obiettivi** della vigilanza della Banca d'Italia sono individuati dall'art. 5 TUB: essa è finalizzata ad assicurare la ***sana e prudente gestione*** dei soggetti vigilati, la ***stabilità*** complessiva, l'***efficienza*** e la ***competitività del sistema finanziario*** nonché l'osservanza delle disposizioni in materia creditizia. Inoltre, le "autorità creditizie" devono vigilare sulla ***trasparenza delle condizioni contrattuali*** e sulla ***correttezza dei rapporti con la clientela*** (art. 127, co. 1, TUB).

L'affermazione per cui la Banca d'Italia vigila sui soggetti operanti nel comparto bancario soffre di **eccezioni**, ad alcune delle quali è bene accennare. Innanzitutto, alla BdI compete la *vigilanza sugli intermediari operanti sul mercato mobiliare* – anche se diversi dalle banche (escluse le imprese di assicurazione) – "per quanto riguarda il contenimento del rischio, la stabilità patrimoniale e la sana e prudente gestione". In secondo luogo, la vigilanza diretta ad accertare violazioni del divieto di intese, di abuso di posizione dominante e di operazioni di concentrazione restrittive della libertà della concorrenza spetta all'*Autorità garante della concorrenza e del mercato* anche "nei confronti delle aziende ed istituti di credito". L'ultima eccezione deriva dal fatto che il diritto europeo attribuisce specifiche competenze alla **Banca Centrale Europea** (**BCE**), che svolge attività di vigilanza sulle banche dei Paesi della UE, anche se con forme diverse a seconda che si tratti di banche "significative" o "meno significative" (in base a criteri dimensionali fissati normativamente).

b2) La seconda Autorità indipendente è la **Commissione Nazionale per le Società e la Borsa** (**Consob**). Istituita nel 1974 e composta dal Presidente e da quattro membri, la Consob è chiamata a vigilare sul ***comparto mobiliare***, con riguardo sia agli *intermediari*, sia agli *emittenti.*

Le **finalità** della vigilanza sono individuate con una distinzione a seconda che questa si svolga sugli intermediari o sugli emittenti. Nella prima ipotesi, l'art. 5, co. 1, TUF individua una serie di obiettivi di ampio respiro (la "salvaguardia della fiducia nel sistema finanziario", la "tutela degli investitori", la "stabilità e il buon funzionamento del sistema finanziario", ecc.), attribuendo alla Consob il compito di vigilare sulla ***trasparenza*** e sulla ***correttezza dei comportamenti*** degli intermediari. Invece, nel secondo caso è stabilito che la vigilanza sugli emittenti spetti *in via esclusiva* alla Consob, avendo riguardo agli obiettivi della "***tutela degli investitori***", dell'"***efficienza***" e della "***trasparenza** del mercato del controllo societario e del mercato dei capitali*" (art. 91 TUF).

b3) L'Autorità competente per il ***comparto assicurativo*** è l'**Istituto per la Vigilanza sulle Assicurazioni** (**IVASS**). L'IVASS ha come propri organi il Presidente, che coincide con il Direttore Generale della Banca d'Italia, il Consiglio e il Direttorio previsto dallo Statuto della Banca d'Italia.

Anche in ambito assicurativo sono determinati in termini generali gli **obiettivi** della vigilanza, disponendosi che lo scopo principale di questa è apprestare un'"***adeguata protezione degli assicurati*** e degli aventi diritto alle prestazioni assicurative" e che – per raggiungere tale risultato – l'Istituto "persegue la ***sana e prudente gestione*** delle imprese di assicurazione e riassicurazione, nonché la loro ***trasparenza e correttezza*** nei confronti della clientela"; ulteriore obiettivo della vigilanza è la "***stabilità*** del sistema e dei mercati finanziari" (art. 3 c.ass.).

Per tali finalità l'IVASS vigila sulle imprese di assicurazione, anche se non mancano le eccezioni: in ipotesi di *violazioni della disciplina antitrust* da parte delle imprese di assicurazione, l'Autorità competente a vigilare e ad irrogare sanzioni è l'AGCM; con riguardo ai *prodotti di investimento assicurativo* (che, come visto, hanno preminente connotazione finanziaria), spetta invece alla Consob l'esercizio dei poteri di vigilanza per quanto riguarda i profili della *trasparenza* e della *correttezza* dei comportamenti.

II. *Le forme e l'oggetto della vigilanza*

A) In materia di vigilanza è consueta la tripartizione (che guarda alle **forme** in cui viene svolta l'attività) tra vigilanza *regolamentare*, *informativa* e *ispettiva*.

a1) Con la prima espressione (**vigilanza regolamentare**) ci si riferisce al potere delle varie Autorità di emanare *specifiche regole* per disciplinare particolari materie relative al comparto di rispettiva competenza. Con il passare del tempo tali regole sono divenute via via più numerose e analitiche, in ragione del carattere altamente specialistico e tecnico delle materie da disciplinare. La norma "per antonomasia" in materia di vigilanza regolamentare è l'art. 53 TUB, che attribuisce alla Banca d'Italia il compito di emanare "disposizioni di carattere generale" in punto di adeguatezza patrimoniale, contenimento del rischio, partecipazioni detenibili, governo societario, organizzazione amministrativa e contabile, controlli interni e sistemi di remunerazione e di incentivazione.

a2) Parlando di **vigilanza informativa** si allude, invece, a tutte quelle (numerose) ipotesi ove è previsto che il soggetto vigilato trasmetta all'Autorità *dati e informazioni*, ovvero atti e documenti di vario tipo, la cui conoscenza è reputata indispensabile affinché l'Autorità destinataria delle comunicazioni possa assumere specifici provvedimenti o, comunque, prendere le iniziative più opportune. Nel comparto bancario le regole più significative sono costituite dagli artt. 51 e 52 TUB; in quello finanziario e assicurativo, vanno ricordati i precetti dell'art. 6-*bis* TUF e, rispettivamente, dell'art. 190 c.ass.

a3) Da ultimo, si discorre di **vigilanza ispettiva** con riguardo ai casi in cui l'Autorità ha il potere di procedere ad *ispezioni* o di svolgere *indagini* presso i soggetti sottoposti a vigilanza, onde acquisire dati e documenti ulteriori rispetto a quelli già in suo possesso.

B) Un altro angolo visuale è quello che considera l'**oggetto della vigilanza**, che può innanzitutto investire (b1) l'**organizzazione del soggetto vigilato**, concentrandosi su aspetti inerenti all'*articolazione giuridica* e alle *regole di funzionamento* di tale soggetto.

In questa prospettiva, vengono in rilievo tutte quelle norme che prescrivono che l'Autorità verifichi il rispetto da parte dell'intermediario degli *specifici requisiti* necessari per ricevere – e poi per mantenere – l'***autorizzazione*** richiesta ai fini dell'esercizio dell'attività (si pensi all'autorizzazione della BCE all'esercizio dell'attività bancaria). Oppure le regole che prevedono che le Autorità vigilino sul possesso in capo ai *partecipanti al capitale* e agli *esponenti aziendali* degli intermediari dei *requisiti* indicati dalla legge. O, infine, i precetti che attribuiscono alla competente Autorità una rilevante "voce in capitolo" – che in molti casi si traduce in un potere di *autorizzazione* – su date *operazioni*, incidenti sull'assetto organizzativo dei soggetti vigilati (ad es., modifiche statutarie, fusioni o scissioni).

b2) In secondo luogo, le regole sulla vigilanza possono essere esaminate anche nella misura in cui esse considerano dati momenti dell'**attività esercitata dagli intermediari**.

b2-i) Il riferimento è innanzitutto alle norme in materia di (vigilanza sui) requisiti in punto di adeguatezza patrimoniale e di solvibilità, cioè a quei complessi normativi che trovano l'espressione più limpida nel settore bancario, ove il legislatore detta una disciplina il cui fulcro origina dagli Accordi di Basilea, l'ultimo dei quali (c.d. Basilea III) prevede specifici ***requisiti prudenziali*** in materia di capitale, di copertura dei rischi, di contenimento della leva finanziaria, di gestione dei rischi e di disciplina di mercato. Anche nel comparto assicurativo è dato particolare rilievo ai profili della stabilità e alla vigilanza prudenziale, come risulta dall'articolato sistema di *vigilanza prudenziale* allestito dalla dir. 2009/138/UE in termini analoghi a quello previsto dagli Accordi di Basilea ricordati poc'anzi. Pure nel settore mobiliare, infine, si riscontrano regole a presidio della stabilità patrimoniale delle imprese di investimento (cfr. l'art. 5 TUF).

b2-ii) Un secondo profilo concerne la vigilanza sulla ***condotta degli intermediari***, specie per quanto attiene ai rapporti con la clientela. Ad es., in ambito bancario, l'art. 127, co. 1, TUB prescrive – con l'obiettivo di tutelare il cliente della banca – che le "autorità creditizie" vigilino sulla trasparenza delle condizioni contrattuali e sulla correttezza dei rapporti con la clientela. Nel settore mobiliare, l'art. 5, co. 3, TUF attribuisce alla Consob il compito di vigilare sulla trasparenza e correttezza dei comportamenti degli intermediari che prestano servizi di investimento. Infine, nel comparto assicurativo è disposto che l'IVASS vigili sulla "trasparenza e correttezza" delle imprese di assicurazione "nei confronti della clientela" (art. 3 c.ass.), alla luce delle regole in tema di "trasparenza delle operazioni e protezione dell'assicurato" (artt. 182 ss.).

b3) La terza serie di norme di cui conviene far cenno riguarda le **crisi dei soggetti** operanti nei vari comparti. Si tratta di un ambito ove si riscontra un elevato livello di attenzione legislativa e l'attribuzione alle Autorità di vigilanza di un *ruolo cruciale* nel contesto delle procedure previste per la gestione delle crisi: procedure che sono rette da ***norme speciali***, con deroghe non di rado molto incisive al "diritto comune" della crisi. L'esempio più chiaro concerne le *crisi bancarie*, oggi regolate – oltre che dal TUB – dal d.lgs. 180/2015, che governa le procedure di risanamento e di risoluzione delle banche e delle imprese di investimento (tra cui rientra il c.d. *bail-in*).

b4) Da ultimo, assume grande importanza – nel settore mobiliare – la **vigilanza** *della Consob* **sui mercati**, ovvero sui "luoghi" in cui circola la ricchezza finanziaria del Paese, per scongiurare il rischio di anomalie nelle relative dinamiche. Il TUF stabilisce che alla Consob spetti vigilare "sulle sedi di negoziazione e ... sui relativi gestori, al fine di assicurare la trasparenza, l'ordinato svolgimento delle negoziazioni e la tutela degli investitori" (art. 62, co. 1). A questo scopo la Consob esercita poteri di diverso tenore sui gestori della sede (a partire dal rilascio dell'autorizzazione), sugli intermediari che vi operano e sugli strumenti finanziari negoziati.

§ 74. LE REGOLE DELL'ORGANIZZAZIONE D'IMPRESA

I. *Banche*

L'ordinamento giuridico presenta una articolata disciplina dell'organizzazione d'impresa, i cui principi, per quanto riguarda le banche, sono codificati nel TUB e con un copioso complesso di norme tecniche di rango secondario. Tale disciplina si applica alle **banche italiane**, aventi sede legale e direzione generale in Italia (delle banche estere si è detto sopra).

1. *La struttura formale dell'impresa: i tipi ammessi e l'autorizzazione*

La forma giuridica di esercizio dell'attività di intermediazione creditizia non è libera, dovendo essere «adottata la **forma** di *società per azioni* o di *società cooperativa per azioni*» (art. 14 TUB).

Alle s.p.a. bancarie si applica naturalmente lo statuto normativo di diritto comune secondo le *regole fissate dal codice civile*, nonché le regole proprie del *diritto degli emittenti* quotati, ove la banca sia anche emittente. Diverse **regole proprie** delle società bancarie concretano però deviazioni, anche decise, dal diritto comune azionario.

La società bancaria, qualunque sia la sua forma, è soggetta alla regola speciale dell'**autorizzazione** all'esercizio dell'attività bancaria (art. 14 TUB), che deve essere chiesta subito dopo la costituzione e va ottenuta prima dell'iscrizione nel registro delle imprese. La **competenza** nel procedimento è essenzialmente della BCE, pur essendovi implicata (con funzioni prevalentemente istruttorie) anche la BdI, cui va indirizzata in prima battuta la domanda. L'accesso di nuovi soggetti nel mercato bancario è in ogni caso legato soltanto alla verifica dell'esistenza di requisiti patrimoniali e organizzativi (le condizioni indicate nell'art. 14) da parte delle predette Autorità. La verifica non consiste però in un riscontro puramente formale, residuando uno spazio di discrezionalità sia pur meramente tecnica nel valutare se, alla luce dei requisiti fissati dalla legge, sia *garantita la* ***sana e prudente gestione*** (co. 2), anche con riguardo alla «capacità dell'intermediario di rimanere sul mercato in modo efficiente».

La **funzione** essenziale del meccanismo autorizzatorio è incentrata sull'esigenza di conciliare l'interesse generale alla libertà di concorrenza nel mercato bancario con l'interesse, per certi verti antitetico, dei risparmiatori alla restituzione dei capitali raccolti dalle banche. Tale vigilanza si esplica, d'altra parte, non solo al momento dell'avvio dell'attività, ma per tutta la durata dell'impresa bancaria.

Tra le **condizioni** per l'autorizzazione previste dall'art. 14, spicca anzitutto il requisito del ***capitale minimo***, il cui ammontare, per la serietà dell'iniziativa, è stabilito in misura di gran lunga superiore rispetto al diritto societario comune, secondo la determinazione in generale data dall'autorità di vigilanza (allo stato 10 milioni €, o 5 milioni in caso di banca di credito cooperativo, secondo le disp. vig. BdI). Occorre poi che con la domanda venga presentato un «***programma*** *concernente l'attività iniziale*», atto a dimostrare la capacità del richiedente di entrare nel mercato creditizio in modo efficiente (art. 14, co. 1, lett. *c*), e che l'atto costitutivo e lo statuto della società bancaria siano conformi alla disciplina di settore: in particolare, la clausola sull'***oggetto sociale*** non potrebbe travalicare le attività bancarie, finanziarie e strumentali consentite alle banche, ancorché non sia formalmente esplicitata per gli enti creditizi una regola di esclusività dell'oggetto sociale, invece espressa in altre società di diritto speciale. È poi richiesta l'indicazione dei c.d. ***esponenti aziendali***, che dovranno essere idonei a svolgere «funzioni di amministrazione, direzione e controllo», secondo i requisiti oggettivi di professionalità, onorabilità e indipendenza di cui si dirà (art. 26 TUB). Inoltre, i soggetti titolari di ***partecipazioni rilevanti*** debbono possedere specifici requisiti di idoneità (di cui diremo) e non devono dar luogo al sospetto di un legame con operazioni illecite (ad es. di riciclaggio: v. art. 19 TUB).

Ottenuta l'autorizzazione è onere della banca iniziare l'attività entro un anno, salvo proroga, a pena di **decadenza**. Parimenti, in caso di venir meno delle condizioni alla base dell'autorizzazione, la BCE, sentita l'autorità di vigilanza nazionale, potrà disporne la **revoca** (art. 14, co. 3-*bis* e 3-*ter*, TUB).

2. *La struttura finanziaria*

È un capitolo centrale dell'impianto normativo la disciplina di natura prudenziale relativa sia (i) alla adeguatezza patrimoniale, sia (ii) al contenimento del rischio nelle sue diverse configurazioni. La stessa discende dai c.d. **tre pilastri** definiti negli Accordi di Basilea: I) ***requisiti patrimoniali***, atti a fronteggiare i rischi tipici dell'attività bancaria; II) ***processo di controllo prudenziale*** dell'adeguatezza patrimoniale, attuale e prospettica, con eventuali misure correttive imposte alla singola banca dall'autorità di vigilanza per superarne le criticità; III) ***controllo del mercato***, con regole di trasparenza al pubblico su adeguatezza patrimoniale, esposizione ai rischi e profili dei sistemi di gestione e controllo, per la valutazione da parte del mercato della solidità della banca.

La vigilanza prudenziale ruota, in primo luogo, attorno all'idea che alle banche (e anche alle imprese di investimento) vada imposto un **coefficiente minimo di patrimonializzazione**, funzionale ad assicurare la capacità dell'ente di assorbire eventuali perdite. Tale coefficiente è tradizionalmente fissato nella misura dell'8% del rapporto tra i *fondi propri* dell'ente (c.d. ***patrimonio di vigilanza***, formato anzitutto da capitale e riserve) e le attività poste in essere dall'ente, ponderate per i relativi rischi (cioè tale rapporto deve rimanere costantemente almeno pari all'8%). L'esatta identificazione del grado di rischio di ciascuna tipologia di attività è essenziale per garantire un'adeguata patrimonializzazione dell'ente: maggiore è il rischio, più elevato è il capitale di cui la banca deve dotarsi per coprirlo (e, quindi, il "costo" che la banca deve sostenere per compiere l'operazione). La disciplina di vigilanza fissa allora i criteri per identificare la rischiosità delle attività esercitate dalle banche.

Nell'ambito del secondo pilastro degli Accordi di Basilea, va inoltre garantito un **processo di controllo prudenziale** nel tempo, in parte interno, in parte affidato all'autorità di vigilanza, la quale, all'esito dello stesso, dispone di incisivi *poteri di intervento*, con misure anche correttive, in caso di inadeguatezza patrimoniale sopravvenuta: così, ad es., possono essere imposti alla singola banca accantonamenti, con divieto di distribuire "utili o altri elementi del patrimonio", od ancora «la restrizione delle attività o della struttura territoriale; il divieto di effettuare determinate operazioni", o tetti alla remunerazione degli esponenti aziendali (art. 53-*bis* TUB).

Anche il profilo delle **partecipazioni al capitale** delle banche è attenzionato nell'ordinamento del credito, al fine di evitare che la presenza di soci in grado di incidere sulle scelte strategiche e operative della banca ne pregiudichi la sana e prudente gestione, o sia di ostacolo all'esercizio dei poteri di controllo ed intervento da parte delle autorità di vigilanza. In particolare, ove un soggetto intenda acquisire a qualsiasi titolo una ***partecipazione qualificata*** nel capitale di una banca (*in primis,* in azioni o strumenti finanziari che attribuiscano almeno il 10% dei diritti di voto), ovvero incrementarne l'ammontare (oltre le soglie del 20, 30 o 50% o comunque sì da comportare il controllo della banca), deve munirsi di previa ***autorizzazione***. L'autorizzazione è concessa quando sia ***garantita la sana e prudente gestione*** (art. 19, co. 5 e 5-*bis* TUB), valutandosi la qualità del potenziale acquirente, la solidità finanziaria del progetto di acquisizione, nonché l'onorabilità, la correttezza, la professionalità e competenza, di coloro che, in esito all'acquisizione, svolgeranno funzioni di amministrazione e direzione nella banca. Lo stesso potenziale acquirente deve anche possedere l'***onorabilità*** (art. 25), che difetta in caso di sospetto di legami con operazioni di riciclaggio o di finanziamento al terrorismo.

3. *La struttura organizzativa*

La materia dell'organizzazione delle banche è oggetto di disciplina di vigilanza prudenziale sul presupposto che il criterio di sana e prudente gestione non potrebbe essere soddisfatto con le regole di diritto societario comune. Anche tale disciplina si fonda su principi comunitari (che, nella prospettiva dell'armonizzazione europea non si riferiscono ad organi societari nominativamente individuati, ma si articolano richiamando le **funzioni** di "*supervisione strategica*", "*gestione*" e "*controllo*", in concreto assegnate ai diversi organi della società secondo la disciplina societaria nazionale applicabile) ed è poi declinata nelle regole emanate in ciascun Paese dall'autorità domestica (v. per l'Italia disp. vig. BdI).

a) Per la **nomina degli amministratori**, nel modello tradizionale, non è consentita la figura di un amministratore unico, ancorché la società sia non quotata. La composizione consiliare, che non può però essere numericamente pletorica, ma adeguata alle dimensioni e alla complessità dell'assetto organizzativo della banca, è soggetta a regole speciali (art. 26 TUB): l'***idoneità*** allo svolgimento dell'incarico gestorio richiede che gli amministratori possiedano requisiti di *professionalità*, *onorabilità* e *indipendenza di giudizio* e che possano dedicare *tempo adeguato* alle funzioni attribuite (con limiti al cumulo degli incarichi); e che soddisfino, inoltre, criteri di *competenza* (come esperienza professionale rispetto al ruolo gestorio in concreto affidato) e *correttezza* (nelle condotte personali e professionali pregresse: ad es., non aver svolto incarichi in imprese sottoposte a procedure di crisi, né subito sanzioni per violazione della normativa di vigilanza), sì da garantire la reputazione e fiducia della banca presso il pubblico (art. 5, co. 1, d.m. MEF 169/2020). È poi necessaria la presenza di ***amministratori indipendenti***, la ***rappresentanza*** delle diverse componenti della base sociale, come pure un'adeguata *diversificazione* della composizione del consiglio (ad es., per età, genere, durata di permanenza nella carica). È comunque compito dell'organo amministrativo garantire e promuovere la propria composizione quali-quantitativa *ottimale*, anche mediante raccomandazioni agli organi competenti nell'ambito di un ***processo formalizzato*** e trasparente di selezione delle nomine.

Il difetto dei requisiti (anche sopravvenuto) di idoneità alle funzioni affidate agli amministratori determina la **decadenza** dall'ufficio, dichiarata dall'organo di appartenenza, o in mancanza dall'autorità di vigilanza, in sede di valutazione successiva (c.d. *fit and proper*) se l'esponente è di nomina assembleare (o, altrimenti, persino *ex ante*).

b) Caposaldo dell'organizzazione del governo societario delle banche è poi la necessaria **distinzione fra funzioni** *di supervisione strategica e di gestione*, al fine di meglio individuare i soggetti responsabili delle diverse funzioni. Nel modello tradizionale, ciò configura la ***delega amministrativa*** come necessario elemento organizzativo da definirsi in modo da evitare commistioni fra le due funzioni. Per altro verso, è maggiormente estesa, rispetto alle s.p.a. di diritto comune, l'area delle indelegabilità delle funzioni, e, nel contempo, rafforzata la vigilanza del collegio sull'attività degli organi delegati sia tramite il ***potenziamento della figura del presidente del c.d.a.***, quale organo "imparziale" per l'equilibrio fra le diverse funzioni del governo societario, sia dando specifiche missioni agli amministratori non esecutivi e indipendenti, segnatamente in ***comitati interni*** specializzati endoconsiliari, al fine di migliorare la dialettica e il controllo del consiglio sui delegati stessi.

c) Anche la disciplina dei **controlli** investe tanto i profili soggettivi dei componenti i relativi organi, quanto i profili strutturali e funzionali di questi ultimi. Quanto ai *profili soggettivi*, i componenti l'organo di controllo interno debbono possedere i medesimi ***requisiti*** richiesti per gli amministratori (art. 26 TUB), con le medesime conseguenze in caso di mancanza originaria o perdita degli stessi. Quanto ai ***profili funzionali***, gli organi di controllo, collegio sindacale e revisore legale dei conti si pongono per così dire quali "*ausiliari*" *delle autorità di vigilanza*, dovendo in particolare informarle senza indugio di tutti gli atti o i fatti, di cui vengano a conoscenza nell'esercizio dei propri compiti, che possano consistere in irregolarità gestorie o in violazioni delle norme disciplinanti l'attività bancaria (art. 52 TUB). È in potere dell'autorità di disporre la **revoca** degli esponenti aziendali ove compromettano la sana e prudente gestione (art. 53-*bis* TUB), ma anche del revisore legale inadempiente agli obblighi di comunicazione (art. 52, co. 3-*ter*, TUB).

4. *Le banche in forma di cooperativa: gli elementi di specificità*

Anche la **forma cooperativa** può essere fruita dall'impresa bancaria, secondo i due modelli delle *banche popolari* e delle *banche di credito cooperativo*, nei quali il tratto mutualistico ha valenza diseguale.

a) Alle **banche popolari**, nonostante l'art. 29, co. 1, TUB reciti che «sono costituite in forma di società cooperativa per azioni a responsabilità limitata», non si applica l'intero statuto normativo delle società cooperative. La disciplina attuale presenta molteplici peculiarità, cosicché le banche popolari rimangono un ***tipo ibrido*** sotto il profilo causale, giacché, pur non essendo ad esse estraneo il profilo mutualistico quali cooperative – che emerge, tra l'altro, nell'imposizione di un *numero minimo di soci,* 200, quale condizione per l'autorizzazione; art. 30, co. 4, TUB –, vedono diversi istituti che in tanto si giustificano in quanto siano da inquadrare viceversa in una logica lucrativa.

b) Le **Banche di Credito Cooperativo** sono invece ***cooperative a mutualità prevalente*** (gli utili devono essere utilizzati in prevalenza per l'autofinanziamento e per scopi di beneficienza e mutualità), che presentano un'operatività fondata sul *principio della territorialità* (essendo vocate tradizionalmente alla crescita economica, sociale e culturale del territorio in cui operano).

Esse sono state da ultimo oggetto di una importante riforma (l. 49/2016), tesa a superare le debolezze strutturali del settore. È stata così prevista la *necessaria appartenenza* (ai fini di mantenere o chiedere l'autorizzazione bancaria) *della BCC ad un* **Gruppo bancario cooperativo**, al cui vertice è posta una società per azioni patrimonialmente adeguata (con capitale non inferiore ad 1 miliardo €): il controllo è esercitato tramite un "***contratto di coesione***" stipulato tra le singole BCC e la capogruppo, ove sono stabiliti gli obblighi reciproci nonché i poteri di direzione e controllo della capogruppo.

5. *Patologie e crisi dell'impresa: lineamenti generali*

La crisi bancaria, in ogni sistema normativo del credito, vede regole speciali atte ad affrontare – anche in funzione preventiva – le sue specificità, sia nelle cause (perdita di fiducia dei depositanti ed allarme che può aprire alla c.d. corsa agli sportelli), sia negli effetti sistemici, con effetto "domino" sino a coinvolgere l'intero sistema bancario e, dunque, lo stesso sistema economico.

La materia è stata percorsa, sul piano europeo, da un movimento di massima armonizzazione con l'introduzione del c.d. **meccanismo di risoluzione unico**, teso a dare regole e procedure unitarie (ripartite tra BCE e autorità nazionale a seconda delle dimensioni delle banche) anche per gli effetti che le crisi bancarie possono involgere sulla stessa stabilità delle economie dell'area dell'euro (dir. 2014/59/UE; attuata con i d.lgs. 180/2015 e 181/2015).

La disciplina assegna alle Autorità anzitutto diversi **strumenti di prevenzione della crisi**, tra cui la preventiva predisposizione di *piani di risanamento e di risoluzione*, la nomina di un commissario temporaneo in affiancamento agli organi gestori, la rimozione e l'ordine di rinnovo da parte della banca di tutti i componenti degli organi di amministrazione e controllo (art. 69-*vicies-semel* TUB), sino alla **amministrazione straordinaria**, in presenza di irregolarità o previsioni di perdite accertate come gravi, con sostituzione, sia pure temporanea, degli amministratori con uno o più commissari straordinari e con un comitato di sorveglianza, nominati dall'Autorità (art. 70 TUB).

Ove non vi sia possibilità di superamento delle criticità con gli strumenti di prevenzione, in caso di accertato (anche solo rischio di) dissesto della banca, si apre – in alternativa alla **liquidazione coatta amministrativa** (art. 80 TUB), che può essere avviata in caso di irregolarità e perdite di *eccezionale gravità* – la via agli **strumenti di c.d. risoluzione**, a discrezione dell'Autorità se ritenuti più appropriati nell'interesse pubblico. Lo strumento più noto è il c.d. ***bail-in*** con cui i diritti degli azionisti possono trovare una riduzione, e i diritti dei creditori (con esclusione dei piccoli depositanti sino alla somma di 100 mila € e di talune altre passività) possono venire ridotti nel valore nominale o anche convertiti forzosamente in capitale della banca.

II. *Imprese di investimento*

Come le banche, anche gli intermediari che operano nel mercato mobiliare sono soggetti ad una articolata disciplina dell'organizzazione societaria e d'impresa, la quale agisce sugli stessi livelli della disciplina bancaria. La disciplina che ci si accinge ad esaminare riguarda le **imprese di investimento italiane**, cioè le SIM, mentre le imprese UE sono sottoposte alla disciplina del Paese di provenienza e la loro operatività in Italia non è subordinata ad autorizzazione; le imprese extra UE, viceversa, devono stabilire una succursale autorizzata (almeno, se intendono rivolgersi alla clientela *retail*), la quale deve soddisfare requisiti organizzativi in parte analoghi a quelli disposti per le SIM (artt. 27-28 TUF).

1. *Costituzione e autorizzazione. I requisiti patrimoniali e partecipativi*

a) Le SIM devono costituirsi in forma di **società per azioni** (art. 19 TUF). Si tratta di società ad **oggetto** (quasi) **esclusivo**: esse infatti possono erogare solo servizi di investimento o accessori, altre attività finanziarie e attività connesse o strumentali (art. 18). Non vi può essere dunque commistione tra attività finanziarie e industriali.

Come già si è detto, è previsto un procedimento di **autorizzazione** da parte della Consob, sentita la BdI (art. 19). Tale autorizzazione non ha peraltro ad oggetto la costituzione della società, bensì l'esercizio dell'attività, e per essere più precisi la *prestazione di ogni singola tipologia di servizio di investimento* per cui è chiesta.

b) Un importante corpo di regole è finalizzato a garantire l'***adeguatezza patrimoniale*** della SIM e il ***contenimento del rischio*** (v. art. 6 TUF), in un'ottica non dissimile da quella che ispira la corrispondente disciplina bancaria. La principale disposizione da menzionare riguarda il **capitale minimo**, che è superiore rispetto a quello previsto in generale per le s.p.a. nell'art. 2327 c.c. Esso è stabilito nel reg. BdI 4-8-2000, secondo un criterio di *commisurazione rispetto al tipo di servizi erogati*, e va da 120.000 € a 1.000.000 €.

Di grande importanza è poi il principio enunciato nell'art. 22 TUF, in base al quale "gli strumenti finanziari e le somme di denaro dei singoli clienti, a qualunque titolo detenuti dalla SIM, costituiscono patrimonio distinto a tutti gli effetti da quello dell'intermediario e da quello degli altri clienti". Tale principio di **separazione patrimoniale** fa sì che "su tale patrimonio non sono ammesse azioni dei creditori dell'intermediario ... Le azioni dei creditori dei singoli clienti sono ammesse nei limiti del patrimonio di proprietà di questi ultimi". Si tratta di una regola di *inappropriabilità degli strumenti finanziari e del denaro dei clienti*, da parte dell'intermediario. Non si è, cioè, in presenza di un patrimonio facente capo alla SIM e dotato di autonomia: strumenti finanziari e denaro rimangono di esclusiva proprietà di ciascun cliente e quindi non entrano mai nel patrimonio dell'intermediario. Le regole enunciate nello stesso art. 22 sulle azioni dei creditori ammesse si limitano dunque a sancire l'ovvia implicazione sul piano delle garanzie patrimoniali.

c) Al fine di assicurare una sana e prudente gestione dell'impresa, la legge interviene inoltre stabilendo requisiti e vincoli per l'assunzione di partecipazioni nelle SIM.

Questi riguardano peraltro non ogni socio, bensì i titolari di **partecipazioni qualificate**, come definite dall'art. 15 TUF. Si tratta delle partecipazioni che comportano "il controllo o la possibilità di esercitare un'influenza notevole sulla società" e in ogni caso quelle che attribuiscono "una quota dei diritti di voto o del capitale almeno pari al 10%".

I titolari di queste partecipazioni debbono possedere i **requisiti** stabiliti dall'art. 14 TUF di *onorabilità*, *competenza* e *correttezza*. Il loro possesso è anzitutto inizialmente condizione per l'autorizzazione della SIM (art. 19, co. 1, lett. *g*). In generale, la loro mancanza comporta la sospensione del diritto di voto e degli altri diritti attraverso cui si può influire sulla società (art. 14, co. 5) e l'obbligo di cessione della partecipazione eccedente (co. 8).

2. *Requisiti organizzativi*

Ancora e sempre con l'obiettivo di garantire una gestione sana ed efficiente dell'impresa, l'ordinamento fissa altresì stringenti parametri organizzativi, cui la SIM deve attenersi, e che riguardano, da un lato, la struttura di gestione e dei controlli e, dall'altro, i requisiti di cui devono essere in possesso i soggetti che rivestono le principali cariche.

i) Quanto ai soggetti, l'art. 13 TUF prevede che gli **esponenti aziendali** debbano soddisfare ***requisiti*** di *onorabilità*, *professionalità*, *indipendenza*, *competenza* e *correttezza* (stabiliti dal d.m. 468/1998). Esponenti aziendali sono i componenti dell'organo gestorio e di quello di controllo e coloro che svolgono funzioni di direzione (cioè, i direttori generali e coloro che espletano funzioni analoghe). La **carenza** dei requisiti (oltre ad impedire, se originaria, l'autorizzazione della SIM: art. 19, co. 1, lett. *f*, TUF) comporta l'ineleggibilità e, se sopravvenuta, la decadenza dalla carica, la quale può essere pronunciata anche dalla Consob e da Banca d'Italia (art. 13, co. 6).

ii) Quanto alla ***governance***, l'art. 6, co. 1, lett. *c-bis*, TUF stabilisce la necessità, per gli intermediari, di conformarsi a specifici obblighi in materia, fra l'altro, di *governo societario* e di *organizzazione amministrativa e contabile*. Tali obblighi sono definiti nel reg. UE 565/2017 (reg. UE Interm.) e nel reg. BdI 5 dicembre 2019, che integra il primo.

I **principi** di fondo sono i seguenti: l'istituzione di strutture gerarchiche e di procedure decisionali chiare a tutti i livelli dell'impresa, con una ben definita suddivisione delle funzioni e delle responsabilità; la conoscenza, da parte dei soggetti implicati, di tali procedure; la preparazione e la competenza di tutto il personale, in funzione delle responsabilità attribuite; l'istituzione di relativi meccanismi di controllo interno idonei e di un sistema efficace di segnalazione interna e di comunicazione delle informazioni; la conservazione di adeguata, corrispondente documentazione.

III. *Gestori di OICR*

Anche nei riguardi delle società che gestiscono gli Organismi di investimento collettivo del risparmio (OICR), cioè società di gestione del risparmio (SGR), società di investimento a capitale variabile (SICAV) o fisso (SICAF) si applica una disciplina che incide sull'organizzazione d'impresa, molto simile a quella appena esaminata; molte disposizioni operano anzi tanto che le SIM, quanto per i gestori di OICR.

Anche qui, il quadro normativo che ci si accinge ad esaminare si riferisce ai **gestori italiani**, mentre per i gestori UE ed extra UE è possibile operare in Italia, a condizioni analoghe (comunicazione, per i primi; autorizzazione, per i secondi) a quelle previste per le imprese di investimento non italiane (artt. 41-*bis* ss. TUF).

1. *Società di gestione del risparmio*

a) Le SGR devono costituirsi in forma di **società per azioni** e l'esercizio dell'attività è soggetto ad **autorizzazione** da parte della BdI (artt. 34 s.). Anche le SGR sono vincolate all'*esclusività dell'oggetto*, che tuttavia non è limitato alla sola gestione collettiva del risparmio, potendo esse venire autorizzate anche alla prestazione di alcuni servizi di investimento, in quanto vicini al proprio *core business* tipico (in particolare: gestione individuale di portafogli, consulenza finanziaria) e potendo svolgere le attività connesse e strumentali (art. 33).

b) Sono pure previsti **requisiti patrimoniali**, tra cui un capitale minimo versato di 1 milione €, rappresentato da conferimenti in denaro (art. 34 TUF e reg. BdI 19 gennaio 2015).

c) Identici a quelli delle SIM sono poi i **requisiti partecipativi**, applicandosi anche alle SGR l'art. 14 TUF ed essendo dunque richieste *onorabilità, competenza* e *correttezza* ai titolari di partecipazioni qualificate.

d) Parimenti, sul piano della *governance*, si applica innanzitutto l'art. 13, quanto ai **requisiti degli esponenti aziendali**: *onorabilità, competenza, correttezza, indipendenza e professionalità*. Sono previste altresì regole sulla **struttura organizzativa** affini a quelle delle SIM, dal reg. BdI 5-12-2019 (artt. 31 ss.).

2. *SICAV e SICAF*

La disciplina di SICAV e SICAF ricalca in ampia misura quella appena esaminata, ma con alcune differenze e integrazioni dovute al fatto che sono esse stesse (per essere più precisi: il loro patrimonio) a rappresentare il prodotto finanziario ed è la stessa partecipazione sociale a rappresentare il rapporto di investimento. Queste società non hanno dunque, a differenza di SIM e SGR, una "clientela" di risparmiatori/investitori, perché "clienti" sono i loro soci, in quanto soci.

a) Quanto alla veste formale, si tratta di **società per azioni** (art. 35-*bis*, co. 1, lett. *a*, TUF), aventi *oggetto esclusivo*. Anche per esse è necessaria l'**autorizzazione** di Banca d'Italia, che qui tuttavia riguarda la stessa *costituzione* della società.

b) Il **capitale minimo** è di 1 milione € e identici a quelli previsti per le SGR sono i

requisiti dei *titolari di partecipazioni qualificate* e degli *esponenti aziendali*, applicandosi gli artt. 13 ss. (art. 35-*bis*).

c) Anche le regole sulla **struttura organizzativa** corrispondono a quelle previste per le SGR (artt. 31 ss. reg. BdI 5 dicembre 2019).

d) Importante elemento caratterizzante è rappresentato invece dalla struttura partecipativa e patrimoniale. Sul piano del **patrimonio**, va ribadita la fondamentale differenza tra i due modelli. Nelle SICAV ***il capitale coincide sempre con il patrimonio netto*** ed è dunque *costantemente variabile*. Ciò non solo perché il valore dei beni in cui il patrimonio è investito oscilla, ma anche perché, con la periodicità stabilita nello statuto, nuovi risparmiatori possono sottoscrivere azioni di nuova emissione (senza diritto di opzione dei vecchi soci), incrementando così il patrimonio collettivo gestito, e, per converso, i soci possono chiedere il rimborso in denaro delle proprie partecipazioni, così riducendo quel patrimonio. Non vi è dunque un numero prestabilito di azioni né un capitale fisso. Ne segue la disapplicazione di tutta la disciplina codicistica sulle operazioni sul capitale (art. 35-*quater*, co. 1 s.), la quale torna invece ad operare nelle SICAF.

Delle **azioni**, infine, nella loro qualità di *quote del patrimonio collettivo investito*, ci si occuperà più avanti, quando verranno esaminati i prodotti finanziari.

IV. *Imprese di assicurazione*

Il c.ass. prevede anche per il settore assicurativo una disciplina dell'organizzazione d'impresa che rispecchia i principi sin qui esaminati.

La materia che ci si accinge ad illustrare riguarda le **assicurazioni italiane**, cioè aventi sede legale nel nostro Paese. Le imprese straniere possono prestare attività di assicurazione in Italia secondo meccanismi simili a quelli già visti: *comunicazione preventiva* all'IVASS, da parte dell'Autorità del Paese d'origine, per le imprese comunitarie; *autorizzazione* dell'IVASS, per le imprese extra UE (art. 23 ss. c.ass.).

a) L'impresa assicurativa deve essere costituita, come si era detto, in forma di **società per azioni** oppure di **società cooperativa** (o di mutua assicuratrice o di società europea o cooperativa europea) con quote rappresentate da azioni (art. 14). È necessaria l'**autorizzazione** da parte dell'IVASS, la quale si inserisce nel procedimento di costituzione, condizionando l'iscrivibilità della società nel registro delle imprese.

Si è già detto che l'impresa di assicurazione è caratterizzata dall'**esclusività dell'oggetto**, non potendo esercitare attività diversa da quella assicurativa; in più l'art. 11, co. 2, impone di optare, quale oggetto, per il solo ramo danni o vita.

b) Anche le imprese di assicurazioni sono soggette a stringenti vincoli sul piano patrimoniale. È anzitutto previsto un **capitale minimo** assai più elevato di quello di diritto comune, e che oscilla tra 1,5 e 7,5 milioni € a seconda del ramo e delle relative subarticolazioni prescelte (art. 5 reg. ISVAP 2 gennaio 2008, n. 10). Il c.ass. fissa poi ulteriori, assai importanti requisiti, caratterizzati da un elevato grado di tecnicismo e di analiticità della disciplina (il requisito patrimoniale minimo e il requisito patrimoniale di solvibilità), dei quali qui non è necessario parlare.

c) Non dissimili da quelli già esaminati per le imprese operanti negli altri settori sono i **requisiti** partecipativi e degli esponenti aziendali. Quanto ai primi, l'art. 77 c.ass. dispone che i **soci** titolari di *partecipazioni di controllo* o comunque *qualificate* (che attribuiscono almeno il 10 % dei diritti di voto o del capitale o che consentono di esercitare un'influenza notevole sulla società: art. 1, lett. *mm-ter*) debbano soddisfare requisiti di *onorabilità, competenza* e *correttezza*. Quanto agli **esponenti aziendali**, sono pure previsti requisiti di *onorabilità*, di *professionalità* e *indipendenza*, nonché criteri di *competenza* e *correttezza* (art. 76).

d) Gli artt. 30 ss. c.ass. fissano infine alcune regole concernenti il **sistema di governo societario**, che deve essere "efficace", "proporzionato alla natura, alla portata e alla complessità dell'attività" e deve consentirne "una gestione sana e prudente". I principi su cui tale sistema deve basarsi corrispondono sostanzialmente a quelli vigenti per gli intermediari degli altri settori: una articolazione chiara e trasparente delle funzioni, l'istituzione di flussi informativi interni efficienti, la predisposizione di meccanismi atti ad assicurare il rispetto delle previsioni normative, l'attivazione di funzioni di controllo e di gestione dei rischi appropriate.

§ 75. Le forme dell'attività: i servizi, i modelli contrattuali, i prodotti

I. *I servizi bancari: la raccolta del risparmio tra il pubblico*

La raccolta del risparmio tra il pubblico con obbligo di rimborso è, come si è visto, attività riservata alle banche (art. 11 TUB, pur con alcune eccezioni).

La **raccolta** da parte delle banche si realizza attraverso una pluralità di strumenti giuridici: in particolare, per mezzo della stipulazione di *contratti di deposito* di denaro e dell'emissione di *obbligazioni*.

A) Il **deposito bancario** è il contratto con il quale una parte *versa una somma di danaro alla banca*, che "*ne acquista la proprietà* ed è *obbligata a restituirla* nella stessa specie monetaria, alla scadenza del termine convenuto ovvero a richiesta del depositante" (art. 1834 c.c.).

Si tratta di un *contratto reale*, che si perfeziona con il versamento del denaro e che assolve, per il cliente, alla duplice funzione di custodia del denaro e di investimento finanziario; per la banca, alla funzione di reperimento del *plafond* pecuniario da impiegare successivamente per l'erogazione del credito.

La banca acquista la **proprietà del denaro**, essendo obbligata a restituire non i medesimi pezzi monetari eventualmente consegnatile, ma la loro quantità nominale. È questo che permette alla banca stessa di assolvere alla propria funzione intermediaria nell'allocazione della risorsa monetaria, prestando a sua volta il denaro ai soggetti che richiedono un finanziamento.

Dalla stipulazione del contratto sorgono dunque **obbligazioni a carico della banca**: l'obbligo di *restituzione del capitale ricevuto* e, normalmente, l'obbligo di *corresponsione di un interesse* (art. 1815 c.c.). La funzione finanziaria del contratto spiega come mai sia la banca a versare un corrispettivo per il godimento del denaro e non già il depositante a riconoscere un corrispettivo per la custodia dello stesso.

Il deposito può essere **a termine** o **libero**. Nel primo caso (*deposito vincolato*) il credito alla restituzione è esigibile solo alla scadenza del termine pattuito, nel secondo il depositante può chiedere la restituzione del denaro (integralmente o parzialmente) in qualsiasi momento (art. 1834). Neppure quest'ultima circostanza impedisce alla banca di servirsi del denaro, perché di regola le richieste di rimborso non pervengono tutte insieme da tutti i depositanti, cosicché è sufficiente che la banca disponga della liquidità bastante per assecondare le richieste medie di periodo.

Il rapporto di deposito può svolgersi secondo modalità particolari. La principale è senza dubbio quella del **deposito regolato in conto corrente**. In tal caso il denaro è versato in un conto e "il correntista può disporre in qualsiasi momento delle somme risultanti a suo credito" (art. 1852 c.c.); la "disponibilità" sulle somme, che gli è riconosciuta, non consiste nel semplice diritto al rimborso, ma nella possibilità di affidare alla banca *incarichi di riscossione e di pagamento*, che questa è obbligata ad eseguire in qualità di mandataria (art. 1856). La regolazione in conto corrente è dunque oggetto di un accordo che integra il contratto di deposito, in virtù del quale la banca svolge un ***servizio collaterale di cassa e pagamento*** per conto del cliente (ad es., esecuzione di bonifici verso terzi, domiciliazione di fatture di terzi, come le bollette).

B) L'emissione di obbligazioni è uno strumento alternativo di raccolta del risparmio. Le specificità dell'operazione rispetto al deposito si ravvisano sul piano causale (qui, sottostante è un ***finanziamento puro***) e su quello strutturale (si tratta di una ***raccolta di massa***). L'art. 12 TUB stabilisce il fondamentale principio dell'inapplicabilità della disciplina del codice civile in materia di obbligazioni; in particolare, *non opera l'art. 2412*, il che consente alla banca di raccogliere risorse oltre i limiti previsti da questa norma. Le obbligazioni, la cui emissione è deliberata dall'organo amministrativo, sono **titoli di credito**, destinati alla circolazione. Il loro contenuto può essere variamente determinato dagli amministratori, sia pur nel rispetto delle regole stabilite dalla BdI.

II. *I servizi bancari: il finanziamento alle imprese e ai privati*

Come si è visto, l'altro corno dell'attività bancaria è rappresentato dall'erogazione di finanziamenti a favore dei soggetti in *deficit* (sono in particolare le imprese, ma non solo, ad avvalersi del canale bancario). È bene ricordare che, peraltro, questo segmento dell'attività non è riservato alle banche, potendo essere svolto anche da altri intermediari finanziari (art. 106 ss. TUB).

I contratti di finanziamento sono molteplici. I principali sono il *mutuo* e l'*apertura di credito*. Questi contratti sono disciplinati nel codice civile, integrato dalle disposizioni del TUB. Il finanziamento può essere inoltre erogato in forma di sostegno indiretto, attraverso il rilascio di garanzie per debiti che il cliente abbia contratto o si accinga a contrarre nei confronti di terzi.

1. *Il mutuo*

Il mutuo è "il contratto col quale una parte [mutuante] consegna all'altra [mutuatario] una determinata quantità di danaro o di altre cose fungibili, e l'altra si obbliga a restituire altrettante cose della stessa specie e qualità" (art. 1813 c.c.).

Il contratto non presuppone che il finanziatore sia una banca o un'impresa finanziaria (ricordiamo che oggetto della riserva è l'*attività* di erogazione di finanziamenti, non la concessione occasionale di prestiti); è mutuo ad es. anche il prestito concesso da un socio alla società, o tra familiari, ecc.

Si tratta di un **contratto reale**, che si perfeziona con la consegna (non necessariamente di pezzi monetari, ma, ad es., anche di moneta scritturale, cioè con l'accredito della somma sul conto del mutuatario), *naturalmente* **oneroso** (art. 1815): salvo diverso accordo, infatti, il mutuatario è tenuto (oltre che al rimborso del capitale ricevuto) alla corresponsione di un **interesse**, cioè di un ulteriore importo, che rappresenta, per il mutuante, la remunerazione del finanziamento concesso, e inoltre, spesso, al pagamento di **commissioni** varie (ad es., i costi di istruttoria, per avviare la pratica di finanziamento).

Il rapporto di mutuo è essenzialmente un *rapporto di durata*, in quanto è funzionale ad assicurare al mutuatario il godimento, a tempo, del denaro (o delle altre cose) mutuatogli. Il **termine** pattuito (se non ne è pattuito alcuno, esso è fissato dal giudice: art. 1817) si presume però a favore di entrambe le parti, almeno quando il prestito non sia gratuito (art. 1816), perché anche il mutuante ha un'aspettativa alla persistenza del rapporto, che gli consente di maturare gli interessi; perciò non è possibile il rimborso anticipato, se non con il suo consenso.

2. *L'apertura di credito bancario*

A differenza del mutuo, il contratto di apertura di credito è un contratto necessariamente bancario. L'art. 1842 c.c. lo definisce come "il contratto col quale la banca si obbliga a tenere a disposizione dell'altra parte una somma di danaro per un dato periodo di tempo o a tempo indeterminato".

Esso si caratterizza, sotto il profilo causale, per il fatto di assolvere alla propria funzione tipica già prima e indipendentemente dalla consegna del denaro al cliente (che potrebbe al limite non avvenire mai!), soddisfacendo anzitutto l'interesse di questi a poter ricorrere, se lo riterrà, alla somma tenuta a sua disposizione. Per questa ragione tale contratto prevede la corresponsione di un corrispettivo, a favore della banca (c.d. **commissione di affidamento**: art. 117-*bis* TUB), determinato in percentuale rispetto alla somma resa disponibile, e che è dovuto a prescindere dal fatto che il cliente prelevi e utilizzi poi, in tutto o in parte, il denaro. Egli dovrà altresì corrispondere gli **interessi** per il godimento del denaro che effettivamente preleverà e proporzionalmente al tempo di utilizzo; in tal caso, naturalmente, sorgerà anche l'obbligo di **rimborso** del denaro stesso. L'apertura di credito assolve ad una funzione finanziaria assai rilevante specie a vantaggio delle imprese, le quali possono così contare su una disponibilità liquida utile a far fronte alle esigenze che di volta in volta si manifestano.

L'art. 1843 stabilisce che, in assenza di patto contrario, il cliente può effettuare una ***pluralità di prelievi successivi*** e, con successivi versamenti alla banca, può ***ripristinare*** in tutto o in parte ***la propria disponibilità***. Il rimborso della somma utilizzata non estingue dunque il rapporto, ma ricostituisce il potere del cliente di reimpiegare il denaro affidatogli. In tal caso è usuale che l'apertura di credito venga regolata **in conto corrente**, cioè che al contratto di finanziamento si associ un contratto di conto corrente, identico a quello associabile a un contratto di deposito.

3. *Gli altri contratti di finanziamento: sconto bancario,* factoring, leasing

A) Un'altra forma di finanziamento è rappresentata dallo **sconto bancario**, definito dall'art. 1858 c.c. come "il contratto col quale la banca, previa deduzione dell'interesse, anticipa al cliente l'importo di un credito verso terzi non ancora scaduto, mediante la cessione, salvo buon fine, del credito stesso".

Per mezzo di tale operazione il cliente consegue immediatamente il valore di un credito (pecuniario) che, in quanto non ancora scaduto, rappresenterebbe altrimenti soltanto un incasso futuro; ricevendo in anticipo il relativo importo (e così ottenendo di "trasformare" liquidità futura in liquidità presente), egli corrisponde alla banca un interesse (commisurato all'entità della somma ottenuta e al tempo mancante alla scadenza del credito), nella forma di una riduzione dell'anticipo rispetto al valore nominale del credito (lo "sconto") che la banca procederà ad incassare alla scadenza.

Il contratto prevede dunque la *cessione alla banca del credito* e la *deduzione dell'interesse*, come **elementi essenziali**; anche l'*inesigibilità attuale del credito* è essenziale, fondandosi su di essa la funzione dell'operazione. Non si tratta infatti di una compravendita di credito, bensì di un finanziamento, in forma di anticipo di liquidità.

La cessione del credito avviene *pro solvendo*: il cliente garantisce infatti l'adempimento del debitore ed è tenuto a restituire alla banca la somma ricevuta (anzi, a corrisponderle l'intero valore nominale del credito), in caso di mancato pagamento da parte del terzo (art. 1859).

La medesima funzione di "trasformazione" di liquidità futura in liquidità presente è assolta anche da altre fattispecie contrattuali, elaborate inizialmente nella prassi commerciale internazionale, poi diffusesi anche nel nostro Paese e in parte infine recepite dall'ordinamento.

B) Il ***factoring*** (o **cessione dei crediti d'impresa**) trova parziale disciplina nella l. 52/1991. Si tratta di un'operazione complessa, di cui sono parte una banca (o altra impresa finanziaria *ex* art. 106 TUB) e un imprenditore, in virtù della quale quest'ultimo cede alla banca, normalmente in blocco, i propri crediti pecuniari presenti e futuri, nascenti da contratti stipulati nell'esercizio dell'impresa (anche in futuro, purché entro 24 mesi dal perfezionamento del *factoring* e purché siano indicati i futuri terzi contraenti), per un corrispettivo determinato in ragione del valore nominale dei crediti, dedotto il profitto che la banca si prefigge di realizzare mediante l'operazione. Si pensi ad un'impresa fornitrice di elettricità, che ceda tutti i crediti futuri nascenti da contratti di distribuzione dell'energia già in essere.

C) La **locazione finanziaria** (o *leasing* finanziario) è il "contratto con il quale una banca o [altro] intermediario finanziario … si obbliga ad acquistare o a far costruire un bene su scelta e secondo le indicazioni dell'utilizzatore … e lo fa mettere a disposizione [dell'utilizzatore stesso] per un dato tempo verso un determinato corrispettivo che tiene conto del prezzo di acquisto o di costruzione e della durata del contratto" (art. 1, co. 136, l. 124/2017).

Si tratta di un'operazione complessa, cui partecipano tre soggetti: l'*utilizzatore*, il *fornitore* del bene e il *concedente* (la banca o altra impresa finanziaria). Il primo (spesso un imprenditore, sebbene non sia necessario) è interessato ad un bene costruito o venduto dal fornitore (ad es., una macchina utensile); anziché acquistarlo direttamente, lo fa acquistare dal concedente; questo gliene concede poi il godimento, a fronte della corresponsione di un determinato canone; al termine del rapporto locatizio, l'utilizzatore può decidere se riscattare il bene, pagandone un canone finale prestabilito, o lasciarlo in proprietà alla banca, riconsegnandolo alla medesima. La ***funzione finanziaria*** è assolta dalla banca in virtù del fatto che essa anticipa il prezzo del bene, corrispondendolo al fornitore; l'utilizzatore rimborsa ratealmente il finanziamento (unitamente agli interessi) mediante la corresponsione dei canoni.

4. *Il sostegno finanziario indiretto: le garanzie bancarie*

L'attività bancaria tipica di finanziamento si svolge anche mediante la **concessione di garanzie**, per mezzo delle quali la banca pur non erogando al cliente, né mettendo a sua disposizione alcuna somma di denaro (finanziamento diretto), favorisce la sua capacità di ottenere credito da terzi.

Il tipo contrattuale di riferimento è la **fideiussione**: "è fideiussore colui che, obbligandosi personalmente verso il creditore, garantisce l'adempimento di un'obbligazione altrui" (art. 1936 c.c.). La garanzia nasce dunque da un ***contratto***, stipulato tra creditore e fideiussore; trattandosi di *contratto con obbligazioni a carico di una sola parte*, esso si perfeziona quando la dichiarazione del fideiussore perviene a conoscenza della controparte, se questa non rifiuta (art. 1333 c.c.). Di regola, la banca rilascia dunque, su richiesta del proprio cliente, la dichiarazione unilaterale di assunzione della garanzia, che viene trasmessa al creditore. Tale rilascio avviene in forza di un accordo precedente, tra banca e cliente, in virtù del quale fra l'altro quest'ultimo si impegna a corrispondere alla prima un *compenso per la garanzia*, normalmente in percentuale rispetto all'entità della medesima.

Una particolare specie, assai diffusa in ambito bancario, è la c.d. **fideiussione a prima richiesta**. Nella fideiussione ordinaria, il garante può opporre al creditore tutte le eccezioni che spettano al debitore principale stesso (art. 1945; ad es., può eccepire i vizi della cosa venduta dal creditore a quest'ultimo). La fideiussione a prima richiesta è così denominata, perché contiene una clausola in deroga a tale ultima disposizione e che impone al fideiussore di pagare in ogni caso, sulla base della semplice richiesta del creditore, rinviando ogni eventuale eccezione sul debito garantito alla fase successiva al pagamento (il garante è tenuto a pagare e poi, se sussistevano eccezioni, può agire nei confronti del creditore per ripetere dallo stesso quanto ha pagato).

Una garanzia ancora più forte è rappresentata dal **contratto autonomo di garanzia**. Si tratta di un'operazione elaborata nella prassi. L'espressione fa riferimento al fatto che la validità ed efficacia della garanzia concessa non dipendono dall'esistenza e dal contenuto del debito garantito: il garante è obbligato a pagare su semplice richiesta del creditore, cui non può opporre alcuna delle eccezioni eventualmente relative a tale debito e nei cui confronti, neppure dopo il pagamento, può invocare le stesse, al fine di ripetere quanto ha corrisposto. Il creditore ha così la certezza di escutere con successo la garanzia. Sarà poi il debitore principale (che nel frattempo avrà dovuto tenere indenne il garante), e non quest'ultimo, a poter far valere eventuali circostanze inficianti il credito garantito, per ottenere dal creditore la restituzione di quanto dallo stesso indebitamente conseguito.

III. *L'intermediazione negli investimenti: i servizi*

Nel mercato, inteso come segmento del sistema nel quale si incontrano la domanda e l'offerta di investimenti e nel quale dunque si generano e si negoziano i prodotti finanziari, l'attività degli intermediari consiste principalmente nel favorire, in molteplici forme, l'incontro di questa domanda e di questa offerta. Tale incontro può avvenire sul ***mercato primario*** (quando riguarda l'emissione e la sottoscrizione di nuovi prodotti finanziari; qui si incontrano domanda e offerta della risorsa finanziaria primaria; a differenza di quanto accade nel segmento bancario, gli intermediari non agiscono raccogliendo in proprio risparmio e finanziando in proprio i soggetti in *deficit*, ma offrono servizi finalizzati a consentire alla domanda e all'offerta di incrociarsi direttamente) o sul ***mercato secondario*** (quando riguarda la negoziazione di prodotti finanziari già emessi; qui l'offerta di investimento si incontra con una domanda di disinvestimento).

Tali attività si articolano su una pluralità di piani. La nomenclatura del TUF risulta centrata sulla nozione, già illustrata a suo tempo, di **servizi di investimento** (art. 1, co. 5, TUF), la quale però non abbraccia per intero il nucleo delle attività ora menzionate, rimanendo a parte specialmente la **gestione collettiva del risparmio** (co. 1, lett. *n*). Si tratta, in ogni caso, di ***attività riservate.***

1. *I servizi per la veicolazione della domanda e dell'offerta finanziaria*

L'incontro della domanda e dell'offerta finanziaria con l'intervento degli intermediari avviene, nel mercato primario, attraverso il *servizio di collocamento*; nel mercato secondario, tramite il *servizio di negoziazione*. Domanda e offerta possono anche essere semplicemente avvicinate, mediante il *servizio di ricezione e di trasmissione degli ordini*, che tralasceremo.

a) Il **servizio di collocamento** è contemplato all'art. 1, co. 5, lett. *c* e *c-bis*, TUF. Si tratta del servizio di chi distribuisce strumenti finanziari al momento della loro emissione, su incarico dell'emittente, o successivamente, su incarico del titolare interessato alla loro dismissione (vendita). L'operazione muove dunque da un ***contratto con l'emittente o il venditore***, in forza del quale l'intermediario si impegna a promuovere la sottoscrizione o, rispettivamente, la vendita degli strumenti finanziari presso il pubblico (o presso determinate categorie di investitori).

b) Il **servizio di negoziazione** consiste nella conclusione di contratti di acquisto o di vendita di strumenti finanziari, nell'interesse dei clienti. Può essere svolto in due distinti modi: come *negoziazione per conto proprio* (art. 1, co. 5, lett. *a*, TUF), o come *esecuzione di ordini per conto dei clienti* (lett. *b*).

b1) Per **negoziazione per conto proprio** "si intende l'attività di acquisto e vendita di strumenti finanziari, in contropartita diretta" (co. 5-*bis*). L'intermediario, cioè, entra esso stesso come parte del contratto di compravendita, impegnando il proprio patrimonio, ossia proprio denaro (se acquista), o strumenti finanziari di sua proprietà (se vende), con ciò potendo trarre anche vantaggio dalle oscillazioni di valore degli strumenti compravenduti.

La negoziazione avviene di regola per eseguire un ***ordine di negoziazione del cliente*** (ad es., il cliente intende acquistare un dato numero di azioni quotate e si rivolge ad un intermediario che le detiene nel proprio portafoglio). Ciò permette di distinguere il servizio in esame dal caso in cui un qualsiasi soggetto si limita a gestire il proprio portafoglio di investimento, procedendo di propria iniziativa ad operazioni di acquisto e di vendita di strumenti finanziari.

b2) Per **esecuzione di ordini per conto dei clienti** si intende "la conclusione di accordi di acquisto o di vendita di uno o più strumenti finanziari per conto dei clienti" (co. 5-*septies*.1). L'intermediario raccoglie un ordine di acquisto o di vendita su un dato strumento finanziario, da parte del cliente, ricerca una controparte e stipula in nome e per conto del cliente stesso (o, se autorizzato, in nome proprio e per conto del cliente: art. 21 TUF) il contratto di compravendita. È quel che tipicamente accade nelle negoziazioni di borsa (anche quando il cliente carica *online* la proposta di negoziazione, questa è sempre raccolta dall'intermediario aderente al mercato, che agisce su questo in qualità di mandatario del primo); il servizio in esame ricorre comunque anche quando l'ordine viene eseguito al di fuori di una sede di negoziazione.

La differenza rispetto alla negoziazione in proprio, dunque, consiste nel fatto che, nel servizio in esame, l'intermediario, pur intervenendo come parte (almeno in senso formale) del contratto di compravendita, non utilizza risorse proprie (denaro o strumenti finanziari), ma si limita a concludere un'operazione che investe i patrimoni del proprio cliente e del terzo che con lui stipula tale contratto.

2. *I servizi per la consulenza e la gestione personalizzate nelle scelte di investimento*

Altri servizi sono finalizzati ad orientare o determinare, in luogo del cliente, le scelte di investimento.

c) Il **servizio di consulenza** consiste nel fornire "raccomandazioni personalizzate a un cliente, dietro sua richiesta o per iniziativa del prestatore del servizio, riguardo a una o più operazioni relative a strumenti finanziari" (art. 1, co. 5-*septies*, TUF). Una ***raccomandazione*** è ***personalizzata*** se "è presentata come adatta" per lo specifico cliente cui è indirizzata, "o è basata sulla considerazione delle [sue] caratteristiche", non se è rivolta indistintamente al pubblico (art. 9 reg. UE 2017/565).

Il servizio può essere reso non solo da SIM, banche e SGR (e corrispondenti figure estere: art. 18 TUF), ma anche da consulenti autonomi e apposite società di consulenza (art. 18-*bis* s.).

d) Il **servizio di gestione individuale di portafogli** è definito dall'art. 1, co. 5-*quinquies*, TUF come "la gestione, su base discrezionale e individualizzata, di portafogli di investimento che includono uno o più strumenti finanziari e nell'ambito di un mandato conferito dai clienti". In termini descrittivi, il cliente che dispone di risorse finanziarie (denaro o strumenti finanziari) le affida all'intermediario, incaricandolo di provvedere alla loro gestione, mediante il compimento di operazioni finanziarie (acquisto, vendita di strumenti finanziari in nome e per conto del cliente, ecc.) con obiettivi di rendimento.

Gli elementi caratterizzanti il servizio sono l'*individualità* e la *discrezionalità* della gestione. L'**individualità** lo differenzia dalla gestione collettiva del risparmio, nella quale le risorse di ciascun investitore confluiscono in un patrimonio globale, che viene gestito unitariamente (*infra*, 3). La **discrezionalità** implica la libertà dell'intermediario di determinarsi nelle operazioni da compiere nell'interesse del cliente; è comunque una *discrezionalità vincolata*: al momento della conclusione del contratto, infatti, le parti concordano la *linea di gestione* che l'intermediario dovrà seguire (le tipologie di strumenti finanziari su cui investire, gli obiettivi di investimento, ecc.).

3. *Il servizio di gestione collettiva del risparmio*

La definizione del servizio di gestione collettiva del risparmio si ritrova componendo le lett. *n* e *k* dell'art. 1, co. 1, TUF: si tratta della gestione di OICR, cioè della *gestione "in monte" di un patrimonio raccolto tra una pluralità di investitori, nel loro interesse e in autonomia dai medesimi.*

Si tratta di un servizio parallelo, rispetto a quello della gestione individuale di portafogli, non incluso, come si è detto, nella categoria dei servizi di investimento e infatti riservato a specifici intermediari autorizzati: SGR, SICAV e SICAF, e le omologhe figure straniere (art. 32-*quater* TUF).

Gli elementi qualificanti il servizio attengono alla **plurisoggettività dell'interesse finanziario gestito**. Il patrimonio è, innanzitutto, raccolto tra una *pluralità di investitori*. Le risorse (essenzialmente, denaro) convergono in un *portafoglio unitario di pertinenza di più di un soggetto*. La ***gestione*** di tale patrimonio viene esercitata ***in monte***, cioè mediante operazioni non calibrate sul singolo investitore, bensì sulla collettività dei partecipanti: operazioni che producono effetti giuridici ed economici sull'intero portafoglio e quindi globalmente per tutti gli investitori.

L'**adesione** al servizio si realizza per mezzo della sottoscrizione o dell'acquisto di una partecipazione, che assume la forma di quota del fondo comune di investimento o di azione della SICAV o SICAF (*infra*, IV.2).

IV. *L'intermediazione negli investimenti: i prodotti*

L'incontro della domanda e dell'offerta di investimento dà vita, come si è detto, ad una *relazione finanziaria*. Le relazioni finanziarie possono considerarsi i "prodotti tipici" del mercato mobiliare; azioni di società, obbligazioni, titoli di Stato, ecc.

Il TUF classifica tutti questi "prodotti" in **categorie giuridiche**, le quali assumono una speciale rilevanza normativa. Un primo gruppo di nozioni, quelle generali, punta a catalogare le relazioni finanziarie per così dire trasversalmente: si tratta delle nozioni di *prodotto finanziario*, *strumento finanziario* e *valore mobiliare*. Un secondo gruppo di nozioni definisce invece specifiche relazioni finanziarie, caratterizzate per il loro contenuto: tralasceremo qui di considerare le nozioni relative ai prodotti semplici, che lo stesso TUF dà per preconosciute (partecipazioni azionarie, obbligazioni, ecc.), e ci soffermeremo viceversa sui prodotti di secondo livello (*organismi di investimento collettivo del risparmio*).

1. *Le nozioni generali: prodotti finanziari, strumenti finanziari, valori mobiliari*

Nell'enucleare le nozioni generali il TUF delinea un quadro definitorio costruito per cerchi concentrici. La nozione più ampia, comprensiva di ogni relazione finanziaria rilevante nel sistema normativo del mercato mobiliare, è quella di *prodotto finan-*

ziario; di questa, costituisce un sottoinsieme la classe degli *strumenti finanziari*; a sua volta, questa comprende (ma non si esaurisce) nella categoria dei *valori mobiliari*. Val dunque la pena partire da quest'ultima, per maggior chiarezza.

a) Sono **valori mobiliari** (art. 1, co. 1-*bis*, TUF) le "*categorie di valori che possono essere negoziati nel mercato dei capitali*": in particolare, la legge elenca le "azioni di società e altri titoli equivalenti", le "obbligazioni e altri titoli di debito", nonché "qualsiasi altro valore mobiliare che permetta di acquisire o di vendere" i precedenti (ad es., diritti di opzione per la sottoscrizione di un aumento di capitale).

b) Gli **strumenti finanziari** sono elencati in allegato al TUF (art. 1, co. 2), senza esplicitazione, da parte del legislatore, di tratti caratterizzanti comuni. La categoria comprende: i) ***strumenti finanziari non derivati*** (i valori mobiliari; gli strumenti del mercato monetario, cioè rappresentativi di un prestito con diritto di rimborso a breve termine; le quote di OICR); ii) i ***derivati***, che consistono in relazioni finanziarie che prevedono uno scambio futuro di denaro o di altri beni, la cui entità è commisurata ("derivata") da un determinato indice.

La fattispecie degli strumenti finanziari riveste un ruolo centrale nel sistema normativo in esame, costituendo il presupposto oggettivo per l'applicazione di numerosi, importanti blocchi disciplinari (si è detto dei servizi di investimento; anche la nozione di sede di negoziazione è costruita attorno allo scambio di strumenti finanziari).

c) **Prodotti finanziari** sono gli strumenti finanziari e "ogni altra forma di investimento di natura finanziaria" (art. 1, co. 1, lett. *u*, TUF). La nozione assume rilevanza in particolare in quanto costituisce il presupposto di applicazione della disciplina sull'offerta al pubblico (*infra*, § 77). La **finanziarietà** è ravvisabile ogniqualvolta vi sia la *destinazione di un capitale finanziario*, con *attesa di una remunerazione* e *assunzione del rischio* di mancato recupero del capitale stesso. Come si intuisce, si tratta di un elemento comune a tutte le figure sin qui esaminate.

2. *I prodotti di secondo livello: gli OICR*

Possono indicarsi come prodotti di secondo livello quegli investimenti in patrimoni a loro volta investiti in beni finanziari. Si tratta principalmente degli **organismi di investimento collettivo del risparmio** (OICR), più volte menzionati. Il linguaggio legislativo ("organismi") fa riferimento alla varietà di formule giuridiche che lo strumento finanziario può assumere: gli OICR possono infatti presentarsi nella forma dei *fondi comuni* (forma *contrattuale*), oppure in forma *societaria*.

a) Lo schema del **fondo comune di investimento** si basa sulla costituzione di un ***patrimonio autonomo*** gestito dalla SGR; l'art. 36 TUF stabilisce che "ciascun fondo comune di investimento... costituisce patrimonio autonomo, distinto a tutti gli effetti dal patrimonio della società di gestione del risparmio e da quello di ciascun partecipante, nonché da ogni altro patrimonio gestito dalla medesima società; delle obbligazioni contratte per conto del fondo, la SGR risponde esclusivamente con il patrimonio del fondo medesimo".

L'investitore che aderisce al fondo diviene titolare di ***quote di partecipazione*** allo stesso, rappresentative del credito nei confronti della SGR; le quote (che sono, come si è detto, strumenti finanziari) sono rappresentate da titoli di credito nominativi o al portatore (art. 36 TUF) e sono destinate alla circolazione.

b) L'**OICR societario** si basa su una struttura diversa: come già si è visto, qui l'investitore è *socio di una società* (s.p.a.), la quale ha per oggetto esclusivo la gestione collettiva del proprio patrimonio. La *partecipazione azionaria rappresenta* dunque essa stessa *il rapporto di investimento* e il patrimonio investito è quello della società.

Le **azioni** possono essere nominative o al portatore e la loro circolazione è di massima libera (art. 35-*quater* s.). All'investitore spettano gli ordinari diritti sociali (sia pure con qualche correttivo), ma la gestione del patrimonio rimane caratterizzata dall'*autonomia*, propria di ogni OICR, escludendosi dunque ogni potere di interferenza da parte dell'assemblea degli azionisti.

Quanto alla struttura del rapporto, come già si è visto, questi OICR si presentano in due varianti, corrispondenti nella sostanza a quelle dei fondi aperti e dei fondi chiusi. Le **azioni di SICAV** attribuiscono all'investitore il diritto di rimborso del loro valore, da parte della società, con la periodicità prevista dallo statuto (art. 35-*quater*, co. 1). Viceversa, le **azioni di SICAF** non prevedono questo diritto, per il che l'investitore può dismettere la partecipazione solo trasferendola o alle condizioni previste dal diritto societario comune.

V. *I servizi assicurativi. Il contratto di assicurazione*

I servizi assicurativi, per mezzo dei quali il cliente soddisfa il bisogno finanziario di copertura da un rischio derivante da un possibile evento futuro ed incerto, sono forniti per mezzo dei **contratti di assicurazione**. L'art. 2 c.ass. e l'art. 1882 c.c. individuano, come si è visto, due distinti ***rami*** nei quali l'impresa può operare: il *ramo danni* e il *ramo vita*, che si distinguono per la **funzione** (*indennitaria* l'uno, *previdenziale* l'altro). Sul piano disciplinare, il codice civile predispone alcune regole comuni (art. 1882 ss.) e poi due distinti blocchi normativi per ciascuno dei due rami (art. 1904 ss.). Ulteriori disposizioni sono contenute nel c.ass. (art. 165 ss.).

"L'assicurazione è il contratto col quale l'assicuratore, verso il pagamento di un premio, si obbliga a rivalere l'assicurato, entro i limiti convenuti, del danno ad esso prodotto da un sinistro, ovvero a pagare un capitale o una rendita al verificarsi di un evento attinente alla vita umana" (art. 1882 c.c.).

Si tratta di un *contratto consensuale, a prestazioni corrispettive* (con l'avvertenza che la corrispettività si instaura non tra premio e indennizzo, ma tra premio e sicurezza, cioè tra l'obbligo certo dell'assicurato e l'assoggettamento dell'assicuratore al rischio, per cui la corrispettività non viene meno perché l'evento non si verifica), *aleatorio*.

Il **rischio** costituisce *elemento essenziale* del contratto, che infatti è nullo se esso "non è mai esistito o ha cessato di esistere prima della conclusione del contratto" stesso, e si scioglie se il rischio cessa di esistere successivamente (art. 1895 s. c.c.).

Anche l'**interesse** dell'assicurato (il soddisfacimento del bisogno finanziario collegato all'evento) costituisce *elemento essenziale* del contratto. Tale principio è enunciato con riferimento alla sola assicurazione contro i danni (art. 1904, che sancisce la nullità del contratto, in assenza di interesse), ma deve considerarsi implicito, sebbene declinato diversamente, anche in quella sulla vita. Si ha interesse ogniqualvolta *l'assicurato non è finanziariamente indifferente alla verificazione dell'evento dedotto in con-*

tratto. Così ad es., contro i danni, ha interesse ad assicurarsi il proprietario della cosa, ma anche il conduttore.

Le **prestazioni** consistono, per il cliente, nel pagamento del *premio*, che può avvenire in unica soluzione o con versamenti periodici, e, per l'assicuratore, nella corresponsione della somma convenuta (a rivalerlo dei danni subiti, nel ramo danni, e a versargli un capitale o una rendita, nel ramo vita), al verificarsi dell'evento.

Il rapporto può presentare una certa complessità in ordine alle **parti**. Il contratto è stipulato, va da sé, tra l'assicuratore e il contraente. Può però talvolta essere coinvolto anche un terzo soggetto distinto: ad es. nell'assicurazione sulla vita, un terzo può essere indicato (nel contratto o anche successivamente) come beneficiario della somma dovuta dall'assicuratore (art. 1920 ss.).

Il **ramo danni** è molto ampio quanto all'oggetto: l'assicurazione può riguardare ad es. *cose materiali* (copertura dal rischio di distruzione, danneggiamento, furto), *servizi* (per coprirsi dal rischio di non poterne fruire), oppure la *consistenza patrimoniale* dell'assicurato nel suo complesso (come nell'assicurazione sulla responsabilità civile).

L'evento dedotto in contratto è il **sinistro**, il quale deve essere causa (o concausa) del danno che l'assicuratore si è impegnato a indennizzare. La precisa *determinazione del sinistro rilevante* costituisce un elemento cruciale del contratto, concorrendo alla delimitazione del rischio dell'impresa e quindi degli obblighi e pretese delle parti; per parte sua la legge esclude gli eventi catastrofici (terremoti, guerre, ecc.: art. 1912).

Opera qui il **principio indennitario**, in virtù del quale è dovuto un *importo corrispondente al danno* patito (art. 1905): è dunque preclusa, al momento della stipulazione, l'assicurazione per un valore maggiore di quello reale della cosa (art. 1909). Viceversa, nulla esclude che le parti stipulino un'*assicurazione parziale* (art. 1907), cioè per un valore inferiore al reale; in tal caso, l'indennizzo sarà dovuto *in proporzione al minor valore assicurato* (per cui se questo corrisponde, ad es., al 75% del valore reale, l'indennizzo corrisponderà ai tre quarti del danno subito).

L'**assicurazione sulla vita** ha alla base il *rischio inerente alla durata della vita umana*: l'assicurato cerca copertura al bisogno finanziario derivante dalla propria morte (bisogno allora di colui che indica come beneficiario dell'assicurazione) o dalla propria sopravvivenza oltre una certa età.

Non opera qui il principio indennitario; non si procede cioè ad alcuna misurazione del bisogno finanziario suscitato dall'evento, la cui entità viene infatti ***convenzionalmente fissata*** *ex ante nel contratto* (per cui il capitale o la rendita versati non dipendono dalla situazione economica del beneficiario, né dalle concrete ricadute dell'evento sulla medesima).

§ 76. LE REGOLE DELL'ATTIVITÀ: LA TUTELA DEL CLIENTE

SOMMARIO: I. *La trasparenza bancaria*. – 1. Gli obblighi informativi e la pubblicità. Forma e contenuto del contratto. – 2. Il contenimento dei costi. – 3. L'esecuzione del contratto e il recesso. – 4. Sanzioni. – II. *La protezione del cliente nei servizi di investimento*. – 1. I criteri generali. Le regole di trasparenza e di formazione del contratto. – 2. Gli obblighi di protezione e la gestione dei conflitti di interesse. – 3. Sanzioni. – III. *La protezione del cliente nei servizi assicurativi.*

In tutti e tre i comparti del sistema finanziario si è sviluppata a partire dagli anni '90 del secolo scorso una disciplina, divenuta nel tempo sempre più complessa, volta alla regolamentazione delle relazioni contrattuali tra intermediari finanziari e clienti, che abbraccia l'intera evoluzione del rapporto, dalla sua nascita alla sua estinzione.

Nel complesso, la disciplina può dirsi volta in via diretta ad assicurare la **trasparenza e correttezza** del comportamento contrattuale degli intermediari nei confronti dei clienti, ed in via indiretta a garantire l'**integrità del mercato**, e cioè che il gioco della concorrenza in ambito finanziario si svolga secondo regole che consentano alla clientela di adottare in modo consapevole le proprie scelte, a beneficio dell'intero sistema.

Il presupposto di tale complesso ed articolato sistema è che il cliente finanziario si trova tipicamente per un verso in condizione di ***debolezza informativa*** rispetto all'intermediario, che predispone i servizi e i prodotti ed ha capacità di produzione ed elaborazione dei dati e delle informazioni enormemente superiori a quelle del cliente; e per altro verso in condizione di ***debolezza sostanziale***, derivante dalla necessità finanziaria (ad es., il bisogno di un prestito) o dai costi (interessi, commissioni, ecc.) e dai rischi (ad es., la perdita dell'investimento) cui viene esposto per effetto delle operazioni contrattuali.

Va peraltro osservato che, sebbene esista un generale bisogno di tutela del cliente finanziario, ciò non determina una piena uniformazione dell'assetto normativo fra i tre comparti, in quanto le **esigenze di protezione** considerate dal legislatore sono parzialmente diverse. In particolare: i) nei servizi bancari, il principale (anche se non unico) obiettivo del legislatore è quello relativo alla trasparenza e correttezza del comportamento della banca riguardo ai ***costi del servizio*** (commissioni, interessi, ecc.), che rappresentano l'elemento di maggior rilievo per il cliente; ii) nei servizi di investimento e nei servizi assicurativi, il principale (anche qui non unico) obiettivo del legislatore è invece quello relativo alla trasparenza e correttezza dell'intermediario in relazione alle ***caratteristiche del prodotto*** (e quindi, all'esatta portata dei rischi assunti mediante l'operazione di investimento e dei rischi garantiti mediante l'operazione assicurativa).

I. *La trasparenza bancaria*

La disciplina della trasparenza bancaria, contenuta nel Titolo VI del TUB, contempla innanzitutto una serie di **regole generali**, contenute nel Capo I (Operazioni bancarie e finanziarie), che attengono ai profili più importanti dell'intero rapporto banca-cliente e si applicano, sulla base di quanto previsto dall'art. 115, a tutti i contratti bancari, a meno che non ricorrano le fattispecie cui sono dedicate le **discipline settoriali**, di origine europea, contenute nei successivi Capi I-*bis* (Credito immobiliare ai consumatori), II (Credito ai consumatori), II-*bis* (Servizi di pagamento) e II-*ter* (Conti di pagamento). Una parte rilevante della disciplina è emanata poi a **livello secondario**, nelle Disposizioni attuative emanate dalla Banca d'Italia (in seguito "disp. trasp.").

La disciplina del Capo I è pertanto tendenzialmente ***unitaria*** sotto il profilo soggettivo, nel senso che si applica a tutte le operazioni bancarie e finanziarie, svolte nel territorio della Repubblica dalle banche e dagli intermediari finanziari di cui all'art. 106, che non rientrino nei successivi Capi, *indipendentemente dalla tipologia di cliente* (consumatore, professionista, impresa). Le disciplina dei successivi Capi sono invece dirette essenzialmente alla tutela dei soli ***consumatori*** (che viene pertanto incrementata, rispetto alla disciplina generale) e, quanto ai servizi di pagamento, anche delle ***micro-imprese*** (per le altre imprese la disciplina è, infatti, meramente dispositiva, potendo essere derogata dal contratto: art. 126-*bis*).

1. *Gli obblighi informativi e la pubblicità. Forma e contenuto del contratto*

A) Il primo profilo regolato dalla normativa di trasparenza è quello che riguarda la **fase precontrattuale**, che ricomprende da un lato la pubblicità in senso ampio dei servizi e delle condizioni offerte sul mercato, e dall'altro lato la fase pre-negoziale volta alla conclusione del contratto.

a1) Quanto alla **pubblicità**, l'art. 116 obbliga gli intermediari a rendere noti in modo chiaro ai potenziali clienti i tassi di interesse e le altre condizioni economiche relative alle prestazioni e ai servizi offerti. Ciò avviene mediante i c.d. ***fogli informativi***, che devono essere messi a disposizione dei clienti nei locali aperti al pubblico e sul sito *web* istituzionale, e contengono anche altre informazioni, come i dati sull'intermediario, le caratteristiche dell'operazione e le condizioni contrattuali più importanti.

a2) La **fase pre-negoziale** attiene, invece, al contatto personalizzato tra intermediario e cliente, che avviene prima dell'effettiva conclusione del contratto. In tale fase, le informazioni dovrebbero essere più precise rispetto alla fase dell'offerta al mercato. Al riguardo, in via generale le disp. trasp. prevedono il diritto del cliente di ricevere gratuitamente, su sua richiesta, una ***bozza del contratto*** o, in alternativa, il c.d. ***documento di sintesi***, contenente le condizioni economiche che la banca applicherà a quello specifico contratto.

Nel **credito al consumo**, l'intermediario, anche senza richiesta del consumatore, ha il dovere di consegnargli gratuitamente, in tempo utile prima della conclusione del contratto, un documento standard (c.d. ***Informazioni Europee di Base sul Credito ai consumatori***) che riporta pressoché tutte le condizioni contrattuali effettivamente applicate al singolo rapporto, incluso il TAEG (art. 124). Inoltre, l'intermediario ha il dovere di "***assistere***" il consumatore, "fornen[dogli] *chiarimenti adeguati*, in modo che questi possa valutare se il contratto di credito proposto sia adatto alle sue esigenze e alla sua situazione finanziaria" (c.d. merito creditizio: co. 5).

a3) Data la pluralità delle condizioni economiche di cui si compone un contratto bancario (tassi, commissioni, spese, ecc.), con l'intento di agevolare il cliente nella comprensione e valutazione del costo effettivo dell'operazione, i documenti informativi devono riportare anche degli **indicatori sintetici di costo**, in modo da fornire al cliente una rapida informazione sul costo totale dell'operazione per il cliente: in particolare, nella disciplina del credito al consumo è previsto l'obbligatorio inserimento nel foglio informativo e nel documento di sintesi del TAEG – tasso annuale effettivo globale – la cui omissione o errata indicazione determina la nullità parziale del contratto (art. 125-*bis*).

B) Una regola comune a tutti i contratti bancari è quella che prevede la redazione del contratto **per iscritto** a pena di ***nullità*** e l'obbligo di **consegna** *di un esemplare al cliente*. Data la funzione informativa e di protezione della forma scritta, la giurisprudenza ritiene al riguardo che sia sufficiente la firma del cliente, non essendo invece necessaria la sottoscrizione della banca. Al contratto dev'essere allegato anche il documento di sintesi, redatto sulla base dei modelli elaborati dalla Banca d'Italia (disp. trasp., sez. II, § 7).

C) È anche previsto un **contenuto obbligatorio** del contratto, dato che l'art. 117, co. 4, impone alle banche di indicare nei contratti il *tasso d'interesse* e ogni altro *prezzo* e *condizione* praticati. Sono pertanto *nulle* e/o *indebite*, ai sensi dell'art. 117, co. 6: i) le condizioni economiche che rinviino agli usi; ii) le condizioni economiche applicate in assenza di previsione contrattuale espressa. Inoltre, la rilevanza assegnata alla trasparenza pubblicitaria pre-negoziale rende altresì nulle e/o indebite iii) le condizioni economiche più sfavorevoli di quelle pubblicizzate (anche se nel contratto esse siano esplicitate); iv) (implicitamente) le condizioni economiche applicate in assenza di regolare pubblicità *ex* art. 116 (anche in tal caso, pure se menzionate in contratto).

L'art. 117, co. 7, prevede che, in caso di nullità o inefficacia delle condizioni applicate, debbano adoperarsi dei meccanismi di **sostituzione automatica**: i) per quanto riguarda i tassi d'interesse, si applicano i tassi minimo e massimo (rispettivamente per le operazioni passive e per quelle attive), dei buoni ordinari del tesoro emessi nei dodici mesi precedenti alla conclusione del contratto o, se più favorevoli per il cliente, allo svolgimento della singola operazione contabile (ad es., l'operazione di addebito periodico degli interessi); ii) per le condizioni diverse dai tassi d'interesse, valgono le condizioni pubblicizzate ai sensi dell'art. 116, mentre nulla è dovuto in caso di mancata pubblicità.

2. *Il contenimento dei costi*

Svariate norme hanno la finalità di **contenere**, *direttamente o indirettamente*, **i costi** del servizio per la clientela. Ciò può avvenire in vari modi, ponendo dei limiti ai prezzi che gli intermediari possono praticare o, ad es., stabilendo dei meccanismi che impediscano all'intermediario di frammentare il costo del servizio in una pluralità di voci difficilmente percepibili dal cliente.

A) La normativa cardine in funzione dell'equilibrio del contenuto economico dei contratti bancari riguarda i (soli) contratti di finanziamento (tutti, senza eccezioni) e non si trova nel TUB. È la **disciplina antiusura**, prevista dalla l. 108/1996, che stabilisce il divieto – sanzionato anche penalmente dall'art. 644, co. 3, c.p. – per chiunque (non solo per gli intermediari finanziari) di applicare ai prestiti tassi d'interesse che superino un determinato limite massimo.

Il **tasso-soglia** è rappresentato dal TEGM – e cioè dalla media dei Tassi Effettivi Globali praticati dagli intermediari per ogni diversa tipologia di finanziamento (la classificazione è effettuata annualmente dal Ministero dell'economia: art. 2, co. 2, l. 108/1996), rilevata trimestralmente con apposito d.m. econ. – aumentato di un quarto e di ulteriori quattro punti, entro il limite massimo di 8 punti (art. 2, co. 4).

Al divieto posto dalla l. 108/1996 si aggancia la previsione civilistica dell'art. 1815, co. 2, c.c. – dettata per il mutuo ma estensibile analogamente ad ogni operazione di finanziamento – che stabilisce la ***nullità*** della clausola che prevede interessi usurari (la nullità è parziale: il contratto, per il resto, rimane valido) e, come ulteriore sanzione, la ***gratuità del finanziamento***.

Ai fini del superamento del tasso soglia si tiene conto non solamente degli interessi, ma di tutte le "commissioni, remunerazioni a qualsiasi titolo e delle spese, escluse quelle per imposte e tasse, collegate alla erogazione del credito" (art. 1, co. 5, l. 108/1996).

B) Una funzione di contenimento dei costi riveste anche la disciplina dell'art. 117-*bis*, che regolamenta la **remunerazione degli affidamenti** nell'apertura di credito, consentendo alle banche di prevedere nei contratti, quale unica forma di remunerazione degli affidamenti, oltre al tasso di interesse, una **commissione di affidamento omnicomprensiva**, espressa in termini percentuali e di importo non superiore allo 0,5% *su base trimestrale*, che si calcola sull'intero importo delle somme messe a disposizione, indipendentemente dall'utilizzo che ne viene fatto dal cliente.

Per quanto riguarda invece gli **sconfinamenti**, i contratti possono unicamente prevedere delle ***commissioni di istruttoria veloce***, determinate in misura fissa (ad es., 20 €), volte a *rimborsare i costi* che devono essere affrontati dalla banca (costi di personale, di acquisizione delle informazioni, ecc.) per concedere lo sconfinamento.

C) L'art. 120 prevede una particolare disciplina – applicabile a tutti i rapporti bancari in conto corrente – del c.d. **anatocismo bancario**, e cioè di quella prassi, tradizionalmente prevista nei contratti bancari, di capitalizzazione periodica degli interessi maturati sul rapporto. In passato, la durata del rapporto veniva scomposta in periodi (ad es., trimestrali) e al termine di ciascuno di essi la banca determinava – con la c.d. *chiusura periodica* del conto – gli interessi dovuti nel medesimo arco temporale, ponendoli a debito del cliente, così che gli interessi del periodo successivo iniziavano a maturare su un importo che risultava dalla somma di capitale a debito e interessi del periodo precedente.

Tale prassi, in linea teorica, incontra il divieto di cui all'art. 1283 c.c., che vieta l'anatocismo contrattuale in mancanza di *usi contrari*, ed in tal senso la giurisprudenza (a partire dalla metà degli anni '90) ha ritenuto nulle le clausole in questione, reputando sostanzialmente che le banche avessero imposto tale prassi senza reale possibilità di scelta per i clienti. L'attuale disciplina prevede che gli interessi attivi e passivi (che decorrono giornalmente, a seconda che il saldo del rapporto sia negativo o positivo) siano ***contabilizzati annualmente*** (o al termine del rapporto, in caso di scioglimento anticipato). Se alla fine dell'anno si determina, quanto agli interessi, un saldo a credito del cliente, esso può essere subito accreditato in conto. Se invece si determina un saldo per interessi a favore della banca, esso diventa *esigibile* solamente dal 1° marzo dell'anno successivo. Il cliente può tuttavia *autorizzare* la banca, anche preventivamente nel contratto, ad addebitare detti interessi sul conto; in tal caso gli interessi a debito maturati nell'anno vengono sostanzialmente capitalizzati, anche se dopo il decorso di due mesi dalla loro contabilizzazione. In caso di mancata autorizzazione, il relativo importo non potrà essere addebitato, e la banca dovrà richiederne in via separata il pagamento annualmente al cliente.

3. *L'esecuzione del contratto e il recesso*

Altre disposizioni agiscono in corso di rapporto, intervenendo ancora sul suo contenuto o sulla sua esecuzione.

A) L'art. 118 regolamenta – in tutti i contratti che non rientrino nell'area dei servizi di pagamento – la possibilità per gli intermediari finanziari di modificare con proprio *atto unilaterale*, nei ***rapporti di durata a tempo indeterminato***, i tassi, i prezzi e le altre condizioni previste dal contratto. Trattasi del c.d. ***ius variandi***, che costituisce un diritto potestativo della banca, a condizione che lo stesso sia previsto da apposita clausola contrattuale, approvata in forma specifica dal cliente.

La banca non può, tuttavia, esercitare discrezionalmente il potere di variazione, dovendosi attenere a determinate regole. È infatti obbligatorio inviare al cliente un'apposita ed esplicita comunicazione scritta di ***preavviso***, contenente la seguente formula di rito: "Proposta di modifica unilaterale del contratto". Nella comunicazione l'intermediario deve anche esplicitare la motivazione della modifica: è necessario, infatti, che sussista un **giustificato motivo** per la variazione che viene adottata. Detto motivo consiste tipicamente nel cambiamento delle condizioni di mercato (ad es., l'aumento dei tassi di interesse) o delle condizioni soggettive del cliente (ad es., il peggioramento del rating creditizio).

Nei ***contratti a tempo determinato***, come i mutui, è possibile variare le sole condizioni diverse dai tassi, a meno che il cliente non sia un'impresa che superi i parametri della microimpresa e siano previsti in contratto specifici eventi e condizioni che legittimino la modifica.

La banca, poi, non può applicare le nuove condizioni se non sono decorsi almeno ***due mesi*** dalla ricezione del preavviso; ed entro lo stesso termine il cliente può ***recedere*** *senza spese*, con diritto all'applicazione delle vecchie condizioni in sede di liquidazione del rapporto.

Nei *servizi di pagamento* la disciplina è in parte diversa, perché l'art. 126-*sexies* da un lato non richiede la presenza di un giustificato motivo, ma dall'altro dà al cliente la possibilità di opporsi alla modifica entro il termine di due mesi mediante una dichiarazione di rifiuto.

B) Numerose sono le disposizioni che riguardano l'**esecuzione dei servizi di pagamento** (ad es. attraverso carte). Di particolare interesse applicativo sono le norme in materia di c.d. ***operazioni non autorizzate*** – contenute nel d.lgs. 11/2010 – che pongono a carico dell'intermediario tutte le operazioni di pagamento fraudolente, disconosciute dal cliente ed effettuate da terzi.

In particolare: i) l'utilizzatore – che deve sempre utilizzare lo strumento in conformità con i termini contrattuali – venuto a conoscenza della frode, deve *denunziare* il fatto all'intermediario senza indugio e in ogni caso entro il termine massimo di tredici mesi dalla data dell'addebito; ii) l'intermediario deve approntare le *misure di sicurezza* idonee a tutelare il cliente dal rischio di utilizzi non autorizzati (art. 8), e si ritiene al riguardo che, nei pagamenti *online*, sia obbligatoria l'adozione di c.d. sistemi di autenticazione forte (con *password* dinamica e non statica, comunicata di volta in volta ad un dispositivo – ad es., un cellulare – in possesso materiale del cliente: c.d. *Strong Customer Authentication*); iii) l'intermediario può a sua volta evitare il rimborso, se dimostra il *dolo o la colpa grave del cliente*, il quale ad es. abbia custodito in modo inappropriato le password e gli strumenti di autenticazione o abbia egli stesso fornito le credenziali di accesso a terzi.

C) Sempre nei rapporti bancari di durata, l'art. 119 prevede una norma di carattere generale, che impone agli intermediari il dovere di inviare per iscritto – o mediante altro supporto durevole preventivamente accettato dal cliente – una **comunicazione** in merito allo svolgimento del rapporto (ad es., l'estratto conto), con periodicità almeno annuale. In mancanza di **opposizione scritta** da parte del cliente, le operazioni si intendono approvate, decorsi sessanta giorni dal ricevimento della comunicazione (anche se resta salva la facoltà di far valere anche successivamente eventuali vizi di nullità del rapporto o di singole clausole). Il cliente ha inoltre sempre diritto di ottenere, entro novanta giorni dalla richiesta, *copia della documentazione* relativa a singole operazioni, dietro pagamento delle spese vive.

D) Il Titolo VI del TUB si occupa anche del tema della **chiusura del rapporto**, con varie norme che sono complessivamente volte ad ***agevolare l'*exit *del cliente*** dai contratti bancari.

Nei **contratti a tempo indeterminato**, l'art. 120-*bis* prevede – a favore di entrambe le parti – una regola generale di recesso gratuito, senza penalità e senza spese.

Ragionamento più articolato richiede il tema della **estinzione anticipata dei finanziamenti a tempo determinato** (mutui, prestiti al consumo, ecc.), regolata da una serie di norme che attribuiscono al cliente la facoltà di sciogliersi dal rapporto rimborsando il capitale residuo, senza pagamento degli interessi maturandi fino alla scadenza originaria, in deroga alla previsione dell'art. 1816 c.c. Alle volte è ammesso un indennizzo a carico del cliente liberamente determinato nel contratto (ad es., nel credito fondiario: art. 40), altre volte l'indennizzo è soggetto a dei limiti quantitativi (ad es., nel credito al consumo, ove l'art. 125-*sexies* prevede un tetto dell'1% sull'importo rimborsato in anticipo, stabilendo anche il diritto del cliente al rimborso proporzionale delle commissioni concordate e incluse nel finanziamento), altre volte è vietato (ad es., nei mutui immobiliari contratti da persone fisiche per acquisto o ristrutturazione di unità immobiliari adibite alla propria abitazione o destinate allo svolgimento dell'attività economica o professionale: art. 120-*ter*).

4. *Sanzioni*

L'osservanza delle disposizioni normative e regolamentari in materia di trasparenza rientra tra le *funzioni di vigilanza della Banca d'Italia* (artt. 5 e 127 TUB). Ed in tal senso, l'inosservanza delle regole a tutela del cliente può comportare l'irrogazione di

sanzioni amministrative pecuniarie – a carico degli amministratori o anche dei dipendenti – e addirittura inibitorie dell'attività dell'intermediario (art. 144, co. 3, 3-*bis* e 5, art. 128-*ter*).

Quanto alle **conseguenze civilistiche**, in via generale, l'art. 127, co. 1, prevede che tutte le disposizioni normative in materia di trasparenza sono derogabili solo in senso più favorevole al cliente, con la conseguenza che la loro violazione determina in linea di principio la sanzione della ***nullità*** (totale o parziale) del contratto, ai sensi dell'art. 1418, co. 1, anche in assenza di espressa previsione di legge.

Trattasi di una c.d. ***nullità di protezione*** (art. 127, co. 2). In deroga all'art. 1421 c.c., infatti, essa può essere sì rilevata *d'ufficio* dal giudice, anche se non è chiesta dal cliente, ma può *operare soltanto a vantaggio del cliente*: in altri termini, le conseguenze economiche della nullità dovranno essere favorevoli al cliente e non contrarie. Ciò significa, altresì, che l'intermediario non si può avvalere mai della nullità (che assume pertanto anche i connotati di una *nullità relativa*), sul presupposto che il vizio sia riconducibile alla sua condotta negoziale.

La nullità si determina, in alcuni casi, anche per condotte che attengono alla fase precontrattuale (ad es., per la mancata pubblicizzazione delle condizioni a norma dell'art. 116: arg., art. 117, co. 7). Tuttavia, in assenza di diversa disposizione normativa, la violazione dei doveri informativi e di assistenza dovrebbe in linea di massima condurre all'applicazione di **sanzioni risarcitorie**.

II. *La protezione del cliente nei servizi di investimento*

La disciplina a protezione del cliente nei **servizi d'investimento** è collocata, a livello di normativa primaria, nel Titolo II, Capo II, del TUF; e a livello di normativa secondaria, nel Regolamento Intermediari Consob (n. 20307, del 15 febbraio 2018: Reg. Interm.). La normativa presenta una stretta derivazione europea, la cui architrave è costituita dalla dir. 2014/65/UE ("**MiFID II**") e da successivi regolamenti delegati di attuazione (in particolare, il reg. 565/2017/UE: Reg. UE Interm.).

La tutela in questo ambito è diversificata secondo il **tipo di controparte** dell'intermediario. La scelta di fondo del legislatore è, infatti, quella di modulare almeno in parte la protezione in ragione dell'effettivo ***livello di "debolezza" del cliente***, che in ambito finanziario risiede principalmente, da un lato, nelle *asimmetrie informative* tra cliente e intermediario (e cioè nel livello di conoscenza dei servizi offerti e dei prodotti nei quali il cliente investe) e, dall'altro lato, nelle (più o meno) *ridotte capacità* del cliente *di comprendere* (a prescindere dalla quantità e qualità delle informazioni ricevute) e valutare in modo corretto *i rischi delle operazioni*.

Maggiore è il livello di debolezza del cliente, meno risultano adatte regole normative che si limitino a ***colmare il "gap informativo"***, occorrendo allora (anche) regole che impongano all'intermediario di ***curare in modo attivo l'interesse del cliente***, vietando o limitando determinate operazioni – perché inadeguate al profilo del cliente – e imponendo determinati *standard* di comportamento nell'esecuzione dell'incarico. La tutela viene in parte disattivata, invece, allorché la controparte sia dotata di un *elevato livello di qualificazione*, anche al fine di evitare un ingiustificato livello di costi a carico del sistema.

Le **tipologie di cliente** previste dalla normativa sono i *clienti professionali* e le *controparti qualificate* da un lato (imprese di grandi dimensioni; imprese operanti nel settore bancario e finanziario; altri soggetti che chiedano di essere trattati come clienti professionali per una particolare competenza, esperienza e conoscenza in ambito finanziario); i *clienti al dettaglio* dall'altro. In sostanza, il sistema prevede due livelli di tutela: uno più alto, per i clienti al dettaglio; uno più basso, per clienti professionali e controparti qualificate (queste due categorie sono simili e si sovrappongono tra loro, essendo utilizzate alternativamente in diversi punti della disciplina). Il criterio distintivo si fonda così essenzialmente sulla **competenza finanziaria** della controparte. Ed in effetti, una persona fisica può avere buona competenza ed esperienza in materia di investimenti finanziari, pur non esercitando alcuna attività professionale o imprenditoriale (si pensi ad un *ex* promotore finanziario); e viceversa ciò può non accadere, anche in caso di professionisti o imprenditori affermati nel settore in cui svolgono la loro attività.

1. *I criteri generali. Le regole di trasparenza e di formazione del contratto*

A) L'art. 21 TUF pone, in ogni caso e innanzitutto, dei **criteri generali** che devono orientare la prestazione di tutti i servizi di investimento nei confronti di tutti i clienti. I soggetti abilitati devono, infatti, sempre: (i) comportarsi con *diligenza, correttezza e trasparenza*, per servire al meglio l'interesse dei clienti e per l'integrità dei mercati; (ii) *acquisire le informazioni* necessarie dai clienti e operare in modo che essi siano *sempre adeguatamente informati*; (iii) utilizzare *comunicazioni pubblicitarie e promozionali* corrette, chiare e non fuorvianti; (iv) disporre di *risorse e procedure*, anche di controllo interno, idonee ad assicurare l'efficace svolgimento dei servizi e delle attività.

B) Le principali regole in materia di **trasparenza e doveri informativi** nei confronti dei clienti (art. 36 Reg. Interm.) non presentano rilevanti differenze tra i vari servizi.

b1) Innanzitutto, è previsto che le ***comunicazioni promozionali*** e pubblicitarie siano chiaramente identificabili come tali, e debbano essere *corrette, chiare e non fuorvianti*. Gli intermediari devono inoltre fornire a tutti i clienti, in tempo utile prima dell'erogazione del servizio, un **fascicolo informativo**, contenente le necessarie spiegazioni in ordine a: i) le caratteristiche dell'intermediario e i servizi resi; ii) gli strumenti finanziari e le strategie di investimento proposte; iii) le sedi di esecuzione; iv) i costi e gli oneri connessi al servizio, presentati in forma aggregata, così da permettere al cliente di conoscere il costo totale dello stesso e il suo effetto complessivo sul rendimento atteso.

b2) Quanto al contratto, è sancita (a meno che il cliente sia una controparte qualificata) la regola della **forma scritta**: l'art. 23 TUF prevede anche la *consegna di un esemplare* ai clienti e la ***nullità*** del contratto in caso di inosservanza della forma prescritta. La nullità ha carattere ***relativo***, in quanto può essere fatta valere solo dal cliente. È pacifico che la forma scritta sia obbligatoria solo per il c.d. ***contratto quadro***, che regolamenta in generale lo svolgimento dei servizi, e non invece per le singole operazioni di investimento, che possono essere effettuate anche in forma diversa (anche orale) se previsto nel contratto.

b3) Il contratto (con i clienti al dettaglio) deve inoltre avere un **contenuto obbligatorio minimo** – riguardante, in sostanza, la cornice regolamentare destinata a supportare nel tempo i singoli servizi che verranno poi utilizzati dal cliente – previsto dall'art. 37, co. 3, Reg. Interm.

b4) Sempre sul piano dell'informazione generale, infine, la normativa prevede un generalizzato dovere di **rendicontazione** ai clienti (art. 60 Reg. Interm.), che riguarda tutti i servizi e le operazioni prestate, con indicazione dei costi applicati, in modo che il cliente sia sempre adeguatamente informato dell'andamento del rapporto.

2. *Gli obblighi di protezione e la gestione dei conflitti di interesse*

A) La regola di diligenza nell'**esecuzione dell'incarico**, prevista in via generale dall'art. 21 TUF, viene variamente declinata dai testi normativi vigenti, a seconda del *tipo di servizio*. In linea di massima, queste disposizioni si applicano a tutti i clienti (sia pure con le attenuazioni che vedremo, in caso di clienti professionali), che non siano controparti qualificate (a meno che le stesse non richiedano di essere trattate come clienti al dettaglio): art. 61 Reg. Interm.

a1) Il livello più elevato di tutela si ha nei servizi che presuppongono, per loro natura, una *gestione attiva* dell'intermediario: la ***gestione di portafogli*** e la ***consulenza*** in materia di investimenti (art. 40 Reg. Interm.). In questo caso, la normativa impone innanzitutto il pieno rispetto del **principio *know your customer*.** L'intermediario deve pertanto *acquisire informazioni dettagliate ed affidabili* su: i) la conoscenza ed esperienza del cliente in materia di investimenti; ii) la situazione finanziaria, inclusa la capacità di sostenere perdite; iii) gli obiettivi di investimento, inclusa la propensione/tolleranza al rischio. L'intermediario che non ottenga le informazioni necessarie per "profilare" il cliente si deve rigorosamente astenere dal servizio.

Ciò premesso, gli intermediari devono altresì ***astenersi*** *dall'effettuare o raccomandare* ***operazioni inadeguate***, e cioè incoerenti rispetto ad uno dei tre parametri sopra accennati, per come accertati in sede di acquisizione delle informazioni. E a tal proposito, prima di ogni operazione, essi devono fornire al cliente una *dichiarazione di adeguatezza*, precisando perché la stessa corrisponde alle sue preferenze, obiettivi e caratteristiche (art. 41 Reg. Interm.). In altri termini, è posto a carico dell'intermediario l'obbligo di effettuare, operazione per operazione, un **giudizio di adeguatezza**; un eventuale consenso del cliente all'operazione inadeguata non eliminerebbe, né ridurrebbe, la responsabilità del primo, in caso di perdite dovute all'investimento incoerente.

a2) Un regime di tutela meno forte si ha negli ***altri servizi*** (come la negoziazione di strumenti finanziari), caratterizzati dall'assenza di una gestione attiva da parte dell'intermediario, il quale si limita, in linea di principio, ad eseguire operazioni autonomamente decise dal cliente.

In questi casi, l'intermediario deve acquisire, per i *clienti al dettaglio* (e non per gli altri), informazioni sulla sola *conoscenza ed esperienza* riguardo allo specifico tipo di strumento o di servizio proposto o chiesto, al fine di verificare l'**appropriatezza** dello stesso per il cliente (art. 42 TUF). In caso di inappropriatezza, o di mancata acquisizione delle informazioni, il cliente può comunque ***chiedere di dar corso all'operazione***, dopo essere stato espressamente avvertito in ordine a tale situazione. L'intermediario deve mantenere apposita registrazione o documentazione degli avvertimenti resi al cliente.

a3) Tutte queste tutele non valgono (art. 43 Reg. Interm.), nell'ambito dei servizi di *esecuzione di ordini* per conto dei clienti o di *ricezione e trasmissione ordini*, ad una serie di condizioni (c.d. **regime "*execution only*"**) e cioè che: i) gli strumenti finanziari non siano "complessi"; ii) il servizio sia prestato su iniziativa del cliente; iii) il cliente sia stato informato del fatto che l'intermediario non è tenuto a valutare l'appropriatezza dell'operazione, iv) siano rispettati gli obblighi in materia di conflitti d'interesse.

B) In ogni caso, nel servizio di esecuzione di ordini, gli intermediari sono sempre tenuti al rispetto della regola di c.d. ***best execution***, sulla base della quale hanno il dovere di "mettere in atto meccanismi efficaci, per ottenere il miglior risultato possibile per i loro clienti, avendo riguardo al prezzo, ai costi, alla rapidità e alla probabilità di esecuzione e di regolamento, alle dimensioni, alla natura dell'ordine o a qualsiasi altra considerazione pertinente ai fini della sua esecuzione" (art. 47 Reg. Interm.).

C) Tra le regole poste a tutela del cliente, vi sono poi quelle relative al **conflitto d'interessi** in cui l'intermediario può venire a trovarsi nell'offrire un servizio o nell'eseguirlo (art. 61, co. 4, Reg. Interm.).

Diversamente da quanto previsto nella disciplina generale del contratto (artt. 1394 s. c.c.), l'art. 21, co. 1-*bis*, lett. *a*, TUF, *non vieta all'intermediario di agire in conflitto d'interessi*, muovendo dal presupposto che, in ambio finanziario, tale conflitto è fenomeno, se non fisiologico, almeno non sempre evitabile (si pensi alla SIM che collochi obbligazioni emesse dalla banca che la controlla o alla stessa banca che offra finanziamenti per l'investimento del cliente in obbligazioni proprie). Realisticamente, dunque, si preferisce porre piuttosto *regole* volte ad evitare che il conflitto d'interessi, ove non sia evitabile, possa tradursi in un danno per il cliente.

c1) Anzitutto sono previste **regole organizzative** a carico degli intermediari, i quali, ai sensi dell'art. 21, co. 1-*bis*, TUF, i), adottano "*ogni misura* idonea a *identificare e prevenire o gestire* i conflitti di interesse"; ed altresì ii) "*misure ragionevoli* volte ad evitare che i conflitti di interesse *incidano negativamente* sugli interessi dei loro clienti". E solo quando tali disposizioni non siano sufficienti, iii) "*informano* chiaramente i clienti, prima di agire per loro conto, della natura generale e/o delle fonti dei conflitti nonché delle misure adottate per *mitigare i rischi* connessi".

c2) Regole più severe riguardano il tema più specifico dei c.d. "**incentivi**" (*inducement*): la possibilità cioè che l'intermediario, per servizi prestati al cliente, abbia diritto a "compensi" da parte di terzi (ad es., le SGR potrebbero retrocedere all'intermediario collocatore, quale compenso per la distribuzione delle quote di OICR ai clienti, una quota delle commissioni annuali per la gestione dei fondi comuni), o debba corrisponderli a terzi; sì che l'intermediario potrebbe essere "incentivato" a prestare o non prestare il servizio anche qualora ciò non corrispondesse all'interesse del cliente. In particolare, l'art. 52 Reg. Interm. ammette il pagamento di incentivi, ma solo alle seguenti ***condizioni***: i) che l'incentivo sia funzionale ad accrescere la qualità del servizio fornito al cliente; ii) che non venga pregiudicato l'obbligo di agire in modo onesto, equo e professionale, nel migliore interesse del cliente; iii) che il cliente sia stato previamente avvertito dell'esistenza, della natura e dell'importo degli incentivi.

D) Si prevede, inoltre, che gli ***intermediari "produttori"*** (e cioè quegli intermediari che "realizzano strumenti finanziari" da vendere alla clientela: ad es., le SGR, per le quote di fondi comuni) debbano dotarsi di un processo che individui, per ciascuno strumento finanziario, un proprio *target market* (c.d. **product governance**), rappresentato da un "determinato mercato di riferimento di clienti finali all'interno della pertinente categoria di clienti" (art. 21, co. 2-*bis*, TUF), precisando al contempo anche le tipologie di clienti rispetto ai quali il prodotto dovrebbe risultare incompatibile (*target market* negativo: art. 72 Reg. Interm.).

Nel caso in cui si riscontrino gravi fallimenti delle regole di *product governance*, e pertanto la diffusione sul mercato di strumenti finanziari rischiosi, che costituiscano una minaccia per il buon funzionamento del mercato, la Consob può intervenire, tipizzando o conformando i prodotti presenti sul mercato, fino alla possibilità di vietarne la circolazione (c.d. ***product intervention***: art. 42 Reg. UE Interm.).

3. *Sanzioni*

La violazione della disciplina fin qui esposta comporta l'applicazione di un apparato sanzionatorio eterogeneo.

Al di là dei casi già esaminati di **nullità relativa** (art. 23, co. 6, TUF), per la violazione delle regole attinenti alla forma del contratto e per il divieto di rinvio agli usi relativamente al contenuto dello stesso (*supra*, 3), la violazione delle altre regole di comportamento da parte degli intermediari – e in particolare di quelle che impongono doveri informativi – determina invece tipicamente *conseguenze di tipo risarcitorio* (e non invalidativo), dando luogo a **responsabilità precontrattuale**, ove dette violazioni avvengano nella fase antecedente o coincidente con la stipulazione del contratto quadro (ad es., la mancata acquisizione delle informazioni relative al profilo del cliente), e a **responsabilità contrattuale**, ove si tratti di violazioni riguardanti le operazioni di investimento o disinvestimento compiute successivamente (ad es., la violazione delle regole in materia di adeguatezza o appropriatezza delle singole operazioni).

In quest'ultimo caso, è anche possibile che si pervenga (se espressamente richiesta dal cliente) alla **risoluzione del contratto** (anche in relazione a singole operazioni), ove l'inadempimento sia grave.

L'art. 23, co. 6, TUF, coerentemente con la *natura contrattuale della responsabilità* (v. art. 1218 c.c.), prevede una regola in materia di **onere probatorio**, che pone a carico dell'intermediario la dimostrazione di avere adempiuto correttamente ai propri doveri e, in particolare, di avere agito con la specifica diligenza richiesta. Resta invece a carico del cliente la *prova del danno* e del *nesso di causalità*, sebbene quest'ultima possa essere fornita anche sulla base di *elementi presuntivi*: in particolare, si tende a presumere – salvo concreta dimostrazione contraria da parte dell'intermediario – che il cliente non avrebbe dato luogo all'operazione, se avesse ricevuto le informazioni dovute.

Sul fronte delle **sanzioni amministrative**, sono specificamente previste sanzioni pecuniarie all'art. 190 TUF, per l'inosservanza di tutte le regole a tutela del cliente, a carico dei "soggetti che svolgono funzioni di amministrazione o direzione".

III. *La protezione del cliente nei servizi assicurativi*

Il settore assicurativo è stato l'ultimo a dotarsi di una, sia pur scarna, disciplina sulla trasparenza contrattuale, contenuta in varie norme del c.ass.

A) Quanto alle *imprese di assicurazione*, gli artt. 182 ss. prevedono delle norme generali di **trasparenza delle operazioni**, *applicabili a tutti i servizi assicurativi.*

In tale ambito, si rinvengono soprattutto regole volte ad assicurare il tradizionale obiettivo della chiarezza, completezza e correttezza dell'informazione al cliente, al fine di tutelarne la capacità di scelta consapevole dei prodotti offerti sul mercato.

Le imprese di assicurazione (e anche gli intermediari distributori) devono rispettare regole di correttezza nell'***informazione pubblicitaria*** (art. 184); devono una ***documentazione informativa***, variamente articolata a seconda che il contratto rientri nell'ambito dei prodotti assicurativi danni, dei prodotti assicurativi vita o dei prodotti assicurativi con finalità di investimento (art. 185-*bis*); devono elaborare ed attuare un processo di approvazione per ciascun prodotto (*product governance*), individuando di volta in volta il mercato di riferimento e le categorie di clienti ai quali lo stesso non può essere distribuito (art. 30-*decies*).

L'art. 166 prevede, inoltre, dei ***criteri di redazione del contratto***, stabilendo che il contratto e ogni altro documento consegnato al contraente va redatto in modo chiaro ed esauriente. Le clausole che indicano decadenze, nullità o limitazione delle garanzie ovvero oneri a carico del contraente o dell'assicurato sono riportate mediante *caratteri di particolare evidenza.*

B) I *distributori di prodotti assicurativi* (intermediari assicurativi, come i *broker*, o imprese commerciali, come ad es. le agenzie di viaggio che propongano ai clienti l'acquisto di un pacchetto turistico abbinato ad una polizza in caso di impedimento) sono inoltre tenuti al rispetto di **regole di comportamento** nel miglior interesse dei clienti, che giungono anche ad imporre alcuni doveri consulenziali nella relazione con gli stessi. In particolare (art. 119-*ter*), il distributore deve: i) acquisire le informazioni utili a identificare le richieste e le esigenze del contraente; ii) fornire allo stesso informazioni sul prodotto in modo comprensibile e idoneo a consentire una scelta informata; iii) valutare l'adeguatezza del prodotto, che deve risultare coerente con le richieste e le esigenze assicurative del cliente. Su richiesta del cliente, l'intermediario fornisce inoltre raccomandazioni personalizzate circa i motivi per i quali un particolare contratto è reputato più idoneo.

§ 77. Le sedi e le operazioni di mercato

Sommario: I. *Il mercato regolamentato e le altre sedi di negoziazione*. – 1. I mercati regolamentati. – 2. Le *trading venues* alternative ai mercati regolamentati. – 3. I "contratti di borsa". – 4. Le regole in ordine alla realizzazione delle negoziazioni. – II. *La disciplina del mercato primario. La sollecitazione all'investimento*. – III. *L'offerta pubblica di acquisto e di scambio*. – IV. *La repressione degli abusi di mercato*.

Come si è detto, con l'espressione **mercato mobiliare** si intende l'insieme delle vicende e delle infrastrutture che determinano ***l'incontro tra la domanda di investimento in prodotti o strumenti finanziari e l'offerta dei medesimi***, a mezzo di intermediari, da parte dei relativi emittenti o titolari. Così, con il ricorso a un tale sistema, imprese e altri soggetti, in particolare, al fine di periodicamente sostenere una propria esigenza di provvista liquida, anziché ricorrere al credito bancario, sfruttano l'interesse diffuso – di risparmiatori e altri soggetti – a *investire* nel contesto produttivo le risorse in *surplus* possedute ricevendo, a fronte di queste, titoli rappresentativi del capitale investito e attributivi di diritti (di credito o partecipativi) verso gli stessi emittenti.

Per soddisfare un siffatto bisogno, una speciale importanza è anzitutto da riconoscere alla possibilità che, in un certo contesto spazio-temporale, si determini una rilevante circolazione degli strumenti finanziari già emessi, con la formazione di quello che comunemente viene chiamato, come si è anticipato, **mercato secondario** (appunto in quanto riguardante un mercato di "seconda mano" dei titoli attributivi di diritti verso l'emittente). Accade infatti che, là dove concretamente esiste e si sviluppa un siffatto mercato, diviene in fatto possibile soddisfare la naturale aspettativa degli investitori *a potere poi disinvestire in tempi rapidi*, in via anticipata rispetto alla data di finale liquidazione dell'impresa finanziata. Una tale maggiore propensione del risparmiatore a investire a sua volta rafforza il c.d. **mercato primario**, ossia l'incontro tra la domanda di investimento e gli strumenti finanziari in occasione della loro *emissione* o comunque della prima volta che un'offerta di essi venga rivolta al pubblico degli investitori.

Si evidenzia pertanto l'importanza di rendere possibile e disciplinare la nascita e il funzionamento dei citati mercati, favorendone l'esistenza anzitutto con l'istituzione di *sedi*, fisiche o virtuali, specificamente rivolte all'incontro della domanda e offerta di investimento finanziario nell'impresa e pertanto organizzate a tale scopo. Di fatto, l'adeguata regolamentazione di tali strutture consente e facilita, in ragione di quanto detto, la canalizzazione del risparmio verso l'impresa, generandosi un circuito in cui alle risorse liquide precedentemente destinate alla produzione da determinati investitori se ne sostituiscono continuativamente di nuove, spese da altri.

I. *Il mercato regolamentato e le altre sedi di negoziazione*

In Italia fino a pochi decenni fa la disciplina dei mercati finanziari è stata affidata a una legge (l. 272/1913), che ha disciplinato le borse valori come organismi afferenti alle Camere di commercio, istituite per decreto, e regolato l'organizzazione del relativo funzionamento come ***servizio pubblico***. Tale sistema è rimasto vigente per quasi tutto il XX secolo, finché nel 1996 (e poi nel TUF) è stato stabilito l'affidamento dei mercati a "***gestori***", costituiti nella forma di *società per azioni*, e la conseguente conversione delle borse in tale forma: divenendo dunque esse **organismi privati** – espressamente definiti quali "*imprese*" – e, seppure soggetti a un penetrante controllo delle Autorità, *sottoposti alla logica di mercato.*

Le "borse" hanno così mutato la loro denominazione in quella di "***mercati regolamentati***". Per effetto di successive riforme, si è poi prevista la possibilità di utilizzare come strutture per la realizzazione degli scambi anche altre "**sedi di negoziazione**" (o *trading venues*): i "***sistemi multilaterali di negoziazione***" (MTF: *Multilateral Trading Facilities*), i "***sistemi organizzati di negoziazioni***" (OTF: *Organized Trading Facilities*) e gli "***internalizzatori sistematici***" (SI: *Systematic Internaliser*), destinatari di norme meno rigorose rispetto a quelle dei mercati regolamentati. Tutti questi sistemi dunque competono reciprocamente nell'accogliere al proprio interno gli scambi di dati strumenti finanziari.

1. *I mercati regolamentati*

Ai sensi dell'art. 1, lett. *w-ter*, TUF, si considera **mercato regolamentato** il "*sistema multilaterale amministrato e/o gestito da un gestore del mercato, che consente o facilita l'incontro, al suo interno e in base alle sue regole non discrezionali, di interessi multipli di acquisto e di vendita di terzi relativi a strumenti finanziari, in modo da dare luogo a contratti relativi a strumenti finanziari ammessi alla negoziazione conformemente alle sue regole e/o ai suoi sistemi*". La norma – come del resto l'identica previsione contenuta nell'art. 4, n. 21, dir. 65/2014 – precisa inoltre che un mercato regolamentato ricorre allorché il dato sistema "*è autorizzato e funziona regolarmente e conformemente alla parte III*" del TUF (dedicata appunto alla "Disciplina dei Mercati").

i) Si tratta così, anzitutto, di **sistemi multilaterali**, ossia sedi nelle quali confluisce una *pluralità di parti distinte*, ciascuna portatrice di *interessi all'acquisto o alla vendita* (di strumenti finanziari), di cui si programma *l'incontro.*

ii) Si tratta di sistemi *affidati a* **enti privati**, aventi forma di s.p.a., e cui l'attività di gestione di tali mercati è riservata (non vi sono ammesse dunque banche, SIM, ecc.) e che hanno oggetto sostanzialmente esclusivo (art. 64 TUF).

iii) Si tratta di sistemi retti dal **principio di autonomia**, atteso che le regole di ciascun mercato vengono, non imposte dall'alto, bensì *formulate dal relativo gestore* (è il ***regolamento del mercato***, la cui approvazione è di competenza dell'assemblea ordinaria della società gestore oppure, ove previsto nello statuto, dell'organo amministrativo). Tuttavia, dato l'interesse pubblico connessovi, è stabilita la sottoposizione dei medesimi mercati e gestori a una penetrante ***vigilanza***, e in particolare al controllo della Consob. Le suddette regole devono comunque essere "***non discrezionali***", cioè il gestore del mercato non può interferire nella conclusione dei contratti sugli strumenti finanziari oggetto di scambio, indirizzando gli ordini nell'una o nell'altra direzione.

iv) Ogni mercato è soggetto ad **autorizzazione** della Consob (art. 1 lett. *w-ter*; quindi il gestore che voglia attivare più mercati deve richiedere un'autorizzazione distinta per ciascuno di essi).

v) Al fine poi di assicurare l'***attendibilità dei valori di quotazione*** (elemento cruciale in queste sedi di negoziazione più che nelle altre), per l'ammissione degli strumenti finanziari alla negoziazione è prevista la *preventiva sottoposizione degli strumenti a un procedimento* (di quotazione) che assicuri la *conformità dei valori di listino a una adeguata valutazione* da parte di operatori professionali e investitori. A quest'ultimo proposito, il reg. UE 1129/2017 (c.d. Reg. Prospetti) richiede la previa pubblicazione di un prospetto. Ne segue che, al contrario di quanto accade nelle altre sedi, la prima negoziazione di strumenti finanziari in tali sedi presuppone una **domanda di quotazione**, la quale deve essere *presentata dall'emittente* al gestore del mercato e richiede la preventiva elaborazione di un ***documento di offerta***, dal contenuto tipico previsto dalla legge, destinato a consentire una adeguata valutazione degli strumenti finanziari medesimi da parte dei soggetti i quali abbiano accesso al mercato.

2. *Le* trading venues *alternative ai mercati regolamentati*

A) Prima forma di sede di negoziazione alternativa al mercato regolamentato, per ordine di importanza, è quella del **sistema multilaterale di negoziazione (MTF)**, il quale, ai sensi dell'art. 1, co. 5-*octies*, lett. *a*, TUF, consiste in "*un sistema multilaterale*... che *consente l'incontro, al suo interno e in base a regole non discrezionali, di interessi multipli di acquisto e di vendita di terzi relativi a strumenti finanziari, in modo da dare luogo a contratti* ...". Come si nota, la distinzione tra MTF e mercato regolamentato riguarda non gli astratti elementi oggettivi (che sono appunto pressoché identici), bensì: per un verso, il *soggetto* cui può competere *ex lege* lo svolgimento della relativa attività; per un altro, alcune *regole di organizzazione* della stessa.

Sotto il primo profilo (quello soggettivo), in base all'art. 1, co. 5, va tenuto presente che la **gestione degli MTF** è inserita (come più volte riferito) nel catalogo dei ***servizi di investimento*** tipici: si tratta, pertanto, di un'*attività esercitabile* ex *art. 18 TUF* dagli ordinari intermediari finanziari (SIM, banche, altre imprese di investimento), dietro regolare autorizzazione (da parte della Consob), la quale viene conferita – come di norma per tutti gli altri servizi – *in termini generali* e non con riferimento a ogni singolo sistema. Ai sensi dell'art. 64, co. 7, TUF, la gestione di un MTF può essere tuttavia effettuata pure da parte di un gestore del mercato regolamentato.

Sul piano degli **aspetti organizzativi**, gli MTF sono al pari dei mercati regolamentati sistemi che devono produrre il perfezionamento di contratti finanziari sulla base di "***regole non discrezionali***", ossia per effetto dell'*automatico operare di procedure predeterminate*. La principale distinzione va invece tracciata sul piano delle **regole sull'ammissione** degli strumenti finanziari alle negoziazioni, non dovendo essere rispettati criteri specifici per l'ammissione dei titoli alla "quotazione" (quei criteri fondati, per i mercati regolamentati, sull'obiettivo di formare un valore attendibile dei titoli negoziati).

Per tutto quanto precede, gli MTF si caratterizzano per essere utilizzabili – oltre che, come per alcuni di fatto avviene, quali *sedi concorrenti dei mercati regolamentati, e dunque* per la negoziazione a condizioni competitive di titoli (già quotati) negoziati anche in questi ultimi – come occasione per consentire e modulare un *graduale accesso al mercato di imprese* che per varie ragioni non dispongano di tutti i requisiti formali e/o sostanziali per la quotazione in un mercato regolamentato. Essi si presentano, pertanto, come ideali candidati a *raccogliere le aspirazioni di sviluppo delle piccole e medie imprese (PMI)* e per tale via a contribuire al processo di "disintermediazione bancaria" dell'economia domestica.

B) I **sistemi organizzati di negoziazione** (**OTF**), sono la tipologia di mercato mobiliare di più recente introduzione nel panorama normativo. Allo stesso modo degli MTF, essi possono essere istituiti e amministrati sia dagli ordinari intermediari finanziari, autorizzati in via generale *ex* art. 19 TUF allo svolgimento del relativo servizio, sia dai gestori di mercati regolamentati, in quest'ultimo caso dietro verifica del rispetto delle corrispondenti previsioni (art. 64, co. 7, TUF). Connotato eminentemente distintivo degli OTF, rispetto a entrambi gli altri tipi di sede di negoziazione, è l'*assenza di procedure rigidamente predeterminate* ai fini dell'incrocio tra offerte contrapposte su strumenti finanziari. L'art. 1, co. 5-*octies*, lett. *b*, nel dettare la definizione del sistema in esame, in primo luogo, parla di funzionalizzazione della struttura non più all'"incontro" tra interessi multipli di acquisto e vendita bensì alla "*interazione*" degli stessi, in secondo luogo non menziona la necessaria previsione, a tale scopo, di regole "*non discrezionali*". Al contrario di quanto accade, così, nelle altre sedi, il soggetto che gestisce un OTF è chiamato a valutare con la propria **discrezionalità professionale** se e come fare incontrare le offerte *bid* con quelle *ask* e viceversa.

In materia di selezione degli **strumenti finanziari** potenzialmente **ammessi** a negoziazione, valgono le stesse precisazioni già operate, in ordine agli MTF, con riguardo al minor rigore delle relative previsioni rispetto ai mercati regolamentati: con l'importante precisazione aggiuntiva che *viene del tutto escluso* ex lege *che all'interno dell'OTF possano essere negoziate azioni* (v. art. 1, co. 5-*octies*, lett. b). Di fatto, pertanto, si è dinnanzi a una sede esclusivamente utilizzabile per operazioni su ***titoli di debito e derivati.***

C) Infine va ricordata la previsione, ai sensi dell'art. 1, co. 5-*ter*, TUF, del c.d. **internalizzatore sistematico,** ossia "l'impresa di investimento che in modo organizzato, frequente, sistematico e sostanziale negozia per conto proprio eseguendo gli ordini dei clienti al di fuori di un mercato regolamentato, di un sistema multilaterale di negoziazione o di un sistema organizzato di negoziazione senza gestire un sistema multilaterale". Si tratta di intermediari i quali si propongono personalmente agli investitori come centri di realizzazione delle operazioni richieste, partecipando a esse attraverso la combinazione di negoziazioni di segno opposto effettuate in proprio (ossia "in contropartita diretta") e dunque impiegando personali risorse finanziarie. Si viene a delineare, così, un'organizzazione di mercato che, diversamente dalle formali *trading venues* sin qui illustrate, si fonda su ordinari rapporti a **struttura bilaterale** (e non multilaterale): l'internalizzatore acquista e rivende stabilmente i titoli che vengono così negoziati presso di lui. Sul piano normativo, una tale vicenda va inquadrata, come si era detto, nell'ambito del ***servizio di investimento della negoziazione per conto proprio*** (art. 1, co. 5, lett. *a*, TUF), con l'applicazione delle corrispondenti previsioni, salva l'estensione a detta attività di parte della disciplina prevista per le sedi di negoziazione, rivolta al soddisfacimento delle esigenze di liquidità e stabilità tipiche delle *trading venues*.

3. *I "contratti di borsa"*

All'interno delle sedi di negoziazione vengono conclusi i c.d. **contratti di borsa**, essenzialmente riconducibili a due tipi previsti dal codice civile: la ***compravendita mobiliare*** (art. 1510 ss.) e il ***riporto*** (art. 1548 ss.), a seconda che la pattuizione riguardi lo *scambio definitivo* di titoli verso il corrispettivo di un prezzo, oppure l'attribuzione della disponibilità o del godimento di dati strumenti finanziari *per un periodo limitato di tempo* (ad es. per potere esercitare temporaneamente i relativi diritti di voto).

Sia nella compravendita che nel riporto sono possibili due sottospecie di operazioni: i **contratti "a pronti"** e **"a termine"**.

La prima ipotesi – dei contratti "a pronti" – realizza senz'altro l'interesse all'immediato conseguimento della disponibilità degli strumenti finanziari, i quali vengono pertanto *da subito acquistati dal compratore o presi a riporto dal riportatore*, contestualmente versandosi il prezzo determinato dalle parti. Va precisato che, pur trattandosi di contratti idealmente ad esecuzione istantanea, in conformità alle regole di liquidazione e regolamento osservate nei mercati è tuttavia normale che, in realtà, l'adempimento delle prestazioni avvenga dopo qualche giorno dall'accordo (la regola è oggi il secondo giorno di mercato successivo alla conclusione). Nell'altro caso – dei "contratti di borsa a termine" –, si prevede invece che l'adempimento delle prestazioni corrispettive (lo scambio di titoli verso il pagamento di un prezzo), le quali vengono comunque determinate in sede di conclusione del negozio, avvenga *dopo il decorso di un significativo intervallo di tempo*: così tipicamente consentendosi di potere speculare sull'eventuale abbassamento (per il venditore) o innalzamento (per il compratore) dei valori di listino dei titoli oggetto di trasferimento (ciò consente anche di immaginare il particolare meccanismo delle c.d. *vendite allo scoperto*, con le quali l'alienante trasferisce a termine titoli di cui non ha ancora la disponibilità, così "scommettendo" sulla possibilità di acquisirli in futuro a prezzo più ridotto di quello che l'acquirente si è impegnato a corrispondergli).

I contratti a termine si differenziano ulteriormente, a loro volta, a seconda che siano **a "mercato fermo"** ovvero **a "mercato libero"**. La distinzione riguarda la circostanza che questi ultimi contengono, a differenza dei primi, clausole che comportano il riconoscimento al compratore di un'**opzione**, ossia il diritto potestativo di modificare in varia maniera l'originaria pattuizione.

4. *Le regole in ordine alla realizzazione delle negoziazioni*

Le riferite operazioni di borsa, affinché possano condurre ad attuare i risultati *ex lege* affidati alle *trading venues*, devono realizzarsi secondo particolari modalità.

Gli artt. 65 e 65-*bis* TUF dispongono anzitutto che ogni sede si doti di **regole e procedure** "che garantisc[a]no un *processo di negoziazione corretto e ordinato*" e di "criteri obiettivi che consent[a]no l'*esecuzione efficiente degli ordini*".

Ogni mercato è dunque chiamato a dotarsi delle sue regole, le quali integreranno quindi le disposizioni di legge in ordine alla conclusione del contratto.

Quanto alle modalità oggettive, i contratti si perfezionano oggi essenzialmente con l'inserimento delle offerte di vendita o acquisto in **piattaforme telematiche**, e il successivo loro incrocio sulla base di tali regole.

Sotto il profilo soggettivo, le operazioni sono poste in essere da soggetti che, dietro *ammissione* disposta dal gestore della sede, possono avere accesso alla medesima come **partecipanti**. In proposito, il gestore deve dettare, nella disciplina concernente tale accesso, regole "*trasparenti e non discriminatorie*" (art. 67, co. 1, TUF). Ogni partecipante deve comportarsi "con diligenza, correttezza e trasparenza, al fine di non compromettere l'integrità del mercato".

Regole particolari valgono poi in relazione all'**esecuzione delle negoziazioni**. A tale proposito, le esigenze di liquidità e stabilità del sistema richiedono la predisposizione di strumenti (affidati a strutture c.d. di *post-trading*) che tutelino i partecipanti contro i rischi di contestazioni circa la conclusione dei contratti e il successivo possibile inadempimento: eventi che potrebbero evidentemente minare la fiducia degli operatori e pure generare reazioni a catena suscettibili di mettere in crisi la solidità dell'intero mercato. In tale prospettiva, va inquadrato lo svolgimento, da parte di specifici soggetti in vario modo collegati all'organizzazione delle singole sedi, dei c.d. ***servizi di compensazione, liquidazione e garanzia.***

A completamento del quadro disciplinare, va infine riferito che le operazioni di borsa sono soggette a un pervasivo **regime di trasparenza**, con obblighi (stabiliti dal reg. UE 600/2014: c.d. MiFIR) relativi ai dati tanto "*pre-trading*" – ossia delle offerte di acquisto e vendita formulate nei mercati – quanto "*post-trading*" – cioè riguardanti i contratti effettivamente conclusi sulla totalità degli strumenti finanziari negoziati.

II. *La disciplina del mercato primario. La sollecitazione all'investimento*

Se nelle sedi di negoziazione (mercato secondario) avviene la circolazione di investimenti già diffusi tra il pubblico, il c.d. **mercato primario** è il ***mercato di primo collocamento presso il pubblico*** sia di prodotti di nuova emissione, sia di prodotti già esistenti ma non ancora circolanti sul mercato stesso (si pensi ai soci fondatori di una società già costituita, che sollecitano il pubblico dei risparmiatori ad acquistare tutte o parte delle loro azioni). Tale collocamento avviene per mezzo di una apposita **sollecitazione del risparmio**.

La legge si occupa di tale sollecitazione con previsioni indirizzate al soddisfacimento di un'esigenza di *adeguato funzionamento* del meccanismo di incontro dell'offerta con la domanda, il quale presuppone che la prima sia *trasparente* e la seconda sia *consapevole*. La materia è oggi contenuta principalmente nel regolamento UE 1129/2017 (c.d. Reg. Prospetti).

i) Questo riguarda le offerte "di **titoli**" (art. 2), cioè di ***valori mobiliari***, ossia, come sappiamo, in particolare azioni di società, obbligazioni (e strumenti analoghi) o altri valori in vario modo collegati a questi (ad es., quote di fondi comuni di investimento).

ii) Perché si abbia una sollecitazione rilevante ai fini del Reg. Prospetti, occorre che i titoli siano oggetto di una **offerta pubblica**, ossia una "comunicazione rivolta a persone, in qualsiasi forma e con qualsiasi mezzo, che presenti sufficienti informazioni sulle condizioni dell'offerta e sui titoli offerti così da mettere un investitore in grado di decidere di acquistare o sottoscrivere" i medesimi.

Oltre che nell'ipotesi di offerta pubblica, la disciplina in esame si applica, ai sensi dell'art. 3, co. 3 (lo si era visto), in ogni caso in cui si intenda richiedere che determinati titoli "siano **ammessi alla negoziazione** in un mercato regolamentato".

Un'importante esenzione è però stabilita nell'art. 3, co. 2, in esecuzione della quale in Italia si è previsto (art. 34-*ter* Reg. Emitt.) che siano esentate dall'obbligo di prospetto le **offerte al pubblico di dimensioni minori**, ossia là dove il corrispettivo totale di esse sia inferiore a otto milioni di euro.

iii) Al fine di soddisfare le esigenze predette, è imposto ai soggetti emittenti od offerenti di fare precedere la sollecitazione dalla elaborazione e pubblicazione di un complesso documento, denominato **prospetto** (art. 6). Questo deve contenere una serie di informazioni, indirizzate a fare in modo che un investitore "*possa procedere a una valutazione con cognizione di causa*" dell'operazione che gli si viene a profilare. In particolare, l'informazione fornita dal prospetto deve riguardare: a) la *situazione patrimoniale, economica e finanziaria*, attuale e prospettica dell'emittente; b) i *diritti connessi al titolo*; c) le *ragioni dell'emissione* e il relativo impatto sull'emittente. I ***formati e modelli*** da adottare per tali informazioni sono stati elaborati dalla Commissione europea – nel Reg. UE 979/2019 –, distinti in base ai tipi di titoli e di offerte prospettabili.

Una volta redatto, il prospetto deve essere **approvato** dall'autorità (art. 10 Reg. Prospetti; in Italia è la Consob), valutando se il documento risponda a criteri di "*completezza, comprensibilità e coerenza*". Allorché approvato, il prospetto rimane valido per dodici mesi (art. 12); per procedersi quindi all'offerta, occorre preliminarmente che esso sia "messo a disposizione del pubblico" a cura dall'emittente, dell'offerente o del soggetto che chiede l'ammissione alla negoziazione, al più tardi "all'inizio dell'offerta [stessa] o dell'ammissione alla negoziazione dei titoli" (**pubblicazione**: art. 21). Successivamente può procedersi alla *raccolta delle dichiarazioni di investimento* (di sottoscrizione di titoli di nuova emissione o di acquisto di valori già emessi e sottoscritti, i quali vengano offerti al pubblico dall'attuale titolare).

iv) È stabilita inoltre una disciplina relativa alla **responsabilità** nei confronti degli investitori destinatari dell'offerta, per le eventuali *omissioni o inesattezze delle informazioni* fornite nel prospetto (art. 11 Reg. Prospetti, che demanda la materia alle previsioni nazionali, per l'Italia l'art. 94, co. 8 e 9, TUF). Le ipotesi tipiche disciplinate riguardano l'azione esercitabile nei confronti di emittente, offerente, eventuale intermediario garante delle sottoscrizioni, ciascuno dei quali risponde in relazione alle parti di propria competenza, a meno che non provi di avere adottato "ogni diligenza allo scopo di assicurare che le informazioni in questione fossero conformi ai fatti e non presentassero omissioni tali da alterarne il senso".

Forma del tutto peculiare di sollecitazione all'investimento è quella cui possono ricorrere le piccole e medie imprese (PMI) e le imprese sociali tramite il c.d. *crowdfunding*, avvalendosi dell'istituto dei "**portali per la raccolta di capitali**" disciplinato nel reg UE 2020/1503 e nel TUF, definiti come le "***piattaform[e] on line*** che abbia[no] come finalità esclusiva la facilitazione della raccolta di capitale di rischio" da parte di tali imprese (art. 1, co. 5-*novies*). Le offerte pubbliche promosse in questo contesto non devono avere un valore complessivo inferiore a 8 milioni € e non sono così assoggettate all'obbligo di prospetto (art. 100-*ter*).

III. *L'offerta pubblica di acquisto e di scambio*

Distinta dalla sollecitazione all'investimento è l'**offerta pubblica di acquisto o scambio** (o.p.a.), ossia (art. 1, co. 1, lett. v, TUF) "ogni offerta, invito a offrire o messaggio promozionale, in qualsiasi forma effettuati, finalizzato all'acquisto o allo scambio di prodotti finanziari e rivolti a un numero di soggetti e di ammontare complessivo superiori" a soglie fissate per legge e di cui diremo. Qui, l'angolo visuale preso in considerazione dal legislatore (art. 101-*bis* ss. TUF) è quello della *sollecitazione del risparmiatore* a *disinvestire* (cedendo prodotti finanziari in precedenza acquistati), con la conseguente *uscita dei prodotti* stessi *dal mercato*. Un'o.p.a. può essere lanciata ad es. da chi intenda scalare una società ed acquisirne il controllo.

Finalità della disciplina sono la ***trasparenza*** e, la ***correttezza*** degli operatori, (per assicurare che la realizzazione dell'operazione non determini un pregiudizio ai principi della *parità di trattamento* e al regolare funzionamento del mercato) e l'***efficienza del mercato del controllo*** (per assicurare la c.d. *contendibilità* delle società quotate). A tali fini, il TUF detta, in tema di formazione e svolgimento dell'offerta, una disciplina dettagliata, in più punti integrata dalle disposizioni del Reg. Emitt.

i) La procedura e le modalità dell'o.p.a. sono previste negli artt. 102-103 TUF, con disposizioni destinate ad applicarsi, quanto all'**oggetto**, a tutte le offerte di acquisto o scambio di prodotti finanziari: senza che rilevi, pertanto, il fatto che questi siano o meno quotati, o la circostanza che si tratti o meno di titoli dotati di diritto di voto.

ii) L'inizio del **procedimento** di offerta è disciplinato dall'art. 102. La disposizione identifica a tale riguardo due fatti, rappresentati dalla notizia dell'*intenzione* dell'offerente di volere promuovere un'o.p.a. e da quello dell'approntamento del *documento di offerta*. La prima va trasmessa alla Consob "senza indugio" nel momento in cui la citata intenzione è maturata (o è sorto il relativo obbligo, *ex* artt. 106 ss. TUF: v. § 57.IV), tramite un apposito comunicato, il quale va pure contestualmente reso pubblico. L'inizio della promozione dell'offerta vera e propria avviene invece "presentando alla Consob un documento destinato alla pubblicazione", soggetto ad ***approvazione*** dell'Autorità.

Si apre così la fase di ***pendenza dell'offerta***, la quale, una volta efficace, è *irrevocabile* ed è rivolta a *tutti i titolari dei prodotti finanziari* che ne formano oggetto; l'offerta può essere inoltre condizionata e nel relativo documento può essere indicata la percentuale minima, oltre che massima, dei titoli che si intendono acquistare.

iii) È inoltre possibile che si pubblichino **offerte concorrenti** con la prima, provenienti da altri soggetti, nei limiti indicati dall'art. 44 Reg. Emitt. (secondo il quale, tra il resto, tali offerte possono intervenire fino a cinque giorni prima della data di chiusura del periodo di adesione all'offerta originaria; sono ammessi inoltre, a determinate condizioni, "**rilanci**" da parte dello stesso offerente, rispetto alla sua precedente offerta).

iv) Nell'ottica della cura dell'efficienza del mercato del controllo, sono poi stabiliti i limiti entro i quali la società bersaglio può difendersi contro l'offerta (nell'ipotesi in cui consideri questa "ostile", cioè non gradita agli attuali amministratori e soci di riferimento), con strumenti intesi a impedirne o a renderne difficoltosa la riuscita.

A tale riguardo, la regola generale (già richiamata a proposito della disciplina delle società quotate: v. § 57, IV, 1) è quella della c.d. ***passivity rule***, cioè della proibizione di ogni manovra contraria al successo dell'o.p.a., nell'ottica di un *favor* legislativo verso la c.d. *contendibilità del controllo*. Va citato al riguardo l'art. 104 TUF, ai sensi del quale – si ricorda – "le società italiane i cui titoli sono oggetto dell'offerta *si astengono dal compiere atti od operazioni che possono contrastare il conseguimento degli obiettivi dell'offerta*" (si pensi alla decisione di dismettere un ramo d'azienda strategico e reputato fondamentale dall'offerente). Tutto ciò, salvo che non consti una "autorizzazione dell'assemblea ordinaria o di quella straordinaria per le delibere di competenza": e questo perché è pure possibile che gli eventuali bassi rendimenti dei corsi azionari si spieghino nell'ottica di una politica industriale di ampio respiro perseguita dal gruppo di controllo, destinata a dare risultati nel medio-lungo periodo e che potrebbe trovare consenso nell'azionariato diffuso, ove adeguatamente informato.

IV. *La repressione degli abusi di mercato*

Di fronte alle crisi globali occorse a partire dalla fine dello scorso millennio, per lo più originatesi in conseguenza di comportamenti spregiudicati di professionisti del mondo finanziario, si è diffusa la constatazione che è irrinunciabile una rigorosa disciplina intesa a vietare quelle condotte, comunemente definite "**abusi di mercato**", le quali sono suscettibili di ostacolare e alterare il naturale congegno di selezione dell'offerta di investimento da parte della corrispondente domanda, con ciò minando la c.d. ***integrità del mercato***, nella misura in cui sia d'ostacolo all'efficienza del processo di formazione dei prezzi e, ingenerando sfiducia negli investitori, metta a rischio il mantenimento di adeguati volumi di investimento.

Tale disciplina è contenuta nel reg. UE 596/2014 (c.d. *Market Abuse Regulation*, o MAR), cui si aggiunge la dir. UE 57/2014 (c.d. *Market Abuse Directive* II, o MAD II).

A) Nel dettaglio, le **fattispecie** tipiche di abuso sono tre, accomunate dall'avere per oggetto ***strumenti finanziari ammessi alla negoziazione*** in una *trading venue*.

a1) La prima condotta vietata (evoluzione del tradizionale divieto di *insider trading*), denominata **abuso di informazioni privilegiate** (art. 8 MAR) riguarda l'ipotesi in cui "*una persona in possesso di informazioni privilegiate utilizza tali informazioni acquisendo o cedendo, per conto proprio o di terzi, direttamente o indirettamente, gli strumenti finanziari cui tali informazioni si riferiscono*"; in base al co. 2 rappresenta condotta illecita pure la raccomandazione o induzione all'altrui abuso. Viene poi precisato che detto abuso può consistere, oltre che nella realizzazione positiva della negoziazione, nell'annullamento o modifica di un ordine di negoziazione precedentemente impartito.

Con il divieto in parola l'ordinamento colpisce pertanto il comportamento di chi sfrutta a proprio vantaggio (o induce altri a sfruttare) un'informazione che, una volta resa pubblica, inciderebbe sulla quotazione di uno strumento finanziario. Presupposto di tale divieto è quindi l'assunto che le informazioni rilevanti ai fini della formazione dei prezzi devono essere patrimonio pubblico, cosicché il personale esclusivo utilizzo delle stesse rappresenta un potenziale attentato all'integrità del mercato e alla fiducia degli investitori nel corretto suo funzionamento.

Per l'integrazione dell'illecito è evidentemente essenziale la nozione di "**informazione privilegiata**" (art. 7 MAR): tale fattispecie è integrata da tre elementi: i) il "carattere preciso" dell'informazione; ii) il trattarsi di un'informazione che non è stata resa pubblica, concernente, direttamente o indirettamente, gli emittenti o gli strumenti finanziari; iii) la circostanza che la sua diffusione potrebbe avere un "effetto significativo" sui prezzi degli strumenti finanziari.

Quanto alle persone cui si applica il divieto, la scelta del legislatore è stata di considerare un'ampia cerchia di soggetti quali possibili **autori dell'illecito**. Ai sensi dell'art. 8, co. 4, infatti, il divieto opera non solo allorché il possesso di informazioni privilegiate sia stato indotto dall'esistenza di un particolare legame formale con l'emittente (così ad es. per l'amministratore o il socio o il consulente dell'emittente stesso), ma pure allorché altri venga a conoscenza della notizia rilevante, sempre che una tale persona "sa[ppia] o dovrebbe sapere che si tratta di informazione privilegiata".

a2) Seconda fattispecie è la **comunicazione illecita** di informazioni privilegiate, la quale si ha "quando una persona è in possesso di informazioni privilegiate e comunica tali informazioni a un'altra persona", sempre che una tale comunicazione non avvenga "durante il normale esercizio di un'occupazione, una professione o una funzione" (art. 10 MAR).

a3) Infine, ultima ipotesi legale di abuso è la **manipolazione del mercato**, la quale copre una vasta serie di comportamenti, caratterizzati dal comune effetto di provocare un'alterazione dei dati di base su cui si formano le decisioni di negoziazione (volumi di domanda e offerta; prezzi praticati e quotazioni; informazioni diffuse su tali elementi), le quali vengono pertanto a subire un andamento anomalo, in quanto connesso a una dinamica, anziché "naturale", del tutto "artificiale".

B) I divieti sono assistiti da severe **sanzioni**. In proposito, il MAR prevede anzitutto ***sanzioni amministrative*** di tipo pecuniario, più gravi per l'abuso di informazioni privilegiate e la manipolazione del mercato (fino a 5 milioni € per le persone fisiche e 15 milioni per le persone giuridiche) e meno per la fattispecie della comunicazione delle medesime informazioni (fino a 1 milione). Queste possono essere irrogate dalla Consob, nel rispetto del principio di proporzionalità, nonché in generale dei diritti di difesa del soggetto sottoposto a procedimento sanzionatorio.

La direttiva MAD II ha poi imposto agli Stati membri di introdurre ***sanzioni penali*** per le fattispecie dell'abuso di informazioni privilegiate e la manipolazione del mercato: in Italia rilevano centralmente le previsioni di cui agli artt. 184 e 185 TUF, le quali stabiliscono pene molto pesanti (quali la reclusione da due a dodici anni e la multa da 20.000 euro a 3 milioni, pure autorizzandosi il giudice ad aumentare la pena secondo certi parametri ove la sanzione di base appaia, in base a dati criteri inadeguata).

C) Per tentare di raggiungere al massimo grado l'effetto di deterrenza dalle condotte abusive, il legislatore europeo appronta pure una serie di **strumenti di prevenzione** delle stesse. Al riguardo, viene anzitutto stabilita (art. 16 MAR), l'istituzione e il mantenimento di "dispositivi, sistemi e procedure efficaci al fine di prevenire e individuare" i comportamenti vietati, con obbligo di successiva loro segnalazione alla Consob: e ciò, sia a carico dei gestori di *trading venues*, sia in capo a "chiunque predisponga o esegua a titolo professionale operazioni".

Inoltre, un intero capo del MAR (il III) è dedicato agli **obblighi di comunicazione** delle informazioni privilegiate, tentandosi di scongiurare al massimo la possibilità che se ne verifichi l'abuso.

Finito di stampare nel mese di gennaio 2023
nella Stamperia Artistica Nazionale S.p.A. – Via M. D'Antona, 19
10028 Trofarello (TO)